GRÈCE

Direction	David Brabis
Rédaction en chef	Nadia Bosquès
Responsable éditoriale	Catherine Brett
Édition	Catherine Guégan
Rédaction	Eva Cantavenera, Sybille Chevreuse, Guylène Ouvrard, Pierre Plantier, Juliette Rolland, Raphaël Braque
Informations pratiques	Eva Cantavenera, Sybille Chevreuse, Guylène Ouvrard, Pierre Plantier, Juliette Rolland, Raphaël Braque
Cartographie	Alain Baldet, Michèle Cana, Véronique Aissani, Philippe Cochard, Marie-Christine Defait
Iconographie	Cécile Koroleff, Caroline Gibert, Stéphanie Quillon
Préparation de copie	Pascal Grougon, Jacqueline Pavageau, Danièle Jazeron, Anne Duquénoy
Relecture	Catherine Cohen
Maquette intérieure	Agence Rampazzo
Création couverture	Laurent Muller
Pré-presse/fabrication	Didier Hée, Jean-Paul Josset, Frédéric Sardin, Renaud Leblanc, Sandrine Combeau, Cécile Lisiecki
Marketing	Ana Gonzalez, Flora Libercier
Ventes	Gilles Maucout (France), Charles Van de Perre (Belgique), Fernando Rubiato (Espagne, Portugal), Philippe Orain (Italie), Jack Haugh (Canada), Stéphane Coiffet (Grand Export)
Communication	Gonzague de Jarnac
Régie pub et partenariats	michelin-cartesetguides-btob@fr.michelin.com *Le contenu des pages de publicité insérées dans ce guide n'engage que la responsabilité des annonceurs.*
Pour nous contacter	Michelin Cartes et Guides Le Guide Vert 46, avenue de Breteuil 75324 Paris Cedex 07 ℘ 01 45 66 12 34 – Fax : 01 45 66 13 75 LeGuideVert@fr.michelin.com www.ViaMichelin.fr

Parution 2007

Note au lecteur

L'équipe éditoriale a apporté le plus grand soin à la rédaction de ce guide et à sa vérification. Toutefois, les informations pratiques (prix, adresses, conditions de visite, numéros de téléphone, sites et adresses Internet…) doivent être considérées comme des indications du fait de l'évolution constante des données. Il n'est pas totalement exclu que certaines d'entre elles ne soient plus, à la date de parution du guide, tout à fait exactes ou exhaustives. Elles ne sauraient de ce fait engager notre responsabilité.

Le Guide Vert,
la culture en mouvement

Vous avez envie de bouger pendant vos vacances, le week-end ou simplement quelques heures pour changer d'air ? Le Guide Vert vous apporte des idées, des conseils et une connaissance récente, indispensable, de votre destination.

Tout d'abord, **sachez que tout change**. Toutes les informations pratiques du voyage évoluent rapidement : nouveaux hôtels et restaurants, nouveaux tarifs, nouveaux horaires d'ouverture… Le patrimoine aussi est en perpétuelle évolution, qu'il soit artistique, industriel ou artisanal… Des initiatives surgissent partout pour rénover, améliorer, surprendre, instruire, divertir. Même les lieux les plus connus innovent : nouveaux aménagements, nouvelles acquisitions ou animations, nouvelles découvertes enrichissent les circuits de visite.

Le Guide Vert **recense** et **présente ces changements** ; il réévalue en permanence le niveau d'intérêt de chaque site afin de bien mesurer ce qui aujourd'hui vaut le voyage (distingué par ses fameuses 3 étoiles), mérite un détour (2 étoiles), est intéressant (1 étoile). Actualisation, sélection et appréciation sur le terrain sont les maîtres mots de la collection, afin que Le Guide Vert soit à chaque édition le reflet de la réalité touristique du moment.

Créé dès l'origine pour **faciliter et enrichir vos déplacements**, Le Guide Vert s'adresse encore aujourd'hui à tous ceux qui aiment connaître et comprendre ce qui fait l'identité d'une ville ou d'une région. Simple, clair et facile à utiliser, il est aussi idéal pour voyager en famille. Le symbole 🚹 signale tout ce qui est intéressant pour les enfants : zoos, parcs d'attractions, musées insolites, mais également animations pédagogiques pour découvrir les grands sites.

Ce guide vit pour vous et par vous. N'hésitez pas à nous faire part de vos remarques, suggestions ou découvertes ; elles viendront enrichir la prochaine édition de ce guide.

L'ÉQUIPE DU GUIDE VERT MICHELIN
LeGuideVert@fr.michelin.com

ORGANISER SON VOYAGE

COMPRENDRE LA GRÈCE

VILLES ET SITES

À l'intérieur des deux rabats de couverture, la **carte générale** intitulée
« **Les plus beaux sites** » donne :
    une **vision synthétique** de tous les lieux traités ;
    les **sites étoilés** visibles en un coup d'œil ;
    les **circuits de découverte**, dessinés en vert, aux environs des destinations
    principales.
Dans la partie « **Découvrir les sites** » :
    les **destinations principales** sont classées par ordre alphabétique ;
    les **destinations moins importantes** leur sont rattachées sous les rubriques
    « Aux alentours » ou « Circuits de découverte » ;
    les **informations pratiques** sont présentées dans un encadré vert à la fin
    de chaque chapitre.
L'**index** permet de retrouver rapidement la description de chaque lieu.

SOMMAIRE

DÉCOUVRIR LES SITES

*Le port paisible de Naoussa,
à Páros (Cyclades).*

Ch. Legrand / MICHELIN

QUAND ET OÙ PARTIR

La Grèce au fil des saisons

CHOISIR SON MOMENT

Le **printemps** est une saison très agréable, brève et intense dans tout le pays qui révèle alors sa palette de couleurs durant les mois d'avril et de mai. Le continent et les îles se couvrent d'une floraison magnifique : un vrai bonheur pour les promenades, même si la mer reste fraîche (de 15° à 19°).

Immense avantage de cette période de basse saison, on croise peu de touristes et les villages magnifiques sont rendus à leurs habitants qui préparent l'été avec le sourire.

Ch. Legrand / MICHELIN

Couleurs des Cyclades (Páros).

Les mois de **juin** et de **septembre** sont de bonnes périodes pour goûter la douceur de vivre du pays et profiter des belles plages, avec une eau entre 22° et 24°. Ce sont deux mois de moyenne saison : tout le charme de l'été sans ses températures excessives ni ses vents violents, et avec encore quelques-unes des couleurs flamboyantes du printemps mais déjà beaucoup de touristes dans les îles.

Prudence durant l'**été** très ensoleillé car les Grecs, qui pour la plupart passent leurs vacances dans leur pays, s'ajoutent aux visiteurs étrangers… Les plages sont donc souvent bondées et le moindre coin d'ombre en terrasse est pris d'assaut. Hébergements et restaurants affichent complet avec des prix multipliés par deux ou trois. Et, dans toute la mer Égée, le meltem souffle plutôt violemment.

À partir d'octobre, c'est de nouveau la basse saison, encore très agréable avec une mer autour de 22°. L'**automne** est très doux jusqu'à la mi-novembre, mais, attention, beaucoup d'hôtels et de restaurants ferment fin octobre. Ensuite, les jours raccourcissent sensiblement, et quelques pluies orageuses viennent raviver les couleurs de la végétation.

En **hiver**, le pays présente deux visages très contrastés. Au nord et en altitude, une neige abondante tapisse les paysages avec parfois des températures vraiment très basses, tandis qu'au sud et dans les îles la mer tempère les frimas : la température moyenne en janvier est de 11 °C à Athènes et de 12 °C à Héraklion. On skie à deux heures de voiture d'Athènes, et on déjeune aux terrasses de la capitale les journées ensoleillées.

DÉCALAGE HORAIRE

La Grèce est en avance de 1h sur la France : lorsqu'il est 10h à Athènes, il est 9h à Paris. Même heure dans les îles et sur le continent.

Nos idées de week-ends

Nos propositions de week-ends en Grèce sont organisées au départ d'Athènes pour optimiser votre séjour. Vous pourrez choisir l'un de ces circuits ou découvrir l'une des îles voisines de la capitale.

ATHÈNES (2 À 6 JOURS)

Si vous séjournez deux jours à Athènes, consacrez le premier à la découverte de l'**Acropole** suivie d'une longue flânerie dans le quartier de **Pláka**. Le lendemain, visitez l'extraordinaire **Musée archéologique national**, puis arpentez l'ancienne **Agora** et la colline du **Céramique**.

Une troisième journée ? Ne manquez pas alors le remarquable **musée Benaki** et, tout à côté, le **musée d'Art cycladique**, où vous attendent d'étonnantes statues d'idoles représentatives de cette civilisation mal connue.

Si vous disposez de quatre jours, vous aurez largement le temps d'aller à la pointe de l'**Attique** admirer un coucher de soleil sur le fabuleux temple de Poséidon au **cap Sounion**. Enfin, avec cinq ou six jours, vous pourrez, en louant une voiture ou en vous inscrivant à une excursion, découvrir le sanctuaire d'Apollon à **Delphes** ou bien, dans le Péloponnèse, les vestiges de **Mycènes**, la cité d'Agamemnon, ou le superbe théâtre d'**Épidaure** antique, voire de passer une soirée dans l'enchanteresse cité de **Nauplie**.

À Égine, le beau temple dorique d'Afaía.

UNE PAUSE DANS LES ÎLES (4 JOURS)

Même avec peu de temps, la douceur de vivre des îles grecques est à portée de main… **Eubée** est l'une des plus grandes îles grecques et il faut bien 3 jours pour en faire le tour ! Montagneuse, elle possède quelques belles plages et des villages attachants… à moins d'1h d'Athènes.

Au sud de la capitale, les îles du golfe Saronique permettent également de jolies escapades : **Égine** n'est qu'à 35mn du Pirée et le temple d'Afaía, l'un des mieux conservés de Grèce, vaut le déplacement. À 1h de la capitale se trouve la paisible île de **Póros** ou, un peu plus loin (3h), **Hydra**, l'île chic et sans voiture.

Pour les Cyclades, la plus accessible reste **Kéa**, rurale et verdoyante, à 1h de bateau environ depuis le port de Lávrio. On dit que le village de Ioulis, perdu dans les oliviers, est l'un des plus beaux des Cyclades. Plus loin dans la mer Égée, **Mýkonos** et **Santorin** sont les mieux desservies en avion et en bateau pour venir y passer un grand week-end de farniente. À Mýkonos, île à la mode prisée par la jet-set, les plages sont idéales pour décompresser. Tandis qu'à Santorin c'est le cadre imposant de l'ancien cratère qui vous charmera.

Sur la mer Ionienne, **Corfou** est aussi facilement accessible en avion et en bateau, et par conséquent assez touristique, tout en restant vraiment très agréable hors saison.

AU CŒUR DE LA SPIRITUALITÉ (4 JOURS)

Durant l'Antiquité, le panthéon grec a inspiré la religion romaine, tandis qu'à l'époque chrétienne l'apôtre Jean rédigea ses œuvres sur l'île de Pátmos et que saint Paul a évangélisé le pays. Par la suite, la tradition byzantine, avec ses belles icônes, s'est fortement enracinée dans la Grèce moderne et la spiritualité reste une facette importante du pays.

Au départ d'**Athènes** en voiture, vous consacrerez votre première journée à la visite de l'antique sanctuaire de **Delphes** (à 186 km). Son cadre naturel dominant une mer d'oliviers est à la hauteur de ses vestiges antiques et de son riche musée. Vous pourrez choisir un hôtel du site d'où vous partirez le lendemain pour découvrir le monastère d'**Ósios Loukás** (à 36 km), l'un des plus beaux de Grèce. Dans un cirque montagneux, ce lieu harmonieux est décoré de mosaïques splendides.

Mettez-vous ensuite en route en direction de Lamía puis de Tríkala pour rejoindre l'extraordinaire site des **Météores** (à 276 km). Vous visiterez quelques-uns des sublimes monastères byzantins du site, juchés sur des rochers aux parois vertigineuses, défiant la pesanteur et le temps… avant de prendre la route du retour pour Athènes (à 362 km).

Nos suggestions de séjours dans les îles

SANTORIN (3 JOURS)

La plus célèbre des Cyclades est aussi l'une des plus belles. Avec son cratère éventré envahi par la mer, les paysages sont d'une beauté à couper le souffle.

1er jour – Vous visiterez Thíra, la capitale de l'île, et passerez la soirée au village champêtre de Oía afin de profiter du coucher du soleil sur la caldeira.

2e jour – Prenez le bateau pour circuler dans la caldeira et vous baigner dans les criques des îlots.

P. de Franqueville / MICHELIN

3e jour – Explorez les sites archéologiques de l'île : Akrotíri et l'ancienne Thíra. Terminez par une baignade sur l'une des belles plages du sud de l'île.

CORFOU (4 JOURS)

Cette île est une sorte de jardin d'Éden dans la mer Ionienne, face aux côtes de l'Épire et de l'Albanie toute proche. La ville de Corfou ressemble à s'y méprendre à quelque cité italienne, avec ses toits de tuiles romaines et ses cyprès.

1er jour – Vous flânerez dans les ruelles de la vieille ville, vous visiterez les églises baroques, l'un des riches musées et les citadelles.

2e jour – Partez très tôt, allez jusqu'au bout de la presqu'île de Kanóni, d'où se découvre l'un des plus beaux paysages de Grèce, puis jusqu'à l'Achilleion, villa néo-antique construite par l'impératrice d'Autriche, Sissi.

3e jour – Cette journée sera consacrée à la découverte de la côte ouest de l'île : Pélekas (vue splendide) et surtout les criques de Palaiokastrítsa au pied de la montagne.

4e jour – Vous vous rendrez au nord de l'île : près de Sidári, la côte rocheuse est curieusement découpée par la mer. Et vous reviendrez par l'intérieur de l'île couverte d'oliviers centenaires.

De retour au port…

H. Le Gac / MICHELIN

CRÈTE (5 JOURS)

À l'est de l'île, l'accueillante petite ville côtière d'Ágios Nikólaos vous permettra d'alterner balades « nature » et découverte de l'envoûtante civilisation minoenne.

1er jour – Pénétrez-vous du charme de la ville qui tourne et retourne autour de son petit lac intérieur.

2e jour – Longez la côte nord du golfe de Mirampéllou jusqu'à la presqu'île de Spinalónga et son îlot fortifié.

3e jour – Découvrez la cité antique de Malia, haut lieu de la civilisation minoenne, et le village de Kritsá.

4e jour – Dirigez-vous vers le sud et gagnez Ierápetra et l'île de Chrysí aux plages de sable doré.

5e jour – Cap vers l'est : en partant tôt le matin, vous irez jusqu'à Váï, en passant par Siteía la blanche. Là-bas, au-delà d'une palmeraie, se trouve une plage sublime. Si vous avez du temps, poussez jusqu'à Káto Zákros, autre palais minoen, qui vaut surtout pour le cadre naturel.

RHODES (6 JOURS)

Pour aller à Rhodes, il est préférable de prendre l'avion au départ de Paris, d'Athènes ou d'une autre grande ville européenne.

Un séjour de 6 jours permet de découvrir non seulement Rhodes mais également l'île voisine de Sými, à la beauté exceptionnelle.

1er jour – Vous visiterez la vieille cité de Rhodes, citadelle avancée de l'Occident pendant le Moyen Âge.

2e jour – Vous découvrirez la côte orientale de l'île, notamment le bourg de Lindos, dominé par sa citadelle médiévale.

3e jour – Vous partirez vers la côte occidentale, assez escarpée, où quelques criques vous inviteront à la baignade. Ne manquez pas la forteresse de Monólithos, dominant de 200 m la côte sauvage et découpée, ni les ruines du château de Kritinía, construit dans un très beau site.

4e jour – Vous irez dans la montagne à la découverte des petites églises, et des vignobles.

5e jour – Vous vous embarquerez pour l'île de Sými, dont la ville néoclassique est l'une des plus charmantes de Grèce.

6e jour – Vous découvrirez les plages de Sými avant de revenir à Rhodes.

Nos propositions d'itinéraires

Les itinéraires que nous vous proposons tiennent compte des capacités d'hébergement des villes-étapes, grandes agglomérations ou localités. ils tiennent également compte des attractions touristiques et des possibilités réelles de déplacement. Attention, certaines curiosités de tout premier plan n'ont pas de capacité d'accueil : il faut donc séjourner dans une ville (ou une île) proche, qui parfois n'a guère d'intérêt en soi.

LES GRANDS SITES ANTIQUES

Circuit en boucle au départ d'Athènes - 880 km - Compter 10 jours - Étapes : Athènes, Mycènes, Nauplie, Olympie, Pátra.

Consacrez les deux premiers jours à la visite d'**Athènes**, l'Acropole et ses abords (notamment l'Agora), ainsi que les grands musées dédiés à la Grèce ancienne (Musée archéologique national et musée d'Art cycladique).

Puis prenez la route des ruines chères à Chateaubriand et aux romantiques en commençant par **Corinthe** et sa ville antique. Poursuivez vers **Mycènes** et sa porte des Lionnes. Depuis la belle **Nauplie**, partez à la découverte de **Tirynthe** et de ses remparts, puis d'**Épidaure** et de son théâtre. Traversez ensuite le cœur verdoyant du Péloponnèse pour rejoindre **Olympie** et ses ruines si émouvantes.

Vous reviendrez par **Pátra**, sans vous y attarder, et surtout par le site sublime de **Delphes**, à moins de 3h d'Athènes.

MERVEILLES DU PÉLOPONNÈSE

Itinéraire au départ de Corinthe - 635 km - Compter 8 jours - Étapes : Corinthe, Nauplie, Monemvasía, Sparte, Olympie.

Cet itinéraire permet d'explorer les principaux sites de la péninsule du Péloponnèse. Commencez par l'isthme de **Corinthe** puis prenez la douce **Nauplie** comme point de départ de la visite des magnifiques sites de **Mycènes**, **Tirynthe** et **Épidaure**.

En descendant par la côte, rejoignez la belle station balnéaire de **Leonídio** puis le village hors du temps de **Monemvasía**.

Découvrez ensuite **le Magne** et ses villages désertés, la sublime **Mýstras**, près de Sparte, puis plus au nord, les ruines d'**Olympie** et de **Vassés**, où se trouve l'un des plus émouvants temples antiques.

LA GRÈCE D'ALEXANDRE

Circuit au départ de Thessalonique - 628 km - Compter 6 jours - Étapes : Thessalonique, Kavála, Thassos.

Au départ de **Thessalonique**, deuxième ville de Grèce, ce circuit vous conduit à travers les plaines et les vallées fertiles de Macédoine, berceau de la famille d'Alexandre et point de départ de son empire.

La presqu'île de **Sithonía** comporte d'admirables sites naturels : bois de pins maritimes ou parasols, plages de sable fin avec au loin les monastères du mont Áthos…

Au nord de **Kavála**, animée et colorée, se trouvent les imposants vestiges de **Philippes** (Filippoi), cité fondée par Philippe II de Macédoine, père d'Alexandre, puis agrandie par les Romains. Enfin, vous embarquerez pour la belle île de **Thássos**, qui conserve également des ruines antiques.

Des remparts byzantins dominent la baie de Kavála.

LES MONTAGNES DU NORD

Circuit en boucle au départ de Thessalonique - 570 km - Compter 6 jours - Étapes : Lefkádia, lacs Préspa, Kastoriá, Lárisa, Dio.

Ce circuit vous propose de découvrir la Grèce du Nord et son aspect très sauvage, près de la frontière albanaise.

Après **Thessalonique**, la deuxième ville du pays, vous visiterez les tombes macédoniennes de **Lefkádia**, érigées aux 3e s. et 2e s. av. J.-C., puis vous atteindrez les **lacs Préspa** (parc national) où vous pourrez découvrir une faune préservée. Vous séjournerez à **Kastoriá**, ville très attachante, construite sur une presqu'île.

Après avoir parcouru la chaîne montagneuse de l'Olympe, vous atteindrez **Larisá**, capitale de la Thessalie. Vous reviendrez par la côte (belles plages), en vous arrêtant à **Dio (Dion)**, ville sacrée de la Macédoine antique.

À FAIRE AVANT DE PARTIR

Où s'informer ?

LA GRÈCE SUR INTERNET

www.culture.gr : site du ministère de la Culture, liste des sites et musées avec de nombreux liens (en anglais ou en grec).

www.amb-grece.fr/presse : dossiers de presse de l'ambassade de Grèce en France. Informations multiples et sélection d'articles sur la Grèce parus dans les journaux.

www.gnto.gr : site officiel de l'Office national hellénique du tourisme (en anglais ou en grec).

www.grece.infotourisme.com : site de l'Office national hellénique du tourisme de Paris (en français).

www.cultureguide.gr : événements culturels et horaires des musées (en grec et en anglais).

www.info-grece.com : toute l'information francophone sur la Grèce (actualité politique et culturelle, météo, vols, logements et carnet d'adresses sur place et dans chaque pays francophone).

www.phantis.com : efficace moteur de recherche grec.

www.la-grece.com : présentation vivante des us et coutumes du pays en français, avec de nombreux liens.

LES ÎLES SUR INTERNET

Les sites touristiques des îles figurent dans leurs carnets pratiques.

www.iles-cyclades.com : site avec des cartes et une présentation très complète des principales îles et de leurs bonnes adresses (en français). Vols, locations de voitures et hébergements.

www.greek-islands.org : bonnes adresses et commentaires proposés par un passionné des Cyclades avec de nombreux liens (en anglais).

www.greek-islands.net : informations générales sur les îles (en anglais).

www.explorecrete.com : site généraliste sur la Crète (en français et en anglais). Traditions, numéros utiles et carte.

www.euro-mer.net : liaisons maritimes Italie-Grèce-Crète (en français).

www.gtp.gr : site de renseignements (horaires, durées) pour toutes les liaisons maritimes (en anglais). Liens pour les réservations directes auprès des compagnies.

www.bluestarferries.com : site de la compagnie Blue Star Ferries, lignes Italie-Grèce, îles Ioniennes, Cyclades et Dodécanèse (en anglais).

ORGANISMES DE TOURISME

Bruxelles : *av. Louise-Louizalaan 172 - ☏ (00 322) 647 57 70 - fax (00 322) 647 51 42.*

Montréal : *1170 pl. du Frère-André, 3e étage - ☏ (514) 871 15 35 - fax (514) 871 14 98.*

Paris : *Office national du tourisme de Grèce - 3 av. de l'Opéra (75001) - ☏ 01 42 60 65 75 - fax 01 42 60 10 28 - eot@club-internet.fr.*

Zurich : *Löwenstrasse 25 (8001) - ☏ (01) 221 01 05 - fax (01) 212 05 16 - eot@bluewin.ch.*

AMBASSADES ET CONSULATS

Belgique : *2 av. Franklin-Roosevelt - Bruxelles 1050 - ☏ (00 322) 648 17 30 - fax (00 322) 647 45 25 - ambagre@ skynet.be.*

Canada : *80 MacLaren St. - Ottawa, Ontario - K2P 0K6 - ☏ (613) 238 62 71 - fax (613) 238 56 76 - greekembott@ travel-net.com.*

France : *Ambassade 17 r. Auguste-Vacquerie - 75116 Paris - ☏ 01 47 23 72 28 - fax 01 47 23 73 85.*

Consulats : *à Paris – 23 r. Galilée - ☏ 01 47 23 72 23 - fax 01 47 20 70 28 - grinfoamb.paris@wanadoo.fr.*
À Grenoble *– 8 r. Liberté - ☏ 04 76 47 39 23 - fax 04 76 47 37 76.*
À Lyon *– 7 r. Barrème - ☏ 04 78 89 22 50 - fax 04 78 93 37 17.*
À Marseille *– 38 r. Grignan - ☏ 04 91 33 08 69 - fax 04 91 54 08 31.*

Suisse : *Laubeggstrasse 18 - 3006 Bern - ☏ (031) 356 14 14 - fax (031) 368 12 72 - thisseas@iprolink.ch.*

AGENCES DE VOYAGES SPÉCIALISÉES

En France

Acropolis Paris-Athènes –
6 r. de la Michodière - 75002 Paris - ☏ 01 44 51 03 03 - fax 01 47 42 23 85 - www.paris-athenes.com.

Air Sud Découvertes – *25 bd de Sébastopol - 75001 Paris -* ✆ *01 40 41 66 66.*

Arista – *36 r. Laffitte - 75009 Paris -* ✆ *01 47 70 81 28 - www.aristavoyages. com.*

Atsaro Voyages – *9 r. de l'Échelle - 75001 Paris -* ✆ *01 42 60 98 98 - www.atsaro.com.*

Détour Voyages – *13 r. de l'Échelle - 75001 Paris -* ✆ *01 44 55 01 01 - fax 01 44 55 01 10 - www.detours-fr.com.*

La Grèce Autrement – *16 av. Marseillaise - 67000 Strasbourg -* ✆ *03 88 37 24 00 - fax 03 88 37 24 10.*

Héliades – *1 parc Club du Golf - BP 420 000 - 13591 Aix-en-Provence -* ✆ *0 892 231 523 (0,34 €/mn) - www.heliades.fr.*

Merilia – *11 r. Denis-Poisson - 75017 Paris -* ✆ *01 56 68 12 00 - www.merilia.com.*

Voyageurs du Monde – Neuf agences en France - ✆ *0 892 236 161 (0,34 €/mn) - www.vdm.com.*

En France : culture

Arts et vie – *251 r. de Vaugirard - 75015 Paris -* ✆ *01 40 43 20 21 - www.artsvie.asso.fr.* Circuits dans la Grèce continentale et la péninsule du Magne.

Clio – *27 r. du Hameau - 75015 Paris -* ✆ *08 26 10 10 82 - www.clio.fr.* Dans tout le pays, voyages culturels et croisières animés par des conférenciers.

Terre entière – *10 r. Mézières - 75006 Paris -* ✆ *01 44 39 03 03 - www.terreentiere.com.* Croisières dans les Cyclades animées par des conférenciers avec un accent sur la spiritualité.

En France : randonnées

Allibert – *Cinq adresses en France -* ✆ *0 825 090 190 (0,15 €/mn) - www.allibert-trekking.com.* Nombreuses randonnées accompagnées de 8 à 15 jours, dans les îles et sur le continent. Séjours d'hiver en raquettes.

Atalante – *5 r. du Sommerard - 75005 Paris -* ✆ *01 55 42 81 00 - www.atalante.fr.* Cinq randonnées sur la destination.

Chemins du Sud – *52 r. des Pénitents - BP155 - 84120 Pertuis -* ✆ *04 90 09 06 06 - fax 04 90 09 06 05 - www. cheminsdusud.com.* Deux randonnées dans les Cyclades et une, hivernale, en Crète.

Moulin traditionnel des Cyclades.

B. Pérousse / MICHELIN

Nomade Aventure – *40 r. de la Montagne-Sainte-Geneviève - 75005 Paris - et une adresse à Toulouse :* ✆ *0 826 100 326 (0,15 €/mn) - www.nomade-aventure.com.* Quatre propositions de randonnées de 8 à 15 jours.

Terre d'aventure – *Quatre agences en France -* ✆ *0 845 847 800 (0,15 €/mn) - www.terdav.com.* Dix-huit randonnées pour découvrir la Grèce continentale et les îles à pied.

Ucpa – *www.ucpa-vacances.com* Propose une randonnée de 15 jours dans les Cyclades.

En Belgique

Allibert – ✆ *0825 09 190 (0,15 €/mn), www.allibert-trekking.com.*

Connections – *19-21 r. du Midi - 1000 Bruxelles -* ✆ *(00 322) 550 01 00 - www.connections.be.* Séjours vacances et circuits accompagnés.

Au Canada

Funtastique Tours – *8060 r. Saint-Hubert - 1207 Genève -* ✆ *514 270 73 73 - www.funtastique. com.* Portail de séjours et de vols secs.

En Grèce

Scoutway – *1 Ptolemeon Str. - 11635 Athènes -* ✆ *21072 991 11 - www.scoutway.gr.* Pionnier en Grèce dans le domaine du tourisme sportif. Dans les îles et sur le continent : parcours en VTT sur le mont Parnasse, sauts en parachute, excursions, kayak, rafting…

En Suisse

Anne-Rose Travel – *7 r. du Lac - 1207 Genève -* ✆ *0041 (0)22 735 74 44 - www.anne-rose-travel.com.* Séjours, vacances et circuits accompagnés.

STA Travel – *20 bd de Grancy - 1006 Lausanne -* ✆ *0041 (0)22 329 97 33 -, www.statravel.ch.* Séjours, vols et circuits.

Formalités

DOCUMENTS IMPORTANTS

Papiers d'identité

La Grèce fait partie de l'Union européenne (UE) et, pour un séjour de moins de 3 mois, les ressortissants de l'UE peuvent entrer en Grèce sur simple présentation d'un **passeport** ou d'une **carte nationale d'identité** en cours de validité. Pour les mineurs voyageant seuls et n'ayant qu'une carte d'identité, il est demandé une autorisation parentale sous forme d'attestation délivrée par la mairie ou le commissariat de police.

Pour limiter les conséquences d'une perte ou d'un vol de documents, il est recommandé de laisser une copie de votre titre de voyage et de vos documents (CNI ou passeport) au coffre de la réception de l'hôtel.

Pour les ressortissants canadiens, un passeport en cours de validité suffit également.

Véhicules

Pour conduire une automobile ou un cyclomoteur, vous devez disposer de votre **permis de conduire national** ou international (ce dernier est obligatoire pour les ressortissants hors UE et hors Suisse). Si vous vous rendez en Grèce avec votre propre véhicule, munissez-vous de la **carte verte** d'assurance internationale, dotée de la mention TR non barrée (délivrée par votre compagnie d'assurances).

SANTÉ

Il n'y a aucune maladie propre à la Grèce, ni de règlement sanitaire particulier pour entrer dans le pays. Cependant, vérifiez que vous êtes bien à jour dans vos vaccinations universelles. Consultez le site *www.dilpomatie.gouv.fr* pour connaître l'actualité sanitaire du pays ainsi que les zones à risque sismique.

Assurance sanitaire – Si vous êtes assuré(e) social(e), procurez-vous la **carte européenne d'assurance maladie** (ancien formulaire E 111) au moins 15 jours avant votre départ, auprès de votre centre d'assurance maladie. Elle vous donne droit aux soins hospitaliers gratuits.
En revanche, vous devrez avancer le coût des médicaments, les frais d'infirmière ou le forfait hospitalier, remboursables à votre retour.

De nombreux organismes d'assistance, tels Europe Assistance ou Mondial Assistance, couvrent les dépenses d'ordre médical sur place et assurent le rapatriement en cas de problème grave.
La plupart des cartes bancaires vous assurent également dans vos voyages, renseignez-vous avant de partir.

TOURISME ET HANDICAP

En dehors de quelques sites athéniens, il existe très peu d'infrastructures adaptées aux personnes handicapées. Vous pourrez davantage compter sur l'amabilité et la gentillesse des habitants que sur des installations. Toutefois, les ferries et certains vols pour les îles sont accessibles aux fauteuils roulants.

ET LE CHIEN ?

Si vous voyagez avec lui, n'oubliez pas son **carnet international de vaccination** (où doit figurer le vaccin antirabique) et un **certificat de bonne santé**, à établir 15 jours avant le départ.

Les chiens et les chats sont admis dans certains hôtels signalés par la formule *epitrepondai zoa*.

Qu'emporter ?

Si vous partez au printemps ou en été, prévoyez des vêtements amples et légers, des lunettes de soleil, une puissante crème solaire avec son après-soleil, un chapeau et un anti-moustique. Un éventail peut également vous rafraîchir lorsque le ventilateur ou la climatisation sont en panne, ou que le car est bondé et surchauffé… Les soirées étant fraîches, surtout en mer et dans les îles, notamment à cause du meltem (un vent du nord qui souffle tout l'été sur l'Égée, parfois jusqu'à 73 km/h), ajoutez un coupe-vent dans votre sac. En hiver, manteaux et vêtements chauds sont de rigueur.
L'accès aux lieux saints et aux monastères n'est possible que si les visiteurs, hommes ou femmes, ont le corps couvert. On vous prêtera souvent de vastes tuniques mais un paréo peut être utile en dépannage.
Pour vos photos, nous vous conseillons d'acheter vos pellicules avant de partir car les dates de péremption sont bien souvent dépassées dans les boutiques locales.

Se rendre en Grèce

EN AVION

Des vols réguliers sont assurés par Air France et Olympic Airlines, la compagnie nationale grecque, au départ de Paris, de Strasbourg et des grandes villes européennes. Les aéroports desservis quotidiennement sont ceux d'Athènes, Héraklion et Thessalonique. En été, quelle que soit la compagnie choisie, réservez votre vol au moins 2 mois à l'avance pour être sûr d'avoir de la place et renseignez-vous sur les consignes de sécurité applicables aux bagages en cabine.

Air France – *60 agences en France - ℘ 0 820 820 820 - www.airfrance.fr.* Pensez aussi à consulter le service en ligne *www.opodo.fr* qui fédère les meilleures offres d'Air France et de grandes compagnies internationales.

Olympic Airlines – *9 r. Scribe - 75009 Paris - ℘ 01 44 94 58 58 - www.olympic-airways.com.*

EN VOITURE OU EN CAR

Au départ de Paris, comptez au minimum 4 jours pour vous rendre en Grèce par la route. Pour composer votre itinéraire, n'hésitez pas à consulter le site **www.viamichelin.fr.**

En raison de l'instabilité politique des Balkans qui peut rendre incertaine la traversée de certains États, préférez plutôt le passage par l'Italie puis prenez le ferry (*lire ci-dessous*).

La compagnie Eurolines assure des liaisons par bus durant l'été.
Eurolines – *55 r. Saint-Jacques - 75005 Paris - ℘ 01 43 54 11 99 - www.eurolines.fr.*

EN TRAIN

Plusieurs cartes et propositions tarifaires intéressantes sont mises en place par la SNCF pour faciliter vos voyages. En voici une synthèse…

La **carte Inter-Rail** concerne 30 pays regroupés en 8 zones géographiques : la zone G comprend l'Italie, la Slovénie, la Grèce et la Turquie (et des transferts en bateau). 3 possibilités de pass d'une durée variable vous permettent de voyager gratuitement à l'intérieur de la zone choisie. Elle donne une réduction de 50 % sur le trajet effectué dans votre pays de résidence. Tarifs plus avantageux pour les moins de 26 ans.

Quel que soit votre âge, la **carte Euro Domino** vous permet de voyager librement de 3 à 8 jours sur une période de un mois dans 28 pays d'Europe et d'Afrique du Nord grâce à un système de coupons. La carte Euro Domino Jeunes (moins de 26 ans) est environ 25 % moins chère.

Valable un an, la **carte Railplus** donne droit à une réduction de 25 % sur l'achat de certains billets de train à condition que le voyage comporte au moins le passage d'une frontière. Réductions pour les moins de 26 ans et les plus de 60 ans.
Renseignements SNCF – *℘ 0 892 308 308 - www.voyages-sncf.com.*

En bateau via l'Italie

Vous devrez d'abord rallier un port italien (Venise, Ancône, Bari, Brindisi, Trieste), en train, en bus ou en voiture, d'où vous gagnerez Patra (Péloponnèse).

Comptez plus de 22h de trajet en train pour rejoindre Brindisi via Milan ou Turin depuis Paris-Gare de Lyon, d'où les départs sont quotidiens.

Renseignements SNCF – *℘ 0 892 308 308 - www.voyages-sncf.com.*
La traversée Italie-Grèce est à réserver directement auprès d'une compagnie maritime, au moins 2 mois à l'avance en été. Elle dure environ 36h depuis Venise, 20h depuis Ancône et 10h depuis Brindisi ou Bari.

Croisifrance – *19 r. La Fayette - 75009 Paris - ℘ 01 42 66 97 25.*
Eurocroisières – *5 bd des Capucines - 75002 Paris - ℘ 01 42 66 97 53.*
Euro-Mer – *5-7 quai de Sauvages - CS 10024 - 34078 Montpellier Cedex 03 - ℘ 04 67 65 67 30 - www.euromer.net.*
Navifrance – *20 r. de la Michodière - 75002 Paris - ℘ 01 42 66 65 40.*
Viamare Cap Mer – *6 r. de Milan - 75009 Paris - ℘ 01 42 80 94 87.*

D. Hée / MICHELIN

Air et eau en hydroglisseur !

Réserver son hébergement

À moins de prévoir un séjour complètement hors saison, il est prudent de réserver votre hébergement longtemps à l'avance. La haute saison va du 15 juin au 15 septembre, avec un pic autour du 15 août. Attention, d'octobre à mars, la plupart des établissements sont fermés. Les réservations se font par fax, par téléphone ou Internet et l'on vous demandera un numéro de carte de crédit.

Les sites *www.greekhotel.com* et *www.booking.gr* proposent un grand nombre d'adresses (en anglais).

Pour les îles, précisez à votre hôte par quel bateau vous arrivez pour que l'on vienne vous chercher.

Prévoir son budget

Les prix de l'**hébergement** varient en fonction du lieu, du moment et de la durée de votre séjour. Ils passent souvent du simple au double, voire plus, entre la haute et la basse saison. Si vous effectuez des réservations par Internet, des réductions sont souvent possibles.

La cuisine grecque étant assez simple et savoureuse, il est facile de se restaurer correctement à petits prix. On facture toujours le couvert en supplément (1 à 2 €).

À l'hébergement et à la restauration, il faut ajouter l'entrée des **sites** et des **musées** qui est généralement de l'ordre de 3 €, voire de 8 à 12 € pour les plus importants.

Quant aux **transports intérieurs**, le bus est moins cher que le train et le ferry meilleur marché (10 à 15 € pour un trajet moyen) que les hydroglisseurs *(voir pp. 18-19)*.

Nos prix sont donnés à titre indicatif par jour et par personne sur la base d'une nuit dans une chambre double, avec deux repas et les transports.

Petit budget (50 à 70 €) : une chambre dans une pension, deux repas simples (*souvlaki* et *tyropites*) et transport en bus ou ferry entre les îles.

Budget moyen (80 à 110 €) : un hôtel confortable, un déjeuner léger, un bon dîner, une voiture de location (cat. A).

Budget confortable (130 à 160 €) : un bon hôtel, un déjeuner simple, un repas gastronomique, et une voiture de location (cat. A).

D. Hée / MICHELIN

Un coin d'ombre parfumée sur la rue…

Les bons plans pour les jeunes…

Certaines cartes de réduction réservées aux jeunes donnent droit à des tarifs préférentiels sur les transports, l'hébergement, l'entrée des musées et des sites.

Les collégiens, lycéens et étudiants peuvent se procurer l'**ISIC** (International Student Identification Card) moyennant 12 € sur présentation d'une pièce d'identité, d'une photo d'identité récente et d'un document attestant leur statut d'étudiant. Cette carte est délivrée par les agences WASTEELS Voyages, l'OTU Voyages, les CROUS et les centres d'information jeunesse.

Pour plus d'information, s'adresser à ISIC-France – *119 r. St-Martin - 75004 Paris - ℰ 01 49 96 96 49 - www.isic.tm.fr.*

Pour 11 €, la **carte Go 25** ou Carte jeune internationale offre aux moins de 25 ans (étudiants ou non) sensiblement les mêmes réductions que l'ISIC. Pour se la procurer, contacter l'OTU Voyages, *ℰ 01 55 82 32 32 - www.otu.fr.*

Pour les moins de 26 ans uniquement, le billet **BIJ** (valable 2 mois à compter du début du voyage) offre des tarifs intéressants sur certains trajets en train et en bateau. Se renseigner auprès de WASTEELS Voyages, *www.wasteels.fr.* Pour d'autres réductions sur les transports, lire p. 15.

…et les moins jeunes

Munis de leur **carte Senior**, les ressortissants de l'Union européenne de 60 ans et plus ont droit à une réduction sur les billets de train ainsi que sur les entrées de musées et de sites. Pour d'autres réductions sur les transports, voir p. 15.

**Renseignements SNCF : ** *ℰ 0 892 308 308 - www.voyages-sncf.com.*

LA GRÈCE PRATIQUE

Adresses utiles

OFFICES DE TOURISME

Sur les plans de ville de ce guide, les offices de tourisme sont signalés par le symbole 🅸 et leurs coordonnées sont notées dans le carnet pratique. Tous les centres un peu touristiques ont leur bureau d'informations *(tourist information)*. Lorsqu'il n'existe pas d'office de tourisme, les agences de voyages locales privées *(tourist office ou agency)* prennent le relais.

À Athènes, le principal **Bureau d'information de l'Office national hellénique du tourisme (EOT)** ouvert lun.-vend. 9h-18h, sam. 10h-15h, se trouve *26 av. Vas. Amalias (près de Sindagma)* - ☎ *21033 103 92* - *www.gnto.gr.* Vous y trouverez des plans de la ville d'Athènes et des renseignements sur tous les moyens de transport en Grèce (horaires et prix) vers les îles, l'Attique, le Péloponnèse ou le nord du pays. Également un bureau à l'aéroport E. Venizelos - ☎ *21035 304 45.*

AMBASSADES ET CONSULATS

Belgique – Ambassade à Athènes, *3 r. Sekeri,* ☎ *21036 178 86, athens@diplobel.org* Consulats honoraires à Corfou, Héraklion, Le Pirée, Mytilini, Pátra, Rhodes et Thessalonique.

Canada – Ambassade à Athènes, *4 r. Ioanniou Gennadiou,* ☎ *21072 734 00, athns@dfait-maeci.gc.ca* Consulat à Thessalonique, Banque de la Nouvelle-Écosse, Tsimiski 17, ☎ *23102 563 50.*

France – Ambassade à Athènes, *7 av. Vas. Sofias,* ☎ *21033 910 00, www.ambafrance-gr.org* Consulats à Athènes, *5-7 av. Vas. Constantinou,* ☎ *21072 977 00 et 693 240 13 43 (permanence)* ; à Thessalonique, *8 r. Makenzi King,* ☎ *231 024 40 30 ou 31.* Vous trouverez aussi des agences consulaires à Argostóli, Chaniá, Chíos, Corfou, Héraklion, Ioánnina, Kalamáta, Mýkonos, Mytilíni, Nauplie, Pátra, Rhodes, Sámos, Santorin, Sýros et Vólos.

Suisse – Ambassade à Athènes, *2 odos Lassiou,* ☎ *21072 303 64, vertretung@ath.rep.admin.ch*

EN CAS D'URGENCE

Pour toute la Grèce, quatre numéros de téléphone utiles :
Police touristique : ☎ 171
Police secours : ☎ 100
Assistance médicale d'urgence : ☎ 166
Numéro européen premier secours : ☎ 112

Se déplacer

EN AVION

L'avion est très utilisé entre le continent et les îles. Des vols intérieurs sont possibles avec Olympic Airlines, Aegean Air et Hellas Jet.
Olympic Airlines – *9 r. Scribe - 75009 Paris -* ☎ *01 449 458 58 - www.olympic-airways.gr.*

Aegean Air – *www.aegeanair.com.*

Hellas Jet – *www.hellas-jet.com.*

EN BATEAU

Prendre le bateau n'est pas seulement un moyen de transport, c'est aussi l'occasion d'un voyage inoubliable de port en port parmi les plus beaux paysages d'Europe. Préférez les **ferries** aux hydroglisseurs, car ils possèdent un pont d'où l'on peut observer le paysage. Les navires se rangent en **trois catégories** : les grands ferries traditionnels, très fiables et qui circulent toute l'année même par mer très forte ; les bateaux rapides (deux fois la vitesse du ferry) ou hydroglisseurs (parfois appelés catamarans) ; et les petits bateaux (parfois de pêche) qui proposent des liaisons entre les îles, les ports d'une même île ou les plages. Il existe

H. Champollion / MICHELIN

Arrivée du ferry à Póros.

plusieurs classes à bord des bateaux mais les couchettes ne se justifient que pour des trajets de plus de 10h.

Quelques précisions – Avant d'élaborer un éventuel itinéraire entre des îles de votre choix, vérifiez bien les connexions et leurs fréquences qui varient considérablement d'un mois à l'autre. N'oubliez pas que les temps de traversée sont assez longs et dépendent toujours de l'état de la mer. En hiver ou en cas de grosse mer ou de vents violents, certaines liaisons sont interrompues. Enfin, on ne souligne jamais assez que les tables de fréquences et d'horaires des compagnies grecques ne sont pas toujours fiables et sont susceptibles de changer d'une semaine à l'autre, voire d'un jour à l'autre. Prévoyez deux jours de battement pour les imprévus et, en règle générale (sauf par très beau temps), rentrez la veille de votre vol de retour ou au moins 12h avant son heure d'enregistrement.

Réservations – Le bureau de l'office du tourisme d'Athènes fournit des informations sur tous les moyens de transport (itinéraires, fréquence, horaires et même les prix des bus et des trains).

Pour mieux planifier vos transferts vers et entre les îles, consultez l'excellent site **www.gtp.gr** (en anglais) qui fournit la liste des départs en fonction de vos dates, les horaires et les liens vers les sites des compagnies maritimes. Vous pouvez réserver (recommandé en saison et pour la Pâque orthodoxe, *voir p. 28 et 104*) vos billets depuis la France. Attention, si la compagnie supprime le départ, elle ne rembourse pas le billet mais vous propose de le reporter sur un départ ultérieur.

Les **billets** s'achètent dans les agences maritimes de chaque port qui ne vendent pas forcément les mêmes compagnies.

Dans les Cyclades, les capitaineries n'ont pas les horaires des bateaux touristiques. Il faut donc s'adresser aux agences dans chaque port.

Pour le détail des trajets entre les îles, voir leurs carnets pratiques.

EN BUS

Très développé, ce moyen de transport est souple, bon marché et beaucoup plus rapide que le train. En outre, il pallie les manques du réseau de chemin de fer. Des lignes sillonnent tout le pays et les îles (à l'exception des plus petites).

La plupart du temps, on achète son billet avant le départ, auprès des petites cahutes qui jouxtent les arrêts principaux. **Renseignements :** *www.ktel.org.* Au départ d'Athènes, voir « Athènes pratique » au chapitre du guide consacré à la ville *(voir p. 160).*

EN DEUX ROUES

La présentation du permis de conduire est obligatoire pour louer un deux-roues, même un 50 cm^3. Faites-vous préciser si la location s'entend pour une journée (du matin au soir) ou 24h, les loueurs étant parfois un peu évasifs sur ce point. Vérifiez bien l'état du véhicule : pneumatiques, freins, éclairage et niveau d'essence.

Pour votre sécurité, demandez un casque et portez-le. En raison du nombre d'accidents graves, les amendes pour défaut de port du casque pour les usagers de deux-roues à moteur sont très élevées.

EN TRAIN

Sur le continent, le réseau est assez peu développé et lent, mais bon marché. D'Athènes, on peut se rendre dans les principales villes du pays. **Renseignements : OSE –** Centre d'information d'Athènes - *1-3 r. Karolou -* ☎ *(210) 529 77 77 - www.ose.gr* (en anglais).

EN TAXI

Les taxis sont très répandus dans toute la Grèce, y compris sur les îles où ils attendent les voyageurs à l'arrivée des ferries. Les véhicules sont jaunes à Athènes, gris ou bordeaux dans le reste du pays.

Attention, vous n'avez à payer que le prix affiché au compteur (sauf pour le trajet Athènes-Le Pirée et Athènes-aéroport international, où un supplément est demandé). Dans tous les cas, demandez toujours le prix avant de monter dans le taxi. De façon générale, les tarifs sont très abordables. Sachez enfin que le chauffeur se permet de prendre plusieurs passagers en cours de route, pourvu qu'ils aillent tous dans la même direction. Si vous voyez un taxi à moitié plein, n'hésitez pas à vous avancer pour crier votre direction !

EN VOITURE

Code de la route

Il est le même qu'en France.
La vitesse est limitée à 50 km/h en agglomération, 80 ou 90 km/h sur route et 120 km/h sur autoroute. Le port de la **ceinture de sécurité** est absolument obligatoire.

La Grèce dispose d'un **réseau routier** de 117 000 km environ, principalement sur l'axe Pátra-Athènes-Thessalonique. Le réseau routier est en général de bonne qualité, mais certains grands axes ne sont pas suffisamment larges par rapport à la densité de la circulation. Il n'est donc pas rare que la bande d'arrêt d'urgence (lorsqu'il y en a une) se transforme en voie pour véhicules lents, tandis que la voie normale sert pour doubler…

La Grèce détenant le taux d'accidents mortels le plus élevé de l'Union européenne, nous vous recommandons la prudence.

Loin des sites touristiques, les **panneaux de signalisation** sont le plus souvent uniquement en grec ; alors familiarisez-vous avec l'alphabet grec *(voir p. 34)*.

Dans les îles, les routes principales sont souvent étroites et sinueuses, trouées de nids-de-poule Enfin, sur les routes de campagne et dans les villages, soyez attentif aux moutons et aux chèvres, en troupeau ou isolés.

Parking

Il existe quelques parkings payants dans le centre d'Athènes : le plus simple est d'y laisser sa voiture (et ses clés car les gardiens la déplacent au fur et à mesure des départs), et de prendre les bus ou le métro. En effet, il est très difficile de se garer à proximité des lieux à visiter et les prix de ces parkings souterrains ne sont pas excessifs (autour de 8 € pour 24h).

En cas de stationnement illégal, il arrive que les agents confisquent l'une des plaques d'immatriculation pour être sûrs que le contrevenant viendra payer son amende au commissariat. Et même dans les îles, les gendarmes verbalisent sans remords.

Cartes et plans

Pour la préparation de votre voyage et le choix de l'itinéraire, utilisez l'Atlas et la carte routière Michelin, indiqués dans le sommaire de la cartographie *(voir p. 621)*, ainsi que le site internet **www.ViaMichelin.fr**.

Assistance automobile

Certaines cartes bancaires incluent des assurances complètes et cela vaut la peine de vous renseigner sur votre contrat pour ne pas payer deux fois des assurances… Un rachat partiel de franchise ou une assurance CDW (Collision Damage Waiver) avec une responsabilité au tiers sont toujours proposés (env. 10/12 €/j) par les loueurs. Sachez que la GP (Gravel Protection) est une assurance contre les dommages de projection de graviers, la SVA (Single Vehicle Accident) vous concernera si vous abîmez la voiture de ville en roulant sur une piste. La TP, ou TCP (Theft Protection), vous couvrira en cas de vol du véhicule de location. En cas d'accident, même pour une tôle froissée, la présence de la police est indispensable pour établir le constat car, sans cela, votre assurance peut vous refuser le remboursement. Le policier doit vous remettre une copie du constat. Il faut donc l'attendre, et parfois longtemps… Après quoi, vous pourrez faire réparer votre véhicule chez un garagiste.

Essence

Les stations-service sont parfois rares dans les montagnes et les campagnes reculées. Les **carburants** sont un peu moins chers qu'en France (autour de 0,91 € pour le super sans plomb). Attention, très peu de stations acceptent les cartes de crédit, et c'est le pompiste qui vous sert.

Location de voitures

Vous pourrez louer un véhicule dans les grandes villes, les aéroports, les gares, auprès des grands hôtels et les principales agences de location, sur place ou en réservant à l'avance. Nous avons sélectionné des agences fiables mais vérifiez toujours soigneusement l'état du véhicule que l'on vous loue avant de signer le contrat. Faites noter les éventuelles bosses ou défauts pour que l'on ne vous les impute pas ensuite.

Attention, pour louer une voiture il faut avoir au moins 23 ans et le permis depuis plus d'un an. La location est généralement prévue par tranche de 24h.

Les tarifs varient considérablement en fonction du lieu, de la saison, de la durée de location et du modèle. Exemple : la catégorie A se loue à Athènes (chez une grande société de location) autour de 50 € par jour, mais entre 70 et 80 € à Mykonos en août.

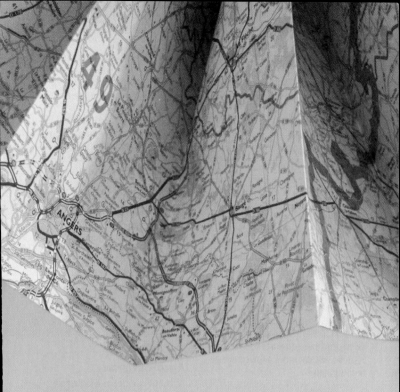

Découvrez la France

Avec

Jean-Patrick Boutet
«Au cœur des régions»

Frédérick Gersal
«Routes de France»

Dans une petite agence locale de la plupart des îles, vous négocierez la même chose autour de 50 à 60 €, voire autour de 35 € hors saison ou pour une durée de plusieurs jours.

Autoescape – *www.autoescape.com*
Avis – *www.avis.fr*
Europcar – *www.europcar.fr*
Hertz – *www.hertz.fr*

Se loger

L'infrastructure hôtelière est développée en Grèce, des hôtels de luxe aux chambres chez l'habitant, en passant par les pensions. La qualité de l'hébergement s'est améliorée ces dernières années en matière de propreté et de confort (toutes les chambres sont généralement équipées d'un frigo). En revanche, il n'est pas toujours facile de dénicher l'adresse de charme, bien que la tendance actuelle soit un retour à l'architecture traditionnelle.

LES DIFFÉRENTS TYPES D'HÉBERGEMENT

Les hôtels

La location se fait à la nuit. Les hôtels peuvent demander votre numéro de carte de crédit à la réservation. Ces indications se basent sur les six catégories établies par l'Office national du tourisme hellénique (ONHT) :

Luxe	180 € et plus
A	130 € à 300 €
B	90 € à 170 €
C	60 € à 135 €
D	40 € à 65 €
E	25 € à 50 €

Ce classement concerne les logements déclarés à l'ONHT, qui présentent une plaque bleu et jaune et qui affichent leurs tarifs. Ils sont répertoriés auprès des bureaux d'information touristiques locaux (EOT) et des agences de voyages.

Les chambres chez l'habitant

Elles sont nombreuses, accueillantes et quelquefois luxueuses, surtout dans les îles. En fait, ce sont généralement des constructions conçues par un particulier pour recevoir les touristes avec (parfois) une petite réception et un salon commun.
Des panneaux *Rooms* ou *Domatia* indiquent où s'adresser. Dans les îles, les propriétaires attendent le client à l'arrivée des bateaux pour proposer leur logement. Vous pouvez aussi consulter *www.familyhotels.gr*, un site qui fournit de nombreux liens pour trouver des adresses de chambre et appartement chez l'habitant (en anglais). Sauf indication contraire, les prix ne comprennent pas le petit-déjeuner. Les cartes de crédit sont très rarement acceptées.

Les studios équipés

SI vous voyagez en famille ou entre amis, la location de studio est une formule intéressante. Généralement bien équipés (1 séjour, 1 ou 2 chambres, 1 kitchenette et 1 salle de bains), ils sont prévus pour 2 à 5 personnes.

Locations de prestige

Consultez le site *www.villaamore.fr* qui propose de beaux hébergements sur toute la destination.

Agrotourisme

Les **hébergements à la ferme** commencent à se développer et si vous êtes intéressé, contactez l'agence **Agrotouristiki** d'Athènes – ℘ 210 331 41 14 - *info@agrotour.gr*.

NOS ADRESSES D'HÉBERGEMENT ET DE RESTAURATION

Tout au long de ce guide, nous vous proposons dans les « carnets pratiques » une sélection d'informations utiles, d'hôtels et de restaurants afin de bien réussir votre séjour et de découvrir chaque site dans les meilleures conditions possibles. Le confort, la tranquillité, la qualité des services et le bon rapport qualité-prix ont été nos critères essentiels. Toutes les adresses ont été visitées et choisies avec soin en tenant compte des conditions locales d'hébergement et de restauration.

Huile d'olive et saveurs crétoises.

NOS CATÉGORIES DE PRIX				
	Se restaurer (prix déjeuner)		Se loger (prix de la chambre double)	
	Athènes	Autres villes	Athènes	Autres villes
⊖	jusqu'à 20 €	jusqu'à 15 €	jusqu'à 60 €	de 30 € à 45 €
⊖⊖	de 20 € à 40 €	de 15 € à 20 €	jusqu'à 100 €	de 50 € à 75 €
⊖⊖⊖	plus de 50 €	plus de 25 €	jusqu'à 150 €	de 80 € à 100 €
⊖⊖⊖⊖	plus de 60 €		plus de 150 €	plus de 110 €

Cependant, il faut signaler que certaines villes ou îles (comme Athènes ou Mýkonos) sont plus chères que d'autres.

Nos fourchettes indicatives de tarifs sont calculées sur la base d'une nuit en chambre double en haute saison (juillet-août) avec le petit-déjeuner (sauf mention contraire) en fonction des types d'établissements sélectionnés dans le guide. Pour le logement chez l'habitant, l'ONHT indique un tarif à partir de 30 € la nuit pour deux sans petit-déjeuner.

Notre sélection d'adresses de **restauration** a été établie en fonction de leur qualité et de leurs prix raisonnables. Les prix indiqués le sont à titre indicatif sur la base d'un repas avec entrée, plat principal et dessert (sans la boisson).

Le Guide Michelin Europe

Mis à jour chaque année, il recommande des hôtels d'Athènes avec indication de leur classe et de leur confort, de leur situation, de leur agrément, de leur équipement, et de leurs prix. Les établissements qui se distinguent par leur agrément et leur tranquillité sont indiqués par des symboles rouges. Le *Guide Michelin* propose également une sélection de restaurants. Les établissements remarquables pour la qualité de leur cuisine sont signalés par des étoiles de bonne table (une à trois étoiles).

Se restaurer

À TABLE !

Généralistes ou spécialisées dans les poissons et les fruits de mer, les **tavernes**, restaurants populaires et bon marché, servent des plats grecs.

Les **ouzéries** se distinguent des précédentes par le menu proposé : des mezes (hors-d'œuvre, amuse-gueules salés de toute sorte) plutôt que des plats cuisinés.

Heures des repas

Les Grecs déjeunent rarement avant 13h et ne dînent pas avant 21h. Certains restaurants ouvrent plus tôt pour s'adapter aux touristes, mais ne soyez pas surpris de trouver porte close à 12h ou à 19h. En revanche, vous ne choquerez personne en vous attablant à 15h ou à 22h30 !

Constitution d'un repas

On connaît le fameux régime crétois *(voir p. 384)*, et la cuisine grecque est assez simple, à base d'huile d'olive, de légumes, de riz et de viande ou de poisson selon les régions. Si la nourriture est souvent présentée sur un comptoir, il arrive que l'on vous conduise directement en cuisine pour effectuer votre choix. Les Grecs commandent généralement plusieurs entrées et plats qu'ils se partagent. Les mets sont servis simultanément à table : si vous les voulez les uns après les autres, il faut donc les demander au fur et à mesure. Même si les desserts sont délicieux et très sucrés, le repas traditionnel est souvent copieux et se termine en général par des fruits.

Spécialités culinaires

Entrées

Dolmades : feuilles de vigne farcies de viande et de riz.
Kokoretsi : abats de viandes rôties à la broche.
Melidzanosalata : caviar d'aubergines.
Moussaka : gratin d'aubergines et de viande hachée, sauce Béchamel.
Pastitsio : gratin de macaronis et de viande hachée, sauce Béchamel.
Pilafi : riz au court-bouillon avec tomates.
Taramosalata : mélange d'œufs de poisson et de mie de pain.
Tzastziki : yaourt, concombres et ail hachés.

Potages

Psarosoupa : soupe de poissons.
Soupa avgolemono : bouillon de riz, œufs et citron.

Poissons

Le poisson *(psari)* est proposé bouilli *(vrasto)*, frit *(tighanito)* ou grillé *(psito)* ; le prix s'évalue au poids. Pour répondre aux besoins de la restauration, le poisson est souvent importé et reste assez cher. Afin de mieux apprécier la saveur du poisson local, consommez-le en saison, lorsqu'il est abondant dans ces eaux !

Astakos : langouste (été).

Barbounia : rougets (février et printemps).

Garides : grosses crevettes (mai à septembre).

Glossa : sole (d'octobre à mai).

Kolios : maquereau (de février à novembre).

Ksifias : espadon (juin).

Marides : friture de petits poissons.

Kalamares et *oktapodia :* calmars et poulpes (de juin à septembre).

Sardeles : sardines (d'avril à novembre).

Sfirida : merlan (printemps, automne, hiver).

Tonosse : thon rouge (juin à octobre).

Viandes

Les Grecs préparent la viande rôtie, grillée *(sharas)*, bouillie *(vrazo)* ou braisée *(stifado)*, avec une sauce à la tomate et à l'huile qu'assaisonnent oignons et herbes. La mention *tis oras* signifie que le mets est grillé à la demande, contrairement aux plats mijotés longtemps à l'avance, souvent servis tièdes.

Arni et *arnaki :* mouton et agneau.

Bifteki : viande hachée.

Keftedes : boulettes frites aux aromates.

Kirino : porc.

Kotopoulo : poulet.

Moshari : veau.

Soutzoukakia : boulettes à la sauce tomate.

Souvlaki : brochettes de bœuf, mouton ou chevreau, tomates et oignons.

Légumes

Ils sont généralement proposés grillés et marinés à l'huile ou crus.

Agouria : concombres.

Domates gemistes : tomates farcies au riz.

Domatosalata : salade de tomates.

Fassolakia : haricots.

Kolokinthakia : courgettes.

Melidzanes : aubergines.

Patates : pommes de terre.

Risi : riz.

Salata horiatiki (salade villageoise ou « salade grecque ») : tomates, concombres, origan, oignons, olives, poivrons verts *(piperies)*, le tout cru et très frais, surmonté d'un morceau de fromage féta. Accompagnée d'une corbeille de pain *(pita)*.

Fromages (tiri)

Feta (au lait de chèvre ou de brebis) à manger de préférence avec un peu d'huile d'olive.

Graviera : sorte de gruyère.

Kefalotiri : sorte de parmesan doux.

Kasseri : doux et ressemblant au cheddar.

Fruits (frouta)

Elies : olives (celles de Volos, Kalamata et Amfissa sont réputées).

Fraoules : fraises.

Karpouzi : pastèque.

Kerassia : cerises.

Lemoni : citron.

Peponi : melon.

Portokali : orange.

Rodakina : pêche.

Sika : figue.

Stafilia : raisins.

Verikoko : abricot.

Desserts (glika)

Baklava : mille-feuille aux noix ou aux amandes et au sirop de cannelle.

Bougatsa : chausson garni de crème à la cannelle.

Galaktoboureko : gâteau à la semoule et à la crème de lait.

Halva : pâte de sésame.

Kadaïfi : pâte en filaments, fourrée de miel et de noix ou d'amandes.

Loukoumades : beignets chauds au miel et sésame.

Rizogalo : gâteau de riz.

En-cas

Ces mets plus légers sont consommés dans les cafés, les bars, les échoppes et les crémeries *(galaktopolio)*.

Amigdalota : macaron.

Kourabiedes : gâteaux aux amandes.

Loukoum : pâte aromatisée au lentisque et couverte de sucre glace.

Mezes ou *mezedes* ou *pikilia :* olives, amandes, crevettes, morceaux d'œufs, de fromages, de poulpes, etc., servis sur demande avec un ouzo.

Omeletta : omelette.

Spanakopita : chausson aux épinards.

Souvlakopita : morceaux de viande grillés et enrobés dans une crêpe.

Tiropita : chaussons au fromage.

Yaourti me meli : yaourt au miel.

Boissons et rafraîchissements

L'eau du robinet *(neró)*, à quelques rares exceptions, est potable.

Metalikó neró : eau minérale.

Frapé : café frappé.

Le petit chaperon rouge

Mais comme le petit chaperon rouge avait pris sa carte Local Michelin, elle ne tomba pas dans le piège. Ainsi, elle ne coupa pas par le bois, ne rencontra pas le loup et, après un parcours touristique des plus pittoresques, arriva bientôt chez sa Mère-Grand à qui elle remit son petit pot de beurre.

Fin

Avec les cartes Michelin, suivez votre propre chemin.

Savoureuses sardines grillées.

J. Malburet / MICHELIN

Granita : sorbet.
Lemonada : soda ou jus de fruits au citron.
Pagoto, pagota : glace, glaces.
Portokalada : orangeade.

Apéritif – L'*ouzo* demeure l'apéritif national. Il s'agit d'un alcool de marc aromatisé à l'anis, que l'on boit pur dans des verres minuscules ou étendu d'eau (on vous apporte plusieurs verres pour le boire et, dans ce cas, une gorgée d'ouzo, une gorgée d'eau…).

Vin – On aura avantage à prendre le vin au tonneau *(krassi hima)*, servi en carafe ou pichet de laiton. Le climat sec donne des vins généralement sucrés. Ce qui n'est toutefois pas le cas de l'un des plus connus, le *retsina*, dont le nom indique un goût de pin et qui se boit frais.

Cafés et liqueurs – Un verre d'eau accompagne le café. Un dépôt qu'on évitera de boire reste au fond de la tasse. Le commander *gliko* (très sucré), ou *metrio* (moyennement sucré), ou *sketo* (sans sucre). Le **samos** peut être considéré comme une liqueur, et le **metaxas** est le cognac grec. Il faut citer aussi le **raki** crétois, eau-de-vie de fruits très forte (il n'a rien à voir avec le raki turc qui, lui, s'apparente à l'ouzo grec), et le **mastika**, alcool doux à la résine de Chíos.

Vie quotidienne

ARGENT

Devises et change

Depuis début 2002, la drachme a laissé la place à l'**euro**. Pour les ressortissants de pays n'appartenant pas à l'Union européenne, il est possible de changer de l'argent dans les aéroports, les postes, les agences de change et les banques. Informez-vous sur les commissions ; elles sont très élevées dans les *tourist office*.

Banques

Elles sont ouvertes du lundi au jeudi, 8h-14h30 (14h le vendredi), fermées le samedi, le dimanche et les jours fériés. Les guichets traitent les demandes des clients qui se sont présentés avant la fermeture des portes de l'établissement. N'oubliez pas de prendre le ticket de votre numéro de passage.

Vous trouverez des **distributeurs** dans les grandes villes et sur certaines îles. Les instructions sont la plupart du temps en anglais. Les retraits sont payants, sauf avec une carte Visa internationale. Mais attention, en dehors des grandes villes touristiques, et notamment dans les îles, vous pourrez rarement payer le restaurant ou l'hôtel avec votre carte bancaire.

Chèques de voyage

C'est assurément le moyen le plus sûr pour vous approvisionner en liquidités. Ils sont nominatifs et remplacés en cas de perte ou vol sur présentation du bordereau (à séparer des chèques lors de votre voyage). Les sociétés American Express, Thomas Cook, Visa et Travelex proposent des chèques de voyage, auxquelles on peut ajouter Citicorp pour les Canadiens (avec une petite commission facturée lors du change). Renseignez-vous auprès de votre banque. Leur usage se limite encore aux régions les plus touristiques et aux grandes villes. On les échange néanmoins sans problème dans toutes les banques.

COMMUNICATIONS

Internet

Le pays est dans l'ensemble bien pourvu en cybercafés, surtout dans les lieux touristiques. Mais attention, les prix et la vitesse du débit sont extrêmement variés d'un endroit à l'autre. Il existe deux types de claviers : celui avec l'alphabet grec et celui avec l'alphabet latin aux normes anglophones.

Journaux et télévision

La plupart des grands quotidiens étrangers sont disponibles le lendemain de leur parution à Athènes et dans les lieux touristiques. Si, pendant votre voyage, vous ne voulez rien perdre de l'actualité locale (et internationale), lisez l'**Athens News** (en anglais).

Le monopole de l'État sur la télévision ayant disparu, on a vu fleurir d'innombrables chaînes privées. La plupart font une large place aux débats politiques et de société, aux jeux, à la variété, aux séries américaines ou mexicaines. **ERT** (l'une des trois chaînes publiques) est unanimement considérée comme la meilleure. Pour suivre l'actualité en français, essayez de capter **TV5**, la chaîne francophone internationale.

Poste

On reconnaît les bureaux de poste grecs à leur panneau jaune **ELTA**, figurant un profil d'Hermès dans un cor. Ils sont généralement ouverts du lundi au vendredi de 7h30 à 14h. Dans les grandes postes, prenez un ticket avec un numéro de passage.

On trouve des bureaux de poste mobiles sur les principaux sites archéologiques.
En plus de l'affranchissement au tarif ordinaire (0,65 €), la poste grecque propose un tarif express. De la poste de Syntagma, à Athènes, une lettre en express (autour de 2 €) met 48h pour arriver à Paris. Pour une carte postale, vous pouvez vous procurer des timbres *gramatosima* dans les kiosques, un peu plus chers qu'à la poste.
Enfin, vous pourrez recevoir tout type de correspondance en poste restante, sur présentation de vos papiers d'identité.

Téléphone

L'Office de télécommunication (**OTE**) dispose de bureaux ouverts en principe de 8h à 14h du lundi au vendredi.
Vous trouverez des cabines téléphoniques pratiquement dans toutes les villes et villages. Pour se procurer les **cartes téléphoniques** *(karta tilefoniki)*, adressez-vous aux kiosques et à certaines épiceries. Vous trouverez des cartes pour les communications internationales *(gia exoteriko)* à partir de 5 € pour 15 à 40mn de communication selon les pays (les tarifs dépendent aussi de la société émettrice de la carte). Si votre carte se termine en cours d'appel, vous pouvez en introduire une nouvelle sans interrompre votre communication.

La Grèce, y compris les îles et les ferries, est très bien couverte par les réseaux de **téléphonie mobile** et compte plusieurs opérateurs. Quinze jours avant votre départ, contactez votre opérateur pour connaître ses modalités et lui demander de vous connecter en vous précisant ses tarifs.

Appels internationaux

– Depuis la France, la Belgique, la Suisse et le Canada, composez le 00 30 suivi du numéro de votre correspondant.
– Depuis la Grèce pour téléphoner en France, faites le 00 suivi du 33, puis le numéro de votre correspondant. Pour appeler en Belgique : 00 32 ; le Luxembourg : 00 352 ; la Suisse : 00 41 ; le Québec : 00 514.

L'enseigne de la Poste, pour bien la repérer.

Appels locaux

Les numéros comptent **10 chiffres** et commencent toujours par un **2** pour les postes fixes. On ne se préoccupe donc plus des indicatifs de ville ou de région, qui sont désormais inclus dans le numéro lui-même. Pour appeler un correspondant, quel que soit l'endroit où vous vous trouvez, vous devez composer tous les chiffres fournis (même si, par habitude, on sépare encore parfois l'indicatif par des parenthèses).

Depuis janvier 2003, les **numéros de portable** sont précédés d'un **6** au lieu du 0 qui existait auparavant (on les distingue ainsi des numéros fixes commençant par un 2). Si vous appelez ces numéros de l'étranger, composez le **00 30** pour la Grèce, puis le numéro de votre correspondant.

Renseignements téléphoniques

Pour tous les services d'OTE : ☏ 134.
Services du Bottin à Athènes et en Attique : ☏ 131.
Pour le reste de la Grèce : ☏ 132.

Télégrammes : 🖋 136.
Pour obtenir les indicatifs
internationaux (en anglais, en
français) : 🖋 169.

DÉSAGRÉMENTS

Si la Grèce est un pays très accueillant,
il y a, comme dans toutes les
destinations touristiques, quelques
règles de prudence à observer. Ainsi,
à Athènes, évitez de vous promener
seul, à pied et de nuit, dans les
quartiers de Monastiraki, d'Omonia
et près des gares. On note une
recrudescence des vols à la tire dans
la capitale. Pensez à photocopier
votre passeport et vos billets d'avion
et à les laisser à l'hôtel. Dans ce pays
méditerranéen, en observant une
certaine réserve vestimentaire, les
femmes seules peuvent voyager sans
problème.

JOURS FÉRIÉS

1er janvier – Jour de l'An.

6 janvier – Épiphanie. Bénédiction
de la mer. Dans tous les ports, petits
et grands, les jeunes gens plongent
pour repêcher la croix qui y est
solennellement jetée par le pope.

Lundi Pur – *Katathara Deftera*, 49 jours
avant la Pâque orthodoxe (variable),
le premier lundi de Carême.

25 mars – Jour de l'Indépendance et
fête de l'Annonciation, défilé militaire
à Athènes et Thessalonique, défilé des
écoles dans toute la Grèce.

Pâques – Le Vendredi saint, une
procession parcourt certaines villes.
La Résurrection est célébrée dès le
samedi soir à minuit par des feux
d'artifice. Le dimanche, on déguste
le traditionnel agneau à la broche.
Le lundi est également férié.

Partie de jacquet au kafénion.

1er mai – Fête du travail.

Pentecôte – 50 jours après Pâques.
Le lundi est férié.

15 août – Assomption.

28 octobre – Fête du Ochi, le « Non »,
rejet de l'ultimatum italien de 1940.
Défilé militaire.

25-26 décembre – Noël.

SANTÉ

En été, attention aux **insolations** et à
la déshydratation car il peut y avoir des
journées caniculaires. Pensez à vous
protéger la tête et les épaules et évitez
les expositions prolongées aux heures
les plus chaudes (de midi à 16h). L'eau
est potable partout mais parfois
apportée en citerne aux endroits les
plus arides. Veillez à ne pas la gaspiller.
Les **pharmacies** sont généralement
ouvertes du lundi au samedi matin,
de 8h à 14h et de 17h à 19h. Dans les
centres touristiques, on y parle anglais.
Un numéro de téléphone pour des
informations médicales en anglais :
🖋 210 898 31 46.
S'il est interdit de fumer dans les
lieux publics et les transports en
commun, les fumeurs sont largement
majoritaires en Grèce où les cigarettes
sont moins chères. Sur les bateaux,
le coin non-fumeurs est généralement
constitué de quatre fauteuils perdus
dans un salon enfumé et dans les cars,
il n'est pas rare que le chauffeur fume
abondamment…

SHOPPING

Les **horaires** des commerces sont
compliqués et variables d'un lieu à
l'autre.
– En **ville**, les magasins sont ouverts
en général les lundi et vendredi
de 8h30 à 15h (attention donc à la
fermeture l'après-midi), les mardi,
jeudi et vendredi de 8h30 à 15h et
de 17h à 20h, le samedi de 8h à 15h.
Le dimanche, les pâtissiers (donc de
nombreux boulangers) et les cavistes
(vins, spiritueux, soda, glaces, etc.)
sont ouverts, pour certains jusque vers
20h.
– Dans les **villages touristiques** des
îles, les horaires sont très variables.
En été, certains magasins sont parfois
ouverts sans interruption de 10h à
22h (parfois 23h) tous les jours de la
semaine.
À toute heure du jour et une partie
de la nuit, vous trouverez de grandes

vitrines réfrigérées installées devant les restaurants, cafés, kiosques, magasins. Elles contiennent des boissons en tous genres, alcoolisées ou non, notamment de grandes bouteilles d'eau minérale (pour des prix à peine plus élevés que dans les supermarchés).

Kiosques – Élément capital de la vie quotidienne grecque, vous trouverez toujours au moins un kiosque, ou *periptero,* ouvert dans votre quartier. En marge de leur activité principale (vente de tabac, tickets de bus, journaux, boissons fraîches, friandises et gâteaux secs), la plupart d'entre eux vendent toutes sortes d'articles de première nécessité : aspirine, timbres et enveloppes, cartes téléphoniques, pellicules photographiques, préservatifs, shampoing…

Marchandage – Vous risqueriez de froisser vos interlocuteurs en tentant de le faire. Vous pouvez cependant discuter du montant d'un article dans les magasins touristiques, chez les bijoutiers et les orfèvres, si le prix n'est pas affiché et qu'il est élevé.

US ET COUTUMES

Gestes

En Méditerranéen passionné, le Grec parle avec les mains, soulignant les temps forts d'un roulement de *komboloi*… Pour signifier un « non », il relèvera la tête, ou seulement les yeux, en claquant la langue. Pour dire « oui », il fera en revanche un mouvement de recul en baissant un peu la tête pour marquer l'évidence de son accord. Attention, une main levée aux doigts écartés est perçue comme une insulte.

Lieux

Le café *(kafenion)*, véritable institution de la vie quotidienne, est encore bien souvent un bastion strictement masculin où il vaut mieux pour les voyageuses, parfois même accompagnées, s'attabler en terrasse pour éviter un silence aussi pesant que prolongé.

Certains monastères (notamment au Mont Áthos) sont totalement interdits aux femmes. Les Grecs sont particulièrement regardants sur la tenue pour entrer dans les lieux saints.

Pourboire

On ne vous réclamera jamais de pourboire mais il est d'usage de laisser quelque chose au café ou au

Le compagnon du Grec : le « komboloï ».

Phototravellers / MICHELIN

restaurant (en plus du couvert). À l'égard des chauffeurs de taxi, l'habitude est d'arrondir à leur avantage.

Vœux

Chaque début de semaine, de mois ou de saison a son vœu tout comme chaque occasion de la vie quotidienne et, si vous comprenez un peu la langue, vous en serez étonné. Et ne vous formalisez pas de voir les Grecs cracher si vous faites trop de compliments à un bébé, c'est pour conjurer le *mati*, le mauvais œil qu'ils redoutent.

Visiter

GRATUITÉ

Sachez que le **6 mars** (Journée Mélina Mercouri), le **18 avril** (Journée internationale des monuments), le **18 mai** (Journée internationale des musées) et le **5 juin** (Journée internationale de l'environnement), les musées et les monuments sont gratuits.

C'est également le cas tous les **dimanches** du 1er novembre au 31 mars, le **dernier week-end de septembre** et le **premier dimanche de chaque mois** (sauf de juillet à septembre).

HORAIRES DE VISITE

Dans la partie descriptive du guide, les conditions de visite des monuments sont précisées. Ces informations sont données à titre indicatif dans la mesure où les prix peuvent varier et les horaires être modifiés pour diverses raisons. Les horaires fournis correspondent aux horaires d'été, valables d'avril à octobre ; en hiver, ils sont souvent plus restreints.

Musées et sites

En règle générale, les sites et les musées archéologiques ouvrent d'avril à octobre à 8h et ferment soit à 15h soit à 19h. De novembre à fin mars, ils ouvrent à 8h30 et ferment à 15h. Le **lundi** est le jour habituel de fermeture, mais beaucoup de grands centres touristiques sont ouverts tous les jours, à l'exception des jours fériés. Pour avoir des précisions, vous pouvez consulter le site du ministère grec de la Culture : *www.culture.gr*.

Églises

Les églises où les popes célèbrent quotidiennement la liturgie sont ouvertes dans la matinée et parfois en fin d'après-midi ou le soir, les plus importantes restant ouvertes toute la journée. En revanche, les innombrables chapelles qui peuplent les campagnes et les villes grecques sont le plus souvent fermées. C'est aussi le cas de certaines églises et de certains monastères qui présentent une valeur historique.

Les *panegiri* (fêtes religieuses ou villageoises) sont l'occasion de découvrir ces édifices. Sinon, n'hésitez à demander à l'office de tourisme local ou à un commerçant s'il y a un gardien et s'il peut vous ouvrir l'édifice. Ce sera toujours avec plaisir que l'on vous présentera les merveilles du lieu…

Voyager en famille

Les Grecs adorent les enfants et vous serez toujours très bien accueilli pour des vacances en famille (même très nombreuse). Dès que l'on quitte Athènes, on voit d'ailleurs des enfants partout et jusque tard à table dans les restaurants avec leurs parents.

Si la plupart des hôtels ne vous refuseront jamais un lit en plus, la solution idéale et économique reste la location d'un studio *(voir p. 22)*. Ils sont généralement propres et bien équipés.

Toutefois, se déplacer en Grèce avec les enfants n'est pas forcément évident, surtout sur le continent. En effet, les distances sont parfois importantes, la chaleur étouffante et l'attente des bus ou des trains peut se prolonger… Mais si vous pouvez louer une voiture, ce sera bien plus agréable. Une solution de vacances en Grèce en famille peut consister à choisir une île bien desservie par les ferries, d'y louer un studio, et, de là, d'en explorer une ou deux autres…

Dans les pages de ce guide, nous vous signalons les attractions particulièrement adaptées aux enfants. Mais dès juin, la visite des grands sites archéologiques peut s'avérer éprouvante pour eux en raison de la chaleur. Veillez donc toujours à emporter suffisamment d'eau, des chapeaux et de la crème solaire.

👪 SITES OU ACTIVITÉS À FAIRE EN FAMILLE			
Chapitre du guide	**Nature**	**Musée**	**Loisirs**
Argolide			Baignade et traversée en barque vers les îles du golfe Saronique
Athènes	Zoo du Jardin national	Musées des Instruments de musique et du Folklore	L'Acropole
Kalamáta			Parcs d'attractions nautiques
Le Magne	Grottes de Díros		
Pátra			Petit train à crémaillère des gorges du Vouraïkos
Pýlos	Lagune de Giálova		
Crète	Tour en bateau pour observer les dauphins (Palaiochóra)	Balade en calèche dans la ville et tour en mer dans un bateau à fond transparent (Chaniá)	Site de Knosós (Héraklion)
Cyclades		Sanctuaire d'Apollon à Délos	Baignade à Ándros et Náxos
Sporades	Parc national marin d'Alónnisos		

our les bonnes petites adresses, suivez le guide.

Pour dénicher les meilleures petites adresses du moment, découvrez les nouveaux Bib Gourmands du Guide Michelin pour de bonnes tables à petits prix. Avec 45 000 adresses de restaurants et d'hôtels en Europe dans toutes les catégories de confort et de prix, le bon plan n'est jamais loin.

MICHELIN
Une meilleure façon d'avancer

Lexique

SE FAIRE COMPRENDRE

Dans les lieux les plus touristiques, les échanges se font facilement en anglais. Voici toutefois un échantillon des termes les plus courants. Reportez-vous à la page 33 pour connaître la prononciation de la translittération présentée ici.

MOTS USUELS

oui, non	nai, óchi
bonjour	kaliméra
bonsoir	kalispéra
bonne nuit	kalin´ychta
au revoir	geia sas, antío
Monsieur	k´yrie
Madame	kyría
Mademoiselle!	despoinís
d'accord	entáxei
s'il vous plaît	parakaló
merci (beaucoup)	efcharistó (pol´y)
je vous en prie	parakaló
excusez-moi	me synchoreíte
pardon	sygnómi
attention	prosochí
obligatoire	ypochreotikó
interdit	apagorevménos
le matin	to proï
le midi	to mesiméri
après-midi	to apógevma
soir	to vrády
nuit	i n´ychta
plus	perissótero
moins	ligótero
où?	poú
quand?	póte
combien?	póso
cher	akrivos
bon marché	ftinós
assez	arketá
beaucoup, très, trop	pol´y
avec, sans	me, chorís
(un) peu	lígo
avez-vous?	échete
petit, grand	mikró, megálo
chaud, froid	zestó, kr´yo
je ne comprends pas	den katalavaíno
combien de temps?	pósi óra
hier	chthes
aujourd'hui	símera
demain	ávrio
après-demain	methávrio

TRANSPORTS

billet, ticket	to eisitírio
à quelle heure part?	ti óra févgei
à quelle heure arrive?	ti óra ftánei
où va?	pou páei
train	to tréno
bus, car	to leoforeío
bateau	to ploío, to karávi
avion	to aeropláno
bicyclette	to podílato
la route (pour)	o drómos (gia)
sentier	to monopáti
bon (mauvais)	kalós (kakós)
dangereux	epikíndynos
en avant	emprós
en arrière	píso
en haut, en bas	páno, káto
station-service	pratírio venzínis
essence	venzíni
gare routière	o stathmós ton leoforeío
gare de chemin fer	o stathmós
port	to limáni
aéroport	to aerodrómio
arrêt	i stási
terminus	to térma
premier, dernier	próto, teleftaío
prochain	epómeno
mobylette	motopodílato
à gauche	aristerá
à droite	dexiá
tout droit	eftheía
ici	edó
là-bas	ekeí
à côté	dípla
en face	apénanti
centre	to kéntro
rue	i odós
avenue	i leofóros
place	i plateía
garage	to gkaráz
entrée, sortie	i eísodos, i exodos

SERVICES

où sont les toilettes?	pou eínai oi toualétes
téléphone	to tiléfono
banque	i trápeza
poste	to tachydromeío
lettre	to grámma
carte de crédit	pistotikí kárta
pharmacie	to farmakeío
hôpital	to nosokomeío
médecin	o giatrós
timbre	to grammatósimo
passeport	to diavatírio
carte d'identité	i taftótita
carte de téléphone	tilefonikí kárta
hôtel	to xenodocheío
restaurant	to estiatório
ouvert/fermé	anoichtó/ kleistó
le petit-déjeuner	to proïnó
eau/verre d'eau	neró/potíri neró
police	i astynomía

TOURISME

antiquités, ruines	ta archaía
cathédrale	i mitrópoli
château, citadelle	to kástro, to froúrio
église, chapelle	i ekklisía
fleuve, rivière	o pótamós
fresques	oi toichografíes
grotte	to spílaio
île (îles)	to nisí (ta nisiá)
lac	i límni
mer	i thálassa
monastère	i moní, to monastíri
monument	to mnimeío
montagne	to vounó, to óros
mosaïques	oi psifidotés
mosquée	to tzamí
moulin	o m´ylos
musée	to mouseío
plage	i aktí, i paralía
saint, sainte	ágios, agía
statue	to ágalma
temple, sanctuaire	o naós, to ieró
tour	o p´yrgos
ville haute	i akrópoli
vue	to théama

CHIFFRES ET NOMBRES

1, un, une	éna, mía
2	d´yo
3	tría
4	téssera
5	pénte
6	éxi
7	eptá
8	októ
9	ennéa
10	déka
11	énteka
12	dódeka
13	dekatría
14	dekatéssera
15	dekapénte
16	dekaéxi
17	dekaeptá
18	dekaoktó
19	dekaennéa
20	eíkosi
21	eíkosi éna
22	eíkosi d´yo
23	eíkosi tría (etc.)
30	triánta
40	saránta
50	penínta
60	exínta
70	evdomínta
80	ogdónta
90	enenínta
100	ekató
101	ekatón éna (etc.)
200	diakósia
300	triakósia
400	tetrakósia
500	pentakósia
600	exakósia
700	eptakósia
800	oktakósia
900	enneakósia
1 000	chília
10 000	déka chiliádes

Alphabet

TRANSCRIPTION

La particularité de l'alphabet grec et la nécessité pour la Grèce de s'adapter à ses nombreux visiteurs ont rendu indispensable, depuis une trentaine d'années, l'usage de transcriptions en alphabet latin pour les toponymes.

Les tentatives de translittération furent aussi diverses que foisonnantes et c'est dans un souci de clarté et d'unification que l'État grec a adopté en 1999 une norme unique et valable au niveau international, la norme Elot 743.

Dans la pratique, cette harmonisation s'effectue à plusieurs vitesses : il n'est pas rare de trouver sur place des modes de translittération plus anciens et de découvrir deux orthographes différentes selon que l'on se trouve d'un côté ou de l'autre d'une même place.

Le Guide Vert s'est efforcé de respecter la norme Elot 743 pour tous les noms des villes décrites, tout en conservant d'anciennes transcriptions pour les noms de rues et de curiosités qui, sur place, ne sont pas encore harmonisés.

Nota bene : le grec est une langue à accent tonique ; les accents reportés sur les textes descriptifs du guide ont de l'importance dans la prononciation.

PRONONCIATION

Attention à la prononciation : la norme Elot 743 est plus fidèle à la graphie qu'à la phonétique.

Lorsque vous voyez *Leipsoi*, la bonne prononciation est « Lipsi », *Paroikia* se dit « Parikia ».

Retenez qu'il y a en grec moderne cinq façons différentes d'écrire le son « i », dont quatre transcriptions différentes selon la norme Elot : i, y, ei, oi *(voir tableau page suivante)*.

TRANSCRIPTION		
Lettre ou groupe de lettres	**Transcription Elot 743/autre transcription possible**	**Prononciation particulière**
A α	a	
B β	v	
Γ γ	g	devant a, o, etc. : g guttural (proche de notre « r » grasseyé) ; devant les sons « i » et « è » : équivalent à notre « y »
Δ δ	d	« th » doux comme l'article anglais the
E ε	e	è
Z ζ	z	
H η	i	
Θ θ	th	« th » dur comme le verbe anglais think
I ι	i	
K κ	k	
Λ λ	l	
M μ	m	
N ν	n	
Ξ ξ	x	« ks » comme dans taxi
O o	o	
Π π	p	
P ρ	r	« r » roulé
Σ σ – ς	s/ss	toujours son dur « ss », même au milieu d'un mot.
T τ	t	
Y υ	y/i	
Φ φ	f/ph	
X χ	ch/h	devant a, o, etc. : « ch » dur comme dans l'allemand achtung, « r » du fond de la gorge ; devant i et e : « ch » doux comme dans l'allemand ich
Ψ ψ	ps	
Ω ω	o	
αι	ai/e	è
αυ	av, af *	*selon ce qui suit
γ + γ, κ, ξ, χ	n + g, k, x, ch	ng comme dans parking, nk, nx, nch
ει	ei/i	i
ευ	ev, ef, eu*	*selon ce qui suit
ηυ	iv, if *	*selon ce qui suit
μπ début ou fin de mot	b	
μπ milieu de mot	mp	mb
ντ	nt	nd
οι	oi	i
ου	ou	« ou » comme dans bijou

NOUVEAU Guide Vert Michelin : élargissez l'horizon de vos vacances

- *Nouvelle couverture*
- *Nouvelle présentation intérieure*
- *Nouvelles informations*
- *Nouvelles destinations*

À FAIRE ET À VOIR

Activités sportives

Vacances en Grèce riment presque toujours avec sites antiques, soleil et plage, ou une croisière en voilier… C'est oublier trop souvent que la Grèce est un pays montagneux, connaissant les rigueurs de l'hiver, et que ses sommets, à commencer par le plus célèbre d'entre tous, l'Olympe, peuvent se parer d'un blanc manteau.

Dans certaines régions ou îles, l'office de tourisme local délivre une carte des activités sportives des environs. Pour les sports très spécifiques, comme le ski, le golf, la randonnée en montagne ou la spéléologie (la Grèce possède un très grand nombre de sites, qui ont déjà leurs adeptes), renseignez-vous auprès des fédérations.

CANOË-KAYAK

Plusieurs organismes proposent des séjours organisés, par exemple, au lac de Kremasta ou au lac Plastira, en Thessalie. Pour de plus amples informations, s'adresser à la Fédération de canoë-kayak ou à des organismes spécialisés, tels que **Trekking Hellas** à Athènes – *7 odos Filellinon - Syntagma - 📞 21033 103 23 - fax 21032 345 48 - www.trekking.gr (en anglais)*.

Le kayak de mer est un moyen simple et écologique de découvrir les îles. Reportez-vous à nos adresses dans les « carnets pratiques ».

GOLF

Les amateurs pourront jouer à Corfou, Rhodes, Glýfada et Porto Karras. Pour obtenir des informations, adressez-vous à la Fédération hellénique de golf établie à Glýfada, dans la banlieue d'Athènes – *📞 21089 457 27 - fax 21089 451 62*. Quatre propositions de séjours par l'agence **Héliades** à Aix-en-Provence – *📞 0 892 231 523 (0,34 €/mn) - www.heliades.fr*.

PLAGES

De gros efforts ont été fournis au cours des dernières années pour assurer la propreté des plages grecques, et leur qualité s'est considérablement améliorée. Résultat : la grande majorité bénéficie désormais du fameux « pavillon bleu européen », gage de propreté des eaux et de bonne gestion environnementale. Vous pouvez en obtenir le détail sur le site *www.blueflg.org/Map-Greece.asp*.

Dans les **Cyclades**, Ándros, Íos, Mýkonos, Mílos, Náxos et Santorin possèdent de très belles plages. Les îles ioniennes possèdent des plages magnifiques, de sable ou de galets, notamment à **Corfou**. Katsiki et Kathisma à **Leucade**, Mirtos à **Céphalonie**, sont considérées parmi les plus belles plages de Grèce. Dans le Dodécanèse, c'est à **Kos** et à **Rhodes** qu'il faut aller. Pour les Sporades, le mieux reste **Skíathos** et dans le nord de l'Egée, **Lésvos**. Près d'Athènes, c'est à **Eubée**, **Glýfada**, au **Cap Sounion** et dans les **îles du golfe Saronique** que vous pourrez vous baigner.

Pour plus de détails sur les plages, consultez le site *www.thalassa.gr (en anglais)*.

Amoureux de la nature

Dans tous les cas, soyez respectueux des paysages traversés : admirez la richesse de la fragile flore des îles mais ne cueillez rien, remportez vos détritus avec vous et, lorsque vous traversez des enclos, même si aucun animal n'est en vue, refermez toujours la barrière derrière vous.

PROMENADES TOURISTIQUES

Signalons deux parcours pittoresques : la **ligne de Kalávryta** (Péloponnèse) par un chemin de fer à crémaillère, et la **voie « aérienne » de Leivadeiá à Lamía** que ponctuent d'impressionnants viaducs.

RAFTING

Des sorties d'une durée variable sur les différentes rivières du pays, des descentes plus au moins faciles, doublées de cours théoriques et pratiques sur le terrain sont de plus en plus souvent organisées. Les sites les plus recherchés se situent dans le nome d'Evritania (région de Karpenissi), à Grevena et à Arachto. S'adresser également à l'agence **Trekking-Hellas**.

RANDONNÉE-ESCALADE

La Grèce regorge de sentiers, de forêts, de lacs et de parcs naturels (surtout dans le nord, un peu moins dans les îles) qui se prêtent à la marche pour tous les niveaux. Attention à la chaleur en été, et pensez à prendre de bonnes réserves d'eau.

La **Fédération des clubs alpins** – *5 odos Milioni - 10673 Athènes -* ☏ *21036 459 04 - fax 21036 446 87*, peut vous fournir la liste des refuges de montagne et des cartes des sentiers de randonnée (*voir les agences spécialisées, p. 12*).

Les plus sportifs entreprendront d'escalader les falaises des îles de la mer Égée (voies équipées à Chíos, Mílos, Kálymnos, Mýkonos, etc.), les parois du pic de Kofinas en Crète, voire même se hisser sur un rocher des Météores ! Bon nombre d'associations organisent des itinéraires plus ou moins faciles selon la composition du groupe de participants. Plusieurs agences proposent également des excursions d'une journée ou des séjours plus longs.

Contacter : **Trekking-Hellas.**

SKI

Le climat continental qui règne sur les Balkans favorise la chute de neige sur les chaînes macédoniennes et par conséquent l'implantation sur leurs pentes de stations de sports d'hiver, que l'on peut trouver jusque dans le Péloponnèse.

Le ski connaît un essor croissant, mais les stations sont encore loin de fournir les prestations des grandes stations alpines. Elles sont néanmoins de qualité et relativement bon marché malgré un équipement hôtelier encore insuffisant.

Pour tout renseignement, s'adresser à la **Fédération hellénique de ski** à Athènes, *7 odos. Karargiorgi Servias,* ☏ *21032 301 82.*

SPORTS NAUTIQUES

Les amateurs auront le choix entre la planche à voile (les vents étant fréquents dans les îles), le ski nautique ou encore le jet-ski. Les meilleurs spots de surf se trouvent à Páros. Inutile de vous encombrer de votre matériel, les clubs locaux assurent la location, notamment à Náxos, Mýkonos et Santorin.

Les fonds marins de la Méditerranée ont parfois l'attrait des mers tropicales (*Le Grand Bleu* a été en grande partie tourné dans les Cyclades). Les agences locales disposent de tout l'équipement et de moniteurs certifiés.

Consultez l'agence **Blue Lagoon** – *81 r. St-Lazare - 75009 Paris -* ☏ *01 44 63 64 10 et 45 r. Montgrand - 13006 Marseille -* ☏ *04 91 55 84 94 - www.blue-lagoon.fr.*

Escale paisible dans les îles ioniennes.

YACHTING

La navigation de plaisance est l'un des moyens les plus agréables pour explorer les côtes et les îles grecques. En pleine expansion, ce style de tourisme se heurte aujourd'hui à des difficultés liées à des capacités d'accueil insuffisantes dans les ports et les marinas qui sont pris d'assaut en saison. Attention, les conditions climatiques (notamment les vents) sont très changeantes en mer Égée.

Vous pouvez vous renseigner aux adresses suivantes :

Air Sud Découvertes – *25 bd Sébastopol - 75001 Paris -* ☏ *01 40 41 66 66 – et* **Moorings** – *64 r. J.-J.-Rousseau - 75001 Paris -* ☏ *01 53 00 30 30 - www.moorings. com –* proposent des forfaits de croisières en voilier ou en bateau à moteur et des locations de yacht. Voir aussi les sites *www.vcomvoile.tm.fr* et *www.yachtingreece.gr.*

Hellenic Professionnal Yacht Owners – *marina de Zea (Le Pirée) -* ☏ *21045 263 35 - fax 21042 804 65.*

Escale Yachting – *Denis Kyriazis - Thisseos 4 - Ermoupoli 84100 - Syros -* ☏ *22810 861 84 - fax 22810 861 86 - info@escaleyachting.com.*

Que rapporter

S'il n'existe pas de grande tradition artisanale grecque, on trouve néanmoins des objets intéressants et certains commerçants ont su adapter avec goût quelques créations régionales au goût des étrangers. Mais il faut bien chercher car la plupart des articles estampillés « traditionnels » sont destinés exclusivement aux touristes et ne proviennent pas forcément d'artisans locaux.

LES BIJOUX

Dans les années 1950, **Ilias Lalounis** innove dans la création de bijoux en copiant des objets précieux de l'Antiquité. Sous son patronage, une école et des ateliers sont fondés pour former de nouveaux artisans aux techniques séculaires du travail de l'or et il possède même son musée (voir p. 131). De merveilleuses pièces inspirées des civilisations minoenne, macédonienne, grecque classique et byzantine sortent encore de ces ateliers (et à présent de chez d'autres joailliers). S'il n'est pas toujours facile de faire la différence entre les productions artisanales et industrielles, les écarts de tarifs devraient vous donner une indication. Dans les quartiers touristiques, les boutiques proposent un large éventail de pièces d'orfèvrerie, de bijoux et de breloques, souvent de belles copies d'ancien ou de moderne. Même si elles ne sont pas réalisées par un artisan, ces parures en or présentent un bon rapport qualité-prix.

LE CUIR ET LA FOURRURE

On travaille le cuir dans les régions du **nord de la Grèce**. Sacs à main, à dos ou de voyage, besaces, chaussures, sandales ou ceintures sont également proposés à des prix intéressants dans tous les lieux touristiques. Au cours de votre séjour, vous serez peut-être étonné par le nombre impressionnant de magasins de fourrure dans le nord, et notamment à **Kastoriá**.

LES TAPIS ET LES TISSAGES

La plupart des tapis, issus de la tradition ottomane, sont tissés mécaniquement dans les usines de la région de **Thessalonique**. En revanche, certaines étoffes de **Crète**, de **Delphes** ou de l'**Épire** méritent une attention particulière pour le tissage et les motifs (à rayures ou à carreaux), inchangés depuis plusieurs générations. Jadis, les jeunes filles préparaient leur trousseau en brodant des *kendimata*, étoffes aux motifs colorés représentant des fleurs, des animaux, des paysages marins ou champêtres et des thèmes inspirés de la mythologie. On peut encore dénicher des chefs-d'œuvre dans quelques rares villages éloignés des circuits touristiques classiques, dans le **nord de la Grèce** ou à **Karpathos**, dans le Dodécanèse.

LES OBJETS USUELS

Vous pourrez rapporter des **tavli** (jacquet d'origine ottomane), des **flitzanakia** (petites tasses à café de porcelaine blanche), des **kéramika** (pot, pichet ou tout autre objet en céramique originaire de Sifnos, Rhodes et des îles avoisinantes), des **bouzoukia** (mandolines à long manche) ou enfin les fameux **komboloï** (courts chapelets que les Grecs égrènent à tout moment).

LES SPÉCIALITÉS CULINAIRES

Les gourmands et les gourmets trouveront toutes sortes de produits à rapporter pour prolonger leur voyage par les saveurs et les parfums du pays : **miel**, **confiture** de figues et de cerises, **pistaches** d'Égine, **muscat** de Samos, ou encore une bouteille d'**ouzo** ou de **retsina**. Sans oublier l'**huile d'olive**, très fruitée, gorgée de soleil, d'exceptionnelle qualité (certains spécialistes prétendent que c'est la meilleure du monde). La plus fameuse, dit-on, est fabriquée en Crète.

LE TRAVAIL DU BOIS

Certaines îles, comme les **Sporades du Nord**, sont réputées pour leurs meubles traditionnels : lits, buffets, coffres (*kassela*), banquettes (*nissiotikoi kanapedes*), vaisseliers (*piatothikia*), tables et chaises, travaillés dans du bois de châtaignier, d'arbre fruitier, de chêne ou d'acajou, composent un « mobilier des îles » inspiré de l'art anglais. Dans le Péloponnèse, la ville de **Vytína** (sur la route de Tripoli à Olympie) est connue pour ses objets en noyer, en cerisier ou en pin. On trouve aussi bien des barrettes que des saladiers, des planches à pain ou encore les populaires pichets à eau.

a. Parc Güell (Barcelone)?
b. Parc de la Villette (Paris)?
c. Jardin de Tivoli (Copenhague)?

Vous ne savez pas quelle case cocher

Alors plongez-vous da[ns]
le Guide Vert Michelin

- tout ce qu'il faut voir et faire sur place
- les meilleurs itinéraires
- de nombreux conseils pratiques
- toutes les bonnes adresses

Le Guide Vert Michelin,
l'esprit de découverte

Événements

De nombreuses manifestations en tous genres, culturelles, laïques ou religieuses, se déroulent tout au long de l'année.

En marge des festivals d'été, notamment de danse et de théâtre, ou des grandes fêtes religieuses comme le 15 août, chaque village célèbre ses saints au cours de joyeuses *panegiri* (fêtes saintes).

Nous en citons certaines ici, d'autres sont indiquées dans les carnets pratiques du guide. N'oubliez pas que le repas et la soirée de la fête religieuse ont toujours lieu la veille de la date anniversaire proprement dite (jour de la messe commémorative). Les fêtes orthodoxes, du Carême à la Pentecôte, sont souvent bien plus fastueuses que celles de l'Europe occidentale.

6 janvier (Épiphanie)

Le Pirée – Bénédiction de la mer et immersion d'une croix, repêchée par des nageurs.

6 au 8 janvier

Kastoriá – Carnaval à l'occasion des Ragoutsaria.

Février-mars

Pátra – Carnaval, le plus important de Grèce : défilé de chars.

Athènes – Carnaval masqué et déguisé.

Skáros – Carnaval, défilé et danses folkloriques.

Náousa (Macédoine) – Carnaval des Boules, danseurs masqués.

Lundi gras

Athènes – Chants et danses populaires près du temple de Zeus ; concours de cerfs-volants.

Dimanche des Rameaux et Samedi saint

Corfou – Procession en l'honneur de saint Spiridon.

Vendredi saint

Toute la Grèce – Procession de l'Epitafios (image du Christ).

Dimanche de Pâques

Dans toute la Grèce – Messes de minuit en plein air.

Semaine de Pâques

Kálymnos – Danses masculines de la Voriatiki (vent du nord).

Mégara (Attique) – Danses traditionnelles.

23 avril (Saint Georges)

Skála (Céphalonie) – Courses des anciens, des jeunes filles et d'ânes déguisés.

Aráchova – Fêtes dès le 22 avril au soir et pendant trois jours (procession, banquets, danses folkloriques et « course des vieux »).

Mai

Lésvos – Sacrifices d'animaux, courses de chevaux, danses, fêtes religieuses.

21-23 mai

Lagkádas (près de Thessalonique) et Agia Eleni (Serres) – Cérémonies rituelles des Anastenarides qui dansent pieds nus sur la braise en tenant les icônes de saint Constantin et de sainte Hélène.

29 mai

Mýstras – Commémoration de la mort de l'empereur Constantin Paléologue le 29 mai 1453.

Mai à septembre

Athènes – Danses folkloriques Dora Stratou.

Mai-juin et début octobre

Athènes – Festival d'Athènes (théâtre, concerts et ballets).

Samedis et dimanches de fin juin à fin août

Épidaure – Festival de théâtre antique.

Mi-juin à début octobre

Pátra – Festival culturel.

Mi-juillet à septembre

Réthymno – Fête du vin.

Fin juin à fin septembre

Héraklion – Festival culturel.

Juillet-août

Réthymno – Festival de la Renaissance.

Thássos – Festival de drame antique.

Delphes – Manifestations artistiques.

Mont Olympe – Festival théâtral organisé dans le site antique de Dion et dans la forteresse franque de Platamónas.

Juillet-début septembre

Rhodes – Festival du vin.

19 juillet

Toute la Grèce – Pèlerinages aux sommets consacrés à saint Élie.

Août

Leucade – Festival artistique et folklorique.

6 août

Corfou – Procession en barques à l'îlot de Pontikonisi.

11 août

Corfou – Procession en l'honneur de saint Spiridon.

12-15 août

Archanes (Crète) – Festival d'art populaire et dégustation de vins.

15 août

Tínos – Pèlerinage à l'image miraculeuse de la Vierge.

1er dimanche après le 15 août

Portariá (Pélion) – Reconstitution d'un mariage traditionnel.

Skíathos – Procession de l'Epitafios de la Vierge.

Dernier dimanche d'août

Kritsá (Crète) – Reconstitution d'un mariage traditionnel.

Août-septembre

Pátra – Festival du vin.

Dodone – Représentations de théâtre antique.

Ioánnina – Spectacles divers.

Fin août-début septembre

Zante – Rencontres internationales de théâtre médiéval et populaire.

Septembre

Thessalonique – Foire internationale.
Xánthi – Carnaval.

14 septembre

Préveli (Crète) – Fête religieuse de la vraie Croix.

Octobre

Thessalonique – Festival de cinéma.

20 Octobre

Pýlos – La Navarinia, commémoration du combat naval de Navarin.

Octobre et novembre

Thessalonique – Processions de la St-Dimitri. Festival Dimitria.

8 novembre

Arkádi (Crète) – Parade et danses traditionnelles en souvenir du sacrifice des défenseurs du monastère.

21 novembre

Amorgós (Cyclades) – Fête de la Présentation de la Vierge au monastère de la Chozoviótissa.

30 novembre (St-André)

Pátra – Procession en l'honneur de saint André.

24 et 31 décembre

Toute la Grèce – Les enfants chantent, dans les rues, les kalanda.

J. Malburet / MICHELIN

Le beau théâtre d'Hérode Atticus accueille chaque année les spectacles du Festival d'Athènes.

POUR PROLONGER LE VOYAGE

Nos conseils de lecture

HISTOIRE ET CIVILISATION

La Naissance de la Grèce, par Pierre Lévêque, « Découvertes », Gallimard. Un tableau passionnant et en images de la Grèce ancienne.

L'Aventure grecque, par Pierre Lévêque, Armand Colin. Une bonne synthèse de l'histoire de la Grèce ancienne.

Civilisation grecque (archaïque et classique) et *Civilisation hellénistique,* François Chamoux, « Grandes civilisations », Arthaud.

Histoire de la Grèce, par Georges Contogeorgis, « Nations d'Europe », Hatier.

Histoire de l'éducation dans l'Antiquité, par Henri-Irénée Marrou, « Points Histoire », Seuil. L'un des meilleurs tableaux des composantes de la culture grecque ancienne, dans un style simple et didactique.

Le Drame de Byzance, par Alain Ducellier, « Pluriel », Hachette Littératures. Pour ne pas oublier qu'entre la Grèce ancienne et la conquête ottomane, il y a cette grande civilisation encore méconnue.

L'Homme grec, sous la direction de Jean-Pierre Vernant, « Points Histoire », Seuil. Les meilleurs historiens de la discipline se penchent sur cet ancêtre commun à tous les Européens.

Géopolitique de la Grèce, par Georges Prevelakis, Éditions Complexe. Les enjeux de la politique extérieure grecque dans ses grandes lignes.

La Crète/Un peuple résistant, un univers mythique, Grèce/Un théâtre d'ombres, Autrement. Deux ouvrages collectifs et pertinents.

PHILOSOPHIE, THÉÂTRE ET MYTHOLOGIE

Tous les **philosophes** et les **tragiques grecs** sont proposés en traduction avec leur texte original par les éditions Les Belles Lettres. De nombreuses traductions sont également disponibles en poche ou dans la collection « La Pléiade », Gallimard.

Guide de poche des auteurs grecs et latins, par Pierre-Emmanuel Dauzat, Maire-Laurence Desclos, Silvia Milanezi et Jean-François Pradeau, Les Belles Lettres.

Épicure et son école, par Geneviève Rodis-Lewis, « Folio », Gallimard. Excellente présentation de cette philosophie d'une étonnante actualité.

Iliade - Odyssée, Homère, « La Pléiade » ou « Folio Classiques », chez Gallimard, ainsi que l'admirable traduction de Frédéric Mugler aux éditions de La Différence.

Homère, Iliade, par Alessandro Baricco, Albin Michel. Une « adaptation » du célèbre récit par un jeune romancier italien.

La Pensée chatoyante, par Pietro Citati, L'Arpenteur. Une belle lecture des aventures d'Ulysse, le plus célèbre des marins.

L'Univers, les dieux, les hommes, par Jean-Pierre Vernant, Seuil. Une remarquable présentation de la mythologie grecque par l'un de ses spécialistes.

Les Noces de Cadmos et Harmonie, par Roberto Calasso, Gallimard Poche. Le roman de la mythologie grecque.

Œdipe sur la route et *Antigone,* d'Henry Bauchau, « Babel », Actes Sud. Une relecture romanesque et poétique de cette illustre tragédie antique.

LITTÉRATURE GRECQUE

Précis de littérature grecque, par Jacqueline de Romilly, PUF.

Alexis Zorba, Le Christ recrucifié et *La Lettre au Greco,* par Nikos Kazantzakis, Livre de Poche. Des romans et un essai d'autobiographie spirituelle du célèbre écrivain crétois.

Z, par Vassilis Vassilikos, Gallimard Poche. Roman bouillonnant de vie et de générosité, qui constitue un excellent témoignage sur l'histoire politique et sociale de la Grèce au début des années 1960.

Grèce, par Aris Fakinos, Poche, Seuil. Comment peut-on être grec ? La politique au quotidien, etc.

En attendant les barbares, par Constantin Cavafis, « Poésie », Gallimard. Une autre manière de comprendre la Grèce, dans une langue ni moderne ni archaïque.

Poèmes 1933-1955, par Georges Séféris, « Poésie », Gallimard.

Axion esti, Gallimard, et *Les Stèles du Céramique,* L'Échoppe, par Odysséus Élytis. Peut-être le plus grand poète de la Grèce moderne. Une œuvre qui renoue les fils rompus des trois composantes de la culture hellénique : classique, byzantine et moderne.

La Petite Angleterre, par Ioanna Karystiani, Seuil. La Petite Angleterre est le nom que les marins donnent à l'île égéenne d'Andros.

L'Amour dans la neige, par Alexandre Papadiamantis, « Confluences », Hatier. Un recueil de nouvelles de l'un des écrivains grecs les plus fascinants, qui trouve dans le dialecte et la vie quotidienne de l'île de Skiathos des accents universels.

Paris-Athènes, par Vassilis Alexakis, Fayard. Le regard lucide, nostalgique et un peu désabusé d'un écrivain grec, émigré en France, sur la Grèce d'aujourd'hui.

La Marche des Neuf, par Thanassis Valthinos, Actes Sud. Une défaite racontée dans un style évocateur, proche de celui de Dino Buzzati.

Pâques au village, par Antonis Sourounis, Actes Sud. Une fête à Kalamata, un portrait vivant de la Grèce, entre tradition et modernité.

Le Quart, par Nikos Kavvadias, Denoël. Unique roman, ténébreux et fort, de ce poète aventurier.

REGARDS SUR LA GRÈCE

L'Été grec, par Jacques Lacarrière, « Terres Humaines », Plon. Ce récit de voyages effectués entre 1947 et les années 1960 est l'un des rares livres en français qui saisisse la Grèce dans toute sa complexité.

Cinq Filles en Méditerranée, par Marthe Oulié, Ouest-France. En 1925, l'expédition enthousiaste de ces amies, dont Ella Maillart, de Marseille à Athènes en voilier sur les traces d'Homère.

Pour l'amour du grec, par Jacqueline de Romilly et Jean-Pierre Vernant, Bayard. Par deux grands érudits passionnés.

Le Colosse de Maroussi, par Henry Miller, Stock. À la veille de la Seconde Guerre mondiale, l'enthousiasme d'un écrivain américain pour le caractère passionnel du tempérament grec.

La Mandoline du capitaine Corelli, par Louis de Bernières, « Folio », Gallimard. Grand succès d'édition, ce roman épique et humaniste est à sa

L'Hermès de Praxitèle (détail).

manière une histoire flamboyante de Céphalonie.

Citrons acides et L'Île de Prospéro, par Lawrence Durrell, Livre de Poche. L'auteur, grand connaisseur de la Méditerranée, a exploré dans le premier volume la crise anglo-chypriote des années 1950, et évoqué dans le second le charme de Corfou.

La Navigation de Circé, par Sandra Petrignani, Flammarion. Remise au goût du jour de la légende de l'enchanteresse Circé que rencontra Ulysse en son odyssée.

Le Voyage en Grèce, par Hervé Duchêne, « Bouquins », Robert Laffont. Une anthologie des voyageurs en Grèce du Moyen Âge à l'époque contemporaine.

L'Île suspendue, par Jacques Chauvin, Bénévent. La passion amoureuse d'un marcheur pour l'île de Karpathos qu'il sillonne depuis 1994.

Pages grecques, par Michel Déon, Gallimard Poche.

Le Voyage en Grèce, par Raymond Queneau, Gallimard.

BEAUX LIVRES ET ART DE VIVRE

L'Art grec, sous la direction de Pierre Vidal-Naquet, Éditions Citadelles & Mazenod. Une somme.

L'Art grec, par Alain Pasquier et Bernard Holtzmann, Éditions de Réunion des musées nationaux. Bonne présentation par deux passionnés d'archéologie.

La Grèce vue de haut, par Yann Arthus-Bertrand, Éditions de La Martinière. Un splendide album pour découvrir la Grèce comme vous ne la verrez (peut-être) jamais.

L'art de vivre en Grèce, par Suzanne Slesin, Stafford Cliff, Daniel Rozensztroch et Gilles de Chabaneix, Flammarion.

Mézé, la cuisine grecque, par Sarah Maxwell, Könemann.

Grèce gourmande, par Andy Harris, Flammarion.

Bienfaits et délices du régime crétois, par Dominique Laty et Jacques Fricker, Hachette Pratique.

POUR LES ENFANTS

Le Cheval de Troie, par Hélène Kérillis, Hatier.

Icare, l'homme-oiseau. D'après la légende grecque, par Hélène Kérillis, Hatier.

L'Extraordinaire voyage d'Ulysse, par Hélène Kérillis, Hatier.

Les Héros grecs, par Florence Noiville, Actes Sud.

Contes et légendes des héros de la mythologie, par Christian Grenier et Philippe Kailhenn, Nathan Jeunesse.

Contes et légendes des jeux d'Olympie, par Evano, Nathan Jeunesse.

Les Douze Travaux d'Hercule, par Christian Grenier et Philippe Caron, Nathan Jeunesse.

Iliade - Odyssée, Homère, « Étonnants Classiques », GF Flammarion. Avec un dossier jeu.

BANDE DESSINÉE

Astérix aux Jeux olympiques, par Albert Uderzo et René Goscinny, Hachette.

L'Odyssée d'Alix – Le cheval de Troie, par Jacques Martin, Pierre Forni et Christophe Simon, Casterman.

Quelques disques

Hommage à Tsitsanis, Radio France. Pour découvrir le maître du bouzouki dans ses plus belles compositions de *rebetiko,* le blues grec.

Melina Mercouri, Polygram. Probablement l'un des meilleurs enregistrements de la diva grecque à la voix bouleversante.

Greece, a musical odyssey, Putumayo. Belle anthologie des étoiles confirmées ou montantes de la chanson grecque comme Mélinda Aslanidou, George Dalaras ou Glykéria.

Zorba le Grec, EMI. Musique célèbre du grand compositeur Mikis Theodorakis.

FM records édite les plus grands musiciens grecs, *www.fmrecords.net* (en anglais ; disques disponibles chez les disquaires français).

De bonnes anthologies de *musique byzantine ancienne* ou de *chants traditionnels orthodoxes* sont disponibles dans le commerce. On peut citer par exemple *Musiques sacrées,* Ocora Radio France, par l'ensemble T. Vassilikos.

Quelques films en DVD

Zorba le Grec de Michalis Cacoyaniis (1964) avec Anthony Quinn. Cette adaptation du roman de Kazantzakis est un véritable hymne à l'esprit grec !

Jamais le dimanche de Jules Dassin (1960). Dans Le Pirée des années 1950, une prostituée au grand cœur croise le chemin d'un Américain qui cherche à comprendre cette étrange société grecque. Le meilleur film grec de Dassin, qui dirige pour la première fois sa future épouse, Melina Mercouri.

Le Regard d'Ulysse et *L'Éternité et un jour* de Théo Angelopoulos (1997 et 1999). Les films d'Angelopoulos, seule figure du cinéma grec d'aujourd'hui connue et reconnue sur le plan international, sont traversés par des thèmes récurrents : l'identité, les frontières, la mémoire.

Retrouver la Grèce…

CENTRE CULTUREL ET LIBRAIRIE

À **Paris**, le Centre culturel hellénique – *23 r. Galilée - 75116 -* ☎ *01 47 23 39 06* – fournit des informations sur les expositions, manifestations et spectacles. La librairie Desmos – *14 r. Vandamme - 75014 -* ☎ *01 43 20 84 04* – est intéressante pour ses ouvrages sur la langue, la littérature et le tourisme.

À **Marseille**, la Communauté grecque – *1 imp. de la Colline - 13008 -* ☎ *04 91 73 39 51* – est très dynamique.

L'Institut culturel néo-hellénique Solomos – *64 r. St-Savournin - 13001 -* ☎ *04 91 54 19 34* – organise des cours de langue.

À **Nîmes**, l'association Les Argonautes – *4 r. des Marronniers -* ☎ *04 66 38 30 34* – propose également des cours de langues.

Vous trouverez d'autres adresses sur le site de l'**Ambassade de France** – *www.amb-grece.fr.*

LE Guide Vert

Dans la même collection, découvrez aussi :

France
- Alpes du Nord
- Alpes du Sud
- Alsace Lorraine
- Aquitaine
- Auvergne
- Bourgogne
- Bretagne
- Champagne Ardenne
- Châteaux de la Loire
- Corse
- Côte d'Azur
- France
- Franche-Comté Jura
- Île-de-France
- Languedoc Roussillon
- Limousin Berry
- Lyon Drôme Ardèche
- Midi-Pyrénées
- Nord Pas-de-Calais Picardie
- Normandie Cotentin
- Normandie Vallée de la Seine
- Paris
- Pays Basque et Navarre
- Périgord Quercy
- Poitou Charentes Vendée
- Provence

Europe
- Allemagne
- Amsterdam
- Andalousie
- Autriche
- Barcelone et la Catalogne
- Belgique Luxembourg
- Berlin
- Bruxelles
- Budapest et la Hongrie
- Bulgarie
- Croatie
- Écosse
- Espagne
- Florence et la Toscane
- Grande Bretagne
- Grèce
- Hollande
- Irlande
- Italie
- Londres
- Moscou Saint-Pétersbourg
- Pologne
- Portugal
- Prague
- Rome
- Scandinavie
- Sicile
- Suisse
- Venise
- Vienne

Thématiques
- La France sauvage
- Les plus belles îles du littoral français
- Paris Enfants
- Promenades à Paris
- Week-ends aux environs de Paris
- Week-ends dans les vignobles
- Week-ends en Provence

Monde
- Canada
- Égypte
- Maroc
- New York

*Le site grandiose des Météores
avec ses monastères entre ciel et terre.*

H. Champollion / MICHELIN

LA TERRE GRECQUE

La présence conjuguée de la mer et de la montagne, l'importance des presqu'îles et la profondeur de certaines baies constituant de véritables « fjords » donnent à la Grèce une physionomie originale. Ici, aucun rivage n'est très loin d'une montagne, et la mer semble omniprésente, y compris dans les lieux les plus inattendus : lorsque vous avez parcouru les pentes du fameux mont Parnasse et traversé le village d'Aráchova pour gagner le sanctuaire de Delphes, vous êtes loin de vous douter que, depuis celui-ci, vous apercevrez en contrebas les eaux étincelantes du golfe de Corinthe ! Cette alliance de la mer et de la montagne contribue à l'attirance qu'exerce cette terre aux fabuleux monuments antiques sur le voyageur, durablement ébloui par ces paysages ponctués par les feuillages argentés des oliviers aux troncs torturés et par la silhouette élancée des cyprès comme par ces anses paisibles où mouillent quelques barques colorées.

H. Champollion / MICHELIN

Paysages majestueux de l'Épire (Óri Soulíou), dans le nord de la Grèce.

Une péninsule montagneuse

À l'extrémité méridionale de la péninsule balkanique, la Grèce est un pays montagneux dont la superficie de 131 944 km^2 représente environ le quart de celle de la France. 1 000 km séparent Corfou de Kastellórizo, et l'extrémité occidentale de la Crète se trouve à 800 km du nord de la Thrace. L'aspect compartimenté dû à des montagnes aux vallées inextricables, comme l'éparpillement des îles donnent au voyageur une impression d'immensité sans cesse renouvelée.

Culminant à 2 917 m au **mont Olympe**, la Grèce présente un relief vigoureux, morcelé et on ne peut plus complexe. De nombreux sommets dépassent 2 000 m : 2 637 m au Smolikas dans la chaîne du Pinde, 2 457 m au **Parnasse**, 2 456 m au mont Ida en Crète, 2 407 m au Taygète dans le sud du Péloponnèse et, enfin, 2 182 m au Falakro en Macédoine.

Géologiquement, on distingue deux grandes zones. La partie occidentale : une chaîne tertiaire constituée surtout de roches calcaires poreuses au relief particulier et souvent spectaculaire (karst) prolonge les Alpes dinariques des Balkans. Trouée de grottes et de gouffres (les **katavothres**), elle comprend le massif du Pinde et son prolongement (le Parnasse), le Péloponnèse et la Crète. Dans la partie orientale du pays (montagnes de Thrace et de Macédoine, Olympe, Pélion, Eubée), le socle ancien primaire a été bouleversé par d'importants mouvements tectoniques. On y trouve des roches cristallines fréquentes en mer Égée où, selon certains géologues, les îles pourraient être les vestiges d'un continent englouti, la légendaire **Atlantide**. L'activité volcanique s'est manifestée en différentes zones, notamment à Nisyros (Dodécanèse) et Santorin (Cyclades), où eut lieu au 17e s. av. J.-C. une éruption cataclysmique qui pourrait avoir fortement contribué à l'effondrement de la civilisation minoenne.

La Grèce continentale

LA GRÈCE CENTRALE

Comme toutes les autres régions du pays, la Grèce centrale, que poursuit l'île d'Eubée, se caractérise par un relief tourmenté symbolisé par le fameux mont Parnasse, refuge de l'oracle de Delphes. S'étendant entre mer Égée et mer ionienne, limitée au sud-ouest par la profonde échancrure du golfe de Corinthe, elle s'étend du cap Sounion, au sud-est, aux sommets qui la séparent du nord de la Thessalie.

Au cœur de la Grèce historique, l'**Attique** forme un promontoire composé de petits massifs et de plaines plantées de vignes et d'oliviers (mais aujourd'hui assez fortement industrialisées), où la densité de population est assez forte, même en dehors de l'agglomération athénienne. Encadrée de montagnes, la capitale est une cité tentaculaire qui grandit de tous côtés.

Au nord de l'Attique, entre le mont Parnès et ses contreforts, s'étend la **Béotie** dont les villes principales sont Thèbes et Leivadeiá, grands marchés agricoles. Dans la plaine, aux paysages relativement ingrats, on cultive le blé, l'orge, le maïs, tandis que le bassin de Tanagra, à l'est de Thèbes, se spécialise dans les cultures maraîchères. Asséché, le lac Copaïs est maintenant le domaine du coton, une des principales richesses agricoles de la Grèce moderne.

L'île d'**Eubée** suit les contours du continent auquel un pont la relie. Comme le reste du pays, elle est très montagneuse.

La **Phocide** est quant à elle une région de transition entre la Béotie et l'Étolie. Elle s'ouvre avec le massif du Parnasse où se trouve une station de ski, près du village de montagne d'Aráchova, chose qui peut paraître inattendue dans un pays réputé pour son soleil et ses activités maritimes ! Près de là, le lac de barrage du Mornos alimente aujourd'hui en eau la ville d'Athènes. Mais la Phocide est surtout connue pour le sanctuaire d'Apollon à Delphes en contrebas duquel s'étale la « mer d'oliviers » du bassin d'Ámfissa, en bordure du golfe de Corinthe.

L'**Étolie** comprend une zone montagneuse boisée de chênes verts, un immense lac-réservoir, et la vallée de l'Acheloos fertile en oliviers, tabac et primeurs. La scintillante lagune de Mesolóngi donne sur le golfe de Pátra.

Le nord de la Grèce centrale est occupé par les hautes terres boisées de l'Eurytanie, souvent difficiles d'accès. La ville de Karpenísi, dominée par le mont Tymphreste, est établie au cœur de cette région orientée vers l'exploitation forestière. À l'ouest, à la limite de l'Étolie, les eaux retenues de l'Acheloos forment le lac de barrage de Kremasta, gros producteur d'électricité.

Au nord-est de la Phocide, enfin, la **Phtiotide** est une région agricole (coton, riz, céréales) traversée par la belle vallée du Sperchios. Lamía est un centre commerçant animé en même temps qu'un nœud ferroviaire et routier.

LE PÉLOPONNÈSE

Relié à l'Attique par l'isthme de Corinthe que coupe le canal du même nom, le Péloponnèse constitue une grande péninsule montagneuse, compartimentée en bassins intérieurs d'effondrement et en plaines littorales bien irriguées.

Au nord-est s'étend la péninsule de l'**Argolide**, riche en céréales, cultures maraîchères ou fruitières, comme les oranges et les citronniers qui prolifèrent autour de la petite cité d'Argos qui, si Nauplie en est la « capitale » (après avoir été quelques années celle de la Grèce indépendante), lui a donné son nom. Bordant le golfe Saronique, et ses îles dont certaines ne sont séparées du continent que par détroits chenaux, la péninsule, haut lieu de la Grèce antique où se trouvent des centres archéologiques majeurs comme le sanctuaire d'Épidaure ou les citadelles cyclopéennes de Tirynthe et de Mycènes, recèle nombre de petits ports et de minuscules stations balnéaires où il fait bon se poser, comme Néa Epídavros.

Au nord, entre la mer et la montagne, une bande fertile comprenant la **Corinthie** et l'**Achaïe** s'étend le long du golfe de Corinthe, véritable mer intérieure. Les habitants se consacrent à la polyculture : les vignobles exploités pour le vin ou les célèbres raisins secs sont entrecoupés de rangées de légumes ou d'arbres fruitiers. Troisième agglomération de Grèce, Pátra est aussi un grand port.

À l'ouest, dans la plaine d'**Élide**, les exploitations agricoles se consacrent aux cultures céréalières, maraîchères, ou entretiennent vergers et vignobles, dont les produits sont traités dans les conserveries locales.

Le sud se découpe en trois promontoires, dont le plus important prolonge le massif du Taygète : c'est le **Magne**, région calcaire très sauvage. De part et

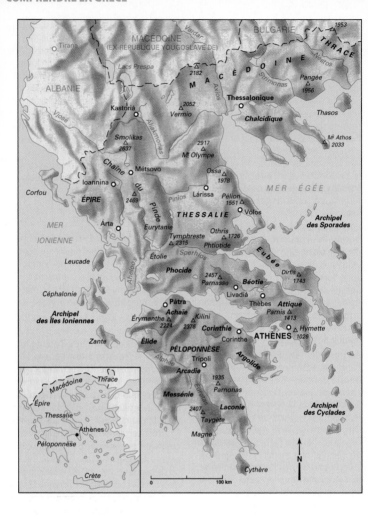

d'autre du Taygète, les plaines alluviales de **Laconie** et de **Messénie** produisent riz, céréales et primeurs. Les figues et les olives de Kalamáta sont réputées pour leur finesse.

À l'intérieur de la péninsule, s'étend le paisible bassin d'**Arcadie**, à l'altitude assez élevée (600 à 800 m), dont le centre est Trípoli.

LA THESSALIE

Les centres principaux de cette région, située au nord-est de la Grèce centrale, sont Lárisa et le port de Vólos.

La région est constituée par un riche bassin agricole drainé par le fleuve Pinios et encadré de hauts sommets : le **Pinde** à l'ouest qui sépare la Thessalie de l'Épire, l'**Olympe** et le **Pélion** à l'est en bordure de la mer Égée, et le **Tymphreste** au sud. Humide et froid en hiver, brûlant en été, ce bassin produit du blé, de l'orge, du maïs, de la betterave à sucre, du coton.

Communiquant avec la Macédoine par les gorges du Tempé qu'empruntent le chemin de fer et l'autoroute, la Thessalie dispose aussi du port de Vólos au pied du massif du Pélion dont les pentes portent pommiers et oliviers. À l'ouest, on découvre des rochers curieusement découpés par l'érosion : il s'agit des fameuses **Météores**. La Thessalie est reliée à l'Épire par la route du col de Katára (1 705 m), le plus haut col routier de Grèce.

L'ÉPIRE

De la Thessalie à la mer Ionienne, au nord-ouest du pays, les montagnes de l'Épire, creusées de vallées et de bassins, offrent des paysages majestueux et sévères. Un climat rude et des communications difficiles ont permis aux habitants de garder longtemps une certaine autonomie à l'époque de la domination ottomane.

Au centre de la province, Ioánnina occupe un beau site sur un lac aux rives verdoyantes qui portent des prairies propres à l'élevage. Au nord-est s'étend le haut pays calcaire des Zagória aux belles maisons de pierre. Au sud, la lumineuse plaine d'Árta face au golfe d'Ambracie est couverte de plantations d'orangers et de rizières, tandis que celle de Préveza se consacre aux primeurs.

LA MACÉDOINE

Cette vaste région du nord de la Grèce, au climat continental, s'allonge de la frontière albanaise à celle de la Bulgarie dont la sépare la chaîne des Rhodopes. Le centre de la province est marqué par l'immense plaine alluviale de l'Axios, ou Vardar, caractérisée par ses files de peupliers, ses canaux, ses anciens marais salants transformés en rizières ou en champs de coton. Plus à l'ouest, en bordure du massif du Vermio, centre de sports d'hiver, les pentes très fertiles sont exploitées depuis l'Antiquité. Des plantations de pommiers, de cerisiers, d'abricotiers, de pêchers, des cultures vivrières et de céréales y prospèrent. Au fond de son golfe s'étale la ville de Thessalonique, capitale de la Macédoine, port important et deuxième centre urbain de Grèce avec 1 million d'habitants.

Au sud de cette métropole, la **Chalcidique** est constituée de trois péninsules boisées dont la plus orientale abrite les monastères du mont Áthos et constitue une région autonome.

Vers Kavála s'étendent des paysages variés : plateaux, massif du Pangée, larges vallées où poussent le tabac, les céréales et la betterave à sucre.

À l'ouest, dans la région austère de Kastoriá, marquée par l'influence ottomane, on trouve de beaux lacs, dont ceux de Préspa, classés parc national, à la frontière de l'Albanie.

LA THRACE

Accordée à la Grèce par le traité de Lausanne en 1923, la Thrace grecque s'étend depuis les versants sud du Rhodope oriental jusqu'à la mer Égée. Elle présente un paysage alternant plaines et collines où l'on produit des céréales ou du coton, tandis que l'on perpétue la culture traditionnelle du tabac sur les flancs des montagnes.

Une minorité musulmane, installée à Komotiní, Alexandroúpoli et Souflí, a conservé l'usage de la langue turque dont l'enseignement est assuré dans les écoles primaires. D'autres musulmans parlent quant à eux le bulgare. Les villages gardent un caractère ottoman très marqué ne serait-ce qu'en raison de leurs minarets (*Voir carte détaillée p. 348*).

Thalassa !
La mer et les îles

Toujours proche, la mer baigne une côte échancrée de criques et de calanques. Non soumise aux marées, transparente et d'une couleur jouant sur toute la gamme des bleus, il lui arrive d'être agitée, mais l'absence de courants et une visibilité le plus souvent excellente favorisent la navigation, activité dans laquelle les Grecs excellent depuis la plus haute Antiquité.

Combien y a-t-il d'îles en Grèce ? Le chiffre atteindrait plusieurs milliers si l'on inclut dans ce décompte tous les îlots rocheux inhabités qui bordent les côtes du pays. Réunies en archipels ou isolées, les îles grecques baignées par une mer étincelante et couvertes de villages blanc et bleu accrochés à des versants escarpés sont incontestablement une des attractions touristiques majeures du pays.

Les parcs nationaux

La Grèce compte dix parcs nationaux où faune et flore sont protégées : lacs Préspa (Macédoine), mont Olympe (Thessalie et Macédoine), chaîne du Pinde (Épire), mont Parnasse (Grèce centrale), cap Sounion (Attique), mont Aínos (île de Céphalonie), gorges de Samaria (Crète), gorges de Vikos (Épire) et le mont Oitis (Phocide). Ce sont des zones naturelles, biotopes d'importance écologique particulière par la flore, la faune ou la géologie. Ils sont pratiquement inhabités. Le camping, la cueillette, la chasse et la circulation à moteur y sont interdits. Comme en France, on distingue pour chacun d'entre eux une zone centrale et une zone périphérique. Leur superficie totale est de 69 000 ha, zone périphérique comprise. Chaque parc a ses caractéristiques : dans les lacs Préspa, par exemple, on dénombre une trentaine d'espèces d'oiseaux rares ; les gorges de Samaria, outre leur splendeur, se distinguent par la présence de chèvres sauvages que l'on ne retrouve nulle part ailleurs en Europe ; sur l'Olympe ou le Parnasse poussent des espèces végétales rares et d'une grande beauté. S'il n'existe pas de parcs nationaux marins, des zones protégées ont été créées autour de quelques îles, comme dans l'archipel des Sporades ou autour de Mílos.

LES ÎLES IONIENNES

Étirées en chapelet dans la mer Ionienne, à l'est du pays, ces îles proches de l'Italie sont aussi latines qu'helléniques. Bien arrosées en automne et en hiver, elles produisent en abondance céréales, olives et fruits. Elles comptent sept îles principales : **Corfou**, Paxos, Leucade, Céphalonie, Ithaque (qu'Ulysse, ou plutôt Homère, rendit célèbre), Zante et, plus au sud, Cythère qui, isolée à la pointe sud du Péloponnèse, est rattachée administrativement à l'Attique.

LES ÎLES DE LA MER ÉGÉE

Si certaines dépendent administrativement du continent (îles du golfe Saronique, Sporades, Thássos, Samothrace), elles n'en constituent pas moins un monde totalement différent du reste de la Grèce. Ces îles s'éparpillent entre la Grèce continentale et la Turquie.

Dans les **Cyclades** et le **Dodécanèse**, les maisons cubiques, d'une blancheur éblouissante, tranchent sur la terre rocheuse et dénudée. Près de la côte turque, le Dodécanèse est constitué de 12 îles (d'où son nom), dont la principale est **Rhodes**.

Situées entre la pointe de l'Attique et la Crète, les Cyclades, constituant à elles seules un département (nome), comportent une vingtaine d'îles principales, dont certaines sont très connues, qu'il s'agisse de **Santorin**, **Mýkonos**, Délos, Náxos ou Páros. Ces petits territoires montagneux aux paysages volcaniques et spectaculaires offrent des plages superbes et des villages adorables qui ont contribué à les sortir de la misère, lorsque l'archipel est devenu un des hauts lieux du tourisme mondial.

Plages bleues

Depuis quelques années, les autorités grecques se montrent plus soucieuses de l'environnement qu'autrefois. Outre la création et l'entretien de parcs naturels, ce souci se traduit par des mesures de prévention destinées à lutter contre les incendies de forêts, souvent dévastateurs en raison de la sécheresse et du terrain accidenté. En outre, des mesures drastiques de lutte contre la pollution, industrielle, notamment, ont permis à de nombreuses plages d'obtenir le label européen du ruban bleu et ce même aux alentours d'Athènes. Vous en trouverez la liste sur le site *www.blueflg.org/Map-Greece.asp*.

Les **îles du nord de l'Égée**, Límnos, Lésvos, Chíos et Sámos, sont de grands territoires plutôt verdoyants et fertiles qui ont conservé une population importante.

LA CRÈTE

Plus grande île de Grèce (sa superficie est comparable à celle de la Corse), la Crète s'allonge d'est en ouest sur plus de 250 km à une centaine de kilomètres au sud des côtes du Péloponnèse. L'île est

Phototravellers./ MICHELIN

Les oliviers crétois au printemps.

dominée par trois massifs montagneux, les Montagnes Blanches, le mont Ida et le Dikti qui tous trois culminent à plus de 2 400 m et plongent abruptement dans les flots sur la côte sud. La partie nord de l'île, en revanche, est relativement plate. L'île compte quelques-unes des plus belles plages de Grèce, certaines évoquant des lagons polynésiens. Héraklion, capitale administrative et économique de l'île est reliée aujourd'hui par avion à Athènes mais aussi aux principales capitales européennes, preuve s'il en était besoin du succès remporté par la Crète auprès des touristes du monde entier…

Villages de Grèce

Dans les montagnes du Nord, les constructions n'ont quasiment pas changé depuis des siècles. Conçues pour se protéger du froid et de la neige, elles présentent un aspect massif, en pierre sombre, avec des toits pentus. Plus près des côtes, les villages deviennent plus avenants, fleuris. En certains endroits, entourés de cyprès, couverts de toits de tuiles romaines, ils évoquent parfois la Provence ou la Toscane.

Mais faut aller dans les îles de la mer Égée pour admirer les plus beaux villages de Grèce. Ces îles présentent un port dans une anse abritée (**skala**), un bourg (**Hora**) construit sur une éminence hors de vue des pirates d'autrefois et un **kastro**, acropole grecque à l'origine, puis citadelle au temps des Vénitiens et des Ottomans. Dans les Cyclades, les villages d'une éclatante blancheur sont striés de ruelles sinueuses et étroites, parfois couvertes, toujours piétonnes. Le dallage constitué de larges pierres grises contraste avec la blancheur des murs.

Des étés brûlants…

En Grèce, l'été est brûlant et l'hiver doux, sauf en montagne. À l'intérieur des terres, surtout dans la partie nord de la Grèce, le climat est plus continental : étouffant en été, frais ou froid en hiver, tandis que certains reliefs subissent des précipitations aussi soudaines que violentes. Les différences de température d'un moment à l'autre de la journée ou à mesure que l'on s'élève peuvent être spectaculaires… La neige est fréquente en altitude de novembre à avril, y compris en Crète.

Les **mers** sont chaudes. On peut se baigner partout entre la mi-avril et octobre. C'est en septembre que la température de l'eau, chauffée par les mois d'été, est la plus élevée.

Une lumière éclatante baigne les îles de la mer Égée placées sous l'influence des vents étésiens, vents du nord. En hiver, c'est le **vorias**, qui devient au printemps

Chaud !

Quelques exemples de températures moyennes (janvier et juillet) : Athènes 12 et 32 ; Corfou 10 et 25 ; Héraklion 11 et 27 ; Lésvos 9 et 26 ; Rhodes 13 et 27.

et en été le **meltem**. En été, il lui arrive d'être extrêmement violent (force 9) et de gêner, voire empêcher, la navigation. Il creuse la mer et déclenche des tempêtes. Toutefois, le meltem rafraîchit l'atmosphère.

Au plaisir des botanistes

La Grèce compte plus de 6 000 espèces végétales, dont près de 600 sont propres au pays.

Au pays de Dionysos, la **vigne** est chargée de soleil, cultivée pour le vin (dans le Péloponnèse, en Attique, en Macédoine, à Samos, en Eubée, en Crète ou à Santorin) ou pour les raisins. Couvrant 186 000 ha, les vignobles bénéficient de la variété des climats et des sols, donnant des vins de table à partir de cépages locaux, tels que le muscat. Dans les plaines et les bassins cultivés, on rencontre des plantations d'arbres domestiques : les emblématiques **oliviers** jusqu'à 600 m d'altitude, orangers, et citronniers, amandiers dans les terres bien protégées, mûriers, figuiers et grenadiers.

ABC des principales plantes grecques

Acanthe : ses feuilles longues, recourbées et très découpées, d'un beau vert, ont été souvent représentées dans l'architecture antique.

Amandier : il est cultivé dans les plaines ou au fond des vallées. Sa floraison rose ou blanche est très précoce.

Bougainvillée : plante grimpante à fleurs groupées aux couleurs brillantes, le plus souvent fuschia. En été, dans les villages des Cyclades, sa floraison est magnifique.

Chêne vert (ou yeuse) : il pousse sur un sol calcaire à moins de 800 m d'altitude Contrairement aux autres chênes, ses feuilles sont persistantes.

Ciste : le feuillage vert sombre contraste avec les fleurs blanches ou roses à pétales séparés.

Genévrier : ses feuilles sont épineuses, et ses baies violacées sont très appréciées des oiseaux (cailles, merles).

Lentisque : son feuillage dense est persistant. Ses petits fruits ronds et rouges virent au noir à maturité. La plante sent une forte odeur de résine. Le fameux lentisque de Chios (île du nord de l'Égée), une sous-espèce, produit du mastic.

Myrte : ses fleurs blanches et ses baies noir-bleu symbolisent la passion amoureuse.

Olivier : il pousse sur les sols calcaires ou siliceux. Son tronc est tourmenté et son feuillage argenté. Arbre de la paix, il est l'un des emblèmes de la Grèce depuis la plus haute Antiquité.

Pin d'Alep : on le trouve sur les pentes calcaires du littoral. Son feuillage est léger, son tronc tordu et son écorce grise.

Tamaris : ce petit arbre pousse dans le sable. Il est fréquent au bord des plages et procure ombre et fraîcheur.

HISTOIRE

Il n'est pas exagéré de dire que la Grèce se trouve aux sources de notre civilisation européenne : il n'est que de prononcer le mot de « démocratie » pour s'en convaincre, même si dans les cités grecques le terme recouvrait une réalité bien différente de la nôtre. Cependant, l'histoire complexe et agitée de cette terre est finalement mal connue, des origines baignant dans le mythe à la nation moderne qui a adhéré à l'Europe en 1981, en passant par les cités-États de l'époque classique, l'empire d'Alexandre, la province romaine, et la longue période où la Grèce disparut, englobée dans deux empires, byzantin d'abord, ottoman ensuite.

Détail de l'une des merveilleuses fresques minoennes du palais de Knosós en Crète.

L'Antiquité

Dans la mémoire de l'homme moderne, quelques figures associées à autant d'événements surnagent : la colère d'Achille pendant le siège de Troie, le messager mourant d'épuisement pour annoncer la victoire de Marathon, l'invention de la démocratie par Périclès, les conquêtes d'Alexandre… Une telle épure, où la légende et l'histoire se mêlent intimement, ne rend pas compte de la complexité de l'histoire de la Grèce antique : ce sont d'abord des cités rivales et autonomes, souvent en conflit, parfois alliées contre des menaces extérieures, certaines exerçant provisoirement leur suprématie, mais il ne s'agit en aucun cas d'un État unifié, comme le fut Rome plus tard.

PREMIÈRES CIVILISATIONS

Si des traces d'occupation humaine du paléolithique ont été retrouvées, notamment en Thessalie, c'est au néolithique qu'apparaissent des peuples venus de l'est qui se fixent en Grèce continentale et y introduisent l'agriculture. Mais c'est dans l'archipel des Cyclades, autour de Délos, qu'une première civilisation prend son essor au 3e millénaire : marins de premier ordre, les insulaires développent le commerce, et laissent les fameuses statues d'idoles aux formes épurées.

Les Minoens (2200-1300)

Cependant, autour de 2200 av. J.-C., une brillante civilisation (connue sous le nom de **minoenne** en référence au légendaire roi **Minos**) atteint en Crète une

---

La guerre de Troie a bien eu lieu !

Souvenez-vous : Pâris enlevant la belle Hélène, le long siège de la cité du roi Priam, l'armée grecque commandée par Agamemnon (et son frère Ménélas, l'époux bafoué d'Hélène), Achille pleurant son ami Patrocle et se vengeant en tuant Hector, avant d'être lui-même occis par une flèche au talon, la folie furieuse du bouillant Ajax, le cheval conçu par le rusé Ulysse, bref l'*Iliade* dans toute sa splendeur. Si bien des faits rapportés par **Homère** sont légendaires, Troie (ou Ilion) a bien existé : les ruines de cette prospère cité d'Asie Mineure ont été découvertes par Schliemann et attestent d'un long conflit qui affaiblit considérablement les Mycéniens autour de 1200 av. J.-C.

Les dates clés de la Grèce antique et byzantine

1800-1300 – Helladique moyen : essor des civilisations minoenne, puis mycénienne.
776 – Premiers jeux panhelléniques à Olympie.
750 – Unité de l'Attique sous Athènes.
594 – Réformes de Solon à Athènes.
508 – Clisthène instaure la démocratie à Athènes.
491-480 – Guerres médiques contre les Perses de Darius puis Xerxès.
443-430 – Périclès stratège d'Athènes.
431 - Guerre du Péloponnèse.
338 - Bataille de Chéronée : la Grèce passe sous le contrôle de la Macédoine.
336-323 - Épopée d'Alexandre le Grand.
27 av. J.-C. – La Grèce devient province romaine d'Achaïe.
336 – Le christianisme devient religion d'État.
395 – La Grèce rattachée à l'empire d'Orient.
1054 – Grand schisme consacrant la rupture entre Rome et l'Église orthodoxe.
1453 – Prise de Constantinople par les Ottomans.

apogée qui va se poursuivre jusqu'en 1300. Dotée d'une écriture, cette culture se caractérise par la construction de véritables cités-palais labyrinthiques dont **Knosós** est l'exemple le plus connu.

L'épopée mycénienne (1600-1200)

La Grèce continentale, quant à elle, est le lieu de migration de peuples indo-européens parlant un grec archaïque : les **Ioniens** et les **Éoliens** (début du 2e millénaire) puis les **Achéens** (vers 1600). Ces derniers s'installent dans le Péloponnèse où ils fondent plusieurs cités, parmi lesquelles Pýlos et **Mycènes**, qui attachera son nom à leur civilisation.

À cette époque, qualifiée d'**helladique moyen**, la puissante cité de Mycènes voit surgir (autour de 1300) une citadelle entourée de murs cyclopéens. Autour de la cité, tout un territoire s'est mis sous sa protection. Mycènes est dirigée par un roi qu'assiste un général et qu'entourent des scribes. Une aristocratie militaire domine le peuple et les esclaves. Cette société, décrite dans les épopées homériques et que les fouilles exécutées par l'archéologue **Heinrich Schliemann** (1822-1890) ont mis au jour, pratique le culte des morts (et des divinités du panthéon grec : Zeus ou Poséidon sont mentionnés sur des tablettes) et maîtrise le travail des métaux non ferreux. S'il n'y a pas d'unité politique, chaque cité régnant sur son territoire, du moins existe-t-il une cohésion qui permet aux Achéens de s'unir pour tenter de coloniser la Crète (15e s.) et Rhodes ou pour piller les richesses de Troie (vers 1180).

Les temps obscurs (1200-750)

Si cette période (également appelée **helladique récent**) est qualifiée d'« obscure », c'est parce qu'elle a laissé peu de vestiges archéologiques et, surtout, une absence totale de traces écrites.

C'est l'arrivée des **Doriens** dans le Péloponnèse qui inaugure cette période. Ce peuple guerrier déferle sur le Péloponnèse, quatre-vingts ans après la chute de Troie (selon l'historien **Thucydide**) entraînant l'effondrement des royaumes mycéniens et la destruction de leurs cités, à l'exception semble-t-il d'Athènes où se réfugient les survivants. S'ils ne font pas preuve d'une tendresse excessive envers leurs ennemis, les Doriens apportent, en même temps que la terreur, l'usage du fer, et un décor de céramique peinte de motifs abstraits (proto-géométrique, avant 900, à laquelle va succéder l'époque dite géométrique).

L'ÉPOQUE ARCHAÏQUE

Ces temps prennent fin autour de 750, avec l'adoption et l'adaptation par les Grecs de l'alphabet phénicien. De syllabique, l'écriture devient alphabétique. Dès lors naît une civilisation de l'écrit, ce que va traduire quelques décennies plus tard la transcription de l'*Iliade* et de l'*Odyssée*. À la même époque, en septembre 776, les premiers **jeux panhelléniques** se tiennent à Olympie. Cette date marque le point départ de la chronologie en Grèce ancienne

Après le 8e s., le morcellement entre les **cités-États** autonomes regroupant autour d'un noyau urbain les terres agricoles périphériques (Árgos, Sparte, Corinthe, Thèbes, Athènes…) entraîne nombre de conflits de voisinage dont témoignent entre autres les guerres lélantines (entre Chalkis et Érétrée en Eubée), ou messéniennes (entre Sparte et ses voisines).

Sur le plan politique, on observe une évolution des institutions : les rois se cantonnent à un rôle religieux, le pouvoir étant exercé par des conseils de nobles, les **Eupatrides**, et l'administration dirigée par des magistrats, organisation qui va perdurer à **Sparte** : c'est le règne de

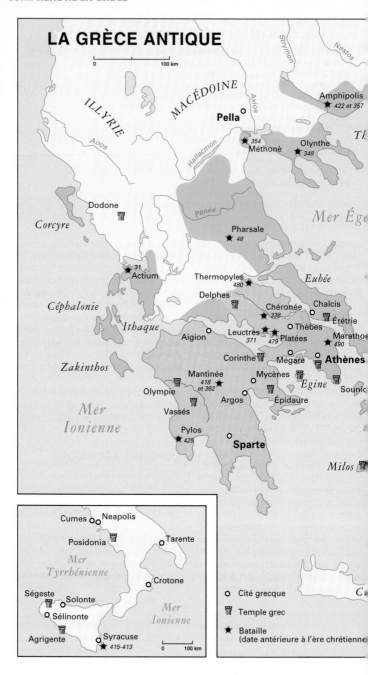

LA GRÈCE ANTIQUE

l'oligarchie, où le pouvoir et la richesse sont concentrés aux mains de l'aristocratie.

La colonisation

En commençant à se développer à partir de 775, la **colonisation** va faire évoluer les choses. Ce que **Platon** appelle « la forme la plus bénigne d'expulsion » est aussi la conséquence des désordres sociaux qui poussent à l'émigration nombre de Grecs, en même temps qu'elle permet aux cités de maîtriser les routes maritimes. La cité-

mère (ou métropole) établit des cités-filles (qui, à leur tour, comme Syracuse, fondent d'autres cités-filles) avec lesquelles elle maintient des relations étroites, bien qu'elles soient politiquement indépendantes. Quatre grands mouvements entraînent ainsi les Grecs : entre 775 et 675, les Eubéens, les Corinthiens, les Mégariens s'installent en Sicile et dans le sud de l'Italie ; de 675 à 600, les insulaires et les Milésiens colonisent la mer Noire, l'Égypte, la Cyrénaïque ; de 600 à 545, les

Hébros

THRACE

Byzance

ère

Maronée

mothrace

Phrygie

Troie

Pergame

EMPIRE

Mytilène

PERSE

Phocée

Hermos

Sardes

Chios

Éphèse

Méandre

Samos

Délos

Ionie

Milet   Didymes

ros   *Naxos*

Halicarnasse

Thira

Lindos

Rhodes

Cnossos

ortyne

Influence de Sparte

Influence d'Athènes

Phocéens gagnent l'Étrurie, le sud des Gaules (installation à Massalia en 600), la côte est de l'Espagne ; enfin, à partir de 545, les Athéniens colonisent la Thrace et les îles de l'archipel.

La prospérité économique nouvelle entraîne une évolution sociologique : les déshérités partis chercher fortune outre-mer deviennent de riches marchands et réclament leur part de pouvoir. Des troubles sociaux s'ensuivent. Apparaît alors le système de la **tyrannie** : le tyran (le mot n'a pas alors de signification péjorative), exerce le pouvoir en solitaire, mais en défendant les droits du peuple : c'est le cas à Athènes avec **Solon** (v. 653-558), dont les réformes politiques et sociales conduites en 594-593, et prolongées par son successeur **Pisistrate** annoncent la future démocratie. Plus tard, en 508, **Clisthène** approfondit cette voie en réformant les institutions de la cité et en donnant un coup décisif aux institutions aristocratiques.

L'ÉPOQUE CLASSIQUE

Les guerres médiques

Le 5e s. s'ouvre par la révolte des colonies d'Ionie contre la tutelle perse du tout-puissant roi **Darius**. Un contingent athénien appelé à l'aide incendie Sardes, capitale de la satrapie. En réaction, les troupes du roi de Perse saccagent Milet. La Ionie doit faire acte d'allégeance, mais Darius décide de ne pas en rester là : s'étant emparé de la Macédoine et de la Thrace (490), il débarque en Attique… mais est vaincu par les Athéniens conduits par le stratège **Miltiade** à **Marathon** (490). L'oreille basse, Darius est contraint de rembarquer pour l'Asie.

Ce haut fait d'armes ne fait que renforcer le prestige d'Athènes, dont le nouvel archonte, **Thémistocle**, fait construire une flotte de 200 trières pour défendre la cité. En 481, à la demande d'Athènes, les cités grecques (à l'exception des Thessaliens et des Béotiens) se coalisent et confient à Sparte le commandement de leur armée : c'est la **ligue de Corinthe**. Un an plus tard débute la seconde guerre médique : **Xerxès**, successeur de Darius, à la tête d'une armée de 130 000 hommes, force le défilé des **Thermopyles** (« Les Portes Chaudes », en référence à une source), principal passage entre la Thessalie et la Grèce centrale, malgré l'héroïque résistance des 300 Spartiates de **Léonidas**. Une bataille au sort incertain se déroule sur mer au cap Artémision. Tandis que les Athéniens se replient sur l'île de Salamine, les Perses incendient l'Acropole. Mais ils sont battus à Salamine dans une bataille immortalisée par **Eschyle** et, dans leur retraite, écrasés à Platées avant de subir en 479 un définitif revers maritime au cap Mycale.

En 478, les cités ioniennes et égéennes s'unissent à Athènes dans la **ligue de Délos** pour chasser définitivement les Perses. Une contribution est fournie par chaque cité en vue de constituer un trésor commun pour entretenir une armée terrestre et maritime.

L'apogée d'Athènes

Jamais le prestige d'Athènes n'a été aussi grand. Ce sont ses magistrats qui gèrent le trésor de la ligue, dont la cité assure la direction. En 454, elle fait transférer ce trésor de Délos jusque dans ses murs. C'est alors que **Périclès**, chef du groupe démocrate, est élu stratège et occupe le devant de la scène publique athénienne (444-428). Réélu chaque année, il incarne cette période qui voit l'affirmation de la démocratie, le renforcement de la puissance maritime, une politique urbanistique de prestige, avec notamment la construction du Parthénon.

Sur le plan extérieur, après que la paix de Callias (449-448) reconnaissant l'indépendance des cités grecques d'Asie Mineure a été signée avec les Perses, il conclut en 445 une paix avec Sparte, signée pour trente ans. Mais cette splendeur sera de courte durée.

La guerre du Péloponnèse

Forte de son prestige, Athènes entend imposer sa loi, en particulier sur le plan économique. Corinthe et les cités de l'isthme font appel à Sparte. La guerre est déclarée : les Thébains s'emparent de Platées et les Péloponnésiens entrent en Attique, saccagent les récoltes. Enfermés derrière les Longs Murs, les Athéniens sont décimés par la peste bubonique : (Périclès lui-même en est victime en 429). Une première paix est signée par le stratège **Nicias** (421).

Mais, malgré son opposition, **Alcibiade** convainc en 415 les Athéniens d'entreprendre une expédition en Sicile qui tourne à la déroute. La guerre devient « mondiale » lorsque les Perses s'allient aux Spartiates commandés par **Lysandre**, alors même que la démocratie chancelle à Athènes où, en 411, le gouvernement aristocratique dit des **Quatre-Cents**, règne par la terreur. La défaite d'**Ægos Potamos** (405) scelle le déclin d'Athènes. Son empire colonial est anéanti. Sur le plan intérieur, elle subit en 404-403 la tyrannie des Trente, qui marque le bref retour au pouvoir des oligarques jusqu'au rétablissement de la démocratie en 402. Au lendemain de la guerre du Péloponnèse, Athènes est ruinée. Symbole de ce déclin : le philosophe **Socrate**, considéré comme un opposant, est contraint en 399 à boire la ciguë.

Entre Sparte et Thèbes

Les décennies suivantes voient Sparte (401-383) et Thèbes (379-362) conduites par **Pélopidès** et **Épaminondas** se disputer la suprématie sous le regard intéressé de la Perse. Au gré des alliances, l'une puis l'autre impose son pouvoir. Les guerres se succèdent entre les deux cités : entre

Buste de l'illustre Périclès (conservé au musée Pio Clementino, Vatican).

SCALA

395 et 387, c'est la guerre de Corinthe, qui s'achève par la « paix du roi », signée sous les auspices du Perse **Artaxerxès II**.

En 377, les cités désireuses de s'opposer à l'hégémonie de Sparte s'assemblent autour d'Athènes dans la seconde ligue de Délos. La Ligue béotienne se réorganise l'année suivante autour de Thèbes. Après la victoire de Leuctres sur les Spartiates (371), les Béotiens envahissent le Péloponnèse, ravagent Sparte et occupent la Messénie. Enfin, en 356, Mausole, satrape de Carie en Asie Mineure, s'allie avec Chíos, Rhodes et Byzance, et écrase la flotte athénienne, obligeant Athènes à reconnaître l'indépendance des cités égéennes.

L'ÉPOPÉE MACÉDONIENNE

Mais l'heure sonne de l'intervention d'un voisin, ignoré jusque-là, et qui dictera bientôt sa loi à toute la Grèce avant d'étendre son empire jusqu'aux confins de l'Himalaya. Entre 356 et 336, **Philippe II** de Macédoine entreprend la conquête des marches de son royaume : Chalcidique, Péonie, Illyrie, Thrace, Thessalie. Puis, profitant des conflits entre les cités, il pénètre en Grèce centrale et défait la coalition athéno-thébaine à Chéronée (338). **Démosthène**, qui avait tout tenté pour s'opposer à la mainmise du Macédonien, ne peut qu'évoquer la « Grèce tombée en esclavage ». Sans aller jusque-là, on peut dire que cette défaite marque la fin d'une époque.

Le monde hellénistique

Philippe s'impose bientôt comme le chef militaire de la ligue des Hellènes qui met la Perse en coupe réglée. Mais, en 336, il est assassiné à Pella. Son fils **Alexandre le Grand** lui succède. Il écrase la révolte de Thèbes (335) avant de se lancer dans sa grande entreprise : de 334 à 323, reprenant les projets de Philippe, le jeune roi gagne l'Asie Mineure à la tête d'une armée de Macédoniens et de Grecs, point de départ d'une fulgurante campagne au cours de laquelle, après avoir soumis les Perses de **Darius III** et la Phénicie (332), il s'empare de l'Égypte (fondant Alexandrie en 331), de Babylone, rase Persépolis (330), s'enfonce vers l'Inde (326), se taillant un immense empire. Mais il meurt à Babylone le 13 juin 323. Ses généraux se répartissent alors l'Empire, ce qui ne va pas sans conflits. La Macédoine et la Grèce reviennent aux **Antigonides**. Diverses ligues se constituent pour se libérer de la Macédoine, comme en 228 au Pirée, mais en vain.

LA GRÈCE ROMANISÉE

Depuis longtemps consciente de ce qu'elle doit à la civilisation grecque, Rome ne s'intéresse militairement au monde hellénique que depuis le soutien de la Macédoine à Hannibal lors de la deuxième guerre punique. Après avoir vaincu **Philippe V de Macédoine** à Cynoscéphales (197), les Romains proclament la liberté du pays. Celle-ci est purement formelle et l'interventionnisme romain dans les affaires grecques conduit en 146 à une révolte de la Ligue achéenne, conduite par Corinthe, mais vite écrasée par les légions romaines. Les différentes ligues de cités sont alors dissoutes et la Grèce soumise à l'occupation romaine, qui s'étend à l'ensemble du monde hellénique, totalement annexé et réorganisé après le triomphe d'Octave (le futur Auguste) à Actium en 30, acquise dans le cadre de la guerre civile contre Antoine et Cléopâtre. En 27, les Romains réunissent les territoires grecs dans la **province d'Achaïe** ; des voies de circulation la relient au centre de l'Empire ; certaines villes bénéficient du statut de cités libres, fédérées ou encore alliées.

Vers l'Empire byzantin

Malgré la perte de puissance des cités, l'hellénisme se développe et la Grèce préserve son influence culturelle. La fascination exercée par Athènes sur certains empereurs (comme Hadrien) et sur les artistes n'y est pas étrangère. L'administration est surtout dirigée par les Grecs et la religion grecque, plus que tolérée. Cette relative autonomie crée peu à peu deux zones d'influence dans l'Empire : d'une part un Orient fédérant la sphère hellénistique, d'autre part un Occident latin. À partir du 3e s., la Grèce se trouve confrontée aux invasions barbares, auxquelles la partie orientale de l'Empire résiste mieux que l'autre. Rome perd de son influence, et, en 330, l'empereur **Constantin** transfère sa capitale à Byzance, ancienne colonie grecque sur le Bosphore, qui devient **Constantinople**.

Sous le règne de **Théodose Ier le Grand**, le christianisme, très tôt prêché en Grèce par saint Paul (entre 47 et 50), devient la religion d'État (380). Les cultes païens sont de ce fait interdits et, en 393, les jeux Olympiques supprimés.

Qui perd gagne ?

Sous l'emprise macédonienne, si la Grèce classique n'existe plus au plan politique, jamais sa civilisation n'a joui d'un tel prestige. Rare exemple d'une victoire culturelle du vaincu sur le vainqueur… qui se poursuit avec les Romains : la période de 196 à 146 qui voit la construction entre autres du temple d'Éphèse et de la fameuse bibliothèque d'Alexandrie exercera une influence considérable sur les Romains.

Byzantine puis ottomane

À la fin du 4e siècle, le territoire de l'Empire romain d'Orient regroupe les Balkans, la Grèce actuelle, l'Asie Mineure et l'Égypte. Le grec, qui est la langue de l'Église et la langue vernaculaire des régions de la Méditerranée orientale, y remplace peu à peu le latin comme langue officielle. Totalement hellénisé, cet empire se veut le continuateur de Rome, après la chute de l'empire d'Occident en 476. Mais l'irruption des Croisés venus reprendre les Lieux saints aux « Infidèles », puis le déferlement de la vague ottomane vont mettre à bas cet Empire et donner aux Grecs, comme à tous les autres peuples de la région, de nouveaux maîtres, dont ils auront bien du mal à se débarrasser…

UN ÉTAT MENACÉ

C'est en 395 que l'Empire romain est partagé entre les deux fils de **Théodose** : à l'ouest l'Empire latin, à l'est, dirigé par **Arcadius**, l'Empire d'Orient de langue et de culture grecque, autour de Constantinople qui, après la prise de Rome en 476 par le Germain Odoacre, devient la seule capitale de l'Empire.

L'Empire byzantin est un **État théocratique** dans lequel l'empereur (qui prend le titre grec de **basileus** au début du 7e s.) et le patriarche de Constantinople exercent des fonctions complémentaires que symbolise l'emblème de l'aigle à deux têtes. Le basileus assure l'intégrité de l'État considéré comme l'accomplissement du royaume de Dieu sur terre, le patriarche préservant la foi chrétienne. Le peuple se sent donc concerné par les questions de doctrine, car l'erreur peut non seulement mettre en danger le salut de l'âme, mais surtout menacer la sécurité de l'État. Aussi les questions religieuses influencent-elles vivement l'évolution interne de l'Empire.

Cela dit, les Grecs quant à eux demeurent longtemps indifférents aux querelles théologiques et restent tant qu'ils le peuvent (c'est-à-dire jusqu'à la fermeture des universités athéniennes de l'Académie et du Lycée, ordonnée en 529 par **Justinien Ier**) fidèles aux dieux païens.

L'Empire assiégé

S'il est un trait constant tout au long des mille ans d'existence de l'**Empire byzantin**, c'est la menace incessante d'invasions. À l'ouest, elle vient des Barbares, des Normands, des Francs et des Vénitiens ; au nord se pressent les Slaves. De l'est arrivent les Perses, les Arabes, et finalement les Turcs. Le territoire de l'Empire se réduit comme peau de chagrin, diminuant d'autant les ressources agricoles, humaines et financières qui permettent d'entretenir l'énorme bureaucratie qui s'est développée à Constantinople.

Les Byzantins résistent à leurs ennemis non seulement par la guerre – ils sont les premiers en Europe à utiliser les fameux **feux grégeois** qui leur donnent un grand avantage sur mer – mais ont également recours à l'intrigue et à la diplomatie, achetant certains ennemis, recevant tribut d'autres adversaires. Ils convertissent même au christianisme leurs turbulents voisins du Nord, les Bulgares.

Sous le règne brillant de **Justinien Ier** (527-565), marqué par l'édition du **Code justinien** (compilation exhaustive des textes de droit), des campagnes militaires permettent à l'empereur de reprendre l'Italie aux Ostrogoths et une partie de l'Espagne aux Wisigoths. Mais les Barbares envahissent la Thessalie et arrivent jusqu'à l'Isthme de Corinthe.

Après 580, il faut faire face à une invasion des Slaves : ceux-ci mettent le siège devant Thessalonique (586), puis occupent le Péloponnèse pendant près de deux siècles.

Régnant de 610 à 641, l'empereur **Héraclius** parvient à battre les Perses et à résister au siège de sa capitale par les Avars en 626. Mais il ne peut empêcher la conquête de la Syrie, puis de l'Égypte par les Arabes (636) dont l'expansion sera provisoirement arrêtée par **Léon III l'Isaurien** un siècle plus tard.

En 783, les Slaves sont à nouveau de la partie, mais battus par le Grec Saturikos, ils échouent devant Pátra en 805.

C'est au tour des Bulgares, qui sont en train de constituer un puissant Empire au nord, de mettre le siège devant Constantinople en 813. Quatorze ans plus tard, les Arabes s'emparent de la Crète. En 860, les Varègues de Riourik, après avoir fondé la principauté de Novgorod pénètrent dans l'empire et tentent à leur tour de s'emparer de la capitale. Enfin Thessalonique est prise par les Arabes en 904.

Réactions byzantines

Il ne faudrait pourtant pas croire que l'empire se contente de subir sans réagir. En 961, **Nicéphore Phocas** reprend la Crète aux Arabes et va même jusqu'à s'emparer d'Antioche (969).

Basile II mène quant à lui entre 1001 et 1014 plusieurs campagnes contre les

Bulgares : dans les défilés du Clidion, les troupes byzantines écrasent l'armée du roi **Samuil**, et en profitent pour se livrer à quelques atrocités : l'empire bulgare ne tarde pas à disparaître… provisoirement. Enfin, 1032 voit la reprise d'Édesse, la cité des icônes.

Mais, en 1071, la tendance s'inverse à nouveau : lors de la bataille de Mantzikert (Arménie), les armées byzantines sont défaites par les Turcs, ouvrant ainsi la voie à la pénétration ottomane.

Parvenue au pouvoir en 1081, la dynastie des **Comnènes** s'appuie sur l'armée et mène une politique de type oligarchique qui va accentuer l'affaiblissement de l'Empire

Querelles byzantines

Participant pleinement du pouvoir politique, le christianisme oriental s'est érigé, entre hérésies diverses et schisme radical avec le catholicisme romain, comme l'**orthodoxie**, c'est-à-dire l'interprétation droite des Évangiles.

Mais de **Rome**, capitale religieuse, à **Constantinople**, capitale politique, il y a plus d'un pas, et cela ne facilite pas les échanges. C'est pour cette raison que le concile de Constantinople (381) puis celui de Chalcédoine (451) élèvent le patriarche de la capitale au rang de second dignitaire de l'Église après le pape romain. Plus : la primauté est donnée à Constantinople, seconde ville de la chrétienté, pour tout l'Orient.

Des divergences d'interprétation des textes sacrés opposent les deux Églises. Il serait fastidieux de détailler toutes les **hérésies** qui se succèdent, de l'**arianisme**, prêché au 4e s. à Alexandrie par l'évêque Arius (selon qui le Christ ne possède qu'une divinité secondaire) au **monophysisme** du moine Eutychès (5e-6e s.) qui s'oppose au **nestorianisme** professé par le patriarche Nestorius au 5e s., la chose n'intéressant que les spécialistes.

En revanche, la querelle de l'**iconoclasme** revêt une importance considérable, parce qu'elle touche à la pratique quotidienne : tout commence en 726, lorsque l'empereur **Léon III**, inquiet de l'influence des communautés monastiques, exige la destruction de toutes les images. Pendant plus d'un siècle, les uns martèlent les statues et détruisent

Saint Georges, un des sujets de prédilection de l'iconographie orthodoxe.

les icônes, les autres les protègent et tous s'entre-tuent allégrement. Il faut attendre 843 pour que l'iconoclasme soit condamné et définitivement abandonné et, depuis lors, les icônes sont l'un des éléments dominants de la ferveur orthodoxe.

Vers le grand schisme

Sur le plan temporel, le couronnement à Rome en 800 de Charlemagne comme Empereur d'Occident par le pape scandalise les Byzantins. Leur empereur est en effet le seul légitime héritier de l'Empire romain.

S'y ajoute dans le domaine spirituel, la **controverse du Filioque**. Cette expression du Credo (*Credo in spiritum sanctum qui ex patre filioque procedit* : « Je crois au Saint-Esprit qui procède du Père et du Fils »), introduite depuis le concile de Nicée fait dépendre l'origine du Saint-Esprit à la fois du Père (Dieu) et *(quo)* du Fils (le Christ), ce que refusent les orthodoxes pour qui le Saint-Esprit procède uniquement du Père pour être transmis par le Fils. En dépit de tentatives d'harmonisation, un gouffre se crée peu à peu entre l'Orient et l'Occident, l'orthodoxie et le catholicisme romain. La rupture est consommée en 1054 lors de l'excommunication réciproque du patriarche de Constantinople, Michel Cérulaire, et du pape Léon IX.

L'entreprise des croisades provoque la venue de moines, notamment des cisterciens, dont la tâche est d'œuvrer en faveur de l'œcuménisme. La situation critique de l'Empire impose le rapprochement avec Rome, que la prise de Constantinople par les croisés en 1204 rend indispensable. Le projet doit se concrétiser lors du concile de Lyon (1274) tenu en présence de l'empereur latin Baudouin II de Courtenay et de l'empereur byzantin Michel VIII Paléologue, qui accepte les conditions posées par Rome. Mais les populations

Lieu saint

C'est en 805 qu'un décret impérial consacre le **mont Áthos** à la vie monastique. Le premier monastère est érigé en 963.

Phototravellers / MICHELIN

ne veulent rien entendre… Il échoue en raison de l'opposition des populations concernées…

L'union est pourtant signée au concile de Florence (1438-1439), après un compromis sur différents points tels que la condition des âmes et la liberté des usages liturgiques. Les Orthodoxes vont même jusqu'à céder sur la question du Filioque… Mais l'invasion de la Grèce par les Turcs en 1461 anéantit ces projets.

LES CROISÉS ARRIVENT !

Les croisades ont été lancées en Occident par les papes aux 11e et 12e s. dans le noble but d'aider les Byzantins à repousser les musulmans installés en Terre sainte. Force toutefois est de remarquer que les preux chevaliers Francs se sont parfois détournés de leur sainte entreprise, en tentant de se tailler des domaines territoriaux, tandis que les Vénitiens succombaient volontiers à l'appât de gains commerciaux.

C'est ainsi qu'en 1204, sous prétexte d'aider à résoudre la question de la succession au trône byzantin, la 4e croisade se détourne sur Constantinople qu'elle met joyeusement à sac le 12 avril, n'épargnant pas même les églises…

Cette action, ainsi que l'occupation qui s'ensuit – aggravée, malgré certains efforts diplomatiques, par le différend religieux né du schisme de 1054 entre l'Église romaine et celle de Constantinople qui se considère désormais comme orthodoxe – entache durablement de méfiance les relations des Grecs avec les Occidentaux.

Morcellement

L'intrusion latine implante la féodalité dans l'univers byzantin : un collège de six Vénitiens et de six Français élit en 1204 empereur **Baudouin de Flandres**, à la tête de l'**Empire romain de Constantinople**. Baudouin a pour fief personnel Constantinople qu'il partage avec les Vénitiens, la Thrace et le nord-ouest de l'Asie Mineure…

Aux sources de l'humanisme

La fin du 14e s. voit un important exode de savants et d'intellectuels byzantin vers l'Occident : **Manuel Chrysoloras** enseigne à Florence la langue et la littérature grecques, **Georges Ermonymos** vient à Paris où Érasme, Guillaume Budé et Reuchlin suivent son enseignement. La diffusion de leurs idées contribue à l'épanouissement de l'humanisme.

Mais le tsar bulgare **Kalojan**, appelé à la rescousse, le bat à plate couture à Andrinople en 1205 et l'emmène prisonnier dans sa forteresse de Tărnovo où il connaîtra un sort funeste. Son frère Henri de Flandres lui succède, suivi de Pierre et Robert de Courtenay, et enfin Baudouin II de Courtenay en 1261.

Tout en intronisant Baudouin, les croisés se sont répartis la Grèce (sauf l'Épire), selon le système féodal, les Vénitiens se réservant les îles et les places maritimes utiles à leur commerce, les chevaliers français et lombards jetant leur dévolu sur les terres.

Un **royaume de Macédoine** se développe alors autour de Thessalonique (1204-1224). La Grèce centrale est divisée en baronnies et le Péloponnèse accède au rang de **principauté de Morée**, gouvernée par les ducs d'Achaïe, le Champenois Guillaume de Champlitte auquel succèdent les Villehardouin, et qui ont pour grands vassaux douze baronnies (parmi lesquelles les duché de Thèbes, d'Athènes et de Náxos, comprenant les Cyclades avec des seigneurs vénitiens, et le comté de Céphalonie, englobant Zante et Leucade contrôlés par les Vénitiens). Face à cette hégémonie latine, le sentiment grec se réveille et se rassemble autour de trois États indépendants : l'**empire de Nicée** (1204-1261), le **despotat d'Épire** (1205-1318) et l'**empire de Trébizonde** (1204-1461), géographiquement isolé à l'est de l'actuelle Turquie.

En 1261, l'empereur de Nicée, **Michel VIII Paléologue**, réussit à reconquérir Constantinople. Les années suivantes, les Byzantins reprennent une partie du Péloponnèse. Ils instituent en 1348 à Mystrás, citadelle fondée en 1249 (et qui devait devenir sous l'influence du philosophe **Georges Gémiste Pléthon** un centre culturel et spirituel de premier plan), le despotat de Morée qui devait se maintenir jusqu'en 1460.

QUATRE SIÈCLES DE « JOUG » OTTOMAN

Mais d'autres assaillants s'annoncent bientôt : les Ottomans qui en 1331 s'emparent de Nicée. La dernière heure de l'Empire byzantin est sur le point de sonner…

Le 29 mai 1453, Constantinople tombe sous l'assaut des Ottomans, et le dernier empereur, **Constantin Paléologue**, est tué. Avec la fin de cet empire millénaire, héritier de Rome, une page d'histoire se tourne. La Grèce passe alors progressivement sous domination turque, longue étape d'où émergera un État nouveau, celui qui, après bien des avatars, rejoindra enfin l'Europe, cette Europe même qui puise sa civilisation dans la culture hellénistique.

Quatre siècles durant, les Grecs vont vivre sous l'emprise des Turcs ottomans. Les nouveaux maîtres sont plutôt bien accueillis par les Grecs, lassés des exactions des croisés de l'Empire latin, d'autant qu'ils jouissent de leur propre administration locale, et d'une tolérance religieuse indéniable.

La mainmise des Turcs s'exerce dans d'autres domaines, celui des impôts et, surtout, par l'enrôlement des enfants dans le corps d'élite des **janissaires**. Cela contribue à l'émergence d'un renouveau du sentiment hellène, prélude à la lutte pour l'Indépendance. Cette dernière, acquise au prix d'épisodes tragiques qui ont enflammé l'Europe d'alors, donne naissance à un État moderne.

Témoignage de quatre siècles de présence ottomane à Rhodes, la mosquée de Murad Reïs et son cimetière.

Deux siècles de conquête

On aurait tort d'imaginer les Turcs déferlants, telle une horde, et s'emparant en un éclair des territoires grecs de l'Empire byzantin. Commencée à la fin du 14e s. par les provinces balkaniques et l'empire bulgare, marquée de façon emblématique par la prise de Constantinople en 1453, la conquête de la Grèce n'est achevée qu'en 1669 à Candie (Héraklion), reprise aux Vénitiens, qui parviendront à se maintenir dans les îles Ioniennes, notamment à Corfou, jusqu'au 18e s.

C'est sous le règne de **Mehmet II** (1444-1481) que s'achève l'occupation de la Grèce orientale et que tombent le duché d'Athènes, la Béotie, Lésvos, Chalkída en Eubée et Sámos. Les Turcs essuient toutefois quelques échecs, comme en 1480 devant Rhodes où ils sont repoussés par les chevaliers de Saint-Jean de Jérusalem.

Les successeurs de Mehmet II et notamment **Soliman II** dit le Magnifique, qui règne de 1520 à 1566, poursuivent son entreprise en mettant la main sur le Péloponnèse et les îles, s'assurant ainsi la maîtrise de la Méditerranée orientale.

C'est ainsi que Rhodes et le Dodécanèse tombent en 1522, suivis à partir de 1537 par Nauplie, Monemvasía et les îles de la mer Égée. Seule Tínos demeure sous domination vénitienne. L'ancien corsaire, Khaïr el-Din originaire de Lésvos, devenu, sous le nom de **Barberousse**, grand amiral de Soliman, fait régner la terreur sur les mers et défait la flotte de Charles Quint devant Préveza. En 1566, Chíos était à son tour prise, suivie de Chypre cinq ans plus tard, l'année même où, lors de la bataille de Lépante, la flotte vénitienne conduite par don Juan d'Autriche triomphe de la flotte turque, donnant ainsi un coup de frein à une expansion ottomane jugée jusque-là irrésistible et qui faisait trembler l'Europe.

Sous les Ottomans

Les Turcs manifestent une large tolérance religieuse envers les chrétiens et les juifs, politique due non à une particulière bonté d'âme, mais à la volonté du sultan de maintenir ces peuples non musulmans (les **raïas**) dans un état d'infériorité, afin qu'ils puissent servir de réservoir humain aux besoins de l'Empire.

L'administration, représentée par les **pachas** (dans les grandes villes) et les **agas** (dans les petites localités), récolte les impôts, généralement assez modérés. Les **raïas** peuvent être soumis à diverses corvées selon le bon plaisir des potentats locaux, installés sur les riches terres agricoles. Selon la loi ottomane, l'ensemble des terres est propriété du sultan qui en délègue parfois la

Le devchirmé

Ce fut l'un des aspects de l'occupation les plus durement ressentis par les Grecs : il s'agit du « ramassage » forcé des enfants : convertis d'office à l'Islam, ils intégraient le corps d'élite des janissaires constituant la garde rapprochée du sultan. Les plus vifs d'esprit, après avoir été élevés dans le sérail, devenaient de hauts fonctionnaires aussi soumis que dévoués.

gestion à de grands seigneurs guerriers en raison de leurs mérites : ceux-ci perçoivent directement leur part, reversant à l'État environ la moitié des revenus, les lieux de culte étant seuls exonérés. C'est dire que, selon la personnalité de tel ou tel, la vie des raïas peut être très différente.

Certains chrétiens se convertissent sans peine à l'islam ; d'autres, plus nombreux, se réfugient dans les montagnes, pour former, au creux de vallées inaccessibles, des communautés prospères et indépendantes.

À partir du 17ᵉ s., lorsque commence la décadence ottomane, les **Phanariotes** (riches Stamboulotes habitant le quartier du Phanar, proche du siège du patriarcat), parfois descendants des familles impériales byzantines, réussissent à s'introduire au cœur de l'État ottoman et à accaparer de hautes fonctions : certains sont gouverneurs de provinces (Valachie et Moldavie, notamment), d'autres deviennent interprètes du sultan, voire ses ambassadeurs auprès des puissances occidentales.

Il n'en va pas de même de la plupart des intellectuels, qui choisissent l'exil, répandant à travers l'Occident les ferments de la culture grecque d'où allait sortir l'Humanisme ; ils sont rejoints par de riches marchands et contribuent à la constitution d'une diaspora, ferment actif du futur nationalisme hellène.

Le rôle de l'Église est également déterminant dans le maintien de la culture hellénique. Dès le début de la conquête, le sultan a non seulement confirmé le patriarche de Constantinople dans ses fonctions religieuses, mais il l'a également institué ethnarque (chef temporel), chargé des affaires internes de toutes les communautés orthodoxes de l'Empire, et responsable devant l'administration turque de la fidélité et de la bonne conduite des **roumis** (mot dérivé de « romain » et signifiant chrétien). Il arrive parfois que, se montrant fin politique, le sultan installe sur le trône patriarcal un anti-occidental convaincu (comme **Georges Scholarios**) qui, poursuivant le combat de l'orthodoxie contre l'Église romaine, coupe ses fidèles de tout contact avec les puissances européennes. Par ce double jeu, l'Église orthodoxe réussit à maintenir vivantes, durant les siècles d'occupation, la religion, la langue et les traditions du peuple grec. Les monastères, tels ceux du mont Àthos, des Météores et de Pátmos, deviennent des foyers actifs de la culture hellénique.

L'éveil national

Si, au cours du 17ᵉ s., on note quelques révoltes, c'est surtout au 18ᵉ s. que se manifeste une renaissance de l'esprit national, en particulier sous l'impulsion de l'Église orthodoxe.

De leur côté, les Vénitiens ne désarment pas, soucieux de préserver leurs comptoirs dans la Méditerranée orientale ; c'est ainsi qu'en 1687 ils réoccupent le Péloponnèse et l'île d'Égine ; au traité de Karlowitz (1699), la Sublime Porte accepte de céder la Morée à la Sérénissime.

Mais c'est de la diaspora que vient l'impulsion décisive. De nombreuses sociétés secrètes bourgeoises, les **hétairies**, se sont créées aux quatre coins de l'Europe, ramassant des fonds, formant des militants pour combattre l'occupant avec l'objectif de rendre la liberté à la nation. La plus ancienne, basée à Vienne, a pour animateur **Rigas Feraios** : cet auteur d'un célèbre chant patriotique est arrêté par les Autrichiens, livré aux Turcs et jeté avec ses compagnons dans la Save (1797). À la suite du cercle de Feraios, d'autres hétairies sont fondées : l'Hôtel hellénophone de Paris (1812), la Philomoussos d'Athènes (1813) et celle de Vienne (1814), et surtout la Société amicale, fondée à Odessa en 1814 et dirigée à partir de 1820 par **Alexandre Ypsilanti**, général de l'armée russe et aide de camp du tsar. Ces sociétés ont pour membres des négociants et des fonctionnaires, des armateurs, des banquiers et des écrivains résidant en Grèce ou à l'étranger, au contact de l'Europe des Lumières, puis gagnés aux idées de la Révolution française.

Sur place, une résistance armée s'organise, dans les montagnes où les Turcs hésitent à s'engager : ce sont les **klephtes** (littéralement « voleurs »), ces bandes de rebelles rustiques, assez proches des bandits, habiles à tenter des coups de main audacieux ; ils sont souvent rejoints dans leur combat au nom de la *leventia* (association d'héroïsme et de sentiment de liberté) par les **armatoles**, milices composées de Grecs armés par les Turcs pour les combattre, et qui se livrent essentiellement au brigandage. Rien de commun entre les hétairies et les troupes montagnardes, sinon un même rejet de l'autorité ottomane ; rien de commun non plus dans les aspirations des uns et des autres – pour les notables, l'établissement d'une monarchie s'impose, même si l'idée républicaine véhiculée par les armées françaises se fait jour ; pour les klephtes, l'indépendance signifie seulement un surcroît de liberté.

La Grèce moderne

Une lutte de neuf ans ponctuée de massacres qui indignent l'Europe et la poussent à intervenir permet à la Grèce d'accéder enfin à l'indépendance en 1830. Mais le jeune État demeure longtemps sous la surveillance des puissances, en particulier de l'Angleterre, qui lui imposent une monarchie et lui dictent une politique conforme à leurs intérêts. D'où une instabilité chronique marquée par des coups d'État et des abdications, voire des guerres civiles qui ne prend fin qu'en 1974 avec la chute piteuse du « régime des colonels ». Dès lors, jouissant d'une démocratie apaisée, la Grèce peut s'arrimer à l'Europe, cette Europe même qui tire une partie de ses valeurs de la Grèce classique.

G. Blot / RMN

Ibrahim Pacha, l'un des protagonistes du siège de Missolonghi (par Ch.-P. Larivière, musées des châteaux de Versailles et du Trianon).

LA « GRANDE RÉVOLUTION »

En février 1821, **Ypsilanti**, alors conseiller du tsar de Russie, tente de soulever les Roumains, espérant que l'Empire s'embrasera, mais ceux-ci se méfient d'un Grec et l'affaire se solde par quelques massacres.

Quelques mois plus tard, c'est dans le Péloponnèse que la Grèce entreprend sa douloureuse marche vers la liberté : le 25 mars 1821, **Germanos**, métropolite de Pátra, brandit l'étendard bleu ciel à croix blanche de la révolte contre le sultan **Mahmoud II**, donnant le signal de la Révolution nationale. La rébellion gagne la Morée (Péloponnèse) où 40 000 Turcs sont massacrés par les troupes de **Théodore Kolokotronis**, l'Épire et les îles du golfe Saronique. En représailles, le patriarche d'Istanbul est pendu et les Grecs d'Istanbul sont massacrés. En décembre, une Assemblée constituante se réunit à Épidaure… et elle proclame unilatéralement l'indépendance le 1er janvier 1822. Un gouvernement provisoire, dirigé par **Alexandros Mavrocordatos**, s'installe à Missolonghi (Mesolóngi), à l'entrée du golfe de Corinthe, place stratégique commandée par **Márkos Botzaris** (v. 1789-1823), et qui va devenir désormais l'objet de toutes les « attentions » des Ottomans.

Mais les Turcs réagissent : suite à l'insurrection de Lycourgos Logethin à Sámos, ils font un carnage à **Chíos** : 20 000 morts sont dénombrés, les femmes et les enfants sont réduits à l'esclavage. L'indignation gagne l'Europe et les volontaires, parmi lesquels **Lord Byron** accompagné du dessinateur **Constantin Guys**, affluent en Grèce, tandis que les

gouvernements européens se gardent d'intervenir en vertu de la politique de la Sainte-Alliance… L'affaire est d'autant plus mal engagée qu'une véritable guerre civile éclate entre les partisans de la monarchie et les républicains. Une seconde Assemblée constituante se réunit à Kranidi, aboutissant à la formation en 1823 d'un nouveau gouvernement provisoire dirigé par **Petros Mavromichalis**, puis par **Georgios Coundouriotis**.

Le siège de Missolonghi

Cependant, le sultan a fait appel à son vassal, le pacha d'Égypte **Méhémet Ali** dont les troupes, conduites par son fils **Ibrahim Pacha**, mettent à feu et à sang la Morée, tandis que les Turcs assiègent

Indignation

Le sacrifice héroïque des défenseurs de Missolonghi eut un retentissement important en Europe, où, dès 1821, s'était développé le mouvement des **Philhellènes**, qui puisait ses racines dans l'éducation classique. En France, ce courant fut amplifié par des écrivains comme Chateaubriand, Victor Hugo (*Les Orientales*) ou Claude Fauriel (*Chants populaires de la Grèce moderne*) et quelques artistes. Parmi ceux-ci, Eugène Delacroix, qui immortalisa l'événement dans son chef-d'œuvre allégorique, *La Grèce sur les ruines de Missolonghi* (il avait peint auparavant les *Scènes des massacres de Scio [Chios]*), David d'Angers avec l'*Enfant grec*, sculpture en marbre et Ary Scheffer avec *Les Débris de la garnison de Missolonghi*.

Les dates clés de la Grèce moderne

1444-1566 – Les Ottomans s'emparent peu à peu de la Grèce.
1821 – L'appel du métropolite Germanos marque le début de la marche vers l'indépendance, proclamée unilatéralement l'année suivante.
1830 – Reconnaissance officielle de l'indépendance de la Grèce
1896 – Premières olympiades des temps modernes.
1832 – Les puissances européennes imposent le régime monarchique à l'État grec.
1941-1949 – Occupation italo-allemande suivie d'une terrible guerre civile.
1967-1974 – Dictature des colonels.
1981 – Adhésion à la Communauté européenne.
2001 – La drachme cède la place à l'euro.
2004 – Jeux Olympiques d'Athènes.

Missolonghi en avril 1825, ville où Lord Byron s'était éteint, emporté par les fièvres, le 19 avril précédent, après avoir galvanisé les énergies et armé les défenseurs de ses propres deniers. L'arrivée de Rachid Pacha à la tête de 15 000 hommes, tandis que les assiégés, derrière leurs faibles remparts, ne sont que 5 000, semble sonner le glas des espérances grecques. Mais les défenseurs luttent vaillamment, multipliant les sorties et un an plus tard, ils tiennent encore lorsque Ibrahim Pacha amène un renfort de 10 000 Égyptiens. Manquant de vivres, 9 000 habitants, femmes et enfants compris, quittent la ville dans la nuit du 22 au 23 avril 1826. Mais ils sont décimés par les Turcs, avertis par un traître, et seuls 1 800 d'entre eux atteignent Ámfissa à plus de 100 km au nord-est. Cependant, **Christos Kapsalis** et les derniers défenseurs font sauter la poudrière, s'ensevelissant sous les ruines avec les assaillants.

L'Europe intervient

Le retentissement est tel que les puissances européennes, poussées par leurs opinions publiques, se décident enfin à intervenir dans un conflit qui a fait plus de 200 000 victimes chez les Grecs. Les Russes et les Anglais adoptent le protocole de Saint-Pétersbourg proposant leur médiation et acceptent l'idée d'une Grèce autonome. La France adhère au protocole qui est confirmé en juin par la convention de Londres. Mais la **Sublime Porte** refusant de négocier, il faudra donc l'y contraindre par la force…

En octobre, une flotte anglo-russe détruit la marine turco-égyptienne à Navarin, tandis qu'un corps expéditionnaire français libère le Péloponnèse. En mai 1828, les Russes marchent sur Constantinople, contraignant le Sultan à négocier : c'est le traité d'Andrinople qui, le 14 septembre 1829, reconnaît l'**indépendance** de la Grèce, que confirme le 3 février 1830 le protocole de Londres.

UN ÉTAT SOUVERAIN ?

Le nouvel État n'a pas les frontières qu'on lui connaît actuellement : la Thessalie, la Macédoine, la Thrace, l'Épire, la Crète et une bonne partie des îles de la mer Égée sont encore aux mains des Turcs. En outre, les dissensions à l'intérieur du camp grec ne font que croître entre républicains et monarchistes.

Dès le printemps 1827, l'Assemblée nationale grecque réunie à Trézène propose la constitution d'un gouvernement républicain, doté d'un président élu pour sept ans et d'une chambre des députés. **Ioannis Capo d'Istria** est désigné comme président provisoire et il prend ses fonctions à Nauplie en 1828. S'il réorganise l'État et l'armée, il s'attire bientôt un mécontentement général en raison de son engagement républicain, de son autoritarisme et d'une politique jugée trop favorable à la Russie. Tout ceci lui vaut d'être assassiné le 9 octobre 1831, au terme d'une guerre civile.

Les puissances qui avaient aidé à l'indépendance du jeune État estimaient en outre disposer d'un droit de regard sur ses affaires intérieures. En 1832, faisant jouer une clause du protocole de Londres, les Alliés imposent le régime monarchique et offrent le trône en 1832

Le cas des îles ioniennes

Avant même que ne se déclenche en Grèce le mouvement révolutionnaire, les îles Ioniennes sont l'enjeu de conflits qui aboutiront à leur indépendance : en 1797, à la chute de la République de Venise, elles passent sous le contrôle des Français. Après un bref intermède, (1800-1807) au cours duquel les Russes les placent sous protectorat turc, elles redeviennent françaises en conséquence de la paix de Tilsitt. En 1809, elles sont occupées par les Anglais, à l'exception de Corfou qui résiste jusqu'en 1814. C'est en 1818 que leur indépendance, sous protectorat anglais, est proclamée. Le grec devient la langue officielle.

à un adolescent, le fils du roi de Bavière, **Otton de Wittelsbach**.

Cette royauté imposée, qui donne le trône à un étranger, tout philhellène qu'ait pu être son père, Louis Iᵉʳ de Bavière, loin d'apaiser les dissensions, ouvre l'ère d'une instabilité qui va durer près d'un siècle et demi.

Les maladresses d'Otton (1835-1866)

Un an après l'arrivée du souverain, la capitale est fixée à Athènes où en 1837 est ouverte la première université d'État. Cependant, le jeune Otton ne tarde pas à s'attirer l'animosité de ses sujets, par des maladresses répétées. Catholique lui-même, il épouse une catholique opposée à l'orthodoxie ; il s'entoure d'une cour constituée de Bavarois et éloigne du pouvoir les héros de la guerre d'indépendance. En outre, il montre une conception autocratique du pouvoir, et ne cesse d'indisposer ses sujets, au point que ceux-ci organisent un coup d'État, le 3 septembre 1843, pour le contraindre à accorder une Constitution et à faire appel à des ministres grecs. En outre, lors de la guerre de Crimée, le soutien apporté à la Russie se solde par l'occupation du Pirée par des troupes franco-anglaises, ce qui est très mal vécu. Le roi continuant à intervenir dans la vie politique, l'opposition libérale, secrètement entretenue par l'Angleterre mécontente du rapprochement du monarque avec la Russie, aboutit à un nouveau coup d'État et à la destitution d'Otton.

Questions de territoire (1863-1913)

Le 6 juin 1863, le beau-frère du prince de Galles, Guillaume de Danemark (1845-1913) se voit offrir la couronne par l'Assemblée nationale grecque, sur la suggestion que l'on imagine pressante de l'Angleterre. Il prend le nom de **Georges Iᵉʳ** et se rend populaire en obtenant des Anglais la cession des îles Ioniennes (1864) et en acceptant une nouvelle constitution libérale qui en fait le « roi des Grecs ». Fondateur d'une dynastie, qui ne s'achèvera dans les faits qu'après l'exil de Constantin II en 1967, le souverain est chargé de mener une politique conforme aux intérêts des Britanniques en Europe orientale. Sur le plan intérieur, la pression d'une bourgeoisie de plus en plus influente, le conduit à introduire le régime parlementaire en 1875.

Le problème majeur demeure la question territoriale. D'importants territoires peuplés de Grecs sont toujours sous occupation ottomane. En 1866, le roi Georges favorise un soulèvement des Crétois, mais faute du soutien des grandes puissances, il doit laisser l'île au sultan. Plus tard, lors de la guerre russo-turque de 1877-1878 qui permet de libérer la Bulgarie, la Grèce envahit la Thessalie. C'est le Congrès de Berlin de 1881 qui va entériner cette annexion. En mars 1896, la Crète, soutenue par des volontaires grecs, se soulève à nouveau contre le Sultan : le gouvernement grec y fait débarquer des troupes mal préparées en février 1897, tandis qu'une armée commandée par le prince héritier Constantin envahit la Macédoine, où elle est sévèrement battue. La médiation des grandes puissances conduit à la signature du traité de Constantinople, qui proclame l'autonomie de la Crète sous le gouvernement du roi Georges.

Mais un vif mécontentement s'est développé dans l'opinion publique, humiliée par ces échecs. Aiguisé par la crise balkanique, il donne naissance à un nationalisme puissant dont la première expression fut la proclamation en 1908 du rattachement de l'île à la Grèce par le Crétois **Eleuthérios Venizélos** (1864-1936). L'année suivante, une révolte de l'armée contraint le roi à appeler Venizélos au gouvernement. Le nouveau ministre s'attache à réunir tous les territoires habités par des Hellènes et entreprend de réorganiser l'administration, l'armée et l'économie du pays. En 1911, il fait voter une Constitution garantissant mieux les libertés individuelles.

En 1912, il fonde avec la Bulgarie, la Serbie et le Monténégro la Ligue balkanique, qui déclare la guerre à la Turquie le 18 octobre : lors de cette première **guerre balkanique**, la Grèce envahit la Macédoine et, en novembre, s'empare de Thessalonique où le roi Georges est assassiné (mars 1913). La conférence de Londres (mai 1913) met fin à ce premier

Le grand homme politique E. Venizélos.

conflit. Les discussions concernant le partage de la Macédoine en entraînent un second, qui oppose cette fois la Bulgarie à ses anciens alliés. Le traité de Bucarest (août 1913) consacre l'annexion de la Macédoine du Sud, de l'Épire méridionale et de la plupart des îles de la mer Égée à la Grèce, ainsi que sa souveraineté sur la Crète, et accorde la Macédoine du nord à la Serbie. La même année, la conférence de Florence attribue au nouvel État albanais l'Épire du Nord. La question territoriale, bien que modifiée, n'est toujours pas entièrement résolue.

Grande Idée et Grande Catastrophe (1914-1934)

Lorsque éclate le premier conflit mondial, le gouvernement grec est partagé entre les germanophiles suivant le roi **Constantin Ier** (1868-1923), beau-frère de Guillaume II, et partisans des Alliés, rangés derrière Venizélos, que le souverain contraint à démissionner (mars 1915). Ramené au pouvoir par les élections, Venizélos tente un rapprochement secret avec les Alliés qui débarquent à Thessalonique (octobre 1915). À nouveau, le roi le pousse à la démission après avoir dissous la Chambre. L'armée prend alors le parti du ministre et constitue avec lui un comité de défense nationale à Thessalonique (septembre 1916). Le roi ayant entrepris de former des troupes de partisans, le général **Sarrail**, chef de l'armée française d'Orient, occupe la Thessalie. Les Alliés exigent l'abdication du roi et le renoncement au trône de son fils aîné pour y installer son deuxième fils, **Alexandre Ier** (1893-1920).

Le jeune roi confie le gouvernement à Venizélos et, le 15 septembre, la Grèce se range aux côtés des Alliés. Par les traités de Neuilly (1919) et de Sèvres (1920), elle obtient la Thrace orientale et l'administration en Asie Mineure de la région de Smyrne.

Mais bientôt la Grande-Bretagne, jouant des tentations impérialistes prônées par la **Mega Idea** (Grande Idée) de Venizélos, pousse celui-ci à engager une nouvelle guerre contre la République turque en annexant la région de Smyrne. Très

impopulaire, le conflit provoque, immédiatement après la mort du roi, l'échec du ministère aux élections (novembre 1920), suivi d'un plébiscite rappelant Constantin Ier. Abandonnée par ses alliés, la Grèce ne peut tenir longtemps face à la Turquie des Jeunes Turcs de Mustafa Kemal.

Les échecs militaires sont à l'origine de la seconde abdication (septembre 1922) de Constantin au profit de son fils aîné **Georges II** (1890-1947) et de la **Grande Catastrophe** qui voit 1,5 million de Grecs d'Asie Mineure se réfugier en Grèce. Cet afflux massif de population aggrave une situation économique difficile. Les élections ayant ramené les vénizélistes au pouvoir, le roi préfère abdiquer à son tour (décembre 1923) et la République est proclamée le 25 mars 1924.

L'ère des convulsions (1934-1974)

Confirmée par plébiscite, la République, dont l'amiral **Coundouriotis** est élu président, va de crise en crise, voyant alterner tentatives de dictature (comme celle du général Pángalos en 1926) et gouvernements d'union républicaine. En juillet 1928, Venizélos revient à la tête du gouvernement. Mais les problèmes intérieurs contribuent à la popularité des communistes. En mars 1935, un nouveau coup d'État, soutenu par Venizélos lui-même, abolit la République. Un plébiscite rétablit bientôt la monarchie et Georges II est rappelé.

Il fait aussitôt appel au **général Metaxás** qui instaure le 4 août 1936 une dictature qui durera jusqu'à sa mort en 1941. Avec l'accord du roi, Metaxás abolit la Constitution, dissout le Parlement et adopte une politique pro-fasciste, bien que la Grèce se sente menacée par l'Italie mussolinienne depuis l'annexion de l'Albanie par cette dernière. Lorsqu'en octobre 1940 l'Italie demande de laisser passer ses troupes, la Grèce rejette l'ultimatum et se range aux côtés de l'Angleterre. Les Italiens envahissent alors le territoire mais ils sont repoussés. Il faut le renfort des armées allemandes pour que la Grèce soit occupée.

Le roi se réfugie en Crète, puis au Caire. Le pays, partagé entre les Italiens, les Allemands (qui exercent leur politique d'extermination des Juifs dont témoignent les rafles de Thessalonique) et les Bulgares, entre alors en résistance (en particulier avec les maquis de communistes de l'EAM, Front national de libération et de l'ELAS Armée nationale populaire de libération). L'offensive russe en Roumanie pousse les Allemands à évacuer la Grèce en octobre 1944, après

Un canal et des Jeux

C'est sous le règne de Georges Ier qu'est percé le **canal de Corinthe** (1882-1893). C'est également ce souverain qui inaugura en 1896 à Athènes, les premiers **jeux Olympiques** de l'ère moderne, organisés à l'initiative de **Pierre de Coubertin** (1863-1937).

La question chypriote

Colonie britannique depuis 1925, Chypre accéda à l'indépendance en 1960 et fut alors gouverné par **Mgr Makarios III**, l'archevêque de l'île, partisan de l'*énosis*, le rattachement à la mère patrie. De violents affrontements avaient contraint en 1964 l'ONU à disposer des casques bleus sur l'île afin de séparer les populations grecque et turque. Mais la garde nationale, encouragée par les colonels, renversa Makarios en 1974. Les Turcs, craignant une annexion de l'île, ripostent en occupant le Nord. On en est toujours là trente ans plus tard, même si la partie sud du pays est devenue membre de l'Union européenne.

que le roi a constitué un gouvernement en exil dirigé par **Giorgios Papandréou**, et se soit engagé à ne rentrer qu'après un plébiscite.

Occupation et guerre civile

Au moment où les Allemands évacuent la Grèce, Churchill fait débarquer l'armée britannique au Pirée, afin d'éviter une prise de pouvoir par les communistes de l'EAM et de l'ELAS qui refusent d'être désarmés et gagnent les montagnes. Menée contre les Anglais, la guérilla domine bientôt la plus grande partie du pays et n'accepte une trêve en février 1945 que sous la pression de Staline.

Lors des élections de mars 1946, l'abstention massive des républicains détermine la victoire du parti royaliste, qui s'empresse de procéder à un plébiscite favorable au retour du roi. Celui-ci meurt peu après et son frère, **Paul Ier** (1901-1964), lui succède. Si le traité de Paris accorde les îles du Dodécanèse à la Grèce (février 1947), celle-ci connaît alors une situation intérieure des plus critiques, les partis de gauche refusant de se rallier à la monarchie. En décembre 1947, Markos Vafiadhis, le général **Markos**, soutenu par les Soviétiques, constitue un gouvernement révolutionnaire en Épire et se réfugie dans les montagnes du Nord. La **guerre civile** qui s'ensuit entre le gouvernement aidé par les Anglais et les Américains, et les communistes, appuyés par les Russes est atroce. Elle s'achève en octobre 1949, lorsque les communistes sont privés de ravitaillement par la rupture entre Tito et Staline.

Les élections qui suivent donnent la victoire à des partis modérés, mais les gouvernements qui vont se succéder jusqu'en 1963 sont en fait coiffés par des forces d'extrême droite. Les lois d'exception votées lors de la guerre civile ne sont jamais abrogées. Lorsque les élections de 1964 assurent la victoire du parti de l'Union du Centre, **Georgios Papandréou** (1888-1968) forme le gouvernement, mais lorsqu'il tente d'épurer l'armée de ses éléments d'extrême droite, le jeune roi **Constantin II** (1940) le renvoie (juillet 1965). La crise politique est telle qu'il est impossible pendant deux ans de constituer un gouvernement ! À l'approche des élections, une **junte militaire** dirigée par Georgios Papadopoulos s'empare du pouvoir le 21 avril 1967 au nom du roi. Fondé sur la terreur et la répression, le **régime des colonels** fait voter une constitution limitant les libertés individuelles et accordant un pouvoir exorbitant à l'armée. Malgré quelques mesures destinées à donner l'illusion d'une libéralisation (proclamation de la République en juillet 1973), les manifestations d'opposition prennent de l'ampleur. Les colonels n'y apportent d'autre réponse que la loi martiale et la création des tribunaux d'exception.

LA DÉMOCRATIE, ENFIN !

L'incapacité de la junte à faire face à la crise économique et à la crise chypriote rend la situation intenable. Toute honte bue, les colonels font appel en juillet 1974 à l'un de leurs farouches adversaires, le leader des partis de droite, **Constantin Caramanlis**. Celui-ci remet en vigueur la Constitution de 1952, rétablit les libertés fondamentales, légalise les partis politiques et poursuit en justice les responsables de la dictature. Le référendum du 8 décembre 1974 se prononce en faveur du régime républicain, et une nouvelle constitution est promulguée en juin 1975.

En 1981, l'arrivée au pouvoir des socialistes du PASOK d'**Andreas Papandréou** est symbolisée par la nomination à la tête du ministère de la Culture de **Melina Mercouri**. C'est également l'année de l'**adhésion de la Grèce à la CEE**, devenue depuis lors l'Union européenne. Désormais, la démocratie est consolidée, ce que démontre l'alternance sans drame du Parti de la nouvelle démocratie (droite) et du PASOK. Si la vie politique est toujours dominée par les relations avec la Turquie (opposition à son entrée dans l'Union européenne), l'Albanie et la Macédoine (refus en 1992 de reconnaître sous le nom de cette république), une certaine détente semble se faire jour, ce qui a permis aux Athéniens d'organiser en toute sérénité les jeux Olympiques de 2004, vaste entreprise qui fait encore la fierté des Grecs.

Ils ont fait la Grèce

Des temps les plus reculés jusqu'à nos jours, quel que soit leur domaine d'activité, des personnages ont su incarner le génie de leur terre. En voici une brève sélection.

DE L'ANTIQUITÉ...

Les dates ici indiquées sont toutes antérieures à l'ère chrétienne.

Agésilas (440-360) – Roi de Sparte, brillant vainqueur des Perses en 400, puis d'Athènes et de Thèbes en 394, confortant ainsi l'hégémonie de Sparte. Mais la défaite subie devant les Thébains à Leuctres en 371 porte un rude coup au prestige de sa cité.

Alcibiade (450-404) – Athénien, pupille de Périclès et ami de Socrate. Devenu stratège en 420, il mène une politique aventureuse, avant d'être obligé de s'enfuir pour avoir parodié les mystères d'Éleusis. Rappelé en 411, il remporte quelques victoires, mais est assassiné lors de la politique de Terreur des Trente.

Alexandre le Grand (356-323) – Roi de Macédoine à vingt ans, après avoir soumis la Grèce, il se lance dans une vaste entreprise de conquête. Franchissant l'Hellespont (Dardanelles), il défait les Perses au Granique et fait main basse sur l'Asie Mineure (334). Puis, il s'empare d'Halicarnasse, bat les Perses à Issos (333) et soumet la Phénicie après le siège de Tyr (332). Enfin, c'est au tour de l'Égypte (où il fonde **Alexandrie** en 331). Franchissant le Tigre et l'Euphrate, il bat Darius III à Arbèles, s'empare de Babylone et de Suse, rase Persépolis (330), conquiert la Médie et la Parthie, arrive en Bactriane (329), et s'enfonce vers l'Inde (passage de l'Indus, 326). Devant le refus de ses soldats d'aller plus loin, il rebrousse chemin, épouse Roxane de Bactriane (324), et prépare une flotte pour conquérir l'Arabie lorsqu'il meurt prématurément. Son immense empire ne lui survivra pas.

Apelle (4ᵉ s.) – Peintre connu pour avoir exécuté le portrait d'Alexandre le Grand. Sa réputation était telle que son nom nous est parvenu bien qu'on ne connaisse aucune de ses œuvres.

Aristophane (445-385) – Auteur comique dont les pièces pleines de verve, traitant des problèmes de son temps, ont rencontré un grand succès.

Aristote (384-322) – Philosophe, disciple de Platon, et précepteur d'Alexandre le Grand. Il fonde en 335 son école péripatéticienne à Athènes, le Lycée. Son œuvre encyclopédique a exercé une

Portrait d'Alexandre le Grand (détail de la mosaïque de « La Bataille d'Alexandre », Musée national d'archéologie de Naples).

grande influence sur les penseurs de l'Islam et du christianisme médiéval.

Démosthène (384-322) – Homme politique et orateur athénien, connu pour ses problèmes d'élocution qu'il parvient à surmonter, selon la chronique, en parlant avec des cailloux dans la bouche. Principal personnage politique de la cité en 340, il s'allie avec Thèbes contre les Macédoniens, mais doit partir en exil après la défaite de Chéronée (338). L'échec de sa tentative de soulever les cités grecques après la mort d'Alexandre le Grand le conduit à mettre fin à ses jours. Il ne doit pas être confondu avec un autre **Démosthène**, général athénien, vainqueur de Sparte en 425 et qui, vaincu à son tour par les Syracusains en 413, a été mis à mort par ces derniers.

Dracon – Ce législateur athénien du 7ᵉ s. a créé un code dont la sévérité lui a valu de survivre dans la langue française au travers de l'adjectif « draconien ». Parmi les nouveautés de son code, la distinction établie entre le meurtre et l'homicide involontaire.

Épaminondas (418-362) – Homme d'État thébain, vainqueur des forces spartiates à Leuctres (371), il incarne la brève hégémonie de Thèbes avant de plier face à la ligue du Péloponnèse.

Eschyle (525-456) – Ce dramaturge, qui combattit à Marathon et à Salamine, a écrit quelque 80 drames dont *L'Orestie*, *Les Perses* et *Prométhée enchaîné*.

Ésope (6ᵉ s.) – Pour les uns, ce fabuliste n'aurait jamais existé ; pour d'autres, il s'agirait d'un esclave. Quoi qu'il en soit, les fables qui lui sont attribuées ont rencontré un grand succès et inspiré, notamment, La Fontaine au 17ᵉ siècle.

Euclide (8ᵉ s.) – Mathématicien, auteur des *Éléments,* série de postulats et d'axiomes, dont celui qui porte son nom : par un point d'un plan, on ne peut mener qu'une parallèle à une droite donnée.

Euripide (480-406) – Dramaturge d'un style novateur, auteur entre autres de *Médée, Andromaque, Iphigénie en Tauride*… qui inspirèrent les auteurs classiques français.

Hérodote (490-425) – Historien originaire d'Halicarnasse. Son *Histoire* en neuf volumes, même si elle ne dédaigne pas la légende, reste un instrument indispensable, ne serait-ce que pour sa description de la vie quotidienne de son temps.

Hippocrate (460-v. 377) – Le plus grand médecin de l'Antiquité dont l'éthique inspire encore ses confrères d'aujourd'hui.

Homère (autour de 800) – A-t-il vraiment existé ? Toujours est-il que *L'Iliade* relatant la guerre de Troie, et *L'Odyssée*, les péripéties du retour d'Ulysse à Ithaque, qui furent peut-être des œuvres collectives, sans cesse embellies par les aèdes, marquent le début de la littérature grecque et n'ont jamais perdu leur popularité.

Léonidas – Roi de Sparte, qui défendit le défilé des Thermopyles contre les Perses de **Xerxès** (480).

Lycurgue (9e s.) – Législateur spartiate peut-être légendaire. Après lui, dans le droit antique, l'individu prend le pas sur la famille.

Lysandre (mort en 395) – Amiral spartiate qui infligea aux Athéniens la défaite d'Ægos Potamos en 404.

Périclès (499-429) – Le plus important des hommes politiques athéniens. Chef du parti démocratique, stratège pendant trente ans, il ouvre à tout un chacun les magistratures, engage un programme de grands travaux (le Parthénon), réunit autour de lui les plus prestigieux artistes. Mais la guerre du Péloponnèse opposant Athènes à Sparte signifie sa fin politique. Il meurt de la peste qui ravage sa cité où tous les habitants de l'Attique ont été accueillis pour échapper à l'ennemi.

Phidias – Sculpteur chargé au 5e s. par Périclès d'élever le Parthénon et d'en assurer la célèbre décoration sculptée, partagée aujourd'hui entre Athènes, Paris (musée du Louvre) et Londres (British Museum). Il incarne l'apogée du style classique.

Philippe II de Macédoine (v. 382-336) – Roi de Macédoine en 356, il réorganise son domaine, s'empare de l'Illyrie et de la Thrace (prise de Philippopolis, l'actuelle Plovdiv en Bulgarie), puis de la Grèce après avoir écrasé les troupes coalisées d'Athènes et de Thèbes à Chéronée en 338. Mais il est assassiné à l'instigation de son épouse alors qu'il s'apprêtait à attaquer les Perses. Son œuvre sera poursuivie par son fils Alexandre le Grand.

Pindare (518-438) – Poète comblé d'honneurs qui chantait les victoires des cités aux jeux Panhelléniques.

Platon (427-347) – Né à Attique, disciple de Socrate pendant huit ans, il fonde à Athènes l'Académie où il enseigne tout en composant ses fameux dialogues, dont *Le Banquet* et *La République*.

Praxitèle (4e s.) – Sculpteur actif à Athènes, qui influença les artistes de l'époque hellénistique. Ses œuvres, empreintes d'une grâce nonchalante, ne sont connues que par des copies.

Pythagore (v. 570-v.480) – Philosophe et mathématicien à qui nombre de théorèmes (parfois connus avant lui) sont attribués. Son école philosophique, quelque peu mystique, défendait le principe de la transmigration des âmes (métempsycose).

Sapho (7e s.) – Née à Lesbos, elle enseignait la danse et la musique aux jeunes filles de la noblesse. Mais ce sont surtout ses poèmes qui ont fait sa renommée, notamment *L'Ode à Aphrodite*.

Socrate (470-399) – Philosophe athénien qui, n'ayant laissé aucun écrit, est connu pour ses dialogues avec Platon rapportés par ce dernier. Il est l'inventeur de la **maïeutique** ou art d'accoucher les esprits, par la **dialectique**, jeu de questions et réponses. Accusé d'impiété et d'avoir corrompu la jeunesse, il est condamné à boire la ciguë.

Sophocle (495-405) – Sur les 115 pièces écrites par cet illustre dramaturge qui passa toute sa vie à Athènes, seules sept nous sont parvenues : parmi elles, *Antigone, Électre* et *Œdipe roi*.

Thalès (v. 625-v.547) – Philosophe et scientifique, l'un des Sept Sages de la Grèce, qui se rendit célèbre pour avoir prédit une éclipse du soleil. S'il est sans doute le premier à avoir effectué une mesure exacte du temps, sa notoriété d'aujourd'hui est surtout due au fameux théorème qui porte son nom.

Thémistocle (v. 525-459) – Homme d'État athénien qui, après avoir remporté sur les Perses la bataille navale de Salamine (480), fait aménager les « longs murs » entre Athènes et Le Pirée. Il est ostracisé en 471 et doit partir en exil.

Thucydide (460-395) – Le chef athénien des opposants à Périclès et aux démocrates, les oligarques.

Xénophon (v. 430-v. 355) – Écrivain et philosophe, disciple de Socrate auquel il a consacré un traité, *Les Mémorables*.

Zénon d'Élée (v. 490-v. 435) – Philosophe présocratique, auteur du célèbre paradoxe d'Achille et la tortue établissant l'impossibilité du mouvement.

… AUX TEMPS MODERNES

Márkos Botzaris (1790-1823) – Né à Souli dans l'actuelle Albanie, il organisa la résistance de Missolonghi, avant d'être tué au combat près de Karpenision.

Laskarina Bouboulina (1771-1825) – Originaire de Spétses, elle se battit contre les Turcs sur mer et dans le Péloponnèse.

Maria Callas (1923-1977) – Considérée comme une des plus grandes artistes lyriques de tous les temps, l'interprète incomparable de *Norma* et de *La Traviata* était née Maria Kalogeropoulos et avait débuté à Athènes en 1938 avant de conquérir les scènes les plus prestigieuses.

Ioannis Capo d'Istria ou **Kapodístrias** (1776-1831) – Étrange destin que celui de ce natif de Corfou, qui, secrétaire d'État des îles Ioniennes (1803), passa au service de la Russie dont il devint ministre des Affaires étrangères de 1816 à 1822. Opposé à la Sainte-Alliance, il démissionne et soutient, depuis Genève, la lutte des Grecs pour l'indépendance, avant d'être élu président du jeune État (1827), puis assassiné en raison de son autoritarisme.

Constantin Caramanlis (1907-1998) – Homme d'État de droite modérée, fervent défenseur des libertés publiques, deux fois président de la République (1980-1985 et 1990-1995). La Grèce lui doit le retour à la démocratie après l'effondrement du « régime des colonels » et l'adhésion à l'Europe.

Germanos (1771-1826) – Métropolite de Pátra, il bénit au monastère d'Agia Lavra (Kalávryta) l'étendard de l'Indépendance grecque et le fit acclamer à Pátra le 25 mars 1821 : cette date est aujourd'hui celle de la fête nationale.

Konstandinos Kanáris (1790-1877) – Premier amiral grec aux interventions décisives dans la guerre de libération, il fut par la suite plusieurs fois chef du gouvernement entre 1848 et sa mort.

Théodore Kolokotronis (1770-1843) – Originaire du Péloponnèse, il infligea aux Turcs leur première défaite importante dans les gorges de Dervenakia (1822).

Ioannis Makriyannis (1797-1864) – Un des chefs militaires de la Révolution. Ses *Mémoires* constituent un témoignage précieux et pittoresque de la lutte populaire.

Melina Mercouri (1923-1994) – La divine, à la fois égérie du cinéma et de la chanson grecque, comme de la gauche à la fin du régime des colonels.

Aristote Onassis (1906-1975) – Sa vie est un roman ! Né à Smyrne, il gagna la mère patrie après le massacre de sa famille par les Turcs en 1922, avant de bourlinguer un peu partout dans le monde, exerçant divers métiers. C'est en 1936, que celui qui allait devenir le symbole des armateurs grecs acheta ses premiers bateaux, et sa fortune devint considérable lorsqu'il se spécialisa dans le transport de brut par des pétroliers géants. Créateur de la compagnie aérienne Olympic Airways (1957), il défraya la chronique mondaine par sa longue liaison avec la Callas, puis par son mariage avec Jacqueline Bouvier, la veuve du président Kennedy. Quant à son beau-frère et rival **Stavros Niarchos,** il ne fut pas en reste… Ajoutons que plusieurs morts mal élucidées dans leur proche entourage ont ponctué le parcours des deux armateurs

Andreas Papandréou (1919-1996) – Un véritable mythe ! Leader historique du PASOK qui raffermit la démocratie après l'alternance politique de 1981, malgré quelques scandales financiers. Il était le fils de **Giorgios Papandréou** dont le renvoi par le roi Constantin II préluda au coup d'État de 1967. Et comme bon sang ne saurait mentir, son fils Giorgios a pris la tête du PASOK en 2004.

Yannis Ritsos – Peut-être le plus connu des quatre grands poètes du 20e s., avec Embiricos, Séferis et Elytis… même si le prix Lénine qu'il obtint ne peut rivaliser en prestige avec le prix Nobel.

Mikis Theodorakis – Pour beaucoup, le musicien grec par excellence depuis le fameux sirtaki de *Zorba le Grec*.

Eleuthérios Venizélos (1864-1936) – Ce politicien crétois, après avoir proclamé l'union de son île avec la Grèce en 1908, forma deux ans plus tard le gouvernement qui allait, au terme des guerres balkaniques, permettre à la Grèce de récupérer l'Épire, une partie de la Macédoine, de la Thrace et des îles de la mer Égée. Son action en faveur des Alliés entre 1915 et 1918 permit à la Grèce de nouveaux gains territoriaux à l'issue du conflit. Mais sa « Grande Idée » lui fit commettre l'erreur de vouloir s'emparer de Smyrne. L'échec militaire ne l'empêcha pas de continuer à tirer les fils de la politique grecque, dont il resta le principal protagoniste jusqu'à sa mort survenue en exil à Paris.

CIVILISATION ET ART DE LA GRÈCE CLASSIQUE

À leur puissance politique et militaire, les cités-États de la Grèce ont ajouté une civilisation extraordinairement brillante : qu'ils soient dramaturges, poètes, philosophes, mathématiciens, architectes, sculpteurs ou peintres, nombre de Grecs de l'Antiquité ont acquis une renommée universelle qui se poursuit aujourd'hui. De même, la religion comme les fameux mythes sont connus de tous : il n'est que de citer, parmi les dieux de l'Olympe Zeus ou Aphrodite et parmi les héros de mythes Œdipe pour s'en persuader. Mais comment les Grecs de l'époque classique vivaient-ils leur quotidien ?

H. Lewandowski / RMN

La vie quotidienne est souvent représentée sur les céramiques anciennes. Ici une scène de banquet, de style corinthien moyen, 6e s. av. J.-C. (cratère conservé au musée du Louvre, Paris).

Vivre au siècle de Périclès

Au 5e s. av. J.-C., l'Attique devait regrouper un peu moins de 300 000 habitants, Sparte (sur un territoire plus vaste mais plus hostile) un peu moins, et la riche Béotie des Thébains environ 150 000. Sans la Macédoine ni les colonies d'Asie Mineure ou de Grande Grèce (Italie), le total des populations devait approcher deux millions d'individus.

LOIN DU PÉPLUM...

Les légendes et les péplums nous portent à imaginer des villes luxueuses, aux rues pavées de marbre. La réalité est tout autre, et l'urbanisme attendra **Hippodamos de Milet** (milieu du 5e s.) pour voir le jour : des rues perpendiculaires délimitant des îlots réservés aux espaces publics ou aux habitations sont tracées, des portiques *(stoa)* sont élevés autour des bâtiments officiels, l'adduction d'eau est réalisée, et le port du Pirée, voulu par **Thémistocle**, est aménagé...

Jusque-là, Athènes déçoit grandement les visiteurs : les rues étroites, tortueuses et malodorantes se faufilent entre des habitations construites de bric et de broc, le plus souvent en torchis ou en bois. Des porcs s'y vautrent dans la fange et les ordures que les habitants déversent dans la rue depuis leurs balcons. Non revêtues, sans lumière, les voies abritent des corporations regroupées par quartiers. C'est que la ville s'est développée au fil du temps, sans plan d'ensemble, autour de l'Acropole où s'élèvent de prestigieux monuments publics. Même l'**agora** est encombré de baraques et toute une foule y dort à la belle étoile, quand elle ne se réfugie pas dans des habitations troglodytiques creusées à flanc de colline.

Des demeures modestes

Ceux qui ont un toit résident dans de modestes habitations, quel que soient leur fortune ou leur prestige : il est mal vu de se construire une riche demeure, privilège réservé aux dieux. En outre, si la femme passe le plus clair de son temps chez elle, pour l'homme grec, la vie est

Frappez avant de sortir !

Les portes des habitations s'ouvraient vers l'extérieur, si bien qu'il était de coutume de frapper avant de sortir de chez soi, de façon à éviter aux passants un choc douloureux…

ailleurs : là où l'appellent les affaires de la cité et les guerres.

De plan carré, les maisons sont dotées d'étroites lucarnes (le verre n'existait pas) et se composent de pièces situées autour d'une cour parfois agrémentée d'un portique et d'un puits. Le sol est en terre battue. Les murs sont blanchis à la chaux. Sur la rue, des pièces indépendantes du reste de l'habitation sont occupées par des boutiques. Le chauffage provient d'un brasero (sur lequel on fait également la cuisine), et la fumée s'évacue en soulevant une tuile du toit. Certaines des demeures des quartiers populaires sont divisées en appartements. Quant au mobilier, il se réduit à l'essentiel : lit, tables basses, chaises et les indispensables lampes à huile de bronze ou de terre cuite.

Au fil des jours

Même si depuis le milieu du 5ᵉ s. les Grecs savent mesurer le temps au moyen du **gnomon** (cadran solaire) ou de la **clepsydre**, les moments de la journée sont essentiellement scandés par les repas. Le petit-déjeuner (du pain d'orge ou de blé trempé dans du vin) se prend à l'aube, le déjeuner ou **ariston**, assez léger, à midi, et le soir est occupé au dîner, plus copieux. Entre ces moments, il y a le temps du marché et celui des affaires publiques.

La base du repas grec, généralement végétarien, est la **maza**, galette de farine d'orge, qui peut aussi servir « d'assiette » pour recevoir olives, ou oignons, voire des purées de fèves ou de lentilles. Le poisson est apprécié (rougets, thon, calmars, fruits de mer et anguilles) de même que le gibier, contrairement à la viande, trop chère et souvent réservée aux fêtes religieuses.

Parmi les boissons, l'eau tient la première place, mais l'on consomme aussi du lait de chèvre ou de l'hydromel. Quant au vin, il est souvent coupé avec de… l'eau de mer ou aromatisé avec du thym ou de la cannelle. Ceux de Lesbos, de Chios ou de Thassos étaient les plus renommés.

Le repas du soir est le plus souvent précédé d'un bain (dans une des fontaines monumentales de la ville, puis aux bains publics aménagés à partir du 4ᵉ s., ou, pour les plus aisés, à domicile), au point qu'annoncer que l'on va au bain signifie que l'on va bientôt se mettre à table…

Concours d'élégance

Si la barbe est de tradition, les cheveux sont courts à Athènes (à l'exception des enfants), coupés ras à Sparte. Les femmes adoptent quant à elles des coiffures complexes où se mêlent chignons et tresses, et se teignent volontiers en blond. Le maquillage est essentiellement fait de céruse pour blanchir le teint (seules les galantes se fardent de rouge) et les yeux sont ombrés de noir.

Pour l'habillement, peu de distinction entre les classes sociales, si ce n'est la qualité des matériaux, plus ou moins finement tissés. Le lin et la laine sont la norme, les fourrures, rares et les soieries, exceptionnelles. Le vêtement de base est la tunique courte ou **chiton**, agrafé aux épaules. Pas de sous-vêtements, mais, pour les cérémonies, une sorte d'ample manteau, rectangle drapé, l'**himation**. Plus élégant, le **péplos** féminin est une tunique longue à demi-manches, souvent nouée par une ceinture à la taille. Les jeunes Spartiates quant à elles portent une tunique on ne peut plus courte qui scandalise Euripide. Enfin, si les chaussures et les sandales sont connues, la plupart des hommes vont pieds nus, y compris dans la rue.

DU BERCEAU AU TOMBEAU

Lorsque le citoyen athénien fonde une famille, c'est avant tout dans un but de procréation (et, de préférence, d'un enfant mâle). Dans ces conditions, le mariage n'est que rarement une affaire de sentiments, ce dont témoigne l'expéditive cérémonie nuptiale spartiate où le marié « enlève » sa promise, lui coupe les cheveux, et s'unit brièvement à elle, avant de rejoindre ses compagnons…

De fait, à Athènes, la **condition féminine** n'est guère enviable : reléguée à la maison dont elle est la gardienne, elle partage la

Frugaux, mais pas toujours

La frugalité des Grecs est proverbiale au point que la réputation austère du **brouet noir** spartiate a traversé les siècles. Mais tout dépend du lieu (les habitants de l'opulente Béotie passaient pour de bons vivants, volontiers goinfres !) et des circonstances : les participants des **symposia** (banquets entre hommes) mangeaient abondamment, et le vin coulait à flots, nonobstant d'autres distractions.

« L'amour grec »

L'adolescent (**éromène**) doit imiter un modèle plus âgé, l'**éraste**, qui exerce une forme de « paternité spirituelle » qui aboutit parfois à un amour qu'exacerbe parfois la nudité dans laquelle le maître et son élève pratiquent les exercices physiques. Or, comme on le sait, la chair est parfois faible…

compagnie de sa belle-mère et des autres femmes et enfants de la maisonnée. Dépourvue de tous droits politiques ou juridiques, elle ne sort que pour assister aux cérémonies religieuses, et pour les courses, elle est toujours accompagnée d'un esclave. Et elle peut être répudiée en cas de mariage infertile… Quant à ces messieurs, ils disposent de **concubines** leur permettant de vivre une bigamie de fait, quand ils ne recourent pas aux services de **courtisanes**, souvent des esclaves, expertes (entre autres) en musique et danse.

Lorsque l'enfant paraît…

Dès la naissance il faut s'assurer qu'il porte en lui les aptitudes nécessaires au futur citoyen : en cas de doute, il est **exposé** (abandonné), et chez les Spartiates, qui ne s'embarrassent pas de sentiments, jeté du haut d'une falaise…
Emmailloté à Athènes pour que ses membres ne se déforment pas et confié aux soins d'une nourrice, il est au contraire laissé libre à Sparte, et confronté dès ses premiers jours à des épreuves (on le frotte de vin rouge) et à la solitude, afin de l'endurcir. Dès l'âge de sept ans, il est enrôlé dans les casernes de l'État, où, sous la direction d'un **pédonome**, il franchira les diverses étapes de l'éducation lacédémonienne fondée sur la force virile. Vivant au milieu de ses condisciples, pris en charge par un **irène** plus âgé que lui (16 à 19 ans), il achève sa formation par la **cryptie** : laissé seul dans la forêt, il doit y trouver sa pitance avant de tuer un esclave.
À l'opposé, l'**éducation** du jeune Athénien comporte toutes les disciplines : musicale avec un cithariste, intellectuelle sous l'égide d'un **grammatiste** et physique sous la direction d'un **pédotribe**. À l'âge de dix-huit ans, il poursuit ses études avec des **sophistes**. Certains ont attaché leur nom aux lieux où ils délivraient leur enseignement : Platon à l'**Académie**, Aristote au **Lycée**. De son côté, la jeune fille s'initie aux tâches ménagères en attendant qu'on lui impose un époux.

Respect des anciens

Tout Grec doit à ses parents un devoir d'assistance : s'il ne l'assume pas, il est déchu de ses droits civiques, voire condamné à la prison. Les anciens sont donc l'objet d'une attention que les **rites funéraires** traduisent par une purification devant le corps, avant qu'un cortège funèbre ne s'avance au milieu de la nuit pour ne pas souiller les rayons du soleil. Les femmes gémissent et se lamentent, et les hommes manifestent leur peine en se couvrant de poussière avant que le défunt ne soit incinéré ou bien enseveli avec une pièce dans la bouche pour payer son obole au gardien des Enfers.

LES TRAVAUX ET LES JOIES

Un homme libre grec n'exerce une activité rétribuée qu'en cas de nécessité : travailler pour autrui, c'est abdiquer sa liberté. Pour autant, l'oisiveté reste mal vue, et si l'on est contraint de s'adonner au travail, les différents métiers sont socialement très hiérarchisés, le travail manuel étant au bas de l'échelle.
Au 5e s., l'agriculture (céréales, vigne, oliviers, figuiers et apiculture, le miel étant le seul sucre utilisé par les Grecs) régresse en Attique au profit du commerce et de l'artisanat dont vit la plus grande partie de la population, en particulier dans les domaines de la poterie, de la laine et des métaux, qui sont extraits aux mines du Laurion dans d'épouvantables conditions. Sans parler d'industrie, certains ateliers, comme celui de l'armurier Képhalos, emploient 150 esclaves. Sur les grands travaux, comme à l'Acropole, hommes libres, esclaves et métèques sont employés pour le même salaire : ce n'est pas l'argent gagné qui distingue les individus, mais leur statut social. Peu à peu, l'argent remplace le troc : la célèbre **drachme** à l'effigie de la chouette s'impose en même temps que l'hégémonie athénienne. Le commerce de détail est assuré autour d'une agora dans des marchés spécialisés. Faute de réseau routier, les échanges commerciaux se font par mer, enrichissant une classe de grands négociants, souvent aidés par les banques qui ont fait leur apparition à la fin du 5e s.

Avant les RTT

Combien de jours travaillaient les Grecs ? À Athènes, fêtes civiques, associatives, domestiques et religieuses représentaient 152 jours fériés… dévolus à la chasse, la pêche, aux jeux les plus divers ou aux concours dramatiques.

La vie dans la cité

Comme on l'a vu, l'éducation du jeune citoyen Grec était entièrement tournée vers son rôle de serviteur de la cité. Mais que représente la cité et comment s'organise-t-elle ?

La cité n'est pas forcément liée à l'existence d'une ville : c'est d'abord et avant tout une communauté humaine, ayant des intérêts et une administration communes, groupée autour de deux éléments fondamentaux : l'**acropole**, citadelle située sur une colline, et jouant un rôle défensif, et l'**agora**, lieu où se réunit l'assemblée des citoyens, mais aussi place du marché. Tout autour, les habitations se sont agglutinées. La cité englobe également les terres agricoles environnantes. C'est ainsi que se sont constituées au fil du temps ces cités-États, dont Athènes, Thèbes et Sparte sont les exemples les plus aboutis.

UNE SOCIÉTÉ TRÈS HIÉRARCHISÉE

Au 5e s. av. J.-C., à Athènes, pour être **citoyen** à part entière, il faut être né de père et mère athéniens, et avoir atteint la majorité légale, fixée à l'âge de dix-huit ans. Dès lors, on est inscrit dans un **dème**, division politique locale (30 dèmes constituent une **tryttie**, et trois trytties une **tribu**), qui attribue au jeune homme son nom officiel. Tous les citoyens jouissent en principe des mêmes droits politiques mais, en réalité, certains sont plus égaux que d'autres : tout dépend des revenus, les plus aisés accédant plus facilement aux magistratures. Le citoyen est censé participer à l'**ecclésia**, assemblée du peuple qui se réunissait à l'agora avant d'adopter la Pnyx, pour des raisons de place.

Le **métèque** (étranger) est quant à lui un homme libre (à ce titre il peut fréquenter les gymnases publics, servir dans l'armée et même épouser une Athénienne), mais qui ne dispose pas de droits politiques. Souvent riches, les métèques contrôlent le commerce et l'industrie.

Voyageur de passage

Vous êtes étranger et vous arrivez à Athènes : vous devez demander la protection du **proxénète** de votre cité d'origine. Ce citoyen est chargé de vous recevoir et de vous protéger en vertu des accords passés entre les cités. Mais au bout d'un mois, vous devez vous faire enregistrer comme **métèque**.

Tout en bas de la hiérarchie vient la foule des **esclaves** : il s'agit de prisonniers de guerre, d'enfants d'esclaves, mais aussi de gens que la misère a poussé à se vendre eux-mêmes. Un grand marché aux esclaves qui se tient sur l'agora permet aux hommes libres de faire leurs emplettes. Les esclaves ont des fonctions très variées : gens de maison, main-d'œuvre dans l'industrie, voire employés administratifs de l'État. Les femmes, quant à elles, servent aux menus plaisirs du maître de maison. Ne bénéficiant d'aucun droit, les esclaves ont en revanche une certaine protection, du moins à Athènes où il est interdit de les frapper et, a fortiori, de les tuer. Une fois acheté, l'esclave se voit attribuer un nom et fait partie de la famille. Les affranchis sont très rares et ne peuvent en aucun cas devenir citoyens.

LA DÉMOCRATIE ATHÉNIENNE

Il s'agit ici des institutions mises en place à Athènes par **Clisthène** dans la seconde moitié du VIe s. et confortées par **Périclès**.

Des assemblées...

L'ecclésia est convoquée tous les dix jours et l'assistance des citoyens est en principe obligatoire, d'autant qu'ils sont indemnisés par un jeton de présence. Après quelques sacrifices rituels, on y vote les lois à main levée. Celles-ci ont été proposées par la **boulê**, sorte de conseil restreint de 500 membres tirés au sort pour un an parmi les citoyens des 10 tribus représentées à part égales, qui se réunit tous les jours.

Les membres de la boulê composent par roulement une commission de 50 membres siégeant en permanence pendant 35 ou 36 jours : les **prytanes** qui gardent les clés du Trésor public, ainsi que le sceau et siègent au **bouleutérion**.

... et des magistrats

N'importe quel citoyen peut accéder à la magistrature pour peu qu'il ait satisfait à une sorte d'examen, la **dokimasie**. Une fois désigné pour un an, il prête serment, puis doit, à l'issue de son mandat, rendre compte de celui-ci devant le peuple.

La plupart sont tirés au sort, procédé généralement jugé tout aussi fiable et plus juste que l'élection : c'est le cas des **archontes**, au nombre de neuf qui ont des attributions d'ordre religieux ; des **onze**, qui dirigent la police judiciaire ; les **astynomes** étant chargés de la police urbaine et de l'enlèvement des ordures ménagères ; les **métronomes** contrôlent les poids et mesure, et les **agoranomes**, les prix sur le marché. Bref, une vingtaine de charges qui assurent les fonctions religieuses, judiciaires ou financières permettant de « faire tourner » la cité. D'autres magistrats sont élus au suffrage universel, également pour un an, mais rééligibles à volonté. C'est le cas des **stratèges**, au nombre de 10 (un par tribu), qui constituent en quelque sorte le Conseil des ministres et assurent le pouvoir exécutif. Bien entendu, il n'est pas rare que l'un d'entre eux s'impose parmi ses pairs comme « l'homme fort » du moment.

Ces magistrats s'exposent à une sanction, l'**ostracisme** : il s'agit d'une mesure de bannissement voté à l'agora à bulletins secrets par l'ecclésia. Un quorum est fixé et le malheureux magistrat qui obtient le plus grand nombre de voix est banni pour dix ans, mais il conserve sa fortune et il arrive qu'il soit rappelé en cas de situation grave. Cette procédure, instituée afin d'éviter le risque de tyrannie, sert parfois pour éliminer les adversaires politiques grâce à une campagne habile.

SPARTE, UNE SOCIÉTÉ MILITARISÉE

Les Spartiates ont quant à eux une conception très différente de la vie publique. Les citoyens se surnomment les **Égaux** car tous possèdent un domaine sur le territoire de la cité qui a été divisé en lots égaux, héréditaires et inaliénables. Chaque lot a reçu en partage des esclaves, les **hilotes**, propriété de l'État, à qui l'on aime bien faire sentir leur condition en décrétant périodiquement la guerre contre eux. De même, le jeune Spartiate lors de sa formation est autorisé (et même encouragé) à tuer un ou plusieurs hilotes, histoire de « se faire la main ». Bien entendu, tout cela ne va pas sans révoltes périodiques, qui se

Un soldat à Marathon (détail d'un bas-relief du Musée archéologique d'Athènes).

terminent généralement dans un bain de sang. Quant aux étrangers, réputés ennemis par nature, ils sont régulièrement expulsés.

Sparte est dirigée par deux rois issus de familles rivales et qui ont un rôle de chefs militaires et sont assistés par la **géroussie**, conseil aristocratique (élu… à l'applaudimètre !). L'assemblée générale des citoyens ou **apella**, élit quant à elle les cinq magistrats chargés du pouvoir exécutif, les **éphores**, qui concentrent entre leurs mains tous les pouvoirs et font généralement régner la terreur et l'arbitraire, y compris chez les rois qu'ils sont chargés de contrôler.

Incorporé dans l'armée à l'âge de vingt ans, en formation pendant dix ans jusqu'à sa majorité fixée à l'âge de trente ans (et contraint jusque-là de partager la vie de ses compagnons d'armes), le Spartiate n'est libéré de ses devoirs militaires que lorsqu'il atteint la soixantaine. Il va de soi que cette armée composée d'**hoplites**, est la plus puissante de Grèce : ses membres, dressés dès leur plus jeune âge à défendre leur cité, font preuve d'une bravoure d'autant plus farouche qu'en cas de fuite devant l'ennemi ils seront (au mieux) déchus de leur condition de citoyens…

Héros, citoyens et mercenaires

De la guerre homérique aux conflits macédoniens, la guerre est omniprésente dans le monde grec. Mais les armes changent et les stratégies aussi. On passe du corps à corps entre « héros » à des confrontations entre groupes conscients de représenter leurs cités ou se battant pour gagner terres et fortune. La première grande révolution vient avec l'invention au 7e s. de la **phalange** qui avance serrée et regroupée. Véritable institution civique, elle représente « la nation en marche ». Formée de fantassins, les **hoplites**, elle se substitue aux cavaliers aristocratiques seulement désireux d'afficher, comme dans l'*Iliade*, une prouesse individuelle. Armé d'une javeline ou d'une épée, coiffé d'un casque, protégé par un bouclier, une armure de cuir et des jambières, l'hoplite s'impose face aux Perses pendant les guerres médiques. Plus tard, Philippe de Macédoine perfectionne la phalange par l'adjonction d'archers et de lanceurs de javelots, par l'invention de la sarisse (pique à pointe d'acier pouvant dépasser 5 m). Soldats payés par leur roi, les Macédoniens incorporèrent bientôt des Grecs à leurs troupes, puis n'eurent plus recours qu'à des mercenaires.

Des dieux
et des hommes

Des divinités qui se mêlent aux hommes, veillent sur eux et les surveillent, partagent leurs sentiments, joies comme peines, se chamaillent à leur image : tels sont les dieux du Panthéon grec. Entre eux les « immortels » et les « hommes qui meurent » se tissent des relations dont la religion se fait l'expression.

L'Athéna du Varvakrion (conservée au Musée archéologique d'Athènes).

RÉCITS DES ORIGINES

Les Forces primitives

La création telle que la conçoivent les Grecs procède d'une séparation entre des Forces primitives d'où naquirent les dieux. Ce que les Grecs nomment **Chaos** n'est qu'une noire Béance d'où sortent **Gaïa**, la Terre, mère universelle, puis **Éros**, le « vieil Amour ». En grec, Chaos est neutre, Gaïa féminin et Éros masculin : ils constituent trois Forces ou Principes primitifs. De Chaos sont également issus Érèbe, le Noir absolu, et Nyx, la Nuit, laquelle enfantera seule Éther, la Lumière, et Héméra, le Jour. Du sein de Gaïa, sortent Ouranos, Ciel étoilé, et Pontos, Flot marin.

Dès lors qu'**Ouranos** entre en scène, l'engendrement se fait par association d'un principe mâle et d'un principe femelle. Ainsi, couvrant en permanence Gaïa, Ouranos la féconde ; mais comme il ne se dégage jamais d'elle il n'y a pas d'espace qui permettrait à leurs enfants de voir le jour. S'adressant à ses enfants enfermés dans son ventre, Gaïa les exhorte à se révolter contre leur père. Seul Cronos « aux pensées fourbes » répond aux attentes de sa mère et, saisissant une serpe, il émascule Ouranos au cours d'un accouplement. La Terre et le Ciel se séparent, définissant ainsi l'espace ; les enfants peuvent enfin naître.

Parmi eux, les six **Titans** (dont Océan, Japet et Cronos), leurs sœurs, les six Titanides (dont Rhéa, Thétys et Mnémosyne) et les trois monstrueux Cyclopes à l'œil unique. Quant au membre castré d'Ouranos, il tombe dans Pontos, et de sa semence mêlée à l'écume marine naît Aphrodite qui, après avoir erré sur l'eau, parvient à Cythère, suivie d'Éros et d'Éris, Amour et Discorde ; dans le même temps, des gouttes du sang de Ciel se répandant sur Terre sortent les Érinyes (déesses qui s'acharneront sur les **Atrides**), les Géants et les Méliades, nymphes des frênes. Ainsi des Forces primitives naissent l'espace, le temps, les oppositions masculin/féminin, paix et amour, guerre et jalousie. Toutes les forces qui vont présider à la guerre des dieux sont en place.

Le triomphe des Olympiens

Craignant qu'un de ses enfants ne vienne à le détrôner, Cronos les avale sitôt nés. Ainsi en est-il d'Hestia, de Déméter, d'Héra, d'Hadès et de Poséidon. Lorsque vient le tour de **Zeus**, Rhéa subtilise le nouveau-né qu'elle remplace par une pierre emmaillotée à son tour engloutie. Zeus grandit en Crète, nourri par la chèvre Amalthée. Devenu adulte, il songe à se venger de son géniteur et à libérer ses frères et sœurs. Mais là où Cronos avait usé de violence, Zeus fait preuve de ruse : il fait boire un vomitif à son père qui, après avoir dégluti la pierre, régurgite ses enfants.

Mais Gaïa ne supporte pas que Cronos soit détrôné. Zeus, aidé de ses frères et sœurs, doit affronter les Titans (qu'il vainc avec l'aide des Cyclopes), puis les Géants (dont il triomphe grâce à l'appui d'Héraklès), et enfin Typhon, que Gaïa a engendré dans l'espoir de revenir à l'ordre primordial. Installés au sommet de l'**Olympe**, les nouveaux dieux, savourent alors l'ambroisie et le nectar qui leur donnent l'immortalité.

L'Olympe au quotidien

Aux enfants de Cronos se rajoutent les Olympiens de la seconde génération, fruits de l'union de Zeus et de diverses déesses : **Apollon**, **Artémis**, **Athéna**, **Arès**, **Héphaïstos**, **Hermès** et **Dionysos**, sans oublier **Aphrodite**, fille d'un des Titans. Les Olympiens se partagent l'univers : à Zeus échoit le ciel ; Poséidon règne sur les mers tandis qu'Hadès reçoit le royaume des Morts. Pour ce qui est des sœurs, **Hestia** demeure vierge, présidant au foyer divin ; **Déméter** reçoit en héritage les terres cultivées, et **Héra** devient l'épouse officielle de Zeus.

Mais la vie dans cette famille n'est pas de tout repos ! Jalousies, intrusions dans le monde des humains où chacun a son mot à dire… Lorsqu'il est en colère, Zeus fait éclater l'orage et lance ses éclairs à travers le ciel, et les hommes savent que là-haut, ça barde ! Il faut bien dire que Zeus est souvent pour quelque chose dans les scènes de ménage. Lorsqu'il épouse Héra, il a déjà un parcours amoureux chargé : Mètis (la Prudence ou la Perfidie), sa cousine titanide, lui a donné Athéna ; Maia, la fille du Géant Atlas, Hermès ; par Mnémosyne (la Mémoire), il était père des neuf **Muses** ; avec Thémis (la Loi), il avait engendré les Heures (la Paix, la Discipline et la Justice) et les Moires (mieux connues sous leur nom latin de Parques) ; Léto avait enfanté Apollon et Artémis. Inutile de dire qu'Héra vivait très mal ces infidélités, surtout lorsque son époux fricotait avec des humaines. Elle se vengeait alors sur les fautives ou sur le fruit de ces unions : ce fut le cas avec Héraklès. Mais Zeus avait plus d'un tour dans son sac et dissimulait son inconduite, en se métamorphosant en pluie d'or pour séduire **Léda** (il en eut Castor et Pollux), ou en taureau pour enlever **Europe**…

Et les hommes ?

Certains mythes font de **Prométhée**, fils de Japet, le créateur de l'humanité à partir d'un peu de glaise… Mais la tradition la plus courante ne voit en lui que le bienfaiteur des humains.

Les héros

Les enfants que les dieux (ou les déesses) ont d'une union avec un(e) mortel(le) sont des intermédiaires entre le monde divin et le monde humain : ce sont eux que les Grecs appellent des **héros** et que les cités attachent à leur histoire mythique… se plaçant ainsi sous la dépendance indirecte du dieu géniteur.

Au cours d'un repas, Prométhée propose à Zeus de choisir entre un alléchant plat de graisse blanche (mais ne recouvrant que des os) et une peu ragoûtante platée recouverte de peau (mais recelant les morceaux de chair appétissants). La ruse réussit : Zeus opte pour le plat de graisse. Mais sa vengeance est immédiate : les hommes seront privés du feu qui leur permet de cuire les aliments.

À l'acte II, Prométhée dérobe le feu du ciel à la roue du Soleil et le rapporte aux humains, s'attirant une nouvelle fois la colère de Zeus qui condamne Prométhée : enchaîné sur le Caucase, son foie est sans cesse dévoré par un vautour. C'est Héraklès qui délivre Prométhée au cours de l'un des douze travaux.

Dernier épisode, Zeus offre aux hommes un cadeau empoisonné : **Pandore**. Chaque dieu est invité à apporter sa part à la création de cet être nouveau : Héphaïstos la façonne, Athéna lui prodigue l'habileté, Aphrodite la beauté, mais Hermès met en son cœur le mensonge et la fourberie. Pandore est alors offerte

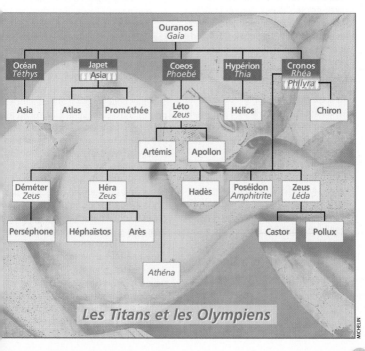

Les Titans et les Olympiens

LE RÔLE DES DIEUX		
nom	*domaine*	*attributs*
Aphrodite *(Vénus)*	désir amoureux	colombes, coquilles
Apollon	beaux-arts, lumière	lyre, flèches, laurier, soleil
Arès *(Mars)*	guerre	casque, armure, armes
Artémis *(Diane)*	chasteté, chasse	arc, carquois
Athéna *(Minerve)*	sagesse, arts et métiers	bouclier (égide), casque, chouette, olivier
Déméter *(Cérès)*	agriculture, amour maternel	épis de blé, sceptre, faucille
Dionysos *(Bacchus)*	vin, joie	vigne, thyrse, bouc, panthère
Hadès *(Pluton)*	royaume des morts	trône, barbe
Héphaïstos *(Vulcain)*	feu, métal	enclume, marteau
Héra *(Junon)*	épouse de Zeus, mariage	paon, diadème
Hermès *(Mercure)*	messager des dieux, commerce, éloquence	sandales et pétase, caducée, bélier
Hestia *(Vesta)*	foyer familial	feu
Poséidon *(Neptune)*	mer et tempêtes	trident
Zeus *(Jupiter)*	maître des dieux et de l'Univers	aigle, sceptre, foudre

au naïf Épiméthée qui l'accepte malgré le conseil de son frère Prométhée de ne jamais recevoir de cadeau de Zeus. Dès lors, tous les maux s'abattent sur les humains, car la belle soulève le couvercle de la jarre dans laquelle ils étaient enfermés, n'y laissant que l'Espérance.

Ainsi les dieux établissent un lien de subordination entre eux et les humains. Par la religion, les hommes reconnaissent leur soumission qui s'exprime à travers des rites.

LES GRECS ET LA RELIGION

Ce que nous appelons « **religion** » constitue un ensemble de rites codifiés, exécutés en l'honneur de divinités ou de héros dont les aventures forment un amalgame hétéroclite et complexe : la **mythologie**. Celle-ci, purement orale à l'origine, s'est fixée ensuite dans des textes écrits, dont la *Théogonie* d'**Hésiode** offre une première mise en forme systématique.

Rites et pratiques

Au cœur de la religion grecque réside le sacrifice qui serait, selon Hésiode, lié à l'épisode au cours duquel Prométhée tenta de duper Zeus. S'il a sans doute existé dans les temps reculés des sacrifices humains (Agamemnon menant à l'autel sa fille Iphigénie pour que les vents soient favorables à la flotte en partance pour Troie en témoigne), dès l'époque archaïque, un animal remplace la victime humaine.

À chacun son animal

Chaque dieu a son animal consacré : ainsi, pour Athéna il s'agit de la vache, pour Dionysos du bouc, pour Poséidon du taureau, pour Artémis de la chèvre…

L'animal désigné pour le sacrifice doit être propre et sans défaut (une tache sur le pelage peut être rédhibitoire). La couleur comme le sexe a son importance : aux dieux les animaux mâles, aux déesses les femelles, aux dieux d'en haut les bêtes de couleur blanche, à ceux d'en bas les pelages noirs.

Pas de dogme…

… et pas de clergé au sens où nous l'entendons. Le prêtre est un homme ordinaire, chargé d'accomplir les rites selon un calendrier établi par les magistrats de la cité, émanation des citoyens.

Le **sacrifice** débute à l'aube par une procession : l'animal, paré de fleurs, est conduit jusqu'à l'autel où attendent le prêtre et ses assistants, tandis que les spectateurs s'assemblent en cercle en chantant. Vient le moment de la consécration : le prêtre asperge la victime d'eau lustrale tandis que ses assistants allument le feu dans lequel sont jetés quelques poils prélevés sur l'animal. Des prières consacrent la bête à la divinité. Enfin, le prêtre tranche la gorge de l'animal dont le sang, après avoir giclé vers le ciel, doit retomber sur l'autel. Une fois la bête vidée, les bouchers entrent en scène : on procède à l'éviscération (un devin lit les entrailles, cherchant des signes propices ou maléfiques). Les organes sont embrochés et grillés avant d'être consommés par le prêtre et ses assistants. Commence alors le découpage de l'animal : les os sont dégagés de toute chair pour être brûlés en l'honneur des dieux friands de cette fumée odorante (dans de rares cas, la totalité de l'animal est brûlé en offrande aux dieux : c'est l'**holocauste**) ; la viande est débitée en parts égales et distribuée aux participants qui la consomment sur place ou l'emportent chez eux. Certains sacrifices spectaculaires (les **hécatombes** : mise à mort de 100 bœufs) donnent lieu à de véritables banquets.

Libations et prières

La place qu'occupe le sacrifice rituel explique que l'**autel** soit le lieu de culte le plus important du monde grec, plus que le **temple**, car il symbolise le rassemblement religieux. C'est ainsi que les théâtres conservaient la trace de l'autel sous la forme d'une pierre fichée au centre de l'orchestra.

Si le sacrifice sanglant est la forme la plus noble, il existe d'autres pratiques, comme les **offrandes** domestiques de fruits et de légumes.

Les **libations** scandent la journée : matinales, vespérales, à l'occasion des repas… Le plus souvent, elles consistent en du vin mélangé d'eau versé sur le sol ou sur l'autel. Certaines ont un caractère particulièrement fort : ce sont celles que l'on fait sur une tombe pour établir une union symbolique entre les vivants et ceux qui ne sont plus. La **prière** est quant à elle très intéressée : si l'on s'adresse au dieu, c'est dans l'espoir d'un gain immédiat.

À côté de ces pratiques auxquelles tout citoyen pouvait participer, les Grecs ont développé des cultes initiatiques, tels ceux d'Éleusis ou les rites orphiques : seuls y étaient admis les initiés assurés d'une immortalité bienheureuse !

Sanctuaires panhelléniques

Quatre lieux consacrés à autant de divinités abritent des sanctuaires, vastes ensembles architecturaux intégrant un ou plusieurs temples et divers bâtiments (trésors, stade, théâtre…) en étroite relation avec la « fonction » du dieu.

Olympie joue un rôle capital : c'est ici, en 776, que furent célébrés les premiers Jeux, point de départ de la chronologie hellène. Ils s'inscrivent dans un contexte religieux qui s'ouvre par une cérémonie consacrée au sacrifice en l'honneur de Zeus et que clôt une journée au cours de laquelle les vainqueurs reçoivent une couronne de laurier avant de partir en procession pour sacrifier au dieu.

Delphes est la ville d'Apollon : on vient y consulter l'oracle. La **Pythie** prophétise à date fixe, d'abord une fois par an, puis une fois par mois. Nombre de consultations sont le fait de cités, désirant savoir s'il est judicieux d'entreprendre une campagne guerrière ou de s'aventurer pour établir une colonie.

Délos est consacré à Apollon qui y serait né. Ce sanctuaire joue un rôle politique majeur dans l'établissement de la domination athénienne.

Vue de l'émouvant temple d'Isis à Délos.

Épidaure est consacré au dieu de la médecine, Asclépios. Comme dans les autres sanctuaires, les rites purificatoires et initiatiques sont importants : pendant son sommeil, le malade est visité par le dieu (c'est l'incubation) qui lui indique comment guérir. Les miracles abondent dans l'enceinte sacrée qui accueille tous les quatre ans de grands concours d'art dramatique.

La fonction de ces rassemblements panhelléniques, qui brassent ennemis d'hier et souvent du lendemain, est d'assurer, le temps d'une trêve, l'unité profonde de la Grèce. À travers des concours et des festivités, ils expriment le besoin d'affirmer la présence de l'homme face aux dieux en même temps que leur soumission à un Destin qui s'impose à tous.

Socrate, un impie ?

Les Grecs ont toujours été sévères à l'égard de l'impiété. Nombre de penseurs suspectés ont été l'objet de bannissement, voire de condamnation à mort comme Socrate, accusé de corrompre la jeunesse. L'acte d'accusation mentionne que « Socrate est coupable de ne pas croire aux dieux dans lesquels croit la cité et d'introduire de nouveaux dieux ». En réalité, on reproche au philosophe les ferments critiques que recelait son enseignement, autant de dangers potentiels pour la cohésion politique de la cité. Comme toujours chez les Grecs, derrière le religieux le politique avance masqué…

À la recherche du beau idéal

Universellement admiré, à commencer par les Romains, l'art grec séduit par une perfection et une harmonie qui semblent innées. Mais ses plus belles réussites ne sont que l'aboutissement d'une longue histoire et la synthèse d'une recherche esthétique, qui ne doit pas faire oublier que, pour les Grecs, c'était une préoccupation à la fois utilitaire, religieuse ou politique qui prévalait, ce qui explique la place privilégiée des bâtiments publics. Il est vrai que les modestes habitations privées n'ont guère laissé de traces archéologiques.

ARCHITECTURE : LA PERFECTION DES VOLUMES

Techniques de construction

La pierre constitue le principal matériau : tuf calcaire, souvent coquillier, et marbre provenant des carrières du Pentélique, de Thásos, de Náxos. Entaillés au pic, les blocs sont détachés à l'aide de coins de métal ou de bois ; ils sont ensuite dégrossis sur place pour en faire des éléments d'architecture, de colonnes, de chapiteaux ou des ébauches de statues.

Pesant 5 t en moyenne, ces blocs sont alors chargés sur des traîneaux de bois dont la descente est freinée par des cordes glissant autour de bornes amovibles. Au bas de la pente, des chariots ou des fardiers, tirés par des bœufs, les conduisent à destination.

Déchargés et manœuvrés à l'aide de leviers et de rouleaux, les blocs passent à l'atelier de finition : c'est là qu'ils sont taillés, décorés (cannelures, moulures) et sculptés (chapiteaux, frontons et métopes).

Le levage se pratique avec des palans à poulies et treuil ou, tout simplement, des chèvres. Les pierres appareillées posées les unes sur les autres sans mortier sont liées latéralement par des crampons en forme de H ou de N. Des goujons de bois ou de métal fixent les tambours superposés des colonnes : vous remarquerez souvent lors de vos visites les trous dans lesquels ces goujons étaient fichés. Enfin, un enduit de stuc revêt les colonnes.

Dans les constructions monumentales, les pierres sont taillées et disposées de diverses façons suivant la destination, l'époque de construction et aussi les moyens, l'ajustage des blocs étant toujours fait sans liant. On distingue l'**appareil cyclopéen**, grossier mais robuste, dans les murailles mycéniennes, notamment à Tirynthe.

L'**appareil polygonal** se retrouve à toutes les périodes : d'abord fruste puis à joints courbes et enfin droits, il est employé dans les soubassements.

L'**appareil trapézoïdal**, plus ou moins régulier, est très répandu au 4e s.

Enfin, l'**appareil rectangulaire**, le plus courant à la période classique, marque l'aboutissement d'une évolution vers la simplicité et l'efficacité.

Les palais-forteresses mycéniens (1550-1100 av. J.-C.)

Le palais mycénien, dont les principaux exemples se dressent à Mycènes, Tirynthe, Pýlos et Gla, s'inscrit sur une colline, au cœur d'une cité fortifiée de murs cyclopéens, ainsi nommés parce que la légende en attribuait la construction aux

Vue panoramique du temple dorique d'Afaía à Égine, remarquablement conservé.

Trésors

Par le raffinement des objets qui y ont été découverts, les tombes mycéniennes révèlent l'étonnante richesse des princes qui s'y firent ensevelir : aussi ont-elles été désignées longtemps sous le nom de « trésors ».

Cyclopes, ces géants monstrueux dotés d'un œil unique au milieu du front.

Au contraire du palais minoen qui évoque un labyrinthe, il offre un plan simple et logique : une seule entrée, une cour bordée d'un côté par la salle du trône que précède un vestibule, de l'autre par les pièces de réception dont la plus importante, à colonnes, constitue le **mégaron**. Au centre de celui-ci se trouve un foyer qui servait à la fois au culte et aux usages domestiques. Au-delà, on parvient aux appartements privés du roi et de la reine, souvent équipés de bains. C'est cette disposition qui a été adoptée pour les temples.

Il est à noter qu'après la ruine de ces palais, cette tradition architecturale n'a guère eu d'influence sur les réalisations futures, même à Athènes, épargnée par les envahisseurs, mais qui n'a fait que peu de cas du savoir-faire mycénien.

À la périphérie de la cité se répartissent les tombes (Mycènes, Orchomène) : certaines, comme à Mycènes, sont des tombes à fosse. D'autres sont des sépulcres à chambres taillés dans le roc, et enfin, il existe des tombes à coupole recouvrant une chambre circulaire (**tholos**) accessible par un corridor (**dromos**) : l'exemple le plus abouti est la tombe dite d'**Agamemnon** qui a été aménagée vers 1330 av. J.-C. ou celle de **Clytemnestre**, d'une trentaine d'années plus récente.

Les temples (à partir de 700 av. J.-C.)

Image du beau idéal, l'architecture des temples se définit par la simplicité de la structure et l'harmonie des proportions. Celles-ci sont régies par le **module**, mesure du rayon moyen de la colonne et qui en détermine la hauteur.

Les architectes, ayant observé que l'œil humain perçoit les lignes des édifices déformées, imaginent d'y apporter des corrections optiques. Aux entablements qui semblaient affaissés au milieu, ils donnent une ligne imperceptiblement courbe, le centre étant plus élevé que les extrémités. Aux colonnades verticales qui paraissaient diverger, ils remédient en donnant un léger dévers aux colonnes latérales par inclinaison progressive de leur axe vers l'intérieur.

Les sculptures figuratives, qui ont souvent un rôle didactique, sont réservées aux éléments n'ayant pas de fonctions actives dans le monument et occupant les places les plus visibles : tympans des frontons ou métopes de l'architrave.

On a du mal à se l'imaginer aujourd'hui, mais les temples sont peints : les fonds sont généralement teintés en rouge et les parties saillantes en bleu, formant contraste. Ces couleurs vives, aujourd'hui disparues, faisaient ressortir les sculptures de pierre ou de marbre blanc. Une peinture de ton bronze doré distinguait certains éléments décoratifs tels que boucliers ou acrotères.

Trois types de temples

À l'origine, on trouve le petit **temple in antis** conçu comme la maison du dieu et, à ce titre, ressemblant à celle des humains : son porche à deux colonnes ouvre sur un vestibule (**pronaos**), et une salle oblongue (**naos**) dans laquelle se dresse la statue du dieu.

Le **grand temple périptère**, plus récent, est entouré de colonnes (**péristyle**), et comprend lui aussi un **pronaos**, un **naos**, à quoi s'ajoute une salle du trésor (**opisthodome**) où sont conservées les offrandes les plus précieuses. Des grilles clôturent le pronaos et l'opisthodome. Une porte ferme le naos. Enfin la **tholos** est une rotonde à péristyle, à destination votive ou commémorative. Un temple comporte un soubassement (**stylobate**), des colonnes, un entablement supportant le toit couvert de tuiles et dont les extrémités se terminent en fronton.

… et trois ordres

Imposé par le peuple dorien, l'**ordre dorique**, considéré comme un style « mâle » pour la rigueur de ses lignes et la sobriété de son décor, est le plus utilisé à partir du 7e s. av. J.-C. Dépourvues de base, les colonnes striées de 20 cannelures reposent directement sur le stylobate. Leurs chapiteaux ne sont pas sculptés. L'entablement comporte trois éléments principaux superposés, l'architrave, la frise et la corniche, la frise se divisant alternativement en triglyphes à trois baguettes et en métopes, panneaux que décorent les sculptures en haut-relief. Des scènes sculptées ornent aussi les frontons triangulaires dont les angles portent des motifs décoratifs, les acrotères. Au-dessus des corniches latérales, des ornements sculptés, les antéfixes, servent de gargouilles. La plupart des temples qui subsistent en Grèce relèvent de cet ordre : ainsi le temple de Zeus à Olympie ou celui de Vassés.

Adopté par les colons ioniens d'Asie Mineure à partir du 5e s., l'**ordre ionique** est considéré comme un style « féminin » contrastant par sa légèreté, sa grâce et la richesse de son décor avec la force austère du dorique. Ses caractéristiques, très visibles dans le temple d'Athéna Niké, sur l'Acropole d'Athènes, sont ses colonnes élancées striées de 24 cannelures et reposant chacune sur un piédestal mouluré auquel répond un chapiteau à volutes. L'entablement comprend une architrave, une frise sculptée continue et une corniche à ornement d'oves et de rais-de-cœurs. Enfin, les angles du fronton sont amortis par des acrotères à décor de palmettes. L'ordre ionique est essentiellement présent dans les îles de la mer Égée… mais la fameuse frise du Parthénon, temple de conception dorique, en relève.

Le troisième ordre classique est l'**ordre corinthien.** Né à Corinthe au 5e s., il ne se développe qu'à partir du siècle suivant et plus particulièrement durant les périodes hellénistique et romaine, comme en témoignent la porte d'Hadrien à Athènes ou le temple d'Octave à Corinthe. Cette variante de l'ordre ionique s'en distingue par son chapiteau à volutes recouvertes par des feuilles d'acanthe. L'inventeur du chapiteau corinthien serait un certain **Callimaque**, sculpteur, disciple de Phidias, qui aurait été inspiré par la vue d'un panier rempli de plantes.

Les théâtres

Dans la plupart des sanctuaires grecs (Épidaure, Delphes ou Dodone) s'élève un théâtre dans lequel se déroulaient les fêtes dionysiaques dont les hymnes donnèrent naissance à la tragédie.

Creusé à flanc de colline, bâti d'abord en bois, puis en pierre à partir du 4e s., le théâtre comprend un ensemble de gradins en hémicycle, dont le premier rang est réservé aux prêtres et aux notables. On y accède en bas par des entrées latérales, au milieu par un promenoir, en haut par une autre allée parallèle au promenoir. Ces gradins définissent un espace circulaire **(orchestra)** où, autour de l'autel de Dionysos, prend place le chœur alternant danses et déclamations.

Les acteurs, tous masculins et masqués, évoluent sur une avant-scène, le **proskénion**, étroite et légèrement surélevée. Enfin, derrière le proskénion, la scène **(skéné)** est un mur faisant office de décor, dissimulant coulisses et vestiaire.

Les **odéons**, qui se sont multipliés à l'époque romaine, sont des théâtres plus petits, souvent couverts.

Parmi les autres bâtiments d'architecture civile, il faut citer les **portiques (stoa)** abritant des boutiques, les **palestres**, terrains de sport à portiques, ou encore les **stades** réservés aux courses.

LA SCULPTURE OU LA MAÎTRISE DU MOUVEMENT

Époque archaïque

À partir du 7e s. apparaissent dans le monde grec les statues de grande taille, taillées d'abord dans des troncs d'arbres, étranges et hiératiques figures aux expressions extatiques, réalisées d'après des modèles asiatiques et surtout égyptiens.

La production du 6e s. est marquée par deux types bien connus que sont le **kouros** (garçon) nu et la **korê** (fille) vêtue d'une tunique, peplos dorien ou chiton ionien. Ces effigies de grandeur nature ou colossale étaient parfois en bronze, comme l'Apollon du Pirée, plus souvent en pierre calcaire ou en marbre et revêtues d'une vive polychromie.

Les hauts-reliefs en pierre peinte, provenant pour la plupart de frontons, impressionnent par leur aspect réaliste et expressif ; les sculptures en bronze sont plus stylisées.

👁 *Les kouroi et korês du musée de l'Acropole d'Athènes, ceux du Musée national, la Gorgone du temple d'Artémis à Corcyre (musée de Corfou), la frise du trésor de Sífnos et les kouroi monumentaux du musée de Delphes.*

Époque classique

Après une période de transition, marquée notamment par l'*Aurige* de Delphes (vers 475), la statuaire classique se libère de la frontalité et de la rigidité en traversant deux phases distinctes.

La **phase d'idéalisation** (5e s.) voit l'apogée de la sculpture grecque illustrée par les noms de **Polyclète**, de **Myron** et de **Phidias**. Le premier détermina un modèle type, d'aspect sévère et aux proportions mathématiques, le **canon** ; le deuxième travailla dans le même esprit et réalisa le célèbre *Discobole*, l'une des œuvres les plus imitées ; le dernier sut donner une beauté idéale faite de force, de majesté et de sérénité aux figures de marbre : les sculptures du Parthénon témoignent de son génie. La statue d'or et d'ivoire qu'il exécuta pour le temple de Zeus à Olympie était considérée comme l'une des sept merveilles du monde antique.

👁 *Les frises du Parthénon et l'Athéna pensive du musée de l'Acropole et le superbe Poséidon au Musée national d'Athènes.*

Lors de la **phase naturaliste** (4ᵉ s.), la grâce succède à la majesté et le nu féminin fait son apparition. Les artistes commencent à donner une certaine expression aux visages. Les noms les plus connus de ce temps sont ceux de **Skopas**, de **Lysippe**, le sculpteur d'Alexandre le Grand, et de **Praxitèle**, auteur de statues aux formes élancées parmi lesquelles le célèbre *Hermès* d'Olympie.

👁 *L'Éphèbe d'Anticythère (Musée national d'Athènes) et les statues d'Athéna et d'Artémis (musée du Pirée).*

Enfin, à **Tanagra** en Béotie, apparaissent (4ᵉ s.-3ᵉ s.) les gracieuses figurines funéraires en terre cuite qui ont par la suite donné leur nom à ce genre de statuette, indépendamment de leur lieu de production.

Époque hellénistique

La sculpture devient expressionniste et orientalisante. Elle exprime avec un réalisme parfois exacerbé non seulement la douleur avec le *Laocoon et ses fils* mais aussi le mouvement avec la *Victoire de Samothrace* ou encore la beauté sereine de la *Vénus de Milo*. Les artistes se plaisent à représenter des vieillards et des enfants, tel l'étonnant *Jockey d'Artemision*, en bronze, du musée d'Athènes.

PEINTURE ET CÉRAMIQUE, OU LA LIGNE APPRIVOISÉE

À l'exception des fresques minoennes de Crète ou de Santorin et des peintures funéraires hellénistiques de Macédoine *(voir à Lefkádia, Náousa et Véroia)*, peu de témoignages de l'art de peindre en Grèce antique nous sont parvenus. En effet, si la peinture a rempli une fonction capitale dans la mise en valeur des monuments grecs, son rôle en tant qu'art autonome fut moindre, et s'il y eut de grands peintres au 4ᵉ s., comme **Zeuxis**, **Neuxias** ou surtout **Apelle**, artiste favori d'Alexandre le Grand, seuls leurs noms ont traversé le temps. Pour connaître la peinture grecque, il faut donc étudier le décor des céramiques.

Les vases et leur décor

Les figures ornant les **vases** constituent une des principales sources de documentation sur la civilisation grecque. Ces vases ont des fonctions précises : les **pithoi** servent à conserver les grains, les **amphores**, à transporter de l'huile ou du vin. Les **pélikès**, les **cratères**, et les **hydries** sont des jarres à huile, à vin et à eau. Les **œnochoés** sont des cruches d'où l'on verse l'eau ou le vin dans les **canthares**, les **kylix**, des coupes à boire et les **rhytons**, des récipients en forme de corne ou de tête d'animal. Les **lécythes** font office de vases funéraires.

On distingue plusieurs types de décors, définis par leur époque d'apparition :
Les **vases créto-mycéniens** (1700-1400) sont ornés de scènes de la flore et de la faune traitées avec beaucoup de liberté et de sens décoratif.

👁 *Cratère de Phaistos au musée d'Héraklion ; vases de Santorin au Musée national d'Athènes.*

Les **vases archaïques** (1000-600) illustrent le style **géométrique** dans les Cyclades et l'Attique avec des décors de lignes brisées, de méandres, de damiers, de losanges, plus tardivement d'animaux (surtout des chevaux), puis d'humains très stylisés : un cercle pour la tête, un triangle pour le corps, des traits pour les jambes. Le style **orientalisant** à Rhodes et Corinthe présente des motifs de rosaces, lotus, sphinx et fauves.

👁 *Amphores du Céramique et du Dipylon au Musée national d'Athènes, flacons à parfum au musée de Corinthe.*

Les vases à **figures noires** (avant 600-530) sont décorés de sujets tirés de la mythologie ou de l'histoire : les silhouettes peintes en noir se détachent sur un fond rouge ocre, plus rarement blanc.

👁 *Cratère d'Héraklès et de Nérée (Musée national d'Athènes).*

Les vases à **figures rouges** (530-320) traitent de sujets mythologiques (style sévère du 5ᵉ s.), mais aussi familiers et même légers. Inversant la technique des figures noires, les artistes (**Andocidès**, **Epiktétos**, **Euphronios**) recouvrent la surface du vase d'un enduit noir, réservant pour les sujets le fond sur lequel de minutieux coups de pinceau dessinent les traits, indiquent le mouvement, expriment la physionomie.

👁 *Cratère de Kalyx et lécythes d'Érétrie au Musée national d'Athènes.*

La ravissante korê aux yeux en amande du musée de l'Acropole à Athènes.

Le règne du « logos » : penser, parler, écrire

Tout commence par les deux fameuses épopées d'Homère, fracassantes d'exploits et de mythes ; viennent ensuite le poète-paysan Hésiode, puis les grands tragiques et historiens du 5ᵉ s. Dans le même temps, penseurs et savants s'attachent à comprendre le monde, la nature, l'homme : la physique, la mathématique, la médecine, la philosophie sont filles de la Grèce.

LES RÉCITS FONDATEURS

Deux poètes sont à l'origine de la littérature grecque. Le plus connu est bien entendu **Homère** (fin 9ᵉ s.-milieu 8ᵉ s.), dont on ne sait s'il a existé. D'aucuns ont en effet supposé que son nom recouvrait plusieurs auteurs, et que ses grands textes seraient l'aboutissement de sortes de chansons de geste sans cesse peaufinées et embellies par des aèdes successifs.

Une scène de « l'Odyssée » : « l'Aveuglement du Cyclope » (Villa Giulia, Rome).

Quoi qu'il en soit, deux grandes épopées signées Homère ont traversé les siècles, l'**Iliade** et l'**Odyssée**. Ces récits s'enracinent d'autant plus facilement dans l'imaginaire grec qu'ils sont appris par cœur par les écoliers et ne perdent jamais leur popularité. C'est ainsi que ses personnages, qu'il s'agisse de dieux ou de héros, sont restés familiers à tous ou presque, à travers les siècles et les continents. L'*Iliade* raconte non pas la guerre de Troie, mais un épisode capital du conflit : celui de la colère d'**Achille** qui, en se retirant sous sa tente, faillit coûter la victoire aux Grecs. Seul le retour sur le champ de bataille du bouillant guerrier sauve l'armée, en particulier lorsqu'il triomphe en combat singulier d'**Hector**, le héros troyen.

Moins guerrière, l'*Odyssée* s'organise autour du long périple qui voit **Ulysse** affronter et vaincre mille dangers (le cyclope Polyphème, la magicienne Circé, les Sirènes…) avant de pouvoir retrouver sa fidèle **Pénélope** en train de tisser son éternelle tapisserie dans son Ithaque natale. Histoires d'hommes donc, mais qui ont leur écho dans l'Olympe où les dieux trompent leur ennui prenant parti pour les uns ou pour les autres.

Ces dieux, précisément, **Hésiode**, poète-paysan de Béotie de la seconde moitié du 8ᵉ s., dont la biographie se laisse deviner à travers quelques confessions discrètes disséminées dans ses poèmes, nous conte leur naissance et leurs conflits dans sa *Théogonie*. Des Forces primitives aux Olympiens, en une suite de sanglantes rivalités, les dieux parviennent à se répartir le monde que les hommes peuplent de leur présence. Car les Grecs ne disent jamais qu'il pleut mais que Zeus pleut ! L'autre poème hésiodique, *Les Travaux et les Jours*, développe le mythe des cinq races et propose, à côté d'un nouveau développement sur la vie des dieux, un éloge de la vie rustique à l'orée de l'époque archaïque.

L'INVENTION DU THÉÂTRE

Même si ses débuts ne sont pas absolument clairs, tout porte à croire que le **théâtre grec** trouve son origine dans le rituel religieux entourant le culte de Dionysos. Les termes mêmes de tragédie (littéralement « le chant en l'honneur du bouc ») comme de comédie (dont l'origine serait ces cortèges bruyants précédés d'un **phallophore**, prêtre porteur d'un phallus) renvoient au culte dionysiaque, né chez les Thraces, sur le territoire de l'actuelle Bulgarie, avant d'être adopté par les Grecs. C'est dans l'enceinte des sanctuaires qu'ont été édifiés les théâtres, et les représentations ont lieu lors des fêtes consacrées au dieu. L'espace théâtral lui-même semble s'organiser en souvenir des rites primitifs : autour de l'autel où sacrifiait le prêtre, les desservants, vêtus de peaux de bouc, entonnaient des chants en dansant, circonscrivant ainsi un espace d'où serait né l'**orchestra**, lieu d'évolution du chœur.

C'est au 5ᵉ s., en Attique, que le théâtre s'affirme comme un genre majeur, se fixant à cette époque dans sa structure littéraire, alternance d'épisodes joués entre acteurs devant la **skénè** et de moments lyriques réservés au chœur, chantant et évoluant dans l'orchestra. Jouées par des comédiens uniquement masculins, masqués, chaussés de hauts cothurnes et vêtus selon une symbolique précise, les tragédies, aux sujets tirés de la mythologie ou de l'Histoire, et donc connus de tous, importent avant tout par les enjeux éthiques ou politiques qui y sont développés.

Si l'on admet que la tragédie a été inventée au 6e s. par **Thespis**, ce sont trois grands noms qui au siècle suivant font briller la scène tragique : **Eschyle** (525-455), témoin de la montée en puissance d'Athènes, s'attache surtout à débattre d'une fatalité qui s'impose aux hommes comme aux dieux. Avec **Sophocle** (497-406), qui vécut à l'apogée de la splendeur athénienne, le débat se centre sur l'être humain et sa liberté (*Antigone, Œdipe roi, Électre…*). Quant à **Euripide** (480-406), il propose une vision nettement plus « laïque » et s'attache davantage à développer des intrigues dans lesquelles la psychologie et l'idéologie tiennent une place essentielle.

La comédie est dominée par **Aristophane** (445-386) qui, tel un chansonnier, se plaît à critiquer les mœurs politiques de ses concitoyens (*Les Grenouilles, Les Guêpes…*) comme les travers du quotidien, ne rechignant pas lorsqu'il le faut à employer une certaine grossièreté (*Les Nuées, Lysistrata…*). Plus tard, **Lysandre** (342-293) s'attache à nouer des intrigues romanesques autour d'aventures sentimentales (*La Fille aux cheveux noués, L'Atrabilaire*, lointaine source de notre *Misanthrope…*).

L'HISTOIRE, LIVRE DE LA MÉMOIRE

Quand la tragédie se fait discrète, c'est l'Histoire qui prend la relève. Ce qui était

Le chœur antique

Lorsque les genres furent fixés, le chœur, expression de la cité, fut pris en charge par elle : un impôt (**chorégie**) prélevé sur les citoyens aisés permettait l'entretien des **choreutes** ensuite mis à la disposition des dramaturges chargés de concourir. L'évolution de la tragédie pourrait d'ailleurs s'analyser à partir des titres : titres collectifs chez Eschyle (*Les Perses, Les Choéphores, Les Euménides…*), titres plus souvent centrés sur un personnage chez le plus jeune, Euripide (*Électre, Héraklès, Iphigénie en Tauride*). Il est vrai qu'entre temps Athènes était passée de la splendeur aux revers : l'État était moins riche et le chœur tragique se réduisit au profit des acteurs, dont le nombre passe de deux chez **Eschyle** à trois avec **Sophocle**, et de l'action qui s'étoffe en une véritable intrigue chez **Euripide**.

un sujet de poésie dramatique devient un objet d'étude. Alors qu'auparavant on se contentait de mettre en récit les légendes relatives à la création des cités, les historiens du 5e s. tentent de s'émanciper du passé mythique et de témoigner pour l'avenir.

Père de l'Histoire, **Hérodote** (vers 485-vers 425), inlassable voyageur, récolte des renseignements qui, ajoutés au fonds légendaire, lui permettent dans son *Enquête* en neuf livres de raconter les guerres médiques. **Thucydide** (vers 460-vers 399) propose, pour sa part, une relation de la guerre du Péloponnèse dont les pages d'ouverture (connues sous le nom d'*Archéologie*) établissent une véritable méthode d'analyse critique des faits permettant d'envisager sous les causes apparentes du conflit, ses causes économiques réelles. Alternant récits, portraits et commentaires, il donne ainsi une œuvre d'une extraordinaire modernité. Quant à **Xénophon** (vers 427-vers 355), disciple de Socrate et dirigeant de la retraite des Dix-Mille, il s'agit davantage d'un narrateur (excellent au demeurant) que d'un analyste : son *Anabase* comme ses *Helléniques* ne sauraient rivaliser avec les œuvres de ses deux grands devanciers.

L'EMPIRE DES PHILOSOPHES

Née au 6e s. en Ionie et en Grande-Grèce, la philosophie se donne pour objet premier d'expliquer l'Univers sans le recours aux mythes. C'est à Milet, en Asie Mineure, que s'ouvre cette réflexion : **Thalès** s'attache à trouver un principe général d'organisation du cosmos. **Héraclite** (vers 540-vers 580), l'Éphésien, professe que tout est toujours en devenir et proclame qu'« On ne se baigne jamais deux fois dans le même fleuve. » **Pythagore** trouve dans la numérologie les lois secrètes qui régissent le monde et proclame sa foi dans la métempsycose (ou migration des âmes), tout en se révélant un mathématicien de génie.

Avec **Parménide** (515-450) s'ouvrent des voies nouvelles : la méthode s'inscrit au centre d'une démarche qui a pour objet de trouver la vérité comme fondement de l'Être. Son disciple **Zénon d'Élée** multiplie les paradoxes, et **Leucippe** met en évidence la notion d'atome et parvient à expliquer l'organisation de l'Être et du Monde par le jeu de ces « insécables ». Citons encore **Anaxagore** qui, taxé d'impiété, s'enfuit d'Athènes avant qu'il ne soit trop tard.

Les Anciens revisités

Durant l'entre-deux-guerres et pendant l'occupation, les écrivains français remettent à la mode les œuvres de l'Antiquité grecque en les adaptant aux réalités de l'époque : Cocteau puise dans le mythe d'Œdipe le sujet de sa *Machine infernale* (1934), Giraudoux s'inspire d'Homère (*La guerre de Troie n'aura pas lieu*, 1935) et d'Euripide (*Électre*, 1937), tandis qu'en plein conflit Sartre donne avec ses *Mouches* (1943) une version actualisée de l'œuvre d'Eschyle et qu'Anouilh transpose Sophocle dans son *Antigone* (1944). Plus récemment, le poète et psychanalyste belge Henry Bauchau revisite ces mythes avec *Œdipe sur la route* et *Antigone*. Preuve de la modernité et de la permanence de la littérature antique, capable de parler aux hommes d'autrefois comme à ceux d'aujourd'hui.

Enfin, Socrate vint

La grande rupture se fait avec **Socrate** (469-399), si bien qu'on appelle **présocratiques** tous les penseurs qui l'ont précédé. Comme son enseignement était uniquement oral, sa pensée nous est surtout connue par les dialogues rapportés par son disciple, **Platon**. Socrate est d'abord l'homme d'une démarche qui consiste à faire trouver par chacun la vérité qui réside en lui-même ; pour parvenir à cet « accouchement des esprits » (la **maïeutique**), il pratique un jeu subtil de questions et de réponses (la **dialectique**) qui permet de mettre en évidence les contradictions et conduit ainsi à la révélation du savoir. Pour Socrate tout procède du refus de l'ignorance : du « Connais-toi toi-même » au « Nul n'est méchant volontairement », les analyses de la sagesse fondent une véritable éthique.

Platon (427-348), à travers les 35 Dialogues qui nous restent, aborde pratiquement tous les grands problèmes moraux et politiques. Comme son maître, il recherche sans cesse les idées derrière les apparences, condition d'une perfection qu'il représente à travers le « mythe de la caverne » et qu'il tente de réaliser dans le projet d'une politique idéale. Autre vision, autre destin : **Aristote** (384-322) fut le précepteur d'Alexandre le Grand. À l'idéalisme platonicien, Aristote oppose une conception pragmatique et ordonnée du réel. De ce fait, il s'appuie sur les réalisations (scientifiques, littéraires, philosophiques…) qu'il organise en grandes rubriques : logique, rhétorique, éthique, politique, physique.

La quête du savoir

Les noms de Pythagore ou Thalès résonnent à nos oreilles d'abord comme les auteurs de théorèmes mathématiques. De fait, dès lors qu'ils se mirent à étudier le monde et l'homme, les penseurs hellènes ouvrirent des voies fécondes en astronomie (Thalès avait ainsi prédit l'éclipse de soleil du 28 mai 585 !), en physique, en mathématique, en médecine où l'exemple d'**Hippocrate** (vers 460-377) s'imposera comme une référence clinique et éthique absolue bien au-delà du Moyen Âge (l'on continue, aujourd'hui, de faire prêter le serment d'Hippocrate aux futurs médecins).

Une floraison d'écoles

Diverses écoles de pensée se succéderont entre le 4ᵉ s. et le 2ᵉ s. : trois lettres d'**Épicure** (341-270) suffisent à jeter les bases de l'épicurisme, quête de la tranquillité de l'âme, tandis que le stoïcisme est illustré par **Zénon**, le cynisme par **Diogène** (l'homme qui vivait dans un tonneau), ou le scepticisme par **Pyrrhon**. Mais cet éclatement de la philosophie, désormais préoccupée du seul individu, montre l'effacement définitif du modèle collectif de la cité grecque.

LES DERNIERS FEUX DE L'HELLÉNISME

« La Grèce conquise a conquis son farouche vainqueur » s'exclamait le poète latin Horace. De fait, le modèle intellectuel grec fascine les Romains et les grands genres hellènes inspirent la mode latine. L'histoire se poursuit avec **Polybe** (vers 207-130), **Diodore** et surtout **Plutarque** (46-125) dont les *Vies parallèles* offrent un premier véritable modèle de biographie.

La géographie s'affirme avec **Strabon**. Le roman apparaît avec le fameux *Daphnis et Chloé* de **Longus** qui séduit nombre de générations de jeunes amoureux. Enfin, les Évangiles et nombre des premiers textes chrétiens ont été rédigés ou transcrits en grec.

Un ancêtre du Guide Vert

Grand voyageur devant l'éternel, le géographe **Pausanias**(2ᵉ s. apr. J.-C.) a donné, dans sa *Description de la Grèce (Periegêsis)*, une liste très précise de nombreux sites et monuments de la Grèce centrale et du Péloponnèse aujourd'hui disparus… et se révèle par son exactitude d'un grand secours pour les archéologues.

ART ET CULTURE
DE LA GRÈCE MODERNE

La réputation de l'art de la Grèce classique est telle qu'il pourrait sembler impossible à un Grec d'aujourd'hui de tenter de rivaliser. Et pourtant, bien des noms viennent à l'esprit lorsque l'on évoque la Grèce, des poètes Elýtis et Séféris couronnés par un prix Nobel, aux cinéastes Cacoyannis et Angelopoulos, sans oublier le plasticien Takis, les musiciens Theodorakis ou Xenakis, ni bien entendu Nana Mouskouri et la Callas. Bref, voilà qui donne envie d'aller y voir d'un peu plus près, en commençant par les longues périodes byzantine et ottomane qui ont contribué à façonner la Grèce d'aujourd'hui.

H. Champollion / MICHELIN

L'une des splendides mosaïques byzantines d'Ósios Loukás.

Arts plastiques, de Byzance à nos jours

LA GRÈCE BYZANTINE

Ce qu'il est convenu d'appeler l'art byzantin recouvre, on l'oublie trop souvent, une période s'étendant sur un millénaire. C'est dire si cet art, essentiellement religieux, a eu le temps d'évoluer entre les débuts de l'Empire byzantin et la chute de Constantinople.

Coupoles et mosaïques

Né de la confrontation entre les courants de civilisation venus de Rome et de l'Asie Mineure, l'art byzantin s'exprime principalement dans l'architecture religieuse. Dans un premier temps, de même que les temples païens sont affectés à la nouvelle religion dominante, l'architecture comme la sculpture ne se distinguent guère de celles de la période hellénistique, si ce n'est par l'emploi de nouveaux symboles. Plus tard, la crise de l'iconoclasme fait disparaître toute représentation humaine des sanctuaires au profit de motifs géométriques ou floraux. Cependant, celle-ci passée, certains traits originaux se font jour : le plan centré, la coupole symbolisant la voûte céleste – exploit architectural pour l'époque puisqu'il s'agissait de faire tenir une demi-sphère sur un plan rectangulaire, ce qui n'alla pas sans poser quelques problèmes, les coupoles ayant une fâcheuse tendance à s'effondrer durant la construction ou quelques années après l'achèvement des travaux –, l'emploi de la brique soit en alternance avec la pierre, soit seule et disposée de façon décorative.

Héritant du plan basilical des édifices civils de l'Antiquité, les églises paléochrétiennes du siècle de Justinien (5e-6e s.) sont précédées par une cour *(atrium)*. Les édifices sont à plan basilical (trois nefs parallèles) ou quadrangulaire centré, à coupole massive sur pendentifs, les galeries intérieures étant réservées aux femmes. Il n'en demeure aujourd'hui que des ruines ou des restes de murs incorporés dans des édifices ultérieurs comme à Thessalonique.

◉ *Vestiges des basiliques de Philippes et du Léchaion de Corinthe.*

Un deuxième âge d'or

Entre le 9e et le 12e s. se multiplient des édifices, souvent de petite taille mais de proportions harmonieuses, au plan en croix grecque inscrite, les bras de la croix apparaissant surtout de l'extérieur. Les façades sont précédées d'un narthex et les coupoles sont rendues plus hautes par l'adjonction d'un tambour. Les murs sont décorés de bas-reliefs en méplat, de marbres et de mosaïques.

👁 *Monastères de Dafní, et d'Ósios Loukás, Néa Moni de Chíos, Agia Sofia de Monemvasía, Petite Métropole d'Athènes.*

L'empreinte franque

Le bref intermède des empires latins a laissé quelques forteresses, souvent à l'état de vestige. Sur le plan religieux, l'appel fait par les barons francs aux cisterciens a vu quelques monastères être remodelés selon les préceptes de l'architecture bourguignonne de la maison mère. Quant aux Vénitiens, ils ont surtout bâti des forteresses.

👁 *Kastros de Chlemoútsi et de Leivadeiá, monastère de Dafní.*

La renaissance des Paléologue

Du 13e au 16e s., cette Renaissance se traduit par des édifices à plan en croix grecque parfois combiné avec le plan basilical (étage inférieur), par la multiplication des coupoles et la généralisation du décor à fresques.

👁 *Églises de Thessalonique, d'Árta, de Kastoriá, de Mystrás.*

Les églises sont richement ornées de pavements de marbres polychromes, de fresques (à partir du 13e s.) et de mosaïques dont les ors et les couleurs chaudes frappent les imaginations. Les scènes en sont conçues d'après un programme liturgique et dogmatique défini : Christ Pantocrator (Créateur de tout) à la coupole, entouré d'archanges, d'apôtres ou d'évangélistes ; Vierge Théotokos (Mère de Dieu) ou Galactophroussa (Allaitant l'Enfant) entre les archanges Michel et Gabriel à l'abside ; scènes de la Vie du Christ ou de la Vierge, pas toujours placées dans l'ordre chronologique mais suivant les fêtes de l'année, dans la nef et le narthex.

👁 *Monastères de Dafní, Ósios Loukás et Néa Moni (île de Chíos).*

L'art de l'icône

À côté de ces réalisations éblouissantes, l'art chrétien oriental s'est illustré dans l'art des images ou **icônes**. Peintes sur bois, regroupées dans les églises sur l'iconostase, cloison séparant la nef du chœur où officie le prêtre, elles sont également présentes dans les intérieurs domestiques. Objets d'un culte parfois proche de l'idolâtrie (les *iconodoules*), elles ont vu leur statut défini par le **concile de Nicée** (787) : « Le Fils est l'icône vivante du Dieu invisible. »

Parmi les sujets de l'iconographie orthodoxe figurent l'hétimasie, symbolisée par un trône vide attendant le retour du Seigneur en vue du Jugement, la descente du Christ aux limbes, la dormition de la Vierge et le repas des trois anges à la table d'Abraham (hospitalité d'Abraham). Les archanges Michel et Gabriel souvent représentés comme chefs des armées célestes sont alors nommés taxiarques. Les saints les plus vénérés sont les trois hiérarques ou docteurs (Jean Chrysostome, Basile de Césarée, Grégoire de Nazianze), Jean-Baptiste (*Prodromos*, le Précurseur), représenté avec des ailes, Georges à cheval transperçant le dragon de sa lance, André de Patra, Dimitri de Thessalonique, Michel, Nicolas, Athanase, Cyrille et Pantaléon ; les deux saints Théodores ; Côme et Damien, ainsi parfois que Panteleimon et Hermolaos, sont appelés les saints anargyres (sans argent), car ils soignaient gratuitement.

👁 *Collections du musée Benaki et du Musée byzantin et chrétien à Athènes.*

L'ÉPOQUE OTTOMANE

Dès leur arrivée, les Ottomans ont transformé selon leur habitude nombre d'églises byzantines en mosquées. Mais il reste relativement peu de témoignages architecturaux en Grèce de la longue période d'occupation ottomane, les Grecs libérés n'ayant eu de cesse que de détruire ou reconvertir, mosquées, hammams, bazars et autres médersas qui avaient fleuri dans leurs cités. Vous apercevrez çà et là quelques fontaines turques.

Quant aux bâtiments militaires, ils ont le plus souvent disparu à la suite de la guerre d'indépendance. Pendant cette période, l'art chrétien se perpétue en un

Domenikos, le Grec

Né en Crète (alors vénitienne) Domenikos Theotokopoulos est d'abord peintre d'icônes. Il étudiera à Venise avec le Titien puis à Rome avant d'être appelé à la cour d'Espagne pour décorer le palais de l'Escorial. Mais le souverain n'apprécie pas l'œuvre du Crétois qui se fixe à Tolède… et devient El Greco.

art dénommé post-byzantin, notamment avec la peinture d'icônes : un jeune Crétois de Candie qui allait devenir **El Greco** se fait alors connaître… Il faut toutefois citer les peintres de l'école ionienne, tels que **Panayiotis Doxaras** (1672-1729) ou **Nikolaos Doxaras** (1706-1751), qui se cantonnent aux sujets religieux, tandis que **Nikolaos Kantounis** (1767-1843) se risque au portrait.

👁 *Forteresse de Ioánnina, petite mosquée de l'Agora romaine et hammam à Athènes, quartier turc de Rhodes-ville, maison de Méhemet Ali à Kavála, mosquées de Nauplie, dont l'une transformée en cinéma…*

UNE PEINTURE SOUS INFLUENCES

L'accession au trône d'Otton de Bavière en 1832 est suivie par l'installation à Athènes de peintres étrangers qui enseignent à l'école des Beaux-Arts, fondée en 1843, et forment certains des peintres grecs, tandis que d'autres partent étudier la peinture à Munich. **Theodoros Vryzakis** (1819-1878) se fait connaître en traitant des sujets d'histoire *(L'Arrivée de Lord Byron)*, tandis que se développe une « peinture bourgeoise ».

Parmi les peintres les plus importants, il faut citer **Nikiforos Lytras** (1832-1904), qui se consacre à la représentation de scènes de la vie quotidienne et au portrait, **Nikolaos Gysis** (1842-1901) qui évolue vers le symbolisme, tandis que **Konstandinos Volonakis** (1839-1907), de son côté, établit sa réputation comme spécialiste des marines, mais son *Cirque de Munich*, marque une évolution vers l'impressionnisme que poursuivent **Periklis Pantazis** et **Iakovos Rizos** (1849-1926). **Polychronis Lembesis** (1849-1913) fait quant lui sensation avec des nus éloignés de la tradition académique.

Au tournant du 20e siècle, les arts grecs connaissent une importante évolution, sous l'influence de **Konstandinos Parthénis** (1878-1967), engagé dans la voie de l'impressionnisme et du fauvisme, et du sculpteur **Konstandinos Dhimitriadhis** (1881-1943), lui-même inspiré par Rodin. Ils ouvrent l'art grec aux formes modernes et aux tendances les plus avancées de l'expression artistique, que vont marquer le peintre expressionniste **Gheorghios Bouzianis** (1885-1959), le modernistes **Odysseus Fokas** (1857-1946), **Nikos Ghika** (1906-1994), cubiste, et du surréaliste **Nikos Engonopoulos** (1910-1985). L'impressionnisme se perpétue avec **Nikolaos Lytras** (1883-1927).

Cependant, le désastre d'Asie Mineure (1922) se traduit par un repli sur les valeurs nationales et un retour aux sources de l'art byzantin, caractéristique dans l'œuvre de **Fotos Kontoglou** qui décore son domicile de peintures murales, (c'est l'époque où se révèle l'autodidacte **Theophilos**) tandis que dans une démarche opposée, **Spyros Papaloukas** (1892-1957) et **Iannis Tsarouchis** (1910-1989) s'ouvrent aux tendances les plus contemporaines, et que l'abstraction prend son essor avec **Iannis Moralis** (1916) et **Spyros Vasileou** (1902-1985).

👁 *La plupart des artistes cités ci-dessus sont exposés à la Galerie nationale-musée Alexandre Soutsos à Athènes.*

AUJOURD'HUI

Après la Seconde Guerre mondiale se développe un courant préoccupé par la recherche contemporaine. Ses membres les plus marquants sont les peintres abstraits **Alexandhros Kontopoulos** (1905-1975), **Khristos Lefaki**s (1906-1968) et **Iannis Spyropoulos** (1912-1990) et les sculpteurs **Gheorghios Zogolopoulos** et **Akhilleus Aperghis**.

Si l'on assiste ensuite à un net retour en faveur de l'art figuratif avec le peintre **Iannis Ghaitis** (1923-1984) et le sculpteur **Gheorghios Gheorghiadis** (1934), les artistes grecs engagés dans les recherches contemporaines sont de plus en plus étroitement associés aux différents mouvements artistiques du monde occidental, nombre d'entre eux travaillant à l'étranger.

À côté de **Georges Candilis** (1913), architecte qui conçut l'ensemble urbain de Toulouse-Le Mirail, et de **Mario Prassinos** (1916), qui réalisa des cartons pour les lissiers d'Aubusson, deux noms ont accédé à la renommée internationale : **Iannis Kounellis** (1936) vit et travaille en Italie, où il a participé au mouvement Arte povera ; **Panayiotis Vassilakis**, dit **Takis** (1925) est installé à Paris depuis 1954. Son nom est associé à l'art technologique et à ses recherches sur le magnétisme, par le biais d'assemblages de tiges métalliques, de clignotants, d'électro-aimants, ou par la création de pendules musicaux.

👁 *Les plus belles collections d'œuvres contemporaines grecques se trouvent au musée Frissirias d'Athènes, à la villa Vorres à Péania (aux alentours d'Athènes) et à la Fondation Goulandris à Ándros (Cyclades).*

Les écrivains et la langue

Le grec n'a bien entendu jamais cessé d'être parlé mais, rançon d'une histoire aussi longue qu'agitée, il s'était fractionné en de multiples dialectes puisant çà et là chez les différents occupants leurs traits distinctifs. Aussi, dans la Grèce marchant vers l'indépendance, une question se posa bientôt, celle de l'unité de la langue.

UNE NOUVELLE KOINÈ

Déjà, à l'époque hellénistique, une langue commune, la **koinè** s'était substituée aux divers parlers en usage.
Entre le 18e et 20e siècle, diverses solutions furent envisagées qui agitèrent le siècle romantique et divisèrent longtemps les écrivains.

Adamantios Koraïs, créateur de la Katharévoussa.

J. Hios / Akg-images

Katharévoussa ou démotique ?

Le patriarcat, dont le rôle n'avait jamais cessé d'être important sous la domination ottomane, défendait le classicisme élitiste. Les **Phanariotes**, dans une perspective plus utilitaire, souhaitaient des aménagements avec les parlers populaires, qui, pour les puristes, constituaient une langue « corrompue », où se mêlaient les influences les plus diverses. Si **Dimitrios Katardzis** (1730-1807) proposa le premier, dans une perspective d'éducation du peuple, de tenter de résoudre la rupture de fait entre parler populaire et langue savante, c'est **Adamantios Koraïs** (1748-1833), un Phanariote né à Smyrne, très tôt fixé à Paris où il assista à la Révolution française, qui mit au point une « langue épurée » (la *katharévoussa*) qui, sans revenir au grec des orateurs du classicisme, retrouvait les racines d'un hellénisme de

référence et devait s'imposer comme la langue officielle du nouvel État. De fait, la **katharévoussa** fut utilisée dans les textes officiels, dans les administrations, dans la presse, ou encore à l'école. Cependant, dans la rue, on continuait à parler *dhimotiki*, la « langue du peuple ». Bien plus, au lendemain de la Seconde Guerre mondiale, les journaux communistes étaient rédigés dans cette langue, de façon à être accessibles au peuple et à marquer leur opposition à la presse bourgeoise.

Il fallut attendre le renversement des colonels en 1974 pour que la langue **démotique** soit enfin reconnue comme la langue officielle, même si les services de l'État diffèrent parfois sur quelques usages orthographiques. La loi n'avait fait que suivre l'évolution des écrivains qui, depuis longtemps déjà, avaient opté pour la langue populaire qui leur permettait de ne pas séparer dans leurs écrits le fond de la forme ou, comme le disait en 1885 le romancier et critique **Emmanuel Roïdis**, de « ne pas être condamné à user d'une langue à travers laquelle il est impossible d'exprimer soit des sentiments, soit des passions ».

RENAISSANCE LITTÉRAIRE

Les écoles ionienne et athénienne

C'est dans les îles Ioniennes occupées pendant vingt ans par les troupes françaises (1795-1815) que le soulèvement grec suscita les premiers poèmes néo-helléniques. **Dionysios Solomos** (1798-1857), natif d'une famille de Zante anoblie sous la domination vénitienne, commença par publier des œuvres en italien, avant d'adopter le grec, semble-t-il autour de 1822. Il est l'auteur de *L'Hymne à la liberté* (1824), inspiré par la guerre d'Indépendance et mis en musique par **Nicolaos Mantzaros**, qui est devenu l'hymne national grec. Puisant son inspiration surtout dans l'univers pastoral, il infléchit d'emblée la littérature vers le genre populaire, se souciant peu de la conformité de sa production, pour l'essentiel découverte après sa mort, aux modèles anciens.

Andreas Kalvos (1792-1869), lui aussi originaire de Zante, ami du poète romantique italien Ugo Foscolo, arrêté pour carbonarisme à Londres, occupe une place importante dans l'histoire de la littérature grecque grâce à l'originalité de ses deux recueils d'odes lyriques publiés en édition bilingue à Genève. *La Lyre* (1824) fut aussitôt traduite à Paris,

es *Odes nouvelles* (1826) y furent direc-
ement éditées. Chantant la libération
nationale, il ne peut s'empêcher d'y asso-
ier le glorieux passé antique au travers
d'une rhétorique archaïsante abusant de
igures mythologiques.

Le choix d'Athènes comme capitale du
eune État indépendant allait faire de
a cité, tout imprégnée de son prestige
antique, le haut lieu de la nouvelle
réation littéraire grecque, et le théâtre
des empoignades autour du problème
de la langue. Si les romantiques de
toute l'Europe, Byron en tête, s'étaient
enflammés pour la révolution grecque,
sur place, leurs thèmes se diffusent par
une adaptation des modèles étrangers :
Léandre (1834) d'**Alexandre Soutsos** est
un roman épistolaire qui imite *Werther*,
le *Prince de Morée* (1850) de Rangravis
est un reflet de l'œuvre de Walter Scott,
Aristotélis Valaoritis dans *Athanase
Diakos* (1867) tente de s'inspirer de
Lamartine. Ce romantisme tardif de
l'école d'Athènes est d'abord l'expression
d'un nationalisme exacerbé et quelque
peu chauvin, ce qui ne va pas sans nuire
à la qualité des œuvres. Et les diverses
variations épiques sur la guerre de libération, boursouflées d'un classicisme
hors de mode, n'atteignent jamais au
pathétique des grandes œuvres susci-
tées en Europe.

Apparaît alors dans la capitale grecque
une figure originale, celle d'**Emmanuel
Roïdis** (1836-1904), considéré comme le
fondateur en 1880 de la « nouvelle École
littéraire athénienne ». Il est l'auteur de
La Papesse Jeanne (1866), roman satirique
d'une magnifique narration, d'un style
simple et brillant, d'esprit résolument
voltairien et anti-romantique. D'excellentes nouvelles, réalistes et empreintes de

satire sociale, complètent l'œuvre d'un
écrivain dont le scepticisme heurta ses
contemporains qui virent en lui plus un
contempteur du renouveau hellénique
qu'un défenseur prudent de l'entrée
dans le monde moderne. S'il n'usa pas de
la langue démotique, il s'en fit le chantre
dans une acerbe critique de l'intelligentsia de son temps (*Les Idoles*, 1893).

LA GÉNÉRATION DE 1880
L'aura des poètes

En réaction contre le réalisme souvent
médiocre du romantisme militant,
le symbolisme s'exprime à travers
des œuvres esthétisantes auxquelles
se mêle souvent un parfum de néo-
classicisme. Il en va ainsi de **Kostis
Palamas** (1859-1943), considéré comme
le chef de file de l'école athénienne, qui
affirme que « le rythme de la poésie
rend compte du rythme de l'Univers » :
partant d'une admiration de la plastique
(*Chansons de ma patrie*, 1886 ; *La Mort
de Pallicare*, 1891), il évolue vers une
poésie dont le formalisme verse parfois
dans l'hermétisme (*Les Douze Paroles du
Tzigane*, 1907 ; *La Flûte du roi*, 1910). Son
œuvre protéiforme, embrassant tous les
genres (poésie, roman, théâtre), a pu le
faire comparer à la fois à Victor Hugo et
à Lamartine. C'est à cette école symbolique que l'on peut également intégrer
Koromilas Drossinis (1859-1951), auteur
de *Toile d'araignée*, *Stalactites* (1881), et
que son intérêt pour les mythes incita à
mettre en valeur l'élément folklorique.
Ioannis Papadiamantopoulos (1856-
1910), auteur du recueil *Tourterelles et
Vipères* (1878) est un cas à part : installé
définitivement à Paris en 1882, il opta
pour la langue française et prit le pseu-
donyme de **Jean Moréas**, évoquant
selon ses dires les origines de sa famille
en Morée. Après avoir fait partie de
« l'école décadente », Moréas devint un
grand poète symboliste (*Les Cantilènes*,
1886), puis renoua sous l'influence de
Charles Maurras avec la tradition gréco-
latine.

Aux marges du symbolisme, **Constantin Cavafis** (1863-1933) reste le poète le
plus connu et le plus traduit, et demeure
pour certains le plus grand poète de
langue grecque. Intimiste et raffiné, il
naquit et vécut à Alexandrie et a laissé
une œuvre brève mais exigeante, sans
cesse retravaillée, constituée d'une
suite de 107 poèmes. C'est Marguerite
Yourcenar qui fit connaître en France
ses vers, reflets mêlés de l'Alexandrie
contemporaine et du monde des anciens

Un « maître illettré »

C'est en dehors de tout mouvement
littéraire ou intellectuel que **Yannis
Makriyannis** (1797-1864), combattant
de l'armée de libération, a laissé des
Mémoires (rédigés entre 1829, alors qu'il
venait tout juste d'apprendre à écrire,
et 1851, et qui durent attendre 1907
pour être éditées dans l'indifférence générale). Véritablement « découvert » par
Georges Séféris, cet ouvrage du « maître illettré » témoigne d'une certaine
période de la culture hellénique, de la
lutte des humbles à la fois contre l'occupant et contre les classes dominantes ;
à leur façon, ces mémoires sont le chef-
d'œuvre d'un romantisme pur, indiffé-
rent aux conflits sur la langue, soucieux
seulement de vérité humaine.

Hellènes. Son œuvre est pleine de mélancolie lorsqu'elle laisse transparaître son homosexualité.

Plus jeune, **Angelos Sikélianos** (1884-1951), poète au lyrisme fougueux qui le rapproche du courant romantique, et à l'imagination forte, publia, entre autres, de longues compositions poétiques comme *Le Visionnaire* (1907), *Prologue à la vie* (de 1915 à 1917) et *Mère de Dieu* (1917), ainsi que des tragédies.

Naissance du roman

La génération de 1880 avait conquis la nouvelle revue *Hestia* : à partir de 1881, Palamas et Drossinis y collaborent régulièrement. La figure principale de ce groupe est **Nikolaos Politis** (1852-1921), spécialiste du folklore (*Étude sur la vie des Grecs modernes*, 1871). L'un des premiers à aborder la nouvelle, **Georges Vizyïnos** (1849-1896) avait auparavant publié des recueils, tels que *Prémices poétiques* (1873), *Codrus* (1874), *Brises de l'Attique* (1883). Mais c'est au roman qu'il doit sa renommée. La plupart des sujets qu'il exploite se rapportent à la Thrace, terre de son enfance, et à l'étude des mœurs de l'époque. **Alexandre Papadiamántis** (1851-1911), natif de Skiathos (Sporades), fut l'un des premiers grands classiques de la prose grecque. Ses nouvelles (deux recueils traduits en français : *L'Amour dans la neige, Autour de la lagune*) et ses romans, *La Fille de Bohême* (1884) et *Les Petites Filles et la Mort* (1903), décrivent, dans une langue à la fois raffinée et populaire, l'univers humble et souvent tragique des pêcheurs et des paysans. *Les Dits de la Proue* (1899) et *Histoires de la mer* (1897) passent pour les meilleurs contes d'**Andréas Karkavitsas** (1865-1922), mais son texte le plus connu reste *Le Mendiant* (1897), récit contenant de nombreux tableaux de mœurs. **Jean Psichari** (1854-1929), originaire d'Odessa, vécut longtemps à Paris et contribua par son récit et manifeste, *Mon voyage* (1888), à imposer la langue démotique (s'emportant contre un pays qui ne veut pas de sa langue) dans la littérature néohellénique. Il écrivit aussi des romans dont *Le Rêve de Yanniri* (1897), *Vie et amour dans la solitude* (1904), *Les Deux Frères* (1911) et *Agnès* (1913).

Né à Corfou, **Constantin Théotókis** (1872-1923) a quant à lui subi l'influence des grands romanciers russes. Communiste fervent, en dépit de ses origines aristocratiques, il s'est attaché à décrire la réalité sociale de son pays, à travers des personnages issus des classes supérieures, du prolétariat ou de la paysannerie. Parmi ses œuvres, toutes

poignantes, figurent *Le Peintre antique* (1924), *Le Condamné* (1919), ainsi que ses *Esclaves dans leurs chaînes* (1922). Tout aussi communiste, **Costas Varnalis** (1884-1974) a laissé des romans imprégnés de ses idéaux qui lui ont valu de se voir attribuer un prix Lénine…

UNE LITTÉRATURE RECONNUE

Quatre grands poètes

Influencé d'abord par le symbolisme, **Georges Séféris** (1900-1971) exprime son angoisse devant l'existence à travers des poèmes doués d'un étonnant pouvoir d'évocation. Prix Nobel de littérature en 1963, il est l'auteur notamment de *Strophe* (1931), *La Citerne* (1932), *Narration légendaire* (1935), *Poèmes, Cahier d'exercices* et *Journal de bord* (1940), *Journal de bord II* (1944), *La Grive* (1947), *Chypre ou l'oracle…* (1955). Ses poèmes ont souvent été mis en musique, notamment par **Mikis Theodorakis**, ce qui bien entendu contribué à leur popularité. **Odysseus Elytis** (1911-1996), aux poèmes teintés de surréalisme, révèle le sens sacré de la nature grecque, de la mer et surtout de la lumière. Lui aussi prix Nobel (1979), il a publié notamment un *Chant héroïque élégiaque pour l'enseigne tombé en Albanie* (1943), *Axion Esti* (1959), *Mari des brumes* (1978). Mais le surréalisme est surtout représenté en Grèce par **Andreas Embiricos** (1901-1975), auteur en 1935 du recueil *Haut-Fourneau* qui fit quelque peu scandale à l'époque, dans les cénacles littéraires… Enfin, **Yannis Ritsos** (1909-1990), d'abord futuriste et admirateur de Maïakovski, écrivit des poèmes engagés (lui aussi obtint le prix Lénine en 1977) où le quotidien se mêle à l'imaginaire, et qui évoquent l'exil, qu'il connut à maintes reprises, la mémoire et la mort : *Le Chant de ma sœur* (1937), *Épreuve* (1943), *Oreste* (1963).

Le roman grec moderne

Deux prix Nobel en seize ans attribués à des poètes grecs pourraient laisser penser que la Grèce demeure avant tout une terre de poésie. Cependant la génération de 1930 a grandement renouvelé la prose, et aurait mérité de conférer à la littérature néohellénique une notoriété internationale que seuls quelques romanciers ont obtenue, le plus souvent grâce au cinéma.

Stratis Myrivilis (1892-1969) est surtout connu pour ses romans de guerre (*Notre-Dame de la Sirène, La Vie dans le tombeau (De profundis)* et ses nouvelles

Ilias Venezis (1904-1973) fut un écrivain imaginatif, humaniste et à l'écriture élégante. Parmi ses nombreuses œuvres figurent *Sérénité* (1939), *Terre éolienne* (1943), *La Grande Pitié* (1956). **Anguelos Terzakis** (1907-1961) est l'auteur de plusieurs œuvres remarquables dont *La Décadence des Skliros* (1932), *La Cité violette* (1937), *La Princesse Isabeau* (1945), *Voyage avec l'étoile du soir* (1947), *La Vie secrète* (1957).

Thanassis Petsalis-Diomidis (1904-1995) tient une place en vue dans les lettres grecques. Ses œuvres les plus importantes sont *La Dame des honneurs* (1944), *Au-delà de la mer* (1944), *Nos enfants* (1946), *Les Mavrolykos* (1947-1948), *La Cloche de la Sainte-Trinité* (1949). **Michalis Karagatsis** (1908-1960), conteur né, dispose d'une forte imagination créatrice, reflétée dans son œuvre abondante de nouvelles et de romans, parmi lesquelles *Histoire nocturne* (1943), *L'Île perdue* (1943), *Le Seigneur de Castropyrgos* (1943), *Fièvre* (1945), *Le Grand Sommeil* (1946), *Sang perdu et gagné* (1947) et *Le Colonel Liapkin* (1933). **Kosmas Politis** (1888-1974) fut l'auteur de plusieurs ouvrages caractérisés par leur réalisme : *Le Bois de citronniers* (1930) et *Eroïca* (1938). **Gheorghios Theotokas** (1905-1966) incarna la vivacité d'esprit en étant le plus cartésien des prosateurs de cette génération. Son premier ouvrage *Libre esprit* (1929) demeure le manifeste de cette génération. Ses romans les plus connus sont *Argos* (1936) et *Le Démon* (1938). Citons enfin **Iannis Beratis** (1904-1968) dont le roman *Le Large Fleuve* décrit les combats de 1941 sur le front albanais.

Mais aucun de ces auteurs n'a accédé à la notoriété internationale de **Nikos Kazantzakis** (1883-1957), chantre de la Crète héroïque et farouche, notamment dans *Alexis Zorba* (1946) que son adaptation au cinéma allait rendre célèbre, *Le Christ recrucifié* (1954 – porté lui aussi à l'écran par Jules Dassin sous le titre *Celui qui doit mourir*), *La Liberté ou la mort*, *La Dernière Tentation* (1954), *Le Pauvre d'Assise* (1956), biographie romancée, *Les Frères ennemis* (1949). Sa *Lettre au Gréco* (1962), bilan d'une vie, est une autobiographie fascinante. Auteur polymorphe, il est aussi essayiste, dramaturge et poète, et auteur d'une épopée en 33 333 vers sensée regrouper toute son œuvre et intitulée… L'*Odyssée* (1938) !
Pandelis Prévelakis (1909-1986), lui aussi crétois, dépeignit son île dans *Le Crétois* (trilogie publiée de 1948 à 1950), *Le Soleil de la mort* (1959), *Crète infortunée* (1945) et sa ville natale, Réthymnon, dans *Chronique d'une cité* (1938). Il écrivit aussi

L'Ange dans le puits : une semaine sainte (1970), *Le Compte à rebours* (1974) et *Poèmes 1933-1940*. **Yannis Skaribas** (1893-1984) est l'auteur de *L'Air de Figaro* (1938), roman dont l'humour se teinte volontiers d'amertume. **Nikos G. Pentzikis** (1908-1992) est quant à lui un spécialiste du monologue intérieur (*Le Jeune Homme, la mort et la résurrection*).

Bien plus connu, **Stratis Tsirkas** (1911-1980) a écrit une trilogie, *Cités à la dérive* (1960-1965), qui remporta en France le prix du meilleur livre étranger et que d'aucuns considèrent comme « le premier roman grec »… Publié en 1947 *Printemps perdu* et le recueil de nouvelles intitulé *L'Homme du Nil* contribuent également à sa notoriété.

Parmi les romanciers plus contemporains marqués par la période de la dictature des colonels, on aura garde de ne pas oublier **Vassilis Vassilikos** (né en 1934) auteur de *Z*, dont l'adaptation cinématographique par Constantin Costa-Gavras obtint une Palme d'or cannoise. Citons également **Yorgos Ioannou** (1927-1984) qui dissèque sans complaisance la société de Thessalonique.

La jeune génération s'éloigne de l'engagement politique de ses aînés et se fait l'interprète du désarroi d'une jeunesse soumise à la société de consommation : c'est le cas de jeunes romanciers tels que **Petros Tatsopoulos** (1959), **Vaggelis Raptopoulos** (1959) ou **Phedon Tamvakakis** (1960). Nés respectivement en 1967 et 1963, **Panos Karnezis** (*Histoires infâmes, Le Labyrinthe*) et **Nicos Panayotopoulos** (*Le Gène du doute, Saint Homme*), portent un regard sans concession sur les contradictions de la société grecque du début du 21e s.

Enfin, et même si comme Jean Moréas jadis il a choisi la langue française, il faut citer **Vassilis Alexakis**, né à Athènes en 1944, auteur d'un récit autobiographique *Paris-Athènes*, et d'un remarquable roman, *La Langue maternelle* (1995).

Vassilis Alexakis, prix Médicis en 1995.

Roger-Viollet

Grand écran et mélodies

Cacoyannis hier, Angelopoulos plus récemment sont certainement les réalisateurs les plus célèbres d'un cinéma grec qui ne s'exporte guère en dehors des salles d'art et d'essai et de quelques festivals, mais qui a donné au moins deux grandes stars féminines, Melina Mercouri et Irène Papas et a fait connaître au monde un musicien, Mikis Theodorakis qui, avec le fameux Vangelis, reste le principal représentant d'une musique qui puise souvent ses sources dans le folklore… quand ce n'est pas dans la recherche mathématique, comme chez Iannis Xenakis.

SALLES OBSCURES

La production grecque, est une tradition ancienne puisque le premier long métrage, *Golfo*, tourné en 1918, a joui d'une grande popularité auprès d'un public souvent bon enfant, et les studios Finos Film fondés en 1943 ont produit plus d'une centaine de films par an jusqu'en 1969, souvent suivis l'été dans des cinémas de plein air où le spectacle est tout autant dans la salle que sur l'écran de fortune.

Immédiatement après la guerre, outre de nombreuses comédies, souvent un peu lourdes mais très populaires (et qui aujourd'hui encore réalisent des audiences confortables lorsqu'elles sont programmées sur une chaîne de télévision), genre dans lequel s'illustre **Iorgos Tzavellas** (*Marinos Kondaras*, 1950), le cinéma grec évoque l'épopée de la Résistance selon des schémas manichéens. Mais c'est une comédie à thèse qui symbolise cette période, *Les Allemands reviennent* d'**Alekos Sakellarios** ; elle plaide pour l'Union nationale au moment où la Grèce, à l'issue de la guerre civile, baigne dans l'anticommunisme effréné exercé par le gouvernement en place.

D'Électre à Zorba

Les années 1950 voient s'exercer avec force l'influence du néoréalisme italien. **Michalis Cacoyannis**, avec son film *Le Réveil du dimanche* (1953), ouvre une œuvre riche, marquée en 1955 par *Stella*, évocation des quartiers misérables d'Athènes et qui fut le premier film grec à connaître le succès international. Plus tard, le réalisateur a évoqué la Grèce antique avec les adaptations des tragédies d'Euripide (*Électre*, 1961 ; *Les Troyennes*, 1971 ; *Iphigénie*, 1977) qui ont révélé au monde le talent de tragédienne d'**Irène Papas**. Mais l'œuvre la plus connue de Cacoyannis n'est sans doute pas son meilleur film : c'est le fameux *Zorba le Grec*, tiré en 1964 du roman de Kazantzakis et qui, interprété par Anthony Quinn et Irène Papas, connut un immense succès international, avec deux Oscars à la clé. Nul n'a oublié le fameux thème musical du *sirtaki* qui révéla au monde le nom de **Mikis Theodorakis**.

À la même époque, le Crétois **Nikos Koundouros** réalise sa *Ville magique* suivie de *L'Ogre d'Athènes* (1956), de *La Rivière* (1960, prix de la mise en scène au premier festival de Thessalonique), et des *Jeunes Aphrodites* (1962). D'autres noms émergent tels que ceux d'**Alexis Damianos** (*Jusqu'au bateau*, 1963), **Robiros Manthoulis** (*Face à face*, 1966), **Takis Kanellopoulos** (*Ciel*, 1967). Citons également le Grec de Paris, **Niko Papatakis** dont *Les Pâtres du désordre* séduisirent grâce à la beauté des images.

Une nouvelle vague

C'est paradoxalement à l'époque du « régime des colonels », que va apparaître et s'imposer ce que l'on a appelé le « nouveau cinéma grec ». Sous ce label, des films très différents mais qui ont

---

Le couple mythique du cinéma grec

Jules Dassin naît en 1911 aux États-Unis et débute sa carrière à New York tournant quatre œuvres majeures du « film noir » : *Les Démons de la liberté* (1947), *La Cité sans voiles* (1948), *Les Bas-Fonds de Frisco* (1949), et surtout *Les Forbans de la nuit* (1950). Soupçonné de communisme sous le maccarthysme, il s'exile en Europe. Après *Du Rififi chez les hommes* (1955), thriller tourné à Paris, il rencontre Melina Mercouri et fait d'elle son actrice fétiche et l'épouse en 1966.

Née en 1923, **Melina Mercouri,** après des débuts au théâtre, est révélée à l'écran par la *Stella* (1954) de Cacoyannis, avant de devenir la star des films de Jules Dassin, *Jamais le dimanche* (1960), *Phaedra* (1962), *Topkapi* (1964), *La Promesse de l'aube* (1971) ou *Cri de femmes* (1977). Chanteuse populaire (*Les Enfants du Pirée*, c'est elle !), elle s'oppose au « régime des colonels », ce qui lui vaut un exil de plusieurs années… mais aussi un poste de ministre de la Culture dans les gouvernements socialistes entre 1981 et 1989, puis entre 1993 et 1994 (date de son décès à New York).

ensemble quelques points communs, l'attention portée à des thèmes (sociaux ou « sociétaux ») contemporains, le choix de formes avant-gardistes, et des conditions de réalisation, à l'écart des grands studios, basée sur la solidarité entre les différents réalisateurs.

Parmi ceux-ci, on retient les noms de **Costa Ferris** (Ours d'argent du festival de Berlin en 1984 avec *Rebetiko*) et de **Pandelos Voulgaris** (*Les Années de pierre*, 1981), tandis que Damianos poursuit son œuvre avec *Evdokia* (1971).

Mais le cinéaste le plus illustre de cette génération est sans contestation possible **Théo Angelopoulos** qui se révèle avec *La Reconstitution* (1970). *Jours de 36* (1972), *Le Voyage des comédiens* (1975) et *Les Chasseurs* (1977) constituent une fresque historique retraçant l'histoire de la Grèce de 1936 à 1977. Tourné en 1980, *Alexandre le Grand*, Lion d'or au festival de Venise, marque le début d'une réflexion à la fois poétique et politique que poursuivent *Voyage à Cythère* (1984, prix du meilleur scénario à Cannes), ainsi que *L'Apiculteur* (1986) et *Paysage dans le brouillard* (1988, Lion d'argent à Venise). Il réalise encore *Le Pas suspendu de la cigogne* (1991), *Le Regard d'Ulysse* (1995, grand prix du jury au Festival de Cannes) et *L'Éternité et un jour* (1998, Palme d'or à Cannes), bouleversante méditation sur la fuite du temps, les occasions manquées et les espoirs évanouis.

Décadence

Mais la stature d'Angelopoulos ne suffit pas à masquer la crise : dans les années 1990, on ne tourne qu'une dizaine de films par an et le cinéma national ne représente plus que 5 % d'un marché, investi par les superproductions américaines. Les jeunes réalisateurs n'ont souvent que le festival de Thessalonique (qui présente généralement l'intégralité de la production nationale de l'année) et les ciné-clubs pour s'exprimer. Dans ce contexte morose, certains sont toutefois parvenus à se faire remarquer comme **Sotiris Goritsas** avec *Ils sont venus de la neige* (1993), **Andonis Kokkinos** (*Fin de saison*, 1994) ou **Constantin Yannais** (*Three steps to Heaven*, 1995).

La situation s'est un peu redressée depuis lors et quelques tempéraments de cinéastes se sont révélés : ainsi, **Constantin Giannonis** (*Otages*), **Yorgos Lanthinos** (*Kinetta*) ou **Angelo Frantzis** avec *Un rêve de chien*, dont le pré générique constitué d'un plan séquence de près d'un quart d'heure témoigne d'une certaine virtuosité.

Cinéma de la diaspora

Nombre de cinéastes et d'acteurs d'origine grecque se sont fait un nom dans leur pays d'accueil : en France, **Agnès Varda, Constantin Costa-Gavras** et le metteur en scène de théâtre **Andreas Voutsinas**; aux États-Unis, citons le très commercial **George Pan Cosmatos** et **John Cassavetes**, ainsi que les acteurs **Telly Savalas** (l'immortel « Kojak ») ou **George Chakiris** qui fit battre bien des cœurs dans *West Side Story*…

MUSICIENS DE GRÈCE

Après 1945, les compositeurs grecs puisent dans les formes traditionnelles de la musique populaire. C'est le cas de **Manos Hatzidakis** (1925-1994), romantique, lyrique et raffiné, et de **Mikis Theodorakis** (1925), laïque et passionné par les problèmes sociaux (musique des films *Zorba le Grec* et *Z*). Quelques chanteurs se rendent populaires : avant de devenir une vedette internationale, **Nana Mouskouri** séduit par ses interpértations des chants traditionnels. **Dionysios Savopoulos** surnommé « le Bob Dylan grec » et **Pavlos Sidoropoulos**, maître du folk-rock, et plus récemment **Angélique Ionatos** s'imposent. Mais ce sont les membres du groupe **Aphrodite's Childs** qui à la fin des années 1960 atteignent une renommée universelle. Après la séparation du groupe, le chanteur **Demis Roussos** poursuit une belle carrière ; quant au compositeur **Vangélis Papathanassiou**, connu sous son seul prénom, il obtient un Oscar pour la musique du film *Les Chariots de Feu* et réalise avec la complicité d'**Irène Papas** un superbe opus, *Odes*, inspiré des mélopées traditionnelles. En France, **Georges Moustaki** a composé et interprété des chansons pleines de poésie.

Des compositeurs contemporains ont aussi amplement contribué à donner à la musique grecque ses lettres de noblesse, notamment **Nikos Skalkottas** (1904-1949) et surtout **Yannis Xenakis** (1922-2001, d'abord mathématicien et architecte (il fut assistant de Le Corbusier) puis élève d'Olivier Messiaen. Son œuvre exigeante et rigoureuse, parfois abrupte, basée sur une adaptation de la logique mathématique à la musique, a connu de belles réussites, de *Métastasis* (1954) à *Omega* (1992) en passant par *Hiketides*, musique réalisée pour un drame d'**Eschyle**.

Enfin, rappelons que la sublime diva **Maria Callas** était elle aussi une enfant de Grèce.

LA GRÈCE AUJOURD'HUI

Le voyageur en Grèce part à la recherche des traces d'une civilisation antique dont témoignent de superbes vestiges… Mais ce faisant, il rencontre un peuple attachant, particulièrement ouvert à l'autre (en particulier hors de la grande saison touristique). Qui sont les Grecs d'aujourd'hui et comment vivent les fondateurs de nos valeurs européennes ? Cette question, quelques éléments permettent d'y répondre, que ce soit à travers les arts populaires (artisanat, musique et danse) toujours très vivaces ou une cuisine grecque désormais bien connue.

Toute occasion est bonne pour jouer de la musique ! Ici, un 15 août à Amorgós (Cyclades).

Arts et traditions populaires

Si durant des siècles la situation politique de la Grèce avait maintenu un grand nombre de traditions et de pratiques puisant parfois leurs racines dans la Grèce antique, ces pratiques rurales ont aujourd'hui presque totalement disparu sous l'effet conjugué de la modernisation des moyens de production, de la multiplication des modes de communication et du nivellement induit par la mondialisation culturelle, qui ont mis un terme à l'isolement des villages.

L'ARTISANAT

On assiste cependant depuis une dizaine d'années à un renouveau de l'artisanat, grâce à des organismes d'État ou à des associations privées qui ont créé ateliers et écoles dans tout le pays, afin de perpétuer ce savoir-faire en voie de disparition. C'est le cas même à Athènes où le musée du Folklore organise des stages de tissage (entre autres). Plus d'une centaine d'ateliers participent aujourd'hui à la fabrication de tapis aux dessins raffinés, ressuscitant la production du *flokati* de laine à long poil jadis répandue en Thes-

salie. Presque toutes les maisons villageoises possédaient naguère un métier à tisser et l'art du **tissage** est encore très répandu. Les méthodes, les matériaux (laine, coton, soie) et les motifs (géométriques ou floraux) varient selon les régions. Les tisserandes réalisent couvre-lits, coussins ou sacs.

Les **broderies**, dont le rouge est souvent la couleur dominante, sont extrêmement décoratives. Les motifs floraux dénotent une influence orientale apportée par les Grecs d'Asie Mineure. En Épire, à Skýros et en Crète figurent en outre des scènes de la vie quotidienne. Les broderies ornent les vêtements, les tours de lit et les rideaux… et il n'est pas rare de rencontrer fileuses ou dentellières sur le pas de leur porte.

La **céramique** reste le domaine des hommes, sauf en ce qui concerne sa décoration. De grandes jarres, fabriquées en Crète, en Attique et dans l'ouest du Péloponnèse, servaient naguère de réserves à huile ou à grain et, détournées de leur objet, servent de nos jours à orner les jardins. Dans les îles de l'Égée orientale et à Rhodes prédominent les faïences richement décorées, influencées par l'art grec d'Asie Mineure. À Skýros, on trouve aussi de belles assiettes décoratives. Les îles d'Égine et de Sífnos ont une tradition séculaire de poteries de qualité, de même que Delphes où se perpétue une tradition qui remonte à l'Antiquité.

La **sculpture sur bois** est l'une des grandes spécialités de l'Épire, de Skýros, de Thessalie et de la Crète (coffres de mariage, iconostases et stalles d'églises). Enfin, les arts « premiers », souvent de facture naïve tels que les ex-voto et les enseignes peintes, sont toujours très répandus.

LES COSTUMES TRADITIONNELS

Les costumes traditionnels ne se portent plus que lors de certaines fêtes, notamment Noël et Pâques, des mariages, du carnaval, ou, simplifiés, lors des marchés. Chez les femmes, le luxe des broderies et des bijoux ciselés ressort sur les devants de jupe et les corselets. Quelques hommes (rares en dehors des evzones, les membres de la garde du Parlement) portent encore la fustanelle, lourde jupe plissée, ainsi que les souliers à pompons, dits « tsarouchia ». C'est en Épire, à Métsovo, à Leucade, dans les Sporades du Nord et le Péloponnèse, dans le Dodécanèse à Kárpathos et Astypálaia, en Crète aussi, que l'on verra de temps à autre quelques costumes locaux, et bien sûr dans les musées d'Art populaire tels ceux de Nauplie, de Thessalonique, de Chíos et d'Athènes. On ne peut pas regretter cette raréfaction tant les costumes traditionnels, qu'ils soient d'inspiration balkanique ou orientale, sont variés et colorés…

MUSIQUE, CHANTS ET DANSES

La musique populaire est présente au cours des fêtes ou des cérémonies (mariages, mais aussi obsèques), dans les cafés et sur les places des villages, pour peu qu'un événement serve de prétexte. C'est à ces occasions que vous pourrez découvrir et entendre les instruments typiques que sont le **bouzouki**, sorte de luth au manche très long, à trois ou quatre paires de cordes, au son très aigu et importé d'Asie Mineure, le **baglamas**, qui est un petit bouzouki, la **lyra** crétoise, viole à trois cordes et archet, le **sandouri**, dont les cordes d'acier résonnent sous la frappe de petits maillets, ou la clarinette d'Épire. Il existe plusieurs types de flûtes rustiques, telles la **floïera**, flûte oblique de l'Épire, la **dzamara**, flûte droite, ou la **pipiza**, sorte de hautbois aigu.

Ces instruments accompagnent des mélopées à effets vocaux d'inspiration orientale, les **kléftikos**, attribués aux klephtes de la guerre d'Indépendance, et les fameux **rebétika**, expression dramatique de la sombre condition des habitants des bas quartiers urbains, marginaux ivres de vin et de haschisch, souvent en quête d'un amour impossible, se réunissant pour chanter et danser dans les **tekkedes**. Le plus grand représentant des rebétika fut **Vassilis Tsitsanis** (1915-1984), qui réussit à transcrire dans une forme très pure ces complaintes dont l'intensité est proche de celle du blues ou du flamenco. Avec lui, **Markos Vamvakaris** (né en 1905) a donné au genre ses lettres de noblesse.

Les **danses** ont leurs particularités régionales. Certaines sont d'origine orientale comme le **zembétiko**, improvisé par un seul danseur, ou le **hassapiko** (danse des bouchers), exécuté par les hommes uniquement, qui se tiennent par les épaules. Réservé aux femmes, le **tsifteteli** est assez proche de la danse du ventre. D'autres miment la guerre, comme le **pendozali** crétois. Une clarinette rythme les **mirologia**, danses et chants funèbres, souvent improvisés et repris à tour de rôle jusqu'à épuisement par les femmes participant à la veillée (Magne et Crète). La danse nationale, **kalamatianos**, se danse en cercle et rappelle le sacrifice des femmes souliotes. Enfin, il faut évoquer l'**anasténaria** (Macédoine et Thrace), danse de transe au rythme de plus en plus rapide, pratiquée au mois de mai à l'occasion de la Saint-Constantin.

Carnaval et mascarades

C'est autour de Noël et du mois de janvier que certains villages perpétuent ces traditions, qui remontent probablement aux rites dionysiaques de la Thrace antique. Que ce soit à Kavála, à Dráma, à Sochos (près de Thessalonique), des hommes revêtus d'impressionnantes peaux de bête et agitant des cloches, dansent dans les rues des villages, afin d'éloigner les mauvais esprits des récoltes à venir.

Une autre festivité qui se maintient, c'est celle des Boulès ou Janissaires de Naoussa qui évoquent de façon rituelle des épisodes de la lutte contre l'occupant turc.

Et le sirtaki ?

La plus grecque des danses grecques n'a rien de traditionnel : elle a été inventée pour le film *Zorba le Grec*, à partir du *hassapiko*, et son nom a été forgé hors du territoire grec !

Balade gourmande

Cette terre bénie des dieux de l'Olympe, qui inventa le vin, fournit depuis l'Antiquité des produits réputés : huile d'olive, raisins de Corinthe, mais aussi fromages à base de lait de chèvre ou de brebis. L'influence de l'occupation vénitienne demeure dans les îles Ioniennes, tandis que celle de l'Empire ottoman apparaît dans les sucreries et l'emploi des épices. Enfin, il ne faut pas oublier la Crète dont les habitudes alimentaires (le fameux « régime crétois ») reconnu comme très sain est supposé fabriquer des centenaires.

SAVEUR ET SIMPLICITÉ

Simple et savoureuse, la cuisine grecque, qui reflète la frugalité que les Grecs d'aujourd'hui ont hérité de leurs ancêtres, présente bien entendu un caractère méditerranéen à base d'huile d'olive, de tomates, de citrons, d'herbes et de graines aromatiques (menthe, basilic, thym, sésame, mais surtout origan), et un caractère oriental avec ses pâtisseries sucrées au miel.

La tradition des mezes

À l'heure de passer à table, la boisson la plus répandue est l'**ouzo**, marc aromatisé à l'anis, qui se révèle remarquablement désaltérant. Vous le boirez pur ou allongé d'eau, tout en l'accompagnant des fameux **mezes**. Ces hors-d'œuvre, équivalents des célèbres *tapas* espagnoles, servis dans des coupelles sont un régal : olives, *dolmades* (feuilles de vigne farcies à la viande et au riz), *tzatziki* (mélange de yaourt, concombre et ail), tarama (ici appelé *taramosalata*), *tyropites* (feuilleté au fromage), purée d'aubergines, *gavros* (anchois), salade de tomates, câpres, fromage au naturel ou parfois frit, beignets de tomates ou de courgettes, poivrons et piments (parfois très épicés !), sans oublier le célèbre *hoummous*, dénotant l'influence orientale toujours présente en filigrane, la liste serait interminable.

Il existe du reste, à côté des restaurants traditionnels ou des tavernes, des **mezepolio**, établissements spécialisés dans les mezes, certains pouvant vous donner le choix sur une liste d'une quarantaine…

Un « vrai » repas

En entrée, pendant la saison estivale, on vous proposera, outre ces mezes, melons et pastèques, ainsi que la fameuse **salade grecque**, composée de tomates, concombres, feta, oignons, olives, le tout généreusement arrosé d'huile d'olive.

En ce qui concerne le plat principal, vous trouverez au menu de bons agneaux au printemps, et des cochons de lait à la fin de l'été. La viande est rôtie à la broche, grillée en brochettes (qu'il s'agisse d'agneau, de veau ou de poulet) ou hachée pour entrer dans la composition de plats, tels que la célèbre **moussaka** ou de cassolettes où elle est longuement mitonnée avec des tomates, des poivrons et du fromage. Enfin, influence orientale, vous trouverez un peu partout des **keftes** (boulettes) et **kebabs** (brochettes).

Parmi les produits de la mer, vous trouverez le plus souvent des calmars ou des poulpes, des sardines et des anchois, des grosses crevettes, du thon et, très souvent, de l'espadon qui peut être servi accompagné d'une purée froide, délicieuse lorsqu'elle est faite maison. Vous pourrez également déguster de nombreux plats de légumes farcis (poivrons, tomates) ou frits (courgettes). La région du Pélion est réputée pour ses viandes et saucissons de sanglier, lièvre ou cerf, celle du mont Parnasse pour ses saucisses aromatisées aux herbes.

À tous les repas, les Grecs mangent du fromage. Le plus connu est bien entendu l'emblématique **feta**, qui a obtenu de la commission européenne, après d'homériques avatars, le droit à l'appellation d'origine. Mais vous trouverez aussi du **kasseri** qui ressemble au cheddar, du **kefalotiri**, sorte de parmesan, du **graviera** apparenté au gruyère, du **kopanisti** bien relevé et d'excellents **yogourts** que l'on peut aromatiser au miel, à la façon des Grecs de l'Antiquité pour qui c'était la seule façon de sucrer un aliment.

Traditionnellement, vous terminerez par un fruit et vous n'aurez que l'embarras du choix. Il faut savoir que, même si les

---

Habitudes locales

La coutume (qui se perd un peu) est de choisir les plats sur un présentoir ou même à la cuisine. Si vous ne voulez pas voir apporter tous les mets en même temps sur la table, vous devez penser à les commander au fur et à mesure. Dans les ports, lorsque vous commandez un poisson, il est pesé avant d'être cuisiné, car il est facturé au poids. Mais le poisson étant de plus en plus rare en Méditerranée, vous verrez sur les menus des inscriptions telles que *dopios* (local) ou *katepsigménos* (surgelé). Enfin, sachez que vous ne verrez guère d'autochtones au restaurant avant 14h voire 15h pour déjeuner, 21h ou 22h le soir.

restaurants touristiques se sont adaptés à la clientèle étrangère et présentent ses desserts, les pâtisseries se mangent d'ordinaire dans l'après-midi, en tant que coupe-faim. Vous pourrez savourer les **mandolata**, aux amandes, des **baklava** aux noix et au miel (qui peuvent être délicieux de légèreté ou au contraire vous peser sur l'estomac tout l'après-midi), du **halva** à base d'huile de graines de sésame, **de miel et de pistaches** et nombre de gâteaux au miel ou à la fleur d'oranger. N'oubliez pas non plus les **glaces** dont les Grecs sont friands et qui peuvent se révéler délicieuses.

À peine pêchés, poulpes mis à sécher.

UNE TERRE DE VIGNOBLES

Si l'ouzo peut accompagner tout le repas, nos palais sont plus habitués au vin : bonne nouvelle, la Grèce est la terre d'élection de ce breuvage qui y a vu le jour.

Propice au vignoble, à la fois par son climat chaud et sec et ses terrains calcaires ou volcaniques, la Grèce a pour principales régions productrices le nord du Péloponnèse, l'Attique, l'Eubée, Rhodes, Sámos et la Crète. Au total, 26 régions sont aujourd'hui délimitées et reconnues par des AOC. La commercialisation du vin se fait sous la marque de négociants (Boutari est le plus connu) ou de coopératives.

Pour d'aucuns, le **retsina** (résiné) est le roi du vignoble grec. Ce vin blanc très alcoolisé dont la conservation est assurée par l'adjonction de résine de pin, offre une fraîche amertume et un goût reconnaissable entre mille, apprécié des amateurs.

Parmi les vins blancs non résinés, certains sont réputés. Ce sont les vins blancs secs et ronds de l'Hymette et de Palini dans l'Attique, le blanc de blanc de Macédoine, le **mantinia**, vin blanc du Péloponnèse, les blancs nerveux de

Chalcidique, et les blancs très répandus de l'Achaïe (demestica, santa laura, santa helena).

Pour les amateurs, signalons le rosé bouqueté d'Aráchova près de Delphes,

Les rouges ne sont pas en reste, corsés à Naoussa en Macédoine, liquoreux avec le mavrodafni, du Péloponnèse, fruités à Némée.

Dans les îles, il faut distinguer les rosés et les rouges généreux de Crète, les blancs secs de Lindos à Rhodes, les vins capiteux et parfumés des Cyclades, et ceux des îles Ioniennes, comme le fameux **robola** fruité et musqué de Céphalonie.

Et pour terminer agréablement…

Un verre d'eau accompagne le café grec, café épais au goût riche en arômes (que l'on appelle ailleurs « café turc » - ah, l'histoire !) dont on laisse bien entendu le dépôt de marc au fond de la tasse.

Vous pourrez le faire suivre d'un verre de **samos** qui peut être considéré comme une liqueur, de **metaxas**, plus raide, qui serait l'équivalent d'un cognac, ou encore de **tsipouro** ou de **raki,** eau-de-vie très forte, tandis que le **mastika**, spécialité de Chios, est un alcool doux à la résine de lentisque.

Préparons une moussaka

Pour 6 personnes, prévoyez 1 kg d'aubergines, 1 gros oignon, 2 gousses d'ail, 400 g de gigot d'agneau, 1 tasse de vin blanc, 4 belles tomates, du persil, du beurre, de l'huile d'olive, du sel et du poivre, de la farine et du fromage râpé. Coupez les aubergines en longues tranches fines ; saupoudrez-les de sel et de poivre ; laissez reposer pendant 1 heure. Faites blondir l'oignon et l'ail émincés dans le beurre, puis ajoutez la viande hachée et 4 cuillerées à soupe d'eau. Faites cuire pendant 5 minutes sur feu doux, en remuant. Incorporez les tomates pelées et concassées, le persil, le vin, salez et poivrez. Laissez mijoter à couvert pendant 15 minutes.

Faites dorer à l'huile d'olive dans une poêle bien chaude les tranches d'aubergines farinées, puis posez-les sur du papier absorbant.

Graissez un plat à gratin. Tapissez le fond du plat avec les tranches d'aubergines. Couvrez-les avec le mélange de viande et de tomates ; terminez le montage avec une couche d'aubergines. Couvrez de fromage râpé. Cuire dans le four préchauffé à 180 °C jusqu'à ce que le gratin soit doré.

Aujourd'hui

Après un siècle et demi d'une histoire parfois chaotique, la Grèce a retrouvé la stabilité et, solidement arrimée à l'Europe, jouit d'un régime démocratique où les alternances s'effectuent sans drame. Mais à quoi ressemble aujourd'hui la vie du pays ?

POPULATION ET ÉCONOMIE

Une répartition inégale

Selon le dernier recensement, la population grecque se monte à 11 millions d'habitants environ, ce qui représente une densité de 80 au kilomètre carré : c'est le tiers de la densité de l'Allemagne. Cette relative faiblesse démographique s'explique par le poids de l'histoire… et de l'économie. Dictature et misère ont entraîné une émigration considérable, puisque l'on estime aujourd'hui à près de 7 millions le nombre de Grecs de l'étranger !

Cette population est très inégalement répartie, ce qui se comprend lorsque l'on considère le caractère montagneux de certaines régions, quasiment désertes. En outre, un exode rural massif a entraîné une croissance exponentielle d'Athènes et de son agglomération qui, forte de plus de 3 millions d'habitants, concentre plus du quart de la population totale du pays, avec les problèmes que l'on imagine.

Les efforts considérables accomplis au début du 21e s., notamment dans la perspective des jeux Olympiques de 2004, ont heureusement permis d'améliorer sensiblement cette situation. Le second pôle au nord du pays, Thessalonique, malgré son dynamisme économique traditionnel, reste loin derrière avec son million d'habitants. Ces deux cités (auxquelles on peut ajouter Pátra (plus de 160 000 habitants), sur la côte ouest du Péloponnèse), concentrent l'essentiel de l'activité industrielle en Grèce.

Un pays rural

Malgré un taux d'urbanisation de 60 % environ, la Grèce reste essentiellement un pays rural : c'est le cas notamment de la Béotie, de la Macédoine, de la Thessalie, de la Thrace et du Peloponnèse. Les exploitations, sauf dans le Nord, sont restées petites. Les principales productions sont les olives, les agrumes, le maïs, la betterave à sucre, l'orge et le riz, auxquels il faut ajouter le **tabac** et le **coton** qui contribuent à doper les exportations ; enfin, n'oublions pas le **vignoble**. Au total, le secteur agroalimentaire emploie environ 20 % de la population active, dont la moitié sont des agriculteurs.

Industrie

Si la terre grecque est riche au point de vue agricole, son sous-sol se révèle assez pauvre : l'industrie minière a pour élément principal la bauxite, extraite du massif du Parnasse et transformée en aluminium. On peut également mentionner quelques gisements de nickel et de zinc, ainsi que du lignite utilisé pour les centrales thermiques. Mais, malgré une exploitation pétrolière à Thássos, l'essentiel de l'énergie doit être importé… Au point de vue industriel, le bâtiment, les travaux publics et les industries annexes (telles ces carrières et cimenteries qui

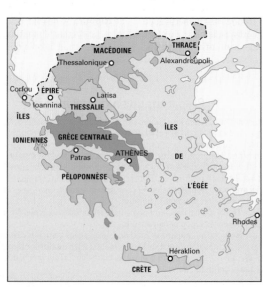

défigurent l'intérieur de l'Attique), ainsi que le textile, sont les principaux pôles d'activité.

Une vocation maritime

Héritière d'une longue tradition, la marine hellénique se situe au premier rang mondial avec une flotte de quelque 3 200 navires. Les deux grands armateurs que furent **Aristote Onassis** et son beau-frère et rival **Stavros Niarchos** sont connus de tous essentiellement pour des raisons annexes à leur activité principale. Mais s'ils ont été les plus célèbres des armateurs grecs, ils étaient loin d'être les seuls : la tradition bien ancrée dans les îles (notamment Spétses et Hydra) se perpétue aujourd'hui avec nombre de confrères nettement plus modestes mais qui, en unissant les ressources, parviennent à maintenir la flotte grecque au premier plan.

Le moteur de l'économie

Les revenus liés au **tourisme** représentent 17 % du PNB. Avec plus de 14 millions de visiteurs par an (2002), les touristes sont plus nombreux que la population grecque ! Le soleil éclatant, les mers chaudes, la beauté des paysages, l'importance des sites antiques expliquent ce succès considérable qui fait vivre une bonne partie du pays, dans les secteurs de l'hôtellerie et de la restauration, mais aussi des transports.

À ces rentrées de devises s'ajoutent celles des revenus envoyés au pays par les Grecs de l'étranger.

Et l'Europe ?

Entrée dans l'Union européenne en 1981, la Grèce a engagé avec détermination une politique de rigueur qui lui a permis d'accéder à l'euro dès le 1er janvier 2001, en même temps que des pays à l'économie nettement plus florissante. Un exploit si l'on tient compte de ce qu'au moment de son adhésion il s'agissait du pays le plus pauvre de l'Europe.

Mais tout cela n'est pas allé sans quelques aigreurs. Nombre de Grecs vous parleront de la hausse des prix, en l'attribuant généreusement à la monnaie unique, considérée comme la cause

de tous leurs maux. Toutefois l'Europe, c'est aussi un certain nombre d'aides qui permettent au pays de moderniser ses infrastructures (création de l'aéroport E. Venizélos d'Athènes, amélioration sensible et extension du réseau routier).

L'ÉTAT GREC

Divisé en neuf régions *(voir carte p.102)*, l'État grec l'est également en départements ou nomes, au nombre de 52, administrés par des préfets. Les communes quant à elles sont régies par un conseil municipal élu tous les quatre ans et qui désigne le premier magistrat de chaque cité.

Une démocratie pacifiée

Un parti socialiste modéré, l'historique PASOK, et un parti défendant le libéralisme économique, la Nouvelle Démocratie, au pouvoir depuis les élections de 2004, telles sont les deux organisations politiques qui se partagent le pouvoir depuis la chute du régime des colonels. La Grèce est une démocratie parlementaire et le chef du parti majoritaire est automatiquement désigné Premier ministre par le président de la République. Celui-ci, élu pour cinq ans par le Parlement, a un rôle essentiellement représentatif. L'exécutif est assuré par le Premier ministre et son gouvernement.

Crispations nationalistes

Si la situation est apaisée sur le plan intérieur, des crispations persistent, en particulier avec les pays voisins : la Turquie est restée l'ennemi héréditaire (l'affaire de Chypre n'est toujours pas vraiment réglée et l'adhésion de la partie grecque de l'île à l'Europe n'a fait que raviver les tensions) et son éventuelle adhésion future à l'Europe risque de ne pas se faire sans grincements de dents du côté hellénique. À ce conflit bien connu, il faut ajouter la question née de l'éclatement de l'ancienne Yougoslavie : les Grecs ont vu comme une provocation que la République de Macédoine arbore ce nom, la Macédoine étant considérée grecque de toute éternité, et ayant été motif de querelles avec le voisin du Nord, la Bulgarie, qui en possède une partie…

L'ÉGLISE ORTHODOXE

Participant pleinement au pouvoir politique, le christianisme oriental s'est érigé, entre hérésies diverses et schisme radical avec le catholicisme romain, comme l'**orthodoxie** – c'est-à-dire

Un clergé proche du peuple

Ayant la possibilité de se marier, les popes mènent une vie comparable à celle de leurs ouailles, seule leur tenue (et leur barbe) les distinguent de leurs concitoyens.

l'interprétation droite des Évangiles. Très proche du peuple, se mêlant au paysage avec ses innombrables églises et monastères, il a développer un culte des images et des reliques auquel les Grecs sont restés très attachés.

L'Église orthodoxe grecque, qui continue à jouer un rôle essentiel (elle est reconnue comme religion officielle dans la Constitution en vigueur) est une église autocéphale depuis l'indépendance du pays. Son chef suprême est le **patriarche d'Athènes** qui ne se prive pas d'intervenir dans la vie publique du pays. Le patriarche de Constantinople qui dirigeait la vie spirituelle du pays depuis l'époque byzantine, n'est plus aujourd'hui reconnu que par les moines du mont Athos et par les prêtres de certaines îles du Dodécanèse.

Un rôle fédérateur

Sous les Ottomans, le patriarche (et partant, l'ensemble du clergé) a joué le rôle d'un conservateur du patrimoine grec refusant de le diluer dans les valeurs du nouvel empire. Dans la Grèce moderne, l'Église, même si, comme partout ailleurs, elle est moins fréquentée que naguère, continue à jouer un rôle primordial tout au long de la vie, tant privée que publique, des Grecs.

Cérémonies privées …

C'est le baptême qui marque l'entrée dans le giron de l'Église. Le jeune enfant se voit alors doté d'un prénom, en principe choisi par le parrain et la marraine, et est entièrement oint d'huile d'olive bénite. L'Église est naturellement présente lors du mariage (le passage devant le pope suffit pour le faire reconnaître, même si le mariage civil a été institué

Sur le bord des routes…

Il est rare qu'un virage ne soit pas ponctué d'un petit sanctuaire votif en forme de minuscule chapelle, élevé pour commémorer les victimes d'un accident mortel… ou par des rescapés qui tiennent à remercier le Ciel… Mieux que des statistiques, ces *proskinitaria* indiquent assez combien il peut être hasardeux de prendre la route dans ce pays…

pour les irréductibles réfractaires), qui, comme le baptême, est une cérémonie haute en couleur, comme vous pourrez le constater si vous avez la chance d'en rencontrer un lors de votre voyage. Enfin, l'enterrement n'est pas en reste, puisqu'il s'accompagne de deux messes, l'une en présence du défunt, l'autre quarante jours après son inhumation.

… et publiques

Si vous entrez dans une église orthodoxe pendant un office, vous serez étonné par l'attitude des fidèles qui, contrairement aux catholiques, vont et viennent dans l'église, s'arrêtant devant l'icône du saint qu'ils révèrent pour l'embrasser, indifférents en apparence à une liturgie dont le caractère solennel ne manque pas d'impressionner le profane. Mais l'appartenance à la religion orthodoxe, c'est aussi la participation à ces fêtes qui rythment l'année : la plus importante (et la plus impressionnante) est celle de **Pâques** où les processions se multiplient le Samedi saint à minuit, afin de célébrer la résurrection du Christ. Rappelons ici que la Pâque orthodoxe ne correspond pas à « notre » Pâque, l'Église grecque respectant en cette occasion le calendrier lunaire, qu'elle a abandonné pour le grégorien le reste de l'année. L'Épiphanie, le « lundi pur » (quarante jours avant Pâques), l'Assomption (ou Dormition de la Vierge), Noël et surtout le Jour de l'An sont les principales festivités auxquelles s'ajoutent d'innombrables fêtes locales honorant tel ou tel saint patron…

Séfarades de Corfou

Rien de tel que les romans d'**Albert Cohen** pour vous plonger dans l'ambiance des milieux séfarades de son île natale : lisez en particulier *Les Valeureux*. Ces personnages touchants d'ingénuité et de roublardise sachant transformer le quotidien le plus banal en épopée vous plongeront dans une atmosphère hélas disparue.

MINORITÉS

En dépit de longs siècles d'occupation ottomane, les **musulmans** sont aujourd'hui peu nombreux en Grèce : en effet, suite à « l'échange de population » qui a suivi la « grande catastrophe » d'Asie mineure (1922), les Turcs ont dû céder la place aux Grecs de Smyrne et d'ailleurs. Dans le nord du pays, en Thrace, subsistent des **pomaques**, le plus souvent bulgarophones, descendants de chrétiens ayant embrassé l'islam bon gré, mal gré durant la période ottomane.

Chassez le paganisme...

En dehors des fêtes officielles, consacrées par l'Église subsistent dans les campagnes nombre de pratiques qui semblent remonter droit aux traditions antiques, dionysiaques ou autres… Les superstitions ont la vie dure et il est toujours de coutume d'égorger un coq avant toute construction…

Il en va de même, mais pour de toutes autres raisons, de la **communauté juive**, forte de plus de 100 000 âmes au début du 20e s. et qui compte moins de 5 000 personnes aujourd'hui. La tradition juive est pourtant des plus anciennes en Grèce puisque dès le 3e s. av. J.-C., il existait une première communauté de Juifs, qui prirent le nom de **Romaniotes** sous l'Empire byzantin. S'y ajoutèrent après 1492 les **séfarades** chassés d'Espagne par la reine Isabelle la Catholique et qui furent accueillis à bras ouverts par le sultan. Fixés le plus souvent à Thessalonique, les séfarades qui s'exprimaient en **ladino** (judéo-espagnol) contribuèrent à l'essor économique de la capitale du Nord en développant le commerce et l'industrie. Mais la Seconde Guerre mondiale a anéanti cette communauté, nombre des rares survivants choisissant d'émigrer en Israël.

Quant aux quelques catholiques grecs, ils se heurtent à la défiance séculaire de l'Église orthodoxe.

TRADITION ET MODERNITÉ

Ne serait-ce son ambiance subtilement orientale, son verbe haut typiquement méditerranéen, tout comme son art de vivre entre marché public et café, le visiteur qui ne connaîtrait de la Grèce qu'Athènes pourrait se croire au cœur de n'importe quelle capitale européenne. Il en va autrement dès que l'on quitte la capitale et que l'on gagne le cœur du Péloponnèse ou de toute autre région. Là, dans des paysages admirables où les reflets argentés des oliviers se mêlent à la silhouette noire des cyprès, des troupeaux de chèvres paissent, accompagnés de bergers, qui, avec leurs traits émaciés et leurs yeux fiévreux semblent sortis de quelque récit homérique. Dans ces villages où rien ne semble avoir changé depuis l'époque de Périclès, des ânes débonnaires attendent on ne sait quoi en mâchonnant quelque brin d'herbe, semblant mettre toute leur énergie à demeurer immobiles. De vieilles femmes vêtues de noir portent des fagots ou des seaux d'eau sur des chemins empierrés. Leurs époux, assis sur leur chaise tirée devant la porte, discutent gravement des choses de ce monde, jouent au **tavli** (jacquet), ou regardent le temps passer en faisant tourner leur **komboloï**. Ce temps, ce sont les antiques motos pétaradantes, et les improbables scooters conduits par des jeunes qui mettent un point d'honneur à ne pas porter de casque, qui viennent le leur rappeler. C'est aussi la télévision qui trône dans tout café digne de ce nom et diffuse généreusement ces matches de football qui passionnent tout un chacun et dont les péripéties suscitent cris d'enthousiasme, désespoir ou commentaires méprisants…

La place des femmes

Ici encore, il faut distinguer Athènes du reste de la Grèce. Si les jeunes Athéniennes n'ont rien à envier à leurs consœurs européennes, tant au point de vue du mode de vie que de l'habillement, il n'en va pas de même dans les campagnes ou entre tradition religieuse et souvenir de l'époque musulmane, la femme reste soumise à des pesanteurs d'un autre âge. Il faut toutefois reconnaître qu'au niveau légal la Grèce est entrée de plain-pied dans la modernité : les femmes grecques ont obtenu le droit de vote depuis 1952, l'avortement est légal et le divorce reconnu même par l'Église orthodoxe ! Tout cela explique sans doute que le taux de fécondité en Grèce soit comparable à celui des autres nations occidentales.

Cela dit, même dans les villes, et pour des raisons dues tout autant aux réalités économiques qu'au poids des traditions, la société grecque perpétue un mode de vie familial traditionnel, plusieurs générations se partageant le même toit. La chose a au moins l'avantage de préserver une solidarité intergénérationnelle qui a souvent disparu ailleurs, et permet d'atténuer les difficultés en cas « d'accident de la vie »…

En grec dans le texte

Pour peu qu'il fasse l'effort de déchiffrer l'alphabet grec, le voyageur français ne manquera pas de s'amuser en constatant le glissement de sens de certains mots d'une langue à l'autre : ici vous n'êtes pas grand mais *mégalo*, et il vous suffit de sortir d'une pièce pour que ce soit un *exode*… Le *trapèze ethnique* peut vous laisser perplexe jusqu'à ce que vous appreniez que cet engin désigne la banque populaire. Quant aux camions de *métaphores*, ils sont plus souvent conduits par des déménageurs que par des poètes !

*Au nord de la Grèce,
l'antique théâtre de Dodone.*

R. Mattès / MICHELIN

Aráchova ★

Αράχοδα

3 703 HABITANTS - ALT. 800-1 100 M.
CARTE GÉNÉRALE RABAT II B1 – GRÈCE CENTRALE, BÉOTIE

Accrochée au flanc méridional du mont Parnasse et dominant le ravin du Pleistos, Aráchova est une petite ville de montage très fréquentée en hiver par les skieurs grecs et, en toutes saisons, par les randonneurs. Agréable et animée, elle est dotée d'hôtels qui en font une bonne base pour découvrir la région.

- **Se repérer** – Au nord-ouest d'Athènes, sur la route de Leivadeiá (44 km) à Delphes (10 km), sitôt le col d'Aráchova (940 m) franchi, le voyageur découvre une très belle vue panoramique sur le village.

- **Se garer** – Du côté de Delphes, petite place aménagée en parking côté aval. En cas d'affluence, grand parking situé en contrebas du village (à la sortie côté Delphes, prendre sur la droite et suivre la signalisation), il ne vous restera qu'à remonter à pied…

- **À ne pas manquer** – Le monastère d'Ósios Loukás, à 20 km.

- **Organiser son temps** – C'est un village où l'on flâne sans souci du temps qui passe. Posez-vous deux nuits, pour rayonner de Delphes à Ósios Loukás.

- **Pour poursuivre le voyage** – Delphes.

Une vue du village d'Aráchova à flanc de montagne.

Se promener

Grand-Rue

Sinueuse et étroite, elle est bordée de cafés, de restaurants et d'agréables échoppes. Mais la circulation incessante et l'étroitesse des trottoirs font préférer s'enfoncer dans les ruelles du village.

Agios Georgios

De la terrasse de l'église, à laquelle on accède par de charmantes ruelles (à moins d'emprunter un impressionnant escalier qui a, le mérite d'y conduire tout droit), **vue** ★ sur le ravin du Pleistos et le massif du Kirphis.

Circuits de découverte

AUTOUR DU MONT PARNASSE

50 km. À la sortie de la ville vers Delphes, prendre à droite la route de Lilaia. 11 km plus loin, peu après Kalivia, tourner à gauche (signalisation « Chat Tours ») dans la route empierrée et étroite qui s'élève en lacet sur 5 km. Mais les 3 derniers km sont particulièrement difficiles ; aussi, après 2 km est-il préférable de bifurquer à l'embranchement vers un parking. De là, on monte à pied à la grotte en 5mn.

Grotte corycienne★★ (Korýkeio Antro)

Situé à 1 300 m d'alt., « l'antre corycien », d'une envergure impressionnante, était dans l'Antiquité consacré au **dieu Pan**, dieu des bergers et des troupeaux. Cette divinité barbue, au front orné de deux cornes, au corps velu et aux pattes de bouc, appréciait la fraîcheur des sous-bois et des grottes, où elle prenait plaisir à surprendre les nymphes. Sur les pentes voisines, des bacchantes, les thyades, organisaient des fêtes orgiaques en l'honneur de Dionysos.

La grotte était fréquentée dès les époques néolithique et mycénienne. Par la suite, elle servit de refuge. On peut pénétrer jusqu'au fond de la caverne, naturellement assez bien éclairée. Admirez au passage les stalactites.

Des abords, vue en direction du Parnasse, de la vallée du Pleistos et du golfe d'Itea.

Revenir à la route de Lilaia.

Mont Parnasse★★ (Óros Parnassós)

Difficile d'accès, le massif du Parnasse, où vivent encore quelques loups, fut, durant la guerre d'Indépendance, une base de *klephtes* (combattants) et constitua après la Seconde Guerre mondiale un bastion des maquis de l'ELAS (Armée populaire de Libération nationale) qui s'y maintinrent jusqu'en 1949. On y exploite de nombreuses mines de bauxite.

On parcourt la vallée suspendue de Kalivia, domaine des troupeaux. À 15 km environ, emprunter à droite une bonne route qui grimpe à travers les sapins dans un paysage de haute montagne, jusqu'au refuge du Ski Club d'Athènes (1 900 m) et continue jusqu'au pied de la pyramide du mont Liakoura (2 457 m), point culminant du Parnasse. Les trois stations de ski sont équipées de 14 remontées.

On peut faire l'ascension du Liákoura à pied *(env. 1h1/2 AR)* : par temps clair (ce qui est rare !) superbe panorama s'étendant du Péloponnèse au mont Athos. Vous pourrez également entreprendre de belles promenades en VTT. N'oubliez pas d'emporter de l'eau !

> ### Les Muses
>
> Souvent enneigé et encapuchonné de nuées, le Parnasse était considéré comme le séjour d'**Apollon** et des **Muses**, filles de Mnémosyne (la Mémoire) et de Zeus. Les neuf sœurs président aux arts libéraux : Clio (Histoire), Euterpe (Musique), Thalie (Comédie), Melpomène (Tragédie), Terpsichore (Danse), Érato (Élégie), Polymnie (Poésie lyrique), Uranie (Astronomie) et Calliope (Éloquence).

SÉRÉNITÉ MONASTIQUE ET FUREUR GUERRIÈRE

80 km d'Aráchova à Orchomenós. Compter une demi-journée.

Monastère Saint-Luc ★★★ (Ósios Loukás)

En bus depuis Athènes, un trajet direct par jour au départ de la gare routière (renseignements à l'OTE d'Athènes). En voiture, quitter Aráchova par la route de Thèbes-Athènes. Après 12 km, prendre à droite (panneau de signalisation Ósios Loukás indiquant un kilométrage résolument optimiste). Poursuivre jusqu'à Dístomo et gagner le centre de cette localité. Sur la place principale, prendre une route à gauche. Celle-ci, relativement étroite et sinueuse, conduit au monastère, qu'elle atteint 4 km après avoir traversé le village de Stiri. Parking aménagé à l'entrée. Descendre par une allée en escaliers qui conduit à une terrasse ombragée, notamment d'un majestueux platane. La billetterie se trouve à l'entrée de l'ancien réfectoire. Tenue correcte de rigueur. Mai-septembre : tlj 8h-14h, 16h-19h ; en hiver : 8h-17h - 3 €.

Perdu dans un paysage superbe, ce monastère byzantin, classé depuis 1993 au patrimoine mondial de l'Unesco, compte parmi les plus beaux de Grèce. Comme les monastères de Dafní et d'Orchomène, Ósios Loukàs aurait été occupé aux 13e s. et 14e s. sous les ducs bourguignons d'Athènes et de Thèbes, par les cisterciens, heureux de trouver un endroit isolé qu'ils placèrent à leur habitude sous la protection de la Vierge.

> ### Luc le Styriote
>
> Fondé au 11e s., le monastère est consacré à un ermite, Loukas le Styriote, mort ici en 953. D'une vocation précoce, Loukás entra au couvent à Athènes à l'âge de 14 ans, avant de mener une vie d'ascète en Corinthie, auprès d'un stylite, puis dans une île déserte et enfin de s'établir en Phocide. Sa réputation de saint guérisseur lui valut d'être rejoint par d'autres religieux et soutenu par des dignitaires byzantins. Une première église dédiée à Sainte-Barbe puis à la Vierge fut construite. À la mort de l'ermite, le lieu devint un lieu de pèlerinage, et une seconde église fut érigée en l'honneur du saint.

Endommagé par les tremblements de terre aux 16ᵉ et 17ᵉ s., il a été restauré dans les années 1960-1970 et est encore occupé par une communauté de moines.

Le monastère apparaît dans un **paysage**★★ somptueux, au flanc d'un cirque de montagnes couvertes d'oliviers et ponctué par la sombre silhouette verticale des cyprès. Entourée d'un verger, l'enceinte du monastère dessine un pentagone irrégulier dont le centre est marqué par les deux églises. Autour se trouvent les cellules des moines (côtés nord et ouest) et l'ancien réfectoire (côté sud). Refait après un bombardement en 1943, ce dernier a été transformé en musée (collection d'objets religieux).

L'entrée se fait au bout de la terrasse par une porte aménagée sous une tour d'horloge de la fin du 19ᵉ s. On arrive devant le grand Katholikon (l'église Saint-Luc). À gauche, et en retrait, est accolée la Theotokos (église de la Vierge). Un étroit passage relie les deux bâtiments.

Katholikon★★ – Cette vaste et typique église de pèlerinage a été édifiée au 11ᵉ s, au-dessus de la sépulture du saint ermite Loukas.

Coiffée d'une coupole de tuiles rouges, alternant avec raffinement sur ses murs, des lignes de brique et de pierre, rehaussées de frises de marbre blanc, l'église a été construite selon un plan octogonal, innovation architecturale appelée à devenir une référence dans l'architecture byzantine tardive.

En entrant dans l'église, on découvre tout d'abord le **narthex** et un premier ensemble de mosaïques. Le regard est attiré par la coupole centrale qui s'inscrit dans un carré massif à abside saillante, comme à Sainte-Sophie de Constantinople. L'espace central dégagé par la coupole qui fait près de 9 m de diamètre permettait d'accueillir la foule des pèlerins. Les tribunes étaient, elles, réservées aux femmes.

Le **décor intérieur** date du 11ᵉ s. (à l'exception des peintures murales qui ont remplacé aux 16ᵉ-17ᵉ s. des mosaïques endommagées ou détruites), et l'on ne peut qu'être émerveillé par sa richesse et sa diversité : des marbres multicolores revêtent certains piliers, des jaspes et porphyres tapissent le sol, de délicates sculptures ornent l'iconostase, et surtout d'extraordinaires **mosaïques**★★ enrichissent voûtes, tympans et pilastres. Vous admirerez notamment les mosaïques à fond d'or, exemple du style hiératique du 11ᵉ s., sobre et expressif, dont la réalisation est due à des artistes de Salonique ou de Constantinople.

Celles du **narthex (1)** constituent le bel ensemble. Remarquez au tympan de la Porte Royale donnant accès à la nef centrale une majestueuse effigie du Christ enseignant ; aux tympans des arcs, de part et d'autre de la Porte Royale, la Crucifixion et la Résurrection, scène combinée avec la Descente aux limbes (à droite) et les effigies de Constantin et Hélène, initiateurs de la dévotion à la Croix ; à la voûte centrale, la Vierge, les archanges Gabriel et Michel, saint Jean-Baptiste ; aux tympans des arcs, côté ouest, de curieuses figures de saintes orientales ; et, enfin, dans les niches latérales, le Lavement des pieds (à gauche) et l'Incrédulité de saint Thomas (à droite).

ÓSIOS LOUKÁS

0   20 m

← N

Les mosaïques d'origine de la **Grande Coupole (2)** ont été remplacées par des fresques exécutées aux 16ᵉ-17ᵉ s. sur fond d'or, pour donner le change. Au centre trône le Christ Pantocrator (Tout-Puissant) qu'entourent la Vierge, saint Jean-Baptiste, les archanges Michel, Raphaël, Uriel, Gabriel, et des 16 prophètes. De charmantes mosaïques évoquent la Nativité, la Présentation au Temple, le Baptême du Christ.

L'iconostase, en marbre blanc ciselé, était autrefois enrichie de quatre grandes icônes (1571) dues au célèbre artiste crétois **Damaskinos**, maître du Greco. Volées il y a quelques années, elles ont été remplacées par des copies.

Le **chœur et l'abside (3)** sont également abondamment décorés : à la petite coupole au-dessus de l'autel, une mosaïque symbolise la Pentecôte ; au cul-de-four de l'abside, Vierge Mère (Meter Theou). Dans l'absidiole à droite, deux mosaïques se faisant face comptent parmi les plus admirées de l'ensemble : Daniel dans la fosse aux lions et les Jeunes Hébreux dans la fournaise.

Enfin, dans le **bras nord du transept (4)**, vous verrez une admirable effigie en mosaïque de l'ermite Loukas.

Pour accéder à la **crypte**, sortez de l'église et prenez à droite, sur le flanc sud. Abritant le tombeau de Loukas, elle remonte au 10e s. Parmi les peintures murales du 11e s., remarquez la Cène (à droite de l'iconostase).

Brique et pierre composent l'ornementation extérieure du Katholikon.

P. Plantier / MICHELIN

Theotokos★ – On accède à l'église de la Vierge depuis l'église Saint-Luc, par un passage situé dans la chapelle située à gauche du chœur.

Très différente de sa voisine, par son architecture plus dépouillée, cette église serait, pour les uns, contemporaine de Loukas, et donc du 10e s. ; pour d'autres, elle date du 11e s. En fait, même si l'oratoire de l'ermite se trouvait sans doute à cet endroit, il semble que l'édifice ait été construit au 13e s. par les cisterciens, comme le suggèrent le porche extérieur voûté d'arêtes servant de passage avec les bâtiments monastiques, la nef à collatéraux, l'abside et les absidioles en saillie se terminant par des chevets plats à l'extérieur, le profil des arcs et la simplicité de l'ornementation.

Admirez les vastes proportions du narthex dont les voûtes sont soutenues par deux colonnes à chapiteaux corinthiens et l'élévation de la coupole que supportent quatre colonnes de granit à beaux chapiteaux sculptés.

En sortant de l'église de la Vierge, faites le tour des deux sanctuaires par la droite afin de regagner la cour des moines d'où vous comparerez leurs chevets : celui du Katholikon, massif, est coiffé d'une puissante coupole ronde, celui de l'église Theotokos, plus élancé, l'est d'une élégante tour-lanterne octogonale. De ce côté se trouvaient les salles de réunion des moines séparées par un passage qui existe encore.

Revenir à la route Delphes-Thèbes (Athènes) et la suivre à droite jusqu'aux abords de Leivadeiá que la route contourne. Prendre à droite en direction du centre.

Leivadeiá★

Le chef-lieu de la Béotie occupe un beau site en amphithéâtre au débouché des sombres gorges de l'Erkinas qui, dans l'Antiquité, passaient pour être l'une des entrées aux royaumes infernaux. Très disputée entre Francs au Moyen Âge, Leivadeiá devint la seconde cité de Grèce (après Thessalonique) au temps de l'occupation turque. C'est aujourd'hui une cité animée, à la fois nœud routier et centre industriel dont les usines textiles traitent le coton du lac Copaïs *(voir Orchomène p.113)*. La **ville haute** a conservé ses maisons blanches des 18e et 19e s. ornées de balcons de bois en avancée, ses boutiques protégées par de larges auvents à la turque, et ses restaurants.

Laisser la voiture sur l'esplanade, au centre de la ville moderne, et prendre une des rues qui montent vers la ville haute.

Gorges de l'Erkinas★★ (Farangi Erkinas) – *(30mn AR) De la place de Leivadeiá, suivre le torrent en laissant sur la droite une grosse tour carrée.* Sur la rive droite de l'Erkinas, que franchit un vieux pont de pierre ottoman en dos d'âne, coule la source Mnémosyne (la Mémoire) qui parvient dans un réservoir près duquel on remarque des niches votives creusées dans la roche ; les pèlerins en route pour Delphes y déposaient leurs offrandes à l'oracle de Trophonios. Plus loin, un passage conduit à ce qu'on pense être la source du **Léthé**, fleuve de l'Oubli.

Continuez à remonter les gorges s'enfonçant dans une montagne rocheuse et pelée qu'égaient quelques buissons de lauriers-roses. De belles perspectives se dégagent sur le kastro et le petit ermitage de Jérusalem.

Un havre de fraîcheur près du vieux pont des gorges de l'Erkinas, non loin de Leivadeiá.

Vous redescendrez ensuite jusqu'à la tour carrée, à l'extrémité de l'enceinte extérieure du kastro, et prendrez, à gauche, le chemin qui suit la muraille en passant près d'une belle église byzantine à abside et coupole.

Kastro★ – Couronnant le mont Agios Ilias (402 m), ce château commande l'accès à la Thessalie. Cette position stratégique fut fortifiée au 13e s. par les Francs, alors maîtres de Thèbes, mais la forteresse actuelle date du 14e s., lorsque les Aragonais dominaient le pays. Les seigneurs y détenaient une relique insigne, le chef de saint Georges, qui, par la suite, fut transférée à Venise.

Après avoir traversé l'ancienne basse cour du château, vous franchirez la porte principale pour accéder au donjon. La chapelle Profitis Elias a remplacé un temple de Zeus. Des remparts, **vue★★** spectaculaire sur les gorges de l'Erkinas, l'ermitage de Jérusalem, la ville et les montagnes.

Au point le plus élevé se trouvait l'antre où officiait l'oracle de Trophonios. Il fut consulté notamment par le toujours précieux **Pausanias**, qui a décrit les rites et les épreuves imposées aux pèlerins

Chéronée (Chairóneia)
À 6 km de Leivadeiá, prendre sur la gauche la route de Lamía. Chairóneia se trouve 8 km plus loin.

En 338 av. J.-C., la **bataille de Chéronée** mit aux prises les phalanges de **Philippe II de Macédoine** (30 000 fantassins et 2 000 cavaliers) aux forces légèrement inférieures en nombre des cités grecques venues secourir Thèbes, à l'appel notamment du grand orateur **Démosthène**, qui participa aux combats. La victoire sans appel de l'armée macédonienne (dans laquelle Alexandre, le futur Grand, âgé de 18 ans, faisait ses premières armes) marqua la fin de la Grèce classique.

> ### Un enfant du pays
> L'historien **Plutarque** (vers 50-125), auteur des *Vies parallèles* et par ailleurs prêtre d'Apollon à Delphes, est né et mort à Chéronée.

Le lion – Un bosquet de cyprès signale le lion en marbre, haut de 5,50 m. Ce mausolée fut érigé après la bataille de Chéronée près de l'ossuaire rassemblant les dépouilles des soldats du bataillon sacré thébain tués en cette funeste journée : 254 squelettes furent retrouvés au cours des fouilles. Découvert par des voyageurs anglais alors qu'il était presque enterré, ce lion fut brisé au cours de la guerre d'Indépendance, car il sonnait creux et la tradition affirmait qu'il contenait un trésor. Mais on ne trouva rien… et la statue dut être réparée.

Le **Musée archéologique** (ossements, armes, vases exhumés du tumulus des Macédoniens) est actuellement fermé en raison de réparations rendues nécessaires par le tremblement de terre de 1999. ℘ 26100 952 70.

Orchomène (Orchomenós)
Revenir en direction de Thèbes jusqu'au carrefour et prendre une petite route sur la gauche, la suivre sur 8 km.

Capitale des Minyens, peuple guerrier indo-européen de la préhistoire, riche et puissante à l'époque mycénienne, **Orchomenós** fut la rivale de Thèbes ce qui lui valut d'être détruite deux fois par ses voisins, avant d'être rebâtie par Philippe de Macédoine. C'est aujourd'hui un bourg agricole situé en bordure d'un immense marécage asséché, le **lac Copaïs**. Des traces de canaux de drainage creusés par les Minyens, puis des amorces de tunnels d'époque hellénistique ont été retrouvées. Les travaux d'assèchement modernes furent entrepris à la fin du 19e s. par une compagnie française et poursuivis par des ingénieurs écossais. Un réseau de canaux fut créé pour diriger les eaux du lac vers les lacs Yliki et Paralimni qui communiquent avec la mer. Une surface de près de 200 km² fut ainsi dévolue à l'élevage et la culture (céréales, riz et surtout coton). Les ruines de l'antique Orchomène et l'église de la Dormition de la Vierge se font face à la sortie du bourg moderne, vers l'est, sur la route de Kastro.

La bataille du Céphise

Près d'Orchomenós, où le Céphise (Kifisos) se jetait dans le lac Copaïs, se déroula, le 13 mars 1311, la sanglante bataille qui mit fin à la domination franque sur les duchés de Thèbes et d'Athènes. Les hommes de pied des compagnies aragonaises *(voir Kavála p.239)* s'étaient retranchés sur la rive droite du fleuve, séparés de la chevalerie franque par un vaste espace plat et verdoyant mais bourbeux. Les 700 chevaliers bourguignons, champenois et flamands que commandait Gautier de Brienne, duc d'Athènes, ne prirent pas garde au terrain mouvant. Aussi, lorsqu'ils chargèrent, les lourds destriers s'enfoncèrent dans la boue, paralysant leurs cavaliers que la légère infanterie catalane n'eut aucune peine à massacrer. Deux chevaliers seulement en réchappèrent.

Ruines antiques – À gauche du théâtre, on accède par l'allée au **trésor de Minyas★** (ancêtre légendaire des Minyens), tombe mycénienne monumentale à coupole (tholos) analogue au trésor d'Atrée de Mycènes. Remarquez l'énorme linteau de schiste bleu de la porte, la rotonde dont la voûte s'est écroulée et, reliée à celle-ci par un couloir, la chambre funéraire dont le plafond a conservé en partie son décor raffiné d'origine. De l'acropole *(1h à pied AR)*, beau **panorama★** sur Orchomène et la région. On distingue en chemin des restes de murailles et de temples antiques.

Église de la Dormition de la Vierge★ (Koimis tis Theotokou) – Datant du 9e s., l'église byzantine appartenait à un monastère élevé à l'emplacement d'un temple consacré aux Charites, les trois Grâces, filles de Zeus, qui répandaient la joie dans la nature. Au 13e s., les cisterciens réaménagèrent l'église et les bâtiments conventuels : on reconnaît leur empreinte dans l'architecture de l'église avec son narthex ouvert à l'extérieur, son porche et ses baies triples ; les arcades d'une galerie du cloître présentent elles aussi un profil typiquement cistercien.

En faisant le tour extérieur de l'ancienne abbatiale, vous pourrez détailler les pierres byzantines à décor sculpté en méplat de motifs symboliques (griffons, colombes, lions, cerfs, arbres de vie, etc.) ou d'inscriptions en caractères grecs. À l'intérieur, remarquez le curieux pavement byzantin.

Aráchova pratique

Informations utiles

👁 Selon l'état du ciel, les différences de température peuvent être spectaculaires d'une minute à l'autre. Pensez à avoir toujours une petite laine à portée de la main…

Poste – Sur la petite place aménagée en parking à gauche, à la sortie de la ville en direction de Delphes.

Se loger

⊜ **Pension Nostos** – *Dans une ruelle au fond de la place de la poste* - ✆ *22670 313 85 - fax 22670 317 65 - nostos@otenet. gr - 15 ch.* Vieille maison transformée en hôtel familial et chaleureux, doté d'un minuscule jardinet, et tenu avec soin par un vieux monsieur francophone. qui vous propose son minibus pour sillonner la région. Un très bon rapport qualité/prix.

⊜⊜ **Lykoreia** – *À 300 m dans une rue à droite à la sortie du village vers Delphes* - ✆ *22670 311 80/321 32 - fax 22670 325 90 - 28 ch.* Petit hôtel confortable et discret, dont toutes les chambres bénéficient d'une agréable terrasse ouvrant sur la vallée. Le petit-déjeuner est en sus, sauf si l'on reste une semaine.

⊜⊜ **Villa Filoxenia** – *Au fond d'une allée, légèrement à l'écart (signalisation sur*

la droite de la route en allant vers Delphes) -
☎ 22670 310 46 - fax 22670 312 15 -
bkatsis@filoxenia-arahova.gr – 16 studios
de 2 à 4 pers. Accueillante maison
traditionnelle aux chambres spacieuses
dotées d'un balcon de bois donnant sur
les oliviers en contrebas. En hiver, préférez
les chambres équipées d'une cheminée.
Ouvert toute l'année.

⊖⊜⊜ **Anemolia** – À la sortie du village
sur les hauteurs, en direction de Delphes -
☎ 22670 316 40 - fax 22670 316 42 -
bwgreece@travelling.gr - 55 ch. et 8 suites.
Cet hôtel des années 1970 séduit par
sa décoration intérieure, tout en bois,
et ses chambres chaleureuses, garnies
de tapis locaux. La piscine (couverte
heureusement !) est disponible toute
l'année.

⊖⊜⊜⊜ **Santa Marina** – Au fond de la
place de la poste - ☎ 22670 312 30 -
fax 22670 321 75 - 42 ch. Littéralement posé
au-dessus du ravin, cet hôtel moderne
récemment refait présente un décor où
le mélange de matériaux (bois, pierre et
tissus) ne manque pas d'allure. Chambres
vastes et confortables, dotées de
spacieuses salles de bains.

Se restaurer

👁 Aráchova est très réputée pour ses
traditions gastronomiques : n'hésitez pas
à goûter les loukanika (saucisses), la
formaela, fromage frit, les fromages de
montagne, le miel ainsi qu'un vin rouge
à saveur de groseille.

⊖ **Parnassos** – À côté de l'Hôtel de la poste
et de l'hôtel Santa Marina. Petit restaurant,
simple, bon et pas cher, un peu à l'écart
de l'activité touristique.

⊖ **Oistros** – Grand-Rue, au coin
des marches menant vers l'église. Une
taverne sans façon, un peu de bric et
de broc, fréquentée depuis 1938 par les
villageois.

⊖⊜ **Taberna Karaouli** – Tout à côté de
l'hôtel Lykoreia. Vaste salle à manger aux
baies vitrées dominant la vallée. Cuisine
traditionnelle.

À ÓSIOS LOUKÁS

Il n'y a bien entendu aucune taverne sur
place. En cas de grosse faim, vous en
trouverez quelques-unes dans le centre
de **Distomo** (à 8 km).

À LEIVADEIÁ

Dans les tavernes de la ville haute,
prenez le temps de déguster les souvlaki
(brochettes de porc), particulièrement
savoureux ici.

Achats

La formaela, fromage avec lequel on fait
le saganaki, se trouve dans les épiceries
d'Aráchova, notamment la superbe
boutique de Ioannis Syros, au centre du
village. Dans les échoppes, vous trouverez
besaces, tapis et couvertures à longs poils
(flokatia) aux vifs coloris, et de beaux
bâtons de berger appréciés des
randonneurs.

AU MONASTÈRE D'ÓSIOS LOUKÁS

Donnant sur la terrasse ombragée, la
boutique du monastère propose icônes,
komboloïs et d'admirables CD de musique
orthodoxe, notamment ceux des moines
d'Ósios Loukás. Petite buvette à côté :
boissons fraîches, café… et produits
monastiques (miel, liqueurs…).

Événements

Dès le 22 avril au soir et pendant 3 jours se
déroulent les fêtes en l'honneur de **saint
Georges** : procession, banquets et danses
folkloriques en costumes traditionnels,
ainsi que compétitions sportives (comme
la « course des vieux » rassemblant les
aînés du village dont le gagnant reçoit un
agneau offert par les bergers du Parnasse)
sont très suivis.

Côte de l'**Arcadie**★★

CARTE GÉNÉRALE RABAT II B2 – PÉLOPONNÈSE – ARGOLIDE

Du fait de son isolement à l'est du Péloponnèse, cette région montagneuse qui constitue le bord de la chaîne du mont Parnonas a gardé des paysages intacts et un mode de vie encore très pastoral. Une route, souvent en corniche, en parcourt les rivages sinueux et longe le golfe Argolique, sur lequel elle offre de belles vues sur la presqu'île d'Argolide et l'île de Spétses.

- ▶ **Se repérer** – Depuis Árgos, vous gagnerez la côte de l'Arcadie par la route de Lerne que vous poursuivrez jusqu'à Ástros, à 32 km au sud d'Árgos. 50 km séparent Ástros de Leonídio.
- 🕓 **Organiser son temps** – Compter environ 2h.
- 👫 **Avec les enfants** – Une baignade !
- 👣 **Pour poursuivre le voyage** – Árgos, Nauplie, Trípoli, Sparte, Spétses.

Comprendre

Un mythe littéraire et pictural

Peuplée d'adorateurs de Pan, dieu des Bergers, l'**Arcadie** passait chez les Anciens pour le pays du bonheur pastoral où les paysans s'adonnaient à la musique et au chant.

Au 1er s. av. J.-C. apparut à Rome une mode champêtre dédaignant la course aux honneurs et aux richesses. C'est sans doute en pensant à ce modèle que **Virgile** écrivit les *Bucoliques* (42-39 av. J.-C.) qui mettent en scène des bergers musiciens et des poètes. La Renaissance italienne renoua sous forme romanesque avec cette inspiration : l'*Arcadie* de **Iacoppo Sannazzaro** (1455-1530) connut un grand succès en Europe tout au long du siècle. Ainsi l'Anglais Philip Sidney et l'Espagnol Lope de Vega publièrent-ils en 1590 chacun une *Arcadie* qui allaient servir de modèles à l'*Astrée* (1607-1628) d'Honoré d'Urfé.

La peinture ne fut pas en reste : le Guerchin et surtout Nicolas Poussin (*Les Bergers d'Arcadie*, vers 1640) mêlèrent le thème pastoral au traditionnel sujet des vanités, mettant en scène des bergers déchiffrant une inscription inscrite sous un crâne : « *Et in Arcadia ego* » (« Et moi aussi [la Mort] je suis en Arcadie »).

Circuit de découverte

50 km, compter environ 2h.

Ástros

Ce centre agricole (oliviers, agrumes et pêchers) vit se réunir en 1823 la 2e Assemblée nationale de Grèce, chargée de réviser la Constitution de 1821.

Le **Musée archéologique,** installé dans le vieux bâtiment blanc de l'ancienne école Karytsiotis (19e s.), est consacré essentiellement aux fouilles du site de la villa d'Hérode Atticus. Il abrite de belles sculptures grecques et romaines, des portraits d'empereurs, des céramiques romaines, des inscriptions et des éléments architecturaux, ainsi que des vases en verre, des armes en fer, des pièces de monnaie en bronze et en argent et de belles mosaïques. 📞 *27550 222 01 - tlj sf lun. 8h30-15h - 2 €.*

Sur la route de Leonídio.

Villa d'Hérode Atticus – *Visite sur demande au Musée archéologique d'Ástros. À 4 km, sur la route de Tegéa et de Tripoli (localité Eva Kynourias), près du monastère de Loukous.* Les fouilles de la superbe demeure (1 500 m²) appartenant à ce grand amateur d'art, qui enseigna à Athènes au 2e s. apr. J.-C. et y construisit l'odéon qui porte son nom, ont mis au jour des vestiges, sculptures et mosaïques.

Monastère de Loukous – *4 km à l'est d'Astros (suivre la signalisation).* À 300 m à gauche de la route, on découvre cet endroit plein de charme et de sérénité. Édifiée au 12e s. sur l'emplacement du temple du neveu d'Esculape, l'**église Metamorphosis tou Sotiros** est entourée d'un charmant jardin et décorée de belles fresques (17e s.). Cent mètres plus loin à gauche sur le même chemin, on aperçoit les restes de l'aqueduc romain construit pour approvisionner la villa d'Hérode Atticus.

Paralia Ástros

À 4,5 km à l'ouest en direction du cap d'Ástros. Cette station balnéaire possédant la plus longue plage de sable de la côte est située au pied d'un promontoire portant les restes d'une citadelle antique remaniée par les Francs.

Revenir à Ástros et prendre vers le sud la route de Leonídio qui, après Agios Andréas, rejoint la mer et domine plusieurs criques propices à la baignade (belles plages de galets) jusqu'à l'agréable petite station balnéaire de **Paralía Tyroù**.

Tyrós★

Une petite route permet de gagner ce vieux bourg disposé en amphithéâtre parmi des plantations d'oliviers en terrasses, à l'écart de la route principale.

Au-delà de Paralía Tyroù, la route, en corniche, offre de belles vues vers **Spétses**.

Sampatikí★

La route étroite qui descend en serpentant au parking du village est difficile d'accès. C'est une jolie anse abritée que protège une tour de guet. Belle plage de galets aux eaux transparentes, quelques maisons et barques de pêcheurs.

La route « survole » ensuite le golfe de Leonídio et le bassin littoral fertile en oliviers et en agrumes. De part et d'autre de l'embouchure de la rivière s'étendent les petites plages de **Lekos** et **Plaka** *(tavernes, embarcadère de l'hydroglisseur)* ainsi que **Poulithra**, station balnéaire tranquille avec une plage de galets, dont les belles maisons de caractère se disséminent dans les pins.

Kyparissi

Ce petit port *(restaurants de poissons)* est situé dans une jolie baie.

Leonídio★★

Un peu en retrait de la côte, cette petite ville s'étire entre le lit de sa rivière et une haute falaise rougeâtre. Elle a un peu perdu de son charme intemporel mais on peut encore y discerner de beaux vestiges architecturaux ; une maison forte du 12e s. et de vieilles maisons crépies à balcons et cheminées « sarrasines ».

Il faut traverser la localité dans sa longueur pour découvrir, près d'une tour ruinée, la vue sur le site de la ville et le bassin littoral, jusqu'à la mer.

En continuant en direction de Geráki, on gagne *(32 km AR)* le **monastère d'Elona**, accroché au rocher dans un **site★** sauvage dominant une étroite vallée : il abrite une icône miraculeuse de la Vierge qui aurait été peinte par Saint Luc.

Au-delà du monastère, la route, magnifique bien que difficile par endroits, continue vers **Kosmas**, charmant village de montagne avec sa belle église dominant la grand-place ombragée par d'énormes platanes centenaires, entourée de cafés et de bonnes tavernes et **Geráki** *(voir Sparte)*, d'où l'on peut gagner **Gytheio** *(voir Le Magne)*.

Côte de l'Arcadie pratique

Transports

En bateau – En été, des **hydroglisseurs** desservent la côte est du Péloponnèse ; ils assurent la liaison entre Marina Zea au Pirée et Cythère en faisant escale, notamment, à **Paralía Tyroù**, **Plaka** (le port de Leonídio), **Kyparissi** puis Monemvasia. Depuis Le Pirée, compter environ 4h.

Dolphin Sea Lines – ℘ *21042 247 75/7 - fax 21041 735 59.*

Hellas Flying Dolphins - ℘ *21041 173 41 et 21041 711 90.*

En voiture – Faites le plein avant de quitter Árgos ou Nauplie car les postes d'essence sur le parcours sont rares…

Se loger

À PARALÍA TYROÚ

☞ **Hôtel Apollo** – *En bord de mer, au sud du village -* ℘ *27550 413 93 - 12 ch.* Propre et bien tenu, cet hôtel récent met une cuisine à la disposition de ses clients. Les chambres sur la mer sont bien entendu les plus plaisantes.

AU PORT DE PLAKA (LEONÍDIO)

☞ **Hôtel Dionysos** – ℘ *27570 223 83 - 16 ch.* Agréable hôtel, tranquille et bien tenu. Une des rares bonnes adresses de la région ; et comme elle est très connue, il vaut mieux réserver en pleine saison.

Péninsule de l'**Argolide** ★

105 770 HABITANTS
CARTE GÉNÉRALE RABAT BC2 – PÉLOPONNÈSE

Séparant le golfe Argolique du golfe Saronique, cette péninsule constitue une région de collines calcaires, parfois assez escarpées, dont les pentes sont souvent couvertes de pinèdes et d'olivettes, tandis que les bassins littoraux portent de riches plantations d'agrumes. La côte jalonnée de petits ports et de criques propices aux baignades était jadis accessible seulement par la mer. Désormais, la route, le long de laquelle se sont implantées de petites stations, permet de découvrir de belles vues sur les îles toutes proches du golfe Saronique, Póros, Hydra, Dokos et Spétses.

- **Se repérer** – L'Argolide se trouve au nord-est du Péloponnèse. Pour l'atteindre depuis Athènes, emprunter l'autoroute E94 jusqu'à la sortie Corinthe et suivre les indications Porós ou Spétses.

- **À ne pas manquer** – Une journée de farniente agrémentée d'une baignade à Portochéli.

- **Organiser son temps** – Une journée peut suffire pour effectuer le circuit ici proposé. En deux jours, vous pouvez le combiner avec la visite du sanctuaire d'Épidaure.

- **Avec les enfants** – La plage et les baignades, mais aussi une traversée en barque vers les îles.

- **Pour poursuivre le voyage** – Árgos, Corinthe, Égine, Épidaure, Hydra, Mycènes, Nauplie, Porós, Spétses.

Dans la péninsule de l'Argolide, la silhouette de l'île d'Hydra se découpe derrière la verdoyante Ermióni.

Circuit de découverte

Au départ de Portochéli à la pointe sud de la péninsule, ce circuit en boucle de 216 km s'achève à Kósta face à l'île de Spétses. Comptez environ 1 journée.

Portochéli (Porto Heli)

Cette bourgade de pêcheurs devenue une importante station balnéaire est un point d'embarquement pour l'île de Spétses *(voir p.589)*. La cité dont le nom signifie « port des anguilles » s'abrite au fond d'une jolie baie. Au nord, là où s'élevait jadis Halieis *(suivre la signalisation)*, on aperçoit les traces des soubassements d'une acropole (datant de 700 av. J.-C.), la cité antique étant désormais immergée.

Quitter Portochéli en suivant la direction Corinthe/Athènes.

Kranídi

Ce beau village de maisons de pierre occupe un site agréable sur une éminence à la droite de la route. L'église Agia Triada possède de belles fresques (13e s.). À proximité se trouvent trois monastères, Agia Anna, Panagias Pantanassas et Agion Anargiron

(11e s.), le plus ancien, qui possède une bibliothèque et une belle iconostase dorée en bois sculpté. Sur la gauche de la route, vous remarquerez, coiffant une colline, les vestiges de deux superbes moulins à vent.

Peu après Kranídi, prendre une route à gauche.

Koiláda

Ce village de pêcheurs s'allonge nonchalamment au fond d'une baie. À proximité, de belles plages, notamment celle de **Korakia**, invitent à la baignade. Dans la montagne au nord, par un sentier, on peut atteindre la grotte de Fraghti ; les fouilles qui y ont été effectuées démontrent qu'elle fut habitée dès le 8e millénaire av. J.-C.

Revenir vers Kranídi et reprendre à gauche la route vers Ligourio.

Au-delà de **Foúrnoi**, une route en terre battue à droite conduit, en passant par l'église Agion Anargiron, à l'entrée nord de la **gorge de Katafyki**, où l'on peut faire une très belle promenade dans un paysage calme et sauvage.

Retourner à la route principale. Sur la gauche, la crête est aujourd'hui occupée par une série d'élégantes éoliennes.

Cratères de Didyma (Spileia Didymis)

On aperçoit, juste après Didyma, à gauche de la route, une immense cavité à flanc de montagne. Il s'agit d'un cratère formé par la chute d'une météorite (au 19e s., selon la tradition locale). Un chemin de terre carrossable *(indication « pros spilia »)* conduit en 500 m à un autre cratère, plus grand encore mais dissimulé en raison de son orientation. Un escalier creusé en tunnel conduit à mi-hauteur dans la cavité jusqu'à une chapelle édifiée par les habitants du village voisin.

Continuer vers Ligourio. Peu avant Tracheia, après quelques maisons, prendre à droite la route de Fanári.

C'est dans la traversée du village de **Fanári**, suspendu à flanc de montagne, qu'au détour d'un virage vous découvrirez soudain la mer en contrebas. La route tracée en corniche descend en lacets serrés, offrant des **vues★★** plongeantes spectaculaires sur la côte du golfe Saronique et la **presqu'île de Méthana**, culminant au mont Heloni (743 m), volcan éteint.

7 km après Kalloni, tourner à gauche vers Méthana.

Presqu'île de Méthana

La route franchit la langue de terre formant la racine de l'ancienne île volcanique de Méthana, montagneuse et tourmentée. Le colonel Fabvier y avait établi en 1820 un camp d'où il partit pour secourir l'Acropole d'Athènes, et l'endroit en a conservé le nom de « Faviopoli ». Peu avant d'arriver à Méthana, beau point de vue sur la ville et le port.

Méthana – Cette station balnéaire (que l'on peut atteindre en bateau par la ligne du Pirée) possède un port bien protégé par un promontoire boisé où l'on a retrouvé les restes d'une forteresse du 4e s. av J.-C. Méthana est surtout une station thermale dont les eaux chaudes et sulfureuses sont prescrites pour le traitement des rhumatismes et des maladies de la peau. Les vapeurs de soufre émanant de la piscine située à l'entrée imprègnent rapidement l'atmosphère des lieux…

Vathi – Sur la côte ouest de la presqu'île, le village de pêcheurs de Vathi et ses tavernes de poissons occupent le fond d'une petite crique.

En poursuivant vers le nord par la route qui longe la mer, on parvient à un sentier à travers la végétation menant *(300 m de la route)* jusqu'aux restes de l'enceinte de

Phèdre, l'héroïne par excellence

Si Phèdre a exercé une telle fascination chez les dramaturges, tant dans l'Antiquité (en particulier Euripide ou Sénèque) que chez les humanistes ou les classiques (Racine) jusqu'à D'Annunzio, c'est parce que la fille de Minos et de Pasiphaé conjugue en elle toutes les formes du Destin : parmi ses ancêtres, elle compte des dieux, dont Zeus et Hélios, dieu du Soleil (Phèdre signifie « la Brillante »). Dans sa fratrie, Deucalion, et Ariane qu'elle n'hésita pas à abandonner seule sur le rivage de Naxos pour fuir avec son amant, Thésée, qu'elle épouse après qu'il eut répudié sa première femme dont il a Hippolyte. De ce beau-fils, elle tombe amoureuse mais il repousse ses avances et elle l'accuse devant Thésée de l'avoir séduite, provoquant le suicide du jeune homme maudit par son père. Accablée de remords et de désespoir, Phèdre se tue en maudissant sa destinée. « Ah ! malheureuse, qu'ai-je fait ? Jusqu'où ma raison s'est-elle égarée ? J'ai déliré. Un dieu m'a frappée de vertige… » (Euripide).

C'est toute une mosaïque de couleurs lorsque le printemps arrive en Argolide…

l'acropole de Méthana. Plus au nord, la route offre d'admirables **vues★** plongeantes sur la mer et, pénétrant dans la forêt, conduit à **Kaïmeni Hora**. Laissé à l'abandon, le village est situé au pied d'un cône volcanique dont on peut atteindre le sommet *(sentier balisé)* afin d'admirer le paysage sauvage.

Revenir par la même route à Méthana, puis au carrefour de la route de Galatás, où l'on tourne à gauche (direction Póros) ; 2 km plus loin, prendre à droite (signalisation) la petite route qui conduit au village de Troizina (Damala).

Trézène★ (Troizína)

C'est dans ce village que se tint en 1827 la 3ᵉ Assemblée nationale de la Grèce, au cours de laquelle **Ioannis Capo d'Istria** (1776-1831) fut élu chef du nouvel État.

En traversant le village moderne, suivre les indications « Acropolis of Trizina », puis une petite route, à droite, indiquant « Diavologéfira » et « Antiquities ». À un embranchement, près d'un pont romain, prendre à droite sur 1,5 km ; le chemin de terre longe deux églises, ensuite le chemin devient moins carrossable sur 700 m. Indication « Sanctuary of Hippolytos, Asclepieion, Episkopi ».

À gauche du chemin se trouvent les maigres restes du sanctuaire d'Hippolyte et, à droite, ceux d'un temple où **Asclépios**, dieu de la Médecine, aurait ramené le fils de Thésée à la vie. Un peu plus loin, on remarque les ruines d'une église byzantine et d'un palais épiscopal. Revenir à l'embranchement et prendre à droite au pont romain : 300 m plus haut se dresse une tour hellénistique (sa partie supérieure date du Moyen Âge), vestige des remparts de la ville antique.

Continuer jusqu'au bout du chemin à 500 m. En 5mn, on atteint l'entrée du **ravin du Diable★**, puis le **pont du Diable (Diavologéfira)**, pont naturel franchissant la gorge, cachée sous l'ombre épaisse des platanes dans un site sauvage… et bien rafraîchissant en été. On peut poursuivre le sentier à l'ouest. Au sommet des falaises se trouvaient l'acropole et un sanctuaire dédié à Pan, ainsi que le château de Damalet, siège d'une baronnie franque au 13ᵉ s.

Rejoindre la route de Galatàs.

La plaine littorale fertile est plantée d'orangers, citronniers, cédratiers, figuiers, caroubiers sur lesquels tranche parfois un cyprès.

Galatàs

Depuis le front de mer agréablement ombragé de palmiers, vous découvrirez de superbes **vues★★** sur la rade et l'île de Póros *(voir p.586)* séparée de la cité par un étroit bras de mer.

Poursuivre sur la route côtière en direction d'Ermióni.

Lemonodásos★

En face de l'île de Póros s'étend une forêt de citronniers, ces arbres délicats qui meurent à −3 °C mais donnent fleurs et fruits toute l'année. 30 000 pieds environ couvrent la pente au-dessus de la plage de sable d'**Aliki**. *Laisser la voiture sur la route, près du panneau indicateur, à hauteur d'une chapelle.*

🚣 Depuis cet endroit, vous pouvez faire l'ascension de la colline *(1/2h à pied AR)* à travers le verger embaumé qu'irriguent des rigoles. En suivant la signalisation « Cardassi », vous arriverez bientôt à la taverne de ce nom, établie à proximité d'une source fraîche et enfouie dans les bosquets de lauriers-roses, bougainvillées, et bananiers d'où se révèle une jolie vue sur Póros.

La route côtière qui conduit à Ermióni traverse un paysage assez austère, planté de vénérables oliviers aux troncs torturés, mais offre de fréquentes perspectives sur les îles d'Hydra et de Dokos.

Plépi★

Agréable station balnéaire avec un petit port de plaisance.

Ermióni

Cet ancien évêché byzantin est devenu une jolie station balnéaire et un port de pêche abrité. *Liaisons maritimes régulières avec Hydra (voir p 582).*

Continuer la route côtière jusqu'à l'embranchement de Kósta (à gauche).

Kósta

Minuscule port de pêche et station balnéaire, port d'embarquement pour Spétses.

Péninsule de l'Argolide pratique

Transports

Embarquement pour les îles – Depuis le port de Galatás, des barques assurent une navette incessante en moins de cinq minutes pour **Póros** *(0,70 €, 1 € au-delà de minuit)*. Pour traverser avec la voiture, ferry toutes les demi-heures entre 7h et 21h30.

Liaisons maritimes régulières avec **Hydra** (Ýdra) au départ d'Ermióni ou de Kósta.

Pour **Spétses**, navettes et « taxi-boat » (plus onéreux mais présentant l'avantage de vous éviter l'attente) au départ de Portochéli et de Kósta où a été aménagé un parking payant (4 €) qui sera sans doute ombragé dans quelques années…

Se loger

PORTOCHÉLI

😑🍴 **Hôtel Rozos** – *Sur la petite route de Kósta face à la baie* - ☎ 27540 514 16 - fax 27540 514 12 - www.hotelrozos.com - 16 ch. Devant une minuscule plage et un petit mouillage, hôtel tout revêtu de blanc et de bleu. Très simple, mais chaque chambre dispose d'un balcon donnant sur la baie. Accueil chaleureux en ce lieu charmant affilié à la chaîne Best Western.

😑🍴🛏️🍴 **Aks Hotel Porto Heli** – *Juste après le précédent* - ☎ 27540 534 00 - fax 27540 515 49 - www.akshotels.com - 208 ch. Précédé d'un parc et d'une piscine, un grand hôtel particulièrement confortable, ménageant de belles vues sur la baie. L'hôtel dispose en outre de trois restaurants, dont l'un situé sur la terrasse.

KÓSTA

Lido – *Face au port et à l'île de Spétses.* Malheureusement, cet hôtel, dont la situation est le meilleur atout, n'ouvre qu'en haute saison…

👁 Si vous souhaitez faire une pause pour réaliser notre circuit en deux jours, compte tenu de la rareté des hôtels, vous pourrez monter jusqu'aux petites plages de **Palaía** et **Néa Epidavros** *(à 7 et 14 km respectivement de Trachia)*, et bientôt accessibles par une route côtière en cours d'aménagement *(voir Épidaure p.208)*.

Il y a bien un hôtel à **Méthana** mais l'odeur de soufre peut incommoder.

Plusieurs hôtels sur le front de mer de **Galatás**. Parmi eux :

😑😑 **Papasotiriou** – ☎ 22980 428 41 - fax 22980 435 58 - 45 ch. Face à l'embarcadère des barques pour Póros, hôtel récemment refait à neuf à la façade curieusement badigeonnée dans des teintes abricot là où dominent le blanc et le bleu. Demandez des chambres en étage (et donnant sur la mer) : la vue sur Póros est imprenable. Une bonne base de repli si tout est complet sur l'île.

Mais il est certainement plus agréable de sauter dans une barque pour aller dormir à **Póros** *(voir p. 586).*

Se restaurer

Nombreuses tavernes et restaurants sur le front de mer de **Portochéli**, en particulier au pied du rocher que coiffe l'église. Sur le trajet, vous trouverez des tavernes dans les stations de bord de mer comme **Koilada**, **Galatàs** et **Ermióni**.

Árgos
Άργος

24 239 HABITANTS
CARTE GÉNÉRALE RABAT II B2 - PÉLOPONNÈSE, ARGOLIDE

Selon les Anciens, Árgos est la plus vieille ville de Grèce… ce que semble démentir l'aspect ingrat de la petite cité que vous découvrez aujourd'hui. Cependant, la capitale de l'antique Argolide, dont la population égalait celle d'Athènes, a conservé d'intéressants vestiges de son prestigieux passé, en particulier un impressionnant théâtre qui fut le rival de celui d'Épidaure, des thermes romains et un Musée archéologique.

▶ **Se repérer** – Árgos se trouve à 135 km au sud-ouest d'Athènes. Sortez de l'autoroute à Corinthe et empruntez immédiatement l'« ancienne route nationale » que vous suivrez sur 48 km. Un piton rocheux couronné par un kastro et une colline de moindre importance, l'Aspís, dominent la ville. Pour gagner le site antique, suivez la direction Sparte-Tripoli.

▣ **Se garer** – Quelques emplacements permettent de se garer à proximité du théâtre, notamment dans odos Teatrou qui rejoint le centre-ville et offre parfois quelques places à l'ombre.

◉ **À ne pas manquer** – Le théâtre.

◔ **Organiser son temps** – Une heure suffira, matinale de préférence en été !

◔ **Pour poursuivre le voyage** – Mycènes, et Corinthe au nord ; Tirynthe et Nauplie immédiatement au sud ; Trípoli au sud-ouest.

Les ruines de l'imposant kastro byzantin de Lárisa dominent la ville.

H. Champollion / MICHELIN

Comprendre

Persée, héros d'Argolide

La plus ancienne cité grecque aurait été fondée par l'Égyptien Danaos, le père des fameuses Danaïdes qui, ayant égorgé leurs époux, furent condamnées par le dieu des Enfers à remplir sans fin des récipients percés. Plus tard, la cité des **Argiens** aurait appartenu à **Persée** et à ses descendants, parmi lesquels Diomède, fidèle compagnon d'Ulysse durant la guerre de Troie.

Prévenu par un oracle qu'il mourrait de la main de son petit-fils, le roi Acrisios, par mesure de prudence, décide d'emprisonner sa fille Danaé, afin d'éviter qu'elle lui donne cet héritier fatal. Mais c'est compter sans Zeus… Celui-ci s'étant épris de l'infortunée s'introduit dans son cachot sous forme d'une pluie d'or… Et Persée, fruit de cet amour divin, naît bientôt. Dans l'espoir d'échapper à son funeste destin, Acrisios met alors la mère et l'enfant dans une arche de bois qui s'échoue sur l'île de Sérifos.

Quelques années plus tard, le roi de Sérifos demande à chacun de ses sujets un présent de qualité. Persée s'engage alors à lui offrir la tête de Méduse, l'unique mortelle des trois Gorgones – monstres aux mains de bronze, aux ailes d'or, à la tête hérissée de serpents et, surtout, au regard qui change en pierre quiconque jette les yeux sur elles. Les Nymphes donnent au jeune homme des sandales ailées, le casque d'Arès qui rend invisible, une besace ainsi qu'une serpe. Survolant grâce aux sandales ailées sa proie endormie, protégé par Athéna qui lui a offert son bouclier pour qu'il puisse voir le reflet de la Gorgone sans croiser son regard, Persée la décapite et enfouit la tête dans sa besace. Revenu à Sérifos, il offre la tête de Méduse à Athéna qui la place sur son bouclier.

À quelque temps de là, Acrisios apprend l'arrivée de Persée à Árgos. Craignant que l'oracle ne se réalise, le vieux roi se rend à la citadelle de la Lárisa où il assiste à des jeux funèbres… Mais, tragique coïncidence, Persée y prend part, et concourt au lancer du disque. Et son projectile frappe mortellement Acrisios. Refusant de monter sur le trône de ce grand-père qu'il vient de tuer, Persée abandonne alors sa royauté sur Árgos, l'échangeant contre celle de Tirynthe.

Árgos dans l'histoire

Appuyée sur ses deux citadelles de l'Aspís et de la Lárisa, Árgos domine, durant la période archaïque, tout le nord-est du Péloponnèse, rivalisant avec Sparte. En déclin à la fin du 6e s., elle n'en est pas moins le siège d'une brillante civilisation symbolisée par une école de sculpteurs dont le plus fameux est **Polyclète** (5e s. av. J.-C.), le rival de Phidias, qui définit le **canon**, c'est-à-dire l'idéal esthétique des proportions du corps humain.

Árgos retrouve sa prospérité à l'époque romaine mais est supplantée ensuite par Nauplie. Durant la guerre d'Indépendance, en 1822, les chefs militaires **Kolokotronis** et D. Ypsilanti (1793-1832), retranchés dans le kastro, y résistent aux Turcs, et l'Assemblée nationale de Grèce tient ses séances dans le théâtre antique. Incendiée en 1828 par **Ibrahim Pacha**, la ville, reconstruite sur un plan géométrique, est aujourd'hui un important marché régional d'agrumes.

> ### Une tuile !
>
> En 272 av. J.-C., au cours d'un combat dans les rues d'Árgos, le roi d'Épire, **Pyrrhus** (celui-là même dont le nom est resté lié à une victoire coûteuse) est victime d'une fatale mésaventure : il reçoit sur la tête une tuile qu'une vieille femme avait jetée du toit d'une maison !

Visiter

Árgos antique★ (Théatro, Thérmes, Odío, Agorá)

Odos Gournari, (route de Tripoli-Sparte) - 27510 688 19 - tlj sf lun. 8h30-15h - 2 € (billet groupé avec le musée : 3 €) - l'agora (sur la droite d'odos Teatrou) est généralement fermée au public.

Sur le chantier de l'École française d'archéologie, les fouilles ont mis au jour des vestiges d'un site occupé depuis plus de 5 000 ans.

À l'entrée ouest de la zone, une rue antique conduit au théâtre que bordent à gauche les restes d'un vaste bâtiment comprenant une salle voûtée et trois pièces ouvrant sur une cour entourée de portiques. Là furent installés au 2e s. des thermes chauffés ; des portiques convertis en salle, on accède au frigidarium muni de trois piscines et aux trois caldariums jadis décorés de statues (aujourd'hui au Musée archéologique). On remarque encore des traces du revêtement mural et des mosaïques.

Le **théâtre**, édifié au 4e s. av. J.-C., fut remanié par les Romains qui transformèrent l'orchestre en bassin pour les spectacles nautiques ou naumachies. Les gradins, pour partie taillés dans le roc, pour partie reposant sur un remblai, pouvaient recevoir 20 000 spectateurs, ce qui en faisait un des plus grands de Grèce. Les gradins centraux, l'orchestre et les couloirs d'accès sont bien conservés : remarquez au mur du couloir sud un bas-relief en méplat (peu visible, à gauche en regardant le théâtre) représentant les Dioscures à cheval.

À gauche du théâtre *(emprunter le petit chemin)*, on distingue les vestiges d'un **odéon** (2e-3e s.), dont subsistent les gradins, les couloirs d'accès et la scène. Au sud se trouvent les ruines du sanctuaire d'Aphrodite ainsi que les fondations d'un temple du 5e s. av. J.-C. ; à l'est a été dégagée une **stoa** (portique) archaïque.

L'**agora** du 4e s. av. J.-C. présente les vestiges, peu lisibles pour le profane, d'une salle de réunion, d'un portique double et de deux nymphées (2e s. av. J.-C.), dont l'un est raccordé aux égouts de la cité, ainsi que de bâtiments non encore identifiés.

Musée archéologique (Archeologikó Moussío)

27510 688 19 - tlj sf lun. 8h30- 15h. 2 € (billet groupé avec le site : 3 €). Construit et aménagé par l'École française d'archéologie, il rassemble les pièces provenant des fouilles d'Árgos et de Lerne : les collections, agréablement présentées, sont disposées en ordre chronologique. Vous remarquerez en particulier une superbe **armure de bronze** (8e s. av. J.-C.) au casque à cimier analogue à celui que portaient les héros d'Homère et, dans les vitrines du fond, un fragment de **cratère archaïque** orné d'une scène peinte (7e s. av. J.-C.) montrant les compagnons d'Ulysse crevant l'œil du cyclope Polyphème, un cratère attribué au peintre **Hermonax** (5e s. av. J.-C.) représentant Thésée tuant le Minotaure, et une lyre taillée dans la carapace d'une tortue. À hauteur de l'escalier, une plaque byzantine en marbre représente un paon picorant du raisin. À l'étage, des copies romaines de sculptures des périodes classique et hellénistique (remarquez *Dionysos au bouc et Ganymède*, probable copie de l'original du 5e s. av. J.-C.), des reliefs (relief des Euménides, 4e et 5e s. av. J.-C.) et une mosaïque romaine à motif floral et géométrique (4e s.). Le sous-sol, est consacré aux fouilles du site de **Lerne**. Sous un portique du jardin, des **mosaïques** romaines évoquent Bacchus, les mois de l'année et des scènes de chasse.

Aux alentours

Kastro de Lárisa★

Du 1er juil. au 31 oct. - tlj sf lun. 8h30-15h. De la place Ágios Petros, prendre la direction de Mycènes, puis la route (fléchée) qui monte au château.
Le col de la Déiras sépare les collines de Lárisa et de l'**Aspís** qui conserve quelques vestiges d'un sanctuaire d'Apollon et d'une forteresse et ménage surtout une belle vue. Dans un très beau site, sauvage et isolé, le **kastro** fut bâti par les Byzantins sur les fondations d'une acropole dont on retrouve par endroits l'appareil colossal, avant d'être complété par les Francs aux 13e-14e s. Remanié par les Vénitiens et les Turcs, son enceinte extérieure est jalonnée de tours ceignant le château proprement dit. Après avoir jeté un coup d'œil sur les imposantes citernes, admirez la **vue★★** embrassant l'Argolide et le golfe de Nauplie.

Héraion des Argiens★ (Iraío)

À 8 km au nord-est d'Árgos. Prendre la direction de Corinthe, et tourner à droite juste après le lit du fleuve vers Inachos (Ιναχος). À Inachos, continuer tout droit (panneau « Ireon ») jusqu'à Chonikas (église byzantine du 11e s.), où l'on prend la route de Mycènes (Mykínes), puis la petite route indiquée « Ancient Ireo » sur 2 km - tlj sf lun. 8h-14h30.
Le sanctuaire consacré à Héra, déesse tutélaire de la féconde Argolide, existait déjà à l'époque mycénienne : c'est ici que les chefs grecs auraient prêté serment de fidélité à **Agamemnon** avant de partir en guerre contre Troie. Découvertes en 1831, les ruines apparaissent dans un magnifique **site★★** solitaire dominant la plaine, disposées sur trois terrasses à flanc de montagne. Sur la première, les bases de colonnes d'un portique (stoa) du 5e s. av. J.-C. précèdent le mur de soutènement en bel appareil calcaire de la deuxième terrasse. On y accède par des degrés, à l'extrémité droite de la stoa. Ici se dressait un temple de la fin du 5e s. av. J.-C. abritant une grande statue chryséléphantine d'Héra. Les fondations permettent de lire facilement le plan de l'édifice, qui mesurait environ 40 m sur 20 m et dont les sculptures sont exposées au Musée national archéologique d'Athènes. Sur la terrasse supérieure se trouve le soubassement colossal d'un temple dorique archaïque (7e s. av. J.-C.). Le culte d'Héra était encore célébré en ces lieux à l'époque romaine (thermes retrouvés sur la pente ouest) Néron offrit à la déesse une robe pourpre et Hadrien un paon (animal symbolique de la déesse) en métal doré que rehaussaient des pierres précieuses.

Kefalári (Κεφαλαρι)

À 9 km au sud-ouest d'Árgos par la route de Trípoli puis, à 5 km, un chemin à droite mène à la source de l'Erassinos.
Très abondante, la rivière sort de grottes consacrées dans l'Antiquité à Pan et à Dionysos. Les Anciens affirmaient que ses eaux venaient du lac Stymphale *(voir p.194)* en passant sous la montagne. Vous apprécierez, surtout en été, la fraîcheur du site ainsi que les ombrages de son énorme platane et de ses hauts peupliers *(cafés de plein air).*

Árgos pratique

 Bon à savoir - Bien qu'il y ait un hôtel dans le centre de la ville, pour dormir ou se restaurer, il sera bien plus agréable de se rendre à **Nauplie** *(voir p.282)* qui n'est qu'à 14 km au sud, ou bien au bord de la mer, à **Toló** *(voir p. 287)* par exemple, ou encore dans le village de **Mycènes**, à 9 km au nord *(voir p.265).*

Athènes★★★

Athína – Αθήνα

**745 514 HABITANTS (AGGLOMÉRATION : 3 042 469 HABITANTS)
CARTE GÉNÉRALE RABAT II C2 – ATTIQUE**

Par l'harmonie de son site et l'éclat de sa lumière, la beauté de ses monuments antiques et la richesse de ses musées, Athènes attire le visiteur désireux de retrouver les sources de la civilisation occidentale. Athènes conserve aussi maints souvenirs romains, byzantins ou néoclassiques et certains quartiers, comme celui de l'ancien bazar, présentent une attachante atmosphère orientale et populaire. Mais Athènes, agglomération de plus de trois millions d'habitants, est aussi une ville moderne qui a su se transformer avant d'accueillir les jeux Olympiques de 2004 et notamment améliorer de façon sensible son environnement.

- **Se repérer** – La ville, à proximité du golfe Saronique sur lequel s'ouvre son port, Le Pirée, d'où l'on embarque pour la plupart des îles, est desservie par l'aéroport E. Vénizélos, situé à Markopoulos (27 km à l'est). C'est au pied de l'Acropole, sur le versant nord, que se sont établis les quartiers historiques de Plaka et de Monastiráki, autour des vestiges antiques. Au-delà s'étend l'immense ville moderne, striée de larges avenues rectilignes.

- **Se garer** – Le plus vite possible ! En effet, aux heures de pointe la circulation est infernale. Grand parking souterrain situé odos Rizari, à droite de l'avenue Vas. Konstantinou à proximité de la Pinacothèque nationale.

- **À ne pas manquer** – L'Acropole ; une flânerie dans le quartier de Plaka ; le Musée archéologique national, le musée d'Art cycladique et le musée Benáki.

- **Organiser son temps** – Deux jours complets vous suffiront pour voir l'essentiel de façon superficielle mais l'idéal est d'y passer quatre à cinq jours, voire plus si vous comptez rayonner autour de la capitale.

- **Avec les enfants** – L'Acropole, le zoo du Jardin national, les musées des Instruments de musique et du Folklore.

- **Pour poursuivre le voyage** – Attique, Corinthe, les îles du golfe Saronique.

L'Acropole, symbole de la puissance et de l'orgueil de la cité de Périclès.

Comprendre

Athènes antique

La chouette et l'olivier – Selon la légende, Athènes est fondée par **Cécrops**. Divinisé sous la forme d'un serpent à torse humain, ce souverain aurait introduit le culte de la chouette. Toujours d'après les récits mythiques, **Poséidon**, belliqueux dieu de la Mer, et **Athéna**, déesse de la Sagesse, se seraient disputés à coups de prodige la protection de la nouvelle cité, l'un faisant surgir du sol une source et un cheval, l'autre un olivier, symbole de paix et d'harmonie. C'est un successeur de

Cécrops, **Érechthée**, qui institue le culte d'Athéna, déesse à laquelle sont associés l'olivier et la chouette. Plus tard, le fils d'Égée, **Thésée** (12ᵉ ou 11ᵉ s. av. J.-C.), qui demeura le héros national athénien durant toute l'Antiquité, fit d'Athènes la capitale d'un État cohérent, l'actuelle Attique, et donna un grand éclat aux processions en l'honneur d'Athéna, les **Panathénées**.

La grande époque (6ᵉ-5ᵉ s. av. J.-C.). À la suite des grandes opérations d'urbanisme menées par **Solon** (qui réalise également d'importantes réformes sociales et politiques), puis entre 561 et 510 par les tyrans éclairés, **Pisistrate** et ses fils, **Hipparque** et **Hippias**, la ville se développe considérablement. Une nouvelle enceinte englobe la colline de l'Aréopage où se tiennent certaines

> ## La cité primitive
>
> Établie sur un site défensif, à peu de distance de la mer, constitué de l'Acropole, une colline de 156 m de haut aux versants abrupts, et aux approches protégées par deux rivières (Céphise et Ilissos), ainsi que d'un cercle de hauteurs formant avant-postes, la première Athènes ne déborde guère de l'Acropole où se trouvaient le palais royal (on en a retrouvé des fragments de murailles à l'emplacement de l'Érechthéion) et les demeures des patriciens (les eupatrides). Quelques lieux de culte sont fondés sur les bords de l'Ilissos, près de la fontaine Callirrhoé, tandis qu'une agora et les premières nécropoles s'implantent le long des chemins.

assemblées, ainsi que les agoras de Thésée et de Solon, qui deviennent le centre politique de la cité. Des travaux sont entrepris dans la ville basse : bâtiments en tuf, adduction d'eau, égouts, voirie. On frappe les premières monnaies à l'effigie d'Athéna et de la chouette, on crée le Lycée et l'Académie, gymnases agrémentés de jardins. En accédant au pouvoir en 508, **Clisthène** pose les bases de la démocratie athénienne *(voir La Vie dans la cité p.76)* et institue l'ostracisme. Après les destructions dues aux Perses (479), à la fin des guerres médiques, **Thémistocle**, le vainqueur de Salamine, ordonne la construction de l'enceinte qui porte son nom et dont il subsiste quelques vestiges ; il fait d'autre part construire les « Longs Murs », sorte de passage fortifié assurant la liaison entre Athènes et Le Pirée. Le milieu du siècle voit **Périclès** « l'Olympien », conseillé par le grand sculpteur **Phidias**, se consacrer à la reconstruction d'Athènes. Un plan d'ensemble est conçu pour l'Acropole, où s'élèvent, bâtis en marbre blanc du Pentélique, les Propylées, le Parthénon, l'Érechthéion, le temple d'Athéna Niké qu'entourent ex-voto et statues. Dans la ville basse, l'agora est restaurée et agrandie. Des maisons de brique, souvent à cour centrale, occupent presque tout l'intérieur de l'enceinte ; l'habitat est particulièrement dense sur les collines des Muses (Mouseion) et des Nymphes (Nympheion). Sur la voie conduisant à l'Académie, le cimetière du Céramique, où se font enterrer les personnalités, devient le plus important de la ville.

👁 *Acropole, ancienne agora, cimetière du Céramique.*

Le déclin (4ᵉ-2ᵉ s. av. J.-C.) – La guerre du Péloponnèse (431-404), au cours de laquelle Athènes doit capituler devant Sparte, marque les prémices d'un déclin qu'illustre, sur le plan moral, la mort du philosophe **Socrate**, injustement condamné à boire la ciguë en présence de son disciple **Platon**. Malgré les objurgations du grand orateur **Démosthène**, les Grecs sont incapables de s'unir et, après la bataille de Chéronée (338), Athènes doit se soumettre à **Philippe II de Macédoine**, auquel succède **Alexandre le Grand**. Grâce à la protection macédonienne, qui se maintient jusqu'à la fin du 3ᵉ s., les édiles athéniens procèdent à des travaux d'embellissement, notamment sous le rigide rhéteur **Lycurgue** (338-326) : le théâtre de Dionysos et le monument de Lysicrate en témoignent.

La mort d'Alexandre en 323 marque le début de la période hellénistique. L'empire macédonien est partagé en plusieurs royaumes. Athènes végète : seule l'édification de quelques stoas (portiques) et gymnases, au temps des rois d'Antioche et de Pergame, révèle encore son rayonnement intellectuel.

👁 *Théâtre de Dionysos, monument de Lysicrate.*

Conquise et conquérante (1ᵉʳ s. av. J.-C.-4ᵉ s. apr. J.-C.) – Le rôle politique d'Athènes prend fin en 86 av. J.-C. avec la prise de la ville par **Sylla**, qui fait mettre bas les remparts. Néanmoins, la Paix romaine permet à Athènes de conserver sa primauté culturelle dans le monde méditerranéen : les Romains emportent ou copient ses chefs-d'œuvre, lui empruntent son mode de vie et lui envoient leurs enfants en stage de fin d'études. Durant le 1ᵉʳ s. av. J.-C., on construit sur l'Acropole le temple de Rome et Auguste, à son pied l'agora romaine et une horloge hydraulique, surnommée ensuite la **Tour des Vents** ; dans l'ancienne agora, on édifie un

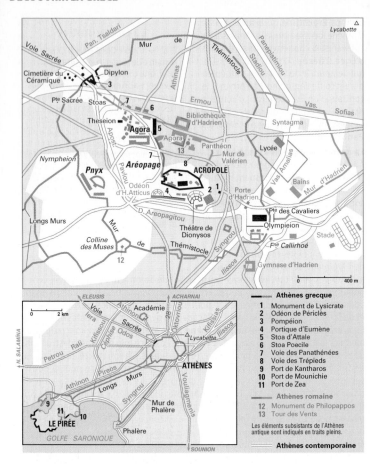

Athènes grecque

1 Monument de Lysicrate
2 Odéon de Périclès
3 Pompéion
4 Portique d'Eumène
5 Stoa d'Attale
6 Stoa Poecile
7 Voie des Panathénées
8 Voie des Trépieds
9 Port de Kantharos
10 Port de Mounichie
11 Port de Zea

Athènes romaine

12 Monument de Philopappos
13 Tour des Vents

Les éléments subsistants de l'Athènes antique sont indiqués en traits pleins.

Athènes contemporaine

théâtre couvert (Odéon). En 53, le christianisme prend pied à Athènes grâce à **saint Paul** prêchant, sans grand succès il est vrai, devant l'Aréopage. L'apôtre parvient cependant à convertir un membre du fameux tribunal, **Denys l'Aréopagite**, qui devient le premier évêque et martyr d'Athènes. Au 2ᵉ s., l'empereur **Hadrien**, amoureux de la Grèce, embellit Athènes : achèvement du temple de Zeus (Olympieion), construction de la bibliothèque d'Hadrien, d'aqueducs et d'un nouveau quartier à l'est de l'Acropole protégé par une enceinte. Un riche Athénien, **Hérode Atticus**, contribue à cette œuvre en faisant bâtir sur le versant sud de l'Acropole le théâtre (Odéon) qui porte son nom et, au-delà de l'Ilissos, un splendide stade de marbre blanc, aujourd'hui reconstitué.

👁 *Olympeion, bibliothèque d'Hadrien, Odéon, Stade.*

Byzantine, franque et ottomane

Byzance et la montée du christianisme (5ᵉ-13ᵉ s.) – Après le déferlement des bandes germaniques au milieu du 3ᵉ s., le partage de l'Empire romain, en 395, attribue Athènes aux empereurs siégeant à Byzance (Constantinople). L'édit de Milan (313) ayant permis aux chrétiens de célébrer publiquement leur culte, celui-ci va s'affirmer à Athènes du 5ᵉ au 7ᵉ s. : suppression des écoles philosophiques et fondation de basiliques chrétiennes au sein du Parthénon, de l'Érechthéion, du Theseion, du théâtre de Dionysos, de la bibliothèque d'Hadrien, etc.

À partir du 9ᵉ s. s'élèvent la plupart des sanctuaires byzantins, souvent bâtis avec des éléments antiques, petits mais bien proportionnés et soigneusement décorés, dont un certain nombre nous sont parvenus. Jusqu'à la fin du 12ᵉ s., époque à laquelle les Sarrasins la dévastent, Athènes reste une cité florissante et relativement peuplée protégée par son Kastro de l'Acropole.

👁 *Églises des Saints-Apôtres (fin 10ᵉ s.) de l'agora grecque, des Saints-Théodores (11ᵉ s.), de la Kapnikaréa (11ᵉ s.), et de la Petite-Métropole (12ᵉ s.).*

Barons francs et banquiers florentins (13e-15e s.) – La 4e croisade qui aboutit en 1204 à la prise de Constantinople amène à Athènes et à Thèbes les chevaliers francs. Athènes échoit aux **La Roche**, famille d'origine bourguignonne, qui édifient leur château à Thèbes : Ponce de La Roche d'abord, Othon ensuite, puis Guy, pour qui Athènes est érigée en duché par Saint Louis (1260). Gautier de Brienne succède aux La Roche mais il est tué par les Aragonais à la bataille de Céphise (1311), près du lac Copaïs en Béotie, qui met fin à la suzeraineté franque sur Athènes. Les seigneurs francs avaient fortifié l'Acropole et aménagé dans les Propylées leur palais dominé par un donjon, la tour franque, qui atteignait 28 m de haut et ne fut détruit qu'en 1875. Si les Aragonais sont maîtres de la région, ils négligent Athènes préférant s'établir à Thèbes, si bien qu'en 1387 **Nerio Acciaiuoli**, d'une famille de banquiers florentins, fait irruption de Corinthe, que détient sa famille, et s'empare d'Athènes à l'issue d'un long siège. Après un intermède vénitien, de 1394 à 1403, les Acciaiuoli règnent sur Athènes jusqu'en 1456, où ils sont contraints de laisser la place aux Turcs qui s'étaient emparés de Constantinople trois ans auparavant…

Sous les Ottomans, une bourgade endormie (1456-1821) – Le sultan **Mehmet II**, vainqueur de Constantinople, accorde une certaine autonomie à Athènes où les Turcs laissent construire plusieurs églises, autorisant même les jésuites et capucins à fonder des monastères au 17e s. L'Acropole, fortifiée, constitue le cœur du réduit turc ; en 1466, le Parthénon est converti en mosquée avec minaret adjacent ; une poudrière est aménagée dans les Propylées alors que l'Érechthéion abrite un harem. Athènes n'est plus alors qu'une ville de province qu'ont décrite nombre de voyageurs. En 1674, c'est la visite du **marquis de Nointel**, ambassadeur de France auprès de la Porte, qui marque les annales athéniennes : en effet, Nointel a amené un peintre français, Jacques Carrey, élève de Le Brun, qui réalise quatre vues panoramiques d'Athènes (l'une d'elles se trouve au musée de Chartres) et deux dessinateurs flamands, dont l'un exécute les fameux dessins des sculptures du Parthénon entrés en 1770 à la Bibliothèque nationale de Paris.

Après avoir reconquis le Péloponnèse, les Vénitiens, conduits par le doge **Morosini** et par Königsmarck, viennent, en 1687, mettre le siège devant Athènes qu'ils bombardent : une poudrerie de l'Acropole explose, endommageant gravement le Parthénon. Les Turcs prennent Athènes un an plus tard mais, entre-temps, les Vénitiens avaient dressé le plan de la ville et envoyé à Venise les grands lions de marbre blanc qui sont encore à l'entrée de l'Arsenal. Jusqu'à la guerre d'Indépendance, Athènes devient une bourgade de 10 000 à 15 000 habitants, aux rues étroites serrées sur les pentes nord de l'Acropole. On compte environ 1 500 familles grecques pour 400 familles turques. Celles-ci résident surtout dans la citadelle de l'Acropole et dans le quartier du Bazar près de l'ancienne agora romaine ; leur cimetière se trouve à l'ouest de l'Acropole.

👁 *Ancien Bazar (Monastiraki), petite mosquée de l'agora romaine, mosquée Tzisdarakis, hammam des Vents.*

Athènes grecque

L'indépendance ou le réveil d'Athènes (1821-1834) – Le 25 avril 1821, les Athéniens se soulèvent et occupent la ville à l'exception de l'Acropole qui se rend seulement le 10 juin. Mais en 1826, une contre-attaque menée par **Ibrahim Pacha** permet aux troupes turques de mettre le siège devant Athènes. Bien que 500 volontaires commandés par le colonel français **Fabvier** aient réussi à forcer le blocus et à pénétrer dans l'Acropole, les troupes grecques doivent se rendre le 24 mai 1827. Onze mois

---

Visiteurs de marque

Parmi les voyageurs qui visitent et décrivent Athènes à l'époque ottomane, il faut citer Cyriaque d'Ancône au 15e s., Pierre Belon au 16e s., le capucin Robert de Dreux (1665), le père Babin (1672), le consul Jean Giraud (1675) et le médecin lyonnais Jacob Spon (1676). En 1751-53, les architectes anglais Stuart, surnommé l'Athénien, et Revett visitent Athènes avant de publier une monumentale édition illustrée des *Antiquités d'Athènes* ; de 1800 à 1803, le comte d'Elgin, ambassadeur d'Angleterre, ramasse le plus possible d'antiquités, notamment les fameuses métopes du Parthénon aujourd'hui au British Museum de Londres. Parmi les Français, l'architecte David Leroy vient en 1754 *(Ruines des plus beaux monuments de Grèce)* et le comte de Choiseul-Gouffier, diplomate, fait deux voyages en 1776 et 1781 *(Voyage pittoresque de la Grèce)*. En 1806, le collectionneur Fauvel, consul de France à Athènes, accueille **Chateaubriand** qui donne dans son *Itinéraire de Paris à Jérusalem* une superbe description de la cité assoupie.

de combats et de bombardements ont dévasté la ville vidée de ses habitants et, à l'ouest, la grande olivaie de 150 000 oliviers a presque totalement brûlé. Malgré la fin de la guerre d'Indépendance en 1829, l'Acropole reste aux mains des Turcs jusqu'en 1834, date à laquelle **Otton de Bavière** fait son entrée triomphale dans une cité qui succède à Nauplie comme capitale de la Grèce renaissante, mais ne compte guère plus de 4 000 habitants.

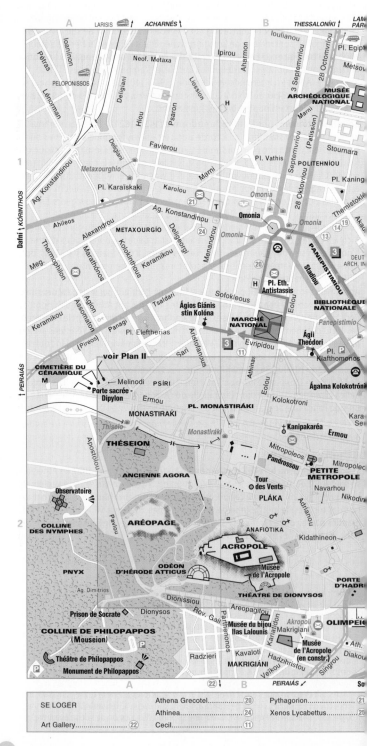

SE LOGER	Athena Grecotel............ 20	Pythagorion.................... 21
	Athinea.......................... 24	Xenos Lycabettus.......... 25
Art Gallery.................. 22	Cecil............................. 11	

La transformation d'Athènes : l'ère néoclassique (1834-1900) – Sous le règne du jeune Otton, fils de Louis Ier de Bavière, et de la reine **Amélie**, une politique de grands travaux est inaugurée sous l'égide de l'architecte bavarois **Leo von Klenze**. Une ville nouvelle aux artères rectilignes est tracée sur un plan triangulaire dont la rue Ermou constitue la base, alors que les rues Pireos (Panagi Tsaldari) et Stadiou en forment les côtés, et la place Omónia le sommet.

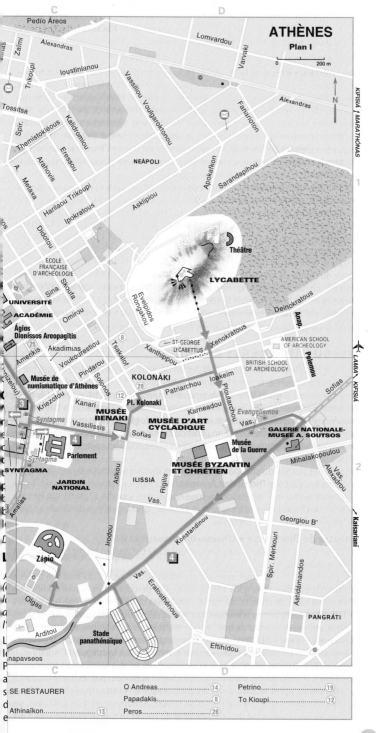

ATHÈNES
Plan I
0   200 m

On accède à l'Acropole par la **porte Beulé**, retrouvée en 1853 sous le bastion turc pa[r] l'archéologue français Ernest Beulé. Encadrée de deux tours, cette porte de la fin d[e] l'époque romaine précède l'escalier, romain lui aussi, que dominent à droite le templ[e] d'Athéna Niké et à gauche le piédestal en marbre gris de l'Hymette (12 m de haut[)] qui supportait, vers l'an 15 av. J.-C., le quadrige d'Agrippa, gendre d'Auguste. Avan[t] les Romains, l'entrée de l'Acropole se faisait au pied du temple d'Athéna Niké, par u[n] passage qui empruntait la Voie sacrée suivie par les processions des Panathénées. E[n] arrière du monument d'Agrippa, une plate-forme en saillie permet de découvrir un[e] large vue sur les collines de Philopappos, de la Pnyx et de l'Aréopage.

Propylées★

Un escalier de bois permet de pallier en partie le danger des marches de marbre, trè[s] glissantes. Entrée monumentale de l'Acropole, les Propylées ont été construits pa[r] l'architecte **Mnésiclès** qui y employa le marbre bleu d'Éleusis associé au marbre d[e] Pentélique ; ils comprennent un corps central flanqué de deux ailes dissymétrique[s] en retour. Du 12ᵉ au 15ᵉ s., ils furent aménagés en palais pour les évêques et les duc[s] d'Athènes : une tour de défense carrée, la Tour franque, en surmontait l'aile droite. Le[s] Turcs renforcèrent les fortifications par la construction de bastions et c'est seulemen[t] à partir de 1836 que les Propylées purent être dégagés de leur gangue militaire ; [la] Tour franque fut abattue en 1878 par l'archéologue **Heinrich Schliemann**.

Le corps central était précédé par un portique à fronton triangulaire dont il rest[e] six colonnes doriques cannelées sans chapiteau. Au-delà s'ouvre le vestibule compre[-] nant un passage médian qu'encadrent six colonnes ioniques et deux nefs latérales [;] une partie du plafond à caissons a été reconstituée. Le mur fermant l'extrémité d[u] vestibule est en partie conservé : il comportait cinq portes de bois dont l'une, au centr[e,] livrait passage à la Voie sacrée, qui pénétrait sous un portique dorique analogue [à] celui de l'entrée. L'aile gauche, ou Pinacothèque, était divisée en vestibule et sall[e] d'exposition de peintures ; l'aile droite n'avait qu'une salle ouverte vers le templ[e] d'Athéna Niké.

En débouchant des Propylées, vous ne verrez certes pas la **statue d'Athén[a] Promachos** (9 m de haut), impressionnante guerrière de bronze conçue pa[r] **Phidias** pour commémorer les victoires athéniennes sur les Perses, qui s'y dressai[t]

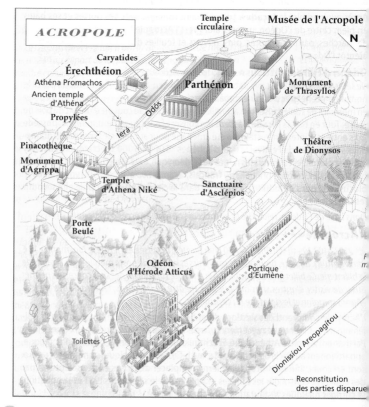

autrefois, mais vous découvrirez sur votre droite la masse majestueuse et dorée du Parthénon et, sur votre gauche, la silhouette gracile de l'Erechthéion.

La Voie sacrée longe le côté nord du Parthénon. Attention aux plaques de marbre glissantes qui affleurent.

Parthénon★★★

Ce temple dorique, jadis entièrement peint de couleurs vives, fut édifié à l'époque de Périclès par l'architecte **Ictinos**, sous la direction de **Phidias**. Le Parthénon fut dédié à Athéna dont la gigantesque statue (12 m de haut), au cœur de bois revêtu de plaques d'ivoire et d'or (plus d'une tonne d'or avait été nécessaire), œuvre de Phidias, ornait le sanctuaire. Transportée à Constantinople, la statue fut détruite par les habitants en 1203 lors du siège de la ville par les croisés. Quant au temple, il avait été converti en église consacrée à sainte Sophie, richement enluminée de fresques et de mosaïques. Devenue cathédrale, cette église prit sous les Francs le titre de Sainte-Marie-d'Athènes. Les Turcs en firent une mosquée, érigeant un minaret à l'angle sud-ouest. L'édifice cependant gardait encore la majeure partie de ses sculptures, dont le marquis de Nointel fit faire un relevé. Mais le coup de grâce fut donné par l'explosion de la poudrerie en 1687 qui en détruisit beaucoup, en même temps qu'elle fit crouler 28 colonnes, les murs de la cella et les dalles de marbre de Paros du toit.

C'est à partir de 1834 que s'accomplit une œuvre de restauration marquée notamment par le relèvement des colonnades, difficile opération dite « anastylose » effectuée par les archéologues grecs après la Première Guerre mondiale. Les crampons de fer qui avaient alors été placés pour maintenir les divers éléments ont contribué à ronger le marbre, et il est maintenant nécessaire de les remplacer.

Extérieur – Reposant sur un stylobate de marbre, le Parthénon est entouré d'un péristyle de 46 colonnes cannelées (8 par façade, 17 par côté) mesurant 10,43 m de hauteur, 1,90 m de diamètre à la base et 1,45 m au niveau des chapiteaux. Ces colonnes sont légèrement déviées vers l'intérieur pour remédier à une illusion d'optique qui, autrement, les ferait paraître plus écartées au sommet qu'au sol.

Les frontons étaient garnis de sculptures polychromes se détachant sur un fond bleu. Du côté de l'entrée à l'est, on voyait la *Naissance d'Athéna*, surgie en armes du cerveau de Zeus, en présence du Soleil (Hélios) et de la Nuit (Séléné) conduisant leurs quadriges : cette scène est évoquée par des moulages pris sur les originaux aujourd'hui détenus par le British Museum. Le fronton ouest évoquait la *Dispute d'Athéna et de Poséidon* pour la possession de l'Attique, dont ont survécu deux morceaux très mutilés. La **frise** dorique comprenait les habituels triglyphes et 92 métopes sculptées sur fond rouge décrivant les combats des Géants et des Dieux de l'Olympe à l'est, des Lapithes et des Centaures au sud, des Grecs et des Amazones à l'ouest, de la guerre de Troie au nord. L'architrave supportait des boucliers offerts par Alexandre le Grand.

Intérieur – *Accès interdit*. Par le portique est *(pronaos)*, où étaient déposées les offrandes, on parvenait au sanctuaire en franchissant une porte de 10 m de haut. Le *naos* abritait la statue d'Athéna : quelques blocs du socle marquent son emplacement. Derrière le *naos*, le Parthénon proprement dit abritait le trésor de la **ligue de Délos** dirigée par Athènes ; les quatre colonnes ioniques qui en soutenaient le plafond ont été conservées. La paroi extérieure du mur de clôture du *naos* et du Parthénon était ceinte de la **frise des Panathénées**, longue de près de 160 m. Cette illustre « bande sculptée » de 400 personnages et 200 animaux montrait le déroulement de la procession qui, tous les quatre ans, à la fin des fêtes en l'honneur d'Athéna, conduisait à l'Acropole les jeunes filles porteuses d'offrandes et de corbeilles (canéphores), ainsi que les magistrats, musiciens et cavaliers, venus offrir à la déesse la tunique tissée et brodée par les jeunes Athéniennes. Le portique ouest (*opisthodome*) est symétrique au *pronaos* ; dans l'angle sud-ouest, vestiges du minaret turc.

Traverser l'esplanade séparant le Parthénon de l'Érechthéion : fondations de l'ancien temple d'Athéna construit au début du 6e s. av. J.-C. et détruit un siècle plus tard pour dégager l'Érechthéion.

Érechthéion★★★

Terminé en 407 av. J.-C., cet élégant petit temple, combinant les ordres dorique et ionique, présente un plan compliqué en raison de la déclivité du terrain et de la présence en son sein de plusieurs lieux de culte, les plus importants étant respectivement dévolus à Athéna, à Poséidon et à Érechthée et Cécrops, rois mythiques d'Athènes ;

la procession des panathénées y aboutissait. Au cours des siècles suivants, il fut successivement utilisé comme église, palais, harem, magasin militaire et restauré après l'Indépendance sous les auspices de Piscatory, ambassadeur de Louis-Philippe à Athènes. Face au Parthénon, le célèbre portique des korês est connu sous le nom de **tribune des Caryatides** parce que six statues de jeunes filles de plus de 2 m de haut, à l'attitude noble et calme, vêtues de tuniques à plis parallèles comme les cannelures des colonnes qu'elles remplacent, en soutiennent l'architrave. En fait, les statues que l'on peut voir aujourd'hui sont d'admirables copies. L'un des originaux figure au British Museum, les autres, déposés en 1977 en raison de leur dégradation, sont exposés au musée. À droite, le portique est, à six colonnes ioniques, donne accès au sanctuaire qui abritait la plus ancienne statue d'Athéna, en bois

Les élégantes caryatides de l'Érechthéion.

d'olivier. La façade ouest, enfin, a été remaniée à l'époque romaine. Dans la cour adjacente, un olivier rappelle que c'était là qu'on vénérait l'olivier sacré d'Athéna.

Gagner ensuite l'extrémité du rocher : du belvédère, **vues★★** sur le vieux quartier de Plaka, la ville romaine (arc d'Hadrien, temple de Zeus) et les quartiers nord-est d'Athènes entourés du Parnis, du Pentélique et de l'Hymette.

Se diriger vers le musée de l'Acropole dissimulé dans un creux du rocher en attendant son transfert en contrebas de la colline.

Musée de l'Acropole ★★★ (Moussío Akrópolis) Plan II G2

☏ 21032 366 65 - mar.-dim. 8h30-19h, lun. 11h-19h (14h30 en hiver). Le musée étant appelé à déployer ses collections dans un lieu plus vaste et selon une muséographie plus moderne, nous nous contenterons pour l'heure de citer les principaux chefs-d'œuvre parmi les sculptures et objets provenant des monuments de l'Acropole.

Vous pourrez y voir des frontons ou fragments de frontons, sculptés et peints, remontant aux 7e et 6e av. J.-C., et souvent en tuf et non en marbre comme à l'époque classique. Ils évoquent surtout la légende d'Héraklès : la capture de l'Hydre de Lerne, l'Apothéose d'Héraklès par les dieux de l'Olympe (provenant de l'ancien temple d'Athéna), la lutte d'Héraklès contre Triton et le Monstre à trois têtes, composition archaïque. Vous admirerez un fragment de quadrige en marbre, le fronton de l'Olivier ou de Troïles en tuf, représentant le fils de Priam tué par Achille à la fontaine, avec, à gauche, l'olivier d'Athéna, et surtout le **Moscophore** portant un veau offert en sacrifice, statue de marbre peint aux yeux incrustés de pâte de verre (vers 570 av. J.-C.) ; ainsi qu'un Taureau saisi par les pattes par deux lions (v. 570 av. J.-C).

Vous ne manquerez surtout pas la fabuleuse collection de statues de jeunes filles dites **korês**, en marbre de couleur, au fin sourire malicieux : korê acéphale en marbre blanc (la plus ancienne de l'Acropole), korês primitives en forme de colonne, korês ioniennes richement parées, korês attiques d'inspiration ionienne comme la korê dite « aux yeux en amande », pleine de retenue, korês attiques plus sobres. La Korê

Le sculpteur du Parthénon

Sculpteur athénien du 5e s., **Phidias** fut le maître d'œuvre des travaux réalisés sur l'Acropole : il dirigea l'exécution du décor sculpté des frontons, des frises et des métopes et réalisa la monumentale statue d'Athéna Parthenos. Il est également l'auteur d'une autre célèbre statue chryséléphantine (d'or et d'ivoire) : celle de Zeus à Olympie qui figurait parmi les sept merveilles du monde. De ses deux statues, comme du reste de son œuvre, rien ne subsiste sinon des descriptions détaillées (notamment celles de Pausanias). Admiré par ses contemporains, il exerça une influence décisive sur ses pairs, mais son talent ne lui fit pas que des amis : accusé d'avoir dérobé une partie de l'or et de l'ivoire destinés à la réalisation de la statue d'Athéna, il fut condamné selon les uns à l'exil (à Olympie), selon les autres (Plutarque) à la prison où il mourut.

au peplos est attribuée à **Phaidimos**, le plus ancien sculpteur attique identifié, dont vous verrez aussi un chien, extraordinaire de naturel, une tête de lion et le fameux cavalier, au délicat sourire (la tête est un moulage) : l'original, connu sous le nom de Tête Rampin, se trouve au Louvre.

Vous verrez également des céramiques des 8e et 7e s. av. J.-C. de style géométrique et orientalisant ainsi que quatre

statues du fronton (vers 525 av. J.-C.) de l'ancien temple d'Athéna, appartenant à une scène dont le sujet était le combat des Dieux et des Géants : on reconnaît Athéna brandissant une lance. Autres remarquables œuvres exposées, la Korê d'Anténor, d'une grande finesse de la fin du 6e s. av. J.-C., la statue de Niké en vol et la Korê à la colombe.

Il ne faudra pas manquer la célèbre **Athéna pensive**, relief votif du 5e s. av. J.-C. ni la Tête blonde d'adolescent, en marbre jadis coloré de jaune et la tête de jeune homme en marbre attribuée à l'atelier de Phidias.

La reconstitution des **frontons du Parthénon** (Naissance d'Athéna, Dispute d'Athéna et de Poséidon) se déploiera en compagnie de sculptures provenant du Parthénon (procession des Panathénées – frise sud) et du temple d'Athéna Niké (notamment la Victoire détachant sa sandale avant d'offrir un sacrifice, figure d'une harmonie et d'une fluidité merveilleuses). Enfin, quatre des six originaux des caryatides de l'Érechthéion reposent désormais à l'abri de la pollution.

En sortant du musée, suivre le rebord sud du rocher : belles vues plongeantes sur les théâtres de Dionysos et d'Hérode Atticus.

Temple d'Athéna Niké★★★

Naguère connu sous le nom de temple de la Victoire aptère, il fait saillie en avant des Propylées, dominant la Voie sacrée. Petit (8,27 m de long sur 5,44 m de large) mais gracieux, ce temple ionique (fin du 5e s. av. J.-C.) a été reconstitué par les archéologues bavarois du roi Otton. Il se compose d'une cella entre deux portiques à colonnes monolithes qui recelait une statue d'Athéna victorieuse. La frise extérieure, mutilée, comprend quelques morceaux d'origine (côtés est et sud), les autres étant des copies.

Quitter l'Acropole par la porte Beulé et descendre vers la droite.

Aréopage★ (Ários Pagos) Plan II F2

Sur la droite en quittant l'Acropole. Sur cette colline *(pagos)* calcaire haute de 115 m campèrent les **Amazones**, ennemies de Thésée, qui consacrèrent l'endroit à Arès, dieu de la Guerre. Selon une autre légende *(voir à Mycènes p.265)*, **Oreste**, meurtrier de sa mère Clytemnestre et poursuivi par des divinités vengeresses, les Érinyes, y aurait été jugé par le futur Conseil de l'Aréopage. Ce tribunal judiciaire et assemblée politique mis en place par Solon à la fin du 6e s. av. J.-C. fut réduit ensuite à un rôle de gardien des mœurs et de la religion, qui eut à juger des prévenus célèbres bien que fort différents : à la courtisane **Phryné**, amie et modèle du sculpteur **Praxitèle**, accusée d'impiété et acquittée, son défenseur Hypéride l'ayant dévoilée en disant : « Pareille beauté peut-elle être coupable ? », succéda l'apôtre Paul qui convertit un de ses juges, le sénateur Dionysios. Belles **vues** sur l'Acropole et, en contrebas, sur les agoras grecque et romaine.

Redescendre sur l'avenue Dionissiou. En face de vous, les collines de Philopappos et de la Pnyx. Les plus courageux partiront à l'assaut de ces éminences et en seront récompensés par une vue superbe.

Colline de Philopappos★★★ (Lofos Filopápou) Plan I A2

Accès par des sentiers partant au-delà du restaurant Dionysos.
Cette colline (alt. 147 m) était dans l'Antiquité consacrée aux Muses, d'où son nom de Mouseion. En grimpant parmi les pins, vous longez d'anciennes habitations troglodytiques, dont l'une fut longtemps désignée comme la prison de Socrate. La colline est dominée par le **monument de Philopappos** (116 apr. J.-C.), érigé en mémoire d'un prince d'origine syrienne, consul romain, citoyen et bienfaiteur d'Athènes. **Vues★★★** splendides, surtout au coucher du soleil, sur l'Acropole, Athènes, l'Hymette et la plaine de l'Attique jusqu'au golfe Saronique. Sur le flanc ouest de la colline se trouve le théâtre de Philopappos (spectacles de danses folkloriques Dora Stratou).

La colline de Philopappos, un lieu de promenade très prisé des habitants.

Pnyx★ (Pníka) Plan I A2

La Pnyx (« l'endroit où l'on est serré ») forme un amphithéâtre où se tint, du 6e au 4e s. av. J.-C., l'Assemblée du peuple, réunion démocratique de citoyens discutant des projets de loi. Chacun pouvait prendre la parole une fois, et maints orateurs célèbres, tels que Thémistocle, Périclès, Démosthène, s'y firent entendre. De la terrasse où se massait le peuple, **vue★★★** splendide sur l'Acropole.

Colline des Nymphes★ (Lófos Nimfón) Plan I A2

Dans le prolongement de la Pnyx, le Nympheion est parsemé de vestiges d'habitations. Son appellation, moderne, lui vient d'une dédicace gravée sur un rocher. Vues sur le Parthénon. L'observatoire néoclassique qui couronne la colline (104 m), a été complété en 1957 par une station de sismologie.

Revenir au pied de l'Acropole.

Dans le prolongement de l'avenue Dionissíou Areopagítou, l'**avenue Apostolou Pavlou** ramène vers le centre de la ville, s'insinuant au pied de la Pnyx et contournant la colline de l'Acropole, ménageant de superbes vues, sans cesse changeantes, sur le rocher que dominent le Parthénon et l'Érechthéion. Au premier plan, derrière une grille, un véritable havre de verdure ponctué de stèles et de colonnes : l'ancienne agora des Grecs. Vous pouvez prolonger ce moment en prenant place à l'une des terrasses des cafés qui ont investi l'allée, à hauteur d'une petite place.

Achevant de contourner la colline, traverser la voie de chemin de fer pour atteindre odos Adrianou. Un pont lancé au-dessus des voies permet de gagner l'agora.

Ancienne Agora★ (Arhéa Agorá) et Theseion ★★ (Thiseio) Plan II F1

℘ 21032 101 85 - mar.-dim. 8h-19h, lun. 11h-19h - visite comprise dans le forfait Acropole, 4 € pour la visite de ce site seul (le ticket donne également accès au musée).

S'étendant sur 2,5 ha environ, l'Agora, aujourd'hui champ de ruines au plan quelque peu confus, formait une esplanade traversée en diagonale par la voie des Panathénées, près de laquelle s'élevait l'autel des Douze Dieux de l'Olympe, d'où l'on mesurait les distances avec les autres cités grecques. De grands arbres, des fontaines, des statues, des ex-voto la parsemaient. L'esplanade était délimitée par des bâtiments administratifs, des temples et de longs portiques à boutiques (*stoas*) où affluaient les badauds venus apprendre les nouvelles et écouter les orateurs.

Encombrée par les Romains d'édifices comme l'odéon d'Agrippa et le temple d'Arès, l'Agora fut détruite par les Barbares en 267. Au temps des Byzantins, un quartier se construisit autour de l'**église des Saints-Apôtres** (Agioi Apostoloi, fin 10e s.). C'est à partir de 1931 que les habitants furent expropriés et que l'École américaine d'archéologie entreprit des fouilles. Près de l'entrée, une mosaïque reconstitue ce que fut cet ensemble sous l'Antiquité **(2)** permettant ainsi de mieux comprendre le site. La **tholos**, édifiée vers 470 av. J.-C., était un bâtiment en rotonde où les 50 prytanes, sénateurs chargés, par roulement, de l'autorité suprême de l'État, se réunissaient pour prendre leurs repas ; on y gardait aussi les étalons des poids et mesures. Plus loin se trouvait le **Metroon**, temple de la Mère des dieux, précédant le Bouleuterion, salle des séances du Sénat ; puis venaient le temple d'Apollon Patroos et la stoa de Zeus. De tous ces monuments ne subsistent que les soubassements, mais on peut discerner les traces du grand égout qui les longeait ainsi que des socles de statues : sur l'un d'eux effigie de l'empereur Hadrien (1). Tournant à droite, on aperçoit le portique des Géants orné des statues de deux Tritons et d'un Géant provenant de l'odéon d'Agrippa, salle couverte pouvant contenir 1 000 personnes, construite par le gendre d'Auguste, détruite par les Barbares, et convertie en gymnase vers 400 apr. J.-C. : il en reste peu de chose.

Civisme en baisse

Très fréquentée dans les premiers temps, la Pnyx fut délaissée peu à peu malgré l'indemnité versée aux participants, si bien qu'au 4e s. les archers devaient faire la chasse aux Athéniens pour les obliger à accomplir leur devoir civique : ils traversaient l'agora avec une corde enduite de vermillon et infligeaient une amende à quiconque était taché de rouge : le quorum était en effet de 6 000 assistants.

La **stoa d'Attale**, construite au 2e s. av. J.-C. par Attale, roi de Pergame, a été reconstituée. C'est un long bâtiment (116 m sur 19,50 m) à un étage qui abrite le produit des fouilles américaines sur l'Agora. Dans la galerie extérieure on verra surtout l'Apollon Patroos (4e s. av. J.-C.) privé de sa tête et, dans la galerie intérieure, des objets de la vie quotidienne, une amphore au sphinx assis (7e s. av. J.-C.) et un bouclier de bronze spartiate (5e s. av. J.-C.), au centre.

Theseion ★★ – *Sur la droite de l'entrée. Fléchage.* Couronnant une butte de 66 m de haut, ce temple dorique du 5e s. av. J.-C., un des mieux conservés du monde grec, domine l'Agora. S'il est connu sous le nom de Theseion (temple de Thésée), il s'agit en fait de l'**Hephaisteion** cité par Pausanias, c'est-à-dire d'un lieu de culte à Héphaïstos, dieu des Forgerons et des Artisans travaillant les métaux, nombreux alors, comme aujourd'hui, dans le quartier voisin (actuelle rue Ifestou). À l'époque byzantine, le temple fut transformé en église sous le vocable de saint Georges. Au 19e s., utilisé comme cimetière, il se trouvait en pleine campagne : le jour de Pâques, tout le peuple athénien venait danser près de là, en habits de fête, et le dernier office religieux y fut célébré en 1834, époque à laquelle il accueillit les premières collections du Musée archéologique national.

Un peu plus ancien que le Parthénon, le Theseion est plus petit et bâti en pierre au lieu de marbre, mais ses proportions sont harmonieuses. Jadis peint, il mesure 31,77 m sur 13,72 et compte 26 colonnes latérales pour 12 frontales, plus étroites au sommet et légèrement déviées vers l'intérieur. Les sculptures de la frise extérieure, très mutilées et difficilement lisibles, évoquent les aventures d'Héraklès et celles de Thésée. Le portique est, ou *pronaos*, a conservé son plafond de marbre à caissons. Il précède le *naos*, analogue à une nef d'église avec ses portails et sa voûte en berceau du 5e s. ; sur le mur nord, dalles funéraires dont l'une, en mémoire de George Watson

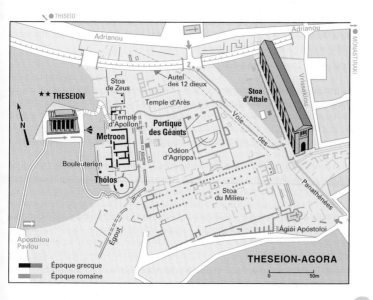

150 ans d'aventures archéologiques

L'**École française d'Athènes**, établie sur les pentes du Lycabette, a été fondée en 1846 par Louis-Philippe. Dépassant ses premiers objectifs (promouvoir la langue et la civilisation helléniques), l'EFA entreprit rapidement des recherches archéologiques sur les chantiers à l'intérieur du pays (Délos, Delphes, Argos, Thassos, Philippes et Malia), mais aussi en Turquie (du moins jusqu'en 1923). Il faut noter que les découvertes effectuées à Delphes sur le site du sanctuaire d'Athéna ont été d'une importance capitale pour l'étude de l'art grec. L'informatique aidant, on a pu restituer, à l'aide d'images de synthèse, l'ensemble du site. Disposant aujourd'hui d'infrastructures modernes et de moyens à la hauteur de ses missions, l'EFA travaille toujours sur les chantiers traditionnels mais aussi sur les sites ouverts plus récemment à Dikili Tash (à côté de Philippes), à Amathonte (Chypre) et en Albanie ; parallèlement, elle apporte son soutien aux fouilles d'Alexandrie. L'EFA, qui a fêté ses 150 ans en 1996, a élargi sa vocation à l'étude du monde hellénique moderne et contemporain. Elle fait connaître ses travaux en publiant divers périodiques et ouvrages, dont le fameux *Bulletin de correspondance hellénique*, lancé par Albert Dumont, qui dirigea l'École entre 1875 et 1878.

décédé à Athènes en 1810, porte une inscription latine due à Byron. De la terrasse du temple, belles perspectives sur l'Agora, le quartier de Monastiraki et l'Acropole.

Par la rue Adrianou, vous gagnez la place Monastiraki et le centre d'Athènes.

Se promener

Sur les pentes nord de l'Acropole, le Vieil Athènes survit encore, dans les quartiers de Plaka et de Monastiráki, les seuls de la capitale qui puissent suggérer l'ambiance athénienne au Moyen Âge ou sous la domination ottomane. Plus au nord, à la lisière de ces quartiers, s'étend l'Athènes de l'époque néoclassique, celle des premières décennies de la Grèce indépendante, que vous découvrirez au cours de deux promenades.

Flânerie dans Plaka ★★ 1

Balade en boucle à partir de la place Syntagma. Compte tenu du charme des lieux, consacrez-lui une bonne journée. **Plan II**

Surtout dans sa partie haute, Plaka forme un lacis pittoresque de ruelles et de venelles paisibles, de placettes et de terrasses que relient des escaliers. Des églises byzantines y alternent avec de vieilles maisons à toits de tuiles rondes et balcons de bois, parfois entourées de jardins secrets d'où s'échappe la cime d'un pin, d'un cyprès ou d'un figuier. Des perspectives sur la ville ou sur l'Acropole se dégagent çà et là. La partie basse de Plaka est le domaine du commerce et des hôtels.

La nuit, Plaka s'anime. Les tavernes aux terrasses couvertes d'une treille s'illuminent de girandoles multicolores : la foule des Athéniens et des touristes vient y goûter la cuisine grecque arrosée de retsina au son des bouzoukis ou… des guitares électriques.

Partir de la place Syntagma et suivre odos Mitropoleos.

À gauche, sous les arcades d'un immeuble moderne, se niche la minuscule chapelle **Agia Dynami** (17e s.). La rue débouche sur la vaste place Mitropoleos que domine la massive cathédrale **Megáli Mitropóli** (Grande Métropole).

Petite-Métropole ★★ (Mikrí Mitropóli) **Plan II G1**

Sur le flanc sud de la Grande-Métropole. Écrasée par la masse de sa voisine, la Petite Métropole, placée sous la protection de la « Vierge qui exauce rapidement » (Panagia Gorgoepikoos), est une charmante église byzantine du 12e s. à plan en croix grecque et à coupole dont les proportions réduites donnent l'échelle de l'habitat d'Athènes à cette époque. Dans les murs extérieurs ont été réemployés maints éléments décoratifs plus anciens. C'est ainsi qu'entre les deux chapiteaux corinthiens marquant les angles de la façade se déroule une curieuse frise antique (4e s. av. J.-C.) représentant les mois avec les signes du Zodiaque et les fêtes ou activités correspondantes. Sur cette même façade, remarquer aussi plusieurs bas-reliefs (9e-10e s.) aux sujets chrétiens symboliques : lions de part et d'autre d'une croix (linteau du portail) ; griffons s'alimentant au raisin eucharistique et paons s'abreuvant à la source de vie éternelle. La croix à double traverse ainsi que les blasons des La Roche et des Villehardouin (fronton) sont des ajouts de l'époque franque. D'autres marbres sculptés, antiques ou byzantins, garnissent les murs latéraux et le chevet, où un bas-relief archaïque représente des danseuses.

Quitter la place par odos Pandrossou, puis prendre la deuxième rue à gauche (odos Mnisikeous) et la suivre jusqu'à odos Kiristou que l'on prend à droite.

Hammam de Abid Effendi Plan II G1

Au n° 8. Tlj sf mar 9h-14h30. Restaurés, ces bains turcs du 16ᵉ s. accueillent aujourd'hui des expositions d'art contemporain. La pénombre de ces lieux nimbés de mystère confère aux projections vidéo et autres effets sonores une certaine étrangeté.

Au débouché de la rue se dresse un édifice octogonal en marbre blanc, l'**Horlogeion**, appelé aussi **Tour des Vents**, construit à l'époque de Jules César, et inclus dans l'agora romaine.

Contourner par la droite et prendre odos Diogenous sur quelques mètres.

Musée des Instruments★ de musique
(Moussio Elinikon Moussikon Organon) Plan II G1

👤👤 *Maison Lassani, 1-3 odos Diogenous, sur la gauche -* 📞 *21032 501 98 - tlj 10h-14h sf merc. 12h-18h -fermé lun. - entrée libre.* Une demeure de 1842 abrite un centre de musicologie et un musée d'instruments de musique traditionnelle. Les 600 instruments (du 18ᵉ s. à nos jours) sont présentés sur quatre niveaux, dans des vitrines équipées de casques pour écouter leurs sons. Les pièces sont réparties selon les quatre grandes familles d'instruments : instruments à vent, percussions, cordes et idiophones (clochettes, cymbales…).

Revenir en arrière sur odos Pelopidas.

À l'angle de odos Eolou, parmi les herbes folles, subsiste la porte d'une médersa de 1721, établissement d'enseignement religieux musulman détruit en 1911.

Agora romaine (Romaïki Agorá) Plan II FG1

Accès face à odos Eolou - tlj 8h30-15h - 2 € (dim. gratuit).
Après avoir dépassé la **mosquée Fetiye** (Dzamí Fetiye) du 16ᵉ s., à coupoles et joli porche à colonnes, vous parvenez à l'agora aménagée par les Romains. Sur votre gauche se dresse l'Horlogeion.

Tour des Vents★ (Aérides) – Cet édifice, en marbre blanc, haut de 12,80 m, tient son nom des huit personnages ailés, symbolisant les vents dominants d'Athènes, sculptés sur les huit faces de la tour et identifiés par des inscriptions. Remarquer surtout : au nord, face à la rue Eolou, Borée, le vent froid, sous les apparences d'un homme barbu s'apprêtant à souffler dans une conque ; et à l'ouest, le doux Zéphyr laissant choir des fleurs de son manteau. En fait, cette tour avait été conçue pour recevoir une horloge hydraulique inventée par le Syrien **Andronicus**. L'eau y était amenée de la source Clepsydre située sur le versant nord de l'Acropole (d'où le nom de clepsydre donné par la suite aux horloges à eau). La tourelle ronde dont on aperçoit les vestiges sur la face sud constituait le réservoir de cette eau introduite à l'intérieur de la tour dans un cylindre où ses niveaux successifs indiquaient les heures ; la porte nord-ouest de la tour restait ouverte pour permettre la consultation de cette horloge. Transformée en chapelle au 6ᵉ s., la Tour des Vents devint sous l'occupation turque un *téké*, couvent de religieux musulmans et, au 18ᵉ s., elle abritait des derviches tourneurs. On croyait alors qu'elle était la tombe de Socrate.

Porte monumentale – *Au bout de l'agora.* Il subsiste quatre colonnes surmontées d'un fronton de cette porte, terminée en l'an 2 grâce aux subsides d'Auguste. Elle donnait accès à l'agora proprement dite dont vous venez de parcourir la cour intérieure, dallée de marbre et entourée d'un péristyle.

Contourner l'agora par odos Epaminonda, puis Dioskouron (passer devant la porte de l'agora) et, à gauche, odos Polignotou. Enfin, sur la droite, odos Panos part (de façon raide) à l'assaut du versant nord de l'Acropole : la suivre jusqu'à odos Theorias que vous prenez sur votre gauche.

Sur les hauteurs de Plaka

Courant à flanc de colline, odos Theorias ménage de superbes vues sur Plaka et, au loin, sur la ville moderne.

Musée Kanellopoulos★ (Moussío Kanelopoúlou) Plan II F2 – *À l'angle des rues Theorias et Panos -* 📞 *21032 123 13 - tlj sf lun. 8h30-15h - 2 €.* Dans une belle demeure du 19ᵉ s. a été réunie la collection léguée à l'État par Pavlos et Alexandra Kanellopoulos. Elle rassemble de remarquables céramiques antiques, des figurines de Tanagra, les bustes de Sophocle et d'Alexandre, des bijoux, des icônes byzantines, des objets d'art populaire, etc.

Un peu plus loin, le dôme couvert de tuiles rondes de la petite **église de la Transfiguration** (Metamorfossis) des 12ᵉ-14ᵉ s. dessert Anafiótika, quartier villageois aux venelles bordées de maisons basses, fondé par les réfugiés d'Anafi (Cyclades) au début de la guerre d'Indépendance.

En contrebas, la **Vieille Université** (Palío Panepistímio) abrite maintenant des expositions ; à l'origine demeure de l'architecte **Kleanthis**, elle devint en 1837 la première université du nouvel État grec avant d'être remplacée par l'université actuelle.

Prendre à droite, sur 100 m, une ruelle qui monte au-dessus du quartier d'Anafiótika.

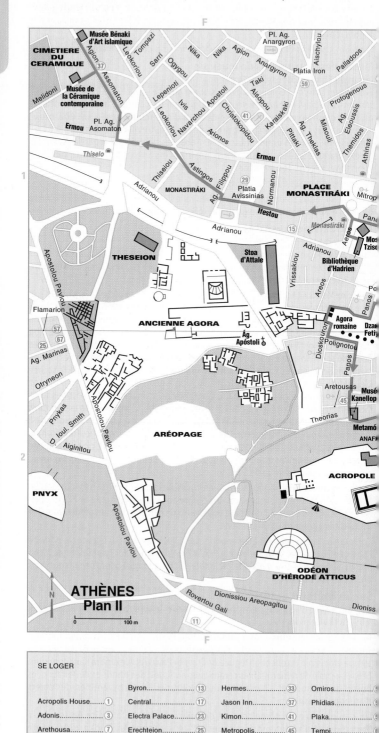

ATHÈNES Plan II

SE LOGER

	Byron	⑬	Hermes	㉝	Omiros	
Acropolis House	①	Central	⑰	Jason Inn	㊲	Phidias
Adonis	③	Electra Palace	㉓	Kimon	㊶	Plaka
Arethousa	⑦	Erechteion	㉕	Metropolis	㊺	Tempi
Attalos	⑨	Grande-Bretagne	㉙	Niki	㊾	Thission

La **vue★★**, particulièrement belle au coucher du soleil, se porte sur les toits des vieux quartiers ; elle s'étend au-delà sur le centre-ville dominé par la pyramide du Lycabette ; à droite, le mont Hymette ferme la perspective. Devant lui, les gradins du stade font une tache blanche dans la verdure ; tout à droite, les colonnes de l'Olympieion

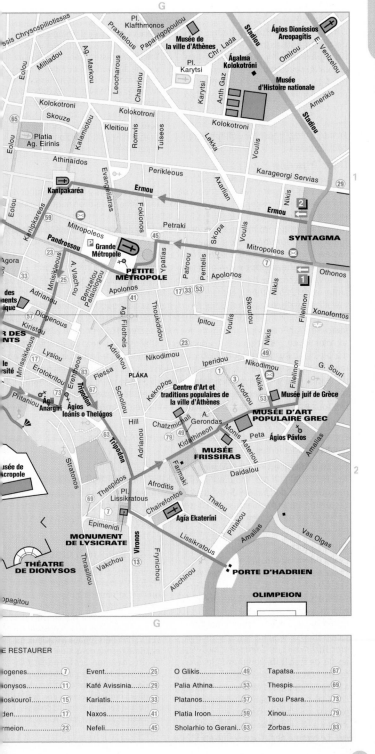

se dressent à l'extrémité du Jardin national. À gauche du Lycabette, la banlieue nord s'accroche au Pentélique, tandis que plus à l'est la ville tentaculaire est arrêtée par les pentes du Parnès.

Revenir à odos Theorias et suivre jusqu'à odos Pritaniou.

On aperçoit bientôt à gauche, près de deux hauts cyprès, l'église **Agioi Anárgyroi** du 17e s. qui se trouve dans la cour du couvent du St-Sépulcre, puis, au-delà, par la petite rue Erehtheos, en escalier, la chapelle **Ágios Ioánis o Theológos** (St-Jean-l'Évangéliste) du 12e s.

Prendre à droite odos Lysiou que prolonge odos Tripodon.

Odos Tripodon Plan II G2

La « rue des Trépieds » reliait le théâtre de Dionysos à l'agora : les vainqueurs des Jeux dionysiaques y faisaient édifier des « monuments chorégiques » surmontés par les trépieds de bronze qu'ils avaient reçus en récompense.

Un seul survit aujourd'hui : c'est le **monument de Lysicrate ★ (Mnimío Lissikrátous)** qui se dresse sur une place, au bout d'odos Tripodon. Élevé en 334 av. J.-C., il fut enclavé dans le couvent de capucins français en 1669, où sous la domination turque descendirent beaucoup de voyageurs chrétiens, tels Byron ou Chateaubriand. Utilisé par les pères comme bibliothèque, le monument était alors connu sous le nom de lanterne de Démosthène, car la tradition affirmait, à tort, que le grand orateur y travaillait ses discours. Ayant échappé aux misères de la guerre d'Indépendance qui détruisit le couvent, le monument de Lysicrate, restauré à partir de 1845 par l'École française d'Athènes, apparaît comme une rotonde d'une hauteur de 10,20 m, dont les six colonnes aux remarquables chapiteaux corinthiens sont reliées par des plaques de marbre blanc. Au-dessus court l'inscription dédicatoire et une frise sculptée représentant Dionysos changeant des pirates en dauphins, sujet présumé de la compétition dramatique remportée par Lysicrate. Le toit fait d'une seule plaque de marbre se termine par des feuilles d'acanthe qui supportaient le trépied aujourd'hui disparu. Des fouilles ont dégagé les bases d'autres monuments chorégiques.

Prendre odos Lissikratous.

Sur une place ombragée l'**église Ste-Catherine** (Agia Ekaterini) du 13e s., a subi plusieurs remaniements.

Porte d'Hadrien★ (Píli Adrianou) Plan II G2

À partir de 131 comme l'indique l'inscription de sa frise, Pili Adrianou séparait la ville grecque (celle de Thésée) de la nouvelle ville romaine d'Hadrien qui s'étendait de l'actuelle avenue Amalias jusqu'à l'Ilissos, aujourd'hui couvert. Non loin de la porte, on remarque un monument à Lord Byron (Mnimio Lordou Vyronos), ainsi qu'un buste de Melina Mercouri.

Olimpieion★★

(Naós Olimbíou Diós) Plan I B2

Entrée au carrefour de Vassillis Olgas, et de Vas. Amalias - ℘ 21092 263 30 - 8h30-15h - visite comprise dans le forfait Acropole, 2 € pour la visite de ce site seul.

Le temple de Zeus Olympien ou Olimpieion était l'un des plus vastes du monde grec (107 m x 41 m). Dès le 6e s. av. J.-C., les fils de Pisistrate voulurent élever à cet endroit un temple colossal dont on a retrouvé quelques tambours. Mais la chute de ces tyrans bâtisseurs interrompit les travaux qui ne furent repris qu'au 2e s. av. J.-C., puis à nouveau abandonnés. Le temple ne fut achevé qu'en 132 apr. J.-C., sous l'empereur Hadrien, qui fit ériger une statue colossale en l'honneur de Zeus. Les Barbares démolirent le temple qui, au Moyen Âge, servit de carrière de pierre. Aujourd'hui, les 15 colonnes corinthiennes, en marbre, qui subsistent – sur les 84 d'origine – impressionnent encore par leur masse et leur élan ; Chateaubriand les comparait aux palmiers d'Égypte.

Revenir place Lissistratous, puis par odos Adrianou, à droite, gagner odos Kidathineon.

Centre d'art et Traditions populaires de la ville d'Athènes
(Kéndro Laïkis Téhnis ke Parádossis Dímou Athinéon) Plan II G2

👤🧍 *6 rue Hatzimihali, à l'angle de la rue A. Geronda -* 🕿 *21032 439 87 - mar.-vend. 9h-13h et 17h-21h, sam.-dim. 9h-13h, fermé le lun. - entrée libre.* Abrité dans une belle maison où vécut Ang. Hatzimihali (1895-1965), passionnée d'arts et de traditions populaires, ce petit centre présente des collections de tissage et de broderie (dentelles et broderies en couleurs), des costumes régionaux, des instruments de musique, des outils agricoles, etc. Une hutte typique de l'habitat des nomades Sarakatsans est reconstituée à l'étage.

Revenir à odos Kidathineon et prendre à droite odos Monis Asteriou.

Musée Frissiras ★ Plan II G2s

Au n° 3 - 🕿 *21032 346 78 - www.frissirasmuseum.com - merc.-vend. 10h-17h, sam.-dim. 11h-17h - 6 €.* Créé en 2000, ce musée d'art contemporain possède une collection de 3 500 peintures figuratives consacrées au thème de la figure humaine. Exposées par roulement, sur trois niveaux répartis autour d'un agréable patio central, les œuvres ont été réalisées par des artistes grecs (Dimos Skoulakis, Vangelis Piliaridas, Maria Filopoulou…) ou internationaux, parmi lesquels on relève quelques noms réputés, tels que **Valerio Adami**, **Eduardo Arroyo**, **Vladimir Velickovic**, **David Hockney**, **Sam Szafran** ou **Antonio Segui**. Des expositions temporaires sont en outre organisées dans une merveilleuse demeure néoclassique située à quelques mètres, au coin de la rue Peta.

Revenir à odos Kidathineon.

Musée d'Art populaire grec ★ (Moussío Elinikís Laïkís Téhnis) Plan II G2

👤🧍 *Au n° 17 -* 🕿 *21032 130 18 - tlj sf lun. 9h-14h - 2 €.*

Les collections du musée reflètent toutes les traditions du pays, teintées d'influences balkaniques, méditerranéennes et orientales. Au rez-de-chaussée, les objets domestiques ou pastoraux laissent une grande place aux broderies du Dodécanèse, d'Épire, de Crète et de Skyros. On y évoque également le théâtre d'ombres, ainsi que les mascarades, cérémonies probablement d'origine dionysiaque, qui voient au début janvier des personnages revêtus de peaux de bêtes arpenter les rues des villages. Au 1er étage, vous pourrez voir des peintures murales exécutées par **Theophilos** (v. 1868-1984), le grand peintre « naïf » de Grèce, qui faisait voisiner sur les murs de sa chambre (ici reconstituée), des héros de la libération nationale avec Alexandre le Grand et Roméo et Juliette… L'étage suivant est consacré au travail du métal, qu'il s'agisse d'armes, de bijoux ou d'objets religieux. Enfin, le dernier étage est consacré aux costumes traditionnels, des sobres vêtements des bergers nomades Sarakatsans aux chauds coloris des costumes de la Grèce balkanique en passant par les somptueuses broderies des parures de fête aux lourds bijoux d'argent, et les élégants costumes bourgeois de la Grèce centrale et du Péloponnèse.

Prendre sur la gauche odos Nikis.

Musée juif de Grèce★ (Evraïkó Moussío tis Elládas) Plan II G2

Au n° 39, sur la droite - 🕿 *21032 255 82 - tlj 9h-14h30, dim. 10h-14h, fermé le sam. - sonner - 5 €.* Fondé en 1977, ce musée s'emploie à rassembler, préserver et faire connaître l'héritage de plus de 2 000 ans de présence juive en Grèce. Après une reconstitution de l'intérieur de la synagogue romaniote de Pátra (19e s.), fermée par les nazis, et transférée ici lors de la dissolution de la communauté en 1979, le musée présente de façon chronologique et thématique l'histoire de la présence juive en Grèce. Des cartes et autres documents montrent l'implantation des communautés juives dans les Empires romain et byzantin, ainsi que les itinéraires empruntés, à partir du 15e s., par les juifs chassés de la péninsule Ibérique. Mannequins et aquarelles présentent les costumes portés par les juifs dans l'Empire ottoman, du 16e au 19e s. Le musée possède aussi de nombreux objets à caractère religieux, tels que des coffrets en bois sculpté, appelés *tik*, renfermant la Thora. L'époque moderne est évoquée avec l'apparition du sionisme, très dynamique en Grèce et la première émigration en Palestine, avant la douloureuse époque de l'occupation qui vit la déportation dans les camps de la mort de la majeure partie de la population.

Histoire d'une communauté

Présents en Grèce dès le 3e s. av. J.-C., les Juifs, connus sous le nom de Romaniotes sous l'Empire byzantin, parlaient le judéo-grec et bénéficiaient des mêmes droits que les chrétiens sous la domination ottomane. Ils furent rejoints, après 1492, par les séfarades expulsés d'Espagne qui s'exprimaient en ladino ou judéo-espagnol, et s'installèrent pour la plupart à Thessalonique dont ils contribuèrent à l'essor économique. Mais lors de la Seconde Guerre mondiale, 87 % des Juifs des secteurs occupés par les Allemands et les Bulgares furent déportés et bien peu sont revenus des camps. Aujourd'hui, il en reste moins de 5 000, contre 78 000 en 1939.

La rue Kidathineon mène à la rue Filelinon et à l'**église russe St-Nicodème** (Ágio Nikódimos), édifice byzantin du 11e s. à coupole, remanié au siècle dernier, et de là à la place Syntagma.

Monastiráki ②

De Syntagma au Céramique. Compter deux heures. Plan II

À la lisière de Plaka, l'ancien quartier turc, où se trouvaient le bazar ainsi que le principales mosquées et les bâtiments administratifs, est devenu un secteur commerçant et populaire.

De la place Syntagma, descendre odos Ermou.

Rue Ermou Plan II G1

Axe du quartier, cette voie, d'abord piétonne, est bordée de grands magasins e de boutiques de prêt-à-porter, ainsi que de nombre d'enseignes internationales L'animation ne s'y relâche jamais et, comme toutes ses pareilles de par le monde elle est entretenue par les musiciens de tous ordres, quatuors à cordes ou joueur de limonaires.

Kapnikaréa – Sur une petite place, cette église, rattachée à l'université d'Athènes tient vraisemblablement son nom de celui d'un fondateur. Il s'agit d'une église double comprenant deux chapelles accolées, l'une, à droite, du 11e s., sur plan en croix grecque l'autre du 13e s. coiffée d'une coupole. Le narthex qui réunit les deux façades a, lu aussi, été monté au 13e s. Les peintures, d'inspiration byzantine, sont modernes.

Prendre à gauche odos Kapnikareas puis odos Pandrossou, à droite.

Rue Pandrossou★ Plan II G1

Étroite et encombrée d'une foule affairée, la rue ressemble à un souk avec ses échoppe à auvent au seuil desquelles les marchands interpellent les chalands. Les rayons son garnis d'une masse d'objets hétéroclites : babouches, *tsarouhia* (sabots à pompons) tapis, tricots et broderies, ceintures, objets d'argent et de cuivre ciselé ou repoussé icônes et céramiques, statues antiques produite à la chaîne, etc.

À gauche s'ouvrait l'entrée du bazar, marché installé dans les ruines de la bibliothèque d'Hadrien et incendié en 1885.

Place Monastiráki★ Plan II F1

Très animée surtout le matin, cette place, sur laquelle donne la station de métro du même nom, constitue le cœur de l'ancien quartier turc et une des attractions d'Athène avec ses friperies et ses étals chargés de fruits. Des terrasses de café contribuent a charme de l'ensemble sur lequel s'élève la **Pantanassa** *(travaux de restauration e cours)*, sanctuaire reconstruit au 17e s. sur des vestiges plus anciens, et qui dépenda jadis du monastère de femmes qui a donné son nom à la place.

Mosquée Tzisdarakis – Collection de céramiques
(Moussio Elinikís Laïkis Keramikís) Plan II F1

☎ 21032 420 66 - tlj sf mar. 9h-14h30 - 2 €.

À l'angle de odos Pandrossou et Areos, l'ancienne mosquée Tzisdarakis (1759), pri vée de son minaret, mais ouvrant sur la place par un élégant portique, accueill depuis 1975, la **collection de céramiques** du musée des Arts populaires grecs réuni par V. Kyriazopoulou. Poteries et faïences régionales (remarquez les panneaux réalisé par un céramiste d'Asie Mineure, Minas Avramidas) sont agréablement disposée dans le sanctuaire avec son mihrab peint et ses tribunes.

Bibliothèque d'Hadrien (Vivliothíki Adrianoú) Plan II F1

Rue Areos, sur la gauche.

L'incendie du bazar en 1885 a permis d'identifier les vestiges de la bibliothèque d'Hadrien, construite en 132 et décrite par Pausanias. Cet imposant édifice rectan gulaire de 122 m sur 82 m, à péristyle comptant 100 colonnes, fut dévasté par les Barbares et relevé au 5e s. lors de la construction, dans la cour de la bibliothèque, d'un bâtiment quadrilobé ; sur les restes de celui-ci furent édifiées successivement deux églises, l'une au 7e s. dont subsistent des colonnes, l'autre aux 11e-12e s. La façade d'entrée, rue Areos, est assez bien conservée, notamment dans sa colonnade corinthienne en marbre d'Eubée. Elle correspond à peu près à la moitié de la façade d'origine, qui précédait la cour où l'on remarque les fondations de l'église byzantine. La bibliothèque proprement dite se trouvait au fond de cette cour.

Revenir à la place, et prendre odos Ifestou, dans le prolongement d'odos Pandrossou.

La **rue Ifestou** (Héphaïstos), dont le nom est lié à celui du temple voisin, le Theseion, est vouée aujourd'hui, comme aux temps antiques, aux forgerons et aux artisans des métaux, en particulier du cuivre.

Au bout d'Ifestou, prendre odos Astingos pour rejoindre odos Ermou et la poursuivre jusqu'à odos Agion Asenaton, derrière l'église du même nom, que l'on prend à droite.

Un peu perdue dans cet environnement, l'**église Agios Asematon**, semi-enterrée, et bâtie au 11e s., présente sur sa façade une frise gravée des caractères coufiques.

Musée Benaki d'art islamique★ (Mousseio islamiki Tekhnis) Plan II F1
Au n° 22 - mar-dim 9h-15h (21h le merc.) - 5 € (merc. gratuit).
Cette annexe du célèbre musée Benaki a investi une belle demeure ancienne dont la terrasse, occupée par un petit café, offre de belles vues sur le cimetière du Céramique. Les quatre niveaux d'exposition permettent de découvrir une superbe collection disposée par ordre chronologique. Bijoux en ivoire et en cristal, bois sculptés (porte à double battant du 8e s.), poteries, et travail du métal évoquent au premier étage le monde islamique du 7e au 12e s. Au second (12e-16e s.), vous découvrirez notamment un chandelier ciselé d'or et d'argent (Mossoul, 1317), et de superbes céramiques peintes. Le troisième évoque les 16e-17e s. avec un revêtement mural de céramique (Izmir, vers 1560) et la salle de réception au sol de marbre d'une maison du Caire. Remarquez également une plaque conservant les empreintes du Prophète. Enfin, armes et armures, bijoux, plaques de céramique provenant du palais du sultan à Édirne, témoignent du raffinement de l'art islamique au 19e s.

Revenir en arrière jusqu'à odos Melidoni.

Brocante et bonnes affaires au marché de Monastiráki, le quartier très vivant d'Athènes.

Musée de la Céramique contemporaine
(Moussío Neóteris Keramikís) Plan II F1
Au n° 4-6 - ✆ 21033 184 91 - lun., jeu. et vend. 9h-15h, merc. 9h-20h, sam. 10h-15h, dim. 10h-14h - fermé le mar - 2 €.
Connu aussi sous le nom de Kentro Meletis Neoteris Keramikis, fondation de la famille Psaropoulou, il est logé dans la demeure néoclassique (18e s.) de ses fondateurs. Il est consacré à l'étude et à la promotion d'objets en céramique traditionnelle et moderne liés à la vie quotidienne. Chaque année est organisée une exposition associée à l'histoire et à l'utilisation d'un objet particulier.

Poursuivre dans odos Ermou.

Porte sacrée et Dipylon★ (Ierá Píli - Dípilo) Plan I A2

Iera Pili, édifiée en même temps que le mur de Thémistocle (5ᵉ s. av. J.-C.), livrait passage à la Voie sacrée conduisant à Éleusis. De même époque, le Dipylon, porte double entourée de deux tours, constituait l'entrée principale d'Athènes. Par là passait la voie qui se dirigeait vers l'Académie. Le Pompeion servait d'entrepôt pour le matériel des processions des Panathénées, qui y avaient leur point de départ.

Cimetière du Céramique★ (Keramikós) Plan I A2

Au nº 148 - ℘ 21034 635 52 - 8h-19h, nov.-mars ; tlj sf lun. 8h-15h. - visite comprise dans le forfait Acropole - 2 € pour la visite de ce site seul (même ticket pour le musée).

Le cimetière du Céramique, le plus important d'Athènes, situé en dehors de la ville antique, tient son nom de l'argile *(keramos)* utilisée pour la fabrication des vases funéraires. À partir du 6ᵉ s. av. J.-C., les tombes furent ornées de stèles et de statues qui atteignirent leur plus grand faste au siècle de Périclès. Des fouilles commencées en 1863 permirent de belles trouvailles exposées au Musée national ; quelques statues et stèles sont restées en place. Laissant à gauche le **musée**, descendre le chemin sud qui pénètre dans la partie la mieux conservée du cimetière : tombes du 4ᵉ s. av. J.-C. au 1ᵉʳ s. apr. J.-C. On accède à l'entrée de la voie ouest, bordée de tombeaux du 4ᵉ s. av. J.-C. érigés par de riches familles athéniennes, avec notamment, à l'angle, une tombe familiale à bas-relief (moulage) de cavalier combattant (Dexileos). Plus loin, on distingue un groupe de trois monuments, d'une famille d'Héraclée, dans le Pont-Euxin. La tombe du trésorier Dionysos est reconnaissable au taureau posé sur un pilier ; celle de l'archonte Lysimachides et de sa famille est surmontée d'un chien. Voir enfin la célèbre stèle d'Hegeso, dont l'original figure au Musée national. Revenir sur ses pas jusqu'à la Voie sacrée que l'on prend à gauche. Remarquer sur le côté sud la stèle d'Antidosis, qui était peinte, et le lécythe d'Aristomachos.

Athènes néoclassique : Entre Syntagma et Omónia ③

Cette balade vous permet de découvrir les hauts lieux de l'Athènes du roi Otton de Bavière. Compter une demi-journée, visite des musées comprise. Plan I

Place Syntagma ★ Plan I C2

La **place de la Constitution** est le centre élégant d'Athènes. C'est sur son centre piéton, animé par des terrasses de cafés, que débouche la station de métro du même nom. La place est dominée à l'est par l'ancien palais royal édifié pour Otton Iᵉʳ de Bavière, devenu parlement (Vouli) en 1935. Au pied du palais, deva nt le monument au Soldat inconnu, se tiennent les sentinelles de la Garde, ou **evzone** (ce nom signifie « à la belle ceinture »), en jupette (fustanelle), chaussées de socques à pompons *(tsarouhia)*. Toutes les heures, au moment de la relève, les gardes évoluent en une sorte de fascinant ballet d'automates, remarquable de précision et de synchronisation, dont la grâce n'est pas exclue. (*Le dimanche à 11h, les gardes sont plus nombreux et leurs uniformes plus riches*).

Rue Panepistimiou★ (Odos El. Venizelou) Plan I BC1

Quitter la place coté nord en contournant l'hôtel Grande-Bretagne.

C'est l'avenue de l'Université. Après avoir longé le bâtiment du prestigieux **hôtel Grande-Bretagne** élevé par Th. Hansen en 1843 et qui accueillit de 1856 à 1874 l'École française d'archéologie, vous débouchez sur cette avenue bruyante et animée par une circulation automobile incessante et par les badauds attirés par les boutiques de luxe.

Musée de Numismatique d'Athènes (Nomismatikó Moussio) – *Au nº 12, sur le trottoir de droite - ℘ 21036 437 74 - tlj sf lun. 8h30-15h - 3 €.* Occupant un bel hôtel particulier connu sous le nom de « palais de Troie » (Iliou Mélanthron) que l'archéologue **Heinrich Schliemann** fit bâtir en 1879 par l'architecte **Ernst Ziller** (1837-1923) dans le style des palais vénitiens de la Renaissance, ce musée possède 500 000 pièces de monnaie et médailles dont 2 000 d'or et 4 000 d'argent. Les monnaies grecques figurent parmi les plus anciennes du monde : elles furent frappées à partir du 7ᵉ s. av. J.-C.

Admirez des pièces rares de l'Antiquité grecque et romaine, de l'époque byzantine, du Moyen Âge et des temps modernes. On remarque aussi une collection de sceaux en plomb d'époque byzantine, une série de poids antiques et byzantins, de gemmes de diverses périodes, ainsi que des jetons anciens de plomb et de bronze.

Un peu plus loin, au coin d'Omirou, apparaît la cathédrale catholique romaine, **Saint-Denys l'Aréopagite** (Ágios Dioníssios Areopagítis), œuvre de **Leo von Klenze**.

Université, Académie, Bibliothèque nationale★ (Panepistímio, Akadimía, Ethnikí Vivliothíkí) – Ces trois édifices du 19e s., en marbre blanc, composent un ensemble architectural de style néoclassique aux lignes élégantes, bien qu'un peu sèches. Au centre, l'Université, le bâtiment le plus ancien, construit de 1837 à 1864 par l'architecte danois Chr. von Hansen, est remarquable par la pureté de sa façade. À droite, l'Académie, élevée aux frais du baron Sina, banquier grec établi à Vienne, reçut de Th. von Hansen, frère du précédent, l'aspect d'un temple ionique qu'encadrent deux hautes colonnes surmontées des statues d'Apollon et d'Athéna. À gauche, la Bibliothèque nationale évoque un temple dorique ; elle recèle 500 000 volumes et 3 000 manuscrits.

En continuant jusqu'au bout de l'avenue, vous atteignez la **place Omónia** (de la Concorde), bruyante, encombrée de marchands ambulants et où règne une ambiance populaire.

Prendre sur votre gauche odos Athinas, jusqu'à la place Kodzia, large espace piéton s'ouvrant face à l'**Hôtel de Ville** que signale un monument à Périclès et un autre à la drachme, la monnaie historique d'Athènes… et de la Grèce.

La prestigieuse Académie des arts, emblématique de la période néoclassique d'Athènes.

Place Kodzia – Centre d'Athènes dans la seconde moitié du 19e s., elle en a conservé quelques hôtels particuliers. Devant la Banque nationale de Grèce, dans une fosse, ont été mis en évidence les vestiges d'une voie antique bordée de tombes puis, plus tard, d'ateliers de potiers.

Par odos Eolou, piétonne, gagner le Marché national.

Marché national★ (Ethnikí Agorá) – *Fermé le dimanche.* Il règne dans les allées de ce marché couvert une ambiance orientale assez extraordinaire. Remarquez surtout le pavillon de la viande, les vendeurs d'œufs, les étals d'herbes aromatiques et, près de la rue Sofokleous, les orfèvres et changeurs, munis de petites balances.

Face à la façade du marché, au-delà d'odos Athinas, la **chapelle St-Jean-de-la-Colonne** (Ágios Giánis stin Kolóna), construite autour d'une colonne corinthienne se dissimule au n° 72 de la rue Evripidou.

Revenir à odos Eolou, puis prendre à gauche sur la place Ierou et continuer jusqu'à la pace Klafthomos.

Place Klafthmonos (place des Larmes) Plan 1 B1
Cette place est ainsi nommée parce que les fonctionnaires des ministères voisins venaient s'y lamenter lorsqu'ils étaient licenciés. Peu avant d'y accéder, vous aurez découvert l'**église Ágii Theódori**, du 11e s., la plus ancienne d'Athènes, dont la coupole repose sur des murs et non sur des colonnes.

Musée de la Ville d'Athènes (Moussío tis Póleos ton Athinón) – *Sur votre droite, odos Paparrigopoulou -* ℘ *21032 461 64 - tlj sf mar. 10h-14h, sam.-dim. 9h-13h30 - 5 €.* Installé dans le **palais Vouros**, résidence néoclassique due à l'architecte Leo von Klenze, qui fut le palais des souverains grecs de 1836 à 1842, ce musée illustre l'histoire sociale et la vie quotidienne à Athènes durant le règne du roi Otton. À l'étage, dans les pièces reconstituées du palais, sont exposés les tableaux de la collection de Kasma Stathi.

Vous débouchez alors sur odos Stadiou qui redescend à droite vers Syntagma.

Musée d'Histoire nationale★ (Ethnikó Istorikó Moussío) – 13 odos Stadiou, place Kolokotroni - ℘ 21032 376 17 - tlj sf lun. 9h-14h - 3 €. Il est abrité dans les dépendances de l'ancien Parlement construit de 1858 à 1871 par Florimond Boulanger et désaffecté en 1935 (on peut voir la salle des séances). Ce musée doit être vu par tous ceux qui s'intéressent à l'histoire de la Grèce moderne, de la chute de Constantinople (1453) à la Seconde Guerre mondiale.

L'Athènes néoclassique : au pied du Lycabette★ 4

Balade au départ de la place Syntagma. Compter une journée, si vous agrémentez la balade de la visite d'un ou deux des grands musées décrits dans le chapitre « Visiter ». Quitter la place Syntagma, sur la gauche du Parlement, par l'avenue Vas. Sofias, en restant sur le trottoir de gauche. Plan I

Face au Jardin national, deux des grands musées d'Athènes se font suite sur l'avenue que bordent de nobles demeures occupées par des représentations diplomatiques et les sièges de grandes banques : le célèbre **musée Benaki** et le **musée d'Art cycladique** qui a investi une ravissante demeure de 1895 *(voir ci-après Visiter les grands musées d'Athènes p.150).*

Prendre sur la gauche odos Koumpari.

Place Kolonaki (Platia Kolonákiou) Plan I D2

Entourée de boutiques de luxe, restaurants et cafés élégants, cette place doit son nom historique (elle se nomme aujourd'hui platia Filikis Etaireias) à une petite colonne, dans le jardin central. Ce nom s'est étendu au quartier, accroché aux pentes du Lycabette. Le long des rues se succèdent les boutiques les plus raffinées d'Athènes : mode, joailliers, librairies et galeries d'art.

Lycabette★★★ (Lykavittós) Plan I D1

Depuis la place Kolonáki, gagner la gare du téléphérique par odos Patriarchou Ioakeim puis à gauche, odos Ploutarchou, entrecoupée de marches jusqu'à odos Aristippou. Ceux que la montée pédestre rebuterait, peuvent prendre sur la place le bus n°60 qui les déposera odos Kleomenous. Le funiculaire se trouve une rue plus haut, à l'angle de la rue Aristippou et des escaliers de la rue Ploutarchou ; dép. ttes les 30mn 9h-3h du matin, tlj - 4 € AR ou 2 € AS. Selon la légende, c'est Athéna qui aurait laissé tomber ce haut rocher de 277 m qu'elle destinait à l'Acropole. La **colline des Loups** est aujourd'hui couronnée par l'église Ágios Georgios où se déroule le Samedi saint une importante procession. Des terrasses avoisinantes, un admirable **panorama** embrasse la ville d'Athènes, l'Acropole, et la côte du Pirée ainsi que les principaux sommets environnants : au sud-est l'Hymette, à l'est le Pentélique troué de carrières de marbre et au nord la massive silhouette du Parnés.

Redescendre jusqu'à l'avenue Vas. Sofias et la traverser.

Le **palais de la duchesse de Plaisance**, œuvre de l'architecte **S. Kleanthis** élevé entre 1840 et 1848 abrite aujourd'hui le **musée d'Art byzantin** *(voir Visiter les grands musées d'Athènes p.149).*

Musée de la Guerre (Polemikó Moussío) Plan I D2

Avenue Vassilissis Sofias et 2 odos Rizari (métro Evangelismos), juste après le musée d'Art byzantin - ℘ 21072 444 64 - tlj sf lun. 9h-14h - entrée libre. Au rez-de-chaussée de ce musée que des avions de chasse signalent à l'attention, galerie des armes anciennes et de beaux costumes militaires. Le 1er étage évoque l'histoire militaire de la Grèce, de l'Antiquité à nos jours. Particulièrement intéressantes sont les maquettes de forteresses byzantines ou franques, l'évocation de la guerre d'Indépendance, ainsi que l'illustration de la Catastrophe d'Asie Mineure et de la Seconde Guerre mondiale, notamment les terribles combats d'Épire et la Résistance.

Poursuivre sur Vas. Sofias jusqu'à son croisement avec Vas. Konstantinou. En face, sur celle-ci, se trouve le bâtiment de l'hôtel Hilton. La galerie nationale est à côté.

Galerie nationale - musée Alexandre Soutsos★
(Ethnikí Pinakothíki - Moussío Alexandrou Soútsou) Plan I D2

50 av. Vas. Konstandinou - ℘ 21072 359 37 - lun.-sam. 9h-15h, dim. 10h-14h - fermé le mardi - 6,50 €. C'est à un panorama complet de la peinture grecque que convie ce musée. Vous découvrirez la peinture néohellénique depuis ses origines (notamment le **Greco**), avec l'école des îles Ioniennes représentée entre autres par **Nikolaos Doxaras**, précédant les premières années de l'indépendance qui voit se développer une peinture bourgeoise (portraits et scènes d'histoire où s'illustre **Theodoris Vryzakos**), précédant l'irruption de l'école de Munich avec **Volanakis** et **Lytras**. Le préimpressionnisme apparaît avec **Periklis Panazis** et **Iakovos Ritzos** représenté par une superbe *Dame dans son jardin*. La fin du 19e s. voit apparaître l'orientalisme **(Theodoros Rakis)**, tandis que **Polychromes Lembesis** scandalise avec ses nus réalistes. Au 20e s. **Odysseus Fokas** revient aux sources de l'impressionnisme, tandis qu'une certaine simplification des formes apparaît avec **Konstantinos Parthenis**, représentant du style Sécession et que s'affirme **Nikolaos Lytras**, avec un remarquable travail sur la lumière. **Nikos Engonopoulos** représente le surréalisme, **Nikos Chazikyriados-Ghika**, le cubisme, tandis que le désastre d'Asie Mineure s'accompagne d'un retour vers les formes traditionnelles, avec **Foros Kontoglou**. On observe que l'abstraction ne prend jamais véritablement pied en Grèce, hors une courte période, celle de la génération des années soixante représentée par **Thassos Christakis** ou **Alekos Kontopoulos**, tandis que, plus près de nous, **Kostas Tsoclis** représente l'art conceptuel et **Chryssa** expose des créations constituées de tubes de néon.

Continuer à descendre l'avenue Vas. Konstantinou.

L'ancien stade de la ville… encore très bien conservé.

Stade panathénaïque (Panathinaïkó Stádio) Plan I D2

Placé dans la verdure, ce stade de marbre, également appelé Kallimarmaro, occupe l'emplacement du stade antique, aménagé sous Lycurgue au 4e s. av. J.-C. et reconstruit par Hérode Atticus en 144 apr. J.-C. Ruiné et livré à la culture du blé, il fut reconstitué sur son plan d'origine pour les jeux Olympiques de 1896, et rénové pour accueillir l'arrivée du Marathon et les épreuves de tir des Jeux de 2004. Du haut de ses gradins de marbre blanc, qui peuvent accueillir 45 000 spectateurs, vue sur le Jardin national et l'Acropole.

Traverser (avec précaution) pour gagner le Jardin national.

Jardin national★ (Ethnikós Kípos) Plan I C2

👥 *Ouvert de 8h à 21h en été.* L'ancien jardin de la reine Amélie fut aménagé à partir de 1840 par le jardinier français Bareaud. On appréciera ses ombrages et sa végétation touffue, ses bassins et ses massifs de fleurs, ses beaux spécimens de palmiers, d'orangers, de cyprès et de pins d'Alep ; il possède près de 500 espèces d'arbres ou de plantes, un **musée botanique** (charmante construction néoclassique) et un petit **zoo**. Sa partie sud, le **Zapio**, tirant son nom donateurs du terrain, est un parc très fréquenté le soir. Harmonieux édifice néoclassique (1888), le **palais du Zappeion** est utilisé pour des expositions. C'est ici que fut signée, en 1979, l'adhésion de la Grèce à la Communauté européenne.

Regagner alors la place Syntagma.

Visiter les grands musées

Musée archéologique national ★★★
(Ethnikó Arheologiko Moussío) Plan I B1

44 odos 28-Oktovriou Métro Viktoria, bus nº 200 - 𝒫 21082 177 17 - mar.-dim. 8h-19h, lun. 12h30-19h - 12 €. Consacré à l'art antique, de l'époque néolithique à l'époque romaine, le Musée national archéologique, récemment réaménagé, rassemble les principales œuvres d'art provenant des grands sites archéologiques grecs, à l'exception de Delphes, d'Olympie, de la Crète et des sites macédoniens, ce qui en fait un des plus riches du monde.

Collections préhistoriques – *Face à l'entrée.* Vous pénétrez dans la vaste salle 4 consacrée aux antiquités mycéniennes et vous voilà face à un des clous du musée : il s'agit principalement des œuvres découvertes lors des fouilles pratiquées à Mycènes depuis 1876 par **Heinrich Schliemann** et ses successeurs. Mettant au jour les vestiges d'une civilisation totalement inconnue jusqu'alors, l'archéologue allemand fut certain d'avoir découvert le décor dans lequel avaient évolué les héros homériques de l'*Iliade*. Il se hâta d'identifier ses trouvailles et crut reconnaître Agamemnon dans un admirable masque d'or qui couvrait le visage d'un prince défunt (**3**). Parmi les autres objets trouvés dans les tombes de Mycènes, de fabuleux bijoux d'or (ceintures, bracelets, broches), d'autres masques funéraires, une extraordinaire une tête de taureau en argent aux cornes et au chanfrein d'or (**4**), exposée dans une vitrine à droite, des poteries complètent ce fabuleux mobilier funéraire.

Mais le masque d'Agamemnon a fait négliger la chronologie : à gauche de cette même salle, juste à l'entrée, remarquez l'idole assise dite du « Penseur » (**1**), qui vous donne accès à une salle latérale consacrée aux **antiquités néolithiques** (6800-3300 av. J.-C.) et qui regroupe les objets les plus anciens du musée, provenant de Grèce centrale et de Thessalie et témoignent d'une civilisation sédentaire pratiquant l'agriculture et l'élevage. Lui faisant pendant sur la droite, la salle 6 est consacrée à la **civilisation cycladique** qui connut son apogée à l'âge du bronze et influença l'ensemble du monde égéen. Remarquez les formes stylisées et les contours adoucis des idoles de marbre comme celle d'Amorgos (**2**), la plus grande statue que nous ait conservée l'art cycladique (1,50 m), puis les fameuses statuettes des joueurs de flûte et de harpe qui témoignent du développement du sens de la troisième dimension. Avec les vases, notamment celui de Fylakopi (Milos), orné d'un oiseau rouge et noir, on voit apparaître les formes et la décoration des futures céramiques de Santorin.

Ressortir dans le hall et prendre sur votre droite.

Sculptures archaïques (7e-déb. 5e av. J.-C.) – *Salles 7 à 14.* Sculpteur mythique réputé pour le mouvement et la vie insufflés dans ses œuvres, Dédale prêta paradoxalement son nom au style dédalique, caractérisé par un éclatement des formes géométriques et l'apparition de sujets animés, mais aussi par des corps figés, bras ballants le long du corps, comme en témoignent la plupart des statues de la salle 7 : voir la statue dite d'Artémis (**5**) face à une immense amphore à décor géométrique attribué au peintre Dipylon. L'époque archaïque est représentée dans les salles suivantes par des « kouroi » (jeunes hommes) et des « korai » (jeunes filles) retrouvés sur des tombes ou dans différents sanctuaires. Voyez notamment dans la salle 8, le colossal kouros du cap Sounion qui se dressait devant le premier temple de Poséidon. Dans la salle 13, vous remarquerez la statue d'Aristodikos (**6**), un des derniers kouroi qui annonce déjà le classicisme par son sens du mouvement (remarquez le balancement des bras). Voir également le *kylix* à figure rouge relatant le combat d'Héraklès avec Anthée, et Thésée attaquant Procuste.

Sculptures classiques (5e-4e s. av. J.-C.) – *Salles 15 à 28, 34 et 35.* Vous découvrez des témoignages du style sévère, prémices de l'art classique *(salle 15),* qui vit s'illustrer un sculpteur, Myron, auteur du fameux *Discobole*. La salle est dominée par le célèbre **Poséidon** de l'Artémision (**7**) : superbement campé, le dieu de la Mer tenait en sa main droite le trident symbolique – ou le foudre s'il s'agissait de Zeus ; l'auteur a donné à la tête beaucoup de noblesse et de finesse, bien que les orbites aient perdu leurs yeux d'ivoire. Lui faisant face, le relief d'Éleusis (**8**) est admirable par la gravité et le recueillement des personnages : Déméter (à gauche) déesse de la Fécondité et protectrice de l'agriculture remet, en présence de sa fille Perséphone, un épi de blé à Triptolème, fils du roi d'Éleusis, chargé d'enseigner l'agriculture à l'humanité (vers 440-430).

Les salles suivantes sont consacrées aux monuments funéraires, qui deviennent de plus en plus monumentaux : vous remarquerez dans la salle 18, la stèle funéraire d'Hegeso, jadis au Céramique (**9**) qui montre la jeune fille assise sur un siège : elle examine un bijou tiré du coffret que lui présente sa servante (l'œuvre, d'une rare élégance, date de 410, est attribuée à Callimaque, l'un des principaux élèves de Phidias). La réplique de l'Athéna du Varvakeion *(salle 20)* vous donnera une idée de ce que put être la gigantesque statue chryséléphantine réalisée par Phidias afin d'orner le Parthénon. Vous débouchez dans la salle 21 qui, en dehors de toute chronologie, présente l'admirable Jockey d'Artemision (**10**), un bronze hellénistique du 2e s. av. J.-C. retiré de la mer au large du cap Artemisio comme le Poséidon : l'effort du cheval bondissant et la fougue de l'enfant sont rendus avec vigueur.

Pour poursuivre votre parcours chronologique dans la statuaire grecque, prenez en face vers la salle 22.

La fin de l'époque classique – *Salles 22 à 28*. La salle 22 présente des éléments architecturaux provenant du sanctuaire d'Asclépios à Épidaure. Parmi les stèles de la salle suivante, vous remarquerez le naturel du couple en train de converser (à droite de la porte). La salle 28 qui présente des œuvres caractéristiques de la fin de l'époque classique retiendront l'attention. Un haut-relief de cheval fougueux (**11**) maintenu par un esclave noir (2e s. av. J.-C.) d'un réalisme très vivant illustre la transition entre l'art classique et l'art hellénistique. L'Éphèbe de Marathon (**12**), statue en bronze, est une œuvre classique du 4e s. av. J.-C., que sa souplesse et son élégance permettent de rattacher à l'école de Praxitèle. Enfin, l'**Éphèbe d'Anticythère** (**13**), statue en bronze du 4e s. av. J.-C., représenterait Pâris offrant la pomme (manquante) à Aphrodite. Mais il faudrait tout détailler, de cette tête du boxeur Satyre, vainqueur aux jeux d'Olympie et de Némée, à la beauté mélancolique d'Aphrodite…

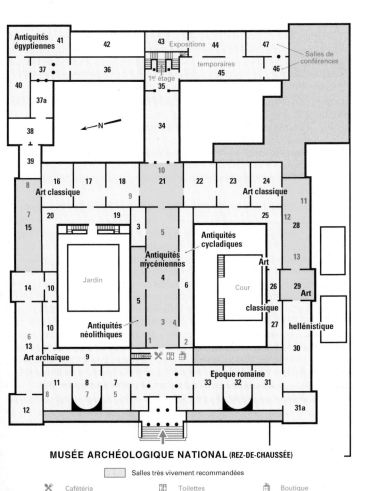

MUSÉE ARCHÉOLOGIQUE NATIONAL (REZ-DE-CHAUSSÉE)

Salles très vivement recommandées

✕ Cafétéria   ▯▯ Toilettes   🛍 Boutique

Détail de la délicate fresque aux antilopes de Santorin.

Sculptures de l'époque hellénistique (3ᵉ et 2ᵉ s. av. J.-C.) – *Salles 29 et 30.* Depuis les conquêtes d'Alexandre le Grand, les artistes se mettent au service des classes récemment enrichies : de nombreux ateliers naissent dans les îles et en Asie Mineure. La colossale statue de Poséidon de Milo, saisi dans une attitude théâtrale, est caractéristique de la vie et du mouvement qui imprègnent les œuvres hellénistiques. L'expressivité est remarquable sur trois œuvres découvertes à Délos : la tête d'homme en bronze, le Galate blessé, représentatif du « baroque hellénistique » et le groupe d'Aphrodite, Eros et Pan. La tête de philosophe au regard perçant en provenance d'Anticythère marque quant à elle le souci de personnalisation des portraits. Une petite statue en pierre représente un tout jeune enfant encapuchonné, serrant son chien dans ses bras. On l'appelle le « réfugié », car il fut trouvé à Smyrne en 1922 et apporté à Athènes en même temps qu'arrivaient les réfugiés d'Asie Mineure.

Sculptures de l'époque romaine (1ᵉʳ s. av.-3ᵉ s. apr. J.-C.) – *Salles 31 à 33.* Avec la chute du dernier Royaume hellénistique, celui des Ptolémées, en 31 av. J.-C., les portraits d'empereurs romains constituent la source d'inspiration artistique la mieux conservée. Voyez la célèbre statue en bronze de l'empereur Octave-Auguste, ou encore le buste de l'empereur Hadrien et celui de son favori, Antinoüs, mais aussi une ravissante Ménade endormie. Quant à Julia Aquila Severa, l'épouse d'Héliogabale *(salle 32),* elle est faite de plaques de bronze auxquelles les outrages du temps donnent une curieuse modernité…

Pour poursuivre la visite, regagnez la salle 21 qui distribue les autres sections du musée.

Bronzes – *Salles 36 à 39.* La salle 36 abrite la collection léguée par Constantin Karapanos, composée de figurines et de divers objets de bronze de petite taille du 8ᵉ s. av. J.-C. au 3ᵉ s. av. J.-C. dont les plus remarquables sont ceux du sanctuaire de Zeus de Dodoni (Épire). À voir entre autres : la petite statue de Zeus brandissant son foudre, la statuette d'un stratège, dans la main duquel on croit pouvoir distinguer un foie d'animal, peut-être instrument de divination, ainsi qu'une belle statuette de femme vêtue du péplos et portant une colombe. Un bon nombre des petits objets en bronze, bijoux, vases et figurines de la salle 37 étaient des offrandes portant des inscriptions votives et furent retrouvés sur les sanctuaires de Grèce septentrionale et centrale. Le sanctuaire d'Athéna sur l'Acropole d'Athènes délivra au 19ᵉ s. le célèbre **ex-voto d'Athéna Promachos** (« avant le combat ») et, à Olympie, le sanctuaire dévoila une belle tête de Zeus *(salle 37a).* Une réplique du célèbre *Discobole* de Myron (5ᵉ s.), découverte sur le lieu des fouilles d'Ambelokipi, se trouve dans la salle 38.

Antiquités égyptiennes (5000 - 1ᵉʳ s. av. J.-C.) – *Salles 40 et 41.* Il s'agit de la quatrième collection d'antiquités égyptiennes en Europe par sa taille, puisqu'elle se compose de 7 000 pièces. Les objets exposés couvrent l'histoire égyptienne de la période pré-dynastique à la période des Ptolémées (de 5000 av. J.-C. au 1ᵉʳ s. av. J.-C.). Les premières dynasties (début 3ᵉ millénaire av. J.-C.) voient l'avènement d'une sculpture monumentale et naturaliste : voyez la tête de l'hippopotame de granite *(salle 41).* Pendant l'Ancien Empire (fin 3ᵉ millénaire av. J.-C.), les statues sont caractérisées par leur frontalité et leur sérénité ; la statue de Rahotep illustre le type du scribe assis. Ne manquez pas la grande maquette de bateau avec ses figurines en sycomore, réalisée pour une offrande funéraire au cours du Moyen Empire (début du 2e millénaire av. J.-C.). La salle 40 abrite des sarcophages anthropomorphes peints de riches décors, des statues votives de divinités en bronze et des plaques couvertes de hiéroglyphes qui témoignent des cultes religieux et funéraires de la période du Nouvel Empire (1550 av. J.-C.) à celle des Ptolémées (jusqu'au 1er s. av. J.-C.). La période romaine a légué quant à elle les remarquables **portraits du Fayoum**, datés du 2e s. apr. J.-C.

Collection de miniatures anciennes – *Salle 42*. Impressionnant ensemble de bijoux en or et d'objets miniatures, présentés par ordre chronologique du bronze moyen (2300 av. J.-C.) à l'époque post-byzantine. Voir en particulier les pendants d'oreille de style dédalique (7e s.). Du 4e s., magnifiques pièces en bronze (chevreuil, miroir pliant faisant apparaître Héraklès et Augé). Les parures en or de Karpenissi sont de précieux témoignages de l'orfèvrerie hellénistique.

Fresques préhistoriques de Santorin – *Salle 48 (1er étage)*. Recouverte de lave par une éruption au 17e s. av. J.-C., l'île de Thera (Santorin) conserva intacts d'extraordinaires fresques et poteries, découvertes en 1970. Admirez particulièrement la fresque des antilopes qui ornait les murs d'une chambre, celle des jeunes pugilistes et celle du printemps, une image vivante des paysages de Thera, reconnaissables à la teinte rougeâtre des roches volcaniques. On y observe des lys, signes de l'influence minoenne, et des hirondelles qui s'embrassent en plein vol.

Collection de vases – *Salles 49 à 56 (1er étage)*. Si la visite du département des céramiques est moins spectaculaire que celle du département des sculptures, l'examen attentif des scènes représentées sur les œuvres apportera des détails curieux sur les aventures des dieux ou des héros mythologiques, ainsi que sur la vie quotidienne en Grèce dans l'Antiquité. On distinguera les céramiques primitives à décor géométrique (11e-8e s. av. J.-C.) des céramiques archaïques à décor de végétaux, d'animaux fantastiques ou de figures humaines. La grande amphore du Dipylon représente un cortège funèbre *(salle 49)*. L'amphore *(salle 51)* au col orné du combat d'Héraclès contre le centaure Nessos et à la panse décorée de trois impressionnantes gorgones est un remarquable témoignage de vase à figures noires. Voyez également *(salle 52)* le cratère attique à figures noires de Sophilos, qui illustre le combat d'Hercule contre Nérée. Salle 54, le kylix d'Euphronios qui représente les noces de Pélée et de Thétis et celui de Douris orné du banquet d'Héraclès et de Dionysos sont de belles illustrations de la technique à figures rouges. Les lécythes funéraires à fond blanc de la salle 55 sont remarquables par l'émotion et la retenue qui émanent de personnages dont seuls les cheveux sont colorés. Les thèmes en sont récurrents : visite à la tombe ou adieux du guerrier défunt.

Musée Benaki★★ (Moussío Benáki) Plan I D2

1 odos Koumbari, sur l'avenue Vassilissis Sofias (métro Syntagma) - ℰ 21036 710 00 - tlj 9h-17h, jeu. jusqu'à 0h, dim. 9h-15h - fermé le mar. - 6 €. Aménagé dans un hôtel particulier du 19e s., ce musée abrite la collection d'**Antonios Benaki** (1873-1954), mécène ayant fait souche en Égypte et ayant acquis sa fortune dans le coton. Complété par des donations ultérieures, le musée a été considérablement agrandi et admirablement bien aménagé. Présentation, accueil, boutique et café en terrasse ont fait l'objet d'un soin attentif. Les collections sont mises en place de façon à respecter la chronologie historique, de la préhistoire à nos jours, et à mettre en relief la continuité de la civilisation grecque et de ses traditions.

Rez-de-chaussée (salles 1 à 12) – Il couvre la période allant de la préhistoire à la fin de la période byzantine. On remarquera notamment une très belle série d'**objets en or** (3200-2800 av. J.-C.) et des bijoux helléniques ainsi que des vases et des idoles provenant d'Alexandrie. L'art copte est représenté par deux **portraits du Fayoum** des 2e et 3e s. Vous verrez une remarquable série d'**icônes** avec des sujets tels que l'Hospitalité d'Abraham d'une grande finesse de dessin (fin 14e s.), Saint Dimitri (15e s.), une admirable Annonciation (ou Evangelismos tis Theotokou, 16e s.), une superbe icône représentant saint Jean et deux œuvres de jeunesse du Greco, Adoration des Mages (1560-1565) et saint Luc (1560).

1er étage (salles 13 à 27) – Il évoque l'art en Grèce sous la domination étrangère. On remarquera l'important ensemble de **costumes** régionaux et de bijoux traditionnels, les broderies représentatives de l'art populaire, ainsi que les belles pièces d'**orfèvrerie** en or provenant des îles du nord de la Grèce. Deux salles de réception (fin 18e s.), pièces traditionnelles entièrement remontées et ornées de splendides boiseries sculptées, proviennent de Siatista et de Kozani (Macédoine). Après un rappel des voyageurs étrangers aux 18e et 19e s., l'art religieux est évoqué, rappelant ainsi le rôle unificateur de l'église orthodoxe pendant les années d'occupation. Admirez les belles **icônes**

(salle 25), notamment une composition extraordinaire de Th. Poulakis (Crète, 17e s.), synthèse en images de l'Hymne à la Vierge et du Jugement dernier.

2e étage (salles 29 à 32) – Il évoque la société grecque à la veille de la guerre de l'Indépendance. Belle collection d'instruments de musique, outils et objets de la vie quotidienne.

3e étage (salles 33 à 36) – Le fil conducteur est l'histoire de la Grèce au 20e s., de la lutte pour l'indépendance jusqu'à la constitution du nouvel État. Remarquez, outre la collection de costumes et de bijoux, la Constitution signée par le roi Otton en 1844, des objets personnels (dont un sceau en or) du poète Dionysios Solomos et des exemplaires des premières œuvres imprimées des poètes Georges Seféris, Odysseas Elytis, Angelos Sikelianos, Iannis Ritsos et Andreas Embiricos. Une place est accordée aux peintres représentatifs, comme Konstantinos Parthenis et Nikos Egkonopoulos, ainsi qu'au compositeur Nikos Skalkotas.

Musée d'Art cycladique★★ (Moussío Kikladikís Téhnis) Plan I D2

Accès au 4 odos Neophytou Douka, sur la gauche de Vas. Sofias. ℰ *21072 283 21/3 - lun., merc., jeu., vend. 10h-16h, sam. 10h-15h – fermé mar. et dim - 3,50 € (moitié prix le sam.).* Ce musée, qui a pour noyau la collection privée de N.-P. Goulandris, admirablement présentée et d'une exceptionnelle qualité, illustre le développement de l'art grec sur une période de plus de 3 000 ans.

1er étage – Il contient quelque 350 objets, témoins de la civilisation cycladique. Cycladique ancien I (3300-2700), II (2800-2300), et III (2400-2000) sont représentés : vases en marbre et en céramique et, surtout, une magnifique collection d'idoles de marbre, remarquables par la sobriété et la modernité de leurs lignes : idoles en forme de violon du Cycladique ancien I, figures féminines, aux bras croisés pour la plupart du Cycladique ancien II, un porteur de gobelet, assis, et des têtes en amande où seul le nez apparaît en relief, les autres détails étant parfois peints.

2e étage – Environ 300 œuvres représentatives de l'art grec antique y sont exposées. Des céramiques et divers ustensiles des époques minoenne et mycénienne ; un bel ensemble de vases à figures rouges et à figures noires, en particulier un cratère attique (430) représentant une jeune flûtiste accompagnée de danseurs, ainsi qu'un lécythe où est illustrée une course de chevaux (560-550) ; la collection Evtaxias est composée de vases de bronze (8e s.), notamment un vase à boire de Thessalie, à deux anses et pourvu d'une fine décoration végétale ; bijoux d'or et de bronze et céramiques de Skyros (1000-700) ; plats d'Italie du Sud (4e s.), vases à parfum, belle collection de terres cuites béotiennes et idoles féminines au visage en forme d'oiseau de la même région (590-550) ; sculptures et reliefs funéraires de marbre.

3e étage – Expositions temporaires et nouvelles acquisitions du musée.

4e étage – 115 objets issus de la collection Karolos Politis, datés du 19e s. av. J.-C. au 6e s. de notre ère et exposés dans un ordre chronologique. On peut également observer des fragments du fameux « trésor de Kéros ».

Nouvelle aile – *Provisoirement fermée. Accès par le jardin du rez-de-chaussée.* La demeure d'Othon et Athena Stathatos construite en 1895 par l'architecte Ernst Ziller abrite des expositions temporaires, ainsi que la collection d'art grec antique de l'Académie d'Athènes et des répliques de meubles en bois de la Grèce classique, dessinées par le collectionneur Mihaïl Vlastos.

Musée byzantin et chrétien★★ (Vizandinó Moussío) Plan I D2

22 avenue Vassilissis Sofia - ℰ *21072 315 70 - tlj sf lun. 8h30-15h - 4 €.*
Passionnant musée réaménagé de façon moderne et didactique et qui nous fait traverser un millénaire, de la fin de l'Antiquité à la chute de Byzance. On observe comment un art chrétien est né, employant tout d'abord les formes de l'art antique et détournant certaines divinités de leur rôle traditionnel. À partir du 6e s., les temples païens sont reconvertis, tandis qu'apparaissent des églises avec leurs chancels, ces barrières de pierre séparant la nef du presbyterium. Mais la crise de l'iconoclasme a entraîné la disparition de tout élément figuratif au profit d'entrelacs géométriques ou de feuillages, le seul symbole admis étant la croix.

Les époques plus récentes sont représentées par de superbes icônes, et la fixation des normes de l'église byzantine : un dôme, symbole du Ciel, tandis que les murs se couvrent de peintures et de mosaïques illustrant les textes sacrés et constituant une véritable « bible des illettrés ». Vous visiterez des reconstitutions d'églises athéniennes (peintures murales de la chapelle Saint-Nicolas, 1233), avant de découvrir ce que l'on a appelé le dernier âge d'or de Byzance (1261-1453), représenté par des icônes (Saint-Georges, 14e s., icône de la Crucifixion) et des livres enluminés.

Aux alentours

AU SUD-OUEST D'ATHÈNES

Le Pirée (Peiraiás)

À 10 km au sud-ouest du centre d'Athènes. Accès recommandé par le métro (ligne 2) : 20 à 25 mn depuis Monastiráki. En voiture en empruntant la rue Pireos ou l'avenue Singrou, cette dernière étant moins directe, mais plus rapide.

Typiquement méditerranéen par son animation et son cosmopolitisme, Le Pirée (377 693 habitants avec les communes limitrophes) ne forme avec la capitale qu'une même agglomération. Premier port et principal centre industriel de Grèce, la cité jouit d'un site maritime exceptionnel créé par une presqu'île se découpant en une profonde échancrure qu'occupe le port principal et en deux anses, Zéa et Mikrolímano.

C'est à l'initiative de **Thémistocle** au 5ᵉ s. av. J.-C. que Le Pirée succéda à Phalère (Faliro), trop exposé aux vents, comme principal port d'Athènes. Il était pourvu d'une enceinte et relié à Athènes par les **Longs Murs**, boulevard fortifié que les Athéniens nommaient plaisamment les « Longues Jambes ».

Au temps de Périclès, la ville fut remodelée d'après un plan d'urbanisme établi par le philosophe et géomètre **Hippodamos de Milet** et connut une période de grande prospérité.

Plus tard, Le Pirée troqua son nom pour celui de **Porto Leone** en raison d'un lion antique qui servait d'amer à l'entrée du port et que les Vénitiens transportèrent à l'Arsenal de Venise en 1687. Supplanté ensuite par Ermoupoli (île de Syros), au centre des Cyclades, Le Pirée ne comptait plus qu'une cinquantaine d'habitants à l'arrivée d'Otton de Bavière. Mais la désignation d'Athènes comme capitale de la Grèce, puis l'ouverture, en 1893, du canal de Corinthe marquent les débuts de sa renaissance et de sa reconversion en plaque tournante du tourisme insulaire.

Le port

L'ensemble portuaire actuel se compose des ports du Pirée, d'Iraklis, du golfe d'Éleusis, ainsi que des petits ports de Zéa et Mikrolímano qui accueillent bateaux de plaisance et de pêche. Le port principal du Pirée comprend le port central (Kendriko Limani) affecté aux marchandises mais surtout aux voyageurs des lignes intérieures ou internationales, ces dernières disposant d'une grande gare maritime le port d'Alon (section nord du port central) qui reçoit les caboteurs, et l'avant-port affecté aux bois et aux

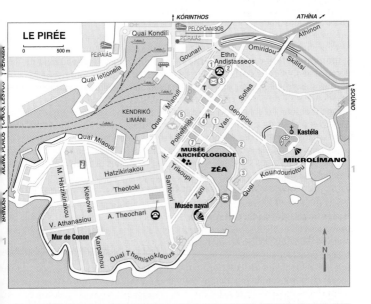

LE PIRÉE

0   500 m

SE LOGER		Noufara	(4)	SE RESTAURER	
Eva	(1)	Poseidonio	(5)	To Palio tou Katsika	(1)
Zacharatos	(2)	Lilia	(6)	Ta ennia Adelphia	(2)
Anita Argo	(3)	Phidias	(7)	Ziller	(3)

conteneurs. À l'ouest, le port d'Iraklis est réservé aux navires de charge munis de panneaux ouvrant directement de la cale au quai. Dans le golfe d'Éleusis se trouvent les chantiers de constructions et de réparations navales. Entre Le Pirée et Éleusis sont implantées raffineries de pétrole, usines métallurgiques, industries alimentaires, cimenteries, manufactures de tabac, formant le complexe industriel le plus important de Grèce.

Se repérer

La gare/station de métro du Pirée est placée sur le port. En suivant le quai sur la gauche, vous arriverez à une rue commerçante et animée, odos Georgiou, qui conduit à la platia Koraï, au cœur de la cité. De là, empruntez sur votre droite la large avenue Iroon Politechniou, tracée dans l'axe de la presqu'île. Sur votre gauche, odos Meharia vous conduit à l'anse de Marina Zea.

Zéa★

Anse bien abritée à la courbure harmonieuse, Zéa fut dans l'Antiquité un grand port de trières : on a retrouvé les berceaux de halage de ces navires de guerre. De nos jours, Zéa, réservée aux hydroglisseurs, et son avant-port peuvent recevoir jusqu'à 400 bateaux de plaisance. Sur ses quais s'alignent restaurants et tavernes de poissons ou de fruits de mer.

Musée archéologique★ (Arheologikó Moussío) – *En retrait de Zéa, au 31 odos Kariloau Trikoupi -* 📞 *21045 215 98 - actuellement fermé pour travaux.* Installé dans un bâtiment moderne, le musée offre au visiteur le calme et la fraîcheur de ses salles. Les collections sont réparties sur deux étages.

Au début de la visite, les objets exposés sont une évocation de la ville antique du Pirée et de ses activités, ainsi que des sanctuaires de l'Attique. On y verra de nombreux ex-voto et quelques pièces rares, comme des mesures en pierre et un éperon de bateau de guerre en bronze. Mais aussi des poteries, des bijoux et des objets associés à la vie culturelle ou quotidienne ; signalons des offrandes, des figurines dans un chariot, un curieux rhyton en forme de tête de cochon, un relief représentant le combat d'Hercule et du centaure, des jouets, des instruments de musique…

Les chefs-d'œuvre du musée sont les quatre statues oubliées par Sylla : l'**Apollon du Pirée** (vers 525 av. J.-C.), splendide kouros archaïque, est la plus ancienne statue grecque de bronze connue. L'**Athéna du Pirée** (vers 340 av. J.-C.), portant peplos et casque à cimier, tenait une statuette ou une coupe dans la main droite, un bouclier ou une lance à la main gauche. Enfin, deux statues représentent **Artémis** avec son carquois.

Dans la salle 5, où a été reconstitué un sanctuaire de la période classique, trône une Cybèle assise provenant d'un édifice funéraire du 4e s. av. J.-C. mis au jour dans le quartier de Moschato.

Le Musée compte un bel ensemble de stèles funéraires, qui ornaient jadis le boulevard fortifié longeant les Longs Murs et reliant Le Pirée à Athènes. Autre pièce maîtresse : le **monument funéraire de Kallithea★**, impressionnant tombeau haut de 7 m découvert en 1968 près des Longs Murs du quartier de Kallithea. Consacré à Nikeratos d'Istrie et à son fils Polyxène, il est orné de deux colonnes ioniques et des trois statues grandeur nature du père, du fils et (probablement) de leur serviteur.

Viennent ensuite les collections de sculptures de la période hellénistique et celles consacrées à l'art de la période romaine. On remarquera des plaques fabriquées au 2e s. dans un atelier de l'Attique, destinées à décorer des bâtiments romains et retrouvées en 1930 dans un bateau antique coulé dans le port du Pirée. Signalons encore des reliefs, des stèles (du 1er au 3e s.), et les bustes des empereurs Claude, Trajan et Hadrien.

Derrière le musée se trouvent les restes du **théâtre de Zéa** (2e s. av. J.-C.), visibles uniquement depuis le 2e étage du musée.

Musée naval (Naftikó Moussío) – *Quai Themistokleous -* 📞 *21045 168 22 - mar.-vend. 9h-14h, sam. 9h-13h30 - fermé en août - 2 €.* Installé sur le quai de Marina Zéa, ce bâtiment tout neuf est construit autour d'un tronçon de mur datant de Thémistocle. Il illustre en 12 salles l'histoire de la navigation grecque jusqu'à la Seconde Guerre mondiale : modèles de bateaux (notamment une trirème de la guerre du Péloponnèse, un navire marchand hellénistique et un navire de

Oubli

En 85 av. J.-C., les Romains conduits par **Sylla** incendient et pillent la cité : comme à leur habitude, ils se réservent quelques chefs-d'œuvre notamment quatre statues de bronze qu'ils placent dans un entrepôt… Mais pour des raisons mal élucidées, ils les y oublient. Découvertes en 1959, elles sont aujourd'hui les joyaux du Musée archéologique du Pirée…

guerre byzantin) ; nombreuses cartes (voyages d'Ulysse, guerre de Troie, explorations grecques en mer du Nord et en Orient) ; reconstitutions, en maquettes, de batailles navales (Salamine ; Navarin ; les Dardanelles) ; portraits de grands capitaines de la guerre d'Indépendance.

Dans l'entrée se dresse la lanterne d'un phare de fabrication française (Barbier, 1880), qui a fonctionné à Istanbul jusqu'à la guerre des Balkans.

Près du musée, la terrasse de la cafétéria offre une **vue** agréable.

Mikrolímano★

Dans l'Antiquité port de trières, comme Zéa, Mikrolímano, bordé de tavernes, est dominé par la colline de Kastéla haute de 87 m, qui portait une acropole et un sanctuaire d'Artémis. Des abords du théâtre de plein air, belle vue sur Le Pirée, la côte et le golfe Saronique.

Le tour de la presqu'île

En faisant le tour de la presqu'île, on découvre quelques jolies vues sur le port et la côte. Vestiges du mur de Conon (Tihos Kononos) du 4e s. av. J.-C. Près du jardin public, tombeau d'**Andreas Miaoulis**, marin d'Hydra et héros de la guerre d'Indépendance.

AU NORD-EST ET À L'EST D'ATHÈNES

Kifisiá★

À 14 km au nord-est d'Athènes. Terminus de la ligne 1 du métro (station Kifisiá).

Au pied du mont Pendeli, cette ville résidentielle et élégante appréciée dès l'Antiquité, jouit en été d'une agréable fraîcheur grâce à son altitude (276 m), ses eaux et ses ombrages.

La commune comprend une ville basse avec boutiques et tavernes, près du métro et du parc public ; une ville haute, aristocratique, avec ses rues ombragées de platanes,

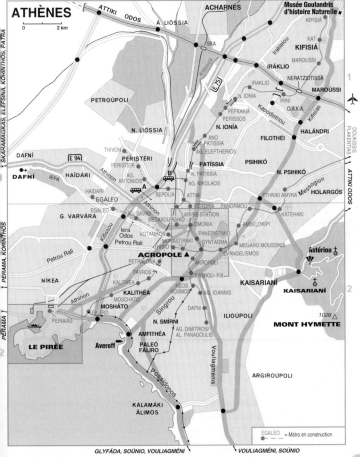

ses belles villas du 19ᵉ s. à l'italienne qu'entourent des jardins plantés de pins, de cyprès et d'eucalyptus, ses hôtels et restaurants de luxe se disséminant dans la verdure.

Musée Goulandris d'Histoire naturelle★ (Moussío Goulandrí Fissikís Istorías)
13, odos Levidou. Installé dans une grande villa du 19ᵉ s., ce musée présente de façon attrayante la faune (naturalisée), la flore et la minéralogie de la Grèce. Son **herbarium** comprend 200 000 variétés de plantes du Bassin méditerranéen. Une section est consacrée à la paléontologie et la paléobotanique.

Maroússi

12 km au nord-est d'Athènes. Métro Maroussi (ligne 1).
Musée du Design du 20ᵉ s. – *Centre Technal Plaza, 4-10 odos Patmou - dim.-vend. 9h-18h, sam. 11h-15h.* Belle exposition de meubles et de luminaires, notamment de la période 1900-1985, conçus par des stylistes et des artistes de renommée mondiale, tels que Hoffmann, Mies Van der Rohe, Le Corbusier, Mackintosh, Salvador Dali, etc.

SUR LES PENTES DU MONT HYMETTE ★★

À 9 km à l'est d'Athènes. Après avoir dépassé le faubourg de Kaisarianí (terminus des autobus), la route largement tracée monte en lacet au travers des bois de pins et d'eucalyptus odorants. À 3 km apparaît à droite le monastère de Kaisarianí.

Monastère de Kaisarianí★★ – ☎ *21072 366 19 - tlj sf lun. 8h30-15h30 - 2 €.* La fraîcheur des sources, l'ombrage des platanes, des pins et des vénérables cyprès, le silence à peine troublé par le bourdonnement des abeilles de l'Hymette donnent beaucoup de charme à la visite de ce monastère fondé au 11ᵉ s. et dédié à la Présentation de la Vierge. Jadis connu pour la science de ses *higoumènes* (supérieurs) et pour la richesse de sa bibliothèque, dilapidée durant la guerre d'Indépendance, il est aujourd'hui désaffecté.

Dans la cour extérieure, à l'est, une niche du mur d'enceinte du couvent dissimule la fameuse fontaine du Bélier, source sacrée dans l'Antiquité, qui fut célébrée par le poète latin Ovide dans *L'art d'aimer.*

Pénétrez dans la **cour** intérieure rafraîchie d'eaux vives et parsemée de vestiges antiques. Le bâtiment de gauche, du 11ᵉ s., abritait les bains monastiques dont la salle principale est surmontée d'une coupole, avant d'être transformé en celliers et pressoir. Lui fait suite une aile comportant une galerie supérieure sur laquelle s'ouvraient les cellules monacales. À droite, l'église ou catholicon, sur plan en croix grecque, remonte au 11ᵉ s., mais le narthex à coupole et la chapelle latérale à clocheton ont été ajoutés au 17ᵉ s. Elle est ornée à l'intérieur de belles **fresques** : celles du narthex datent de 1682 ; celles de l'église proprement dite seraient du 18ᵉ s. et représentent le Christ Pantocrator à la coupole, la Vierge en majesté entre les archanges Michel et Gabriel, au cul-de-four oriental, la vie du Christ autour de la croisée. En face de l'église se trouvent les **bâtiments conventuels** dont la cuisine à foyer central et le réfectoire dont l'extrémité forme une niche où prenait place l'higoumène.

Sortir du monastère de ce côté et prendre le chemin qui, montant dans les oliviers et les cyprès, conduit (1/4 h à pied AR), à un sanctuaire situé au sud-est du monastère (accès libre).

Celui-ci comprend les vestiges d'une église du 10ᵉ s. à trois nefs, construite sur les soubassements d'une basilique paléochrétienne ; accolée à la précédente, une église franque du 13ᵉ s., voûtée et dédiée à saint Marc ; la chapelle plus récente des Taxiarques. Tous ces édifices présentent des éléments antiques en réemploi. Belles vues sur Athènes, l'Attique et le golfe Saronique.

Mont Hymette★★ (Óros Ymittós) – Reprenant la route de l'Hymette à travers pins, on rencontre bientôt à gauche, le monastère d'Asteriou du 11ᵉ s., puis l'on sort des bois pour trouver le maquis. Des vues se dégagent, par temps clair, sur Athènes et le golfe Saronique jusqu'au Péloponnèse d'un côté, sur la Mésogée, la côte orientale de l'Attique et l'Eubée de l'autre. Il n'est pas possible d'atteindre le sommet du mont Hymette *(zone militaire)*, que couronnait, à l'époque antique, une statue de Zeus. Culminant à 1 026 m la chaîne de l'Hymette, qui s'allonge du nord au sud, sur une vingtaine de kilomètres, est bien connue pour la teinte mauve qu'elle prend au crépuscule.

Dans l'Antiquité, l'Hymette était déjà célèbre pour son miel, ainsi que pour son marbre gris bleu encore exploité dans les carrières de la vallée Agios Georgios, non loin de Kaisarianí. Enfin sur les contreforts du versant est, un vignoble de qualité produit du vin blanc.

De Kaisianí, continuez tout droit après le monastère pour retrouver la route principale, puis prenez la direction Lávrio/Soúnio.

Paianía

Patrie de Démosthène et de Socrate, la ville n'offre d'autre intérêt que son musée.

Musée Vorres – *Odos Diadochou Konstandinou - ℘ 21066 425 20 - sam. et dim. 10h-14h - 4 €.* Cette fondation d'art contemporain créée par Ian Vorre compte deux ensembles distincts. D'une part, une collection d'art contemporain regroupant plus de 300 tableaux et 40 sculptures, œuvres d'artistes grecs de la période d'après-guerre (parmi ceux-ci, on remarque des tableaux de Fassianos, Moralis, Gaïtis, Tsarouchis, Vassiliou, etc.). Et, d'autre part, dans une ancienne maison dans le jardin, un aperçu de l'art populaire à travers la visite (sous la houlette d'un guide francophone) de belles pièces meublées de façon traditionnelle.

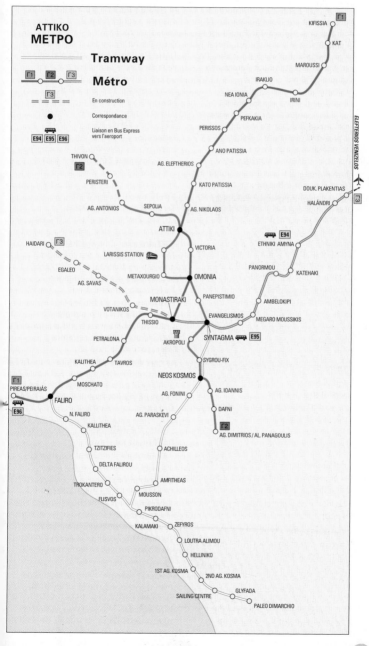

Athènes pratique

Arrivée et départ

En avion – Très bien organisé, l'aéroport international E. Venizelos est en service depuis 2001. Il se trouve à Markopoulos, à 27 km au sud-est d'Athènes.

Se rendre en ville – Le plus simple est d'emprunter le **métro** : en sortant du hall, traversez et longez sur la gauche l'hôtel Sofitel jusqu'à l'escalier mécanique desservant la gare polyvalente (métro et trains de banlieue). Il vous en coûtera 6 € (10 € pour deux personnes, 15 € pour trois) mais ce billet n'est valable qu'une fois pour un trajet qui vous conduira à Syntagma ou Monastiráki (ligne 3), deux stations permettant les correspondances avec les deux autres lignes du métro. Les métros quittent la station Aerodromio toutes les 30mn.

De cette même gare, vous pouvez également emprunter un train de banlieue qui vous déposera à la **gare de Larissa**, avec arrêt à Nerantziotissa, à proximité de Maroússi. Fréquence identique à celle du métro. 6 €. *(rens. sur www.prostastiakos.gr).*

Si vous préférez le **bus**, il vous faudra compter au moins une bonne heure (selon l'état de la circulation) pour rejoindre le centre-ville. Les bus express ont pour terminus la station de métro Ethniki Amyna (bus X 94), Syntagma (X 95), Kifisia (X 92) ou Le Pirée (X 96) ; ils fonctionnent 7/7 j., à des fréquences différentes (toutes les 10mn dans la journée, pour le X 94 et le X 95) de 5h (Le Pirée), 5h30 (Syntagma) ou 7h30 (Ethniki Amyna) jusqu'à 22h50 ou 23h30 selon les lignes. 2,90 €, payable au chauffeur ou 3 €, vous permettant d'emprunter un autre moyen de transport public dans la limite de 90mn *(infos sur www.oasa.gr).*

Les **taxis** emprunteront l'autoroute, ce qui ne signifie pas pour autant que le trajet soit beaucoup plus bref.

Location de voiture

La plupart des agences de location de voiture internationales (Hertz, Avis, Europcar…) sont représentées au niveau inférieur de l'aérogare, dans le hall d'arrivée. Vous devez vous y présenter avec vos documents et votre voucher pour régler la caution et signer le contrat, avant de vous rendre au parking « car rental », situé à 100 m de l'aérogare sur votre droite. Là, on vous remettra la clé du véhicule.

Quitter la ville – Si vous prenez le **métro** : toutes les rames de la ligne ne poursuivent pas jusqu'à l'aéroport, la plupart s'arrêtant à la station **Ethniki Amyna**. La destination des rames s'affiche en lettres lumineuses en tête de train et est annoncée par haut-parleur en grec et en anglais. Horaires entre 5h et 19h, à 21 et 51 (de Monastiráki), 24 et 54 (de Syntagma). Calculez donc l'heure de votre départ en conséquence. Vous achèterez votre ticket dans un kiosque ou au guichet du métro.

Si vous rendez une **voiture de location**, longez le hall des arrivées avant de trouver la signalisation « car rental ». La remise des clés et papiers et la vérification de l'état du véhicule et du plein d'essence sont effectués par les employés des agences.

En train – Athènes possède 2 gares ferroviaires, desservies par le métro « Larissis station » (ligne 2) : la gare de Larissa, *31 odos Deligiani - ☎ 21052 977 77*, pour aller vers le nord et l'est (Thèbes, Lárisa, Thessalonique…) et la gare du Péloponnèse, *3 odos Sidirodromon - ☎ 21051 316 01*, pour le sud-ouest. Il y a également une gare au Pirée. Renseignements généraux et réservations (au moins deux jours avant le départ) : **OSE** – *6 odos Sina - ☎ 21052 973 13*.

En autocar – Dans le centre d'Athènes, trois gares routières principales *(voir plan p.128)*. **Terminal A** ou **KTEL Kifissou** – *100 odos Kifissou - ☎ 21051 507 85/249 10* : Péloponnèse, Étolie, Acarnanie, Épire, Macédoine et îles Ioniennes.

Terminal B ou **KTEL Liossion** – *260 odos Liossion - ☎ 21083 171 47/53* : Grèce centrale, Eubée, Thessalie.

KTEL Attique – *Champ d'Arès (Pedio Areos), au nord du Musée archéologique national - ☎ 21082 132 03/21088 432 50* : Sounion, Lávrio, Rafína, Marathon, Markopoulos, Thessalonique.

En bateau – **Depuis Athènes**, on rejoint facilement Le Pirée en empruntant, à Monastiráki, la ligne 1 (verte) du métro (env. 20mn). Directement **depuis l'aéroport** par le bus X 96.

La **gare du Pirée** est située face au port et aux principaux terminaux : E7 (Argos), E3 (Crète et est des Cyclades), E2 (Chíos, Lésvos), E1/E2 (Dodécanèse), E9 (ouest des Cyclades).

Informations utiles

🛈 Offices de tourisme :

– à l'aéroport : *dans le hall des arrivées.*

– en ville : *26 av. Vas Amalias, face au Jardin national à deux pas de Syntagma - ☎ 21033 103 92 - fax 21033 107 16.* Renseignements et brochures sur l'hébergement, les transports, les musées et les sites archéologiques, ainsi que l'actualité de la capitale et de ses alentours (l'Attique en particulier). *☝ www.gnto.gr.*

Banque / Change – Les distributeurs de monnaie ne manquent pas dans la ville, en particulier sur odos Athinas, à proximité de la mairie, où se concentrent nombre de banques.

Poste – Outre le **bureau de poste mobile** placé devant la billetterie de l'Acropole, un des bureaux les plus commodes est celui qui est situé **odos Mitropoleos** *(au n° 60, au coin de la place du même nom ; lun.-vend. 7h30-20h, sam. 7h30-14h)* : distributeurs automatiques de timbres *(0,65 € pour la France)* au maniement assez complexe devant la façade. Pour accéder aux guichets, prendre un ticket à l'entrée.

Pharmacies – Généralement ouvertes de 8h à 20h, certaines prolongeant la garde jusqu'à minuit : voir liste quotidienne dans l'*Athens News*.

Urgences – ☎ 112

Urgence des hôpitaux et pharmacies de garde – ☎ 1434

SOS Médecins – ☎ 1016

Police – ☎ 100

Police touristique – ☎ 171 (à privilégier car les agents sont anglophones et parfois même francophones).

Police de la circulation – ☎ 21052 30 111/5.

Point Internet – *Odos Kapnikareas, presque au coin de plateia Agora, au cœur de Plaka.* Claviers grecs ou Qwerty.

Presse – Athens News – *www. athensnews.gr - 2 € le numéro, vendu en kiosque.* Hebdomadaire publié en anglais depuis 1952 : informations générales et pratiques, horaires des ferries, pharmacies de garde, programme de spectacles.

Athens Guide – Trimestriel bilingue anglais-grec, disponible sur les présentoirs de certains hôtels.

Transports urbains

Métro *(plan p.159)* – Constitué de trois lignes repérables à leur code couleur, le métro athénien est certainement le moyen de transport le plus simple pour gagner les principaux sites touristiques (Acropole, Syntagma, Monastiráki, Omónia, Thissio, Le Pirée). Il fonctionne tous les jours de 5h à 23h30. Vous pouvez vous procurer des billets valables 1h30 après leur validation (0,90 €), mais il est nettement plus intéressant d'acheter des billets intégrés, valables pour un jour (3 €), ou une semaine (10 €) et qui vous donnent accès également aux bus, tramways et trolleys. Ces billets ne doivent être compostés qu'une fois, lors du premier voyage. *Infos complémentaires sur www.ametro.gr.*

Bus et trolley – Il existe à Athènes 320 lignes de bus. Les billets, à partir de 0,45 € l'unité, peuvent s'acheter en kiosque.

Vous pouvez obtenir des plans précis et des guides qui vous indiquent comment aller sur chaque site au bureau de l'OASA (Transports urbains de l'Attique) - *15 odos Metsovou, derrière le Musée archéologique national* - ☎ *185 et www.oasa.gr.*

Tramway – Construit pour les jeux Olympiques de 2004, il relie le centre d'Athènes (place Syntagma) à la côte ouest de l'Attique (Faliro, Agios Kosmas).

Train de banlieue – D'importants travaux ont permis de relier le réseau au métro. Correspondances aux stations Aerodromio Doukissis Plakentias (ligne 3) et Neratziotissa (ligne 1).

Taxi – Radio Taxi - ☎ *21092 179 42.*

Visites touristiques - Un **petit train touristique** – *dép. sur Platia Agora, derrière la bibliothèque d'Hadrien - 5 € (enf. 3 €)* – fait le tour de la colline de l'Acropole à travers Plaka, puis les avenues Dionissíou Areopagitou et Apostolou Pavlou.

La Sightseeing Public Bus Line – *dép. du Musée archéologique national ttes les 1/2h entre 7h30 et 21h - billet 5 €, valide 24h, se le procurer dans le car, donnant accès en outre au réseau urbain : métro, bus, tramway - www.oasa.gr* – propose un circuit de 20 stations passant par les points stratégiques et touristiques de la ville (vous pouvez descendre à chacune d'entre elles et prendre le car suivant). Notez cependant que, du fait de sa topographie, Athènes ne se prête pas véritablement à une visite en bus panoramique et que cette solution reste surtout commode pour se déplacer d'un point d'intérêt à un autre.

Se loger

👁 L'hôtellerie peut être assez chère à Athènes surtout en haute saison. Celle-ci s'étend officiellement du 1er avril au 31 octobre. Mais les tarifs sont sujets à des variations pouvant aller du simple au double, dépendant de paramètres variés, dont l'affluence générée par tel ou tel événement (la veille de Pâques par exemple). Les réservations par Internet auprès des hôteliers ou de centrales de réservations sont généralement un bon moyen d'obtenir des chambres au meilleur prix.

PLAKA

👁 Vous êtes ici au cœur de l'Athènes traditionnelle, même si, contrairement aux tavernes, les hôtels ne s'accrochent pas aux pentes de l'Acropole, mais ont préféré investir le bas du quartier, entre odos Mitropoleos et odos Adrianou, à

Les charmantes ruelles du quartier de Plaka.

J.-P. Naïl / MICHELIN

deux pas de odos Ermou et de la place Syntagma. Exception notable : le Byron qui fait bande à part du côté de l'Olympeion.

Kimon – 27 odos Apollonos - 21033 146 58 - fax 21032 142 03 - 14 ch. L'entrée ne paie pas de mine, mais les chambres sont convenables et on profite d'une jolie terrasse avec vue sur l'Acropole.

Adonis – 3 odos Kodrou - 21032 497 37 - fax 21032 316 02 - 26 ch. Bien situé au cœur de Plaka, cet hôtel confortable affiche des prix raisonnables. Superbe vue de l'Acropole depuis sa terrasse dotée d'un petit bar pour boire un verre en soirée. Rabais si vous renoncez à la climatisation…

Acropolis House – 6-8 odos Kodrou, au coin d'odos Voulis - 21032 223 44 - fax 21032 441 43 - htlacrhs@otenet.gr - 19 ch. Cette ravissante demeure néoclassique au hall décoré de peintures murales abrite un hôtel équipé de tout le confort moderne. L'établissement est réservé aux non-fumeurs, une rareté en Grèce. Là aussi, renoncer à l'air conditionné permet d'obtenir un prix plus avantageux…

Metropolis – 46 odos Mitropoleos - et fax 21032 174 69 - 21032 178 71 -info@ hotelmetropolis.gr - www.hotelmetropolis. gr - 22 ch. Cette bâtisse toute rose à la façade envahie par des bougainvillées donne sur la vaste place de la cathédrale et abrite un hôtel propre et confortable. Accueil sympathique mais pas de petit-déjeuner. Réduction pour les chambres sans douche.

Omiros – 15 odos Apollonos - 21032 354 86 - fax 21032 280 59 - omiroshotel@acn. gr - www.omiroshotel. gr - 37 ch. Hôtel moderne et confortable. Prenez votre petit-déjeuner sur la terrasse agréable qui ménage une vue imprenable sur l'Acropole.

Niki – 27 odos Nikis. - 21032 209 13 - fax 21032 208 86 - 21 ch. Niché dans une rue étroite, à deux pas de Syntagma et à mi-chemin entre la rue Ermou commerçante et le quartier de Plaka, hôtel confortable et discret au décor design. Sympathique café au rez-de-chaussée pour le petit-déjeuner.

Plaka – 7 odos Kapnikareas - 21032 220 96 (réserv. au 21032 227 06) - fax 21032 224 12 - plaka@ tourhotel.gr - www.plakahotel.gr - 67 ch. Hôtel rénové de fond en comble, avec des chambres confortables et joliment décorées (préférez celles tournées vers l'Acropole). Ne vous fiez pas à la façade, elle a été oubliée. Mais la terrasse est une des mieux aménagées du quartier. Et quelle vue !

Byron – 19 odos Vironos - 21032 303 27 - fax 21032 202 76 - www.hotel-byron.gr - 22 ch. Bâtiment très bien situé à deux pas de l'Olympeion. L'hôtel s'est récemment modernisé et vous y trouverez confort et accueil aimable. Belle terrasse donnant sur l'Acropole.

Hermes – 19 odos Apollonos - 21032 355 14 - fax 21032 320 73 - hermes@ tourhotel.gr - www.hermeshotel.gr - 45 ch. Les chambres sont spacieuses et disposent toutes d'un balcon, pour certaines une véritable véranda. Confortable, bien équipé, avec des espaces communs (dont une salle de jeux pour les enfants) bien tenus et un décor design, l'hôtel propose aussi une agence de voyages.

Central – 21 odos Apollonos - 21032 343 57 - fax 21032 252 44 - www. centralotel.gr - 84 ch. Voisin du précédent, et tout aussi confortable, il rivalise avec lui dans un design minimaliste qui semble être le dernier chic à Athènes. Belle vue depuis la terrasse.

Electra Palace – 18-20 odos Nikodimou - 21033 700 00 - fax 21032 418 75 - www.electrahotels.gr - 131 ch. Un lieu complètement inattendu : imaginez, au cœur de Plaka, dans une rue proche d'odos Apollonos, un grand palais néoclassique, doté d'un jardin. C'est l'endroit qu'a choisi d'investir cet hôtel au cadre raffiné et au grand hall curieusement bas de plafond. Annexe moderne derrière le jardin et parking souterrain. La grande classe !

PSIRI/CÉRAMIQUE (KERAMEIKOS)

Aux abords immédiats de Monastiráki, ce quartier s'étend entre la colline du Céramique et odos Athinas. Son avantage : vous n'êtes qu'à cinq minutes de marche des agoras, à peine un peu plus de Plaka…

Tempi – 29 odos Eolou - 21032 131 75/429 40 - fax 21032 541 79 - tempihotel@travelling.gr - 24 ch. Très sommaire et un peu cher mais bien situé dans une rue piétonne parallèle à odos Athinas, près de l'église Agia Irini, au cœur d'un quartier calme le soir et animé dans la journée. Pas de petit-déjeuner, mais plusieurs bistrots dans la rue pallient cet inconvénient…

Cecil – 39 odos Athinas, au coin d'odos Kalamida - 21032 170 79 - fax 21032 180 05 - info@cecil.gr - 40 ch. Hôtel récemment rénové, aménagé dans un très bel immeuble néoclassique. Les chambres, avec parquet, ont du charme, certaines sont plus bruyantes que d'autres (demandez-en une sur la ruelle qui fait l'angle). Accueil sympathique.

Attalos – 29 odos Athinas, près d'odos Protogenous - 21032 128 01 - fax 21032 431 24 - atthot@hol.gr - www. attalos.gr - 78 ch. Tout près de Monastiráki, hôtel propre et confortable. Des balcons, on aperçoit l'Acropole. Belle terrasse sur le toit. Accueil particulièrement charmant.

Jason Inn – 12 odos Agion Assomaton - 21032 511 06, réserv. 21052 024 91 - fax 21052 347 86 - www.

douros-hotels. com - 57 ch. Dans une rue résidentielle, à deux pas du musée Benaki d'art islamique et en face du Céramique, cet hôtel moderne au hall pseudo-antique un peu kitsch, propose tout le confort souhaitable.

AUTOUR DE L'ACROPOLE
Thissio

👁 Vous êtes ici à deux pas de l'ancienne agora, autour de l'avenue Apostolou Pavlou et de la colline de la Pnyx. Endroit stratégique s'il en est, d'autant que les tavernes et cafés abondent…

💰💰 **Erechtheion** – *8 odos Flamarion à l'angle de odos Agias Marinas -* 📞 *21034 596 06/26 - fax 21034 627 56 - 22 ch.* À deux pas de l'église Agia Marina et de l'Observatoire, dans une rue très calme, cet hôtel des années 1960 a gardé sa décoration d'époque. Les chambres sont propres, confortables et très silencieuses. Dommage que la terrasse ne soit pas vraiment équipée.

💰💰 **Thission** – *25 odos Apostolou Pavlou, à l'angle de odos Agias Marinas -* 📞 *21034 676 34/55 - fax 21034 627 56 - www.hotel-thission.gr - 25 ch.* Bâtiment un peu plus moderne que le précédent… mais à peine ! Chambres propres et confortables, mais la climatisation peut être bruyante. Jolie terrasse. Un bon rapport qualité-prix.

💰 **Phidias** – *39 odos Apostolou Pavlou -* 📞 *21034 595 11 - fax 21034 590 82 - phidiasa@otene.gr.* Donnant sur l'ancienne Agora, et l'Acropole, ce petit hôtel récent et confortable bénéficie d'une vue superbe !

GARGANETAS

👁 C'est un quartier tranquille au pied de la colline de l'Acropole constitué de ruelles ombragées d'orangers descendant de l'avenue Dionissíou Areopagítou vers l'avenue Syngrou. Il est desservi par la station de métro **Syngrou-Fix** (ligne 2, rouge).

💰💰 **Art Gallery** – *5 odos Erehtiou -* 📞 *21092 383 76 - fax 21092 319 33 - www. artgalleryhotel.gr* Ambiance détendue et chaleureuse dans cette demeure superbement aménagée (et pour cause, Yannis Assimacopoulos, le maître des lieux, est architecte). Accueil particulièrement sympathique. Sévère raidillon pour gagner l'Acropole en ligne droite !

DANS LA VILLE MODERNE
Autour de la place Omónia

👁 À une dizaine de minutes de marche (et une station de métro) de Monastiráki et de Plaka, le quartier animé de la place Omónia recèle un certain nombre d'hôtels qui, s'ils n'ont pas le charme de ceux de Plaka, ont le mérite d'être très commodes.

💰 **Athinea** – *9 odos Vilara, ruelle piétonne au dép. de la place Agios Konstantinou. -* 📞 *21052 438 84/85.* Établissement très simple mais de bon confort, et particulièrement bon marché.

Au pied de l'ancien palais royal…

💰💰💰 **Pythagorion** – *28 odos Agiou Konstandinou (avenue descendant de la place vers la gare) -* 📞 *21052 811 14 - fax 21052 455 81 - www.bestwestern.com/ gr/pythagorionhotel.* Hôtel sans personnalité excessive, mais bien tenu. Les chambres donnant sur la rue sont équipées de balcon, et dotées d'un précieux double vitrage permettant d'atténuer le bruit de la circulation. Une adresse commode gérée par la chaîne Best Western.

💰💰💰 **Athena Grecotel** – *65 odos Athinas, au coin d'odos Lykourgou -* 📞 *21032 445 53/7 - fax 21032 445 97 - www.grecotel.gr - 123 ch.* Dans un immeuble élégant, un hôtel de grande classe superbement situé à deux pas de la mairie.

Autour de la place Syntagma

💰💰💰 **Arethousa** – *12 Odos Nikis et 6-8 odos Mitropoleos -* 📞 *21032 294 31 - fax 21032 294 39 - www.arethusahotel.gr - arethusa@travelling.gr - 87 ch.* À deux pas de l'animation de la place, un hôtel de confort standard… Accueil agréable.

💰💰💰 **Xenos Lycabettus** – *6 odos Valaoritou, dans la partie piétonne -* 📞 *21036 006 00 - fax 21036 056 00 - www. xenoslycabettus.gr.* Hôtel neuf à taille humaine, installé dans une rue très commerçante entre les avenues E. Vénizélou et Akadimias. Très confortable.

💰💰💰💰 **Grande Bretagne** – *1 odos Vas. Georgiou, sur la place Syntagma. -* 📞 *21033 300 00 - fax 21032 280 34 - www.luxurycollection.com/grandebretagne - 262 ch.* Trois restaurants, deux piscines dont une avec vue sur le Lycabette, décor raffiné, service à la hauteur : bref, la grande vie…

LE PIRÉE

👁 Odos Notara est une ruelle sans charme excessif mais très bien située pour qui doit s'embarquer vers les îles tôt le matin (reste à s'y garer, ce qui n'est pas toujours une mince affaire). Les autres hôtels de la sélection sont moins commodes de ce point de vue, mais plus indiqués si vous désirez séjourner quelques jours au Pirée, surtout ceux qui sont proches de l'agréable Marina Zéa.

Sur odos Notara

☞ **Eva** – 2 odos Notara - ✆ 21041 701 10 - fax 21041 703 50. Cet hôtel tout neuf et sympathique avec sa fontaine intérieure dans le hall dispose de petites chambres confortables et joliment décorées. La plus calme se trouve au 6e étage. Seul inconvénient : pas de petit-déjeuner.

☞ **Zacharatos** – 1 odos Notara et 12 odos Evangelistrias - ✆ 21041 788 30 - fax 21041 793 27 - 59 ch. Juste en face de l'hôtel Eva. Un établissement plus ancien, un peu sombre, mais propre et confortable.

☞ **Anita-Argo** – 23-25 odos Notara - ✆ 21041 217 95 - fax 21041 224 20 - argoanita@hotmail.com - www. hotelargoanita.com - 57 ch. Hôtel moderne qui assure votre transport en minibus jusqu'au port. Demandez une chambre en hauteur et sur la rue. Assure Parking gratuit.

À PASSALIMANI

☞☞ **Phidias** – 198 odos Kontouriotou - ✆ 21042 964 80/961 60/672 20 - fax 31042 962 51 - www.hotelphidias.gr - phidiasgr@otenet.gr - 26 ch. Tout nouveau et tout beau, sympathique et confortable hôtel dans une rue en retrait de Marina Zéa. Accueil adorable.

☞☞ **Lilia** – Marina Zea (Passalimani) - 131 odos Zeas - ✆ 21041 791 08 - fax 21041 143 11 - info@liliahotel.gr - 20 ch. Petit hôtel tranquille et entièrement refait à neuf dans une jolie ruelle calme qui donne sur la Marina Zéa. Demandez une chambre sur rue (les autres ouvrent sur un mur aveugle). La proximité de la plage (500 m) en fait l'étape idéale au Pirée. Sur demande, une voiture assure gratuitement votre transfert de l'hôtel au port (le matin), et du port à l'hôtel (l'après-midi).

☞☞☞ **Poseidonio** – 3 odos Charilaou Trikoupi - ✆ 21042 866 51/6 - fax 21042 992 20 - hotelp@otenet.gr - 89 ch. Récemment rénové, cet immeuble de 8 étages est doté de chambres très confortables. Pas de restaurant, mais il existe un service de livraison de plats cuisinés.

☞☞☞ **Noufara** – 45 odos Iroon Politehniou - ✆ 21041 155 41/3 - fax 21041 342 92 - 49 ch. Aussi confortable que le Poseidonio (même propriétaire), cet hôtel moderne a l'avantage d'être situé sur l'avenue principale du Pirée, près de la place principale de la ville.

Se restaurer

PLAKA

☞ **Platanos** – 4 odos Diogenous. Fermé le dimanche soir. À l'ombre d'un eucalyptus, d'une treille et d'un platane, sur une place à l'écart de l'agitation toute proche, cette taverne que fréquentent quelques habitués auxquels se joignent des touristes isolés est un grand classique de Plaka. Dans la rue, quelques chiens somnolent sous le regard débonnaire d'anciens qui, la chaise tirée devant la porte, commentent les événements devant un jeu de jacquet.

☞ **Sholarhio to Gerani** – 14 odos Tripodon, au bas des marches d'odos Epicharmou. Ouvert à midi. Une treille ombragée, plusieurs salles improbables, des tables sur les balcons (et même s'il le faut de l'autre côté de la place, la maison ne reculant devant rien !) : dans cette maisonnette typique du quartier, vous pourrez déguster de délicieux assortiments de mezes.

☞ **Tapatsa** – 9 odos Tripodon. Au rez-de-chaussée, c'est un simple café que deux ours en peluche attablés signalent à l'attention des passants. Sur la terrasse ombragée de parasols, c'est une taverne animée, bien sympathique même s'il ne s'agit pas d'un haut lieu de la gastronomie…

☞ **Thespis** – Odos Thrasillou. Une placette, une ruelle en escalier, quelques maisons basses, des tables… Tel est le cadre de cette modeste taverne, au pied du rocher de l'Acropole, à deux pas de l'affluence touristique de la place Lysistrate.

☞☞ **O Glikis** – Odos A. Gerondas. Une institution ici. Le bar tout en boiseries et coiffé d'un « toit » supportant la mezzanine vaut à lui seul le déplacement… Excellent assortiment de mezes.

☞☞ **Xinou** – 4 odos A. Gerondas, taverne au fond d'une placette, juste derrière O Glikis - fermé sam. et dim. Une autre « incontournable » de Plaka, autant pour son jardin que pour sa moussaka, ses spaghetti bolognaise parfumés à la cannelle et sa musique nostalgique (en soirée).

☞☞ **Tsou Psara** – 16 odos Erehtheos et 12 Erotokritou. Ouvert le midi. Installée sur une placette à la jonction de plusieurs ruelles en escaliers (les tables sont posées où elles peuvent, y compris sur le balcon du voisin !), la plus ancienne taverne de Plaka vous propose dans un cadre de rêve une cuisine délicieuse (ne manquez pas les viandes en sauce). Une des meilleures adresses du quartier.

☞☞ **Eden** – 12 odos Lysiou, au coin des marches d'odos Mnissikleous. Ce lieu propose des salades ainsi que d'originales et délicieuses adaptations des plats traditionnels grecs à la cuisine végétarienne (moussaka au soja, etc.).

☞☞ **Palia Athina** – 46 odos Nikis. À proximité immédiate du Musée juif, un restaurant discrètement élégant à la clientèle d'habitués.

☞☞☞ **Kariatis** – Pl. Agora (derrière la bibliothèque d'Hadrien), au coin d'odos Adrianou, tables sur la place. Fréquenté par les Athéniens qui aiment à y amener leurs hôtes importants, restaurant de spécialités grecques au service impeccable. Belle carte de vins.

😋 **Zorbas** – *15 odos Lysiou, face au café Melina.* Une des rares tavernes de Plaka où l'on ne vous court pas après pour vous inciter à entrer, ce qui est un bon point. Un tantinet mélancolique, mais charmant, le patron francophone vous propose une bonne cuisine traditionnelle.

😋🍽 **Ermeion (Hermione)** – *15 odos Pandrossou et 7 odos Mnissikleous, dans une galerie et dans la cour.* Cadre soigné (chaises en osier, nappes à carreaux) et service diligent pour une cuisine raffinée. Goûtez aux spécialités du chef dont l'espadon broché et servi avec une sauce à l'huile d'olive et au citron… Au dessert, *baklavas* surprenants de légèreté. Bref, une adresse où l'on a envie de se poser.

😋😋🍽 **Event** – *Odos Mnissikleous (entre odos Adrianou et odos Pandrossou, sur la droite).* Galerie d'art et restaurant au décor très sobre et doté d'une mezzanine. Le dernier lieu à la mode, très fréquenté par les milieux artistiques et intellectuels de la capitale.

😋😋🍽 **Diogenes** – *Platia Lissikratous.* Dans un cadre calme doté d'une belle salle et d'une terrasse ombragée disposée sur la place face au monument de Lysicrate, le Diogenes propose à sa clientèle de nombreuses spécialités maison (dont d'excellentes cassolettes de veau ou d'agneau). À côté, partie café, si vous souhaitez seulement prendre un verre.

MONASTIRÁKI/PSIRI

👁 **Bon à savoir** – La partie de la rue Adrianou entre la place Monastiraki et la rue Apostoulou Pavlou, séparée de l'Agora par la tranchée du chemin de fer, offre une quantité de petits restaurants qui déploient leurs tables sur la chaussée aux beaux jours. Plus au nord, au-delà de la rue Ermou, le quartier de Psiri, autrefois mal famé, est devenu un lieu branché, centré autour de la place des Héros (platia Iroon).

😋 **Naxos** – *Odos Christokopidou (au nord de odos Ermou), au pied de l'église.* Mezepolio ouvert le midi. Délicieux mezes de poisson, grillés, frits ou marinés au sein d'un quartier tranquille.

😋 **Dioskouroï** – *38 odos Adrianou.* Face à la stoa de l'ancienne Agora, ce mezepolio aux tables disposées dans une rue particulièrement passante, propose une moussaka subtilement parfumée, et d'excellents beignets à la tomate.

😋 **Kafé Avissinia** – *Platia Avissinias, entre odos Ermou et Adrianou - fermé dim. soir et lun.* Sur une place occupée par les dépôts de meubles, ce café, dont le décor n'est pas sans rappeler les vieux bistrots parisiens, déploie ses tables à mesure que les brocanteurs libèrent la place, et sert d'excellents mezes ainsi qu'un délicieux pilaf aux moules.

😋 **Platia Iroon** – *1 platia Iroon - le soir uniquement.* Sur la placette triangulaire que domine un grand mur peint. Dotée d'une mezzanine, la salle aux tables

couvertes de nappes à carreaux est décorée d'instruments de musique. Pour qui veut s'initier à la culture du meze, la carte de ce mezopolio en compte plus d'une trentaine.

KOLONÁKI

👁 C'est le quartier élégant et résidentiel qui s'étend sur les pentes du Lycabette jusqu'à l'avenue Vas. Sofias où se suivent les **musées Benaki, d'Art cycladique et d'Art byzantin**. Le cœur de ce quartier où épiceries fines et pâtisseries mettent un point d'honneur à se doter de noms français bat sur la place Filikis Etaireias, connue des Athéniens sous le nom de place Kolonakiou.

😋 **To Kioupi** – *4 platia F. Etaireias à droite de odos Skoufa - ouv. tlj 11h-19h sf sam.* Une institution, puisque cette taverne occupe les lieux depuis 1929. Dans une petite salle au sous-sol *(quelques marches à descendre),* dégustez une cuisine familiale à choisir sur présentoir. Service rapide, accueil simple et souriant.

😋 **Peros** – *Platia F. Etaireias entre odos Tsakalof (piétonne) et odos Patriarchou Ioakeim.* Immense terrasse où les Athéniens qui se livrent aux joies du shopping dans le quartier se posent le temps d'un verre ou pour un repas léger.

😋😋🍽 **Papadakis** – *47 odos Voukourestiou, entrée sur odos Fokylidou - ☎ 21036 301 32.* Restaurant branché et qui collabore avec une galerie d'art athénienne dans un « projet artistique »…

THISSIO

👁 **Odos Apostolou Pavlou** – Cette rue piétonne au pied de l'Acropole commence à s'animer en soirée. De nombreux bars dans un cadre très agréable et vue imprenable sur la mise en lumière des monuments conçue par Pierre Bideau, un éclairagiste français.

AU SUD DE L'ACROPOLE

😋😋🍽 **Dionysos** – *43 odos Rovertou Gali, au croisement de odos Apostolou Pavlou et Dionissiou Areopagitou.* En terrasse ou en salle climatisée, ce grand établissement moderne présente une belle vue sur l'Acropole. À côté d'un menu international, le restaurant jouit d'une

On trouve tout à Monastiráki, y compris le marchand de chaises !

J.-P. Naïl / MICHELIN

solide réputation en matière de gastronomie grecque. C'est l'occasion de goûter de vrais *dolmadès*, des *pités* (feuilletés) aériens et un bon *baklava*.

AUTOUR DE LA PLACE OMÓNIA

👁 Outre les sempiternels fast-foods plus ou moins revisités et les boutiques à sandwichs, vous trouverez quelques tavernes sympathiques sur la portion d'odos Themistokleous entre les avenues Venizélou et Akadimias

🍴 **Athinaïkon** – *2 odos Themistokleous.* Ce « mezepolio », ouvert à midi, est doté d'une belle salle climatisée aux traditionnelles tables en marbre. Gravures, luminaires vieillots et grand tableau représentant Athènes au temps des tramways recréent une atmosphère des années 1930. L'endroit idéal pour passer les premières heures chaudes de l'après-midi.

🍴 **O Andreas** – *18 odos Themistokleous, dans une impasse sur la droite en venant d'odos Vénizélou - ouv. le midi, fermé dim.* Petit « troquet » de quartier aux airs de cantine qui a investi plusieurs salles réparties de part et d'autre du passage. Si l'endroit ne paie pas de mine, on y déguste de délicieux mezes de poisson, accompagnés d'ouzo ou de vin blanc.

🍴 **Petrino** – *20 odos Themistokleous, au coin d'odos Akadimias.* Le moins que l'on puisse dire, c'est que le décorateur n'a pas joué la carte de la sobriété, puisant son inspiration dans le cinéma époque noir et blanc et la publicité quand elle s'appelait encore réclame. Il s'agit là aussi d'un mezepolio, souvent envahi à midi par les employés de ce quartier animé.

LE PIRÉE

🍴 **To Palio tou Katsika** – *171-173 odos Ypsilantou, proche de Marina Zéa - fermé dim.* Taverne relookée de neuf dans une atmosphère climatisée où l'on déguste des plats à choisir par soi-même.

🍴 **Ta Ennia Adelphia (« Les 9 frères »)** – *48 odos Sotiros. Partant de Marina Zéa, remontez la rue Lambrakis jusqu'à la 1re rue à droite. La taverne se cache dans un petit square.* Très fréquentée par les Piréotes, cette institution propose un grand choix de plats grecs classiques, bien cuisinés.

🍴 **Ziller** – *Marina Zéa.* Fermant le petit port, un des nombreux restaurants de poissons du lieu. Si la salle a un aspect délicieusement vieillot, la « salle annexe », installée directement sur le port, aura aux beaux jours votre préférence.

Faire une pause

PLAKA

Nikis – *Odos Nikis. Depuis Syntagma, première à droite par odos Ermou.* Petit café d'habitués avec quelques tables sur le trottoir, sous la colonnade d'un immeuble, à deux pas des nombreux commerces d'Ermou. Idéal pour une pause-café.

Bonne musique (jazz, Cuba…), dans un décor de bois, sans prétention, mais bien agréable.

Kidathinaion – *Platia Filomoussou Etairas/odos Kidathineon.* Sur une place animée, envahie par les tables des tavernes, grand café à l'ancienne avec sa grande salle aux tables de marbre décorée de tableaux. La terrasse protégée des intempéries par une marquise est un lieu stratégique où, s'ils ne sont pas absorbés par une partie de jacquet, les anciens du quartier observent le « mouvement », tout en égrenant avec virtuosité leur *komboloï*…

Nefeli – *24 odos Panos et Aretousas, sur les hauteurs.* Vue superbe en contrebas sur l'ancienne Agora et le Theseion depuis les tables installées le long de la rue Dioskouron, surtout en fin de journée lorsque le soleil caresse les vieilles pierres.

Melina – *22 odos Lysiou au coin d'odos Epicharmou* Café traditionnel tout à la gloire de la chanteuse Melina Mercouri dont les photos couvrent littéralement tous les murs. Restauration légère.

MONASTIRAKI

Aigli – *Psiri, 21-23 odos Agion Anargiron, en face de l'église.* Agréable bar faisant également restaurant.

Metropol – *Platia Mitropoleos* Face aux cathédrales, c'est le grand café à l'ancienne, avec rayon pâtisserie pour les gourmands.

Coffee Room d'Attalios hall – *Adrianou 52, derrière la station de métro Monastiraki.* Petite restauration et salades dans un espace moderne voué à la mode et au prêt-à-porter.

MUSÉES

Installé sur la terrasse, le petit café du **musée Benáki d'Art islamique** (*odos Agion Asomaton*) offre une vue imprenable sur le cimetière du Céramique. Le café du **musée d'Art cycladique** est quant à lui installé dans un agréable patio fleuri aménagé entre les deux bâtiments du musée.

Celui du **musée Benaki**, qui fait également restaurant, possède une belle

Beignets et anneaux au sésame pour une pause gourmande.

terrasse dominant le quartier résidentiel de Kolonáki.

AU PIRÉE

Face à l'anse de Marina Zéa, cafés de toute sorte dont le **Catamaran** qui reçoit une clientèle à la fois branchée et sélecte.

Achats

ACHATS COURANTS

👁 On trouve tout ou presque dans les **périptères**, ces grands kiosques qui ponctuent places et avenues : tabac, cartes de téléphone, mouchoirs jetables, briquets, bonbons et friandises de toute sorte, bracelets-montres, ceintures de cuir, cartes postales (et parfois timbres), cassettes vidéo, et même la presse internationale (parfois du matin même, le plus souvent de la veille), du moins dans les lieux fréquentés par les étrangers.

Centre commercial The Mall – Maroussi, métro Neratziotissa. Immense centre commercial inauguré fin 2005 : cinémas, restaurants et environ 200 boutiques…

LIVRES/JOURNAUX

Elefthroudakis – 20 odos Nikis (en allant vers le Musée juif), grande librairie sur deux niveaux, et 17 odos Mitropoleos (au sous-sol du Starbucks Coffee). Livres en anglais (et parfois en français), cartes et plans.

PRODUITS GOURMANDS

Miel, fromage, spécialités en conserve ou en semi-conserve, huile d'olive, ouzo ou vin : vous pouvez prolonger vos vacances en Grèce en rapportant quelques-uns de ces produits.

Lesvos Shop – 33 odos Athinas. Confitures, ouzos, gâteaux secs, vins, miel et fromage à la coupe (ainsi que savons et cosmétiques) : cette boutique avenante, située entre le marché couvert et Monastiráki (sur le trottoir d'en face) se veut l'ambassade gourmande des îles égéennes de Lesvos et de Limnos.

Mesokaïa – Au coin d'odos Nikis et d'odos Khidatinaion. Au cœur de Plaka, à deux pas du musée d'Art populaire, une épicerie fine où vous trouverez confitures, miels, huile d'olive et produits frais.

Kava Oinon – Odos Tripodon, au coin d'odos Thespidos. Vins et liqueurs (ouzos) en tout genre.

SOUVENIRS

À **Plaka**, vous trouverez un choix de souvenirs à rapporter, en particulier des articles en cuir, des statuettes, de l'ouzo… (rues Kidathineon, Adrianou).

MUSÉES

Les boutiques de musées athéniens proposent des reproductions d'œuvres d'art de qualité : statuettes d'idoles au **musée d'Art cycladique**, copies d'après l'antique (**musée Benáki, Musée archéologique national**), icônes (**musée d'Art byzantin**).

BROCANTE

Aux abords de la rue Ermou, vous trouverez des boutiques sans âge dont le stock d'articles courants, inchangé depuis 1880, tient à présent de la brocante. Allez chiner aussi au marché aux puces ou dans les boutiques de Monastiráki (entre les rues Ermou et Adrianou, cette dernière est piétonne à cet endroit) : vous y trouverez tout aussi bien une lampe-tempête qu'un bel encensoir d'église en laiton.

Vous trouverez des **objets religieux** (belles icônes byzantines, orfèvrerie et même des chasubles s'il vous vient à l'idée de vous déguiser en pope) dans les boutiques spécialisées des ruelles reliant odos Apollonios à la place Mitropoleos, et pour cause : c'est le Saint-Sulpice local…

Amorgos – Odos Kodrou. Au pied de l'hôtel du même nom, un véritable bric-à-brac qui fera le bonheur des chineurs, à la recherche d'un souvenir sortant de l'ordinaire. Vous y trouverez notamment des silhouettes de théâtre d'ombres.

Spectacles

Festival d'Athènes – 39 odos Panepistimiou (El. Venizelou), dans la galerie (Stoa) Pesmazoglou - ☏ 21032 214 59 - www.hellenicfestival.gr - pour tt rens. concernant les spectacles au théâtre d'Hérode Atticus et au Lycabette : lun.-vend. 8h30-16h, sam. 9h-14h30.

Nommé en 2006 à la tête de ce festival trentenaire, Yorgos Loukos (également directeur du ballet de l'Opéra de Lyon et du Festival de danse de Cannes) lui a donné une nouvelle impulsion en proposant une programmation plus diversifiée (théâtre, danse contemporaine, musiques actuelles, jazz, opéra, etc.) et en l'ouvrant largement vers l'international.

Danses traditionnelles – Théâtre Dora Stratou - rens. : 8 odos Scholiou, une rue perpendiculaire à la rue Flessa, à Plaka - ☏ 21032 443 95 - 9h-16h - 13 €.

Spectacles tous les soirs (sf lun.), de mai à septembre, sur la colline de Philopappos (entrée principale place Apollon/ou, à Koukaki), à 21h30 (dim. 20h15).

Cinéma en plein air – Une institution en Grèce qu'il faut d'autant moins manquer que les films sont projetés en v.o. sous-titrée. L'ambiance y est extraordinaire !

Parmi ceux-ci, le **Theseion**, au 7 av. Apostolou Pavlou, au pied de l'Acropole, ne manque pas de charme.

Mont **Áthos**★★★

Oros Áthos – Όρος Άθως

2 262 HABITANTS
CARTE GÉNÉRALE RABAT I B1 – MACÉDOINE – NOME DE CHALCIDIQUE

La Sainte Montagne (Ágio Oros), couverte de bois (chênes, châtaigniers, résineux), culmine au mont Áthos (2 033 m), dont les versants abrupts plongent dans une mer souvent agitée. Voué à la vie contemplative dès le 9e s., le mont Áthos est le conservatoire du monachisme orthodoxe dans sa plus pure tradition. Lieu intemporel, riche d'un patrimoine séculaire, il ne s'ouvre qu'à un tout petit nombre de voyageurs, ce qui contribue à la sauvegarde de son authenticité… comme à la fascination qu'il exerce.

- ▶ **Se repérer** – À 136 km au sud-est de Thessalonique, et à 16 km au sud de Kavála, la péninsule la plus orientale de la Chalcidique s'étend au-delà d'**Ouranópoli** sur une longueur de 45 km pour seulement 5 km de largeur, avec une superficie de 336 km².

- 👁 **À ne pas manquer** – La Grande Lavra.

- 🕐 **Organiser son temps** – Compte tenu de l'accès plus que limité, la grande majorité d'entre vous découvrira la Sainte Montagne lors d'une excursion en bateau d'une journée.

- 👍 **Pour poursuivre le voyage** – Chalcidique.

Le monastère de Dochariou fut fondé au 11e s. par l'économe de la Grande Lavra.

Comprendre

Anachorètes, cénobites et gyrovaques

La première communauté **(lavra)** de moines remonte à 963, lorsque saint Athanase de Trébizonde, encouragé par l'empereur **Nicéphore Phocas**, fonde le monastère de la Grande Lavra. Les couvents se multiplient entre le 13e et le 16e s., au point que lorsque le voyageur Pierre Belon les visite au 16e s., on y compte 30 000 religieux répartis dans une trentaine de monastères. Peu avant la Première Guerre mondiale, la montagne sacrée abrite encore 7 000 moines.

De nos jours, 1 400 moines occupent une vingtaine de monastères : pour la plupart, il s'agit de Grecs, mais quelques monastères rassemblent surtout des Russes (Agios Panteleimonos), des Bulgares (Zografou) ou des Serbes (Chiliandariou, qui a malheureusement été détruit par le feu en mai 2004). Ces moines, souvent âgés, et toujours barbus, se répartissent en **monastères idiorythmiques**, dont la règle est assez souple, en communautés **(cénobitiques)**, dans lesquelles fait maigre est obligatoire toute l'année ou en petits groupes dans les prieurés **(skites).** Enfin, on trouve des **anachorètes** vivant dans des cabanes ou des grottes d'accès difficile, et quelques **gyrovaques**, moines mendiants itinérants.

Les monastères

Immenses et peints de vives couleurs, ils sont habituellement construits sur plan quadrangulaire et protégés des incursions des pirates de jadis par une enceinte renforcée de tours dont la plus haute sert de donjon. Autour de la cour se répartissent l'hôtellerie, les cellules aux balcons en encorbellement, le réfectoire en face duquel est érigé le bénitier **(phiale)**. Au centre s'élève l'église que surmontent une ou plusieurs coupoles. Des fresques, dont les plus belles ont été exécutées par des artistes comme Panselinos (14e s.), **Théophane le Crétois**, Zorzio ou Frango Kastellanos (16e s.), couvrent les murs des réfectoires et des églises. De nombreux manuscrits, parfois mutilés, garnissent les bibliothèques, aménagées souvent dans les donjons. Un **higoumène** dirige chaque monastère qui comprend novices, moines et frères convers, chargés des travaux domestiques ; l'**archontaris** (moine hôtelier) accueille les visiteurs. Les offices sont annoncés par la **simandre**, pièce de bois que l'on frappe d'un maillet.

> ### Une république monastique
>
> Depuis le 10e s., le mont Áthos est une république monastique dont la capitale est **Karyes**. L'État grec y est représenté par un gouverneur, mais la Montagne Sacrée, autonome, est administrée par un conseil constitué de vingt représentants élus, un par couvent, les **antiprosopoï**. Quatre d'entre eux, les **épistates** se partagent la responsabilité de l'exécutif, sous la présidence du **protépistatis**, élu pour cinq ans.

Découvrir

Nous citons ici seulement les monastères les plus connus ou les plus faciles d'accès. Ils ferment tous au coucher du soleil.

Símonos Pétras

Ce vertigineux monastère cénobitique, remarquable par la quantité de ses balcons de bois superposés, est situé sur le versant ouest de la montagne où il occupe un site spectaculaire, sur un rocher surplombant les flots. Créé au 13e s. par saint Simon, il fut agrandi au 14e s. par un prince serbe, puis plusieurs fois ravagé par des incendies, il dut son renouveau à l'afflux de fonds russes qui, au 19e s., permirent notamment la construction de l'impressionnant bâtiment de sept étages.

Agiou Dionysiou

Monastère du 16e s. s'élevant sur un piton rocheux au-dessus d'une crique. L'église et le réfectoire sont décorés de remarquables fresques des 16e s. et 17e s. Parmi les trésors de la bibliothèque, citons un évangéliaire du 7e s.

Grande Lavra (Megístis Lávras)

Le plus ancien (963) et le plus important des monastères athonites (une centaine de moines) est situé non loin de l'extrémité de la presqu'île, au pied du mont Áthos couvert de nuages. Il a l'aspect d'un bourg fortifié dominant un minuscule port naturel.

Dans l'église (10e-11e s.), que coiffe une énorme coupole, est enterré le fondateur, Athanase. Au-delà d'une admirable phiale à bassin de porphyre (16e s.), l'immense réfectoire du 16e s. aux tables et aux sièges de pierre a ses murs couverts de **fresques** célèbres dues à Théophane le Crétois. La **bibliothèque** abrite 5 000 volumes, dont près de la moitié sont des manuscrits. La pièce maîtresse est sans conteste l'*Évangéliaire au trésor*. Quant au trésor proprement dit, il comporte des pièces rares et précieuses, tels la couronne et le manteau de l'empereur **Nicéphore Phocas**.

Au sud s'étend un désert de pierres, dit « désert des Ermites » car de nombreux anachorètes s'y étaient établis, jusque dans les anfractuosités de la falaise rocheuse qui domine la mer.

Ivíron

Remontant au 10e s. et dédié à saint Jean-Baptiste, le monastère se cache dans un vallon suspendu, tapissé d'oliviers et de pins, débouchant sur la mer. L'église du 11e s. remaniée au 16e, a conservé son dallage en marbre d'origine. Dans une chapelle se trouve l'icône miraculeuse de la Panagia Portaïtissa (10e s.). La bibliothèque possède de nombreux manuscrits enluminés, du 11e au 13e s., et le **trésor** compte parmi les plus beaux du mont Áthos.

Vatopedíou

Très vaste, il a été fondé en 980 dans un site idyllique au-dessus d'une baie et d'un petit port. Son enceinte fortifiée du début du 15e s. embrasse un dédale de bâtiments dont l'église et une quinzaine de chapelles. Son église rouge de la fin du 11e s. comporte une entrée aux portes de bronze du 15e s. provenant de l'Agia Sofia de Thessalonique et une remarquable mosaïque du 11e s. ; à l'intérieur, intéressantes icônes du 13e au 16e s. Le trésor conserve de rares reliquaires d'orfèvrerie et la coupe de Manuel Paléologue (15e s.), en jaspe sur pied d'argent émaillé. La bibliothèque est riche en manuscrits (600 environ), parmi lesquels un exemplaire du 12e s. de la *Géographie* de Ptolémée.

Mont Áthos pratique

Accès

Totalement interdit aux femmes et aux animaux femelles depuis 1060, le mont Áthos est aussi **fermé aux touristes**.

Seuls quelques privilégiés arguant de raisons religieuses ou culturelles valables peuvent y séjourner. Pour cela, il faut être âgé d'au moins 21 ans et pouvoir justifier de son intérêt pour la religion ou l'art.

L'office des pèlerinages à Thessalonique centralise les demandes de permis : **Pilgrim Office of Holy Mount Athos**, *14 odos Konstantin Karamanli - Thessalonique -* ℘ *23108 618 11 - lun.-vend. 8h30-14h.*

Le nombre d'étrangers étant limité (10 visiteurs par jour), il faut s'y prendre longtemps à l'avance et éviter la période estivale. Envoyer une photocopie de votre passeport en indiquant la date souhaitée. Une fois l'accord obtenu, réservez dans les monastères où vous souhaitez séjourner. Après avoir retiré le récépissé de votre demande, présentez-vous muni de ce document et de votre passeport au bureau d'**Ouranópoli** – près de la station-service à l'entrée du village –, qui vous remettra une *dormition* (sauf-conduit, compter 25 €) vous permettant de séjourner 4 jours. Un bateau part le matin à 9h d'Ouranópoli pour Dáfni.

Tour en bateau

En saison, des excursions en bateau, au départ d'**Órmos Panagias** (presqu'île de Sithonia), d'**Ouranópoli** ou de l'île de **Thassos**, permettent de longer la côte de la Sainte Montagne.

Ces bateaux ne doivent pas s'approcher à moins de 500 m des côtes. Vous serez bien entendu vêtu avec la décence qui convient en ce saint lieu.

Se loger

À OURANÓPOLI

☻☻ **Akrogiali** – *À 100 m de l'arrêt du bus, sur la gauche, au bord de la mer -* ℘ *23770 712 01 - 18 ch.* Chambres confortables mais monastiques,

idéales pour se préparer à la vie du mont Athos. Certaines ont vue sur la mer. Pas de petit-déjeuner.

☻☻ **Makedonia** – *2e r. à gauche après l'hôtel Akrogiali (même propriétaire) -* ℘ *23770 710 85 - fax 23770 713 95 - 18 ch.* Petit hôtel confortable et tranquille à 100 m du bord de mer.

☻☻ **Xenios Zeys** – *R. principale, côté mer -* ℘ *23770 712 74 - fax 23770 711 85 - 20 ch.* Ce petit hôtel propret offre un bon rapport qualité-prix. Préférez les chambres avec vue sur la mer. Petit-déjeuner en sus.

☻☻☻ **Xenia** – *À l'entrée du village -* ℘ *23770 714 12 - fax 23770 713 62 - 20 ch.* Établissement très agréable, calme et confortable, avec plage privée. Le service est très professionnel, mais les prix sont élevés (importante remise en basse saison). Le petit-déjeuner est compris et la demi-pension possible.

Détail d'une fresque de l'exonarthex du monastère de Vatopedíou.

B. Kaufmann / MICHELIN

Se restaurer

À OURANÓPOLI

☻ **Karidas** – *Sur le port -* ℘ *23770 711 80.* Vaste choix de poissons à des prix raisonnables. On y parle français.

Achats

Icônes – Les œuvres des moines sont en vente à Ouranópoli et à Karyes.

Attique
Attiki/Attikh

3 761 810 HABITANTS - CARTE GÉNÉRALE RABAT II C2

Pointe sud orientale de la Grèce continentale, l'Attique s'avance dans la mer Égée. S'il ne reste plus grand-chose des paysages chantés par les poètes et les voyageurs du fait du développement tentaculaire d'Athènes et de l'industrialisation, la région, berceau de la Grèce antique, compte des sites parmi les plus intéressants du pays.

▸ **Se repérer** – La péninsule de l'Attique est baignée à l'ouest par le golfe Saronique et fait face, à l'est, à l'île d'Eubée. Elle est desservie depuis Athènes par l'autoroute E 75 qui, au-delà de l'aéroport Vénizélos, se transforme en voie rapide traversant un paysage ingrat jusqu'à Lávrio. Une autre possibilité est d'y accéder en suivant la côte Apollon depuis Le Pirée jusqu'au cap Sounion.

👁 **À ne pas manquer** – Un coucher de soleil au cap Sounion.

🕐 **Organiser son temps** – Si vous dormez à Sounion, vous pouvez consacrer deux jours à la découverte de la côte qui peut s'agrémenter de quelques baignades. Depuis Athènes, excursions d'une demi-journée.

♿ **Pour poursuivre le voyage** – Athènes, Eubée, Kéa.

Le calme du soir sur le temple de Poséidon tandis que le soleil se couche sur le cap Sounion.

Comprendre

Le nom d'Attique occupe aujourd'hui la péninsule que limite au nord la riche Béotie et à laquelle sont adjointes les îles du golfe Saronique, celles d'Hydra, de Spétses et de… Cythère. La partie continentale, avec ses 2 600 km², ne représente que la quarantième partie du territoire grec ; mais la population, qui regroupe la mégapole Athènes-Le Pirée, rassemble près d'un Grec sur deux !
Grenier à blé des Anciens, couverte de l'arbre fétiche d'Athéna, l'olivier, elle pouvait aussi compter sur les mines de plomb argentifère du Laurion et sur les carrières de marbre du Pentélique pour ses monuments. Aujourd'hui, l'industrie locale (raffineries, métallurgie, chimie, textile) produit les deux tiers de la richesse nationale, mais hélas ! enlaidit et asphyxie la région par une pollution aux conséquences ravageuses.

Circuits de découverte

La côte Apollon, d'Athènes au cap Sounion★★ ☐1

Circuit de 65 km. D'Athènes, prendre la voie rapide qui desservait l'aéroport d'Eleniko et qui suit ensuite la côte.
Traditionnellement, la visite du cap Sounion se fait au coucher du soleil avec retour à Athènes au crépuscule. Cependant, pour découvrir la région de façon plus approfondie,

nous conseillons de réserver une journée à cette excursion. Si la côte est propice aux bains de mer et aux plaisirs de la plage, la découverte du cap Sounion et du temple de Poséidon mérite à elle seule le trajet.

Si vous souhaitez vous limiter au seul cap Sounion, vous aurez alors intérêt à prendre l'autoroute en direction de l'aéroport, puis, à partir de Markópoulo, la voie rapide de Lávrio.

Glyfáda

À 14 km seulement de la capitale et par conséquent très fréquentée, cette importante station balnéaire comprend notamment une plage aménagée, un port de plaisance et un golf.

Longeant de petites anses la route dépasse **Voúla** *(plages)* et **Kavoúri**.

Vouliagméni★

Villégiature élégante, Vouliagméni est agréablement située au fond d'une baie profonde qu'encadrent deux promontoires découpés en criques. Des pinèdes odorantes,

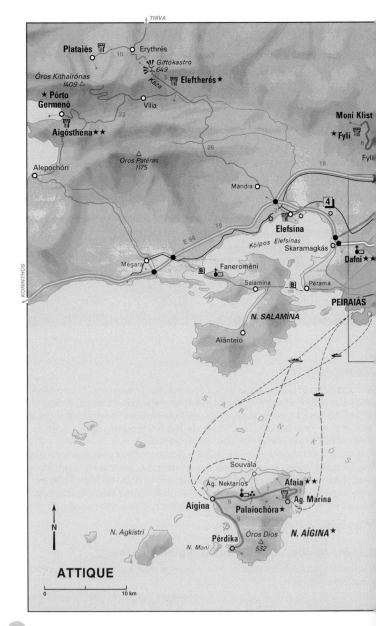

une vaste plage aménagée et plusieurs petites, un mouillage sûr, plusieurs hôtels de luxe concourent à l'agrément de la station.

Du promontoire sud, belle vue sur la baie et la côte en direction du cap Sounion.

La route traverse ensuite les stations balnéaires de **Várkiza** et **Lagonísi**, dont la plage de sable fin fait face à une jolie baie à demi fermée par des récifs.

C'est à **Anávyssos**, devenue aujourd'hui une station animée, que fut trouvé l'un des plus célèbres *kouros* du musée d'Athènes.

Au-delà, la côte devient plus sauvage, et offre de belles perspectives sur le golfe Saronique et l'**île Patróklou** qui porte le nom d'un amiral de Ptolémée II qui la fortifia en 260 av. J.-C.

Soúnio

Petite station balnéaire, où se trouvaient la cité antique et son port. **Vue★** sur le cap au sommet duquel se détachent les colonnes du temple.

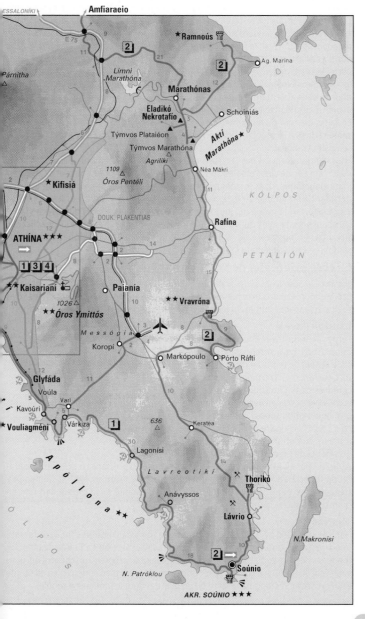

Cap Sounion★★★ (Akrotiri Soúnio)

Accès en voiture (lire plus haut) ou en bus depuis Athènes, terminal Attique (voir p. 160) - ☎ 22920 393 63 - tlj 10h jusqu'au coucher du soleil - 4 € - parking (rapidement engorgé) - boutique de souvenirs et café-restaurant.

Sentinelle avancée de l'Attique, surveillant l'entrée du golfe Saronique, Akri Soúnio, le « promontoire sacré », selon Homère, occupe un site admirable face à la mer Égée et aux Cyclades. Le paysage est encore magnifié par les ruines du temple de Poséidon, le dieu de la Mer qu'invoquaient les marins doublant le cap, dont les abrupts dominent les flots de plus de 60 m. C'est le « cap des Colonnes » que célébrèrent au 19e s. les écrivains romantiques, tels que Byron, Chateaubriand ou Lamartine.

Le chemin d'accès au **temple de Poséidon** franchit le mur d'enceinte de l'acropole, assez bien conservé (vestiges des tours carrées de défense), puis pénètre dans l'enceinte sacrée à l'emplacement des propylées que flanquait un grand portique.

Construit en marbre de 444 à 440 av. J.-C. sur ordre de **Périclès**, le temple dont on découvre les vestiges fut dédié à **Poséidon**, le dieu de la Mer. Ce monument d'ordre dorique, à péristyle, a succédé à un sanctuaire antérieur du 6e s. av. J.-C., bâti en tuf et détruit lors de la seconde guerre médique. Ruiné par les intempéries et les chercheurs de trésor, le temple fut restauré à partir du 19e s. : on découvrit alors deux colossaux *kouros* archaïques, aujourd'hui au Musée archéologique national d'Athènes.

À gauche, du côté est, la façade d'entrée comportait un portique précédant la *cella* dont les pilastres d'angle ont été conservés : celui de droite est couvert de graffiti parmi lesquels on relève le nom de Byron, qui vint ici en 1810. Soutenant l'architrave, les colonnes du péristyle au nombre de 16 sur les 34 d'origine paraissent très élancées, bien qu'elles n'aient que 6,10 m de haut ; en effet, elles ne sont pas galbées et leur diamètre est relativement réduit (1 m en bas, 0,79 m en haut).

En faisant le tour du monument, on observe les variations d'épaisseur du soubassement dues à l'irrégularité du terrain : cette épaisseur atteint plusieurs mètres à l'angle nord-ouest.

Mais l'important n'est pas là : il réside dans la suprême harmonie de ces colonnes s'élançant vers le ciel d'un bleu soutenu, et dominant une mer, souvent agitée, toujours magnifique ; dans les infinies variations chromatiques nées d'une lumière qui, déclinant à la tombée du jour, pare de chaudes teintes mordorées les pierres du sanctuaire, tandis que le cap joue sur toute la gamme des ocres. Et que dire des fabuleux couchers de soleil qui attirent une foule étreinte par une émotion inexplicable, sinon par la conscience de se trouver dans un de ces lieux magiques où le temps semble à jamais suspendu ?

La côte orientale, de Sounion à Ramnoús ②

160 km. De Soúnio à Lávrio, la route, sinueuse et étroite, longe la côte orientale du cap Sounion. Celle-ci est plus verdoyante que sur l'autre versant : d'agréables villas se dispersent sous les pins et les oliviers au-dessus de petites criques avec plages.

Laurion (Lávrio)

Petite ville industrielle (fonderies) et port minéralier, Lávrio s'étend dans un paysage désolé de terrils au pied du massif du **Laurion**, dont les mines étaient déjà célèbres dans l'Antiquité. Les fouilles archéologiques permettent de penser que leur exploitation a commencé au cours du 3e millénaire av. J.-C.

À partir du début du 5e s. av. J.-C., les gisements de plomb argentifère furent

> ### Conditions de travail
>
> Sous les Athéniens, l'extraction du minerai se faisait par des puits pouvant atteindre jusqu'à 100 m de profondeur et les galeries radiales ne dépassaient guère un mètre de haut. Près de 20 000 ouvriers, esclaves ou hommes libres, travaillaient dans les mines.

exploités par les Athéniens, apportant la richesse et la puissance à leur cité. L'exploitation fut arrêtée au 2e s. av. J.-C. et reprise en 1864. Jusqu'en 1981, la Compagnie française des mines du Laurium assura la quasi-totalité de la production tant en plomb argentifère qu'en zinc.

Thorikó

Habitée dès 2000 av. J.-C. et jusqu'à l'époque romaine, l'antique Thorikos fut une importante cité fortifiée dont les deux ports recevaient le bois d'Eubée destiné aux fonderies de minerai du Laurion. Le site archéologique comprend un **théâtre** qui pouvait accueillir 5 000 spectateurs, avec une *cavea* de gradins au curieux plan elliptique et à l'orchestre rectangulaire, ainsi qu'un quartier dominé par une acropole.

Revenir à Lávrio pour retrouver la route d'Athènes.

Après **Keratéà**, on entre dans la Mésogée (Mesogia : « terres de l'intérieur »), plaine à habitat dispersé, jadis marécageuse.

À Markópoulo, quitter la route d'Athènes et prendre à droite la route de Pórto Ráfti et Vrávróna. À 8 km apparaît à gauche l'entrée du site archéologique de Brauron.

Brauron★★ (Vravróna)

Dans un cadre harmonieux de collines et non loin de la mer Égée, le sanctuaire rappelle le souvenir du culte d'Artémis Brauronia. D'après une tradition évoquée par Euripide dans *Iphigénie en Tauride*, la fille d'Agamemnon, soustraite au sacrifice et ayant fui en Tauride (la Crimée), serait revenue, avec la statue sacrée d'Artémis, terminer ses jours à Brauron. En réparation de la mise à mort d'une ourse protégée par la déesse de la Chasse, **Iphigénie** aurait alors fondé le sanctuaire, desservi par de jeunes prêtresses, les « ourses », vêtues de robes safran et consacrées à la déesse dès l'âge de sept ans.

Détail d'un relief votif qui fut offert au sanctuaire d'Artémis Brauronia (4ᵉ s. av. J.-C.).

Sanctuaire – ✆ 22990 270 20 - tlj sf lun. 8h30-15h - 3 € (site et musée). On laisse sur la gauche une basilique paléochrétienne avant d'arriver à la fontaine sacrée qui alimentait un cours d'eau franchi par un pont dont les dalles subsistent. À droite, en contrebas de la chapelle Saint-Georges, apparaissent les soubassements du temple d'Artémis (5ᵉ s. av. J.-C.) au-delà duquel, dans l'anfractuosité du rocher, se trouvait le « tombeau d'Iphigénie ». En face, on repère la grande cour à péristyle sur laquelle donnait le « parthénon » qu'habitaient les *ourses*. Une partie de la colonnade du portique a été relevée.

Musée – *À 500 m du sanctuaire de l'autre côté du rocher.* On y admire des vases à décor géométrique, un bas-relief votif avec les figures de Zeus assis, Léto, Apollon et Artémis, et surtout une série de ravissantes statuettes ou têtes en marbre de petites « ourses » (4ᵉ s. av. J.-C.) d'une rare délicatesse d'expression : remarquez spécialement l'*Ourse à la colombe* et l'*Ourse au lièvre*.

Regagner Markópoulo par **Pórto Ráfti**, station balnéaire au creux d'un golfe dont l'entrée est commandée par un îlot portant une effigie romaine, en marbre, d'homme assis en tailleur (en grec : *raftis*) : cette statue colossale servait probablement d'amer.

Côte de Marathon★ (Akti Marathóna)

Rafína

Port de pêche et de commerce d'où partent les ferries à destination de l'Eubée et des Cyclades orientales. Sur le port s'alignent en rang serré poissonneries et restaurants.

Prendre la route du bord de mer qui longe une série de plages très fréquentées des Athéniens, puis rejoindre une route plus importante à Néa Mákri ; 5 km après se détache à droite la voie qui conduit au tumulus de Marathon.

Le premier marathon

Venue d'Asie Mineure, la flotte perse jette l'ancre dans le golfe de Marathon et débarque des troupes chargées de marcher sur Athènes. De leur côté, les Grecs ont établi leur camp sur les premières pentes du mont Agriliki. Les Athéniens sont au nombre de 7 000, soutenus par 1 000 Platéens, alors que les Perses comptent 20 000 hommes. Le combat s'engage dans la plaine où les Athéniens, commandés par **Miltiade**, réussissent à cerner les Perses, les taillent en pièces et les forcent à rembarquer. D'après la tradition, 6 400 Perses ont péri, contre seulement 192 Grecs. La victoire assurée, Miltiade dépêche un messager annoncer la nouvelle à Athènes. Le soldat fait en courant le trajet de Marathon à Athènes, annonce la victoire et meurt aussitôt d'épuisement.
Le « marathon » des jeux Olympiques de 1896 fut disputé sur une longueur de 40 km correspondant à la distance entre Marathon et Athènes : il est remporté par un berger grec, **Spiridon Louys**. La distance officielle de l'épreuve est fixée en 1908 lors des 4ᵉ jeux Olympiques disputés à Londres : il s'agit des 42,195 km séparant le Great Park de Windsor du White City Stadium de Londres.

Marathónas

𝒞 22940 551 55 - tlj sf lun. et j. fériés 8h30-15h - 3 € (site et musée).

La plaine littorale qui s'étend au sud de Marathónas fut le cadre de la célèbre bataille livrée en 490 av. J.-C.

Isolé dans la plaine, haut de 9 m, le **tumulus de Marathon** (Tymvos Marathóna) fut édifié pour servir de tombeau aux hoplites athéniens morts au cours de la bataille. Au pied du tumulus est érigée une reproduction de la stèle d'Aristion, dite du Soldat de Marathon, stèle funéraire montrant un hoplite semblable à ceux qui combattirent sur ces lieux (original au Musée archéologique national d'Athènes). Du sommet du tumulus, dont les flancs portaient à l'origine des stèles avec les noms des hoplites tués, belle vue sur la plaine, jadis nue, aujourd'hui cultivée, et sur les montagnes qui l'entourent.

Reprendre la grande route et, à 1 km, tourner à gauche dans la route qui conduit au tumulus des Platéens. À droite, un hangar protège une nécropole.

La **nécropole helladique** (Eladiko Nekrotafio) témoigne de la très ancienne occupation humaine du site de Marathon où, d'après la mythologie, Thésée aurait tué un taureau qui dévastait la contrée : les tombes mises au jour remontent jusqu'à 2000 av. J.-C.

Le **tumulus des Platéens** (Tymvos Plataieon) abrite les tombes contenant les restes de soldats de la cité béotienne de Platées, tués lors de la bataille.

Le **musée** rassemble une collection d'objets d'époques helladique et mycénienne : urnes funéraires – dont celle d'une enfant en forme de cocon –, statuettes, armes, miroirs… Près du musée, une nécropole helladique et mycénienne, comprend notamment une sépulture contenant un squelette de cheval.

Revenir à la grande route et peu avant d'arriver à Marathónas, prendre à droite la route conduisant à la plage de Schiniás (belle pinède) et à Ramnoús.

Rhamnonte★ (Ramnoús)

𝒞 22940 634 77 - tlj 8h30-18h - 2 €.

Les ruines de Rhamnonte s'allongent au creux d'un vallon descendant vers la mer, dans un site solitaire, face à l'île d'Eubée.

Sur une terrasse aménagée pour recevoir le sanctuaire de Némésis, on voit les bases de deux temples doriques accolés. Le plus petit, du 6ᵉ s. av. J.-C., était consacré à Thémis, déesse de la Justice ; le plus

Botaniste ?

Vous connaissez sûrement une espèce d'arbustes, les rhamnacées, comprenant notamment le nerprun (prunier noir, épineux). Mais vous l'ignorez peut-être : c'est à Ramnoús qu'ils doivent leur nom.

grand, du 5ᵉ s. av. J.-C., abritait une célèbre effigie de Némésis, déesse du Châtiment et de la Vengeance divine, dont la tête est conservée aujourd'hui au British Museum à Londres.

Continuer à descendre le chemin qui mène au promontoire où se situe l'acropole.

Il subsiste des vestiges de l'enceinte de cette forteresse édifiée aux 5ᵉ-4ᵉ s. av. J.-C. et dont l'entrée se faisait par une seule porte flanquée de tours carrées, d'un petit théâtre, d'édifices divers et d'une citadelle qui couronnait le sommet de la colline. Belles vues sur la côte, rocheuse et sauvage en cet endroit : on devine l'emplacement de la ville basse antique et du port à l'embouchure du torrent.

Rejoindre l'autoroute E 75 et la prendre vers le nord en direction de Chalkída. Sortez à Malakása et suivez les indications Skála Oropoú/Amfiaraío.

Amfiaraeío

𝒞 22950 621 44 - tlj sf lun. 8h30-15h - 2 €.

Parmi les pins, au sein d'un étroit et paisible vallon que rafraîchit un torrent, se trouvent les ruines d'un sanctuaire à Amphiaraos, roi d'Argos et guerrier, qui prit part à l'expédition des Sept contre Thèbes, mais aussi oracle et thérapeute dont le culte se développa en ces lieux. Les ruines datent en majeure partie du 4ᵉ s. av. J.-C.

On distingue à droite du chemin le temple d'Amphiaraos au centre duquel on repère la table d'offrandes et le socle de la statue de culte ; devant la façade, un monumental autel sur lequel les consultants de l'oracle sacrifiaient un bélier ; en contrebas, sous les arbres, une fontaine dans laquelle les pèlerins guéris jetaient des pièces de monnaie. De l'autre côté du chemin se remarque la « terrasse des statues » dont les piédestaux datent de l'époque romaine. Au-delà, dans l'axe, l'*abaton* était un portique où les malades s'allongeaient pour dormir dans l'attente du songe par lequel Amphiaraos leur donnerait ses instructions. Remarquez les pieds de marbre du banc qui courait sur toute la longueur du portique. Plus loin, le théâtre de 3 000 places était le cadre, tous les 4 ans, des fêtes votives ; les sièges de marbre des prêtres et des personnalités officielles sont bien conservés.

Au nord d'Athènes, vers la forteresse de Phylé★ (Fylí) ③

56 km AR depuis Athènes, vers le nord. Quitter Athènes par la rue Liossion qui suit la voie ferrée vers Néa Liossia puis Ano Liossia. Après le village de Fylí, la route pénètre dans le massif du Parnitha. Un chemin se détache à droite dans un des lacets pour atteindre Moni Kliston.

Couvent des Défilés (Moni Klistón)

Alt. 500 m. Le monastère de femmes de la Panagia ton Klistón (N.-D.-des-Défilés) est ainsi nommé parce qu'il occupe un **site★** spectaculaire face à des gorges profondes aux parois trouées de cavernes dont certaines forment des ermitages. Quelques bâtiments remontent au 14ᵉ s.

La route monte, laissant à droite un chemin ; peu après, prendre à gauche le chemin carrossable conduisant au pied de la forteresse.

Fylí★

À une altitude de 683 m, dans un paysage solitaire, les ruines de la **forteresse de Phylé**, qui commandait un des passages d'Attique en Béotie, font corps avec le roc escarpé qu'elles couronnent. L'enceinte, remontant au 4ᵉ s. av. J.-C., conserve d'importantes sections en appareil rectangulaire massif de 2,70 m d'épaisseur ; deux tours carrées et une tour ronde la jalonnent.

À l'ouest d'Athènes ④

20 km par la route côtière jusqu'à Elefsína.

Monastère de Dafní★★

Le monastère, endommagé lors du tremblement de terre de 1999, est toujours fermé au public. Renseignements au ℘ 21058 115 58.

Peu avant l'entrée de l'autoroute de Corinthe se trouve à gauche, au pied d'une colline boisée de pins, le monastère de Dafní, connu pour son église et ses mosaïques byzantines parmi les plus belles de Grèce.

Fondé au 5ᵉ s. sous l'invocation de la Dormition de la Vierge, il fut bâti à l'emplacement d'un temple d'Apollon jadis entouré de lauriers *(dafni)*, arbustes favoris du dieu auquel ils rappelaient la nymphe Daphné qu'il avait aimée. En 1205, lorsque l'Attique passa sous la domination franque, les nouveaux seigneurs d'Athènes, d'origine bourguignonne ou champenoise, chassèrent les moines orthodoxes, et le premier seigneur, **Otton de La Roche**, y installa des cisterciens qui restaurèrent le monastère. « Dalphinet » devient la nécropole des ducs d'Athènes à l'instar de Cîteaux qui abritait les tombeaux des ducs de Bourgogne.

Les pentes dominant les bâtiments à l'ouest permettent d'en avoir une vue d'ensemble : l'entrée primitive, l'enceinte carrée comprenant une section du 5ᵉ-6ᵉ s. bien conservée avec chemin de ronde et tours carrées de flanquement, le cloître et l'église.

Le **cloître**, paisible cour dallée et ombragée de cyprès, présente sur le côté est une galerie d'arcades à double arcature, typiquement cisterciennes ; les cellules sont une adjonction du 16ᵉ s. Observez les sarcophages ducaux, dont l'un comporte un décor de fleurs de lys et de serpents héraldiques (guivres). Les galeries abritent des fragments d'architecture découverts dans la crypte.

Élevée sur une crypte au 11ᵉ s., l'**église byzantine** à coupole a été agrandie au 13ᵉ s. par les cisterciens à qui on attribue un certain nombre de baies, le narthex extérieur, et, à l'intérieur, la création de chapelles destinées aux moines qui célébraient la messe chaque jour et simultanément.

Du cloître où l'on découvre une belle perspective sur

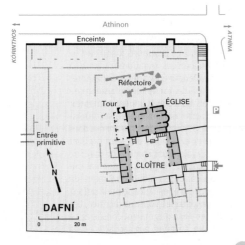

DAFNÍ

la façade sud de l'église aux ouvertures soulignées d'encadrements de brique, on passe dans l'exonarthex par une double arcade reposant sur une colonne antique. Ce narthex fortifié a dû être construit sur le modèle de celui de Cîteaux, à l'usage des frères convers dont les bâtiments étaient sans doute voisins ; les ducs d'Athènes y avaient leurs tombeaux. Son architecture est d'inspiration

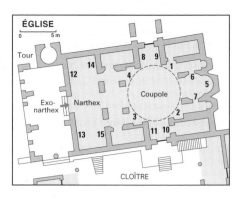

ÉGLISE

Tour

Exonarthex

Narthex

Coupole

CLOÎTRE

bourguignonne par les arcs brisés de façade et la voûte d'arête dont il reste quelques traces.

En contournant l'église, on dépasse la tour carrée qui la protégeait ; à gauche, on note les vestiges d'un réfectoire du 11ᵉ s. Admirez l'élévation de l'édifice et la coupole dont les petites baies remontent au 11ᵉ s. ; les autres seraient du 13ᵉ s.

L'intérieur est magnifiquement décoré de **mosaïques**★★ de la fin du 11ᵉ s., à fond d'or, remarquables par la finesse du dessin et l'harmonie des couleurs. Parmi les plus belles de ces scènes disposées suivant les préceptes théologiques d'alors, citons, à la coupole : le Christ Pantocrator, entouré par les seize prophètes et, dans les trompes, l'Annonciation **(1)**, la Nativité **(2)**, le Baptême **(3)** et la Transfiguration **(4)** du Christ ; à l'abside, la Vierge **(5)** qu'encadrent les archanges Michel **(6)** et Gabriel **(7)** ; dans les bras du transept, des scènes évangéliques parmi lesquelles la Naissance de la Vierge, l'Entrée du Christ à Jérusalem **(8)** et la Crucifixion **(9)** (bras nord), l'Adoration des Mages, la descente du Christ aux limbes **(10)**, l'Incrédulité de Thomas **(11)** (bras sud) ; enfin, au narthex, la Trahison de Judas **(12)** et une scène de la légende de Joachim et Anne **(13)** font face à la Cène **(14)** et à la Présentation de la Vierge au Temple **(15)**.

Entre Dafni et la ville industrielle d'Éleusis, la route longe la baie d'Éleusis fermée par l'île de Salamine et encombrée de navires désarmés. À **Skaramangkás** se trouvent les chantiers navals nationaux, ancienne propriété de l'armateur **Stavros Niarchos**, le grand rival d'Aristote Onassis.

Éleusis (Elefsína)

𝄞 *21055 434 70 - tlj sf lun. 8h30-15h - 3 € (billet pour le site et le musée).*

Adossés à une acropole dominant le golfe d'Éleusis et l'île de Salamine, les vestiges du sanctuaire, en partie d'époque romaine et d'une topographie confuse, s'entourent du halo magique propre aux sites où a soufflé l'esprit (auquel s'ajoute aujourd'hui un halo moins magique, celui de la pollution).

Relié à Athènes par la Voie sacrée, le sanctuaire d'Éleusis, où l'on célébrait le culte des « Grandes Déesses », Déméter et Korê, fut un haut lieu de l'Antiquité, théâtre de cérémonies initiatiques dont la teneur ne pouvait être divulguée sous peine de mort : ce châtiment était promis aux non-initiés qui auraient franchi son enceinte.

Les « Mystères d'Éleusis » – Ces rites secrets furent pratiqués jusqu'au 4ᵉ s. de notre ère. Les initiations, ouvertes à tous, avaient lieu lors des grandes fêtes éleusines d'automne et se faisaient en deux fois. La seconde année, les **mystes**, déjà partiellement initiés, se réunissaient le 3ᵉ jour des fêtes à Athènes dans la Stoa Poecile où ils devaient prouver qu'ils n'avaient pas commis de meurtre et qu'ils parlaient grec. Le lendemain, ils étaient conduits en baie de Phalère où ils se jetaient à l'eau (rite de purification), avec un porcelet voué au sacrifice. Les journées suivantes étaient consacrées à la retraite, au jeûne, aux sacrifices et à la

---

Mythologie d'un lieu

D'après la mythologie, c'est à Éleusis que **Déméter** aurait trouvé sa fille Korê (Perséphone) enlevée par Hadès, roi des Enfers, près du lac de Pergusa, en Sicile. Le roi d'Éleusis, Keleos, ayant donné l'hospitalité à la déesse, cette dernière le remercia en donnant au fils du souverain, Tiptolème, le premier grain de blé et en lui enseignant l'art de le faire fructifier. Cette scène est illustrée par une stèle trouvée à Éleusis (aujourd'hui au Musée archéologique d'Athènes). En même temps, Déméter aurait communiqué au grand prêtre Eumolpos le rituel du culte de la fécondité.

procession solennelle qui reconduisait à Éleusis, par la Voie sacrée, les objets sacrés apportés à Athènes au début des fêtes. Les trois derniers jours enfin, les prêtres procédaient au cœur du sanctuaire aux dernières initiations. Il s'agissait d'une sorte de mimodrame sacré ayant pour

Eschyle

C'est à Éleusis que le futur auteur des *Perses*, considéré comme le créateur de la tragédie antique, est né vers 525 av. J.-C.

thèmes l'union de Zeus et de Déméter (signe de fécondité), la légende de Korê détenue durant six mois au royaume des Morts (symbole du repos de la Nature en hiver et de sa renaissance au printemps) et le voyage aux Enfers, évocation des fins dernières de l'Homme. Au terme de la cérémonie, les objets sacrés étaient dévoilés aux initiés.

Esplanade du sanctuaire – Dallée de marbre, elle a été aménagée au 2ᵉ s. de notre ère. Près des fondations d'un temple dédié à Artémis est exposé le buste colossal en médaillon de l'empereur romain Antonin le Pieux **(1)** provenant d'un fronton des **Grands Propylées**. Bâtis par les Romains sur le modèle de ceux d'Athènes, ils constituaient l'entrée monumentale du sanctuaire. Des soubassements en gradins et des bases de colonnes marquent les trois passages à colonnes ioniques et les deux portiques doriques extérieurs.

En deçà à gauche, on remarque le puits de Callichoros **(2)**, du 6ᵉ s. av. J.-C., autour duquel se déroulaient les danses sacrées en l'honneur de Déméter. Au-delà, à gauche, voyez les vestiges du cloaque (égout romain) **(3)**.

À droite, restes de l'architrave des **Petits Propylées** (1ᵉʳ s. av. J.-C.) ornée d'épis de blé symboliques.

Suivez la Voie sacrée, dallée par les Romains. À droite, des grottes creusées dans la falaise symbolisaient l'entrée des Enfers, cependant qu'à la base une terrasse triangulaire portait un temple dédié à Hadès, le Plutoneion.

Telesterion – Cœur du sanctuaire, c'était le majestueux bâtiment où se déroulaient les Mystères. De plan presque carré, il comprenait au rez-de-chaussée une vaste salle divisée par six rangées de colonnes et encadrée de gradins sur lesquels pouvaient prendre place près de 3 000 personnes. À l'étage, le **mégaron** abritait les objets sacrés. Le portique de Philon longeait au sud-est le Telesterion. Maintes fois remanié, l'édifice présente des vestiges de toutes les époques, de Mycènes à Rome, en passant par Pisistrate, Périclès, Philon et Antonin le Pieux, difficiles à identifier. Mais le plan général est reconnaissable, et on distingue les bases des statues votives. Au-delà du Telesterion, jetez un coup d'œil sur l'extérieur de l'enceinte d'époque classique.

Gravissez ensuite les degrés d'une terrasse qui donnait accès au premier étage du Telesterion, et gagnez le musée qui domine le golfe d'Éleusis et Salamine.

Musée – Dans la cour, on admire une tête de cheval d'époque hellénistique qui ornait la base d'une statue et un sarcophage d'époque romaine dont les sculptures évoquent Méléagre chassant le sanglier qui terrorisait la région de Calydon (près de Mesolongi). À l'intérieur, outre une maquette représentant le sanctuaire au temps de sa splendeur, vous verrez des bas-reliefs représentant Déméter, Korê, Triptolème et une curieuse caryatide (2ᵉ s. apr. J.-C.) provenant des Petits Propylées.

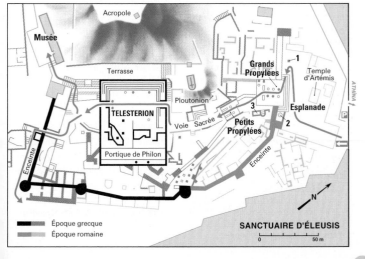

SANCTUAIRE D'ÉLEUSIS

Attique pratique

Informations utiles

🛈 **Office de tourisme** – L'office du tourisme d'Athènes *(Odos Amalias 26 - près de la place Sindagma, face au Jardin national)* constitue la principale source de renseignements concernant l'hébergement et les monuments et musées de l'Attique. Il distribue en outre un petit guide illustré (en anglais ou en français) intitulé *Athens/Attica*.

Distributeurs de billets – Ils sont nombreux dans les stations de la côte Apollon, généralement multilingues, mais pas forcément placés sur des façades d'agences bancaires : vous trouverez ces « points argent » sur la plupart des promenades de front de mer.

Transports

👁 Si vous séjournez à Athènes et que vous ne souhaitez pas louer de voiture, vous pouvez gagner la plupart des sites de l'Attique en autocar, au départ de la **gare routière** située 18 odos Mavrommataïon, au coin du parc Areos, à proximité du Musée archéologique national (métro le plus proche Viktoria, ligne rouge, direction Kifisia).

Marathonás – *Ttes les 30mn entre 6h et 17h, ttes les h. jusqu'à 21h - 2,90 €.*

Ramnoús – *Départs à 6h, 8h15, 10h, 12h40, 14h, 15h30, 16h30, 19h - 3,40 €.*

Sounion - *Par la côte Apollon, ttes les heures entre 6h30 et 17h30 - retour ttes les h. entre 6h et 19h. - 4,90 € (voyage simple). Par Lávrio, ttes les 30mn entre 5h45 et 18h45.*

Renseignements détaillés – Compagnie **Ktel Attikis** - ℰ 21088 080 80 - www.ktelattikis.gr.

Vous pouvez en outre gagner les sites suivants en empruntant les bus urbains :

Vrávrona – *Métro Ethniki Amina (ligne M3, dir. Douklitis Plakentia ou Aerodromio), puis bus 304, 305 ou 416.*

Dafní, Elefsína – *Bus A15 depuis la station de métro Metaxourgio (ligne M2 dir. Ag. Anthonios).*

Párnitha – *Bus 714 depuis la pl. Anexartisias (Vathi) - sem. : 2/j (4/dim.).*

Se loger

👁 L'hébergement sur la côte est relativement rare et souvent cher. En outre, entre octobre et mai sauf précision contraire, vous risquez de trouver le plus souvent porte close…

VOULIAGMÉNI

⊜🍽🛏🛏 **Astir Palace** – *40 odos Apollonios - ℰ 21089 020 00 - fax 21089 625 82 - www.astir-palace.com - 551 ch.* La vie de palace face à la mer et à deux pas d'Athènes. Ouvert toute l'année.

LAGONÍSI

⊜🛏 **Var Hôtel** – *Odos Naïadon et Semelis, sur la gauche de la voie rapide en venant d'Athènes - 20 ch.* Hôtel modeste mais charmant et confortable dont toutes les chambres sont dotées de balcons donnant sur le golfe Saronique. Dommage qu'il faille traverser la route pour piquer une tête !

À ANÁVYSSOS

⊜🛏 **Calypso Motel** – *ℰ/fax 22910 601 70 – 66 ch.* Cet agréable établissement répartit ses chambres entre un bâtiment principal et 28 bungalows (avec air conditionné) posés sur une presqu'île boisée au bord d'une crique de galets gris. Accueil sympathique.

⊜🍽🛏 **Xenia Ilios** – *ℰ 22910 370 24 - fax 22910 36 998 – 104 ch.* Construit en pyramide, ce bel établissement des années 1970, école hôtelière pendant l'année scolaire, ouvre au public du 1er juin au 25 septembre. Confié aux élèves et aux professeurs, le service, soigné, confère à l'endroit une atmosphère conviviale. Les chambres, confortables et dotées de terrasse, donnent toutes sur la mer (deux plages attenantes). Possibilité de demi-pension et de pension complète.

SOÚNIO

⊜🍽🛏 **Senon** – *Rte de Lávrio à Soúnio, à 5 km du cap - ℰ 22920 391 44 - fax 22920 390 45.* Hôtel tout blanc et moderne, apparaissant parmi les bougainvillées, à 5mn de la plage, dans une pinède. Chambres doubles, triples ou quadruples, aux tarifs véritablement intéressants.

⊜🍽🛏 **Aegeon** – *En contrebas du temple de Poséidon, à Soúnio - ℰ 22920 392 00 - fax 2920 392 34 - 89 ch.* Installé en bord de mer, cet hôtel, ouvert toute l'année, est le plus proche du temple… mais on ne le voit pas depuis les vastes chambres donnant toutes sur la plage et dotées de grands balcons. Une situation privilégiée, d'autant que le confort et le décor, mêlant avec goût l'ancien et le design, ont été revus récemment. Le restaurant est fermé hors saison. Les deux tavernes sur la plage à laquelle on accède directement en ascenseur pourront pallier cet inconvénient, à midi du moins.

⊜🍽🛏🛏 **Sounio Grecotel** – *En bordure de la route face à la mer et au temple - ℰ 22920 697 00 - fax 22920 390 11.* Contrairement au précédent, cet établissement de grand luxe, dont l'architecture (remarquable) tente de répondre à celle du temple de Poséidon, donne sur le monument. Grand confort, et ambiance raffinée, naturellement.

PÓRTO RAFTÍ

⊜🛏 **Kyani Akti** – *40 av. Agias Marinas - ℰ 22990 864 00 - fax 22990 860 50 - 25 ch.* Petit hôtel à taille (et tarif) humains, ouvert toute l'année de surcroît. Bref, une rareté dans ces parages. Pour profiter d'une soirée de cette charmante petite station balnéaire…

VRAVÓNA

⊜⊜⊜⊜ **Mare Nostrum** – *Club Méditerranée, en bord de mer -* ☏ *22940 710 00 - fax 22940 477 90 - 300 ch.* Récemment rénové, cet énorme complexe des années 1980 est l'un des rares hôtels de la côte est, proposant jeux, animations, boutiques, etc. ainsi qu'un centre de thalassothérapie à proximité. Pour un meilleur prix, réservez, à partir de la France, un forfait d'une semaine vol + hôtel en demi-pension, vous donnant accès à toutes les activités du club ; pour des séjours de plus courte durée (voire pour une nuit) vous pouvez toujours réserver en direct.

MASSIF DE PÁRNITHA

⊜⊜⊜ **Hôtel-casino du Mont Parnes** – *En haut du mont Parnès, à Acharnés -* ☏ *21024 691 11 - fax 21024 607 68 - 39 ch. et 6 suites.* Là-haut sur la montagne, à une volée de la fournaise athénienne, cet établissement respire encore les fastes d'antan. Les chambres, spacieuses, possèdent une salle de bains en marbre, et une vue superbe sur tout le massif. Mais la piscine a pris un petit coup de vieux tout comme les gigantesques coursives d'un luxe un peu hors d'âge que hantent les amateurs de roulette et de black-jack Casino réservé aux plus de 23 ans.

Se restaurer

👁 Tavernes et restaurants de poissons de toutes catégories se succèdent dans les stations de la **côte Apollon**.

Au **cap Sounion**, deux paillotes posées sur la plage devant l'hôtel Aegeon proposent à midi des grillades de poissons…
Un restaurant est installé sur le cap même, à deux pas du temple de Poséidon, mais il est le plus souvent bondé, du fait des nombreux cars…

Sur la **côte orientale**, restaurants à Rafína et dans la charmante station de Portó Ráfti.

SOÚNIO

⊜⊜ **Taberna Isabella** – *Rte de Sounion à Lávrio, à gauche, 3 km après le cap -* Rien de distingue a priori cette taverne de ses homologues, si ce n'est que les habitants du cru la fréquentent assidûment. Et ils ont raison ! L'accueil est chaleureux, les portions plus que généreuses, le tatziki excellent, et la purée d'ail qui accompagne certains poissons (l'espadon, en particulier), divine !

En soirée

La côte Apollon offre une impressionnante concentration de bars et discothèques.

Sports et loisirs

Le **mont Parnès** (massif du Párnitha, près de Fylí) est le site de nombreuses excursions et randonnées pédestres.
Les adresses des refuges sont à demander à la Fédération hellénique des clubs d'alpinisme – *5 odos Milioni - Athènes -* ☏ *21036 459 04 - fax 21036 446 87.*

La **Chalcidique** ★
Chalkidikis – Χαλκιδικίς

104 894 HABITANTS
CARTE GÉNÉRALE RABAT I B1 – MACÉDOINE – NOME DE CHALCIDIQUE

Les golfes de Salonique et de Strymonikos, reliés par une dépression remplie par deux grands lacs, marquent la limite nord de la péninsule de Chalcidique. Au sud, la région se prolonge en trois étroites presqu'îles : le mont Áthos, Sithonía et Kassándra. Contrairement à la première, la plus orientale, vouée à la vie monastique, les deux autres, consacrées aux plaisirs balnéaires, offrent des kilomètres de plages, pour la plupart peu fréquentées.

- ▶ **Se repérer** – À 60 km environ au sud-est de Thessalonique, les presqu'îles de Sithonía et de Kassándra encadrent le golfe de Kassándra.
- 👁 **À ne pas manquer** – La presqu'île de Sithonía.
- ⏱ **Organiser son temps** – Comptez de deux jours à trois jours, baignades et farniente compris.
- 🕯 **Pour poursuivre le voyage** – Mont Áthos, Kavála, Thessalonique.

Bordée de pins, la belle plage de Sithonía.

Circuit de découverte

Balade de Thessalonique à la presqu'île de Sithonía
Quitter Thessalonique vers le sud par la voie rapide de l'aéroport.

Petrálona
À 39 km, prendre à gauche vers Néa Sílata et encore à gauche à Elaiochória (12 km de la dérivation) – ☎ 22373 716 71 - tlj de 9h à une heure avant le coucher du soleil - 5 € (-17 ans : 3 €).

La **grotte de Kokkines Petres** est célèbre auprès des paléontologues pour les découvertes qu'on y a faites d'un crâne humain (type de Neandertal) et d'ossements d'animaux préhistoriques. Elle s'étend sur 10 400 m², mais le visiteur n'a accès qu'à une longueur de 2 km où il peut admirer de belles concrétions. Un petit Musée anthropologique abrite ce qui fut découvert dans la grotte.

Presqu'île de Kassándra
À 60 km au sud de Thessalonique.

Moins boisée et moins séduisante que Sithonía, cette péninsule est plus habitée et fertile (blé, oliviers). Du fait de la proximité de Thessalonique, la presqu'île dont l'isthme, à hauteur de l'antique Potidée (Poteídaia), est coupé par un canal souffre d'un tourisme relativement envahissant par rapport à sa voisine. Un circuit de 120 km permet d'en effectuer le tour et de découvrir des plages agréables dotées de nombreux hôtels, notamment à **Saní**, à **Kallithéa**, à **Agía Paraskevi** et surtout à **Palioúri**, qui fait face à un joli golfe et à Sithonia.

Une fois achevé le tour de la presqu'île, reprendre la direction de Thessalonique puis, à hauteur de Néa Moudaniá, prendre à droite.

Ólynthos

À 5 km - tlj sf lun. 8h30-15h - 2 €.

C'est l'un des rares exemples d'une ville construite selon le plan géométrique d'**Hippodamos de Milet** qui nous soit parvenu. Mis au jour par des Américains à partir de la fin des années 1920, le plan d'urbanisme est nettement visible avec ses artères se croisant à angle droit et délimitant les blocs d'habitations (dont certaines contiennent des mosaïques en noir et blanc : ne manquez pas celle figurant Bellérophon). La ville, ravagée par les Perses lors des guerres médiques (479 av. J.-C.) fut repeuplée par des colons athéniens de la presqu'île de Kassándra. Convoitée par les Spartiates puis par Philippe II, elle fut finalement prise et rasée par le Macédonien en 348, malgré les exhortations de Démosthène tonnant dans ses *Olynthiennes* contre les atermoiements des Athéniens à soutenir leur colonie.

Poursuivre le long de la côte en direction de la presqu'île de Sithonía.

Un architecte visionnaire

En 494 s. av. J.-C., Hippodamos fut chargé de reconstruire la ville de Milet, totalement rasée. Il imagina un plan en damier pour une cité qui inspira par la suite celle de Platon et dont le modèle est encore celui des grandes mégalopoles. Cette invention urbanistique conjuguait la croissance économique de la ville en tenant compte du bien-être de ses habitants. Ville parfaite, Milet était donc partagée en parcelles identiques : une zone commerciale s'organisait autour des ports, une zone civile autour de l'agora et une zone sacrée autour des temples et des sanctuaires. Selon leur fonction sociale (soldats, prêtres, artisans), les habitants vivaient regroupés dans ces quartiers.

Presqu'île de Sithonía★★

109 km par une très belle route côtière.

Sithonía est prodigue de beautés naturelles : des bois de pins maritimes ou parasols bordent de longues plages de sable fin abritées au fond de criques ou d'anses solitaires, des fjords s'enfoncent profondément dans la côte rocheuse, abrupte et découpée, propice à la pêche sous-marine. Souvent en corniche, la route qui fait le tour de la presqu'île permet de découvrir de très beaux sites et offre des vues étendues, notamment en direction du mont Áthos, au sommet souvent couvert de nuages.

Prendre la direction d'Órmos Panagías (sur la gauche).

Órmos Panagías – Ce pittoresque hameau se niche au creux d'une anse rocheuse.

Sàrti – Petit bassin côtier cultivé, en retrait d'une baie frangée de sable fin.

Cap Drépano★ (Akrotiri Drépano) – Promontoire rocheux très découpé aux criques profondes s'allongeant en fjords, notamment à **Koufós** et à proximité de **Kalamítsi★**, réputée pour sa belle plage de sable blanc.

Porto Koufós★ – Le port et la plage occupent un site magnifique, au fond d'une crique protégée.

Baie de Toróni★ – Cette anse idyllique s'arrondit en une longue grève de sable jusqu'à une petite presqu'île, au sud, qui porte les vestiges d'une forteresse antique et de basiliques paléochrétiennes.

À 6 km au-delà de **Toróni** se trouvent de magnifiques **plages★** peu fréquentées.

Porto Carrás – Ce vaste complexe de vacances à l'architecture imposante, un peu incongrue en ces lieux, a été édifié de toutes pièces sous les auspices de l'armateur John C. Karras. Non loin, le même homme d'affaires a implanté une ferme modèle avec plantations de citronniers, d'oliviers, d'amandiers et de vignobles produisant d'excellents vins.

Au-delà de la presqu'île, en suivant la mer en direction de l'est, vous pourrez accéder à la troisième péninsule, Ágio Oros, porteuse du célèbre mont Áthos (voir p. 182).

La Chalcidique pratique

Se loger

PRESQU'ÎLE DE KASSÁNDRA

Zeus – À Áfytos - ℘/fax 23740 911 32 - 20 appart. Bien aménagés dans des tons clairs et entièrement équipés, les appartements donnent sur un jardin et une piscine.

PRESQU'ÎLE DE SITHONÍA

Marmaras – À Néos Marmarás, à 200 m du port - ℘ 23750 721 84 - fax 23750 723 15 - 15 ch. Petit hôtel confortable avec des chambres dotées de balcons ouvrant sur la mer. Petit-déjeuner non compris.

Porto Koufós – À Porto Koufós - ℘ 23750 512 07 - 26 ch. Situé face à l'entrée de la baie, à l'écart du village, cet hôtel jouit d'un emplacement de rêve. L'accueil et le service sont à la hauteur et les chambres, avec balcon, sont confortables. Petit-déjeuner compris.

Se restaurer

PRESQU'ÎLE DE SITHONÍA

Christos – À Néos Marmarás - ℘ 23750 712 11. À gauche de la baie quand vous êtes face à la mer (l'entrée est à peine visible). Vaste choix de poissons et fruits de mer servis en salle ou sur une terrasse sur pilotis.

Filaktos – À Porto Koufós - ℘ 23750 512 80. À l'extrémité du port, c'est l'endroit idéal pour déguster quelques sardines grillées sur une terrasse.

Kyani Akti – À Paralia Nikitas - ℘ 23750 229 08. Agréable restaurant de poissons et de fruits de mer en bord de plage.

Faire une pause

SITHONÍA

Dodoni – À Néos Marmarás, près du restaurant Christos. L'établissement s'enorgueillit de vendre les meilleures glaces de Grèce.

Événements

Chaque année à la mi-septembre, dans le village de Nikítas (sur la route entre Ólynthos et Órmos Panagías), se tient le **Nikiti Folk Festival**, une occasion d'entendre de bons concerts.

Chlemoútsi★★

Κόρινθος

CARTE GÉNÉRALE RABAT II A2 - PÉLOPONNÈSE – NOME D'ÉLIDE

Tournée vers l'ouest, cette partie du Péloponnèse entre Kyllíni et Andravída fut, du 13ᵉ s. au 15ᵉ s., la base principale de la domination franque en Morée, comme en témoignent maints monuments et vestiges. Du haut de la colline de Chelonatas, cette forteresse, le fameux château de Clermont, chef-d'œuvre de l'art militaire médiéval, est la plus grande et la mieux conservée des citadelles de la région.

- **Se repérer** – À 75 km au sud-ouest de Patra et à 60 km au nord-ouest d'Olympie, la presqu'île de Kyllíni fait face aux îles de Zante (Zákyntos) et de Céphalonie (Kefalloniá). La forteresse se trouve à 6 km au sud de Kyllíni, à proximité immédiate de la localité de Kástro.

- **À ne pas manquer** – La forteresse et le panorama.

- **Organiser son temps** – Compter une heure.

- **Pour poursuivre le voyage** – Pátra, Olympie, Céphalonie et Zante.

Bel appareillage des murailles de la forteresse de Chlemoútsi.

J.-P. Naïl / MICHELIN

Comprendre

Construite de 1220 à 1223 par **Geoffroi II de Villehardouin**, cette forteresse, la plus puissante de Morée, passa à la fin du 13ᵉ s. aux Angevins de Naples : ceux-ci y tinrent captive Marguerite de Villehardouin, fille et dernière héritière de Guillaume de Villehardouin, qui y mourut en 1315. Par la suite, les Italiens donnèrent à la forteresse le nom de Castel Tornese, probablement par allusion à l'atelier qui fabriquait la monnaie dite livre tournois, dont le revers porte la façade de la basilique St-Martin de Tours. Passée vers 1427 sous le contrôle des Paléologues, despotes de Mystras, puis prise en 1460 par les Turcs, qui en modifièrent les défenses pour les adapter à l'emploi de l'artillerie et rajoutèrent un bastion avant de l'abandonner, elle fut endommagée en 1827 par Ibrahim Pacha.

Découvrir

Château (Kástro)

📞 22610 950 33 - mar.-sam. 8h-20h, dim. et j. fériés 8h-14h30 - gratuit.

La forteresse comprend une enceinte extérieure et le château proprement dit, bâti sur plan polygonal, suivant la formule habituelle des châteaux des croisés.

Remontant au 13ᵉ s., mais remaniée par les Turcs, l'**enceinte extérieure** délimite la basse cour, dévolue aux serviteurs, où l'on pénètre par un châtelet. Les bâtiments des communs qui se trouvaient à la périphérie ont disparu, mais des soubassements et des cheminées rappellent leur existence. On découvre une bonne perspective sur les murailles du château dont les tours rondes dépassaient, à l'origine, la courtine de près de 6 m.

Une plaque posée à l'entrée du **château** rappelle le séjour de cinq ans qu'y fit **Constantin XII Paléologue**, dernier empereur de Byzance, et qui mourut au combat lors de la prise de Constantinople par les Turcs, le 29 mai 1453.

L'entrée voûtée, d'une ampleur impressionnante, dessert la chapelle *(à gauche)* qui comportait deux étages, le bas étant réservé aux serviteurs, l'autre au seigneur et sa suite. Sur la droite de l'entrée, l'immense galerie de 70 m de long, possédait elle aussi deux niveaux : la salle des gardes était surmontée de la salle d'honneur où se tenaient probablement les assemblées des barons francs de Morée.

Vous pénétrez ensuite dans la cour hexagonale, longue de 53 m et large de 30 où se déroulaient joutes et jongleries. Elle est entourée de vastes salles, contrebutant le mur de l'enceinte qui atteint par endroits 8 m d'épaisseur. Voûtées en arc brisé et en berceau, ces salles, originellement à deux étages, sont surmontées de terrasses.

Du haut de celles-ci, splendide **panorama★★** : Zante, les îles Ioniennes, la côte de Mesolóngi, puis la plaine d'Élide limitée au nord-est par le mont Skollis et Santomeri, dont le nom vient d'un château construit au 14e s. par Nicolas II de Saint-Omer, enfin la vallée du Pineios, les monts d'Arcadie et, au sud, le cap Katákolo.

Aux alentours

Kyllíni

À 6 km au nord de Chlemoútsi.

Station balnéaire (Olympic Beach) et petit port *(ferries pour les îles de Zante et Céphalonie)* à l'abri de la pointe du même nom, ce bourg moderne a succédé à la ville de Clarence qui fut célèbre au Moyen Âge et dont il ne reste que quelques pierres.

Ruines de Clarence

Du bourg, 1,5 km en voiture en suivant le rivage au nord-ouest, puis 10mn à pied au-dessus d'une fermette, vers une hauteur marquée par une colonne de ciment.

De Clarence ne subsistent que les restes épars de la citadelle. On distingue vaguement les bases de l'enceinte, d'un donjon que les Allemands firent sauter durant la dernière guerre, et d'une grande église conçue sur le même plan que la cathédrale d'Andravída, à une dizaine de kilomètres de là. La promenade vaut surtout pour la belle vue sur la côte (plage en contrebas) et les îles.

Clarence la Superbe

Fondée au 13e s. par les croisés au bord d'une anse sûre, Clarence est jusqu'au 15e s. le principal port de Morée sous les Villehardouin, les Angevins, puis les Vénitiens qui lui donnent le nom de Glarentza.

À la fin du 13e s. et au 14e s., Clarence est l'une des possessions privilégiées des princes angevins de Naples qui y séjournent accompagnés d'une cour somptueuse. S'y succèdent Charles Ier d'Anjou (frère de Saint Louis), Charles II et un de ses fils, Philippe de Tarente, Catherine de Valois, veuve de celui-ci, et leurs fils, Robert, puis Louis de Tarente, époux de la reine de Naples, Jeanne Ire d'Anjou.

Escale sur les routes maritimes de l'Orient, où affluent naves génoises et galées vénitiennes, la ville, qui a le privilège de battre monnaie, regorge de marchands, marins, moines, chevaliers, artistes, banquiers comme les Acciaiuoli. Principal conseiller de Catherine de Valois et des princes de Tarente, **Nicolo Acciaiuoli** devient prince de Céphalonie et seigneur de Corinthe et est le protecteur de **Boccace** (qui situe à Clarence l'un des contes du *Décameron*).

Vers 1428, Constantin Paléologue vainc le seigneur de Clarence, Carlo Tocco ; celui-ci doit offrir à Constantin la main de sa nièce Théodora et ses possessions du Péloponnèse en guise de dot. Mais Clarence, devenue byzantine, perd de son importance au profit de Mystras, la capitale des Paléologues en Morée. La cité tombe peu à peu dans l'oubli. Son nom pourtant survit jusqu'au début du 20e s. : une petite-nièce de Guillaume de Villehardouin en épousant Édouard III d'Angleterre avait apporté à la Couronne un titre de duc de Clarence porté par certains membres de la famille royale.

Monastère des Vlachernes (Vlachernion)

À la sortie est de Kyllíni, au lieu-dit Kató Panagla, prendre la petite route à droite (panneau de signalisation), poursuivre sur 2 km.

Ce monastère, qui tient son nom d'un célèbre sanctuaire de Constantinople consacré à la Vierge, se dissimule dans un vallon solitaire et verdoyant. Fondé par les Byzantins (12e s.), il a été remanié sous les Villehardouin alors qu'il était desservi par des cisterciens, comme semblent le prouver la corniche à modillons, de style occidental qui urmonte les murs de l'abbatiale à l'appareillage de briques d'aspect très byzantin, insi que le porche extérieur, de type bourguignon. De même, à l'intérieur, on discerne es éléments d'architecture ou de décor relevant du style gothique : plan à trois nefs éparées par des colonnes, profil en arc brisé de certaines ouvertures, et, dans le arthex, arc d'ogives décorées d'un agneau et d'une colombe.

Loutrá Kyllínis

7 km au sud de Chlemoútsi.

Dans une belle forêt d'eucalyptus, cette ancienne station thermale, dont les eaux taient utilisées dans le traitement des affections des voies respiratoires, est transformée désormais en station balnéaire. Elle est connue notamment pour son immense plage de sable fin dite **Golden Beach**.

Chlemoútsi pratique

Se loger

KÁSTRO

⊖❒ **Catherine Lepida** – *Au centre de la ville, sur la gauche en montant -* ☏ *26230 952 24 (en hiver 26230 954 44).* Remis à neuf en 1998, ces cinq grands studios sont calmes, gais et bien équipés (cuisine complète et moustiquaires aux fenêtres). L'accueil de la propriétaire, une Française mariée à un Grec, est très chaleureux.

ENTRE KÁSTRO ET KILLÍNI

⊖❒ **Paradise** – *Le long d'une petite route -* ☏ *26230 952 09 - fax 26230 954 51.* Établissement moderne et agréable, dont le jardin ombragé est doté d'une grande piscine et d'une aire de jeux pour enfants. Les amateurs peuvent aussi pratiquer le ski nautique et le parachute ascensionnel au club voisin. Un moyen de locomotion est indispensable.

LOUTRÁ KILLÍNIS

⊖❒ **Arcoudi** – *Légèrement excentré, proche d'une zone boisée -* ☏ *26230*

964 80 - fax 26230 964 94 - www. arcoudi-hotel.gr. À 300 m de la plage, cet hôtel récent est sympathique et confortable. Piscine avec petit bassin et jeux pour enfants.

Se restaurer

KÁSTRO

⊖❒ **Castello** – *Au centre de la ville.* Une terrasse ombragée et une cuisine de qualité qui tranchent avec la plupart des tavernes habituelles : bœuf en pâte *fila* (feuilleté), viande grillée fondant sous la dent, tarama maison, le tout arrosé d'un sympathique vin blanc légèrement fumé…

Événements

Festival de théâtre, danse et musique : en juillet et août, dans le château.

Achats

À Kástro, la boutique **Camara**, dans une rue qui descend du centre vers la gauche, vend de jolies poteries.

Corinthe antique★★
Archaía Kórinthos – Αρχαία Κόρινθοσ

29 787 HABITANTS POUR L'ENSEMBLE DE LA MUNICIPALITÉ
CARTE GÉNÉRALE RABAT II B2 – PÉLOPONNÈSE – NOME DE CORINTHIE

De beaux vestiges, dont ceux, emblématiques, du temple d'Apollon, une impressionnante acropole, l'Acrocorinthe, et le port de Léchaio sur la côte, évoquent le souvenir de Corinthe « l'opulente », une des plus actives cités marchandes de l'Antiquité, cosmopolite et dissolue. Sa situation proche du golfe qui porte son nom permet de réaliser de belles échappées sur le littoral mais aussi de partir à la découverte d'autres sites antiques à l'intérieur des terres.

▶ **Se repérer** – À 85 km à l'ouest d'Athènes à laquelle elle est reliée par l'autoroute E 94, Corinthe est située à la sortie de l'isthme séparant les golfes de Corinthe et Saronique. La cité antique est à 8 km par la route d'Árgos et de Nauplie ou par l'autoroute E 65. En poursuivant tout droit à travers Archaïa Kórinthos, vous arriverez au parking aménagé entre l'odéon romain et l'ancienne cité antique. À l'entrée de la localité, une route à gauche permet de gagner l'Acrocorinthe.

👁 **À ne pas manquer** – La ville antique, le cap de l'Héraíon et Némée.

🕐 **Organiser son temps** – L'ancienne Corinthe mérite bien une journée.

🏃 **Pour poursuivre le voyage** – Épidaure, Mycènes, Nauplie, Tirynthe.

Le temple d'Apollon de Corinthe était l'un des plus célèbres de la Grèce antique.

Comprendre

Une position stratégique privilégiée
Placée dans un site éminemment favorable, au carrefour des voies terrestres et maritimes reliant l'Attique et le Péloponnèse, les mers Ionienne et Égée, Corinthe commandait l'isthme du même nom, grâce à une acropole imprenable, l'Acrocorinthe. Large seulement de 6 km, l'**isthme** fut, dès l'époque mycénienne, l'objet de travaux défensifs : des fouilles ont révélé, près d'Isthmia, plusieurs sections de mur cyclopéen du 13ᵉ s. av. J.-C. Une autre muraille renforcée de tours, fut édifiée en 480 av. J.-C. pour contenir l'invasion perse, et entretenue jusqu'à l'époque vénitienne. La région était alors très peuplée avec les ports de Schoinous et Kenchreaï à l'est, de Lechaio à l'ouest et le sanctuaire d'Isthmia qu'animaient tous les deux ans les jeux Isthmiques donnés depuis 582 en l'honneur de Poséidon.

Une opulente cité fière de sa richesse
À l'ère mycénienne, la ville dépend d'Argos. Elle atteint à l'époque archaïque un haut degré de prospérité. Gouvernée par une oligarchie ou des tyrans, tel que le cruel **Périandre** – pourtant l'un des Sept Sages de la Grèce –, la ville tire d'importants revenus du trafic des marchandises à travers l'isthme. Dans ses entrepôts s'entassent le blé de Sicile (où dès 734 elle a fondé sa colonie de **Syracuse**), le papyrus d'Égypte

voire de Libye, les cuirs de Cyrénaïque, encens d'Arabie, les dattes phénicien-es, les pommes et les poires d'Eubée, es tapis de Carthage et les esclaves hrygiens.

es Corinthiens exploitent l'argile du ttoral pour façonner des vases de céra-ique, souvent de petites dimensions lacons à parfum) qu'ils exportent dans ut le bassin méditerranéen. Ils déve-ppent l'industrie du bronze (cuirasses, atues), du verre et des étoffes teintes

ourpre). Leurs chantiers navals lancent les premières trirèmes. Au 5e s., le sculpteur **allimaque** y invente le chapiteau corinthien.

uxe et volupté

près un effacement relatif devant Athènes au 5e s., Corinthe retrouve son lustre au iècle suivant à la tête des cités grecques de la Ligue de Corinthe que dirigent le roi nacédonien, **Philippe II de Macédoine**, puis son fils **Alexandre le Grand**.

orinthe est alors connue dans tout le monde antique pour ses courtisanes, au nombre e plus de mille à certains moments, prêtresses se livrant à la prostitution sacrée dans enceinte du temple d'Aphrodite ou danseuses et joueuses de flûte ou de hautbois articipant aux banquets. Parmi ces servantes d'Aphrodite, on cite surtout la fameuse aïs dont l'historien Pausanias décrivit le tombeau « couronné d'une lionne enserrant n bélier », dans le bois de pins du Kraneion, à l'entrée de Corinthe. Cependant, au iècle suivant, la cité voit l'austère philosophe **Diogène** le Cynique habiter un tonneau en fait une grande jarre de terre cuite). À Alexandre lui demandant s'il désirait quelque hose, Diogène répondit : « Oui, retire-toi de mon soleil… »

ne colonie romaine

n 146 av. J.-C., le consul **Mummius** s'empare de la ville que ses légions pillent et incen-ient : le bronze des statues allié à l'or et l'argent est employé pour la construction du anthéon de Rome d'où le pape Alexandre VII le tirera afin de réaliser le baldaquin de t-Pierre. En 44 av. J.-C., **César** établit sur les ruines une nouvelle ville, Colonia Julia orinthiensis. Capitale de la Grèce romaine, peuplée d'affranchis et de juifs, Corinthe edevient durant plus de deux siècles une riche cité vouée aux affaires et aux plaisirs ui attire négociants, navigateurs et voyageurs. On rêve d'aller à Corinthe, bien que es distractions y soient coûteuses, ainsi qu'en témoigne le proverbe : « Il n'est pas onné à tout le monde d'aller à Corinthe ! »

n 67, **Néron** vient à Corinthe proclamer les libertés des cités grecques et assis-er aux jeux Isthmiques. À son tour, 'empereur **Hadrien** fait bâtir nombre 'édifices, aménager des thermes et racer un aqueduc amenant l'eau du lac tymphale. Hélas ! invasions barbares et éismes réduisent Corinthe à l'état de ourgade, l'Acrocorinthe gardant seule ne certaine importance stratégique. À 'exception du temple d'Apollon, que écrivent la plupart des voyageurs, la ille antique disparaît sous les construc-ions à l'époque ottomane. Le tremble-ment de terre qui détruit la ville en 1858 facilite la mise au jour des vestiges, en najorité romains.

> ### Le mythe de Sisyphe
>
> Fondée d'après la légende par Corinthos, petit-fils d'Hélios, Corinthe aurait eu pour roi **Sisyphe**, le plus rusé des mortels. Zeus, jaloux, le condamna à hisser sur une cime des Enfers un rocher qui retombait sans cesse. Son fils **Glaucos** qui lui succéda, mourut, dévoré par ses juments !

> ### Le vice et la vertu
>
> En 51-52, **Paul de Tarse** passe à Corin-the. Outré de l'impudicité régnant alors sur la ville, l'apôtre écrit ses *Épîtres aux Corinthiens* et prêche le christianisme tant aux païens qu'aux juifs. Traîné sur l'agora devant le proconsul Gallion, il est acquitté.

Découvrir Corinthe antique

a cité antique★★

27410 312 07 - avr.-oct. : tlj 8h-19h, (merc. 23h) ; nov.-mars : tlj 8h-17h, merc. 21h) - 6 € gratuit dim.) - compter 2h.

Habitée dès la période néolithique, Corinthe offre un vaste éventail de témoignages rchéologiques, même si les vestiges encore debout remontent essentiellement à la période romaine. Ils ont été en grande partie dégagés par l'École américaine d'études classiques qui, dès 1896, a entrepris des fouilles systématiques qui se oursuivent.

Gagnez d'abord le temple d'Octave, d'époque romaine, dont on a remonté trois beaux hapiteaux corinthiens découverts au 18e s. par l'architecte français Foucherot.

Musée archéologique – Les collections rassemblent la plupart des pièces mises a[ ]
jour lors des fouilles. La galerie des antiquités helléniques comprend quelques-une[ ]
de ces belles **céramiques archaïques** à décor orientalisant (vases à motifs végétau[ ]
peints en noir et rouge), que Corinthe exporta en abondance aux 8e-7e s. av. J.-C. O[ ]
peut y voir également un sphynx en marbre provenant d'un monument funéraire. L[ ]
galerie des antiquités romaines présente une statue d'Auguste et une tête de Néron[ ]
des mosaïques de pavement, notamment une mosaïque romaine avec une tête d[ ]
Dionysos et des statues colossales d'esclaves (2e s.) provenant de l'agora. La cou[ ]
intérieure rassemble divers éléments architecturaux et des statues.

Gagnez le niveau supérieur de l'agora, où
s'alignaient des boutiques, puis contournez un ancien sanctuaire d'Héra auquel
s'adosse la **fontaine de Glauké**.

Temple d'Apollon★ – Au sommet du
site se dressent sept des 38 colonnes
doriques monolithes en tuf, à l'origine
recouvertes de stuc blanc, que comptait
ce temple du 6e s. av. J.-C. Décrit dans les
années 1670 par l'archéologue Jacob
Spon, dessiné par les architectes Leroy
et Stuart au 18e s., il était entouré d'un péristyle. De ses abords, on découvre des vue[ ]
spectaculaires sur le golfe de Corinthe et sur l'Acrocorinthe.

Par le grand escalier du 5e s. av. J.-C., descendez jusqu'au niveau inférieur d[ ]
l'agora. Au nord se trouvait une basilique romaine précédée par une façade (**1**[ ]
sur l'agora qui comportait quatre grandes statues de captifs.

Fontaine sacrée – Elle était limitée à l'est par un mur que surmontaient des trépied[ ]
et des statues : on en reconnaît la base formant une frise rythmée de triglyphes. U[ ]
escalier descend à la source souterraine qui communiquait par un passage secre[ ]
avec le sanctuaire de l'oracle (**2**) dont les fondations subsistent non loin de là : u[ ]
prêtre caché sous l'autel répondait aux consultants.

Agora – Cette vaste agora d'où l'on découvre de remarquables vues sur l'Acrocorinth[ ]
dessine un rectangle de 150 m sur 90 et comporte deux niveaux. Sur le côté nord, o[ ]
distingue, au pied de la terrasse du grand temple d'Apollon, les restes de 15 boutique[ ]
romaines ; celle du centre (**3**) a conservé sa voûte.

Passer ensuite devant les fondations de six petits temples romains qui fermaient l'agor[ ]
à l'ouest.

> ## Outre-Atlantique
>
> Au soir du 12 avril 1990, 285 objets et la
> paie du personnel disparaissaient du mu-
> sée après que les veilleurs de nuit eurent
> été neutralisés. 266 d'entre eux ont été
> retrouvés à Miami après une longue en-
> quête en septembre 1999 et ont recouvré
> leur place au musée le 25 janvier 2001.

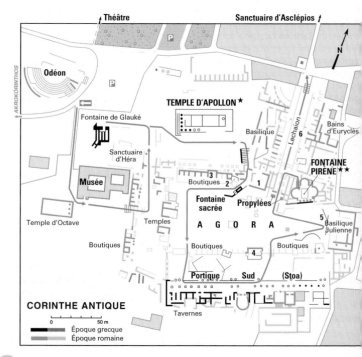

Portique sud – Au niveau supérieur de l'agora, cet immense bâtiment servant d'hôtellerie aux Grecs fut transformé en centre administratif par les Romains. Les bases de la colonnade subsistent, et on peut encore repérer, à l'extrémité ouest, les petites loges précédées d'une cour avec puits, qui faisaient probablement office de tavernes.

Voyez ensuite la rangée d'anciennes boutiques romaines qui séparaient les parties basses et hautes de l'agora. Au centre se détache l'emplacement du *bêma* **(4)**, sorte de tribune du haut de laquelle le gouverneur Gallion jugea saint Paul (une église occupait cet endroit au Moyen Âge).

De là, prenez la direction de la basilique julienne, ancien tribunal et salle de réunion à l'époque romaine, devant laquelle a été mis au jour le dallage grec avec les lignes de départ de pistes de courses **(5)**.

Propylées – Il ne reste que les bases de la porte triomphale qui donnait accès à l'agora. Du temps des Romains, elle était surmontée par les deux grands chars dorés d'Hélios (le Soleil) et de Phaéton, son fils.

Fontaine Pirène★★ – Datant du 6e s. av. J.-C., cette fontaine fut maintes fois remaniée. Les aménagements d'époque grecque apparaissent au fond de l'atrium (côté sud) : six arcades de pierre précèdent une succession de réservoirs et de bassins souterrains. La colonnade qui s'élevait devant les arcades, le bassin rectangulaire et les trois niches formant nymphée furent ajoutés à l'époque romaine.

Quittez la cité antique par le Lechaion, amorce de la route reliant l'agora au port de Lechaio. Voie triomphale conduisant aux Propylées, elle était à l'époque romaine bordée de portiques sous lesquels s'élevaient les bains d'Euryclès avec des latrines publiques **(6)** bien conservées.

Odéon – Les fouilles ont dégagé ce petit théâtre romain (1er s.) dont on distingue bien le plan semi-circulaire. Ses gradins, en majeure partie taillés dans le roc, pouvaient accueillir près de 3 000 personnes. À l'époque du mécène **Hérode Atticus**, il fut relié au théâtre par une cour à colonnade dont on remarque les empreintes.

Théâtre – Du 5e s. av. J.-C., mais plusieurs fois remanié, notamment par les Romains qui agrandirent la piste pour y donner des combats de gladiateurs. Il contenait environ 18 000 places.

À peu de distance au nord, se voient les vestiges de thermes romains en brique.

Sanctuaire d'Asclépios – On retrouve facilement sur le sol le plan de la cour à colonnade rectangulaire et du temple consacré au dieu de la Médecine. Près de l'entrée, à l'est, on peut y voir un curieux tronc à offrandes.

Derrière le temple, remarquez une vaste citerne (fontaine de Lerne) qui alimentait des installations thermales.

Acrocorinthe★★ (Akrokórinthos)

Prendre la route signalisée en montée (7,5 km en voiture AR) qui, laissant à droite l'antique quartier des potiers, tourne à gauche devant une fontaine turque non loin de laquelle ont été mis au jour les restes d'un temple dédié à Déméter, puis grimpe en lacet jusqu'à l'entrée de la citadelle - 📞 *27410 312 66 - avr.-oct. : tlj 8h-19h ; nov.-mars : tlj sf lun. 8h30- 15h - gratuit.*

Se confondant avec le rocher, les ruines de l'Akrokorinthos figurent parmi les plus impressionnantes de Grèce par leur étendue, la grandeur désolée du site qu'elles couronnent, l'immense panorama qu'on y découvre. Acropole grecque, citadelle romaine puis byzantine, l'Acrocorinthe fut enlevée par les Francs en 1210 à l'issue d'un siège de 5 ans. Fief des Villehardouin, puis soumise, vers 1325, à Philippe de Tarente, la forteresse devint florentine en 1358, lorsque Robert II de Tarente donna la seigneurie de Corinthe à un armurier et banquier, **Nicolo Acciaiuoli** *(voir p.186)*, qui avait été conseiller de sa mère. Par la suite, elle appartint successivement aux Paléologues de Mystrás (1394), aux chevaliers de Rhodes et, enfin, aux Turcs à partir du 15e s. avec un intermède vénitien de 1687 à 1715.

Du parking, la rampe d'accès à la forteresse procure de spectaculaires perspectives sur les lignes de défense et les portes qui protègent la citadelle du côté ouest.

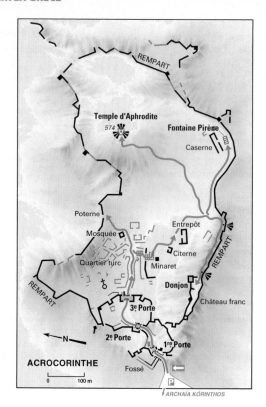

ARCHAÍA KÓRINTHOS

Portes monumentales – La première, précédée d'un fossé taillé dans le roc, date du 14ᵉ s. Renforcée d'une tour de flanquement, la deuxième est de la même époque mais a été presque entièrement reconstruite par les Vénitiens. Quant à la troisième, elle est encadrée de deux grosses tours rectangulaires : celle de droite est en grande partie antique (4ᵉ s. av. J.-C.) ; celle de gauche est byzantine comme la courtine, jalonnée également de tours rectangulaires.

On débouche sur la pente parsemée de ruines : vue admirable sur le golfe de Corinthe. Un sentier monte à travers l'ancien quartier turc (restes de mosquée à gauche) jusqu'au rempart et à la poterne nord. Revenir ensuite à une place marquée par un minaret décapité, passer à côté d'une belle citerne voûtée et gagner le donjon.

Donjon – Il domine les vestiges du château des Villehardouin. En 1305, les barons francs de Morée et d'Attique s'y rassemblèrent, convoqués par Isabelle de Villehardouin et son mari Philippe de Savoie, pour participer à un tournoi qui mit aux prises plus de 1 000 chevaliers. Belle vue sur le rempart byzantin, les monts environnants et le golfe de Corinthe.

Du donjon, revenez sur vos pas et suivez le rempart sud (vues sur les monts du Péloponnèse) jusqu'à la fontaine Pirène, située près d'une caserne turque en ruine.

Fontaine Pirène supérieure – Des marches donnent accès à une chambre souterraine hellénistique (graffiti anciens) dont les voûtes ont été refaites par les Romains. De là, un escalier descendait dans une autre salle, désormais inondée. La source aurait jailli à la suite d'un coup de sabot du cheval ailé Pégase lors de sa capture par Bellérophon.

Revenez de nouveau sur vos pas et prenez le chemin à droite vers le sommet.

Temple d'Aphrodite – Au point culminant de l'Acrocorinthe (574 m) se trouvait le fameux temple d'Aphrodite, signalé par une colonne. Sur son emplacement s'élevèrent par la suite une église puis une mosquée.

Admirable **panorama**★★★ s'étendant : au nord, au-delà de l'isthme de Corinthe jusqu'au Parnasse, à l'est sur l'Attique, et au sud sur les monts du Péloponnèse. Au sud-ouest, couronnant un piton, se découpent les ruines médiévales du château franc de Montesquiou bâti, d'après la *Chronique de Morée*, sous Geoffroi de Villehardouin et par la suite nommé par déformation Pendeskoufi.

Corinthe moderne (Kórinthos)

La ville moderne a été bâtie une première fois en 1858, au fond du golfe, après le séisme qui avait dévasté la ville ancienne. Un nouveau tremblement de terre obligea à la reconstruire en 1929. Tracée au cordeau, ce port et marché agricole (célèbre depuis le 14e s. pour les raisins secs de la variété « sultanine », les fameux **raisins de Corinthe**) présente peu d'intérêt malgré des efforts d'aménagement urbain.

Musée historique et d'Art populaire (Laografiko kai Istoriko Moussio) – *Près de la place E. Venizelou sur le port - tlj sf lun. 8h-13h - 1,50 €.* Ce musée a vu le jour en 1988 grâce à l'initiative privée d'Alcmène Pétropoulos. Il abrite une belle collection de costumes traditionnels provenant de différentes régions, de belles broderies (de Skyros, de Crète et d'Épire), ainsi que des bijoux en argent finement travaillés. Au second étage est reconstituée une pièce villageoise, avec des meubles en bois sculpté.

Aux alentours

Ruines de Sicyone (Sikyona)

À 25 km à l'ouest de Corinthe moderne. Suivre la côte jusqu'à Kiato. Prendre la petite route signalisée « Ancient Sikyon », qui franchit l'autoroute, traverse Sikyona et atteint le site archéologique - ☏ *27410 312 07 - tlj 8h30-15h - gratuit.*

Face au beau paysage composé par la plaine littorale fertile et le golfe de Corinthe, les ruines de Sicyone évoquent le souvenir d'une cité antique prospère à l'époque archaïque, notamment sous le tyran **Clisthène**. Sicyone était alors bâtie en plaine, mais Démétrius Poliorcète, un roi d'Asie Mineure, l'ayant rasée en 305 av. J.-C., elle fut reconstruite sur le plateau : une école de peintres sur cire s'y illustra alors, parmi lesquels **Pamphilos**, le maître d'Apelle. Sicyone fut détruite, selon Pausanias, par un tremblement de terre. Les **ruines** datent des époques hellénistique et romaine. Après avoir dépassé le musée installé dans des thermes romains et présentant les découvertes faites à Sicyone et à Stymphale, on remarque à droite, au flanc de l'acropole, un grand théâtre (3e s. av. J.-C.). En contrebas à gauche, on distingue les bases d'un vaste gymnase, comprenant deux niveaux de terrasses entourées de portiques et reliées par un escalier central entre deux fontaines qui s'identifient facilement. On voit aussi les marques au sol d'un temple présumé d'Apollon et d'un *bouleuterion* (siège du conseil d'État).

Némée antique (Neméa)★

À 35 km au sud-ouest de Corinthe par l'autoroute E 65 vers Tripoli. Sortie à l'échangeur Neméa.

Dans une vallée isolée plantée de vignes s'élèvent les ruines de Némée, site encore peu fréquenté qui mérite une visite.

Aux temps archaïque et classique, les **jeux Néméens**, que Pindare célèbre dans ses odes, figuraient parmi les quatre grandes manifestations sportives du monde grec (avec Olympie, Delphes et l'Isthme). La tradition attribue à Héraklès la fondation de ces jeux où l'on célébrait la gloire de Zeus Néméen. De nos jours, la réputation de Némée tient essentiellement à ses vins rouges, forts et doux, appelés localement « sang d'Héraklès ».

H. Champollion / MICHELIN

Ruines du temple de Zeus à Némée.

Ruines★ – *Mar.-dim. 8h-19h, lun. 8h-12h - 3 € (billet combiné avec le stade 4 €).* Les éléments les plus importants appartiennent à un grand **temple de Zeus** (4e s. av. J.-C.) périptère de style dorique (6 x 12 colonnes). La cella comportait, exceptionnellement, des colonnes corinthiennes et une crypte. Trois colonnes du temple sont encore debout et on distingue, au pourtour, les tambours disloqués des autres colonnes. Une rampe d'accès marque le centre de la façade principale que précédait un immense autel des sacrifices, étroit et allongé.

Il y avait jadis un bois de cyprès sacré autour du sanctuaire bordé de bâtiments. Parmi ceux-ci, neuf *oikoi* (ou trésors) étaient rangés le long du côté sud, construits par les différentes cités pour loger leurs représentants durant les Jeux. Au nord existait un complexe de fours de potiers (volontairement enfouis à nouveau sous la terre) datant de la fin du 4e s. av. J.-C. Les thermes (protégés par un hangar) de la même époque étaient constitués de deux pièces couvertes. Au sud du temple, vestiges antiques transformés par les Byzantins en église à abside semi-circulaire. Sur le côté sud de ces vestiges, on a retrouvé et reconstitué l'une des 200 tombes que comptait le cimetière.

Attention aux lions !

Némée est surtout connue pour avoir été le théâtre du premier travail d'Héraklès : c'est dans un antre proche qu'il surprit et étouffa le féroce lion de Némée, dont il endossa aussitôt la dépouille. La légende a peut-être un fondement historique, car des lions vivaient dans la région à l'époque mycénienne, comme l'indiquent des représentations de chasse au lion sur des objets trouvés à Mycènes.

Musée★ – Il présente des gravures, dessins, photos et textes de voyageurs du 18e au 20e s. décrivant le sanctuaire et rassemble les objets, éléments architecturaux et inscriptions mis au jour in situ ainsi que les découvertes réalisées dans les environs et notamment celles faites dans le **cimetière mycénien d'Aïdonia** qui a livré une collection de 312 objets précieux d'une grande finesse. Le trésor d'Aïdonia comporte parmi les objets les plus spectaculaires : deux chevalières à large chaton plat, de sceaux en agate, hématite, verre, cornaline et stéatite ; des ornements de vêtements en or, de colliers en or ou de pierres semi-précieuses, faïence, verre, ambre, d'une grande variété de formes. Une maquette reconstitue l'état des lieux (site et sanctuaire) au 4e s. av. J.-C., et une exposition donne des informations intéressantes sur le déroulement et la réglementation des jeux.

Stade★ – *Au débouché de la route venant des ruines, prendre à gauche puis de nouveau à gauche à la bifurcation suivante ; le stade se trouve à une centaine de mètres à droite, avant une courbe - mêmes horaires que le musée.* À 500 m au sud-est du temple de Zeus ont été découverts dans les flancs de la colline les vestiges du stade (4e s. av. J.-C.), d'une capacité de 40 000 spectateurs, large de 22 m à chaque extrémité et 27 m au centre, long de 177 m, où se déroulaient les jeux Néméens. Au sud du terrain, des canalisations en terre cuite (une partie est exposée au musée) approvisionnaient le stade en eau de source, épurée par un système de cuvettes qui faisaient partie intégrante des caniveaux de pierre bordant le terrain. La ligne de départ, marquée par des pierres, est bien conservée. Treize couloirs de courses étaient prévus. Les concurrents, les entraîneurs et les juges entraient dans le stade par un bâtiment orné d'une colonnade sur trois de ses côtés intérieurs. C'est là aussi que les athlètes se préparaient pour la compétition avant d'accéder au stade par un passage voûté long de 36 m (vers 320 av. J.-C.). Les murs portent les noms, bien lisibles, de certains vainqueurs et de jeunes athlètes.

Lac Stymphale★ (Limni Stymfalía)
À 30 km à l'ouest de Némée. Prendre la route de Kaliánoi puis de Kartéri.
La route traverse d'abord les bois d'agrumes de la plaine littorale, puis gravit les contreforts est du mont Kyllini, regardant le golfe : paysage de bois de pins et de vignobles cultivés en espaliers pour le raisin de Corinthe. Au-delà, la route descend dans la vaste et austère dépression dont le fond est occupé par le lac.

Se garer sur le parking et emprunter le sentier pour monter sur la colline surplombant le lac.

Lac★ – Dominé par l'acropole de Stymphale, cet immense marécage couvert de roseaux, dont la surface et la profondeur varient avec les saisons, gît au centre d'un cirque de noirs sommets atteignant près de 2 000 m. Un silence profond tombe sur ces grandioses espaces qu'animent de rares troupeaux de bovins ou de moutons.

Ancienne abbaye de Zaraka – À la sortie du village, par la route de Kastaniá, on aperçoit les ruines d'un monastère cistercien du 13e s. L'église était gothique avec une nef comportant des piliers à colonnettes engagées et un chœur carré ; au sud s'étendait le cloître. Une tour isolée marque l'entrée de l'enceinte.

Vestiges de la cité – *50 m après le bourg et l'ancienne abbaye, prendre à travers champs le chemin de terre menant au pied du rocher.* Les fouilles ont révélé les traces du temple d'Athéna Polias, d'une palestre et d'un escalier taillé dans la roche. Afin de mieux apprécier ce paysage calme et serein, gagner la bourgade de Kartéri *(tavernes)* et, à l'église, prendre à gauche en direction de Láfka ; là, juste à l'entrée du village, une route à gauche conduit sur l'autre rive du lac.

Circuits de découverte

L'isthme et le canal de Corinthe

Le canal de Corinthe★★ (Dióriga Korínthou) – *Prendre l'autoroute d'Athènes et la quitter juste avant le canal en direction du sud*. À la jonction de la Grèce continentale et du Péloponnèse, l'isthme de Corinthe, coupé par le célèbre canal, sépare le golfe Saronique du golfe de Corinthe. Les Anciens avaient déjà cherché à percer l'isthme pour éviter aux navires le tour du Péloponnèse ou le halage (dont une piste est toujours visible). **Périandre** et **Alexandre le Grand** y avaient songé, mais c'est **Néron** qui, en 67, inaugura les travaux avec une pelle d'or : 6 000 prisonniers furent employés à cette tâche, mais le chantier fut abandonné. Il ne reprit qu'en 1882 à l'initiative d'une compagnie française, la Société internationale du canal maritime de Corinthe, qui s'inspira d'un projet établi en 1829 par un membre de l'Expédition de Morée, Virlet d'Aoust. Interrompus par la faillite de la compagnie en 1889, les travaux furent achevés par les Grecs en 1893. Cette réalisation spectaculaire changea alors les itinéraires maritimes, et Le Pirée supplanta l'île de Syros comme principal port de la Grèce. Vous découvrirez une **vue★★** impressionnante sur la tranchée rectiligne du canal aux parois rocheuses, presque verticales.

Dimensions

Long de 6,343 km, large de 24,60 m à la surface de l'eau, profond de 8 m, le canal présente des parois atteignant 79,5 m de hauteur au point le plus élevé. Du fait de son étroitesse, il est assez peu fréquenté : seuls quelques caboteurs et paquebots de croisière l'empruntent régulièrement, tirés par des remorqueurs.

Sanctuaire de l'Isthme (Isthmía) – *Prendre la direction d'Archaía Epidavros ; au bout de Kyrás Vrýsi, à la bifurcation, tourner à droite, puis immédiatement à gauche dans la première route, en montée ; le musée est à l'entrée des fouilles du sanctuaire - ℘ 27410 372 44 - tlj sf lun. 8h30-15h - site gratuit, musée 2 €.*

Le **musée** abrite les objets de fouilles du sanctuaire d'Isthmia et du port de Kenchreai, présentés de façon claire. On remarque de curieuses mosaïques de verre (décor de motifs végétaux, d'oiseaux, de figures humaines et de paysages), probablement d'importation égyptienne, trouvées dans des caisses immergées. On verra aussi des amphores, des appareils de gymnastique, des céramiques.

Les **fouilles** ont dégagé les fondations d'un temple dédié à Poséidon (5ᵉ s. av. J.-C.) et d'un stade où se déroulaient les jeux Isthmiques ; remarquez les 16 rainures gravées dans la pierre et divergeant vers les emplacements de départ des courses. De belles **mosaïques** ont été découvertes, notamment une très bien conservée et aux dimensions impressionnantes (25 m sur 9 m), représentant une danse de

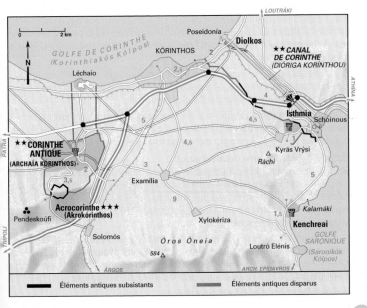

Dionysos entouré de dauphins et encadrée de motifs géométriques. Elle ornait le fond d'une piscine d'époque romaine, où 8 nageurs pouvaient évoluer en même temps. À l'extrémité sud du stade se trouvait le Palémonion (1er s. av. J.-C.), dont on n'a trouvé que de maigres vestiges. Au-delà se distinguent les ruines d'un théâtre romain ainsi que les restes de la muraille et de la forteresse romaines : cette dernière aurait été relevée vers 400 apr. J.-C.

Kenchreai – *À 7 km au sud d'Isthmía par la route côtière.* Ancien port de Corinthe sur le golfe Saronique. Vestiges d'installations portuaires se prolongeant sous les eaux. On distingue, au sud, les bases d'une basilique paléochrétienne du 4e s. qui remplaça un temple d'Isis. Saint Paul débarqua à Kenchreai en 51 et y fonda une communauté.

Le golfe de Corinthe, autour du cap Héraion

Quitter Corinthe par la route côtière en direction de Poseídonia.

Pont de Poseídonia

À 2 km. Ce pont récent franchit l'extrémité ouest du canal en s'abaissant au fond de celui-ci pour laisser passer les bateaux. Près du pont, on peut reconnaître, de part et d'autre de la route moderne, le **diolkos (halage)**, chaussée antique en pierre le long de laquelle les navires étaient transportés sur des chariots entre les deux golfes *(tracé sur le schéma p.195)*. Côté golfe de Corinthe, on distingue avec difficulté des lettres de l'alphabet corinthien gravées dans les dalles et dont on ignore l'utilité ; de l'autre côté apparaissent les sillons des chars porteurs. Cette chaussée aurait été mise en service au 6e s. av. J.-C. et était encore utilisée au 12e s. de notre ère.

Le projet Corinthe

Il y a un million d'années, la presqu'île du Péloponnèse était rattachée au continent. Mais le golfe de Corinthe est situé dans l'une des régions les plus sismiques au monde. Les mouvements tectoniques, qui écartent les deux zones de 1,5 cm par an, sont à l'origine de la création du golfe. Ainsi s'explique la mise sur pied de cet important programme de recherche européen en sismologie. L'observatoire permanent composé de forages recoupant les failles actives et les divers capteurs installés aux alentours devraient permettre de mieux comprendre les mécanismes des failles sismiques ainsi que leur relation avec les mouvements d'eau souterrains et les tremblements de terre.

Loutráki★

À 10 km au nord-est de Corinthe. Alliant les charmes désuets de la ville d'eaux à ceux plus modernes de la station balnéaire, Loutráki s'étend le long de la baie de Corinthe et au pied de la chaîne du **Geráneia** qui culmine à 1 351 m. Des hôtels, un agréable front de mer piéton ombragé de palmiers et, en lisière d'un petit port, un luxuriant jardin public planté de lauriers-roses, de pins et d'eucalyptus agrémentent ce lieu qui peut être une étape agréable à proximité de Corinthe. Plus importante station thermale de Grèce, Loutráki possède des eaux chaudes chlorurées-alcalines, radioactives, utilisées dans le traitement des affections rénales et des rhumatismes. Son **eau minérale**, alcaline et légèrement magnésienne, se vend dans tout le pays.

À la sortie de Loutráki, la route en corniche offre d'admirables vues plongeantes sur la côte et la baie de Corinthe puis, à hauteur d'une taverne *(vue vers le cap que surmonte un phare)*, s'infléchit pour pénétrer dans les terres.

À l'entrée de **Perachóra** (alt. 350 m, petit musée archéologique), prendre à gauche la route de Limni Iraío qui traverse des olivettes, puis longe le lac de Vouliagmenis, relié à la mer par un chenal. À un embranchement (chapelle), prendre à droite.

Cap de l'Héraion★★★ (Akrotiri Iraío)

Situé sur les pentes rocheuses du cap qui ferme la rade de Corinthe, le sanctuaire d'Héra se dissimule dans un **site★** retiré et sauvage, au creux d'un étroit vallon dominé par une acropole et dévalant vers une crique aux eaux transparentes. Vous y verrez les vestiges d'une citerne hellénistique, un temple d'Héra Limenia (6e s. av. J.-C.) et un temple absidal d'Héra Akraia (8e s. av. J.-C.).

🚶 En empruntant le sentier qui mène du parking au phare *(1/2h à pied AR)*, on découvre un **panorama★★★** splendide, particulièrement grandiose au coucher du soleil, sur le site antique, le golfe de Corinthe, les côtes et massifs du Péloponnèse, le golfe Alkyonidon et, en direction de Delphes, le massif du Parnasse.

Revenir à Perachóra et prendre la route de Pisia.

Étroite et sinueuse, la route part à l'assaut du massif du Geráneia, parmi des pinèdes que peuplent quelques chèvres débonnaires, avant de redescendre vers le golfe et de retrouver la mer à **Mavrolimini**. Tracée désormais au pied des falaises (attention aux chutes de pierres… et aux vagues!), elle traverse quelques stations, comme **Psatha**, puis elle s'élève à nouveau.

Au carrefour avec la route de Thèbes, prendre à gauche la route de Pórto Germenó.

Ægosthène★★ (Aigósthena)

Sur la gauche de la route, 500 m avant Pórto Germenó.

Montez à travers les oliveraies vers une acropole remarquablement conservée qui constitue un bon exemple d'architecture grecque militaire de la fin du 4e s. av. J.-C. : enceinte soigneusement appareillée de blocs en bossages, poternes, portes à linteaux massifs, tours à étages dont la plus belle, à droite en montant, domine de 9 m la courtine. Relevée par les Francs au 13e s., la **forteresse**, où l'on voit aussi les vestiges d'un monastère, était reliée à la mer par deux murailles enserrant la ville basse, dont l'une subsiste en partie.

Pórto Germenó★

Station balnéaire tranquille et dotée d'une vaste plage, Pórto Germenó occupe un site harmonieux au fond d'une anse. Ses maisons blanches se disséminent dans les pins et les oliviers qui couvrent les premières pentes du Kitheron.

Revenir par le même chemin jusqu'au carrefour précédent où l'on continue dans la direction « Athènes ». 7 km après Villia, tourner sur la gauche en direction de Thèbes (Thíva). Les ruines d'Éleuthères apparaissent bientôt à droite sur un éperon rocheux.

Éleuthères (Eleftherés)

Laisser la voiture près d'une ancienne station-service et d'une taverne et gagner le sentier qui, à gauche, monte à la forteresse *(1/2 h à pied AR)*. Dans un site désolé, la **forteresse** commandait, à l'extrémité sud du défilé de Kaza, la route du Kitheron, ce massif formant barrière entre l'Attique et la Béotie. La cité d'Éleuthères fut d'abord béotienne, puis rattachée à l'Attique au 6e s. av. J.-C., époque à laquelle la statue de bois de Dionysos Eleutheros fut apportée à Athènes où elle devint l'objet d'un culte. Élevée au 4e s. av. J.-C. par les Athéniens, l'enceinte percée de portes et de poternes, renforcée de tours à étages et surmontée par un chemin de ronde, est assez bien conservée, surtout du côté nord. Vues sur l'Attique.

Revenir à la voiture et poursuivre vers le col Giftokastro (649 m), d'où l'on jouit de vues remarquables à l'ouest sur le mont Kitheron (oros Kithaironas), au nord sur la plaine fertile de Béotie que domine, non loin de là, le site de Platées.

À Erythrés, prendre sur la gauche la route de Platées.

Platées (Plataiés)

À 5 km après le carrefour. Dans un site majestueux au pied du Kitheron, les vestiges de l'antique Platées, dont les hoplites combattirent bravement à Marathon, parsèment une terrasse d'où l'on découvre des vues étendues sur les terres rouges de la

Une terrasse de rêve dans un hôtel de Loutráki.

P. Plantier / MICHELIN

plaine de Béotie. Au nord-est du site, dans la plaine, fut livrée la **bataille de Platées** (479 av. J.-C.) gagnée par les Grecs sur les Perses. Cette victoire, survenue après celle de Salamine, obligea les troupes de Xerxès à évacuer la Grèce, mettant ainsi fin aux guerres médiques. À droite de la route, avant le bourg moderne, apparaissent les ruines, et notamment les vestiges de l'enceinte circulaire du 5ᵉ-4ᵉ s., jalonnée de tours ouvertes sur le côté intérieur.

Vous pouvez dès lors en reprenant la route en sens inverse revenir directement à Athènes ou monter vers le nord à partir de Thèbes pour gagner Aráchova et Delphes.

Corinthe pratique

Transports

Pour gagner l'**ancienne Corinthe** en transports en commun, des cars quittent la place centrale de la ville moderne toutes les heures. Vous aurez gagné Corinthe en train depuis Athènes (2h de trajet).

La **gare de Corinthe** *(odos Demokratias)* dessert également Árgos, Nauplie et Trípoli.

Bus toutes les demi-heures entre Corinthe et **Loutráki**.

Se loger

ARCHAÍA KÓRINTHOS

😊😊 **Marinos** – *Sur la droite après la route pour l'Acrocorinthe* - ✆ 27410 312 09 - *25 ch.* Cette grande maison bâtie dans la verdure offre sinon le grand confort, du moins un accueil familial des plus chaleureux. Les chambres les plus calmes se trouvent dans un pavillon derrière la maison. Petit-déjeuner compris.

LOUTRÁKI

😊😊 **Le Petit France** – *3 odos Botsari à droite d'odos Venizelou (accès en voiture à droite par odos 28-Oktobriou, face au Grand Hotel puis à droite)* - ✆ 27440 224 01 - *lepetitfrance@yahoo.com - 15 ch.* Dans le centre mais un peu à l'écart du bruit, cet hôtel, tenu par un couple franco-grec, propose un accueil sympathique et des chambres spacieuses et propres.

😊😊😊 **Mantas Seaside** – *11 odos Damaskinou, au coin de la promenade Poséidon* - ✆ 27440 281 73 - *fax 27440 629 39.* Tout neuf, coquet et confortable, l'hôtel donne sur la mer et la promenade piétonne. Décor un peu chargé. Attention : il existe à deux pas de là un second hôtel Mantas dans une rue d'où la mer est insoupçonnable…

😊😊😊 **Agelidis Palace** – *19 odos G. Lekka, vers la sortie nord* - ✆ 27440 266 95 - *fax 27440 0631 64 - 43 ch.* Palace des années 1920, aux chambres vastes et confortables. Avec ses stucs et ses dorures, ses fers forgés et son escalier, c'est le seul hôtel de la ville qui sorte du lot. Les chambres sur mer ont un balcon.

ISTHMÍA

😊😊😊😊 **Kalamaki Beach** – ✆ 27410 373 31 – *76 ch.* Ce grand hôtel international en bord de mer est agrémenté d'un jardin fleuri. Toutes les chambres, spacieuses, sont équipées d'une terrasse. Air conditionné et sports nautiques pendant l'été. Le prix comprend la demi-pension.

PÓRTO GERMENÓ

😊😊 **Egosthenion** – *Sur la route d'accès face au site d'Ægosthène* - ✆ 22630 412 26 - *fax 22630 416 31 - mai-sept - 80 ch.* Dans un bois d'oliviers dominant le golfe de Corinthe, hôtel de bon confort, idéal pour un séjour loin de toute civilisation…

Se restaurer

ARCHAÍA KÓRINTHOS

😊 **Tassos** – *Au centre du village sur la rue conduisant au site.* Taverne typique dont chaque détail vous met dans l'ambiance : *souvlakis* à la braise, bonne humeur des patrons, musique locale.

😊 **Marinos** – Le restaurant de la pension du même nom. Une excellente taverne au menu à prix fixe (vin compris).

LOUTRÁKI

😊😊 **Paolo** – *Promenade Poséidon au coin d'odos Kanari.* Restaurant de poissons à la salle largement ouverte sur le golfe et le cap Héraïon.

En direction du **cap Héraïon**, nombreux restaurants panoramiques en bord de route. La vue est superbe mais n'abusez pas du retsina !

Faire une pause

À **Poseídonia**, à gauche du pont qui enjambe le canal de Corinthe, côté ouest, le café-taverne **Diolkos** jouit de la meilleure vue sur le canal. À droite, le bar **Posidonio** est idéal au coucher du soleil. À **Loutráki**, une série de sympathiques ouzeris s'alignent au bout de la promenade Poséidon, contre le jardin exotique : citons **O Spiros** et son voisin **O Giannis**.

Delphes★★★
Delfoí – Δελφοί

2 373 HABITANTS
CARTE GÉNÉRALE RABAT II B1 – GRÈCE CENTRALE – NOME DE PHOCIDE

Au-dessus du ravin du Pleistos, dans le cadre grandiose du massif du Parnasse, parmi les pins, les oliviers et les cyprès, Delphes fut, aux temps antiques, un haut lieu mystique, lorsque le sanctuaire d'Apollon attirait la foule des pèlerins fascinés par l'oracle. De nos jours, ce sont les touristes qui affluent à la découverte de ces ruines baignées dans une atmosphère de mystère.

▶ **Se repérer** – À 160 km au nord-ouest d'Athènes par la route ou l'autoroute jusqu'à Thèbes (Thíva) puis la route de Leivadéia. Delphes (appelée Delfí sur certains panneaux) se trouve à 12 km du village de montagne d'Aráchova. Le site archéologique est situé sur le bord de la route, un kilomètre environ avant le village. Celui-ci, accroché aux flancs abrupts du mont Parnasse, s'organise autour de deux axes à sens unique bordés d'hôtels, odos Apollonos (sens de l'arrivée) et, en contrebas, odos Basileon Pavalkaï Freidikis… Des ruelles en escalier les relient.

🅿 **Se garer** – Petits parkings (vites complets) devant le site et à l'entrée du village. Le plus simple est d'aller chercher une place sur les hauteurs.

👁 **À ne pas manquer** – Le théâtre, la tholos et le musée.

🕐 **Organiser son temps** – Consacrez au moins une journée à la visite (le site étant posé sur un versant raide, celle-ci peut être quelque peu éprouvante !).

🚶 **Pour poursuivre le voyage** – Aráchova.

Comprendre

De la Terre à Apollon

Les origines du sanctuaire se situent dans un temps très ancien. Au 2e millénaire av. J.-C., il y a déjà là un lieu de culte en l'honneur de la déesse Terre (**Gaia**) et de sa fille **Thémis**, qui s'expriment dans les grondements telluriques, les bruissements de la végétation et les rumeurs des eaux issues des crevasses du rocher. Au fond d'un de ces gouffres se cache la déesse, gardée par son fils, le serpent Python ; déjà un oracle traduit les murmures de la divinité. Selon la tradition, c'est vers 750 qu'**Apollon**, dieu de l'Olympe et garant de l'harmonie universelle, aurait éliminé les vieilles divinités souterraines. Un hymne attribué à Homère rapporte en effet que le fils de Zeus, peu après sa naissance à Délos, se rend à Delphes (dont le nom pourrait dériver du surnom d'Apollon transformé sur la mer en dauphin, *delphis*) et tue Python à coups de flèche. Selon la loi divine, Apollon doit s'exiler pendant huit ans pour expier ce meurtre ; à son retour, il devient Apollon Pythien, faiseur d'oracles par l'intermédiaire de la **Pythie**.

Mille ans de succès

Un premier temple de pierre est construit vers 680, peu avant que ne soient instituées des fêtes panhelléniques commémorant la victoire sur le serpent : tous les quatre ans (la troisième année de l'olympiade), ces **jeux Pythiques** mêlent concours gymniques et lyriques. C'est la grande époque de Delphes, sanctuaire panhellénique qui reçoit des pèlerins venus de tout le monde grec, de l'Espagne à la mer Noire.

Le domaine religieux de Delphes comprend, outre le sanctuaire, la vallée du Pleistos et la plaine littorale. L'administration de ce territoire est confiée à l'**Amphictyonie**, dans laquelle chacun des douze peuples grecs possède deux députés. Comme de bien entendu, des rivalités s'y manifestent : en 339 av. J.-C., les représentants des Thessaliens et des Béotiens facilitent l'intervention de Philippe de Macédoine. Le sanctuaire lui-même était desservi par deux grands prêtres, un intendant, un trésorier, cinq prêtres (**Plutarque** exerça cette charge), et des acolytes, les « prophètes », assistant la Pythie.

Le nombril du monde

Selon les chroniqueurs de l'Antiquité, pour qui la Terre avait la forme d'un disque, Zeus, désireux de connaître l'emplacement du centre du monde, envoya deux aigles en reconnaître la surface… Or les oiseaux favoris du seigneur de l'Olympe se rencontrèrent au-dessus du Parnasse et y marquèrent l'« omphalos » (ombilic) qui faisait de Delphes le centre de l'Univers.

Enrichi par les offrandes et surtout par les taxes levées sur les consultants de la Pythie, le sanctuaire, quoique éprouvé par les flammes (incendie du temple en 584), les tremblements de terre (en 373) et les guerres (il est pillé par Sylla en 86 av. J.-C., puis par Néron en 67 de notre ère), est encore très fréquenté sous l'empereur Hadrien (2ᵉ s. apr. J.-C.). Lorsque le dernier empereur païen, Julien l'Apostat (331-363) fait interroger la Pythie, celle-ci rend cet ultime oracle qui résonne comme une épitaphe : « Allez dire au roi que le bel édifice est à terre, Apollon n'a plus de cabane ni de laurier prophétique, la source est tarie et l'eau qui parlait s'est tue. » C'est en 394 que **Théodose le Grand** fait fermer le sanctuaire définitivement. Delphes devient alors une ville chrétienne dotée de trois basiliques. Au début du 7ᵉ s., les Slaves détruisent l'ensemble du site.

La Pythie

On ignore sur quels critères la Pythie, prêtresse chargée de donner les réponses d'Apollon aux demandes des pèlerins, était choisie parmi les femmes du pays. C'était obligatoirement une femme de plus de cinquante ans qui, dès lors qu'elle assumait sa fonction, devait quitter époux et enfants et s'installer dans l'enclos sacré, mener une vie de chasteté et revêtir une robe de jeune fille… Prophétisant à l'origine une fois par an, le jour anniversaire de la naissance d'Apollon, à l'époque classique, elle consultait le 7 de chaque mois (durant les trois mois d'hiver, Apollon en vacances, était remplacé par Dionysos) et le succès était tel qu'à la grande époque il n'y avait plus une seule mais trois Pythies.

Pèlerinage, mode d'emploi

Arrivés par terre ou débarquant au port de Kyra (près d'Itéa), les pèlerins gravissent le versant nord de la vallée du Pleistos et pénètrent dans la zone des temples par l'actuelle Marmaria où ils font leurs dévotions à Athéna et à Apollon. Puis ils montent à la fontaine Castalie pour s'y livrer aux rites de purification et parcourent l'agora avant de pénétrer à l'intérieur de l'enceinte sacrée. Là, ils empruntent la Voie sacrée, déposant leurs offrandes (initialement des gâteaux rituels ou *pélanos*, à l'époque classique de l'argent) dans les **trésors** de leur nation d'origine, et, après avoir satisfait aux libations et aux sacrifices rituels (en immolant en général une chèvre), ils gagnent le temple.

Après avoir bu de l'eau de la fontaine Castalie, proche du temple, qui donne le don de prophétie, la Pythie pénètre dans la crypte du temple d'Apollon, envahi par une fumée odoriférante produite par la combustion de laurier (arbre d'Apollon) et de farine d'orge. Mâchant des feuilles de ce laurier, elle s'installe sur le trépied sacré, à proximité de l'omphalos et de la tombe de Dionysos. Après des ablutions à la fontaine Castalie, les pèlerins sont admis dans une chambre voisine de la crypte et posent leurs questions aux prêtres qui les transmettent à la Pythie. Celle-ci entre alors en transe : les sons qu'elle émet, ses attitudes, ses gestes

Obscurité

Les « réponses obliques » de la Pythie sont célèbres : on rapporte que Crésus s'entendit répondre que s'il déclarait la guerre aux Perses, il détruirait un grand royaume. Prenant la réponse au pied de la lettre, le roi de Lydie attaqua aussitôt Cyrus… et ce fut son propre royaume qui fut détruit.

convulsifs sont transposés par les prophètes. Les réponses, plutôt des conseils que des prédictions, et bien entendu quelque peu ambiguës, sont alors remises aux questionneurs… mais semblent bien ne pas avoir été insensibles aux circonstances politiques : la Pythie favorise successivement Xerxès lors des invasions mèdes, puis Athènes, Sparte et Thèbes, Philippe de Macédoine, Alexandre le Grand qu'elle proclame invincible et, enfin, Rome : bref, les puissants de ce monde…

Visiter

Le sanctuaire d'Apollon est situé sur la gauche de la route d'Aráchova, à 800 m environ du village ; une promenade piétonne permet de s'y rendre à pied en toute sécurité. À hauteur du musée, traverser (avec précaution) et suivre une allée tracée à flanc de coteau qui conduit à l'entrée du site.

℘ 22650 823 12 - avr.-oct. : tlj 8h-19h ; nov.-mars : tlj 8h30-15h - 6 € (site et musée 9 €, musée seul 3 €) - 18 ans gratuit, gratuit : dim. de nov. à mars, le 1ᵉʳ dim. de chaque mois sf juil.-sept., 6 mars, 18 avr., 18 mai, 5 juin, et dernier w.-end sept.

Retombé dans le silence et recouvert par un village, Kastri, le sanctuaire de Delphes n'est pourtant jamais tombé dans l'oubli : d'illustres visiteurs parmi lesquels Byron, Flaubert ou Mérimée visitent les lieux qui commencent à être explorés par les archéo-

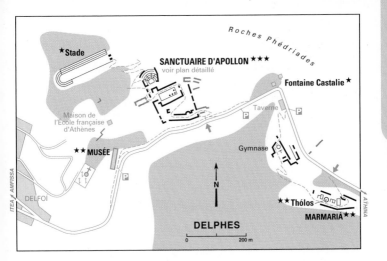

logues de l'École française d'Athènes en 1892 : le Parlement français vote alors des crédits pour aider l'État grec à exproprier le village et à le reconstruire à l'écart. Le temple et le théâtre étaient enfouis sous une couche de terre atteignantt parfois une épaisseur de 20 m. Un premier musée ouvre en 1902. Aujourd'hui, le Centre culturel européen de Delphes collabore avec le comité « Sauver Delphes » et d'autres associations pour préserver le site, inscrit naturellement au patrimoine mondial de l'Unesco : les autochtones n'affirment-ils pas avec fierté que c'est à Delphes qu'est né le patrimoine artistique de l'humanité ?

Survolées d'oiseaux de proie, les ruines antiques s'accrochent sur une pente surplombée par deux parois rocheuses, les roches Phédriades « les Rougeoyantes », hautes de 250 à 300 m. De la profonde anfractuosité qui les scinde sourd la fontaine Castalie. Côté aval, un spectacle riant se découvre. Barrée par le massif du Kirphis, la vallée du Pleistos, la « mer d'oliviers », descend vers le littoral, tandis qu'au loin luisent sous une lumière nacrée les flots de la baie d'Itéa.

Le sanctuaire d'Apollon★★★

N.B. Sauf mention contraire, toutes les dates sont antérieures à notre ère.
Une courte montée donne accès à l'agora qui précède le sanctuaire d'Apollon.

Agora – Elle a été réaménagée par les Romains qui construisirent des thermes et des maisons dont les vestiges, dominant la route et l'agora, se reconnaissent à leur appareil de brique. Sur un des côtés de l'agora s'étendait un portique ionique qui abritait des boutiques pour les pèlerins ; quelques colonnes ont été relevées. Remarquer les restes provenant d'une église paléochrétienne **(1)**.

Quatre marches conduisent à l'entrée principale du **téménos**, enceinte sacrée dont le mur date du 4ᵉ s. et, par endroits, du 6ᵉ s. (côté ouest ; appareil polygonal). Percé de neuf portes, ce mur délimite un trapèze de 200 m sur 130 environ, la zone inférieure étant dévolue aux ex-voto (statues, inscriptions…) et aux **trésors**, édicules en forme de temple construits par les cités grecques pour recevoir les offrandes de leurs citoyens respectifs : l'ensemble formait un tissu monumental très serré.

Voie sacrée – Montant vers le temple d'Apollon, la Voie sacrée, dont le dallage est d'époque romaine, est bordée d'**ex-voto**. Repérez d'abord, à droite, la base du taureau de Corcyre **(2)**, animal de bronze offert au 5ᵉ s. par la cité du même nom (Corfou). À droite et au-delà voisinaient l'ex-voto des Arcadiens **(3)** et celui des Lacédémoniens ; à gauche l'ex-voto de Marathon, que les Athéniens avaient fait décorer de statues par Phidias, précédait celui des Argiens ; ces monuments, dont il reste peu de chose, illustraient l'émulation des cités grecques.

La Voie sacrée passe ensuite entre les soubassements de deux hémicycles érigés par les Argiens. Celui de droite, le mieux conservé, était le monument des rois d'Argos **(4)**, élevé en 369 ; il était orné de 20 statues de rois et reines d'Argos (remarquez les dédicaces gravées, écrites de droite à gauche).

Trésors – Le premier que l'on rencontre est celui de Sicyone **(5)**, dont subsistent les bases ; il était bâti en tuf sur plan rectangulaire avec deux colonnes de façade (6ᵉ s.).

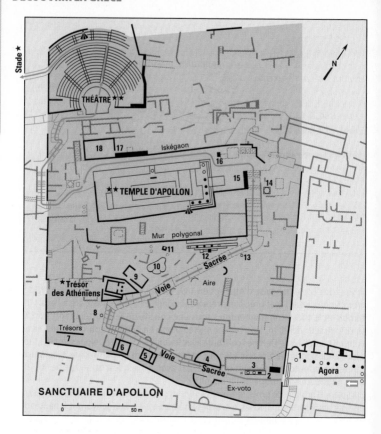

SANCTUAIRE D'APOLLON

Apparaît ensuite le mur du **trésor de Sifnos (6)**, construit vers 525 par les habitants de cette île des Cyclades, enrichis dans l'exploitation des mines d'or. L'édifice ionique, en marbre, comportait une façade à fronton sculpté que soutenaient deux caryatides et était décoré d'une belle frise sculptée. Dans le prolongement, on distingue les soubassements de tuf du **trésor de Thèbes (7)**, dont l'austérité faisait contraste avec son voisin. Près de là, à gauche dans le coude de la Voie sacrée, on aperçoit les traces du **trésor des Béotiens** et l'omphalos **(8)** en calcaire.

Trésor des Athéniens★ – Relevé de ses ruines, c'est un édifice dorique (490-480) en marbre blanc de Paros qui fut érigé grâce à une partie du butin pris à Marathon. Il était décoré de sculptures illustrant le combat des Grecs et des Amazones. S'élevant sur un tertre, il est précédé d'une terrasse triangulaire, dont le mur sud porte l'inscription dédicatoire gravée en grands caractères : « Les Athéniens à Apollon après leur victoire sur les Mèdes, en offrande commémorant la bataille de Marathon. » Les soubassements et les murs du trésor portent d'autres inscriptions qu'accompagnent des couronnes de laurier.

Après être passé devant les ruines du **bouleutérion (9)**, sénat de Delphes, on discerne à gauche l'amas de rochers **(10)** au sein duquel se dissimulait l'oracle primitif, sous la garde du serpent Python. C'est derrière ces rochers que se trouvait le sanctuaire de la déesse Gaia. Non loin, on repère les tambours abattus d'une colonne ionique **(11)** en marbre, de 10 m de haut, don des habitants de l'île de Naxos vers 570, et que surmontait un sphinx.

Au-dessus court sur 83 m le fameux mur polygonal qui soutient la terrasse du temple d'Apollon : ce mur (6e s.) est appareillé en puissants moellons calcaires à joints curvilignes. Plus de 800 actes d'affranchissement d'esclaves, des époques hellénistique et romaine, y sont gravés. Trois colonnes en marbre du Pentélique signalent le portique des Athéniens **(12)** (479) sous lequel étaient déposés des trophées navals pris aux Perses.

Devant le portique des Athéniens, la Voie sacrée traverse l'**aire**, place circulaire où se formaient les processions montant au temple ; remarquez un beau chapiteau ionique **(13)** et les exèdres, bancs réservés aux prêtres. En bordure de l'aire s'élevait le trésor des Corinthiens près duquel fut découverte, en 1939, une cache remplie d'objets précieux.

La Voie sacrée s'élève rapidement jusqu'au **parvis du temple d'Apollon**. À droite, le socle circulaire du **trépied de Platées (14)**, érigé en commémoration de la bataille fameuse *(voir p.197)*, comportait un fût central de bronze à trois serpents enlacés. À gauche, on aperçoit les assises du grand autel d'Apollon **(15)** (5e s.) dédicacé par les habitants de Chios. Sur la terrasse, à droite, le haut pilier de pierre (16) portait la statue équestre de Prusias (2e s.), roi de Bithynie (Asie Mineure).

Temple d'Apollon ★★ – Les vestiges que vous apercevez sont ceux du temple du 4e s. construit par trois architectes dont les noms nous sont parvenus (Spintharos, Xénodoros et Agathon) à la place du temple des Alcméonides, antérieur de 2 siècles, édifié sur les fonds du très riche **Crésus** et détruit par un séisme. On distingue le plan de l'édifice dont quelques colonnes ont été remontées. C'était un monument dorique à péristyle, long de 60,30 m, large de 23,80 m, à colonnes de tuf revêtues de stuc atteignant une hau-

> ### Trépied voyageur
>
> Après Néron qui le dépouille de près de cinq cents statues pour les apporter à Rome, un autre empereur romain se distingue à Delphes : il s'agit de Constantin qui fait main basse sur le trépied de Platées, toujours visible aujourd'hui à Constantinople (Istanbul) dans l'ancien hippodrome.

teur de 12 m. Le portique abritait une statue d'Homère et des inscriptions rappelant les préceptes des Sages de la Grèce : « Connais-toi toi-même », « Supporte et abstiens-toi », « De la mesure en toute chose ». Au centre du temple, la cella était garnie d'autels et de statues ; au-delà se trouvait la crypte *(adyton)* où, au creux d'une cavité, se tenait la Pythie, à proximité de l'ombilic sacré et de la tombe de Dionysos.

On jouit ici de perspectives admirables, les colonnes du temple se détachant sur le paysage que forme la vallée du Pleistos, alors que, vers le haut, la vue porte sur les courbes parfaites du théâtre.

Longez, au nord du temple, l'**Iskegaon**, mur de soutènement du 4e s. C'est ici que fut découvert, à l'emplacement de l'ex-voto de Polyzalos **(17)**, le fameux Aurige de Delphes. Les soubassements de l'ex-voto de Krateros **(18)**, sur plan rectangulaire, conservent dans les assises du mur du fond, à gauche, la pierre de dédicace du monument fondé vers 315 par un certain Krateros, qui avait sauvé la vie d'Alexandre le Grand au cours d'une chasse au lion : un groupe de bronze, œuvre de **Lysippe**, retraçait la scène.

Théâtre ★★ – Datant du 4e s., ce théâtre qui semble surplomber le vide, a été remanié 2 siècles plus tard par les Romains qui refirent notamment le tour d'orchestre et la scène. Sur 35 rangées de gradins prenaient place 5 000 spectateurs venus assister aux récitals en l'honneur du dieu ; voyez au 1er rang les places réservées aux prêtres et aux notables. Du haut des gradins se révèle une **vue**★★★ merveilleuse sur les ruines du sanctuaire, la vallée du Pleistos tapissée d'oliviers, et, en fond de perspective, la silhouette harmonieuse du Kirphis.

Aux premières heures du jour, on retrouvera au théâtre de Delphes tout le caractère sacré du lieu.

🐚 Le chemin de circulation *(diazoma)* du théâtre se prolonge vers l'ouest par un sentier qui monte (de façon très raide !) en lacet vers le stade, procurant de très belles vues sur le site de Delphes *(1/2h à pied AR).*

Stade★ – S'inscrivant dans les tranquilles bois de conifères qui couvrent la colline, il n'avait au 3ᵉ s., époque de son aménagement, que des gradins de terre soutenus au sud par un mur en appareil polygonal. Au 2ᵉ s. apr. J.-C. cependant, **Hérode Atticus** le dota de gradins en pierre et d'une porte monumentale dont les piliers ont été partiellement reconstruits, à l'extrémité est de la piste. Pouvant recevoir environ 6 500 personnes, les gradins reposent, au sud, sur un remblai à demi effondré, alors qu'au nord ils sont incorporés à la roche. On reconnaît au centre la tribune présidentielle. La piste a gardé ses lignes de départ et d'arrivée, distantes de 178 m. Des représentations dramatiques ou artistiques sont données, chaque année en été, dans le stade.

Musée★★★

📞 22650 823 12 - &. - tlj 8h30-15h - 3 € (- 18 ans gratuit), gratuit : dim. de nov. à mars, le 1ᵉʳ dim. de chaque mois sf juil.-sept., 6 mars, 18 avr., 18 mai, 5 juin, et dernier w.-end sept.

Remarquablement présentées dans un espace aussi clair qu'agréable, les collections rassemblent une fabuleuse collection d'œuvres d'art découvertes sur le site de Delphes et provenant de toutes les régions de la Grèce antique. Pour éviter une description fastidieuse que la clarté des explications rend inutile nous nous limiterons aux pièces essentielles.

On remarquera avant tout dans la première salle, l'étrange Sphinx ailé de la colonne des Naxiens. Il est encadré par deux caryatides provenant des trésors de Cnide et de Sifnos. Sur les murs sont disposés des éléments de la frise du **trésor de Sifnos★**, en marbre de Paros, sur lesquels on distingue des traces de polychromie. Les scènes évoquent la guerre de Troie avec des combats opposant Énée et Hector à Ménélas et Ajax (admirables chevaux) et une gigantomachie, lutte entre les dieux et les géants.

Dans la salle suivante sont exposés deux **kouroi★**, statues colossales du 6ᵉ s., représentant Cléobis et Biton, jumeaux d'Argos, morts d'épuisement après avoir tiré le char de leur mère, prêtresse d'Héra, obligée de se rendre rapidement à l'Heraion d'Argos.

La **salle du taureau**, rassemble les objets cultuels trouvés en 1939 sous la Voie sacrée, dans deux fosses où ils avaient été enfouis. L'élément majeur en est un **taureau★** du 6ᵉ s. av. J.-C. fait de plaques d'argent assemblées sur des bandes de cuivre et montées sur une âme de bois. Vous admirerez aussi des plaques d'or ciselé et repoussé, de la même époque, qui ornaient probablement une statue, et la statuette en ivoire d'un dieu domptant un fauve. Parmi les bronzes, il faut citer surtout un brûle-parfum que soutient une jeune fille vêtue d'un peplos (5ᵉ s.).

La **salle du trésor des Athéniens** présente le décor sculpté du trésor : il s'agit de métopes, partiellement mutilées, de facture encore archaïque. Elles illustrent les légendes d'Héraklès et de Thésée. Certaines têtes, notamment celle de Thésée, à gauche, sont d'une grande finesse. Un magnifique groupe de **trois danseuses★★**, en marbre du Pentélique, surmonte un chapiteau à feuilles d'acanthe. Ces danseuses, des bacchantes ou Thyades (prêtresses de Dionysos), ornaient la « colonne aux acanthes », ex-voto érigé au-dessus du parvis du temple d'Apollon. Sont exposées également les statues de l'ex-voto de Daochos II (4ᵉ s.), délégué thessalien à l'amphictyonie : remarquez notamment celle de l'athlète Agias, vainqueur du pancrace aux jeux Olympiques et aux jeux Delphiques ; elle provient sans doute de l'atelier de Lysippe.

Admirablement conservé, l'**Aurige★★★**, une des plus belles statues grecques de la fin de l'époque archaïque (478) est sans conteste le joyau du musée. Il a été découvert en 1896 près du théâtre. Ce conducteur de char *(auriga,* en latin) faisait partie d'un ex-voto de bronze représentant le quadrige victorieux aux jeux Pythiques de 478 et 473, offert par Polyzalos, tyran de Gela en Sicile. Admirez la noblesse d'attitude du personnage, représenté grandeur nature, légèrement tourné vers la droite (Polyzalos se tenait, pense-t-on, à son côté) et serrant de sa main valide les guides de ses chevaux. Ceinte du « bandeau de la victoire », la tête, d'une grande beauté plastique, conserve ses yeux d'origine, en émail et pierres de couleur. L'aspect des pieds est si réaliste qu'on a pu croire qu'ils avaient été moulés d'après nature.

Dans la même salle, une vitrine recèle un autre chef-d'œuvre, la blanche **coupe à libations** (5ᵉ s. av. J.-C.) où Apollon est figuré assis, le front couronné de lauriers, tenant une lyre en écaille de tortue et accomplissant une libation en présence de son oiseau sacré, le corbeau.

Enfin, la statue en marbre d'**Antinoüs** (2e s. apr. J.-C.) est une des meilleures représentations de ce favori de l'empereur Hadrien, divinisé après sa mort par noyade dans le Nil.

Fontaine de Castalie ★

Un peu plus bas sur la route, à gauche, avant le premier lacet.

Au débouché de la gorge sauvage, au centre des Phédriades, entre deux masses rocheuses jaillit la fontaine dans laquelle les pèlerins procédaient aux rites de purification et dont les eaux sont aujourd'hui captées pour l'irrigation des oliveraies. Elle porte le nom d'une nymphe qui s'y serait noyée afin d'échapper aux assiduités d'Apollon. Les aménagements antiques encore visibles sont d'abord un vaste bassin dallé archaïque dégagé en 1958, puis, plus loin, au pied de la falaise, un bassin allongé, pratiqué dans le roc, où l'on descend par des degrés, enfin, au-dessus de ce bassin, la paroi, conservée en partie, du réservoir qui alimentait le bassin par des bouches que l'on distingue encore. C'est du haut de la muraille des Phédriades, qu'aurait été précipité le fabuliste **Ésope** (6e s.) coupable de s'être moqué des Delphiens.

Sanctuaire d'Athéna Pronaia★★

En contrebas de la route, environ 300 m plus bas.

Dans un très beau site, face à la vallée du Pleistos et au Kirphis, ce sanctuaire, parfois appelé « Marmaria » parce qu'il servit de carrière de marbre, était visité par les pèlerins se rendant au sanctuaire d'Apollon.

Ancien temple d'Athéna – Il reste des bases de colonnes et de murs de ce temple dorique archaïque en tuf construit au 6e s., endommagé ensuite par des éboulements de rochers et abandonné au 4e s. Remarquez à terre ou posés sur des restes de colonnes, les chapiteaux à échine « en galette » provenant d'un temple antérieur.

Entre ce temple et la rotonde apparaissent les restes de deux trésors dont le second était probablement celui de Massalia, l'actuelle Marseille.

En contrebas du site, l'élégante tholos entourée d'oliviers.

B. Kaufmann / MICHELIN

Rotonde★★ (Tholos) – Un stylobate, des fûts de colonnes cannelées, un soubassement de mur circulaire, trois colonnes doriques relevées, que surmonte un entablement avec triglyphes et métopes à reliefs figurant le combat contre les Amazones, évoquent l'élégante rotonde de marbre à péristyle, élevée au 4e s. peut-être en souvenir de la Terre-Mère Gaia.

Nouveau temple d'Athéna – On distingue les fondations de ce temple en calcaire bâti au 4e s., pour remplacer l'ancien temple. Plus petit que ce dernier, il ne comportait pas de péristyle.

Un chemin pentu accède aux terrasses supérieures où s'étendait, sur deux niveaux, un gymnase du 4e s. remanié par les Romains ; on observe, sur une terrasse inférieure, les restes d'une cour à péristyle qui formait le palestre et une piscine circulaire ; sur la terrasse supérieure, les vestiges du *xyste* (piste couverte dont on voit une partie du mur de fond et de la colonnade d'époque romaine).

Aux alentours

Itéa

À 17 km au sud-ouest de Delphes par la route d'Ámfissa puis à gauche après 13 km.

Descendant en lacet le long des pentes de la vallée du Pleistos, la route atteint la plaine littorale plantée d'oliviers où aurait été tracé l'hippodrome antique.

Entretenue et irriguée avec soin, la fameuse **mer d'oliviers★**, que complète celle, plus récente, qui tapisse les flancs du Pleistos, compte avec cette dernière 400 000 oliviers. La récolte se fait à partir de septembre. Les fruits sont pressés dans les nombreux moulins actionnés par les eaux du Pleistos.

Itéa est une station balnéaire et une escale maritime ; en 1917, les Alliés choisirent ce port comme point de départ de la route de ravitaillement pour l'armée d'Orient basée à Thessalonique. À peu de distance vers l'est se trouvait le port antique de Delphes, Kyra (vestiges de l'ancienne jetée).

Galaxídí★

À 18 km d'Itéa.

Cette charmante petite ville ancienne, au port abrité, est devenue une station à la mode. De belles maisons de pierre, à balcon, témoignent de son ancienne opulence : au 19ᵉ s., elle commerçait dans toute la Méditerranée, comptait plus de 6 000 habitants dont quelque 50 armateurs. Un petit **Musée maritime** évoque ces temps glorieux ; au sommet de la ville, la **cathédrale** conserve une belle iconostase de bois sculpté du 19ᵉ s.

Ámfissa

À 20 km au nord-ouest de Delphes.

Rivale de Delphes dans l'Antiquité, Ámfissa est bâtie en amphithéâtre au-dessus d'une mer d'oliviers. Elle fut au 13ᵉ s., sous le nom de Salona, le siège d'une seigneurie franque dont les Turcs s'emparèrent dès 1394. Sa citadelle (ancien château de la Sole) fut édifiée sur l'acropole antique dont il reste des blocs massifs, les vestiges du donjon, du logis seigneurial et d'une tour du 13ᵉ s. Belle vue sur la ville et la vallée.

Delphes pratique

Informations utiles

🛈 **Office de tourisme** – *11 r. Apollonos et 12 odos Pavlou et Friderikis (en haut d'une volée de marches) - ℰ 22650 829 00 - tlj sf dim. et j. fériés 8h-15h.*

Poste – *Odos Pavlou et Friderikis à côté de l'office de tourisme. Antenne devant le musée.*

Argent – Distributeurs dans la rue Pavlou-et-Friderikis.

Transports

Station de bus – *Au bout de odos Pavlou-et-Friderikis côté Ámfissa.* Plusieurs bus quotidiens de et pour Athènes. Compter environ 3h de trajet.

Se loger

DELPHES

⊖ **Tholos** – *31 odos Apollonos - ℰ/fax 22650 822 68 - 17 ch.* Presque sous l'église, cette ancienne auberge de jeunesse transformée en hôtel dispose de chambres propres. Petit-déjeuner sur la terrasse de l'établissement voisin (vue magnifique). Ouverte de mi-mars à fin octobre et du vendredi au dimanche en hiver (mais fermée en nov.).

⊖⊖ **Pan** et **Artemis** – *De part et d'autre de odos Pavlou-et-Friderikis, entre la station* de bus et le bureau de poste - *ℰ 22650 822 94 - fax 22650 832 44 - 25 ch.* Deux établissements traditionnels tenus par la même direction, et disposant de chambres simples mais avenantes.

⊖⊖ **Iniohos** – *19 odos Pavlou et Friderikis - ℰ 22650 827 10 - fax 22650 827 64 - www.delphi-hotels.gr - 23 ch.* Rénové en 1998, un honnête hôtel aux chambres propres et coquettes, avec balcon.

⊖⊖⊖ **Art Pythia Delphi** – *Odos Pavlou-et-Friderikis et Apollonos - ℰ 22650 821 51 - www.delphi-hotels.gr.* Charmant établissement de la chaîne locale Iniohos, superbement situé à l'entrée du village : impossible d'être plus près du sanctuaire d'Apollon.

⊖⊖⊖⊖ **King Iniohos** – *Au-dessus du village (fléchage à partir d'odos Apollonos) - ℰ 22650 827 01/03 - fax 22650 824 44 - www.delphi-hotels.gr - 60 ch.* Bel hôtel de montagne, magnifiquement situé face au golfe de Corinthe d'un côté, et aux pentes du mont Parnasse de l'autre. Certaines de ses suites, très confortables, sont équipées de cheminées (appréciables en hiver !). Mais le lieu est souvent investi par des groupes… Bonne carte variée au restaurant.

⊝⊜🛢🛢 **Amalia** – *Sur les pentes du mont Parnasse : juste à la sortie de Delphes vers Ámfissa, prendre la première route sur la droite, ou bien suivre odos Apollonos sans redescendre sur la route -* ✆ *22650 821 01 - fax 22650 822 90 - www.amalia.gr ou hotamal@hallasnet.gr - 184 ch.*

Établissement moderne, jouissant d'une vue panoramique sur la vallée et sur le golfe de Corinthe. Les chambres sont immenses et dotées de grands balcons. Piscine dans un parc soigneusement entretenu formant terrasse sur le golfe de Corinthe. Au total, un lieu un peu anonyme, mais d'excellent confort, auquel on ne reprochera que le tarif exorbitant (20 €!) d'un petit-déjeuner, par ailleurs banal.

GALAXÍDÍ

⊝⊜🛢 **Galaxa** – *Odos Elefterias et Kennedy, à 100 m de la mer -* ✆ *22650 416 20 - fax 22650 420 53 - à Athènes 21065 220 92 -18 ch.* Coup de cœur pour ce petit hôtel tout blanc, installé dans une ancienne maison de capitaine. Tout y respire la sérénité : l'accueil du patron, souriant, l'atmosphère familiale et la blancheur immaculée des chambres, quasi monacales. Petit-déjeuner inclus. Ouvert toute l'année.

⊝⊜🛢 **Argo** – *Dans une rue perpendiculaire au port, à 100 m de la mer -* ✆ *22650 419 96/442 00 - fax 22650 418 78 - 18 ch.* Toute blanche, cette bâtisse récente abrite un hôtel confortable et propre, dallé de marbre. Chambres petites mais agréables. Les confitures et les gâteaux du petit-déjeuner sont faits maison. Ouvert toute l'année.

ARÁCHOVA

Ce village de montagne qui n'est situé qu'à 12 km dispose de plusieurs hôtels et peut offrir une agréable alternative, lorsque tout est complet à Delphes ce qui arrive parfois (voir p. 113).

Se restaurer

👁 Nombreuses tavernes et restaurants avec vue sur la vallée, odos Pavlou-et-Friderikis, ainsi que dans les ruelles en escalier la reliant à la rue Apollonos. Pensez aussi au village proche d'**Aráchova**…

⊝⊜ **Lekaria** – *Odos Apollonos.* Cette taverne disposant d'une terrasse ouverte sur le golfe, propose une nourriture roborative où l'on ne manquera pas de goûter à l'agneau à l'origan ou à la saucisse saghanaki préparée avec tomates, féta et poivron vert. Fait rarissime dans un pays plutôt laxiste sur ce point : la taverne dispose d'un espace non-fumeurs.

Faire une petite pause

Café panoramique – *À l'entrée du sanctuaire d'Athéna Pronaia.* Vue imprenable !

Achats

Artisanat – Tapis, coussins et rideaux de coton tissé, bonne sélection chez Nikos Giannopoulos, dans la partie haute de la ville.

Antiquités – *56 odos Apollonos.* La belle boutique de Demetrios Fekas présente une superbe sélection d'objets traditionnels (poteries, vieilles enseignes, tissus…), mais à prix forts. Le patron parle français.

Souvenirs – Plusieurs boutiques odos Pavlou-et-Friderikis et « museum-gift » devant le musée du site archéologique.

Événements

Les habitants de Delphes célèbrent **Pâques** en défilant, habillés en costume traditionnel, et l'on déguste du mouton à la broche tout au long de la rue.

Spectacles lyriques et dramatiques aux beaux jours dans le stade du sanctuaire d'Apollon.

Épidaure antique★★★

Archaia Epidavros – Αρχαία Επίδαυρος

CARTE GÉNÉRALE RABAT II B2 – PÉLOPONNÈSE – ARGOLIDE

Au-delà de son élégance et de sa perfection architecturale, le théâtre d'Épidaure, joyau du sanctuaire d'Esculape, héros et dieu de la Médecine dont toute la Grèce antique vint recevoir les oracles, est un de ces lieux miraculeux où les constructions humaines et la nature, ici constituée de collines plantées de pins, de lauriers-roses, d'oliviers et de cyprès, semblent s'être alliées harmonieusement pour susciter chez le visiteur une émotion intense.

- **Se repérer** – À 68 km au sud de Corinthe et à 30 km à l'est de Nauplie, le site archéologique se trouve à l'écart des grandes concentrations touristiques. Le plus simple en venant d'Athènes est de gagner Épidaure par la route côtière jusqu'au village de Palaïa Epidavros et de là prendre la route de Nauplie. À proximité du village de Ligourió, une route signalisée conduit au grand parking aménagé à l'orée d'une majestueuse pinède.

- **À ne pas manquer** – Le théâtre.

- **Organiser son temps** – Consacrez au moins deux heures à la visite du site.

- **Pour poursuivre le voyage** – Argolide, Árgos, Mycènes, Nauplie, Tirynthe.

La magie de l'antique théâtre d'Épidaure est encore à l'œuvre chaque été durant le festival.

Comprendre

Sous le signe du caducée – Fils d'Apollon et de la princesse béotienne Koronis, **Asclépios (Esculape)** est nourri par une chèvre, et élevé par le centaure Chiron qui lui enseigne la chirurgie et l'art de guérir par les plantes. Le jeune homme devient si savant qu'il réussit à ressusciter des morts, ce qui lui attire l'inimitié d'Hadès et de Zeus, jaloux d'un pouvoir réservé aux seuls dieux : Zeus foudroie alors Asclépios dont la dépouille est ensevelie à Épidaure. Il devient à partir du 6ᵉ s. av. J.-C. l'objet d'un culte qui connaît sa plus grande notoriété au 4ᵉ s. av. J.-C. et se reporte sur ses enfants parmi lesquelles deux filles, **Hygée** et **Panacée**. Les grands médecins grecs, à commencer par le fameux **Hippocrate**, se réclament de lui.

Asclépios est généralement représenté sous l'aspect d'un homme barbu, appuyé sur le bâton des augures qu'accompagne le serpent magique, éléments qui composent le caducée des médecins.

Se soigner à Épidaure – Après avoir sacrifié aux dieux et accompli les purifications rituelles, les malades passaient la nuit dans le dortoir sacré *(abaton)* où ils s'allongeaient sur la peau des animaux

Tout un symbole

C'est dans le théâtre d'Épidaure, retrouvé au début du 19ᵉ s. par un voyageur anglais après plus d'un millénaire d'oubli, que fut proclamée l'**indépendance de la Grèce** en 1822.

égorgés en offrandes propitiatoires. Durant leur sommeil, Asclépios les guérissait instantanément, à moins qu'il ne se manifeste par des songes que les prêtres traduisaient en traitements curatifs accompagnés, suivant les cas, d'exercices physiques ou de relaxation, de bains ou de divertissements intellectuels, ce qui explique l'importance donnée au théâtre et aux installations sportives (stade, gymnase, palestre). Tous les quatre ans, les Asklépieia, fêtes panhelléniques, comprenaient joutes sportives, concours poétiques ou musicaux. Les patients manifestaient leur reconnaissance par le sacrifice d'un coq et des ex-voto représentant les parties de leur corps qui avaient été guéries (cette coutume a persisté jusqu'à nos jours dans les églises). Au temps des Romains, la thaumaturgie s'effaça progressivement pour laisser place à une médecine plus scientifique, mais ce n'est qu'à la fin du 5e s. que le christianisme substitua une basilique au sanctuaire antique.

Visiter

Du parking, une allée conduit à travers bois jusqu'au site. ℰ 27530 230 09/226 66 - avr.-oct : tlj 7h30-19h ; nov.-mars : 7h30-17h - 6 € (- 18 ans gratuit).

Théâtre★★★

Un peu à l'écart du sanctuaire, sur la droite (accès par des marches). La beauté de son cadre, la majesté de ses lignes, l'harmonie de ses proportions en font le théâtre le plus accompli du monde antique. Construit au 4e s. av. J.-C. par l'architecte argien **Polyclète le Jeune**, il s'inscrit sur la pente du Kynortion, face au vallon sacré d'Asclépios.

Pouvant recevoir jusqu'à 14 000 spectateurs, la *cavea* dessine un demi-cercle légèrement outrepassé. Elle comporte 55 rangées de gradins divisées en deux zones par un promenoir *(diazoma)* ; les 21 rangées supérieures ont été ajoutées au 6e s. av. J.-C. Les places d'honneur réservées aux magistrats et aux prêtres formaient des stalles réparties au premier et au dernier rang de la zone inférieure, et au premier rang de la zone supérieure ; les spectateurs des autres rangées disposaient probablement de coussins. De toutes les places, la vision est parfaite, de même que l'audition comme on peut le constater en chuchotant au centre de l'orchestra : le son monte jusqu'au sommet de l'ample conque, à 22,50 m au-dessus du sol. L'accès aux gradins se faisait par les entrées latérales au niveau de l'orchestre et par les escaliers ; la zone supérieure était en outre desservie par deux rampes disposées sur le flanc du théâtre.

D'un diamètre de 20,28 m, l'orchestra circulaire, où évoluaient les chœurs, est marqué en son centre par la base de l'autel de Dionysos. Il est séparé du premier rang de gradins par un caniveau destiné à l'évacuation des eaux de pluie. Derrière, on distingue les soubassements de la scène où jouaient les comédiens, précédée par l'avant-scène qui comportait un portique dans lequel s'inséraient les décors. Gravissez les gradins pour apprécier la courbure harmonieuse de la *cavea* dont les mesures sont régies par le nombre d'or (1,619) qu'on retrouve notamment dans le rapport entre les gradins des zones inférieure et supérieure.

La **vue**, admirable surtout en fin de journée, porte sur le site paisible que forme le vallon sacré d'Asclépios et les collines qui l'encadrent.

Musée

Fermé lun. mat. Bien que les principales sculptures du site se trouvent au Musée d'Athènes, le musée conserve des objets intéressants parmi lesquels des stèles gravées d'inscriptions (comptes pour la construction de la rotonde, relations de guérisons miraculeuses) et une collection d'instruments chirurgicaux romains. Vous y verrez en outre la reconstitution partielle des temples d'Artémis et d'Asclépios (ainsi que de la tholos, *salle actuellement fermée au public*).

Sanctuaire d'Asclépios★

Dépasser le musée et gagner l'ancien gymnase dont la partie centrale fut transformée en odéon par les Romains ; se diriger vers le sanctuaire en passant devant les vestiges de la palestre et les fondations du temple d'Artémis (fin du 4e s. av. J.-C.).

Les principaux monuments étaient regroupés dans ce sanctuaire que protégeait une enceinte à l'intérieur de laquelle rampaient les serpents sacrés. Il prospéra du 6e. s. jusqu'en 86 av. J.-C., où il fut pillé par Sylla. Puis il connut une nouvelle période florissante avant d'être définitivement fermé par l'empereur Théodose.

Des assises rectangulaires marquent l'emplacement du **temple d'Asclépios**, petit édifice dorique à péristyle élevé par l'architecte **Théodotos** (4e s. av. J.-C.). L'intérieur abritait la statue en or

---

Toujours vivant

Depuis 1954, le théâtre est le cadre de représentations de drames antiques et de spectacles lyriques, dans lesquels s'illustrèrent notamment **Dimitri Mitropoulos** (1896-1960) et la **Callas**.

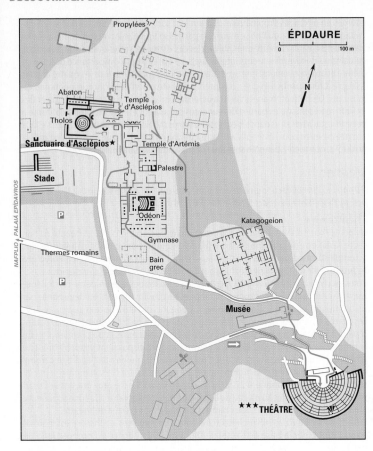

et ivoire du dieu de la Médecine, assis sur un trône, tenant le bâton de la main droite et la main gauche reposant sur la tête du serpent. Au sud subsiste le soubassement de l'autel des sacrifices.

Des fondations circulaires témoignent de l'existence de la célèbre **tholos** construite au 4ᵉ s. par **Polyclète le Jeune** en mémoire d'Asclépios dont c'était vraisemblablement le mausolée. L'édifice comportait deux colonnades concentriques, l'une en tuf d'ordre dorique à l'extérieur, l'autre en marbre d'ordre corinthien. Au centre, les fondations dessinent un labyrinthe dont la signification a fait l'objet de maintes hypothèses : tombeau, abri des serpents sacrés, parcours rituel, reproduction d'une taupinière symbolisant le héros dont le nom est voisin d'un terme désignant la taupe… Le décor de la rotonde était somptueux : marbres polychromes, peintures représentant notamment l'Amour et l'Ivresse, motifs sculptés d'une grande finesse.

Voir à Athènes…

Des sculptures provenant des frontons est et ouest de la **tholos** et des acrotères représentant des Néréides et des Nikés sont exposés au Musée archéologique national.

Au nord de la rotonde et du temple, on remarque les bases d'un **portique** de la même époque, mais agrandi par les Romains. Il s'agit de l'ancien dortoir des malades auxquels le dieu apparaissait en songe. On parvient aux restes du soubassement des **propylées** qui constituaient l'entrée monumentale du sanctuaire.

En revenant vers le musée, on aperçoit les traces d'un vaste hôtel du 4ᵉ s. av. J.-C., le **Katagogeion**, dont les 160 chambres s'ordonnaient autour de quatre cours.

Stade

Du 5ᵉ s. av. J.-C., il occupe une dépression de terrain. Les lignes de départ et d'arrivée sont séparées par 181,30 m.

Sanctuaire d'Apollon Maléatas

À 3 km du théâtre (30mn à pied). Prendre la route qui se trouve au-dessus du théâtre. Le sanctuaire est parfois fermé en raison de fouilles. Découvert en 1928, l'édifice fut bâti au 4e s. av. J.-C. ; on remarque les ruines d'un mur d'appui et de certains bâtiments romains du 2e s. apr. J.-C., d'une citerne et de thermes. Belle vue sur les environs.

Aux alentours

Ligourió

À 5 km vers Nauplie. Dans ce bourg, visitez la belle église **Agios Yannis o Elemon**, construite au 11e s. avec des matériaux provenant du théâtre d'Épidaure et du sanctuaire d'Asclépios. Belles fresques à l'église **Koimissis tis Theotokou** (16e s.).

Palaiá Epídavros

À 9 km. Petit port de pêche et station balnéaire, au débouché d'un vallon planté d'oliviers et d'agrumes. En contournant la baie depuis le front de mer, un chemin à travers les plantations d'orangers et de citronniers *(10mn à pied, tourner à droite à la bifurcation)* donne accès à un petit théâtre de l'époque d'Alexandre le Grand.

Néa Epídavros

Une anse, une plage, quelques barques, deux ou trois tavernes, une église perchée au-dessus de la mer : un lieu minuscule ; idéal pour cultiver un certain art de vivre…

Monastère d'Agnountos (Moni Agnoúntos)

À 7 km après Néa Epidavros. Édifice fortifié des 6e et 8e s., il se compose d'une cour intérieure et d'une charmante église du 11e s. remaniée au 14e s. L'architecture byzantine à plan en croix grecque s'y combine avec le plan basilical à coupole octogonale. À l'intérieur, les fresques du 13e s. représentent des scènes de l'Ancien et du Nouveau Testament et le Jugement dernier ; à voir aussi les icônes datant de 1759 et une iconostase en bois sculpté de 1713, finement décorée, représentant l'Annonciation (remplacées par des copies). Le monastère est réoccupé depuis 1980, et progressivement restauré.

Épidaure pratique

Informations utiles

🛈 Vous trouverez à l'intérieur du site archéologique un **bureau de poste**, un grand **café-restauran**t semi-enterré à flanc de colline, une boutique de souvenirs et des toilettes.

Se loger

👁 Riche en hôtels, **Nauplie** *(voir p. 282)* n'est qu'à 35 km du site et représente la base de départ idéale pour explorer toute cette partie du Péloponnèse.

NÉA EPÍDAVROS

🛏 **Avra** – 🕿 27530 312 94 - fax 27530 318 94. À deux pas de la minuscule plage nichée au fond d'une anse, petit hôtel-restaurant que le sympathique patron vient d'agrandir d'une annexe constituée de maisonnettes conçues dans le style local. Toutes les chambres de cet endroit fleuri disposent de balcons, de sanitaires et de l'air conditionné. Ouvert toute l'année.

PALAIA EPÍDAVROS

🛏 **Maïk (Mike) Hôtel** – 🕿 27530 412 13 - fax 27530 410 52, www.mike-epidavros.com - 15 ch. Hôtel posé sur le petit port. Chambres toutes simples mais d'un confort convenable et dotées de balcons, certaines ayant la vue directe sur la mer.

Se restaurer

À l'entrée de **Ligourió** *(5 km du site, sur la route de Nauplie)*, plusieurs restaurants, conçus pour recevoir des cars entiers. En saison, préférez la côte ! Tavernes sur la plage à **Néa Epídavros** et sur le port à **Palaia Epídavros** : c'est le cas notamment des restaurants des hôtels **Mike** et **Poséidon** dont les tables sont installées directement sur le quai.

Événement

Festival d'art dramatique antique – De juillet à septembre, le vendredi et samedi à 21h (20h30 en septembre). Compte tenu de l'engouement qu'il suscite, il est recommandé de prendre les billets à l'avance (10 à 40 €). Vente sur place, 3h avant le début de la représentation, 🕿 27530 220 26 ; ou à Nauplie, à l'office de tourisme – *odos 25-Martiou* - 🕿 27520 244 44 ; et à Athènes à l'**Athens Festival Box Office** *(Bureau du Festival)* – 39 odos Panepistimiou *(dans la galerie Pesmazoglou)* - 🕿 21032 214 59.

Eubée★

Evvoia – Εύβοια

209 100 HABITANTS ENV.
CARTE GÉNÉRALE RABAT II C1 – GRÈCE CENTRALE – EUBÉE

La plus grande des îles grecques après la Crète sait se faire aimer : elle n'est pas loin d'Athènes – une petite heure –, on y accède facilement, par la route ou par bateau, et depuis ses côtes, on peut rejoindre les îles des Sporades. Ses paysages sont aussi superbes que variés   montagnes boisées et torrents tumultueux au nord, calanques sauvages sur la côte est, plages de sable et plaines le long de la côte ouest. Tout est prévu pour accueillir au mieux les touristes, dont la plupart sont athéniens. Et qui plus est, l'île présente quelques perles antiques, comme la maison aux mosaïques et les sculptures archaïques de Thésée et Antiope, visibles à Érétria.

- ▶ **Se repérer** – L'île se trouve à l'est des côtes de la Béotie et de l'Attique. Elle n'est séparée du continent que par le canal de l'Euripe qu'un pont franchit à la hauteur de Chalkída (à 77 km d'Athènes par l'autoroute E 75 et une route signalisée Vathý-Chalkída à droite).

- 👁 **À ne pas manquer** – La route des Aigles et Erétria.

- 🕓 **Organiser son temps** – Compter trois jours pour prendre le temps d'explorer l'île.

- 👣 **Pour poursuivre le voyage** – Athènes, Attique, Massif du Pélion.

Près de Kárystos, au sommet du mont Mondofóli se dresse l'imposant Castel Rosso.

Circuits de découverte

LE SUD DE L'ÎLE ①

Ce circuit de 410 km au départ de Chalkída suit une jolie route qui longe le littoral à distance et conduit à la pointe méridionale de l'île.

Chalkída

Première ville à vous accueillir au-delà du pont jeté sur le canal, la capitale de l'île mérite que vous vous y attardiez. À la fois port, centre industriel et important lieu de tourisme accueillant le flot des Athéniens dès les beaux jours, Chalkída, l'ancienne Nègrepont, déborde d'activité et présente, depuis la démolition de ses remparts vénitiens, un aspect moderne, avec un front de mer où se suivent grands hôtels, restaurants de poissons et cafés.

Ce fut l'une des cités les plus actives de l'ancienne Grèce. Grâce à sa marine, elle fonda dès le 8ᵉ s. av. J.-C., des colonies en Thrace et en Macédoine. Ses pionniers peuplèrent une région devenue la Chalcidique, et allèrent jusqu'en Sicile et en Italie.

Du 13ᵉ au 15ᵉ s., les Vénitiens firent de Chalkída une importante place commerciale exportant les produits de l'Eubée et contrôlant le trafic maritime de la Grèce du Nord, et fortifiant la ville ainsi que son pont, le fameux Pont Noir *(Negro Ponte)*, qui devait donner son nom à la ville, puis à l'île tout entière. Ainsi défendue, Nègrepont n'en fut pas moins attaquée plusieurs fois au 14ᵉ s., tant par les Aragonais que par les Génois. Prise en 1470 par le sultan **Mehmet II**, la ville resta un lieu d'échanges qu'animaient de nombreuses maisons de commerce. En 1688, 15 000 soldats vénitiens revenaient assiéger la ville, mais, décimés par la malaria qui emportait leur chef, Koenigsmark, ils devaient se retirer.

Pont sur l'Euripe – Donnant accès à la ville, ce pont, lancé en 1962, s'abaisse légèrement, puis se rétracte en deux parties pour laisser passer les bateaux dans le sens du courant : l'Euripe est en effet parcouru de courants pouvant atteindre 12 km/h, se dirigeant alternativement du nord au sud et du sud au nord. Ce phénomène naturel, régulier à certaines périodes (le courant alterne alors toutes les six heures), est parfois plus fantaisiste et le sens peut alors s'inverser jusqu'à 14 fois par jour ! Ce qui s'explique par la variation, et la conjonction éventuelle, des marées entre les deux golfes reliés par le canal, des vents dominants et de la pression atmosphérique. Le premier pont, fut construit en 411 av. J.-C. Lui succédèrent le Pont Noir fortifié, à bastion central, que l'on retrouve sur beaucoup de gravures anciennes, puis, en 1896, un pont tournant en fer, encore visible, et enfin le pont actuel.

Sur le continent, de l'autre côté du canal, le **fort de Karababa** fut édifié en 1686 par les Turcs pour servir de tête de pont. La terrasse du bastion ouest ménage une belle **vue★** sur Chalkida, l'Euripe et la baie d'Aulis où la flotte grecque se réunit avant de partir pour Troie et où Agamemnon aurait sacrifié sa fille Iphigénie afin d'obtenir des vents favorables.

> ## Noyade
>
> Selon la tradition, **Aristote** se serait noyé dans l'Euripe de n'avoir pu résoudre l'énigme de ses courants : en fait, le précepteur d'Alexandre le Grand est bien mort ici, en 322 av. J.-C., mais de maladie.

Depuis le pont, prendre la deuxième rue à gauche

Quartier du Kastro – Ce vieux quartier était le fief de la communauté turque jusque dans les années 1920. D'origine byzantine et reposant sur des colonnes de marbre cipolin antique, la **basilique Agia Paraskeví** fut transformée en cathédrale gothique aux 13ᵉ-14ᵉ s. Elle présente de belles mosaïques et une iconostase en marbre. Non loin se trouve l'ancienne **mosquée** du 15ᵉ s. Autour, les vieilles ruelles sont bordées de maisons traditionnelles à encorbellement de bois.

Musée archéologique★ – *13 odos Venizelou - ℘ 22210 761 31 - tlj sf lun. 8h30-15h30 - 2 €.* Il abrite de nombreuses et belles pièces préhistoriques, hellénistiques et romaines, découvertes dans les sous-sols de la ville et de l'île. Parmi elles, remarquez la stèle funéraire d'un jeune athlète, accompagné de son chien (4ᵉ s. av. J.-C.).

À l'est de la ville, un vaste cimetière témoigne de l'importante communauté juive qui vécut à Chalkída avant d'être anéantie pendant l'occupation allemande.

Quittez Chalkída par le nord, en direction de Néa Artáki et de Psachná, où vous tournerez à droite, vers Áttali et Stení. La route gravit les premières pentes du mont Dírfys.

Stení

À 33 km de Chalkída. Station de montagne fraîche et ombragée, aux chalets éparpillés le long d'un torrent. 🚶 Vous pourrez y faire de nombreuses promenades dans les forêts de châtaigniers et de conifères couvrant les pentes du mont Dírfys (1 743 m), point culminant de l'île. La flore y est particulièrement variée. Pour atteindre le sommet, comptez 2h30. Le panorama sur la mer et l'île est magnifique.

Poursuivre la route jusqu'à Metóchi qui se trouve à 21 km. De là, une bonne route vous mène au village de Kými (encore une vingtaine de kilomètres) par Vítala.

Kými

Chef-lieu d'une région fertile en oliviers, vergers et vignobles, cette petite ville de la côte est est issue de l'antique Kymé dont les habitants fondèrent Cumes près de Naples. Perchée sur un plateau rocheux surmontant de 260 m environ le rivage de la mer Égée, elle domine une jolie plage de sable, **Paralía Kýmis** et le port, d'où partent des ferries pour l'île de Skyros.

Une belle maison ancienne abrite un **musée d'Art populaire** (Laografikó Moussío) – *entre le village et le port - 10h-13h, 17-19h30* – meubles, costumes, artisanat.

De Kými, prendre la route en direction de Lépoura (35 km) par Konístres.

Au-delà de **Lépoura**, la route se fait plus escarpée, sinuant sur les versants de montagnes arides. Apparaissent ensuite de grandes éoliennes blanches, qui font écho aux dernières tours de guet vénitiennes et lombardes qui ponctuent le bord de mer.

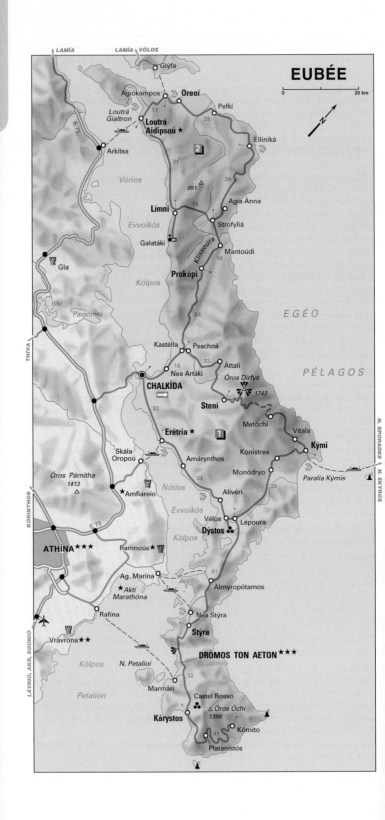

Stýra

À 41 km de Lépoura. Sur le versant du mont Kliossi, Stýra est connue pour ses carrières de marbre (marbre vert cipolin), et plus encore pour sa plage de **Néa Stýra** située en contrebas, à quelques kilomètres. À l'est se trouvait la puissante forteresse franque de Larmena.

Route des Aigles★★★ (Drómos ton Aeton)

Entre Stýra et Kárystos, sur une trentaine de kilomètres, la « route des Aigles » domine, à une altitude de 700 à 800 m, la côte sud-ouest de l'île. Gravissant des pentes désertiques et austères, survolées autrefois par des oiseaux de proie, elle offre de splendides vues plongeantes sur le golfe Petalion, la baie de Marmàri, et les îles Petalioí.

Kárystos

Station balnéaire, port de pêche et de voyageurs, Kárystos est la ville la plus méridionale de l'île. Entourée d'oliviers et de vignes, elle est dominée par le massif du mont Ochi (1 398 m) dont les carrières de marbre vert cipolin étaient déjà appréciées des Anciens. Sous les Vénitiens, la ville fut l'une des trois grandes baronnies de l'Eubée. Vous y verrez les vestiges d'une forteresse vénitienne du 14ᵉ s., le Bourzi (à l'est du quai). Juste en face, se trouve un petit **Musée archéologique** – ✆ 22240 256 61 - tlj sf lun. 8h30-15h - 2 €.

En retrait de la ville (3 km), au sommet du mont Mondofóli, se détachent les restes du vaste château fort à double enceinte construit au 13ᵉ s. par Ravano delle Carceri et surnommé **Castel Rosso** (château rouge) en raison de la couleur de sa pierre.

> ### Cadeau
>
> C'est au Castel Rosso qu'en 1261 l'empereur Baudouin II de Courtenay, chassé de Constantinople, trouva refuge chez Othon de Cicon ; en reconnaissance, Baudouin fit présent à Othon d'un coffret d'argent ciselé contenant un bras de saint Georges, reliquaire qu'Othon offrit lui-même, deux ans plus tard, à l'abbaye de Cîteaux en Bourgogne.

Avant de quitter Kárystos, vous pouvez vous aventurer jusqu'à la pointe sud-est de l'île par la route côtière (Platanistos, Kómito). De belles criques et plages sauvages vous attendent.

Revenir à Lépoura et prendre la direction de Velos. À Velos, un petit chemin conduit aux ruines de Dystos.

Ruines de Dýstos

Dans le cadre solitaire et nu d'une petite plaine intérieure se dressent, près d'un lac, les ruines de l'antique Dystos aménagée en forteresse par les Vénitiens. Remarquer l'enceinte du 5ᵉ s. av. J.-C. en appareil polygonal massif, jalonnée de tours carrées.

Revenir à Vélos. Rejoindre ensuite Alivéri et Amárynthos par la route côtière. Jalonnée de plages, la côte est envahie par les hôtels et les résidences secondaires. Poursuivre jusqu'à Erétria.

Érétrie★ (Erétria)

Longtemps rivale de Chalkída pour la possession de la riche plaine de Lefkanti, Erétria est aussi nommée **Néa Psara** en souvenir des habitants de l'île de Psara (près de Chios) réfugiés ici en 1821. C'est aujourd'hui une station estivale très fréquentée par les Athéniens.

Il reste plusieurs vestiges de la **cité antique** qui fut étendue et prospère. Les principaux se groupent au nord : au pied de l'acropole, un **gymnase** et un **théâtre** assez bien conservé (3ᵉ s. av. J.-C.) et, tout près, les bases d'un **sanctuaire de Dionysos**.

Un peu plus à l'est se trouve la **maison aux Mosaïques**. Du 4ᵉ s. av. J.-C., cette villa s'organisait autour d'une cour bordée d'un péristyle, et donnant, côté nord, sur des salles de réception. Ces dernières ont conservé de magnifiques pavements de galets, représentant des thèmes mythologiques *(mêmes horaires d'ouverture que le Musée archéologique. Billet d'entrée commun).*

Le **Musée archéologique** permet de voir de nombreux objets découverts lors des fouilles de l'Erétria antique et de sites proches comme la nécropole de Lefkanti (11ᵉ-9ᵉ s. av. J.-C.) et le site préhistorique de Chiropolis. Vous y verrez notamment le magnifique groupe de **sculptures de Thésée et d'Antiope**. Ces sculptures proviennent d'un temple d'Apollon, construit à la fin du 6ᵉ s. av. J.-C. et dont on aperçoit encore les ruines au centre de la ville moderne. Leur facture marque la transition entre l'époque archaïque et l'époque classique. Vous serez sensible au sourire qui éclaire le visage des deux personnages et au rendu des coiffures et des drapés – *Tlj sf lun. 8h30-15h - 2 €.*

Rejoindre Chalkída, 22 km plus à l'ouest.

LE NORD DE L'ÎLE ②

Circuit de 260 km au départ de Chalkída. Suivre l'itinéraire du schéma p.214. Entre Chalkída et Loutrá Aidipsoú, ce circuit traverse une région montagneuse et verdoyante réputée pour être l'une des plus belles de Grèce. Il permet aussi de découvrir des plages peu fréquentées.

Quitter Chalkída en direction de Néa Artáki. Poursuivre au nord et traverser Kastélla. La route sinue dans les hauteurs parmi de belles forêts de pins.

Prokópi

À 52 km. Nommée jadis Ahmet Aga, Prokópi s'étend au fond de la pittoresque vallée de **Klissoura**, que parcourt un torrent aux rives envahies par une végétation luxuriante de platanes, peupliers, noyers et lauriers-roses. Au Moyen Âge, le passage en était commandé par une forteresse couronnant un piton quasi inaccessible. Prokópi est également un centre de pèlerinage consacré à un officier du tsar, saint Jean le Russe.

Poursuivre la route jusqu'à Mantoúdi et Strofyliá où l'on prend à gauche pour Límni, 19 km plus loin.

Límni

C'est un joli village de pêcheurs accroché à la montagne. De vieilles maisons surplombent la mer. Une agréable promenade vous conduira à **Galatáki**, un couvent isolé au bout d'un promontoire, au sud du village (fresques du 16e s. dans le catholicon).

De retour à Límni, prendre la route de la corniche qui mène à Loutrá Aidipsoú.

Face au Pélion, les anciennes fortifications qui protégeaient Oreoí.

Loutrá Aidipsoú★

Cette importante station thermale fut à la mode dès les temps antiques : Sylla, Auguste, Hadrien y firent des cures. À l'est de la localité, au-delà de l'établissement thermal néoclassique, sourdent les eaux chaudes aux vapeurs de soufre, dont une partie va rejoindre la mer près d'une petite plage, **Loutrá Gialtron**, à une quinzaine de kilomètres, à l'ouest. On peut rejoindre le continent depuis Aidipsoú.

Reprendre la route en direction d'Agiókampos et Oreoí. Peu avant, une belle plage gardée par une tour juchée sur un îlot vous attend pour une baignade.

Oreoí

Cette ancienne baronnie est dominée par un château vénitien, construit en partie avec des matériaux antiques. Le long du port, vous aurez de belles perspectives sur le « canal » d'Oreoí, le massif de l'Othrys et l'entrée du golfe de Volos. Vous y trouverez aussi de nombreux cafés et restaurants.

La pointe nord et nord-est de l'île est plus difficile d'accès. D'Oreoí, reprendre la route principale qui conduit à **Pefkí** et à **Elliniká** (belles plages). Avant de rejoindre Strofyliá où vous prendrez la route qui ramène à Chalkída, faites une halte tranquille dans le village d'**Agía Ánna**.

Eubée pratique

Informations utiles

🛈 **Agence SET-Kosmos, à Kárystos** –
*7 Karystos Square, sur l'esplanade centrale
côté ouest -* ✆ *22240 262 00/257 00 -
fax 22240 290 11 - set@hlk.forthnet.gr.*

Transports

En bateau – De **Rafína** (Attique, à l'est
d'Athènes) au port de **Marmári** :
6 à 8 liaisons/j.

De **Skála Oropou**, ferries pour **Erétria**,
toutes les 30mn de 5h à 22h pendant l'été.

D'**Arkítsa** à **Loutrá Aidipsoú** : traversée
du ferry toutes les 30mn dans les deux
sens, de 7h à 20h30.

D'autres ferries relient le continent aux
ports de la côte ouest de l'île : **Glyfa** vers
Agiókampos, **Agia Marina** pour **Nea
Stýra**.

De **Kými**, un hydroglisseur pour
l'île de **Skyros** 1 à 2 fois/j. Rens.
à l'embarcadère - ✆ *22220 220 22.*

En avion – D'Athènes, 3 vols/j. Autres
liaisons avec Thessalonique et Lesbos.

Se loger

STENÍ

⊖⊖ **Hôtel Steni** – ✆ *22280 512 21 - 35 ch.*
Hôtel aux chambres tout confort, bien
tenues, grandes et calmes, avec de jolies
boiseries et une très belle vue. Piscine.

KÝMI

⊖⊖ **Corali Hotel** – *300 m au S du port,
sur la droite 150 m en hauteur -*
✆ *22220 222 12/220 02 - fax 22220 233 53 -
info@coralihotel.gr - 22 ch.* Des chambres
avec balcon très calmes, spacieuses
et confortables.

KÁRYSTOS

⊖⊖ **Karystion Hotel** – *3 Kriezotou
(tout à fait à l'E des quais, après le
« Bourzi ») -* ✆ *22240 223 91/221 91 -
fax 22240 227 27 - karistio@otenet.gr -
39 ch.* Hôtel moderne au décor soigné et
de très bon confort, avec un service très
professionnel. Demandez une chambre
orientée ouest pour profiter du soleil
couchant de votre terrasse. Petit-déjeuner
royal (composé de produits frais) servi
sur la terrasse du jardin.

AMÁRYNTHOS

⊖⊖ **Hotel Apartments Iliathides** –
*Sur la route principale, au N de la ville, à côté
de la station Shell -* ✆ *22290 376 05/372 15 -
16 ch.* Appartements spacieux et
confortables, avec cuisine et vue sur
le port. Le patron est sympathique. Pas
de petit-déjeuner.

LÍMNI

⊖ **Limni Hotel** – *Au S des quais -* ✆ *22270
313 16/317 48 - fax 22270 313 36 - 27 ch.*
Adresse confortable et bon marché, en
retrait de l'agitation du port. La plupart
des chambres ont vue sur la mer.

Se restaurer

STENÍ

⊖ **Kissos** – *Sur la route à gauche -*
✆ *22280 512 26/512 27.* Grand restaurant
avec plusieurs terrasses, proposant un
choix de plats très varié, à bons prix.

LÍMNI

⊖ **O Platanos** – *Sur les quais, sous l'unique
platane.* Établissement réputé et apprécié
des autochtones, doté d'une terrasse
ombragée très agréable. Spécialités de
poissons, grillades, fritures, plats en sauce.
Service familial efficace. Hors saison,
ouvert seulement le week-end.

KÁRYSTOS

⊖⊖ **Cavo d'oro** – *Parodos Sahtouri (ruelle
perpendiculaire au quai, après l'esplanade).*
Taverne traditionnelle qui sert de copieux
plats en sauce mais pas de poisson.
Avis aux polyglottes : la carte est écrite
uniquement en grec, excellente occasion
de réviser son alphabet.

⊖⊖ **To Kalamia** – *Au début de la plage.*
Bonne taverne au bord de l'eau, à l'écart
des touristes. De bons plats traditionnels,
bon marché et savoureux.

LÍMNI

⊖⊖ **O Astro (Ioannou Brothers
Taverna)** – *À 3,5 km au S du village sur la
route côtière, dans un hameau au bord de
l'eau -* ✆ *22270 314 87/324 26.* On prend
son repas sur la grande terrasse, dans un
cadre charmant au calme absolu. Cuisine
classique mais variée et de qualité.

Une plage très tranquille à Eubée.

B. Chabrol / MICHELIN

Ioánnina★

Ιωάννινα

61 629 HABITANTS
CARTE GÉNÉRALE RABAT I A1 – ÉPIRE – NOME DE IOÁNNINA

Les eaux du lac Pamvotis la bordent, offrant à cette ville moderne et pleine d'étudiants une tranquillité extraordinaire. Les monastères de l'île posée sur le lac
répondent à la citadelle du sultan Ali Pacha, d'où émane encore un doux parfum
d'Orient : Ioánnina a suffisamment d'atouts pour vous retenir quelques jours et
ce d'autant plus qu'elle constitue un excellent point de départ pour découvrir les
richesses des environs : la grotte de Pérama, le site de l'antique Dodone, un peu
plus loin le village montagnard de Métsovo et le beau pays des Zagória.

▶ **Se repérer** – Entourée de montagnes, la capitale de l'Épire se trouve non loin de
l'Albanie (64 km jusqu'au poste-frontière de Kakavia) et de l'île de Corfou, tout
au nord-ouest de la Grèce. À 101 km d'Igoumenítsa et de la côte ionienne. Árta
est à 79 km au sud et Tríkala à 143 km à l'est.

👁 **À ne pas manquer** – La forteresse de Ioánnina, l'île sur le lac, les alentours
notamment Pérama (prévoir un pull), le théâtre antique de Dodone.

🕐 **Organiser son temps** – Compter deux jours de visite.

🚶 **Pour poursuivre le voyage** – Corfou, Météores, Párga.

Le musée byzantin de Ioánnina à côté de la mosquée Fetiye, face au lac Pamvotis.

Comprendre

Le lion de Jannina – Possession normande au 11ᵉ s., puis capitale du despotat d'Épire
au début du 13ᵉ s., Ioánnina dépendit du royaume serbe de 1345 à 1431. Turque jusqu'en 1913, elle connut son heure de gloire avec **Ali Pacha**. Né à Tebelen (Tepelenë)
en Albanie vers 1744, Ali fut nommé par le sultan pacha de Jannina en 1788. Pendant
plus de 30 ans, il exerça un pouvoir quasi souverain, après s'être débarrassé des troupes
françaises et des Souliotes, sur l'Albanie et la Grèce septentrionale. Ioánnina fait alors
figure de capitale. Les consuls des principales nations européennes y sont accrédités,
et le représentant de la France impériale, Hugues Pouqueville, y lutte d'influence
avec son homologue anglais. En 1809, à Tebelen où il séjournait alors, Ali reçoit avec
distinction Byron qui a évoqué cette entrevue dans son journal. La ville d'Ioánnina
devient un foyer de culture grecque, et Ali s'assure aussi l'appui des partisans grecs
des montagnes, les *klephtes*, dans le combat qu'il va soutenir contre le sultan.
En effet, la Sublime Porte finit par s'alarmer de la puissance d'Ali Pacha et envoie
en 1820 une armée de 50 000 hommes assiéger durant 15 mois la citadelle. Dans
l'espoir d'une négociation, Ali gagne alors l'île du lac, mais y est tué par les Ottomans
le 22 février 1822. Sa tête, exposée à Ioánnina, sera envoyée au sultan en guise de
trophée. Ce satrape de génie possédait un harem de 500 femmes et s'entourait d'une
garde d'assassins.

Au cours d'une période d'alliance avec les Français en 1797, sa fille épousa le général Roze. La paix ayant été rompue, Ali livra son gendre à Constantinople où le malheureux mourut peu après. Plus tard, il fit noyer Euphrosine, la favorite de son fils, avec 16 compagnes innocentes. Ces deux actes justifient à eux seuls la réputation de cruauté attachée à son nom. Mais sa tolérance à l'égard des chrétiens (il fit ériger un monastère dans le sud de l'Albanie) comme son combat contre le pouvoir central ottoman suscitèrent quelque sympathie non dissimulée chez les Grecs.

Se promener

Forteresse★★ (Froúrio)

Élevé sur la péninsule dominant le lac, au nord-est de la ville, le froúrio (ou kastro) est entouré d'une vaste enceinte. Les premières fortifications remonteraient au 11e s. et auraient été remaniées à plusieurs reprises, à l'époque du despotat d'Épire (13e s.), et majoritairement sous le règne d'Ali Pacha (début du 19e s.).

Habitée par les Turcs et par les Juifs à partir du 17e s., presque désertée de nos jours, cette forteresse a conservé un caractère oriental par ses ruelles tortueuses, ses maisons à toits débordants et ses anciennes mosquées. Ali Pacha y avait son palais, au sommet du rocher.

Dans la partie nord de la forteresse, on voit la jolie **mosquée★ (Aslán Dzamí)**. Fondée en 1619 à l'emplacement d'un monastère orthodoxe, elle a gardé son minaret effilé. L'intérieur, composé d'un vestibule, où l'on remarque un retrait pour le dépôt des chaussures, et d'une salle de prière, est aujourd'hui le **Musée municipal**. Ses collections variées illustrent l'histoire de la ville et de ses habitants. Les costumes brodés et les pièces archéologiques sont remarquables. ℘ 26510 263 56 - tlj 8h-20h ; 18h en hiver - 3 €.

De la terrasse, très belles **vues★★** sur le lac et les monts qui l'entourent. En contrebas de la mosquée se trouve la bibliothèque turque (Palia Tourkiki Vivliothiki) surmontée de petites coupoles et plus loin, au bout de la rue pavée – odos Loustinianou –, la vieille synagogue (Palia Sinagogi) rappelant qu'au 19e s., Ioánnina comptait près de 6 000 juifs.

Au sud de la citadelle, dans le quartier **Its-Kalé** (la « forteresse intérieure ») s'élève une autre mosquée : la **Fetiye Camii**. Juste devant, le réduit englobe la tombe où gît la dépouille décapitée d'Ali Pacha. À droite, le sérail d'Ali Pacha abrite le Musée byzantin.

Île de Ioannina★★ (Nisí Ioannínon)

Accès par vedettes (trajet en 1/4h) : embarcadère place Mavili (voir Carnet pratique). Bon à savoir : les restaurants de l'île comptent parmi les meilleurs de Ioánnina.

Appelé encore Limni Pamvotis, le **lac de Ioánnina★★** sert d'écrin à cette étonnante **île★★**, petite tache de verdure (moins de 1 km de long) sur laquelle sont bâtis cinq monastères byzantins et un village de pêcheurs, où résident 150 personnes.

Le **lac** est alimenté par les eaux ruisselant du **massif du Mitsikeli**, au nord. Son niveau varie ainsi suivant les saisons et l'écoulement des katavothres, gouffres littoraux creusés dans la roche calcaire tendre. Marécageux dans sa partie nord, il atteint 12 m de profondeur au sud, et est sujet à de brusques tempêtes, ce qui ajoute au charme de l'île.

Du débarcadère, traversez le village afin de pouvoir observer les ravissants toits de lauzes des maisons.

Monastère Ágios Pandeleimonas

Enfoui au milieu d'énormes platanes, ce monastère (16e s.) est le plus connu : on y voit la maison à balcon de bois, transformée en musée, où Ali Pacha fut tué par les Turcs. Tlj 8h-22h en été ; 9h-20h en hiver. 2 €.

Au-delà, le **monastère du Prodromos** comprend une église du 16e s. et une grotte qui fut un ermitage.

Monastère Philanthropenoi

Il se trouve sur une petite colline, de l'autre côté du village. Bâti au 13e s., refait au 16e s., il possède une église décorée de **fresques★** du 17e s. qui enchanteront les amateurs de peintures byzantines. Dans le narthex, vous remarquerez les portraits des fondateurs du monastère à genoux devant saint Nicolas et les effigies des grands philosophes antiques comme Aristote, Plutarque et Platon. Dans le sanctuaire, sont peintes la Vie du Christ et, dans l'abside, la Communion des saints. Pour ces deux monastères, demandez les clés aux gardiennes.

Monastère Stratigopoulos

À 100 m de là, il remonte au 11ᵉ s. : dans l'église, les belles **fresques★** du 16ᵉ s. représentent le Jugement dernier, la Vie de la Vierge, la Vie du Christ, la Trahison de Judas.

Visiter

Musée archéologique★ (Arheologikó Moussío)

Dans le parc municipal, odos Averoff - ℘ 26510 254 90 - actuellement fermé.
L'Arheologikó Moussío présente des œuvres trouvées à Vitsa, Dodone et Efyras *(voir p. 281).* Parmi les pièces les plus remarquables, des figurines votives en terre cuite, des statuettes en bronze, dont l'une représentant un petit garçon tenant une colombe (3ᵉ s. av. J.-C.), des tablettes de l'oracle de Dodone – sur lesquelles sont inscrites les questions posées par les pèlerins à Zeus –, un sarcophage romain, ainsi qu'un lion en marbre découvert à Michalitsi (4ᵉ s. av. J.-C.). Dans la dernière salle sont organisées des expositions temporaires d'artistes grecs des 19ᵉ et 20ᵉ s.

Musée byzantin (Vizandino Moussio)

℘ 26510 259 89 - tlj sf lun. 8h-17h - 3 € (conservez votre billet pour visiter l'annexe).
Ce musée est aménagé dans la forteresse de Ioánnina, à droite de la mosquée Fetiye, où se trouvait autrefois le sérail d'Ali Pacha. Ses collections proposent un panorama éblouissant de l'art byzantin : elles renferment des sculptures paléochrétiennes et byzantines (chapiteaux, colonnes, fragments d'iconostase), des objets trouvés à Árta, des poteries, des manuscrits magnifiquement reliés, des livres imprimés du 15ᵉ s.

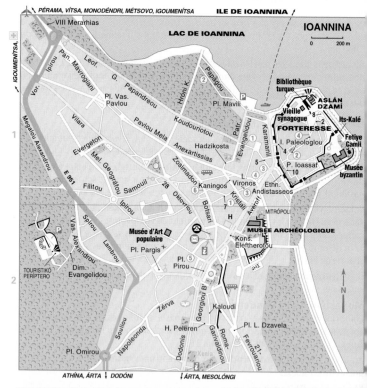

des icônes post-byzantines, et de nombreuses pièces d'orfèvrerie en argent. Pour voir ces dernières, il faut rejoindre l'annexe du musée. D'ici quelques années, d'autres annexes devraient ouvrir, afin de présenter l'intégralité des collections.

Musée d'Art populaire Kostas Frontzos (Laografikó Moussío)

$\mathcal{C}$ 26510 780 62 - mar.-sam. 8h-15h.
Installé dans un bâtiment construit entre 1800 et 1808, il expose un important ensemble de meubles, de bijoux, d'habits traditionnels et autres objets représentatifs de la région de l'Épire aux 19e et 20e s.

Aux alentours

Grotte de Pérama★★★

À 6 km au nord de Ioánnina - tlj 8h-20h, 9h-17h en hiver, entrée : 6 € - visite guidée : 45mn. Un sentier de 800 m y conduit.
La grotte fut découverte par hasard, pendant la Seconde Guerre mondiale, alors que des habitants de Ioánnina cherchaient à s'abriter des bombardements.
Elle atteint 1 km de long, couvre une superficie de 14 800 m² et est « vivante » : l'eau y suinte continuellement. Très hautes pour la plupart, les salles présentent de splendides concrétions calcaires aux coloris variés – rouges, orangés et même verts – comprenant stalagmites, stalactites, dont certaines excentriques, draperies, murets et petits lacs. On y a trouvé des dents et des ossements d'ours des cavernes.
La sortie, distincte de l'entrée, est en fait l'orifice naturel de la grotte. On y a une superbe **vue★★** sur Ioánnina.

Si l'on dispose d'un peu de temps, on peut continuer la route de Metsovo sur quelques kilomètres : des **vues★★** immenses, en balcon, s'ouvrent sur la région.

Dodone★★ (Dodóni)

À 21 km au sud. Sortir de Ioánnina par la route d'Árta (E 951). À 8 km, prendre à droite, la direction de Dodóni. $\mathcal{C}$ 26510 822 87 - tlj 8h-19h, 17h en hiver - 2 €.
La route goudronnée gravit la montagne (**vues★★** magnifiques) avant de gagner le site antique de Dodone (630 m) qui se trouve au cœur d'un paysage splendide. Au sud-ouest, on aperçoit le massif du Tomaros qui culmine à 1 974 m.
L'antique Dodone est né d'un sanctuaire consacré dans un premier temps à **Dioné**, déesse de l'Abondance et de la Fertilité des anciens Épirotes (3e millénaire), puis à Zeus, à l'arrivée des Grecs.
Dès le 2e millénaire av. J.-C., un **oracle** réputé que l'on consultait encore au 4e s. av. J.-C. y exerçait. Cet oracle se manifestait entre autres par le bruissement du vent dans les feuillages d'un chêne sacré, message qu'interprétaient des prêtres, les Selles, habitués à coucher à même la terre et à marcher nu-pieds. Il se faisait encore entendre par le vol des colombes, le sort des dés, ou le son d'un chaudron sacré. Sans être aussi important que celui de Delphes, l'oracle de Dodone comptait parmi les premiers de la Grèce. Crésus s'y rendit, Alexandre le Grand fit de nombreux dons au sanctuaire, et on trouve des références à l'oracle dans l'*Odyssée* : Ulysse consulte l'oracle de Dodone pour trouver le chemin d'Ithaque.
Ruiné par les Barbares au 6e s. apr. J.-C., le site a été mis au jour dès 1873 par des archéologues grecs.

Les ruines – Dodone était dominé par une acropole dont subsiste une partie de l'enceinte.

Partant de l'entrée, on distingue d'abord l'emplacement du **stade** (fin du 3e s. av. J.-C.) marqué par des restes de gradins.
À gauche, le **théâtre★★** est l'un des plus vastes (130 m de large, 22 m de haut) et des mieux conservés de la Grèce antique. Construit à l'époque hellénistique, sous le règne de Philippe V de Macédoine, il fut transformé en arène à l'époque romaine pour servir aux combats de gladiateurs et d'animaux : la piste fut alors séparée du public par un mur encore en place, ainsi que par le canal d'évacuation des eaux lors des naumachies. Admirez l'appareil de pierre grise constituant la paroi extérieure de l'édifice, et montez au sommet des gradins d'où la vue est très belle.
Au-delà du théâtre apparaissent les fondations du **bouleutérion** (salle du Conseil de la cité) et d'un petit temple à Aphrodite. Viennent ensuite les restes du sanctuaire de Zeus Naios, où siégeait l'oracle. Il comprenait l'enceinte de l'oracle de Zeus enfermant le chêne sacré, puis des lieux de culte à Zeus, Dioné et Héraklès.
Enfin, les vestiges d'une **basilique** à trois absides, du 6e s. apr. J.-C., rappellent qu'à l'époque byzantine Dodone fut le siège d'un évêché.

Métsovo★★

À 53 km à l'est de Ioánnina, sur la E 92.

Situé dans un cirque de montagnes en contrebas du plus haut col routier de Grèce (Katara, 1 705 m), qui marque la frontière entre l'Épire et la Thessalie, Métsovo est une petite station de montagne : l'hiver, les skieurs affluent, l'été, les randonneurs sillonnent les hauteurs à travers les forêts de hêtres et de sapins centenaires.

Le charme de Métsovo tient beaucoup à son architecture traditionnelle – de solides maisons en encorbellement à toit de lauzes bordent les deux rues principales de la ville – et aussi à ses habitants car il n'est pas rare d'y voir de vieilles femmes portant des costumes d'antan, ou des paysans se déplacer à dos de mulet. Côté gastronomie, la ville présente d'autres atouts : on peut y déguster d'excellentes truites, un vin et un fromage de brebis renommés.

Étagé sur la pente, Métsovo a pour centre une vaste esplanade plantée de gros platanes, près de laquelle se trouve l'église **Agía Paraskevi** qui abrite une très belle **iconostase★** du 18e s., sculptée de motifs exubérants.

Emprunter la rue principale et, à gauche, monter les escaliers près de la pompe à essence.

> ## De grandes familles
>
> Peuplée surtout de Valaques, Métsovo était prospère sous les Turcs, époque où elle jouissait d'une relative autonomie. Nombre de familles de notables, grecques ou valaques, y résidaient, accueillant à l'occasion les klephtes pourchassés par l'occupant turc. Au 19e s., certaines d'entre elles, comme les Averoff et les Tositsa, ayant fait fortune en Égypte dans le coton, léguèrent des sommes considérables à leur cité d'origine, à Athènes, à l'État même, contribuant ainsi à l'édification de la Grèce moderne.

Ils conduisent à la maison des Tositsa aujourd'hui aménagée en **musée d'Art populaire-Fondation Tositsa★**, au cœur du vieux quartier.

Construite par le baron Tositsa (1787-1858, fondateur de l'École polytechnique d'Athènes), elle reconstitue un intérieur cossu du 19e s., aux pièces revêtues de boiseries sculptées (remarquez les plafonds), enrichies de tapis et de tissus brodés, ornées d'orfèvreries et de cuivres repoussés, d'icônes, etc. La salle d'honneur est imposante avec ses divans et son samovar monumental. *Tlj sf jeu., 9h-13h30, 16h-18h - 3 €. Visite guidée : 30mn, pendant ce temps la porte est fermée.*

Revenir à la place centrale et prendre la rue à droite de la Banque nationale.

La **Galerie Averoff** présente un intéressant panorama de la peinture grecque des 19e et 20e s., traitant pour la plupart de sujets historiques ou ayant pour thème la vie quotidienne et les activités socio-économiques (artisans, colporteurs, etc). *Tlj sf mar., 10h-16h, 18h30 15 juil.-15 sept. - 3 €.*

🚶 *Sortez ensuite de la ville et n'hésitez pas à faire cette promenade à pied (3/4h AR).*

Le **monastère Agios Nikolaos★** a été restauré et aménagé avec goût. C'est ainsi qu'un musée d'icônes a été installé dans le narthex de l'église du 14e s. dont les murs sont décorés de fresques des 16e-17e s. Admirez l'extraordinaire profusion de dorures, de sculptures et d'icônes de l'iconostase.

Dans les bâtiments, visitez les cellules monacales, la chambre de l'higoumène (supérieur), et l'école.

Circuit de découverte

Le pays des Zagória★

Circuit de 80 km AR depuis Ioánnina. Comptez au moins une journée. De Ioánnina, prendre la route de l'aéroport qui se poursuit dans une ample vallée dominée à l'est par la barrière du Mitsikeli qui culmine à 1 810 m. À la hauteur d'Asfaka, tourner à droite. La petite route goudronnée conduisant à Vitsa grimpe en balcon et offre de belles vues plongeantes sur la vallée.

Zagória : ce nom d'origine slave signifie « au-delà des montagnes ». Le pays des Zagória, au cœur des montagnes, embrasse le massif (oros) du Týmfi (2 497 m) et une petite partie de la chaîne du Nord-Pinde. Couvert de neige en hiver, c'est un endroit protégé, pour ne pas dire oublié, site du Parc national Víkos-Aoós qui couvre en partie le territoire et ses 46 villages.

Dans cette haute et austère région de forêts (conifères, chênes, châtaigniers) et de pâturages, l'habitat traditionnel a été préservé : nombreuses y sont encore les maisons de belle pierre grise, à encorbellement et balcons de bois, couvertes de toits de lauzes. On y voit aussi des églises peintes et de vieux « ponts turcs ». C'est dans cette montagne sauvage, où survivent encore quelques ours et loups, que les troupes grecques défirent, en novembre 1940, les envahisseurs italiens venus d'Albanie. En symbiose avec cette nature intacte et superbe, les habitants suivent un mode de vie ancestral. Très difficile d'accès en hiver, le pays des Zagória semble en dehors du temps.

Vous pénétrez dans le pays des Zagória dont l'axe est constitué par la rivière Voïdomatis réputée pour ses truites. Un petit détour avant d'arriver à Vítsa : 10 km après l'embranchement, une petite route goudronnée, à droite conduit à un très curieux **pont (géfyra)** à trois arches (1814) en aval de Kípoi, centre administratif du pays des Zagória.

Revenir en arrière pour reprendre la route de Vítsa.

Vítsa★

Cette localité se trouve dans un paysage superbe et conserve un bel ensemble de maisons traditionnelles. Des fouilles y ont mis au jour un village habité entre le 9e et la fin du 4e s av. J.-C.

Poursuivre la petite route de montagne en direction de Monodéndri, situé à 3 km.

Monodéndri★

C'est le principal centre régional avec Kípoi. Ses maisons montagnardes et sa belle église à galerie extérieure sont typiques des Zagória.

Traversez le village et empruntez à pied l'étroite route qui conduit au monastère d'Agia Paraskevi et, de retour à Monodendri, aux superbes gorges de Vikos. C'est une belle randonnée qui vous prendra toute la journée si vous rejoignez Vikos.

Gorges de Vikos★★★ (Farángi Víkou)

Accrochés au rocher, les bâtiments en pierre grise du monastère d'Agía Paraskevi sur-

plombent vertigineusement les gorges au fond desquelles, près de 1 000 m plus bas, coule la Voïdomatis. Du monastère, un sentier sinue à l'abrupt de la falaise où s'intercalent des terrasses naguère cultivées par les moines et quelques grottes, jadis refuges de *klephtes* ou d'ermites. Du belvédère dominant le confluent de la Voïdomatis et d'un torrent adjacent, vous aurez de grandes sensations devant la nature très sauvage. Les gorges se prolongent en aval, vers Konitsa.
Une magnifique **vue★★** sur presque toute la longueur des gorges s'offre également depuis **Oxýa**, accessible en voiture au départ de Monodéndri par une petite route *(7 km)* tracée à travers la forêt.
Près de la platia de Monodéndri, un sentier vous conduit en 45mn au fond des gorges, que vous pouvez ainsi

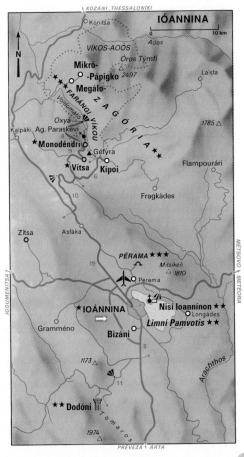

descendre jusqu'à la hauteur du village de Vikos. Il faut alors compter 5h de marche, à l'ombre des falaises.

Mégalo Pápigko et Mikró Pápigko

Prendre la direction de Kónitsa. Passer la route pour Kalpáki, poursuivre encore quelques kilomètres et tourner à droite, direction Aristi. Mégalo Pápigko est situé à 15 km d'Aristi.

Il s'agit de deux beaux villages, complètement retirés et que nous vous conseillons de découvrir. Au-delà de sa belle architecture traditionnelle, **Mégalo Pápigko** a su préserver son caractère et sa douceur de vivre.

Un peu plus loin, à 2 km, **Mikró Pápigko** est bâti au pied d'une falaise. Il possède une jolie église et produit un excellent vin… Promenez-vous dans ses ruelles pavées. De nombreuses randonnées sont à entreprendre dans les environs.

Ioánnina pratique

Informations utiles

🅸 EOT – *39 odos Dodonis - ☎ 26510 411 42 - lun.-sam. 9h-13h et 17h30-20h30 en été.*

Police touristique – *11 odos 28 Oktovriou - en face de OTE - ☎ 26510 659 22 - tlj 8h-21h.* Horaires des sites et les moyens de transport, plan de la ville.

Banques – De nombreux distributeurs dans le centre-ville. Banque nationale de Grèce - *Odos M. Angélou, près de l'hôtel Olympic - lun.-jeu. 8h-14h, vend. 8h-13h30.*

Poste – *Odos 28 Oktovriou et Odos Giorgiou Papandreou.*

Téléphone – **OTE** – *Odos 28 Oktovriou - lun.-vend. 7h-22h.*

Santé – Hôpital - *av. Panepistimiou - ☎ 26510 991 11.*

Transports

En avion – *Aéroport à 5 km - ☎ 26510 262 18.* En été, 2 vols/j. pour **Athènes** et 1 vol pour **Thessalonique.** 3 vols le w.-end en hydravion pour **Corfou.** Pour gagner l'aéroport, bus nos 1 et 2, rue Averoff près de la tour de l'horloge, ou taxi.

Gare routière – *Deux gares routières en fonction de la destination: Terminal - 4 odos Zossimadon - ☎ 26510 262 86.* Liaisons en été : **Athènes** et **Igoumenítsa**, 9 bus/j, **Thessalonique**, 6/j., **Párga**, 1/j, **Métsovo**, 4/j, **Tríkala** *via* Kalampáka (Météores), 2/j, **Konitsa**, 11 bus/j.
Terminal - 19 odos Bizaniou - ☎ 26510 222 39. Liaisons en été : **Pátra**, 4 /j., **Préveza** et **Árta**, 10/j.
De Métsovo, bus pour ioánnina et les Météores.

En voiture – Trois grands axes desservent la ville : les routes E 92, E 90 et E 951. Plusieurs loueurs en ville.
Pour la grotte de Pérama et Dodoni, voir ci-après la rubrique « Loisirs ».

Se loger

IOÁNNINA

🍴 **Hôtel Tourist** – *18 odos Kolleti - ☎ 26510 250 70 - www.hoteltourist.gr - 29 ch.* À proximité de la citadelle, des chambres claires et propres. Pas de petit-déj. Un bon rapport qualité-prix, d'autant que les tarifs sont négociables.

🍴🛏 **Hôtel Philyra** – *18 odos Paleologou, dans la citadelle - ☎ 26510 835 60 - ppapadias@tee.gr - 5 ch.* Au cœur de la citadelle, une vieille bâtisse en pierre refaite à neuf. Cinq studios (2-4 pers.) spacieux et tout confort. Agréable patio fleuri et accueil sympathique.

🍴🛏 **Astoria** – *2 odos Paraskevopoudou, à l'angle de la rue Averoff - ☎ 26510 207 55 - 16 ch.* Non loin de la citadelle, un hôtel rénové qui propose des chambres au confort irréprochable. Bon rapport qualité-prix.

🍴🛏 **Palladion** – *1 odos Noti Botsari, ☎ 26510 258 56 - www.palladion.gr - 125 ch.* Cet hôtel du centre-ville offre un confort parfait et un accueil très professionnel en anglais. Des étages supérieurs, la vue sur le lac est superbe. Négociez les prix en basse saison.

🍴🛏 **Kastro** – *57 odos Paleologou, dans la citadelle - ☎ 26510 228 67/80 - www.epirus.com/hotel-kastro - 7 ch.* Installé dans une vieille maison, cet hôtel de charme jouit d'une situation sans pareille, au calme. Les chambres sont confortables et bien entretenues.

🍴🛏🛏 **Olympic** – *2 odos J. Melanidis, ☎ 26510 222 33 - www.hotelolymp.gr - 54 ch.* Cet hôtel grand luxe est bien situé, et bénéficie d'un accueil professionnel. Les chambres sont charmantes. Demandez celles du dernier étage avec vue sur le lac.

MÉTSOVO

🍴🛏 **Egnatia** – *Rue principale, avant la grand-place - ☎ 26560 412 63 - www.hit360.com/egnatia - 32 ch.* Un joli hall décoré de boiseries et de tissus traditionnels, et des chambres propres et confortables. Le patron conseille sur les randonnées à faire, et propose des circuits en minibus.

PAYS DES ZAGÓRIA

👁 La région dispose d'un bon choix d'hôtels et des pensions aménagés dans des maisons de caractère mais il est conseillé de réserver. Les prix augmentent (chauffage oblige) en hiver et à Pâques.

◉ **Guest house** – *Koukouli, pl. centrale* - 𝄞 *26530 710 70 - www.amelio.gr - 10 ch.* Dans ce minuscule village, une jolie pension installée dans 3 maisons traditionnelles, dont l'ancienne école. Les chambres (2-4 pers.) sont confortables. Accueil sympathique et conseils pour les randonnées dans les environs.

◉ **Monodendri Katerina** – *Monodéndri* - 𝄞 *26530 713 00 - www.monodendrihotel. com - 10 ch.* Magnifique bâtisse du 17e s., excellent restaurant et accueil chaleureux ; bref, l'adresse idéale. Le vieux bâtiment a plus de charme, mais la salle de bains est à l'extérieur.

◉◉ **Nikos Tsoumanis** – *Megalo Papingo - 𝄞 26530 418 93 - www.tsoumnik. gr - 6 ch.* Autour d'une cour fleurie, 6 chambres spacieuses avec salon ou kitchenette. Accueil sympathique, vélos à disposition.

◉◉ **Dias** – *Mikro Papingo - 𝄞 26530 412 57 - 12 ch.* Une adresse de caractère avec une belle terrasse ombragée. Les chambres, spacieuses, ont une vue magnifique sur le canyon. Possibilité de faire des balades à pied ou à cheval.

Se restaurer

IOÁNNINA

◉ Place Georgiou et odos Papagou se concentrent les restaurants avec terrasses donnant sur le lac. On y sert à toute heure une cuisine correcte, mais sans surprise. Pour déguster une truite ou une anguille (la spécialité locale) au calme, rien ne vaut les tavernes de l'île.

◉ **To Koumanio** – *Pl. Georgiou* - 𝄞 *26510 380 44.* Cuisine grecque simple (grillades, rôtisseries), mais de qualité. Service rapide.

◉ **To Manteio Psistaria** – *Pl. Georgiou.* Taverne servant une cuisine traditionnelle. Plats copieux et ambiance animée le soir.

◉ **Limni** – *Odos Papagou.* L'avant-dernier établissement de la rangée, où l'on sert un délicieux *bekri meze* (bœuf à la sauce tomate).

◉ **Es Aei** – *50 odos Koundouriotou* - 𝄞 *26510 345 71 - fermé juil.-août.* Installé dans une vieille demeure, ce restaurant sert une cuisine raffinée et inventive (goûtez l'*Es Aei*, un succulent assortiment de fromages et de brochettes). La décoration et l'ambiance musicale éclectique créent une atmosphère très agréable.

Sports et loisirs

Bateau pour Nisí Ioannínon – *Dép. pl. Mavili, derrière les remparts - ttes les 30mn en été, ttes les h. en hiver, de 7h à 23h30.*

Excursion à Pérama – Prendre le bus n° 8, près de la tour de l'horloge *(dép. ttes les 20mn).* En voiture, direction de l'aéroport.

Excursion à Dodoni – Se rendre à Dodoni en bus relève du défi. N'hésitez pas à prendre un taxi si vous êtes plusieurs.

Randonnées – **Club alpin grec** – *EOS, 2 odos D. Ipirou - 𝄞 26510 221 38 - lun.- vend. 19h-21h.* Une bonne adresse pour ceux qui souhaitent faire des randonnées notamment dans les Zagória.

Robinson Expeditions – *Village de Kipi - 𝄞 26530 715 17 - www.robinson.gr.* Horaires variables. Cette agence spécialisée dans la visite des Zagória organise toutes sortes d'activités (randonnées, VTT, escalade, parapente, canyoning).

Centre WWF – *𝄞 26530 410 71 - www. papigo.gr - 10h-17h30, vend.- sam. 11h-18h - fermé merc.* Informe sur la faune et la flore de la région, ainsi que sur ses projets de recherche sur les chamois et sur la rivière Voïdomatis, la plus propre d'Europe. Exposition permanente.

Achats

IOÁNNINA

Vous trouverez des **Antiquités** chez Ioannis Kariofilis, *odos Paleologou, dans la citadelle - 𝄞 26510 360 47.* Vaste choix de bijoux anciens. Tous les matins (sf dim.), un marché se tient sur l'*odos Papafilou.*

MÉTSOVO

Pour les amateurs d'**artisanat**, *sur la pl. et la r. principale,* boutiques avec objets en bois et tissus traditionnels.

Événement

Ne manquez pas la **fête du vin** de Vítsa, fin août (village à 28 km au NO de Ioánnina).

Kalamáta
Καλαμάτα

49 154 HABITANTS
CARTE GÉNÉRALE RABAT II B3 – PÉLOPONNÈSE – MESSÉNIE

Ancienne cité franque, deuxième ville du Péloponnèse, la capitale de la Messénie presque entièrement détruite par un tremblement de terre en 1986 n'offre que peu d'intérêt. Mais c'est une ville animée avec un marché aux légumes vivant et coloré, et elle est idéalement située pour découvrir les environs souvent injustement méconnus.

- **Se repérer** – À 169 km au sud-ouest de Corinthe et 61 km à l'ouest de Sparte, au fond du golfe de Messénie, Kalamáta est desservie par un aéroport (charters) à 8 km au nord-ouest de la ville. La ville se divise en trois quartiers : le front de mer (Navarinou), le quartier résidentiel en remontant vers le centre (odos Aristomenous et Faron, deux rues parallèles) jusqu'à Plateia Georgiou et, enfin, au nord, la vieille ville et son château.

- **À ne pas manquer** – L'ambiance du marché dans le bazar et une promenade dans la vieille ville, qui a conservé quelques belles bâtisses anciennes.

- **Organiser son temps** – Quelques heures suffisent pour voir l'essentiel.

- **Avec les enfants** – La collection de locomotives à vapeur garées dans un parc planté d'arbres à l'extrémité sud d'Aristomenous *(le long de Psaron et au coin de Kritis)*. Deux parcs d'attractions nautiques pour les enfants le long de Navarinou dont l'un face au Pharoe Palace *(au coin de Riga Fereou)*.

- **Se garer** - On laissera la voiture sur l'un des parkings qui longent odos Nedontos (en remontant vers le nord, depuis la gare ferroviaire) car la circulation est assez éprouvante.

- **Pour poursuivre le voyage** – Le Magne, Mystrás, Sparte, Pýlos.

La magnifique route entre Kalamáta et Areopóli longe le golfe de Messénie.

Comprendre

Calamate, cité franque – Venus de Pátra en suivant la côte, les Francs occupèrent dès 1206 Calamate et le delta messénien, ou Val de Calamy ; ils devaient y rester plus de 200 ans. Guillaume de Champlitte donna le fief de Calamate à Geoffroi Ier de Villehardouin, qui lui succéda en 1210 comme prince de Morée et fit construire le château. Les Villehardouin se plurent à Calamate où ils séjournaient l'hiver, goûtant la douceur du climat, à l'abri des vents du nord ; ils aimaient le pays alentour « beau et agréable pour ses plaines et ses eaux, ses collines et ses prairies » *(Chronique de Morée)*.
Guillaume de Villehardouin surtout eut une prédilection pour le château où il était né en 1218 et où il mourut en 1278. Parlant le grec comme le français, amateur de tournois et de littérature courtoise, il y tint une cour somptueuse, assisté de son épouse grecque Anne Ange-Comnène, qui était « belle comme une seconde Hélène

le Ménélas ». En 1248, il y rassembla les 400 chevaliers français de Morée qui devaient se joindre à la 7e croisade menée par Saint Louis.

À Guillaume, mort sans héritier mâle, succéda à la tête de la seigneurie son neveu, Gui II de La Roche, duc d'Athènes. Puis vinrent, au 14e s., les Angevins de Naples et leurs alliés florentins. Les « despotes » byzantins de Mystrás ne s'emparèrent de la noble cité qu'en 1425. Enfin, ce fut la domination turque, coupée par deux intermèdes vénitiens, de 1463 à 1479 et de 1685 à 1718.

Se promener

Une petite promenade dans les rues de la vieille ville aux maisons colorées vous permettra de goûter à une atmosphère paisible.

Kastro

Accès par odos Faron ; passer par la place Ipapandis et son église, continuer jusqu'à la rue de Villehardouin, où se trouve l'entrée. Sur un piton isolé commandant la plaine littorale, à l'emplacement d'une acropole antique, le château des Villehardouin englobait une église et des habitations. Il reste quelques vestiges du donjon du 13e s. et de l'enceinte refaite par les Vénitiens. De l'esplanade, vue sur Kalamata et le golfe de Messénie.

Bazar

Animé et coloré, avec un marché aux légumes le matin, il groupe ses échoppes dans le vieux quartier épargné par le séisme de 1986. Entre le musée Benaki et l'église double **Agioi Apostoloi** (chœur formé par une chapelle byzantine du 10e s.), le bazar est le front de mer sont les quartiers les plus vivants.

Chef-lieu de la fertile Messénie, Kalamáta est réputé pour ses célèbres olives noires, mais ses spécialités comptent aussi figues sèches, pâtisseries au miel et au sésame, raki.

Musée archéologique Benaki

6, odos Papazoglou - ℘ 27210 262 09 - mar.-vend. 8h-14h30, w.-end. 8h30-15h - 2 €.
Près du bazar, dans une belle demeure de style vénitien légué par Antonios Bénaki, le musée rassemble les découvertes faites lors de fouilles sur différents sites de Messénie. Cette collection archéologique comprend de belles pièces de l'âge du bronze à l'époque romaine, présentées par thèmes.

Découvrir

Dans les terres d'Épaminondas

À 25 km au nord-ouest de Kalamáta. Après avoir traversé la moderne Messíni, prendre la direction de Mavrommati. Le site d'Ithómi (panneau « Ancient Messene ») se trouve à la sortie du village, sur la gauche. Engagez-vous sur le chemin pierreux (carrossable) qui descend vers les vestiges. Deux bus quotidiens (1h) partent de Kalamáta pour Mavrommati depuis la gare routière. L'accès à l'ensemble du site, ouvert de 8h30 à 18h30, est gratuit. Une visite avant le coucher du soleil est idéale.

Messène★★

Face à un majestueux horizon de montagnes gisent les ruines antiques de Messène que domine le mont **Ithómi** ; le village moderne de Mavrommati en marque le centre. Capitale de la Messénie, longtemps sujette rebelle de Sparte qui la fit détruire, Messène fut reconstruite par le **général Épaminondas** vainqueur des Spartiates à Leuctres (371 av. J.-C.) et désireux de les contenir par un « cordon » fortifié comprenant, outre Messène, Megalópoli, Mantinée et Árgos. Les fouilles sont toujours en cours, et de nouveaux vestiges sont constamment mis au jour. Des travaux de restauration ont également lieu.

Dans la vieille ville, **musée de Folklore et d'Histoire** – odos Kiriakou - ℘ 27210 284 49 - ouv. mar.-sam. 9h-13h - dim. et fêtes : 10h-13h - 2 €.

Enceinte★★ – Célèbre dans l'Antiquité, cette enceinte du 4e s. av. J.-C., percée de quatre portes, dépassait 9 km de long, faisant de Messène une sorte de camp retranché. Renforcés à intervalles réguliers par des tours, ses murs atteignaient 2,50 m d'épaisseur ; ils n'avaient que 4 à 5 m de haut, mais étaient protégés à leur base par des escarpements.

La section la mieux conservée se trouve au nord, de part et d'autre de la porte d'Arcadie, présentant un système défensif perfectionné. Cette porte comprend en effet deux entrées séparées par une curieuse cour arrondie que délimitent de puissants murs à blocs curvilignes en bossages, posés sans mortier. Les niches latérales abritaient les divinités protectrices de la cité. L'entrée intérieure comporte un énorme linteau monolithe ; l'entrée extérieure est flanquée de deux tours carrées en avancée qui pouvaient en interdire l'accès par jets de flèches et de javelots.

Le vainqueur des Spartiates

Fin stratège et guerrier courageux défendant les valeurs du parti démocratique, le général **Épaminondas** (418-362 av. J.-C.) est connu pour avoir battu les Spartiates à Leuctres. Il vainquit ensuite les alliés de Sparte, abattant ainsi l'immense prestige militaire de la ville. Ces victoires éclatantes lui permirent d'imposer l'hégémonie de Thèbes sur la Grèce du centre.

Au-delà, en suivant la chaussée antique où l'on remarque des traces de roulage, on apprécie la perspective sur les remparts près desquels ont été découverts plusieurs tombeaux dont un beau sarcophage près de la porte d'Arcadie.

Asklepieion★ – Un sentier se détachant de la route, au nord-ouest de Mavrommati, descend vers les ruines d'un petit théâtre, la fontaine d'Arsinoé et le sanctuaire d'Asclépios, que l'on prenait naguère pour une agora (signalisation : « Ithomi, Archeological site » ; 1/2 h à pied AR).

Les fouilles ont mis au jour les soubassements d'un temple d'Asclépios (72 m sur 67 m), d'époque hellénistique, accompagné d'un autel des sacrifices. Ce temple est érigé au centre d'une cour entourée de portiques dont les bases de colonnes ont été dégagées ; aux angles, on distingue les vestiges d'exèdres. Comme à Épidaure, le sanctuaire est situé non loin d'un théâtre, qui servait aussi de lieu de réunion pour les cérémonies rituelles ; à côté se trouvent la salle des conseils (bouleutérion) et le propylée.

À l'ouest, le **temple d'Artémis Orthia** (10,30 m sur 5,80 m) était divisé en trois parties : la cella abritait la statue de la déesse, attribuée au sculpteur Damophon, autour de laquelle se dressaient en demi-cercle les statues des prêtresses (au musée).

Au nord, le sébasteion était voué au culte d'Auguste et des empereurs romains.

Au sud de l'Asklepieion, les bains publics hellénistiques comprenaient une piscine alimentée par des canalisations de terre cuite ; le hierothysion était un temple accueillant non seulement les statues des Douze Dieux de l'Olympe mais aussi celle en bronze d'Épaminondas, fondateur de la ville.

Plus au sud, éléments d'un stade (19 rangs de gradins) et de sa palestre, et vestiges d'un grand monument funéraire de style dorique, le Héroon, construit sur le modèle des mausolées d'Asie Mineure.

Musée archéologique – Situé entre la porte d'Arcadie et le village de Mavrommati - ☎ 27240 512 01 - tlj. 8h30-15h30 - 2 €. À voir : des éléments architecturaux, de belles sculptures dont la statue en marbre de la déesse Artémis Lafrias, ainsi que six statues des prêtresses du temple d'Artémis Orthia, de petits objets d'art en bronze et la maquette de l'Asklepieion.

Porte de Laconie – De Mavrommati, gagner en voiture la porte de Laconie d'où se dégage une belle vue sur le mont Éva qui portait un sanctuaire à Dionysos ; en contrebas, on aperçoit le nouveau monastère de Voulkano.

Mont Ithómi

Alt. 798 m. De la porte de Laconie, un sentier ardu (1h1/2 à pied AR), passant près des ruines d'un temple d'Artémis, grimpe jusqu'à l'ancienne citadelle d'Ithómi.

Au sommet le monastère de Voulkano, abandonné par ses moines en 1950, aurait été fondé au 8ᵉ s. à l'emplacement d'un temple de Zeus. Sous les Francs, il abritait une commanderie de templiers auxquels succédèrent les chevaliers de St-Jean-de-Jérusalem. Des abords, **vues★★** magnifiques sur Messène, la Messénie et le sud du Péloponnèse.

Aux alentours

Koróni

À 52 km au sud-ouest de Kalamáta, sur la côte ouest du golfe de Messénie.

Les maisons blanches aux toits de tuiles roses de Koróni, nommée jadis Coron par les Occidentaux, se disséminent sur la pente d'un promontoire qui protège un charmant petit port. Il se termine par un éperon rocheux portant une forteresse, cependant qu'une longue plage en borde le côté sud. La cité fut concédée en 1206 aux Vénitiens, qui l'utilisèrent pendant près de trois siècles comme escale et comptoir sur la route des Détroits ; elle était alors considérée, avec Methóni, comme une des deux « prunelles de Venise » surveillant la Méditerranée.

Circuit de découverte

La Côte orientale du Golfe de Messénie★★★ (messiniakós kólpos)

De Kalamáta à Areópoli, il y a 80 km par une route magnifique franchissant, parfois très en hauteur, les contreforts ouest du massif du Taygète (Taýgetos), et qui offre des vues sur un littoral découpé (nombreuses criques isolées propices à la baignade) et sur le golfe. L'itinéraire permet de découvrir des paysages variés, assez austères au sud (Magne de Messénie - Mani) où les pentes ravinées se couvrent par places d'un maquis et d'oliveraies à l'abandon, plus amènes au nord lorsque les bassins cultivés alternent avec les collines en terrasses coupées de files de cyprès noirs et de bosquets de pins. Les villages ont beaucoup de charme : leurs maisons s'étagent de part et d'autre d'une place ombragée d'un platane géant près duquel est souvent installé un café ; quantité de petites églises byzantines et post-byzantines essaiment alentour.

Défilé de Koskarás★

La rivière a creusé des gorges que la route franchit sur un pont. Descendre à pied un peu en contrebas pour en admirer le tracé et le site. À partir du bassin de Kámpos, gardé par les vestiges médiévaux du château de **Zarnata**, la route monte pour redescendre vers Kardamýli, procurant des **vues★★** plongeantes sur la côte.

Kardamýli★

Modeste station de vacances et port de pêcheurs que protège un îlot fortifié, Kardamýli occupe un site agréable au débouché d'un torrent le long duquel s'égrènent vieilles demeures et églises : parmi celles-ci, Agios Spiridon (13ᵉ s.), dans la vieille ville, est la plus connue pour son fin clocher pointu à quatre étages et les bas-reliefs qui la décorent. En arrière de la station *(6 km)* s'étend un bassin planté d'oliviers, que commandait jadis, dans une position de retrait, le **château de Beaufort** construit par les Francs.

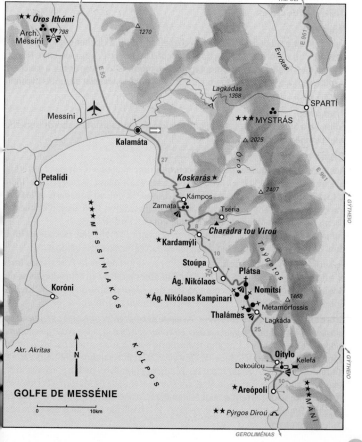

De Kardamýli, il est possible de faire une excursion à pied dans les gorges du Viros. Prévoir 6h, de bonnes chaussures et des provisions d'eau.

Gorges du Viros
(Charádra tou Viroú)

🚶 Partir de Tséria *(6 km au nord-est de Kardamýli)*, où l'on emprunte une piste à droite. Descendre au fond des gorges ; on remonte par une piste qui conduit à Exochorio. Par une rue bordée de belles maisons et ponctuée d'églises, on gagne la sortie du village puis on emprunte un sentier qui plonge dans la gorge. Après avoir atteint les monastères du Sotiros et de Likaki, on revient sur Ano Kardamýli. Reprendre l'itinéraire depuis Kardamýli.

Stoúpa
Belle plage de galets roses invitant à la baignade.

L'église du joli village de Lagkáda.

Ágios Nikólaos
Village de pêcheurs et petites tavernes en bord de mer.

Plátsa
Nombre d'églises byzantines à visiter et superbe vue sur le golfe. Avant un petit bois de pins se dégage une **vue★★★** admirable, embrassant tout le golfe de Messénie.

Ágios Nikólaos Kampinari★
Environ 1 km avant Nomitsí, à droite de la route. Ce petit édifice du 10e s., faisant face à Koróni et au golfe de Messénie, domine un paysage harmonieux de terrasses coupées d'oliviers et de cyprès.

Nomitsí
Dans le village, au bord de la route, la chapelle Anargiri, à clocher-pignon, présente une rare disposition de plan cruciforme inscrit dans un carré ; fresques. Entre Nomitsí et Thalámes, l'église de la Transfiguration (Metamorfosis), dans un enclos à gauche de la route, remonte au 11e s. : curieux chapiteaux sculptés en méplat de motifs byzantins (paons, coqs…) ; vestiges de fresques.

Thalámes
Église Agia Sofia du 13e s. On atteint **Lagkáda** (église, tours) : des abords, superbes vues plongeantes sur le golfe.

Oítylo
Ancienne capitale du Magne, Oítylo couronne une hauteur en vue de la forteresse turque de Kelefá (16e-17e s.). Évoquée par Jules Verne dans *L'Archipel en feu* (1884), la localité domine une baie abritée (cale de Neo Oitylo), où Bonaparte et la flotte française se dirigeant vers l'Égypte auraient fait escale en 1798. C'est d'ici que partirent, au 17e s., les Maniotes qui s'installèrent plus tard en Corse.

Sur la pente, en contrebas de la route, on distingue le monastère Dekoulou (18e s.) dont l'église recèle fresques et boiseries sculptées (iconostase, baldaquin).

En se dirigeant vers **Areópoli**, vues à gauche sur le fort de Kelefá. Prise par les Turcs, elle fut reconquise en 1685 par les Vénitiens après un siège au cours duquel se distinguèrent deux Français, le commandeur de La Tour d'Auvergne et le marquis de Courbon. Jusqu'à la fin du 19e s., la France y entretint un consul.

Citadelle – *Laisser la voiture dans le village et emprunter une ruelle pentue et des escaliers ; hors saison, on peut accéder en voiture jusqu'à la petite place précédant le monastère de la citadelle.* Une imposante porte gothique construite par les Vénitiens permet d'entrer dans la citadelle. L'enceinte d'origine, jalonnée de tours carrées, fut renforcée aux 15e et 16e s. par les Vénitiens et les Turcs de bastions destinés à favoriser l'emploi de l'artillerie. Vues sur Koróni et le golfe de Messénie. À l'intérieur de l'enceinte se dispersent quelques demeures, d'anciens entrepôts, le monastère byzantin Timiou Prodromou et les vestiges de la basilique Agia Sofia, dont une absidiole a été convertie en chapelle.

Kalamáta pratique

Informations utiles

🛈 Un bureau près de la vieille ville, *6 odos Polyvriou, croisement Aristomenous (1er ét.) - ℘ 27210 220 59 - detak@ otenet.gr - lun.-vend. 8h-14h30.* Le personnel sympathique vous fournira une carte de la ville et quelques informations sur les alentours. L'autre bureau se trouve à l'aéroport *(fermé dim.).*

Police touristique – *Heroon Politechniou, à 1 km du centre - ℘ 27210 446 80.*

Hôpital – *À 5 km au nord-ouest - ℘ 27210 460 00.*

Banque – Banque nationale de Grèce, *face à Plateia Georgiou, sur Aristomenous - lun.-jeu. 8h-14h30, vend. 8h-14h.*

Poste – *Vassilisis Olgas - lun.-vend. 7h30-19h et 4 Latropoulou - lun.-vend. 7h30-14h.*

Transports

En Avion – 8 km au nord-ouest - *℘ 27210 698 00. Charters. Horaires variables. Pas de navette. Taxi : comptez 9 €.*

En Train – *Gare à l'ouest de la ville, proche du centre - ℘ 27210 950 56 - guichet : 7h-9h, 10h30-23h15 - consigne - horaires variables en été.*

En Bus – **KTEL Messenia** – *Au bout de odos Artemidos, à l'ouest du Kastro - ℘ 27210 285 81.* Départs quotidiens pour Athènes, Trípoli, Mégalópoli, Sparte, Gýtheio, etc.Horaires variables en été.

En Ferry – Anen Lines - *www.anen.gr.* Pour la Crète : Sman Travel Maniattis, *148 Psaron et Lykourgou - ℘ 27210 207 04.*

Taxi/Radio Taxi – *Sur le port, près de la gare, dans la vieille ville - ℘ 27210 265 65.*

En voiture et en deux roues – Nombreuses agences de location sur Odos Faron et Katsari. **Alpha Rent a bike** – *156, Vyronos - ℘ 27210 934 23.* Motos 50 à 500 cm³.

Se loger

KALAMÁTA

👁 Les hôtels de qualité moyenne et de haute catégorie se trouvent sur le front de mer.

🛏 **Byzantio** – *À 100 m de la gare - ℘ 27210 868 24 - fax 27210 229 24 - 50 ch. - ⌷.* Cet hôtel quelque peu désuet va être rénové. De petites salles de bains, mais un bon rapport qualité-prix.

🛏 **Galaxy** – *14 odos Kolokotroni - ℘ 27210 860 02 - fax 27210 288 92 - www.hotel-galaxy.gr - 36 ch. avec balcons.* Malgré de petites salles de bains, très bon rapport qualité-prix pour cet hôtel central et confortable. Restaurant accueillant.

🛏🛏🛏🛏 **Rex** – *26 odos Aristoumenous - ℘ 27210 274 92 - www.rexhotel.gr - 42 ch. et 2 suites.* Détruit par le séisme de 1986,

l'illustre hôtel Panhellinion a rouvert ses portes en 1999, un siècle après sa création, et a retrouvé son fastueux décor d'antan, ses vérandas fin de siècle, son charme et son confort luxueux.

🛏🛏🛏🛏 **Filoxenia** – *Au déb. de l'av. Navarinou, en arrivant du Magne - ℘ 27210 231 66 - fax 27210 233 43 - 210 ch.- 🅿.* Grand complexe hôtelier international, moderne et confortable, qui vient d'être rénové. Restaurants, piscine, espace de jeux pour les enfants et piano-bar.

🛏🛏🛏🛏 **Elite** – *Sur la jetée, au coin de odos Verga et de l'av. 2, Navarinou - ℘ 27210 224 34 - fax 27210 843 69 - www.elite.com.gr - 57 ch. et 87 bungalows (2-5 pers.). 🅿.* Cet hôtel moderne avec piscine dispose de tout le confort attendu pour sa catégorie, sans charme particulier cependant. Accueil courtois en anglais et buffet de qualité. Accès possible à la mer.

KORÓNI

🛏🛏 **ZagaMilos Hotel** – *℘ 27250 224 48 - Fax 27250 290 28/290 27 - www. zagamiloshotel.com - 32 ch. 65 € - ⌷ 5 € - ⊞ - 🅿.* Entre la superbe plage (5mn à pied) et le joli village (10mn à pied), cet hôtel récent est agréable. Seules les salles de bains sont un peu petites.

KARDAMÝLI

🛏🛏🛏 **Notos Hotel** - *2 km av. le village venant de Kalamáta - ℘ 27210 737 30 ou 69777 160 17 - fax 27210 641 30 - www.notoshotel.gr - 10 studios et 4 appart.* Confortable, calme, clair, sobre et très élégant, à flanc de colline. Accueil de qualité par Georgio. Mieux vaut réserver…

Se restaurer

KALAMÁTA

👁 De nombreux restaurants se concentrent sur la marina, après le port de commerce.

🍴 **I Psaropoula** – *14 av. Navarinou.* Une taverne les pieds dans l'eau, ouvrant sur un petit port de pêche. Excellente cuisine grecque : poissons grillés et *kokoretsi* (abats).

KORÓNI

🍴 **Symposium** – *rue principale - ℘ 27250 223 85.* Le populaire établissement de la ville est tenu par un « greco-américain » très aimable Excellentes grillades, poissons et calamars relevés. 8 chambres à louer au-dessus de la taverne *(4 €).*

KARDAMÝLI

Lela's Taverna – *En venant de Kalamáta, traverser le village, 100 m av. la sortie prendre à droite.* Taverne familiale où l'on déguste une cuisine simple et traditionnelle face aux champs d'oliviers. Accueil simple et chaleureux de Lela.

Faire une pause

Café Amaw – Sympathique, juste à côté de Lela's Taverna.

Igloo – *Kalamáta, sur l'avenue Navarinou, face à la Banque nationale de Grèce.* L'un des meilleurs glaciers de la ville.

Athanasiou – Ce café qui donne directement sur Athanasiou, au coin de Sid. Stathmou, propose depuis 1938 des pâtisseries et des biscuits traditionnels.

En soirée

Varadero beach bar – *Almyros, 7 km en sur la route du Magne. Dans un virage à l'entrée du village sur la droite, avant l'enseigne le Blue Bar.* Ce bar très animé en soirée comme en journée par la jeunesse de Kalamáta donne directement sur la plage de galets. Transats et musique forte de circonstance.

Achats

Linge de maison en **coton** ou en **soie**, tissé, teint ou brodé par les sœurs du monastère des saints Constantin et Hélène, à droite de l'église Ipapandi, au pied du kastro.

Événements

Festival international de danse – *6 Pan Kessari -* 🕿 *27210 830 86/908 86.* De fin juin à mi-juillet dans le théâtre au pied du kastro de Kalamáta.

Kastoriá★★

Καστοριά

14 813 HABITANTS
CARTE GÉNÉRALE RABATI A1 – MACÉDOINE

Kastoriá porte l'empreinte d'un passé tourné vers les Balkans et l'Europe centrale. Capitale des fourreurs, elle conserve de belles demeures anciennes et, ville « aux cent églises », de magnifiques témoignages d'architecture byzantine. Située sur la presqu'île du lac du même nom et à proximité des lacs Préspa, elle est aux portes d'une nature sauvage et protégée.

▷ **Se repérer** – À 209 km à l'ouest de Thessalonique, pratiquement à la frontière de l'Albanie et de la Macédoine (ancienne République de Yougoslavie). Alt. 690 m.

◉ **À ne pas manquer** – Les églises byzantines et les maisons traditionnelles de la ville, les lacs Préspa.

◔ **Organiser son temps** – Comptez deux jours de visite.

Aux marches des Balkans, Kastoriá conserve un riche patrimoine byzantin et ottoman.

H. Champollion / MICHELIN

Comprendre

La fourrure : une tradition séculaire – Cité fondée par Oreste d'après la légende, Kastoriá s'enorgueillit d'être un centre de fabrication de pelleteries. Au 15e s. déjà, les marchands juifs de la ville commercent avec les pays des Balkans et l'Europe centrale. Une tradition plus ancienne fait même remonter cette industrie à l'époque byzantine, lorsque des artisans de Kastoriá vendaient à Constantinople des fourrures rapportées de Russie. Sous domination turque dès 1385, les fabricants locaux obtinrent le privilège d'importer des peaux en franchise. Grâce à leur façon très adroite d'assembler les chutes, les ateliers réalisaient manteaux et pelisses, qu'ils exportaient vers Constantinople et les grandes villes d'Europe centrale (Vienne, Budapest, Leipzig).

Un centre toujours actif – Aujourd'hui, l'exportation s'oriente vers les métropoles occidentales où des fourreurs de Kastoriá ont installé des ateliers. Les artisans locaux achètent leurs peaux en Amérique du Nord et en Scandinavie, même s'il y a près de la ville des élevages de visons et de loups. Les ateliers sont répandus un peu partout, et on voit parfois sur les trottoirs les peaux, tendues sur des planches, sécher au soleil.

Découvrir

Les églises byzantines★★

Kastoriá a compté jusqu'à 75 églises dont il reste aujourd'hui une bonne cinquantaine, des époques byzantine et post-byzantine. Parfois minuscules, mais toujours soigneusement décorées de fresques et de sculptures, elles furent édifiées par des familles aisées ou par de hauts fonctionnaires de Constantinople exilés à Kastoriá. D'autres étaient des chapelles de corporation.

Musée byzantin (Vizandinó Moussío)

📞 24670 267 81 - tlj sf lun. 8h30-15h - gratuit.

Bonne introduction au patrimoine religieux de la ville et de sa région, le Vizandinó Moussío est aménagé dans un bâtiment moderne près de l'hôtel Xenia. Il rassemble des œuvres d'art, surtout de belles icônes, présentées de façon chronologique (du 12ᵉ au 17ᵉ s.) et classées par école ou par thèmes.

Les églises étant fermées, il faut se renseigner auprès du musée pour les visiter *(gratuitement)*.

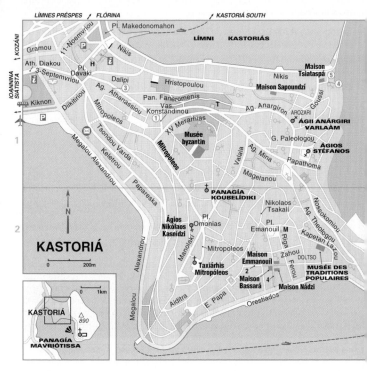

Église Panagía Koumbelídiki★

À côté du lycée.

Dédiée à la Vierge, cette église est la seule de la ville à posséder une coupole (d'où son nom), sur un tambour d'une hauteur inhabituelle. Elle fut sans doute construite au milieu du 9ᵉ s. près des murs du kastro.

Les fresques du porche sont datées de 1496 *(Festin d'Hérode, Vierge de Douleur…)*. L'intérieur, de plan cruciforme, est recouvert de fresques du 13ᵉ s. (celles de l'abside sont du 17ᵉ s.). À la voûte du narthex, on voit l'une des rares représentations de la Sainte-Trinité dans l'iconographie byzantine. Dans la nef, au-dessus de la porte du narthex, la Dormition de la Vierge est figurée avec le Christ assis (il est en général debout), tenant dans ses mains l'âme de la Vierge représentée par un enfant.

Église Ágios Nikólaos Kasnídzi

En contrebas de pl. Omonias.

L'extérieur de cette église du 12ᵉ s. était en partie recouvert de fresques dont on voit des traces au-dessus de l'abside. À l'intérieur, dans le narthex, sont représentés les donateurs, Nicéphore Kasnidzis et son épouse, ainsi que les miracles de saint Nicolas. Dans la nef, remarquer la Dormition de la Vierge et une série de saints guerriers. Ces fresques sont du 12ᵉ s.

Cathédrale des Taxiarques (Taxiárhis Mitropóleos)

De la pl. Omonia, descendre odos Manolaki et prendre sur la gauche une ruelle.

Dédiée aux archanges Michel et Gabriel, l'église métropolitaine des Taxiarques (chefs des armées célestes) fut construite au 9e s. à l'emplacement d'une basilique paléochrétienne, dont elle a conservé quelques chapiteaux ; elle servait sans doute de chapelle funéraire à certains notables de la ville. Ceux-ci sont représentés sur les murs extérieurs sud et ouest parmi d'autres sujets religieux. À l'intérieur, les fresques du 9e s. sont encore visibles sur les murs est des bas-côtés et dans le narthex. Elles furent recouvertes par d'autres fresques au 14e s. On remarque surtout, dans l'abside, la Vierge médiatrice, entourée des deux archanges, et, dans la zone supérieure de la nef, les scènes de la Passion, aux personnages très expressifs.

Église Ágios Stéfanos★

Au nord-est de la ville, odos G. Paleologou.

L'église St-Étienne fut construite au 9e s. (le porche fermé qui l'entoure sur deux côtés est une adjonction récente). Les bases d'un trône, dans l'abside, laissent penser qu'il s'agirait d'une église épiscopale. La voûte de la nef, très haute, est recouverte de fresques du 12e s. (au mur sud la Nativité et la Purification). Dans le reste de l'église et dans les parties hautes du narthex, le décor original du 9e s. a été préservé : au mur sud et à la voûte est représenté le Jugement dernier. Le petit escalier conduit à un gynécée, disposition unique à Kastoriá (chapelle Ste-Anne).

Église Ágii Anárgiri Varlaám★

Odos Ag. Anargiron non loin de l'église Ágios Stéfanos.

Dominant le lac, l'une des plus grandes églises de Kastoriá, construite sans doute au 10e s., est dédiée aux saints anargyres, c'est-à-dire aux saints médecins qui soignaient « sans argent » *(anargyros)*, le plus souvent Côme et Damien, mais aussi Panteleimon et Chermolaos. Ces saints sont représentés sous le porche. La plupart des fresques à l'intérieur del'église sont du 11e ou du 12e s., mais affleurent par endroits celles du 10e s. Dans le narthex, par exemple, les arches du côté droit (sud) portent les saints Basile et Nicolas dont les têtes, beaucoup trop grandes pour le corps, appartiennent à cette première décoration.

Au fond à gauche, près de la porte donnant sur le bas-côté nord, on reconnaît les saints Constantin et Hélène, dans leurs habits impériaux. Dans le bas-côté nord, à gauche de la porte du narthex, on distingue trois couches de fresques. Au mur sud, vers la nef, les donateurs de l'église sont représentés aux côtés de la Vierge : à droite Théodore Limniotis accompagné de son fils, à gauche, sa femme Anna dans un somptueux manteau.

Dans la nef, très haute, on remarque surtout, entre les arches du mur nord, les saints Georges et Dimitri en armure, surmontés d'une pathétique Mise au tombeau. Au mur oriental du bas-côté sud, les archanges Michel et Gabriel entourent la Vierge, au-dessus des saints Côme et Damien.

Les maisons anciennes★

Un petit nombre de demeures de style macédonien, construites pour la plupart aux 17e et 18e s. par les riches fourreurs de la ville, a échappé à la destruction et conserve un certain charme aux quartiers proches de la presqu'île. Ces habitations aux allures de maisons fortes comportent en général trois étages. Les murs des deux premiers sont en moellons où s'intercalent des colombages. Dans les maisons construites aux 18e et 19e s., le 3e étage, en torchis et en bois, s'avance en encorbellement.

Le rez-de-chaussée n'a guère d'ouvertures, à l'exception de la grosse porte d'entrée ; c'est l'étage des réserves. L'étage intermédiaire possède des ouvertures de bois protégées de grilles ; c'est l'étage de l'atelier et de la vie quotidienne (les volets de bois sont aujourd'hui souvent remplacés par des vitres). L'étage supérieur, consacré aux réceptions et au séjour d'été, est bien éclairé par une double rangée de fenêtres, l'une composée de petits volets de bois, traditionnellement sans vitrage, l'autre série, au-dessus, est décorée de morceaux de verre de couleur, agencés comme des vitraux. Entre les avancées, on trouve parfois un balcon couvert, en bois, où l'on prend le soleil.

Deux de ces maisons anciennes, appelées *archondika* (demeures de notables), subsistent dans le quartier d'Apozari, au nord, au bord du lac ; ce sont l'*archondiko* **Sapoundzí** (rue Christopoulou) et l'*archondiko* **Tsiatsapá**.

Mais c'est dans le quartier du Doltso, au sud, que se trouve le plus grand nombre de maisons traditionnelles. Aux alentours de la place A. Emanouil : odos Vizandiou, au sud, rassemble les *archondika* **Nádzi**, **Emanouíl** et **Bassará**.

Non loin, près de la presqu'île, se trouve le musée des Traditions populaires.

Musée des Traditions populaires★ (Laografikó Moussío)

Odos Kapetan Lazou - tlj 10h-12h, 16h-18h - 0,80 €. La maison Nerandzis Aïvazis, édifiée au 17e s., a un décor moins somptueux que les demeures bâties par la suite, mais son agencement intérieur donne une bonne idée de la vie d'une famille macédonienne aisée aux siècles passés.

Au rez-de-chaussée, autour d'un hall pavé, s'ordonnent les diverses pièces de réserves (bois, vin, nourriture et pétrin). Dans la cour se trouvent la cuisine et les fours ainsi que le puits, l'abri pour le matériel de pêche et la barque.

Au 1er étage, la pièce de séjour d'été est actuellement aménagée en atelier de fourreur. Une plate-forme mène à la pièce de séjour d'hiver pourvue d'une cheminée ; les décorations ont disparu.

À l'étage supérieur, au centre, se trouve un grand salon aux murs et aux plafonds peints ; il servait aux réceptions ordinaires, mais aussi à la danse. Les personnages importants étaient reçus dans le parloir ou « kiosque », séparé du grand salon par une balustrade de bois. Les dames étaient reçues dans le petit salon, au sud-est. Au nord se trouvent les chambres d'été et d'hiver d'où les jeunes filles de la maison pouvaient assister, cachées derrière un moucharabieh, aux réceptions.

Aux alentours

Lac de Kastoriá★ (Limni Kastoriás)

9,2 km pour le tour complet de la presqu'île.

La petite route qui borde la presqu'île offre au départ des vues agréables sur la bordure sud de la ville, étagée sur la colline. On voit encore, amarrées sous les platanes ou les saules pleureurs, ces barques en bois à fond plat et à deux becs, caractéristiques du lac de Kastoriá. À 2,5 km, près du monastère de la Vierge, la route s'élargit sous d'énormes platanes (café-restaurant). Belle vue sur le lac.

Monastère de la Panagía Mavriótissa★

Il est composé d'un bâtiment monastique de style macédonien et de deux églises accolées. La principale est l'église de la Vierge (Panagia), construite aux alentours de l'an 1000. Son mur sud extérieur est orné de fresques du 13e s., protégées par un auvent. On y reconnaît l'Arbre de Jessé où domine la Vierge, entourée des prophètes sur les branches. Sur le tronc, l'artiste a sans doute figuré l'empereur Michel VII Paléologue et son frère Jean.

À l'intérieur du narthex, la représentation du Jugement dernier occupe la partie haute du mur est, au-dessus de la porte. On reconnaît, à droite, les damnés aux grandes dents, menacés par les anges et, plus loin, sur le mur sud, un autre groupe de têtes de damnés. Les murs ouest et est du catholicon sont ornés de fresques du 12e s., comme les précédentes. Au-dessus de la porte est figurée la Passion, au-delà, la Pentecôte et, au-dessous, la Dormition de la Vierge. La chapelle de Jean-le-Théologue (l'Évangéliste) fut ajoutée au 16e s. au sud-est de l'église.

On peut revenir à Kastoriá par le même chemin (attention, les voitures, au retour, n'ont pas la priorité), ou bien faire le tour de la presqu'île par la petite route (à sens unique à partir du monastère) pour rejoindre le côté nord de la ville et le petit port.

Circuits de découverte

Lacs Préspa★★

64 km. Quitter Kastoriá au nord, par la route de Florina.

Environ 5 km au-delà de la ville, belle **vue★★** d'ensemble du site de Kastoriá, la presqu'île et le lac environné de montagnes. Après un col, la route longe la vallée boisée du Livadopotamos, affluent de l'Aliakmonas. À 35 km, quitter la route de Florina et prendre à gauche vers les lacs (Limnes Prespes). Après un seuil s'offre une **vue★★** splendide sur le Petit Lac Préspa (Mikri Préspa).

Petit lac Préspa★

D'une superficie de 43 km² (son extrémité sud-ouest se trouve en Albanie), ce lac a été constitué en parc national en 1974, ainsi que la partie grecque du Grand Préspa (Megali Préspa). Tous deux sont à une altitude de 853 m et entourés de massifs montagneux s'étageant entre 1500 et 2500 m d'altitude.

Le Petit Préspa est entouré de roseaux qui abritent une faune d'oiseaux aquatiques extrêmement riche. Le lac comporte deux îlots : le plus grand, Agios Achilios, possède plusieurs églises byzantines dont celle de St-Achille, du 11e s. Cet îlot est accessible par une passerelle flottante. Des canots, au départ du village de **Mikrolymni** (à 4 km de l'embranchement), conduisent aux autres îles et aux observatoires d'oiseaux.

Une faune exceptionnelle

Entourés de forêts de chênes, de hêtres et de sapins, les lacs de Megali Préspa (288 km²) et de Mikri Préspa (43 km²) sont des îlots de nature encore très protégés, classés en parc national. Le petit lac présente une importante colonie d'oiseaux chassant sous l'eau (cormorans de Dalmatie, grandes aigrettes, hérons pourprés, faucons kobez). On y trouve également des grèbes à cou noir, des harles bièvres ainsi que des pélicans frisés, une espèce rare dont le vol majestueux semble immobile. Ce site fragile, paradis des ornithologues, est une zone de reproduction pour ces oiseaux dont la chasse est interdite. En 1999, la gestion du parc a obtenu le prix Ramsar pour la conservation des zones humides.

La route principale suit la rive du petit lac. À l'embranchement situé à l'extrémité, la route de droite mène au village d'**Ágios Germanós**, situé au pied du mont Varnous (2 156 m), et qui possède une église à coupole du 11ᵉ s. ornée de belles fresques.

Grand Lac Préspa★

À gauche, à l'embranchement. Ses 288 km² sont partagés entre l'Albanie, la Macédoine, et la Grèce qui en possède 38 km². Ce lac est séparé du Petit Préspa par un long cordon de sable sur lequel passe la route ; à son extrémité ouest, une petite plage est aménagée sur la rive du grand lac dont l'eau, en été, atteint 24 °C.

6 km plus loin, situé dans une anse profonde de l'autre côté de la presqu'île, le village de **Psarádes** (« pêcheurs ») se compose de maisons traditionnelles à balcons de bois. Dans les tavernes, on mange de délicieuses fritures.

Des excursions en barque à moteur sont organisées sur la partie grecque du lac. Elles permettent d'approcher le rivage escarpé dont les falaises ou les grottes (celle, entre autres, de la Panagia Eleoussa) comportent des peintures rupestres exécutées par des ermites aux 14ᵉ et 15ᵉ s. Belles **vues★** sur la rive et les montagnes albanaises.

Siátista★

À 59 km au sud-est de Kastoriá ; à 30 km à l'ouest de Kozáni.

Du 16ᵉ au 18ᵉ s., Siátista fut connue comme marché de vins et de cuirs. Les vignes étant atteintes par le phylloxéra, la ville s'est reconvertie au début du 20ᵉ siècle dans la fabrication et le négoce des fourrures. Siátista est divisée en deux quartiers, chacun dominé par un haut campanile. La ville haute possède plusieurs maisons *(archondika)* du 18ᵉ s., construites dans le style macédonien, comme celles de Kastoriá. La plupart d'entre elles sont sous la garde du service archéologique, abrité dans la **maison Neranzopoulou★** qui possède de beaux plafonds peints et des fenêtres à vitraux. Un peu plus bas se trouvent la maison **Manousia** et la maison **Poulkidia** aux magnifiques plafonds et murs peints. La **maison Chatzimihali Kanatsouli** *(430, odos Mitropoleos)*, près du campanile, est encore habitée.

Le paradis naturel du lac Grand Préspa (Megali Prespa), près de Psarádes.

J.-P. Naïl / MICHELIN

Kastoriá pratique

Informations utiles

KASTORIÁ

Banque – Banque nationale de Grèce, *11 odos Noemvriou*. Autres distributeurs, *pl. Davaki*.

Poste/téléphone – *Au nord de odos Meg. Alexandrou*. **OTE** – *odos Agiou Athanassiou*.

LACS PRÉSPA

🏛 *À l'entrée du village d'Ágios Germanós.* Exposition sur les richesses naturelles et historiques de la région (en grec). Cartes, informations sur le biotope.

Transports

En avion – L'aéroport Aristoteles est à 10 km au sud - ℘ *24670 216 60/50* - *mai-oct. : 4 vols/sem. pour Athènes.*

En bus – *Gare routière sur odos Ath. Diakou, sud de la ville* - ℘ *24670 834 55.* 7 bus/j. pour Thessalonique, 5/j pour Kozani, 3/j. pour Athènes également des liaisons avec Ioannina.
Pour les lacs Préspa, pas de liaison directe. 1bus/sem. de Florina pour Agios Germanos.

En bateau – À Kastoriá, une navette relie la rive nord à la rive sud plusieurs fois/j., en faisant le tour de la péninsule. Horaires sur les quais.
Aux lacs Préspa, l'île d'Agios Achilios est accessible par une passerelle flottante.

En voiture – C'est le meilleur moyen pour aller aux lacs Préspa. Peu de loueurs à Kastoriá.

En taxi – Kastoriá - ℘ *24670 423 33.* Agios Germanos - ℘ *23850 512 07.*

Se loger

KASTORIÁ

🛏 **Europa** – *12 odos Agiou Athanassiou,* ℘ *24670 238 26 - 36 ch.* Bonne adresse, près de la pl. Davaki. Chambres propres et confortables, bien tenues.

🛏 **Pension Filoxenia** – *Située dans un quartier calme au nord-est de la ville (suivre le fléchage)* - ℘ *24670 221 62 - 9 ch.* Perchée au-dessus de la ville, à la limite de la ville et un peu loin du centre, cette pension offre une vue magnifique. Les chambres propres et agréables ont toutes un balcon.

🛏 **Aiolis** – *30 odos Agiou Athanassiou,* ℘ *24670 210 70 - 14 ch.* Cette bâtisse d'angle à colonnade, au luxe un peu racoleur, propose un excellent confort et un service très professionnel.

🛏🛏🛏 **Kastoriá** – *122 odos Nikis,* ℘ *24670 294 53 - 37 ch.* Situé à l'écart, sur la rive nord, cet hôtel de luxe récemment rénové possède des chambres décorées dans le style classique. Préférez celles du 2e étage, qui jouissent d'un balcon avec vue sur le lac.

LACS PRÉSPA

👁 On trouve des chambres à louer chez l'habitant.

🛏 **Psarades** – *Psarádes* - ℘ *23850 460 15 - 16 ch.* Hôtel confortable, installé de l'autre côté de la crique, faisant face au village. Petit-déjeuner en sus.

🛏 **Agios Achilios** – *Île d'Agios Achilios* - ℘ *23850 466 01.* Cette pension établie dans une robuste maison traditionnelle possède un agréable salon avec cheminée.

🛏 **Agios Germanos** – *Ágios Germanós, à droite de la place du village,* ℘ *23850 513 97 - 11 ch.* Deux bâtiments traditionnels abritent d'agréables et spacieuses chambres avec chauffage. Les repas se prennent dans le petit logis fermant la cour, bon petit-déjeuner.

Se restaurer

KASTORIÁ

🍽 **Swan** – *1 odos Thomaidos.* Une adresse accueillante et bon marché où l'on sert d'excellentes truites et grillades de viande, à déguster sous le regard des cygnes et des chats… Attention, certains soirs, le lac exhale une odeur peu agréable.

🍽 **Omonoia** – *97 odos Mitropoléos, près de la pl. Omonia.* Petit restaurant simple et bon marché où se rassasier après avoir visité les églises du quartier.

🍽 **Nostalgia** – *2 odos Nikis - en face du débarcadère* - ℘ *24670 226 30.* Viandes grillées et poissons servis dans un cadre calme et agréable, juste en face du lac.

🍽 **Mavriotissa** – *Près du monastère, au bout de la péninsule.* Sur une agréable terrasse ombragée de platanes, on sert poissons et bœuf en sauce. Attention, l'endroit est pris d'assaut le week-end par les Kastoriáns qui visitent le monastère.

LACS PRÉSPA

🍽 **Taverne Kostas** – *Psarades, à l'entrée du village.* Excellent accueil et du poisson à des prix raisonnables.

Événements

Du 6 au 8 janvier, les **Ragoutsaria** sont l'occasion d'un carnaval très coloré.

Le premier week-end d'août, le village de **Nestorio** (20 km à l'ouest de Kastoriá) organise une série de concerts dans le cadre de la **fête de la Rivière**.

Kavála★

Καβάλα

58 663 HABITANTS
CARTE GÉNÉRALE RABAT I B1 – MACÉDOINE ORIENTALE.

Kavála est bâtie en amphithéâtre au fond d'une ample et lumineuse baie. Port de la cité antique de Philippes dont les ruines majestueuses s'élèvent tout près, elle fit partie de l'Empire ottoman jusqu'en 1913, comme en témoigne l'architecture de son vieux quartier. Entourée de plages à l'est et à l'ouest et par l'île de Thassos au sud, elle est devenue aujourd'hui une station balnéaire très courue.

▷ **Se repérer** – À 175 km au nord-est de Thessalonique, au bord de la mer Egée. Aéroport à 30 km à l'est, sur la route de Xánthi.

👁 **À ne pas manquer** – L'Imaret et la vue du belvédère

🕐 **Organiser son temps** – Compter une demi-journée de visite.

👥 **Avec les enfants** – Fête foraine le long du marché du samedi matin, odos Ethnikis.

🎯 **Pour poursuivre le voyage** – Mont Áthos, Thassos, Thessalonique, Thrace.

Comprendre

Colonie de Thassos, puis port de Philippes sous le nom de Neapolis, Kavála était déjà une ville étape aux temps antiques : accompagné de Silas, saint Paul y prit pied, venant d'Asie Mineure et se dirigeant vers Philippes.

Nommée aussi Christoupolis (la Christople des Francs) au Moyen Âge, la ville voit, en 1306, débarquer les bandes cata-lanes venues de Gallipoli : ce sont ces Catalans qui vaincront les Francs au lac Copaïs et s'empareront du duché d'Athènes. Elle subit ensuite les raids des Normands, puis des Ottomans qui prennent la cité en 1391. Au 16e s., le voyageur français Pierre Belon dit qu'on nomme la ville Bucéphale, comme le cheval d'Alexandre le Grand, et c'est sans doute l'origine du nom Kavála. Il note également la présence d'une importante communauté juive, trans-férée de Hongrie par les Ottomans. La ville connaît alors un essor, notamment sous Soliman le Magnifique qui la dote de fortifications neuves et d'un aque-duc. En 1913, elle revient à la Grèce et, en 1922, 25 000 Grecs chassés d'Asie mineure y affluent lors de l'échange de population entre la Grèce et la Tur-quie.

Méhémet Ali, fondateur de l'imaret.

Centre de l'industrie et de l'exportation du tabac macédonien, Kavála se divise en un quartier ancien s'agrippant au pro-montoire rocheux que couronne une citadelle et un quartier moderne s'étendant vers l'ouest le long du port.

Se promener

Partir de la place Karaoli Dimitriou, blottie à l'angle est du port. Remonter odos Koun-ouriotou et prendre odos Poulidou à droite.

Imaret

Fondé par Méhémet Ali, fils d'un riche négociant en tabac d'origine albanaise, ce vaste et curieux ensemble de bâtiments aux nombreuses petites coupoles était une sorte d'hospice desservi par des religieux mahométans (derviches) pouvant accueillir 300 indigents. Transformé en hôtel de luxe, son café perché sur une terrasse dominant la mer mérite un arrêt.

Le futur pacha d'Égypte

À Kavála naquit le fameux Méhémet Ali (1769-1849), futur pacha et fondateur de l'Égypte moderne. Albanais d'origine, il eut un destin étonnant. À la tête d'un corps albanais envoyé en Égypte combattre l'armée de Bonaparte, il est victorieux et prend le titre de vice-roi d'Égypte, fonde Karthoum au Soudan. Moins chanceux contre les Grecs, sa flotte est vaincue en 1839 à Navarin *(voir Pýlos p.317)*. Il entreprend alors la conquête du Proche-Orient et vainc les Turcs en Palestine avec l'appui des Français. Son expansionnisme est mal vu des Anglais, qui le contraignent à se replier en Égypte, terre qu'il reçoit en possession héréditaire avec le Soudan. Méhémet Ali y passe la fin de sa vie et, père d'Ibrahim Pacha, il est à l'origine de la dynastie qui allait régner sur l'Égypte jusqu'au roi Farouk.

Maison de Méhémet Ali (Ikia Méhémet Ali)

C'est dans cette maison construite au 18ᵉ s. sur la crête du promontoire que naqui Méhémet Ali. Entourée d'un jardin touffu, dominant le front de mer, elle est repésen tative de l'habitat turc par ses cloisons de bois et son agencement : écuries et cuisin au rez-de-chaussée, appartements et harem muni de moucharabiehs à l'étage.

L'église Kim. Theotokou

De l'esplanade ombragée au pied de l'église, **vue★** sur l'île de Thassos et l'océan En se penchant vers les rochers, on peut voir, en été, quelques baigneurs fuyant le plages de sable prises d'assaut par les touristes.

Redescendre par odos Vizandinou, longeant le vieux quartier sur la façade est du promon toire, puis atteindre le chateau par odos Fidiou et les petites ruelles grimpantes.

Kastro

Tlj 8h-21h, nov.-mars 8h-16h - 1,50 €.

Il est situé à l'emplacement de l'acropole antique. Du haut des remparts byzantin jalonnés de tours, vues sur Kavála. L'aqueduc en contre-bas approvisionnait la vill haute en eau. À l'intérieur de l'enceinte, remarquez une citerne et les prison.

Redescendre vers le centre-ville par la odos Katsoni.

Aqueduc de Kamares ★★

Franchissant le creux de terrain qui sépare la ville moderne de la ville ancienne l'aqueduc fut édifié au 16ᵉ s. par Soliman le Magnifique.

Visiter

Musée archéologique (Arheologikó Moussío)

Odos Ethnikis Andistassis - ☏ 25102 223 35 - tlj sf lun. 8h-15h - 2 €.

Consacrées au passé de la Macédoine orientale du néolithique à l'Empire romain, le collections de ce musée sont agréablement présentées dans un bâtiment modern La salle 1 regroupe les découvertes faites lors des fouilles de Neapolis. Remarque les colossaux chapiteaux ioniques provenant des fouilles du sanctuaire d'Athén Parthenos (6ᵉ-5ᵉ s. av. J.-C.) qui se trouvait près de l'imaret. Dans la salle 2 son exposés des objets venant d'Amphipolis et, notamment, les trouvailles faites dan la nécropole : stèles sculptées, verreries et surtout **bijoux hellénistiques** en o

Musée d'Art populaire (Laografikó Moussío)

4 odos Filipou - tlj. sf dim. 9h-13h.

Installé dans un bâtiment néoclassique, il donne un intéressant aperçu sur l'art gre contemporain, avec en particulier les œuvres du peintre et sculpteur Polygnotc Vagis (1894-1965). Il abrite également une belle exposition d'art populaire (costume outils, etc.).

Aux alentours

Amfípolis

À 88 km au sud-ouest de Kavála - tlj 8h-19h - gratuit.

L'embouchure de l'estuaire du Strymonas montre une présence humaine dès l période néolithique sur les deux rives du fleuve et une occupation continue à l'âg du bronze. Le site même est très étendu et toujours en cours de fouilles. La ci antique se trouvait dans une position privilégiée non loin donc de l'embouchur du Strymonas et du massif du mont Pangée (1 956 m), « montagne sainte » fameus chez les Anciens tant par le culte qui y était voué à Dionysos et à ses suivantes, le Ménades, que par la richesse de ses forêts et de ses mines d'or.

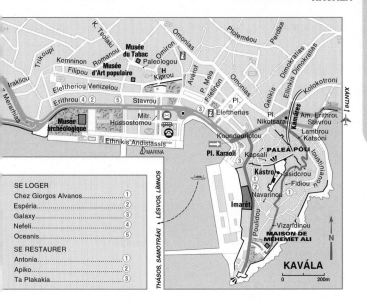

KAVÁLA

SE LOGER

Chez Giorgos Alvanos	①
Espéria	②
Galaxy	③
Nefeli	④
Oceanis	⑤

SE RESTAURER

Antonia	①
Apiko	②
Ta Plakakia	③

i l'occupation grecque de l'embouchure du fleuve commença dès le 7ᵉ s. av. J.-C. a fondation proprement dite d'Amphipolis, colonie athénienne, date du 5ᵉ s. Mais n siècle plus tard, la cité passe sous l'hégémonie macédonienne et prospère sous Philippe et Alexandre. Après la conquête romaine, étape sur la Via Egnatia, elle connaît une période de prospérité. C'est dans son port que Marc Antoine rassembla sa flotte pour aller livrer la bataille contre Octave, à Actium. Le passage de l'apôtre Paul en 50 marqua un renouveau de la cité à l'époque paléochrétienne. C'était encore un centre mportant à l'époque byzantine.

e lion

A gauche de la route en venant de Thessalonique, avant le pont sur le Strymonas, e dresse un lion colossal, en marbre, reconstitué en 1937 à partir d'éléments hellénistiques : il ressemble au lion de Chéronée, bien que d'époque plus tardive (fin du 4ᵉ s. av. J.-C.).

es ruines

près le pont sur le Strymonas, suivre la route de Serres et, à 1,5 km, à gauche, la petite route conduisant au village moderne d'Amfípoli, où l'on prend de nouveau à gauche vers ne église ; à 500 m, un sentier à droite mène aux ruines.

es fouilles ont mis au jour une grande partie de la muraille, des sanctuaires et des âtiments publics ou privés. La prospérité de la cité s'illustre par l'existence de bâti-ments monumentaux décorés de pavements en mosaïques et de peintures murales t par les objets exhumés.

L'**enceinte** hellénistique, récemment dégagée, atteint parfois 7 m de haut ; la muraille 'étendait sur 7 km et comportait tours, portes et bastions. La partie nord bien dégagée n donne une bonne idée.

a plus étonnante construction est sans doute le **pont** fait de poutres de bois dont, a berge étant aujourd'hui asséchée, des centaines de pieux sortent du sol.

ur le plateau, on découvre, non loin de ce qui était probablement l'agora, les vestiges e basiliques paléochrétiennes : **mosaïques** à motifs d'oiseaux.

Musée archéologique

☎ 23220 324 74 - mar.-dim. 8h-19h, lun. 12h-19h ; en été, merc. jusqu'à 23h - 2 €.
Ouvert en 1995, il rassemble dans un bâtiment moderne la plupart des découvertes aites sur le site selon une présentation chronologique. On remarquera les figurines éolithiques, les stèles funéraires gravées, les **bijoux en or** de la période hellénistique, les sculptures romaines et des chapiteaux paléochrétiens et le magnifique ossuaire n argent et le **diadème** en feuilles d'or.

Ruines de Philippes★★ (Fílippoi)

🚗 15 km au nord-ouest de Kavála - 8h-19h - 2 €.
Dans la plaine macédonienne, bien drainée (tabac, blé, maïs), gisent de part et d'autre e la grand-route les imposants vestiges de la cité à laquelle **Philippe II de Macédoine** donna son nom.

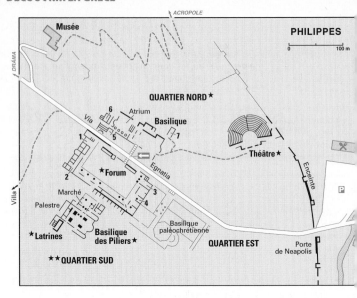

En 360 av. J.-C., les Thassiens fondent l'établissement de Krinides (« les Sources
dans cette région dominée par le mont Pangée riche en mines d'or. En 356, la vil
prend le nom du nouveau roi de Macédoine Philippe II.

En 49, saint Paul, venant de Neapolis, y entreprit sa première prédication, et il
fut emprisonné quelque temps, avec son compagnon Silas, sur dénonciation. L
christianisme progressa rapidement, comme put le constater Paul, de retour
Philippes six ans plus tard. L'épître de Paul aux Philippiens aurait été envoyée d
Rome seulement en 64.

Aujourd'hui, on voit les vestiges d'une ville romaine au tournant de notre ère, tr
tôt marquée par l'existence du christianisme. De la cité macédonienne, il ne subsis
que le théâtre, adossé aux pentes de l'acropole, et la muraille. En effet, l'implantatic
romaine a bouleversé son plan originel en lui impliquant le schéma orthogona
conforme aux fondations de colonies. Puis, le centre monumental de la colon
(forum, temples, marché, palestre) a été recouvert aux 6e et 7e s. par des basiliqu
chrétiennes protobyzantines.

Les fouilles dans ce qui est le site archéologique le plus important de Macédoir
orientale ont débuté en 1914 sous la responsabilité de l'École française d'Athène
elles se poursuivent de nos jours sous l'égide conjointe du service archéolog
que grec, de l'Université aristotélicienne de Thessalonique et de l'École françai
d'Athènes.

Quartier est

En venant de Kavála, on aborde Philippes par la porte de Neapolis, élément de l'encein
byzantine conservée par endroits et jalonnée de tours et de redents. Un segment mon
vers l'acropole grecque, sur laquelle trois tours ont été bâties au Moyen Âge.

Le secteur situé entre l'enceinte et le forum est en cours de fouilles. On y a dégag
les vestiges d'une importante **basilique** paléochrétienne *(accès à certaines heur
seulement)* bâtie sur plan octogonal, comme à San Vitale de Ravenne, et qui s'élè
certainement à l'emplacement de la basilique primitive de Paul. Les vestiges d'u
baptistère et d'un palais épiscopal auxquels on accédait de la Via Egnatia par u
portique ont également été mis au jour.

Quartier sud

Accès de la route moderne par un escalier. La Via Egnatia, au niveau de laquelle on de
cend tout d'abord, constituait la voie principale *(decumanus maximus)* de la Philipp
romaine : remarquez à gauche de l'escalier les ornières laissées par les chars.

Forum★ – Formant un grand rectangle de 100 m sur 50 environ autour d'une co
dallée de marbre, il fut édifié sous le règne de l'empereur Marc Aurèle (161-180). S
plan est facilement reconnaissable : bordé sur un côté par la Via Egnatia et sur les tro
autres par des gradins et des portiques, il rassemblait les principaux édifices munie
paux dont on a identifié les fondations. En bordure de la Via Egnatia, on reconnaît d
fontaines, une tribune aux harangues et des monuments commémoratifs.

Sur le côté ouest se trouvent les vestiges d'un temple **(1)** et de bâtiments administratifs : à l'angle sud-ouest, chercher la curieuse table de marbre **(2)** renversée dont les cavités, de volumes différents, servaient, pense-t-on, de mesures, et plus loin, au pied de la 2e colonne du portique sud, les trous pratiqués dans le sol pour le jeu de billes. Sur le côté est il y avait un autre temple **(3)**, dont on remarque les colonnes cannelées, et une bibliothèque **(4)**.

Marché – Situé de l'autre côté de la rue qui longe le forum au sud, il comprenait des boutiques et un hall à colonnes dont quelques-unes ont été relevées. Entre elles, on distingue plusieurs jeux gravés dans la pierre. La partie sud de ce marché fut nivelée pour la construction de la basilique des Piliers.

Basilique des Piliers★ – Sa construction a été entreprise au 6e s. mais, semble-t-il, non terminée à cause de l'impossibilité de construire une coupole d'une portée suffisante sur un édifice d'une telle ampleur. Les énormes piliers encore en place, édifiés avec des blocs antiques, et leurs chapiteaux byzantins finement sculptés de feuilles d'acanthe témoignent de l'ambition des promoteurs de l'édifice qui avait un narthex, trois nefs et une abside arrondie. Au nord (côté forum) subsistent les restes d'un baptistère et d'une chapelle qui abritait le trône épiscopal.

Palestre romaine – 2e s. Il en reste quelques éléments, la plus grande partie ayant été recouverte lors de la construction de la basilique des Piliers.

Latrines★ – Situées à l'extrémité et en contrebas de la palestre, ces grandes latrines contemporaines de la palestre et du marché sont très bien conservées. Elles se trouvaient en sous-sol et on y descendait par un escalier encore visible. La plupart des conduites d'eau et des sièges de marbre d'origine subsistent.

Une victoire décisive

En 42 av. J.-C., Philippes est le théâtre de la bataille qui oppose les armées du parti d'Antoine et d'Octave à celles des partisans de la République de Brutus et Cassius. Après l'assassinat de Jules César en 44 av. J.-C., ses meurtriers étaient passés en Orient où ils contrôlaient le pays situé à l'est de l'Adriatique.
Octave, le neveu de César, et Antoine marchèrent alors contre l'armée des partisans de la République et la rencontrèrent à l'ouest de Philippes, en octobre 42. Après diverses péripéties, Octave et Antoine défirent Brutus et Cassius qui se donnèrent la mort. Les vainqueurs se partagèrent ensuite le pouvoir.
Plus tard des vétérans de l'armée victorieuse furent installés à Philippes qui reçut le statut de colonie romaine, donnant aux habitants les mêmes droits que ceux des Romains d'Italie. La cité devint vite prospère grâce à sa situation sur la Via Egnatia, sa proximité des mines d'or du Pangée et la fertilité de la plaine voisine.

Quartier nord★

De l'entrée, on accède à une terrasse d'où l'on découvre une vue étendue en direction du mont Pangée.

Basilique à atrium – Édifiée au 6e s., elle aurait été détruite peu après par un tremblement de terre. Son plan comportait une abside, trois vaisseaux, un narthex et un atrium, comme à Agios Dimitrios de Thessalonique. On voit encore les traces de l'escalier qui descendait à un petit dépôt ménagé pour abriter des reliques sous l'autel principal.

Prison de saint Paul – En contrebas de la basilique, au niveau de la route, s'ouvre une citerne romaine **(5)** qui, dès le 5e s., fut considérée comme la prison de saint Paul et de Silas.
Plus haut apparaissent les soubassements, en appareil massif, d'un temple hellénistique **(6)** ; ces fondations furent aménagées en citerne par les Byzantins.
Gagner ensuite le théâtre par un sentier passant au pied de petits sanctuaires rupestres **(7)**, niches creusées et aménagées dans le roc.

Théâtre★ – Dessinant une ample conque sur les premières pentes de la colline qui porte l'acropole, ce grand théâtre remonte au 4e s. av. J.-C., mais il fut réaménagé par les Romains au 2e s. apr. J.-C., puis remodelé au 3e s. avec la transformation de la scène en arène pour les combats d'animaux et de gladiateurs. De cette époque, il reste les bas-reliefs ornant un pilier de l'entrée représentant Mars et une Victoire, divinités des jeux du cirque ainsi qu'un splendide bucrane (tête de bœuf sculpté).
Le théâtre sert de cadre au festival d'été.

Kavála pratique

Informations utiles

⛫ EOT – *Place Eleftherias* - ✆ *25106 205 66/331 011 - tlj sf dim. 10h-14h, 18h-21h.*

Transports

Départs pour Thassos – Près des douanes maritimes à l'est du port, les billets peuvent s'acheter au dernier moment, dans des petits kiosques au départ des ferries.

Se loger

⌒ Chez Giorgos Alvanos – *35 odos Anthemiou* - ✆ *25102 217 81 - 8 ch.* Petite maison traditionnelle au cœur du quartier ottoman de Panagia (stationnement difficile). Chambres simples, exiguës, mais bien tenues et au calme.

⌒ Espéria – *44, odos Erithrou Stravrou* - ✆ *25102 296 21/5 - fax 25102 206 21.* Situé devant le Musée archéologique, c'est un des hôtels situés en bord de mer les moins chers.

⌒ Nefeli – *50 odos Erithrou Stavrou* - ✆ *25102 274 41 - fax 25102 274 40 - 94 ch.* Hôtel confortable, avec air conditionné et télévision dans certaines chambres, mais c'est le plus cher dans sa catégorie. Hors saison, n'hésitez pas à négocier.

⌒⌒ Oceanis – *32 odos Erithrou Stavrou* - ✆ *25102 219 81 - fax 25102 219 81 - 168 ch.* Ce paquebot luxueux de sept étages possède une petite piscine sur le toit avec vue imprenable. Un îlot de tranquillité au milieu de l'agitation.

⌒⌒ Galaxy – *27 odos Venizelou (rue parallèle à E. Stavrou, au nord)* - ✆ *25102 245 21 - fax 25102 267 54 - 150 ch.* Grand hôtel un peu défraîchi proposant des chambres spacieuses et confortables, certaines avec un balcon donnant sur le port (très bruyant). Personnel très professionnel.

Se restaurer

⌒ Apiko – *Odos Th. Poulidou.* Adresse bon marché où l'on sert des poissons grillés.

⌒ Antonia – *Odos Th. Poulidou.* Établissement très prisé des Grecs, pour déguster du poisson. Le personnel, très accueillant, parle anglais.

⌒ Ta Plakakia – *4 odos Doïranis, sur le port.* Ce restaurant propose d'excellents fruits de mer, mais peut être pris d'assaut par les touristes.

Faire une pause

◉ La plupart des cafés se concentrent entre l'odos Venezelou et l'odos Omonias, entre la place Eleftherias et le parc Iroon.

Café Nikitoros – *42, pl. Karaoli.* Un café traditionnel sur le port, avec une belle salle décorée de boiseries.

Café Imaret – *Odos Th. Poulidou.* Idéal pour un café ou une salade au calme.

Flyboat – *Odos Ethnikis.* Amarré à l'entrée du marché, ce grand yacht a eu la bonne idée d'aménager un bar sur le pont avant.

Événements

En juillet et en août, le théâtre de Philippes accueille le **festival macédonien de Philippes-Thassos**. Renseignements auprès de l'office de tourisme à Kavála.

Les trésors de la mer grecque !

D. Pazery / MICHELIN

Lárisa
Λάρισα

124394 HABITANTS
CARTE GÉNÉRALE RABAT I B1 – THESSALIE

Capitale de la Thessalie et important nœud de communications sur la rive droite du Pineiós, Lárisa joua un rôle militaire au temps des Turcs qui l'occupèrent de 1389 à 1881, y entretenant une forte garnison. C'est aujourd'hui un marché agricole et un centre d'industries alimentaires ainsi qu'une bonne base de découvertes des curiosités archéologiques et naturelles de la région.

▶ **Se repérer** – 151 km au sud-ouest de Thessalonique et environ 360 km au nord-ouest d'Athènes. Lárisa est une ville de plaine d'aspect moderne avec de grandes places ombragées et quelques rues piétonnes.

👁 **À ne pas manquer** – Les gorges de Tempé, le château de Platamónas.

⏱ **Pour poursuivre le voyage** – Les Météores, le massif du Pélion, Thessalonique.

La forteresse franque de Platamónas a conservé son donjon et son enceinte.

J.-P. Nail / MICHELIN

Se promener

Quartier du fleuve
La rue Venizelou, axe principal du vieux quartier, a conservé ses maisons basses à auvent et ses éventaires de plein air. Au coin de la rue Papanastasiou, ainsi qu'à droite en montant, on découvre les ruines d'un théâtre hellénistique. Un peu plus haut, à l'emplacement de l'antique acropole, s'élève le **château médiéval** devant lequel des fouilles (en cours) ont mis au jour une basilique paléochrétienne comprenant quelques mosaïques et un caveau peint qui serait le tombeau de saint Achille. Au pied de la colline, à l'extrémité de la rue Venizelou, coule le Pineiós au-delà duquel s'étend le parc Alkazar, l'un des lieux de promenade favoris des citadins.

Musée archéologique
2, odos 31-Avgoustou - ℘ 24102 885 15 - tlj sf lun. 8h30-15h - gratuit.
Le Musée archéologique est aménagé dans une mosquée du 19e s. Ses collections comprennent un étonnant menhir, des vases du néolithique et de l'époque géométrique, ainsi que des sculptures hellénistiques et romaines, et des mosaïques.

Aux alentours

GORGES DE TEMPÉ ★ (FARANGI TEMPIOU)
À 22 km au nord-est de Lárisa.
Entre la Thessalie et la Macédoine, la vallée du fleuve Pineiós se resserre en une gorge sombre quoique verdoyante, qu'on nommait jadis « Gueule de loup ». Longue de 5 km, elle a pour origine une fracture sismique entre l'Olympe et l'Ossa qui créa un passage qu'emprunta le Pineiós, issu du lac de Lárisa.

Ces lieux étaient célèbres dans l'Antiquité, ils étaient consacrés à **Apollon**. En effet, le fils de Latone, après avoir tué le serpent Python, était venu à Tempé se purifier dans les eaux du Pénée. Et là il était devenu amoureux de la nymphe **Daphné** qui, pour lui échapper, s'était changée en laurier. Apollon avait alors cueilli un rameau de ce laurier pour le planter à Delphes près de la fontaine de Castalie : en souvenir, tous les huit ans, des pèlerins vinrent de Delphes à Tempé y cueillir une branche de laurier. Vantée par les Anciens pour sa fraîcheur entre les plaines de Macédoine et de Thessalie, torrides en été, la vallée séduisit l'empereur Hadrien qui la fit reconstituer dans le parc de sa villa de Tivoli, proche de Rome.

Nous conseillons de visiter les gorges, qu'agrémentent des bosquets de platanes, de lauriers-roses et de rhododendrons, en venant de Thessalonique, les parkings se trouvant pour la plupart, en bordure nord de la route.

Source de Dafni (ou d'Apollon) – Site ombragé frais et reposant.

Agia Paraskevi – Important sanctuaire de pèlerinage, sur la rive gauche du Pineiós au pied d'une impressionnante falaise. De la passerelle suspendue qui franchit le fleuve, belle **vue**★ sur la gorge et les frondaisons de platanes ; on distingue sur un piton les restes d'un château médiéval, une des six forteresses qui gardaient la passe.

Source d'Aphrodite – Au niveau du Pineiós, sous une voûte de platanes.

Ampelákia

Admirablement située sur les flancs du mont Ossa, au débouché des gorges du Tempé, Ampelákia, dont le nom signifie « petite vigne », jouit d'une vue étendue sur le bassin du Pineiós et le massif de l'Olympe. Si aujourd'hui il n'y a plus là qu'un bourg avec quelques tavernes ainsi qu'une coopérative agrotouristique féminine, il ne faut pas oublier que jadis c'était une importante ville prospère.

La **maison de Georges Schwarz**★ **(Archondiko Schwarz)**, superbe maison du 18e s. du président de la coopérative, est révélatrice de l'habitat thessalien de l'époque par ses étages en encorbellement, ses balcons et ses cloisons de bois tourné ou sculpté. L'intérieur, aux âtres semi-circulaires typiques, est richement décoré de peintures d'ornements et de paysages ; les bureaux se trouvaient au rez-de-chaussée et les pièces d'habitation à l'étage.

Une coopérative célèbre

Aux 17e et 18e s., Ampelákia possédait d'actifs ateliers de **soieries** et de **cotonnades**, teintes en rouge écarlate grâce à la garance de la plaine voisine. En 1780, ces ateliers s'unirent en une **coopérative** de production et de vente, la plus ancienne de ce genre, qui entretenait des agences commerciales dans toute l'Europe, notamment à Londres, à Lyon et à Rouen. Comptant 6 000 membres, elle dut malheureusement être dissoute en 1811 en raison de la concurrence des manufactures industrielles anglaises, des entraves commerciales dues aux guerres napoléoniennes et des lourdes taxes exigées par Ali Pacha, tyran de Ioánnina.

Château de Platamónas★

À 55 km au nord-est de Lárisa. Accès de la route Athènes-Thessalonique par un sentier, à hauteur de Néa Panteleïmónas.

Au débouché des gorges de Tempé, dans une position exceptionnelle, sur une colline de 200 m de haut faisant face à la mer d'un côté, au massif de l'Olympe de l'autre, le château franc de Platamónas, commande la route de Thessalonique. Construit à partir de 1204 par les croisés, sous Boniface de Montferrat, prince de Salonique, il portait alors le nom de la Chitre et constituait le fief du baron lombard Orlando Pischia. Au milieu du 13e s., il passa aux Byzantins, puis aux Turcs.

Intéressant exemple d'architecture militaire médiévale, la **forteresse**★ compte trois enceintes. Le rempart extérieur, jalonné de tours, comporte un mur dont la hauteur varie de 7 à 9 m et l'épaisseur de 1,20 m à 2 m.

Par un passage en défilé, on accède à une double porte gothique, en arc brisé, qui faisait jadis partie d'un châtelet. Outre le donjon et plusieurs demeures d'officiers, il y avait à l'intérieur de l'enceinte cinq églises qui furent démolies par les Turcs, sauf une qu'ils transformèrent en mosquée. Deux autres murs défendent les approches du donjon dont l'entrée se trouvait à 3,50 m du sol et n'était accessible que par des échelles ; on remarquera les baies en plein cintre dont l'une est divisée par une colonnette centrale.

Lárisa pratique

Informations utiles

58 odos Epirou - ℘ 24106 704 37 - lun.-vend. 8h-14h30.

Police touristique – *℘ 24106 831 35.*

Se loger

Hôtel Lido – *2 odos Efaistou (angle Vénizelou) - ℘ 24102 550 97 - 14 ch.* Petit établissement familial, idéalement situé en face du théâtre antique. Les chambres coquettes sont très bien tenues (avec salle de bains à l'extérieur). Accueil sympathique. Pas de petit-déjeuner.

Hôtel Elena – *13 odos 28 Oktovriou - ℘ 24102 874 61 - www.helena.gr - 47 ch. -* P. Hôtel situé en plein centre-ville, à deux pas du quartier piétonnier. Il abrite des chambres confortables, meublées en style victorien.

Grand Hôtel – *Pl. Makariou - ℘ 24105 372 51 - 90 ch.* Au cœur de la ville, hôtel agréable qui propose des chambres spacieuses et confortables. Buffet pour le petit-déjeuner. Accueil professionnel en anglais et en français.

Divanis Palace – *19 odos Papanastassiou - ℘ 24102 527 91 - www.divanis.gr - 69 ch et 5 suites.* Hôtel de luxe à la décoration design et raffinée. Chambres tout confort avec accès internet. Superbe piscine d'intérieur et restaurant gastronomique.

Se restaurer

Adamos – *9 odos Panos - ℘ 24105 305 66.* Cette taverne du centre-ville existe depuis 1929. On mange à l'intérieur dans une jolie salle, décorée de vieilles photos, ou sur une agréable terrasse installée dans la rue. Spécialités de viandes à la broche.

Mageirio tis Giagias – *9 odos Appolonos - ℘ 24105 333 51.* Sur une placette ombragée, loin du tumulte des voitures, une terrasse agréable pour déguster une cuisine grecque traditionnelle. Bon accueil.

Lucullus – *1 odos Manolaki - ℘ 24105 326 72.* La plus vieille ouzeri de la ville, *dixit* le patron. Cuisine grecque fraîche et savoureuse. Arrivez tôt si vous souhaitez y déjeuner.

Faire une pause

De nombreux cafés sur la place Makariou, rendez-vous de la jeunesse de Lárisa.

Café Achouri – *13 odos Appolonos - ℘ 69740 110 33.* Dans une rue piétonne de la vieille ville, un café décontracté qui s'anime en soirée.

Événements

PLATAMÓMAS

Festival – Durant le **festival de l'Olympe** (juillet- août), des représentations théâtrales et des concerts sont organisés dans le château. Renseignements et réservations - ℘ 23520 831 00 - *festivalolympou@kat.forthnet.gr.*

Le **Magne**★★

Máni – Μάνη

23 887 HABITANTS
CARTE GÉNÉRALE RABAT II B3 – PÉLOPONNÈSE – LACONIE

À l'extrême pointe méridionale de la Grèce continentale, un rameau du massi▮
du Taygète, culminant à 1 214 m et se terminant au cap Ténare (Tainaro), form▮
un promontoire entre les golfes de Messénie et de Laconie : c'est Le Magne▮
Terre aride et battue par les vents, c'est une région farouche à l'image de se▮
habitants réputés pour leur bravoure et leur esprit d'indépendance tout autan▮
que pour leurs vendettas. Aujourd'hui dramatiquement dépeuplé, il émane une▮
atmosphère comme hors du temps de ses villages grisâtres hérissés de tour▮
abandonnées et de ses nombreuses églises et chapelles byzantines.

- ▶ **Se repérer** – Situé à 43 km au sud de Sparte, ce promontoire est une régio▮
  calcaire et sauvage. L'accès le plus facile se fait par la route en venant de Sparte▮
  On peut également y accéder en longeant la côte ouest depuis Kalamáta.

- 👁 **À ne pas manquer** – Les grottes de Diros ; le circuit entre Areópoli et le ca▮
  Ténare pour l'étrangeté et l'isolement des lieux.

- 🕐 **Organiser son temps** – Compter au minimum trois jours pour faire le tour, e▮
  alternant visites et baignades.

- 👪 **Avec les enfants** – Les spectaculaires grottes de DIros.

- 🕯 **Pour poursuivre le voyage** – Cythère, Kalamáta, Monemvassia, Mystrás▮
  Sparte.

À Kokkála, la fière silhouette du village au bord de la mer.

Comprendre

Les Maniotes sont issus du nord de la Laconie d'où ils furent chassés au 7e s. par le▮
envahisseurs slaves. Depuis, ils ont su préserver une autonomie de fait à l'égard de▮
occupants successifs, les Francs au 13e s., les Byzantins, les Vénitiens, les Turcs surtou▮
contre lesquels ils se soulevèrent en 1769 et 1821. D'esprit particulariste et belliqueux▮
les Maniotes vivaient en clans sous la direction de chefs locaux s'affrontant parfois e▮
vendettas. Leurs dissensions expliquent pourquoi ils fortifiaient leurs maisons.
On compte **800 tours** environ, isolées ou groupées dans les villages ; les plus ancie▮
nes remontent au 17e s. : leur hauteur croît avec la puissance de la famille qui les a fai▮
construire. Ces tours carrées, mesurant de 15 à 25 m de haut, comportent trois o▮
quatre étages accessibles seulement par échelles et par trappes. Percés de rares e▮
petites fenêtres, ils étaient renforcés de bretèches. **Vátheia** (extrême sud) **et Koíta** (u▮
peu plus haut) figurent parmi les localités ayant la plus grande densité de tours.
Le Magne a été évangélisé tardivement, semble-t-il aux 9e et 10e s., et bon nombr▮
d'églises ou chapelles remontent aux 11e-12e s. Ce sont de petits édifices d'architectur▮
byzantine traditionnelle en croix grecque surmontée d'une coupole et à appareil d▮

ierre cloisonné de brique. Des fragments de marbres antiques ou paléochrétiens ont ouvent été réemployés. Les parois intérieures sont décorées de charmantes fresques es 12e, 13e et 14e s., d'inspiration naïve mais très vivante, illustrant les thèmes byzantins abituels ; des influences franques apparaissent parfois dans le traitement des guerriers t des chevaux. Plusieurs de ces églises sont difficilement accessibles, perdues dans a campagne *(les localités possédant une église intéressante sont soulignées en rouge ur la carte page suivante)*. On remarquera aussi, çà et là, des tombeaux isolés dans es champs.

uelques Maniotes, sous la protection de la république de Gênes, allèrent s'installer n Corse au 17e s., formant une communauté à Cargèse. D'autres étaient des nau-ageurs. Restés peu nombreux dans leurs bourgs étagés sur les pentes garnies de uelques oliviers, les Maniotes gardent le culte de l'honneur et de l'hospitalité. Les emmes ont conservé les longs vêtements noirs et les voiles analogues à ceux de es pleureuses antiques, dont elles perpétuent la tradition dans les chants funèbres ppelés « mirologues ».

Circuit de découverte

Au départ de Gýtheio

ompter au moins deux jours pour ce circuit de 160 km. Les routes sont sinueuses et a conduite sera lente. En été, la chaleur est écrasante, notamment sur la route entre réópoli et le cap Ténare, mais les villages sont nombreux et vous pourrez y faire une alte pour vous rafraîchir. Selon votre allure et le sens de votre itinéraire, vous pourrez asser une nuit au nord, vers Areópoli et Gýtheio, ou tout au sud, vers Marmari (voir le arnet pratique).

Gýtheio (Gythio)

n peu à l'écart des bouches de l'Evrotas, Gýtheio donne sur le golfe de Laconie et île de Cythère, que l'on distingue au loin, par temps clair.

tation balnéaire paisible et port exportant les produits laconiens (olives, huile, riz, oton, agrumes), la cité joua un rôle dans l'Antiquité comme arsenal de Sparte. Pâris t Hélène, épouse infidèle de Ménélas, roi de Sparte, y auraient passé leur première uit sur l'îlot de Kranaï (aujourd'hui Marathonissi), puis s'y seraient embarqués pour ythère et ,de là, pour Troie provoquant la guerre contée par Homère dans l'*Iliade*.

La ville – Elle est malheureusement devenue aujourd'hui assez touristique. Dominé ar les restes d'un château médiéval, le quartier du port conserve des ruelles pittores-ues ; parcourir notamment la rue parallèle au quai, bordée de jolies maisons d'époque ttomane, à balcons. Au nord-ouest de la ville, à côté de la caserne, à voir le petit héâtre antique bien conservé. Dans l'**îlot de Marathonissi**, (en face et accessible à ied par la digue) une tour de défense caractéristique du Magne.

Musée historique et ethnologique – ☏ 27330 226 76 - 9h30-15h, horaires variables elon les saisons, se renseigner, parfois fermé entre 12h et 13h - 1,85 €.

nstallé dans la tour Tzanetaki, une belle exposition permanente retrace l'histoire du Magne par le biais de textes, de dessins, de photos et de croquis des lieux établis par e nombreux voyageurs ayant parcouru cette région entre les 16e et 20e s., dont le ittérateur français François Pouqueville (1770-1838), auteur du *Voyage en Morée*.

Prendre la route d'Areópoli. À 3 km de Gýtheio, le village de Mavrovouni propose ses avernes et sa belle plage.

'itinéraire pénètre dans la montagne par un défilé dont l'entrée *(à 11 km de Gýtheio)* tait commandée par le château de Passavant.

Château de Passavant (Pasavás)

Un sentier herbeux y grimpe en 15mn.

ur un contrefort à gauche de la route mais invisibles de celle-ci s'élèvent les merlons t les créneaux restaurés du château franc de Passavant (13e s.) au nom évoquant a devise des Neuilly, « Passe avant ». Son constructeur, Jean de Neuilly, exerçait la onction militaire de maréchal de Morée.

ontinuer la route d'Areópoli qui franchit le chaînon montagneux que commande, au ébouché du versant ouest, le château de Kelefá *(à 5 km avant Aréopoli)* : on distingue à droite de la route la vaste enceinte de cette forteresse turque des 16e et 17e s.

Areópoli★

À *27 km de Gytehio.* Prenez le temps de vous promener dans ce charmant petit village ntièrement restauré, à l'atmosphère paisible. Vous y trouverez tout le nécessaire pour ne halte (tavernes, hôtel, magasins, poste, pharmacie, dispensaire, station-service).

Chef-lieu du Magne et ancien fief du clan Mavromichalis, c'est ici que le 17 mars 182
les Maniotes organisèrent la révolte contre les Turcs. Gros bourg typique de l'habita
local (maisons de pierre aux toits de tuiles rouges), il conserve encore ses échoppe
artisanales (boulangeries), ses tours de défense, ses églises.

L'**église des Taxiarques** (18e s.), au centre, est curieuse par le décor sculpté de so
abside où l'on reconnaît les signes du Zodiaque, et de ses portails latéraux orné
d'écusson, d'anges et de saints guerriers ; dans une ruelle voisine, l'église **Agio
Ioannis** a des fresques naïves (18e s.).

Après avoir laissé à gauche la route en direction de Kótronas, descendre vers Pýrgos Diroú

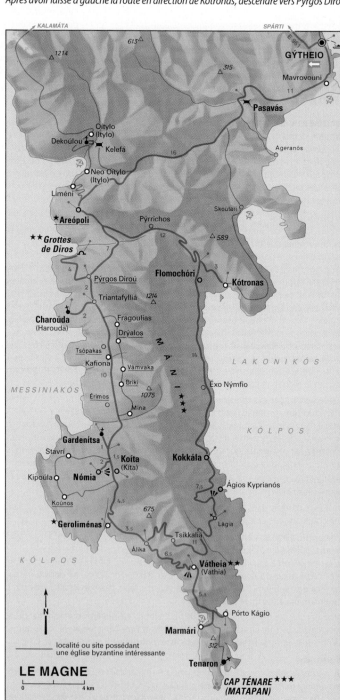

LE MAGNE

localité ou site possédant
une église byzantine intéressante

0   4 km

Les grottes de Diros★★ (Spílaia Diroú)

À 5 km d'Aréopoli, passer le village de Pýrgos et prendre à droite à la sortie - ☎ 27330 522 22/23 - tlj juin-sept. : 8h30-17h30 ; oct.-mai : 8h30-15h - 12 € (étud. de l'UE, - 13 ans : 7 €), gratuit pour les personnes handicapées. La visite en barque dure 25mn.

Dans une échancrure de la côte ouest du Magne s'ouvrent les deux grottes de Diros, explorées après la Seconde Guerre mondiale. Ouverte pour la première fois au public en 1967, la plus importante, celle de Glyfada, se classe parmi les plus spectaculaires curiosités naturelles de Grèce et d'Europe. La grotte d'Alepotripa, où l'on a trouvé des vestiges préhistoriques (exposés au musée), est en cours de fouilles (fermée).

Grotte de Glyfada (Vlyhada) – Bien aménagée pour la visite, la grotte de Glyfada est caractérisée par une rivière souterraine qui a creusé dans le calcaire du Magne des salles et une galerie débouchant dans la mer en contrebas de l'entrée actuelle. Éclairée par des bouées lumineuses et des projecteurs de couleurs variées, cette rivière se divise en deux bras qu'on emprunte, l'un à l'aller et l'autre au retour, au cours d'un périple en bateau long de 1,5 km environ. Les concrétions, blanches ou colorées, se succèdent sur toute la longueur du parcours : piliers, draperies, stalactites et stalagmites se transforment au gré de l'imagination en silhouettes humaines, bêtes fantastiques, fleurs étranges, édifices à décor surréel (la Caverne du dragon, la Cathédrale, le Pavillon…). La température de l'air varie entre 16 et 19 °C. La profondeur de l'eau atteint 15 m par endroits, sa température est de 14 °C. La grotte s'étend sur 14 km et on a trouvé des stalactites jusqu'à une profondeur de 71 m.

Musée néolithique de Diros – Sur la gauche en remontant vers la sortie - ☎ 27330 522 33/233 15 - tlj 8h30-15h - 2 €. Intéressant petit musée qui complète utilement la visite des grottes.

La grotte d'Alepotripa servit de lieu d'habitat, de refuge, de dépôt, de culte et aussi de sépulture pour la communauté néolithique de Diros qui s'y était établie (4800-3200 av. J.-C). Les vestiges de l'époque néolithique que l'on y a mis au jour sont rassemblés au musée : belle collection d'armes, d'outils en pierre et en os, de jarres, de vases en terre cuite, d'ustensiles et objets destinés à l'usage domestique (aiguilles), ainsi que de crânes et de squelettes humains. La grotte fut abandonnée après qu'un séisme en eut bloqué l'entrée et privé ses habitants de provision d'eau et de lieu de refuge.

Remonter sur la route de Gerolimenas qui suit une sorte de terrasse calcaire (gouffres) aride entre mer et montagne, jalonnée de villages-tours, comme Drýalos, et parsemée d'oliveraies et de figuiers de Barbarie. Les villages mentionnés ci-dessous (entre Pýrgos Diroú et Geroliménas) ne se trouvent pas toujours sur la route principale.

Charoúda (Harouda)

Dans l'église des Taxiarques (11e-12e s.), intéressantes fresques bien conservées.

Gardenítsa

À 1 km à droite de la route (signalisation). L'église **Agios Sotirios** des 11e et 12e s., précédée par un exonarthex, présente une intéressante abside qu'orne un décor sculpté en lettres arabes coufiques et, à l'intérieur, des fresques (13e-14e s.) figurant des guerriers et des chevaux.

Nómia

De cette localité à l'habitat dispersé située à l'ouest de la route, on découvre de curieuses **vues★★** sur les tours de Koíta. En contrebas et à gauche de la petite route d'accès se cache la blanche église des Taxiarques qui possède un bel ensemble de fresques (13e-14e s.) illustrant la vie de Jésus.

Koíta (Kita)

À gauche de la route, Koíta compte un grand nombre de tours, mais laisse une impression d'abandon. Au lieu-dit Tourloti, l'église Agios Sergios et Vlachos, du 12e s., est remarquable de proportions.

Un contrefort rocheux, au nord-ouest de **Kipoúla** (presque sur la mer), domine le golfe de Messénie : là se trouvait le fameux château du Grand Magne (Kastro tis Orias, difficile d'accès), forteresse bâtie en 1248 par Guillaume de Villehardouin et livrée aux Byzantins en 1263.

Geroliménas★

Modeste lieu de séjour et petit port de pêche, il s'abrite au fond d'une crique rocheuse, dans un **site★** sauvage et retiré.

Vátheia ★★ (Vathia)

Délaissée par presque tous ses habitants, Vátheia est la plus impressionnante de ces cités hérissées de tours qui font l'originalité du Magne. Des sentiers rocailleux sinuant entre les tours silencieuses et les maisons vides grimpent au sommet de l'éperon. De Vátheia, la route se prolonge jusqu'à **Pórto Kágio** (port aux Cailles). Au-delà commence une presqu'île, escarpée et riche en gibier, qui se termine au cap Matapan.

Cap Matapan ★★★ (Akrotiri Tainaro)

Cap Ténare ou Matapan, la pointe la plus méridionale du Péloponnèse, était jadis couronnée par un temple dédié à Poséidon, qui fut remplacé par l'église ton Assomaton.

Revenir à Álika et prendre la route qui mène à Lágia en traversant l'arête du Magne. Au-delà de Lágia (superbes tours), l'itinéraire descend parmi un paysage sauvage (anciennes carrières de marbre) procurant des **vues★★** plongeantes magnifiques sur la côte maïnote.

Après **Ágios Kyprianós**, on suit le versant oriental du Magne, moins éventé que le côté occidental. La route, souvent en corniche, offre des points de vue spectaculaires d'un côté sur le littoral échancré d'anses solitaires, de l'autre vers des pentes sur lesquelles s'accrochent quelques villages abandonnés.

Kokkála

Jolie crique abritée avec une église au bord de l'eau.

Flomochóri

Village aux hautes tours dans un paysage ennobli de cyprès. Peu après, une route droite permet de descendre à Kótronas.

Kótronas

Un petit port de pêche dans une baie agréable.

Le Magne pratique

Informations utiles

GÝTHEIO

🛈 *20 odos V. Georgiou - 🕾 27330 244 84 - ouv. 11h-15h, lun.-vend. - peu de renseignements…*

Poste – *Angle de odos Ermou et Arheou Theatrou - ouv. 7h30-14h.*

Centre de soins – *Face à l'îlot - 🕾 27330 220 01/2/3.*

Police – *Sur le port, Akti Vasileos Pavlou - 🕾 27330 221 00/222 71.*

AREÓPOLI

Centre médical – *🕾 27330 512 15/59.*

Police – *🕾 27330 512 09.*

Transports

En bus – **KTEL Lakonia** – *Angle de odos Vasileos Georgios et Evrikleos, côté nord-ouest du front de mer - 🕾 27330 222 28.*

En bateau – *Agence sur le port pour l'achat de tickets - 🕾 27330 222 07/222 29.*

En taxi – *Face à l'arrêt de bus - 🕾 27330 234 23/227 55/224 18.*

En voiture et en deux roues – *Locations chez* **Rozakis Travel** – *🕾 27330 222 07 sur le front de mer.* **Moto Makis** – *Sur l'Odos Kranais - 🕾 27330 229 50.*

Garage – *Kirifidis Auto service, au nord-ouest à la sortie de Gýtheio, en dir. de Sparte - 🕾 27330 242 27/ 69461 063 92.*

Se loger

👁 Gýtheio est une station balnéaire où le choix des hôtels de qualité est limité. Préférez Aréopoli et ses alentours, sur la côte ouest.

GÝTHEIO

🍽🛏 **Aktaion** – *39 odos V. Pavlou - 🕾 27330 235 00 - fax 27330 222 94 - www.aktaiong@otenet.gr - 20 ch. et 2 suites.* Sur le front de mer, cette grande bâtisse néoclassique dispose de chambres correctes, toutes avec un balcon sur la rade. L'ensemble aurait besoin d'être rafraîchi. Les prix augmentent nettement en été… et la rue est bruyante.

SKOUTÁRI

🍽🛏 **Skoutari Beach Resort** – *🕾 27330 936 84 - 20 ch. - 🚫🅿 - fin mai-oct.* Cet hôtel se trouve à 200 m au-dessus de la plage, belle et encore tranquille, de Skoutári. Claires et propres, toutes les chambres disposent d'une cuisine Une très bonne adresse, qui nécessite d'avoir un véhicule. Peu de commerces à proximité.

AREÓPOLI ET ENVIRONS

🍽🛏 **Trapela** – *À l'entrée du village, 🕾 27330 526 90 - fax 27330 522 90 - www. trapela.gr - 12 ch. 🅿.* Un accueil à l'image de l'établissement : généreux et sympathique. Vue sur jardin, pierres apparentes, voûtes et recoins, donnent beaucoup de charme à ce petit hôtel à la décoration soignée et fleurie. Belle salle pour un petit-déjeuner de qualité dans le café qui jouxte. Très bon rapport qualité prix.

⊖☺ **Tsimova** – *Juste derrière l'église -* 🛏 *27330 513 01 - 7 ch. -* 🚭 🅿. Bricolé dans une authentique tour maniote, vous apprécierez sans doute la chaleur de l'accueil et le décor kitsch, dans lequel s'affichent les souvenirs de guerre du grand-père, un authentique résistant.

⊖☺ **Tsitsiris Castle** – *Stavri, environ 10 km au sud d'Aréópoli -* 🛏 *27330 562 97 - fax 27330 562 96 - 20 ch. avec un ou plusieurs lits*. Dans un tout petit village, plusieurs tours ont été réunies et restaurées selon les méthodes traditionnelles, pour former un superbe hôtel. Les chambres, toutes différentes, donnent sur des patios dallés et ornés de jarres.

⊖☺ **Limeni Village** – *À Limeni, à 4 km au nord d'Aréópoli -* 🛏 *27330 511 11/112 - fax 27330 511 82 - 35 ch.* 🅿. Accrochées à la pente abrupte qui dévale vers la mer, 18 tours aménagées en chambres forment un ensemble aussi confortable qu'élégant. Chambres et suites sont équipées d'un réfrigérateur. Ouvert toute l'année. Très belle vue et on peut se baigner un peu plus bas, près du village.

⊖☺☺ **Kastro Maïnh** – 🛏 *27330 512 38 - fax 27330 295 14 - www.kastromaini.gr - 29 ch. dont 3 suites.* 🅿. À 3 km de la mer se découvre un bâtiment en pierres apparentes abritant un hôtel de charme, très confortable, avec piscine (dont une pour les enfants) et décoration bien pensée.

⊖☺☺☺ **Kapetanakos Tower** – *Au centre du village -* 🛏 *27330 512 33 - fax 27330 514 01 - 7 ch. dont 2 doubles, 3 avec 3 lits et 2 avec 5 lits*. Cette tour datant de 1865, restaurée, abrite de très jolies chambres de caractère toutes jaune soleil avec terrasses et jardin. Accueil chaleureux. Seul bémol, les salles de bains sont toutes petites. Petit-déjeuner en sus (5 €).

⊖☺☺☺ **Porto Vitilo** – *Itylo, à quelques km au nord d'Aréópoli -* 🛏 *27330 592 20/69442 637 37 - fax 27330 292 10 - 33 ch. et suites.* 🅿. Hôtel luxueux avec parquet, lits à baldaquins, belles tentures et mobilier classique, où l'on paie bien entendu la vue sur la mer ou les montagnes. Petit-déjeuner de qualité. Prix intéressants en basse saison.

GEROLIMÉNAS

⊖☺ **Akroyiali - Sons Anast. Theodorakakis** – 🛏 *27330 542 04 - fax 27330 542 72 - www. gerolimenas-hotels.com*. Un des rares hôtels dans ce minuscule village retiré, face à la mer et à flanc de montagne. Plusieurs chambres et appartements de différentes catégories et dans différents lieux sont proposés par la famille Theodorakakis, implantée là depuis deux générations. Accueil de qualité. Restaurant attenant.

MARMARI

⊖☺ **Marmari** – *Au sud, à la pointe extrême du Magne (côté ouest) -* 🛏 *27330 521 11 - www.touristorama.com - 24 ch.* Au-dessus du rivage, c'est le plus sympathique des 2 hôtels de ce hameau. Les chambres aux murs décorés de fresques sont modestes mais charmantes et le restaurant le « Marmari Paradise », correct (15 €). Le soir, la vue sur la mer est magnifique.

PÓRTO KÁGIO

⊖☺ **Akrotiris** – 🛏 *27330 520 13 - fax 27330 530 02*. Sur le rivage de ce port naturel, l'hôtel propose de grandes chambres, simples, propres, équipées d'un réfrigérateur et avec un balcon qui ouvre sur la mer. Une bonne adresse pour qui cherche un bel endroit tranquille, surtout en dehors du mois d'août.

Se restaurer

GÝTHEIO

⊖ **To Nissi** – *Sur l'îlot de Kranaï, au milieu des pins*. Une des meilleures adresses de Gýtheio. Belles salades, savoureux poissons grillés, bon expresso – qui a l'avantage d'être isolée de l'agitation estivale.

AREÓPOLI ET ENVIRONS

⊖ **O Barba Petros** – *Dans le centre -* 🛏 *27330 512 05*. Le meilleur établissement de la ville (maison jaune) vous offre le cadre de sa courette fleurie, et des plats traditionnels grecs fort bien cuisinés. Le vin blanc est servi frais avec le sourire des patrons, très accueillants.

⊖ **Tagisi** – *À Limeni -* 🛏 *27330 514 58/512 37*. En contrebas de l'hôtel Limeni Village, en redescendant, une charmante taverne de poisson un peu isolée au bord de l'eau. On vous montre les poissons afin que vous fassiez votre choix.

GEROLIMÉNAS

⊖ **Théodorakakis** – *En venant d'Aréópoli, au panneau Vythia 9 km, prendre sur la droite. Le village est à 1 km et le restaurant au bout du port*. Petite taverne où l'on sert des poissons grillés, et une bonne cuisine grecque traditionnelle. L'accueil est chaleureux et la clientèle surtout grecque.

Achats

Hassanakos Art Gallery – *Au centre de Gýtheio, face au port, 39, Akti Vasileos Pavlou -* 🛏 *27330 220 90*. Vieilles photos de la ville, peintures et livres composent un joyeux fourre-tout. On peut également y acheter un plan de la ville et la presse internationale.

Événements

À Gýtheio, du 15 juillet au 15 août se déroule la **fête des Marathonissia** avec représentations théâtrales et concerts.

Les **Météores**★★★

Metéora – Μετέωρα

CARTE GÉNÉRALE RABAT I A1 – THESSALIE

Au-dessus de la vallée du Pineiós et de la ville de Kalampáka se découpe une « forêt de rochers » gris aux formes de pain de sucre. Ces monstres rocheux portent à leur sommet de célèbres monastères cénobitiques, les Météores (de *metéora* : suspendus dans les airs). Ce haut lieu du monachisme orthodoxe est aujourd'hui un haut lieu du tourisme. Le paysage grandiose et ces constructions acrobatiques nées de la foi d'hommes résolus n'ont rien perdu de leur magie.

- **Se repérer** – À 125 km à l'est de Ioánnina et à 85 km à l'ouest de Lárisa, en lisière du massif du Pinde et au débouché de la plaine thessalienne. La ville de Kalampáka constitue le point de départ de la visite des Météores.

- **À ne pas manquer** – Le circuit des monastères.

- **Organiser son temps** – Visitez le Grand Météore et Varlaám le matin, et les autres l'après-midi. Évitez Pâques et Noël.

- **Pour poursuivre le voyage** – Ioánnina, Lárisa.

En apesanteur, le monastère de la Sainte-Trinité (Ágiá Triáda).

Comprendre

Un site superbe – Ces tours rocheuses se dressent au débouché de défilés taillés dans le calcaire du Pinde par le **Pineiós** et ses affluents. Les eaux de ruissellement descendant du massif ont déblayé l'actuelle vallée sans pouvoir entamer les bancs de grès et de conglomérats tertiaires plus durs qui subsistent, surplombant de près de 300 m la campagne environnante. Une soixantaine de tours ont été décomptées.

Des monastères inaccessibles – Dès le 11e s., des anachorètes se retirèrent dans les grottes des Météores où leur mysticisme s'exaltait dans la solitude et la proximité des espaces infinis. C'est seulement au 14e s. que nombre de ces ermitages furent transformés en monastères, alors que les Serbes envahissaient la Thessalie et que le brigandage sévissait. **Saint Athanase,** venu du mont Áthos, fondait alors, avec neuf moines, le Grand Météore, dans un lieu difficilement accessible, et d'autres établissements suivaient cet exemple, malgré les difficultés considérables rencontrées dans le transport des matériaux, hissés à dos d'homme ou à l'aide de treuils.

Les 15e et 16e s. constituèrent la grande période des monastères dont le nombre atteignit 24 et qui furent décorés de fresques et d'icônes par de grands artistes, tels le moine **Théophane le Crétois,** qui peignit aussi au mont Áthos, et ses disciples. Malheureusement, les rivalités entre communautés et la diminution des vocations amenèrent un déclin, qui s'accéléra avec l'intégration à la Grèce en 1881. En effet, les propriétés foncières des moines furent confisquées dans les années 1920. Puis les monastères subirent des détériorations importantes et le pillage de certains de leurs trésors lors de la Seconde Guerre mondiale. Un nouvel essor monastique ne parut qu'après la guerre civile de 1949.

Le succès touristique – Certains moines des Météores ont décidé de chercher refuge au mont Áthos ou dans d'autres monastères plus isolés avec la venue importante de touristes. De nos jours, cinq monastères et un couvent seulement sont occupés par des moines ou des moniales.

Naguère, les monastères n'étaient accessibles que par des échelles amovibles ou des nacelles suspendues à des cordes et tractées par un treuil jusqu'à une tour en surplomb dite « tour du treuil » *(vrizoni)* ; d'après les voyageurs d'antan, les cordes n'étaient remplacées qu'après rupture ! De nos jours, des escaliers d'accès ont été aménagés et une belle route dessert les principaux monastères.

Visiter

Kalampáka

Située au nord de l'agglomération, sur la hauteur, la **cathédrale** (Mitropoli) du 14e s. a succédé à des édifices plus anciens : elle comprend d'ailleurs maints matériaux antiques ou paléochrétiens (5e-6e s.). À l'intérieur, sur plan basilical à trois vaisseaux terminés par des absides arrondies, on remarque les éléments d'origine paléochrétienne : l'ambon de marbre (chaire), le ciborium (baldaquin), et, au fond de l'abside centrale, les degrés sur lesquels prenaient place les prêtres, et les fresques du 16e s. de style crétois, malheureusement assez noircies.

Découvrir

Circuit de 17 km environ permettant de faire le tour des monastères, et offrant des vues magnifiques sur le Pinde et la vallée du Pineiós. Quitter Kalampáka par l'ouest et peu après Kastráki, village dans lequel on peut également trouver hôtels et restaurants, laisser la voiture et prendre le sentier à gauche. Il est interdit de photographier les fresques. Tenue décente exigée (les moins fournissent de grandes jupes pour les femmes).

Doúpiani

La **chapelle de la Vierge sur la « colonne »** témoigne de l'existence du monastère de Doúpiani dont dépendirent jusqu'au 14e s. les ermites dispersés dans la montagne.

Monastère Ágios Nikólaos★

℘ 24320 773 92 - tlj sf vend. 9h-15h30 (été), 9h-13h (hiver) - 2 €.

Fondé au 14e s., ce monastère possède une église du 16e s. décorée à la même époque par Théophane le Crétois, comme en témoignent l'inscription et la signature de sa main visibles sous la composition du Jugement dernier de fresques remarquables (Jugement dernier, Dormition de saint Ephrem). Le monastère est de dimension très modeste : il compte une dizaine de cellules seulement, et le catholicon ne peut guère recevoir plus de trois personnes. Abandonné à la fin du 19e s., il a fait l'objet d'une rénovation.

Monastère de Roussánou

℘ 24320 225 19 - tlj sf merc. 9h-18h (été), 9h-14h (hiver) - 2 €.

Véritablement perché sur un rocher, le monastère, aujourd'hui accessible par deux ponts, l'était autrefois par des échelles mobiles. Il a été reconstruit au 16e s. De cette période datent les fresques qui ornent le catholicon. Il est connu aussi sous le nom d'Agia Barbara car il conserva longtemps la tête de sainte Barbe, objet d'une grande dévotion.

Contourner ensuite le rocher qui porte le monastère Roussánou. À la bifurcation, prendre à gauche et dépasser le monastère de Varlaám pour atteindre le Grand Météore.

Monastère du Grand Météore★★ (Mégalo Metéoro)

Tlj sf mar. en été 9h-17h, tlj sf mar. et jeu. en hiver 9h-16h - 2 €.

L'accès se fait par des escaliers taillés dans le roc et aboutissant à la tour du *vrizoni*, dont les éléments (treuil et nacelle) subsistent. Bâti sur une large plate-forme rocheuse (alt. 534 m), le monastère du Mégalo Metéoro, ou monastère de la Transfiguration (Metamorfosis), fut fondé en 1356 par **saint Athanase** et enrichi en reliques et en œuvres d'art par son successeur saint Joasaph (Jean Uros), membre de la famille régnante de Serbie. C'est le plus important des monastères des Météores.

Église – L'abside et le sanctuaire remontent au 14e s. et ont été décorés de fresques au milieu du 15e s. ; le reste de l'édifice, refait au milieu du 16e s., comprend un vaste narthex et un curieux transept sur plan carré à absides latérales en conques, suivant

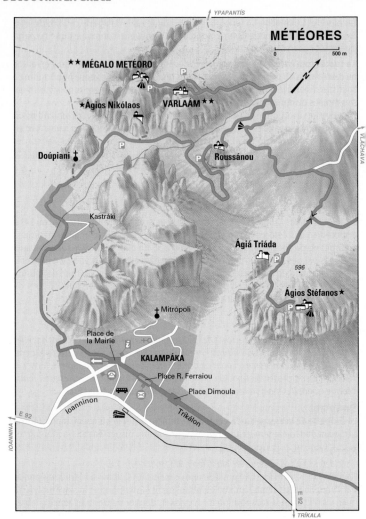

une formule architecturale héritée du mont Athos. Les murs sont décorés de fresques de la même époque, d'un style austère, parmi lesquelles figurent les représentations des saints fondateurs Athanase et Joasaph (mur ouest du carré du transept), dont les tombeaux se trouvent dans le narthex. Le **réfectoire** (16e s.) forme une salle imposante voûtée de coupoles et divisée en deux nefs. Il abrite le Trésor : manuscrits, icônes dont certaines du 14e s., ornements liturgiques, reliquaires, croix sculptée de saint Daniel. De l'angle sud-est du monastère, vue impressionnante sur les rochers et notamment sur celui qui porte Varlaám.

Monastère de Varlaám★★

📞 24320 753 86 - tlj sf jeu. en été 9h-14h, 15h30-17h, tlj sf jeu. et vend. en hiver 9h-15h - 2 €.

Une passerelle et un escalier conduisent au monastère perché au-dessus d'une gorge que surplombe la tour du *vrizoni* (16e s.), le long de laquelle étaient hissés visiteurs et provisions.

Ce monastère a été fondé en 1518 par deux frères appartenant à une riche famille de Ioánnina, les Aparas, sur l'emplacement de l'ermitage d'un cénobite du 14e s., Varlaám.

Église – Incorporant la chapelle d'origine (14e s.) dite des Trois Hiérarques, l'église d'Agioi Pantes fut terminée en 1544 et est décorée d'un remarquable ensemble de fresques. Celles du narthex datent de 1566. Les scènes évoquent le Jugement dernier et la Vie de saint Jean-Baptiste ; des figures d'ascètes couvrent les murs et les portraits des frères Aparas avoisinent leur tombeau. Marquées d'influences occidentales (réalisme des compositions et des couleurs), les fresques de l'église sont de Frango Catellano de Thèbes (1548), l'un des maîtres de l'art post-byzantin. Admirez le Christ de la coupole, la Dormition (mort) de la Vierge et la Mise en croix du mur ouest, les effigies des saints Jean Damascène et Côme de part et d'autre de l'entrée.

Enfin, la **chapelle des Trois Hiérarques** présente des fresques du 17e s., bien conservées, comprenant en particulier deux scènes admirablement composées : la Dormition de saint Jean Chrysostome et la Dormition de saint Ephrem le Syrien. Avant de quitter l'église, jeter un regard sur l'iconostase sculptée et dorée (icône de la Vierge à l'Enfant du 16e s.), ainsi que sur le mobilier incrusté de nacre.

Bâtiments conventuels – Il faut citer le réfectoire qui abrite le Trésor (entre autres une icône de la Vierge peinte par E. Tzanès), l'infirmerie, les celliers (qui renferment un énorme baril d'une contenance de 12 000 l), le pressoir, la tour du *vrizoni* avec son treuil.

Prendre à gauche la route qui sinue à flanc de montagne : **vue**★★ spectaculaire sur le petit monastère Roussánou.

En continuant la route, on arrive à une seconde bifurcation qui mène au monastère d'Ágiá Triáda et au monastère Ágios Stéfanos.

Monastère d'Ágiá Triáda

☎ 24320 771 23 - tlj sf jeu. 9h-12h30, 15h-17h - 2 €.

Le monastère de la Sainte-Trinité est érigé au sommet d'un énorme pilier rocheux : ses bâtiments datent du 15e et du 17e s. Il fut richement doté en objets et manuscrits précieux, ainsi qu'en propriétés foncières, mais le Trésor fut pillé par les Allemands lors de la Seconde Guerre mondiale. La petite chapelle St-Jean-Baptiste, creusée dans le rocher, abrite des fresques du 17e s. tout comme l'est le catholicon bâti au 15e s.

Monastère Ágios Stéfanos★

☎ 24320 222 79 - tlj sf lun. 9h-14h, 15h30-18h (été), 9h30- 13h, 15h-17h (hiver) - 2 €.

Séparé de la montagne par une crevasse que franchit un pont, le monastère St-Etienne a été fondé à la place d'un ermitage remontant au 12e s. Au 14e s., la communauté fut richement dotée par l'empereur Andronic Paléologue. Pillé et endommagé lors de la Seconde Guerre mondiale, il abrite une communauté de nonnes qui le restaurèrent et ouvrirent un atelier de peinture d'icônes réalisées selon les règles ancestrales (vente dans la boutique du monastère).

Il comprend deux églises : la plus ancienne, la chapelle St-Etienne (15e s.) est bâtie sur plan basilical mais ne se visite pas ; la plus récente (fin 18e s.) garde le reliquaire de la tête du saint martyr Charalambos. Dans le réfectoire sont exposés de belles icônes des 16e et 17e s. (par E. Tzanès), des manuscrits enluminés du 17e s., des broderies du 16e s.

Vues★★ splendides sur la vallée du Pineiós et la Thessalie.

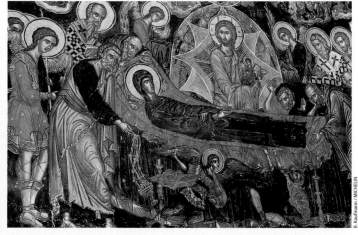

La Dormition de la Vierge, l'une des superbes fresques du monastère de Varlaám.

Aux alentours

Tríkala

À 22 km au sud de Kalampáka par la E 92. Gros marché agricole au sein de la fertile Thessalie, Tríkala fut le siège sous l'Antiquité d'un important sanctuaire à Asclépios, dieu de la Médecine ; lors de l'occupation turque elle fut, un temps, capitale de la province.

Regroupant les principales églises et un bazar pittoresque, le **vieux quartier** s'étage sur les premières pentes du mont Ardani, que couronne un château byzantin, le fort Trikkis, dont l'origine date du 4e s. av. J.-C. Il est conseillé d'accéder au sommet, endroit très agréable, animé par un café.

Au sud de la ville, sur la route de Kardítsa, la **mosquée** du 16e s. est couverte d'une imposante coupole.

Défilé de Porta★

À 20 km au sud-ouest de Tríkala. Prendre la route de Pýli, traverser ce bourg et remonter sur 1 km environ la rive droite du Portaïkos, issu du massif du Pinde.

Pont★ – Construit au 16e s. par le moine Bessarion et situé à la sortie du défilé dans un site paisible qu'ombragent d'énormes platanes, il comporte une seule arche, étroite et haute, d'une portée impressionnante.

Revenir à Pýli, franchir le torrent et en remonter la rive gauche. Bientôt apparaît en contrebas l'église de Porta Panagia.

Sanctuaire de Porta Panagia★ – Le monastère fut fondé en 1283 dans un site retiré alors que Jean Ier et Jean II Doukas étaient maîtres de la Thessalie. Dans son cadre charmant de verdure, ce curieux édifice du 13e s. présente deux bâtiments bien distincts.

À l'est se trouve une église, d'architecture latine par son appareil de pierres taillées, son transept apparent, le profil de certaines de ses ouvertures, son plan à une nef contrebutée par des bas-côtés, son remarquable chevet à abside et absidioles à pans. À l'intérieur, les mosaïques du Christ et de la Vierge à l'Enfant encadrant l'entrée du chœur ont une souplesse de dessin et une expression détendue qui diffèrent du hiératisme byzantin.

À l'ouest s'élève une église orthodoxe sur plan en croix grecque que surmonte une coupole, probablement refaite au 15e s., mais dont la façade et les murs en pierre paraissent remonter au 13e s. et avoir été conçus par un maître d'œuvre occidental. À l'intérieur, la fresque (15e s.) de la coupole respecte la tradition byzantine avec un Christ sévère et la légion solennelle des saints accompagnateurs.

Les Météores pratiques

Informationss utiles

🛈 *Sur la pl. de la mairie de Kalampáka -* ☏ *24320 779 00 - tlj 8h-14h30 en été, horaires aléatoires hors sais.* Le personnel est en partie francophone et fournit diverses informations.

Banques / Change – Banque nationale de Grèce, *Platia R. Ferraiou - lun.-jeu. 8h-14h, vend. 8h-13h.* Moneda, *22 odos Trikalon (r. principale).* Bureau de change, *24h/24, odos Trikalon.*

Poste/Téléphone – Poste principale, *Odos Trikalon - lun.-vend. 7h30-14h.* **OTE**, *Odos Ioanninon - lun.-vend. 7h30-22h, sam. 7h20-15h.*

Police touristique – *57 odos Ioanninon, à l'entrée de la ville -* ☏ *24320 780 00.*

Santé – Centre médical - ☏ *24320 222 22.*

Transports

En train – *Gare ferroviaire au sud de la ville de Kalampáka.* 4 trains/j. pour **Athènes**, dont un express à 7h ; pour les autres destinations, changement à Paleofarsalo. 2 trains/j. pour **Vólos** ; le même train poursuit vers Thessalonique. 3 trains/j. pour **Lárisa**.

En bus – *Gare routière dans l'odos Ikonomou -* ☏ *24320 224 32.* 1 bus ttes les heures pour **Tríkala**, de 6h15 (7h le dim.) à 22h30. De là, 1 bus/heure pour Lárisa, 3 bus/j. pour Athènes et pour Thessalonique. Pour **Métsovo** 4 bus/j., 2 bus/j., pour **Ioánnina** et 3 bus/j. pour **Vólos**.

Place de la mairie de Kalampáka, un service de bus dessert les principaux monastères des Météores. *Lun.-vend. 9h, 13h20, w.-end 8h20, 13h20.* Liaisons aussi pour **Kastraki**. *6h45-21h45.*

Se loger

KALAMPÁKA

👜 **Meteora** – *13 odos Ploutarchou -* ☏ *24320 223 67 - www.meteorahotels. com - 10 ch.* Établissement simple, mais doté de chambres calmes et impeccables. Celles qui ont vue sur les Météores sont plus chères. On y parle français. Laverie, Internet.

Hôtel Odysseon – *30 odos P. Dimitriou - à la sortie de la ville, vers Kastraki -* 24320 223 20 - *www.hotelodysseon.gr - 22 ch.* Cet hôtel moderne propose des chambres confortables et bien tenues. Toutes ont une vue superbe sur la vallée ou sur les Météores. Profitez de la très belle terrasse pour le petit-déjeuner. Accueil sympathique et professionnel.

Aeolic Star – *4 odos A. Diakou, au-dessus de la pl. de la mairie,* 24320 223 25 - *24 ch.* Situé en plein centre-ville, cet hôtel propose des chambres simples mais confortables. Certaines avec balcon. Petit-déjeuner copieux. Bon accueil.

Edelweiss – *3 odos E. Venizelou -* 24320 239 66 - *www.kalambaka.com/ edelweiss - 60 ch.* Hôtel de trois étages disposant de chambres confortables quoique sans caractère, accueillant surtout une clientèle de groupes. La piscine avec vue sur les Météores est un must. Prix élevés, mais à négocier hors saison.

KASTRÁKI

Hôtel Tsikeli – *Dans le village, à gauche sur la route principale qui monte vers les Météores -* 24320 224 38 - *18 ch.* Un endroit accueillant, où l'on sert le petit-déjeuner dans un jardin. Certaines chambres ont une vue imprenable sur les Météores. Excellent rapport qualité-prix.

Vasiliki & Gregory Ziogas – *Sur la route principale, à droite -* 24320 240 37 - *10 ch.* L'accueil est sympathique, et les chambres sont sobres et confortables, avec vue sur les Météores. Une adresse très convenable. Petit-déjeuner en option. Possibilité de demi-pension.

Hôtel France – *À l'entrée du village -* 24320 241 86 - *26 ch.* Hôtel tenu par un couple franco-grec chaleureux. Chambres impeccables, certaines avec vue sur les Météores. Petit-déjeuner en sus.

Doupiani House – *À la sortie du village, à gauche -* 24320 753 26 - *doupiani-house@kmp.forthnet.gr - 11 ch.*

Un accueil sympathique vous sera réservé dans cet hôtel calme et isolé, jouissant de la plus belle vue sur les Météores. Le patron Thanassis vous fournira des informations pour découvrir les environs. Petit-déjeuner en option à déguster sur la terrasse.

Hôtel Kastraki – *À gauche, sur la route principale qui monte vers les Météores -* 24320 753 36 - *27 ch.* Hôtel moderne et très confortable, certaines chambres donnant sur les Météores. Bon accueil.

Se restaurer

KALAMPÁKA

Panellinion – *Pl. Dimarheiou -* 24320 247 35. L'un des trois restaurants de la place. Pour boire un verre ou manger une cuisine grecque ordinaire mais bonne.

KASTRÁKI

Taverne Kosmiki – *Rue principale - avant l'église -* 24320 232 53. Une belle terrasse avec vue sur les Météores, où l'on sert une cuisine plantureuse.

Taverne Gardenia – *En dessous de l'église -* 24320 225 04. Une jolie terrasse pour apprécier une cuisine fraîche et familiale. Accueil sympathique.

Filoxenia Taverna – *Dans le village, sur la route qui monte aux Météores.* Une tonnelle agréable, où l'on déguste *souvlaki* et poulets à la broche.

Sports et loisirs

Randonnées – **No Limit** – *Kastráki, dans le camping à l'entrée du village -* 24320 791 65 - *meteora@nolimits. com. gr - mai-oct.* Une agence de trekking et de sports de montagne.

Achats

Marché – Vend. mat. à Kalampáka.

Antiquités – **Korakis Bros** – *pl. R. Ferraiou.* Une caverne d'Ali Baba où l'on trouve objets en bois et en cuivre, des icônes et des bijoux.

Événements

Des **danses folkloriques** sont organisées à Kalampáka et Kastráki le lundi et le mardi de Pâques. En mai, à Tríkala, les **Hatzipetria** sont l'occasion de danses et d'épreuves sportives.

Monemvasía★★

Μονεμβασία

90 HABITANTS
CARTE GÉNÉRALE RABAT II B3 – PÉLOPONNÈSE – LACONIE

Invisible de la côte, cette cité fortifiée médiévale à demi ruinée se dissimule, face à la mer, sur le versant d'un rocher abrupt qu'une simple jetée relie au continent. Lorsqu'elle se découvre au regard, et que l'on embrasse d'un seul coup ses constructions étagées en terrasses avec la vue spectaculaire sur le large, on ressent une étrange impression de « bout du monde » et de temps suspendu.

- **Se repérer** – À 350 km au sud d'Athènes, 202 km au sud de Nauplie, 110 km au sud-est de Sparte. Bien que située sur le continent, Monemvasía est difficile d'accès par la route (Géfyra - néa Monemvasía - petite ville moderne sur le continent est reliée à la cité ancienne par une digue). Il est plus rapide de s'y rendre par l'hydroglisseur partant du Pirée (2h30).

- **Se garer** – L'accès à la cité médiévale (40mn de marche) est interdit à tous les véhicules, de même que la digue pendant la période estivale (de juin à septembre), ce qui oblige à se garer à Géfyra et à emprunter la navette qui assure la liaison entre la digue et la vieille ville (toutes les 15mn).

- **À ne pas manquer** – La vue de la citadelle, en particulier le soir et à l'aube ; les ruelles et les remparts de la ville basse.

- **Organiser son temps** – Une demi-journée pour se promener dans les ruelles de la ville basse (Kastro) et visiter la ville haute et sa citadelle. Préférer la visite le matin pour profiter du soleil, qui passe derrière le rocher en fin de journée…

- **Pour poursuivre le voyage** – Cythère, Le Magne, Sparte.

L'ancienne citadelle qui domine la belle cité de Monemvasía.

Comprendre

Formant une presqu'île constituée d'un rocher haut de 300 m et long de 1,8 km et d'un isthme étroit que renforce une digue coupée d'un pont, Monemvasía tient son nom de la locution grecque *moni emvassis*, « unique accès ». Un tremblement de terre la sépara du continent en 375 av. J.-C. et fit d'elle une île.

Fortifiée par les Byzantins au moment des invasions slaves, Monemvasía (nommée autrefois **Malvoisie** par les Français) tomba aux mains de Guillaume de Villehardouin en 1248 après trois ans de blocus. Les Francs réparèrent le château que Guillaume dut rendre en 1263 à Michel VIII Paléologue.

Durant le despotat de Morée, les Byzantins entretiennent un commerce actif à Monemvasía, située sur la route de Constantinople. Puis l'îlot appartient aux Turcs, les Vénitiens l'occupant toutefois à deux reprises, de 1464 à 1540 et de 1690 à 1715.

À l'heure vénitienne, Napoli di Malvasia, ou Malvasia, joue un rôle important comme escale et centre d'échanges avec le Levant, la place étant protégée par une citadelle, une enceinte et un pont fortifié comptant 163 m de long avec 13 arches que l'on peut couper en cas de danger. La ville comprend alors plus de 30 000 habitants et une quarantaine d'églises.

C'est à Monemvasía qu'est né, en 1909, le poète **Yannis Ritsos**, mort en 1990. Engagé, il subit en raison de ses opinions politiques toutes sortes de tracas (allant jusqu'à la prison) sous la dictature des colonels. Nombre de ses œuvres ont été mises en musique par Mikis Théodorakis.

La cité a été l'objet d'importantes restaurations de la part des services archéologiques et toute modification de bâtiment est étroitement réglementée. De la sorte, Monemvasía qui, depuis les années 1970, a vu se développer une nouvelle occupation notamment comme lieu de résidence secondaire, aujourd'hui très prisé, a préservé un cachet unique.

Se promener

Kastro★★

Il constitue la ville basse. On y pénètre par une digue, « unique entrée », et une porte de ville à passage voûté, en chicane, qui, comme l'enceinte, remonte au despotat de Morée, mais a été refaite par les Vénitiens.

Suivre la rue principale, bordée de demeures anciennes et conduisant à la Grand-Place.

Place de la mosquée
(Platia Dzamiou)

Formant terrasse à son extrémité, que marquent un canon du 18e s. et le regard d'une citerne souterraine, cette charmante place est bordée à l'est par l'église du Christ aux Liens (Christos Elkomenos), ancienne cathédrale fondée au 12e s. par les Byzantins et reconstruite à la fin du 17e s. par les Vénitiens ; remarquez le campanile à l'italienne et, dans la façade, un bas-relief byzantin sculpté de paons symboliques. À l'intérieur, belles icônes byzantines, dont celle de la Crucifixion (14e s.).

Collections archéologiques - Ancienne mosquée (Paléo Dzami)

☎ 27320 614 03 - *mar.-dim. 8h30-15h, fermé lun. - gratuit.*

À l'origine, c'était une mosquée construite par les Turcs au 16e s. Le bâtiment devint une église à l'époque de l'occupation vénitienne, redevint une mosquée au 18e s. Ensuite, l'administration le transforma en prison (milieu du 19e s.) ; enfin, il servit de café au début du 20e s. avant d'être aménagé en musée. La belle collection archéologique qu'il renferme éclaire l'histoire et la vie quotidienne de Monemvasia et sert d'introduction à la visite du kastro.

Délicieux Malvoisie

Durant tout le Moyen Âge et jusqu'au 19e s., le port exporta le malvoisie, vin blanc liquoreux à base de raisin malvasia provenant non seulement de la région, mais surtout des îles de l'Égée. Ce vin était très apprécié en Angleterre, où on le consommait sous l'appellation « malmsey » : en 1477, le duc de Clarence *(voir Chlemoútsi p.185)*, condamné à mort par son frère Édouard IV et interrogé sur la forme de son supplice, demanda à être noyé dans un tonneau de malvoisie… et il en fut ainsi. Le cépage n'est plus aujourd'hui cultivé sur place mais a été transplanté avec succès dans d'autres pays méditerranéens comme l'Espagne ou l'Italie (Toscane).

Rempart sud

De la place, descendre au rempart que l'on suit à gauche.

Vues étendues sur la mer et sur la côte du Péloponnèse en direction du cap Maléas. Pour se baigner, gagnez le ponton de Portello, ou les **plages** les plus proches : celles de Géfyra et, plus au nord, de Xifias *(6 km)* et de Pori *(4 km)*.

Panagia Chrysafitissa

Édifice du 16e s. à la façade très vénitienne d'aspect avec son portail à encadrement surmonté d'un oculus ; le parvis servait de place d'armes. Près du rempart, une minuscule chapelle abrite la « source sacrée » et une icône originaire de Chrysafa, près de Sparte.

Vous pourrez parcourir le chemin de ronde jusqu'au bastion d'angle, puis descendre du rempart pour gagner l'église Ágios Nikólaos qui possède un portail vénitien du 16e s. Vous visiterez également les églises Ágios Dimitrios, Ágios Antonios, Ágios Andréas et Agía

Anna, du 14ᵉ s. Traversez ensuite un quartier où subsistent quelques maisons vénitiennes : encadrements moulurés, niches flamboyantes, cheminées à large embout.

Revenir sur la place Dzamiou, d'où un raidillon mène à l'église Panagia Mirtidiotissa.

Panagia Mirtidiótissa
En restauration, elle est souvent fermée au public.

Cette petite église paraît remonter à l'époque franque (13ᵉ s.) ; sa façade présente un portail surmonté d'un oculus de style vénitien. Elle possède une belle iconostase en bois sculpté. Elle fut le siège d'une commanderie de templiers, puis de chevaliers de St-Jean-de-Jérusalem, comme l'indique le blason sculpté d'une « croix ancrée » de Pierre d'Aubusson.

Acropole★★ (akrópoli)
Très étendue, elle constituait jadis une véritable ville dont il ne subsite malheureusement plus que des ruines, hormis Agía Sofía. Ses fortifications sont en majeure partie vénitiennes (16ᵉ s.). Ceux que rebuterait la montée à la citadelle *(environ 15mn par un sentier raide)* pourraient cependant gagner le début des lacets d'où l'on a une très belle **vue★★★** sur l'ensemble de la ville basse.

Franchir l'entrée fortifiée par un passage voûté qui débouche sur une place d'où l'on prendra au nord le chemin montant à l'église Agía Sofía.

Agía Sofía★
Sanctuaire principal de la ville haute, c'est une grande église byzantine, édifiée sur le bord de la falaise d'où l'on découvre des **vues★★★** vertigineuses sur le golfe. Restauré, l'édifice remonte probablement au 11ᵉ s. (chapiteaux, bas-reliefs) ; il fut sans doute occupé quelque temps par les cisterciens à l'époque franque et refait au temps du despotat de Morée (14ᵉ-15ᵉ s.).

Au bord de la falaise, le sanctuaire byzantin d'Agía Sofía.

Présentant un plan quadrangulaire homogène, l'église comporte un narthex et une impressionnante coupole sur trompes. Chapiteaux byzantins primitifs, en méplat, reliefs de marbre byzantins surmontant les portes du narthex, vestiges de peintures murales.

Un sentier conduit au sommet du rocher. À l'ouest, vue sur l'isthme et les montagnes ; vers l'est le rocher, telle une proue de navire, semble pointer vers le large.

Redescendre sur la place, à l'entrée de la citadelle, et suivre à droite le chemin de ronde jusqu'à un escalier permettant d'atteindre le faîte de la muraille : **vues★★** splendides sur la ville basse et la côte.

Aux alentours

Limáni Géraka
À 16 km au nord de Monemvasia par la route côtière. Débarcadère de l'hydroglisseur.
Pittoresque village de pêcheurs construit au fond d'une petite baie rocheuse, son quai au bord de l'eau est jalonné de tavernes de poissons.

Molaoi

À 24 km au nord-ouest de Monemvasia par la route de Sparte.

On peut y voir une église byzantine paléochrétienne, les ruines d'un fort médiéval et, au lieu-dit Chalasmata, les pavements en mosaïque de trois temples du 6e s. av. J.- C.

Neápoli

À 40 km au sud de Monemvasía.

Ce bourg (plage à proximité) est proche de la superbe petite île d'Elafonissi. Il n'y subsiste que de rares vestiges, la cité antique étant aujourd'hui engloutie. Mais elle offre des criques aux eaux transparentes et des plages au sable doré invitant à la baignade.

Monemvasía pratique

Informations utiles

🛈 Pas d'office de tourisme à Monemvasía. L'essentiel des services se trouvent à Géfyra (à noter que peu de bâtiments comportent des numéros).

Centre médical – ✆ 27320 612 04.

Poste – *Sur odos Spartis, face à l'agence Malvasia* - ✆ 27320 612 31 - *7h30-14h.*

Police – *137, odos Spartis, devant la poste* - ✆ 27320 612 10/612 12.

Banque – Plusieurs distributeurs dans le centre. **National Bank of Greece**, 8h-14h30.

Transports

En bus - *Dép. juste après la digue, sur odos Spartis.* Tous les jours des départs pour Athènes via Molaoi (21 €), Sparte, Trípoli et Corinthe. Vente de tickets à l'agence Malvasia.

Une **navette gratuite** assure la liaison entre la digue et la vieille ville de Monemvasía de 7h30 à 22h00, de juin à sept. Le départ est juste avant la digue.

Agence Malvasia Travel – *Odos Spartis* - ✆ 27320 617 52 - *fax 27320 614 32.* Vente de tickets de bus pour les longues distances et horaires.

En voiture et en deux roues – Location chez **Christos Rent Car and Moto** – *23, odos loliou* - ✆ 27320 615 81 - *fax/* ✆ *27320 716 61.* Location de motos en face - ✆ 27320 611 73.

Taxi – ✆ 27320 612 74.

Se loger

👁 Les deux zones d'accueil de Monemvasía sont **Géfyra**, la ville moderne avant la digue, et le **Kastro** dans la vieille ville, où se concentrent les chambres d'hôtes et hôtels de charme dont les prix sont naturellement plus élevés. Pour profiter de ces derniers, n'hésitez pas à étudier les prix, variables selon la saison, mais néanmoins abordables.

MONEMVASÍA (KASTRO)

😊😊 **Kellia** – *Tout à fait en bas du kastro, sur la place de l'église Panagia Chrysafitissa* - ✆ 27320 615 20 - *fax 27320 617 67* - *12 ch.* Dans un ancien monastère près des remparts reconverti en maison d'hôtes, jolies chambres avec, pour certaines, des lits à baldaquin. Une bonne adresse pour ceux qui aiment le calme.

😊😊 **Malvasia** – ✆ *27320 613 23* - *fax 27320 617 22* - *28 ch.* Installées dans trois anciennes demeures (dont l'anthropomorphique maison Stellaki) dispersées dans la ville, ces magnifiques chambres décorées à l'ancienne donnent envie de s'installer quelques jours à Monemvasía. Au pied d'une de ces maisons (Ritsou), on trouve un accès cimenté à la mer.

GÉFYRA

😊😊 **Belessis** – *À droite de la route principale, 50 m av. l'entrée de Géfyra* - ✆*/fax 27320 612 17* - *10 ch. et 5 appart.* Aux chambres installées dans une vieille maison, traditionnelle il est vrai, mais proche de la route, on peut préférer les pièces plus récentes regroupées en retrait d'un patio fleuri et calme. Accueil charmant.

😊😊 **Villa Diamanti** – *Dans le quartier de Topalti, juste avant Géfyra* - ✆ *27320 615 34* - *fax 27320 611 96* - *9 ch. dans l'hôtel (à gauche de la route) et 12 bungalows à droite.* L'hôtel propose des chambres d'un bon confort et met une cuisine à disposition de ses clients. Les bungalows, de jolies maisonnettes de une ou deux chambres, sont bien équipés, dotés d'une terrasse et dispersés sur une colline de 1 ha. L'accueil est très souriant.

😊😊😊 **Villa Douka** – *3 km au nord de la ville* - ✆ *27320 611 81* - *fax 27320 617 51* - *25 studios et appart 4/7 pers.* Établissement moderne dont les appartements donnent sur un immense jardin croulant sous les bougainvilliers et les lauriers. Toutes sortes d'activités, dont du ping-pong, du basket, etc. Proche d'une longue plage de sable, c'est une bonne adresse pour les familles motorisées (aucun moyen de transport pour la ville).

😊😊😊😊 **Lazareto** – *Sur la digue qui relie le continent au Kastro, juste à l'extérieur de la forteresse* - ✆ *27320 619 90* - *fax 27320 619 94.* Cet hôtel récent est l'un des endroits les plus chics de Monemvasía.

Chaque suite a son décor personnalisé et ouvre sur un espace fleuri et paisible. Petit-déjeuner en sus (6 €).

Se restaurer

GÉFYRA

Fotis – *Au début de la route du bord de mer.* Un bistrot sans façon pour déguster une pita ou quelques souvlakia bon marché, à l'ombre d'un auvent en toile.

Limanaki – *À droite de la route, juste avant le pont.* Une taverne traditionnelle où l'on choisit ses plats en cuisine. Les tables sont dressées sous une tonnelle.

To Kanoni – *À droite de la route principale.* Un restaurant dont la terrasse domine le dôme du musée. Bonne assiette de *pikilia* (assortiments).

Le Castellano – *Sur la digue qui relie le continent au Kastro, juste à côté de l'hôtel Lazareto - ℘ 27320 199 94 - petit-déjeuner et dîner.* Depuis la terrasse s'offre à vous une vue superbe à la hauteur des plats proposés. Une excellente carte des vins accompagne des plats traditionnels grecs et des classiques de la cuisine française et italienne. Une cuisine sans prétention qui s'avère très savoureuse.

MONEMVASÍA (KASTRO)

Matoula – *En contrebas de la rue principale.* Les tables sont dressées à l'ombre d'un grand figuier, face à la mer. On vous sert d'excellents plats cuisinés, dont un fromage cuit en cassolette *(saganaki)* et un délicieux agneau *(arnaki)* à la sauce citronnée ou un *barbounia*.

Faire une pause

Pâtisserie traditionnelle à Géfyra au pied de l'hôtel Minoa, sur la rue principale. Sablés aux amandes, beignets, etc., que l'on peut emporter ou déguster sur place.

Événements

Fêtes locales – Le 23 juillet on célèbre la libération de la ville du joug ottoman en 1821. Pendant 5 jours, chants, danses traditionnels et repas sont organisés devant l'église de la Panagia Chrysafitissa.

Mycènes★★★

Mykínes – Μυκήνες

CARTE GÉNÉRALE RABAT II B2 - PÉLOPONNÈSE - ARGOLIDE

Sur une colline aride qu'encadrent en arc de cercle des montagnes s'élèvent les ruines de Mycènes, la ville « riche en or » selon Homère. Cette ville-forteresse vit s'épanouir au 2e millénaire une civilisation originale qui a contribué à façonner la civilisation grecque. Jadis dominées par les Atrides, dont les luttes fratricides sont relatées dans l'*Iliade*, ces ruines imposantes, sans parler de leur beauté architecturale et des trésor exhumés, évoquent un passé à la fois lointain et familier.

> **Se repérer** – À 40 km au sud-ouest de Corinthe et environ 120 km à l'ouest d'Athènes, Mycènes se trouve sur la gauche de la route conduisant à Nauplie depuis « l'ancienne route nationale » Corinthe-Árgos. Un village moderne tout en longueur précède de 2 km environ le site archéologique, doté d'un grand parking.

> **À ne pas manquer** – La porte des Lionnes et le trésor d'Atrée.

> **Organiser son temps** – Profitez de la fraîcheur matinale pour découvrir le site après avoir dormi dans le village. Vous pouvez consacrer deux heures à la visite.

> **Pour poursuivre le voyage** – Árgos, Corinthe, Nauplie, Tlrynthe.

Au cœur de l'histoire des Atrides, le premier cercle des tombes.

H. Champollion / MICHELIN

Comprendre

La tragédie des Atrides

D'après la mythologie, Mycènes aurait été fondée par Persée, fruit de l'union de Zeus et Danaé, qui aurait édifié l'enceinte de la ville avec l'aide des Cyclopes, Géants bâtisseurs qui n'avaient qu'un seul œil au milieu du front.

Après les Perséides règnent les Atrides dont l'histoire complexe, marquée du sceau de la vengeance et de la fatalité, a été contée par Homère dans l'*Iliade*, puis par Eschyle, Sophocle et Euripide. S'il est impossible ici d'entrer dans les détails, nous rappellerons simplement le nom des membres les plus connus de cette famille tragique.

Atrée, fils de Pélops, met à mort les fils de son frère Thyeste, et les fait découper puis servir à leur père au cours d'un festin. Restent donc seuls ses fils. Tout d'abord **Ménélas**, roi de Sparte, l'époux d'**Hélène**. Mais les amours de la belle avec **Pâris**, fils de Priam, roi de Troie, provoquent la guerre de Troie. Le second fils, **Agamemnon**, est quant à lui roi de Mycènes et époux de **Clytemnestre**, la sœur d'Hélène ; désigné « roi des rois », il conduit les Achéens lors de l'expédition de Troie, et, soucieux d'obtenir des dieux des vents favorables, il donne l'ordre de sacrifier sa fille **Iphigénie** à Aulis.

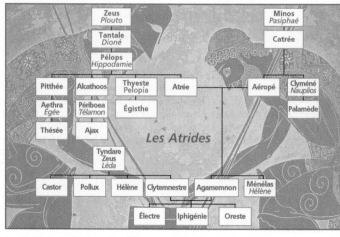

La généalogie des Atrides, telle qu'elle est contée dans les récits légendaires.

Toutefois, l'un des fils de Thyeste, Égisthe, a survécu. Il venge son père en assassinant son oncle Atrée, et devient l'amant de Clytemnestre ; à la demande de celle-ci, supprime Agamemnon et sa captive **Cassandre**, fille de Priam, connue pour se prédictions funestes que personne ne voulait croire. L'affaire déclenche alors un « vendetta » sanglante : **Oreste**, le fils d'Agamemnon, poussé par sa sœur **Électre** tue à son tour l'amant de sa mère, ainsi que celle-ci. Poursuivi par les Érinyes, il es acquitté sur l'Aréopage d'Athènes par un jury que préside Athéna et purifié par Apollon sur l'omphalos de Delphes, avant de finir son existence sur le trône de Mycènes. avait donné sa sœur Électre en mariage à son fidèle ami, Pylade.

Un amateur de génie

Du temps de **Pausanias** (au 2ᵉ s. de notre ère), il ne restait de Mycènes que quelques ruines enfouies dans les herbes. Au début du 19ᵉ s. cependant, la porte des Lionnes le soi-disant « tombeau d'Agamemnon » étaient connus des voyageurs… même si l'aspect des lionnes trompa en 1828 les Français de l'expédition scientifique de Morée qui, y voyant un symbole héraldique, pensaient avoir découvert l'entrée d'une forteresse franque.

C'est alors qu'**Heinrich Schliemann** s'intéressa au site (1822-1890). Cet ancien commis épicier enrichi dans le négoce était passionné par les héros d'Homère. Retiré des affaires à 45 ans, cet amateur génial avait en 1874, alors qu'il cherchait le trésor de Priam, identifié l'emplacement de **Troie**, sur la côté d'Asie Mineure, près de l'entrée des Dardanelles. Deux ans plus tard, il commença à fouiller le site de Mycènes dans l'espoir d'y retrou-

Légende ou histoire ?

Les Atrides ont été longtemps tenus pour légendaires. À la suite de **Schliemann**, les historiens et archéologues pensent qu'ils ont réellement existé, même si leur « geste » a été abondamment embellie par les poètes et, au premier chef, par Homère. Il est sûr en tout cas que du 16ᵉ s. au 12ᵉ s., époque à laquelle la cité achéenne fut détruite par des envahisseurs doriens, Mycènes fut le plus riche et le plus puissant État du monde méditerranéen, entretenant d'étroites relations avec la Crète et même l'Égypte.

ver la tombe d'Agamemnon et de son entourage massacrés selon la chronique par les sbires d'Égisthe, au cours d'un banquet. Guidé par une phrase de Pausanias affirmant qu'Agamemnon avait été enterré à l'intérieur de l'enceinte, Schliemann découvrit très vite, au-delà de la porte des Lionnes, sous une éminence, le premier cercle royal de tombes où gisaient 19 corps qu'il pensa être ceux d'Agamemnon, Cassandre et leurs compagnons. Les hommes avaient des masques d'or sur le visage et des plaques d'or sur la poitrine ; les femmes portaient des diadèmes, colliers et bagues également en or. En 25 jours, de magnifiques parures, des vases et un mobilier précieux, furent mis au jour.

Depuis lors, les fouilles se poursuivent : c'est ainsi que l'on a découvert en 195 le second cercle royal de tombes, près du tombeau de Clytemnestre. Les travaux se poursuivent aujourd'hui, à l'intérieur de l'enceinte, dans le quartier ouest de cité.

Visiter

LA CITÉ ANTIQUE ★★★

27510 765 85 - tlj 8h30-15h30 (hiver), 8h-19h (été). Musée : 8h30-15h30, lun. 12h-15h - 8 €. Il peut être utile de se munir d'une lampe électrique pour la visite des tombes et de la citerne.

Acropole

Formant une citadelle de plan triangulaire, d'un périmètre de 900 m environ, l'**acropole** couronne une colline de 278 m de haut défendue par des remparts et deux profonds ravins, au nord et au sud. La citadelle n'était destinée qu'au roi, à sa famille, aux nobles et à la garde. De la ville proprement dite, concentrée au pied de la colline, les traces de quelques maisons ont été découvertes à gauche de la route conduisant au village moderne.

Enceinte cyclopéenne★★

Les remparts, en pierre brute non appareillée, datent en majeure partie des 14e-15e s. av. J.-C. et peuvent atteindre une épaisseur de 3 à 8 m.

Porte des Lionnes★★★

Accès principal de l'acropole, la célèbre porte des Lionnes (ou des Lions) tient son nom des fauves sculptés en relief sur le colossal **tympan monolithe** mesurant 3,90 m à la base, 3,30 m de haut et 0,70 m d'épaisseur. Ces lionnes ont perdu leurs têtes, qui étaient vraisemblablement rapportées et regardaient le visiteur ; elles se font face de part et d'autre d'une colonne reposant sur un autel double et supportant un entablement. Veillant sur l'entrée de la ville haute, cette scène, d'inspiration asiatique, symbolisait la puissance mycénienne.

La **porte** proprement dite, haute de 3,10 m et large de 2,95 m, s'ouvre entre deux murs dont l'un, à droite, était prolongé par une tour. Elle provoque l'étonnement par l'énormité des blocs monolithes qui la constituent, notamment du linteau. Ses vantaux en bois étaient renforcés d'une barre dont on repère les trous de fixation sur les piliers latéraux.

Après avoir franchi la porte sur laquelle s'ouvre, à gauche, la loge du portier, remarquez à droite les restes d'un **magasin à grains (1)** où furent trouvés, au fond de grandes jarres, quelques grains de céréales carbonisés.

Premier cercle royal de tombes★★

À droite et au-delà de la porte des Lionnes vous distinguerez l'entrée du fameux cimetière que Schliemann pensait être destiné à Agamemnon et à sa suite mais qui, en fait, est beaucoup plus ancien (16e s. av. J.-C.).

On reconnaît facilement le tracé de l'enceinte circulaire, à double rangée de dalles, qui formait une sorte de galerie couverte entourant le cimetière. Celui-ci comprenait six tombes principales à fosses rectangulaires que surmontaient des stèles, décorées de scènes de chasse en faible relief. Les fosses contenaient les corps de huit hommes, neuf femmes, et deux enfants, ainsi qu'un somptueux mobilier funéraire, aujourd'hui exposé au Musée archéologique national d'Athènes : le poids total des objets en or atteignait 14 kg. Les défunts portaient un **masque mortuaire** en or moulé directement sur le visage après le décès.

Vous emprunterez ensuite la rampe pavée qui, de la porte des Lionnes, monte à l'une des entrées du palais royal, dominant à droite un quartier d'habitations et de magasins. On y a trouvé les idoles anthropomorphes en terre cuite exposées au Musée. Dans les habitations ont été également mis au jour un grand nombre de tablettes (documents comptables pour l'essentiel) couvertes d'une écriture archaïque, appelée le **linéaire B** et qui ne fut déchiffrée qu'en 1952 par l'Anglais **Michaïl Ventris**.

Palais★

Il remonte au 15e s. av. J.-C. et comportait trois corps de bâtiments s'étendant jusqu'à la corne est de l'enceinte. Celui de l'ouest comprend l'élément principal du palais, le **mégaron**, qui est assez bien conservé, ainsi que l'**escalier d'honneur (2)** dont subsistent 18 marches. De ce bâtiment qui jadis comportait plusieurs étages, seules les fondations du premier niveau ont subsisté.

Par les propylées, gagnez la **grande cour (3)** qui précédait le mégaron. Celui-ci, dont on lit le plan au sol, se divisait en portique, vestibule et mégaron proprement dit, salle royale marquée en son centre par un foyer circulaire qu'entouraient des colonnes (les bases subsistent) supportant le toit ; le sol était revêtu de dalles de gypse et les murs de stuc étaient peints de motifs décoratifs dans le style crétois ; le trône se trouvait probablement à droite. La terrasse supérieure du palais a été dénaturée par la construction postérieure d'un **temple à Athéna (4)** dont il reste quelques vestiges. On y découvre une belle vue sur le site.

La visite de l'acropole pouvant se révéler assez fatigante, vous pourrez revenir à la porte des Lionnes ; les plus courageux poursuivront en direction de la corne est.

Corne est★

Les restes d'un **ouvrage fortifié (5)** du 12ᵉ s. av. J.-C. sont visibles de ce côté de la forteresse, ainsi qu'une **citerne (6)** à ciel ouvert, datant de l'époque hellénistique. À droite, une poterne (qui peut être fermée) débouche à l'extérieur des remparts. À gauche s'ouvre l'entrée d'un escalier souterrain coudé, dont les 99 marches mènent, en passant sous l'enceinte, à une **citerne** secrète située à 18 m au-dessous du niveau du sol : des conduits de terre cuite l'alimentent en eau provenant de la source Perseia. Vous suivrez ensuite la section intérieure nord de l'enceinte et sortirez de l'acropole par la **porte nord** (hauteur : 2,30 m ; largeur : 1,50 m ; fermée le plus souvent), dont

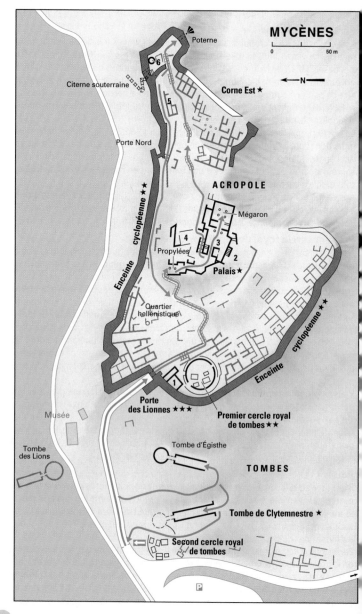

MYCÈNES

l'accès est protégé d'un côté par un mur supplémentaire d'où les défenseurs pouvaient frapper les assaillants sur leur côté non protégé par les boucliers ; quelques mètres vous permettront d'avoir une vue d'ensemble de l'enceinte extérieure.
De retour dans l'enceinte, un sentier passant entre le palais et les ruines confuses d'un quartier hellénistique vous permet de redescendre vers la porte des Lionnes.

Musée★

Ouvert au public en 2003, le musée est installé dans un bâtiment moderne, habilement dissimulé à flanc de colline, en contrebas de la porte des Lionnes, sur la droite. Il présente les objets mis au jour sur le site de l'ancienne cité, à l'exception notable bien entendu du mobilier funéraire de la tombe dite d'Agamemnon, exposé au Musée archéologique national d'Athènes *(voir p. 150)*, ici évoqué par des copies.
Dans le hall, une maquette reconstituant l'acropole de Mycènes à sa grande époque et un rappel des grands mythes du lieu apportent un excellent complément à la visite du site archéologique, parfois difficile à « lire » pour les profanes.
Après une évocation de l'histoire des fouilles conduites ici depuis l'époque de Schliemann, les objets exposés vous permettent de découvrir les différents aspects de la vie et de la culture mycénienne à l'époque achéenne : vous y verrez notamment un étonnant ensemble d'**idoles en terre cuite**, ainsi qu'une célèbre **fresque** représentant une déesse, le tout provenant du lieu de culte de la cité, ici reconstitué. Les autres salles présentent des objets (vases dont un superbe **cratère des guerriers**), pièces de monnaie, tablettes…, permettant de se faire une idée de la puissance des Mycéniens de jadis.

Tombes

Revenir au chemin d'accès et, à 50 m environ de la porte des Lionnes, prendre à gauche et descendre jusqu'à l'entrée de la tombe d'Égisthe (15e s. av. J.-C.), dont la voûte est effondrée. Se diriger ensuite vers la tombe de Clytemnestre.

Tombe de Clytemnestre★

Tombe royale collective à coupole du 14e s. av. J.-C., plus récente que les tombes à fosse. Une allée longue de 35 m et large de 5 m conduit à la porte, haute de 5,48 m et surmontée d'un linteau fait avec d'énormes blocs de pierre ; de part et d'autre, on voit les bases des colonnes qui l'encadraient. On pénètre alors dans la vaste chambre funéraire circulaire (diamètre 13,50 m) dont la voûte, reconstituée, culmine à 12,96 m. Remarquer le linteau de la porte s'incurvant afin de suivre la forme courbe de la coupole et se prolongeant par une assise de pierres en bandeau.

Second cercle royal de tombes

Situé à gauche de la tombe de Clytemnestre et en partie interrompu par celle-ci, ce cimetière royal du 17e s. av. J.-C. mis au jour en 1951 est plus ancien que celui découvert par Schliemann.
Malheureusement, sa clôture circulaire en grosses pierres calcaires est médiocrement conservée. Il comptait vingt-quatre tombes dont quatorze à fosses collectives, qui ont livré un important matériel archéologique.

Trésor d'Atrée ou tombe d'Agamemnon★★

Quitter la zone archéologique de l'acropole et descendre en direction du village moderne sur 400 m environ. Le trésor d'Atrée se trouve sur la droite. Vous pouvez bien entendu vous y rendre en voiture, mais vous risquez de ne pas trouver de place où vous garer…

Du 13e s. av. J.-C., c'est le plus grand et le plus beau des neuf tombeaux collectifs à coupoles que l'on a reconnus à l'ouest et au sud-ouest de l'acropole de Mycènes. Aménagé dans le tuf et dissimulé à l'origine sous une chape de terre, le trésor d'Atrée est accessible par un couloir long de 36 m et large de 6 m. Haute de 5,40 m et plus étroite dans sa partie supérieure, la porte est encadrée de pilastres que précédaient jadis deux demi-colonnes de marbre vert dont on a retrouvé les bases. Un triangle de décharge que cachait une dalle sculptée surmonte cette porte dont le linteau se compose de deux blocs colossaux : l'un d'eux, sur la face interne du tombeau, épouse la forme de la coupole ; il pèserait environ 120 tonnes !
La **chambre funéraire** circulaire atteint 13,39 m de hauteur pour un diamètre de 14,60 m et donne une impression de force majestueuse. Admirez la perfection de l'appareillage des pierres constituant la voûte en coupole conique, qui était ornée de rosaces et de motifs géométriques en bronze. À droite, un passage, haut de 2,50 m, comportant lui-même un triangle de décharge, débouche dans une pièce cubique plus petite, creusée dans le roc : était-ce le caveau funéraire du chef de famille, comme le pensent certains, ou la chambre du Trésor ? La question reste posée…

Mycènes pratique

Informations utiles

Dans l'enceinte du site archéologique, dans un bâtiment situé au-dessus du musée, vous trouverez une **boutique** (reproductions d'objets antiques, livres, cartes postales), une buvette et des toilettes.

Un **bureau de poste** « mobile » doté d'une boîte aux lettres est installé sur le parking.

Se loger

👁 Pour les amateurs, signalons l'existence d'un camping, situé juste avant l'entrée du village et ouvert toute l'année : **Atreus**, ✆ 27510 762 21. Le lieu est agréablement ombragé et convenablement équipé, notamment d'une piscine… mais il faut savoir que Mycènes est réputée pour sa chaleur estivale, parfois étouffante.

😴 **Pandelis rooms –** *Sur la gauche en arrivant dans le village -* ✆ *27510 763 30.* Quelques chambres tout à fait modestes, mais impeccablement tenues et toutes dotées de sanitaires et, chose non négligeable en ces lieux, de l'air conditionné.

😴😋 **La Belle Hélène –** *Au centre du village, sur la gauche en montant vers le site archéologique -* ✆ *27510 762 25, fax 27510 761 79 - 8 ch.* Si vous n'êtes pas hostile aux sanitaires au fond du couloir, arrêtez-vous dans ce vieil hôtel ouvert en 1862 (et dont le nom complet est « La Belle Hélène du roi Ménélas », en français dans le texte !). Ses chambres ont conservé leur ameublement d'époque. Le lieu s'enorgueillit d'avoir accueilli jadis Heinrich Schliemann, dont la chambre (n° 3) est la seule à disposer d'un lavabo. Petit restaurant au rez-de-chaussée. Ouvert de début mars à fin novembre.

😴😋 **Petite Planète –** *Dernière maison du village, sur la gauche en montant vers le site -* ✆ *27510 762 40 - fax 27510 766 10. 30 ch.* Les chambres confortables de cet établissement récent (avec piscine) sont réparties sur deux niveaux, au-dessus et au-dessous du restaurant. Les terrasses de celles du second procurent une belle vue sur l'Argolide. Très agréable petit-déjeuner, puisant dans les ressources locales en agrumes, et accueil charmant. Prévu pour recevoir des groupes, le restaurant est fermé le soir hors saison. Prix variables en fonction de la date.

Se restaurer

👁 Tout en longueur, le village moderne de Mycènes est abondamment pourvu en auberges, cafés, et restaurants (souvent conçus pour accueillir des cars entiers). Hors saison, la plupart de ces établissements sont fermés le soir : si vous séjournez à Mycènes, vous disposerez cependant (au centre du village) de modestes auberges fréquentées par les gens du cru:

😋 **Spiros –** Petit restaurant familial où votre repas, modeste mais très convenable (excellentes grillades d'agneau !), sera agrémenté par les exclamations des commensaux commentant avec passion l'inévitable match de football diffusé par la télévision qui trône dans un angle de la salle. Loin de tout folklore, vous vous sentirez ici au cœur de la Grèce profonde et pour un peu prendrez fait et cause pour l'équipe préférée des locaux !

😋 **Mykaïnos –** Voisin du précédent, un autre café-restaurant où les Mycéniens d'aujourd'hui établissent volontiers leurs quartiers, le temps d'un verre, ou pour consommer le plat du jour.

Mystrás★★★

Μυστράς

485 HABITANTS –
CARTE GÉNÉRALE RABAT II B2 – LACONIE – PÉLOPONNÈSE

Construite en amphithéâtre autour de la citadelle, Mystrás étage ses églises et ses monastères byzantins, ses palais et ses maisons en ruine sur le flanc escarpé d'un contrefort du Taygète. Aujourd'hui peuplée seulement de quelques religieuses, elle n'a cependant rien perdu de sa grandeur, et ses vestiges, classés au patrimoine mondial de l'Unesco, témoignent de la splendeur de la « perle de Morée ».

▸ **Se repérer** – À 144 km au sud-ouest de Corinthe et à 5 km au nord-ouest de Sparte. Aucune difficulté pour s'orienter dans le petit village moderne que l'on traverse, en venant de Sparte, pour se rendre dans les ruines de Mystrás l'ancienne, 1,5 km plus haut. Sans quitter la route principale, on accède aux deux entrées séparées de la ville basse et de la ville haute.

▸ **Se garer** – Un parking se trouve à l'entrée du village moderne, en venant de Sparte, un autre près de la ville basse.

▸ **À ne pas manquer** – L'ensemble du site.

▸ **Organiser son temps** – Compter une journée pour la visite de l'ensemble du site (prévoir des chaussures confortables et une bouteille d'eau). On visitera en priorité la ville basse si l'on dispose de peu de temps.

▸ **Pour poursuivre le voyage** – Kalamáta, Sparte.

R. Mattes / MICHELIN

La ville haute de Mystrás, ancien centre culturel et spirituel de la Grèce byzantine.

Comprendre

Conflits franco-byzantins – L'origine de Mystrás semble remonter au début du 13e s., mais son célèbre fort ne fut bâti qu'à partir de 1249 par le Champenois Guillaume de Villehardouin, prince de Morée et duc d'Achaïe, désireux de mieux contrôler la Laconie : « C'était un château fort superbe, une place forte imprenable », rapporte la *Chronique de Morée*. Le site était en effet bien choisi : un piton haut de 621 m, commandant la vallée de l'Evrótas, et la protégeant des incursions de peuplades slaves, les Esclavons, campés dans la chaîne du Taygète. Pourtant, les chevaliers francs ne devaient pas rester longtemps à Mystrás.

En 1259, Guillaume de Villehardouin était capturé à Pelagonia en Macédoine par les troupes de Michel VIII Paléologue, empereur de Byzance, régnant à Nicée, qui devait reprendre Constantinople aux Francs deux ans plus tard. Retenu trois ans prisonnier, Guillaume ne recouvra sa liberté qu'en cédant à Michel les forteresses de Monemvasía, Maïna (le Grand Magne)… et Mystrás.

Libéré, le prince de Morée revint néanmoins en Laconie après avoir battu les Byzantins près de Leondari, mais ne put reprendre la forteresse de Mystrás au pied de laquelle une ville commença à s'élever. Certains éléments d'architecture, provenant de la ville byzantine de Lakedemonia (Sparte), abandonnée, furent remployés dans la construction de la nouvelle cité.

La « Florence de l'Orient » – D'abord siège du gouverneur byzantin de la province, Mystrás devint aux 14e-15e s. sous les empereurs des dynasties Cantacuzène et Paléologue la capitale du despotat de Morée, couvrant presque tout le Péloponnèse et réservé à des « despotes », fils cadets ou frères des empereurs. C'est ainsi que régnèrent, entre autres, à Mystrás, Manuel Cantacuzène (1348-1380), Théodore II Paléologue (1407-1443) et Constantin Paléologue (1443-1449) : ce dernier, couronné empereur à Mystrás, périra en 1453 alors qu'il défendait Constantinople contre les Turcs.

Les despotes font de Mystrás le foyer d'une renaissance hellénique politique et culturelle. Parallèlement à l'édification de leur palais, ils président à la construction d'églises, dont l'architecture combine la formule à cinq coupoles et le plan cruciforme avec des éléments occidentaux : clochers séparés, chevets à abside et absidioles, nefs allongées, porches à arcades d'inspiration cistercienne, arcs d'ogives.

Le décor, très soigné, se manifeste surtout dans la fresque qui supplante marbres et mosaïques : on y découvre une recherche de la vie, du détail pittoresque et du mouvement, un coloris séduisant, une beauté expressive qui tranche sur le hiératisme des œuvres antérieures.

L'éclat intellectuel de Mystrás est encore plus vif sous les auspices non seulement des despotes, mais aussi d'empereurs lettrés comme Jean VI Cantacuzène et surtout **Manuel II Paléologue**, qui avait séjourné deux ans à Paris. La philosophie néoplatonicienne, exaltant le Beau et le Bien, y est à l'honneur avec **Manuel Chrysoloras**, « le sage de Byzance », qui enseigne aussi en 1397 à Florence, où il influence le pédagogue Guarino da Verona et l'architecte Brunelleschi. Mais, en ce domaine, le nom phare reste celui de l'humaniste **Georges Gémiste Pléthon** (voir encadré p. 274).

L'occupation turque – Livrée aux Ottomans en 1460 par le despote Dimitri Paléologue, frère de l'empereur Constantin, Mystrás voit ses églises transformées en mosquées, tandis que le palais des despotes abrite les pachas. Cependant, la ville connaît encore la prospérité grâce à l'industrie de la soie, encouragée par les Turcs, et compte 42 000 habitants au 17e s. Occupée de 1687 à 1715 par les Vénitiens, Mystrá est mise à feu et à sang en 1770 par les Russes du comte Orloff, puis, dix ans plus tard, par des bandes albanaises ; lorsque **Chateaubriand** la visite en 1806, elle ne compte plus que 8 000 habitants. Pillée et incendiée à nouveau par les troupes égyptiennes d'Ibrahim Pacha durant la guerre d'Indépendance, elle est abandonnée au profit de la nouvelle Sparte fondée en 1834.

De 1896 à 1910, l'École française d'archéologie préserva d'une destruction complète le site de Mystrás qui fut étudié alors par Gabriel Millet. Plus récemment, les Grecs ont restauré monuments et fresques.

Visiter

Bordée de platanes, la route venant de Sparte traverse une campagne fertile, plantée d'oliviers, d'où l'on découvre une très belle **vue★★** sur Mystrás, tache blanchâtre sur le fond sombre du massif du Taygète. On arrive à Néa Mystrás, agréable bourgade fleurie (hôtels et restaurants, tavernes) que l'on traverse pour gagner les ruines (restaurant Xenia) dispersées le long de la côte sur une vaste étendue. Occupant un **site★★★** exceptionnel, Mystrás la Morte, que célébra Barrès, domine Sparte et le bassin de l'Evrótas.

MYSTRÁS

0 — 100 m

N

3

★★ Monastère de la Perivleptos

Maison de Frangopoulos

St-Georges

1

NÉA MYSTRÁS, SPARTI

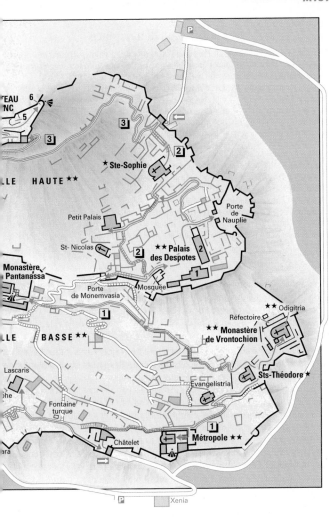

La cité ancienne comprend trois secteurs, bien délimités par leurs enceintes respectives : le château franc des Villehardouin (Kastro), la ville haute aristocratique, la ville basse bourgeoise et religieuse. Une entrée principale (châtelet) donne accès à la ville basse, une autre à la ville haute.

☏ 27310 833 77 - été : 8h-19h30 ; hiver : 8h30-15h ; reste de l'année : 8h-19h - 5 € (+ 65 ans 3 €), -19 ans et étudiants gratuit.

On accède par la route aux deux entrées principales : celle de la ville basse et celle de la ville haute. La porte de Monemvasía est l'unique accès entre les parties haute et basse. On la traverse à pied, une fois sur le site. Opter pour de bonnes chaussures et prendre une bouteille d'eau ; prévoir une tenue correcte pour les églises.

Ville basse★★ 1

Protégée par une muraille du 14ᵉ s., elle rassemblait autour de sa métropole, églises, monastères, demeures cossues et échoppes de marchands. Il faut y pénétrer par le châtelet, marquant l'ancienne porte de la ville, et tourner à droite vers la métropole qu'on longera (vue sur l'abside et le clocher) jusqu'à son entrée principale.

Métropole★★

Située en contrebas du chemin, la cathédrale orthodoxe Agios Dimitrios fut probablement fondée vers 1270 par le métropolite Eugène et complétée d'un narthex en 1291 par le métropolite Nicéphore, auquel une inscription, sur le mur de l'escalier, attribue la construction de toute l'église.

Pénétrer dans l'enceinte par une cour d'où un escalier monumental descend au niveau du parvis de l'église : à droite, une fontaine timbrée de l'aigle byzantine.

Le Platon de la Renaissance

Georges Gémiste Pléthon est le chef d'une école prônant le renouvellement des valeurs morales, une réforme sociale et une religion où les dogmes chrétiens se renforcent de l'enseignement des mythes antiques et des théories professées par Platon.

Venu à Florence en 1438 avec l'empereur Jean VIII pour assister au concile qui devait préparer l'union entre catholiques romains et orthodoxes, Gémiste Pléthon enthousiasme tellement ses auditeurs que **Cosme de Médicis** décide de fonder une Académie platonicienne. Gémisthe Pléthon meurt à Mystrás en 1442, mais sa dépouille est enlevée en 1464 par le tyran de Rimini, Sigismond Malatesta, condottiere d'un corps expéditionnaire envoyé par le pape Pie II en Péloponnèse pour essayer de chasser les Turcs. Parmi les élèves de ce grand penseur, il faut citer surtout le Grec **Jean Bessarion** (1402-1472), formé à Mystrás, qui se fit entendre au concile de Florence et participa à la naissance de l'Académie platonicienne ; nommé cardinal romain, il prêcha la croisade contre les Turcs, faillit être élu pape et légua sa bibliothèque à la Libreria Marciana de Venise.

Un autre Grec, **Constantin Lascaris**, grammairien et philologue, vint en Italie à la chute de l'Empire, enseigna à Florence, Milan, Mantoue, vécut à Rome dans l'entourage de Bessarion et mourut à Messine en 1493. Son frère Jean s'illustra à Florence et à Paris.

Cette esplanade se continue sur le côté gauche de la métropole par une cour à arcade du 18e s., d'où l'on jouit de vues plongeantes vers la vallée de l'Evrótas ; le sarcophage romain, sculpté d'une procession de bacchantes (prêtresses de Bacchus) et de sphinx ailés, servait de bassin à la fontaine de Marmara située en bas de la ville.

Église – Elle fut édifiée à la fin du 13e s., sous forme de basilique, avec une nef centrale couverte d'une charpente et deux bas-côtés de même longueur mais voûtés. Cependant au 15e s., le métropolite Mathieu fit reconstruire les parties hautes sur plan cruciforme à coupoles : dans la nef centrale, on distingue parfaitement le passage de la campagne de construction du 13e s. à celle du 15e s., soulignée par une frise sculptée en dessous de laquelle subsistent les fragments de peintures qui furent alors mutilées. Les arcades de la nef centrale reposent sur des chapiteaux byzantins et les colonnes portent des inscriptions gravées énumérant les privilèges concédés par les empereurs à la ville. Une partie du pavage primitif de marbres à incrustations de couleurs a été conservée ; en face de l'iconostase, une dalle sculptée de l'aigle bicéphale byzantine couronnée indiquerait l'endroit où Constantin Paléologue fut sacré empereur de Byzance en 1449. Quelques sculptures en méplat (9e-11e s.) proviennent d'édifices détruits de la ville byzantine de Lakedemonia ; dans la nef droite, curieux trône épiscopal du 17e s.

Les **fresques**★ des 13e-14e s. relèvent de plusieurs ateliers. La plus caractéristique, à la voûte de l'abside droite, évoque le thème de l'Hétimasie, trône vide surmonté de la croix byzantine, symbolisant l'attente du retour du Christ pour le Jugement dernier : les anges sont remarquables par le rythme qui les anime et l'expression extatique de leur visage.

Dans le narthex, un Jugement dernier groupe de nombreuses scènes : admirer les deux anges tenant les livres du Bien et du Mal. En remontant la nef gauche, voir les épisodes du martyre de saint Dimitri ; à l'abside centrale, majestueuse Vierge à l'Enfant.

Musée – *Même horaire que le site (visite 20mn) -fermé lun.* Aménagé dans le palais épiscopal, il a été fondé par Gabriel Millet et rassemble des sculptures et des poteries byzantines trouvées dans les églises et sur les sites de Sparte et de Mystrás. Une inscription porte le monogramme d'Isabeau de Lusignan, épouse du despote Manuel Cantacuzène, issue d'une famille française ayant régné sur Chypre. Continuant le chemin, on rencontre la petite église de cimetière Evangelistria (14e-15e s.) aux proportions harmonieuses.

Monastère de Vrontochion★★

Églises des Sts-Théodore★ (Agioi Theodoroi) – Très restaurée, cette église sur plan cruciforme remonte à la fin du 13e s. ; son abside était autrefois revêtue de carreaux de céramique. L'édifice vaut surtout actuellement par une coupole reposant sur un haut tambour à 16 pans qui fait grand effet, tant à l'extérieur qu'à l'intérieur, où elle est portée par 8 piliers. Aux angles, quatre chapelles funéraires : celles de l'est ont leur entrée dans les bras du transept, celles de l'ouest ouvrent sur le narthex construit plus tardivement.

Église de l'Odigítria★★ (Afendiko) – Vouée à la Vierge conductrice, cette imposante église, fortement restaurée, est aussi nommée Afendiko (« du maître ») parce qu'elle fut construite au 14e s. par Pacôme, important dignitaire de l'église orthodoxe. Son architecture allie le plan basilical à trois nefs et le plan cruciforme à coupoles dans les parties supérieures suivant une formule particulière à Mystrás. En arrivant, on découvre une vue spectaculaire sur l'abside ornée de baies groupées par trois et d'arcatures aveugles, ainsi que sur l'étagement des coupoles. Des fûts et des bases de colonnes témoignent de l'existence, sur les côtés et la façade, de portiques comme à la Pantanassa. Le clocher a été restauré.

L'intérieur est décoré de remarquables **peintures murales★★** du 14e s., de plusieurs mains. Pénétrer dans l'église par le narthex, où sont retracés les miracles du Christ (guérison de l'aveugle, la Samaritaine au puits, les Noces de Cana…) : l'aisance du dessin, l'harmonie des couleurs, l'intériorité de l'expression dénotent l'intervention d'un grand artiste, émule de Duccio et de Giotto.

À l'extrémité du narthex, à gauche, une chapelle funéraire abrite les tombes, d'une part, de Pacôme qu'une peinture représente offrant l'église à la Vierge, d'autre part, de Théodore I Paléologue, peint sous le double aspect du despote et du moine qu'il devint à la fin de sa vie ; admirer une procession de martyrs, très bien conservée.

À l'autre bout du narthex, une seconde chapelle a ses murs couverts d'inscriptions copiées des chrysobulles, décrets impériaux octroyant biens et privilèges au monastère ; à la voûte sont peints quatre anges qui soutenaient la « gloire » du Christ.

Avancer ensuite dans l'église divisée par des colonnes de marbre, dont la première à droite porte un élégant chapiteau, et apprécier le lumineux volume central que forment la monumentale coupole sur pendentifs, le tambour polygonal, les coupoles d'angle et les gynécées (tribunes affectées aux femmes, temporairement fermées pour restauration) qui surmontent le narthex et les bas-côtés.

Les peintures du rez-de-chaussée représentent principalement des effigies de saints qui étaient à l'origine encadrées de marbre de couleur ; remarquer à l'abside centrale, les saints prélats hiératiques, Grégoire de Nysse, Sylvestre, Basile, Jean Chrysostome, Grégoire de Grande Arménie…

Les peintures du gynécée, d'un coloris brillant, évoquent la Résurrection, la Fuite en Égypte et, sur les murs, des saints (accès par la chapelle des Chrysobulles). Autres peintures dans les chapelles funéraires du côté droit ; voir surtout la Dormition de la Vierge dans la seconde chapelle.

Prendre le sentier qui monte vers la Pantanassa et ses cyprès.

Monastère de la Pantanassa★★

Encore occupé par quelques nonnes se livrant à de minutieux travaux de broderie, il fut fondé par Jean Frangopoulos, premier ministre du despotat, en septembre 1428. L'entrée principale donne accès à l'étroite cour conventuelle : à gauche s'alignent des cellules monacales ; en face, des escaliers montent vers l'église dédiée à la Vierge Reine de l'Univers (Panagia Pantanassa).

Église – Combinant encore le plan basilical en bas et le plan cruciforme à coupoles en haut, ce bel édifice paraît remonter au 14e s. pour le clocher et le registre inférieur de l'abside où les influences gothiques occidentales sont manifestes, la majeure partie des bâtiments étant néanmoins du début du 15e s.

La façade, jadis précédée d'un portique, est flanquée d'un superbe clocher-porche gothique, d'inspiration française par ses oculi tréflés, ses ouvertures sous arcs de décharge à la façon cistercienne, ses clochetons d'angle. Au-delà du clocher court un élégant portique aux coupoles surbaissées, lieu de repos offrant des **vues★★** admirables sur la campagne de l'Evrótas. De là, on atteint la charmante abside à trois absidioles rythmées d'arcatures gothiques que surmonte une guirlande de gâbles fleuronnés.

Commencer la visite de l'intérieur par le narthex qui abrite la tombe de Manuel Katzikis, mort en 1445 et figuré sur le mur. Des **peintures★** d'époques

Une église paisible de la ville basse de Mystrás.

S. Chevreuse / MICHELIN

diverses décorent l'église proprement dite. Les plus belles, d'une facture animée et pittoresque, remontent au 15e s. ; au cul-de-four et à la voûte de l'abside centrale, une majestueuse Vierge Platytera (« plus large », parce qu'elle contient le médaillon du Christ incarné) et une Ascension ; dans le bras gauche du transept, l'Entrée du Christ à Jérusalem (remarquer les enfants qui se dévêtent) ; dans les tribunes du gynécée, la Vie du Christ (curieuse Résurrection d'un Lazare enveloppé de bandelettes).

Après la Pantanassa, le sentier descend vers la **maison de Frangopoulos** (15e s.) reconnaissable à son balcon sur mâchicoulis, puis parvient au Perivleptos.

Monastère de la Perivleptos★★

Ce petit monastère remonte à l'époque franque (13e s.), mais fut remanié au 14e s., époque à laquelle furent réalisées les peintures murales.

Une jolie porte cintrée donne accès à l'intérieur de l'enceinte. Elle est surmontée d'un bas-relief à décor héraldique de fleurs de lys, de lions de Flandre et d'un monogramme formé par la devise « perivleptos » qui signifie « vu de toutes parts » ; ces figures et cette devise désignent le fondateur du monastère, un des deux premiers empereurs latins de Constantinople, Baudouin de Flandre ou son frère Henri.

Église – La porte franchie, on découvre une pittoresque perspective sur l'église bordée de deux chapelles funéraires hors œuvre au-delà desquelles se détache une tour du 13e s., dont le rez-de-chaussée fut transformé en réfectoire. On remarquera le chevet, encore roman, avec son abside et ses absidioles à pans et sa fleur de lys sculptée entre deux rosaces.

On pénètre dans l'église par une porte à droite de l'abside. L'intérieur est décoré d'un ensemble exceptionnel de **peintures murales★★★** du 14e s. illustrant le Nouveau Testament et la Vie de la Vierge. Ces scènes d'une composition harmonieuse, d'un dessin expressif et d'un coloris varié, séduiront aussi par le mouvement des figures et le pittoresque du détail :

– au-dessus de la porte d'entrée, l'admirable Dormition de la Vierge, dans laquelle le Christ emporte l'âme de sa mère, représentée sous la forme d'un enfant ;

– à l'abside gauche, une Procession eucharistique d'anges se dirigeant vers le Christ ;

– à l'abside centrale, la Vierge en majesté, au cul-de-four, l'Ascension à la voûte ;

– à l'abside droite, le Christ dormant, le Reniement de saint Pierre, le Calvaire ;

– à la coupole, le Christ Pantocrator qu'entourent la Vierge, les Apôtres, le Trône vide symbolisant l'attente du Jugement dernier (Hétimasie) et, plus bas, les Prophètes ;

– sur les arcs, encadrant le carré de base de la coupole, la Vie du Christ, qui comprend notamment deux très belles compositions évoquant la Nativité et le Baptême de Jésus.

L'église communique avec l'ancien **ermitage** monolithe comprenant une salle transformée en chapelle et la chapelle Ste-Catherine, sanctuaire primitif, que surmonte son clocher, au sommet de l'abrupt.

Le monastère de la Perivleptos, petit bijou de l'art byzantin.

En sortant de Perivleptos, passer près de la **chapelle Saint-Georges (Agios Giorgos)**, chapelle funéraire seigneuriale, laisser à droite l'entrée de la **Marmara** qui tient son nom d'une fontaine de marbre, puis à gauche la chapelle funéraire St-Christophe.

Maison Lascaris

Bon exemple de demeure patricienne du 14ᵉ s. ayant appartenu, pense-t-on, à la célèbre famille issue des empereurs de Byzance qui a donné naissance aux humanistes Constantin et **Jean Lascaris**. Ce dernier (1445-1534) fut bibliothécaire de Laurent de Médicis, puis professeur de littérature grecque à la Sorbonne, où il eut pour élève Guillaume Budé. La galerie voûtée du rez-de-chaussée servait probablement d'écurie ; un balcon sur mâchicoulis fait face à la plaine de l'Evrotas. Le bâtiment de gauche a été ajouté postérieurement.

Retourner à l'entrée principale et reprendre la voiture pour aller à l'entrée de la ville haute. À défaut de voiture, gagner la porte de Monemvasía.

Ville haute★★ 2

Des remparts du 13ᵉ s., percés de deux portes, les portes de Monemvasía et de Nauplie, ceignent la ville haute, se raccordant avec le château franc. Près de l'entrée s'élève Ste-Sophie (Agia Sofia).

Ste-Sophie★ (Agía Sofía)

Fondée au 14ᵉ s. par le despote Manuel Cantacuzène, c'était l'église du palais, où auraient été ensevelies Théodora Tocco et Cleophas Malatesta, épouses italiennes de Constantin et de Théodore Paléologue.

De proportions élancées, l'église est précédée d'un grand narthex à coupoles et encadrée d'un portique ainsi que de chapelles funéraires. Les influences occidentales se reflètent dans les absides et absidioles à pans et dans le clocher séparé, d'école champenoise, avec ses triples ouvertures sous arcs de décharge ; les vestiges d'un escalier hélicoïdal laissent à penser que, sous les Turcs, il servait de minaret.

À l'intérieur, sous la coupole, fragments du dallage d'origine en marbres polychromes. Les peintures murales les plus intéressantes se trouvent dans l'abside (Christ en majesté) et la chapelle à droite de celle-ci (belle scène de la Nativité de la Vierge).

Descendre ensuite vers le Petit Palais par un sentier serpentant à travers les ruines.

Petit Palais

Vaste demeure comportant à l'angle un donjon muni d'un balcon. Pour des raisons défensives, les baies n'apparaissent que dans les superstructures, des meurtrières étant pratiquées dans les salles voûtées du bas.

Après avoir dépassé St-Nicolas (Agios Nikolaos - 17ᵉ s.), le sentier atteint la **porte de Monemvasía** où l'on fera demi-tour. Au-delà d'une petite mosquée, le palais des Despotes encadre une esplanade où se tenait le marché à l'époque turque.

Palais des Despotes★★

Fermé au public pour restauration. Il comprend deux ailes, celle de droite des 13ᵉ-14ᵉ s., celle de gauche du 15ᵉ s.

Aile droite (1) – Le bâtiment qui en forme l'extrémité remonte au 13ᵉ s. et aurait été construit soit par les Francs, soit par les premiers gouverneurs byzantins. Sa structure et ses baies en arc brisé relèvent de l'architecture gothique d'Occident ; sous les despotes, il servait probablement de salle des gardes. Viennent ensuite deux constructions plus petites, la seconde abritant les cuisines du bâtiment primitif. Dernier élément de l'aile droite, le grand bâtiment à étage date de la seconde moitié du 14ᵉ s. Il fut conçu pour servir de demeure à Manuel Cantacuzène, comme le montre son plan fragmenté en six pièces à chaque étage et englobant une chapelle.

Aile gauche (2) – Il s'agit d'un imposant bâtiment sur 3 niveaux édifié par les Paléologues au début du 15ᵉ s. Le rez-de-chaussée, à demi enseveli, était bordé d'une file d'arcades cintrées. L'étage bas, divisé en 8 salles voûtées, était desservi par une galerie extérieure en balcon reposant sur les arcades du rez-de-chaussée. En haut se trouve la salle d'audience et de réception (36 m de long et 10,50 m de haut), éclairée par 8 baies gothiques soulignées de moulures en stuc et par 8 oculi. Cette salle était chauffée par 8 grandes cheminées et on discerne au milieu du mur de façade sur la cour la saillie marquant l'emplacement du trône. De la place du Palais, remonter vers la **porte de Nauplie** (13ᵉ s.). D'ici se dégage une belle perspective sur les remparts.

Château Franc (Kastro)★ ③

*De l'entrée supérieure de la ville haute, un sentier en lacet assez rude se dirige vers le kastro (3/4h AR).*Remontant au 13ᵉ s. dans son plan et ses murailles jalonnées de tours, le château des Villehardouin a été remanié par les Byzantins, les Vénitiens et les Turcs. Guillaume II de Villehardouin et son épouse Anne Ange-Comnène y tinrent une cour fastueuse au milieu de leurs chevaliers champenois, bourguignons et flamands.

Le château compte deux enceintes. Une porte voûtée que flanque une forte tour carrée commande la première dont l'extrémité est marquée par une citerne souter-raine et une grosse tour ronde **(3)** d'où l'on découvre des **vues★★** impressionnantes sur le ravin du côté du Taygète.

Au nord-ouest, la seconde enceinte englobait le logis seigneurial **(4)** – à gauche en entrant –, une autre citerne et la chapelle **(5)**, dont on repère les vestiges. De la tour en ruine **(6)** à la pointe de l'éperon, **vues★★** spectaculaires d'une part sur le versant sauvage du Taygète taillardé de gorges dans lesquelles les Spartiates jetaient leurs enfants mal formés, de l'autre sur les ruines de Mystrás, Sparte et la plaine de l'Evrótas.

Mystrás pratique

Informations utiles

🛈 Pas d'office de tourisme sur place. Se renseigner à Sparte au comité de promotion du tourisme – *le bâtiment rose de la préfecture de Laconie -* 85 Othonos-Amalias - ℘ 27310 262 43/ 258 98 - fax 27310 268 10 - lun.-vend. 7h30-14h30.

Banque – Distributeur au centre du village.

Poste – Permanence postale *(10h-14h, 18h-22h)* assurée dans le petit supermarché (*ouv. 7h30-23h*) ainsi qu'un dépôt de journaux français.

Transports

En bus – 1 bus par heure depuis Sparte. Arrêt à 500 m du site devant le restaurant Xénia.

En taxi – Sparte/Mystrás - ℘ 27310 241 00 *(comptez 6-7,5 €).*

Se loger

👁 Peu d'endroits où loger sur place et il est donc prudent de réserver.

⊜ **Byzantion** – *Au centre du village -* ℘ 27310 833 09 - fax 27310 200 19 - 26 ch. www. byzantionhotel.gr - 🅿. Cet hôtel avec piscine est agréable et confortable. Les chambres comme les salles de bains sont spacieuses et donnent toutes sur la cité illuminée en soirée. Accueil de qualité.

Camping « Castle view » – *À l'entrée du village sur la droite en venant de Sparte -* ℘ 27310 833 03 - fax 27310 200 28 - www.castleview.gr - 🅿. Petit camping paisible, au milieu des oliviers et des mûriers, avec vue sur la cité médiévale. Très bon accueil. Restaurant et piscine.

Se restaurer

👁 Quelques tavernes dans un village très fréquenté en été…

⊜ **O Palaiologos** – *Au milieu du village -* ℘ 27310 833 73. Avec son atmosphère bon enfant et ses plats grecs traditionnels, c'est le rendez-vous des familles spartiates.

⊜ **Xénia** – *Au-dessus du village, à 3 km, après le restaurant « Marmara » -* ℘ 27310 205 00 - www.xeniacafe.gr - 🅿. Le patron propose d'excellents plats grecs traditionnels, à déguster sur la terrasse, entourée de verdure et dominant la plaine de Sparte. Très fréquenté les week-ends, il faut réserver…

En soirée

Mistras Bistrot – *À 4 km du centre, après avoir dépassé le site médiéval -* ℘ 27310 293 50. La propriétaire, d'origine anglaise, accorde une importance toute particulière au choix des musiciens, au cadre et à l'ambiance de son **café-concert**, aux allures de petit centre culturel.

Tous les ans, mi-juillet, elle organise pendant 4 jours un **festival de marionnettes** pour adultes et enfants, avec ateliers de peinture, création de bijoux, etc. Un bien bel endroit.

Événements

Festival – Expositions et concerts gratuits sont organisés sur le site de Mystrás. Ces manifestations débutent en juillet et se prolongent jusqu'à l'automne.

Fêtes locales – Fête du 26 au 31 août avec un **marché** spécial le 23 août et des concerts de musique traditionnelle. Le 29 mai, on commémore le souvenir de **Constantin XI**, mort en 1453.

Naupacte
Náfpaktos – Ναύπακτος

12 924 HABITANTS
CARTE GÉNÉRALE RABAT II B1 – GRÈCE CENTRALE – ACARNANIE

À l'orée du golfe de Corinthe, Naupacte et son petit port en demi-cercle est une charmante cité de caractère bordée par les montagnes. Ville fortifiée par les Vénitiens au 15e s., elle évoque sous son nom médiéval de Lépante la célèbre bataille navale qui se déroula au large de Mesolóngi. Aujourd'hui agréable et paisible, elle peut constituer une bonne alternative à Pátra comme lieu de séjour.

◗ **Se repérer** – Sur la rive nord du golfe de Corinthe, Naupacte est à 100 km à l'ouest de Delphes, à 25 km de Pátra, à 84 km à l'est d'Itéa et à 2 heures de route d'Athènes. Depuis 2004, un pont entre Río et Antirrío relie la ville à Pátra et au Peloponnèse. Il est très simple de se repérer dans Naupacte : en venant d'Antirrío, on accède au port par odos Mesologiou.

◉ **À ne pas manquer** – Le lac du Mornos au nord-est.

◷ **Organiser son temps** – Prévoir une demi-journée pour visiter la ville puis faire l'excursion au lac du Mornos l'après-midi.

◔ **Pour poursuivre le voyage** – Delphes, Pátra.

Comprendre

L'histoire de Naupacte remonte à l'Antiquité. En 1104 av. J.-C., elle est déjà citée comme point de passage stratégique maritime et la littérature comme la poésie y font référence de nombreuses fois (Eschyle dans *Les Suppliantes*, Xénophon, etc.).

En 454 av. J.-C. le général athénien Tolmides occupe la ville qui devient membre de l'Alliance athénienne. Elle fut également le théâtre d'importantes batailles navales dans le golfe, pendant la guerre du Péloponnèse (431-404 av. J.-C.).

Occupée par les Vénitiens à partir de 1407, elle subit la domination ottomane de 1499 à 1571 *(voir encadré La Bataille de Lépante p. 280)*. Repassée aux mains des Vénitiens, elle est de nouveau concédée aux Turcs en 1699 par le traité de Karlovitz. C'est le 18 avril 1829 qu'elle se libère définitivement de l'occupation ottomane.

Visiter

Port

Il est formé d'un bassin arrondi, de format réduit mais combien harmonieux avec son entrée que protègent deux ouvrages fortifiés à créneaux et merlons. La jetée orientale a conservé sa forme primitive. Du chemin de ronde, vues sur le golfe du Péloponnèse et le pont suspendu d'un côté, la ville et la citadelle, à demi enfouie dans la végétation, de l'autre. De part et d'autre des fortifications se trouvent les charmantes plages de galets de Gribovo et Psani.

Citadelle

Accès à l'ouest par une petite route qui grimpe à travers les pins.

Datant du Moyen Âge, cette forteresse, bâtie sur d'anciens murs antiques, est reliée au port par des murailles dévalant la pente.

Restaurée par les Vénitiens, c'est encore aujourd'hui une des citadelles les mieux conservées de Grèce.

Elle est constituée de deux bras, l'oriental et l'occidental, et de quatre appareillages transversaux, créant cinq frises, qui compartimentaient la ville. Du sommet, vues sur la ville, sur les détroits et, à gauche, sur la plaine alluviale constituée par les apports du fleuve Mórnou.

Le pont de Poséidon

Depuis le 8 août 2004, **Charilaos Trikoupis**, le pont suspendu le plus long du monde (2,8 km de longueur, 160 m de hauteur), relie le Péloponnèse au continent, permettant aux voitures de traverser le golfe de Corinthe en 5mn (au lieu de 45mn en ferrry auparavant). Véritable prouesse technologique, cet ouvrage, construit par la société française Vinci, peut résister à des secousses de plus de 7 sur l'échelle de Richter (il est posé sur une faille sismique active) et à des tempêtes de 250 km/h. Il concrétise un projet ancien lancé à la fin du 19e s. par le président du Conseil Charilaos Trikoupis auquel il doit son nom, même si les Grecs l'appellent aussi plus familièrement le pont de Poséidon ou le pont des Français *(voir photo p. 305)*.

La bataille de Lépante (7 octobre 1571)

Elle opposa dans le golfe de Pátra, sous le vent de l'île d'Oxia, la flotte chrétienne venue de Céphalonie et la flotte turque partie de Lépante. La flotte de la Sainte Ligue rassemblait des galères papales, espagnoles, génoises, napolitaines, maltaises et surtout vénitiennes, sous le commandement de Don Juan d'Autriche, bâtard de Charles Quint, alors âgé de 23 ans. La flotte turque du sultan Selim, commandée par Ali Pacha, était composée de 200 galères armées, comme les chrétiennes, de 5 à 7 canons tirant dans l'axe ; certaines d'entre elles venaient d'Égypte et d'Alger. Les deux flottes comprenaient une majorité de marins et de galériens grecs.

Les galéasses vénitiennes, au nombre de 12, formaient l'avant-garde de la force navale chrétienne conduite par Don Juan qui tendait un crucifix vers le ciel. C'étaient de grosses galères montées par 750 hommes dont la moitié de rameurs, munies de châteaux d'avant et d'arrière et pourvues d'une artillerie d'une quinzaine de canons tirant latéralement : elles semèrent le désordre chez les Turcs dont la flotte fut en grande partie détruite.

L'écrivain espagnol Cervantès, auteur de *Don Quichotte de la Manche*, perdit son bras gauche lors de la bataille, à laquelle participèrent aussi Henri de Guise et Crillon, le compagnon d'Henri IV.

Le musée Farmaki

Odos N.I. Farmaki - ☎ 26340 270 84/385 33 - ouvert quelques heures par jour. S'adresser à l'🛈 municipal sur le port.

Le musée de « l'Insurrection de 1821 » réunit des objets de la révolution grecque, en particulier des armes de la famille du combattant Yannis Farmakis. La visite donne un aperçu de l'histoire de la région lors de cette période tumultueuse.

Aux alentours

La ville de Naupacte englobe également 13 villages disséminés dans les montagnes alentour où la faune et la flore sont d'une grande variété.

Mesolóngi – *À 45 km à l'ouest de Naupacte.* Connue pour avoir été le théâtre de la mort de **Byron** et d'un siège héroïque *(voir p. 65)*, Mesolóngi (Missolonghi) est bâtie au bord d'une lagune, domaine des marais salants et des viviers à poissons.

Parc des Héros – Situé à l'intérieur des remparts restaurés par le roi Otton, près de la porte de la sortie, cet agréable jardin, planté de palmiers et de lauriers-roses, rassemble tombes et monuments commémoratifs des héros de l'Indépendance. Remarquer le tumulus des Morts inconnus, la statue de Byron recouvrant le cœur de l'écrivain et, surtout, à droite dans une enceinte, la **tombe de Botzaris** que surmonte une *Enfant grecque* (Koritis Ellados) lisant sur la pierre le nom du héros : l'original de cette gracile figure de marbre blanc, aux lignes pures (au Musée d'Histoire nationale d'Athènes), a été sculpté en 1827 par David d'Angers.

Circuit de découverte

Le lac du Mornos (Mórnou)

À 90 km jusqu'au barrage du lac artificiel. Compter une demi-journée pour en faire le tour et rentrer à Naupacte par l'intérieur des terres. Il est conseillé de se munir d'une carte détaillée de la région (notamment dans la collection Anavasi : Eastern Aetolia – 1 100 000 ; www.anavasi.gr) car les indications sur le parcours sont très sommaires voire inexistantes…

Au départ de Naupacte, prendre la route nationale qui longe le golfe vers l'est, en direction d'**Itéa**. L'ensemble du parcours réserve de très belles surprises et la beauté des montagnes de Phocide se révèle un peu plus à chaque tournant. La route, un peu sinueuse sur les 60 premiers kilomètres, traverse d'un côté une riche végétation (pins, arbousiers, oliviers, cyprès, amandiers) et surplombe de l'autre les eaux turquoise du golfe de Corinthe. À **Erateiní**, sortir de la nationale et prendre la direction de **Lidhoriki**. La route devient alors très escarpée, avec de nombreux virages en épingle creusés à flanc de montagne. La végétation, encore constituée d'oliviers, change peu à peu pour devenir plus aride et se couvrir de chênes verts, d'arbustes ras, de murets, jusqu'à Lidhoriki (où se trouve une station essence, de même qu'à Paliokastro, une dizaine de km avant). À l'auberge Reresi, prendre à droite vers le lac dont le barrage se trouve à 20 km. Ce barrage, dérivant le fleuve Évinos, alimente en eau la ville d'Athènes et l'Attique depuis 2002. La traversée des montagnes est surprenante, offrant des variations de couleurs et de perspectives superbes (cascades, églises) ; au loin, les sommets sont enneigés jusqu'en juin. On traverse des hameaux isolés (attention aux chiens de bergers !) où la sensation de quiétude et de « bout du monde » est grande. Le lac, en forme d'étoile à 4 branches, offre des vues étonnantes en contrebas. Il est conseillé de rouler prudemment, les troupeaux de vaches et de chèvres étant nombreux et imprévisibles au détour des virages. Par ailleurs, la faune comme la flore sont d'une extrême variété. Le retour se fera soit par le même chemin, après avoir contourné l'ensemble du lac (rejoindre la route principale à Pendapoli pour redescendre vers Erateiní), soit par l'intérieur des terres après avoir contourné environ les trois quarts du lac (prendre la direction de Limnítsa, à l'ouest, pour rejoindre la route nationale vers Naupacte).

Naupacte pratique

Informations utiles

🛈 Office de tourisme municipal – *Sur le port - 1 Noti. Botzaris - ☏ 26340 385 33 -tlj 10-12h, 18h-20h.* Bon accueil et informations sur la ville et ses activités (programmation de festivals, activités en extérieur, cartes, etc.).

Culture net – *Sur le port, au 1er étage - ☏ 26340 384 64 - fax 26340 384 66 - www.culturenet.gr - été : tlj 10h30-22h (pause entre 16h et 18h).* Nena vous communiquera sa passion pour sa région. Très bon accueil.

ⓘ *www.nafpaktos.gr* (en français et en anglais).

Police – *☏ 26340 272 58.*

Hôpital – *☏ 26 40 236 90/91.*

Transports

En bus – *2 gares - Manassi derrière l'église Ag. Dimitrios - ☏ 26340 272 24 et KTEL Fokida 400 m à l'est de Manassi - ☏ 26340 272 41.*

En taxi – *☏ 26340 251 11/12.*

Se loger

◉ Outre les hôtels, il existe de nombreuses chambres chez l'habitant.

⊖ Diethnes – *3 Athinas Nova, près du port - ☏ 26340 273 42.* Intérieur coloré et agréable. Bon rapport qualité-prix en particulier hors saison.

⊖ Plaza – *Sur la plage Psani, à 200 m du port - 37 Navmahias - ☏ 26340 222 26/252 56 - fax 26340 231 74 -, www.plaza-hotel.gr.* Accueil très sympathique, chambres confortables et agréables, pour cet hôtel dont certains balcons donnent sur la plage. Une bonne adresse. Petit-déjeuner en sus (6 €).

⊖ Akti – *À l'est de la ville, face à la mer - ☏ 26340 284 64 - fax 26340 241 71 - akti@otenet.gr - 59 ch. dont 4 suites luxueuses.* Établissement situé à 50 m de la plage, au décor très design et équipé de tout le confort moderne. Toutes les chambres disposent d'un balcon sur la mer.

⊖ Lépando Beach – *Odos Gribovo - ☏ 26340 239 31 - fax 26340 239 30 - lepantoh@otenet.gr - 48 ch.* Grand hôtel au confort standard, séparé de la plage par un jardin.

Se restaurer

⊜ Spittiko – Taverne traditionnelle sur la plage, bien connue des habitants de Naupacte. Bonne carte.

⊜ Tsaras Taverne – *Odos Ioan.Kanavou - ☏ 26340 278 09 - ouv. merc.-dim.* Au 1er étage, la terrasse donne sur le port. Depuis 23 ans, Nikos vous régale avec ses plats traditionnels.

Événements

En **avril**, commémoration de la fin de l'occupation ottomane (18 avril 1829).

En **été** : festival de théâtre, musique et danse et, tous les 2 ans, Festival International lyrique **« Mikis Theodorakis »**.

En **octobre**, commémoration de la bataille de Lépante à travers un festival très réputé.

Sports et loisirs

Le fleuve Évinos et les montagnes environnantes offrent de multiples possibilités pour des activités en extérieur (kayak, alpinisme, VTT). S'adresser au **Club Metavasi** – *☏ 26340 245 56 ou 69446 560 29, www.metavasi.com.* Compétent et fiable.

Nauplie★★

Náfplio – Ναύπλιο

13 822 HABITANTS –
CARTE GÉNÉRALE RABAT II B2 – PÉLOPONNÈSE – ARGOLIDE

Comment ne pas tomber sous le charme de cette petite cité posée en bordure du golfe d'Argolide ? Imaginez un enchevêtrement de ruelles en escaliers montant à l'assaut de versants escarpés coiffés d'une forteresse et que bordent de nobles demeures néoclassiques aux façades ocre ou jaunes et aux toits de tuiles roses. Dans ce lieu hors du temps, échoppes d'artisans, cafés et tavernes accompagnent la rêverie du promeneur imaginant pouvoir s'y perdre. Sans renier un passé tumultueux dont témoignent une église franque, deux mosquées et un arsenal vénitien, la première capitale de la Grèce s'est inventé un présent fait de quiétude et d'harmonie, invitant le voyageur à y poser son sac et à paresser sous les palmiers du front de mer avant d'explorer les plages et les sites archéologiques des alentours.

▶ **Se repérer** – À 137 km d'Athènes, Nauplie est reliée à la capitale par l'autoroute de Corinthe (64 km au nord) : de là, vous pouvez vous y rendre par la côte et Épidaure, ou bien par la route intérieure qui dessert Corinthe et Mycènes. À l'arrivée, suivre la direction « centre » jusqu'au port où un parking gratuit est aménagé. Attention : il peut être ardu d'y trouver une place le week-end !

👁 **À ne pas manquer** – Une balade dans la vieille ville.

🕐 **Organiser son temps** – Une journée ne suffit pour pas épuiser les charmes de Nauplie… Pourquoi alors ne pas y séjourner et rayonner dans les environs ?

👫 **Avec les enfants** – Les musées du Komboloï et d'Art populaire.

⛺ **Pour poursuivre le voyage** – Argolide, Árgos, côte de l'Arcadie, Épidaure, Mycènes, Tirynthe.

La citadelle vénitienne domine la ville et le charmant petit port.

R. Mattes / MICHELIN

Comprendre

Napoli di Romania

Prise par les Francs en 1247, Nauplie est d'abord le fief particulier d'**Othon de La Roche** et des ducs d'Athènes avant de passer à la famille d'Enghien. Lorsque Marie d'Enghien épouse le Vénitien Pietro Cornaro, celui-ci transmet ses droits sur la ville à Venise qui en devient maître en 1388. La Sérénissime fortifie la cité et l'îlot Bourdzi qui résistent aux assauts turcs jusqu'en 1540. Les Ottomans en font alors la capitale de la Morée. S'ils négligent les fortifications, au 17ᵉ s. la ville constitue un des centres d'échanges avec l'Occident, exportant notamment vers la France, soies, maroquins, laines, cires, fromages…

En 1686, Nauplie est reprise par les troupes vénitiennes, commandées par **Francesco Morosini**. Sous son impulsion et celle de ses successeurs, Nauplie va

vre un essor de trente ans : nouvelles
rtifications (au fort Palamède) sous
direction des ingénieurs français
asalle et Levasseur, nouvelles égli-
es (St-Georges, St-Nicolas), nouveaux
âtiments administratifs ou commer-
aux (entrepôts) apports extérieurs
e population. Capitale du royaume
e Morée, chef-lieu de la Romanie qui
ssemble les pays de Nauplie, Argos,
orinthe et Tripoli, la cité prend le nom
e Napoli di Romania. Mais 1715 voit
retour des Turcs dont l'armée, forte
e 100 000 hommes, conquiert Nauplie

> ### Maladresse…
>
> Le jeune roi Otton ne tarda pas à se met-
> tre à dos une bonne partie de la popu-
> lation grecque. Au cours de son séjour à
> Nauplie, une cour de justice condamne
> à mort **Théodore Kolokotronis**, le « vieil
> homme de la Morée », un des chefs de la
> résistance, pour désobéissance au pou-
> voir établi. Certes le farouche soldat est
> gracié et seulement enfermé quelque
> temps au fort Palamède, mais le règne
> commençait mal…

près un siège qui leur coûte 8 000 soldats. Pillage, massacre et déportation d'une
artie de la population s'ensuivent.

a première capitale de la Grèce

a Révolution ayant éclaté en 1821, la flotte grecque, au sein de laquelle s'illustre la
ouboulina (voir p. 72) qui y commande une corvette, bloque la rade dès l'année
ivante, mais les assauts sur la ville sont repoussés à trois reprises. Toutefois, le
0 novembre 1822, **Staïkopoulos**, avec 350 hommes, emporte le fort Palamède
t libère Nauplie qui devient alors le cœur de la lutte antiturque. En 1827, les forces
avales françaises, anglaises, russes s'y concentrent avant d'attaquer la flotte otto-
ane à Navarin **(Pýlos)**. Le 7 janvier 1828, le premier « gouverneur » de la Grèce, **Capo
'Istria**, rejoint bientôt par son égérie, la duchesse de Plaisance, arrive à Nauplie qui
evient officiellement capitale de la Grèce en 1829 : la nouvelle administration, les
gations étrangères, les rassemblements de Philhellènes, les troupes et les escadres
e passage engendrent une intense animation.
ependant, les dissensions entre Grecs se font âpres et, le 27 septembre 1831, Capo
'Istria est assassiné sur le seuil de l'église Saint-Spiridon par ses ennemis politiques,
ui l'accusaient d'être un agent du tsar. Les grandes puissances européennes font
lors appel à **Otton de Bavière**, âgé de 17 ans, dont l'accession au trône est ratifiée
n 1832 par une assemblée nationale tenue à Pronia, le nouveau faubourg conçu
t ordonné par Capo d'Istria. Otton débarque à Nauplie le 18 janvier 1833 avec son
onseil de Régence, 3 500 soldats bavarois, et un embryon de cour. Dans la cité, son
gne est marqué par la construction d'édifices néoclassiques, à balcons en saillie,
ont les lignes sobres donnent à la cité son caractère aristocratique. À Pronia, un
on colossal est sculpté dans le rocher à la mémoire des soldats bavarois morts du
yphus en Grèce. Inscriptions et monuments évoquent aussi les temps héroïques de
Indépendance. Mais, en 1834, Nauplie perd son statut de capitale du royaume au
rofit d'Athènes.

isiter

A VIEILLE VILLE ★★

près avoir laissé la voiture sur le port, gagner la place Syntgamatos par l'odos Farmako-
oulou puis à gauche le passage le long de l'église.

lace de la Constitution (Platia Syntagmatos)

adis forum politique de la cité, la place de la Constitution est aujourd'hui partagée
ntre flâneurs assis aux terrasses des cafés et gamins qui en font un terrain de football
mprovisé. Elle dessine un rectangle harmonieux d'où l'on jouit d'une vue sur la colline
ue coiffe le fort Palamède.
'un côté, l'arsenal maritime achevé en 1713 par les Vénitiens abrite aujourd'hui
e Musée archéologique ; en face, une ancienne mosquée, transformée en théâtre,
moigne du passage des Ottomans.
ans un recoin, sur la gauche de l'Arsenal et en retrait de la Banque populaire de
rèce que précède un lion de Venise, un escalier donne accès à une autre mosquée
ésaffectée que les Naupliotes nomment « Parlement » (Vouleftiko) depuis que la
remière Assemblée nationale grecque s'y est réunie en 1822.

usée archéologique (Arheologikó Moussío) – *Fermé pour travaux de rénovation -*
☎ 7520 275 02 - tlj sf lun. 8h30-15h - 2 €. Aménagé dans l'arsenal vénitien, ce musée
st intéressant pour ses poteries rares d'époque néolithique et surtout pour ses
ollections d'art archaïque provenant des fouilles d'Argolide, notamment du proche
te de Tirynthe. Cependant, l'ouverture en 2003 du musée de Mycènes a entraîné le

transfert du fleuron des collections du musée de Nauplie qui, redéployées, devraient être prochainement à nouveau montrées au public.

Rue Konstandinou

Dans l'axe de la place, à l'opposé de l'arsenal.

Cette rue très commerçante et piétonne, où commerces et échoppes d'artisan se succèdent est bordée de belles demeures et de quelques kafeneions.

Prendre à droite la rue Terzaki puis à gauche l'odos Plapouta.

Cathédrale Saint-Georges (Ágios Geórgios)

Toute blanche, au fond d'une placette triangulaire que surplombent les muraille du fort Palamède, la cathédrale a été construite au 16e s., en style vénitien (arcades campanile) et byzantin (coupoles). Elle conserve le trône du roi Otton.

Arrivé au bout de l'odos Plapouta, tourner à droite dans l'avenue Singrou et rentrer dan la vieille ville par l'étroite odos Papanikolaou, traversée de ruelles montant sur la gauche en escaliers vers l'Acronauplie. L'une de ces ruelles, sur la gauche (odos Potamianou, monte de façon particulièrement raide (attention aux marches inégales) vers l'église des Francs.

Église des Francs (Frangoklissiá)

À mi-hauteur et sur la droite. Un escalier et un joli porche du 13e s. précèdent l'église des Francs, ancienne chapelle de monastère transformée en mosquée par les Ottomans puis redevenue église catholique romaine sous le vocable de la Transfiguration selon le souhait d'Otton.

À l'intérieur, près de l'entrée, le **mémorial des Philhellènes** tombés pour l'Indépendance de la Grèce fut posé sur l'initiative d'un Français, le colonel Touret. Derrière le maître-autel qu'orne une copie de la *Sainte Famille* de Raphaël offerte en 1845 par le roi Louis-Philippe subsiste le minaret.

Acronauplie★★ (Akronafplía)

Continuer dans la ruelle, puis prendre à gauche devant la pension Mariana. Cet accès à pied se révélant assez éprouvant, vous pourrez préférer utiliser votre voiture… il faudre alors sortir de la vieille ville et prendre depuis l'odos 25-Martiou, une route partan

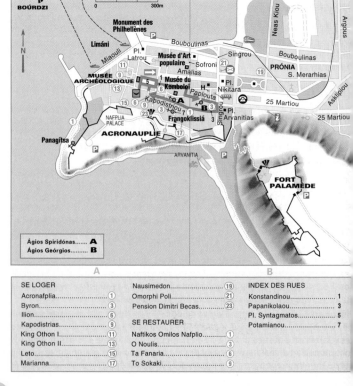

ur la droite à hauteur de la caserne des pompiers. Forteresse grecque (vestiges *e* soubassements en massif appareil polygonal), puis franque, enfin et surtout *énitienne*, l'Acronauplie (alt. 86 m) qui abritait naguère hôpital, casernes et prisons *omprend* plusieurs enceintes à portes timbrées du lion de St-Marc. Des courtines, *elles* vues plongeantes rapprochées sur la ville, le port et la rade, ascendantes *ur* le fort Palamède.

edescendre dans l'odos Papanikolaou et la suivre jusqu'à une placette ornée du buste 'Angulos Terzákis (1907-1979) et, sur la gauche, d'une fontaine turque.

glise Saint-Spiridon (Ágios Spiridónas)

ette petite église orthodoxe fut construite en 1702. C'est sur le seuil de l'église que, *e* 27 septembre 1831, deux membres *le* la famille maniote des Mavromicha- *s* assassinèrent Capo d'Istria qui avait *mprisonné* l'un des leurs, Petrobey : un *ableau* retraçant la scène est exposé à *intérieur*.

ontinuer dans l'odos Kapodistriou (autre ontaine turque), puis prendre à droite 'ans l'odos Kokkinou.

ue Staïkopoulou

ne autre rue commerçante, bordée *uant* à elle d'une multitude de tavernes *t* de kafeneions.

Musée du Komboloï (Moussío Koum-

oloïou) – Au n° 25 - ℘ 27520 216 18 - lj sf mar. 9h30-20h30, w.-end 10h-20h.
Au premier étage de l'échoppe d'un *abricant* de *komboloïs* ce petit musée *rivé*, présente une belle collection, *onstituée* de plus de deux cents pièces,

> ### L'omniprésent « komboloï »
>
> Même si la tradition semble un peu se perdre de nos jours, vous verrez un peu partout les hommes jouer inlassablement avec ces petits chapelets qui peuvent être en bois, en verroterie, en matière plastique, ou en matériaux plus précieux, qu'ils égrènent machinalment ou qu'ils font tournoyer… N'allez pas y voir quelque signe de religiosité : si chez les Turcs auxquels les Grecs ont emprunté le « komboloï », l'objet servait à compter les prières, ici il n'en est rien, même si d'aucuns vous assurent que le « komboloï » est indispensable pour éloigner le mauvais sort…

arfois anciennes et de différents matériaux : ambre, pierre, perles de verre, ivoire *t* coquillages.

ne petite rue à droite ramène à la place Syntagmatos.

N BORD DE MER ★★

2h. Partir de la place Nikitara et prendre la rue Amalias, la plus grande artère du entre-ville.

gauche, au n° 29, fut fondée en 1829 la première école grecque d'officiers.

rendre sur la droite l'odos Sofroni.

Musée d'Art populaire (Laografikó Moussío)

lj 9h-13h30, 18h-21h - 4 €.
Ce musée présente de façon émouvante une remarquable **collection de ostumes** du Péloponnèse, mais aussi des objets d'art populaire (outils et usten-*iles*), des bijoux, un métier à tisser, des jouets, des broderies traditionnelles *ermettant* de faire revivre la vie quotidienne des siècles passés.

ontinuer dans l'odos Sofroni jusqu'au quai Bouboulina.

e port

l s'étend de part et d'autre de la place Iatrou sur laquelle s'élèvent l'hôtel de ville, *église* des marins St-Nicolas (début 18e s.) et le monument des Philhellènes (Mnimio ilelinon), pyramide de marbre érigée en 1903 « en reconnaissance au maréchal Maison, au général Fabvier, à l'amiral de Rigny, aux marins et soldats français… ». *ers* le large, belle vue sur l'îlot fortifié de Bourdzi.

lot Boúrdzi ★

e renseigner sur le port à propos des horaires des bateaux navettes.

ortifié en 1471 par les Vénitiens, pour protéger l'entrée du port, et renforcé au début *lu* 18e s., il a pour élément principal une puissante tour polygonale terminée par une *late-forme* à canons. Au 19e s., l'îlot était la résidence du bourreau de Nauplie. Vues *ur* la ville et les deux citadelles, Acronauplie et Palamède.

es quais Bouboulina puis Miaouli *(tavernes et cafés)* se prolongent par un chemin *ontournant* le rempart, puis le promontoire, et procurant de très belles vues sur le *golfe*. On dépasse un ouvrage avancé au-delà duquel se détache un sentier montant à la **chapelle de la Panagitsa** (Petite Vierge) accrochée à la pente rocheuse au creux de laquelle se trouve une ancienne « école secrète » du temps de l'occupation turque.En suivant le littoral (très belle vue sur la mer et sur la citadelle de Palamède), on arrive à Arvanitia, plage de Nauplie, d'où l'on rejoint la place Nikitara.

FORT PALAMÈDE★★ (Palamídi)

Accès par odos 25-Martiou et la route accédant à l'entrée est, ou par un escalier de 857 marches (env. 20mn) partant de la place Arvanitias. Prudence avec les enfants car l'escalier est dépourvu de rambarde extérieure - ℰ *27520 280 36 - tlj 8h-18h45 - 4 €.* Couronnant une colline **culminant à 216 m**, Palamídi date de la seconde occupation vénitienne, de 1686 à 1715. C'est un puissant complexe de huit forts ou bastion reliés par des couloirs dérobés, voûtes, passages secrets, et jalonnés de tourelles de gu ou percés d'embrasures pour fusils et canons. Chacun de ces bastions était conçu po pouvoir se suffire à lui-même en cas d'occupation de ses voisins par l'ennemi ; le bastio Robert évoque le nom d'un des Philhellènes français tués à l'attaque du fort, en 182 Des chemins de ronde, vues magnifiques embrassant Nauplie, le golfe, la plai d'Argolide et les côtes du Péloponnèse.

Dans l'un des bastions, non loin de la porte sud-est, on découvrira une splendi citerne, et au sein du bastion St-André, une charmante cour, sur laquelle donne l'habitation du commandant du fort et la chapelle St-André près de laquelle e préservée la cellule où Kolokotronis fut enfermé.

Aux alentours

Baie et plage de Karathona★★

À 3 km au sud. Accès par la route signalisée Palamidi sur laquelle s'embranche le tronço conduisant à la baie. Dans le site harmonieux de cette anse doucement incurvée qu protège un îlot, s'inscrit une vaste plage de sable que borde un bois d'eucalyptus. D hauteurs voisines, vues en direction du fort Palamède et de l'Acronauplie.

Acropole de Kazarma

À 14 km à l'est, sur la route d'Épidaure, près d'Arkadiko ; prendre le sentier (signalisatio qui conduit au sommet de la colline (20mn de marche).
Sur la colline où se trouve l'entrée principale de l'enceinte apparaissent des vestig de la forteresse construite par les Argiens (5e s. av. J.-C.).

Myloi (Mili)

Ce village moderne est situé au fond du golfe d'Árgos, à 11 km au sud-ouest de Naup par la route de Néa Kias.

Lerne (Lérni) – C'est ici que se te trouvait jadis le site antique de **Lerne**. Là, entre route et la mer, les sources de l'Hydre et le marais de Lerne, de nos jours bien dimin mais encore peuplé de grosses anguilles, évoquent le souvenir de maintes légend antiques, et notamment d'un des fameux travaux d'Hercule. Les marais de Lerne, qu les Grecs croyaient sans fond, auraient constitué une entrée des Enfers ; les Danaïd y jetèrent les têtes de leurs maris assassinés.

Maison des Tuiles – *À la sortie de Myloi sur la route d'Argos à droite, après une églis un chemin conduit en 200 m au site - tlj 8h30-14h30 - 2 €.* L'occupation la plus ancien remonte à la période néolithique mais c'est à l'âge du bronze que le site connaît sa pl grande prospérité. Il présente alors des fortifications et un bâtiment rectangulaire : **maison des Tuiles**, dont les vestiges sont protégés par un abri et qui tient son nom d tuiles trouvées en grand nombre dans ses fondations. Datant d'environ 2200 av. J.-(ce palais à la distribution intérieure parfaitement visible est le seul grand bâtime du début de cette période qui nous soit parvenu en aussi bon état. En effet, apr sa destruction par un incendie en 2100 av. J.-C., il fut recouvert d'une chape de te protectrice, formant un tumulus. À droite de l'entrée du site, remarquez les rest d'une enceinte datant de l'helladique ancien, dont une partie en brique naturel au fond à droite, est protégée par un toit.

Un touche-à-tout de génie

Fils de Nauplios, et petit-fils de Poséidon, **Palamède** était considéré comme le roi des inventeurs par les Grecs qui lui attribuaient l'ordre de l'alphabet introduit en Grèce par le Phénicien **Cadmos**. Il aurait aussi inventé le calendrier, les poids et mesure, et se serait montré un remarquable astronome, capable d'expliquer les éclipses. Ce savant aussi génial que légendaire aurait en outre participé à la guerre de Troie et imaginé les jeux de dés et d'échecs pour distraire les assiégeants. Mais il fut tué par Ulysse et Diomède, jaloux de son ingéniosité.

Circuit de découverte

SUR LA ROUTE DE TOLÓ

Quitter Nauplie par la route d'Épidaure et, à environ 1,5 km, prendre à droite la petite route signalée « Agia Moni ».

Agía Moni

Ce monastère fut fondé en 1144 près de la source Kanathos (en contrebas du couvent, à droite) qui, d'après la mythologie, était censée redonner chaque année une nouvelle virginité à la déesse Héra. Les moniales font visiter l'église conventuelle du 12e s. d'architecture byzantine.

Revenir à la route d'Épidaure et poursuivre par 2 km. Prendre alors à droite la route de Toló et, avant d'arriver à la côte, tourner à gauche dans la route de Drepano qui côtoie une chapelle avoisinant l'acropole d'Asiné (Asíni).

Asíni

Citée par Homère dans l'*Iliade*, l'acropole de la cité antique a été dégagée et fouillée de 1922 à 1930 par des archéologues suédois : importants vestiges de remparts en partie mycéniens et archaïques (appareil polygonal), en partie hellénistiques. Des tombes à chambre monumentales ont fourni de nombreux objets mycéniens. Du sommet, belles **vues**★★ sur le site de Toló et la plaine côtière couverte d'agrumes.

Toló★

À l'extrémité d'une longue plage de sable fin, cette station balnéaire très fréquentée occupe un beau site abrité par le promontoire d'Asíni, les îles de Romvi et Plateia.

Par Drepano et la petite station d'Iria, la route suit le bord de mer et part à l'assaut d'un col dans un paysage sauvage empreint d'une sévère beauté. Elle vous permet de gagner la côte de l'Argolide et les îles de Spétses (voir p. 589) et Póros (voir p. 586).

Nauplie pratique

Informations utiles

🛈 **Office de tourisme** – *Odos 25-Martiou, au pied du fort Palamède* - ✆ 27520 244 44 - tlj 7h30-14h30, 16h-20h.

Agence consulaire de France – *33 odos Papanikolaou*. Un vestige des temps où Nauplie était capitale de la Grèce…

Poste – *1 odos Merharias*. Vous trouverez également des timbres chez la plupart des vendeurs de cartes postales du centre-ville et à la librairie-papeterie de la place Syntagmatos.

Argent – Plusieurs distributeurs dans la vieille ville, notamment dans l'odos Konstandinou.

Presse – *Sur la place Syntagmatos, à côté de la mosquée-cinéma.* Presse française et internationale de la veille.

Se loger

NAUPLIE

😊 **Pension Dimitri Becas** – *Odos Efthimiopoulou, dans un enchevêtrement de ruelles en escalier au-dessus d'odos Zigomala* - ✆ 27520 275 49 - 8 ch. Cette modeste pension dispose de quelques chambres avec douche et toilettes. On y a une belle vue sur la ville. Une bonne adresse à petit prix.

😊😊 **Omorphi Poli** – *5 odos Sofroni, face au musée d'Art populaire* - ✆ 27520 215 65 - 7 ch. dont 2 suites. Intelligemment décoré, ce petit hôtel recrée l'atmosphère d'une maison grecque traditionnelle.

Petit-déjeuner dans le kafeneion du rez-de-chaussée. Bon rapport qualité-prix.

😊😊 **Acronafplia** – *34 odos Papanikolaou, à l'angle d'odos Terzeki* - ✆ 27520 244 86. Coup de cœur pour le décor de cette pension mêlant bois, métal et tissages colorés. Plusieurs maisons disséminées dans la vieille ville accueillent 35 chambres de confort et de taille très variables, mais au décor similaire. Taverne au rez-de-chaussée de la maison-mère.

😊😊 **King Othon I** – *4 odos Farmakopoulo, ouvrant sur le port* - ✆/fax 27520 275 95 - 11 ch. Idéalement placé en retrait du front de mer et à proximité de la place Syntagmatos, cet hôtel accueillant occupe une maison néo-classique bien rénovée. Les chambres, petites et confortables, sont décorées avec goût. Petit-déjeuner servi dans le charmant jardin attenant. Notre meilleure adresse à Nauplie.

😊😊 **Leto** – *28 Odos Zigomala,* ✆ 27520 280 93 - fax 27520 295 88 – 12 ch. À cet endroit, la rue qui domine la vieille ville sur les pentes de l'Acronauplie s'évase en une sorte de petite place belvédère. Cet établissement sans prétention permet de séjourner à Nauplie à prix doux. Préférez les chambres des étages supérieurs, qui bénéficient d'une vue. Bon rapport qualité-prix.

😊😊 **Kapodistrias** – *20 odos Kokkino* - ✆ 27520 293 66 - fax 27520 292 78. Haute maison traditionnelle au mobilier ancien. Chaque chambre possède sa propre personnalité (et ses dimensions) et certaines sont dotées de balcons donnant sur la ruelle en escalier. Un charme certain…

⌂ **Marianna** – *9 odos Potamianou,* ✆ *27520 242 56 - fax 27520 217 83 – 12 ch.* Toutes les chambres de cette maison propre et gaie située sur les hauteurs, dans la rue conduisant à l'Acronauplie, donnent sur la ville et la rade. Service de blanchisserie, bon petit-déjeuner. Une excellente adresse… même s'il faut des mollets d'acier pour y accéder !

⌂⌂ **King Othon II** – *5 odos Spiliadou, au bout de odos Farmakopoumlo et à droite* - ✆ *2750 977 90.* Les Grecs n'ont supporté qu'un seul roi, Otton : cet Othon I, situé dans une élégante demeure jaune, ne renvoie donc pas à une dynastie de souverains, mais d'hôteliers. Dans le même esprit que la maison-mère, et donc avec beaucoup de charme.

⌂⌂⌂ **Nausimedon** – *9 odos Merarhias, presque en face de l'ancienne gare* - ✆ *27520 250 60 - fax 27520 269 13 – 13 ch. et 3 bungalows.* Ouverte en 1998, cette demeure magnifiquement restaurée propose des chambres hautes de plafond, décorées de meubles anciens qui raviront les amateurs d'atmosphère et de raffinement. Cocktails servis sous les palmiers et les parasols du jardin.

⌂⌂⌂ **Byron** – *2 odos Platonos, près de l'église St-Spiridon* - ✆ *27520 223 51 - fax 27520 263 38 - byronhotel@otenet.gr - 18 ch.* Reconnaissable à son élégante façade ocre, cet hôtel de charme tout en hauteur est un des fleurons de l'hôtellerie locale. Dommage que les lits soient raides et qu'on y pratique parfois le surbooking.

⌂⌂⌂ **Ilion** – *4 odos Efthimiopoulou (juste au-delà de odos Kapodistriou)* - ✆ *27520 251 14 - fax 27520 244 97 - ilionhot@otenet.gr - 10 ch. et 5 studios.* Cet hôtel aménagé dans une vieille demeure dispose de belles parties communes. Les peintures murales et la décoration ne sont pas dénuées d'un charme kitsch. Les studios, situés sur les hauteurs de la ville, au coin d'odos Zigomala, sont plus sobres, ils peuvent accueillir jusqu'à 4 personnes.

TOLÓ

Toló se résume à une longue rue, longeant la mer et bordée de part et d'autre de nombreux hôtels. Pour un séjour les pieds dans l'eau, choisissez de préférence ceux qui donnent directement sur la plage.

Se restaurer

👁 Tavernes et restaurants se succèdent dans l'odos Staïkopoulou, sans que la qualité soit toujours au rendez-vous. Si vous souhaitez manger du poisson, vous n'aurez que l'embarras du choix le long du quai Bouboulina…

⌂ **To Sokaki** – *Entre la place Syntagmatos et l'hôtel King Othon I, sur la gauche, derrière l'église.* Excellents petits-déjeuners complets, crêpes géantes pour dîner sur le pouce et, si vous avez encore faim, finissez par une énorme glace composée.

⌂ **O Noulis** – *22 odos Moutsouridou, dans une ruelle à gauche au bout de la rue Papanikolaou.* Taverne tranquille et bien connue des Naupliotes où le plateau de dix mezes peut constituer à lui seul un vrai repas. Une adresse sympathique, même si la qualité est parfois fluctuante.

⌂⌂ **Ta Fanaria** – *Au coin d'odos Stoïkopoulou et de la petite odos Soutsou.* Cette taverne s'enorgueillit d'avoir le même cuisinier depuis vingt-cinq ans. Si le le résultat est convenable, ce sont surtout les tables disposées sous une treille dans la ruelle qui attirent dans ces lieux.

⌂⌂⌂ **Naftikos Omilos Nafplio** – *Club nautique de Nauplie, sur le chemin en bord de mer au pied des murailles, au-delà du quai Miaouli.* Ce restaurant en terrasse, outre un cadre exceptionnel qui ouvre sur le golfe d'Argolide (aux beaux jours les tables sont disposées sur les quais), propose une cuisine traditionnelle, un accueil et un service de qualité. Ouvert seulement le soir, réservez ou arrivez avant 21h.

Faire une pause

Vous n'aurez que l'embarras du choix tant sur les quais que sur la place Syntagmatos. Sur celle-ci, la terrasse du bien nommé **Kentrika**, face à la Banque populaire, est la plus agréable.

Stafmos – *Odos Merarhias, sur la droite en partant de la vieille ville.* Un café musical installé dans l'ancienne gare de Nauplie, au bord des voies désaffectées. Sympathique et original.

Antica Gelateria di Roma – *Odos Farmakopoulo, face à l'hôtel King Othon I.* Cette *gelateria* s'enorgueillit d'attirer les Naupliotes et les visiteurs depuis 1870 grâce à ses glaces artisanales.

Café Rosso – *Odos Farmakopoulo, dans le passage conduisant à la place Syntagmatos.* Le café branché des nuits naupliotes. Clientèle jeune, musique au goût du jour.

Achats

Nektar & Ambrosia – *Odos Farmakopoulo, près de l'hôtel King Othon I.* Les boissons des dieux de l'Olympe sont à l'honneur dans cette boutique gourmande où vous trouverez toutes sortes de produits à base de **miel**.

La boutique du **musée d'Art populaire** (*odos Sofroni*) propose un choix d'objets d'**artisanat** de qualité inspirés des collections du musée. Difficile de quitter Nauplie sans s'être muni d'un **komboloï** : outre l'échoppe abritant le musée, vous en trouverez un grand choix à **la maison de l'Ambre** (*12 odos Konstandinou*) et à **Komboloïodeleou**, au coin de l'avenue Singrou et de l'odos Potamianou.

Mont **Olympe** ★
Óros Ólympos – Œroj Œlumpoj

CARTE GÉNÉRALE RABAT I B1 – THESSALIE ET MACÉDOINE

Haut massif montagneux, l'Olympe, toujours nimbé de nuages, était, pour les anciens, la demeure mystérieuse de Zeus et des dieux. C'est aujourd'hui un parc naturel prisé des randonneurs et des alpinistes. Sur le flanc nord du mont, la ville sacrée de la Macédoine antique, Dion, a livré un réseau complet d'urbanisme.

- **Se repérer** – À 90 km environ au sud-ouest de Thessalonique. Litóchoro est la base d'exploration du massif.
- **À ne pas manquer** – Le site de Dion, la villa Dionysos, le musée.
- **Organiser son temps** – Comptez trois jours en tout, si vous faites l'ascension avec une nuit en refuge.
- **Pour poursuivre le voyage** – Lárisa, Thessalonique.

Au pied du mont Olympe, les ruines de Dion, ville sacrée de la Macédoine antique.

H. Champollion / MICHELIN

Découvrir

Constitué de schistes cristallins et formant un vaste et complexe massif, le plus élevé de Grèce, l'Olympe compte **neuf sommets dépassant 2 600 m**. On le divise en Bas Olympe, au sud, dont les versants boisés sont faciles à parcourir et en Haut Olympe, coupé de vallées abruptes et de précipices. Malgré les tentatives des Français Sonnini en 1780 et Pouqueville en 1810, il fut longtemps considéré comme inaccessible et vaincu seulement en 1913 par les alpinistes suisses Baud-Bovy et Boissonas, accompagnés du guide grec Kakalos.

L'Olympe a pour centre principal **Litóchoro**, base principale des promenades et des courses dans le massif. Ses quatre grands sommets, dépassant 2 800 m, dessinent un cirque rocheux : le **Mýtikas** ou Panthéon culmine à 2 917 m et le **Trône de Zeus** ou Couronne (Stefani) atteint 2 909 m.

Une route carrossable permet d'apercevoir les sommets : au départ de Litóchoro, prendre la route qui conduit au monastère (Moni) d'Ágios Dionýsios et continue (non revêtue) jusqu'au hameau de Priona, à une altitude d'environ 1 000 m.

Les bons marcheurs peuvent laisser la voiture à un croisement avant le monastère et prendre à droite jusqu'au lieu-dit Petrostrounga (3h), puis continuer par le passage dénudé de Skourta jusqu'au plateau des Muses (Oropédio Mousson, 5h), où se trouve le **refuge du Club des alpinistes grecs de Thessalonique**, à une altitude de 2 750 m ; si l'on désire poursuivre jusqu'au sommet, il est conseillé de prendre un guide.

Aux alentours

Dion★★ (Dío)

À 16 km au sud de Kateríni. Située au pied du mont Olympe dans la plaine fertile de la Pieria, la ville sacrée de la Macédoine antique lia son nom à celui de Zeus (Dios).

Célèbre pour ses festivités athlétiques et théâtrales, connues sous le nom de **jeux Olympiques** de Dion, instaurées par Archélaos au cours du 5e s. av. J.-C. en l'honneur des Muses, cette ville légua d'importants témoignages de son passé.

De nombreuses **tombes** découvertes sur le flanc de l'Olympe, à 2 km environ des murs de la ville, attestent une occupation de la région dès le 10e s. av. J.-C. Sa population aurait atteint 15 000 habitants à l'époque de sa plus grande prospérité sous les empereurs romains. Développée le long d'une rivière navigable, elle possédait un port, peut-être maritime, car la côte était alors plus proche. Ses remparts ont été construits à l'époque d'Alexandre le Grand qui avait un attachement particulier pour cette ville.

La mise à sac de la cité au 4e s. par les Ostrogoths marqua la fin de Dion. Les premières investigations archéologiques ont eu lieu en 1928, à partir de 1970 des fouilles systématiques, toujours en cours, ont été mises en place.

La ville antique

Tlj 8h-19h - 4 €. L'entrée du site se trouve au sud du village, en rase campagne. À l'intérieur des remparts édifiés au 4e s. av. J.-C., la ville telle qu'elle se présente aujourd'hui date de l'époque romaine. Aménagée selon les règles d'urbanisme de l'époque, elle était dotée d'un réseau complet de voirie (22 rues ont actuellement été dégagées). Des bâtiments administratifs, des magasins, des maisons, des bains et toilettes publics, etc. ont été mis au jour. Les grands thermes romains ont livré de belles mosaïques.

Mais la découverte majeure est sans aucun doute la villa de Dionysos, construite vers 200 apr. J.-C. En 1987, on y a découvert dans la salle de banquet une splendide mosaïque : le **Triomphe de Dionysos**, représentant le dieu sur son char tiré par des panthères marines et flanqué de centaures.

À l'extérieur des remparts, ont été dégagés des sanctuaires dont le plus important est celui consacré aux divinités égyptiennes (Isis, Sérapis, Anubis) comportant plusieurs temples ; le temple de Déméter, le plus ancien sanctuaire macédonien connu, en usage du 6e s. av. J.-C. au 4e s. de notre ère et enfin le temple du Zeus Olympien (fouilles achevées), où Alexandre le Grand se rendit avant de partir à la conquête de l'Asie.

Deux théâtres, un hellénistique et un romain (en restauration), deux odéons romains et un stade témoignent des manifestations culturelles qui avaient lieu à Dion et qui mettent la ville au niveau des cités florissantes du sud de la Grèce.

Musée

Avr.-oct. : mar.-vend. 8h30-19h, w.-end 8h30-15h, lun. 12h30-19h ; nov.-mars : mar.-vend. 8h30-17h, w.-end 8h30-15h, lun. 12h30-17h - 3 €. Il abrite les trouvailles, remarquablement présentées, des fouilles de Dion et des sites avoisinants. Le rez-de-chaussée est consacré aux sanctuaires, bâtiments publics et nécropoles. On pourra y voir notamment de nombreuses statues et des stèles funéraires dont une très émouvante d'une mère et de son enfant (5e s. av. J.-C.). À l'étage sont exposés les objets liés à la vie quotidienne et les mosaïques parmi lesquelles figurent de très beaux spécimens de l'époque romaine.

Les Jeux des Muses

En décidant que durant neuf jours, Dion rendrait hommage à Zeus, le roi des Dieux, et aux Muses, **Archélaos** donna à sa ville une place de première importance au cœur de la Macédoine. Chaque journée était consacrée à la célébration d'une des neuf Muses, filles de Zeus et de Mnémosyne (la Mémoire) : Calliope (l'Éloquence), Clio (l'Histoire), Polymnie (la Poésie lyrique), Euterpe (la Musique), Terpsichore (la Danse), Érato (l'Élégie), Melpomène (la Tragédie), Thalie (la Comédie) et Uranie (l'Astronomie). Protecteur des arts, le roi Archélaos accueillit également le tragédien Euripide à sa cour.

Mont Olympe pratique

Informations utiles

LITÓCHORO

🛈 *16 odos A. Nikolaou, av. l'hôtel Mirto - 9h-21h.* Le personnel peut garder vos bagages si vous faites une randonnée.

Banque – Banque nationale de Grèce - *pl. Kentriki.* Distributeur.

Poste/téléphone – *À gauche de la pl. Kentriki.* **OTE** – *Odos A. Nikolaou.*

Transports

En train – La ligne Thessalonique-Athènes passe aux gares de **Kateríni** (8 trains), **Pláka** et **Leptokarýa** (4 trains). De ces gares, prendre un bus pour Litóchoro.

En bus – De la gare de Kateríni, 1 bus/h pour **Dion** et bus pour **Litóchoro**. De Litóchoro, guichet et départ face au poste de police. 1 bus/h pour **Kateríni** et **Thessalonique**, 3 bus/j pour **Athènes**.

Se loger

LITÓCHORO

🛏 **Pension Olympos** – *30 odos Agias Paraskevis - ☏ 23520 818 38 – 17 ch.* L'accueil est chaleureux dans cette pension constituée de petits appartements propres et simples, avec balcon.

🛏 **Papanikolaou** – *Odos Kitrous, à gauche sur la pl. - ☏ 23520 812 36 - 16 ch.* Les chambres équipées d'une kitchenette sont réparties dans deux petits immeubles agréables, entourés d'arbres et de fleurs. Une bonne adresse.

🛏 **Enipéas** – *Pl. Kentriki - ☏ 23520 843 28 - 25 ch.* Établissement calme et bien tenu qui bénéficie lui aussi d'une belle vue sur le mont Olympe.

🛏 **Mirto** – *À droite sur la rue principale, juste avant la place centrale - ☏ 23520 813 98 - 31 ch.* Ses agréables chambres avec balcon en font un des meilleurs hôtels de la ville.

🛏🛏 **Villa Pantheon** – *de la pl. Kentriki, prendre la route du restaurant Mylos, à droite, et longez la corniche - ☏ 23520 839 31 - 12 ch.* Installé dans une bâtisse blanche visible du village, cet hôtel propose des chambres avec balcon, d'un confort et d'un entretien impeccables.

MONT OLYMPE

🛏 **Refuge A** – *Spilios Agapitos - ☏ 23520 818 00 - 110 places - mai-oct. 6h-22h.* Réservation souhaitée.

Se restaurer

LITÓCHORO

🍴 **To Pazari** – *Odos 28-Oktovriou.* Taverne qui propose viandes grillées et poissons.

🍴 **Erato** – *Pl. Kentriki.* Cuisine sans surprise mais servie dans un cadre agréable, avec une vue magnifique sur la montagne.

Sports et loisirs

Club alpin de Litóchoro – *EOS - 20 odos Korovagou (de la rue A. Nikolaou, tournez à gauche près de l'hôtel Mirto) - juin-sept.* Cet organisme gère plusieurs refuges et fournit quantité d'informations sur le mont Olympe.

Événements

Festival – Depuis 1972, le **festival de l'Olympe** (juillet- août) organise des représentations théâtrales – en particulier des pièces antiques – et des concerts dans la région, à Dion, à Kateríni en direction de Thessalonique et dans la forteresse franque de Platamónas sur la côte (*voir Lárisa p. 245*). Renseignements et réservations à Kateríni – *☏ 23510 755 55 –* et à Platamónas – *☏ 23520 831 00 - festivalolympou@kat.forthnet.gr.*

Olympie★★★
Olympia – Olumpîa

1 286 HABITANTS
CARTE GÉNÉRALE RABAT II A2 – PÉLOPONNÈSE – ÉLIDE

Prouesses physiques et intellectuelles, esprit de concorde et de paix, tels étaient les maîtres mots des jeux qui, dans l'Antiquité, réunissaient tous les Grecs à Olympie. 2 800 ans plus tard, les jeux Olympiques modernes revendiquent toujours les mêmes valeurs. Au sein de l'idyllique vallée de l'Alphée, les ruines témoignent de la grandeur du sanctuaire dédié à Zeus.

- **Se repérer** – L'ancienne Olympia, champ de ruines isolé, se situe à l'ouest du Péloponnèse, non loin de la mer, à 110 km au sud de Pátra, à 17 km à l'est de Pýrgos et 215 km au sud-ouest de Corinthe. Le petit village moderne est dans le prolongement des vestiges de l'ancienne Olympia.

- **À ne pas manquer** – Les ruines antiques et la visite du musée archéologique ; le temple de Vassés.

- **Organiser son temps** – Prévoir une journée pour découvrir le site archéologique et son musée. Réserver la visite de ce dernier aux heures les plus chaudes de l'après-midi.

- **Pour poursuivre le voyage** – Chlemoútsi, Kalamáta, Pátra.

L'entrée du vaste stade d'Olympie qui vit naître les jeux Olympiques.

Comprendre

Le site★★ – Dominé au nord par une colline boisée, le mont Kronion (125 m), le sanctuaire de Zeus se dissimule sous les frondaisons entre le fleuve Alphée (Alfeios) et son affluent le Kladeos. En amont, la vallée de l'Alphée se resserre entre les contreforts des monts d'Arcadie ; en aval, elle s'élargit jusqu'à la plaine d'Élide en un bassin verdoyant qu'encadrent de douces ondulations.

À l'origine, un bois sacré… – Le lieu du culte primitif d'Olympie semble avoir été un bois sacré, l'Altis, auquel succéda, sur l'actuel mont Kronion, un sanctuaire dédié à Cronos, fils d'Ouranos (le Ciel) et de Gaia (la Terre), et père de Zeus. Ce dernier, maître de l'Olympe, supplanta le dieu du Temps et le pèlerinage se développa.

À ces temps lointains sont liées plusieurs légendes, dont la plus connue concerne Pélops, premier prince du Péloponnèse. On racontait en effet qu'Œnomaos, souverain de la région, avait été averti par un oracle que son gendre l'expulserait du trône. Aussi imposait-il aux prétendants de sa fille Hippodamie une course de chars dont le perdant devait être mis à mort… Or, Œnomaos possédait un attelage de chevaux ailés, donc invincibles ! Hippodamie semblait donc devoir rester fille, lorsque Pélops, fils du Phrygien Tantale et père d'Atrée *(voir Mycènes p. 265)*, réussit à corrompre, Myrtilos, le cocher du char royal qui, saboté, perdit une roue… et la course. Alors, Pélops tua Œnomaos, épousa Hippodamie et régna sur le Péloponnèse.

Les jeux Olympiques – D'après la légende, Héraklès, fils de Zeus, après avoir nettoyé les écuries d'Augias, roi d'Élide, avec les eaux de l'Alphée, aurait fait bâtir l'enceinte sacrée de l'Altis, entourant les lieux de culte de Pélops, Zeus, Héra. Il aurait restauré les concours de gymnastique et d'athlétisme en l'honneur du vainqueur d'Œnomaos.

En fait, il semble que l'institution des jeux remonte au 8e s. av. J.-C., lorsque le roi de Pisa, Iphitos, et le législateur de Sparte, Lycurgue, décidèrent d'organiser des concours sportifs entre les peuples grecs. Ces jeux au cours desquels était observée sur place une trêve sacrée d'un mois se déroulaient tous les quatre ans et atteignirent leur apogée au 5e s., époque à laquelle même les colonies lointaines y participaient.

Les fêtes, comprenant des cérémonies cultuelles et une grande foire, avaient lieu en été. Les épreuves athlétiques ne duraient que cinq jours, mais les concurrents étaient obligés de s'entraîner longuement sur place auparavant sous l'œil des jurés. On estime à 150 000 ou 200 000 le nombre de personnes qu'elles attiraient.

Les athlètes concouraient aux disciplines suivantes : dans le stade, course à pied, pugilat (sorte de boxe), lutte, pancrace (association de lutte et de boxe), pentathlon (course, saut, lutte, lancements du disque et du javelot) ; sur l'hippodrome, course de chevaux et de chars, le propriétaire accompagnant le cocher (aurige).

Dans chacune des spécialités, les vainqueurs ceignaient la couronne de rameaux d'olivier, détachés avec une faucille d'or de l'olivier sacré, et participaient à un banquet ; les poètes, comme Pindare, les célébraient dans leurs vers et les sculpteurs les immortalisaient dans leurs statues. Enfin, les cités dont ils étaient issus manifestaient souvent leur fierté par l'érection d'ex-voto ou de trésors destinés à recevoir les offrandes en l'honneur des dieux. Parmi ces lauréats, le plus connu fut Milon de Crotone (6e s. av. J.-C.), six fois vainqueur, qui battait les chevaux à la course et mourut tragiquement dévoré par les bêtes sauvages, la main coincée dans un tronc d'arbre.

Grandeur et décadence – Les fastes olympiques se prolongèrent durant des siècles et Philippe de Macédoine aurait même fait modifier l'enceinte de l'Altis pour y introduire un monument portant son nom, le Philippeion.

À l'époque romaine – Néron adjoignit aux épreuves athlétiques des concours de musique ou de poésie afin de pouvoir y participer lui-même… et remporter sept prix ! Comme dans les autres sanctuaires grecs, Hadrien et Hérode Atticus, durant le 2e s., firent aménager maisons, bains, aqueducs, nymphées…

Mais le cœur n'y était plus : les foules assistaient à des spectacles sans signification religieuse, et l'empereur Théodose ayant interdit le culte païen, les jeux se déroulèrent pour la dernière fois en 393. La statue de Zeus fut envoyée à Constantinople où elle disparut dans un incendie en 475. Les destructions, les séismes, les éboulements du mont Kronion, les débordements de l'Alphée firent le reste. Utilisé comme carrière, le sanctuaire fut recouvert de terres qui atteignirent 3 à 4 m d'épaisseur.

La remise au jour – Un bénédictin parisien, dom Montfaucon, s'interrogea le premier en 1723 sur le site d'Olympie que l'Anglais Chandler identifia en 1766. En 1768, « l'antiquaire » allemand Winckelmann demanda aux Turcs de faire des recherches, mais il fut assassiné peu après. Les premières fouilles eurent pour auteurs les savants français accompagnant l'expédition de Morée qui en 1829, sous la direction de l'architecte A. Blouet, sondèrent le temple de Zeus. Trois métopes et des mosaïques furent rapportées au Louvre. Mais ce sont des archéologues allemands qui procédèrent au dégagement systématique du sanctuaire de 1875 à 1885 et de 1936 à 1941.

Visiter

Les ruines★★

À 500 m du village moderne une fois passé le pont (indiqué). Accès par la route en direction de Trípoli. On peut s'y rendre à pied et laisser sa voiture sur le parking du village - ☏ *26240 225 17 - tlj 8h-19h30 (coucher du soleil en hiver) - 6 € (billet pour le site et le musée : 9 €), TR : 3 € (billet combiné : 5 €).*

Annexes du sanctuaire

Au-delà de l'entrée se présentent à droite les vestiges du gymnase, puis ceux de la palestre.

Gymnase – Édifié à l'époque hellénistique (3e s. av. J.-C.), il était entouré de portiques couverts dont une grande partie fut emportée par les eaux du Kladeos ; il ne subsiste que les bases des portiques est et sud.

Palestre★ – La double colonnade du portique, relevée, permet de situer la palestre hellénistique, salle des sports qui dessinait un carré de 66 m de côté. Les athlètes, notamment les lutteurs, s'entraînaient dans la cour, se baignaient ou s'oignaient d'huile dans les salles du pourtour.

Au-delà de la palestre apparaissent les restes, un peu confus, d'une ville romaine et ceux d'une église byzantine ayant succédé à l'atelier de Phidias.

Hérôon – Composé d'une pièce circulaire, où se trouvait un autel consacré à un héros inconnu, daté du 6e s. av. J.-C.

Théokoléon – Bâtiment du 4e s. av. J.-C., résidence des prêtres d'Olympie.

Atelier de Phidias – Les fouilles de 1955 à 1958 ont déterminé le plan rectangulaire de l'atelier de Phidias, spécialement conçu pour que le sculpteur pût y réaliser sa statue de Zeus. On y découvrit une céramique portant l'inscription : « Je suis à Phidias. »

Leonidaion – On distingue assez bien le plan de cette vaste hostellerie construite au 4e s. av. J.-C. par un certain Léonidas de Naxos. Dessinant un quadrilatère, le Leonidaion comprenait un grand nombre de chambres disposées autour d'un atrium aménagé en bassin circulaire par les Romains.

Emprunter ensuite la voie romaine des processions qui longe l'enceinte sacrée du sanctuaire. À droite se succèdent les bases des ex-voto puis les vestiges d'un *bouleuterion* du 6e s. av. J.-C. comprenant deux salles oblongues à abside où se réunissaient les membres du conseil d'administration du sanctuaire.

Pénétrer dans le sanctuaire.

Sanctuaire (Ancien bois sacré - Altis)

Tracé à l'origine par Héraklès, selon la légende, le sanctuaire formait à l'époque classique un carré d'environ 200 m de côté, agrandi légèrement sous les Romains. Temples, autels, monuments votifs, s'y accumulèrent au cours des siècles.

Après avoir franchi l'enceinte, on remarquera à droite le piédestal triangulaire qui supportait une Victoire (au musée), œuvre attribuée au sculpteur Paionios.

Grand temple de Zeus★★ – Une rampe monte à la terrasse où reposait le temple de Zeus bâti au 5e s. av. J.-C. dans le calcaire coquillier que revêtait une couche de stuc. L'amas des blocs de pierre, les énormes tambours et chapiteaux des colonnes renversés par un tremblement de terre au 6e s. apr. J.-C. produisent un effet saisissant. De style dorique, l'édifice comportait un péristyle à 6 colonnes sur chaque façade et 13 colonnes sur les côtés. Ses dimensions (64,12 m de long sur 27,66 m de large) approchaient celles du Parthénon. Les frontons étaient ornés de sculptures (au musée) évoquant la course de chars entre Œnomaos et Pélops, ainsi que le combat des Centaures et des Lapithes ; les frises, à l'entrée du pronaos et de l'opisthodome, avaient 12 métopes sculptées de scènes représentant les travaux d'Hercule. Le sol était revêtu de dalles et de mosaïques.

La cella à trois nefs, enfin, recelait la fameuse statue de **Zeus Olympien**, considérée comme une des Sept Merveilles du monde antique. Réalisée par Phidias de 430 à 420 av. J.-C., cette grandiose statue chryséléphantine, haute de 13,50 m environ, représentait le maître des dieux en majesté, assis sur un trône d'ébène et d'ivoire, tenant le sceptre sommé d'un aigle dans la main gauche, une Victoire, elle aussi chryséléphantine, dans la main droite ; la tête était ceinte d'une couronne d'olivier.

La majestueuse effigie touchait presque le plafond de la cella et une tribune de bois avait été pratiquée au-dessus des nefs latérales pour permettre aux pèlerins de la contempler plus à l'aise. De ce chef-d'œuvre ne subsistent que quelques bas-reliefs provenant du trône et évoquant le meurtre des enfants de Niobé, sœur de Pélops : ces sculptures, qui se trouvaient au 17e s. à Rome où Van Dyck les copia, sont actuellement au musée de l'Ermitage, à Saint-Pétersbourg.

Pausanias raconte que, lorsque Phidias eut terminé son ouvrage, il demanda à Zeus si celui-ci lui plaisait… et de son foudre jaillit l'éclair !

Au nord du temple, des pierres éparses signalent l'emplacement du **Pelopion**, lieu de culte à Pélops, près duquel s'élevaient l'olivier sacré et le grand autel de Zeus.

Obliquer à gauche vers un bosquet où se cachent les restes du Philippeion.

Philippeion – On lit sur le sol le plan de ce petit monument votif circulaire, de style ionique (4ᵉ s. av. J.-C.) élevé sur l'initiative de Philippe de Macédoine et terminé par Alexandre le Grand.

Prytanée – Siège des administrateurs du sanctuaire, du 5ᵉ s. av. J.-C. ; le feu perpétuel se trouvait dans un foyer sacré.

Temple d'Héra★ – Il subsiste des vestiges imposants des soubassements du temple d'Héra dont quelques colonnes ont été rétablies.

Le temple avait été bâti vers 600 av. J.-C. dans un style dorique archaïque et sur un plan oblong, car il mesurait 50 m de long sur seulement 18,75 m de large soit 16 colonnes latérales sur 6 de front. Ces colonnes, en bois à l'origine, furent bientôt remplacées par d'autres en tuf, courtes et massives qui supportaient de typiques chapiteaux archaïques « en galette ». L'intérieur abritait, autour des effigies d'Héra, l'illustre Hermès de Praxitèle (visible dans le Musée archéologique).

Exèdre d'Hérode Atticus★ – Sa forme semi-circulaire rend reconnaissable ce monument édifié en 160 par le riche Athénien Hérode Atticus pour recueillir les eaux des alentours. Composé de deux bassins dont l'un, rectangulaire, comportait deux petites fontaines en forme de temple dont il reste une vasque, les architraves et quelques colonnes, l'exèdre formait une sorte de nymphée aux niches garnies, d'une part, des effigies de l'empereur Hadrien et de la famille impériale, d'autre part de celles d'Hérode Atticus et de sa famille.

Terrasse des Trésors – Précédée par des gradins, elle portait une douzaine de trésors dont on voit les soubassements et un autel consacré à Héraklès. Érigés par les cités ou colonies grecques (Mégare en Attique, Gela et Sélinonte en Sicile, Cyrène en Afrique, Byzance, etc.), ces trésors avaient l'aspect de petits temples doriques dans lesquels étaient déposées les offrandes aux dieux. Au pied de la terrasse s'alignent les bases de statues de bronze érigées en l'honneur de Zeus avec le produit

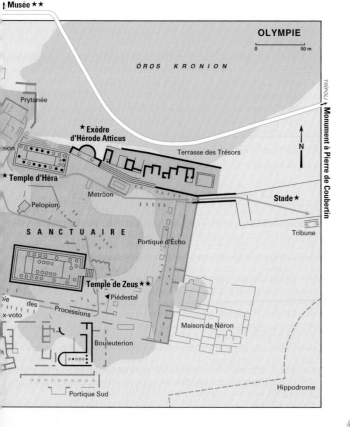

des amendes que les inspecteurs des Jeux infligeaient à divers contrevenants aux règlements olympiques.

Métrôon – En bas de la terrasse des Trésors se trouvait un temple d'ordre dorique, périptère, présentant six colonnes en façade et onze sur les côtés. Bâti au 4e s. av. J.-C., il était dédié à Rhéa (Cybèle), puis fut à l'époque romaine, à partir d'Auguste, consacré au culte impérial ; les statues de certains empereurs y étaient dressées.

Stade★

Du sanctuaire, l'accès au stade se fait par un passage aménagé au 3e s. av. J.-C. Ce passage jadis couvert et dont il reste un morceau de voûte, débouche sur la piste du stade où se déroulaient les épreuves athlétiques. On repère sur le sol les lignes d'arrivée (la plus proche du passage) et de départ des courses, distantes entre elles d'un stade, soit environ 192 m. La ligne d'arrivée était marquée par un cippe, colonne tronquée servant de but et de borne autour de laquelle viraient les coureurs ; plusieurs cippes, entre lesquels prenaient place les concurrents, caractérisaient la ligne de départ.

Les spectateurs, uniquement des hommes, prenaient place sur les gradins de bois amovibles garnissant les talus du pourtour du stade. Celui-ci fut agrandi jusqu'à pouvoir accueillir 20 000 personnes. Situé au sud du stade et parallèle à celui-ci l'**hippodrome** de 609 m de long sur 320 de large a été détruit par les crues de l'Alphée.

Portique d'Écho (ou Eptaechos, ou Poecile) – Il séparait le stade de l'Altis. Son nom est dû d'une part à la résonance de la voix (7 fois), d'autre part aux fresques ornant les murs intérieurs. Construit au 4e s. av. J.-C., sa façade présentait 44 colonnes doriques.

Musée archéologique★★

À 200 m du site, de l'autre côté de la route - 📞 *26240 225 29/227 42 - www.culture.gr - tlj 8h-19h30 (lun. 12h30-19h30) - 6 € (ticket musée et site : 9 €), TR : 3 € (billet combiné : 5 €).*

Réaménagé à l'occasion des jeux Olympiques de 2004, le musée expose de nouvelles pièces (salle 1). Les explications thématiques (en anglais et en allemand) sont claires et didactiques.

Face à l'entrée s'ouvre la grande salle centrale (salle 5), majestueuse, réservée aux frontons et aux métopes du temple de Zeus, autour de laquelle onze autres salles se succèdent. Elles présentent les objets de fouilles, suivant un ordre chronologique, de la préhistoire (salle 1) à l'époque moderne (salle 12). Une maquette du site archéologique est exposée dans le vestibule.

La salle 1 est consacrée aux découvertes datant de l'époque préhistorique jusqu'à l'époque mycénienne. On remarquera les figurines en terre cuite, idoles retrouvées dans les tombes, dont la forme ressemblent aux lettres Φ et Ψ.

Parmi les objets majeurs des époques géométriques et archaïques (salle 2) figurent la colossale **tête d'Héra★**, en tuf jadis colorié, qui fut exhumé du temple de la déesse et une belle collection d'éléments en bronze (armures, boucliers, griffons, effigies d'animaux, chaudron, etc.). Vient ensuite (salle 3) la reconstitution des frontons du trésor de Mégare qui a pour thème la lutte des Dieux et des Géants, et du trésor de

---

La renaissance des jeux Olympiques

C'est au Français Pierre Fredy, baron de Coubertin (1863-1937), que l'on doit la renaissance des célèbres Jeux de l'Antiquité, dont la dernière manifestation eut lieu en l'an 393. Se détournant d'une destinée militaire, il met toute son énergie à faire prévaloir l'importance de l'activité physique dans l'éducation. Il se lance avec fougue dans la rédaction de milliers d'articles, multiplie les interventions auprès des pouvoirs publics et crée des associations sportives. En juin 1894, sa cause est enfin entendue. Aidé par une souscription publique et avec la généreuse participation du mécène grec G. Averoff (1818-1899), il fait reconstruire le stade d'Athènes. Le 5 avril 1896, devant 60 000 spectateurs réunis dans le stade panathénaïque, retentit la voix du roi de Grèce, Georges Ier, prononçant la formule solennelle : « Je proclame l'ouverture des premiers jeux Olympiques internationaux ! » Repris depuis tous les quatre ans, les jeux doivent contribuer à promouvoir un esprit sportif, fraternel et universel, donnant l'occasion aux peuples de surmonter leurs antagonismes, au moins le temps d'une rixe olympique. P. de Coubertin assura la présidence du Comité international olympique jusqu'en 1925. Il fallut attendre 1924 pour voir apparaître à Chamonix les premiers Jeux d'hiver. Athènes, qui avait souhaité accueillir les jeux du centenaire en 1996, puis ceux de l'an 2000, peut s'enorgueillir d'avoir accueilli ceux de 2004…

Géla, en terre cuite et peint. Observer le bélier, machine de guerre en bronze (pièce unique du milieu du 5ᵉ s. av. J.-C.) ; de chaque côté figure la tête de l'animal.

Provenant de la période classique, le remarquable groupe en terre cuite, acrotère d'un trésor, **Zeus enlevant Ganymède★★** (vers 470 av. J.-C.), (salle 4), est une des pièces maîtresses du musée. Le bel adolescent fut pris par Zeus alors qu'il gardait les troupeaux et emmené dans l'Olympe où il devint l'échanson des dieux. Voir aussi le casque consacré par Miltiade, le général des Athéniens, à Zeus pour sa victoire à la bataille de Marathon (490 av. J.-C.).

Tête d'Apollon du musée d'Olympie.

S. Chevreuse / MICHELIN

Salle 5, le décor sculpté des deux **frontons★★** du temple de Zeus, réalisés dans le marbre de Páros, entre 470 et 456 av. J.-C., a été approximativement reconstitué avec les éléments retrouvés sur place. Sur le fronton est, Zeus, placé au centre, préside aux préparatifs de la course de chars opposant Pélops à Œnomaos : aux extrémités, figures allégoriques couchées des fleuves Alphée et Kladeos. Le fronton ouest représente le combat des Lapithes et des Centaures. De part et d'autre d'Apollon, dont la statue complète atteignait 3 m de haut, les centaures, conviés aux noces de Pirithoos, roi des Lapithes, tentent, dans leur ivresse, d'enlever les femmes et les éphèbes lapithes. La salle abrite aussi les 12 **métopes★** de la frise de la cella du temple de Zeus représentant les travaux d'Hercule. Il s'agit du plus important ensemble de décors architecturaux du style appelé « sévère », courant artistique qui prédomine au début de l'époque classique.

Salle 6, autre chef-d'œuvre sur une stèle triangulaire et exemple type du « style orné », **la Niké★** (la Victoire, 5ᵉ s. av. J.-C.), due au sculpteur Paionos, représentée au moment où elle touche gracieusement terre pour annoncer la Victoire des Messéniens et des Naupactiens sur Sparte. Provenant de l'atelier de Phidias (440-430 av. J.-C.), figure, une œnochoé portant l'inscription : « J'appartiens à Phidias » (salle 7).

Salle de l'Hermès (salle 8). Chef-d'œuvre de l'art classique, le célèbre **Hermès de Praxitèle★★★** (4ᵉ s. av. J.-C.), en marbre de Páros, a été trouvé dans le temple d'Héra, près d'un piédestal portant une inscription relative au sculpteur Praxitèle à qui l'Hermès est aussi attribué par l'historien Pausanias ; cependant, certains érudits affirment qu'il s'agit d'une copie hellénistique, voire romaine. Hermès, messager des dieux, porte l'enfant Dionysos, fils de Zeus et de Sémélé, qu'il va remettre aux nymphes, hors de portée de la jalouse Héra. L'œuvre séduit par la perfection du modelé et l'harmonie des proportions. Des traces des couleurs d'origine subsistent sur les lèvres et dans les cheveux.

Dans la salle 9, la belle tête d'Aphrodite attribuée à Praxitèle et provenant du sanctuaire est la plus intéressante des sculptures des périodes classique tardive et hellénistique.

Enfin, des objets des époques hellénistique et romaine provenant des temples de Métrôon et de Heraion et un imposant **Taureau★** de marbre, dédié à Zeus par Regilla (salle 10), épouse d'Hérode Atticus, des statues romaines (salle 11), dont **Antinoüs**, favori de l'empereur Hadrien. Dans la dernière salle, des objets (bouteilles de parfum, lampes à huile…), provenant des cimetières de Miraka et Frangonisi où les athlètes étaient enterrés.

Musée de l'Histoire des anciens jeux Olympiques

Dans le village moderne, à 5mn à pied du site et du centre, prendre l'escalier juste au-dessus du parking - ℰ *26240 225 44 - tlj 8h-19h30 (lun.12h30-19h30) - gratuit - 45mn de visite.*

Ce beau bâtiment néoclassique, qui fut le premier musée à Olympie, accueille une intéressante exposition permanente sur l'histoire des anciens jeux Olympiques, de la phéhistoire à nos jours : la naissance et l'organisation des Jeux, le culte de Zeus, la préparation des athlètes, les femmes et le sport, les lauréats, etc.

Musée de l'Histoire des fouilles

Juste à côté du musée de l'Histoire des anciens jeux Olympiques - ℘ 26240 291 07 - avr.-oct. : tlj 8h-19h30 (lun. 12h30-19h30) - gratuit - visite 30mn.

Ce bâtiment moderne, qui hébergeait les archéologues, présente à l'aide de photos, instruments de mesure, dessins, etc., l'histoire des travaux de fouilles réalisés de 1875 à nos jours, sous l'égide de l'Institut archéologique allemand.

Monument à Pierre de Coubertin

Au-delà des ruines, à gauche sur la route de Trípoli, un cadre de cyprès souligne l'emplacement du mausolée, érigé en 1938, qui conserve le cœur du baron P. de Coubertin. À côté du monument, l'autel de la flamme olympique porte cinq cercles olympiques, symbole de l'union des cinq continents. Au début de chaque olympiade, la flamme sacrée est transportée d'Olympie à l'endroit où se déroulent les Jeux.

Musée des jeux Olympiques modernes★

Situé dans le bourg moderne - odos Kapsali, à l'ouest de la rue principale - ℘ 26240 225 44 - tlj 8h30-15h30 (dim. 9h-16h). Il a été inauguré en 1978 ; nombreux documents sur les Jeux, notamment ceux qui eurent lieu à Athènes en 1896 et 1906.

Aux alentours

Lac de Kaïáfas

À 22 km au sud par Kréstena. Il s'étend entre deux plaines fertiles et possède une riche avifaune aquatique. Les paysages sont de toute beauté. Une station thermale est alimentée par une source d'eau chaude sulfureuse, située au fond des grottes.

Au bord du lac, dans un bâtiment néoclassique proche d'une belle plage de sable, sont proposées des chambres à louer. Dans l'ensemble, toute la côte se compose de belles plages propices à la baignade, notamment avant Tholó.

Katákolo

À 30 km à l'ouest en passant par Pýrgos. Ce pittoresque petit port dont le quai est envahi de terrasses de cafés est très fréquenté. Une promenade le long de la côte au nord de la localité permet à la fois de profiter des joies du bain sur de belles plages de sable, notamment celles d'Agios Andréas et de Skafidiá, et d'effectuer quelques visites.

Temple de Vassés ★★★

Sortir d'Olympie par le sud, en direction de Kréstena puis suivre la route d'Andrítsaina. Prendre à droite avant d'arriver au village (le temple est indiqué sous le nom de « Temple d'Apollon Epicurius ») - été : tlj 8h30-20h30 - 3 € (TR 2 €).

Ce temple se dresse dans un site★ mélancolique et altier (1 130 m), sur le versant méridional du mont Minthi entouré de ravins, face à un immense horizon que ferment au loin les monts de Laconie et de Messénie.

Édifié vers 450-420 av. J.-C. par les habitants de Figaleia en l'honneur d'Apollon Epikourios, dieu guerrier, qui les avait préservés de la peste, il eut, selon Pausanias, pour architecte le célèbre Ictinos, un des auteurs du Parthénon d'Athènes. Oublié pendant des siècles il fut « retrouvé » en 1765 par un architecte français au service des Vénitiens, Joachim Bocher. Comptant parmi les mieux conservés des temples grecs, il menaçait de s'écrouler en 1975 lorsque sa restauration – toujours en cours – fut entreprise. Le temple est protégé du climat rigoureux des montagnes par une immense tente, ce qui lui confère indéniablement un aspect insolite mais lui retire un peu de sa majesté.

Construit en calcaire grisâtre, il n'offre pas un grand éclat, mais vaut par l'harmonie de ses lignes et son accord avec le paysage. De style dorique, entièrement cerné d'une colonnade, l'édifice présente des particularités exceptionnelles :

– longueur inhabituelle par rapport à la largeur (15 colonnes sur 6) ;

– plan axé nord-sud au lieu d'ouest-est, avec façade au nord (côté amont) ;

– présence sur le côté long, à l'est, d'une ouverture destinée à éclairer la statue d'Apollon ;

– intérieur de la cella avec colonnes ioniques reliées au mur par des contreforts.

À son extrémité sud, une colonne corinthienne, dont il reste la base, est la première connue de ce style (deux colonnes, à ses côtés, seraient également corinthiennes). Une frise à métopes sculptées surmontait l'architrave, tandis que les murs du *naos* étaient intérieurement ornés d'une autre frise aux bas-reliefs représentant des combats entre Grecs et Amazones d'une part, Centaures et Lapithes d'autre part : ces œuvres sont exposées aujourd'hui au British Museum à Londres.

Monter au-delà de la maison du gardien, pour avoir une vue d'ensemble du site.

Olympie pratique

Informations utiles

🛈 *Au milieu de l'odos Kondili* ☎ *26240 231 00/73 - juin-sept. : tlj 9h-21h.*

Se loger

OLYMPIE

👁 La majorité des hôtels se situent dans le centre de la ville moderne. Prenez soin de réserver en période de vacances scolaires car le site est très fréquenté.

🛏 **Poseidon** – *Karamanli, dans une rue calme, légèrement excentré* ☎ *26240 225 67 -10 ch.* Établissement très simple, mais propre et calme, pour les petits budgets. Petit-déjeuner en sus (6 €).

🛏 **Kronio** – *Praxitelous Kondili, dans la rue principale -* ☎ *26240 221 88 - 24 ch.* Propre et modeste cet hôtel est l'un des meilleurs rapports qualité-prix. Bon confort, chambres avec balcon et salle de bains avec baignoire. Petit-déjeuner copieux et accueil sympathique. Accès internet gratuit.

🛏 **Neda** – *Stefanopoulou -* ☎ *26240 225 63 - fax 26240 222 06 - www.nedahotel. gr - 43 ch.* Cet hôtel propre et central offre une alternative utile et raisonnable dans une ville très touristique.

🛏🛏🛏🛏 **Olympia Place** – *2 Praxitelous Kondili -* ☎ *26240 231 01 - fax 26240 225 25 - www.olympia-palace.gr - 65 ch. et 6 suites.* De grandes chambres de standing pour cet hôtel élégant et contemporain, situé non loin du site archéologique. Copieux petit-déjeuner servi sous la tonnelle fraîche.

🛏🛏🛏🛏 **Antonios** – ☎ *26240 223 48 - 65 ch.* Grand établissement moderne construit au milieu des pins, à proximité du cimetière. Les chambres sont très confortables et la piscine agréable.

🛏🛏🛏🛏 **Europa- Best Western** – *Sur la colline qui domine Olympie, à 1 km -* ☎ *26240 226 5 - fax 26240 231 66 - www.bestwestern.com - 78 ch. et 2 suites -* ♿ - Le meilleur établissement de la ville, avec piscine, se perd au milieu d'un vaste parc boisé et offre depuis les chambres une très belle vue sur la vallée de l'Alphée. Une halte à la taverne de l'hôtel, sous les arbres, est conseillée.

AUX ALENTOURS

🛏 **Athina Hotel** – *Village de Kréstena à 15 km au sud d'Olympie -* ☎ *26250 231 50 - fax 26250 229 65 - athina_hotel@ yahoo.gr - 50 ch.* ♿ Cet hôtel-restaurant familial, dont une aile entière vient d'être rénovée, est situé à 5mn de la plage et des thermes de Kaïáfas. Calme, piscine et accueil chaleureux. Ouvert toute l'année.

Se restaurer

MIRAKAS

À 2 km d'Olympie, dépassez le site historique et prenez la première route à gauche.

🍽 **Taverne Drossia** – ☎ *26240 223 11.* Bonne adresse pour des plats traditionnels et très savoureux. Décor en pierres apparentes.

🍽 **Bacchus** – ☎ *26240 224 98.* Cette taverne de village propose une cuisine locale agréable. Essayez les beignets d'aubergines, la saucisse *(loukaniko)* ou les brochettes cuites à point. L'endroit est cependant devenu très touristique.

KOSKINA

En direction de Pýrgos, à droite après la station essence, à 700 m.

🍽 **Taverna Klimataria** – ☎ *26240 221 65/233 25 (privé) - www. tavernaklimataria.gr.* La taverne de Georges et Glota est accueillante et recommandée par les Olympiens eux-mêmes pour sa cuisine traditionnelle issue des produits de la ferme : beignets, purée à l'ail et sardines grillées… Une très bonne adresse.

Achats

Boutique du Musée archéologique – *À l'extérieur du musée -* ☎ *26240 291 40 - tlj sf lun.10h-16h30.* Elle propose des copies de qualité inspirées de l'art grec ancien et byzantin. Belles pièces en bronze, argent, etc.

Galerie Orphée - librairie – *Au centre de la rue principale - Kondili -* ☎ *26240 234 63 - 8h30-22h30.* Apostolos Kosmopoulos vous invite à venir flâner dans son havre de paix littéraire. Livres en français choisis avec soin sur la Grèce antique et contemporaine.

L'Argolio, artisanat d'art – *Tout près de la Galerie Orphée -* ☎ *26240 228 86/224 97 (privé) - fax 26240 290 35 - de mi-mars à déb. nov. : tlj 9h-22h30 .* Dimitri et Franca y proposent un large choix de bijoux en argent, céramiques, figurines en bronze, icônes.

Antichi Sapori – *Jouxtant le précédent.* Sélection de produits naturels et biologiques : huiles d'olive, condiments, miel, savons et produits à base de résine de mastic.

Párga★★

Pærga

2 171 HABITANTS
CARTE GÉNÉRALE RABAT I A2 – ÉPIRE – PRÉVEZA

Les bois de pins, d'oliviers, d'agrumes tapissant les pentes de la côte épirote forment un cadre verdoyant à Párga, qui occupe un site unique au pied d'un promontoire que bordent une double crique fermée par des îlots rocheux et une vaste plage de sable, doucement incurvée. C'est une base idéale pour alterner visites culturelles des sites à proximité et plaisir de la plage et des bains de mer.

▶ **Se repérer** – À 141 km au sud-ouest de Ioánnina et à 78 km au nord-ouest d'Árta.

👁 **À ne pas manquer** – Flâner dans les rues de Párga, visiter les sites alentour.

🕐 **Organiser son temps** – Comptez deux à trois jours de visite.

🎒 **Pour poursuivre le voyage** – Corfou, Ioánnina, Leucade.

Sur la côte ionienne, non loin de Párga, les beaux vestiges de la cité romaine de Nikopolis.

Découvrir

Escale abritée pour le cabotage et la plaisance (excursions organisées en saison vers l'île de **Paxos**) Párga fut, du 15ᵉ s. jusqu'à 1797, possession des Vénitiens qui la nommaient « Le Gominezze » (« Les Ancrages »). Vendue par les Anglais à Ali Pacha en 1817 *(voir Ioánnina p. 218)*, elle ne revint aux Grecs qu'en 1913.

Citadelle vénitienne

Bâtie à la fin du 16ᵉ s. et modifiée par la suite, elle couronne une presqu'île rocheuse, envahie d'une végétation arborescente d'agrumes, de cyprès et de pins au travers desquels se découpent des **vues★★** variées sur Párga, ses anses et ses îlots : on distingue l'îlot de la Panagia marqué par deux chapelles et un fortin construit par les Français en 1808. Les Souliotes trouvèrent plusieurs fois refuge dans la citadelle lors de leurs luttes contre Ali Pacha.

Circuits de découverte

Ce circuit qui suit le littoral de Párga à Vónista peut être réalisé en une bonne journée.

LA CÔTE IONIENNE

Sanctuaire d'Efyras★ (Nekromanteío Efýras)

Près du village de Mesopótamo, à 20 km environ au sud de Párga à l'est de la E 55 - 📞 *26840 412 06 - tlj 8h-15h - 2 €.*

Un sanctuaire de l'Oracle des morts (Nekromanteio) subsiste au confluent de l'**Achéron**, l'antique « fleuve des Enfers », et du Cocyte, alimenté par les larmes s morts sans sépulture condamnés à errer sans fin sur ses rives. L'estuaire de Achéron fut peu à peu comblé et drainé pour former l'actuelle **plaine de Fanari**, uée à la culture du maïs, du riz et à l'élevage des buffles.

ans l'Antiquité, l'Achéron, issu de gorges sauvages, s'épandait en une lagune accessible et mystérieuse, le lac d'Acheroussia. Les Anciens racontaient que s ombres des morts devaient franchir ces marais pour gagner le royaume fernal d'Hadès et de son épouse Perséphone. Les autres, ayant donné à Cha- n la pièce de monnaie rituelle, embarquaient sur la barque que le farouche cher conduisait dans les gorges sinistres menant aux entrailles de la terre, ardées par Cerbère, le chien féroce à plusieurs têtes. Deux vivants seulement ussirent à pénétrer au Royaume des morts, Héraklès (Hercule) et Orphée qui arvint, grâce à sa lyre, à arracher la nymphe Eurydice aux divinités infernales, ais la perdit à nouveau pour l'avoir regardée avant d'être sorti des Enfers. haron, symbolisant la Mort, apparaît souvent dans les chants traditionnels e la Grèce moderne.

anctuaire★ – À proximité de l'Achéron et de l'ancien lac d'Acheroussia, une chapelle uronnant une butte rocheuse signale l'emplacement du Nekromanteion, consacré Hadès et à Perséphone, à l'entrée des Enfers. Les Anciens venaient y consulter les prits des morts par le truchement d'un oracle.

es vestiges actuellement visibles sont hellénistiques (3e s. av. J.-C.), mais le ekromanteion existait déjà à l'époque mycénienne. Le site fut entièrement étruit par les Romains. Entièrement clos, les soubassements de l'enceinte encore sibles, présentent un bel appareil polygonal. Par une série de galeries et de ièces, et après avoir franchi le labyrinthe sacré et les trois portes de l'Enfer, on boutissait au sanctuaire proprement dit, vaste salle où, dans les vapeurs de oufre, les prêtres rendaient les oracles aux pèlerins, soumis préalablement à es rites propitiatoires et à des drogues hallucinogènes. La crypte, où se tenait oracle, passait pour communiquer avec le séjour d'Hadès. Des éléments de ce ui semble avoir été une machinerie, semblable à celle utilisée dans les théâtres, aissent supposer la possibilité d'une « mise en scène » qui, nul doute, devait npressionner les pèlerins.

es objets trouvés au cours des fouilles sont exposés au musée de Ioánnina *(voir ce om p. 220)*.

Le pays souliote

L'Achéron traverse une région montagneuse, sauvage et désolée, où se réfugièrent au 15e s. des chrétiens chassés par les Turcs, les Souliotes, d'origine albanaise et ainsi nommés du nom de leur petite capitale, **Souli**, perchée sur un piton à l'extrémité des gorges de l'Achéron.
Peu nombreux (5 000 environ), mais braves et indomptables, les Souliotes, divisés en clans et retirés dans leurs nids d'aigle fortifiés, réussirent longtemps à préserver leur autonomie. Les troupes d'Ali Pacha réussirent à les décimer à Nikopolis et, en 1803, à Zálongo, mais sans pouvoir les anéantir : ils se soulevèrent à nouveau contre les Turcs en 1820-1823, participant à la défense de Mesolóngi, sous les ordres d'un des leurs, le fameux Botzaris. De nos jours, les Souliotes sont dispersés ; beaucoup d'entre eux vivent à Leucade, Céphalonie et Naupacte.

assópi★

54 km au sud-est de Párga par la route côtière.

uis de la route Préveza-Igoumenítsa par l'intérieur se détache une petite route qui ravit les pentes du mont Zálongo. Celle-ci offre des échappées sur les colossales ffigies sculptées des « femmes souliotes ». *À 6 km environ, dans un virage, chemin à auche conduisant aux ruines.*

ondée au 4e s. av. J.-C. et détruite par les Romains, Kassópi occupe à flanc de monta- ne une terrasse d'où l'on découvre des vues étendues sur Préveza, le golfe d'Árta et usqu'à Leucade. Les fouilles ont dégagé l'agora ainsi que les vestiges d'un portique, 'un odéon et d'un bâtiment carré, s'ordonnant autour d'une cour à péristyle, qui erait un prytanée (siège des magistrats). Plus loin, on reconnaît l'emplacement du héâtre.

Monastère de Zálongo

À 4 km au nord de Kassópi.

Dans ce monastère se réfugièrent en 1803 les Souliotes pourchassés par les troupe d'Ali Pacha : pour échapper au déshonneur, soixante femmes grimpèrent alors s la falaise dominant le couvent, exécutèrent leur danse nationale et se jetèrent av leurs enfants dans le précipice ; d'imposantes effigies de béton, érigées en 195 rappellent leur sacrifice.

Ruines de Nikopolis★ (Nikópoli)

À 7 km au nord de Préveza par la route de Ioánnina qui traverse le site antique - ☎ 268 413 36 - été : tlj 8h-17h30 (lun. 10h30-17h30) ; hiver : 8h-15h.

Importante cité romaine et byzantine fondée en 30 av. J.-C. par Octave après sa victoi d'Actium, Nikopolis fut, d'après la tradition, visitée en 64 par saint Paul et devint u actif foyer chrétien au sein duquel naquit le futur pape Éleuthère (2ᵉ s.). Les Bulgare la détruisirent au 11ᵉ s. En 1798, les troupes françaises et souliotes occupant Préveza y furent anéanties par les forces d'Ali Pacha, qui firent 1 200 prisonniers.

La **cité** comprend une enceinte extérieure, très ruinée, remontant à Auguste et un massive enceinte intérieure byzantine (6ᵉ s.) jalonnée de tours. Voir notamme le musée *(tlj 8h-15h – 3 €)* : lion, portraits romains ; les vestiges de la basilique c Doumetios (5ᵉ s., mosaïques) ; l'odéon d'Auguste, restauré, du haut duquel on décou vre une vue d'ensemble des ruines.

Les imposants vestiges de la **basilique d'Alkyson** *(à droite de la route en allant ve le théâtre, voir photo p. 300)* construite au 6ᵉ s. par l'évêque de ce nom était le plu beau monument de Nikopolis. Elle comprenait un atrium, un narthex et cinq nef admirer la porte à encadrement mouluré et les mosaïques.

Situé à flanc de coteau (à 1,5 km de la cité antique), le **théâtre** remonterait à l'époqu d'Auguste mais a pu être remanié à une époque plus tardive, comme en témoigne so appareil de brique. Sa scène est assez bien conservée et on distingue facilement courbe des gradins. Dans la partie supérieure subsistent des trous destinés à recevo les mâts supportant le velum protecteur du soleil.

Au nord du théâtre au-delà du village de **Smirtoula**, sur une éminence, fragmen du monument commémoratif de la victoire d'Actium, érigé par Auguste à l'endro même où était installé son camp.

Préveza

Fondée au 3ᵉ s. av. J.-C. par Pyrrhus, roi d'Épire, Préveza garde l'entrée du golfe d'Árt face au cap d'Aktio près duquel se déroula la fameuse bataille d'Actium (31 av. J.-C.) Octave, le futur empereur Auguste, y mit en déroute la flotte de son rival Antoine qu accompagné de Cléopâtre, la reine d'Égypte, parvint à s'enfuir et gagna Alexandri Aujourd'hui port et station balnéaire, Préveza offre au touriste sa plage, ses camping ses tavernes de poissons, à l'ombre des pins.

Vónitsa

À 17 km au sud-est par le bac et la route du golfe.

Du promontoire d'Aktio où s'élevait un temple dont les fouilles livrèrent deux kourc aujourd'hui au musée du Louvre, gagner Vónitsa. Cette petite ville ancienne es défendue par une citadelle vénitienne du 17ᵉ s. ; échappées sur la côte et le golf d'Árta.

ÁRTA

Depuis Párga, suivre la E 55 qui devient la E 951.

Forteresse de Rogous

15 km à l'ouest d'Árta, près du village de Néa Kerasous, sur la route de Préveza.

Au-dessus d'un méandre du fleuve Loúros surgit cette forteresse antique, impres sionnante par son ampleur et son état de conservation. Construite vers la fin d 5ᵉ s. av. J.-C. sur des fondations plus anciennes, elle fut en partie détruite par le Romains, puis restaurée par les Byzantins. Noter le bel appareil polygonal. En revanch dans la petite église, les fresques sont assez délitées.

Arta★

Petite ville, située à l'intérieur d'une boucle du fleuve Árachthos, que commande un citadelle bâtie au 13ᵉ s. sur des fondations antiques, Árta pourrait passer inaperçue Ce serait dommage car, capitale des despotes d'Épire, elle recèle de magnifique éléments d'architecture byzantine.

Connue dans l'Antiquité sous le nom d'Ambracie, Árta fut fondée par Corinth au 7ᵉ s. Ce fut une cité florissante que Pyrrhus, roi d'Épire au 3ᵉ s. av. J.-C., et le despotes de la dynastie Ange-Comnène aux 13ᵉ-14ᵉ s. choisirent comme capitale : Anne Ange-Comnène y épousa en 1259 Guillaume de Villehardouin *(voir Kalamata p.226)*. De nos jours, la ville est surtout un marché pour les agrumes, mais aussi un centre artisanal : broderies et *flokatia*.

Panagia Parigoritissa★ *– Près de la place Skoufa - tlj sf lun. 8h30-15h - 2 €.* La grande église de la Vierge Consolatrice, couverte de six dômes, a été élevée à la fin du 13ᵉ s. par Anne Paléologue, épouse du despote Nicéphore Iᵉʳ. Son plan est inspiré de celui des sanctuaires de Constantinople.

À l'extérieur, elle apparaît sous l'aspect d'un édifice massif à plan carré. Son appareil de pierre et de brique est très élégant.

À l'intérieur, entouré de tribunes réservées aux femmes, remarquer la curieuse élévation de la coupole centrale soutenue par trois étages de colonnes (certaines sont antiques) en encorbellement. La base de cette coupole comporte des trompes selon une formule qu'on retrouve seulement à l'église des Saints-Théodore de Mystras. Les mosaïques (Christ Pantokrator, prophètes) sont contemporaines de la construction, de même que les originales sculptures de facture italienne qui ornent les arcs de voûtes, ainsi que les bases et les chapiteaux des colonnes du 3ᵉ étage.

L'ancien réfectoire du monastère abrite une **collection archéologique** qui comprend des stèles et des objets funéraires des cimetières de l'antique Ambracie, ainsi que des objets mis au jour dans la cité (amphores, sculptures…) et dans ses environs.

Église Agia Théodora *– Au nord-ouest de la rue principale, en allant vers la citadelle - tlj 7h-13h, 17h-20h.* Agia Theodora est l'église d'un couvent disparu, où se retira, au 13ᵉ s., Théodora, femme de Michel II, despote d'Épire. À gauche en entrant, la tombe de Théodora, érigée par son fils Nicéphore Iᵉʳ, a été reconstituée avec les éléments retrouvés au 19ᵉ s. Les volumineux chapiteaux du chœur proviendraient des premières églises chrétiennes de Nikopolis *(voir Préveza p. 302)*.

H. Champollion / MICHELIN

Le fameux pont en dos d'âne d'Árta qui enjambe l'Árachthos.

Pont★ (Gefyra)

Franchissant l'Árachthos à la lisière d'Árta *(route de Ioánnina)*, ce célèbre pont du 17ᵉ s. en dos d'âne a inspiré plusieurs légendes, dont l'une rapporte que l'architecte aurait utilisé le corps de sa femme pour assurer les fondations de l'ouvrage. Admirez la courbure élégante des grandes arches alternant avec d'autres, plus petites, qui facilitaient l'écoulement des eaux en période de crue.

Monastère des Vlachernes (Vlachérna)

À 3 km au nord-est d'Árta. Demander la clé au kiosque sur la place.

Dans un site agreste au sommet d'une colline, le monastère Vlachérna présente une église bâtie sur plan basilical au 13ᵉ s. et couverte par une grande coupole octogonale. L'édifice conserve une partie de son décor : pavements et gracieux bas-reliefs en marbre, dont l'un figure l'archange Mikhaïl ; très belles **fresques** malheureusement bien endommagées par l'humidité, et deux tombeaux de marbre qu'on pense être ceux du despote Michel II et de ses fils.

Párga pratique

Informations utiles

⧉ *Pl. V. Vassilia, dans la mairie -* ℘ *26840 321 07 - www.parga.gr.*

Autorités portuaires – *Sur les quais, à droite du débarcadère -* ℘ *26840 312 27.*

Police – *Odos Alexandrou Baga, près du terminal -* ℘ *26840 312 22.*

Banques – Banque nationale de Grèce - *odos Spirou Livada. Distributeur.*

Santé – Centre de santé - ℘ *26840 312 33.*

Poste/téléphone – *Odos Alexandrou Baga, la principale qui remonte du port.* **OTE** – *Odos Spirou Livada, à l'angle de Odos Alexandrou Baga, en face de l'église.*

PRÉVEZA

⧉ EOT – *Odos Balkou, bât. neuf de la ville -* ℘ *26820 210 78 - été : 9h-13h, 18h-21h.*

Transports

En bus – *À l'entrée de la ville, odos Spirou Livada -* ℘ *26840 312 18.* Pour **Igoumenítsa** : 4 bus/j, pour **Préveza** : 5/j, pour **Ioánnina** : se rendre d'abord à Préveza, 5/j, pour **Athènes :** 3/j.

En bateau – Bateau pour **Paxos** : mar., vend. et w.-end. 9h30, retour 16h.

PRÉVEZA

En avion – Aéroport de l'autre côté du détroit - *à Aktio, à 7 km au sud -* ℘ *26820 223 55.* Pour **Athènes** 1 vol/j en été et 5 vols/sem. en hiver.

Se loger

PÁRGA

⊝⊜⊜ Paradise – *30 odos Spirou Livada -* ℘ *26840 312 29 - www.paradise-palatino. com - 16 ch.* Bel hôtel à deux étages avec des chambres agréables disposant d'un balcon. À l'arrière, une terrasse et une piscine ensoleillées. Très bonne adresse.

⊝⊜ San Nectarios – *2 odos Ag. Marinas, à l'entrée de la ville -* ℘ *26840 311 50 - www.san-nectarios.gr - 19 ch.* Hôtel de deux étages avec des chambres simples et correctes, d'un bon rapport qualité-prix. Pas de petit-déjeuner.

⊝⊜⊜ Achilleas – *Plage de Piso Krioneri -* ℘ *26840 316 00 - www.hotelachilleas.gr - 33 ch - mai-oct.* Les chambres, confortables, encadrent une cour intérieure. L'hôtel dispose d'un accès direct à la crique de Krioneri et possède un bar très agréable au sommet du

promontoire. Tarif en fonction de la vue, montagne ou mer.

⊝⊜⊜ Acropol – *4 pl. Agios Apostolon -* ℘ *26840 312 39 - zigourisco@otenet.gr - 10 ch.* Le plus vieil hôtel de la ville, selon le patron. Toutes les chambres ont un jacuzzi. Petit-déjeuner en sus (5 €).

PRÉVEZA

⊝ Avra – *9 odos El. Venizelou -* ℘ *26820 212 30 - hotelavra@yahoo.com - 28 ch.* Hôtel confortable, installé dans un immeuble blanc de trois étages. Vue superbe sur le golfe. Bon accueil. Petit-déjeuner en sus (5 €).

⊝ Minos – *11 odos 28 Oktovriou -* ℘ *26820 284 24 - katda@otenet.gr - 23 ch.* Chambres simples et propres, avec un petit balcon. Un bon rapport qualité-prix, même si l'accueil s'avère un peu rustique. Petit-déjeuner en sus (6 €).

ÁRTA

⊝ Cronos – *Pl. Kilkis -* ℘ *26810 222 11 - 55 ch.* Chambres confortables, climatisées, dans cet établissement bien placé pour visiter Árta. Petit-déjeuner en sus (6 €)

Se restaurer

PÁRGA

⊝ Dionysos – *Front de mer.* Taverne sans prétention mais qui sert du poisson frais. Superbe vue du premier étage.

⊝⊜ Castello – *Dans l'hôtel Acropol (ci-dessus). Mai-oct.* Restaurant très couru, souvent complet, où l'on sert une bonne cuisine grecque, italienne ou française. Grand choix de vins. Réservez.

PRÉVEZA

⊝ Ambrosios – *Odos Grigoriou, angle odos N. Lappa.* Cette taverne, l'une des plus anciennes de Préveza, sert une cuisine simple mais bonne, qui attire la foule. Dégustez-y un poisson arrosé de vin blanc, à l'ombre de la treille.

Sports et Loisirs

Excursions – Outre les navettes pour les **plages** de Sarakiniko et Lichnos, certains bateaux effectuent une excursion à **Paxos** et **Antipaxos**. Vous pouvez aussi opter pour une balade en bateau à la **grotte d'Aphrodite**. Des agences proposent une excursion en bus au **Nekromanteion d'Efýras**.

Pátra

Pætra

160 400 HABITANTS
CARTE GÉNÉRALE RABAT II A1 – PÉLOPONNÈSE – ACHAÏE

Troisième ville de Grèce, capitale du Péloponnèse et de la région de l'Achaïe, Pátra a été rebâtie selon un plan géométrique après que les Turcs l'eurent incendiée en 1821. Peu connue parce que ville de passage, Pátra est pourtant le principal port de la côte ionienne, un centre industriel, commercial et universitaire dynamique, choisi comme « capitale européenne de la Culture » en 2006. Elle se découvrira à travers ses rues à arcades, ses places ombragées, sa vieille ville, son môle portuaire et ses nombreux cafés qui s'animent en fin de journée. Depuis 2004, elle est reliée à la Grèce continentale par un spectaculaire pont suspendu.

- **Se repérer** – À 133 km au nord-ouest de Corinthe et à 22 km au sud de Naupacte. Pátra est desservie par la E 65, par les bateaux qui viennent d'Italie et par un aéroport où atterrissent de nombreux charters.

- **Se garer** – Les places sont peu nombreuses. Un parking se trouve sur l'Odos Ag. Andreou, près des sociétés de location de voitures.

- **À ne pas manquer** – La vue depuis le château médiéval et son jardin, l'odéon romain et les ruelles alentour.

- **Organiser son temps** – Une demi-journée pour visiter et se perdre dans les ruelles fleuries de la vieille ville. En soirée, goûter l'ambiance des rues piétonnes et de la promenade plantée remontant vers l'odéon romain.

- **Avec les enfants** – Découvrez les gorges du Vouraïkos à bord du petit train à crémaillère.

- **Pour poursuivre le voyage** – Chlemoútsi, Delphes, Mycènes, Naupacte, Olympie.

Près de Pátra, le plus long pont suspendu du monde.

Comprendre

Une métropole religieuse – D'après la tradition, Pátra fut évangélisée sous le règne de Néron, par l'apôtre André qui y subit le martyre par crucifixion sur une croix en X, dite depuis « croix de Saint-André ». Très vite, son tombeau devint l'objet de pèlerinages et ses reliques furent disputées : au 4ᵉ s. certaines furent emportées à Constantinople, tandis que d'autres étaient emmenées en Écosse, à St-Andrews. Mais le « chef » resta à Pátra, où, en 805, une apparition miraculeuse de l'apôtre mit en fuite les bandes slaves qui attaquaient la ville.

Avec l'occupation franque au 13ᵉ s., Pátra devient le siège d'un archevêché latin qui exerce sa juridiction sur tout le Péloponnèse. À partir de 1408, Pátra passe sous contrôle vénitien et l'archevêque Pandolfo Malatesta préside à l'achèvement de sa cathédrale, en 1426. De 1429 à 1460 pourtant, la ville est aux mains des Paléologues, despotes de Mystrás, et lorsque les Turcs s'en emparent, Thomas Paléologue emporte à Rome la tête de saint André. Rentré dans le giron de l'orthodoxie, l'archevêché de Pátra sera illustré par le métropolite Germanos qui, en 1821, au monastère d'Agia Lávra donnera le signal de la révolte contre les Turcs : ceux-ci se vengeront en mettant le feu à la ville, reconstruite quelques années plus tard sous le gouvernement de Capo d'Istria.

Visiter

Acropole **(Akrópoli)**

Tlj sf lun. 8h-19h30 - gratuit.

À l'emplacement des ruines de l'acropole antique, les Byzantins élevèrent au début du 9e s. une forteresse, englobant deux églises, successivement agrandie et remaniée par les Francs (courtines est et sud), les Vénitiens et les Turcs.

Au point le plus haut, dans un joli parc *(auquel on accède par odos Ag. Nikolaou),* s'élève le **château médiéval** (Kastro), défendu par des tours et par un donjon carré encore muni d'une partie de sa « chemise », mur de protection rapprochée. La section inférieure de l'enceinte est aussi renforcée par des tours et un bastion rond du 17e s. d'où l'on découvre une belle **vue★** (du haut des 193 marches…), sur Pátra et son golfe jusqu'à Zante et Céphalonie ainsi que sur la plaine d'Achaïe.

Ágios Andréas

Au bout de l'odos Ag. Andreou.

L'**église St-André-la-Neuve,** de style néobyzantin, a été achevée en 1979. C'est la plus grande église orthodoxe des Balkans et le siège d'un important pèlerinage à saint André. À l'intérieur, après avoir admiré les grandes icônes de saint André et de la Vierge « fontaine de vie », au bas de la nef, puis un impressionnant lustre de bois sculpté, gagner l'extrémité du bas-côté où sont exposées les reliques de saint André :

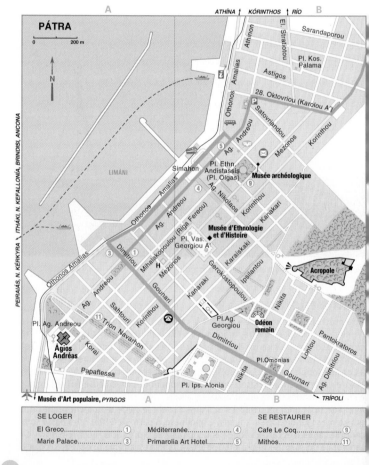

SE LOGER		SE RESTAURER	
El Greco ①	Méditerranée ④	Cafe Le Coq ⑨	
Marie Palace ③	Primarolia Art Hotel ⑤	Mithos ⑪	

châsse d'or ciselé contenant la tête du saint, vénérée à St-Pierre de Rome depuis 1462, et rendu à Pátra en 1964 par le pape Paul VI ; reliquaire de la croix de St-André, abrité depuis le 13ᵉ s. dans la crypte de St-Victor de Marseille et rapporté à Pátra en 1980.

Odéon romain (Odío)

Odos Germanou et Sotiriadou - tlj sf lun. 8h-19h30 - gratuit.
L'odéon romain (2ᵉ s. apr. J.-C.) fut, à partir du 3ᵉ s., enfoui sous un cimetière jusqu'à sa découverte en 1889. Sa restauration en 1952 permet aujourd'hui d'y accueillir 2 000 spectateurs au cours des manifestations culturelles qui s'y déroulent en été. Autour sont exposés quelques vestiges, dont des sarcophages et des mosaïques.

Musée archéologique (Arheologikó Moussío)

42 odos Mezonos - ℰ 26102 750 70/208 29 - tlj sf lun. 8h30-15h - gratuit.
Ses deux salles rassemblent les produits de fouilles effectuées dans la région. On peut admirer entre autres de jolis vases en céramique de différentes périodes, une belle collection d'armes provenant d'une tombe, des oiseaux en verre et des pièces d'orfèvrerie, notamment des bijoux en or trouvés dans une tombe d'Agii Saranda. On y verra aussi, outre des sculptures de la période romaine, de belles mosaïques provenant d'une villa romaine.

Musée d'Ethnologie et d'Histoire (Ethnologikó kai Istorikó Moussío)

Square King George - ℰ 26102 749 62 - tlj sf lun. et vend. 11h-13h - gratuit.
Le musée expose une petite collection d'objets représentatifs de la période allant de la révolution de 1821 aux guerres balkaniques de 1913 : vêtements de héros, armes, quelques gravures, portraits de combattants, ainsi que des livres de la période 1770-1824.

Musée d'Art populaire (Moussi Laïkis Tehnis)

Sur la route de Pýrgos, 110 Korytsas et Mavrokordatou - ℰ 26103 347 13 - lun.-vend. 10h30-13h - gratuit. Il présente une intéressante collection de costumes populaires du 18ᵉ s., icônes, armes, etc.

Aux alentours

Río

À 7 km au nord-est de Pátra. On y prendra Charilaos Trikoupis, le pont suspendu le plus long au monde (2,3 km) - 10,50 € le passage. Nombreuses plages aux environs.
À la pointe du cap, le **château de Morée,** auquel répond, au nord, le château de Roumélie, commande les « Petites Dardanelles », passage de 2 km de large entre les golfes de Pátra et de Corinthe. À la forteresse édifiée par le sultan Bajazet II en 1499 et détruite par les chevaliers de Malte succéda au début du 18ᵉ s. le château actuel bâti par les Vénitiens et renforcé par les Turcs : en 1828, le corps expéditionnaire français de Morée l'arracha aux troupes d'Ibrahim Pacha, après un siège de trois semaines. Établi sur plan triangulaire et entouré de douves, le château, qui servit de prison, comprend d'énormes casemates, et, au nord, un bastion d'où se dégage une belle vue sur le détroit et les deux golfes.

Domaine viticole d'Achaïa Klauss

À 8 km au sud-est en passant par Mavromandila (téléphoner avant de s'y rendre au ℰ 26103 681 00). Caves ouvertes jusqu'à 22h.
Le domaine planté par le Bavarois Gustave Klauss en 1861 appartient depuis 1920 à la famille Antonopoulos. Les beaux bâtiments de pierre de taille sont construits dans un style traditionnel ; admirez la belle architecture des tours. On peut y voir le bureau du fondateur, de vieilles photos, des recettes d'élaboration du mavrodaphni (vin qui reçut ce nom en mémoire de la fiancée de Klauss, décédée très jeune), ainsi que les nombreux prix obtenus pour la qualité des produits. La visite guidée *(ttes les heures de 11h à 16h)* explore les vieilles caves de la distillerie et les anciens entrepôts, où le « cellier impérial » montre ses vieux tonneaux en bois sculpté qui contiennent encore du mavrodaphni produit en 1873.

Cap Áraxos

À 45 km. Quitter Pátra par le sud et emprunter la route côtière par Kato Achaïa.
Après Kato Achaïa, on découvre une région fertile, essentiellement agricole, parsemée de marais accueillant une riche avifaune aquatique. Le long de la côte s'allongent de belles plages de sable doré propices à la baignade, telle celle de **Kalogriá**. Après Áraxos, près du village de Kalogriá, se profilent sur une colline (pancarte) les vestiges du **mur des Dyméens**, ou Kastro tis Kalogrias, une construction cyclopéenne de la période mycénienne qui faisait 200 m de long, 50 de large et 10 de haut et qui

constitua à la période hellénistique une partie des fortifications de l'ancienne Dymi, cité qui s'élevait près de Kato Achaïa.

Chalandrítsa

À 20 km au sud par la route d'Agia Triada, puis celle de Kalávryta à gauche.

Occupant un site agreste, au-dessus de la plaine littorale d'Achaïe, Chalandrítsa fut, au temps de la domination franque, une ville importante, siège d'une baronnie dont le premier seigneur fut Robert de La Trémoille. De cette époque subsistent, dans le centre de la localité, une grosse tour carrée laissée à l'abandon et plusieurs églises gothiques à chevet plat et voûte d'ogives, dont la plus caractéristique est St-Athanase.

À partir de là, on peut rejoindre Kalávryta au sud-est : faire environ 40 km puis, un peu avant le village de Gounerissa, prendre à droite à la bifurcation pour Kalávryta, à environ 10 km, autre point de départ pour le circuit autour des gorges du Vouraïkos.

Circuit de découverte

Compter une journée entière pour l'ensemble du circuit d'Aígio à la Grotte aux lacs, avec étape à Diakoftó ou à Kalávryta ou alentour.

Aígio

À 39 km à l'est de Pátra par l'autoroute E 65.

Petite station balnéaire située sur la rive sud du golfe de Corinthe, Aigio, l'ancienne Egion qui connut son apogée vers 1200 av. J.-C., constitue une halte agréable et est une voie d'accès aux spectaculaires gorges du Vouraïkos.

Musée archéologique (Arheologikó Moussío) – *℘ 26910 215 17 - tlj sf lun. 8h30-15h, merc. jusqu'à 21h en hiver, 23h en été - 2 €.* Installé dans un marché couvert du 19e s., il présente des œuvres découvertes lors des fouilles effectuées dans la région de l'ancienne Aigialia. Les objets sont agréablement exposés en sections correspondant aux différentes périodes de l'histoire grecque. Admirez les beaux vases en terre cuite – dont une coupe de fruits –, les outils en pierre, les bijoux en or, ainsi que la pièce maîtresse de ce petit musée, la statue en marbre de Zeus Aigiochos (1er s.), découverte à Aígio en 1970.

Musée du Folklore et d'Histoire (Laografikó kai Istorikó Moussío) – *℘ 26910 621 06/233 77.* Ce musée a ouvert ses portes en 1998, en partie grâce aux dons de particuliers. La section folklorique expose des ustensiles à usage domestique, des meubles, des costumes, des outils agricoles, des articles de la vie rurale et pastorale, et un métier à tisser. La section historique présente par ordre chronologique (de l'occupation turque à 1950) des armes, des costumes, des bijoux, des pièces de monnaie, des peintures, des photos.

Églises – Aígio est pourvue de quelques églises intéressantes, telles l'église métropolite de Fanéromenis (Kimissis), édifiée au 19e s. sur les plans de l'architecte allemand Ernst Ziller, et l'église de la Panagia Tripiti (Zoodochou Pigis), à l'extérieur de la ville qui présente la particularité d'être bâtie dans le rocher (belle décoration en bois sculpté).

Le petit train à crémaillère qui sillonne les gorges du Vouraïkos.

Gorges du Vouraïkos★★ (Farangi Vouraïkou)

Les gorges peuvent être atteintes soit par le train à partir du village de Diakoftó (14 km à l'est d'Aígio en longeant la côte par la voie rapide), soit par une jolie route que l'on prend à Trápeza (19 km à l'est d'Aígio et juste après Diakoftó) et qui mène à Kalávryta (31 km).

Descendu du massif de l'Aroánia, qui culmine à 2 340 m, le Vouraïkos, long d'une cinquantaine de kilomètres, a creusé dans la roche calcaire des gorges fantastiques, étroites et sombres, que parcourt un pittoresque **petit train à crémaillère**.

👥 Réalisation de la fin du siècle dernier, le chemin de fer Decauville à voie étroite Diakoftó-Kalávryta, long de 22,300 km, constitue un ouvrage d'art particu-lièrement audacieux par son tracé vertigineux, tout en tunnels, passages en surplombs, passerelles et viaducs, avec un certain nombre de tronçons à crémaillère sur les pentes dépassant 7 %. Depuis 1962, des motrices Diesel ont remplacé les anciennes locomotives à vapeur datant de 1900, qui ne dépas-saient pas la vitesse de 35 km/h.

> ## Le petit train à crémaillère
>
> 4 trains par jour, sans compter les trains supplémentaires en été, partent de la gare de Diakoftó pour monter à Zachlo-roú et Kalávryta, en 1h05. Arrivez 15mn avant le départ pour avoir une place assise, de préférence juste derrière le conducteur. Achetez à l'avance votre billet AR, et vérifiez bien l'horaire du retour.

Partant de la gare du joli bourg de **Diakoftó**, au milieu des citronniers et des orangers, le chemin de fer traverse les premiers contreforts du massif plantés de vignes et de vergers (cerises renommées), avant de s'engager dans les gorges du Vouraïkos qu'écrasent des falaises verticales, trouées de cavernes. La voie passe d'un versant à l'autre, survolant le torrent tumultueux dont on aperçoit l'eau verte en contrebas, bouillonnant entre les blocs de pierre. Par places, la roche brute s'éclaire des taches colorées que composent chênes, platanes et lauriers-roses disposés en bouquets.

Zachloroú

À 26 km de Diakoftó.

Le site occupe une plate-forme dominant un étroit bassin. Particulièrement char-mante, la petite gare se dissimule au sein de la verdure, entre le rocher et le torrent (restaurants, petit hôtel).

🚶 De là, il est possible de monter à pied *(3 km et 2h AR)* par un sentier abrupt en lacet (belles vues vers Kalávryta) jusqu'au monastère du Méga Spílaio, également accessible par la route. Le petit train poursuit son chemin vers Kalávryta (il ne s'arrête pas au monastère).

Monastère de Méga Spílaio★

À 22 km de Diakoftó. Fermé entre 13h et 14h.

Siège d'un pèlerinage fréquenté, le monastère de Méga Spílaio (« grande grotte »), situé à 924 m d'altitude, apparaît accroché à une paroi lisse au pied d'une falaise dénudée, dans un **site★★** sauvage, embrassant le paysage grandiose de la vallée du Vouraïkos. Fondé au 8e s. par les ermites Siméon et Théodore, le monastère atteignit son apogée au Moyen Âge, sous les Paléologues, despotes de Mystrás, qui y firent des séjours. Les bâtiments conventuels, incendiés en 1943 par les Allemands, ont été reconstruits dans un style qui n'est pas unanimement apprécié. L'église, du 17e s., est aménagée dans la « grande grotte » ; elle a conservé une belle porte de cuivre repoussé (début 19e s.) à la base de laquelle est représenté le prophète Jessé en dessous de deux scènes de la légende de l'Icône, des effigies d'archanges et une Vierge à l'Enfant ; une niche abrite l'icône miraculeuse, trouvée par la bergère Euphrosyne et attribuée à saint Luc.

Un petit **musée** *(même horaire que le monastère)* présente une collection d'ornements liturgiques, des objets de culte, des croix sculptées, des manuscrits, des livres anciens et des icônes. Le trésor compte des reliquaires, des icônes et des manuscrits byzan-tins, dont certains datent du 9e s. On visite aussi le réfectoire des hôtes et les pièces communes (boulangerie, cellier…).

Kalávryta

Cette agréable station est située au cœur d'une région montagneuse boisée avec des sommets dépassant parfois 2 000 m. Kalávryta est reliée à la côte d'Achaïe par un célèbre petit train à crémaillère et une spectaculaire route panoramique *(voir*

Gorges du Vouraïkos ci-dessus). Il est possible également de venir d'Aígio en prenant la route nationale qui part de Selinoudas, un village à quelques km au sud d'Aígio. Pendant environ 30 km, cette route magnifique, à flanc de montagne (il est conseillé de rouler prudemment), traverse de charmants villages et hameaux (notamment Ftéri, Farnelitika et enfin Gounerissa).

Château de la montagne
(Kastro tis Orias)

Quitter le village en direction du monastère d'Agia Lávra. Peu après la sortie, prendre à gauche une route en terre battue (signalisation) et monter à pied jusqu'à la forteresse, Kastro tis Orias (15mn).

Si l'on en croit la légende, c'est là que Catherine Paléologue, fille du baron de Chalandrítsa, se serait suicidée en 1463 pour échapper aux Turcs. Du kastro franc élevé sur la colline (1 200 m), il subsiste des murailles assez bien conservées et deux tours carrées. Belle vue sur les alentours.

Monastère d'Agía Lávra

À 7 km au sud-ouest de Kalávryta, traverser le village et prendre la direction de Pátra, 1re route à gauche - ☏ 26920 223 63 - 10h-13h, 15h-16h.

Fondé en 961, ce monastère isolé dans la montagne est célèbre : c'est ici, dans l'église conventuelle du 17e s., que le 25 mars 1821, l'archevêque de Pátra, Germanos, leva l'étendard de la révolte contre les Turcs. Les bâtiments (hôtellerie), incendiés par les Turcs en 1821, puis par les Allemands en 1943, abritent un intéressant **musée** : manuscrits, icônes, orfèvreries, souvenirs de l'Indépendance (le fameux étendard). Au-dessus du monastère, un chemin partant de la route, signalisé « Paleon Monastirion » conduit *(1/2h à pied/AR)* à l'ermitage primitif que les moines occupèrent jusqu'en 1689 : au pied du rocher, une chapelle décorée de peintures murales presque effacées. Une éminence voisine porte le monument de l'Indépendance.

Grotte aux lacs★★ (Spílaio Límnon)

À 16,5 km de Kalávryta. Quitter Kalávryta à l'est en direction de la station de ski, parcourir 7 km et prendre à droite vers Klitoria. Des taxis peuvent également vous y conduire depuis Kalávryta (station devant la gare, compter 12 € env.) - ☏ 26920 316 33 - www.kastriacave.gr - mai-sept. : tlj 9h-18h ; reste de l'année : tlj 9h30-16h30 (w.-end 9h-18h) - 8 € (TR 6 €).

Découverte en 1964, Spílaio Límnon fut explorée en 1981 et ouverte à la visite à la même époque. Une rivière souterraine a creusé dans le calcaire 1 980 m de galeries, formant des salles occupées par 13 lacs échelonnés sur trois niveaux.

On pénètre dans la grotte par une galerie artificielle donnant accès au deuxième niveau dans la salle dite des « chauves-souris ». On ne parcourt que 850 m dans la galerie, dont une partie est toujours en cours d'exploration, en empruntant des passerelles surélevées.

En été, la baisse de niveau de l'eau laisse apparaître les bassins que séparent des barrages naturels en dents de scie pouvant atteindre 4 m de haut. Se trouvent ainsi dévoilées des parois ornées de stalactites et stalagmites, de piliers multicolores en cascades se transformant au gré de l'imagination et à l'aide d'un éclairage artistique en silhouettes, en draperies curieuses, en animaux fantastiques…

La température demeure constante à 13-15 °C, la hauteur va jusqu'à 30 m, la largeur varie de 1 m à 20 m. L'époque d'utilisation intense de la grotte fut la période néolithique (4200-3000 av. J.-C.), au cours de laquelle elle servit d'habitat, de refuge, de dépôt (en témoigne le nombre de vases et de jarres brisés que l'on y a trouvé), de lieu de culte et de sépulture. Les fouilles effectuées au premier niveau *(fermé au public)* ont mis au jour des ossements d'animaux et des squelettes humains, ainsi que des écailles des périodes néolithique et protohélladique.

Pour les amateurs de promenades, en poursuivant vers Klitoria, la route traverse une magnifique **région★★** couverte de forêts de platanes et parcourue de ruisseaux à truites.

Quelques éléments d'histoire

De 1205 à 1230, Kalávryta fut une importante seigneurie franque dont le premier titulaire fut Othon de Tournai. Au début du 14e s., la cité appartint aux La Trémoille, barons de Chalandrítsa. Important foyer de la résistance pendant la Seconde Guerre mondiale, les Allemands détruisirent la ville et y massacrèrent 1 436 hommes, dont les noms figurent sur le Mémorial.

Pátra pratique

Informations utiles

🛈 Info Center sur le port – *6 Othonos Amalias -* 📞 *26104 617 40/41, fax 26104 617 91 - tlj 8h-22h.* Le personnel, sympathique et efficace, fournit cartes de la ville, listes des hôtels, des sites et des musées à visiter, à Pátra et aux alentours.

ﺙ *www.infocenterpatras.gr.* Site en anglais, très complet et *www.patras.gr.*

Transports

👁 La plupart des compagnies de transport se trouvent sur odos Othonos-Amalia, le long du port.

En avion – *Depuis Áraxos, à 38 km à l'Ouest de Pátra (isolé) -* 📞 *26930 511 60.*

En bateau – *Anek lines -* 📞 *26102 260 53.*

En train – *27 Othonos Amalia -* 📞 *26106 391 08 - consigne 1,8 €/j/bagage.*

En bus – *Station KTEL près de la porte 6 sur le port, sur Othonos Amalias (après Anek Line et près de l'Info Center) -* 📞 *26106 238 88.*

Taxi : *près de la station de bus - Radio Taxi Express -* 📞 *26104 500 00/183 00.*

En voiture – Toutes les sociétés de location sont à la hauteur du croisement de l'Odos 28-Oktovriou et de l'Odos Ag. Andreou.

En deux roues – « Dynamic Help » - *166 Ag. Andreou et Sahtouri -* 📞 *26103 331 11.* L'Info Center en loue également quelques-uns gratuitement.

Se loger

PÁTRA

👁 Vous trouverez toutes les coordonnées des hôtels, campings et chambres d'hôtes sur *www.infocenterpatras.gr.*

🍽 **Méditerranée** – *18 Ag. Nikolaos, tout près du port -* 📞 *26102 796 02 - fax 26102 233 27 - 95 ch.* Assez bruyant (il donne sur la rue piétonne), propre, mais sans cachet, cet hôtel est central. Préférez le petit-déjeuner à l'extérieur… bien plus gai.

🍽 **EL Greco** – *145 Ag. Andreou -* 📞 *26102 729 31.* Propre à la décoration banale. Une alternative cependant.

🍽 **Marie Palace** – *6 Gounari -* 📞 *26103 313 02 - fax 26103 313 46 - www.mariepalace.gr.* Atmosphère agréable pour cet hôtel de bon goût. La salle de petit-déjeuner est claire et le buffet de qualité. Une bonne adresse.

🍽🍽🍽 **Primarolia Art Hotel** – *33 Othonos Amalia, sur le port -* 📞 *26106 249 00 - fax 26106 235 59 - www.arthotel.gr - 14 ch. et suites thématiques.* Le seul hôtel de luxe de la ville, savamment décoré d'œuvres d'artistes et designers grecs. Nombreux services proposés et restaurant de qualité.

DIAKOFTÓ

🍽 **Chris-Paul** – *Au centre du village -* 📞 *26910 417 15 - www. chrispaul-hotel.gr - 25 ch.* Bien situé, à 80 m de la gare, cet hôtel confortable, avec piscine est une bonne halte pour la nuit.

KALÁVRYTA

Maria – *À 300 m de la gare, dans la rue piétonne à droite de la place centrale -* 📞 *26920 222 96 - fax 26920 226 86 - 11 ch. 50 €* 🛏 Hôtel tranquille qui propose quelques chambres, au confort très simple, mais propres et agréables.

Se restaurer

PÁTRA

🍽 **Mithos** – *181 Riga Ferreou & Trion Navaron -* 📞 *26103 299 84 - fermé 3-20 août.* Fleurs fraîchement coupées, musique et photos composent le décor de ce restaurant logé dans une maison du 19e s. Les plats sont cuisinés avec talent par Elépheria et son personnel. Accueil chaleureux.

Faire une pause

À l'ombre des arbres autour du sq. 25-Martiou, près de l'ancien odéon (**Café Cinéma** en descendant les marches), et du sq. Vas. Olga Azzarga (**Café Le Coq**, pour manger sur le pouce).

En soirée

Les rues piétonnes sont très animées autour d'Agiou Nikolaou et de Mezonos où est installée toute une série de cafés à la mode (notamment le **Taj Mahal**) ; également autour du sq. du 25-Martiou.

Le bateau bar – 📞 *26103 398 48 ou 69723 358 45 (portable).* Grand voilier, illuminé le soir et amarré dans le port. Il propose une très jolie « croisière » de 35mn env. de 20h30 à 1h (5 €). Téléphoner dans la journée pour s'assurer du point d'amarrage le soir.

Achats

Cava Romanos – *5 Kolokotroni -* 📞 *26102 706 70 - tlj 9h30-15h, 18h30-22h30 (dim).* Cave à vins grecs. Polina parle français…

Événements

De la mi-janvier au mercredi des Cendres, le Karnavali est l'un des carnavals les plus célèbres de Grèce. Renseignements et historique : *www.carnivalpatras.gr.*

Le Festival international de Pátra, organisé de juil. à sept., a fêté ses 20 ans en 2006. Riche programmation (théâtre, musique, arts). Le **Festival international du théâtre d'ombres** a lieu quant à lui en septembre.

Renseignements auprès du **Service culturel de la municipalité de Pátra**, *17 A odos Papadiamadopoulou -* 📞 *26102 221 57 - fax 26102 265 67 - www. depap.gr .*

Massif du **Pélion** ★★

Óros Pílio – Ὄρος Πήλιο

CARTE GÉNÉRALE RABAT I B2 – THESSALIE – MAGNÉSIE.

Le massif du Pélion s'avance en promontoire dans la mer. Si son versant ouest présente une côte tranquille et calme sur le golfe Pagasétique, le versant oriental forme des falaises abruptes qui plongent dans la mer Égée. Tapissé d'une couverture forestière abondante et variée, c'est le paradis des randonneurs. Mais il offre également le charme de ses villages à l'habitat caractéristique et préservé, et ses nombreuses plages et criques sont autant d'invitations au plaisir du bain et du farniente. Enfin, le Pélion est une terre de légendes et de mythes qui ont fasciné auteurs antiques et modernes ; c'est la demeure des Centaures, notamment de Chiron, et le point de départ de Jason dans sa quête de la Toison d'or.

- ▷ **Se repérer** – Vólos est à 62 km au sud-ouest de Lárisa et de son aéroport, 216 km au sud de Thessalonique et 325 km au nord d'Athènes.

- 👁 **À ne pas manquer** – Le Musée archéologique de Vólos, les villages du Pélion et ses jolies criques.

- 🕐 **Organiser son temps** – Comptez trois jours pour sillonner la région en voiture. Attention aux routes étroites et sinueuses.

- 👣 **Pour poursuivre le voyage** – Eubée, Lárisa, mont Olympe, Sporades.

Les maisons basses de Vyzítsa avec leurs toits de lauzes.

Comprendre

Une belle nature – De nature schisteuse, le massif présente un relief marqué par des pentes abruptes et des ravins profonds. Il culmine au **mont Pélion** (1 551 m), se prolonge au nord vers le mont Ossa (1 978 m) et se recourbe au sud.
Son climat relativement humide a permis à une végétation dense de se développer, de type méditerranéen sur les premières pentes et montagnard en altitude. C'est ainsi qu'on rencontre l'olivier (olives réputées de Volos), le pin, des vergers d'arbres fruitiers (pommiers, cerisiers, pêchers…), le noyer et le noisetier, enfin les forêts de hêtres, de chênes et de châtaigniers au pied desquels croissent fougères et mousses.

Une architecture intéressante – L'habitat est éparpillé, le centre du village étant marqué par une vaste **platia** ombragée d'énormes platanes. Encore nombreuses, les maisons traditionnelles sont caractérisées par leur étage supérieur placé en encorbellement sur des consoles de bois, et par leurs toits à pans débordants que couvrent des lauzes. Les églises, larges et basses, à petites absidioles arrondies, diffèrent des églises orthodoxes habituelles par leur plan rectangulaire, leurs galeries extérieures et leur campanile.

La nature mystérieuse du massif, enfoui sous la végétation et de pénétration difficile, a favorisé la naissance de légendes.

Des origines mythologiques – C'est ainsi que les Anciens racontaient qu'au cours de la **Gigantomachie**, guerre entre les Dieux et les Géants, ces derniers, nés de Gaia et du sang d'Ouranos, avaient voulu défier l'Olympe en tentant d'entasser Pélion sur Ossa.

Dans ces profondeurs du massif aurait vécu le centaure **Chiron** qui joua un grand rôle dans la fable grecque. Ayant favorisé l'union de Pélée et de la Néréide Thétis, il instruisit leur fils **Achille**, futur héros de la guerre de Troie, où il trouva la mort après avoir été atteint au talon, seule partie vulnérable de son corps, par une flèche tirée par Pâris. Détenteur de nombreux secrets, Chiron assura aussi l'éducation d'**Asclépios**, auquel il enseigna l'usage des simples, et de **Jason** ; celui-ci utilisa le bois des arbres du Pélion pour construire le navire Argo qui allait conduire les 50 **Argonautes** en Colchide (mer Noire), où Jason devait, avec l'aide de la magicienne Médée, conquérir la Toison d'or.

Au fort de l'été, le Pélion constitue un îlot de tranquillité et de fraîcheur que beaucoup de citadins de Volos ou d'Athènes élisent pour leurs vacances ; en hiver, il offre aux skieurs ses pentes enneigées.

Découvrir

Vólos

Au fond de son vaste golfe (Pagassitikós Kólpos), Vólos a pour origine l'antique Iolkos. Victime des tremblements de terre, le dernier en 1955, la ville revêt aujourd'hui un aspect moderne avec ses rues tirées au cordeau que bordent des maisons antisismiques à trois ou quatre étages. Troisième port de Grèce après Le Pirée et Thessalonique, Vólos exporte des produits thessaliens (céréales, coton, tabac, olives, huile, vins et fruits), mais aussi des produits industriels lourds (machines, constructions métalliques) qu'embarquent cargos et ferries à destination du Moyen-Orient. Les courriers maritimes pour les Sporades du Nord partent aussi du port. Enfin une zone industrielle non négligeable est située hors de la ville.

Volos n'est donc pas la destination idéale du voyageur mais peut être une étape. La ville jouit d'une très agréable promenade de mer (grands hôtels, cafés, restaurants) et son musée archéologique mérite une visite.

Musée archéologique★★ (Arheologiko Moussio)

Odos Athanassaki - ℘ *24210 252 85 - tlj sf lun. 8h30-15h - 2 €.* L'Archeologiko Moussio abrite une étonnante série d'environ 300 stèles funéraires, dont beaucoup sont peintes ou sculptées de scènes évoquant la vie du défunt. Ces stèles de marbre, d'époque hellénistique, appartenaient pour la majeure partie à la nécropole de Dimitrias, d'où elles furent tirées en 50 pour renforcer l'enceinte de cette ville.

Des reconstitutions de tombes permettent de comprendre les coutumes et les rites funéraires de la préhistoire et de l'Antiquité. La salle consacrée aux collections d'objets néolithiques provenant des sites de Sesklo (4e millénaire av. J.-C.) et Dimini *(respectivement à 15 km et 6 km à l'ouest de Vólos)* apporte un éclairage passionnant sur cette période. Enfin le musée possède des vases et des bijoux mycéniens mis au jour à Iolkos ainsi qu'une collection de céramiques hellénistiques et romaines.

Circuit de découverte

À 162 km. Quitter Vólos par la rue Venizelou et prendre la direction de Portaria.

Anakasiá

Laisser la voiture au parking près de l'église et gagner à pied la rue Moussiou Theophilou. Dans ce village, situé à gauche de la route, se trouve le **musée Theophilos**. Installé dans la belle maison de la famille Kontos datant de 1830, il conserve une série surprenante de fresques du grand peintre naïf Theophilos (1873-1934), qui passa une partie de sa vie dans le Pélion, et notamment au 1er étage les scènes évoquant la guerre d'Indépendance. ℘ *24210 473 40 - tlj sf lun. 8h-15h.*

La route continue à s'élever vers Portaria, offrant des vues sur le golfe de Vólos ; elle passe près de la colline d'**Episkopí**, plantée de pins et de cyprès, qui porte une vieille église, siège jusqu'en 1881 d'un évêché.

Portariá★

Niché à 600 m d'altitude, c'est un lieu de séjour estival, frais et aéré, offrant des vues en direction de Makrinítsa et du golfe de Vólos. Belle place aux superbes platanes (cafés, restaurants) et maisons typiques.

De Portariá part la route panoramique qui conduit en 3 km à Makrinítsa.

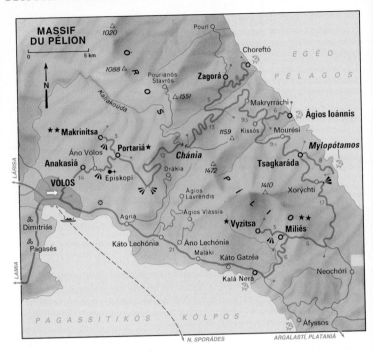

Makrinítsa★★

Laisser la voiture sur place à l'entrée du village. On se promènera agréablement dans les ruelles de Makrinítsa, étagé sur la pente verdoyante et occupant un **site★★** magnifique face au golfe de Vólos. De remarquables maisons anciennes, dont quelques-unes de dimensions imposantes, ont été préservées et restaurées. La **place★★** est particulièrement séduisante avec sa fontaine, ses platanes et sa minuscule église (18e s.) dont les galeries extérieures sont ornées de bas-reliefs et, à l'intérieur, de belles icônes.

Plus haut, l'**église de la Panagia** (18e s.), qui appartenait à un monastère, présente dans ses murs des inscriptions gravées, romaines et byzantines.

Revenir à Portariá et reprendre la montée.

Admirables **vues★★★** plongeantes sur le golfe de Vólos, l'Eubée et la Thessalie jusqu'à la chaîne de l'Othrys.

Agriolefkes (col de Chánia)

À 1 200 m d'altitude. Station de sports d'hiver, entourée de forêts, d'où l'on peut monter par la route presque jusqu'au sommet du mont Pélion.

La descente sur le versant égéen se fait à travers hêtres et châtaigniers avant d'atteindre les vergers.

À 13 km du col de Chánia, prendre à gauche vers Zagora.

Zagorá

Ce fut un important foyer culturel hellénique au temps des Turcs, alors que le Pélion jouissait d'une certaine autonomie. Zagorá, le plus gros village du Pélion, présente un habitat éparpillé au sein de vergers et de jardins qu'arrosent de nombreuses fontaines. Ce fut aussi un centre d'artisanat textile exportant sa production par les caïques du port de Chorefto. À l'extrémité de la localité, on atteint la **place** où s'élève l'église Agios Georgios, qui abrite une monumentale **iconostase★** du 18e s., en bois sculpté et doré.

De Zagorá une petite route dégringole vers Chorefto, cale de pêcheurs et station balnéaire disposant d'une longue plage de sable fin.

Revenir au carrefour et continuer, par un itinéraire pittoresque mais sinueux et étroit, vers Tsagkarada.

Ágios Ioánnis

Jolie plage toute blanche au pied de vertes collines.

Tsagkaráda

Calme lieu de séjour aux maisons dispersées dans la verdure. Mais incontestablement, la curiosité de Tsagkaráda est le platane de la place principale, réputé millénaire, dont la frondaison se déploie sur près de 30 m d'envergure. À proximité, plage de **Mylopótamos**, encadrée de rochers.

Près de Xorychti, une **vue**★★ splendide en balcon sur la côte (remarquer le site de Mylopótamos) s'étend jusqu'aux îles de Skíathos et Skópelos.

Laisser à gauche l'embranchement vers Argalasti et Platania, à 36 km (belle plage abritée), puis emprunter à droite la route montant à Miliés.

Miliés

Magnifique village aux rues dallées. Centre culturel hellénique sous les Ottomans, Miliés possède une **bibliothèque** historique pourvue de livres rares : 3 000 livres anciens hérités de la fameuse école de Milies (18e s.). ☎ 24230 862 60 - *tlj sf dim., lun. et j. fériés 8h-14h.*

Musée d'Histoire populaire – *Mai-oct. 10h-14h30, 18h30-21h30* – ☎ 24230 866 02. Il abrite une intéressante exposition d'artisanat local mais aussi le témoignage photographique d'un épisode sombre de son histoire : le massacre perpétré ici par les Allemands en 1943.

Vyzítsa★

Face à la mer scintillant dans le lointain, Vyzítsa conserve beaucoup de ses demeures anciennes typiques, quoique certaines soient en mauvais état.

Retourner à Miliés.

Le retour sur Vólos se fait par la côte du golfe, fertile et riante, que suivait naguère un petit train. La route dessert plusieurs plages parmi lesquelles la plus appréciée est celle de **Kalá Nerá** : promenade de mer bordée d'eucalyptus, grande plage de sable fin (peu avant Kalá Nerá, embranchement pour **Áfyssos**, petite station balnéaire).

Massif du Pélion pratique

Informations utiles

🛈 Vólos Info – *Angle Odos Lambraki et Sekeri, en face du terminal de bus* - ☎ 24210 309 30 - www.volos-city.gr - *été : lun.-dim. 8h-22h ; hiver : lun.-sam. 8h-20h, dim. 8h-15h30.* Accueil efficace et brochures nombreuses.

Police touristique – *179 odos 28 Oktovriou,* ☎ 24210 390 65/769 87.

Police portuaire – ☎ 24210 288 88.

Banques – Une vingtaine de banques à Vólos.

Poste/téléphone – *Odos Dimitriados. Poste restante.* **OTE** – *22 odos E. Venizelou.*

Santé – Hôpital – ☎ 24210 942 00.

Transports

En avion – Aéroport de Néa Anchialos (35 km de Vólos) – ☎ 24280 768 86 - *mai- oct.* Vols charters seulement.

En train – Gare ferroviaire, *Odos Papadiamandi* - ☎ 24210 240 56. Pour **Athènes**, 13 liaisons directes, dont 2 express. Pour **Thessalonique**, 14 trains/ j.

En bus – Gare ferroviaire - *odos G. Lambraki* - ☎ 24210 332 53. Pour **Lárisa**, départ toutes les heures pour **Kalampáka** et les **Météores**, passez par Tríkala, 4 bus/ j. ; pour **Thessalonique**, 6 bus/j. ; pour **Athènes**, 11 bus/j. Attention, les liaisons sont moins nombreuses d'octobre à mai.

Tous les villages du Pélion sont accessibles de Vólos, mais il existe peu de liaisons entre eux.

En bateau – Débarcadère ferry, *odos Argonafton*. Liaisons avec **Skíathos**, **Skópelos**, **Alónissos**. 2 à 3 traversées/j. en été et 1 à 2/j. en hiver.

Hydroglisseur pour Skíathos (en été, 4 départs), Skópelos et Alónissos. Billets à l'agence Hellas-Flying Dolphins, sur le port, ou dans les agences du front de mer.

Se loger

VÓLOS

⊖ **Admitos** – *5 odos A. Diakou* - ☎ 24210 211 17 - 33 *ch.* Hôtel calme, à deux pas de l'Odos Dimitriados, proposant des chambres sobres mais impeccables, avec balcon. Plus cher le week-end. Petit-déjeuner en sus (6 €/pers.).

⊖⊖⊖ **Aegli Pallas** – *24-26 odos Argonafton* – ☎ 24210 244 71/73 - www.aegli.gr - *75 ch.* Ce vieil hôtel rénové à l'architecture néoclassique propose des chambres agréables, avec moquette, donnant sur le port. Accès Internet.

MASSIF DU PÉLION

⊖ **Domatia Makropoulo** – *Makrinitsa, haut du village* – ☎ 24280 990 16 - 8 *ch.* - *juin-oct.* Cette petite pension très calme propose des chambres simples et impeccables, avec un accueil convivial.

La terrasse domine le village. Pas de petit-déjeuner.

⊖ **Domatia Rena** – *Afyssos, sur le front de mer* - ℘ 24230 334 39 - 10 ch. Agréable pension familiale située face à la mer, proposant des studios confortables et spacieux, quoiqu'un peu bruyants, avec cuisines. Un bon rapport qualité-prix. Pas de petit-déjeuner.

⊖ **Drossero Akrogiali** – *Platania, sur le port* - ℘ 24230 712 10 - 30 ch. - juin- oct. Longue bâtisse à étages, avec des chambres confortables mais sans vue sur la mer. Pas de petit-déjeuner, mais le sympathique patron, qui ne parle pas grec, gère aussi le restaurant du même nom, donnant sur le port.

⊖ **Malamousi Violetta** – *Kissos, à gauche de l'église* - ℘ 24260 312 14 - antonis2002@yahoo.gr - 12 ch. Chambres simples et confortables avec balcon. Une fois la glace brisée, l'accueil s'avère sympathique et l'on vous servira une excellente cuisine familiale.

⊖⊖ **Archontiko Repana** – *Makrinitsa, rue principale* - ℘ 24280 990 67 - 7 ch. Cette ravissante maison du 19e s., dotée d'une vue magnifique, propose de jolies chambres meublées d'ancien. Vous pouvez prendre votre petit-déjeuner dans le jardin.

⊖⊖⊖ **Paradisos** – *Tsagkarada, rue principale* - ℘ 24260 492 09 - www.paradisoshotel.gr - 40 ch. Hôtel confortable et accueillant. Les chambres côté route sont plus bruyantes mais ont une belle vue. L'hôtel organise des randonnées équestres. Bon restaurant dont les produits viennent de la ferme familiale.

⊖⊖⊖ **Arkontiko Blanas** – *Vyzitsa, du parking, à 100 m dans la ruelle qui monte* - ℘ 24280 868 40 (Volos 24210 436 14) - 4 ch. Superbe maison ancienne, au décor de boiseries et de dalles en pierre. Beaucoup de charme et un confort à la hauteur (sauna, jacuzzi). À l'étage, salon avec vue.

⊖⊖⊖ **Katia Hotel** – *Afyssos, derrière la place principale* - ℘ 24230 330 23/334 23 - 22 ch. - mai- sept. Ce petit hôtel propose des chambres tout confort, mais assez petites. Un tour-opérateur louant la majorité des chambres, réservation conseillée.

⊖⊖⊖ **Maïstrali** – *Afyssos, près de la plage Abovos* - ℘ 24230 334 72 - www.maistrali.com.gr - 10 ch. Chambres très confortables et bien tenues, avec un balcon face à la mer. Le personnel, professionnel et accueillant, parle anglais.

⊖⊖⊖⊖ **Archontiko Karamarli** – *Makrinitsa, rue principale* - ℘ 24280 995 70 - arhongk@otenet.gr - 16 ch. Pension étonnante, aménagée dans une maison du 17e s., avec des chambres peintes et meublées par le patron, décorateur de théâtre. Neuf chambres plus sobres sont aussi disponibles.Petit-déjeuner sur la terrasse panoramique.

Se restaurer

VÓLOS

👁 Les restaurants de fruits de mer sont nombreux sur les quais. Quant aux cafés, ils ont élu domicile à l'extrémité est de odos Dimitriados, sur l'esplanade du front de mer.

MASSIF DU PÉLION

⊖ **Taverna Apaulosi** – *Makrinitsa, pl. du village* - ℘ 24280 900 85. Rôtisseries, poulet, *spetsofay* (saucisses aux poivrons), toutes les spécialités ocales son au rendez-vous. Profitez de la terrasse sous le platane. Service rapide et sympathique.

⊖ **Panthéon** – *Makrinitsa, pl. du village* - ℘ 24280 991 43. Une autre adresse pour déguster *spetsofay* et soupes de haricots. Vue sublime.

⊖ **To Panorama** – *Milies, en face du musée* - ℘ 24230 861 28. Spécialités de poulet et de porc au vin, de tarte aux épinards. Magnifique panorama.

⊖ **Kira Marias** – *Milies, place de l'église* - ℘ 24230 861 20. Cuisine simple (tartes au fromage, salades), servie sous un platane.

⊖ **To Balconi** – *Kalamaki, au S de Tsangarada, entrée de la taverne sur la place*. Excellente cuisine. Depuis la terrasse, la vue est somptueuse. Une très bonne adresse.

⊖ **Café Oasis** – *Afyssos, près de la place, sur le front de mer*. Idéal pour déguster un petit-déjeuner au bord de l'eau ou prendre un verre le soir. Vous pouvez y louer des vélos.

Sports et loisirs

Les Hirondelles – *Volos, 19 odos Koumoundourou* - ℘ 24210 321 71 - www.holidays-in-pelion.gr et *Agios loannis* - ℘ 24260 311 81. Cette agence, en dehors des prestations habituelles, propose un choix d'activités sportives (randonnée, VTT, équitation, plongée, kayak), et de location de caïques pour vous emmener sur les plages isolées de la péninsule.

Pýlos★★

Πύλος

2 104 HABITANTS
CARTE GÉNÉRALE RABAT II A3 – PÉLOPONNÈSE – MESSÉNIE

Face au site majestueux d'une baie célèbre que limite à l'ouest la muraille rocheuse de l'île de Sfaktiría, Pýlos, connue des Français sous le nom de Navarin, dispose d'un bon port et surtout d'une rade très sûre. Prolongée par une grande plage, la ville actuelle, bâtie en 1829 par le corps expéditionnaire français de Morée, constitue une agréable base d'excursions dans le Péloponnèse méridional.

- ▶ **Se repérer** – À 217 km au sud-ouest de Corinthe et à 48 km au sud-ouest de Kalamáta. Pýlos se situe dans la partie méridionale la plus occidentale du Péloponnèse, face à la mer Ionienne.

- 👁 **À ne pas manquer** – La vue sur la baie et le port au soleil couchant.

- 🕐 **Organiser son temps** – Pýlos est un petit village où tout peut se faire à pied.

- 👫 **Avec les enfants** – Observer l'une des 270 espèces d'oiseaux de la lagune protégée de Giálova.

- ⛵ **Pour poursuivre le voyage** – Kalamáta.

L'impressionnante forteresse de Niokastro.

Comprendre

Une place convoitée – Pýlos est reconnu pour être un excellent mouillage. Sa rade a 5 km de long sur 3 km de large et ses fonds varient entre 20 m au nord et 6 m au sud. Près du port, la place des Trois-Amiraux (Trion Navarchon), ombragée et bordée d'arcades (cafés, tavernes, petit Musée archéologique), est agrémentée en son centre d'un monument aux trois amiraux de la flotte navale victorieuse à la bataille de Navarin.

L'intérêt stratégique de la rade de Navarin fut reconnu dès l'Antiquité et le Moyen Âge, mais alors le site urbain et le port se trouvaient près de la passe nord, au pied du promontoire que couronnait une acropole à laquelle succéda le château médiéval dit du « Port de Junch » (ou des Joncs) en raison de la nature marécageuse du littoral : c'est aujourd'hui Paliokastro, « vieux château ».

Au cours des siècles suivants la rade fut disputée entre Vénitiens et Turcs, qui édifièrent un ouvrage fortifié tenant sous son feu la passe sud : Niokastro, « nouveau château », repris en 1685 par les troupes vénitiennes de Morosini au sein desquelles se distingua Louis-Charles de La Tour d'Auvergne (1665-1692), petit-neveu de Turenne.

Visiter

Niokastro (la forteresse)★

Accès par la route de Methóni - ☎ 27230 220 10 - tlj sf lun. 8h30-18h - 3 €. Dominant la ville et la rade, cette puissante citadelle fut construite par les Turcs au 16e s. à la place d'un ouvrage plus ancien ; elle fut très remaniée en 1829 par les Français qui réalisèrent notamment les grandes redoutes (fortifications) à canons de l'enceinte et le réduit pentagonal à cinq bastions. À gauche en entrant, dans un grand bâtiment bien restauré, un **musée** rassemble la collection du philhellène français René Puaux : lithographies, gravures et objets étroitement liés à la période de l'Indépendance grecque. Au centre, l'ancienne mosquée a été convertie en église. De la redoute sud-ouest, **vues★** remarquables sur la rade et l'île de Sphactérie que prolongent des îlots rocheux. L'un porte un monument aux morts du corps expéditionnaire français.

Musée archéologique (Musée Antonopoulos)

Rue Filellinon (qui monte de la place Trion Navarchon), à la hauteur de la Banque de l'agriculture (Katastimata Agrotikis). ☎ 27230 224 48 - tlj sf lun. 8h30-15h - 2 €. Ouvert en 1951, il comprend des objets d'art, des armes et des outils, des vases, et de l'orfèvrerie allant de l'époque néolithique à l'époque romaine.

La rade★

En saison, des caïques relient Pýlos à l'île de Sfaktiría, à l'îlot de Pýlos (également appelé Fanari ou Tsichli Baba) avec son arche creusée dans la roche, et à Paliokastro. Ils proposent également des promenades dans la rade (se renseigner sur le port).

Ile de Sfaktiría

Longue de près de 5 km et inhabitée, l'île de Sphactérie culmine à 152 m. Sur son sol ont été érigés plusieurs monuments commémoratifs liés à la bataille de Navarin ou à l'Indépendance grecque, parmi lesquels le cénotaphe du prince Paul-Marie Bonaparte. Au sommet, vestiges d'un fort antique où 420 Spartiates résistèrent désespérément à une armée athénienne durant la guerre du Péloponnèse (425 av. J.-C.).

La bataille de Navarin : « un déplorable malentendu »

C'est ainsi que George IV d'Angleterre qualifia le combat naval qui mit aux prises, le 20 octobre 1827, la flotte anglo-franco-russe et la flotte ottomane, mouillée dans la rade.

De fait, la présence de la flotte alliée avait seulement pour but d'intimider Ibrahim Pacha dont l'armée, basée à Navarin, ravageait le Péloponnèse, et de forcer La Porte à conclure un armistice avec les Grecs insurgés.

La force navale commandée par les amiraux Codrington, de Rigny, de Heydden était forte de 26 vaisseaux (11 anglais, 7 français, 8 russes) totalisant 1 270 canons. Alors qu'elle se présentait à l'entrée sud de la baie, quelques boulets tirés par des Turcs nerveux déclenchèrent l'action. Les 82 navires turco-égyptiens, pris dans une souricière et ne pouvant manœuvrer, furent anéantis malgré leur puissance de feu supérieure (2 400 canons) et l'appui de l'artillerie du Niokastro.

La bataille de Navarin, à laquelle assista Eugène Sue, chirurgien de la Marine, eut un grand retentissement, forçant le sultan à traiter et préludant à l'Indépendance grecque.

Paliokastro★

À 6 km au nord de Pýlos, accessible en voiture à partir de Petrochori par une mauvaise route allant à Voïdokilia (suivre le fléchage « site archéologique »). Au débouché de la passe nord, un éperon rocheux porte les murs crénelés et les tours du château du port de Junch que le bailli de Morée, Nicolas II de Saint-Omer, fit construire en 1278 sur les assises de l'acropole antique. Comprenant une enceinte extérieure et un « réduit », la forteresse franque domine la lagune et le port de l'antique Pylos (baignade). Au pied de la falaise, grotte à stalactites, dite de Nestor, communiquant par un orifice supérieur avec le château.

Tout près et dans la même direction que le château, ne manquez pas la superbe plage de **Voïdokilia** en forme de parfait demi-cercle.

Aux alentours

Methóni★★ *à 12 km au sud de Pýlos.*

Jadis nommée Modon par les Francs, la citadelle de la Méditerranée orientale occupe un **site★** harmonieux au fond d'une anse que limitent deux îles aux côtes poissonneuses, Sapiéntza et Schíza. Une plage avoisinant le tranquille port de pêche, quelques hôtels et tavernes en font un séjour agréable.

Un coup de vent jeta, en l'an 1204, Geoffroi de Villehardouin revenant de Terre sainte dans ce havre que le chevalier champenois quitta peu après pour aller rejoindre Guillaume de Champlitte qu'il aida à conquérir le Péloponnèse. Methóni fut attribuée aux Vénitiens, qui la conservèrent près de trois siècles, à l'exception d'un intermède génois de 1354 à 1403, date à laquelle une flotte de la Sérénissime République défit la force navale génoise commandée par le maréchal français Boucicaut. Siège d'un évêché, Methóni avait des ateliers de soyeux – tissage de la soie – et les galères vénitiennes se rendant en Syrie y relâchaient.

En 1500, l'armée turque de Bajazet II s'en emparait après un bombardement d'un mois. Vénitienne à nouveau de 1686 à 1715, Methóni était redevenue turque

L'îlot Bourdzi, une sentinelle sur les eaux.

quand Chateaubriand, sur la route de Jérusalem, y prit pied en 1806. En 1824, Miaoulis y attaqua une flotte ottomane avec des brûlots, incendiant 25 navires. En 1828 enfin, le général Maison reprit Methóni à Ibrahim Pacha et fit reconstruire partiellement la ville par le corps expéditionnaire français.

Citadelle★★ – *Tlj 8h30-19h - gratuit.* Occupant une position très forte sur un promontoire que la mer entoure sur trois côtés, la forteresse, fondée au 13ᵉ s. sur un édifice plus ancien, a été remaniée aux 15ᵉ, 16ᵉ et 18ᵉ s. ; elle est en grande partie l'œuvre des Vénitiens comme l'indiquent les lions de St-Marc et les blasons sculptés que l'on observe çà et là. Elle enfermait toute une cité serrée autour de sa cathédrale, mais lorsque Chateaubriand la visita, les Turcs y campaient sous des tentes. Au-delà de la contrescarpe, un pont franchit le fossé battu par les eaux, à droite du **bastion Bembo** (15ᵉ s.), à gauche du **bastion Loredan** (1714).

Franchir une première porte (début 18ᵉ s.), puis tourner à gauche dans le chemin qui longe le rempart nord remontant au 13ᵉ s. Un passage sous voûte précède l'entrée principale, la **porte de Terre** (13ᵉ s.), marquée par de grands arcs brisés. On débouche alors sur l'esplanade où se trouvait la cité médiévale : à droite, muraille du château ou réduit, refait par les Turcs au 16ᵉ s. ; en face, colonne de granit monolithe érigée par les Vénitiens en 1494 pour servir de support au lion de St-Marc. Suivre ensuite à gauche le rempart est (16ᵉ-18ᵉ s.) dominant d'un côté le port, de l'autre les vestiges chaotiques d'un bain turc, de citernes, d'une poudrière et de la cathédrale latine.

À l'extrémité sud, la **porte de Mer**, rebâtie par les Turcs avec des matériaux vénitiens (bloc sculpté du lion symbolique et du blason Foscolo), donne accès à la pittoresque **tour Bourdzi★**, reconstruite au 16ᵉ s. par les Turcs, sur un îlot qu'un pont relie à la citadelle : monter à la plate-forme pour découvrir des **vues★★** splendides sur l'enceinte, la rade et les îles. Par le rempart ouest, jalonné de tours, qui remonterait au 13ᵉ s., on revient au château dont les fortifications, la plupart du 15ᵉ s., ont été modernisées au 18ᵉ s. De l'autre côté du fossé, à l'extrémité de la contrescarpe, on distingue un ouvrage supplémentaire, dit redoute.

Circuit de découverte

La côte de Messénie

Circuit de 79 km au départ de Pýlos.

La lagune de Giálova

À 3 km au nord de Pýlos.

Cette lagune, formée par l'eau douce des rivières Tiphlomitis et Xerolangado se mêlant à la mer Ionienne, est un site protégé et classé « Natura 2000 » par la Commission européenne. C'est l'un des plus importants points d'étape dans les Balkans pour les oiseaux migrateurs (20 000 en hiver). Plus de 270 espèces d'oiseaux y ont été recensées (héron cendré, aigle pêcheur, martin-pêcheur, flamant rose), parmi lesquelles 79 sont des espèces protégées. La meilleure période d'observation (entrée libre et gratuite sur le site) se situe entre mai et septembre. On y trouve également les derniers caméléons africains en Europe, la tortue des mers *(caretta caretta)* qui y pond ses œufs, ainsi que des reptiles, poissons et mammifères. *Société ornithologique hellénique - ℘/fax 21082 279 37/21082 287 04 - www.ornithologiki.gr (en anglais).*

Palais de Nestor★ (Anáktora Néstoros)

À 18 km au nord de Pýlos. La compagnie de Bus KTEL dessert le site depuis la place (30mn, 1,80 €) - ℘ 27630 314 37 - de déb. juil. à fin oct. : 8h-17h ; reste de l'année : 8h30-15h - 3 € (TR 2 €). Près de la route reliant Gargaliánoi à Pýlos, sur une colline embrassant un paysage agreste, un hangar couvre les soubassements du palais, dit « de Nestor ».

Mis au jour en 1939 par des archéologues américains et fouillé à partir de 1952, le palais de Nestor, qui aurait été incendié vers 1200 av. J.-C. par les Doriens, remonte à l'époque mycénienne. Il est orné de fresques et on y a découvert une quantité de tablettes d'argile à inscriptions, dites **linéaire B**, la forme la plus anciennement connue du grec. Autour se pressent des tombes parmi lesquelles quelques-unes sont à coupole.

Les ruines montrent que le palais avait un plan analogue à ceux de Crète ou d'Argolide (Mycènes, Tirynthe) et comportait un étage (départs d'escaliers). On y pénètre par le *propylon*, ou entrée, que flanquaient à gauche deux salles des archives où ont été trouvées environ 1 000 tablettes. Au-delà, une cour précède le *mégaron*, bâtiment royal composé d'un vestibule et d'une grande salle dont les parois étaient ornées de

> ## Nestor, le roi légendaire de Pýlos
>
> Nestor, plus jeune fils de Nélée et de Chloris, dut sa longue vie (plus de trois générations) à Apollon qui se repentait d'avoir tué ses frères et sœurs. Faisant figure de grand sage vanté par Homère, il joua en dépit de son grand âge un rôle majeur dans la guerre de Troie à laquelle il participa à la tête d'une flotte considérable. Après la prise de Troie, Nestor retourna à Pýlos. Il y aurait reçu Télémaque, fils d'Ulysse, venu demander des nouvelles de son père.

fresques : au centre, foyer circulaire et à droite, emplacement du trône. Revenant dans la cour, on accède à gauche à l'appartement de la reine, comprenant lui aussi une salle à foyer central près de laquelle se trouvait une salle de bains, où subsiste une **baignoire**, la seule de cette époque qui ait été retrouvée. À la périphérie sont les dépendances, les magasins à huile ou à vin, avec les emplacements des nombreuses jarres qui y furent entreposées, ainsi que des magasins à ustensiles et des ateliers. À 100 m à l'est, une tombe à coupole a été restaurée *(accès depuis le parking, le long de la route de Hora).*

Hora

À 15 km au nord de Pýlos.

Dans ce bourg se trouve un intéressant **Musée archéologique**. *Prendre la direction de Kalamáta, bâtiment blanc - de déb. juil. à fin oct. : 8h-17h ; reste de l'année : tlj sf lun. 8h30-15h - 2 € (4 € billet combiné avec le palais de Nestor).* Il abrite quelque 4 000 pièces découvertes dans la région. Il s'agit notamment des trouvailles faites au palais de Nestor : fragments de fresques et de mosaïques, cheminées et, dans les tombes à coupole avoisinantes, celle de Peristéria, par exemple : coupes et bijoux en or de l'époque mycénienne, finement travaillés ; moulages de tablettes à inscriptions.

Kyparissía

À environ 45 km au nord de Pýlos sur la côte.

Kyparissía (« cyprès ») portait le nom d'Arcadia au Moyen Âge, époque à laquelle elle était un fief personnel de Guillaume de Villehardouin. Détruite en 1825 par Ibrahim Pacha, c'est aujourd'hui une cité moderne, dominée par les ruines d'un château franc qui avait été établi à l'emplacement d'une acropole antique puis byzantine. Une belle **vue★** sur la mer Ionienne jusqu'à Zante au nord-ouest ; à l'ouest, les îles Strofades, où habitaient les Harpyes, divinités antiques, ravisseuses d'âmes, à corps d'oiseau et têtes de femmes, qu'on retrouve dans les symboles de la chrétienté médiévale.

Tombes de Peristéria (Týmboi Peristéria)

10 km au nord-est de Kyparissía : prendre la route de Pyrgos et à 5 km, tourner à droite et poursuivre sur 5,5 km (route en très mauvais état).

Dans un aimable site de collines verdoyantes, d'où l'on aperçoit l'étroite vallée du Peristéria, ont été mises au jour des tombes royales à coupole, d'époque mycénienne. Une belle collection, de bijoux, de sceaux et de vases, retrouvée dans une des tombes est exposée au musée de Hora.

Pýlos pratique

Adresses utiles

Police – *Sur la place* - ℘ 27230 237 33.
Poste – *R. Nileos vers l'Hôtel Arviniti* - ℘ 27230 222 47 - lun.-vend. 7h30-14h.
Banque – *Guichet sur la place.*

Transports

En bus – *Depuis la place* - ℘ 27230 222 30.
Locations – **Voiture** – ℘/fax 27230, 223 26/227 51. **Deux-roues** – ℘ 27230 227 07. **Bateaux** – *Sur le port* - ℘ 27230 224 08/69764 375 15.

Se loger

PÝLOS

⊖ **Hôtel Philip** – *Sur la route venant de Kalamáta* - ℘ 27230 227 41 - fax 27230 232 61 - www.hotelphilip-pylos.com - 10 ch. Sur les hauteurs du village (1 km), grande bâtisse jaune dominant la rade. Jolies chambres propres et claires avec balcon et une vue superbe sur la baie. Restaurant en contrebas. Petit-déjeuner en sus (6 €). Excellent rapport qualité/prix.

⊖ **12 Gods Resort** – *Sur la route venant de Kalamáta, en prolongement de l'Hôtel Philip mais sur la droite* - ℘ 27230 221 79 - fax 27230 228 78 - www.12gods.com - 8 ch. et 4 studios - avr.-oct. Endroit charmant, étagé au milieu des citronniers. Propre et calme. Agréable petite piscine joliment éclairée. Sympathique accueil en anglais. Petit-déjeuner en sus (5 €). Très bon rapport qualité/prix.

⊖⊜ **Karalis** – *26 odos Kalamáta* - ℘ 27230 229 60 - fax 27230 229 70 - www.karalis.roomstorent.info - 35 ch. Hôtel charmant, dans une vieille demeure donnant sur la route côtière qui descend vers le centre-ville. Les chambres, petites, confortables et dotées d'un balcon, sont décorées façon années 1930. Copieux petit-déjeuner.

⊖⊜ **Karalis Beach** – *Entre la forteresse et la plage* - ℘ 27230 230 21 - fax 27230 229 70 - 14 ch. Fort bien situé tout au bout d'une route, il se niche au milieu des pins, au pied de la forteresse et à 20 m de la mer. Les chambres confortables possèdent de grandes salles de bains, et un balcon lorsqu'elles donnent sur la mer.

GIÁLOVA

⊖ **Zoé** – *Le long de la plage* - ℘ 27230 220 25 - fax 27230 220 26 - www. hotelzoe.com - 32 ch. dont 16 appart. avec cuisine et 2 accessibles ⴲ. Une rangée de bananiers et de tamaris sépare la plage de cet hôtel simple à l'accueil chaleureux. Le restaurant propose une cuisine traditionnelle à base de produits de la ferme des propriétaires. *(environ 15 €).*

⊖ **Thanos Villa Marias** – *À la sortie du village, en haut d'un chemin carrossable* - ℘ 27230 221 15 - fax 27230 236 61 - www.appthanos.com - 21 appart. et 5 villas. Une série de petits studios bien aménagés se dispersent sur une colline couverte d'arbres fruitiers, à 800 m de la mer. Calme, paisible et un peu retiré. Réserver en haute saison.

METHÓNI

⊖ **Castello** – *Près de la citadelle, à 50 m de la mer* - ℘/fax 27230 313 00 - www.castello.gr - 15 ch. ⴲ. Cet hôtel récent avec jardin dispose de chambres, simples, propres. Accueil sympathique.

⊖⊜⊜⊜ **Methóni Beach Hotel** – ℘ 27230 287 20 - www.methonibeachhotel. gr - 12 ch. dont 1 suite. Accès direct à la mer, face à la citadelle pour cet hôtel rénové en 2002. Style contemporain et décoration soignée. Le restaurant donne sur la plage.

Se restaurer

PÝLOS

⊖ **O Grigoris** – *Sur une petite place triangulaire, à droite de la place principale, en montant, lorsque l'on regarde la mer.* Taverne-jardin de plusieurs terrasses fleuries, où l'on vous sert aimablement une bonne cuisine grecque sur fond de musique locale.

METHÓNI

⊖ **Klimataria** – ℘ 27230 315 44. Sous une tonnelle, face à la citadelle, est proposée, une bonne cuisine familiale traditionnelle, des plats végétariens et un vin frais maison. Musique de qualité.

⊖ **O'Nikos**, à quelques mètres de Klimataria, est également une bonne adresse.

Achats

Kellari – *Face au port sur la route remontant vers Kalamáta* - ℘ 27230 221 93 - www.manoleas.gr. Petite boutique familiale de **produits artisanaux** de qualité, en provenance directe du récoltant (savon, huile d'olive, vin, miel de pin, ouzo, etc.).

Atelier Sud – *Route principale Foinikoúntas-Koróni* - ℘ 69371 569 42/ 69377 590 32 (portable) - www.ateliersud. com - tlj 9h30-20h. Au détour d'une montagne, l'atelier géométrique rose de Cai K., sculptrice hollandaise, et de Doby, artiste peintre français, présente une collection de **céramiques**, **peintures** et **sculptures** originales et uniques.Prix très abordables. Une halte recommandée.

Événements

À Pýlos, le 20 octobre, on célèbre la **Navarinia**, commémoration du combat naval de Navarin.

Sparte

Spárti – Σπάρτη

14 817 HABITANTS
CARTE GÉNÉRALE RABAT II B2 – PÉLOPONNÈSE – LACONIE

Courage physique, bravoure, respect des lois et patriotisme ont fait la renommée de Sparte. L'actuelle Sparte, capitale de la Laconie, n'a pourtant rien de commun avec l'austère et belliqueuse Lacédémone qui triompha d'Athènes à l'issue de la guerre du Péloponnèse. Paisible et nonchalante, elle offre en effet le visage d'une ville moderne, reconstruite après 1834 sous le règne du roi Otton, avec des artères rectilignes bordées d'orangers et de palmiers. C'est aussi une étape touristique agréable, au pied du mont Taygète (2 407 m) et au voisinage des ruines de Mystrás et du village de Geráki.

- ▶ **Se repérer** – À 61 km à l'est de Kalamáta, 43 km au nord de Gytheio, 130 km au sud-ouest de Corinthe et 225 km d'Athènes. Sparte est desservie par la E 961 et l'aéroport le plus proche est celui de Kalamáta. La circulation dans la ville est aisée autour de deux avenues principales et perpendiculaires : Konstantinou Paleologou et Likourgou.

- 👁 **À ne pas manquer** – La riche collection du Musée archéologique.

- 🕐 **Organiser son temps** – Privilégier les visites des deux musées (2h30 environ pour les deux).

- 👫 **Avec les enfants** – Le musée de l'Olive et de l'Huile d'olive grecque, très instructif, bien qu'un peu dense.

- 👣 **Pour poursuivre le voyage** – Arcadie, Árgos, Mystrás, Kalamáta, Le Magne, Monemvasía.

Comprendre

Un État aristocratique et militaire – Sparte fit partie à l'époque mycénienne du royaume de Ménélas. On a découvert des vestiges datant de cette période près de Sparte, non seulement au **Menelaion** *(à 5 km sur la route de Geráki)* mais aussi à Amykles *(à 7 km au sud)*, où se trouvait le sanctuaire d'Apollon abritant le tombeau de Hyacinthe, aimé du dieu. Enfin les tombes à coupoles de **Vafio**, une colline près d'Amykles, ont livré les fameux rhytons d'or du musée d'Athènes. Ce fut surtout du 9e au 4e s. av. J.-C. que Sparte exerça son influence. D'abord sur le Péloponnèse qu'elle subjugua, hormis l'Argolide, puis sur toute la Grèce et sur Athènes, dernier rempart à l'exercice de son pouvoir (guerre du Péloponnèse 431-404 av. J.-C).

Les Grecs appréciaient la valeur de ses soldats, même s'ils n'approuvaient pas la teneur de sa Constitution oligarchique élaborée, vers 900 av. J.-C. selon la tradition, par l'illustre législateur **Lycurgue**. À la tête de l'État siégeaient deux rois chefs de guerre, assistés d'un conseil de vétérans et de quelques éphores assumant le pouvoir exécutif.

La population était répartie en trois classes : les **égaux**, seigneurs guerriers, propriétaires de la terre et titulaires des fonctions gouvernementales ; les **périèques**, commerçants, artisans ou fermiers, libres mais payant tribut ; les **hilotes**, très nombreux, serfs sans statut juridique.

Comment vivaient les égaux – Le travail leur était interdit et ils étaient presque constamment casernés, s'entraînant au combat et s'exerçant à une danse guerrière athlétique, la pyrrhique. Ils se nourrissaient d'herbes, de racines sauvages et du célèbre **brouet** noir, ragoût de porc au sang. Leurs fils étaient incorporés à 7 ans dans des formations d'enfants de troupe, rompus aux exercices physiques. On les obligeait souvent

Léonidas, le héros spartiate.

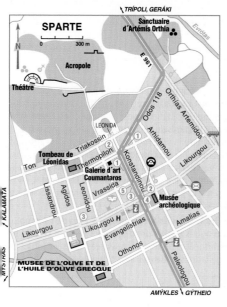

à voler mais ils ne devaient pas être pris. L'anecdote est connue de cet adolescent qui, ayant dérobé un renardeau et l'ayant dissimulé sous sa tunique, préféra se laisser dévorer le ventre plutôt que de dévoiler son larcin. Parvenus à l'âge adulte, les jeunes Spartiates affrontaient la « cryptie », série d'épreuves d'initiation : ils étaient fouettés, parfois à mort et abandonnés sans ressource dans la campagne où il leur fallait prouver leur virilité en tuant des hilotes (les esclaves).

Soldats austères, les **égaux** se sacrifiaient sans hésitation ni murmure, tels **Léonidas** et ses compagnons, aux Thermopyles en 480 av. J.-C. Leur nombre diminuant, ils finirent par être vaincus par Épaminondas à Leuctres, près de Thèbes. Dès lors le déclin commença et Mystrás supplanta Sparte. Les Spartiates, bien que réputés pour avoir dédaigné les arts, semblent avoir eu, aux 6ᵉ et 5ᵉ s. av. J.-C., de talentueux bronziers, auteurs de statuettes exposées, notamment dans les musées de Sparte et d'Athènes.

Visiter

Musée de l'Olive et de l'Huile d'olive grecque★

129, Odos Othonos-Amalias - ☎ 27310 893 15 - www.piop.gr11 -avr.-10 oct. : merc.-lun. 10h-14h, 17h-19h ; reste de l'année : 10h-16h - 2 € (TR 1 €) - comptez 1h30.

Le musée, ouvert fin 2002, se trouve dans l'ancien bâtiment de la Compagnie d'électricité de la ville. Il retrace de façon extrêmement didactique l'histoire de ce fruit et met en valeur l'importance de l'huile d'olive dans de nombreux secteurs (l'alimentation, l'hygiène, la religion, etc.). Il décrit l'évolution de la technologie des huileries en Grèce, des temps post-byzantins à la première moitié du 19ᵉ s. Sont également exposés d'anciens pressoirs à olives.

Musée archéologique (Arheologikó Moussío)

Dans un petit parc à l'angle des rues Likourgou et Ag. Osiou Nikonos 71 - ☎ 27310 285 75 - juil.-oct. : 8h30-17h ; reste de l'année : mar.-dim. 8h30-15h - 2 € (TR 1 €, gratuit pour étud. de l'UE).

Logé dans un bâtiment néoclassique (1879), au milieu d'un agréable jardin, le musée abrite une riche collection, malheureusement peu mise en valeur. Sont exposées les produits des fouilles de la région, notamment des sanctuaires de Sparte : Amyclaion (Amykles), Menelaion et Artémis Orthia. De ce dernier, on peut voir une collection de masques votifs de terre cuite. Admirer également, des sculptures, des dallages en mosaïques romaines provenant de belles demeures (tête de Méduse décapitée), des éléments d'architecture, des stèles amphiglyphes, dont l'une représente Hélène et Ménélas, une maquette de galère romaine (fin 1ᵉʳ s. av. J.-C.). Une importante statuaire d'époques variées complète la collection : ex-voto aux Dioscures ; effigie d'hoplite, en marbre, censée représenter Léonidas (5ᵉ s. av. J.-C.) ; tête d'Apollon ou de Dionysos (4ᵉ s. av. J.-C.) ; bronzes archaïques et bijoux.

Galerie d'art Coumantaros (Pinakothíki-Moussío)

123, Odos Paleologou - ☎ 27310 815 57 - gratuit.
Cette annexe de la pinacothèque d'Athènes abrite une belle collection permanente de tableaux de peintres grecs et étrangers allant du 16ᵉ au 20ᵉ s.

Ruines antiques

Accès libre. Elles sont pour la plupart d'époque hellénistique ou romaine.
Le **tombeau de Léonidas** (Kenotáfio Leonída) se trouvait sur l'acropole. Il s'agit des assises d'un petit temple hellénistique. Sa statue moderne est érigée à l'extrémité de la rue Konstandinou. Les maigres vestiges de l'**acropole** se dissimulent sous une olivette couvrant le plateau au nord de la ville moderne (signalisation « Ancient Sparta »). Franchir le mur byzantin, tourner à gauche pour parvenir au théâtre du 1ᵉʳ s. av. J.-C. (Arhéo Théatro), dont le marbre des sièges a été pour la plupart réutilisé à Mystrás. Au-dessus subsistent les fondations d'un temple à Athéna. Au sommet, dans un site agréable rafraîchi par les pins, les eucalyptus et la source, l'ancien monastère byzantin Ossios Nikonas (10ᵉ s.).

Sanctuaire d'Artémis Orthia (Naós Orthías Artémidos) – À 1 km de l'acropole, près du fleuve Evrótas, les archéologues anglais ont dégagé les vestiges d'un temple (7ᵉ-6ᵉ s. av. J.-C.) et d'un amphithéâtre où se déroulaient les épreuves rituelles endurées par les Spartiates : flagellations et danses athlétiques avec des masques qu'on offrait à Artémis.

Aux alentours

Sanctuaire de Ménélas (Menelaion)

À 5 km au sud par la route menant à Geráki. Après avoir passé la rivière, une mauvaise route de terre à peine carrossable qu'il faut abandonner pour continuer à pied mène sur la colline Prophitis Ilias où des archéologues anglais ont mis au jour les ruines du Ménélaion, sanctuaire de Ménélas et de la belle Hélène érigé au 5ᵉ s. av. J.-C. **Vue★** impressionnante sur le Taygète et les environs.

Monastère de Zerbitsa (Moni Zerbitsis)

À 12 km au sud. Prendre la route de Gytheio, puis à droite la route passant par Xirokámpi et Dafnio. Le monastère possède une belle église du 17ᵉ s., dont l'intérieur est recouvert de fresques datant de 1669, et un petit musée abritant un Epitaphios brodé d'or de 1539, des icônes et des éléments architecturaux paléochrétiens. Ne pas manquer de visiter ce lieu calme et plein de charme.

Autour de Geráki★

À 39 km au sud-est de Sparte, par une jolie route traversant les champs d'oliviers.
Le petit village de Geráki, très traditionnel, compte dans ses environs pas moins de 30 églises byzantines datant du 12ᵉ au 15ᵉ s., décorées de peintures murales. Surplombant le village, à 2,5 km, les ruines du château et d'une ville médiévale (kastro) couronnent un chaînon détaché du massif du Parnonas, avec en contrebas la plaine de Laconie.
L'activité du village se concentre autour de deux secteurs : la production agricole liée aux olives et le tissage. Les femmes font perdurer cette tradition lointaine au sein de la coopérative « Ergani » créée pour maintenir l'activité.

Kastro – *Mar.-dim. 8h30-15h00. Aller au village chercher le gardien Georgios Kouris (300 m en contrebas du village, prendre à droite de la poste la petite rue qui descend, passer le dispensaire, puis sur votre gauche à 150 m environ se trouve un bâtiment à toit plat et aux fenêtres grillagées).* Si le gardien n'est pas disponible, la visite reste néanmoins intéressante pour l'architecture extérieure et les vues.
Au début du 13ᵉ s., Guillaume de Champlitte, ayant conquis le Péloponnèse, divisa la région en 12 baronnies et attribua celle de Laconie, où se trouve Geráki, à Guy de Nivelet, chevalier franc-comtois. Le successeur de Guy, Jean de Nivelet, fit édifier l'actuelle forteresse en 1254 à l'instar de celle que Guillaume de Villehardouin construisait à Mystras. Mais les Francs ne devaient conserver que peu de temps Geraki passé aux mains des Byzantins à la fin du 13ᵉ s.
Le **château** se présente sous l'aspect d'un parallélogramme irrégulier formé par des remparts que cantonnent de puissantes tours ; de vastes citernes permettaient de soutenir un siège prolongé.
Étagées sur les pentes, plusieurs chapelles byzantines, ornées pour certaines de peintures murales, notamment l'église **Agia Paraskevi**, décorée de fresques du 12ᵉ s.
À l'intérieur de l'enceinte, l'**église St-Georges** (13ᵉ s.), sur plan à trois vaisseaux, est aussi décorée de peintures. Près de l'entrée se trouve l'**église Zoodohos Pigi**,

asilique à nef unique ornée de fresques byzantines du 15ᵉ s., intéressantes par
urs détails pittoresques, et, à gauche, un grand enfeu funéraire gothique portant
es emblèmes héraldiques francs. Du chemin de ronde se dégagent d'immenses
ues★★ sur le massif du Parnonas au nord, le bassin de l'Eurotas jusqu'à la mer au
d, le massif du Taygète, au-dessus de Sparte, à l'ouest.

glises byzantines de Geráki – Dans le bas du village, en bordure de la route qui
ène au kastro, à côté du cimetière, se trouve l'église à coupole d'**Agios Athanassios**
début 13ᵉ s.) qui renferme de grandes fresques aux couleurs vives.

on loin, de l'autre côté de la route, un petit chemin descendant dans les oliveraies
onduit à l'église à coupole **Agios Sosson** (12ᵉ s.) de belles proportions, et plus
as à celle d'**Agios Nikolaos** (13ᵉ s.), à deux vaisseaux à voûte en berceau ; dans
chœur, une belle fresque représente sainte Marie l'Égyptienne. Plus près de la
oute, la minuscule église au milieu d'un champ est dédiée aux Agioi Theodoroi.
oir également l'église **Agios Ioannis Chrysostomos**, basilique à nef du 12ᵉ s. dont
voûte est ornée de fresques byzantines du début du 15ᵉ s. se référant aux vies du
hrist et de la Vierge (14ᵉ s.).

u-dessus du cimetière, en montant un peu dans le village, on peut voir l'église
e l'**Évangelistria** (12ᵉ s.), de plan cruciforme à coupole, dont les fresques bien
onservées sont sans doute l'œuvre d'un artiste de Constantinople.

hrýsafa
18 km à l'est de Sparte. Le village comprend plusieurs églises, dont celles de Chry-
afiotissa (13ᵉ s.), décorée de fresques, de la Dormition de la mère de Dieu (Koimissis
s Theotokou, 18ᵉ s.) et d'Agios Ioannis (13ᵉ s.). S'adresser au prêtre de l'église de la
ormition pour ouvrir les églises, généralement fermées.

Sparte pratique

Informations utiles

🛈 **Office de tourisme** – *52, odos Ilia
Gortsologlou, dans le prolongement
de la mairie et de la place centrale,
au 3ᵉ ét.* - ☏ 27310 265 17/267 71 -
lun.-vend. 7h30-14h30. Plan et
informations générales sur la ville.
Accueil en anglais.

🛈 **Comité de promotion du tourisme** –
*Préfecture de Laconie (bâtiment rose) -
85 Othonos-Amalias* - ☏ 27310 262 43/
258 98 - *fax 27310 268 10 - lun.-vend.
7h30-14h30.* Deux brochures en français
sur Sparte et les chemins de randonnées.
Une brochure en anglais sur les églises.
📶 *www.lakonia.org.*

Police touristique – *8, odos Hellonos* -
☏ 27310 204 92.

Poste – *Au croisement d'odos Likourgou et
Archidamou* - ☏ 27310 266 65 - *lun.-vend.
7h30-14h00.*

Hôpital – ☏ 27310 286 71/291 00.

Transport

En bus – KTEL – *Au bout d'odos Likourgou,
à l'angle de Odos Thivronos* - ☏ 27310
264 41/228 57 - *www.ktel.org.*

10 bus/j. pour **Athènes**, 5 pour **Gytheio**,
3 pour **Monemvasía**, 2 pour **Kalamáta**.
Bus toutes les heures pour **Mystrás** mais
départ de l'autre extrémité d'odos
Likourgou, sur odos Léonídou, depuis un
abribus municipal.

En voiture – Rent a car – Kottolas –
☏ 27310 289 66.

En taxi – *Odos Paleologou* -
☏ 27310 241 00.

Se loger

👁 La plupart des hôtels se situent au
centre-ville, dans le même périmètre.

🛏 **Cecil** – *125, odos K. Paléologou* -
☏ 27310 249 80 - *fax 27310 813 18 - 13 ch.*
Un hôtel propre et simple. Accueil
agréable. Très bon rapport qualité-prix.

🛏 **Apollon** – *84, odos Thermopylon* -
☏ 27310 224 91/224 92 - *fax 27310 239 36 -
www.touristorama.com – 48 ch.* Accueil
agréable pour cet hôtel simple et propre
qui a conservé son style années 1970. Les
chambres avec balcon, sur rue, sont un
peu petites. Bon rapport qualité-prix.

🛏🛏 **Maniatis** – *72-76, odos
K. Paléologou* - ☏ 27310 226 65 - *fax 27310
299 94 - www.maniatishotel.gr - 80 ch.*
Adresse très plaisante, chic et confortable
à la décoration minimaliste, avec balcon
et vue sur les montagnes pour certaines
chambres. Petit-déjeuner en sus (8 €).

🛏🛏🛏 **Menelaion** – *91, odos
K. Paléologou* - ☏ 27310 221 61 - *fax 27310
263 32 - www.menelaion.com - 48 ch.* ♿.
Très bien placé, ce bel hôtel à la façade
néoclassique possède des chambres et
des salles de bains spacieuses, des
fenêtres à double-vitrage et surtout une
piscine *(ouv. 7h-19h).*

Se restaurer

🍽 **Elyssé** – *113, odos K. Paléologou* -
☏ 27310 298 96. Sympathique restaurant
sans charme extérieur mais dont la cuisine
traditionnelle s'accompagne de quelques
trouvailles culinaires intéressantes, tel le
« petit cochon aux aubergines »,

d'inspiration française… ou la saucisse grecque aromatisée à l'orange. Bon accueil en anglais.

😊 **Maniatis** – Le restaurant de l'hôtel est assez plaisant avec son décor néo-spartiate et la fraîcheur de l'air conditionné. La carte, typiquement grecque, fait également la part belle à une cuisine italienne et internationale.

😊😊 **Menelaion** – 91, odos K. Paléologou - ☎ 27310 221 61. Au bord d'une piscine, dans un patio assez frais, le restaurant de l'hôtel du même nom c'est l'une des adresses chic de Sparte. La carte mêle plats grecs et spécialités françaises.

Faire une pause

👁 Les bars se trouvent essentiellement sur la **place de la mairie** et dans la rue **Kléomvrotou** agréablement rafraîchie par une petite fontaine.

Sports et loisirs

Le massif du Taygète se prête fort bien à la **randonnée** et offre un grand choix de circuits balisés (notamment le Chemin Européen E 4, de Sparte à Mystrás) et de chemins forestiers bien entretenus. Contacter le **Club alpin de Sparte** pour les renseignements pratiques, adresses des refuges et des parcs d'escalades (97, odos Gortsoglou - ☎ 27310 225 74) ou rendez-vous au 36, odos Likourgou, chez un photographe membre du club alpin. Dans le massif, points d'informations dans les villages de **Paleopanagia**, **Socha**, **Anavriti**.

Événements

Le **Festival d'été** se tient de juillet à septembre au Sainopouleion Amphitheatre à 5 km de Sparte en direction de Kalamáta. Concerts, théâtre, manifestations, etc.
Informations – ☎ 27310 824 70.

Achats

Vous trouverez un **artisanat** intéressant à la coopérative artisanale Ergani de Geráki – ☎ 27310 712 08/714 32/713 82.

Thèbes

Thíva – Θήβα

21 211 HABITANTS
CARTE GÉNÉRALE RABAT II B1 – GRÈCE CENTRALE – BÉOTIE

De la légendaire Thèbes, patrie du malheureux Œdipe, et de la cité antique, rasé par Philippe II et dévastée par les tremblements de terre, il ne reste que quelque vestiges architecturaux éparpillés dans la ville moderne. Pour avoir une idée d passé de la riche capitale de la Béotie, c'est au Musée archéologique qu'il fau se rendre. Thèbes offre aujourd'hui le paisible visage d'une ville commerçant reconstruite au siècle dernier selon un plan régulier.

- ▷ **Se repérer** – À 69 km au nord-ouest d'Athènes par la route E 962 (84 km pa l'autoroute E 75) et à 97 km à l'ouest de Delphes. Abondamment signalé, l Musée archéologique, flanqué d'une tour franque, se trouve à proximité de l route de Delphes.

- 👁 **À ne pas manquer** – Le Musée archéologique.

- 🕐 **Organiser son temps** – La ville sans charme excessif peut se visiter (compte une heure sur place) sur le trajet d'Athènes à Delphes. Pour vous loger, préfére donc cette dernière ou le village de montagne d'Aráchova

- 🖑 **Pour poursuivre le voyage** – Attique, Aráchova, Delphes, Eubée.

Comprendre

Tragédies mythiques

D'après la légende, Thèbes aurait été fondée par le Phénicien **Cadmos** entraîné en ce lieux, à la recherche de sa sœur Europe, par une vache marquée d'un signe magique Fils de Zeus et d'Antiope, Amphion aurait ensuite élevé les remparts de la cité, faisar mouvoir les énormes pierres par le seul son de sa lyre. Enfin, Cadmos, ayant épous Harmonie, en aurait eu une fille, Sémélé, maîtresse de Zeus et mère de Dionysos.

Malheureux Œdipe ! – Le principal héros thébain reste cependant Œdipe, fils du r de Laïos et de Jocaste. Laïos, ayant appris d'un oracle qu'Œdipe tuerait son père e épouserait sa mère, fait abandonner l'enfant dans le massif du Kythéron où, pense t-il, le froid, la faim, les bêtes auront raison de lui. Or des bergers recueillent l'enfan qui est élevé par le roi de Corinthe dans l'ignorance de sa naissance. Se rendant Thèbes, il rencontre Laïos, se prend de querelle avec lui et le tue.

Lorsque Œdipe arrive à Thèbes, la contrée est terrorisée par le **Sphinx**, monstre à corps de lion et buste féminin ailé, qui dévore les passants incapables de répondre aux énigmes qu'il leur soumet. Le frère de Jocaste, **Créon**, ayant promis le trône de Thèbes et la main de Jocaste à celui qui débarrasserait le pays du Sphinx, Œdipe se présente devant celui-ci et reçoit la question suivante : « Qui marche à quatre pattes le matin, à deux pattes dans la journée, sur trois pattes le soir ? » Œdipe répond : « L'homme » (la journée symbolisant les trois âges de la vie). Telle est la réponse et le Sphinx, de dépit, se jette au fond d'un gouffre. Œdipe devient roi de Thèbes et épouse donc sa mère, accomplissant la parole de l'oracle.

Lorsqu'il apprend la vérité, il se crève les yeux, tandis que Jocaste se pend. Le jeune roi quitte Thèbes guidé par sa fille **Antigone**, pour mener une vie errante jusqu'à sa mort survenue à Colone (Kolonos), près d'Athènes.

La légende d'Œdipe a inspiré à **Sophocle** deux grandes tragédies *Œdipe roi* et *Œdipe à Colone*… et à **Freud** un célèbre complexe !

Touchante Antigone ! – Après la mort d'Œdipe, la fière Antigone revient à Thèbes auprès de sa sœur, la timide et douce Ismène, et de ses frères, Étéocle et Polynice. Mais ces derniers s'entretuent et leur oncle, le traître Créon, prend le pouvoir, interdisant à Antigone d'enterrer Polynice, qui avait fait alliance avec sept chefs d'Argos, évoqués par **Eschyle** dans *Les Sept contre Thèbes*.

C'est alors que la fille d'Œdipe, bravant les lois humaines pour obéir à sa conscience, ensevelit son frère suivant les rites consacrés, avant de marcher vers son supplice : elle est enterrée vivante. **Sophocle** a évoqué cette triste histoire dans sa tragédie *Antigone*, de même que **Jean Anouilh** bien des siècles plus tard.

Gloires antiques et médiévales

Chanceux Pindare ! – Au 4e s. av. J.-C., Thèbes connaît sa période de gloire lorsqu'elle patronne la Confédération béotienne et inflige à Sparte en 371 une défaite à Leuctres, près de Platées, s'assurant ainsi durant dix ans l'hégémonie sur la Grèce.

Deux hommes, **Épaminondas**, le vainqueur de Leuctres, et **Pélopidas** réorganisent alors l'armée thébaine autour du fameux **bataillon sacré** comprenant 300 jeunes nobles ayant fait le serment de combattre ensemble jusqu'à la mort.

Mais, après la mort d'Épaminondas à la bataille de Mantinée (362 av. J.-C.) dans le Péloponnèse, Thèbes décline et, en 336, Alexandre détruit la rivale d'Athènes, n'épargnant que la maison du poète **Pindare** (518-438 av. J.-C.).

Fastueux Nicolas ! – La cité d'Épaminondas retrouve une certaine importance commerciale à l'époque byzantine lorsque prospère l'industrie de la soie.

Thèbes recouvre en outre une importance politique en 1205 lorsque les croisés occupent la région : la Béotie et l'Attique sont dévolues au Bourguignon Othon de La Roche qui s'y installe. Puis, celui-ci étant mort sans enfant, son neveu Guy Ier hérite

Œdipe et Antigone s'exilant de Thèbes imaginés par Ernest Hillemacher en 1843 (musée des Beaux-Arts d'Orléans).

Roger-Viollet

d'Athènes et de l'Attique, tandis que sa nièce Bonne reçoit en dot la Béotie lorsqu'elle épouse Othon de Saint-Omer. Désormais les Saint-Omer sont ducs de Thèbes où Nicolas de Saint-Omer (1258-1294) fait bâtir le château de la Cadmée et le décore luxueusement. Cependant, celui-ci est pris en 1311 et démantelé par les Aragonais vainqueurs des Francs à la bataille du Céphyse.

Visiter

Musée archéologique★

 22620 279 13 - mar.-dim 8h-19h, lun. 12h-19h - 2 €.

Près des vestiges du château des Saint-Omer (13ᵉ s.), le musée tente de faire revivre la splendeur de la grande époque béotienne. Parmi ses pièces maîtresses, il faut citer notamment des sculptures archaïques, dont un superbe **kouros★★** du 6ᵉ s. av. J.-C. provenant des fouilles françaises au Ptoion (au nord de Thèbes), un trésor de 42 sceaux cylindres mésopotamiens trouvés à Thèbes (période mycénienne), un pyxis en ivoire exhumé d'une tombe thébaine et une statue d'Artémis provenant d'Aulis. À voir également, les stèles funéraires en pierre noire (5ᵉ s. av. J.-C.) avec représentation de guerriers et une série de sarcophages de l'époque mycénienne (13ᵉ s. av. J.-C.) peints de scènes funéraires avec pleureuses et cérémonies rituelles.

Aux alentours

Citadelle de Gla

À 27 km au nord-ouest. Rejoindre l'autoroute E 75 (pour cela, le plus simple est de suivre la direction Athènes) où l'on prend la direction de Thessalonique. Quitter l'autoroute à la sortie « Kastro » et prendre vers l'est la route de Larymna : 700 m plus loin, laisser cette route à gauche et continuer tout droit sur le chemin empierré qui atteint la citadelle et en fait le tour.

Jadis entourée par les eaux sombres du lac Copaïs (Kopaïda) aujourd'hui asséché, la citadelle-refuge de Gla est constituée par un îlot rocheux tabulaire dont le périmètre est suivi par une muraille (14ᵉ-13ᵉ s. av. J.-C.), longue de 3 km et épaisse de plus de 5 m. Cette enceinte est percée de quatre portes, celle du sud étant la principale. Après avoir franchi la porte nord-est encadrée de tours carrées, en tournant à droite et en gravissant le sentier, vous arriverez au point culminant de l'île, à environ 70 m au-dessus du niveau de la plaine lacustre.

L'École française d'Athènes y a mis au jour les vestiges d'un palais de type mycénien, à deux mégarons. Des abords, vue panoramique sur le bassin de l'ancien lac, où prédominent les cultures de riz et de coton.

Thessalonique★★

Thessaloníki – Θεσσαλοίκη

**363 987 HABITANTS (1 000 000 AVEC LA BANLIEUE)
CARTE GÉNÉRALE RABAT I B1 – MACÉDOINE**

Premier port de Grèce, Thessalonique a su conserver une atmosphère de station balnéaire méditerranéenne avec ses grandes avenues plongeant vers la mer. Alliant modernité aux vestiges épars de plus de deux mille ans d'histoire, cette ville très dynamique ne pourra que vous étonner par ses contrastes. Au pied des remparts, dans les ruelles escarpées agrémentées de terrasses soigneusement fleuries, vous découvrirez un art de vivre, bien loin des bars branchés du bord de mer.

➢ **Se repérer** – Construite au fond du golfe Thermaïque sur les pentes du Khortiatis, Thessalonique se situe sur les rives de la mer Égée, à 500 km au nord d'Athènes, en Macédoine centrale.

👁 **À ne pas manquer** – L'Arc de Galère, les trésors du Musée archéologique et du musée de la Civilisation byzantine.

🕓 **Organiser son temps** – Comptez deux jours de visite. Munisssez-vous d'un plan détaillé de la ville.

👪 **Avec les enfants** – Mangez une glace dans l'un des bars colorés de l'odos Iktinov.

🦋 **Pour poursuivre le voyage** – Mont Áthos, Chalcidique, Kavála, Lárisa, mont Olympe.

H. Champollion / MICHELIN

La Tour Blanche, témoin du passé ottoman de Thessalonique.

Comprendre

Thessalonique, ville impériale – Thessalonique a été fondée en 315 av. J.-C., à l'emplacement de Thermé (modeste localité antique qui donna son nom au golfe Thermaïque), par le diadoque (général) macédonien Cassandre qui lui donna le nom de sa femme Thessalonica, demi-sœur d'Alexandre le Grand. Sous la domination romaine, elle prit une grande extension comme port et surtout comme étape sur la via Egnatia, axe de pénétration romaine vers l'Orient, reliant Dyracchium (Durazzo en Albanie) à l'Asie Mineure.

Capitale de la province romaine de Macédoine en 148 av. J.-C., elle constitua dès lors un centre de culture marqué notamment par le passage de Cicéron en exil (58 av. J.-C.). Au cours de ses voyages, **l'apôtre Paul** s'arrêta deux fois à Thessalonique en 50 et en 56 prêchant à la synagogue malgré l'hostilité de certains juifs, et fondant une Église à laquelle il adressa plusieurs Épîtres.

Au début du 4e s., Thessalonique devint la résidence principale de l'empereur **Galère**, persécuteur des chrétiens : en 306, un officier romain d'origine grecque, Dimitri, y subit le martyre. Empereur de Byzance de 379 à 395, **Théodose le Grand** donna un caractère officiel à la religion chrétienne qu'il avait embrassée lors d'une grave maladie. Mais cette conversion ne l'empêcha pas, après le meurtre d'un de ses généraux commandant à Thessalonique, de faire massacrer dans le cirque, en représailles, 7 000 Thessaloniciens ; repentant, il se soumettra à la pénitence imposée par saint Ambroise, évêque de Milan.

Passé les invasions barbares, Thessalonique, sous le règne régénérateur de l'empereur byzantin **Justinien** (527-565), est la deuxième ville de l'empire d'Orient, après Byzance, et se couvre d'églises. Saint Cyrille le philosophe, futur apôtre des Slaves et inventeur présumé de l'alphabet cyrillique y naît en 827.

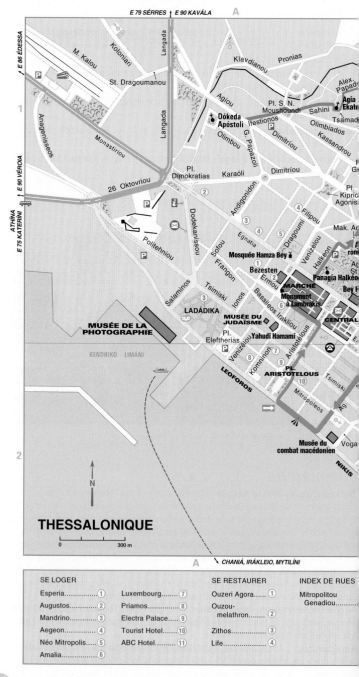

THESSALONIQUE

0   300 m

↖ CHANIÁ, IRÁKLEIO, MYTILÍNI

SE LOGER		SE RESTAURER	INDEX DE RUES
Esperia...............①	Luxembourg........⑦	Ouzeri Agora......①	Mitropolitou
Augustos............②	Priamos..............⑧	Ouzou-	Genadiou...........
Mandrino............③	Electra Palace.....⑨	melathron........②	
Aegeon...............④	Tourist Hotel.......⑩	Zithos................③	
Néo Mitropolis....⑤	ABC Hotel..........⑪	Life....................④	
Amalia...............⑥			

e l'anarchie à la prospérité – Après une période de vicissitudes dues aux dissen-
ons byzantines, la 4e croisade déferla vers Constantinople faisant de Thessalonique,
ntre 1204 et 1224, un archevêché et la capitale d'un royaume latin dont le premier
tulaire se nommait Boniface de Montferrat.

evenue à Byzance, Thessalonique fut en proie à l'anarchie jusqu'à ce que le sultan
Mourad II s'en empare en 1430 et lui donne le nom de **Salonique**. La cité connut
lors une période de prospérité renforcée par l'arrivée en 1492 de 20 000 Juifs chassés
d'Espagne, auxquels le sultan Bajazet II avait offert l'hospitalité. Spécialisés dans le
ravail de la laine, de la soie et des pierres précieuses, ces Juifs constituèrent une
ommunauté artisanale et marchande cultivée, commerçant avec toute l'Europe.

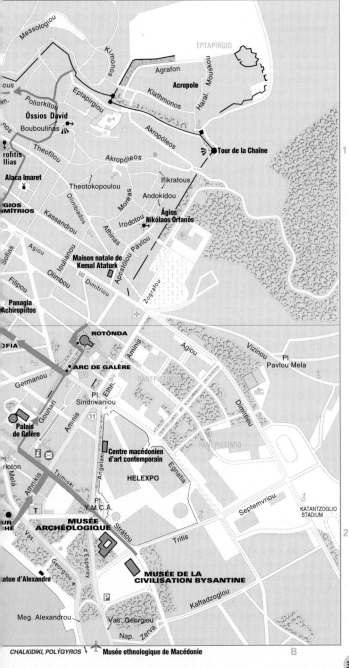

Parlant le ladino, un dialecte judéo-espagnol, portant caftan et houppelande bordé de fourrure, ils avoisinèrent les 30 000 au 17e s. En 1910, l'ensemble de la communauté juive, Séfarades d'origine espagnole et Romaniotes *(voir musée du Judaïsme p. 338)* comptait 65 000 personnes, soit environ la moitié de la population de la ville.

Les temps modernes – Salonique, à laquelle les Turcs laissèrent une certaine autonomie développa son économie à la fin du 19e s. : en 1888, le chemin de fer la relia à l'Europe centrale et, de 1897 à 1903, une société française construisit le nouveau port.

Salonique est le berceau des Jeunes Turcs, qui déposèrent le sultan Abdul Hamid en 1909, et de **Mustafa Kemal Atatürk** (1881-1938), qui fut le premier président de la République turque. Salonique revint aux Grecs pendant la première guerre des Balkans, lorsque les armées grecques pénétrèrent dans la ville, le 26 octobre 1917 (jour de la Saint-Dimitri), et retrouva son nom d'origine.

Durant la Première Guerre mondiale, de 1915 à 1918, Thessalonique servit de quartier général à l'armée alliée d'Orient et de siège au gouvernement grec de défense nationale présidé par Venizelos. Les généraux Sarrail et Franchet d'Esperey y dirigèrent les opérations qui aboutirent à la défaite des puissances d'Europe centrale ; au nord de Thessalonique (à 2 km de la place Dimokratias, sur la route de Kavala, dans le faubourg de Stavroupoli) se trouve un cimetière militaire français, appelé Zeitenlick comprenant 8 089 tombes de soldats du corps expéditionnaire français.

Un incendie ayant détruit en 1917 une grande partie de la ville, laissant 80 000 sans abri, celle-ci fut reconstruite sur les plans de l'architecte français Hébrard qui aménagea notamment la belle perspective centrale. En 1941, les Allemands occupèrent Thessalonique et déportèrent les 50 000 Juifs qui y demeuraient (monument commémoratif au début de l'avenue Langada, en direction de Kavála). En 1978 enfin, un séisme endommagea la plupart des monuments, causant de graves dégâts aux églises.

Commerce et industrie – Carrefour terrestre et maritime à la jonction de l'Orient et de l'Occident, Thessalonique constitue depuis longtemps un centre d'échanges que matérialise, en septembre, une importante **Foire internationale** (Diethni Ékthessi) fondée en 1926. Elle accueille également chaque année en mai une **Foire du livre** très appréciée. Concentrée dans la banlieue ouest, l'industrie concerne traditionnellement le textile, le tabac, l'alimentation (sucreries, huileries…) à quoi sont venues s'ajouter une raffinerie de pétrole, des usines d'engrais, une aciérie, une cimenterie, etc. Le trafic du port est constitué pour moitié d'hydrocarbures.

Dans le cadre de l'Union européenne, Thessalonique a été choisie pour capitale européenne de la culture en 1997, une reconnaissance en quelque sorte de la vie intellectuelle (l'université Aristote, la plus ancienne de la ville, fut fondée en 1926) et culturelle de la deuxième ville grecque.

Depuis l'effondrement du bloc communiste et l'ouverture des pays de l'Est, Thessalonique retrouve pleinement son rôle traditionnel de centre d'échange.

Encadrée par des usines à l'ouest, par un quartier haut de caractère oriental au nord et par un secteur résidentiel à l'est, Thessalonique a pour centre la place Aristotelou ouverte sur la mer.

Se promener

La ville basse

Entre l'odos Olimbiados au nord et le front de mer au sud se concentrent tous les musées et les commerces. Cette partie de la ville, dévastée par l'incendie d'août 1917 conserve cependant des façades néoclassiques d'une grande beauté. Les vestiges archéologiques, surgissant au détour des voies de circulation au tracé perpendiculaire, les remarquables églises byzantines, modestement dressées entre les immeubles de béton, lui donnent toute sa force. Pour en saisir les différentes atmosphères, vous pourrez prendre un verre dans le vieux quartier réaménagé de Laladika, près du port, dans les petites rues ombragées du marché central ou sur le majestueuse place Aristotélous.

La Tour Blanche★ (Lefkós Pírgos) B2

Odos Vas. Georgiou, fermée jusque mi-2007 - ☎ *23102 678 32.* Sa collection d'icônes est actuellement exposée au musée de la Civilisation byzantine. Incorporée dans les remparts, dans l'angle sud-est de ceux-ci, la Tour Blanche était le principal élément du front de mer qui fut abattu en 1866. Les Turcs la firent reconstruire au 15e s. et l'utilisèrent au siècle suivant comme prison pour les janissaires, gardes du sultan qui trahissaient parfois leur maître. C'est ainsi qu'en 1826 les janissaires s'étant révoltés contre Mahmud II, celui-ci les fit enfermer et massacrer dans la tour qu'on appela

lors Tour de Sang. Enfin les Turcs, dé-
reux d'effacer ce vocable fâcheux, en
rent blanchir les murs à la chaux et
 nommèrent Tour Blanche. Haute de
5 m, elle présente un appareil de pierre
intercalations de brique.

raverser l'esplanade et s'engager dans
dos Athnikis Aminis. *Une fois arrivé au
roisement avec odos Tsimiski, prendre à
roite pour se rendre au Musée archéo-
ogique (voir « Visiter ») ou au musée de
 Civilisation byzantine (voir « Visiter »),
 gauche pour simplement continuer la
romenade.*

L'Arc de Galère, au cœur de Thessalonique.

'avenue Gounari★ B2

ette grande avenue mérite en elle-
nême le détour. De odos Tsimiski, à par-
r de laquelle elle devient piétonne, vous
errez la mer au sud et, au nord, deux
es plus beaux monuments antiques
e Thessalonique, l'Arc de Galère et la
otonde. En la remontant, vous croiserez
es vestiges d'un hippodrome et vous discernerez, place Navarinou, le plan du palais
npérial romain de Galère.

rc de Galère★ (Apsída Galeríou) B2

et arc triomphal faisait partie d'un ensemble édifié au 4e s. au principal carrefour
e la cité romaine pour honorer l'empereur Galère. Ses piliers de brique revêtus de
ierre furent décorés de bas-reliefs exaltant les victoires de cet empereur sur les
ations de Perse, de Mésopotamie et d'Arménie.

e pilier sud est le mieux conservé. Remarquer sur la face extérieure et de bas en
aut : scène de guerre avec éléphants et lion ; sacrifice avec Galère à droite et son
eau-père Dioclétien à gauche ; triomphe de Galère ; Galère faisant une proclamation
ses soldats. Sur la face intérieure, voir surtout : en bas, la Mésopotamie et l'Arménie,
gurées par deux femmes faisant leur soumission ; au-dessus, Galère combattant.

a Rotonde★ B2

☏ 23109 688 60 - tlj sf lun. 8h30-14h45 - Minaret et fresques en rénovation.

onnue également sous le nom d'**église Ágios Giorghos** (St-Georges), elle a pour
rigine le mausolée circulaire élevé au 4e s. à l'intention de l'empereur Galère qui,
nort au loin, n'y fut pas enseveli. Au siècle suivant, sous Constantin et Théodose le
Grand, le mausolée fut transformé en église « palatiale » par agrandissement de la
otonde et adjonction d'une abside à l'est : l'entrée principale se trouvait alors au
ud face à la rue bordée de portiques qui descendait vers l'Arc de Galère et le palais
npérial. Transformée en mosquée sous l'occupation turque (minaret), elle abrite
naintenant un **musée Lapidaire**. L'intérieur était orné de mosaïques sur fond or dont
uelques-unes subsistent, notamment, à la base de la coupole, celles qui figurent
uit saints martyrs en prières.

*Redescendre vers odos Tsimiski par odos Ioakim et continuer en direction du centre-ville,
usqu'à croiser odos Agia Sofia.*

anagía Achiropíitos B1

6 odos Agia Sofia - ☏ 23102 728 20 - 7h-12h, 16h30-18h30.

rès restaurée, elle remonte au 5e s. : colonnes monolithes à chapiteaux byzantins ;
estiges de mosaïques. À l'extérieur, minuscule chapelle-baptistère. Le nom de l'église
voque une icône de la Vierge qui ne serait « pas faite de main d'homme » *(à gauche
n entrant).*

Agía Sofia★B2

lace Agía Sofia - ☏ 23102 702 53 - 7h-13h et 17h-19h.

Remontant probablement au 8e s., l'église frappe par l'ampleur de ses dimensions et
'originalité de ses dispositions : le plan basilical à trois nefs et tribunes s'y conjugue
n effet avec le plan en croix grecque et coupole. À l'angle nord-ouest, la base d'un
ninaret rappelle que l'église fut une mosquée jusqu'en 1912.

À l'intérieur, il faut considérer d'abord les très curieux **chapiteaux★** des colonnes,
ux feuilles d'acanthe déviées, qui proviendraient d'un édifice du 5e s. Les mosaïques

Très animé, le grand marché central de Thessalonique remplace l'ancien marché turc.

(9ᵉ-10ᵉ s.) de la coupole montrent l'Ascension du Christ, composition de facture harmonieuse.

Continuer de descendre la rue Agia Sofia, jusqu'à croiser la rue Proxenou Koromila.

Musée du Combat macédonien (Moussío Makedonikoú Agónos) A2
23 odos Proxenou Koromila - ☎ 23102 297 78 - mar.-vend. 9h-14h, dim. 10h-14h - fermé sam. et lun.
Ce petit musée retrace l'histoire politique de la Macédoine, des dernières décennies de l'Empire Ottoman jusqu'à la Seconde Guerre mondiale. Il vous convaincra, si vous ne l'étiez déjà, que vous êtes bien dans les Balkans, une zone géopolitique stratégique aux confins de l'Orient et de l'Occident.

Descendre jusqu'à la mer et prendre odos Nikis, à droite, jusqu'à la place Aristotelous.

La place Aristotelous A2
Esplanade dallée, bordée par la luxueuse façade néobyzantine de l'Electra Palace et par d'innombrables cafés, cette place est le cœur de la cité balnéaire.

Remonter par l'avenue jusqu'à odos Ermou.

Marché central★ (Kendrikí Agorá) A1
Dédale de petites ruelles entre odos Egnatia et odos Ermou. Fermé dim.
Le pittoresque marché central, à l'atmosphère très orientale, est prolongé à l'ouest par l'ancien bazar des tissus, le **Bezesten**, surmonté de six petites coupoles.
Le monument situé à l'angle sud-ouest du marché, une tête de femme entourée d'énormes bras dressés, est élevé à la mémoire du **député Lambrakis** assassiné à Thessalonique en 1963, et dont le personnage est interprété par Yves Montand dans le film *Z*, de Costa-Gavras (1968).

Yahudi Hammam – Un peu au sud du marché. Ce bain turc, du 16ᵉ s., était situé dans le vieux quartier juif d'où son nom. De nos jours s'y tient le marché aux fleurs.

Après avoir traversé le marché, prendre odos Halkeon au nord.

Panagía Halkéon A1
Au croisement de odos Aristotelous et odos Egnatia. 7h30-12h.
Construite au 11ᵉ s., la petite église **Notre-Dame-des-Chaudronniers**, de brique et servant de paroisse aux chaudronniers et aux forgerons établis aux alentours, présente l'aspect typique des églises byzantines sur plan en croix grecque, avec tour centrale et façade à deux tours sur narthex.

Passer devant la statue de Venizelos et gagner les bains turcs de l'autre côté du jardin.

Bey Hamamí A1
Ces bains turcs, les plus importants de Grèce, furent construits en 1444 par le sultan Mourad II. Le hammam comporte une double installation, l'une pour les femmes, l'autre pour les hommes ; cette dernière a reçu une belle décoration en stalactites. Les habitants de Thessalonique ont continué à utiliser le hammam, sous le nom de Loutra Paradissos (« bains du Paradis »), jusqu'en 1968, date à laquelle il ferma ses portes pour être remis aux services archéologiques.

Traverser odos Filipou et reprendre odos Halkeon. On longe les vestiges d'une agora.

Agora A1

Des fouilles ont mis au jour cette agora, qui est d'ailleurs plutôt un forum romain, car les restiges découverts datent en majeure partie du 1er s. : ce sont notamment les bases d'un double portique qui encadrait la place et aussi les gradins d'un odéon (petit théâtre).

Au croisement avec odos Agiou Dimitriou, prendre à droite.

Ágios Dimítrios★ B1

(voir « Visiter »)

Au chevet de l'église, remonter odos Ag. Nikolaou (ancien bain turc à l'angle) et prendre à droite odos Kassandrou sur laquelle s'ouvre une petite place.

Alaca Imaret (Ishak Pasa Dzamí) B1

Cette ancienne mosquée fut construite en 1484 par Ishak Pacha, gouverneur de Salonique sous le sultan Bajazet II. La mosquée servait également d'hospice *(imaret)* pour les pauvres. Le minaret, dont il ne reste que la base, était fait de pierres polychromes *(alaca)*. Le lieu de prière central, un rectangle surmonté de deux grandes coupoles, est entouré de part et d'autre de deux petites pièces carrées, également à coupoles, qui servaient de cantine et de centre d'enseignement. Le bâtiment, bordé d'un long portique à cinq coupoles, accueille aujourd'hui des expositions artistiques.

Continuer de monter jusqu'à odos Olimblados.

Ville haute

Depuis odos Olimbiados jusqu'aux remparts, vous traversez un véritable lacis de ruelles escarpées conduisant à l'acropole et à la citadelle byzantine. C'est un bonheur de s'y perdre et de se laisser surprendre par la vue sur la ville, une fois atteintes les hauteurs. Quartier des fonctionnaires ottomans, elle présente un net caractère oriental, avec ses maisons à encorbellement.

Profítis Ilías B1

Cette église dédiée au prophète Élie a été construite sur les ruines d'un palais byzantin au milieu du 14e s. Voir l'élégante abside à trois absidioles et, à l'intérieur, les superbes colonnes monolithes du transept.

Prendre son courage à deux mains et se lancer à l'assaut des ruelles, pour arriver jusqu'à l'église Ossios David puis aux remparts.

Óssios Davíd B1

Lun.-sam. 9h-12h, 16h-18h - fermé dim. À l'origine église d'un ancien monastère, remontant en partie au 5e s., elle abrite une **mosaïque★** de la même époque, bien conservée, représentant la Vision d'Ézéchiel. Elle présente un rare témoignage de la peinture du 12e s. à Thessalonique, des **fresques** représentant des scènes de Baptême et de Nativité. Du jardin, vue sur la ville.

Remparts★ AB1

Ils entourent principalement la ville haute et l'acropole. Édifiés à la fin du 4e s. sur des fondations hellénistiques, les remparts furent remaniés par les Byzantins au 14e s., et au 15e s. par les Turcs qui y employèrent des ingénieurs vénitiens.

Ils offrent une promenade de 4 km. Ponctuée de tour,s on remarquera notamment à l'extrémité nord-est la grosse **tour de la Chaîne** (Dingirli Koulé) du 15e s. Des abords de la grosse tour, **vue★** étendue sur Thessalonique et le golfe. De ce côté, les remparts, restaurés récemment, offrent une belle perspective que jalonnent les **tours d'Andronic II** (14e s.) et **d'Anne Paléologue**, cette dernière donne accès à la citadelle et à l'Eptapirgio, édifice du 14e s., qui servit de prison jusqu'en 1989.

Redescendre vers la ville basse par odos Poliorkitou, puis odos Klios.

Agía Ekateríni A1

Au croisement d'odos Ious et Sahtouri. 7h-11h30, 17h30-19h. L'église Ste-Catherine, du 13e s., est en brique, de dimensions réduites, mais de proportions parfaites ; à l'intérieur, fresques et mosaïques du 13e s.

Continuer la descente vers l'ouest jusqu'à rejoindre odos Agiou Dimitriou, à droite.

Dódeka Apóstoloi A1

Place Agion Apostolon. 8h30-12h, 17h-19h. Nichée au pied des remparts ouest, l'église des Douze Apôtres, du 14e s. sur plan en croix grecque et abside à trois absidioles, est une construction caractéristique de la « Renaissance » des Paléologues. Admirer à l'extérieur le **décor de briques★** ingénieusement disposées en motifs géométriques, à l'intérieur les chapiteaux corinthiens des colonnes de la coupole ainsi que des mosaïques et fresques du 14e s. (remarquer la Danse de Salomé).

Visiter

Ágios Dimítrios★ B1

Odos Agiou Dimitriou - visite de la crypte : lun. 12h30-19h, mar.-sam. 8h-20h, dim. 10h30-20h. L'imposante église St-Dimitri marque l'emplacement du martyre et de la tombe du patron de Thessalonique. Entièrement restaurée à la suite de l'incendie de 1917, l'église actuelle reproduit les dispositions de la basilique du 7ᵉ s. qui était précédée par un atrium et dont certains éléments (marbres, colonnes, mosaïques) ont été réutilisés. Vestiges de bains romains sur le côté nord, ainsi que du minaret turc (l'église servit de mosquée de 1491 à 1912). L'intérieur, dont l'ampleur étonne, comprend cinq nefs, bien éclairées par trois niveaux de baies. Admirer les chapiteaux sculptés des superbes colonnes antiques réemployées, en marbre vert, blanc ou rouge, dont les hauteurs variées sont compensées par des bases de dimensions différentes.

Les piliers, de part et d'autre de l'entrée de l'abside, sont ornés de petites **mosaïques★★** du 7ᵉ s., remarquables par la finesse de leur dessin et le raffinement de leurscoloris : au pilier de droite, Dimitri et un diacre portant l'Évangile, Dimitri entre les deux fondateurs de l'église, puis saint Serge ; au pilier de gauche, Dimitri entre deux enfants, puis la Vierge et saint Théodore, cette dernière mosaïque étant plus tardive. Devant l'iconostase sont vénérées les reliques de saint Dimitri, revenues d'Italie en 1980 où elles étaient conservées à San Lorenzo in Campo, dans les Marches.

Par un escalier à droite de l'abside, on descend dans la crypte, qui correspond en fait aux vestiges du bain romain (où l'on aurait enfermé Dimitri avant son martyre) sur les ruines duquel fut élevée la première église. La crypte abrite un petit **Musée lapidaire** qui rassemble des éléments de décor sculpté de l'église. C'est ici qu'était recueillie l'huile miraculeuse qui, selon la tradition, coulait du tombeau du saint, placé sous le maître-autel. Le bassin de marbre, semi-circulaire, surmonté d'une colonnade, serait un vestige des bains romains.

Avant de sortir, voir, à l'extrémité de la nef centrale à droite, un sarcophage florentin du 15ᵉ s. Au-delà, une chapelle hors d'œuvre marque l'emplacement présumé du tombeau primitif de saint Dimitri.

Musée archéologique★★★ (Moussío Arheologiko) B2

6, odos M. Andronikou - ℘ *23108 305 38 - lun. 13h-19h30, mar.-sam. 8h30-19h - 4 € (6 € billet combiné avec le musée de la Civilisation byzantine).* Le Musée archéologique, même dépossédé du trésor de Vergina exposé désormais in situ *(voir Circuit de découverte),* demeure un des plus riches musées de Grèce. Il rassemble des objets et des céramiques provenant des sites de Macédoine et de Thrace, notamment des chefs-d'œuvre découverts dans les tombes de la Grèce du Nord témoignant du haut niveau de civilisation atteint par la région au temps de Philippe II et d'Alexandre.

De la préhistoire à l'époque classique – Le musée donne un aperçu de l'habitat préhistorique en Macédoine, du néolithique à l'âge du bronze. Le produit des fouilles effectuées sur le flanc ouest du mont Olympe (âge du cuivre, époque mycénienne) est exposé. L'importante nécropole de Toroni en Chalcidique a fourni des objets datant des périodes mycénienne et protogéométrique (9ᵉ s. av. J.-C.). Le site d'Agia Paraskevi, au sud-est de Thessalonique, comportant 450 tombes du 6ᵉ s. av. J.-C., a livré des armes, des vases et des bijoux en cuivre, or et argent. Le produit des fouilles

---

L'art des orfèvres dans l'Antiquité

Les bijoux grecs étaient destinés non seulement à honorer les dieux et à parer les défunts, mais aussi à être offerts à tout un chacun à l'occasion de certaines circonstances. L'emploi de motifs empruntés à la symbolique de l'amour comme Aphrodite ou Éros laisse croire qu'on en offrait facilement à l'occasion de mariages ou de naissances, par exemple.

Les orfèvres grecs utilisaient des feuilles d'or qu'ils découpaient au ciseau avant de les presser contre un support portant un motif en relief. Pour obtenir un effet de dentelle, ils réalisaient un décor en filigrane en appliquant des fils d'or tressés ou torsadés. Suivant la technique de la granulation, ils agençaient entre elles de minuscules boules d'or. Puis ils assemblaient à froid les différentes parties du bijou à l'aide de rivets. Réalisés aussi bien dans les cités de la Grèce continentale que dans les colonies grecques d'Italie du Sud ou d'Asie Mineure, les bijoux de l'époque classique sont d'une grande beauté et témoignent d'une parfaite maîtrise de l'orfèvrerie.

de l'importante ville classique d'Olynthe, détruite par Philippe II en 348 av. J.-C. (en Chalcidique, près du golfe de Kassandra) et du site d'Akanthos (près de Lerissos, dans l'est de la Chalcidique) est également présenté avec des photographies des sites.

Sculptures, verres et mosaïques – Elles sont disposées par ordre chronologique. Remarquer un kouros et une korê privés de tête, des reliefs funéraires, des copies romaines de muses provenant de l'odéon, des portraits romains dont celui, en bronze, de l'empereur Alexandre Sévère (3ᵉ s.).

Le musée abrite des mosaïques, notamment celle d'Ariane et de Dionysos, trouvées dans des villas romaines à Thessalonique, et une belle collection de verres romains. Noter l'arche de marbre du 4ᵉ s. apr. J.-C., provenant du palais de l'empereur Galère.

Trésors de la Macédoine ancienne – Présentés dans une aile du musée spécialement conçue pour eux, ils comprennent une extraordinaire série d'objets précieux, surtout des offrandes en bronze, argent ou or, provenant de tombes du 4ᵉ s. av. J.-C. et de l'époque hellénistique.

Trésor de Dervéni – Il groupe le matériel découvert dans des tombes du 4ᵉ s. av. J.-C. à Dervéni lors de la construction de la route nationale reliant Thessalonique à Kavála : bijoux en or (boucles d'oreilles, colliers, couronnes d'or à feuilles de lierre et de myrte), vases en argent ou en bronze. La pièce maîtresse en est le grand cratère en bronze doré, dont les ornements sculptés illustrent la vie de Dionysos : sur les épaules sont représentés quatre personnages du cortège dionysiaque, sur le col figurent 12 animaux (cerfs, griffons, panthères, lions) et les anses en volutes sont décorées de figures barbues.

H. Champollion / MICHELIN

Trésor de Sindos – Il présente les richesses provenant de 121 tombes, datant des 6ᵉ-5ᵉ s. av. J.-C., fouillées à la nécropole de Sindos, à l'ouest de Thessalonique. Les tombes d'hommes ont livré des armes, des casques du type dit illyrien entourés de feuilles d'or ainsi que des masques d'or. Plusieurs modèles de chariots et charrettes en fer soudé et de petites tables à trois pieds y furent aussi découverts. Les sépultures fémini-

Une merveille de ciselure : le vase de Dervéni.

nes ont révélé de nombreux bijoux en or (fibules, pendentifs, épingles) travaillés en filigrane et en grènetis. Tombe féminine en terre cuite peinte, avec couvercle.

En sortant du musée, prendre à droite.

Musée de la Civilisation byzantine★★
(Moussío Vizandinoú Politismoú) B2

2, odos Stratou - ℘ 23108 685 70 - mar.-dim. 8h-19h, lun. 13h-19h30 - 4 € (6 € billet combiné avec le Musée archéologique). Inauguré en 1994, il présente selon une muséographie moderne une remarquable collection d'art paléochrétien et les icônes de la Tour Blanche. Il rassemble divers éléments de décor d'églises macédoniennes et d'art funéraire et, par la reconstitution d'un intérieur, évoque la vie quotidienne. Outre le grand nombre de sculptures et inscriptions qui y sont exposées, il faut remarquer parmi les belles icônes *La Vierge et l'Enfant* (1300) et *La Sagesse de Dieu* (début du 14ᵉ s.), et des broderies, en particulier le fameux **Epitaphios de Thessalonique** (14ᵉ s.), utilisé à l'origine comme corporal (voile dissimulant les Saintes Espèces) et, à ce titre, orné de scènes eucharistiques encadrant un Christ mort.

Revenir vers odos Angelaki, que l'on prend à droite, et longer l'enceinte de la Foire internationale (Helexpo).

Centre macédonien d'art contemporain
(Makedonikó Kéndro Sínhronis Téhnis) B2

Établi dans l'enceinte de la Foire internationale (Helexpo), ce centre s'attache à présenter dans le cadre d'expositions temporaires les œuvres d'artistes étrangers de diverses époques et à faire connaître au grand public celles de jeunes artistes grecs contemporains. La collection permanente, riche de plus de 1 500 pièces (tableaux, sculptures, gravures et photographies), propose un panorama très complet des études et recherches auxquelles se livrent les artistes contemporains.

Musée ethnologique de Macédoine ★
(Laografikó-Ethnologikó Moussío Makedonías)
68, odos Vas - Olgas - entrée par le n° 1 de odos Filipou Nikoglou.
Présentées dans un hôtel particulier du 19ᵉ s., les riches collections de ce musée sont consacrées aux arts et traditions populaires de la Grèce du Nord. Les divers exemples d'architecture rurale ou urbaine sont présentés grâce à des maquettes et des photographies. L'habillement traditionnel, surtout les costumes de fête, est regroupé selon la région d'origine : Macédoine centrale – on voit aussi les habits de carnaval ainsi que des photos d'anasténarides (danseurs sur braises) – Macédoine occidentale, Macédoine orientale et Thrace. Une salle est consacrée à la vie des Sarakatsans, bergers nomades des montagnes (costume, habitat) ; la pièce de réception d'une maison de notables du siècle dernier a été reconstituée.
Les collections du musée évoquent également le théâtre d'ombres Karaghiozis et la vie quotidienne avant l'ère industrielle. Le 1ᵉʳ étage est réservé à des expositions temporaires de longue durée.

Musée de la Photographie ★ A1
Warehouse, sur le port - mar.-vend. 11h-19h, week-end 11h-21h.
Installé dans une grande bâtisse qui servait initialement d'entrepôt, ce musée de la photographie est le seul en Grèce. On y trouve exposés les travaux de photographes grecs contemporains mais également d'après-guerre, comme **Socrates Iordanides**, et des années 1960-1970 avec **Yiannis Stylianou** ou **Takis Tloupas**.

Musée d'Art contemporain ★
21 odos Kolokotroni - lun.-vend. 10h-18h - 3 €.
Fondé en 1997, ce musée présente plus de 1 200 peintures, dessins et installations de l'avant-garde russe provenant de la collection George Costakis. Vous y découvrirez des œuvres de Malévitch, Kandinski, Rodchenko, Rozanova, etc. Un espace permanent d'exposition est également dédié au port de Thessalonique.

Musée du Judaïsme A1
13 odos Agiou Mina - mar.-sam. 11h-14h, merc. et jeu. 11h-14h, 17h-20h.
Situé dans un superbe bâtiment de facture juive épargné par l'incendie de 1917, ce musée retrace l'histoire de la présence des Juifs à Thessalonique depuis les premiers siècles de notre ère jusqu'à la Seconde Guerre mondiale. Il rappelle l'essor culturel et intellectuel de cette ville favorisé par leur arrivée massive au 15ᵉ s., à la suite de leur expulsion d'Espagne.

Circuit de découverte

LA MACÉDOINE ANTIQUE
Ce circuit de 200 km permet de découvrir des sites antiques prestigieux témoins de la splendeur de la civilisation macédonienne.

Vergína★★★ (Aigai)
À 85 km de Thessalonique. Prendre l'autoroute en direction d'Athènes et de Véroia. À la sortie pour Véroia, prendre à gauche une petite route qui traverse le fleuve Aliakmon. La suivre environ 15 km avant d'arriver à Vergína.

C'est dans un site naturel d'une exceptionnelle beauté, aux abords du petit village moderne de Vergína, qu'ont été mises au jour en 1856, par un archéologue français, les ruines de l'antique capitale de Macédoine, Aigéai. Reprises dans les années 1930 par une équipe de l'université Aristote de Thessalonique, les fouilles continuent de nos jours. C'est à Manolis Andronicos que l'on doit la découverte des tombes royales autour desquelles a été construit le musée, en particulier la spectaculaire **tombe de Philippe II**.

Cité antique
Mar.-dim. 8h-19h30, lun. 12h-19h30 - 8 € (visite du musée incluse).
Habitée sans interruption depuis l'an 1000 avant notre ère, les vestiges des dernières phases de construction de l'habitat antique montrent que son déclin aurait commencé dès le 2ᵉ siècle av. J.-C., avec la conquête de la Macédoine par les Romains.
Le palais (4ᵉ s. av. J.-C.), dont il ne subsiste aujourd'hui que les fondations, se compose d'une grande cour centrale entourée de portique dans laquelle on accédait après être

passé dans la tholos, salle à la fonction à la fois religieuse et politique. Les appartements royaux occupaient l'aile est qui devait comporter deux étages. Dans l'aile sud ont été mis au jour de splendides mosaïques (souvent recouvertes par mesure de protection). L'aile ouest constituée de vastes vestibules était pavée en opus sectile. L'aile nord comportait une véranda qui s'ouvrait sur la ville et la plaine.

Enfin, c'est au pied du palais qu'ont été découverts, en 1982, les vestiges du théâtre (seul le premier gradin, en pierre, a subsisté, des autres, en bois, rien ne demeure), célèbre pour avoir été le lieu de l'assassinat de Philippe II.

En contrebas se trouvait l'agora dominée par le temple Eukliea (divinité macédonienne) qui a livré des statues en marbre dont une pourrait être le portrait de la mère de Philippe II.

À gauche de la route. Daté du 3ᵉ s. av. J.-C., cet **hypogée** présente une façade ionique. Dans la chambre funéraire se trouve encore le trône de marbre du mort, qui a gardé des traces de son décor peint.

La route arrive à une plate-forme d'où part le chemin montant à **Palatitsia** : vestiges d'un petit palais (palatitsia) d'époque hellénistique révélés en 1861 par l'archéologue français Heuzey. *(Ne se visite pas.)*

Tombes royales★★

Mêmes horaires que la cité antique. La nécropole, située dans la plaine au pied de la cité, est un véritable champ de tumuli (300). Mais c'est bien sûr le tumulus royal renfermant plusieurs tombes du 4ᵉ s. av. J.-C., qui retient l'attention. Dégagé et fouillé à partir de 1977 par le professeur Andronikos, le tumulus a été reconstitué et abrite désormais un étonnant et magnifique **musée★★★**. Si les tombeaux eux-mêmes ne sont pas accessibles, on peut admirer leur façade décorée et surtout les somptueux trésors qu'ils contenaient.

La façade de la grande **tombe** centrale, identifiée comme étant celle de **Philippe II** de Macédoine, fermée d'une porte à deux vantaux de marbre, est ornée d'une frise magnifique représentant une chasse.

Coupe de la grande tombe royale.

L'intérieur, comprenant un vestibule et une chambre, a livré un exceptionnel trésor d'objets funéraires.

Trésor – Un coffre en or (larnax), pesant plus de 8 kg, est décoré d'une étoile à douze branches, emblème des rois de Macédoine ; il contenait des ossements, un tissu de pourpre et d'or, trouvé dans un sarcophage de l'antichambre de la tombe, et un splendide diadème en or, constitué d'un foisonnement de feuilles, de tiges et de fleurs, où butinent des abeilles, dont on peut dire qu'il forme la plus belle parure antique qui soit.

Un autre **coffre en or** massif, plus grand et plus lourd (10 kg) que le précédent, est orné d'une étoile à seize branches ; il renfermait des ossements, probablement ceux de Philippe II, et l'admirable couronne de feuilles de chêne d'or ciselé qui est exposée au-dessus. Des plaques d'or repoussé recouvrant un carquois, dont les scènes évoqueraient le sac de Troie, rivalisent de raffinement avec des vases en argent, un vase en céramique polychrome. Il y a enfin la cuirasse de lames de fer ornée d'appliques en or, une épée en fer à manche incrusté d'or et d'ivoire et le magnifique bouclier d'apparat.

Enfin de petits portraits en ivoire, minutieusement sculptés et très expressifs, représenteraient la famille royale de Macédoine : Philippe II, barbu, sa femme Olympia, son fils Alexandre.

Tombe présumée d'Alexandre IV – À côté, une tombe du même type, plus petite, a également livré de précieux objets. La frise de la façade est très abîmée ; celle du vestibule, en revanche, présente une remarquable course de chevaux attelés. On y a découvert une hydrie d'argent (vase funéraire) et une couronne en or. Les archéologues tendent à penser qu'il s'agit du tombeau d'Alexandre IV, fils d'Alexandre le Grand, assassiné à l'âge de 15 ans.

Plus loin, une troisième **tombe** renferme d'admirables fresques (Enlèvement de Perséphone par Pluton), peut-être exécutées par le grand peintre Nicomachos. Elle était en revanche vide de tout dépôt funéraire.

Véroia

À 20 km de Vergína. Revenir sur ses pas, jusqu'à l'embranchement de l'autoroute. Prendre la direction de Veroia, de l'autre côté du fleuve. Également accessible par train ou par car de Thessalonique.

Perchée sur un contrefort du massif du Vermio dominant la plaine macédonienne, Véroia fait partie des plus importantes citées de la Macédoine antique. Cependant, l'ancienne cité étant entièrement recouverte par la ville moderne, c'est sa soixantaine d'églises, construites pour la plupart entre le 12e et le 15e s., qui impressionne le visiteur. Concentrées dans le vieux quartier ottoman de Kiriotissa, situé en contrebas de odos Mitropoleos, certaines contiennent des fresques d'origine.

Véroia mérite bien une demi-journée de visite. S'adresser auprès du service culturel de l'hôtel de ville qui propose des visites guidées en anglais – *odos Mitropoleos - ℘ 23310 781 00/643 30.*

Le quartier Kiriotissa ★★

Ágios Christos – Située au centre de la ville, l'église de la Résurrection du Christ offre un remarquable ensemble de fresques du début du 14e s. signées Georges Kaliergis.

Saint Savvas de Kiriotissa – Construite au 14e s. cette église présente une décoration extérieure de céramique complexe, typique de cette période.

Saints Kirikos et Ioulitisa et **Agios Vlassios –** Construites au 14e s., ces édifices conservent des fresques s'échelonnant du 14e au 18e s.

Musée byzantin – *Odos Thomaïdou, en contrebas d'odos Kyriotissis - tlj sf lun. 8h30-15h - 2 €.* Installé dans un imposant batiment du 12e s., un moulin construit contre les fortifications, ce musée contient de belles céramiques et mosaïques du 5e s. et une petite collection d'icônes allant du 12e au 18e s., notamment des icônes de procession.

Le quartier Barbuta★

Au bord de la rivière Tripotamos, ce quartier légèrement excentré abritait la population juive jusqu'au 19e s. Les maisons construites de part et d'autre d'odos Olganos forment comme un mur de défense naturel. Unique exemple de ce type en Europe, ce quartier fermé à clé (demander une visite à la municipalité) a conservé une synagogue d'une décoration intérieure remarquable.

Musée archéologique

Odos Anixeos - tlj sf lun. 8h30-15h - 2 €.

Il abrite des objets d'époque préhistorique, archaïque, hellénistique et romaine. Notez la colossale tête de **Méduse** (2e s. av. J.-C.), les stèles funéraires peintes ou sculptées, parmi les bas-reliefs hellénistiques, le torse d'Aphrodite et enfin la sculpture romaine.

Lefkádia★★

De Véroia, prendre la route d'Édessa jusqu'à Kopanos, à 12 km. Puis suivre les panneaux indiquant les sites qui se répartissent tout au long de la route jusqu'à Lefkádia parmi les plantations d'abricotiers, de pêchés et de vignes. Les tombes sont actuellement fermées ou en restauration, se renseigner au préalable au bureau d'informations touristiques du département d'Imathia, à Véroia – ℘ 23310 753 33/34.

Dans la région de Naousa (région viticole produisant le naousa : un vin rouge de qualité), il faut visiter de curieux hypogées macédoniens (3e-2e s. av. J.-C.), tombes souterraines monumentales à l'aspect de temples, isolées dans la campagne près de la route Veroia-Edessa.

Grande Tombe

Mise au jour en 1954, la Grande Tombe bâtie en calcaire coquillier est précédée par des degrés descendant jusqu'à la façade. Elle présente une façade de deux étages, le premier dorique, l'autre ionique ; elle était décorée de peintures dont subsistent celles qui représentent un guerrier (sans doute le mort), le dieu Hermès (conducteur des âmes vers les Enfers), Éaque et Rhadamante (juges des Enfers) et des scènes de combats. L'intérieur comprend un vestibule et une chambre contenant encore un sarcophage.

À 150 m au-delà de la Grande Tombe, à gauche sur le chemin.

Un majestueux escalier descend au niveau de la superbe façade à colonnes de cet hypogée particulièrement bien conservé, tant dans son architecture que dans son décor de peintures.

Tombe de Kinch

Elle tient son nom de l'archéologue danois qui la découvrit en 1880. Restaurée, elle montre une antichambre et une chambre, qui comporte encore un décor peint.

Tombe Lyson-Kalliklès

Cette tombe (3e ou 2e s. av. J.-C.), encore enterrée et à laquelle on accède par une échelle, est très curieuse : il s'agit en effet d'un caveau pour trois familles, pourvu de 22 niches funéraires dont les inscriptions donnent les noms des défunts Elle a gardé des peintures ornementales en excellent état de conservation qui instruisent sur l'utilisation de la perspective.

Édessa

À 22 km de Lefkádia. Parc Katarrakton. 10h-20h.

Édifiée sur le bord du plateau dominant la plaine macédonienne, Édessa fut dans l'Antiquité une des principales places fortes de Macédoine. Elle est connue pour son site et pour les eaux courantes de la Vodas qui la traversent. Résonant du gronde-ment des torrents, agrémentée d'un climat doux et avec un vieux quartier ottoman (Varosi) non sans charme, c'est une étape agréable au cœur des sites archéologiques macédoniens.

Cascades★ (Katarraktes)

Dans l'agglomération, à l'est, signalisation « Waterfalls » et « Pros Kataraktes ». Au bas d'un jardin public ombragé d'énormes platanes *(restaurant)*, les torrents qui traversent la ville se réunissent pour former une imposante chute d'eau, haute de 25 m, qui tombe le long d'une paroi rocheuse couverte d'une luxuriante végétation.

Quartier Varosi

Du parc, des panneaux vous indiquent la direction du vieux quartier ottoman d'Édessa, « Varosi », qui abrite notamment la petite église Saint Pierre-Saint Paul.

Ville antique

Située en bas de la ville moderne, au nord de la route de Thessalonique. Dans un site agréable appelé **Logos**, des fouilles ont mis au jour les vestiges d'une place forte macédonienne, notamment ceux de la muraille, construite au 4e s. av. J.-C. et restaurée à l'époque romaine, ainsi que les restes de plusieurs basiliques paléochrétiennes.

De là, vous pouvez continuer jusqu'au pied des monts Voras et de la station thermale de Loutra Loutrakiou pour vous baigner dans les eaux chaudes (37 °C) du torrent !

Pélla

À 38 km à l'est d'Édessa sur la E 86 en direction de Thessalonique.

Capitale de la Macédoine sous Philippe II et Alexandre le Grand, la cité antique de Pélla, située au cœur de la fertile plaine macédonienne, de part et d'autre de la route Édessa-Thessalonique, est loin d'avoir encore livré tous ses secrets.

C'est à la fin du 5e s. av. J.-C. que le roi Archelaos, abandonnant Aigai, sans doute l'actuelle Vergína comme les dernières fouilles le laissent supposer, s'installa à Pélla, où il fit construire un splendide palais qui se trouvait probablement au nord, dans le secteur de Palaia Pella. Dans ce palais décoré de peintures par le célèbre Zeuxis (464-398 av. J.-C.), Archelaos entretint une cour raffinée accueillant artistes et lettrés, parmi lesquels Euripide, mort en 406 av. J.-C. à Pélla et dont la pièce *Les Bacchantes* fut créée dans le théâtre de la ville.

Philippe II de Macédoine et **Alexandre le Grand** naquirent à Pélla, respectivement en 382 et 356 av. J.-C. Fils de Philippe et de la princesse Olympia, Alexandre y fut élevé dans le culte des exercices guerriers mais aussi des lettres, car il eut pour précepteur le philosophe Aristote, originaire de Chalcidique. Devenue la plus grande ville de Macédoine, reliée à la mer par un canal de 22 km de long, Pélla fut dévastée par le consul romain Paul-Émile en 168 av. J.-C. et ne s'en releva pas.

Les écrivains grecs Hérodote, Thucydide, Xénophon et l'historien romain Tite-Live ont cité ou décrit succinctement Pélla, mais ce sont les fouilles menées à partir de 1957 par les archéologues grecs qui ont pu déterminer son aire, très vaste, et son plan en damier suivant la formule de l'architecte Hippodamos de Milet. On a mis au jour de remarquables pavements de mosaïques hellénistiques faits de galets blancs, noirs, ou rouges que soulignent des cloisonnements de plomb ou d'argile cuite.

Ruines

Mar.-dim. 8 h-19 h, lun. 12h-19h - 6 €. Au nord de la route, les fouilles ont dégagé les bases d'une agora. À droite s'étendait un grand « complexe » de magasins entourant une cour et un péristyle ionique dont plusieurs colonnes ont été rétablies. Certaines pièces étaient pavées de mosaïques géométriques (sur place) ou figuratives (au musée).

À gauche on repère les fondations d'autres bâtiments dont les plus éloignés ont livré de magnifiques pavements de **mosaïques★★** évoquant l'enlèvement d'Hélène et de Déjanire, le combat des Amazones et une chasse au cerf signée Gnosis (aujourd'hui conservés au musée).

Le musée rassemble le produit des fouilles comprenant notamment de superbes pavements de **mosaïques★** (4e-3e s. av. J.-C.) ; les plus beaux montrent Dionysos assis sur une panthère (animal favori du dieu) et une chasse au lion au cours de laquelle Krateros, compagnon de combat, aurait secouru Alexandre le Grand. Parmi les autres objets hellénistiques, remarquer un chien en marbre provenant d'une tombe, une tête d'Alexandre, une petite statue en bronze de Poséidon, de jolies terres cuites.

À 3 km de ce lieu, sur l'acropole de Pélla, près du village de l'Ancienne Pélla (Palaia Pella), d'autres ruines ont été récemment mises au jour, parmi lesquelles une vaste résidence royale qui pourrait être le palais de Philippe V. (*Fouilles en cours*).

Thessalonique pratique

Informations utiles

🛈 **EOT** – 132 odos Tsimiski - ☎ 23102 521 07. Voir aussi le site internet *www.thessalonikicity.gr*.

Police touristique – 4 odos Dodekanissou, au 5ᵉ étage - ☎ 23105 548 70.

Urgences – À l'entrée du port - ☎ 166.

Poste – Poste centrale - 45 odos Tsimiski.

Téléphone – OTE - 27 odos Karoloudil, à l'angle de odos Ermou - 24/24h.

Consulats – Belgique – 8 odos Dodecanissou - ☎ 23105 381 57 ; Canada – 12 odos Tsimiski - ☎ 23102 372 72 ; France – 8 odos Makensi King - ☎ 2310 244 030 ; Suisse – 47 odos Nikis - ☎ 23102 822 14.

Transports

ARRIVER/PARTIR

En avion – L'aéroport Makedonia se trouve à 15 km au SE de la ville - ☎ 23104 711 70. Liaisons avec Paris, Londres, Bruxelles, etc. et vols locaux à destination d'Athènes, Chíos, Ioánnina, Corfou, Lésvos, Límnos, Mýkonos, Rhodes, Sámos et la Crète.

Navette en bus (nᵒ 78) 6h-23h l'été, ttes les 20mn (30mn l'hiver). Arrêts en centre-ville, gare et terminus de bus KTEL. En taxi, comptez 15 €.

En train – *Odos Monastriou* - ☎ 23105 175 17. Billets en vente sur place ou à l'OSE, 18 pl. Aristotelous. Liaisons avec Athènes, Alexandroúpli (Thrace) et Lárisa.

En bateau – *Au bout de Odos Nikis, à l'O de la ville - Capitainerie* - ☎ 23105 315 04. C'est aussi là que se concentrent les agences de voyage.

Liaisons en ferry, pendant l'été, avec Skíathos, les Cyclades, la Crète et le Dodécanèse. En hydrofoil, départs quotidiens en été pour les Sporades (*Minoan Flying Dolphins* - ☎ 23105 474 07).

En bus – KETL - ☎ 23105 954 08. De la gare ferroviaire, le bus nᵒ 1 assure la navette avec le terminal : liaisons intérieures (à l'exception de la Chalcidique) vers Athènes, Pátra, Ioánnina, Kavála, Lárisa. Pour la Chalcidique, départ du 68 odos Karakasi à l'est de la ville (attention, le lieu de départ doit changer, se renseigner auprès de KTEL ou de l'office de tourisme).

SE DÉPLACER

En bus – Les bus orange circulent en ville, les bus orange et bleu desservent également la périphérie. Les tickets sont en vente dans les kiosques blancs situés sur les grands axes, près de certains arrêts, et dans le bus (0,60 €, validité 70mn).

En voiture – La circulation est particulièrement difficile.

👁 Les places de parking sont souvent payantes sur un côté de la chaussée, de 9h à 21h. Vous trouverez plus facilement où vous garer dans les petites rues au-dessus d'odos Egnatia. Cartes de stationnement dans les kiosques de rue.

Se loger

THESSALONIQUE

👁 **Bon à savoir** – Pendant la foire internationale, en septembre-octobre, les prix peuvent augmenter de 30 à 50 %.

🛏 **Augustos** – *4 odos Svoronou -* ✆ *23105 225 50 - fax 23105 229 55 - 24 ch.* Situé dans une ruelle en retrait de l'avenue Egnatia, cet hôtel néoclassique propose des chambres simples et correctes.

🛏 **Néo Mitropolis** – *22 odos Sigrou -* ✆ *23105 460 97 - fax 23105 399 10 - 35 ch.* Dans une rue relativement calme, l'immeuble début 20e s. ne manquant pas d'allure. Les chambres spacieuses, hautes de plafond sont, malgré des couleurs de bonbonnière, agréables. Certaines chambres sont équipées d'une télévision et de l'air conditionné.

🛏 **Mandrino** – *odos Egnatia et Antigonidon - 72 ch.* Hôtel moderne et lisse du centre-ville, avec étages non-fumeurs, double vitrage et minibar.

🛏 **Esperia** – *58 odos Olympou -* ✆ *23102 693 21 - fax 23102 694 57 - 70 ch.* Situé dans un quartier moins bruyant, en face d'un chantier de fouilles, cet hôtel propose un hébergement simple et confortable. Petit-déjeuner et climatisation non compris.

🛏 **Amalia** – *33 odos Ermou -* ✆ *23102 683 21 - fax 23102 333 56 - 66 ch.* Très central, accolé au marché, cet hôtel de neuf étages au confort irréprochable, est d'un bon rapport qualité prix.

🛏 **Aegeon** – *19 odos Egnatia -* ✆ *23105 229 21 - fax 23105 229 22 - 59 ch.* Récemment rénové, cet hôtel propose des chambres petites et propres, celles sur cour sont plus calmes.

🛏 **Tourist Hotel** – *21 odos Mitropoleos -* ✆ *23102 705 01 - fax 23102 268 65 - 37 ch.* Bien situé et accueillant. Chambres hautes de plafond et impeccables. Rançon de son succès, l'établissement affiche souvent complet.

🛏 **ABC Hotel** – *41 odos Angelaki -* ✆ *23102 654 21 - fax 23102 765 42 - 99 ch.* Chambres impeccables manquant un peu de caractère. Le personnel, professionnel et accueillant, parle anglais.

🛏 **Luxembourg** – *6 odos Komninon -* ✆ *23102 526 00 - fax 23102 526 05 - 36 ch.* Un hôtel très confortable, les chambres, un peu petites, sont agréables. C'est un des moins chers du quartier dans sa catégorie.

🛏 **Electra Palace** – *9 pl. Aristotelous -* ✆ *23102 940 00 - fax 23102 940 01 - 135 ch.* Unique par sa situation et son élégante façade néobyzantine, cet hôtel propose tout le confort souhaité. Le personnel, très professionnel, parle français et anglais. Préférez les chambres en étage avec vue sur la place et le front de mer.

🛏 **Priamos** – *5 odos Kominon -* ✆ *23102 547 60 - 24 ch.* Hôtel excentrique au cœur de la ville, proposant des chambres incroyablement décorées, uniques chacune dans leur style et pour tous les goûts.

ÉDESSA

🛏 **Varosi** – *Paradosiako Ksevodocheio -* ✆ *23810 218 65 - fax 23810 288 72 - 8 ch.* Installé dans une maison traditionnelle du quartier ottoman, cet hôtel de charme réserve un accueil familial et chaleureux. Chambres petites, confortables et joliment décorées. Bon petit-déjeuner.

🛏 **Xenia** – *à l'angle de odos Filipou et Giannitson -* ✆ *23810 297 06 - 36 ch.* Ouvert en 1998, le plus luxueux hôtel de la ville, au bord de la falaise, bénéficie d'une vue superbe sur la plaine. Le confort est irréprochable, et le personnel tout à fait à la hauteur.

VÉROIA

🛏 **Villa Elia** – *10 odos Elias -* ✆ *23310 268 00 - fax 23310 218 80.* À deux pas du quartier Kiriotissa et de odos Mitropoleos, cet hôtel propose des chambres assez spacieuses et un très bon petit-déjeuner.

Se restaurer

THESSALONIQUE

🍽 **Ouzoumelathron** – *21-34 odos Karipi.* Dans le prolongement ouest du marché Kendriki, de l'autre côté d'odos Venizielou. Lieu de rendez-vous du dimanche après-midi, cette taverne animée vous apporte un dépaysement total. La cuisine, traditionnelle, y est raffinée et peu chère.

🍽 **Ouzeri Agora** – *5 odos Kapodistriou.* Dans une petite ruelle en retrait de odos Ionos Dragoumi, vous dégusterez d'excellentes préparations de poissons, la spécialité du lieu.

🍽 **Life** – *1 odos Filippou.* Au-dessus d'odos Egnatia, dans la partie haute du centre-ville, plus calme, cette petite brasserie où l'on choisit ses plats à vue se remplit de cadres à l'heure du déjeuner.

🍽 **Zithos** – *Ladadika, 5 odos Katouni -* ✆ *23105 402 84.* Cette élégante brasserie du vieux quartier Laladika, sur une place ombragée où coule une fontaine, accueille une clientèle chic et branchée. Pour déjeuner, dîner, ou simplement boire un verre. Goûtez la salade de persil ou l'excellent gâteau au chocolat.

🍽 **Electra Palace** – *9 pl. Aristotelous.* Seul restaurant de la place, il est incontournable en soirée, pour le cadre luxueux dont bénéficient les tables extérieures.

ÉDESSA

Katarrakte – *Dimotikos Kipos.* Agréablement situé sur les hauteurs du parc des Cascades, ce vaste établissement propose une cuisine sans surprise.

VÉROIA

Peskaoudritsa – *Odos Ioakem, dans le quartier Kiriotissa.* Ce petit restaurant familial spécialisé en poissons bénéficie d'une terrasse très agréable dans le vieux quartier. On y mange également de bons meze.

Faire une pause

THESSALONIQUE

Buzapio – *Au croisement de odos. Ermou et Agia Sofia.* Avec une jolie vue sur l'église, vous pourrez déguster un grand choix de pâtisseries locales ou de liqueurs.

Kiss Fisch – *Sur le port, odos Fokeas Averof.* Ce grand bar moderne à quelques mètres des paquebots est un havre de paix la journée. Le soir, DJ et musique techno.

ÉDESSA

Odos Konstantinoupoloeos – Bordée par un canal, cette rue concentre les terrasses ombragées d'Édessa.

VÉROIA

Erateinon – *Odos Ioakem.* Dans le vieux quartier Kiriotissa, la cour intérieure d'une maison traditionnelle délicieusement romantique vous accueille pour manger ou simplement prendre un verre.

Achats

Icônes – *Odos Egnatia.* Entre l'arc de Galère et Saint Athanase, vous trouverez de nombreuses boutiques spécialisées. Pour tous les prix, de l'ancien au moderne.

Vêtements, décoration – *Odos Tsimiski.*

Événements

La **foire internationale de Thessalonique**, qui se tient pendant deux semaines en septembre, s'achève par un **festival de musique grecque**. Elle est suivie, d'octobre à novembre, par un **Festival international de cinéma**, organisé dans le cadre de **Dimitria**, fête en l'honneur du patron de la ville.

La **foire internationale du livre de Thessalonique**, créée en 2004 à l'initiative de la Française Catherine Velissaris, se tient en mai. Elle accueille des éditeurs grecs et étrangers, plus particulièrement en provenance des Balkans.

La **Thrace**★

Thráki – Θράκι

CARTE GÉNÉRALE RABAT | BC1 - THRACE

Forte d'un patrimoine naturel et humain exceptionnel, la Thrace fait partie de ces régions encore ignorées du tourisme et ne disposant que depuis peu d'infrastructures d'accueil. Aujourd'hui, les plages sont mises en valeur, les sites archéologiques sont fouillés et les monuments restaurés ; de multiples organismes y développent l'écotourisme. Les montagnes du Rhodope, avec leurs forêts parmi les plus sauvages d'Europe, ou bien les étonnants biotopes aquatiques de la plaine, escales intercontinentales pour les oiseaux migrateurs venant du monde entier, valent amplement le voyage.

- **Se repérer** – Située à l'extrême nord-est de la Grèce, à la frontière avec la Turquie et la Bulgarie.

- **À ne pas manquer** – La vieille ville de Xánthi et son Musée folklorique. Les montagnes du Rhodope. La tour byzantine de Pýthio.

- **Organiser son temps** – Compter quatre jours de visite au minimum.

- **Avec les enfants** – La descente du Néstos en canoë. Observer les oiseaux dans la forêt de Dadia.

- **Pour poursuivre le voyage** – Mont Áthos, Samothrace, Thassos, Thessalonique.

Comprendre

Entre Rhodope et Égée – Délimitée au nord par les montagnes du Rhodope et au sud par la mer Égée, à l'est par le delta de l'Évros et à l'ouest par celui du Néstos, la Thrace est constituée de deux ensembles géographiques distincts. De Xánthi à Komotiní, le faible dénivelé du terrain a donné une plaine littorale marécageuse et peu habitée, l'insuffisance des fonds marins pour la venue des bateaux complétant le peu d'attrait des côtes. À partir d'Alexandoúpoli, la vallée de l'Évros, avec ses collines, constitue une zone plus clémente à l'habitat, même si les crues dévastatrices du fleuve ont poussé les villages à s'installer une fois encore en hauteur et loin des côtes. Ouverte aux vents du nord, les hivers y sont plus rudes.

À la croisée des empires – Comme le montrent les nombreuses cités antiques découvertes sur ses côtes, l'hellénisation de la Thrace aurait commencé dès le 8e s. av. J.-C., par l'implantation de colonies en provenance de Thassos et de Samothrace. Selon Homère, elle n'était habitée à cette époque que par une centaine de tribus, des éleveurs de porcs et de chevaux. Au début de notre ère, les côtes étaient complètement hellénisées. Envahie successivement par les Goths, les Huns, les Slaves et les Arabes dès le 6e s., elle constitue très tôt une zone de contact entre l'Empire byzantin et les Bulgares, qui s'y implantent entre le 9e et le 13e s. À cette époque déjà, la composition ethnique de la population est un enjeu politique. À sept reprises entre 502 et 1020, les dirigeants politiques byzantins vont tenter de peupler la Thrace avec des paysans soldats, déplacés d'Arménie ou de Syrie. Cette méthode sera largement reprise par les sultans de l'Empire ottoman, du 14e s. à la fin du 19e s. Devenue bulgare, comme une bonne partie de la Macédoine, à la suite d'un soulèvement soutenu par les Russes contre l'Empire à la fin des années 1870, ce n'est qu'en 1923 qu'elle devient grecque, avec le traité de Lausanne.

Le traité de Lausanne – Pas moins de neuf tracés sont nécessaires pour mettre d'accord la Grèce, la Bulgarie et la Turquie sur une frontière satisfaisant aussi les intérêts des grandes puissances. La Première Guerre mondiale, plaçant la Grèce dans le camp des vainqueurs, prépare le traité qui est signé à Lausanne en 1923 et qui lui garantit la Macédoine et la Thrace. Les échanges de populations réalisés alors entre les trois États constituent la plus vaste opération de « clarification » ethnique des Balkans. Cependant, la Thrace est exclue du traité d'échange obligatoire, en contrepartie du maintien du Patriarcat et des habitants grecs à Constantinople, ce qui explique la forte présence actuelle des musulmans dans la région.

Une région en pleine mutation – Jamais la Thrace n'avait été isolée des Balkans et de l'Orient. Au contraire, située au point de jonction entre les deux continents européen et asiatique et donnant accès à la mer Égée, elle avait toujours été traversée par des routes commerciales telle la Via Egnatia, reliant Rome à Constantinople. Dès lors, coupée de la Turquie et de la Bulgarie, excentrée d'Athènes, la plus orientale des régions de l'Union européenne a vu son développement compromis. Aujourd'hui encore, nombre d'investisseurs hésitent à s'installer en Thrace. Pourtant, une ville comme **Xánthi** laisse entrevoir ce qu'une mise en valeur commune des patrimoines grecs, bulgares et ottomans pourrait apporter à la région.

Circuit de découverte

XÁNTHI ET SA RÉGION [1]

Arrivée par la E 90. À 230 km de Thessalonique, 60 km de Kavála (autoroute en cours de construction).

Xánthi est sans conteste la plus belle et la plus animée des villes de la Thrace. Entièrement reconstruite après le séisme de 1829, elle présente une unité architecturale étonnante dans sa **vieille ville★**, où les façades néoclassiques se marient avec finesse aux encorbellements de luxueuses demeures macédoniennes. Enrichie dès la fin du 18e s. grâce au commerce du tabac, elle compte aujourd'hui une université et développe une intense activité culturelle. La population y est jeune, bourgeoise et branchée. Cependant, dans la journée, vous croiserez nombre de villageois des montagnes alentour venus profiter de ses commerces ou y commercer eux-mêmes. Traditionnellement, le marché du samedi matin, le plus important de la Thrace, concrétise les échanges entre les produits de la montagne et ceux de la plaine.

Ne manquez surtout pas son **Musée Folklorique**, installé dans l'une des plus belles constructions 19e s. de la vieille ville *(7 odos Antica - mer.-sam. - 9h30-14h30)*. Si vous avez la chance d'être là les dix premiers jours de septembre, vous assisterez à son **carnaval**, où les musiciens de jazz se mêlent aux démonstrations de traditions locales.

Le Rhodope oriental★

Le Rhodope est une chaîne montagneuse s'étendant sur près de 250 km d'est en ouest et plus de 80 km du nord au sud. S'élevant jusqu'à 1 600 m près des sources du Néstos et manquant de grandes vallées, il constitue une frontière naturelle entre la Thrace grecque et la Bulgarie, entre le monde égéen et le monde balkanique. C'est au pied de deux de ses passages les plus aisés que sont nées les villes de **Xánthi** et de **Komotiní**, au croisement avec la Via Egnatia reliant Rome à Constantinople.

Une élégante maison de la vieille ville de Xánthi.

Couvert de forêts de hêtres, de chênes et de conifères considérées comme parmi les mieux conservées d'Europe, on y trouve aussi des clairières, des cascades ou des massifs rocheux d'une grande beauté.

Des excursions pédestres y sont organisées à partir de Xánthi *(se renseigner à l'office de tourisme)*.

Une excursion en automobile jusqu'au village pomaque de **Dimário**, à la frontière bulgare, ou aux villages grecs de **Stravoúpoli** et **Komniná** (tombes macédoniennes du 2e s.), ravira les moins sportifs.

Les plantations de tabac

À flanc de coteaux, on cultive un tabac exporté dans le monde entier. Si la plante n'est pas en elle-même très esthétique – on dirait une petite salade à feuilles plates –, les champs étagés en terrasses adoucissent le paysage souvent très escarpé et créent des perspectives sublimes sur les montagnes.

Les villages pomaques

À quelques dizaines de kilomètres de Xánthi, le long d'une route étroite et tortueuse, les villages de **Mýki**, **Echínos** ou **Dimário** abritent une population tout à fait à part en Grèce : les Pomaques. Musulmans au physique européen, ils ont conservé un mode vestimentaire traditionnel très coloré. Sur les hauteurs rocheuses, ne manquez pas **Dimário**, un village éclatant de blancheur à l'architecture épurée.

Culture du tabac

Aux fondements de la richesse de Xánthi, la qualité du **tabac rhodopien** attire encore aujourd'hui les représentants de grandes compagnies étrangères. Structurant l'économie montagnarde, sa culture a profondément marqué le paysage et l'architecture des maisons, dont le 1er étage est dévolu au séchage et travail du tabac. Très contraignante, elle explique aussi la dispersion de l'habitat. Le terrain doit être épierré à la main chaque année, puis préparé à la bêche et enrichi d'excréments d'animaux, tandis que les graines sont mises à germer au chaud dans un sac. Une première fois semées et recouvertes à la main, elles sont arrosées tous les jours en mars avant d'être repiquées, entre avril et juin, sur un autre terrain où ont été parqués des animaux. La plantation définitive se fait les derniers mois, dans un terrain travaillé jusqu'à cinq fois pour les propriétaires les plus aisés. La récolte des feuilles est journalière de juillet à septembre car il faut les cueillir « à point », avant le lever du soleil sans prélever plus de quatre feuilles par tige. Le jour même de la cueillette, les feuilles sont percées et enfilées pour être mises à sécher au soleil. L' emballage est strictement réglementé car la qualité et le prix dépendent de la façon de lier les feuilles, du poids de la balle et du tissu choisi. Avant de pouvoir être exportées, les balles doivent être retournées à plusieurs jours d'intervalle.

LA PLAINE CÔTIÈRE ②

Le delta du Néstos★

Pour les amoureux de la nature, une descente du Néstos jusqu'à son delta en canoë sera une expérience inoubliable. Renseignements à l'office du tourisme de Xánthi.

Geniséa

À 15 km de Xánthi. Ville refuge des habitants de Xánthi après le séisme de 1829, elle ne connut pas le même développement en raison du climat humide de cette plaine marécageuse. Du fait de sa situation sur le passage des cigognes dans leur migration, les lampadaires municipaux accueillent nombre de leurs gigantesques nids en plein cœur de la ville.

Abdère antique

À 30 km de Xánthi. Site : 9h-15h. Seules quelques fondations demeurent de cette ville antique fondée au 7e s. av. J.-C. : une acropole, un théâtre, des thermes. Lieu de naissance de Démocrite et de Protagoras, elle fut à l'époque byzantine le port de Xánthi et, au 9e s., le siège de l'évêché. Les découvertes sont exposées aux musées de **Komotiní**, de **Kavála** et du village d'**Abdère** (Ávdira), situé à 3 km du site *(8h-17h).*

En longeant la mer pendant 5 km à l'est par la petite route qui part en face des ruines, vous arriverez à une plage de sable fin peu fréquentée, **Myrodatou Beach**, où vous pourrez vous restaurer et vous rafraîchir.

Porto Lágos

À 25 km de Xánthi, 30 km de Komotiní par la E 90. À 15 km d'Abdère antique par les petites routes. Ce pittoresque village de pêcheurs s'est construit sur une étroite bande de terre entre la mer et la **lagune Vistonída★**. À l'entrée du village en venant de Xánthi, vous trouverez un centre d'information qui organise des excursions sur la lagune – ☎ 25410 966 46 - fermé dim. - également possibilité de louer des bateaux. Produit de la rencontre entre la mer et l'eau douce de deux rivières, c'est un formidable écosystème protégé où se reproduisent nombre d'espèces d'oiseaux, notamment des oiseaux migrateurs.

Le marché se tient sur le port tous les dimanches ; il est bordé de cafés et de restaurants.

Une communauté à part

La **population pomaque** constitue un tiers de la population musulmane de la Thrace, et symbolise à elle seule la complexité des Balkans. Parlant un dialecte bulgare mêlé de mots grecs et turcs, leur pratique de l'islam révèle également des syncrétismes profonds avec le christianisme, comme la vénération de saint Georges ou le signe de croix sur le pain. Revendiqués dès 1913 à la fois par les Grecs, les Bulgares et les Turcs sur la base d'études historiques, ethnologiques ou anthropomorphiques (et même hématologiques !) censées montrer leur parenté avec les uns ou les autres, ils vivent en retrait de tous. Strictement montagnards, ce sont leurs villages qui produisent la meilleure qualité de tabac. Leurs 40 000 représentants environ se concentrent dans les départements de Xánthi et de Rhodope.

2 km après le village en direction de Komotiní, le **monastère Saint Nicolas★**, métoque du monastère de Vatopédi sur le mont Áthos, est construit sur un petit îlot de la lagune. Si l'église et la chapelle actuelles datent du début du 20e s., la présence du monastère est attestée depuis le 14e s.

Fanári

À 40 km de Xánthi, 35 km de Komotiní par la E90. 15 km de Porto Lágos par les petites routes.

Les amateurs de grandes plages aménagées pour accueillir la jeunesse, avec des bars musicaux les uns à la suite des autres sur le sable, seront satisfaits à Fanári. Ambiance assurée ! Au centre-ville, à côté du port, un quartier plus paisible, un peu en hauteur, propose des cafés et des restaurants avec une vue imprenable sur la mer.

Komotiní

À 50 km de Xánthi, 110 km de Kavála par l'autoroute. Éviter l'arrivée interminable par la E90 en provenance de Xánthi.

Komotiní semble être en plein réaménagement. Seul le quartier situé autour de la place centrale paraît stabilisé et présente les commodités attendues d'une ville de cette taille. Son **Musée ecclésiastique★** mérite cependant le détour, tant pour la bâtisse médiévale qui l'abrite que pour sa collection d'icônes et d'objets de culte. Couvrant la période allant du 16e au 20e s., il témoigne surtout de l'histoire du diocèse *(8 odos Xenophontos - lun., mer., vend. et sam. 10h30-13h30 ; mar. et jeu. 17h-20h - fermé dim.).*

À visiter également, le **Musée archéologique**, qui présente une bonne synthèse des fouilles actuellement réalisées en Thrace *(4 odos Sismondi - 8h30-15h).*

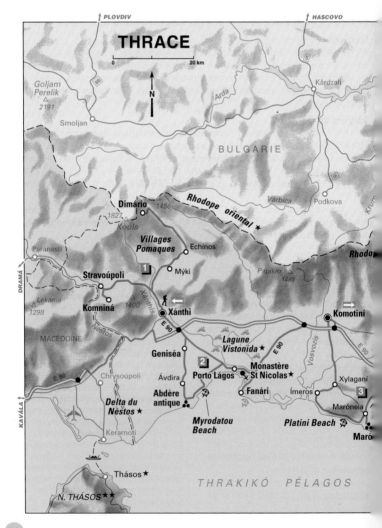

ES CHAMPS D'OLIVIERS ③

*30 km de Komotiní. Sortir de Komotiní en direction de Maróneia, au sud, sans prendre
utoroute. Arrivé au village de Xylaganí, prendre à droite vers Ímeros pour longer la mer
squ'à Maróneia.*

oumise à la fois au climat méditerranéen et au climat continental arrivant par la vallée de
Évros, la Thrace possède cependant une terre pleinement propice aux oliviers : la frange
ôtière comprise entre Maróneia et Mákri, protégée des vents du Nord par les collines de
smaros. En vous rendant sur les sites archéologiques de Maróneia et de Mesimvría, vous
ourrez admirer des champs qui s'étalent à perte de vue, semblant plonger dans la mer.
ous pourrez également vous arrêter à **Platini Beach,** superbe plage de sable fin.

Maróneia

h30-15h - 2 €.

es vestiges de l'antique Maronée, à 2 km au sud du village actuel, se succèdent le
ong d'un chemin de terre serpenté surplombant la mer. Des remparts byzantins, un
éâtre et un temple de Dionysos sont tout ce qui a été actuellement mis au jour de ce
ui fut l'une des plus riches villes de la Thrace. Fondée au 7e s. av. J.-C. et occupée un
emps par Philippe II de Macédoine, c'est elle, selon Homère, qui fournit à Ulysse le vin
estiné à tromper le Cyclope.

Mesimvría

raversée des collines de l'Ismaros. En partant du village de Maróneia, prendre au nord la
etite route en direction de Mésti jusqu'à rejoindre l'autoroute. De là, suivre les indications.
h30-15h - 2 €.

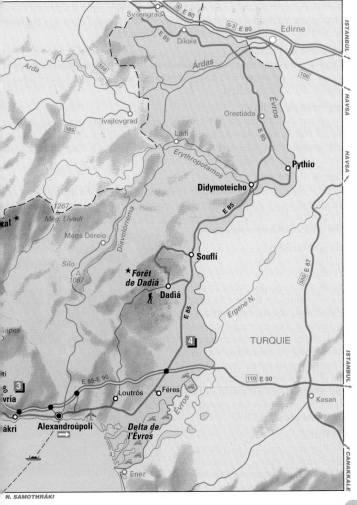

Tout au long de la côte entre le mont Ismaros et l'Évros, les Grecs de Samothrace vinrent, dès le 7e s. av. J.-C, construire des villes fortifiées, les « forteresses de Samothrace », comme les nommait Hérodote. Ports de ravitaillement de l'île en produits agricoles, elles furent des centres importants d'échanges culturels entre les Grecs et les Thraces. Parmi elles, seule Mesimvría a été actuellement localisée et systématiquement fouillée. Les **temples de Déméter et d'Apollon** constituent une découverte importante pour la compréhension de la Thrace grecque.

Mákri

Ce port de plaisance est idéal pour déjeuner. Dominant la mer, une grotte traditionnellement appelée « grotte du Cyclope » a révélé des traces de vie au néolitique.

Alexandroúpoli

À 50 km de Komotiní, 100 km de Xánthi, 350 km de Thessalonique par l'autoroute.
Située à moins de 60 km de la frontière turque, Alexandroúpoli est une station balnéaire mais aussi une ville de garnison. Pour cette raison, c'est une ville dynamique. Son bord de mer, dominé par un phare du 19e s., ne manque pas de charme. Son **Musée ecclésiastique**, situé près de la cathédrale est riche et bien argumenté. Porté par les écosystèmes environnants, vous y trouverez deux musées de l'Environnement. Enfin, la municipalité propose de nombreuses excursions, notamment dans le delta de l'Évros ou la forêt de Dadiá.

LA VALLÉE DE L'ÉVROS 4

Suivre le E 85 jusqu'à Didymoteicho.
À la croisée des continents africain, asiatique et européen, la vallée de l'Évros est connue par les ornithologues du monde entier qui s'intéressent aux espèces d'oiseaux migrateurs. Malheureusement, c'est une zone militaire dont l'accès est étroitement surveillé. La forêt protégée de Dadiá est plus accessible.

Le delta de l'Évros

Des excursions accompagnées sont organisées à partir d'Alexandroúpoli, de Loutros ou de Ferres. *Renseignements à Alexandroúpoli ou bien aux centres d'information des villages de Loutros et de Féres.*

La forêt de Dadiá★

À environ 60 km d'Alexandoúpoli sur la E85, prendre à gauche en direction du village de Dadiá. Hôtellerie (20 ch.) et écotourisme associés dans le village de Dadiá.
Elle compte 38 des 39 espèces de rapaces connues en Europe. Plusieurs postes d'observation sont aménagés dans la forêt. N'oubliez pas vos jumelles !

Souflí

Connu pour son industrie de la soie, vous visiterez son **musée de la Soie** *(12 odos Venizielou - tlj sf dim.)*, installé au fond d'un magasin irrésistible, où les soieries bordées d'un fin travail au crochet sont vendues à des prix défiant toute concurrence.

Didymoteicho

À 95 km d'Alexandroúpoli.
Petite ville pleine de charme et d'histoire, son vieux quartier situé autour de ses **remparts byzantins** vaut le détour, avec une vue extraordinaire sur la vallée de l'Évros. Connue sous le nom de Plotinopolis à l'époque antique, elle devint l'une des plus riches villes de la Thrace après la prise de Constantinople en 1261, puis la première capitale européenne de l'Empire ottoman au 14e s., comme en témoigne une impressionnante **mosquée** du 15e s.

Pythio

À 20 km au nord-est de Didymoteicho.
Dominant la vallée, un magnifique exemple d'architecture militaire byzantine, très bien conservé.

Une ruelle de Didymoteicho.

La Thrace pratique

Informations utiles

🛈 Xánthi – *Pl. Dimocratias* - naxanthi@ otenet.gr.

🛈 Komotiní – *Pl. Eirenez*. Un petit kiosque.

🛈 Alexandroúpoli – *Odos L. Makris* - ℘ *25510 287 35/260 55*. Se procurer les brochures d'information auprès des hôtels, des agences de voyages ou de location de voitures.

Transports

En avion – Alexandoúpoli dispose d'un aéroport, à la sortie est de la ville. **Olympic Airways** – ℘ *25510 263 61/451 98*; **Aegean Travel** – ℘ *25510 891 50*.

En train – Xánthi - *Odos Giorgiou Kondili* - ℘ *2541022581*; Alexandroúpoli - *Odos Karaoli Dimitriou* - ℘ *25510 263 95*. Une ligne de chemin de fer relie toutes les grandes villes à **Thessalonique** ou **Athènes**.

En voiture – Agences de location à Xánthi : **Elpida** – *83 odos Iroon* - ℘ *25410 833 68*; Alexandroúpoli : **Evros Rental**, *67 odos Dimokratias* - ℘ *25510 369 96*.

En bus – **KTEL** à Xánthi - *6 odos Dimocratias* - ℘ *25410 272 00*; Alexandroúpoli - *pl. Eleftherias, en face de la gare* - ℘ *25510 264 79*.

En bateau – À Xánthi, toutes les agences de voyages maritimes sont concentrées autour du port. À Alexandoúpoli : lignes reliant la ville aux îles de Samothrace ou Límnos, et aux villes de Kavála et Thessalonique. Compagnie **SAOS**, ℘ *25510 235 12*.

Se loger

❂ Bon à savoir - Vous trouverez facilement à vous loger jusqu'à Alexandroúpoli, dans des hôtels toutes catégories. Ailleurs, les choses deviennent plus compliquées…

◒ Orpheas – *Xánthi, 40 odos Karaoli* - ℘ *25410 201 21* - fax *25410 201 22* - *38 ch.* À deux pas de la place Dimocratias et de la vieille ville, un hôtel bien tenu aux chambres spacieuses, qui dispose d'un parking.

◒ Orpheus – *Komotiní, 48 pl. Vas. Konstantinou* - ℘ *25310 311 19* - fax *25310 233 96* - *79 ch.* En plein centre-ville, cet hôtel moderne propose des chambres offrant toutes les commodités, avec terrasses privatives et parking.

◒ Athina – *Traïnoupoli, 12 km à l'E d'Alexandroúpoli* - ℘ *25510 612 08*. Cet hôtel familial, dans un champ d'oliviers, propose des chambres spacieuses avec terrasses. En fin d'après-midi, partagez un verre d'ouzo avec les propriétaires.

◒ Chambres chez l'habitant – *Fanári centre* - ℘ *25350 311 61/313 17*.

◒◒ Democritus – *Xánthi, 41 odos 28-Oktovriou* - ℘ *25410 251 11/12/13* - fax *25410 255 37*. Dans la rue commerçante du centre-ville, cet hôtel propose des chambres avec terrasse et vue sur les montagnes.

◒◒ Bosporos – *Fanári plage* - ℘ *25350 312 16* - fax *2535 312 12*. À 100 m de la grande plage de Fanári, hôtel de charme construit au haut d'une petite route au milieu des champs, avec vue sur la mer.

◒◒ Hera – *Alexandroúpoli, 179 av. Dimokratias* - ℘ *25510 259 95* - fax *25510 342 22*. Dans la rue principale de la ville, à 2mn du bord de mer, un hôtel de confort standard.

◒◒◒ Plotini – *Didymoteicho, 1 odos Paraskevis* - ℘ *25530 234 00* - fax *25530 222 51* - *60 ch.* Un peu à l'écart du centre de la ville, cet hôtel luxueux avec piscine joue la carte du site, face aux ruines de l'ancienne Plotinopolis.

Se restaurer

◒ Erodios - *Xánthi, 2 odos Agiou Atanasiou*. Aménagé dans une impressionnante bâtisse de la vieille ville dont il n'a été gardé que les murs extérieurs, ce restaurant propose une cuisine grecque gastronomique dans un cadre enchanteur.

◒ Odos Kountouriotou - *Alexandroúpoli*. Vous trouverez dans cette rue les meilleurs restaurants de grillades de la ville. Nourriture plus turque que grecque.

◒ Kactrino - *Didymoteicho, 9 odos Paulou Mela*. Dans une maison traditionnelle du vieux quartier, ce restaurant est un havre de paix pour déguster des spécialités locales.

Faire une pause

Kallirroe – *Xánthi, pl. Dimocratias*. Cette immense pâtisserie dispose d'une salle au 1er étage, lieu de rendez-vous de toutes les générations à l'heure du petit-déjeuner. Spécialités grecques et orientales.

Byzantio – *Xánthi, 108 odos Konstantinou*. Aux abords de la vieille ville, ce salon de thé propose des pâtisseries irrésistibles.

Sports et loisirs

Plusieurs excursions sont possibles dans cette province (lire aussi le texte du Circuit).

Nome de Xánthi – Riverland - *www.riverland.gr*; Nativus - *www.forestland.gr*; Vistonis - *viston@otenet.gr*.

Nome de l'Évros – À Loutros, centre d'information du delta de l'Évros - ℘ *25510 6100*. À Féres, office de tourisme ℘ *25550 243 10*. À Dadiá, entreprise municipale d'écotourisme - ℘ *25540 322 63/09* - *www.ecoclub.com/dadia/*.

Tírynthe★★

Tíryntha – Τίρυνθα

638 HABITANTS
CARTE GÉNÉRALE RABAT II B2 – PÉLOPONNÈSE – ARGOLIDE

Sur le bord de la route, parmi les orangeraies de la fertile Argolide, apparaît soudain une impressionnante enceinte cyclopéenne, chef-d'œuvre de l'architecture militaire antique. Avec Mycènes, Tírynthe fut la plus grande cité de la civilisation mycénienne et, tout comme sa voisine, elle est étroitement liée aux épopées homériques.

▶ **Se repérer** – À 55 km au sud de Corinthe, le site est disposé sur la droite de la route allant de Nauplie à Árgos. Parking à gauche, peu après le panneau « Tíryntha », à 4 km au nord de Nauplie. Il vous faudra traverser la route (avec les précautions qui s'imposent) et longer sur une centaine de mètres l'enceinte grillagée avant de dénicher le chemin ombragé permettant d'accéder au site.

🕐 **Organiser son temps** – Compter deux heures. Pour séjourner, Nauplie, avec sa multitude d'hôtels et de restaurants, est idéale…

♿ **Pour poursuivre le voyage** – Árgos, Épidaure, Mycènes, Nauplie.

Selon la légende, les Cyclopes auraient bâti ces formidables murailles.

Comprendre

La cité natale d'Hercule – Fondée, avant Mycènes, par un certain Prœtros, avec l'aide de Cyclopes, Tirynthe aurait été, comme Mycènes, soumise à Persée. Puis règne le fils de Persée et d'Andromède, Alcée, auquel succède **Amphitryon**.
Ce souverain épouse sa cousine Alcmène, vertueuse autant que belle, mais, avant de consommer le mariage, il doit honorer sa promesse de venger les frères d'Alcmène, tués au cours de bagarres entre factions rivales… et doit s'exiler à Thèbes. Or Zeus ,ému par la beauté d'Alcmène, et jamais à court d'idées, profite de l'absence du roi pour prendre son apparence et ainsi triompher de la vertu de la reine, infidèle à son insu. Le fruit de cette union fut le petit Héraklès (mieux connu sous son nom latin d'**Hercule**), qui, dès l'âge de 18 mois, étouffe les serpents envoyés par la jalouse Héra pour le dévorer. Quant au malheureux Amphitryon, il y a gagné bien malgré lui la réputation d'un homme accueillant…

Les Douze Travaux… – Plus tard, dans un accès de démence, Hercule tue ses propres enfants. La Pythie de Delphes lui ordonne de se mettre au service d'Eurysthée, roi de l'Argolide, qui lui impose les Douze Travaux : étouffer le lion de Némée, tuer l'hydre de Lerne, forcer à la course la biche de Cérynie, capturer le sanglier d'Érymanthe, nettoyer les écuries d'Augias, abattre les oiseaux du lac Stymphale, dompter le taureau crétois de Minos, attraper les juments anthropophages du roi Diomède, s'emparer de la ceinture de la reine des Amazones Hippolyté, ramener les bœufs de Géryon le monstre à trois têtes, aller chercher les pommes d'or du jardin des Hespérides et enfin, ramener Cerbère des Enfers.

Visiter

L'ACROPOLE★★

Été : 8h-19h ; hiver : 8h30-15h - 3 €.

« Tirynthe ceinte de remparts » (Homère), couronnant une butte rocheuse calcaire allongée, domine la plaine d'une ving-taine de mètres seulement, mais sa situation isolée, alors au bord de la mer, et la puissance de ses murailles la rendaient presque inexpugnable.

Les ruines que l'on voit aujourd'hui remontent, pour l'essentiel, à la fin du

Au temps des Achéens

Au 13e s. av. J.-C., Tirynthe dépend de Mycènes et participe à la guerre de Troie. Indépendante lors de l'invasion dorienne (12e s.), la cité s'étend alors sur 25 ha, compte environ 15 000 ha-bitants, et le voisinage avec Argos se révèle tumultueux jusqu'en 468 lors-que les Argiens s'en emparent et la dévastent.

13e s. av. J.-C. D'une longueur de 300 m sur une largeur variant de 45 m à 100 m, elles comprennent au niveau supérieur le « palais » et au niveau inférieur une enceinte elliptique qui protégeait les bâtiments à usage militaire, religieux ou économique.

Remparts★★

Épais de 7 à 10 m, et atteignant par endroits une hauteur de 7,50 m, ils cou-rent sur une longueur d'environ 1 500 m. Admirés par Pausanias à l'instar des pyramides, ils présentent un appareil cyclopéen très impressionnant, avec des pierres sommairement dégrossies, pouvant mesurer jusqu'à 3,50 m de long et 1,50 m de haut.

Depuis l'entrée de la zone archéologique, une rampe, accessible aux chars, mène à l'entrée principale de l'acropole. Celle-ci, fermée jadis par des vantaux de bois, était renforcée par deux tours. Au-delà de l'entrée, sur la gauche, le passage **(1)** pratiqué entre l'enceinte et le mur du palais haut de 11 m à cet endroit était un vrai coupe-gorge et des attaquants ayant forcé l'entrée pouvaient facilement y être massacrés.

Palais★

Vous arrivez alors à la porte du palais : il en subsiste le seuil long de 4 m et large de 1,45 m (remarquez les trous des gonds) et un des piédroits (vous apercevrez le logement de la barre de fermeture des vantaux). De l'avant-cour, un escalier à gauche descend vers les casemates est.

Le palais, typique de l'ar-chitecture mycénienne, fut édifié vers 1200 av. J.-C. sur des constructions anté-rieures dont ne subsistent plus que des fragments de stucs provenant de leur décoration.

Casemates est★★ – Une étroite galerie, longue de 30 m, à voûte en berceau brisé, aménagée dans l'épaisseur du rempart, dessert six salles ou case-mates. Les lourds blocs de pierre et le demi-jour créent dans ces lieux guerriers une atmosphère oppressante.

Grand Propylée – Cette entrée monumentale dont il ne reste que des traces

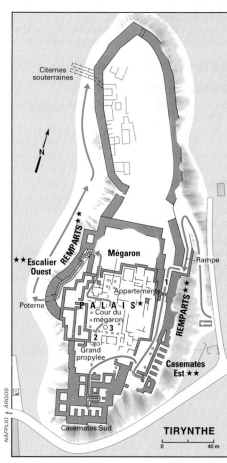

était l'ancêtre de celui de l'Acropole d'Athènes, conçu sur le même principe : deux porches, intérieur et extérieur, couvrant une allée centrale. Il précède la grande cour d'où un escalier coudé conduit aux casemates sud, analogues à celles de l'est. Le **petit Propylée (2)** reliait la grande cour à celle du mégaron.

Cour du mégaron – Mesurant environ 20 m sur 15 et revêtue du ciment blanc d'origine, elle était entourée sur trois de ses côtés de portiques dont on retrouve quelques traces. Au fond s'élevait la façade du mégaron. On repère, à droite en entrant, l'emplacement de l'autel royal **(3)**.

> ## Les fouilles
>
> C'est **Heinrich Schliemann** qui entreprit les premières fouilles en 1876 ; l'architecte W. Dorpfeld s'y associa en 1884, et, en 1885, furent mises au jour la plus grande partie des murailles et du palais. Les fouilles reprirent en 1926-1927 sous la conduite de l'Institut allemand d'archéologie. L'Acropole a livré des fresques (au musée d'Athènes), des céramiques et des terres cuites (au musée de Nauplie).

Mégaron – Il avait, comme celui de Mycènes, un portique, un vestibule, un foyer central encadré de colonnes de bois sur bases de pierre ; à droite était placé le trône du roi. Les murs revêtus de stuc étaient décorés de peinture de style crétois. Au 7e ou au 6e s. av. J.-C., un temple à Héra lui succéda : on en distingue quelques soubassements. Les appartements royaux, à deux étages, bordaient les côtés nord et est du mégaron.

Escalier et remparts ouest★★

Sinuant légèrement à l'intérieur du mur en demi-lune et se terminant par une poterne, cet escalier de 80 marches est un des éléments les plus curieux du dispositif de défense. Si des assaillants en escaladaient les degrés, ils étaient soumis de tous côtés aux coups des défenseurs et si quelques-uns réussissaient à passer, ils tombaient dans une sorte de chausse-trappe. De plus, un bastion supplémentaire interdisait l'accès du cœur de l'acropole.

Au bas de l'escalier, au bout des remparts, des **citernes** voûtées communiquaient avec la citadelle par des passages souterrains

Se promener

Balade parmi les orangers

Juste après les ruines de Tirynthe, prendre à droite une petite route portant l'indication « Athènes/Corinthe ».

4 km plus loin, à gauche juste avant le village d'**Agía Triada**, au fond d'un cimetière, l'**église de la Vierge (Koimississ tis Theotokou)** fut construite au 12e s. Le village s'appelait naguère Merbaka, du nom du Flamand **Guillaume de Merbeke**, archevêque latin de Corinthe en 1280 et premier traducteur d'Aristote.

Dendra

On peut visiter sur la route *(à 1 km du village - signalisation)* une tombe à chambre. C'est là qu'a été mise au jour la plus ancienne cuirasse connue (15e s. av. J.-C.), actuellement exposée au musée de Nauplie.

Midéa

Poursuivre après Dendra jusqu'au petit village de Midéa (signalisation) ; à la sortie, prendre à droite la route asphaltée (3 km) qui conduit au sommet de la montagne. Sur une terrasse à flanc de montagne, on distingue les vestiges de l'enceinte cyclopéenne de l'acropole mycénienne. De ce site isolé dominant la plaine d'Argos, belles **vues★**.

Trípoli

Τρίπολη

25 520 HABITANTS
CARTE GÉNÉRALE RABAT II B2 – PÉLOPONNÈSE – ARCADIE

Capitale de la préfecture d'Arcadie et nœud routier au cœur du Péloponnèse, Trípoli occupe le centre d'une haute plaine fertile encadrée de montagnes de 2 000 m. L'altitude relativement élevée y détermine un climat frais en été. Ville étudiante, agréablement pourvue d'espaces verts, la cité arcadienne n'a conservé que de rares vestiges de son passé. Elle est surtout un point de départ pour de belles excursions vers les villages et monastères perchés dans les montagnes alentour.

- **Se repérer** – Alt. 650 m. À 160 km au sud-ouest d'Athènes par l'autoroute, à 85 km au sud-ouest de Corinthe, à 60 km au nord de Sparte et à 87 km au nord-est de Kalamáta.

- **Organiser son temps** – Sans charme particulier, Trípoli n'incite pas à une visite prolongée et la circulation y est difficile. On peut y faire halte pour la nuit avant de partir à la découverte des superbes alentours.

- **Avec les enfants** – Le musée de l'Énergie hydraulique à Dimitsána.

- **Se garer** - Deux parkings proches de la place centrale Ag. Vasiliou : l'un près du square Petrinoy et l'autre odos Paplouta.

- **Pour poursuivre le voyage** – Arcadie, Árgos, Kalamáta, Mycènes, Mystrás, Nauplie, Sparte.

Visiter

Résidence du pacha de Morée au 18e s. sous le nom de Tripolizza, et alors très turque d'aspect selon Chateaubriand, Trípoli fut reconstruite, après sa destruction en 1824 par Ibrahim Pacha. La place centrale, entourée des « couverts » habituels aux pays de montagne, contraste avec la place Areos, ouverte et agrémentée de jardins, et avec le Bazar, au sud.

Musée archéologique (Arheologikó Moussío)

Prendre odos Georgiou à droite de l'église puis la 3e rue à droite au coin de l'hôtel Alex et tout de suite à gauche le passage vers odos Evangistria - 27102 421 48 - *tlj sf lun. 8h30-15h - 2 €.* Bien agencé sur deux niveaux, le Musée archéologique est installé dans une belle maison néoclassique, œuvre de Ziller. Il abrite les collections de la région d'Arcadie allant de la période néolithique et de l'âge du bronze (3000-1200 av. J.-C.) à la période romaine.

Rez-de-chaussée – *Salles à gauche de l'entrée.* Sont réunis ici des objets de la région (vases, têtes de statues) de la période archaïque et des objets de la période néolithique et de l'âge du bronze provenant des fouilles de l'habitat préhistorique de Sfakovouni-Karvouni, sur la commune de Kamenitsas.

Dans le couloir, belle statue de marbre d'une déesse assise d'Assea datant de la période archaïque (milieu du 6e s. av. J.-C.), ainsi que deux stèles représentant un couple sur un divan, Apollon et les Muses.

Salles à droite de l'entrée. Elles accueillent les collections de céramiques et de vases (terre cuite, surprenant vase en bois de Megalopoli, amphores et hydries de différentes périodes et de diverses provenances). Sont exposées aussi une collection de statues en marbre et de têtes de diverses périodes, des figurines en terre cuite, des pièces de monnaie en bronze et des fresques.

Sous-sol – Il présente des stèles funéraires, des reliefs et des sculptures en marbre, ainsi que des fresques, des céramiques et des figurines en terre cuite. Remarquez les pièces de la villa d'Hérode Atticus qui avait été bâtie aux environs d'Ástros le long de la côte de l'Arcadie. Dans le jardin, stèles funéraires, divers éléments architecturaux, des reliefs et des inscriptions.

Aux alentours

Tegée (Tegea)

À 10 km au sud-est. Prendre la route de Sparte et, à 8 km, au lieu-dit Kerassitsa, tourner à gauche (signalisation « Ancient Tegea »). Soumise à Sparte à partir du 6e s. av. J.-C., **Tégée**, la plus importante cité de l'Arcadie ancienne, située dans une plaine fertile, fut détruite par les Barbares au 5e s. Reconstruite par les Byzantins sous le nom de Nikli, elle fut au 13e s. le siège de l'importante baronnie franque de Niclès et d'un évêché latin : près de là, au sud, se tenaient sous l'occupation franque les grandes foires de la verveine dont le lieu-dit Vervena rappelle le souvenir.

Palea Episkopi – Dans un parc ombragé, une église moderne reconstruite avec des éléments de la basilique paléochrétienne (5e s.) de Nikli a été édifiée sur le site d'un théâtre dont on a dégagé une partie du proscénium (avant-scène) ; vestiges antiques, notamment de l'ancienne agora hellénistique et romaine située près de murailles médiévales.

En se dirigeant vers le fond du parc par l'allée centrale, on peut voir, sur la gauche, un petit entrepôt dont le sol est couvert d'une belle mosaïque provenant d'une église paléochrétienne (début du 5e s.) et représentant les quatre fleuves du Paradis, des personnages et des animaux marins.

Revenir sur vos pas et prendre la première allée à gauche pour parvenir au petit musée d'Art populaire.

Musée d'Art populaire (Laografikó Moussío) – Il présente un intérieur traditionnel d'une maison rurale avec meubles en bois, métier à tisser, objets domestiques (ustensiles, lampes, machine à écrire, radio) et costumes. Remarquez le flambeau utilisé pour porter, d'Olympie à Berlin en passant par Tegea, la flamme d'Apollon à l'occasion des jeux Olympiques de 1936. Une plaque commémorant l'événement est fixée dans les restes de la muraille médiévale.

Du parking, situé à côté de l'église, prendre à droite et de nouveau à droite la route goudronnée qui conduit sur la place du village d'Aléa et au temple d'Athéna.

Temple d'Athéna à Aléa (Naos Athenas) – De 1889 à 1910, les fouilles de l'École française d'Athènes ont dégagé les fondations du temple d'Athéna (4e s. av. J.-C.). Ce sanctuaire dorique périptère (6 x 14 colonnes) construit en marbre local et constitué d'un pronaos, d'une cella et d'un opisthodome abritait la statue archaïque, en ivoire de la déesse, les statues en marbre d'Hygie (déesse de la Santé) et d'Asclépios, et la dépouille du sanglier de Calydon. Les décors sculptés des frontons représentaient des scènes empruntées aux mythes locaux. Ce monument avait été conçu et orné par le grand sculpteur de Páros, **Skopas**, de statues et de sculptures dont plusieurs fragments ont été retrouvés : les plus beaux, évoquant la chasse de Calydon (sanglier de Calydon, tête d'Atalante) sont exposés au musée d'Athènes, d'autres dans le petit musée local.

Musée archéologique (Arheologikó Moussío) – Il réunit des vestiges locaux, des stèles funéraires, d'intéressants éléments architecturaux (fragments des frontons du temple), un bloc de l'autel des sacrifices (4e s.), des sculptures et des reliefs votifs dédiés au dieu Pan. Les vitrines rassemblent de petits objets en bronze, des céramiques et des figurines en marbre provenant des fouilles du cimetière de Tégée.

Mantinée (Mantíneia)

À 11 km au nord ; suivre la signalisation jusqu'au carrefour, puis continuer tout droit 9 km plus loin, en face d'une église, tourner à droite.

Rivale de Tégée, Mantinée était dans l'Antiquité une cité fortifiée commandant la plaine, alors irriguée et riche de cultures et de forêts de chênes, aujourd'hui dénudée. Sous ses murs tomba en 362 av. J.-C. le fameux général thébain **Épaminondas**, en poursuivant l'armée lacédémonienne d'Agésilas.

À droite de la route, des fouilles ont mis au jour les vestiges de l'enceinte, jalonnée de tours et longue de 4 km, ainsi que les bases d'édifices parmi lesquels un théâtre, une agora et plusieurs temples.

À gauche de la route s'élève une **église★** dédiée « à la Vierge, aux Muses et à Beethoven ». Cet étrange édifice a été bâti de 1970 à 1978 par un architecte américain d'origine grecque qui y a employé tous les matériaux possibles (marbre, pierre de taille, brique, bois…) tentant la synthèse de plusieurs styles (égyptien, grec, byzantin) et accumulant toutes les formes de décor imaginables (sculptures, fresques, vitraux, mosaïques, émaux, orfèvrerie…) : l'ensemble réjouira les amateurs d'art surréaliste.

À partir de là, on peut rejoindre Levídi par de petites routes (entre 10 et 15 km).

Levídi

À 27 km au nord-ouest par la route d'Olympie.

Quelques vestiges ont été découverts ici, notamment les restes d'un sanctuaire dorique (6e s. av. J.-C.). Un chemin conduit aux remparts de l'ancienne ville, d'où l'on peut, en empruntant un sentier à droite, rejoindre un théâtre assez bien conservé situé dans un beau site. *Prendre la route de Kandila et, à 2 km, suivre à droite le chemin conduisant à l'église de la Dormition. Tout droit, le site d'Orchomenos à 3 km.*

Église de la Dormition de la mère de Dieu★ (Koimissistis Theotokou) – Dans un enclos planté de noyers et rafraîchi par des sources, la belle église de la Dormition de la Vierge postbyzantine (17ᵉ s.) est décorée de peintures murales intéressantes par leurs détails pittoresques et leurs coloris : scène de l'Ancien Testament, de la Passion du Christ, Dormition de la Vierge ; portraits de saints orientaux.

Ruines de Megalópolis
À 36 km au sud de Trípoli et à 15 km au sud-est de Karítaina (1 km avant Mégalópoli, sur la droite). Gratuit.

L'antique Megalópolis fut bâtie de 371 à 368 av. J.-C. par Épaminondas pour contenir et surveiller Sparte. Devenue siège de la Ligue arcadienne, elle joua un rôle important aux époques hellénistique et romaine. Y naquirent **Philopoemen** (253-183 av. J.-C.) le « dernier des Grecs » qui chercha à maintenir l'unité grecque devant l'expansion romaine, et l'historien **Polybe** (204-122 av. J.-C.) qui, dans ses *Histoires*, a raconté la conquête romaine de la Grèce. Megalópolis, plusieurs fois saccagée, disparut avec les invasions barbares.

Thersilion – Les soubassements d'une enceinte rectangulaire et les multiples bases de colonnes témoignent de l'immensité de cette salle d'assemblée dévolue aux « Dix Mille », représentant le peuple arcadien. Appelée du nom de son donateur, la salle comptait en effet 66 m de long, 53 m de large, et 67 piliers disposés de telle sorte que la quasi-totalité des assistants pouvait voir l'orateur, placé au centre du côté contigu au théâtre.

Théâtre – Des bosquets font un couronnement agreste au théâtre, le plus étendu de Grèce (145 m de diamètre) qui pouvait recevoir, sur ses 59 gradins, environ 20 000 spectateurs jouissant d'une excellente acoustique. Les rangs inférieurs, réservés aux notables et aux confréries religieuses (inscriptions), sont bien conservés.

Circuit de découverte

Circuit de 118 km de Trípoli à Andrítsaina, en prenant la route d'Olympie par le nord. Compter un peu plus d'une demi-journée (il est possible de faire halte pour la nuit à Andrítsaina) et se munir d'une carte routière détaillée de la région. Le parcours réserve de très belles surprises, en particulier à la tombée de la nuit où les couchers de soleil sont magnifiques. Le circuit peut être prolongé jusqu'à Olympie en passant par le temple de Vassés (voir Olympie p. 292).

On peut également prendre le circuit par le sud, en passant par Megalópolis (33 km). Dans ce cas, on fera une boucle pour terminer par Vytína où il est également possible de passer la nuit (voir Trípoli pratique p. 359).

Vytína
À 45 km au nord-ouest par la route d'Olympie.

Agréable village d'architecture traditionnelle à 1 040 m d'altitude. Lieu de villégiature réputé, et point de départ pour le mont Maínalo, il est fréquenté surtout en hiver par les touristes athéniens pour sa station de ski toute proche. Belles boutiques de

S. Chevreuse / MICHELIN

Sur la route des sports d'hiver, le joli village de Vytína.

produits régionaux et d'objets d'artisanat en bois (animaux, bijoux, ustensiles de cuisine). Visitez l'église Agioi Apostoloi (16e s.) et ses fresques.

Musée de l'Artisanat et du Folklore – *Sur la place du village, face à la statue (commémorative de l'étudiant résistant assassiné) - mai-nov. : tlj sf w.-end. 10h-14h.* Ce musée municipal, très intéressant, donne à voir les différents types d'artisanats locaux passés et présents (métier à tisser, alcool, alambic, outils divers, costumes de fête et de travail, etc.). La mairie envisage notamment de favoriser le retour de métiers ou d'activités disparus à travers la création d'une association de femmes travaillant autour de l'artisanat textile et des métiers à tisser.

Dimitsána★

À 67 km de Tripoli.

Vieille cité médiévale (vestiges d'un château) perdue au cœur du Péloponnèse, Dimitsána occupe un site spectaculaire sur une crête dominant l'étroite et chaotique vallée du Loussios.

Au 18e s., sa situation retirée et son accès difficile en firent un des foyers de l'éveil national par ses écoles clandestines que fréquentèrent plusieurs futurs chefs historiques de l'Indépendance, tel le patriarche Germanos ; au début de la guerre contre les Turcs, elle joua un rôle militaire grâce à son arsenal et à ses poudreries.

Musée ecclésiastique – Cette ancienne demeure ayant appartenu au patriarche Germanos abrite un petit musée d'art religieux : collection de peintures, icônes (du 17e au 19e s.), croix sculptées, objets de culte (1780) provenant du monastère Philosophou, livres (18e et 19e s.), ornements liturgiques (18e s.) et habits sacerdotaux. On peut également visiter la maison du patriarche.

Belle promenade à faire en suivant la signalisation qui part de la rue principale.

Musée de l'Énergie hydraulique★ (Ipethrio Moussio Hydrokinissis) – *À 1,5 km au sud du village (indiqué depuis la route de Stemnitsa) - ☎ 27950 316 30 - avr.-oct. : tlj sf mar. 10h-14h et 17h-19h ; hiver : tlj sf mar. 10h-16h - 1,50 €.* Installé dans un village où, historiquement, une partie de l'activité tourne autour de l'eau, cet écomusée à ciel ouvert est très instructif (explications en grec et en anglais) et agréable (rigoles, petits ponts). Il montre les diverses utilisations qui étaient faites, en Élide, de l'énergie fournie par l'eau des torrents. Trois moulins (farine, poudre à canon et foulon) ont été restaurés et fonctionnent à nouveau. Il abrite aussi une tannerie artisanale.

Monastère Aimyalon – L'église de ce monastère, construit sous le rocher de façon à faire corps avec le roc escarpé, recèle de belles fresques du 17e s. On peut y séjourner.

Villages et monastères des gorges du Loussios★★

Le Loussios, affluent de l'Alfeiós, coule au milieu de gorges spectaculaires qui abritent, dans un paysage de rocaille et de maquis, monastères et villages.

Monastère Ágios Ioánnis Prodromou – *À environ 2 km de Dimitsána en direction de Stemnitsa, emprunter à droite une route qui descend sur 8 km en serpentant dans la gorge du Loussios.* Construit au flanc d'un rocher vertical, perdu dans un **lieu★** solitaire de toute beauté, le monastère (11e s.), dont la toute petite église recèle des fresques, est encore habité par quelques moines.

Monastère Philosophou – *En face du monastère Agios Ioánnis Prodromou.* Le vieux monastère, accroché à la paroi, est abandonné ; 500 m plus loin, sur la rive ouest, se trouvent le nouveau bâtiment et l'église, qui contient des fresques datant du 17e s.

Stemnitsa – Ce séduisant village de montagne aux petites maisons de pierre occupe un beau site perdu dans la verdure, sur les pentes du mont Maínalo. Important centre d'orfèvrerie durant la période byzantine, Stemnitsa perpétue cette tradition en accueillant un centre de formation professionnelle à ce métier. En 1821, le village fut pendant 15 jours la capitale de la Grèce en révolte : la première Assemblée nationale siégea dans l'église Zoodochos Pigi (15e s.). La localité possède 18 églises, dont les plus importantes sont celles des Trois Hiérarques, Agios Nikolaos (fresques du 14e s.) et Panagia Bafero (12e s.). Admirez le beau clocher de pierre taillée sur la place principale.

Créé à l'initiative de la famille Savopoulou, le **musée d'Art populaire** est aménagé dans la vieille bâtisse Hadzi. Il abrite des icônes, des costumes traditionnels, des céramiques, des broderies, des objets d'art en bois sculpté. Un atelier artisanal d'orfèvrerie y a été reconstitué.

Gortys – *Tourner à droite à la bifurcation près d'Ellinikó (suivre la signalisation).* Dans un beau **site★** isolé, l'École française d'archéologie a mis au jour les vestiges du temple d'Asclépios, les restes de l'enceinte et les soubassements d'édifices et des bains.

Karítaina – La route franchit l'Alphée sur un pont moderne qui surplombe le pont médiéval : de là se découvre une **vue★★** sur le site de Karítaina.

Pittoresque bourg médiéval bâti en amphithéâtre et dominé par un puissant château franc, Karítaina est un village typique aux maisons aux toits de lauzes et aux balcons et auvents de bois. Dans cette région isolée, les villages, qui ont pour cadre les arides et magnifiques paysages des gorges de l'Alphée et du Loussios, ont conservé une architecture et un mode de vie traditionnels.

Bâti par les Francs au 13e s. puis restauré au 15e s., le **pont médiéval** ne compte plus que 4 arches sur les 6 originelles. Dans un des piliers a été aménagée une petite chapelle.

Monter en voiture jusqu'à une place en haut de la localité ; continuer à pied.

On remarque en contrebas du village, l'église Panagia au clocher carré en pierre (17e s.), d'inspiration occidentale, et, à droite en montant vers le château, l'église postbyzantine Ágios Nikólaos, entourée de cyprès.

Le **château★** posté dans un site défensif de premier ordre évoque une des plus fortes baronnies de la principauté française de Morée, créée en 1209 pour la famille de Bruyères et commandant 22 fiefs. Construit en 1254 pour Hugues de Bruyères, le château appartint ensuite à son fils Geoffroy de Bruyères, le fameux « sire de Caritène », modèle des chevaliers, dont la *Chronique de Morée* a relaté les exploits. Vendu en 1320 à l'empereur Andronic II Paléologue, Karítaina accueillit, durant la guerre d'Indépendance, Kolokotronis qui défia Ibrahim Pacha de venir l'y attaquer.

L'enceinte triangulaire renforcée de tours est accessible par une seule porte. Il ne reste que les ruines de la demeure seigneuriale qui était adossée au rempart sud, mais les vastes citernes voûtées et plusieurs souterrains sont conservés (attention aux chutes). Du sommet (alt. 583 m), **vues★★** étendues à l'ouest sur les gorges de l'Alphée, à l'est sur le bassin de Megalópolis, au sud sur le mont Likaio.

Andrítsaina – *À 29 km à l'ouest de Karítaina.* Les toits rouges de cette bourgade montagnarde se détachent sur le flanc des cimes limitant l'Élide à l'est. Parmi ces montagnes figure le fameux mont Lykaio (1 421 m), dont le sommet était le siège d'un culte primitif à Zeus, exigeant des sacrifices humains et des scènes rituelles d'anthropophagie, et le magnifique **temple de Vassés★★,** classé au patrimoine mondial de l'Unesco *(voir Olympie p. 292).*

Marché agricole et centre d'excursions (hôtels), Andrítsaina est riche en vieilles maisons de bois à encorbellement et échoppes d'artisans (forgerons, tourneurs sur bois, tisserands…) réparties le long de ruelles. Avec son café et sa petite taverne traditionnelle, la place centrale à fontaine, qu'ombrage un platane géant, séduit par son charme intimiste. À côté de l'inépuisable fontaine Trani (18e s.), se trouve le **musée d'Art populaire** *(tlj sf lun. 10h-13h30),* qui abrite des tapis et des costumes.

Andritsaína possède une **bibliothèque** de 25 000 volumes qui fut constituée à partir d'un noyau de 6 250 ouvrages offerts en 1840 par Agathophros Nikolopoulos (1786-1841) ; ce philologue et érudit mourut à Paris après avoir occupé, durant 20 ans, le poste d'assistant à la bibliothèque de l'Institut ; ici sont conservés de nombreux incunables, ainsi que les comédies de d'Alembert annotées par J.-J. Rousseau.

Trípoli pratique

Informations utiles

🛈 À l'Hôtel de ville - *43 Ethnikis Andistaseos - ℘ 27102 318 44 - lun.-vend. 7h-14h.*

♿ *www.tripoli.gr ou www.arcadia.gr.*

Police – *Entre la gare ferroviaire et la gare routière - ℘ 27102 224 11.*

Poste – *Angle de odos Plapouta et Nikitara - lun.-vend. 7h30-20h.*

Hôpital – *℘ 27103 717 00.*

Transports

En bus – La gare routière **KTEL** Arkadia se trouve à 1 km à l'ouest de la place Kolokotroni, le long de la route Árgos-Corinthe - *℘ 27102 225 60 -* 12 bus/j. pour **Athènes**. 2 bus/j. pour **Olympie** et **Pýrgos**. Services régionaux pour liaison avec Mégalópolis, Dimitsina, Karítaina, etc.

Une autre gare routière se trouve dans l'Odos Lagopati, près de la gare ferroviaire, et dessert notamment **Sparte Kalamáta** et **Pátra** – ℰ 27102 420 86.

En train – Magnifiques paysages sur la ligne Corinthe-Kalamáta - 3 train/j pour **Corinthe** (2h15), via **Árgos** (1h15).

En taxi – *Une station près de la place Areos et odos Georgiou A* - ℰ 27102 262 20.

Se loger

🛏 **Artemis Hotel** – *1 Dimitrakopoulou, près du sq. Areos* - ℰ 27102 252 21 - fax 27102 336 28. Joli mobilier, chambres confortables, contemporaines et décoration raffinée. Petites salles de bains. Petit-déjeuner en sus *(5 €)*.

🛏 **Alex Hotel** – *Vasileos Georgious*, ℰ 27102 234 65 - fax 27102 234 66. Chambres sobres et claires, salles de bains assez spacieuses et décoration de bon goût pour un hôtel bien rénové et confortable à prix raisonnable. Demander une chambre ne donnant pas sur la rue, bruyante. Petit-déjeuner en sus *(5 €)*.

🛏🍴 **Anaktorikon** – *48 Ethnikis Andistaseos* - ℰ 27102 225 45 - www.anaktorion.gr - 27 ch. Hôtel de caractère, confortable et spacieux. Donne sur une rue de cafés, très animée le soir. Prix négociables. Petit-déjeuner en sus *(5 €)*.

🛏🍴🍴 **Menalon Resort** – ℰ 27102 303 00 - fax 27102 303 27 - www.mainalonhotel.gr - 31 ch. Rénové en 2004, ce bel hôtel de luxe décoré avec originalité donne sur la place et le square Areos. L'accueil est à l'image de l'endroit, chaleureux et raffiné.

AUX ALENTOURS

🛏 **Epikovreios Apollo-Maria Balkamou** – *Pl. d'Andrítsaina* - ℰ 26260 228 40 - fax 26260 229 92 - 6 ch. Cet établissement récent propose de spacieuses chambres d'un bon confort. Une adresse accueillante où il vaut mieux réserver. Petit-déjeuner en sus *(5 €)*.

🛏🍴 **Dimitsana** – *Dimitsána* - ℰ 27950 315 18 - 30 ch. Proche du musée de l'Énergie hydraulique, à l'entrée du village, cet hôtel rénové propose d'agréables chambres ouvrant sur la vallée. Les repas se prennent en terrasse ou en salle. L'hiver les prix augmentent d'un tiers.

🛏🍴🍴 **Menalon Art** – *Vytína sur une place calme, au centre du village* - ℰ/fax 27950 222 00 - www.artmenalon.gr - 50 ch. ⊟. Cet établissement avec jardin est l'un des meilleurs hôtels de la région et le plus accueillant. Les propriétaires, qui dirigent une galerie d'art, ont décoré avec soin chacune des chambres.

Se restaurer

👁 Les endroits de qualité sont assez rares, on trouve néanmoins quelques tavernes proposant une cuisine traditionnelle à des prix raisonnables.

🍴 **Taverna Piterou** – *Odos A. Kalavritou, dans le prolongement N de Ethnikis Antistaseos* - ℰ 27102 220 5811. Taverne à l'ombre des treilles proposant une carte à la fois simple et variée (viandes parfumées et bons desserts).

AUX ALENTOURS

🍴 **T' Andonia** – *Vytína, dans la rue qui descend de la place principale, à droite de la boutique de souvenirs* - ℰ 27950 222 24 - www.taidonia.gr. La meilleure adresse de la ville. On peut y goûter de la chèvre *(katziki)* à l'origan et au vin blanc légèrement résiné.

🍴 **Taverne « 1821 »** – *Stemnitsa, près de la place centrale* - ℰ 27950 815 18. Cette taverne au nom symbolique propose des plats traditionnels grecs dans une grande salle à manger. Bon rapport qualité-prix.

Faire une pause

Taverne Tsigouri – *Andritsaina, au milieu des escaliers qui montent de la place principale*. Une taverne à l'ancienne avec ses *briki* (casseroles à café) noircis et sa toile cirée.

Sports et loisirs

L'hiver, **ski** et autres sports de neige sont à l'honneur dans la région. L'été, nombreuses **randonnées** et activités en extérieur (rafting, kayak, etc.) au départ de Karítaina et de Stemnitsa. Club Alpin – ℰ 21067 535 14 - www.alpinclub.gr.

Événements

Le 23 septembre est célébrée **« la conquête de Tripoli »** en l'honneur des combattants de la révolution de 1821.

La **Crète**★★★

Kríti -

601 131 HABITANTS – 8 259 KM²

La brillante civilisation minoenne, l'une des toutes premières d'Europe, enfanta ici de célèbres légendes, dont celle de Dédale et du Minotaure. Elle nous a laissé de magnifiques palais richement décorés dans une île qui apparaît comme une longue chaîne de montagnes sauvages. Si la côte nord, échancrée de baies, est assez urbanisée, le reste de l'île couvert de vigne et d'oliveraies reste préservé avec des gorges extraordinaires, et, au sud, une côte rocheuse semi-désertique.

P. de Franqueville / MICHELIN

Près de Kritsá, sur la route des oliviers.

▷ **Se repérer** – À 100 km des côtes du Péloponnèse, la Crète est la plus grande et la plus méridionale des îles grecques. C'est la 5e île de la Méditerranée en superficie après la Sicile, la Sardaigne, Chypre et la Corse. Elle s'allonge d'est en ouest sur 260 km, tandis que sa largeur varie de 12 à 50 km. Trois hauts massifs la dominent : à l'ouest les Montagnes Blanches (Lefká Óri - 2 453 m), au centre le mont Ida (Oros Ídi - 2 456 m), à l'est le Díkti (2 148 m).
La Crète constitue une région administrative à part entière et comprend quatre nomes : Chaniá, Réthymno, Héraklion (Irákleio), Lasithi. La capitale administrative et économique est Héraklion.

👁 **À ne pas manquer** – Des gorges de Samaria aux grottes de Mátala, en passant par la palmeraie de Vaï ou le golfe de Mirampéllou, vous pourrez apprécier la diversité des reliefs et déliés de l'île. Cette richesse géographique se double d'un éventail de monuments - minoens à Knosós, Phaestos, Mália, vénitiens à Réthymno, Héraklion, turcs à Chaniá, Ierápetra - qui sont l'héritage des différents peuples ayant régné sur la Crète au cours des siècles : minoens, grecs doriens, romains, barbares, arabes, vénitiens, ottomans, britanniques…

🕐 **Organiser son temps** – Si vous disposez de trois semaines sur place et en étant bien organisé, vous pourrez visiter toute l'île car elle reste à taille humaine et peut aisément se sillonner en voiture. Si vous n'avez qu'une dizaine de jours, cantonnez-vous plutôt à une région, par exemple Ágios Nikólaos et l'est.

Dans la paix de Knosós, le portique de la cité-palais.

Comprendre

La légende et l'Histoire – Si l'on en croit Homère et Hésiode, Zeus serait né en Crète, y aurait grandi à l'abri d'une grotte du mont Díkti, et y aurait vécu avec la princesse phénicienne Europe. Alors qu'Europe se baignait près de Tyr, Zeus lui apparut sous l'aspect d'un magnifique taureau ; s'enhardissant, la jeune fille s'assit sur le dos de l'animal qui, fendant les flots, vint jusqu'au rivage crétois, non loin de Gortyne. Zeus et Europe eurent trois fils : Minos, Rhadamante et Sarpédon.

Voulant faire prévaloir ses droits à la royauté, Minos demanda à Poséidon de lui venir en aide. Le fils de Cronos et de Rhéa fit sortir un taureau de la mer que Minos devait sacrifier en retour. Mais Minos prétendit le garder. Alors Poséidon se vengea en rendant l'animal furieux : c'est lui qu'Héraklès dut affronter au cours de la septième épreuve de ses travaux et c'est avec lui que l'épouse de Minos, Pasiphaé s'accoupla. Ainsi naquit le Minotaure – monstre au corps d'homme et à la tête de taureau – que Minos fera enfermer dans le Labyrinthe construit par le génial Dédale.

En souvenir du roi légendaire, les souverains de Knosós portèrent le titre de « minos », qui signifierait « le bienheureux ».

La civilisation minoenne des palais – Bien que des traces d'habitations néolithiques remontant au 6e millénaire aient été trouvées dans plusieurs grottes de l'île, ce n'est que vers 2700, avec l'invasion de peuplades anatoliennes (sans doute les Hittites) que la Crète entre dans l'âge du bronze. De cette époque datent les poteries de céramique flammée et les tombes circulaires à coupoles qui ont livré un mobilier funéraire (bijoux, sceaux, etc.).

Cet **âge prépalatial** (ou « minoen ancien ») s'achève avec les **premiers palais** (v. 2000-v. 1700 av. J.-C.), bâtiments à esplanade centrale autour de laquelle se groupent les bâtiments publics (salles cultuelles et de réception) et privés (appartements princiers). On a découvert des vestiges de ces palais à Knosós, Phaestos (Faistos) et Mália, sièges respectifs, selon la légende, des principautés de Minos, Rhadamante et Sarpédon ; des sanctuaires ont été reconnus aussi sur plusieurs sommets. De cette époque datent les poteries de Kamares, à décor polychrome foisonnant, trouvées dans la grotte de Kamares, sur le mont Ida. Riche en olives, céréales, légumes et vin, l'île, centre d'un empire maritime, commerce avec l'Égypte et le Moyen-Orient, lorsque vers 1700 av. J.-C. elle est victime d'un premier séisme ou peut-être d'une invasion venue de l'Hellade continentale.

Toujours est-il qu'entre 1700 et 1400 av. J.-C. de nouvelles constructions voient le jour, sur les sites, les plus courus, de Knosós, Phæstos, Mália, mais aussi sur de nouveaux emplacements comme à Zakros. Ces **seconds palais** de la période néopalatiale ont une ampleur architecturale et une richesse décorative plus grandes que leurs prédécesseurs : les appartements princiers comportent plusieurs étages, éclairés par des puits de lumière, desservis par un dédale d'escaliers ou de corridors et alimentés en eau par tout un réseau de canalisations. Couvrant les murs, les sculptures en méplat et les peintures aux lignes pures évoquent le plus souvent un culte énigmatique marqué par la double hache et les cornes de taureau symboliques, des scènes tauromachiques rituelles, des processions et des sacrifices d'animaux et, exceptionnellement, humains. Les peintures murales à la détrempe évoluent au fil du temps d'un naturalisme très coloré à un style figuratif. L'écriture, d'abord pictographique comme en témoigne le Disque de Phaestos, se schématise en séries hiéroglyphiques : le linéaire A. La civilisation minoenne rayonne alors dans tout le Bassin méditerranéen.

Vers 1530, l'éruption du volcan de Santorin provoque un séisme et un raz-de-marée qui détruit la plupart des palais, rebâtis vers 1400, début de la période des **troisièmes palais** : l'influence mycénienne est déjà sensible, et l'on a retrouvé à Knossós un grand nombre de tablettes écrites en linéaire B, déchiffrées aujourd'hui, et qui transcrit le dialecte mycénien, forme très ancienne du grec. Une certaine prudence s'impose toutefois quant à la datation de la présence mycénienne dans le monde minoen et de son chevauchement sur les périodes néopalatiale et postpalatiale.

La Crète et l'hellénisme – À partir de 1400 av. J.-C., les Mycéniens implantent solidement leurs mœurs militaires plus rudes, ce dont témoignent les sépultures de guerriers ensevelis avec leurs armes et les palais à mégaron. Leur succèdent des envahisseurs doriens qui apportent, outre leurs propres mythes et leur religion (progressivement adaptée aux coutumes crétoises), leurs structures sociales que dominent les castes guerrières, vivant en une autarcie aristocratique assez proche du modèle spartiate. L'île est bientôt divisée, selon le modèle du continent, en une multitude de cités. La Crète est alors un centre actif de production de céramiques qui sont diffusées dans tout le Bassin méditerranéen. Cette activité s'essouffle et disparaît brutalement à l'aube de l'âge classique, la Crète se fondant totalement dans l'univers grec. Ce n'est qu'à la mort d'Alexandre, lors du partage de son empire, que l'île passe aux mains des Ptolémées qui règnent sur l'Égypte.

Rome, Byzance et les Sarrasins – En 67 av. J.-C., Metellus s'empare de la Crète qui forme, avec la Cyrénaïque (Libye), une province dont la capitale, Gortyne, garde de nos jours de riches vestiges de bâtiments en brique, temples, sculptures, mosaïques. Les Romains développent un réseau de communications et construisent des aqueducs pour irriguer et fertiliser les plaines jusqu'alors incultes. En l'an 59, l'apôtre Paul arrive sur la côte sud, à Kaloí Liménes ; son disciple Tite sera l'évangélisateur de l'île.

Lors du partage de l'Empire romain en 395, la Crète est rattachée à Byzance : cette domination, qui s'exerce jusqu'en 1204, se traduit dans le paysage crétois par la présence de petites églises à coupoles. Un temps, cependant, la Crète est aux mains des Sarrasins andalous qui y établissent pour plus d'un siècle (824-961) une base d'où ils partent écumer la Méditerranée orientale. À la suite d'un siège de près de neuf mois, Nicéphore Phocas reprend possession d'Héraklion et chasse de l'île les Arabes, rétablissant la prééminence byzantine pour deux siècles et demi.

Sous la griffe du lion vénitien – En 1204, à l'issue de la 4e croisade, la Crète est attribuée aux Vénitiens qui la conservent pendant quatre siècles malgré les révoltes locales. La Crète est alors divisée en quatre territoires, La Canée, Réthymno, Sitéia et Candie où réside le duc de Candie, magistrat nommé par le Grand Conseil de Venise pour deux ans. Grâce à la construction de forteresses dessinées par le Véronais Michele Sanmicheli (1484-1559), Venise fait de la Crète une base contrôlant les routes maritimes empruntées par les grosses galées marchandes commerçant avec l'Orient. Ses fonctionnaires, ses armateurs, ses marchands s'implantent dans les villes qui conservent encore aujourd'hui quelques églises, loggias, demeures,

Le Greco : peintre crétois, grec, italien ou espagnol ?

Né en 1541 (sans doute) à Fódele (Crète), Domenikos Theotokopoulos dit le Greco (« le Grec ») apprend à peindre dans son île natale, alors possession vénitienne. À la fin de 1566, il arrive à Venise et entre dans l'atelier du Titien. Après un séjour à Parme, il s'installe à Rome en 1570 puis à Tolède en 1577, où il devient l'un des grands maîtres de la peinture espagnole. Il réside à Tolède jusqu'à sa mort en 1614. Personnalité complexe, formé aux techniques italiennes mais respectueux de la tradition byzantine, le Greco développe un art visionnaire, libère les formes, allonge les silhouettes, utilise des couleurs froides et contrastées, créant dans les œuvres de l'âge mûr une atmosphère irréelle traversée par un souffle mystique. La composition de la toile est en général étagée sur deux plans, ciel et terre, car le Greco ne veut considérer la vie terrestre que comme une étape vers l'éternité.

fontaines de style vénitien. Des colons occupent les bassins et vallées les plus fertiles. Enfin, les dominicains et les franciscains travaillent à l'œcuménisme : plusieurs monastères ou églises (Agía Ekaterínis à Héraklion, Kritsá, Valsamónero, Toploú…) conservent deux nefs accolées dont l'une était réservée aux orthodoxes et l'autre aux catholiques romains.

« La Renaissance crétoise » – La prise de Constantinople par les Turcs en 1453 amène en Crète nombre d'artistes et de lettrés comme Ange Vergèce, calligraphe, qui, appelé à Fontainebleau par François Ier, dessinera les caractères « grecs du Roy ».

Églises et monastères sont enrichis de fresques et d'icônes par les peintres de la fameuse école crétoise dans laquelle les traditions du hiératisme byzantin s'adoucissent d'influences italiennes, sensibles dans la représentation des volumes et la disposition des personnages : dans les Nativités, la Vierge est représentée assise ou à genoux mais non couchée. Cette école qui, avec Théophane le Crétois, essaime au 16e s. vers les Météores et le mont Áthos, connaît son apogée avec Damaskinos (v. 1530-v. 1591), peut-être le maître de Domenico Theotokopoulos (1541-1614), qui fit carrière à Rome et surtout en Espagne sous le surnom d'**El Greco**.

Au 17e s. enfin, d'autres artistes, comme Tzanès, s'établissent dans les îles Ioniennes. En littérature, il faut citer surtout Vincent Cornaros, auteur de l'*Erotokritos*, roman en vers du « tourmenté d'Amour », qui tient à la fois de l'épopée et du chant courtois, et créateur du théâtre crétois.

La Crète et les Turcs – Commencée en 1645 par la prise de La Canée, puis l'année suivante par celle de Réthymno, l'occupation de la Crète est pratiquement terminée en 1647. Seule résiste Candie derrière les fortifications de Sanmicheli ; des Européens, dont une troupe française, participent à la défense de la ville, qui tombe après un très long siège en 1669. La Sérénissime se retire, laissant la place aux Turcs qui imposent à l'île une dure occupation : un certain nombre de Crétois se convertissent « par intérêt » à l'islam, tandis que d'autres se réfugient dans la montagne. Les terres sont confisquées, selon la loi musulmane, au profit du sultan. La France tire son épingle du jeu en signant en 1674 les Capitulations qui lui permettent d'établir

des comptoirs sur l'île pour approvisionner, entre autres, le port de Marseille en olives destinées à la fabrication du savon. Mais l'occupant pèse de plus en plus sur les autochtones, et les révoltes éclatent, notamment en 1770 sous la direction du Sfakiote Daskaloyannis, puis plusieurs fois au début du 19e s. **Nikos Kazantzakis** a évoqué cette douloureuse période pour ses compatriotes dans un roman, *La Liberté ou la mort* (1950).

Au moment de la guerre d'Indépendance, les Crétois sont prêts une nouvelle fois pour la rébellion, comme ils l'ont été pendant toute l'occupation vénitienne. La Grèce recouvre sa liberté tandis que la Crète passe sous la suzeraineté du pacha d'Égypte. En 1840, elle est de nouveau province ottomane.

Le traité de Paris (1856) améliore le sort des chrétiens de l'île. Il faut attendre l'année 1898 pour que l'autonomie de la Crète soit proclamée et que l'île passe sous l'autorité du prince Georges de Grèce. Si la Crète est définitivement intégrée à la Grèce en 1913, l'expédition d'Asie Mineure se solde par une déroute (1921), ouvrant le contentieux gréco-turc contemporain.

La bataille de Crète (1941) – Entrée dans la Seconde Guerre mondiale aux côtés des Alliés, la Grèce fournit aux troupes anglaises des bases navale à Soúda et aériennes à Héraklion et Réthymno pour surveiller les côtes africaines. Après avoir occupé la Grèce continentale, les Allemands réalisent en mai 1941 une audacieuse opération sur la Crète, avec 500 avions de transport et 80 planeurs chargés de parachutistes et de fantassins. Le 21 mai, 3 000 de leurs parachutistes s'emparent de l'aérodrome de Maleme (ouest de La Canée) qui leur servit de base de pénétration au nord de l'île. Malgré des contre-attaques désespérées, Anglais, Australiens et Néo-Zélandais sous la direction du général Freyberg, appuyés par un contingent grec, font retraite, à travers les Montagnes Blanches, pour rembarquer à Sfakiá. Dix jours ont suffi aux Allemands pour occuper l'île, mais au prix de la perte de 6 000 hommes d'élite.

L'entrée de la Grèce dans l'Union européenne a fait de la Crète l'une des régions les plus actives, tant en raison de son dynamisme agricole (elle produit le tiers des olives du pays) que de son attrait touristique (première destination des vacanciers).

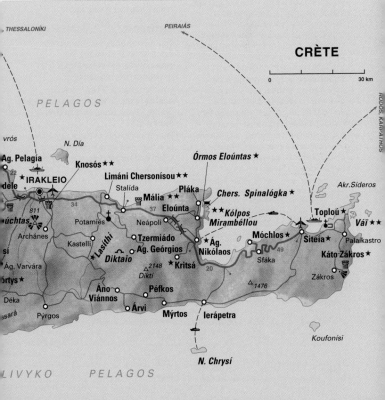

La Crète pratique

Se rendre en Crète

En avion – Des vols relient **Paris**, **Athènes** et les principales villes d'Europe aux aéroports d'Héraklion et de Chaniá toute l'année.

Il existe également une liaison Rhodes-Héraklion.

En bateau – Des lignes régulières relient **Le Pirée** aux principaux ports crétois : Héraklion, Réthymno, Chaniá, Ag. Nikólaos (3/sem.) et Siteía (3/sem.).

Circuler en Crète

❶ La norme de transcription des noms de lieux en caractères latins adoptée par l'État grec en 1999 est loin d'être appliquée sur tous les panneaux routiers de l'île. Le Guide Vert s'est efforcé de respecter cette norme pour les noms de sites décrits tout en conservant, dans certains cas, les anciennes transcriptions toujours présentes sur place.

En bateau – De rares lignes relient certaines villes à leurs environs (plages, îles), notamment dans le sud-ouest de la Crète : Kastélli, Palaióchora, Soúgia, Agia Rouméli, Loutró, Sfakiá.

En bus – Les bus sont fréquents sauf le dimanche et les jours fériés. Les horaires, affichés et annoncés en grec et en anglais dans les gares, sont fiables pour ce qui concerne les 2 principales lignes Héraklion - Siteía via Ag. Nikólaos et Héraklion -Chaniá via Réthymno. Pour les autres lignes, dans l'intérieur du pays, demandez toujours confirmation à l'avance. Vous pouvez vous arrêter au milieu d'un parcours en le demandant au contrôleur. En cas de besoin, il est possible de laisser vos bagages à la consigne dans la plupart des gares routières.

En voiture – En raison des distances importantes, la voiture est le moyen de transport idéal. De plus, certains endroits ne sont pas accessibles en bus.

Le nord de l'île est desservi par un axe routier ouest-est de bonne qualité (sans échangeurs ni passages piétons). Par contre, il n'existe pas au sud de route transversale de qualité équivalente.

Ainsi, pour aller de Mátala (sud-centre) à Ierápetra (sud-est), il est préférable de passer par Héraklion (au nord).

Vous trouverez de nombreux loueurs, notamment à Héraklion. Les stations-service sont fréquentes mais souvent fermées le dimanche et les jours fériés.

À deux-roues – Des loueurs de vélos, motos et scooters se trouvent dans les principales villes.

À pied – Un chemin de randonnée fait le tour de l'île (balisage jaune et noir) et de nombreux sentiers existent dans les montagnes. L'itinéraire des gorges de Samaria est le plus célèbre de Crète. N'oubliez pas qu'en haute montagne des conditions météorologiques extrêmes (tempêtes de neige, brouillard) peuvent survenir brutalement.

Plages et sports nautiques

La Crète possède des plages magnifiques ressemblant pour certaines à des lagons polynésiens ou à des criques d'Afrique du Nord. Les plus belles – et les plus fréquentées – se trouvent sur la côte nord, à l'ouest (aux environs de Kastélli) et à l'est (Vái). Celles de la côte sud sont difficilement accessibles faute de route.

Les activités aquatiques sont praticables partout : ski nautique, parachute ascensionnel, planche à voile, pédalo, etc. Pour faire de la plongée sous-marine, rendez-vous sur la côte sud.

Artisanat

Vous trouverez de beaux objets en **cuir** (à Chaniá), des **tapis**, des **couvertures**, de la **céramique**, des **bijoux**, des **broderies**.

Côté gastronomie, l'île produit du **miel de thym**, du **vin** (Minos, Lato, Angelo, Gortys, Sitia) et surtout une excellente **huile d'olive**.

Pour avoir le meilleur choix au meilleur prix, flânez sur les marchés : celui de Chaniá est l'un des mieux approvisionnés de Crète.

Distances en km	Ágios Nikólaos	Chaniá	Héraklion	Ierápetra	Mátala	Palaiochóra	Réthymno	Siteía
Ágios Nikólaos	-	189	71	34	139	266	138	69
Chaniá	189	-	91	223	143	77	51	258
Héraklion	71	91	-	105	68	168	67	140
Ierápetra	34	223	105	-	136	300	172	63
Mátala	139	143	68	136	-	220	70	208
Palaiochóra	266	77	168	300	220	-	128	335
Réthymno	138	51	67	172	70	128	-	207
Siteía	69	258	140	63	208	335	207	-

Ágios Nikólaos★

Άγιος Νικόλαος

10 080 HABITANTS
CARTE GÉNÉRALE RABAT I C3 – LASÍTHI

Au centre du golfe de Mirampéllou, Ágios Nikólaos est un pittoresque lieu de villégiature construit autour d'un petit lac relié à la mer. Un port de pêche, plusieurs
plages aux eaux limpides, cafés et restaurants en terrasse invitent à la détente,
tout en dégustant la *soumáda*, cette boisson fraîche aux amandes. La ville est une
base idéale pour rayonner dans l'est de la Crète et combiner harmonieusement
découverte de paysages naturels somptueux et visite de sites historiques.

▶ **Se repérer** – La capitale du Lasíthi se trouve sur la côte nord de la Crète à 70 km
à l'est d'Héraklion, sur la route principale qui traverse l'île d'est en ouest.

👁 **À ne pas manquer** – Le lac Voulisméni ; le golfe de Mirampéllou.

🕐 **Organiser son temps** – La ville tient dans un mouchoir de poche, ce qui fait son
charme.

👫 **Avec les enfants** – Une excursion en bateau vers l'île de Spinalógka.

🕯 **Pour poursuivre le voyage** – Limáni Chersonísou, Ierápetra, Siteía.

Le joli port coloré d'Ágios Nikólaos.

Se promener

Lac Voulisméni★

Encadré de berges escarpées, ce joli bassin forme un miroir d'eau, reflétant terrasses
de cafés et de restaurants disséminées le long d'un quai qu'ombragent des tamaris
et quelques palmiers. Ses eaux salées atteignent la profondeur étonnante de 64 m.
Dans l'Antiquité, ce lac était considéré comme un passage sans fond vers l'au-delà.
Depuis 1870, un étroit canal le relie au port de pêche.

Port de pêche

Il s'étend derrière une large jetée qui accueille les ferries. Très coloré, il est bordé de
terrasses de restaurants. C'est d'ici que partent les vedettes pour l'île de Spinalógka.
De l'extrémité de la jetée, beau **panorama★** sur la mer, Spinalógka, le port, la ville
blanche et les montagnes qui dominent le golfe de Mirampéllou.

Plage de Kitroplatía

À 3mn à pied du lac, à l'est de la station. Bordée de terrasses de restaurants, cette
plage de galets se trouve en face de montagnes culminant à 1 473 m. Au nord, une
promenade le long de la mer rejoint le port et offre de belles vues sur le large. Au
sud, une autre **promenade★** reproduit un chemin de ronde s'avançant dans les flots.
Réservée aux piétons, elle procure des vues agréables sur le golfe. Plus loin, vous
arrivez au port de plaisance, puis sur la longue plage de sable d'Amnos.

Visiter

Musée archéologique (Arheologikó Moussío)

*Au nord de la ville, odos Konstandinou Paleologou - ☎ 28410 249 43 - tlj sf lun. 8h30-15h -
3 €.* Sept salles abritent les produits de fouilles de l'est de la Crète : vases, poignards
en bronze, statuettes, objets usuels datant des époques minoenne et archaïque. Des
bijoux et pièces diverses proviennent d'une grande nécropole antique découverte
à Agia Fotia, où quelque 300 tombes contenaient des centaines d'objets témoins
de la vie quotidienne vers 2300 av. J.-C. Parmi les plus belles pièces du musée, vous
verrez la déesse de Myrtos, un vase à libations en forme de femme, une étonnante
tête en terre cuite (7e s. av. J.-C.) et le crâne d'un jeune athlète ceint d'une couronne
de laurier en or (1er s. apr. J.-C.).

Circuits de découverte

BAIE D'OLONTE★ (Ormos Elountas)

*Au nord d'Ágios Nikólaos, circuit de 43 km. Comptez une journée, excursion à l'îlot de
Spinalógka comprise.*

Quitter Ágios Nikólaos par la rue Koundourou qui se prolonge par une très belle
route en corniche offrant des **vues★** constamment renouvelées sur les eaux saphir
ou vermeil, au crépuscule, du golfe de Mirampéllou.

Eloúnta

Logée au fond de sa baie de même nom, construite sur les ruines de l'ancienne ville
d'Olous, le petit port de pêche d'Eloúnta est devenu en quelques années une station
balnéaire importante (luxueux hôtels de séjour).

Presqu'île de Spinalógka★ (Chersonisos Spinalógka)

Zone protégée accessible uniquement à pied.

🦵 À l'est d'Eloúnta, au-delà d'anciens marais salants et d'un étroit chenal artificiel
enjambé par un pont s'étend une presqu'île composée de collines arides. L'antique
Olonte, cité active dès l'époque minoenne, se dressait près de l'isthme, où se trouvent
deux moulins. À la suite de séismes, elle sombra sous la mer. Par temps calme, vous
apercevrez ses ruines au fond de l'eau.

Plus loin commence un paysage de landes rocheuses propice à la randonnée.
Quelques criques invitent à la baignade,
mais attention, la mer est souvent agitée. **Vue★★** sur l'îlot de Spinalógka et
la côte.

Îlot de Spinalógka★

*Accessible en bateau au départ d'Eloúnta
(ou d'Ágios Nikólaos). Départ tlj 9h30-
16h30.*

Cet îlot rocheux eut un rôle stratégique
important dès l'Antiquité. Il fut fortifié
au 16e s. par les Vénitiens avant d'être
occupé par les Turcs à partir de 1715. De
1904 à 1958, l'endroit abrita une léprose-
rie. Il est désormais inhabité. Une étrange
atmosphère règne dans ce lieu.

Plaka

Ce minuscule village est devenu une
station balnéaire recherchée. Vous
découvrirez son petit port et sa plage
de galets.

L'étrange village des lépreux de Spinalógka.

GOLFE DE MIRAMPÉLLOU★★ (Kólpos Mirampéllou)

À l'est d'Agios Nikólaos, 100 km/AR.

La route longe la magnifique côte rocheuse du golfe de Mirampéllou (ou Mirambello),
tantôt au bord des flots sauvages, tantôt très haut au-dessus de la mer. Elle dessert
de belles criques, dont certaines sont propices à la baignade ou à la plongée sous-
marine (nombreux clubs). Les **vues★★** sur les caps, les îlots, les eaux turquoise ou la
montagne sont de toute beauté.

Ruines de Gourniá
À 20 km à l'est d'Ágios Nikólaos en direction de Siteía - tlj sf lun. 8h30-15h - 2 €.
Sur une colline s'étendent les ruines d'une cité minoenne (1550-1450 av. J.-C.) surnommée la « Pompéi grecque ». Elle fut entièrement dégagée par des archéologues.

Pacheiá Ámmos
Ce village de pêcheurs est bordé par une plage assez sauvage.

Móchlos★
À Sfáka, une route descend jusqu'à cette cale perdue au creux d'une jolie crique face à un îlot où fut découvert un abondant matériel d'époque minoenne. Une halte agréable sur le port *(terrasses de café et de restaurants).*

De magnifiques **randonnées★★** sont possibles le long du golfe au départ de Móchlos – *Promenades botaniques -* 08430 947 25.

L'ARRIÈRE-PAYS★
À l'ouest d'Agios Nikólaos, circuit de 25 km, comptez une demi-journée.

Panagía Kerá★
Au sud-ouest d'Ágios Nikólaos (1 km av. Kritsá, sur la droite) - 28410 515 25 - *tlj sf lun. 8h30-15h - 3 €.*
Un bosquet de cyprès masque cette charmante église blanche dédiée à la Dormition de la Vierge. Composé de trois nefs se terminant par trois absides arrondies, l'édifice, de proportions réduites (10 m sur 10), date du début de l'occupation vénitienne (13e s.). L'intérieur est décoré d'une remarquable série de **fresques★★** des 14e et 15e s., à la fois savantes et naïves, d'un coloris raffiné.
Les compositions de la nef droite évoquent la vie de sainte Anne, de Joachim et de la Vierge Marie ; remarquez l'Annonce aux Bergers, ainsi que le Voyage à Bethléem. Sur le mur gauche de la nef centrale, vous verrez le Repas d'Hérode et la Cène ; sur le mur droit, le Paradis avec la Vierge et les Patriarches, Abraham, Isaac, Jacob, ainsi que le Massacre des Innocents.
Les fresques de la nef nord, dédiée à saint Antoine, datent du 15e s. La plus curieuse, sur le mur de droite, montre une évocation originale du Paradis, avec saint Pierre conduisant Ève à l'entrée de la Jérusalem céleste, tandis que la Vierge est représentée en compagnie des Patriarches portant les âmes des élus. Sur le mur de gauche sont représentés les bienfaiteurs de l'église, des saints et des saintes.

Kritsá★
À 9 km à l'ouest d'Ágios Nikólaos (1 km après Panagia Kerá).
Dans ce village, Jules Dassin a tourné avec Jean Servais, Pierre Vaneck et Melina Mercouri, *Celui qui doit mourir* (1956), adapté du roman de Kazantzakis, *Le Christ recrucifié*. Les ruelles, les voûtes, les escaliers, les maisons blanches et ocre à balcons et larges toits s'accrochent à la montagne, dominant le golfe de Mirampéllou. Des fêtes folkloriques (représentations de noces crétoises) sont organisées en saison.

Ruines de Lató★
À 4 km au nord-est de Kritsá. Revenir vers Ágios Nikólaos. Prendre tout de suite à gauche à la sortie de Kritsá.
Les vestiges de cette ville dorique fortifiée, fouillée par l'École française d'Athènes, se disséminent sur les pentes d'une sorte d'amphithéâtre naturel, dans un **site★★** solitaire grandiose. Fondée au 8e s. av. J.-C., Lató, dont le nom vient de Leto, mère d'Apollon et d'Artémis, s'étageait entre deux pitons couronnés par des acropoles.
L'**agora** rectangulaire est marquée par les vestiges d'un petit sanctuaire et d'une profonde citerne. À gauche, des escaliers, probablement utilisés pour des assemblées ou des jeux, précèdent ce qui était un **prytanée**, lieu de réunion des magistrats de la cité. En montant vers l'acropole nord, vous avez une vue étendue vers le golfe de Mirampéllou.
De l'autre côté, un sentier conduit à une terrasse en bel appareil polygonal portant les soubassements d'un petit **temple d'Apollon** (4e-3e s. av. J.-C.).
Au-delà de la terrasse, vous apercevez, en contrebas, des degrés qui faisaient partie d'un théâtre.

Ágios Nikólaos pratique

Informations utiles

❖ Office de tourisme – *Au nord du canal reliant le lac à la mer. Possibilité de réserver facilement chambres d'hôtel et pensions.*
☎ 28410 223 57 - tlj. 8h-20h30.
Poste – *9 odos 28-Oktomvríou.*

Transports

En bateau – Des ferries assurent quelques liaisons avec **Le Pirée** (5/sem.), les **Cyclades** et la ville de **Siteía**. **Rhodes** : 3/sem. **Kárpathos** : 4/sem.
En bus – La gare routière se trouve à l'entrée du village, près du croisement Epimenídi/Dimokratías. Nombreuses liaisons quotidiennes pour les sites touristiques des environs et la plupart des villes de l'est. *☎ 28410 222 34.*

Se loger

⊖ Pension Mary – *13 odos Evans -*
☎ 28410 237 60 - 9 ch. Près de la plage de Kitroplatía, cette pension toute simple est tenue par une femme fort sympathique. Terrasse, petite cuisine commune. Lieu calme et agréable.
⊖ Victoria – *34 odos Akti Koundourou -*
☎ 28410 227 31 - fax 28410 222 66 - 18 ch. Accueil en français. Décoration raffinée. Prix raisonnables.
⊖⊖ Du Lac – *17 odos 28 Oktomvriou -*
☎ 28410 227 11 - fax 28410 272 11 - 24 ch. Ce petit hôtel est un des mieux placés dans la ville. Prenez une chambre avec vue sur le lac.
⊖⊖⊖ Miramare – *À Gargadoros -*
☎ 28410 229 62/238 75 - fax 28410 241 64 - 226 ch. À environ 2 km au sud du centre d'Ágios Nikólaos, bel ensemble de chambres et de bungalows donnant sur le golfe de Mirampéllou. Les chambres sont décorées dans le style crétois. Deux piscines.
⊖⊖⊖ Minos Palace – *Rte d'Eloúnta - dans le prolongement d'odos Akti Koundourou -* *☎ 28410 238 01/09 - fax 28410 238 16 - minpal@odenet.gr - 148 ch.* Une petite folie ! Meubles anciens, large réception dallée de pierre, magnifique terrasse ombragée d'oliviers surplombant la mer, chambres luxueuses… Prix en conséquence.

Se restaurer

⊖ Avli – *12 odos Pringipa Georgiou -*
☎ 28410 824 79. Derrière une haie de bougainvilliers, un gigantesque figuier ombrage une petite cour où se dispersent quelques tables simples et accueillantes devant les fenêtres d'une jolie maison ancienne. La cuisine est bonne et le service aimable.

⊖ Pelagos – *10 odos Katehaki, en retrait du lac -* *☎ 28410 257 37.* Un nom qui ne trompe pas : les produits de la mer (excellents) sont ici à l'honneur : filets d'espadon, langouste, soupe d'oursins, moules au fromage… Le tout servi dans un cadre ravissant. Si vous prenez soin de réserver (indispensable le soir), vous choisirez sans doute une table dans le jardin, sous les arbres.

⊖⊖ Faros – *Sur la plage de Kitroplatía -* *☎ 28410 831 68.* Près d'un énorme barbecue entretenu par le patron, au bord de la plage de galets. S'il n'y a plus d'agneau au fromage, vous ne serez pas déçu par une brochette de poisson frais cuite au feu de bois.

Faire une pause

Café du Lac – *17 odos 28-Oktomvriou.* Ouvert très tard le soir, tous les jours même l'hiver. L'un des rendez-vous de la jeunesse. L'atmosphère est douce : lumière tamisée, décoration de bois clairs et de panneaux rouges. Excellente programmation musicale internationale.

Café Candia – *12 odos Iossif Koundourou.* Ambiance musicale. Accueil souriant et efficace. L'un des bars les plus fréquentés de la ville.

Internet café Peripou – *25 odos 28-Oktomvriou.* Livres et disques sont à disposition d'une clientèle tranquille. Terrasse sur le lac. Décor soigné. Ouvert dès le matin pour prendre un café en terrasse, jusqu'à très tard le soir.

Achats

Une **épicerie fine** (*odos 28-Oktomvriou*) propose un vaste et appétissant assortiment de produits typiques de l'île : miel, huile, alcools fins, confiserie, etc.

Événements

La ville organise en octobre un **Festival des nationalités (CRATO)**. Chaque jour, et pour cinq jours, une nationalité européenne est mise à l'honneur à travers ses danses et ses spécialités culinaires. L'animation, ambiance kermesse villageoise, se déroule au théâtre en plein air, près du lac. Plusieurs autres festivals de musique, théâtre, danse se déroulent dans la ville durant l'été (renseignements à l'office de tourisme).

Sports et loisirs

Excursion en bateau vers l'île de Spinalógka : horaires et tarifs disponibles auprès de l'office de tourisme.

Chaniá

La Canée- Χανιά

53 373 HABITANTS
CARTE GÉNÉRALE RABAT I B3 – CHANIÁ

Au pied des Lefká Óri, montagnes aux sommets parfois enneigés, La Canée ou Chaniá (Haniá) ordonne ses ruelles étroites autour d'un port de pêche où le temps semble arrêté… Du moins, c'est l'impression que laisse le charmant vieux quartier vénitien et ottoman, à l'intérieur des remparts, donnant sur une rade tranquille. Mais au-delà commence une autre ville, bruyante et industrielle, aux artères rectilignes.

▶ **Se repérer** – Au nord-ouest de l'île, la capitale de la région, 2e ville de Crète, est très bien desservie toute l'année. L'axe principal de la ville est odos Halidon qui va du sud au nord.

🅿 **Se garer** – La vieille ville se visite à pied (la plupart des rues sont entrecoupées de marches). Le mieux est de se garer, soit autour de la Place-1866 (payant), soit derrière le bastion San Salvatore qui ferme le port à l'ouest.

👁 **À ne pas manquer** – La promenade du soir le long du port vénitien ; la randonnée dans les gorges de Samaria.

🕐 **Organiser son temps** – Prévoyez une bonne demi-journée pour voir les points forts de la vieille ville

👫 **Avec les enfants** – Une balade en calèche au départ de la mosquée des Janissaires ; un tour en mer dans un bateau à fond transparent.

♿ **Pour poursuivre le voyage** – Palaiochóra, Réthymno, Sfakiá.

Les montagnes enneigées qui protègent le port de La Canée.

Phototravellers / MICHELIN

Comprendre

Première capitale de la Crète – La baie de La Canée fut prospère dès l'époque minoenne, où un vaste complexe palatial fut édifié. L'antique Kydonia devint une rivale de Knosós puis de Gortyne, notamment au 2e s. av. J.-C. Les fouilles du quartier Kasteli ont livré des objets témoins des époques hellénistique, romaine et byzantine.

La ville reprend de l'essor lorsque, au 14e s., les Vénitiens élèvent une cité à l'italienne qu'ils nomment Canéa. Mais, en 1645, les Turcs s'emparent de Canéa, qu'ils dotent de mosquées et dont ils renforcent les murailles.

En 1851, la cité devint le siège crétois de l'administration ottomane et reste capitale de l'île après le rattachement à l'État grec en 1913. Supplantée par Héraklion qui devint capitale en 1971, elle a gardé de beaux monuments de sa grandeur passée.

Se promener

Commencer la promenade dans la ville à l'extrémité nord-ouest du port vénitien par le quartier de Topanas.

Quartier de Topanas★

Ce charmant quartier doit son nom aux canons (en turc : *topia*) que les Ottomans avaient installé dans le bastion San Salvatore.

À l'extrémité du quai (akti) Kountourioti, bordé de restaurants aux spécialités de poissons et de fruits de mer, le fort de Firkas (Froúrio Firkás), bâti en 1629, abrite le **Musée naval de Crète** (Naftikó Moussío). Ses collections agréablement présentées comprennent de nombreux documents historiques retraçant l'histoire de l'île de l'Antiquité à nos jours, de fines maquettes de navires et des instruments de marine. Une exposition permanente reconstitue la fameuse bataille de 1941 – ℘ 28210 918 75 - avr.-oct. : tlj 10h-16h ; nov.-mars : tlj 10h-14h - 2,5 €.

En sortant du musée, prendre à droite de l'odos Agelou.

Les ruelles sont bordées de vieilles **demeures vénitiennes** aux murs ocre, dont les portails de pierre s'ornent parfois d'armoiries et de devises sculptées. Les maisons de l'époque ottomane, quant à elles, sont reconnaissables à leur balcon en bois.

Tourner à gauche dans odos Theotokopoulou et remonter complètement la rue. Tourner à nouveau à gauche pour emprunter la très pittoresque odos Zambeliou, bordée de nombre d'échoppes touristiques. Une fois sur odos Halídon, tourner à droite pour vous diriger vers le quartier juif.

Quartier juif (Evraïki Sinikía)

Au sud du port vénitien. Dans l'ancien quartier juif, l'église gothique Agios Franciscos fut fondée par les franciscains au 14e s. Cet édifice à trois vaisseaux voûtés d'ogives qui fut transformé en mosquée par les Turcs est occupé aujourd'hui par le **Musée archéologique★** (Arheologikó Moussío) qui expose de magnifiques sarcophages peints, des céramiques de l'époque minoenne, des mosaïques romaines, etc. À droite de l'entrée du musée, accès à un joli jardin planté de palmiers et d'arbustes exotiques orné d'une belle fontaine turque – ℘ 28210 903 34 - tlj 8h30-19h30, lun 13h-19h30 - 2 € (billet groupé avec la Collection byzantine : 3 €).

En sortant du musée, prendre à gauche et redescendre odos Halídon qui mène à une petite fontaine et au port vénitien.

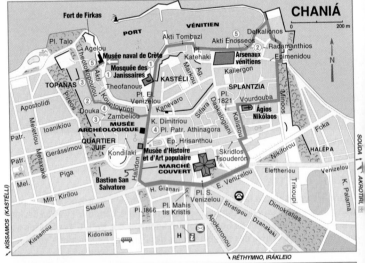

Port vénitien★

S'incurvant autour d'un port (enetikó limáni) accessible seulement aux caboteurs, la vieille ville fut construite à partir du 13e s. par les Vénitiens qui l'entourèrent d'une enceinte refaite au 16e s. sur les plans de l'ingénieur Sanmicheli. Les ruelles à l'atmosphère méditerranéenne sont très fréquentées en soirée. Bars et restaurants se succèdent le long du port et dans les vieux quartiers voisins.

Tourner sur votre droite et longer les quais.

Quartier du Kastéli

La **mosquée des Janissaires** (Kioutsouk Hassan), surmontée d'un dôme blanc et de quatre petites coupoles, est la plus ancienne de Crète (1645). Sur le site de l'antique Kydonia, à l'époque vénitienne, fut établi ce quartier de la citadelle qui comprenait la cathédrale latine, le palais du gouverneur, les bâtiments administratifs (douane, archives), les demeures de notables ainsi que l'arsenal.

Remonter les quais du port vénitien jusqu'au bout.

Quartier de Splantzia

Là s'étend un quartier populaire que bordent, sur les quais, les immenses voûtes de sept bâtiments accolés bâtis entre 1526 et 1599 qui servaient d'arsenaux (Neória) aux Vénitiens. Certains accueillent des expositions, d'autres servent toujours à la marine.

Revenir vers la ville moderne en prenant sur votre droite odos Defkalionos puis odos Minoos, tourner à nouveau à droite dans l'odos Vourdouba.

Vous apercevrez l'église **Ágios Nikólaos** flanquée d'un campanile et d'un minaret. Cette ancienne chapelle des dominicains remonte au 14e s.

Tourner à gauche dans odos Kalistou poursuivie par odos Daskalogiani. Vous aboutissez à odos Elepherias Venizelou avec, sur votre droite, le marché couvert.

Le marché couvert★ (Dimotikí Agorá)

Platia E. Venizelou. Inauguré en 1913 par le Premier ministre E. Venizelos, cet impressionnant bâtiment construit sur un plan en croix présente à la fois des traits néoclassiques et une architecture métallique. Dans une atmosphère chargée d'odeurs de fruits et légumes, poissons et coquillages, viandes et charcuteries, fromages, pâtisseries, olives et huiles sont vendus sur les étals qui jouxtent les restaurants populaires le long des différentes allées.

En sortant du marché, suivre odos Hatzimihail Giannari puis tourner à droite dans l'odos Halidon Au sud-ouest, à l'entrée sud de l'odos Halidon, se trouve l'imposant bastion San Salvatore (Promahónas San Salvatóre).

Descendre odos Halidon vers le port, sur votre gauche.

Face à la place de la cathédrale construite en 1857, sous un porche qui mène à une ancienne église catholique sur la gauche, des escaliers portent au **musée d'Histoire et d'Art populaire** (Laografikó Moussío) où sont reconstituées des scènes de la vie d'autrefois et sont exposées de belles broderies – ℘ 28210 908 16 - de Pâques à fin oct. : tlj sf dim. 9h-19h, sam. 9h-14h ; reste de l'année : 9h-15h, 17h-21h - 2 €.

Aux alentours

Gorges de Samaria★★★

(Farángi Samariás)

Au sud de Chaniá - 41 km jusqu'au parking du col de Xylóskalo, point de départ de la randonnée - dénivelé total : 1 250 m en descente - 1er mai-15 oct. : accès tlj de 7h à 15h - 4 €.

Ces gorges sublimes se trouvent au cœur du massif des Montagnes Blanches (Lefká Óri). Les eaux de ruissellement ont creusé, du plateau d'Omalos à la mer de Libye, une brèche longue de 18 km. L'accès aux gorges se fait par le plateau d'Omalós (1 050 m), austère et dénudé, qui est plutôt un bassin entouré de montagnes :

Info pratique

La traversée du parc naturel demande 6h à 7h d'une marche difficile en raison du terrain accidenté. Munissez-vous de chaussures de randonnée, d'un chapeau, d'un imperméable (le temps peut changer rapidement) et d'une réserve d'eau. Le plus pratique est de participer à une excursion d'une journée organisée au départ de Chaniá, en vous inscrivant la veille dans une agence de tourisme ou à votre hôtel. Un car vous transporte à l'entrée des gorges que vous descendez à pied jusqu'au port d'Agia Rouméli. De là, un bateau vous conduit à Soúgia puis un car vous ramène à Chaniá.

Si vous ne souhaitez pas effectuer toute la randonnée, vous pouvez vous contenter de descendre jusqu'au belvédère des gorges *(1h1/2 à pied/AR).*

enneigé et inhabité l'hiver, il est cependant cultivé (céréales, pommes de terre) et on y élève des moutons. Après avoir dépassé Omalós, la route aboutit au col de Xylóskalo, sur le rebord des gorges.

Un escalier de bois puis un sentier en lacet plongent dans les profondeurs des gorges dont la pente est plantée de résineux et de platanes. D'un belvédère, on découvre une **vue**★★ impressionnante sur le ravin qu'encadrent les sombres murailles de sommets dépassant 2 000 m, refuge d'une race endémique de chèvres sauvages, les *krikris*. Le chemin se poursuit à travers bois, descendant rapidement vers le fond des gorges. On traverse un petit bassin où s'élève une chapelle, puis le hameau de Samariás aux maisons aujourd'hui abandonnées. Au-delà commence la section la plus resserrée du canyon, les **Portes de fer**★★★, impressionnant goulet avec des passages ne faisant pas plus de 2 ou 3 m de large, entre des parois verticales pouvant atteindre 300 m de haut. Enfin, le lit du torrent, parsemé de lauriers-roses, s'élargit jusqu'au village d'Agia Rouméli, petit port sur la mer de Libye, d'où des bateaux gagnent Sfakiá *(voir p.401)* en longeant une côte rocheuse magnifique.

Presqu'île d'Akrotíri (Chersonissos Akrotíri)

À l'est de Chaniá. La presqu'île d'Akrotíri, calcaire, aride, aux villages traditionnels, sépare le golfe de La Canée de la baie de Soúda. Occupée par l'aéroport et des installations militaires, elle comprend quelques plages où se pressent vacanciers ou familles de la région.

Quitter Chaniá par l'est et le faubourg résidentiel de Halépa ; à 6 km prendre à gauche.

Tombe de Venizelos★ (Táfos Venizélou)

Au sommet de la colline Profítis Ilías, une grande dalle marque la tombe de l'homme d'État crétois **Elefthérios Venizélos** (1864-1936), chef du parti libéral grec, qui milita pour le rattachement de la Crète à la Grèce et pour l'entrée en guerre de la Grèce aux côtés des Alliés en 1914-1918. Des abords, vue★★ étendue sur Chaniá, son golfe et les Montagnes Blanches.

Prendre la route de l'aéroport ; à l'extrémité des pistes tourner à droite dans la route vers Mouzouras ; presque aussitôt, tourner à gauche vers Agía Triáda, près du village de Koumares.

Monastère Agía Triáda Tzagarolon

À 17 km à l'est de Chaniá - tlj sf lun. 8h-19h - 2 €. Un porche accueille le visiteur de ce monastère fondé en 1631. L'église à la belle façade rose et le campanile à trois cloches sont de style classique italien. Le musée, bien agencé, contient une collection d'icônes du 16e au 19e s., des vêtements sacerdotaux, des objets précieux de culte, des manuscrits liés à l'histoire du monastère.

Monastère de Gouvernéto

Poursuivre vers le nord sur 4 km. Ne se visite pas. Cet imposant monastère édifié à l'extrémité de la presqu'île d'Akrotíri a des allures de forteresse. Reconstruit en 1548 par les Vénitiens, il abrite une vaste église dédiée à N.-D.-des-Anges couverte de trois dômes. Des moines occupent encore quelques cellules.

Ruines d'Áptera

À 17 km à l'est de Chaniá, en direction de Réthymno. Prendre à droite une petite route (panneau indicateur) - ☎ 25410 510 03 - gratuit.

Le site au pied de la montagne permet de distinguer les vestiges d'une ville qui fut importante du 5e s. av. J.-C. jusqu'à l'époque byzantine lorsqu'elle était le siège d'un évêché. À l'intérieur des beaux murs d'enceinte, on distingue les restes de temples, d'un théâtre romain et surtout d'imposantes citernes romaines souterraines à trois nefs. L'extrémité du promontoire porte un fort d'où l'on a une belle vue★★ sur la montagne et la baie de **Soúda**, port naturel long de 8 km, large de 2, dont l'entrée est protégée par deux îlots fortifiés que les Vénitiens occupèrent jusqu'en 1715. Les plus gros navires peuvent mouiller dans la rade, si bien que Soúda constitue à la fois une base navale stratégique et le port commerçant de La Canée.

Monastère de Goniá (Moní Odigístrias)

À l'ouest de Chaniá par la route qui longe la côte en direction de Kissamos - ☎ 28240 225 18 - tlj sf lun. 8h30-12h30, 16h-20h, sam. 16h-20h - gratuit.

Fondé en 1618 par les Vénitiens mais maintes fois sinistré et restauré, le monastère servit aussi de forteresse. L'église et les chapelles adjacentes abritent une intéressante collection d'**icônes**★ dont plusieurs remontent au 14e s. De la terrasse derrière l'église, très belle vue sur le golfe de Chaniá.

Chaniá pratique

Informations utiles

⚕ Office de tourisme (et police touristique) – *29 odos Kidonias* - ℘ *28210 929 43* - *tlj sf dim. 8h-14h30, sam. 9h-14h.*

Poste - *3 odos Dzanakaki (en face du marché couvert).*

Transports

En bateau – Liaison avec **Le Pirée**. Les ferries arrivent au port de Soúda, à 7 km à l'est de la ville (liaisons en bus).

En avion – L'aéroport se trouve à 13 km à l'est de la ville (liaison par navette). Pendant la saison, nombreux vols charters en provenance des principales villes d'Europe. Le reste du temps, plusieurs vols quotidiens en provenance d'**Athènes** (1h), 2 vols/sem. vers **Thessalonique** (1h15).

En bus – Gare routière au sud de la ville, sur Odos Kidonías.

Se loger

⊜ Stella rooms – *10 odos Agelou* - ℘ *28210 73 756* -- *8 ch.* Bonne adresse à prix abordables. Adressez-vous à la boutique d'artisanat, juste à côté. De taille moyenne, les chambres sont très propres et les salles de bains toutes neuves. 4 chambres avec un petit balcon sympathique, donnant sur la rue.

⊜⊜ Palazzo Hôtel – *54 odos Theotokopoulou* - ℘ *28210 932 27, fax 28210 932 29* - *avr.-oct.* - *11 ch.* Derrière une superbe façade ancienne, on vous accueille avec chaleur dans un décor de vieux meubles et de beaux objets d'antan. Toutes très spacieuses, les chambres portent des noms de dieux grecs. Six d'entre elles possèdent un petit balcon, et quelques-unes une baignoire. Petit-déjeuner sur le « roof-garden » qui offre un beau point de vue sur la ville et la mer.

⊜⊜ Porto Del Colombo – *À l'angle de odos Theofanous et Moshon* - ℘ *28210 984 66* - *fax 28210 984 67* - *columpo@otenet.gr* - *10 ch.* L'une des plus anciennes maisons turques de la ville, très vaste, qui servit vraisemblablement de prison, d'où ses nombreuses petites fenêtres. Mais ne vous laissez pas effrayer par cette idée : les chambres, bien qu'un peu sombres, ont du charme.

⊜⊜⊜ Casa Delfino Suites – *9 odos Theofanous* - ℘ *28210 874 00* - *fax 28210 965 00* - *casadel@cha.forthnet.gr.* Cette ancienne maison vénitienne a été somptueusement rénovée : marbre dans la salle de bains, grande mezzanine précédant la chambre à coucher, somptueux carrelage au sol… Tout simplement magnifique ! Réservez.

⊜⊜⊜ Amphora – *N° 20 du 2e passage de odos Theotokopoulou* - ℘ *28210 932 24* - *20 ch.* Ce grand bâtiment du 14e s. a un certain luxe désuet, avec une décoration rustique crétoise. Les chambres sont confortables. Beau buffet de petit-déjeuner maison. Ouvert toute l'année.

Se restaurer

⊖ Vasiliko – *Odos Akti Enoseos, à l'est du port.* Bonne adresse sans prétention mais généreuse, où les Grecs se retrouvent midi et soir pour déguster poissons, soupes d'oursins et plats traditionnels, avec le vin blanc de la région. Gentiment, on fera des efforts pour essayer de parler un peu français.

⊖ Taverna Dinos – *Odos Akti Enoseos, après Vasiliko* - ℘ *28210 418 65.* Une très bonne adresse, sur la partie calme du port. Service parfait. Salade d'aubergine, oursins frais et poissons grillés… délicieux en tout point.

⊖ Taverna Semiramis – *Passage à droite de odos Skoufon, en venant du port* - ℘ *28210 986 50.* Musique traditionnelle, service diligent, bonne cuisine. Essayez l'agneau crétois, mijoté dans l'huile d'olive et le vin blanc : succulent.

⊖⊖ Tholos – *36 odos Agion Deka, derrière la cathédrale et juste en face du cybercafé Vranas* - ℘ *28210 467 25.* Restaurant chic installé sur deux niveaux dans une vieille maison vénitienne : service parfait, table bien mise et carte vraiment recherchée, mélangeant avec brio plats traditionnels crétois et créations maison.

⊖⊖ Monasteri – *12 odos Tombazi* - ℘ *28210 555 27.* Peut-être bien la seule vraie bonne adresse sur la partie la plus agitée du port. Goûtez le « péché de la nonne », viande de porc grillée accompagnée de légumes variés et frits.

Faire une pause

Konstantinoypolis – *Odos Episcopou Dorotheou, derrière la cathédrale.* Café grec traditionnel très réussi : deux belles terrasses à l'étage, beaucoup de meubles anciens pour une ambiance cosy.

Ouzerie Limani – *Odos Tombazi, 30 m av. Koutjouk Hassan.* Le vieux café traditionnel, néanmoins un peu chic, où les couples grecs viennent au crépuscule pour goûter l'air du port devant un apéritif. L'ouzo est servi avec des olives, tomates, féta, crevettes, etc.

Kronos – *23 odos Mousouron, derrière le marché.* Salon de thé moderne, chic, au cœur du quartier marchand. Réservé aux gourmands. Pâtisseries délicieuses.

Sports et loisirs

Plages – Vous en découvrirez plusieurs à l'est de la ville. Celle d'**Agia Marína**, à une dizaine de kilomètres, est la plus belle et la plus fréquentée : en été, vous aurez du mal à trouver un coin de sable inoccupé.

Héraklion ★

Irákleio – Ηράκλειο

130 914 HABITANTS
CARTE GÉNÉRALE RABAT I B3 – HÉRAKLION

Capitale de la Crète depuis 1971, Héraklion est une ville moderne en plein essor, traversée de grandes artères bordées de magasins. Dotée du plus grand aéroport de l'île, elle mérite mieux que d'être juste un point de passage obligé pour la plupart des voyageurs. Si la vieille cité a été en grande partie reconstruite après la Seconde Guerre mondiale, elle garde quelques beaux monuments de la période vénitienne et surtout un admirable musée consacré à la civilisation minoenne.

- **Se repérer** – Les lieux les plus animés sont la platia Eleftherias et la platia Elephterias Venizelou où se groupent cafés et kiosques à journaux et la rue piétonnière Dedalou bordée de boutiques de mode, de souvenirs et de restaurants.

- **Se garer** – Le centre-ville se visitant à pied, garez-vous dans les parkings autour du parc El Greco.

- **À ne pas manquer** – La découverte de la civilisation minoenne grâce au superbe Musée archéologique et au site de Knosós, tout proche.

- **Organiser son temps** – Prévoyez 2h pour la visite du seul musée et une demi-journée pour la promenade proposée.

- **Avec les enfants** – Le site de Knosós ; le musée d'Histoire naturelle de Crète et l'aquarium de Goúrnes.

- **Pour poursuivre le voyage** – Limáni Chersonísou, Réthymno.

Le fort vénitien, à son poste, dans la rade d'Héraklion.

Comprendre

Une origine mythique – D'après la légende, Héraklion tiendrait son nom d'Héraklès (Hercule) qui aurait débarqué ici pour accomplir un de ses Douze Travaux : dompter le taureau furieux qui dévastait le royaume de Minos à la demande de Poséidon…
Dans la réalité, la ville prend de l'importance grâce aux Arabes qui, au 9e s., fondent le port de Khandak, dont les Vénitiens prennent possession au 13e s. et qu'ils rebaptisent Candie : ils en font une ville marchande et militaire qu'ils considéraient comme la clé de la Crète. De nombreuses églises, des bâtiments publics ou privés, un arsenal, sont alors construits. Mais les colons vénitiens sont détestés des Crétois qu'ils écrasent d'impôts.

L'un des plus longs sièges de l'Histoire (1648-1669) – En 1645, les Turcs débarquent dans l'île qu'ils soumettent en moins de 2 ans, sauf Candie protégée par son impressionnante muraille. Commence alors un siège de 20 ans, qui restera dans la mémoire collective crétoise comme le symbole de la résistance à l'envahisseur, d'où qu'il vienne : les Turcs entreprirent 69 assauts tandis que les assiégés effectuèrent 89 sorties. La pression s'accentue en 1667, le Grand Vizir disposant alors de 80 000 hommes et des plus gros canons en service en Europe.

Tardivement, la chrétienté s'inquiéta. Des ingénieurs et des volontaires venus de France se joignirent aux assiégés, commandés par **Francesco Morosini** (1619-1694), celui-là même qui reprit Athènes aux Turcs. Louis XIV envoya une force navale dirigée par le petit-fils d'Henri IV et de sa maîtresse Gabrielle d'Estrées, le **duc de Beaufort**, avec 6 000 combattants. Mais Beaufort fut tué au cours d'une sortie générale qui échoua et le corps expéditionnaire, ayant perdu un millier d'hommes, dut être rapatrié.

Ne disposant plus que de 4 000 défenseurs soumis à des bombardements intensifs, Morosini se rend le 5 septembre 1669. Environ 30 000 chrétiens et 110 000 Turcs ont péri au cours de ce siège sanglant qui marque la fin de l'hégémonie vénitienne en Méditerranée orientale.

Sous la domination turque, Candie perd peu à peu sa prépondérance au profit de La Canée qui devient la principale ville de Crète.

Se promener

Départ du Musée archéologique : traverser odos Xanthoudidi et longer la Platia Eleftherias.

Place Eleftherias

À l'entrée principale de la ville, la grande place d'Héraklion, dominée par des lampadaires à la silhouette futuriste, regroupe les cafés à la mode. Non loin, au sud, au-delà d'un jardin public, commence la promenade longeant les fortifications vénitiennes.

Emprunter la rue piétonnière odos Dedalou au bout de laquelle se trouve la place Eleftherias Venizelou et ses innombrables cafés.

Place Eleftherias Venizelou

Cette place triangulaire, dallée et réservée aux piétons, est rafraîchie par une fontaine du 17ᵉ s., la **fontaine Morosini** (Krini Morosini), dont le bassin est orné de bas-reliefs à motifs marins tandis que la vasque supérieure est supportée par des lions.

Prendre sur la gauche et remonter odos 25-Avgoustou sur quelques mètres puis tourner à droite dans odos Kalokerinou. Poursuivre jusqu'à odos Agia Deka, au bout de laquelle se trouve Agía Ekatherínis.

Agía Ekatherínis

15 avr.-oct. : tlj 9h30-19h30 ; nov.-mars : tlj 9h30-15h30 - 2 €.

Tout près de la vaste cathédrale Agios Minas (19ᵉ s.), cette petite église double bâtie en 1555 par les Vénitiens dépendit aux 16ᵉ et 17ᵉ s. du monastère Ste-Catherine du Sinaï qui avait implanté ici un centre d'études religieuses. Aujourd'hui, elle abrite un **musée religieux** où sont exposées six remarquables **icônes★** de Michalis Damaskinos qui travailla à Venise et dans les îles Ioniennes de 1574 à 1582 avant de revenir en Crète. Ces œuvres allient les traditions byzantines de rigueur de la composition et de réalisme au souci de la forme italienne. La représentation du *Concile de Nicée* (1591) est de style byzantin alors que la *Cène* et l'*Adoration des Mages* doivent beaucoup au Tintoret (1518-1594).

Tourner à droite dans odos Monis Odigitras qui se poursuit par odos Kosmon. Vous arrivez sur odos 1866, la rue du marché.

Marché★ (Odos 1866)

Le matin, jusqu'à 15h, cette rue est le cadre d'un marché animé, riche en couleurs et en odeurs, présentant les productions locales : huile d'olive, yaourts, miel, herbes, couronnes de pain décorées, raisins secs, figues, agrumes, fromages, poissons et viandes. Au bout de la rue, sur la **place Kornarou**, se trouvent deux fontaines : la fontaine Bembo (1588) associe des blasons vénitiens et un remploi de statue romaine d'homme sans tête, tandis que la fontaine turque, en forme de kiosque, abrite un café.

Revenir Place Eleftherias Venizelou puis tourner à droite dans odos 25-Avgoustou.

Ágios Márkos

De style italien avec son portique de façade et ses trois nefs sur hautes colonnes, la cathédrale de Candie à l'époque vénitienne a été transformée par les Turcs en mosquée. L'édifice, du 14ᵉ s., contient de beaux éléments gothiques. Il abrite des expositions, des conférences et des concerts.

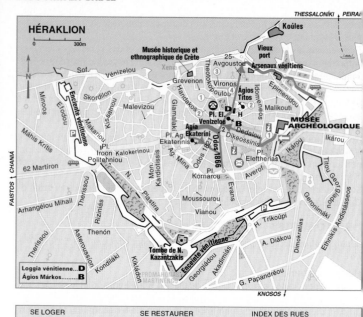

Loggia vénitienne (Enetikó Lódzia)

Reconstruite dans son style d'origine (17ᵉ s.) à la manière de l'architecte vénitien Palladio, la loggia abrite aujourd'hui l'hôtel de ville. Les changeurs y avaient leurs comptoirs et les marchands s'y réunissaient pour discuter de leurs affaires. Juste à côté se trouve le petit parc El Greco.

Ágios Títos

Construite au 16ᵉ s. par les Vénitiens et transformée en mosquée par les Turcs, cette église est très restaurée. Dans les ruelles piétonnes aux alentours se concentre la vie nocturne de la ville.

Vieux port (Paleó Limáni)

Bordé par une voie automobile rapide, Paleó Limaní (ancien port vénitien) est réservé aux bateaux de pêche. Devant lui subsistent les ruines imposantes des arsenaux vénitiens (Enetikó Neório).

Commandant la passe, le **fort de Koúles★**, décoré du lion de St-Marc, a été construit au 16ᵉ s. par les Vénitiens afin de défendre la ville des attaques de Soliman le Magnifique. Ses énormes murailles sont percées d'embrasures de canons. Les grandes salles voûtées abritaient les poudrières, les magasins, les réserves de boulets. De la terrasse réaménagée en théâtre de plein air, vous avez une belle **vue★** sur le port et la ville. Attention, il n'y a pas de parapet sur la tour de guet - *Tlj 9h-15h, lun. 9h-12h - 4 €.*

À votre droite, près de la station de bus, commence l'enceinte vénitienne.

Enceinte vénitienne (Enetiká Tíhi)

Longue de 5 km et jalonnée de gros bastions, elle a été conçue par l'architecte Michel Sanmicheli, auteur des fortifications de Padoue et de Vérone. Des jardins tapissent les douves. En haut du bastion Martinengo (Promahónas Martinengo), au sud, se trouve la tombe du grand écrivain crétois **Nikos Kazantzakis** (1885-1957).

Visiter

Musée archéologique★★★ (Arheologikó Moussío)

☎ 28102 260 92 - avr.-oct. : tlj 8h-19h30, lun. 13h-19h30 ; nov.-mars : tlj 8h30-15h - 6 € (billet groupé avec le site de Knosós : 10 €). Comptez 2h.

Précédé par un jardin dans lequel se dresse une stèle à la mémoire du duc de Beaufort et ses 1 000 Français tombés sous les murs de Candie, l'Arheologikó Moussío permet d'évoquer la civilisation minoenne. Il est plus intéressant de le

isiter après avoir vu les grands sites archéologiques de Knosós, Phaestos, Mália
t Kato Zákros. Disposée en ordre chronologique, la riche collection est composée
d'objets de fouilles que complètent des reconstitutions (maquettes ou aquarelles)
des principaux palais. Les salles les plus intéressantes sont la salle IV et la salle VII.
L'emplacement des objets mentionnés peut être différent selon les circonstances
restauration ou prêt).

Salle I – 5000-1900 av. J.-C. Parmi les objets funéraires de l'époque néolithique
et de la civilisation minoenne prépalatiale, il faut citer les vases de Vassiliki à décor
flammé sur fond clair *(vitrine 6)*, des récipients en stéatite (roche compacte faite
de talc) et albâtre, des bijoux en or, des sceaux servant de cachets ou de porte-
bonheur *(vitrines 17 et 18)*.

Salles II et III – 1900-1700 av. J.-C. Il reste peu de chose des palais et des sanctuaires
de l'époque protopalatiale, mais les fouilles ont mis au jour des objets votifs et une
remarquable série de céramiques de Kamares : vases, amphores, cruches à bec,
tasses et coupes à l'élégant décor de spirales et de fleurs. Au centre de la salle III,
la vitrine 41 abrite le **disque de Phæstos★★**, dont les hiéroglyphes non encore
déchiffrés s'enroulent du centre vers l'extérieur comme pour suggérer le labyrinthe
du Minotaure. La vitrine 43 contient un étonnant cratère de Kamares à décor de fleurs
blanches en relief, trouvé à Phaestos.

Salle IV – 1700-1450 av. J.-C. Vous y verrez les chefs-d'œuvre de la civilisation
minoenne. À gauche en entrant *(vitrine 50)* sont exposées les fameuses **déesses
aux serpents★★**, statuettes en faïence de prêtresses aux seins nus (symbole de
fécondité), trouvées dans le sanctuaire central de Knosós. À l'opposé *(vitrine 51)* se
trouve le **vase★★** (rhyton) de stéatite en forme de tête de taureau utilisé pour des
cérémonies religieuses : œil en cristal de roche, mufle souligné de nacre, détails du
pelage incisés. Dans le fond de la salle, vase rituel en albâtre ayant la forme d'une
tête de lion *(vitrine 59)*.

Salle V – 1450-1400 av. J.-C. Objets usuels en porphyre (lampes, poids) et en albâtre
(amphores) de la période néopalatiale finale. Tablettes d'argile à inscriptions en
linéaire A et B *(vitrine 69)*.

Salle VI – 1450-1300 av. J.-C. Objets funéraires. Voyez la *Danse sacrée* et les scènes
de culte des morts, en terre cuite, l'aiguière rituelle et les bijoux en or.

Salle VII – 1700-1450 av. J.-C. Cette salle est l'une des plus riches du musée.
Tout d'abord, on remarque les grandes haches doubles rituelles en bronze. Les
premières vitrines abritent trois récipients utilisés pour les cérémonies rituelles :
le **vase des Moissonneurs** *(vitrine 94)* orné en relief d'une procession de paysans
et de musiciens ; sur le **gobelet du Chef** *(vitrine 95)*
sont représentés des personnages dont l'un, le
chef (ou le roi-prêtre), le sceptre à la main,
a de longs cheveux ondulés et porte des
bijoux ; un dignitaire, l'épée sur l'épaule,
semble faire un rapport.
Observez aussi de curieux **lingots** de
bronze pesant 40 kg *(vitrine 99)* ainsi
que des bijoux, dont un chef-d'œuvre
d'orfèvrerie : un **pendentif en or★★**
représentant des abeilles butinant, trouvé
à Mália *(vitrine 101)*.

H. Champollion / MICHELIN

*Le disque en argile de Phæstos comporte
242 signes et remonterait au 17e s. av. J.-C.*

Salles VIII et IX – 1700-1450 av. J.-C. Dans
la première des salles consacrées à la
période néopalatiale sont présentés
les objets découverts au palais de Kato
Zákros : vases rituels parmi lesquels res-
sort un **vase en cristal de roche** *(vitrine 109)* à anse de perles, reconstitué par les
ateliers du musée à partir d'une multitude de fragments, ainsi qu'une spectaculaire
amphore en pierre blanc et vert *(vitrine 118)*.
Dans la salle suivante, l'élément principal est une amphore ornée d'un poulpe
(vitrine 120) provenant de Palaíkastro.

Salle X – 1400-1150 av. J.-C. L'art de la période postpalatiale se caractérise par la
production d'idoles féminines portant sur la tête des oiseaux, des cornes, des fleurs
de pavot *(vitrine 133)*.

Salles XI – 1150-800 av. J.-C. Les styles minoen, grec, oriental se mélangent. Au fond de la première salle, remarquez *(vitrine 148)* les idoles féminines et un curieux char tiré par des taureaux ; dans la seconde salle *(vitrine 169)*, vous verrez des urnes cinéraires à couvercle et des objets de bronze découverts dans la grotte de l'Ida *(vitrine 161)*.

Salles XII – Elle a été réaménagée lors des Jeux Olympiques de 2004 pour présenter les pièces montrant des athlètes Crétois, depuis l'époque minoenne jusqu'à celle des jeux Olympiques panhelléniques. Vous y verrez, entre autres, un extraordinaire **acrobate** en ivoire rappelant les scènes rituelles tauromachiques et un rhyton conique décoré de scènes athlétiques et tauromachiques rituelles ainsi que la fresque dite *Un Officier de la garde noire*.

La coquette fresque de la « Parisienne ».

Salle XIII – Les sarcophages minoens datant de la période postpalatiale (1400-1150 av. J.-C.) ont l'apparence de baignoires ou de coffres.

Salles XIV, XV et XVI – Elles sont consacrées en partie aux **fresques** de Knosós dont certaines rappellent celles du palais de Mari en Mésopotamie. Reconstituées à partir de fragments, elles comprennent des éléments en relief et expriment le raffinement du décor mural des palais.

Dans une galerie, vous verrez une intéressante **maquette en bois★** évoquant le palais de Knósos vers 1400 av. J.-C.

Une des pièces capitales du musée, le **sarcophage d'Agia Triada★★**, occupe le centre de la salle XIV *(vitrine 171)* : il est orné de peintures à thèmes funéraires – sacrifice d'un taureau, prêtresses procédant à des libations, personnages porteurs d'offrandes et se dirigeant vers le mort. Sur les murs, vous verrez le **Prince aux lys**, couronné de lys et de plumes de paon, une tête de taureau en relief et une tauromachie avec un acrobate, qui proviennent de Knosós.

Dans la **salle XV** se trouve la célèbre **Parisienne★★** trouvée à Knosós, ainsi baptisée par Evans en raison du charme malicieux de son expression ; de petit format mais bien conservée, elle figure une prêtresse. La salle XVI voisine conserve d'autres fresques connues, le *Singe cueillant des crocus*, une *Danseuse des nœuds sacrés* et deux remarquables **fresques** représentant des oliviers.

Salle XVII – Fermée.

Salle XVIII – Vous y verrez des objets en or remontant jusqu'à 2000 av. J.-C.

Salles XIX et XX – Quelques sculptures et éléments d'architecture grecs et gréco-romains, de 700 av. J.-C. à 500 apr. J.-C. dont une statue en marbre d'Aphrodite (1er s. apr. J.-C.), sont exposés ici.

Musée historique et ethnographique de Crète (Istorikó Moussío)

28102 832 19 - tlj sf. dim. 9h-17h - 3 €.

Installé dans une élégante maison néoclassique, l'Istorikó Moussío évoque bien l'histoire et les traditions crétoises de l'époque byzantine à nos jours. Il abrite notamment une maquette animée de la ville d'Héraklion à différentes époques, des antiquités paléochrétiennes, byzantines, vénitiennes et turques. Vous verrez également le seul tableau du **Greco** présent en Crète : *Vue du mont Sinaï et du monastère Ste-Catherine* (1570). La reconstitution du cabinet de travail de l'écrivain crétois **Nikos Kazantzakis** et celle d'un intérieur crétois du 19e s. retiennent aussi l'attention.

Musée d'Histoire naturelle de Crète

157 odos Knossou - 28103 932 76 - tlj sf sam. 9h-15h, dim 10h-17h - 4,5 €.

Les salles de droite présentent la faune (avec animation sonore de cris d'animaux) et la flore de l'île. Les salles de gauche s'attachent aux aspects géologiques et géographiques. Un jardin botanique intérieur abrite différentes plantes crétoises.

Aux alentours

Knosós★★

5 km au sud-est d'Héraklion - ☏ 28102 319 40 - avr.-oct. : tlj 8h-19h ; nov.-mars : tlj 8h30-19h30 - 6 € (billet groupé avec le Musée archéologique : 10 €). Prévoyez 1h30 de visite. Suite aux travaux de rénovation en cours, les appartements royaux ne sont visibles que de l'extérieur.

Dédale de cours, de corridors, de chambres, d'escaliers et d'étages, dégagés ou à demi reconstruits par l'archéologue britannique **Sir Arthur Evans** (1851-1941), Knosós, le plus important des palais minoens, est aussi la plus ancienne cité de Grèce. Sans que cela soit une certitude, nombre d'experts pensent que l'origine de cette civilisation serait l'Égypte ou un pays voisin.

Knosós, un palais de légendes – Pour Homère, Knosós est la « grande ville de ce roi Minos que le grand Zeus, tous les 9 ans, prenait pour confident ». Le palais, où se trouvait le Labyrinthe, aurait été construit à la demande de **Minos** par l'astucieux **Dédale** afin d'y enfermer le **Minotaure**, monstre à corps d'homme et à tête de taureau, fruit de l'union adultère de Pasiphaé avec un taureau offert par Poséidon à son époux.

Un jour, Androgée, fils de Minos et Pasiphaé, prit part aux jeux athlétiques à Athènes et remporta tous les prix. Mais, peu après, il fut assassiné sur les ordres d'Égée, roi d'Athènes. En réparation, Minos exigea alors des Athéniens qu'ils livrent tous les 9 ans au Minotaure un tribut de 7 garçons et de 7 filles. **Thésée**, fils d'Égée, se désigna pour aller tuer le monstre. En arrivant à Knosós, le héros rencontra **Ariane**, fille de Minos, qui tomba amoureuse de lui. Cette dernière demanda à Dédale, architecte du roi Minos, de l'aider. Il lui suggéra de donner une pelote de fil à Thésée qui lui permettrait de retrouver son chemin dans le Labyrinthe. Après avoir occis le Minotaure, Thésée saborda les navires crétois et s'enfuit avec Ariane et les jeunes Athéniens. Ils firent escale à Naxos où Thésée abandonna Ariane pendant son sommeil.

Bon à savoir

Visitez de préférence le matin tôt ou en fin d'après-midi. Petite astuce : les visites étant en général guidées, chaque guide attend que la totalité du groupe précédent ait quitté les lieux pour commencer. Essayez de vous glisser entre deux groupes et vous serez plus à l'aise pour visiter en vous aidant des panneaux explicatifs disposés en chaque point du site.

Pour punir Dédale, Minos le fit emprisonner dans le palais avec son fils **Icare**. L'ingénieux architecte fabriqua des ailes à l'aide de plumes collées avec de la cire et tous deux s'évadèrent. Hélas, Icare n'ayant pas écouté les recommandations de son père, s'approcha trop près du soleil et la cire fondit. Le jeune homme fut précipité dans les flots, non loin de Samos, dans la mer Icarienne.

Knosós, une cité-palais – Habité dès l'époque néolithique, le site de Knosós fut, vers 2000 av. J.-C., couronné d'un palais, détruit vers 1700 av. J.-C., probablement par un séisme. Un nouveau palais, centre d'une ville d'environ 50 000 habitants, remplaça alors le premier : ce sont ses vestiges que l'on parcourt aujourd'hui. Knosós était alors l'une des plus grandes villes du Bassin méditerranéen, son roi régnant sur la Crète et ses cités (Phæstos, Mália, Kato Zákros), elles-mêmes dirigées par des rois de moindre importance. Appelé Labyrinthe, le palais royal comportait de nombreux étages, galeries, lieux de cultes ordonnés autour d'une cour centrale.

Lors de l'éruption du volcan de Santorin, un séisme aurait dévasté le palais dont les ruines furent occupées quelque temps par les Mycéniens. Sa destruction finale, par le feu, aurait eu lieu vers 1300 av. J.-C. Une ville importante exista encore jusqu'à la fin du 3e s. av. J.-C., date à laquelle Gortyne devint la première cité de Crète.

Les fouilles archéologiques – Comme pour Troie et Mycènes, l'existence de Knosós fut suggérée par l'archéologue **Schliemann** (1822-1890), interprétant la légende homérique comme une véritable source historique. Le Crétois **Kalokairinos**, après avoir identifié le site, entreprit en 1878 des recherches. C'est seulement à partir de 1900 que l'archéologue britannique Sir Arthur Evans dégagea le palais, y investit son temps et sa fortune, allant même jusqu'à reconstruire certaines parties sous forme de fausses ruines savamment érodées. Depuis, les fouilles se poursuivent et, lors d'une campagne, **Peter Warren** mit au jour en 1982 dans la Maison nord des ossements d'enfants striés au couteau, probables traces de rites sacrificiels.

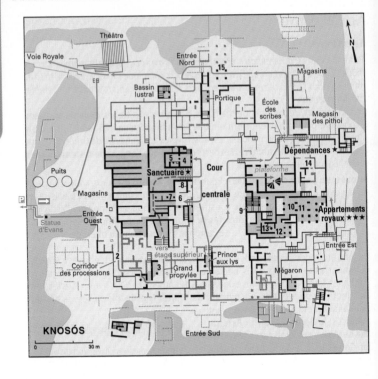

Ruines du palais★★

Après l'entrée, à l'ouest du site, traversez un petit bois jusqu'à la cour ouest, esplanade dallée qui servait probablement d'agora. Remarquez, à gauche, des puits aux offrandes, où, pense-t-on, étaient déposés des objets sacrés usagés, et la base d'un **autel (1)**. En face court le soubassement du mur du palais. Il n'y avait pas d'enceinte fortifiée.

Gagnez à droite l'entrée ouest marquée par un portique : ce propylée donne accès au **corridor des Processions (2)** dont les parois étaient ornées de fresques représentant des porteurs d'offrandes (Musée archéologique d'Héraklion).

Étage au-dessus de la cour centrale.

Tournez à gauche pour atteindre le **Grand Propylée (3)**, vestibule à piliers précédant le majestueux escalier qui monte à l'étage supérieur. Evans en a reconstitué un élément abritant une copie de fresque (porteurs d'offrandes).

L'étage comportait un certain nombre de salles à piliers, dont quelques-unes ont été restaurées et ornées de copies de fresques. Ces salles servaient, pense-t-on, de pièces de réception : la *Parisienne* (Musée archéologique d'Héraklion) aurait fait partie du décor d'une d'entre elles.

En contrebas vers l'ouest se succèdent des magasins, retraits étroits où s'entassaient quelque 150 *pithoi*, énormes jarres à provisions, dont quelques-uns demeurent en place.

À l'est, un autre escalier descend au niveau de la cour centrale.

La **cour centrale**, longue de 60 m et large de 29, était bordée des principaux bâtiments : sanctuaires, appartements royaux... Il est probable que s'y déroulaient des jeux tauromachiques à caractère rituel avec exercices acrobatiques périlleux.

Sur le côté ouest de la cour, les salles du **sanctuaire★** se répartissaient de part et d'autre de l'escalier.

À droite, un **vestibule (4)**, au centre duquel Evans plaça un bassin de porphyre, précède la **salle du Trône (5)** qui renferme le banc et le trône d'albâtre où prenait vraisemblablement place la grande prêtresse du Labyrinthe. Les fresques à motifs de griffons ont été reconstituées. Face au trône, quelques arches descendent vers un bassin destiné aux ablutions

À gauche, un autre vestibule **(6)** donne accès aux **cryptes à piliers (7),** où se déroulaient des cérémonies religieuses (remarquez la double hache gravée dans la pierre des piliers), et au **trésor (8),** où furent exhumés des objets de culte, notamment les fameuses Déesses aux serpents du Musée archéologique d'Héraklion. Des serpent sacrés vivaient-ils ici ? C'est une hypothèse.

Au sud de la cour, dans le passage qui formait l'extrémité du corridor des Processions, a été reconstituée la fresque du *Prince aux lys* dont l'original est exposé au Musée archéologique d'Héraklion.

À partir d'une plate-forme recouverte d'un toit située sur le côté est, on aperçoit les **appartements royaux★★★**, partiellement fermés au public pour travaux, qui comptaient quatre étages, deux au-dessus du niveau de la cour, deux au-dessous, pratiqués dans le versant de la colline dominant la rivière et la proche campagne. Ici, comme en d'autres parties du palais, des puits de lumière assuraient aération et éclairage.

Attenant à ceux-ci, un escalier **(9)** dessert les pièces d'habitation reliées par un lacis de passages et de corridors.

Ressortez de la plate-forme et allez vers le sud-est. En contrebas à gauche, vous verrez la **salle des Haches (10)**, qui servait sans doute de salle des gardes, et qu'une cloison à jour sépare de la **salle du Roi (11)** où se trouvait un trône en bois.

Inaccessible à cause des travaux, éclairée par un puits de lumière et ornée d'une copie de la fresque des Dauphins, la **salle de la Reine (12)** est complétée par une petite salle **(13)** où se trouve une baignoire d'argile, matériau utilisé pour les canalisations alimentant le palais en eau douce sous pression.

Un peu plus bas toujours à l'est, les **dépendances★** comprennent des ateliers d'artisans, polisseurs de pierres, potiers **(14),** tailleurs, orfèvres, et quelques magasins.

Revenez à la cour centrale, empruntez un escalier vers l'est puis un deuxième escalier.

Dans le magasin des *pithoi*, énormes jarres de terre cuite (reconstituées partiellement) se conservaient vin, huile, grains, miel. Ce magasin remonterait à la période du premier palais.

Revenez en arrière, remontez le deuxième escalier et tournez à droite. Sur votre gauche vous apercevrez un portique aux parois ornées de motifs en relief, parmi lesquels un taureau, salle qu'Evans nommait la Douane **(15)**. Ses piliers carrés semblent avoir soutenu une salle de banquets à l'étage. À proximité s'ouvrait l'entrée nord du palais.

Au nord-ouest de la douane débute la **Voie royale,** dallée et d'une largeur d'environ 4 m, qui menait peut-être à Katsambas et Amnisos, ports de Knosós situés à l'est d'Héraklion. Des gradins bien conservés, sans doute ceux d'une sorte de théâtre, cité par Homère comme cadre de danses rituelles.

Mont Gioúchtas★

15 km au sud d'Héraklion.

Cette montagne (811 m) passe pour être le tombeau de Zeus. Son profil évoque la silhouette d'une tête d'homme endormi que la croyance populaire dit être Zeus en personne. Du sommet, couronné par une église au bord de l'à-pic, vous avez un vaste **panorama★** sur Héraklion et la mer (au nord), le mont Dikti (à l'est) et le mont Ida (à l'ouest), point culminant de la Crète.

Cretaquarium

À Goúrnes, à 15 km à l'est d'Héraklion par l'ancienne route - ☎ 28103 377 88 - en saison (visite 45mn) : tlj 9h-21h - 8 € (enf. 6 €).

Cette ancienne base américaine transformée en 32 aquariums, qui serpentent sur près d'1 km, propose de découvrir 200 espèces de poissons de Méditerranée.

Circuits de découverte

Massif de l'Ida★ (Óros ídi)

Circuit de 110 km AR au sud-ouest. Quitter Héraklion vers l'ouest.

Ruines de Týlisos

À l'entrée du village de Týlisos, prendre à gauche en venant d'Héraklion - ☎ 28108 313 72 - tlj. 8h30-15h - 2 €.

Au sommet de la colline s'étendent les vestiges de trois villas minoennes contemporaines du palais de Knosós (vers 1800 av. J.-C.). Leur visite peut compléter celle du palais du légendaire roi Minos.

Anógeia

Ce bourg de montagne (alt. 740 m) occupe un site majestueux au pied du mont Ida (2 456 m), point culminant de la Crète et montagne sacrée des Minoens. Anógeia a été reconstruit après sa destruction complète par les Allemands en 1944. C'est un bon point de départ pour découvrir quelques-unes des plus hautes cimes de l'île.

L'église du village de Fódele où Le Greco serait né…

À l'entrée d'Anógeia, à gauche, la route conduit au plateau de Nida (1 370 m) et à la grotte de l'Ida (1 540 m). Superbes **vues★**.

Grotte de l'Ida (Idaío Ántro)
À 22 km au sud d'Anógeia, puis 1/2h à pied/AR - été : tlj 9h-14h - 3 €.

À la fin du 19e s., des archéologues italiens ont trouvé dans cette grotte de objets du 9e s. av. J.-C. parmi lesquels les boucliers de bronze historiés, aujourd'hu au Musée archéologique d'Héraklion. Des fouilles effectuées plus récemment par de archéologues grecs, ont permis la découverte d'objets en or, en argent, en faïence e en cristal de roche et nombre de pièces en ivoire finement travaillées. La grotte étai vraisemblablement un centre de pèlerinage.

La côte nord vers Réthymno
Réthymno est à 71 km à l'ouest d'Héraklion. Après avoir traversé la banlieue de la capitale de la Crète, la route longe d'assez près la côte.

Agía Pelagía
Ce village de pêcheurs se situe près d'une plage devenue très touristique.

Fódele★
Le village se trouve dans un vallon entouré de pentes recouvertes d'oliviers et de caroubiers. Tout autour s'étendent des plantations d'orangers et de citronniers C'est, croit-on, le village natal du peintre Domenico Theotokopoulos, dit Le Grec (voir encadré p. 363). Plage magnifique.

Balí★
Petit port de pêcheurs au creux d'une crique, Balí est de plus en plus fréquenté. À proximité, la belle **côte★** rocheuse comprend de nombreuses plages, souvent inac cessibles par la route. Pour les découvrir, il faut prendre un bateau ou marcher.
Après Balí, la route traverse pendant plus de 20 km une plaine côtière jusqu'à Réthymno.

Le régime crétois

On prétend que les Crétois vivent plus longtemps que partout ailleurs et qu'il n'est pas rare de rencontrer des centenaires. La raison ? Outre le soleil et l'air pur, l'île possède des produits naturels de toute première qualité. La base de la cuisine crétoise est l'huile d'olive, excellente au goût et idéale pour protéger les artères, selon les nutritionnistes. La base alimentaire, spécifiquement méditerranéenne, est constituée de repas contenant des céréales (pain), des légumes secs (fèves, lentilles, pois), des légumes frais (tomates, poivrons, courgettes, aubergines), de l'ail, de l'huile d'olive, des poissons et beaucoup de fruits frais. Les produits laitiers, à base de lait de chèvre ou de brebis (fromage, yaourts), apportent des propriétés bienfaitrices pour le système circulatoire. Le vin rouge, à consommer modérément, et le raisin ont également des vertus anti-oxydantes.

Héraklion pratique

Informations utiles

⑦ Office de tourisme – *Odos Xanthoudidi, juste en face de l'entrée du Musée archéologique* - ℘ 28102 462 29.

Poste - *Place Daskalogiani, derrière la place Eleftherias.*

Transports

En bateau – Liaisons régulières entre Héraklion et **Le Pirée** (2/j, compter 12h), **Santorin** (quotidienne en haute saison) ; **Thessalonique** (2/sem.) ; **Paros** (quotidienne en été) ; **Naxos** (quotidienne en été), etc.

En avion – En haute saison (juin-sept.), l'aéroport international (4 km à l'est) est desservi quotidiennement par de nombreux charters en provenance directe de **Paris**, de **Genève**, de **Québec**, d'**Athènes** et de plusieurs grandes villes européennes. En basse saison, il faut effectuer un changement à Athènes. Un bus relie l'aéroport à la place Eleftherias, à l'entrée de la ville.

En bus – Liaisons quotidiennes pour Ágios Nikólaos, Limáni Chersonísou, Siteía, Ierápetra à partir de la gare routière est (près du fort vénitien) – ℘ 28102 450 19/20 ; pour Réthymno, Chaniá, Phaestos, Mátala à partir de la gare routière ouest (près de la porte Hania), ℘ 28102 559 65. Bien vérifier les horaires au préalable.

Se loger

👁 L'aéroport étant très proche, la ville est survolée jour et nuit par les avions. Choisissez une chambre avec double vitrage et air conditionné (de plus en plus d'hôtels incluent cette amélioration dans leurs programmes de rénovation).

🛏 Hellas Rent Rooms – *24 odos Handakos*, ℘ 28102 888 5 - fax 28102 844 42 - 13 ch. Adresse modeste, mais à l'atmosphère sympathique. Au dernier étage, terrasse pour le petit-déjeuner ou pour prendre un verre le soir. Chambres simples, mais spacieuses, la literie est de bonne qualité. Douches et toilettes collectives sur le palier, très propres.

🛏🛏 Hotel Lena – *4 odos Lahana* - ℘ 28102 232 80 - fax 28102 428 26 - 16 ch. Cet hôtel dispose de chambres avec douches et toilettes, d'autres avec douches et toilettes extérieures. L'accueil est agréable et on y parle français.

🛏🛏 Kastro Hotel – *4 odos Theotokopoulou* – ℘ 28102 850 20 - fax 28102 236 22 - 38 ch. Belle entrée, hôtel moderne aménagé avec goût. Un choix raisonnable dans cette catégorie de prix.

🛏🛏🛏 Astoria – *Place Eleftherias* - ℘ 28103 430 80 - fax 28102 290 78 - astoria@her.forthnet.gr - 131 ch. Le seul hôtel de luxe de la ville, catégorie internationale : accueil professionnel (mais on ne parle pas français), chambres très spacieuses et impeccables. Sur le toit de l'immeuble, la terrasse, avec une piscine minuscule et un bar, surplombe la ville et ses environs.

Se restaurer

👁 Pour goûter à l'ambiance locale, nombreuses petites tavernes sans prétention dans la rue du marché (Odos 1866).

🍽 Kafeneion – *2 Odos Minotavrou* - ℘ 28102 277 79. Très bonne adresse nichée près du parc El Greco. Une charmante fresque orne le mur du fond, et la carte propose d'excellentes spécialités grecques…

🍽 Pagopion (Ice Factory) – *Place Ag. Titos - juste derrière l'hôtel de ville.* Ce bar-restaurant sert une cuisine internationale recherchée, variée et copieuse, dans un décor vraiment réussi. Beefsteak au chou rouge râpé, haricots à la moutarde de Dijon, spaghetti aux épinards et à la féta. Surtout fréquentée par la population locale, voilà une excellente adresse.

Faire une pause

Fix – *Odos Pardiari, sur la gauche en venant de la rue Dedalou.* Ambiance tranquille, doucement bercée de jazz, dans un décor tamisé rétro. Souvent bondé. L'hiver, le bar donne quelques concerts.

Vicenzo – *Angle odos Vanou place Kornarou* Bien agréable pour faire une pause réparatrice devant une salade ou un sandwich, avant de reprendre sa visite.

O Kountes – *Place Kornarou près de la fontaine turque.* C'est, en fin de matinée, l'endroit de prédilection des autochtones qui près du marché viennent s'y rencontrer de longs instants.

Achats

Marché – L'Odos-1866 a donné son nom au principal marché de la ville. On y trouve de l'huile d'olive, des pistaches, du miel de thym…

Événements

Festival d'été d'Héraklion – En août, la municipalité propose concerts, expositions, représentations théâtrales (notamment dans le fort de Koules), chants et danses. Renseignements : ℘ 28103 993 99 et à l'office de tourisme.

Ierápetra

11 678 HABITANTS
CARTE GÉNÉRALE RABAT I C3 – LASITHI

Une atmosphère orientale baigne la ville la plus méridionale d'Europe. On y commercialise les produits de la plaine côtière : vin, huile, fruits, primeurs, bananes et surtout tomates cultivées sous serre toute l'année. Sa longue plage de sable est bordée par une promenade où se succèdent bars et restaurants.

▷ **Se repérer** – Sur la côte sud-est de la Crète, Ierápetra est une cité d'affaires moderne et agitée. Visitez la ville à pied, car la circulation est parfois difficile.

👁 **À ne pas manquer** – L'île de Chrysí, sa plage de sable blanc, sa faune et sa flore.

👥 **Avec les enfants** – Goûtez aux pâtisseries de Beterano.

⚲ **Pour poursuivre le voyage** – Ágios Nikólaos, Siteía.

Il fait bon de flâner le long des quais de Ierápetra.

Se promener

Port
Voué à la pêche, il ne manque pas de charme avec son entrée que commande une forteresse à bastions carrés construite au 13e s.

Vieille ville
Composé d'un labyrinthe de ruelles pavées et de maisons basses, l'endroit échappe à la frénésie du reste de la ville. La rue Anagnostaki mène à la **fontaine ottomane** et au minaret de la mosquée. En continuant vers la mer, vous verrez peut-être la maison dite de Napoléon, où l'Empereur aurait passé une nuit ici au retour de la campagne d'Égypte (1799).
Le petit **Musée archéologique** rassemble les trouvailles des fouilles de la région dont un très beau sarcophage minoen en terre cuite. *℘ 28420 287 21 - tlj sf lun. 8h30 - 15h - 2 €.*

Aux alentours

Île de Chrysí
Excursion d'une journée au départ de Ierápetra. 1h de traversée.
L'île est souvent fréquentée en été, mais elle offre de jolies plages donnant sur une mer cristalline et une forêt de cèdres centenaires.

Vers l'ouest
La côte accueille un tourisme de masse dans une architecture souvent très banale. Au bout de 20 km, la route atteint la verte **vallée de Mýrtos** connue pour ses orangeraies, ses bananeraies, ses vignobles, puis le village de **Pefkos** qui pos

sède un imposant monument consacré aux victimes des exactions allemandes. En prenant à gauche et en descendant 12 km au sud vers la côte, vous atteindrez **Árvi**, hameau de pêcheurs au milieu des bananiers, dominé par un monastère à la silhouette originale. En poursuivant par la route principale, sur 8 km, **Ano Viannos** occupe un site spectaculaire dans un cirque de montagnes dominant une grande coulée d'oliviers.

Ierápetra pratique

Informations utiles

🚩 Pas d'office de tourisme mais plusieurs agences de tourisme privées.

Se loger

◒ **Katarina Rooms** – *Sur la promenade du front de mer* - 𝒫 28420 283 45 - *fax 28420 285 91 - 15 ch.* Parce qu'il ne propose pas les services d'un hôtel standard (l'entrée se fait par la boutique de souvenirs), cet établissement affiche des prix particulièrement intéressants pour sa situation et son standing, équivalant à celui des autres hôtels du front de mer.

◒ **Cretan Villa** – *16 odos Oplarhigu Lakerda* - 𝒫/fax 28420 285 22 - *cretan-villa@cretan-villa.com - 9 ch.* Voici l'hôtel le plus charmant de la ville. Dans une vieille bâtisse en pierre, de vastes chambres sont disposées autour d'un agréable patio. L'ensemble est propre et frais, l'accueil sympathique.

◒◒ **Porto Belissario** – *Ferma, 12 km à l'E d'Ierápetra* - 𝒫 28420 613 60 - *fax 28420 615 51 - 33 ch.* Un bel établissement moderne, bien équipé, construit avec goût, entre mer et montagne. Les vastes chambres ouvrent par un balcon sur la mer. Un endroit pour d'agréables vacances.

Se restaurer

◒ **Babi's** – *68 odos Samouil* - 𝒫 28420 240 48. Essentiellement fréquenté par les Grecs, même si la carte se décline dans toutes les langues. Goûtez plutôt les spécialités de poissons et de fruits de mer : filet d'espadon, poulpe au vin, brochette de poisson grillé.

◒ **Levante** – *Odos Samouil, à 30 m de l'hôtel Castro.* Une excellente adresse. Pour se faire une idée des spécialités crétoises essayez le plat qui offre sur une seule assiette un assortiment de plats cuisinés.

Faire une pause

Pâtisserie Cafétéria Beterano – *À l'angle de odos M. Kothri et Koundourou.* Cette adresse accueille du matin au soir les gourmands.

Limáni Chersonísou ★★

Λιμάνι Χερσονήσου

2 981 HABITANTS
CARTE GÉNÉRALE RABAT I C3 – HÉRAKLION

Station balnéaire animée et port de pêche, Limáni Chersonísou (Limin Hersonissou) s'étend le long d'une petite baie. Si elle n'a pas le charme d'autres cités crétoises comme La Canée ou Réthymno, elle compte de nombreux restaurants, bars, pubs, discothèques et quelques plages de sable. À proximité, les ruines du palais de Mália, l'une des quatre grandes cités minoennes, offrent au visiteur son dédale de murs.

▷ **Se repérer** – Sur la côte nord, la ville se trouve à 30 km à l'est d'Héraklion par la vieille route, après Goúrnes.

◉ **À ne pas manquer** – Le superbe palais minoen de Mália, surplombant la mer.

🕰 **Pour poursuivre le voyage** – Ágios Nikólaos, Héraklion.

Visiter

Basilique paléochrétienne

Sur la presqu'île rocheuse qui protège la baie au nord, dans un beau site dominant le port, subsistent les soubassements d'une basilique chrétienne du 6ᵉ s. dont le plan est visible. Le sol est décoré de mosaïques. En contrebas, à l'extrémité du promontoire, vous distinguerez des viviers à poissons creusés par les Romains dans la roche.

Aux alentours

Ruines de Mália★★

À 12 km à l'est - ☎ 28970 315 97 - tlj sf lun. 8h30-15h - 4 €. Prévoyez moins de 1h de visite.

Situées sur une plate-forme rocheuse au-dessus de la mer, les ruines de Mália s'étendent à l'est du village du même nom. Le site est, depuis 1921, l'objet de fouilles menées par l'École française d'archéologie. L'intérêt de ce site est que Mália a cessé d'être habitée dès la fin du 2e millénaire av. J.-C. et n'est donc pas encombrée de vestiges de constructions postérieures. De nombreuses découvertes y ont été faites dont beaucoup figurent au Musée archéologique d'Héraklion.

Palais★★

Ce palais minoen, dévasté par le cataclysme des années 1500 av. J.-C., était de moindres proportions et moins luxueux que celui de Knosós, mais analogue dans ses dispositions, s'ordonnant à partir d'une cour extérieure et d'une cour centrale.

La **cour extérieure** forme une esplanade dallée et borde les soubassements de la façade ouest du palais, comprenant de droite à gauche huit grands silos à grains, une série de magasins desservis intérieurement par un grand corridor, les appartements royaux.

Longez la cour vers le nord en direction de la mer jusqu'à la chaussée minoenne qui conduit à l'entrée nord du palais, passant près d'un pithos **(1)**, vase colossal de 1,75 m, en terre cuite, pouvant contenir plus de 1 000 litres de vin ou d'huile.

Entrée nord – À cet endroit, on pénétrait dans le palais par un vestibule **(2)** et un portique à colonnes dont subsistent les bases. À gauche, il y avait des magasins, près desquels a été placé un autre pithos **(3)**. À droite, on distingue la cour du Donjon, par laquelle on accédait aux appartements royaux. *Un corridor donne accès à la cour centrale.*

La **cour centrale** était garnie de portiques sur les côtés nord et est, alors que le côté ouest était occupé, comme à Knosos, par les bâtiments officiels et religieux. Son centre est marqué par une fosse peu profonde utilisée pour les sacrifices.

Dans l'angle nord-ouest se trouvait le sanctuaire. Donnant sur la cour, la loge royale, ou **salle du Trône (4)**, est indiquée actuellement par une terrasse devant laquelle est posé un boulet byzantin **(5)**. Au-delà

PALAIS DE MÁLIA

se présentent les degrés d'un escalier **(6)** qui montait à l'étage supérieur, puis une salle cultuelle **(7)** à deux piliers sur lesquels sont gravés des signes symboliques dont la double hache.

Après avoir dépassé les 4 marches de l'escalier monumental **(8)**, vous pouvez vous arrêter près de l'entrée sud du palais devant le *kernos* **(9)**, table circulaire en pierre évidée au centre et jalonnée à la circonférence de petites cavités. Est-ce une table de jeu ? un autel à offrandes ?

À l'est, les bâtiments comprenaient les **salles du Trésor royal**, qu'une entrée séparait de magasins. Ceux-ci ont conservé leurs banquettes murales qui supportaient les jarres d'huile ou de vin, ainsi que leurs canaux d'écoulement vers l'extérieur. Plus loin, les archéologues ont identifié des cuisines.

Sur le côté nord, une salle **(10)** à deux rangées de piliers rectangulaires, que borde à gauche un vestibule **(11)**, servait peut-être aux banquets. *Sortir par le nord-est.*

Cité★

Suivre la chaussée minoenne vers l'ouest. Elle conduit à une crypte hypostyle dégagée après la Seconde Guerre mondiale et protégée par un toit. L'escalier donnait accès à des salles de réunion encore entourées de bancs : ces salles faisaient probablement partie du prytanée, siège des magistrats de la cité. À côté s'alignaient des magasins.

D'autres bâtiments à destination religieuse et des maisons, dont le sous-sol et le rez-de-chaussée sont souvent conservés, ont été mis au jour dans le périmètre urbain.

Au nord, près de la mer, la **nécropole de Krysolakos** (« fosse de l'or ») était sans doute à caractère royal : elle a livré le superbe pendentif aux abeilles du musée d'Héraklion.

Non loin de là se trouve une plage, l'une des plus agréables du littoral.

Plateau du Lasíthi★

À 30 km au sud-est de Limáni Chersonísou.

À plus de 800 m d'altitude, entre les cimes du massif de Díkti qui culmine à 2 148 m s'étend le plateau du Lasíthi. Ce bassin suspendu où se sont accumulées des alluvions est découpé en champs fertiles. Long de 12 km, large de 6 km, le plateau est voué à la culture (céréales, pommes de terre, fruits). Cependant, l'agriculture est complétée aujourd'hui par une activité artisanale : miel, broderies, poteries.

De Limáni Chersonísou, une route grimpe en lacet, offrant des **vues★** spectaculaires sur la vallée d'Avdou, encaissée et verdoyante (vergers, orangeraies). En arrivant sur la crête, on découvre les ruines de moulins à vent qui servaient à moudre les céréales. À l'entrée de **Potamiés** apparaît, à gauche, une minuscule église de style vénitien ornée de fresques du 14e s.

La route mène aux charmants villages de **Tzermiado** et d'**Ágios Geórgios** où un musée d'Art populaire est installé dans une ferme du début du 19e s., restituant la vie de l'époque – *Avr.-oct. : tlj. 10h-16h - 2 €.*

Plus loin, la route conduit à Psyró et à sa fameuse grotte.

Grotte du mont Dikti (Diktaio Antro)

Au bourg de Psyró, une petite voie conduit depuis le parking payant à la grotte, à laquelle on accède par un escalier glissant - été : tlj. sf lun 8h30-19h ; hiver : 8h30-15h - 4 €.

Antre profond et mystérieux, la grotte aurait servi de refuge à Rhéa, mère de Zeus, fuyant son mari le Titan Cronos qui avait la fâcheuse habitude de dévorer ses enfants. Le jeune dieu fut nourri par la chèvre Amalthée. La grotte fut un lieu de culte de l'époque minoenne à l'époque archaïque. On y a découvert quantité d'objets de culte : autels, statuettes de bronze, ex-voto, petites haches doubles… La descente s'effectue au milieu d'énormes blocs, jusqu'à un petit lac souterrain à une soixantaine de mètres de profondeur. Dans la partie inférieure, vous découvrirez stalactites et stalagmites.

Mátala★

Μάταλα

100 HABITANTS
CARTE GÉNÉRALE RABAT I B3 – HÉRAKLION

L'antique port de pêche de Mátala se trouve au fond d'une baie magnifique fermée par un îlot. On dit que c'est ici que Zeus aurait abordé, métamorphosé en taureau et portant sur son dos la belle Europe. Aujourd'hui, le village est devenu une station balnéaire fréquentée.

- ▷ **Se repérer** – Le village est situé sur la mer de Libye, en bordure de la plaine de la Mesarás, à 70 km au sud d'Héraklion.

- 👁 **À ne pas manquer** – Les passionnés d'histoire antique compléteront leur connaissance de la civilisation minoenne en visitant Phæstos et Agía Triáda.

- 🕐 **Organiser son temps** – Prévoyez une demi-journée pour la visite des sites de Phaestos et Agía Triáda distants d'environ 4 km l'un de l'autre.

- 👥 **Avec les enfants** – Amusez-vous à explorer les grottes près de la plage ; baladez-vous en bateau à partir d'Agia Galíni et découvrez des plages inaccessibles par la route.

- ♿ **Pour poursuivre le voyage** – Héraklion.

Dans la plaine de la Mesarás, les vastes ruines du palais minoen de Phæstos.

Se promener

La rue principale, bordée de boutiques, de bars et de restaurants, conduit au port. La falaise de grès près de la plage est percée de **grottes★**. Sépultures à l'époque romaine, habitées pendant des siècles, elles ont été occupées par des hippies dans les années 1970, qui ont laissé quelques graffitis sur les parois…

Découvrir

LES RUINES DE PHÆSTOS★★★ (Faistós)

À 11 km à l'est de Mátala - avr.-oct. : tlj. 7h30-19h ; nov.-mars : tlj 10h-17h - 4 € (billet groupé Phaestos et Agia Triáda : 6 €).

Dans un **site★★** dominant à perte de vue la plaine de la Mesarás, un contrefort du massif du mont Ida porte les ruines du palais minoen de Phæstos, fondé par Rhadamante. Les fouilles de l'École italienne d'Athènes ont permis d'identifier deux édifices superposés, l'un remontant à 2000-1650 av. J.-C. et l'autre plus récent (1650-1400 av. J.-C.) dont le plan

Un héros crétois

Rhadamante, fils de Zeus et d'Europe, frère de Minos et de Sarpédon, était renommé pour sa sagesse et son sens de la justice. Son code de loi servit de modèle aux cités grecques. Aussi après sa mort fut-il appelé aux Enfers pour juger les défunts.

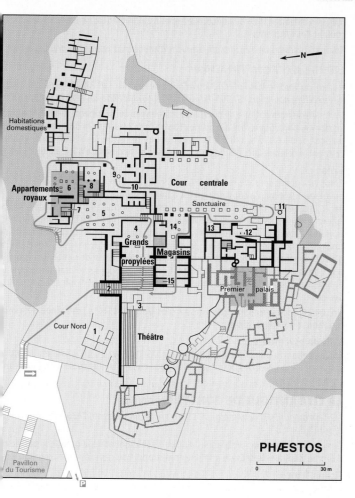

PHÆSTOS

0	30 m

...st analogue à celui de Knosós. Phæstos fut pendant 17 siècles une extraordinaire ...té rayonnant sur l'ensemble de la Crète.

...ommencez la visite par la cour nord (vestiges hellénistiques et romains) **(1)** avant de ...escendre l'escalier **(2)** conduisant à la base des propylées et du théâtre.

...e **théâtre** est constitué, comme à Knosós, de gradins rectilignes dominant une cour, ...splanade où devaient se dérouler danses et jeux rituels. Dans l'angle nord-est se ...ouvait un petit sanctuaire **(3)**.

...n imposant escalier monte aux grands propylées, entrée monumentale qui com- ...ortait une salle d'apparat à colonnes **(4)**. À gauche, une salle à péristyle **(5)** bordait ...s appartements royaux, prolongés par des restes d'habitations où fut découvert le ...meux disque de Phaestos, conservé au Musée archéologique d'Héraklion.

...e **mégaron du roi** comprend la salle de réception **(6)** et un bain lustral **(7)** destiné ...la purification, dans lequel on descendait par un petit escalier.

...e **mégaron de la reine (8)** conserve une salle avec un dallage d'albâtre. Il commu- ...que avec la cour centrale par une courette **(9)** que prolonge un corridor **(10)**.

...a **cour centrale** était partiellement bordée de portiques à colonnes. On y organisait ...robablement, comme à Knosos, des spectacles tauromachiques rituels. À l'extrémité ...e l'angle sud-ouest, remarquez un puits **(11)**.

...gauche, vous verrez les vestiges d'une crypte à deux piliers **(12)** et d'une salle ...ntourée de bancs **(13)** qui dépendaient vraisemblablement d'un sanctuaire. Au-delà, ...salle à colonnes **(14)**, revêtue d'albâtre, précède le corridor des magasins.

...e part et d'autre d'un corridor, des **magasins** abritaient les provisions de céréa- ...s, d'huile et de vin dans d'énormes jarres de terre cuite, les *pithoi*. Dans le dernier magasin à droite **(15)**, vous découvrez une installation destinée à recueillir l'huile coulant des récipients.

Revenez à la cour ouest en laissant à gauche d'importants vestiges du premier palais.

LA VILLA D'AGÍA TRIÁDA★

À 14 km au nord de Mátala, et à 3 km à l'ouest de Phæstos - ☎ 28920 913 60 - avr.-oct. : *tlj. 7h30-19h ; nov.-mars : tlj. 10h-17h - 4 € (billet groupé Phaestos et Agia Triáda : 6 €).*

On ignore le nom antique de ces ruines minoennes qui occupent, comme Phæstos, un **site★★** magnifique, face à la plaine et au golfe de Mesarás. On distingue, à gauche, un petit palais ou villa, à droite et en contrebas, le village. De la nécropole voisine provient le célèbre sarcophage peint du Musée archéologique d'Héraklion.

Villa

Cette villa aurait servi de résidence à un dignitaire, à un parent du roi de Phæstos ou au roi lui-même. La construction est datée de 1600 av. J.-C.

Après avoir laissé à gauche le majestueux escalier montant vers la cour des Autels, suivez la voie dallée dite rampe de la Mer, qui longe le palais. Ce bâtiment, qui comportait au moins un étage (départs d'escaliers), comprenait un corps central où se trouvaient des salles de réceptions, des magasins et le mégaron royal à revêtement d'albâtre encore en place. L'aile ouest était distribuée autour de petites cours ou de puits de lumière en pièces d'habitation. Certaines ont conservé une partie de leur équipement : sols d'ardoise, banquettes, plaques d'albâtre, rigoles d'évacuation des eaux.

Un peu plus loin, la charmante église **Agios Georgios** (14e s.) est ornée de motifs byzantins finement sculptés.

Village mycénien

En contrebas du palais, il est plus récent (1375-1100 av. J.-C.). L'agora était bordée par un portique avec des boutiques. À flanc de colline, la nécropole a livré un grand nombre d'objets.

LA CITÉ ANTIQUE DE GORTYNE★ (Górtys)

À 28 km au nord-est de Mátala - ☎ 28920 311 44 - avr.-oct. : tlj 7h30-19h ; nov.-mars : *tlj 10h-17h - 4 €.*

Ces imposantes ruines ombragées d'oliviers témoignent de la grandeur passée de Gortyne, capitale de la Crète romaine et métropole du christianisme crétois.

Ágios Titos★

Datant, pense-t-on, du 7e s., l'importante basilique St-Tite a été élevée à l'emplacement du martyre du saint. Elle combinait le plan basilical à trois nefs et le plan cruciforme. L'abside à trois absidioles parallèles est encore debout. Quelques éléments du décor sculpté sont conservés au Musée archéologique d'Héraklion. Au nord de la basilique s'étendait une des deux agoras de la cité.

Gortyne l'orgueilleuse

Selon la légende, c'est à Gortyne que Zeus aurait épousé Europe, sous des platanes éternellement verts.

La cité commença à se développer au 7e s. av. J.-C., avec une acropole sur une colline située à l'ouest d'un ruisseau, le Léthé. Elle ne tarda pas à supplanter Phaestos comme capitale de la région de la Mesarás. Vers 450 av. J.-C., ses légistes avaient même établi une sorte de code civil régissant les rapports sociaux : les **Lois de Gortyne**.

Gortyne se soumit à Rome en 67 av. J.-C. et devint capitale d'une province composée de la Crète et de la Cyrénaïque (actuelle Libye orientale). Siège du gouverneur, la cité connut au 2e s. une fièvre de construction dont témoignent les carrières s'enfonçant dans la montagne voisine. De nombreux bâtiments administratifs et religieux s'élevèrent alors.

Le christianisme prit racine à Gortyne dès le 1er s. avec l'entrée d'un compagnon de saint Paul, saint Tite, évangélisateur puis patron de la Crète. Après que l'empereur Constantin eut adopté au 4e s. le christianisme comme religion officielle, Gortyne devint le siège d'un archevêché ayant juridiction sur toute l'Église de Crète. Les riches sanctuaires se multiplièrent.

Encore prospère à l'époque byzantine, Gortyne périclita au moment de l'invasion arabe du 9e s.

Les fouilles entreprises en 1884 par l'École italienne d'Athènes ont été reprises en 1970.

Odéon★

Restauré, ce petit théâtre à gradins reposant sur des voûtes fut construit au début du 2ᵉ s., sous Trajan. Quelques statues mutilées gisent encore, là et là.

À l'arrière de l'édifice, les Romains réemployèrent des blocs de pierre provenant du bâtiment antérieur portant un texte gravé : les **Lois de Gortyne**. Ces inscriptions en caractères doriens comptent 17 000 signes et se lisent alternativement de gauche à droite et de droite à gauche : elles règlent des problèmes de liberté individuelle, de propriété, d'héritage, d'adultère, violence, etc.

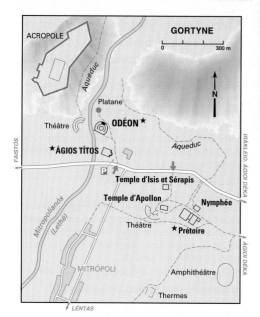

reprenez, à pied, la route d'Héraklion sur environ 300 m, puis un chemin sur la droite.

Les restes d'une cella et d'un bassin de purifications signalent ce **temple d'Isis et de Sérapis** (1ᵉʳ-2ᵉ s.) dédié à des dieux égyptiens très vénérés dans le monde grécolatin : Isis, symbole du principe féminin universel, et Sérapis, assimilé à Zeus par les Romains.

Les vestiges du **temple d'Apollon Pythien** remontent à l'époque archaïque (7ᵉ s. av. J.-C.). Il fut remanié aux époques hellénistique (pronaos) et romaine (colonnes de la cella, autel).

Les fouilles ont mis en valeur les ruines imposantes du **prétoire★**. Ce vaste bâtiment était à la fois centre administratif et résidence du gouverneur de la province. En brique, il fut édifié sous l'empereur Trajan (2ᵉ s.) puis reconstruit au 4ᵉ s. après un tremblement de terre. On reconnaît l'emplacement de la basilique, de thermes et d'une cour entourée d'un portique dont les énormes fûts de colonnes gisent près de leurs bases.

En face du prétoire, le **nymphée**, grotte artificielle consacrée aux nymphes, remonte au 2ᵉ s. Il fut transformé en fontaine à l'époque byzantine.

Séjourner

PLAGES★

Kommós★

3 km au nord de Mátala.

Le long de la mer s'élèvent les ruines d'une cité minoenne qui était sans doute l'un des deux ports de Phaestos (avec Mátala). De l'extérieur de la clôture (on ne visite pas), vous apercevez d'importants bâtiments construits en grand appareil le long d'une large rue pavée.

En contrebas s'étend la magnifique **plage★** de sable fin, l'une des plus belles de la région. Le site est protégé grâce à la présence des ruines : aucune construction ne vient le dénaturer. En été, l'endroit est très fréquenté.

Kalamáki

7 km au nord de Mátala.

Petite station balnéaire très fréquentée en raison de sa belle **plage★** bordant la baie de Mesarás.

Agía Galíni★

28 km au nord de Mátala.

Entre deux montagnes, dans un beau **site★**, cette charmante station et son port sont très fréquentés. Une plage se trouve à l'extrémité d'un sentier (à gauche du port en regardant la mer). Des promenades en bateau sont organisées vers les grottes marines de la côte.

Circuit de découverte

Prendre tout d'abord la direction de Vóroi (BΩPOI) à environ 8 km à l'est de Mátala.

Musée d'Ethnologie crétoise de Vóroi★

☎ 28920 911 10 - tlj 10h-18h - 3 €.

Situé à côté de l'église, dans un petit bourg, ce musée est remarquable par sa présentation et par la qualité de ses collections provenant de la Crète entière. L'exposition thématique évoque la vie quotidienne crétoise aux 18e et 19e s., alors essentiellement rurale.

Sortir de Vóroi, prendre au nord, compter environ 20 km jusqu'à Kamáres (KAMAPEΣ), et tourner à droite. 3,5 km à l'est de Kamáres, à l'entrée de Vorizia (BOPIZIA), prendre un chemin sur la droite.

Monastère de Valsamónero

Tlj 8h30-15h - 3 €.

Dans un écrin de verdure et de montagnes, ce monastère abrite une belle église. Inspirée de l'art italien, elle comporte deux nefs parallèles précédées d'un narthex. La nef de gauche, la plus ancienne (14e s.), abrite de remarquables **fresques★** relatant des scènes de la vie de la Vierge et de divers saints. D'autres fresques, du 15e s., décorent la nef de droite et le narthex.

Revenir jusqu'à Vorizia et poursuivre vers l'est sur 4 km.

Monastère d'Antoniou Vrontissiou

Il est construit sur le flanc du mont Ida et offre une **vue★** magnifique sur les environs. L'esplanade, ombragée de platanes, est agrémentée d'une **fontaine vénitienne** en marbre (15e s.), ornée d'un bas-relief où l'on voit Adam et Ève, Dieu et les fleuves de l'Éden. L'église est double, comprenant une nef pour les catholiques dédiée à saint Antoine et une pour les orthodoxes dédiée à saint Thomas. Elle est décorée de belles fresques et d'icônes.

Mátala pratique

Se loger

🛏 **Nikos** – *Dans la rue à gauche de l'hôtel Zafiria, immédiatement à l'entrée du village* - ☎ 28920 453 75 - fax 28920 451 20 - 20 ch. Belle construction basse avec terrasses et jardinets. Plantes tropicales, couleurs naturelles, sol en terre cuite… Un décor vraiment très réussi. L'accueil n'est pas en reste, et les chambres, spacieuses et très propres, possèdent toutes de grandes douches. Excellent petit-déjeuner avec jus de fruits frais pressés.

🛏 **Pension Antonios** – *Dans la même rue et face à Nikos* - ☎ 28920 451 23 - info@bodikos-matala.com - 10 ch. Les chambres sont grandes et propres. Comme pour toutes les pensions, le tarif est dégressif selon le nombre de nuits.

Se restaurer

🍴 **Giannis** – *Après le marché, tout au bout de la rue principale, sur la droite.* Cuisine locale classique, plutôt bonne et à prix abordables.

Palaiochóra★

Παλαιοχώρα

2 213 HABITANTS
CARTE GÉNÉRALE RABAT I B3 – CHANIA

Au pied de hauteurs désertiques, sur la mer de Libye, Palaiochóra (Paleohora) est un village de pêcheurs devenu station balnéaire. Sa belle plage de sable fin, ses maisons blanches et fleuries, ses rues et ses ruelles, ses tavernes, ses jardins, la minuscule citadelle vénitienne attirent les visiteurs.

> **Se repérer** – Au sud-ouest de la Crète, à 70 km au sud de Chaniá, Palaiochóra est un petit bourg installé sur une minuscule péninsule.

> **À ne pas manquer** – Les superbes paysages de la côte et des îles.

> **Avec les enfants** – Un tour en bateau pour observer les dauphins.

> **Pour poursuivre le voyage** – Chaniá, Sfakiá (par bateau).

Vue générale de Palaiochóra depuis la citadelle.

Se promener

Village★★

Il est édifié sur une presqu'île le long d'une étroite plage de galets et d'un port minuscule. De la promenade près du rivage, vous avez une **vue**★ magnifique sur la mer et les montagnes. Les rues se coupent à angle droit, ce qui est pratique pour se repérer. Le soir, la rue principale devient une zone piétonne très animée. Un peu plus loin, vers le sud, une **citadelle** vénitienne (13e s.) couronne un rocher.

Grande plage★

À la fois très large et très longue, orientée au sud-ouest, c'est l'une des plus grandes de Crète. Son sable clair et ses eaux turquoise font la joie des amoureux du farniente.

Aux alentours

Île d'Elafonisi★★

Promenade en bateau d'une journée. En été, départ à 10h, réserver la veille dans l'une des agences du village.

Pendant le trajet, certains jours, vous apercevrez des dauphins, et peut-être même des baleines. Ce petit îlot magnifique, au sud-ouest de la Crète, est bordé de plages au sable rosé.

Soúgia★

Promenade en bateau d'une journée. En été, départ à 9h30, réserver la veille dans l'une des agences du village.

À l'est de Palaiochóra, le village de Soúgia est minuscule mais très touristique. La balade en mer vous permettra de découvrir une partie du rivage montagneux du sud de la Crète.

👄 Le site est également accessible à pied au départ de Palaiochóra. Cette belle **randonnée★★** *(5h aller par un chemin balisé)* est réservée aux marcheurs confirmés... et difficile en plein été.

Île de Gávdos★

Promenade en bateau d'une journée. 2h30 de traversée, départ tôt le matin certains jours de la semaine, le bateau repart de Gávdos à 13h30… ce qui ne permet pas de rester très longtemps, sauf si vous décidez d'y passer la nuit (vous trouverez quelques chambres rudimentaires chez les rares habitants). Réservez au moins 48h à l'avance dans une agence du village. Attention, en cas de mauvais temps, les traversées sont annulées, et vous pouvez rester coincé là-bas… L'île est également accessible au départ de Sfakiá.

D'après certaines lectures de l'œuvre d'Homère, ce serait ici que la nymphe Calypso aurait retenu Ulysse pendant dix ans… À 50 km du rivage crétois, cette île de 70 habitants est belle mais difficile d'accès. Ses côtes sont composées de concrétions rocheuses d'une grande beauté. Là-bas, à l'extrême sud de l'Europe, lorsque l'Afrique commence de l'autre côté de la mer, c'est encore un peu l'aventure… Vous êtes à environ 300 km de Tobrouk (Libye) ou du golfe de Soloum (Égypte), à la même latitude que Biskra (Algérie) et Sfax (Tunisie).

Palaiochóra pratique

Informations utiles

🏛 **Office de tourisme** – *Odos Eleftheriou Venizelou* - 𝄞 *28230 415 07.*
♿ *info@paleochora-holidays.gr.*

Transports

Bateau – En été, un ferry relie Palaiochóra à Sfakiá en passant par Soúgia, Agia Rouméli, Loutró. Départ à 9h45.

Se loger

👁 Il y a de très nombreuses pensions partout dans le village. Mais attention, en plein été, il est difficile de trouver une chambre sans avoir réservé.

🛏 **Rea** – *Rue perpendiculaire à la rue principale, vers la plage* - 𝄞 *28230 413 07 - fax 28230 416 05 - apap@cha.forthnet.gr -* 14 ch. Dissimulé derrière un mur de verdure, voilà un petit hôtel très agréable. Accueil sympathique. Jolies chambres, très calmes, décorées avec un goût simple. Petit-déjeuner servi sur la terrasse.

Se restaurer

👁 Chaque soir, la rue principale se transforme en une immense terrasse.
🍽 **Acropolis** – *Près de la station de taxis, sur la rue principale.* Du simple ouzo, avec

ses délicieux mezes, au repas copieux tout est bon, frais et servi généreusement. Ne regardez pas la carte, et allez à l'intérieur découvrir ce que la maison propose : poisson frais, poivrons marinés, poulpe grillé. Ambiance joviale et populaire garantie.

🍽 **Polytia** – *Dans la rue parallèle à la rue principale, du côté de la plage* - 𝄞 *28230 412 88.* Une atmosphère un peu féerique émane de cet endroit, aménagé dans des ruines à ciel ouvert. Excellente cuisine traditionnelle crétoise.

Faire une pause

Cretan Traditional Sweet Café – *Dans la rue principale, pas loin de l'OTE.* Il ne faut pas manquer ce lieu sans prétention, avec deux ou trois tables sur la rue, où les pâtisseries sont un vrai délice.

Achats

Jewellery Opal – *À l'angle de la rue qui conduit à la plage et de la rue parallèle à la rue principale* - 𝄞 *28230 415 22.* Le magasin est consacré aux créations d'un artiste grec : des bijoux très originaux en argent. Prix en conséquence.

Réthymno★

Ρέθυμνο

27 868 HABITANTS
CARTE GÉNÉRALE RABAT I B3 – RETHYMNO

Troisième ville de Crète par sa population, Réthymno est renommée pour son vieux port, ses quais bordés de restaurants de poissons, ses petites places, ses rues étroites, ses jardins à la végétation luxuriante, son imposant fort dominant la mer, ses anciennes mosquées. En dépit d'une banlieue bruyante et sans caractère, la vieille cité au charme oriental est la plus authentique de Crète.

- **Se repérer** – La ville, capitale de la région qui porte son nom, se trouve sur la côte nord entre Chaniá et Héraklion. Au bord de la mer et d'une belle plage, Réthymno et sa région sont dotées d'un grand nombre de complexes hôteliers.
- **Se garer** – Grand parking à côté du jardin municipal et deux plus petits, l'un près de la gare routière et l'autre à proximité de la forteresse vénitienne.
- **À ne pas manquer** – Le vieux port vénitien.
- **Organiser son temps** – Prévoyez une demi-journée pour la promenade.
- **Pour poursuivre le voyage** – Chaniá, Héraklion, Sfakiá.

Une scène familière, près de la fontaine Rimondi.

Comprendre

Le site de l'antique Rithymna est occupé depuis l'époque minoenne. La ville devint une cité puissante avec les Mycéniens mais déclina très vite. Au 13e s., les Vénitiens transforment le modeste village subsistant en place administrative et commerciale de premier plan. De somptueux palais, de riches demeures, des églises sont construites dans le style italien. Mais, à la fin du 16e s., Rethymno subit les attaques de Barberousse qui la met à sac et l'incendie. Les Vénitiens décident alors d'élever une imposante citadelle et des remparts afin de protéger la ville. En vain, car en 1646 la cité est prise par les Ottomans après un court siège de 23 jours suivi de représailles. Ceux-ci construisent alors des mosquées et de belles maisons aux loggias de bois.

Se promener

Porte Guora (Pili Guora)

Située tout près du jardin municipal et percée dans l'ancienne muraille vénitienne, c'est la porte d'accès à la vieille ville.

Dans le prolongement de la porte, emprunter odos Ethnikis Anistaseos.

Mosquée Neratze (Neratze tzami)

Un **minaret★** élancé signale la mosquée à coupoles qui succéda à un couvent vénitien du 17e s.

Emprunter odos Retihakii.

Fontaine Rimondi

Sur une place, une fontaine érigée en 1629 par le recteur de Réthymno, Rimondi, est décorée de fines colonnes corinthiennes et de têtes de lions sculptées d'où l'eau coule.

Une flânerie dans les ruelles piétonnes voisines permet de découvrir ce quartier où quelques artisans continuent à travailler : cordonniers, dentellières, barbiers…

Rue de Thessalonique

Située près de la fontaine Rimondi, cette rue est bordée de demeures vénitiennes (16e-17e s.) en pierre. Leurs élégants portails sculptés d'armoiries voisinent avec des maisons turques (18e-19e s.) à balcons et encorbellements de bois.

Prendre sur la gauche odos Paleologou qui vous mène à la Loggia.

Loggia

Édifiée au 16e s. par les Vénitiens dans le style Renaissance, la loggia, ou Bourse des marchands, à piliers massifs, servait de lieu de rencontre avant d'être convertie en mosquée par les Turcs. Elle abrite aujourd'hui une élégante boutique de reproductions d'objets d'art exposés dans les grands musées de l'île.

Au bout de odos Paleologou, prendre sur la gauche odos Arkadou sur quelques mètres pour arriver au lieu symbolique de la vieille ville.

Port vénitien★★

Le petit port en demi-cercle est bordé de cafés et de restaurants installés dans les vieilles maisons aux façades pastel. Ses eaux tranquilles servent d'abri à quelques barques de pêcheurs colorées.

Emprunter odos Salaminos pour rejoindre la forteresse vénitienne.

Forteresse vénitienne★ (Fortetzza)

Au nord-ouest de la vieille ville - tlj sf lun. 8h-18h - 3 €.

Couronnant le promontoire, l'imposante « fortetzza » (1 300 m de circonférence) a été bâtie de 1573 à 1580. Sept bastions l'entourent. Certains d'entre eux sur la façade sud présentent un curieux renflement arrondi. L'entrée principale, à l'est, est protégée par une barbacane. Après l'avoir franchie, suivez les remparts par la gauche : beau **panorama★** sur la ville et le port. Au centre de la forteresse, le bâtiment rectangulaire servit de prison. Surmontée d'une coupole, l'ancienne cathédrale latine Ste-Marie-des-Anges a été transformée en mosquée. Vous verrez également des restes de maisons, de magasins, de casernes, de citernes, de poudrières et une chapelle orthodoxe.

Musée archéologique (Archeologiko Moussio)

Face à l'entrée de la forteresse - ℘ 28310 546 68 - tlj sf lun. 8h-15h - 3 €. Installé dans l'ancienne prison au pied de la forteresse, il renferme des sculptures, des bronzes, des bijoux d'époques minoenne, grecque, romaine et surtout des coffrets funéraires et une remarquable collection de monnaies.

Terminer votre promenade par le jardin municipal, en revenant à votre point de départ face à la porte Guora ou, si le temps le permet, par la plage.

Jardin municipal★

Au sud de la vieille ville, c'est un havre de paix et de fraîcheur (buvette, fontaines). Il s'ordonne autour d'une étoile d'où partent huit allées ombragées de grands arbres. Un petit enclos abrite des émeus.

Plages

Deux plages s'étirent à l'est de la vieille ville. Bordées de restaurants, elles sont très fréquentées. La première, abritée derrière d'imposantes digues, ne présente aucun danger. En revanche, sur la seconde, méfiez-vous des courants et des vagues.

Aux alentours

Monastère d'Arkádi★ (Moni Arkadiou)

À 24 km au sud-est de Réthymno. Suivre la côte en direction d'Héraklion, et prendre à droite à Platanes - tlj 8h30-13h, 15h30-20h - musée seul 2 €.

Il figure parmi les hauts lieux de Crète tant du fait de son **site★** sur le rebord d'un plateau dominant des gorges sauvages, que par un épisode héroïque de la lutte pour l'indépendance de l'île. En 1866, un millier de Crétois s'y réfugièrent et, après avoir soutenu pendant deux jours un combat désespéré face à 12 000 soldats turcs, préférèrent exploser la poudrière plutôt que de se rendre.

Encore habité par quelques moines, le monastère daterait du 11ᵉ s. Ses murs extérieurs austères et nus lui donnent l'aspect d'une forteresse. Une esplanade ombragée précède le passage voûté donnant accès à la grande cour où s'élève l'église. Celle-ci présente une belle **façade★** en pierre dorée datée de 1587. Cette architecture est Renaissance par ses colonnes corinthiennes, ses arcatures, ses oculi, et elle est baroque par son couronnement de frontons à décor de courbes et de contre-courbes.
Dans les bâtiments conventuels du 17ᵉ s. (remaniés par la suite), on visite les celliers, la cuisine, le large réfectoire, la poudrière ainsi qu'un petit **musée** consacré à la tragédie de 1866.

Grotte de Melidoni

Au-delà d'Arkádi, par l'une des routes de montagne, arrivée à Margarites, puis Melidoni - tlj 8h-20h - gratuit.
Dans cette vaste et profonde grotte se déroula une autre tragédie : en 1824, à la suite d'une insurrection, les Turcs massacrèrent les combattants crétois qui s'y étaient réfugiés.
Des abords, vous avez une belle **vue★** en direction du mont Ida, point culminant de la Crète.

Circuit de découverte

À 10 km au sud de Réthymno. Prendre la direction de Tria Monastiri.

Nécropole d'Arménoi

Lun.-vend. 8h30-15h - gratuit.
À droite de la route, dans une forêt de chênes, presque 200 tombes minoennes à chambre taillées ont été découvertes et explorées. La nécropole, la plus importante de cette période en Crète (1400-1200 av. J.-C.), a déjà livré beaucoup d'objets (sarcophages entre autres), dont une partie se trouve aux Musées archéologiques de Réthymno et de La Canée. L'ampleur de ce cimetière laisse penser qu'une ville importante se trouvait non loin de là.

Toujours vers le sud, poursuivez sur 10 km environ, tournez à droite vers Koxare et suivez la route sur votre gauche.

Gorges de Kourtaliotiko★ (Kourtaiotiko Farangi)

Après avoir traversé les **gorges** aux parois impressionnantes, vous arrivez à Préveli dans un site magnifique.

Monastères de Préveli

Le monastère dédié à saint Jean le Théologien fut un haut lieu de la résistance crétoise contre les occupants. Le monastère actuel a été construit vers la fin du 16ᵉ s. et détruit à plusieurs reprises, d'abord par les Turcs, puis par les Allemands en 1941 car il servait d'abri à des résistants ainsi qu'à des troupes anglaises et néo-zélandaises. Il se compose de deux complexes éloignés de 3 km l'un de l'autre.
Le premier, **Kato Monastiri** (« monastère du bas ») a été abandonné après les ravages causés par la Seconde Guerre mondiale. Ses ruines *(interdites d'accès)* témoignent de sa grandeur passée.

Perdu dans la nature, le monastère de Préveli.

Le second, **Pisso Monastiri** (« monastère de l'arrière »), est encore habité. Son architecture d'origine a été fortement modifiée à cause de multiples destructions et de rénovations maladroites. Son église date de 1836. Le 14 septembre s'y déroule la fête de la Vraie Croix (du nom de la précieuse relique que possède le monastère) célébrée par des pèlerins venus de toute la Crète. Un petit **musée** contient une collection de belles icônes du 13e au 19e s., des objets liturgiques en argent, des vêtements sacerdotaux, des manuscrits anciens et des livres précieux – *Juin-oct. : 8h-13h30, 15h30-20h ; avr.-mai. 8h-19h - 3 €.*

De la grande terrasse ombragée, superbe **vue**★★ sur la mer de Libye. Au milieu d'une nature sauvage et rocheuse, un sentier *(1/2h de marche)* mène à une belle **plage**★ où aboutit une rivière frangée de palmiers.

Réthymno pratique

Informations utiles

Office de tourisme – *Odos El. Venizelou -* 🕾 *28310 563 50/291 48 - lun.-vend. 9h-14h.*

Se loger

Olga's Pension – *57 odos Souliou -* 🕾 *28310 286 65 - fax 28310 298 51 - 17 ch.* Adresse pleine de charme, pour les petits budgets. Par un dédale de couloirs et de courettes envahies de plantes, on vous conduira aux chambres, parfois petites, mais toujours confortables, équipées d'une jolie salle de bains couverte de mosaïque et parfois d'une kitchenette.

Castello Pension – *10 pl. Karaoli Dimitriou, près de la cathédrale -* 🕾 *28310 235 70 - fax 28310 502 81 - 8 ch.* Il règne un calme étonnant dans cette superbe maison ancienne restaurée avec goût. Décoration simple, tout de blanc, beaucoup de fraîcheur dans le jardin agrémenté d'une petite fontaine, et chambres impeccables, très calmes.

Vecchio – *4 odos Daliani, près de la fontaine Rimondi -* 🕾 *28310 549 85 - fax 28310 549 86 - vecchio@otenet.gr - 27 ch.* On approche du luxe, mais à des prix abordables, dans ce joli hôtel aménagé dans une ancienne maison restaurée. Certaines chambres se trouvent dans une construction récente, derrière la piscine. Toutes sont vastes, décorées de couleurs pastel.

Mythos Suites – *12 pl. Karaoli, sur la place de la cathédrale -* 🕾 *28310 539 17 - fax 28310 510 36 - mythoscr@hotelnet.gr - 14 ch.* Luxe et raffinement pour ces suites et maisonnettes de toutes les tailles, aménagées dans un vieux manoir du 16e s. Belles chambres rénovées, qui marient le confort moderne aux charmes de l'ancien. Piscine.

Se restaurer

Old Town – *31 odos Vernadou -* 🕾 *28310 264 36.* Très touristique, comme tous les restaurants de la vieille ville, mais assez sympathique.

Veneto – *4 odos Epimenidou -* 🕾 *28310 566 34.* Dans le magnifique cadre ancien de son jardin intérieur, le restaurant attenant à l'hôtel Veneto Suites est à la hauteur de sa réputation : excellente cuisine crétoise un peu plus créative que la moyenne, et service parfait.

Avli – *Odos Arkadiou.* Un décor superbe, un excellent service et une cuisine raffinée et variée : la meilleure table de la ville.

Sports et loisirs

Plongée sous-marine – **Paradise Dive Center** – *Odos El. Venizelou -* 🕾 *28310 263 17.* Créé par un Français, ce club vous emmène dans le sud, à côté de Lefkogia.

Achats

Marché – *À côté du jardin municipal.* Grand marché alimentaire en plein air le jeudi matin jusqu'à 15h.

Reproductions d'objets d'art - Boutique dans la loggia vénitienne *(sur odos Paleologou.)*

Sfakiá★★

Χορα Σφακιων

278 HABITANTS
CARTE GÉNÉRALE RABAT I B3 - CHANIA

Sfakiá (ou Hora Sfakion), la capitale des Sfakiotes, bergers de la montagne aux cheveux blonds et aux yeux clairs, se trouve dans une toute petite crique. Très animée au moment où les randonneurs des gorges de Samaria débarquent, elle redevient ensuite une paisible station balnéaire.

▶ **Se repérer** – Le village se trouve sur la côte sud, à 70 km de Chaniá au débouché d'une route qui traverse les Montagnes Blanches (Lefká Óri) et procure de splendides vues vertigineuses. C'est ici qu'arrivent par bateau les randonneurs en provenance des gorges de Samaria.

👁 **À ne pas manquer** – Les Gorges de Samaria et d'Arádaina.

♿ **Pour poursuivre le voyage** – Chaniá, Palaiochóra, Réthymno.

Les douces couleurs du couchant sur la côte, non loin de Sfakiá.

Circuit de découverte

Gorges de Samaria★★★ (Farángi Samariás)
Voir Chaniá p.371. Comptez une journée en partant tôt le matin.
Plusieurs fois par jour, des bateaux font la navette entre Sfakiá et Agia Rouméli, petit port au débouché des gorges. En général, les visiteurs descendent les gorges, prennent le bateau à Agia Rouméli, puis le bus à Sfakiá qui les ramène à La Canée. Mais vous pouvez aussi remonter les gorges à partir d'Agia Rouméli.
La **promenade★★** en bateau entre Sfakiá et Agia Rouméli, avec escale à Loutró, à elle seule est magnifique.

De Sfakiá à Ágios Ioánnis★★
À 20 km. À l'ouest de Sfakiá, en passant par Anópoli.
La route assez raide traverse de très beaux paysages. À côté du petit village d'Arádaina débutent les gorges du même nom. Peu avant le pont métallique qui les traverse, la **vue★★** est saisissante.
La route se termine à Ágios Ioánnis, petit village perdu dans la montagne.

🚶 **Gorges d'Arádaina★★ (Farangi Arádainas)** – *Comptez une journée de marche, en partant tôt le matin. N'oubliez pas de prendre de l'eau, un chapeau et de bonnes chaussures de montagne.*
Moins fréquentées que celles de Samaria, elles sont tout aussi spectaculaires. En partant du pont métallique qui les enjambe, si vous êtes un bon marcheur, vous pouvez les descendre à pied. Attention! Un passage muni d'échelles métalliques est vertigineux. Il faut compter 6h pour rejoindre le charmant port de **Loutró** où

un bateau vous ramène à Sfakiá. De Loutró, vous avez également la possibilité de retourner à Sfakiá par un sentier côtier *(2h30)*.

De Sfakiá à Vryses★★

À 40 km au nord. La route monte à près de 1 000 m d'altitude entourée de quelques-unes des plus hautes montagnes de l'île. Les **vues★★** plongeantes sur la côte sud, sauvage et semi-désertique, sont spectaculaires.

Vryses occupe un site ombragé sur les bords d'un torrent.

De Sfakiá à Fragkokástello

À 15 km à l'est de Sfakiá.

Une belle route littorale, entre mer et montagne, mène à la **citadelle de Fragkokástello★**, bâtie en 1371 par les Vénitiens pour se protéger des pirates. Son enceinte rectangulaire est crénelée et renforcée de tours carrées dont l'une, plus forte, forme le donjon. Le château veille sur des flots déserts, dans un site de « bout du monde ». Sa porte de mer ornée du lion de St-Marc s'ouvre sur les vestiges d'un port abandonné près duquel s'étend une magnifique **plage★** de sable fin.

Sfakiá pratique

Transports

En bateau – Pour Loutró et Agia Rouméli, 4 bateaux par jour à 10h30, 12h30, 16h45 et 19h30, et 1 bateau supplémentaire pour Loutro vers 19h. Par prudence, vérifiez bien les horaires sur place.

Se loger

🛏 **Xenia** – *Tout au bout du front de mer -* ☎ *28250 912 02 - fax 28250 914 91 - 11 ch.* Très joli établissement : réception spacieuse et soignée (beaux meubles, poutres au plafond), chambres vastes et fraîches, agréables avec leurs portes bleues et les grandes dalles façon marbre au sol.

Se restaurer

🍽 **Samaria** – Non seulement la vue sur la petite baie est enchanteresse, mais en plus, c'est bon, copieux et sympathique.

Siteía ★

Σητεία

8 238 HABITANTS
CARTE – LASITHI

Ce bourg situé à l'extrémité orientale de la Crète, au fond d'un golfe bordé de montagnes arides, a quelque chose d'envoûtant. Très différente des autres villes de Crète, Siteía (ou Sitia) aux harmonies blanc et ocre dégage un parfum oriental. Défendue par une forteresse vénitienne, elle a un charme qui lui est propre, fait de silence et de lumière. On y mange bien, et le sitia, vin blanc des vignobles de la région, est l'un des meilleurs de Crète.

- ▸ **Se repérer** – À 70 km à l'est d'Ágios Nikólaos, la ville est une station balnéaire moins cosmopolite, à l'ambiance calme.
- 👁 **À ne pas manquer** – Une excursion jusqu'à la palmeraie de Váï et ses plages.
- ⏱ **Pour poursuivre le voyage** – Ágios Nikólaos, Ierápetra.

Se promener

En 1508, la ville est détruite par un tremblement de terre, puis en 1538 des pirates la mettent à sac. Enfin, vers 1650, les Vénitiens détruisent leur propre forteresse afin qu'elle ne tombe pas aux mains des Ottomans. Aujourd'hui, Siteía est bâtie en amphithéâtre et par des escaliers au-dessus de la mer et du **port★**. Ombragée de tamaris, une promenade piétonne a été aménagée dans sa partie nord. Le long des quais, les restaurants aux tables en terrasses proposent les spécialités crétoises.

Fort vénitien

Tlj sf lun. 8h30-14h - gratuit.

La colline portant le fort est parcourue de ruelles et d'escaliers bordés de blanches façades. Une vie tranquille se déroule là, loin de l'agitation de certaines stations balnéaires. La forteresse accueille aujourd'hui des spectacles de théâtre en plein air. Du donjon, belle vue sur le port.

Musée archéologique (Arheologikó Moussío)

℘ 28430 239 17 - *av. El. Venizelou - tlj sf lun. 8h30-15h - 2 €.*

Il abrite des objets, minoens pour la plupart, découverts lors de fouilles dans la région, notamment une collection de vases (pithos, amphores) provenant de Zákros et d'Agios Georgios, un rhyton en forme de taureau, une figurine Tanagra, un kouros en or et ivoire daté de la fin de la période minoenne, et un pressoir à raisin trouvé à Kato Zákros.

Aux alentours

Plages et palmeraie de Váï★★

À 28 km à l'est de Siteía. Desserte par bus (5 départs par jour, 1h de trajet).

À l'extrémité orientale de la Crète, au-delà d'un paysage désertique, les plages de Váï sont connues pour leur palmeraie naturelle – la seule en Europe –, leur sable clair, leurs rochers ocre, leurs eaux limpides. L'endroit a quelque chose de magique, en dépit d'une forte fréquentation en été. Chose rare : aucune construction ne vient dénaturer la côte à cet endroit. Une légende raconte que les palmiers ont poussé à l'époque phénicienne car des marchands faisant escale dans la rade avaient craché des noyaux de dattes.

Désormais protégée, la **palmeraie★★** de 20 ha est fermée au public mais deux observatoires permettent de la découvrir dans toute sa beauté. L'un se trouve au nord de la grande plage, très en retrait du rivage. Du second, au sud, au-dessus du restaurant, sur une colline, la **vue★★** est exceptionnelle, non seulement sur les milliers de palmiers mais aussi sur le rivage et la mer.

Les **plages★★** – La première, couverte de parasols et de chaises pliantes en été, est de loin la plus grande. Traversée par une petite promenade en bois, elle comprend un club nautique (location de pédalos). Si vous aimez la solitude, marchez plutôt vers le sud jusqu'à la crique nichée derrière la colline. Au bout de 15mn (suivez les marques rouges), vous découvrirez un lieu solitaire, au pied de petites falaises aux couleurs d'Afrique. La dernière plage se trouve au nord et n'est accessible qu'en bateau.

Plage d'Itanós★

À 30 km à l'est de Siteía, à 2 km au nord de Váï. Non loin des vestiges d'une cité antique remontant à la période minoenne, une magnifique plage de sable fin s'étend dans un site sauvage. De belles randonnées sont possibles dans toute la pointe nord-ouest de l'île (nombreux sentiers).

Plage de Maridati

À 25 km à l'est de Siteía, à 5 km au sud de Váï. Par un chemin de terre (panneau indicateur). La plage est restée sauvage, à l'écart des grands circuits touristiques.

Ruines de Káto Zákros★

℘ 28430 268 97 - *à 45 km à l'est de Siteía en passant par Palaíkastro - tlj sf lun. 8h-17h - 3 €.*

La route traverse un paysage montagneux sauvage et austère de toute beauté.

Dans un **site★★** isolé, au fond d'une petite baie *(plage)*, des fouilles entreprises par les archéologues grecs ont permis de mettre au jour les vestiges du quatrième grand palais minoen avec Knosós, Phaestos et Mália. Il fut établi dans un site stratégique, protégé par la baie. La ville s'étendait au sud vers la mer : Zákros était alors un centre important, commerçant avec l'Égypte et l'Orient.

Le plus ancien palais fut édifié vers 1900 av. J.-C. Il fut remplacé vers 1600, mais les bâtiments furent détruits vers 1450 par les phénomènes sismiques consécutifs à l'éruption du volcan de Santorin.

Les constructions s'ordonnaient, comme dans les autres palais minoens, autour d'une cour centrale. Au nord, il y avait une grande cuisine, la seule dans son genre qu'on ait pu identifier avec certitude ; à l'ouest se trouvaient les pièces de réception et de culte ; à l'est, les appartements privés du souverain et de son épouse comprenaient un bassin rond, peut-être à usage de citerne ; au sud s'élevaient les ateliers et magasins près desquels subsiste un puits.

⚶ Belle **randonnée**★★ entre le village de Zákros et Kato Zákros *(2h/AR)* par la vallée des Morts.

Monastère de Toploú★ (Moní Toploú)

À 15 km à l'est - 9h-13h, 14h-18h - 3 €. Tenue correcte exigée.

La **route**★ longe de près le rivage, au pied de collines désertes. Après un immense village de vacances imitant une cité orientale *(entrée libre, commerces, restaurants)*, prenez à gauche. La route grimpe alors sur un plateau aride. Apparaît bientôt le monastère, construit dans un creux, au milieu d'une maigre végétation. Ses murs épais aux rares ouvertures lui donnent l'aspect d'une forteresse.

Fondé au 14e s. par les Vénitiens, il fut consacré à Notre-Dame-du-Cap. Il a été remanié à plusieurs reprises. Les bâtiments actuels datent en partie des 17e et 18e s. Pendant la Seconde Guerre mondiale, ce fut un centre de résistance aux Allemands.

Une belle porte gothique donne accès à la cour d'entrée qui précède une seconde cour intérieure entourée d'arcades et d'escaliers menant aux cellules. L'église, de type vénitien, voûtée en berceau brisé, est ornée de deux sompteuses **icônes**★ d'un maître créto-vénitien du 18e s., Ioannis Kornaros (Cornaro). La première, *Tu es Grand Seigneur*, est un chef-d'œuvre de réalisme naïvement minutieux. La seconde représente sainte Anastasie entourée de scènes de son martyre.

Un **musée** abrite une collection d'icônes du 15e au 19e s. et de précieux objets ecclésiastiques, des documents rares ainsi que des évangéliaires et des manuscrits sur parchemin. Une exposition permanente retrace l'histoire de la chrétienté orthodoxe, en particulier celle du mont Áthos et du monastère de Toploú.

Siteía pratique

Informations utiles

🛈 **Office de tourisme** - *Av. Konstandinou Karamanli, près du port - ☎ 28430 249 55.*

Transports

En bateau – 5 fois/sem. un bateau arrive du **Pirée** ; 3 bateaux/sem. pour **Rhodes** *via* Karpathos.

En avion – La ville dispose d'un petit aéroport, situé à 1 km au nord. 2 vols/sem. pour **Athènes**. Mais il n'y a pas de bus pour se rendre à l'aéroport.

Se loger

⚬ **Archondiko** – *16 odos Kondilaki - ☎ 28430 281 72 - 9 ch.* À seulement deux rues au-dessus du port, une délicieuse pension, bien située, très calme, tenue par une Allemande francophone fort sympathique. Les chambres (à l'étage) sont spacieuses et confortables, avec ou sans salle de bains. Pensez à réserver.

⚬ **El Greco** – *13 odos Arkadiou - ☎ 28430 231 33 - fax 28430 263 91 - 20 ch.* Petit hôtel tout simple et bien sympathique. Décoration traditionnelle, accueil chaleureux et des chambres confortables et propres avec de vastes balcons privés (certaines donnant sur la mer).

⚬⚬ **Itanos** – *4 odos Karamanli - ☎ 28430 229 00 - fax 28430 22915 - itanoshotel@yahoo.com - 72 ch.* Marbre dans les salles de bains, très belle terrasse sur le toit, confort moderne dans un décor d'hôtel international.

Se restaurer

⚭ **Sitia Tavern** – *161 odos El. Venizelou ☎ 28430 287 58.* Sur le port, l'un des nombreux restaurants touristiques. Le serveur sera fier de vous détailler, en français, les quelques spécialités de poisson figurant sur la carte. Accueil très aimable. Apéritif et mezes (souvent) offerts.

⚭ **Kretan House** – *Odos Karamanli - à 30 m de l'hôtel Élysée.* Bonne adresse pour déguster de véritables spécialités de Crète (sortes de petites saucisses fourrées de riz, de morceaux de foie, d'oignons et d'amandes) - *Koklis boumbouristi* (escargots frits, à l'huile d'olive, au vinaigre et aux tomates). Accueil charmant.

⚭⚭ **The Balcony** – *À l'angle de odos Kazantzaki et Foudalidi - ☎ 28430 250 84.* Installé au dernier étage d'une ancienne maison, ce restaurant plutôt chic s'enorgueillit de proposer une cuisine crétoise créative. L'atmosphère est soignée (pierres apparentes et décor de verreries) et la carte à la hauteur : moussaka végétarienne, *kleftiko* (cassolette d'agneau cuisiné avec des pommes de terre, du fromage et des herbes).

Faire une pause

Drosoulites Platia Brasserie – *Platia Iroon Polithehniou.* Une institution : ce grand café central est le plus vieux de la ville. Les hommes y viennent en fin de journée pour discuter des affaires locales.

Les **Cyclades**★★★

112 615 HABITANTS - 2 572 KM²

Pour les Anciens, les Cyclades dessinaient un cercle (« kyklos ») autour du sanctuaire sacré de Délos. Comme une fine poussière blanche sur les flots, îles et îlots couvrent par centaines cette partie de la mer Égée située entre le continent et la Crète. Dans ces îles arides magnifiées par la lumière, la beauté va à l'essentiel et les villages à la blancheur éclatante inscrivent leurs lignes pures dans la roche ocre des falaises ou des montagnes. Partout le relief est marqué (point culminant : 1 001 m à Náxos). Plus tourmentées, certaines îles comme Santorin, Folégandros, et Mílos, ont été soulevées par les phénomènes volcaniques, ce qui a engendré des paysages étonnants et rares. Longtemps pauvres, les Cyclades sont devenues une destination touristique majeure depuis une trentaine d'années.

La fameuse colline des moulins de Mýkonos dressés face à la mer Égée.

▶ **Se repérer** – Les Cyclades composent un nome (l'équivalent d'un département français) au sein de la région des îles de la mer Égée méridionale. La capitale est Ermoupoli (Sýros). Beaucoup des chefs-lieux de chaque île portent le nom de l'île elle-même et sont localement appelés Hora (« ville »). C'est de cette façon qu'elles sont couramment indiquées sur les panneaux de signalisation.

Les îles sont classées en trois groupes : Cyclades centrales (Amorgós, Anafi, Andiparos, Folégandros, Íos, Náxos, Páros, Santorin, Síkinos, Sýros), Cyclades occidentales (Kéa, Kímolos, Kýthnos, Mílos, Sérifos, Sífnos), Cyclades septentrionales (Ándros, Délos, Mýkonos, Tínos). Outre les îles principales, l'archipel comporte des dizaines de petites îles et des milliers de récifs.

👁 **À ne pas manquer** – Santorin est la plus impressionnante des Cyclades tandis que Mýkonos et Folégandros possèdent les plus beaux villages de l'archipel.

🕐 **Organiser son temps** – Si vous ne disposez que de quelques jours, limitez-vous aux îles proches du continent (Ándros, Kéa, Kýthnos). Il faut une semaine pour profiter pleinement de deux îles plus lointaines (en tenant compte des aléas de la mer) mais c'est à partir de 10 jours que vous entrerez pleinement dans le rythme des îliens.

👥 **Avec les enfants** – Náxos est idéale en famille avec de jeunes enfants : facile d'accès, très bien équipée et pourvue de plages sûres, elle est assez grande pour varier les activités. Les adolescents sportifs devraient trouver leur bonheur dans les clubs d'équitation et de kite surf de Náxos ou bien dans ceux de kayak de mer et de plongée de Mílos.

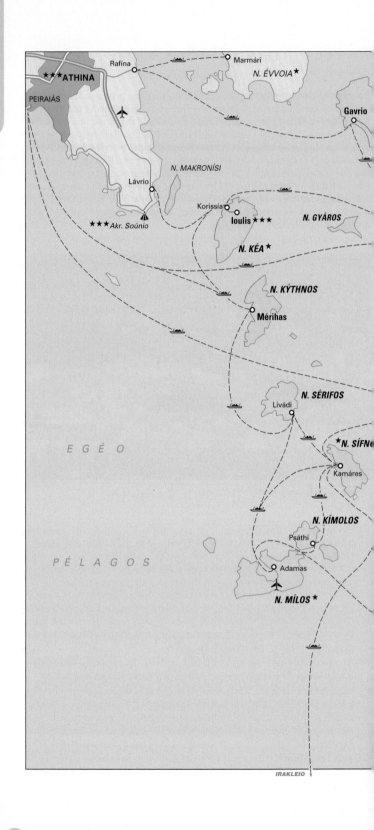

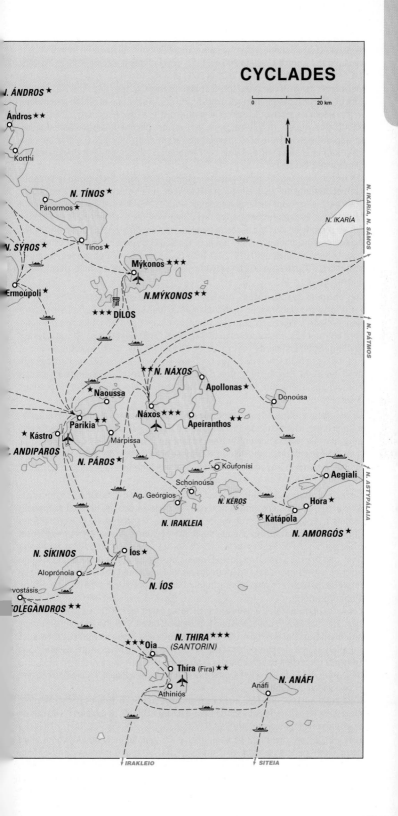

Comprendre

Civilisation et art cycladiques – On trouve des traces d'habitat sur les îles dès la préhistoire mais c'est à partir de la fin du 4e millénaire (vers 3200 av. J.-C.) que s'épanouit la civilisation cycladique que, par convention, l'on divise en trois périodes : cycladique I – entre 3200 et 2800 av. J.-C. –, cycladique II – entre 2800 et 2300 av. J.-C. – et cycladique III – entre 2300 et 2000 av. J.-C.

Outre leurs activités commerciales, les habitants des Cyclades s'adonnent à l'agriculture et à la pêche, exploitent les richesses du sol (obsidienne et plomb argentifère) et travaillent les métaux, l'argile et le marbre que l'on trouve aujourd'hui encore en abondance. À partir de 2300 av. J.-C., les Cyclades déclinent lorsque la civilisation se déplace vers la Crète où se développe l'art minoen *(voir p.362)*. Cette brillante civilisation minoenne fut anéantie par l'éruption du volcan de Santorin qui dévasta l'Égée vers 1500 av. J.-C.

On découvre dans les nombreux témoignages de l'art cycladique le vocabulaire esthétique de ces premiers artistes. Ainsi, pour la période qui va de 3000 à 2000 av. J.-C., ce sont les fameuses idoles, effigies féminines en marbre blanc dont les formes très stylisées ont inspiré l'art d'Henry Moore, de Brancusi et de Matisse. Sur les céramiques noires à décor de spirales sculptées ou gravées, l'univers maritime est source d'inspiration : spirales des flots, tentacules de pieuvres, poissons stylisés… Pour la période suivante (2000-1500 av. J.-C.), ce sont enfin les fresques narratives naturalistes d'un dessin très fin et d'une grande fraîcheur de couleurs découvertes à Santorin.

Des dangers de tous côtés – Aux temps homériques et archaïques (12e s.-8e s. av. J.-C.), lorsque s'élaborent les grandes légendes (naissance d'Apollon à Délos, abandon d'Ariane à Náxos, etc.), les îles voient se développer des cités dont certaines vont affirmer leur prépondérance sur l'archipel : ainsi Náxos, qui s'effacera devant le danger perse venu de l'est (prise de l'île en 490 av. J.-C.), avant qu'Athènes n'établisse sa thalassocratie (Ligue de Délos, 477 av. J.-C.). En 322 av. J.-C., c'est du nord que vient l'envahisseur : près d'Amorgós, la flotte macédonienne écrase son homologue athénienne, faisant passer l'archipel sous le contrôle des successeurs d'Alexandre.

Délos retrouve sa splendeur avant de devenir l'enjeu d'assauts multiples qui la laisseront en ruine. Il faut attendre la *pax romana* et le règne d'Hadrien (2e s. de notre ère) pour que l'île redevienne un centre actif tant sur le plan religieux qu'économique. Avec l'établissement du christianisme, Délos se hisse au rang d'évêché. Mais pendant le Haut Moyen Âge, les Cyclades sombrent dans une torpeur dont les sortent seulement les conflits liés à la crise iconoclaste.

De la Sérénissime République à la Sublime Porte – Au début du 13e s., lors de la 4e croisade, les Vénitiens s'implantent dans les Cyclades dont les îles sont distribuées en fiefs à de grandes familles de Venise. L'ensemble est placé sous la souveraineté des ducs de Náxos, relevant eux-mêmes des princes de Morée ; Venise est représentée sur place par des baillis. Escales sur la route de Constantinople, les Cyclades connaissent alors une grande activité, malgré les incursions des pirates algériens qui obligent les cités à se réfugier dans l'intérieur des terres. Simultanément le clergé catholique fonde des paroisses encore vivantes aujourd'hui, surtout dans les îles de Sýros, Náxos, Tínos et Santorin.

Les Turcs occupent peu à peu l'archipel, notamment en 1537 lorsque Barberousse s'empare de Náxos ; Tínos et Mýkonos ne tombent qu'en 1718. Ils laissent une certaine autonomie aux îles où l'italien reste la langue officielle jusqu'en 1830. De même, les premières Capitulations entre François Ier et Soliman le Magnifique assurent à la France la protection des catholiques locaux ; des missions de capucins en 1633, puis de jésuites, lazaristes, ursulines… assument un rôle capital dans le domaine éducatif et social (écoles, hôpitaux).

C'est aussi au 17e s. que des missions d'un autre genre, instituées par les Anglais, ramassent les antiquités qui aboutissent dans les cabinets de Charles Ier, du duc de Buckingham et du comte d'Arundel.

Les Cyclades prennent peu part à la guerre d'Indépendance, sauf Mýkonos, mais accueillirent généreusement les réfugiés venus d'îles plus lointaines comme Chíos. Sýros devient le port le plus important du nouveau royaume grec. Mais, avec l'effacement de la marine à voile, l'activité se déplace progressivement vers Le Pirée et les îles déclinent jusqu'au début des années 1960, époque où le tourisme découvre les Cyclades.

Les Cyclades aujourd'hui – En dehors de quelques plaines côtières (à Ándros, Páros, Náxos, Sýros, Santorin), les Cyclades sont arides. Certaines îles ont même si peu d'eau qu'elle doit être apportée par bateaux-citernes. La production de vin, de céréales et de cultures maraîchères, tout comme la pêche (grosses crevettes, calamars, poulpes, dorades, rougets, sardines, maquereaux) est relativement limitée. Quelques îles possèdent des mines (Sérifos, Mílos), mais la principale richesse est de très loin le tourisme qui ne cesse de croître. Beaucoup de Grecs construisent des maisons, qui sont ensuite louées aux vacanciers. Dans l'ensemble, l'architecture cycladique traditionnelle (petites maisons cubiques blanchies à la chaux) est respectée.

La mer et les plages – Les plages se comptent par milliers : de la crique à l'immense langue de sable, chacun y trouvera son compte. La mer est chaude dès juin, limpide, mais souvent agitée. Si vous avez un bateau, méfiez-vous des coups de vent, brusques et redoutables, d'autant qu'il existe de nombreux écueils. Sur les plages, en une heure, la mer peut se creuser de façon spectaculaire, surtout en été, la saison du *meltem*.

Il est recommandé de se déplacer en bateau de pêche, en voilier ou en vedette le long des côtes. C'est l'un des meilleurs moyens de découvrir les Cyclades.

Quant aux sports nautiques, ils sont nombreux et variés. Du fait de la présence du vent et de fonds marins sublimes, planche à voile sous toutes ses formes et plongée sous-marine sont pratiquées dans les îles les mieux équipées.

Les Cyclades pratique

Quand partir ?

La meilleure époque pour séjourner dans les Cyclades se situe entre le 15 mai et le 15 juin : l'affluence est moindre, les prix plus raisonnables qu'en été et la mer commence à être chaude. De mi-juin à mi-septembre, les hordes de touristes et les prix (parfois excessifs) rendent le séjour moins agréable, d'autant que le *meltem* s'en donne à cœur joie et rafraîchit la température de l'eau.

Comment s'y rendre ?

Bateau – Le port principal pour les Cyclades est **Le Pirée**, accessible en métro depuis Athènes *(voir p.124).* À l'est de la capitale, **Rafína** dessert les îles d'Ándros, Tínos et Sýros. Situé à la pointe de l'Attique, le port de **Lávrio** est en pleine expansion : il dessert Kéa et les îles voisines. Des liaisons inter-îles permettent ensuite de gagner les autres îles.

👁 Depuis Athènes, les bus pour Rafina et Lávrio partent du parc Aréos, rue Mavromateon, toutes les 20 à 30mn de 5h45 à 18h30 vers Lávrio, 22h30 vers Rafina. Comptez 1h30 de trajet environ.

👁 Pour naviguer d'île en île, pensez à prévoir assez de temps pour trouver vos billets de ferry au meilleur prix en comparant les agences, les types de bateaux proposés et les temps de navigation. Dans votre programme, comptez toujours un retour sur Athènes 24h avant votre vol car les bateaux ont très souvent du retard.

Avion – Des liaisons aériennes, généralement quotidiennes en saison, sont assurées par la compagnie nationale Olympic Airlines depuis Athènes ou Thessalonique et les aéroports de Milos, Mýkonos, Náxos, Páros, Santorin, Sýros. Renseignements – *www.olympicairlines.com.* Également des vols intérieurs avec Aegean Airlines – *www.aegeanair.com.*

Combien de temps ?

Il faut une semaine minimum pour s'imprégner de l'ambiance des îles et prendre le temps de les découvrir. En sept jours, vous pouvez découvrir les incontournables Mýkonos, Délos ou Náxos, puis Santorin. En 10 jours, les îles lointaines de Ios, Santorin et Folégandros vous attendent, à moins que vous ne préfériez suivre la ligne de ferry qui va du Pirée à Mílos en passant par Kýthnos, Sérifos et Sífnos.

Où séjourner ?

Voir le « Carnet pratique » de chaque île.

Il est indispensable de réserver votre logement si vous comptez séjourner dans les Cyclades entre le 15 juin et le 15 septembre ou bien à Pâques. Si vous leur précisez votre heure d'arrivée, les hôteliers viendront vous chercher au port.

👁 Sachez que les prix des chambres peuvent varier du simple au double selon la période et la durée de votre séjour (voire au triple pour les îles les plus touristiques comme Santorin et Mýkonos). Les réservations par Internet permettent souvent d'obtenir des réductions substantielles.

Amorgós ★

Αμοργός

1 859 HABITANTS – 121 KM²
CARTE GÉNÉRALE RABAT I C3 – MER ÉGÉE – CYCLADES

Austère et majestueuse, Amorgós est une île perdue tout au bout de la ligne maritime du Pirée et, lorsqu'on arrive en bateau, son relief acéré donne l'impression de voir une montagne jaillir de la mer. Pendant longtemps, en dépit de son fascinant monastère, on n'est guère venu à Amorgós car les falaises bordées de criques étroites et difficiles d'accès rendent l'endroit peu propice au farniente… Elle est aujourd'hui prisée des passionnés de randonnée qui apprécient de se sentir loin du monde dans une nature encore préservée.

▸ **Se repérer** – La plus orientale des Cyclades, Amorgós ressemble à un énorme dauphin de pierre tout en longueur (2 à 6 km de large pour 35 km de long). Elle culmine à 800 m avec des dénivelés importants. Le port principal est Katápola, situé à une dizaine de kilomètres de Hora, le village principal.

👁 **À ne pas manquer** – Le monastère de la Chozoviótissa et les randonnées.

🕓 **Organiser son temps** – Comptez deux jours de visite.

🦽 **Pour poursuivre le voyage** – Astypálaia, Náxos, Páros et les Petites Cyclades.

Une ruelle fleurie d'Amorgós : toute la douceur de vivre des Cyclades.

Comprendre

Dans l'Antiquité, Amorgós est l'un des centres les plus florissants des Cyclades. En témoignent le grand nombre de sculptures en marbre blanc, dont la taille varie de quelques centimètres à 1,50 m et que l'on date pour la plupart du 3e millénaire av. J.-C., qui ont été découvertes sur l'île. Avec leurs lignes pures et abstraites, les plus anciennes « idoles » pourraient passer pour des œuvres du 20e s. Puis des détails anatomiques apparurent : tête, bras, nez, seins, pieds, pubis… Selon les interprétations archéologiques, elles représenteraient de simples mortels ou bien des divinités placées dans les tombes dans le but d'aider l'homme à affronter l'au-delà. Les plus belles de ces idoles cycladiques sont conservées au Musée archéologique national d'Athènes.
Durant la période hellénistique, Amorgós compte trois cités importantes : Minoa à côté du port de Katápola, Arkesíni près de Kastri, et Aigiáli. Puis, pendant des siècles, l'île sert de terre d'exil ou de prison : les Romains puis les Byzantins y enferment des officiels déchus. En 1088, l'empereur Alexis II Comnène décide d'agrandir le monastère de la Chozoviótissa qui ne comprend alors que quelques cellules. Mais l'île est ensuite délaissée par les souverains byzantins ; les pirates l'attaquent à maintes reprises, et Amorgós est abandonnée par ses habitants. Restent les moines, accrochés à la falaise, face à la mer immense… L'île se repeuple un peu après la dernière guerre et s'ouvre au tourisme, notamment à la suite du tournage du *Grand Bleu* (1987) de Luc Besson, qui révéla ses eaux limpides et ses paysages étranges.

Se promener

Katápola★

Cette petite agglomération est constituée de trois villages étirés le long d'une baie profonde : **Katápola**, où accostent les ferries et les voiliers, **Rahidi**, encore peu loti, et **Xylokeratidi**, sympathique quartier de pêcheurs qui ferme la baie. Malgré une fréquentation de plus en plus grande, l'ensemble a beaucoup de charme avec ses cyprès, ses orangers et ses citronniers.

Certaines églises, telle la très ancienne **Panagia Katapoliani** (au centre de Katápola), sont bâties avec des éléments antiques, sans doute prélevés dans la cité de Minoa. Vous trouverez de petites plages à proximité.

Ruines de Minoa

Accès à pied ou en voiture (2,5 km au sud de Katápola). À pied, prenez le sentier qui monte sur la colline (45mn de marche). En voiture, suivez la direction de Hora puis, à 200 m, prenez la première route à droite qui se transforme très vite en piste cabossée… Le site, fermé à cause des fouilles, est bien visible de l'extérieur.

Cette importante cité fut habitée pendant 14 siècles, soit du 10e s. av. J.-C. au 4e s. apr. J.-C., et demeura prospère à l'époque hellénistique. Les archéologues dégagent peu à peu les enceintes successives, les murs du gymnase (4e s. av. J.-C.), les fondations d'un temple hellénistique et d'un sanctuaire dédié à Dionysos, dieu de la Vigne et du Vin. Belle **vue★** sur la baie de Katápola et les montagnes d'Amorgós, surtout le soir.

Hora

À 5,5 km à l'est de Katápola. Accessible en bus au dép. de Katápola (ttes les heures environ) et d'Aigiáli (3-5/j.).

Sur la crête de ce **site★** étonnant, dominant les deux côtés de l'île, les Vénitiens ont construit en 1290 une citadelle *(kastro)* à vocation stratégique : il s'agissait en effet de surveiller les rivages d'Amorgós, sentinelle avancée des Cyclades, et la mer de tous côtés. Ce gros bourg typique des Cyclades se découvre en se promenant dans les ruelles et les placettes écrasées de soleil ou protégées par des treilles ou des passages voûtés.

Musée archéologique – *Tlj sf lun. et j. fériés, 9h-13h, 18h-20h30 - gratuit.* Ce petit musée est aménagé dans une belle demeure vénitienne du 16e s. Les collections de pièces antiques provenant de l'île comprennent statues, chapiteaux, vestiges de stèles et, dans une salle au plafond de bois, des céramiques.

La minuscule **cathédrale** du 17e s. (Mitropoli) domine une place élégante au fond de laquelle un passage mène au kastro vénitien. De là-haut, vous aurez une belle **vue★** sur le village entouré de moulins à vent abandonnés.

Découvrir

Monastère de la Chozoviótissa★★★

Tlj 8h-13h, 17h-19h, entrée libre. Prenez impérativement des vêtements couvrant bras et jambes (plus un paréo pour les femmes en pantalon). Si vous n'avez pas de véhicule, deux accès sont possibles : soit vous partez à pied de Hora (sentier vertigineux, au moins 1h de marche), soit vous prenez le bus à Hora ou à Katápola qui vous dépose au parking du monastèreet, de là, vous avez encore 15mn d'ascension, par l'escalier, à entreprendre plutôt de bonne heure le matin lorsqu'il ne fait pas encore trop chaud.

Ce monastère millénaire est littéralement plaqué sur la falaise, dans un **site★★★** extraordinaire. Étincelant de blancheur sur le rocher sombre, l'édifice apparaît à mi-hauteur d'une paroi verticale haute de plus de 500 m, tel une « armoire appliquée vers le bas d'un rocher effroyable », selon la description du botaniste français Joseph Pitton de Tournefort (1656-1708) qui le découvrit lors de son voyage en Grèce.

Les îliens appelaient cette falaise le « lieu du démon », et c'est autant par défi que par goût de la solitude que des moines s'installèrent ici dès le 9e s. dans des anfractuo-sités où, selon la tradition, était vénérée une icône de la Vierge rapportée de Terre sainte. Occupé sans interruption (ou presque) depuis plus de 1000 ans, c'est l'un des hauts lieux mystiques de la mer Égée. Pendant plusieurs siècles, il fut jumelé avec le monastère de Pátmos.

D'à peine 5 m d'épaisseur, il s'échelonne sur huit étages éclairés par de petites fenêtres s'ouvrant sur la mer turquoise qui s'étale à plus de 300 m en contrebas. Certaines pièces sont creusées dans la falaise même.

La visite de ce lieu saint a quelque chose d'envoûtant. Un escalier taillé dans la roche a remplacé l'échelle au début du 20e s. et permet d'accéder, au-delà d'une porte vénitienne, à un escalier creusé dans la montagne. Accompagné par un moine, vous pourrez voir la salle de réception, l'église renfermant de belles icônes, la bibliothèque où sont conservés des vêtements sacerdotaux brodés, des objets liturgiques et surtout des **manuscrits précieux★** (10e-18e s.). Ensuite, vous arrivez à la terrasse qui surplombe la mer.

Fidèles à la tradition d'hospitalité de la religion orthodoxe, les moines offrent du thé, du raki sucré au miel et à la cannelle et de délicieux loukoums.

En redescendant, vous trouverez au pied de la falaise des plages étroites, dont celle d'**Agia Anna★**, qui, à défaut d'être de sable fin, permettent de se baigner dans des eaux d'une transparence incroyable.

Le vertigineux monastère de la Chozoviótissa.

Circuits de découverte

Le nord de l'île★

Étroit et montagneux (827 m au mont Krikelos), le nord de l'île est parcouru par une route récente qui relie Aigiáli à Katápola. Elle traverse des paysages grandioses, entre la mer et des hauteurs arides où l'on croise de nombreux troupeaux de chèvres.

La plage de l'**îlot de Nikouria** est accessible en caïque depuis celle d'Agios Pavlos, à 2 km au sud-ouest d'Aigiáli, en contrebas d'une tour hellénistique en ruine, visible de la route.

Aigiáli

Second port touristique de l'île, cette petite station balnéaire est de plus en plus appréciée des visiteurs qui recherchent ses agréables plages de sable (accessibles en caïque uniquement, cher).

Villages perchés★

Trois villages tout blancs, bâtis sur la pente de la montagne, dominent la baie d'Aigiáli. **Potamós**, solitaire au milieu des rochers, forme un balcon sur la mer Égée.

Tholaria, très tranquille et réputé pour son art de vivre. On déguste ici, parmi les spécialités de l'île, le *rakomelo* (raki au miel et clou de girofle) et le *psimeni raki* (raki au miel et à la cannelle). Le 1er juillet se déroule une fête animée en l'honneur des saints Côme et Damien.

Langada★ est, quant à elle, sillonnée de ruelles en pente au charme fou. De nombreuses randonnées sont possibles dans les environs *(voir ci-dessous)*.

Le sud de l'île★

Les « villages d'en bas » (Kato Meria) sont desservis par une route unique qui traverse la région agricole de l'île. Si vous êtes à Katápola, montez vers la Hora, descendez (un peu) vers la mer, puis prenez la première piste à droite. Un peu plus loin, sur la droite, le **monastère Agios Georgios Valsamitis** (16e s.) forme un ensemble clair dans une vallée sculptée de terrasses. L'édifice, orné de fresques du 17e s., est réputé pour sa source miraculeuse. Son nom, *valsam*, provient d'une variété de menthe que l'on trouvait jadis dans cette vallée.

Plages

Non loin du village de Vroutsi, la plage très fréquentée de **Mouros** se situe au fond d'une large baie bordée de criques de galets.

Plus au sud, non loin de Kolophana, s'étendent d'autres plages : **Kalotaritissa**, **Paradisia** et **Gramvoussa** *(sur un petit îlot, accès par caïque au dép. de Paradisia)*, où l'on peut voir des oiseaux migrateurs.

À l'extrême sud de l'île se trouve la baie sablonneuse de **Kalotaritissa**, où vous apercevez sur la droite l'épave rendue célèbre par le film *Le Grand Bleu*, échouée au bord du rivage. Autour, quelques plages agréables. De la baie, un caïque fait la navette avec l'îlot de **Gramvoussa★**, connu pour sa plage, plus belle et plus propre que sa voisine Paradisia.

Séjourner

Les sentiers et les paysages grandioses font d'Amorgós une île idéale pour les randonnées, en début ou en fin de journée.

Langada est le point de départ d'agréables promenades dans la montagne : vers Tholaria, *via* le hameau de **Stroumbos** *(1h de marche aller),* caché au creux d'une vallée verte, ou en quête des derniers moulins qui hérissent la crête des collines, à l'est *(1h).*

Sans oublier l'**église de la Panagia Epanochoriani** *(ne se visite pas ; 20mn à travers champs depuis le haut de la rue principale de Langada),* au nord, bel ensemble dressé au milieu des champs (superbe **point de vue★**), ni le **monastère d'Ágios Ioannis Theologos★** *(en bifurquant à droite sur un sentier fléché ; 1h30),* qui cache de remarquables **fresques byzantines★** récemment restaurées. Si vous êtes bon marcheur, poussez jusqu'à **Stavros** *(2h30),* dont la charmante église accueille, en septembre, un pèlerinage.

De Hora au monastère de la Chozoviótissa★★
1h de sentier aérien.

Du chef-lieu coiffant l'arête sommitale de l'île jusqu'au monastère niché dans la falaise, le paysage est sublime.

Du monastère de la Chozoviótissa à Potamos★★
Indiqué en sortant du monastère. 5h environ par le chemin des crêtes.

Celui-ci domine les deux versants de l'île et procure des **vues** impressionnantes sur la mer et la montagne. Si vous vous perdez, aidez-vous du tracé des lignes télégraphiques, bien visibles. De Potamos, vous pouvez rejoindre Aigiáli à pied *(station de bus pour Katápola).*

D'Aigiáli à Megali Glyfada★
3h environ AR par un bon sentier.

Montez jusqu'au séduisant village de Tholaria. De là, marchez vers le nord jusqu'à Megali Glyfada, où vous arrivez dans une superbe crique à la plage de sable fin.

Ruines d'Arkessini★
2h environ AR au départ de Vroutsi, au sud de Katápola.

Un chemin pavé précède un sentier descendant vers la mer. Les alentours sont arides, désolés, magnifiques. Une pointe rocheuse porte les vestiges d'une cité fondée au 4e s. av. J.-C. et habitée jusqu'à la fin du Moyen Âge. On découvre les restes de l'acropole, des tombes antiques, les ruines d'une tour de défense.

Il est possible de rentrer par le chemin côtier (au nord), compter 1h de plus.

À Tholaria, village perché au nord de l'île, le charme des passages couverts.

Phototravellers / MICHELIN

Aux alentours

Petites Cyclades
D'Amorgós (ou de Náxos), les liaisons en ferries sont quasi quotidiennes. Les bateaux partent du port de Katápola. Ce minuscule archipel comprend quatre petites îles habitées (Irákleia, Koufonísi, Schoinoússa et Donoúsa) et des centaines d'îlots. Inconnues des vacanciers jusqu'à une date récente, elles deviennent assez fréquentées, et pour cause, la mer et les plages y sont magnifiques.

Amorgós pratique

Informations utiles

🛈 L'agence **Synodinos** – ☏ 22850 712 01 - *face au débarcadère de Katápola*, fait billetterie pour les bateaux et renseigne sur les horaires de bus.

🛈 À Aigiáli, **Aegialis Tours** – ☏ 22850 733 93 - *www.aegialistours.com* – peut bien vous informer sur l'île. Excursions, tour de l'île, location de voiture, accès Internet et vente de la « 3D Map Amorgos » qui présente succinctement les 4 sentiers de randonnée de l'île (5 €).

🖰 *www.amorgos.com* et *www.amorgos. net* (en anglais).

Banque – À Katápola, face au débarcadère, distributeur de billets. À Aigiáli, les opérations se font à la poste et à la boutique de souvenirs située entre le port et le supermarché.

Poste – À Hora : sur la place au-dessus du musée. À Aigiáli : dans la ruelle qui prolonge le débarcadère.

Santé – À Katápola : dispensaire au début de la route de Hora. À Hora : cabinet médical 100 m avant l'arrêt du bus (chemin sur la gauche) ; pharmacie près de l'arrêt du bus. À Aigiáli, dispensaire sur la route de Potamos, pharmacie dans le village.

Téléphone – OTE : la seule agence de l'île se trouve tout en haut de Hora. Cabines publiques dans les villages.

Transports

👁 **Bon à savoir** – Faites-vous préciser votre port d'arrivée en précisant votre billet : Katápola (le port principal) ou Aigiáli. De nuit, aucun bus ne relie les deux villes.

Bateau – Amorgós est l'une des îles les moins accessibles des Cyclades. Environ 1 liaison/jour tlj avec **Le Pirée** (de 5 h à 8h45 de trajet environ selon les bateaux), **Náxos** (tlj 1h10-6h), **Páros** (tlj 2h10-5h), **Santorin** (3/sem., 1h-3h15), **Folegandros** (2/sem., 2h20-3h35), **Sýros** (2/sem., 6h30-8h40). Liaisons possibles depuis certaines autres îles en passant par Náxos, Páros ou Santorin.

Dès le printemps, le petit bateau « Skopelitis » dessert Náxos, Páros et les Petites Cyclades (Irákleia, Schoinoússa, Koufonísi, Donoúsa) depuis les deux ports d'Amorgós.

Bus – Katápola-Aigiáli : 6-8/j. Le double entre Katápola et Hora (certains bus vont jusqu'aux villages du Sud). Moins de 10 liaisons/j. entre Aigiáli, Tholaria et Langada. Les bus commencent rarement à circuler avant 10h.

Location de véhicules – Quelques agences à Katápola, mais difficile de trouver une voiture en été sans réservation. Vérifiez la qualité des deux-roues et soyez extrêmement prudent par grand vent. À Katápola,

Thomas loue des voitures et des deux-roues – ☏ 22850 717 77 - *www.thomas-rental.gr*. Une station d'essence entre Katápola et Hora, une autre à côté du camping d'Aigiáli.

Se loger

👁 **Bon à savoir** – En août, les réservations sont impératives, la capacité d'accueil étant insuffisante.

KATÁPOLA

🛏 **Voula Beach** – *Au bout d'une ruelle perpendiculaire au débarcadère* - ☏ 22850 740 52 - 15 ch. et studios. Chambres très propres, de toutes les tailles, autour d'un jardin fleuri. Accueil chaleureux. Pas de petit-déjeuner.

🛏🍽 **Villa Katapoliani** – *S'adresser à la Frianderie, sur le port* - ☏ 22850 710 54 - 13 ch. et studios. Maison de charme autour d'un patio fleuri, derrière le débarcadère. Chambres pas très grandes mais avec balcon, frigo, coffre, sèche-cheveux. Plaques de cuisson communes. Pas de petit-déjeuner.

LANGADA

🛏 **Pagali** – *En bas de la route principale* - ☏ 2285 073 310/073 600 - *www. pagalihotel-amorgos.com* - 19 ch. et studios. Au-dessus de la taverne Nikos, chambres calmes, sobres et très agréables ; certaines sont équipées d'une kitchenette. Bus à proximité. On vient vous attendre au bateau. Petit-déjeuner non compris (6,50 € env.).

AIGIÁLI

🛏🍽🛏🍽 **Hotel Aegialis** – *À 1 km du port mais desservi par le bus* - ☏ 22850 733 93 - *www.amorgos-aegialis.com* - 50 ch. Cet hôtel est le plus confortable d'Aigiáli, avec des chambres sur la baie et une agréable piscine. Accueil chaleureux de la patronne. Billard et boîte de nuit attenante pour les amateurs de décibels. Transferts payants avec les deux ports.

Se restaurer

KATÁPOLA

🍽 **Mouragio** – *Face au débarcadère.* Taverne de poissons et de fruits de mer. Comme c'est le meilleur établissement de la ville, les tables sont prises d'assaut. Essayez les calmars frits et les aubergines.

HORA

🍽 **Liotrivi** – *Dans une rue à droite de la station de bus.* Propose des plats traditionnels (moussaka) ou plus originaux (lapin en cassolette). Arrivez tôt.

LANGADA

🍽 **Nikos** – *Dans le bas du village sous l'hôtel Pagali.* Une très bonne table où l'on mange sous la tonnelle, sur plusieurs petites terrasses, en surplombant les joueurs de boules. Considérée comme l'une des meilleures tables de l'île. Ne manquez pas les aubergines « Nikos special » ou les beignets de courgettes.

THOLARIA

🛏 **Panorama** – *Au milieu du village.* L'un des lieux les plus courus d'Amorgós. Savoureux *kokoretsi* (brochette d'abats) et ragoût de chèvre. L'été, des musiciens jouent des airs amorgotes. Arrivez bien avant 21h.

Faire une pause à Aigiáli

Frou Frou - *dans la ruelle qui prolonge le port.* Excellente pâtisserie avec vue sur la mer. Petits-déjeuners, gâteaux, crêpes et glaces à toute heure.

Événements

Église Panagia Epanochoriani – *Au N de Langada.* Les 14 et 15 août, cérémonies religieuses suivies d'un repas : végétarien le 14, à base de chèvre le 15 à midi. Gratuit, mais il est d'usage de laisser un billet dans le tronc de l'église. Ces deux soirs, danses populaires dans toutes les tavernes de Langada.

Fête de la Présentation de la Vierge – *Le 21 nov., au monastère de la Chozoviótissa.* C'est l'occasion pour vous de dîner avec les Amorgiotes, dans le réfectoire du monastère.

Ándros ★

Άνδρος

4 107 HABITANTS – 374 KM²
CARTE GÉNÉRALE RABAT I B2 – MER ÉGÉE – CYCLADES

Longtemps protégée du tourisme de masse par la volonté de ses puissants armateurs, Ándros est une île assez fermée et peu aménagée. Véritable paradis des amoureux de la nature et domaine de l'aigle de Bonelli, la plus grande des Cyclades, après Náxos, et la plus septentrionale des îles de l'archipel, se distingue par ses paysages forestiers où sources, rivières et torrents arrosent une végétation luxuriante. Partout, les sentiers de montagne invitent à la randonnée et les vastes plages sont relativement peu fréquentées, sauf en août. Quant à l'architecture, elle est riche en tours de guet, demeures néoclassiques, maisons fortifiées, moulins à eau et pigeonniers.

▷ **Se repérer** – Verdoyante et fertile, Ándros est cependant plus aride dans le nord que dans le sud. Une imposante chaîne de montagnes qui culmine à 997 m empêche les nuages de passer de l'autre côté de l'île. Les bateaux accostent au port de Gávrio et la capitale, Ándros (Hora), se trouve sur l'autre versant de l'île, à 27 km.

👁 **À ne pas manquer** – Hora, la vallée de Messaria, la plage d'Achla.

🕐 **Organiser son temps** – Comptez quatre jours de visite si vous faites une randonnée.

👫 **Avec les enfants** – Plages faciles d'accès autour de Gávrio et en contrebas de Hora.

🌿 **Pour poursuivre le voyage** – Athènes, Tínos et Sýros.

Se promener

GÁVRIO ET SES ENVIRONS ★

Gávrio

Au fond d'une petite baie encaissée, le petit port de Gávrio, bordé de tavernes et de cafés sympathiques, est un bon point de départ pour visiter le nord et l'ouest de l'île.

Amolohos

À 6 km au nord de Gávrio par une piste carrossable. Le village apparaît dans un paysage aride strié de murets de pierre sèche. À l'entrée du hameau se trouve une jolie fontaine tandis qu'au creux du vallon, en contrebas, se succèdent trois moulins à eau.

Tour Ágios Petros ★

À 3 km au sud-ouest de Gávrio, sur la route de Kalokerini. La route sinueuse escalade la montagne. Sur la droite, dans une oliveraie, s'élève une tour ronde (4e-3e s. av. J.-C.) en schiste accompagnée d'une chapelle toute blanche, Ágios Petros. Haute de 20 m, d'un diamètre de 9 m, cette belle tour hellénistique dresse ses cinq étages presque intacts. Elle servait certainement à la fois de forge et de vigie d'où étaient transmis des signaux.

L'une des belles plages de l'île d'Ándros.

Monastère de Zoodochou Pigis

À 10 km à l'est de Gávrio, en passant par la route côtière - ouv. le matin. Une piste monte vers ce monastère mentionné pour la première fois vers 1400, où sont conservés des icônes (14e-16e s.), des fragments de fresques et des manuscrits.

Palaiópoli★

À 12 km au sud-est de Gávrio par la route côtière. Paleopoli (nom qui signifie la « vieille ville ») fut la capitale de l'île dans l'Antiquité. Habitée dès le début du 1er millénaire av. J.-C., la cité fut en partie détruite par un tremblement de terre au 4e s. av. J.-C. Aujourd'hui, c'est un simple village perché à flanc de montagne. Un tronçon de route cimentée, puis un millier de marches descendent vers le site archéologique, près du rivage, où l'on remarque les restes de la digue et des remparts. La promenade au milieu des oliviers se termine au bord de la plage Taxiarchis.

Arnas★

À 10 km au nord-est de Basti en suivant la direction de Katakilos. Ce paisible **village** traditionnel se trouve au cœur de l'île, dans un paysage étonnant : extrêmement verdoyants, les reliefs escarpés sont irrigués par des sources et peuplés d'animaux sauvages. La route se poursuit ensuite sur les hauteurs jusqu'à **Vourtoki**. De là vous pouvez rejoindre le monastère d'**Ágios Nikólaos** *(voir p.417)*, puis Hora, ou descendre jusqu'à **Achla★★★**, une plage très préservée *(voir p.418)*.

ÁNDROS★★ (Hora)

Cette modeste capitale à l'atmosphère paisible est édifiée sur une petite langue de terre séparant deux criques. Les maisons néoclassiques à étages y sont couvertes de toits de tuiles et aucune construction moderne n'est venue en rompre l'harmonie. Sur le promontoire, la cité médiévale aux ruelles tortueuses témoigne des influences vénitiennes.

Musée archéologique★

Platia Theophilos Kairi - ☏ 22820 236 64 - tlj sf lun. 8h30-15h - 3 €.
Au 1er étage, maquette, reconstitution d'une habitation, objets mis au jour lors des fouilles de l'**antique Zagora** illustrent de façon vivante la vie quotidienne dans ce qui fut la plus vaste cité grecque de l'époque géométrique (900-700 av. J.-C.). D'autres découvertes locales sont également exposées : le superbe **Hermès d'Andros★**, copie en marbre d'après un original en bronze attribué à Praxitèle, des stèles funéraires et des éléments architecturaux paléochrétiens, vénitiens et ottomans.

Musée d'Art moderne★

En contrebas de la platia Theophilos Kairi - ☏ 22820 224 44 - juin-sept. : tlj sf mar. et dim. apr.-midi, 10h-14h, 18h-20h ; oct.-mai : w.-end et lun. 10h-12h - 6 €.
La fondation Basil et Elise Goulandris – riche famille d'armateurs d'Ándros – a consacré ce musée aux expressions grecques et internationales de l'art moderne et contemporain. Les collections comprennent un important ensemble d'œuvres

du sculpteur néoclassique **Michalis Tombros** (1889-1974), notamment des bustes et des sculptures abstraites très poétiques, et du sculpteur contemporain **Takis**, installé en France depuis les années 1950. La nouvelle aile reçoit pendant l'été d'excellentes expositions d'artistes, tels que Picasso, Matisse, Kandinsky, Cartier-Bresson, Bouzianis, etc.

Cité médiévale★

Depuis la place Theophilos Kairi, un passage voûté, ancienne porte de la ville, donne sur les ruelles bordées de maisons aux tons pastel, ornées ici ou là d'une loggia, souvenir de la présence vénitienne dans l'île du début du 13e au milieu du 16e s.

Surplombant la plage de Paraporti, l'**église Ágios Georgios** (17e s.) ouvre sur une petite place ombragée. À l'extrémité du promontoire, la statue en bronze du Marin inconnu, œuvre de **Michalis Tombros**, s'impose sur la plateia Riva.

Musée maritime

☎ 22820 24 166 - juil.-août : tlj sf mar. et dim. apr.-midi, 10h-14h, 18h-21h - gratuit.

Il expose gravures, instruments de navigation, maquettes de bateaux et de nombreux autres documents évoquant la riche histoire maritime de l'île.

En face, sur l'îlot, on distingue les ruines de la forteresse édifiée par les Vénitiens pour protéger l'île des pirates.

LA VALLÉE DE MESSARIA ET SES ENVIRONS★

Au sud-ouest de Hora. Dans cette vallée aux formes douces, ont été bâtis des pigeonniers mais aussi des villages, des fermes isolées, des chapelles.

Messaria

Ce village abrite un chef-d'œuvre de l'architecture byzantine du 12e s., l'**église des Taxiarques★** enfouie dans la végétation au bas d'une ruelle *(indiqué)*. Elle a été décorée au 18e s. de marbre sculpté et de fresques. L'église **Ágios Nikolaos** (1734), dominée par une coupole bleue, conserve une intéressante iconostase de bois ouvragé *(en restauration en 2006)*.

Monastère de Panachrandou

À 3 km au sud de Messaria, après le village de Falika. Horaires d'ouverture au public aléatoires. Ce vaste monastère ressemblant à une blanche forteresse accrochée à la montagne fut bâti au 10e s. Il abrite cloîtres et églises d'époques différentes. Des moines y résident, occupant encore les cellules et les communs.

Menites★

À l'ouest de Messaria. Le village est connu pour ses **sources** qui jaillissent de têtes de lion en marbre. De la terrasse de l'église, belle vue sur le village, îlot de verdure et de fraîcheur, même en plein été.

Strapouries

Au nord de Menites. Dans ce village se dressent des *archontika*, demeures cossues qui témoignent des premières fortunes de la marine marchande, et une belle église.

Tour Bisti Mouvella

À 2 km au nord de Hora. C'est une des maisons fortifiées qui fait la singularité d'Ándros. De sa terrasse, vous avez une belle vue sur Hora et les collines boisées où se mélangent cyprès, oliviers, pins, amandiers et chênes. Des pigeonniers sont visibles çà et là adossés aux maisons.

Stenies

À 2 km au nord de Hora. Le village perché étale ses blanches maisons en amphithéâtre au-dessus de la mer. De belles demeures néoclassiques ont été restaurées.

Apikia

De la route qui mène à ce village, vous avez une vue splendide sur Hora et ses environs. Dans le village, la source Sariza, une bonne eau de table, jaillit d'une tête de lion en marbre flanquée de colonnettes (18e s.).

Ágios Nikólaos

Au-delà d'Apikia, la végétation laisse place à un paysage plus sec, avec garrigue basse et terrasses cultivées. Le contraste avec la vallée de Messaria est saisissant. L'imposant monastère du 16e s. surplombe une gorge et des terrasses cultivées. Derrière son puissant mur d'enceinte, la cour révèle une surprenante église multicolore, au dôme bleu clair et aux murs rouge et jaune.

Bel exemple de pigeonnier traditionnel dans la campagne.

LE SUD DE L'ÎLE

Au sud de Hora, vers Sineti, la route en lacet suit une petite vallée où l'on aperçoit des moulins à eau. Au-dessus de Kohil, une piste monte vers les ruines d'une forteresse vénitienne qui domine un beau panorama.

Puis la route descend vers la vallée de Korthi où quelques pigeonniers construits par les grandes familles de l'île ponctuent le paysage jusqu'à Ormos.

Au sud de la station balnéaire d'Ormos Korthi édifiée au fond d'une baie très abritée, à flanc de colline, Kórthio comprend des maisons anciennes. Plus loin se trouvent trois des villages les plus caractéristiques de l'île : **Aïdonia**, **Moussonias** et surtout **Amonaklios★**, dont l'architecture traditionnelle s'insère dans un paysage de montagne d'une grande beauté.

Séjourner

LES PLAGES AUTOUR DE GÁVRIO★

Côte nord, à l'est de Gávrio

Liminaki – Isolée au bout d'une piste dans un paysage magnifique, elle plaira aux amoureux de solitude (sauf en été).

Felos – Près d'une petite station balnéaire assez tranquille.

Côte nord, à l'ouest de Gávrio

Vitali, Gides – Accessibles par 4 km de chemin de terre carrossable, elles sont agréables si le vent ne souffle pas.

Ágios Kyprianos, Psili Ammos, Kypri – Ces grandes plages sont agréables et abritées du vent et donc forcément très fréquentées.

Batsi – C'est la principale station balnéaire de l'île qui borde une jolie plage de sable (très fréquentée en été). Autour de l'ancien port de pêche, les constructions récentes n'enlèvent rien au charme de l'endroit et les ruelles qui dominent le môle sont très agréables. Plusieurs belles plages s'étendent au sud-est de la station.

LES PLAGES AUTOUR DE HORA

Paraporti, Nimborio et Gialia – Belles vues sur la capitale de l'île.

Sineti – *Au sud de Hora.* Dans le fond d'un golfe étroit, la plage est accessible au départ du village de même nom.

Ormos – *Au sud de Hora (10 km).* Cette station balnéaire sans grand charme suit la plage de Grias Pidima, au-delà du phare qui se dresse au nord. Le cadre, magnifique, est dominé par un haut rocher.

Achla★★★ – *Accessible uniquement en caïque depuis Hora ou à pied depuis la route qui longe une gorge.* Des eaux cristallines et un cadre enchanteur pour les amateurs de beauté intacte.

Randonnées dans l'île★

Ándros est une île prisée par les amateurs de **randonnées**. Beaucoup de sentiers démarrent autour de Hora. Procurez-vous la carte **Touring Hiking Map** spécialement conçue pour les randonneurs par le ministère de l'Égée. Elle donne de nombreux renseignements pratiques (routes, pistes, sentiers, durée des itinéraires, plages, curiosités, relief). Elle est en vente à la librairie du port de Gávrio *(4 €)*.

Ándros pratique

Informations utiles

🛈 *Dans une ruelle sur la gauche du débarcadère.* Un bureau saisonnier est ouvert de juin à septembre à Gávrio, ♿ www.androsgreece.gr (en français).

Banque – Banques avec distributeurs à Hora, Batsi, Korthi, Ormos et Gávrio.

Pharmacies – Vous en trouverez à Hora, Gávrio et Korthi.

Poste – À Hora, entre le parking et la place. À Gávrio, sur les quais, à gauche en venant du débarcadère.

Police – À Gávrio - ✆ 22820 712 20 ; à Hora - ✆ 22820 223 00.

Santé – Centre médical à Hora - ✆ 22820 222 22 ; à Gávrio - ✆ 22820 712 10 ; à Batsi, ✆ 22820 413 26.

Transports

Bateau – Depuis le continent, **Rafína** est le port de départ vers Ándros (bateaux tlj en matinée et certains après-midi, 2h de trajet environ). Plusieurs liaisons quotidiennes avec **Tínos** (1h30) et **Mýkonos** (2h15). Liaisons hebdomadaires avec **Sýros** (3/sem., 2h), **Páros** (6/sem., 3h40), **Náxos** (2/sem., 7h), **Kýthnos** (1/sem., 6h30) et **Kéa** (1/sem., 8h).

Location de véhicules – La jeep est recommandée pour explorer l'île. On ne peut louer des voitures qu'à Gávrio et si vous ne choisissez pas d'y résider, le loueur la déposera à votre hôtel. Sur le port de Gávrio, en face du débarcadère, bon accueil et véhicules fiables chez **Anna Vrettou - Euro Car** – qui parle français - ✆ 22820 724 40 - www.rentacareuro.com. Pour les deux-roues, adressez-vous à **George Rentabike** – à Gávrio, *indiqué au bout du port à gauche.* **Dinos** – à Batsi, à côté de la poste - ✆ 22820 410 03. **Aris** – dans les faubourgs à l'entrée d'Ándros - ✆ 22820 243 81 – loue des deux-roues toutes cylindrées. Plusieurs stations d'essence sur l'île.

Se loger

BATSI

⊝ **Meltemi** – *Au-dessus de l'église Agios Philippos* - ✆ 22820 410 16 - 11 studios. Grands studios avec balcons particuliers dans une belle maison couverte de bougainvilliers, située sur les hauteurs du village.

⊝ **Villa Nora** – *Au bout de la route côtière de Batsi* - ✆ 22820 412 52 - 13 studios et 1 appart. Ravissants studios et grand jardin avec une vue splendide sur la plage. Pas de petit-déjeuner.

APIKIA

⊝⊜🛏 **Pighi Sariza** – *Dans le village -* ✆ 22820 237 99 - www.andros.gr/pighi-sariza - 42 ch. Grande bâtisse rétro et confortable située à deux pas de la source de Sariza, connue pour ses bienfaits.

HORA

⊝ **Riva** – *En contrebas de la ville, sur la plage* - ✆ 22820 244 12 - www.androsrooms.gr - 5 ch. et 3 appart. Très bien équipé, l'une des meilleures adresses de l'île. Location de scooters et nombreux conseils pour découvrir Ándros. On parle très bien français.

Se restaurer

GÁVRIO

⊝ **Veggera** – *Derrière le port, sur une place ombragée.* Une terrasse où l'on sert de la rôtisserie et autres spécialités locales.

BATSI

⊝ **Giakoumissi** – *Sur la seconde anse du port de Batsi.* Reconnaissable à la pieuvre peinte sur la façade. On choisit le poisson du jour en cuisine que l'on déguste face à la mer. Copieux et délicieux.

HORA

⊝ **Cavo del mar** – *À la sortie N, en contrebas près de la plage.* Une terrasse au-dessus des flots pour des spécialités traditionnelles et du poisson.

Sports et loisirs

L'île offre une grande diversité de paysages et l'agence **Andrina tours** propose des excursions pour les découvrir. À Batsi - ✆ 22820 410 64 - www.androscyclades.com.

Achats

Ándros est l'île des ruches. Profitez-en pour goûter au délicieux **miel de thym**. Boutique sur le port de Gávrio.

Délos★★★

Dílos – Δήλος

14 HABITANTS – 3,6 KM²
CARTE GÉNÉRALE RABAT I B2 – MER ÉGÉE – CYCLADES

Une île battue par les vents, déserte, occupée par la plus grande cité antique de la mer Égée : voilà Délos, sanctuaire du dieu de la Beauté et de la Lumière, Apollon. Délos joua un rôle religieux et commercial considérable dans l'Antiquité. On venait de tout le monde grec attiré par les richesses de la ville.

◐ **Se repérer** – L'île est desservie par vedettes toute l'année en 1/2h au départ du port de Mýkonos (*10 € AR*). Les billets sont en vente dans les agences de Mýkonos qui proposent également des visites guidées du site (comptez *32 €* avec la traversée et l'entrée du site). Si vous êtes en croisière depuis une autre île, sachez que les bateaux font escale ici mais sans laisser beaucoup de temps pour visiter le sanctuaire. Il est conseillé d'arriver tôt. Pas d'hébergement sur l'île et pratiquement pas d'eau. Une cafétéria propose des plats rapides. *Tlj sf lun. 8h30-15h.*

◉ **À ne pas manquer** – La terrasse des Lions et le quartier du théâtre.

🕐 **Organiser son temps** – Le site est fermé le lundi. Essayez de prendre le premier bateau et de rentrer avant 14h pour éviter la canicule. Pensez à prendre un chapeau, des chaussures fermées (éventuels serpents), de l'eau et un casse-croûte.

👥 **Avec les enfants** – Une visite inoubliable pour les amateurs en herbe de vieilles pierres et de mythologie… un vaste terrain de jeux pour les autres.

Comprendre

L'île sacrée d'Apollon – Dès le 3e millénaire, une petite agglomération s'élève au sommet du mont Cynthe. Puis, à l'époque créto-mycénienne (1400-1200 av. J.-C.), la population colonise la plaine, ainsi qu'en témoignent les vestiges d'un palais et les objets précieux trouvés au cours des fouilles. Vers la fin du 8e s., en étroite relation avec l'établissement du culte d'Apollon, s'élabore l'histoire de la naissance du dieu sur l'îlot, jusqu'alors connu sous le nom d'**Ortygie**.

Territoire d'un sanctuaire qui allait devenir l'un des plus importants du monde grec, suscitant des convoitises nombreuses, capitale d'une confédération d'îles évoquée par Homère dans l'*Odyssée*, Délos connaît son apogée religieux aux 7e-6e s. av. J.-C. sous le contrôle des habitants de Náxos, puis des Athéniens. Vers 540 av. J.-C., le tyran d'Athènes, Pisistrate, fait procéder à une première purification de l'île pour en préserver le caractère sacré : on ne peut plus y naître ni y mourir, les femmes enceintes et les mourants sont envoyés sur l'île voisine de **Rhénée** (Rineia).

À la fin de la seconde guerre médique, en 479 av. J.-C., Athènes organise la **ligue de Délos** : les cités alimentent le trésor qui est tout d'abord déposé dans le sanctuaire d'Apollon puis transféré en 454 à l'Acropole d'Athènes. En 426, lors d'une épidémie, les Athéniens décident d'une nouvelle purification de l'île : les sépultures, avec leur mobilier funéraire, sont transportées dans une grande fosse à Rhénée (une partie de ces vestiges se trouve aujourd'hui au Musée archéologique de Mýkonos). Après avoir expulsé les derniers habitants de l'île en 422, les Athéniens construisent un nouveau temple et organisent tous les quatre ans, en mai, les fameuses **fêtes déliennes** : des groupes de pèlerins couronnés de fleurs marchent en chantant, sacrifient des bœufs, participent à des danses sacrées devant l'autel du dieu ou à des concours sportifs, musicaux, dramatiques. Une foire commerciale complète les manifestations religieuses, qui restent très suivies jusqu'au 1er s. apr. J.-C, enrichies par l'introduction de cultes égyptiens, syriens et phéniciens.

Au centre du monde grec

D'après la légende, Léto, séduite puis abandonnée par Zeus, errait à travers le monde, portant le fruit de ses relations coupables avec le maître des dieux. Poursuivie par la colère d'Héra, qui avait interdit à toute terre de recevoir la malheureuse déesse, celle-ci ne trouva qu'un îlot misérable, dérivant au fil des flots, Ortygie, pour accoucher. Après 9 jours et 9 nuits de douleurs, Léto mit au monde des jumeaux, Apollon et Artémis, et l'île, désormais stabilisée par quatre piliers arrimés aux fonds marins, fut rebaptisée Délos (« l'Éclatante ») en hommage au dieu de la Lumière.

Un extraordinaire port de commerce – À partir du 4e s. av. J.-C., Délos devient peu à peu le principal port de la Méditerranée orientale, malgré la relative médiocrité de son mouillage. Sa situation au centre de l'Égée et son caractère sacré (qui la préserve des entreprises belliqueuses extérieures) expliquent ce prodigieux développement économique, matérialisé par la construction de quais, d'entrepôts, de chantiers navals. Délos est le grand marché de céréales et d'esclaves de la Grèce orientale, ainsi qu'un centre de stockage et de redistribution pour l'huile, le vin, le bois.

Attirés par le statut de port franc que lui ont accordé les Romains en 166 av. J.-C., négociants, banquiers, armateurs latins, grecs, syriens, égyptiens s'y installent et construisent des quartiers résidentiels. Au début du 1er s. av. J.-C., la prospérité de Délos est à son zénith. La ville compte alors quelque 25 000 habitants.

La prise et le saccage de la ville en 88 av. J.-C. par Mithridate VI, dernier roi du Pont, en guerre contre Rome, l'abandon progressif des pèlerinages, les exactions des pirates et le déplacement des routes maritimes causent le déclin sans retour de l'île. Devenue évêché chrétien au 4e s. de notre ère, elle est abandonnée trois siècles plus tard.

Durant la domination vénitienne sur les Cyclades, certaines œuvres d'art furent transférées à Venise et à Rome. L'amiral Digby en recueillit quelques-unes pour la collection de Charles Ier Stuart ; d'autres finirent dans les fours à chaux.

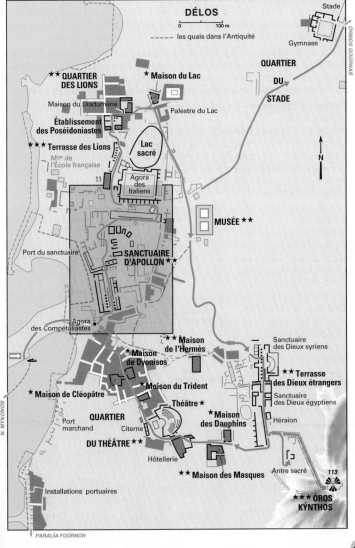

DÉLOS

0   100 m

les quais dans l'Antiquité

★★ QUARTIER DES LIONS

★ Maison du Lac

QUARTIER DU STADE

Stade

Gymnase

ÓRMOS GOÚRNAS

Maison du Diadumène

Palestre du Lac

Établissement des Poséidoniastes

★★★ Terrasse des Lions

Mon de l'École française

Lac sacré

11

Agora des Italiens

MUSÉE ★★

Port du sanctuaire

SANCTUAIRE D'APOLLON ★★

Agora des Compétaliastes

★★ Maison de l'Hermès

Sanctuaire des Dieux syriens

★ Maison de Dyonisos

★★ Terrasse des Dieux étrangers

Sanctuaire des Dieux égyptiens

★ Maison du Trident

★ Maison de Cléopâtre

Théâtre ★

★ Maison des Dauphins

Héraion

Port marchand

QUARTIER

Citerne

DU THÉÂTRE ★★

Hôtellerie

★★ Maison des Masques

Antre sacré

113

★★★ ÓROS KÝNTHOS

Installations portuaires

N. MYKONOS

PARALÍA FOÚRNON

Découvrir

L'École française d'archéologie a attaché son nom à la mise en valeur du site dont les fouilles, commencées en 1872, se poursuivent parallèlement à celles de Delphes.

Sanctuaire d'Apollon★★

Agora des Compétaliastes – Vous entrez sur une place dallée, dite agora des Compétaliastes parce que les affranchis et les esclaves y honoraient les Compitalia, divinités romaines des carrefours. On y vendait des souvenirs destinés aux pèlerins. Vous apercevez les restes d'un autel monumental **(1)**.

Avenue des Processions★ – Jadis empruntée par les pèlerins se rendant au sanctuaire et formant une voie triomphale large de 13 m, elle était bordée de monuments honorifiques, isolés ou en exèdres semi-circulaires, dont on reconnaît les bases. De part et d'autre s'allongeaient deux portiques, dont le plan est marqué sur le sol : à gauche le portique de Philippe, construit par Philippe de Macédoine au 3e s. av. J.-C., à droite celui de Pergame, qui aurait été élevé à la même époque par les rois de Pergame, en Asie Mineure.

Propylées – Il reste peu de chose de cette entrée monumentale. Observez l'usure considérable des trois marches du seuil, témoignant de l'affluence passée. À droite **(2)**, Hermès barbu en marbre (4e s. av. J.-C.).

Maison des Naxiens – À droite et au-delà des propylées, on voit les fondations d'un bâtiment d'époque archaïque où se réunissait la confrérie religieuse de Náxos. Contre le mur nord un énorme bloc de marbre **(3)** porte l'inscription en alphabet grec archaïque : « Je suis d'un seul bloc, statue et socle. » Il servait de base à une statue d'Apollon Naxien (6e s. av. J.-C.), ex-voto colossal érigé par les Naxiens, que les Vénitiens tentèrent d'emporter et dont certains fragments subsistent près du sanctuaire d'Artémis.

Portique des Naxiens★ – À gauche des propylées se trouvent les vestiges d'un portique du 6e s. av. J.-C. Dans un angle, vous distinguez la base circulaire **(4)**, en granit, qui maintenait le fameux palmier de Nicias, arbre colossal de bronze élevé en 417 av. J.-C. pour symboliser le palmier sous lequel Léto aurait mis au monde Apollon et Artémis.

Temples d'Apollon★★ – Du sud au nord sont visibles les vestiges de trois temples dédiés à Apollon.

Le **temple d'Apollon Délien (5)**, édifice dorique, était le plus grand des trois. Sa construction par les Déliens avait été commencée au 5e s. av. J.-C., mais il ne fut achevé qu'au 3e s. en raison de l'hostilité des Athéniens à son égard.

Le **temple des Athéniens (6)**, construit vers 420 av. J.-C., était lui aussi dorique, et sa cella renfermait 7 statues placées sur une base de marbre noir semi-circulaire.

Le **temple de poros (7)**, le plus petit mais le plus ancien (6e s. av. J.-C.), bâti en tuf calcaire dur *(poros)*, abrita une statue archaïque d'Apollon, et le trésor de la ligue de Délos. Près du temple, remarquez deux piédestaux qui supportaient des statues, l'un **(8)** à frise dorique alternant rosaces et bucranes (têtes de bœuf), l'autre **(9)** en marbre bleu, portant une inscription en l'honneur de Philetairos, premier roi de Pergame.

Derrière ces temples, les bases de cinq petits édifices (6e-5e s. av. J.-C.) en arc de cercle indiquent probablement des lieux de réunion de confréries religieuses.

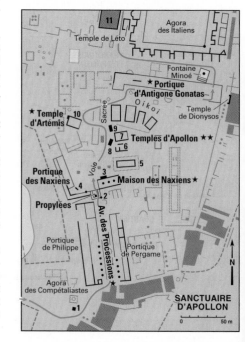

Temple d'Artémis★ – Près de la Voie sacrée, sur le site de l'ancien palais mycénien, vous apercevez les colonnes tronquées de la façade du temple d'Artémis, édifice ionique hellénistique (2e s. av. J.-C.) ayant succédé à deux autres.

En arrière du temple gisent les fragments du colossal **Apollon Naxien★★ (10)** tirés jusqu'ici en 1422 par les Vénitiens : ce sont le torse, partiellement couvert de boucles de cheveux, et le bassin dans lequel sont pratiqués des trous de fixation pour une ceinture ; une main a pris place au musée local.

Portique d'Antigone Gonatas★ – Limitant le sanctuaire au nord, le portique d'Antigone Gonatas était long de 120 m et comportait 48 colonnes doriques en façade et une frise ornée de têtes de taureaux. Il fut édifié au 3e s. av. J.-C. par un roi de Macédoine. Les deux galeries sont séparées par une file de colonnes et terminées par deux courtes ailes.

Le long de la façade s'alignaient deux files de statues dont subsistent les bases. À son extrémité se trouve à gauche la fontaine Minoé, qui remonte au 6e s. av. J.-C. Remarquez aussi les restes d'un mur d'enceinte et d'un temple de Dionysos avec deux monuments votifs représentant des phallus.

Ajoutons à cela, la mise en évidence à Délos de couloirs souterrains dans le théâtre (3e s. av. J.-C.), qui permettaient aux acteurs de passer de l'avant-scène à l'orchestre, et de plafonds peints dans la maison des Sceaux.

Quartier des Lions★★

Ce quartier urbain fut édifié à l'époque hellénistique. En sortant du sanctuaire d'Apollon, voyez à gauche les restes imposants d'un bâtiment en granit, à droite, les murs du temple de Léto **(11)**, du 6e s. av. J.-C., à banquette extérieure. Au-delà s'étendit, à partir du 2e s. av. J.-C., l'agora des Latins, la plus grande place de Délos, encadrée d'un portique sur lequel s'ouvraient les loges des négociants latins installés ici (mosaïques).

Terrasse des Lions★★★ – Regardant le Lac sacré, les célèbres lions (ou lionnes) archaïques, sculptés dans le marbre de Náxos, étaient au moins neuf : cinq ont été remplacés par des copies (les originaux sont au musée), un sixième fut déménagé au 17e s. par les Vénitiens et monte aujourd'hui la garde, pourvu d'une tête d'emprunt, devant l'Arsenal de Venise, les trois derniers ont disparu.

Assis sur leur derrière et placés à des niveaux différents, ces fauves au corps allongé, dont la crinière est à peine indiquée, donnent une impression de force retenue. Leur hiératisme, la stylisation des formes semblent manifester une influence proche-orientale. Foyer de paludisme comblé en 1924, le **Lac sacré** était le domaine des cygnes sacrés d'Apollon.

Établissement des Poséidoniastes – Il rassemblait les négociants et armateurs de l'actuelle Beyrouth, sous l'égide de leur dieu protecteur, Poséidon. Dans la cour à péristyle furent découverts un groupe composé d'Aphrodite et du dieu Pan (Musée archéologique national d'Athènes) ainsi qu'une statue mutilée de la déesse Rome. À proximité se trouvent les restes de la maison du Diadumène, où fut découverte une copie romaine (Musée archéologique national d'Athènes) du *Diadumène* du sculpteur Polyclète.

Maison du Lac★ – C'est une construction hellénistique assez bien conservée (stucs, mosaïques), avec une charmante cour à colonnes et une citerne.

Quartier du stade

Au-delà de la palestre et la rive orientale du Lac sacré, prendre le sentier à gauche avant le musée. Après les ruines de l'Archégésion, sanctuaire consacré à Anios, le fils d'Apollon, on aperçoit les importants vestiges du gymnase (3e s. av. J.-C.) et ceux du stade avec sa piste de sable et sa ligne de départ. Revenez sur vos pas.

Musée★★

L'exposition des œuvres trouvées sur le site est répartie par genre : sculptures, céramique et objets de la vie quotidienne. Parmi les pièces essentielles, voyez les *kouroi* et *korês* archaïques qui proviennent pour la plupart du temple d'Artémis, la statue en marbre d'Apollon attribuée à Praxitèle, le masque en bronze de Dionysos, les plaques d'ivoire, les bijoux mycéniens et les mosaïques.

En sortant, emprunter le sentier qui gravit les pentes du Cynthe.

Mont Cynthe★★★ (Óros Kýnthos)

Maison de l'Hermès★★ – Au pied du mont Cynthe, cette demeure à étage bien conservée date du 2e s. av. J.-C. et doit son nom au fait qu'on y a trouvé une belle tête d'Hermès (au musée). Au rez-de-chaussée, le vestibule, la cour intérieure bordée d'un portique sur trois côtés et un nymphée sont reconnaissables. Un escalier conduit à l'étage qui comportait une galerie et des chambres sur le pourtour.

Terrasse des Dieux étrangers★★ – La terrasse fut aménagée au 2ᵉ s. av. J.-C. pour recevoir les sanctuaires des divinités non grecques, que fréquentaient les nombreux immigrés habitant Délos. De part et d'autre de la voie jadis bordée de portiques se succèdent vestiges d'exèdres semi-circulaires et de salles de réunion constituant le sanctuaire des dieux syriens. Un portique entourait un petit théâtre : les mystères orgiaques en l'honneur d'Atargatis, l'Aphrodite syrienne, y étaient célébrés.

Le sanctuaire des dieux égyptiens est constitué des restes de deux temples consacrés à Sérapis et Isis. En avant du second se trouve un autel pour les offrandes et, au fond de la cella, une **statue d'Isis**, qui, parmi ses nombreux attributs, protégeait les marins. Tout près de là, les soubassements et deux colonnes de la façade signalent un petit temple dédié à Héra, monument dorique en marbre (6ᵉ s. av. J.-C.) dans la cella duquel furent trouvés de nombreux objets de culte.

Sur la mosaïque du sol de la maison de Dionysos, le dieu chevauche cette panthère.

Montée au mont Cynthe★★★ – 🥾 *3/4h AR.* L'Antre sacré, dans la pente du mont Cynthe, est une fissure couverte à l'époque hellénistique d'énormes dalles de granit afin de constituer un sanctuaire d'Héraklès.

Le sommet (113 m) est marqué par les vestiges d'un sanctuaire de Zeus et Athéna (3ᵉ s. av. J.-C.). Par beau temps, magnifique **vue★★★** sur Délos et les Cyclades.

Quartier du théâtre★★★

Résidentiel et habité par de nombreux étrangers, le quartier du théâtre fut bâti à partir du 2ᵉ s. av. J.-C. Il comprenait des maisons cossues distribuées autour d'une cour et décorées de superbes pavements de mosaïques aux vives couleurs.

Maison des Dauphins★ – La cour centrale est ornée d'une grande mosaïque signée. Dans les angles, vous verrez des dauphins harnachés que des Amours ailés conduisent : l'un des dauphins tient dans sa bouche une couronne.

Maison des Masques★★ – C'est une vaste demeure à étage. Dans les salles donnant sur la cour qu'encadre un péristyle de colonnes en stuc, on découvre de magnifiques mosaïques représentant des masques de comédie et une étonnante scène d'inspiration asiatique qui montre un Dionysos au thyrse et au tambourin vêtu d'une longue robe et assis sur une des panthères qu'il soumit en Inde.

Théâtre★ – D'époque hellénistique, c'était un majestueux édifice, avec des murs de marbre et 43 rangées de gradins pouvant recevoir 5 000 spectateurs. En contrebas se trouve une profonde citerne surmontée d'arcs, qui jadis supportaient un toit.

Maison du Trident★ – Elle présente des mosaïques décorées de motifs géométriques, d'un trident et d'un dauphin enlacé autour d'une ancre.

Maison de Dionysos★ – Cette demeure est un bon exemple de maison privée (fin du 2ᵉ s. av. J.-C.). Dans la cour à péristyle se trouve une mosaïque de pavement splendide, dont le motif central représente le dieu sur une panthère mais cette fois le dieu est ailé et assis à califourchon. Observez l'expression du visage et le coloris de la mosaïque.

Maison de Cléopâtre★ – Au 2ᵉ s. av. J.-C., elle était habitée par une dame du nom de Cléopâtre et son mari Dioskoride, dont on voit les effigies mutilées sur le côté nord de la cour à péristyle. Le puits fournit encore une excellente eau potable.

Folégandros★★
Φολέγανδρος

667 HABITANTS – 32 KM²
CARTE GÉNÉRALE RABAT I B3 – MER ÉGÉE – CYCLADES

En dépit d'une affluence toujours croissante, Folégandros demeure une île austère, un mince éperon rocheux. Elle conserve son charme cycladique avec ses habitations toutes blanches, ses églises perchées, ses terrasses plantées d'oliviers, son modeste port de pêche. À pic sur les flots et précédé d'un dédale de charmantes placettes ombragées, le kastro médiéval de Hora ressemble à une vaste maison ramassée sur elle-même. La mer et les plages ne sont pas en reste : les fonds marins rocheux y sont d'une grande limpidité.

- ▷ **Se repérer** – Cette petite île montagneuse d'origine volcanique se trouve entre Mílos et Síkinos. Sa côte échancrée (moins de 40 km de périmètre) présente par endroits d'impressionnantes falaises, en particulier au niveau du chef-lieu de l'île. L'arrivée se fait au port de Karavostásis, à 3,3 km de Hora.

- 👁 **À ne pas manquer** – La visite de Hora, une randonnée autour de Pano Meria, une baignade à Katergo et un tour de l'île en caïque.

- 🕐 **Organiser son temps** – Comptez trois jours.

- 👣 **Pour poursuivre le voyage** – Mílos, Santorin.

Ch. Legrand / MICHELIN

Hora, village perché en haut d'une falaise et dominé par l'église de la Dormition de la Vierge.

Comprendre

Cette île pauvre fut souvent abandonnée par ses habitants. Montagneuse et aride, il n'est pas facile d'y cultiver la terre. Pirates et Turcs y débarquent à plusieurs reprises, pillant les maigres richesses. En 1715, l'amiral ottoman Djanoum Hodja réduit en esclavage une grande partie de la population qu'il déporte à Chíos et Istanbul. Seules quelques personnes revinrent dans l'île en 1718, grâce à l'intervention de l'ambassadeur de France qui les avaient fait libérer. À la fin du 19ᵉ s., Folégandros sort de son isolement avec l'arrivée du télégraphe et des navires à vapeur. Puis les dons de riches émigrés affluent : un phare et deux écoles sont construits. Cependant, de 1920 à 1969, l'île sert de résidence à des prisonniers politiques. Aujourd'hui, sa population reste faible, et Folégandros est fréquentée de mai à octobre par de nombreux Athéniens qui apprécient sa quiétude et sa beauté.

Se promener

Karavostásis

Le port de l'île s'étire autour de l'église Ágios Artemios, le long d'une plage de galets ombragée de tamaris bordée de restaurants de poissons et de nombreuses constructions touristiques.

Préférez la plage de Vardia, au nord du village, accessible par un grand escalier *(10mn à pied)*. Au pied de falaises, dans une jolie baie rocheuse, elle fait face à l'île de Síkinos. Au sud du port se succèdent criques et plages étroites. Celle de Livadi, non loin du camping, bordée elle aussi de tamaris, est la plus étendue.

Plage de Katergo★★

🏊 Vous pouvez y aller à pied *(2h AR)* par une piste qui traverse les collines derrière le camping de Livadi, au sud de Karavostásis. Le mieux est toutefois de prendre le petit bateau partant de la jetée du port et qui longe la côte rocheuse. Vaste et bien abritée, la plage de Katergo est sans doute la plus belle de Folégandros.

Hora★★★

À 3,3 km au nord-ouest de Karavostásis. La capitale de l'île occupe un **site★★★** stupéfiant, dans l'échancrure d'une falaise dominant la mer de plus de 200 m. Bâtie autour de son kastro, elle est composée de ruelles et de places formant un dédale plein de charme. De l'extrémité de la place Pounda, belle **vue★★** sur la falaise.

Le **kastro★★** a été construit par les Vénitiens à partir de 1204 à la suite de la 4ᵉ croisade. Ses maisons, sans ouverture vers l'extérieur, constituaient ses remparts. Disposées en plusieurs rangées, elles étaient autant de lignes défensives qu'on traversait par des boyaux qui existent encore. Puis fenêtres et balcons se sont multipliés, transformant la citadelle en un agréable et minuscule quartier, souvent désert, où vous ne verrez aucun magasin ni restaurant. Les ruelles étroites, les passages voûtés, les minuscules placettes constituent un monde à part, étrangement silencieux.

L'église de la **Panagia Pantanassa** (17ᵉ s.) est bâtie à l'extrémité d'une ruelle aboutissant en haut de la falaise. À l'intérieur se trouvent de belles icônes.

Le reste du village, aux larges ruelles pavées, s'ordonne autour de places ombragées dotées chacune d'une petite église toute blanche. La place Piatsa est la plus ancienne. Contrairement au kastro, l'endroit est très fréquenté de jour comme de nuit. Les tables des restaurants et des bars disposées un peu partout donnent au village un air de fête. Ici, il est rare d'entendre autre chose que de la musique grecque traditionnelle… Seize églises post-byzantines sont construites dans Hora : à vous de les découvrir.

Aux alentours, au milieu des champs en terrasses en partie abandonnés, se trouvent trois jolies **chapelles** : Ágios Vassílios, Ágios Savvas (toutes deux à la sortie ouest de Hora), Panagia Plakiani (au nord-ouest, après le mur du kastro).

Église de la Dormition de la Vierge★★ (Koimissis tis Panagias)

🚶 *1h de marche AR.* Accessible par un chemin dallé montant en zigzag au-dessus de Hora, cette grande église est bâtie au sommet d'une falaise de près de 300 m de haut. L'édifice tout blanc est surmonté par un campanile. Des derniers virages avant l'esplanade, la **vue★★** sur Hora, les champs en terrasse, la côte et ses falaises est extraordinaire. Par beau temps, vous apercevez plusieurs Cyclades, parmi lesquelles Mílos, Sífnos, Antíparos, Páros…

Monastère Ágios Nikólaos

🚶 *1h à pied au sud du village, non loin de l'héliport.* Ce monastère, partiellement ruiné, au milieu d'un paysage austère, sera apprécié des amateurs de solitude.

Le nord de l'île★★

Prendre la route de Pano Meria à la sortie ouest de Hora. 1,5 km au nord, un sentier à gauche descend vers la mer. Le paysage est magnifique, assez désolé. En 30mn environ, le sentier parvient à la plage de Fira, au fond d'une vaste baie, à quelques minutes de celle d'Angali (au nord), bordée de tavernes.

Pano Meria

De retour sur le plateau, vous découvrirez ce « village » étrange, très étendu, constitué de plusieurs hameaux et de fermes dispersées.

Musée des Arts et Traditions populaires

Tlj 17h-20h. 1,50 €. Installé dans une ancienne ferme, ce musée évoque la vie quotidienne des habitants à travers des outils, des meubles, des ustensiles de cuisine, des broderies, un four à pain, du matériel de pêche.

Avant le hameau de **Merovigli** (le dernier sur la route) se dresse l'église Ágios Ioannis Prodromos, l'une des plus anciennes de l'île. Après le hameau, un sentier mène en 20mn à l'église Ágios Pandeleimon, dressée au milieu d'un beau paysage.

Plages du nord de l'île★

Accessibles par des sentiers au départ de Merovigli, les plus agréables sont celles de **Livadaki**, **Ambeli** (au milieu de la verdure) et **Serfiotiko** (autres jolis fonds marins, tamaris). Entre Merovigli et Hora, une route descend jusqu'aux plages de sable fin d'**Angali**★ et d'**Ágios Nikólaos★★**, également très agréables mais bondées en saison (accès en bus ou en caïque au dép. de Karavostásis ; dép. dès 11h et dernier retour à 18h30, pas de navigation en cas de fort vent ; réservez en agence).

Le tour de Folégandros en bateau★★

Excursion d'une journée - réserver à Sottovento - 20 €, déjeuner compris 25 €.
Cette magnifique promenade permet de longer les côtes rocheuses (et souvent inaccessibles) de l'île. Le bateau passe d'abord au pied de Hora perchée sur son imposante falaise, puis navigue de crique en crique. Si la visibilité le permet, vous apercevrez les îles voisines, notamment Síkinos, Kímolos et Mílos.

Séjourner

Randonnées dans l'île★

Au départ de Pano Meria ou de Hora, l'île se prête bien à de brèves randonnées pour se rendre de plage en plage. Ne vous fiez pas à sa petite taille car les dénivelés sont très importants, doublant largement le temps de marche. Une carte des principaux sentiers (en français) est en vente dans les épiceries (env. 3 €)

Folégandros pratique

Informations utiles

Agence Sottovento – à Hora - ℘ 22860 414 44 - www.folegandrosisland.com. Très dynamique, cette agence vous renseignera sur les nombreuses possibilités de l'île (on parle français). Excellente présentation des hébergements sur leur site (en anglais), réservations et excursions autour de l'île (env. 25 € la journée). Une autre agence à Hora, **Diaplous** – place Pounta - ℘ 22860 411 58 - www.diaploustravel.gr.

Banque – Distributeur de billets à Hora, à la mairie.

Police – ℘ 22860 412 49.

Poste/Téléphone – À l'entrée de Hora, sur la route du port.

Santé – Centre de soins à Hora - place Pounta - ℘ 22860 412 22. **Pharmacie** à l'entrée de Hora, près de la poste.

Transports

Bateau – C'est l'une des Cyclades occidentales les moins accessibles. Liaisons quotidiennes avec **Le Pirée** (5h30-10h de trajet environ suivant le type de bateau) et **Santorin** (1h-3h20), **Íos** (5/sem., 1h30), **Náxos** (5/sem., 2h30-3h40), **Páros** (5/sem., 4h10), **Mílos** (4/sem., 1h20), **Sífnos** (4/sem., 50mn-4h), **Kýthnos** (3/sem., 7h-10h), **Amorgós** (2/sem., 2h20-3h35) et **Sérifos** (2/sem., 5h).

Bus – Un bus vous attend à chaque arrivée de bateau (nuit et jour), et quitte Hora 1h avant le départ de chaque ferry, depuis la place Pounta, à l'entrée du village, qui fait office de gare routière.

Une ligne relie presque toutes les heures Karavostásis et Hora. Sept bus/jour entre Hora et Pano Meria. Les horaires sont affichés dans les abribus et les agences touristiques.

👁 Sur la route de Pano Meria, en plus des arrêts prévus, vous pouvez demander au chauffeur de vous déposer à proximité d'un sentier. Pensez à relever les horaires de retour pour ne pas attendre en vain, surtout l'après-midi.

Location de véhicules – Bons véhicules chez **Kozz Mozz**, à Hora - sur la place Pounta - ℘ 22860 416 60. Une seule station d'essence, à Hora.

👁 Si vous comptez monter à deux sur un scooter, sachez que les pentes sont très raides, les scooters chauffent donc vite, obligeant le passager à finir à pied !

Se loger

HORA

🛏 **Hotel Castro** – Dans une vieille demeure du kastro - ℘ 22860 412 30 - www.hotel-castro.com - 12 ch. Des voûtes énormes au rez-de-chaussée, une terrasse sur le toit avec vue sur la mer et des chambres très agréables, dont certaines avec vue. Petit-déjeuner 11 €.

🛏 **Kallisti Hotel** – Sur l'arrière du village - ℘ 22860 415 55 - www.kallisti.net.gr 14 ch. Bel ensemble cycladique avec des socles traditionnels en pierre pour les lits. Très confortable. Agréable piscine. Accueil charmant. Petit-déjeuner 8 €.

🛏 **Ampelos** – Un peu plus haut que le précédent - ℘ 22860 415 44 - www.ampelosresort.com - 10 ch. Déco traditionnelle et beaucoup de cachet dans cette belle bâtisse cycladique. Les sympathiques propriétaires y organisent régulièrement des stages d'aquarelle et de cuisine.

PANO MERIA

☞ **Imerovigli** – *Au bout de la rue du restaurant Issilantissi* - ☎ *69 34 090 349 (portable) - 3 ch.* Aménagées dans une ancienne ferme, des chambres sobres et très calmes en pleine campagne. Petit-déjeuner 5 €.

Se restaurer

Spécialités locales – Les **matsatas** (pâtes fraîches) servies en sauce ou avec du lapin à la tomate, les **liokafta** (poisson séché) et la **kalasouna** (feuilleté au fromage).

HORA

Ces adresses sont toutes situées sur les trois places centrales du village.

☞ **Pounta** – Une bonne adresse pour goûter les spécialités locales ou prendre un excellent petit-déjeuner dans un petit patio fleuri. La patronne y vend ses ravissantes céramiques.

☞ **Kritikos** – Le spécialiste des grillades. Ne pas manquer l'agneau à la broche et le veau au citron.

☞ **Chic** – Une touche orientale bienvenue : mezes, boulettes d'épinards au yahourt, soupe de carotte au gingembre…

PANO MERIA

☞ **Mimis** – Près du musée. Pour goûter les plats locaux traditionnels, notamment les viandes et les *matsatas*.

Faire une pause à Hora

Astarti pour l'excellente musique grecque, **Patitiri** et son accueil chaleureux ou, pour une ambiance plus rock, le **Greco Bar**. Sur la route de Pano Meria, panorama fantastique au **Rakentia**.

Événements

Festival – Fin juillet, très bons concerts de musiques du monde à Hora. Renseignements : *www.mediadellarte.gr* (en anglais).

Íos
Ἴος

1 838 HABITANTS – 109 KM²
CARTE GÉNÉRALE RABAT I B3 – MER ÉGÉE – CYCLADES

Connue pour son activité nocturne, Íos attire de très jeunes vacanciers venus de toute l'Europe. Cette petite île conserve cependant quelques criques sauvages, des montagnes rocailleuses pelées par le soleil, des côtes parmi les plus isolées des Cyclades. Sa capitale, Hora, présente également un double visage : d'un côté un village cycladique dominé par des chapelles blanches, et de l'autre une partie basse envahie après minuit par une foule considérable qui vient boire et danser sur des rythmes techno jusqu'au petit matin.

▷ **Se repérer** – 713 m au mont Pýrgos, Íos est une île accidentée, avec peu de routes. L'île, qui abriterait la tombe d'Homère, se trouve sur la ligne maritime la plus fréquentée des Cyclades, entre Náxos et Santorin. Un escalier relie le port de Gialos à Hora en 30mn.

👁 **À ne pas manquer** – Une baignade sur les plages sauvages de la côte sud.

🕓 **Organiser son temps** – Comptez deux jours.

🐾 **Pour poursuivre le voyage** – Náxos, Santorin.

Se promener

Gialos

Au fond d'une **baie rocheuse★** profonde ressemblant à un lac, le port est bien abrité. À l'ouest, près du rivage, se dresse la silhouette blanche de l'église Agía Irini (17ᵉ s.). Bordé par de nombreux restaurants, hôtels, boutiques, il est prolongé par la plage de Gialos ombragée de tamaris.

Íos★ (Hora)

Perchée sur une colline et dominée par 3 chapelles, la capitale de l'île est d'une grande beauté : maisons blanches serrées les unes contre les autres, volets de couleurs vives, coupoles bleues des églises, lacis de ruelles étroites, escaliers, passages voûtés, moulins, chapelles posées sur l'énorme rocher dominant les toits.

Musée Archéologique

Sur la place principale - tlj sf lun. 9h-13h - 2 €. Présentation d'objets cycladiques mis au jour dans les fouilles du site de Stavros. Intéressants bas-reliefs et belle statue féminine.

C. Hervé-Bazin / MICHELIN

En arrivant sur l'île, l'accueillante baie de Gialos.

Près des 12 moulins, une esplanade offre une belle vue sur le village et ses environs. Juste à côté, un théâtre moderne de plein air propose, certains soirs, des spectacles culturels. Plus haut, l'église de la Panagia Gremiotissa abrite une icône miraculeuse de la Vierge.

Vers le nord-est, une route traverse la vallée fertile de **Pano Kambos**, semée de vignes et d'oliviers. Au niveau du bourg du même nom, empruntez une piste relativement praticable *(indications sur la gauche ; 8,2 km)*. Elle conduit à des ruines helléniques qui passent pour accueillir la tombe d'Homère.

Séjourner

Plages★★

Les plages sont nombreuses et magnifiques mais souvent difficiles d'accès, du fait de la rareté des routes.

Au sud de Hora. Dominée par un beau cirque de montagnes dénudées, la **plage de Milopotas**★ offre un long cordon de sable fin orienté plein ouest. Quand le vent souffle, d'énormes vagues déferlent.

À 2 km à l'est de Pano Kampos. La plage d'**Agía Theodoti** est dominée par une église du 16e s. et les vestiges du château byzantin de Paleokastro, auxquels on accède par un sentier à droite de la plage *(2 km)*.

Sur la côte est. **Psathi** est bâti dans une vallée fertile. Sur la plage de sable blanc, des tortues de mer viennent pondre.

Au sud de l'île. Bordées de bars et de tavernes, les plages de **Manganari**★★ se déploient au fond d'une baie aux eaux limpides et profondes, où mouillent des yachts. Certaines scènes du *Grand Bleu* de Luc Besson y furent tournées.

Íos pratique

Informations utiles

🛈 **Acteon Travel Agencies** – Face au débarcadère - ℘ 22860 913 43 - www. acteon.gr.
Également un bureau à Milopotas. Kiosque d'informations ouvert en saison à Hora, bien fourni et sympathique.
📶 www.iosgreece.com (en anglais).
Banques – Distributeurs dans les rues piétonnes de Hora et au débarcadère.
Police – ℘ 22860 912 22.
Poste – Poste centrale au centre de Hora.
Santé – **Aide médicale** – ℘ 22860 912 27.
Pharmacie, en bas de Hora.

Transports

Bateau – 2/j avec **Le Pirée** (3h-9h de trajet selon le type de bateau). Plusieurs liaisons quotidiennes avec **Náxos** (1h30), **Páros** (1h-2h30), **Santorin** (35mn-1h30). Laisons avec **Mýkonos** (1/j, 2h10), **Folégandros** (5/sem., 1h30), **Sýros** (4/sem., 5h), **Mílos** (4/sem., 3h30), **Sýfnos** (2/sem., 6h), **Sérifos** (2/sem., 7h).
👁 Toutes les grandes plages sont desservies par bateau (« water taxi ») au départ du port de Gialos. Cher.
Bus – Il fait la navette sans interruption (ttes les 10 à 15mn, 8h-0h) entre Milopotas, le village, le port et Koumbara.

Pour qui ne cherche pas l'isolement, il n'est donc pas besoin de louer un véhicule. Une ligne reliant le port à Manganari fonctionne en juillet et en août (2/j.).

Location de véhicule – Nombreux loueurs sur l'île. **Trohokinisi** – *à Hora* - 🕿 *22860 911 66 - www.trohokinisi.com*. Non loin, **Vangelis** – 🕿 *22860 919 19 - vagbikes@otenet.gr* – propose uniquement des deux-roues. Station d'essence à Hora.

Se loger

GIALOS

🛏 **Galini Hotel** – *Au centre de la plage de Gialos* - 🕿 *22860 911 15/913 39 - 18 ch.* Confort sommaire mais bien tenu, au calme, à 150 m en retrait de la plage. Belle terrasse fleurie et accueil très sympathique.

HORA

🛏🍴🛏 **Hermes** – *À 600 m de Hora, sur la route de Milopotas, près de l'arrêt de bus* - 🕿 *22860 914 71 - hermesio@otenet.gr* - *18 ch.* Confortable, avec une belle piscine et une impressionnante vue panoramique. Du monde, mais un bon rapport qualité-prix et un accueil charmant.

MILOPOTAS

🛏🍴🛏 **Far Out Hotel & Village** – *Au fond de la plage de Milopotas* - 🕿 *22860 914 46/091 702 - www.faroutclub. com - 42 ch.* Établissement de standing, composé pour moitié d'un hôtel calme à 200 m au-dessus de la plage, côté Hora, et pour moitié d'un ensemble plus récent et plus animé de bungalows au bord de la plage. Les deux possèdent leur propre piscine et un décor de bon goût. Même gérance que le camping du même nom. Excellent rapport qualité-prix.

🛏🍴🛏🛏 **Ios Palace** – *En arrivant sur Milopotas* - 🕿 *22860 912 69 - www. iospalacehotel.com - 52 ch. et 28 suites.*

Hôtel de grand standing sur plusieurs niveaux. Les chambres, très confortables et apaisantes, sont décorées avec beaucoup de goût.

Se restaurer

GIALOS

🍽 **Aphrodites** – *Sur le port, à gauche du débarcadère*. Accueil frileux mais bons poissons du jour. Simple, bien tenu et des prix raisonnables.

HORA

🍽 **The Nest** – *En face de la 2e ruelle à gauche après la place centrale*. Carte variée, service rapide et prix raisonnables. Le cadre est peu spacieux, sans terrasse, mais la salle bleu et blanc est climatisée. Goûtez le *kleftiko*, agneau aux quatre fromages. Ouvert toute l'année.

KOUMBARA

🍽 **Polydoros Pouseos** – *Un peu avant la plage, sur la droite* - 🕿 *22860 911 32*. Le meilleur restaurant de l'île : carte variée (poissons, plats en sauce, grillades, salades), grand choix de vins, cocktails, et de vraies spécialités (fromages locaux). Le cadre n'a rien de fabuleux, mais la grande terrasse couverte est très agréable. Ouvert en été seulement, réservez.

Faire une pause

MILOPOTAS

Photis – *Presque au bout de la plage en direction du Far Out*. Grande terrasse face à la mer. Déco de pierres et bois flottés, vieux outils et musique relax. Très agréable mais un peu cher tout de même.

HORA

Anaïs – *À droite de l'église principale*. Vaste choix de bons gâteaux, principalement à base d'amandes et de noix.

Kéa★

Kéa

2 417 HABITANTS – 131 KM²
CARTE GÉNÉRALE RABAT II C2 – MER EGÉE – CYCLADES

La plus occidentale des Cyclades est toute proche de l'Attique. Sur la côte ouest, villas et hôtels accueillent surtout les Athéniens qui y séjournent en famille, et les plaisanciers y font volontiers escale car ses mouillages sont sûrs. L'île montagneuse est aussi une terre agricole assez verdoyante : l'amandier, le chêne, le cyprès, la vigne y occupent une place de choix. L'histoire de Kéa est très ancienne, comme en témoignent les vestiges de plusieurs cités.

▶ **Se repérer** – À quelques milles du cap Sounion, Korissía, le port de Kéa (ou Tzia), est relié au continent par le port de Lávrio. Le cœur de l'île culmine à 560 m au mont Profitis Ilias.

◉ **À ne pas manquer** – Le site antique de Kartaia, le village de Ioulis.

◷ **Organiser son temps** – Comptez trois jours.

◔ **Pour poursuivre le voyage** – Kýthnos, Sýros, Ándros, Páros.

Se promener

Le nord-ouest de l'île★

Korissía

Le port principal de l'île est situé au pied d'une colline à laquelle on parvient par un sentier. Si les ruines de murailles d'un temple dédié à Apollon sont les maigres restes de l'antique cité archaïque, en revanche le beau point de **vue**★ sur le port et la baie d'Ágios Nikólaos mérite cette promenade.

Agía Irini

☎ 22880 212 64 - tlj sf lun. et merc. 9h-14h - 2 €. Au nord de Korissía, ce promontoire fut occupé depuis la fin de l'époque néolithique jusqu'à sa destruction par des tremblements de terre vers 1500 av. J.-C. Dans ce dédale de vestiges arasés, on reconnaît le plan du sanctuaire, les bases du mur d'enceinte, de maisons et un système de drainage.

Ioulis (Hora) et ses environs★★

Ioulis★★★

Dans un superbe écrin de collines et de garrigues, le chef-lieu de Kéa est considéré comme l'un des plus beaux villages de Grèce. Construit à flanc de montagne, à l'intérieur de l'île, il se déploie en amphithéâtre au pied d'une crête couronnée de moulins à vent abandonnés. Le long des ruelles tortueuses, les maisons couvertes de tuiles de l'Attique jouxtent des petites constructions blanchies à la chaux de type cycladique.

De la fontaine Rokomenos, au pied du village, vous gagnerez en montant une place agréable sur laquelle on débouche par un passage voûté. La rue Haralambos grimpe vers le site de l'acropole antique couronnée par les ruines d'un **kastro** vénitien édifié au début du 13e s. Beau **panorama**★.

Musée archéologique

☎ 22880 220 79 - tlj sf lun. 8h30-15h - gratuit. Dans le « village du bas » – quartier des notables – ce musée expose les objets trouvés lors des fouilles du site minoen d'Agía Irini et du temple archaïque d'Athéna à Kartaia : idoles cycladiques, statuettes de terre cuite, vases, fragments d'architecture, etc.

La place principale dominée par la **mairie** à la façade néoclassique (1902) est entourée de magasins, cafés et restaurants. Au-dessus de la rue centrale, la rue Ieromnimonos est bordée de très belles maisons.

Le Lion

À 1,5 km au nord-est du centre du village. Non loin d'Ágios Spiridon, se trouve le célèbre lion de Kéa, sculpture monumentale (9 m de haut) taillée dans le rocher.

Messaria

Prendre la direction de Kastanies et Orkos vers le sud-est. Cette région de plateaux fertiles s'étend au sud de Ioulis. Striée de terrasses, elle fut le centre de la vie de l'île à l'époque byzantine.

Les ruines du **monastère d'Episkopi** conservent une belle église blanche. Le mont Profitis Ilias (560 m), point culminant de l'île, surmonté par une éolienne et une immense antenne de télécommunication, offre une belle **vue★** sur les environs.

Pera Meria

À l'est de la Messaria, la région de Pera Meria est le royaume du chêne. Ses rares habitants occupent de belles maisons campagnardes traditionnelles, les *katoikies*.

Vallée de Spathi★

Au nord-est de Ioulis, la vallée est accessible par une piste caillouteuse. La chapelle Ágios Dimitrios marque l'entrée de la vallée, que la piste longe jusqu'à la mer. Au creux des gorges, une nature sauvage s'épanouit.

À 8 km de Ioulis. Près du rivage, le monastère de la **Panagia Kastriani** est un nid d'aigle dominant la mer. De la pointe du jardin, un splendide panorama s'ouvre sur l'île et la mer Égée. Bâtie à l'endroit où des bergers découvrirent une icône miraculeuse de la Vierge (fête le 15 août), l'église d'origine, construite en 1708, est enchâssée avec sa précieuse image sous une construction plus moderne.

Un sourire énigmatique

Au temps où les dieux régnaient sur la terre, les nymphes vivaient à Kéa riche en sources et en forêts de chêne. Cependant, un jour, un lion venu des montagnes effraya les nymphes qui se réfugièrent sur les rivages de l'Eubée. Alnsi, à la saison où l'étoile Sirius ramène les jours les plus chauds, les sources se tarirent, et ce fut une grande sécheresse. Les habitants demandèrent alors à Aristée de leur venir en aide. Le fils d'Apollon et la nymphe Cyrène s'établit dans l'île où il érigea un autel dédié à Zeus. Celui-ci, touché par les prières, envoya un vent qui rafraîchit l'atmosphère et une pluie salvatrice.

Les habitants taillèrent une image de l'animal dans la roche. Cette œuvre daterait du 6e s. av. J.-C. et suscite l'étonnement des visiteurs par son sourire énigmatique. Moqueur ? Satisfait ? Heureux ? On ne sait.

Le sud de l'île

Monastère Agía Marina★

À 6 km au sud-ouest de Ioulis. Au-delà de Sklavonikolas, suivre un sentier partant à droite de la route principale. Blotti au creux d'un joli vallon boisé, ce monastère a été fondé sous l'occupation ottomane et reconstruit au 19e s. Abandonné depuis 1837 mais bien entretenu, il est dominé par une puissante tour hellénistique à trois étages : un rare exemple d'architecture défensive de cette époque.

Site antique de Kartaia★

À 19 km au sud-est de Ioulis. Accessible par un sentier de 2 km au dép. du village de Stavroutaki. Accès libre. Kartaia était l'une des quatre cités de l'île durant l'Antiquité. Cette ville fortifiée frappait sa monnaie – signe d'une économie florissante. En partie immergées, ces ruines sont composées de fortifications, des fondations de trois temples, d'un théâtre, d'un aqueduc.

Séjourner

Aux environs du port de Korissía

Deux plages importantes se trouvent au fond de la baie abritant le port de l'île. À la plage du port préférez celle de Gialiskari, très belle. Au sud du port, en 2h de marche, vous atteignez celle de Xila *(7 km)*, jolie et peu fréquentée. Au nord-est du port, celle de Kefala se trouve à l'extrémité de la presqu'île de Koka. Celle de la baie d'Otzias est vaste.

Côte est★

Elle possède les plages les plus séduisantes de l'île. Accessibles par de petits sentiers, elles sont de plus assez peu fréquentées. Ne manquez pas celles de Spathi (au débouché de la vallée du même nom), Kalydonichi, Psili Amos, Sykamnia, Psathi, Orkos (exposée au meltem), et, beaucoup plus au sud, celles d'Ágios Filipos, Ormos Poles (près du site antique de Kartaia), Kaliskia.

Côte ouest

Face au soleil couchant, cette partie de l'île comprend plusieurs plages fréquentées car les routes permettent de les atteindre facilement. Celles de Pissès, Koundouros, Ágios Emilianos, Kambi, Liparos sont les plus réputées.

Kéa pratique

Informations utiles

🛈 Bureau d'information touristique en face du débarcadère – ☎ 22880 215 00 - *ouv. en été seult.*

♿ *www.kea.gr* (en anglais).

Banque – Un distributeur automatique près du supermarché, à gauche du débarcadère, et un autre sur la route de Vourkaki.

Police – ☎ 2288 021 00.

Poste/Téléphone – À Ioulis dans la rue Haralambos, après le musée. **OTE**, à Korissía, à la sortie du village en direction de Ioulis.

Santé – **Centre de soins** – À Ioulis près de la fontaine – ☎ 22880 222 00, 8h-14h.

Pharmacie – À l'entrée de Korissía, sur la droite - ☎ 22880 222 77.

Transports

Bateau – Korissía, le port de Kéa, est relié au port de **Lávrio**, à 55 km d'Athènes. Des bus partent toutes les 30mn entre 5h45 et 17h45 de odos Mavromateon, parc Aréos. (trajet : 1h30). Attention si vous êtes chargé, les bus s'arrêtent à 800 m de l'embarcadère. Au retour, prenez un bateau qui arrive à Lávrio avant 21h, heure du dernier bus pour Athènes. Sinon vous aurez beaucoup de mal à loger au port.

Depuis Lávrio, plusieurs départs par jour, tous les jours en été (1h15 environ de trajet). Liaisons hebdomadaires avec **Kýthnos** (3/sem., 1h20), **Sýros** (3/sem., 4h30), **Ándros** (1/sem., 8h) et **Páros** (1/sem., 6h50). Sur le port, quatre agences vendent les billets.

Bus – Il relie Ioulis, Korissía, Vourkari et Otzias, ainsi que Ioulis et Pissès.

Location de véhicules – Le deux-roues est le moyen de transport incontournable. Loueurs à Ioulis et sur le port. Stations d'essence à Korissía et Ioulis.

Se loger

KORISSÍA

🛏️🍴 **Corali** – *À droite sur la route de Vourkari* - ☎ 2288 021 422 - 8 studios. Agréables studios tout équipés dans une grande maison aux volets bleus. Très bon accueil. Pas de petit-déjeuner.

KOUNDOUROS

🛏️🍴 **Saint-Georges** – *Sur la gauche sur la colline (indiqué sur la route)* - ☎ 22880 312 77 - 20 ch. - avr-oct. Chambres très agréables avec terrasse dans un bâtiment de style cycladique. Le restaurant jouit d'une bonne réputation gastronomique et d'une vue magnifique sur la baie.

Se restaurer

OTZIAS/VOURKARI

🍴 **Cyclades** – *En arrivant sur la droite.* La meilleure adresse pour les plats cuisinés.

🍴 **Strofi tou Mimi** – *Au déb. de la route d'Otzias.* Dans cette jolie maison, on sert du poisson et d'excellentes grillades sur une terrasse en bord de mer.

Achats

Le **miel** de Kéa, légèrement parfumé au thym, entre dans la fabrication d'un excellent **pasteli** (sorte de nougat à base de graines de sésame). À déguster également, mais avec modération, le **mavro**, vin de l'île.

Kímolos

Κίμωλος

769 HABITANTS – 35 KM²
CARTE GÉNÉRALE RABAT II C3 – MER ÉGÉE – CYCLADES

Séparée de Mílos par un étroit chenal, Kímolos, l'une des plus petites des Cyclades, est une île vraiment à part, comme oubliée, sauf par certains industriels qui exploitent ses falaises. Et pourtant l'endroit est beau. Comme Mílos, mais bien plus modeste, Kímolos est réputée pour ses roches d'origine volcanique aux couleurs étonnantes, ses côtes échancrées et ses plages de sable clair. De plus, le chef-lieu, son kastro et ses ruelles ne manquent pas de charme.

⊃ **Se repérer** – Le gros bourg de Hora est invisible depuis le port de Psathi. Situé à 2 km sur les hauteurs, on y accède par une route sinueuse.

👁 **À ne pas manquer** – Hora et ses petits musées.

🕐 **Organiser son temps** – Comptez une demi-journée.

🏃 **Pour poursuivre le voyage** – Mílos.

Se promener

Psathi

Le port de pêche, où accostent les navettes, est situé près d'une plage facile d'accès. C'est un simple hameau où il fait bon regarder le temps s'écouler au rythme des bateaux.

Hora★

Certaines maisons de ce village tout blanc forment les remparts du **kastro** construit au 16e s., véritable quartier fondateur de la ville avec ses maisons à étage bien protégées des pirates… et de la modernité puisque l'électricité n'est arrivée sur l'île qu'en 1953 ! Même si nombre de maisons sont relativement délabrées, le kastro est encore habité et les fortifications ainsi que trois portes sont en excellent état.

Musée des Arts et métiers★

Tlj en sais., 10h-12h30 - 1 €. Installé dans l'une des maisons les mieux conservées du kastro, qui date de 1592. Au rez-de-chaussée sont présentés des objets de la vie quotidienne de l'île ainsi que d'anciens instruments de navigation. À l'étage, une chambre et une cuisine traditionnelles ont été joliment reconstituées.

À l'entrée du village, face à l'église de la Liditria, le **Musée archéologique** présente des œuvres de l'époque cycladique. *Mar.-sam. 8h-12h30 - 3 €.*

Prassa

À 5 km au nord-est de Hora. Des carrières de pierre sont exploitées ici, fournissant à l'île l'essentiel de ses ressources. L'église Evangelistria date du 17e s.

Ágios Andréas

Au sud-ouest, 2h à pied AR. En face d'Ellenika, qui conserve des tombeaux d'origine phénicienne, se trouve Ágios Andreas, autrefois reliée à l'île. Dans l'eau vous découvrirez peut-être les vestiges d'une cité antique aujourd'hui immergée. Fondée vers 1000 av. J.-C., elle était réputée à l'époque hellénistique.

Plages★

Kímolos possède beaucoup de belles plages. Parmi celles-ci, les plus accessibles sont celles d'Aliki, Bonatsa, Kalamisti, Klima, Limni, Mavrospillia (près d'Ellenika), Monastiria, Prassa et Psathi. Certaines sont accessibles en caïque au départ de Psathi mais il n'existe pas de lignes régulières. Demandez aux pêcheurs sur le port, certains vous feront découvrir des sites magnifiques (grottes marines) et vous emmèneront sur d'autres plages encore sauvages.

Kímolos pratique

Informations utiles

🛈 *Information touristique aux heures d'ouv. de la mairie à Hora ou dans les agences touristiques de Milos.*

Banque – Un distributeur (capricieux) à Hora.

Santé – Un médecin à Hora - ☎ 22870 512 22.

Transports

Bateau – Depuis Pollonia, à Mílos, la navette vous conduit 5/j à Kímolos (possibilité d'embarquer sa voiture mais attention il n'y a pas de station d'essence sur l'île). Le ferry « Aghios Giorgios » relie l'île en 7h au **Pirée** en passant par Kýthnos, Sérifos et Sífnos.

Se restaurer

PSATHI

😊 **To Kyma** – *Au milieu du débarcadère.* Excellent accueil du patron qui propose une cuisine traditionnelle aussi savoureuse que généreuse.

Excursion

Depuis le port, il est possible de commander un bateau-taxi – ☎ 6972 27 21 11, demander Vangelis, env. 30/40 € – pour se rendre sur l'îlot voisin de **Polyaigos**. Ce gros caillou aux roches découpées est au cœur d'un espace marin protégé par le programme européen Natura 2000. On peut en faire le tour en mer, aller y marcher un après-midi ou découvrir les beaux fonds marins.

Kýthnos
Κύθνος

1 608 HABITANTS – 99 KM²
CARTE GÉNÉRALE RABAT II C2 – MER ÉGÉE – CYCLADES

Cette île calme est couverte de garrigues odorantes où abondent le thym, la sauge, le romarin, l'origan. Peu escarpée, aride, pauvre en arbres et en habitations, Kýthnos possède pourtant un charme qui n'appartient qu'à elle. Longue de 25 km, elle est riche en plages presque désertes (sauf en août), en sentiers dominant l'étendue de la mer, en villages tranquilles où le temps ne s'écoule pas comme ailleurs. Elle est surtout fréquentée par des familles athéniennes, des curistes qui profitent des sources chaudes de Loutra, et des plaisanciers.

- **Se repérer** – Kýthnos se situe entre Kéa et Sérifos, dans la partie occidentale des Cyclades, à 55 km au sud-est d'Athènes. Les ferries accostent au port de Mérichas, distant de Hora de 7,5 km.
- **À ne pas manquer** – Lefkes et ses plages, le village de Driopida.
- **Organiser son temps** – Comptez deux jours dont un pour les plages de la côte est.
- **Pour poursuivre le voyage** – Kéa, Sérifos, Sífnos, Mílos.

Se promener

Mérichas (Merihasà)
Port principal de Kýthnos, sur la côte ouest, Mérichas constitue un bon point de départ pour découvrir l'île en parcourant les chemins bordés de murets de pierre sèche. Le village de pêcheurs s'est développé, depuis la construction de la jetée en 1974, autour du port et le long de la plage de sable où des tavernes proposent poissons frais, langoustes grillées, et des spécialités à base de fromage de chèvre.

Kýthnos★ (Hora)
À 7,5 km au nord-est du port de Mérichas.
Bâtie au sommet d'une colline au centre de l'île, Hora, appelée aussi Messaria, est une charmante cité cycladique avec ses ruelles tranquilles et ses belles églises. Au hasard de la promenade, vous remarquerez sur le dallage des rues des motifs peints à la chaux : ils représentent des poissons, des sirènes, des bateaux, etc. Vous découvrirez aussi des petites places animées bordées de terrasses de restaurants et de cafés.

L'église **Ágios Savas** est un rare témoin de l'occupation vénitienne de l'île – la date de la construction, 1613, est visible sur le linteau du portail. Sa coupole se dresse au-dessus d'une nef unique et est ornée des armoiries du gouverneur Antonio Cozza-dini. Comme d'autres églises de l'époque, elle accueillait à la fois le culte orthodoxe (à droite) et le culte catholique (à gauche). Vous y verrez une belle iconostase en bois sculpté du 17e s.

La basilique **Agía Triada** est entourée d'éléments d'architecture antiques. C'est la plus ancienne église de l'île, du moins si l'on considère sa date de fondation, car elle fut souvent restaurée. La nef unique coiffée d'une coupole est décorée de fresques et d'icônes.

Eoliko
À 2 km à l'est de Hora. Le parc d'éoliennes géantes est installé à côté d'un parc solaire (Solar Park). Le vent et le soleil permettent à l'île de produire une grande partie de son énergie, afin de répondre à ses nouveaux besoins.

Au sud d'Eoliko se dressent deux édifices religieux à la blancheur immaculée : le monastère de la **Panagia tou Nikous** (N.-D.-de-la-Victoire) et l'église de l'ancien monastère de **Prodromou** (iconostase en bois du 16e s.).

Ruines de Vriokastro
Sur la côte au nord de Mérichas, au fond d'une baie - 1/2h vers le sud.
D'Apokrousi, on parvient par un sentier aux vestiges de la capitale de l'île qui fut habitée de la fin du 5e s. av. J.-C. jusqu'à l'époque romaine. Elle occupait un site immense qui s'étendait jusqu'à la presqu'île d'Ágios Loukas (reliée à la terre par un banc de sable), au nord de la baie, où se trouvait l'agora. Trois citernes creusées dans la roche, les fondations d'une tour et de son mur d'enceinte sont visibles.
La cité, partiellement immergée, est accessible en bateau depuis Mérichas.

L'une des plus belles plages de l'île, Fikiada.

Ruines de Kefalokastro
🚶 *2h AR à pied par un chemin muletier au départ de Loutrá.*
Au nord de l'île, près de la côte, Kefalokastro fut le siège de la capitale aux périodes byzantine et franque. La citadelle médiévale fut détruite par les Turcs en 1537. Au sommet d'une falaise sont visibles la muraille ruinée, quelques vestiges d'habitations et deux églises très abîmées. La **vue★** sur la mer et la côte est superbe.

Dryopída★ (Syllaca)
À 5 km à l'est de Mérichas.
Sur deux collines séparées par un ravin, le plus beau village de l'île est composé de petites maisons à un étage couvertes de tuiles.

Agía Anna, l'église principale, est reconnaissable à sa coupole bleue et à ses deux clochers.

Le **Musée byzantin** adjacent *(horaires d'ouverture aléatoires, clé chez le pope de l'église Agia Anna)* abrite quelques-unes des plus précieuses icônes de l'île. **Ágios Minas**, sur les pentes de la colline opposée, garde une iconostase de bois sculpté et un beau trône épiscopal.

De la terrasse d'Ágios Nectarios, à 300 m au sud du village, vous aurez une très belle **vue★** sur l'île.

Lefkes
Sur la côte est, à 2 km de Dryopída.
Au bord d'une plage frangée de tamaris, ce village compte à peine 30 maisons. Avec sa jolie chapelle construite près d'un petit débarcadère et sa taverne en terrasse, Lefkes constitue une halte agréable.

Panagía Kanala
À 7 km au sud de Dryopída.
Le village a pris le nom de la basilique du 19e s. bâtie au milieu d'un bois de pins et dédiée à la Vierge de Kýthnos. L'édifice, construit sur un promontoire d'où l'on voit l'île de Serifos, conserve une icône miraculeuse du 17e s. qui aurait été trouvée dans la mer. Un important pèlerinage s'y déroule le 15 août. Belle plage de sable.

Séjourner

Plages de la côte ouest

Martinakia
À 5mn en venant du débarcadère de Mérichas, sur la gauche, par un escalier.
C'est la seule plage de l'île très fréquentée en été, notamment par des familles athéniennes.

Episkopi
À 2 km au nord de Mérichas.
Bordée de tamaris, entre deux collines, orientée plein ouest, elle reste assez tranquille.

ikiada★ et Kolona★

 Accessibles à pied à partir d'Apokrousi, en prenant le chemin au nord. Au moins 30mn de marche.

Ces deux plages, séparées par un cordon de sable menant à la presqu'île d'Agios Loukas, sont les plus belles de l'île. En été, un bateau les rejoint à partir du port de Mérichas.

Loutrá et ses plages

À 4,5 km au nord de Hora. L'hôtel Xenia Anagenissis abrite le premier établissement thermal construit à la demande du roi Otton, qui séjourna ici. Cette petite station thermale possède deux sources chaudes (38 °C et 52 °C), riches en sel minéraux et en fer. Elles sont recommandées pour soigner les rhumatismes et l'eczéma. La ville s'étire au fond d'une baie comprenant une plage agréable.

Au-delà de la baie, au nord, se trouvent les plages de Maroula, Kavouroheri (fréquentée par des naturistes) et de Potamia, toutes accessibles à pied.

Plages de la côte sud-est

Elles sont nombreuses et, dans l'ensemble, peu fréquentées.

Du sud au nord : **Agios Dimitrios** *(à l'extrémité sud de l'île)*, **Skilou** *(4 km au sud de Dryopida, accessible par une route)*, **Megali Amos** et **Antonides** *(près de Panagia Kanala)*, Zogaki, Kouri et Naoussa (trois plages agréables au nord de Lefkes), Agios Stefanos *(à l'est de Hora,* accessible par une piste caillouteuse).

Kýthnos pratique

Informations utiles

 Un modeste stand se tient sur la jetée en été. On y distribue une liste des hébergements. Plusieurs agences de voyage à Mérichas et à Hora.

 www.kythnos.gr (en français) et www.kythnos-island.gr (en anglais).

Banque – Un distributeur en face du débarcadère.

Police touristique – À Hora - 22810 312 01.

Poste – À Hora - *lun.-vend., le matin uniquement.*

Santé – **Cliniques municipales** – *À Dryopída* - 22810 322 34 *; à Kýthnos* - 22810 312 02.

Transports

Bateau – Au moins un bateau/jour avec **Le Pirée** (1h30-3h de trajet environ) et 6/sem. avec **Lávrio** (2h-2h30 de trajet environ). Liaisons avec **Sérifos** (tlj, 1h20), **Sífnos** (tlj, 2h20), **Mílos** (tlj, 4h-4h30), **Kea** (3/sem., 2h20), **Folegandros** (3/sem., 7h-10h) et **Santorin** (2/sem., 11h30).

Bus – Des bus vous attendent à l'arrivée des bateaux ou au carrefour principal, sur le port. Pour Hora (15mn) et Loutrá (30mn) : 6/j, 8h-19h15 dans le sens Mérichas-Loutrá, et 8h30-19h45 dans le sens opposé.

Location de véhicules – **Adonis** – *Au déb. de la rue qui monte vers Kýthnos* - 22810 321 04/322 48 – loue des scooters et des voitures à la journée. Une station d'essence à Hora et une autre à Mérichas.

Se loger

MÉRICHAS

 Panorama – *Accès par des escaliers à flanc de colline en retrait du port* - 22810 321 84/328 08 - 7 studios. Dominant toute la baie, ce bâtiment de style cycladique, très bien situé, est ensoleillé toute la journée. Les chambres donnent sur une terrasse couverte d'une pergola de bois. Équipées du strict nécessaire, mais à prix attractif.

 Paradeisos – *À côté du précédent, légèrement en contrebas* - 22810 322 06/328 20/321 65 - 6 ch. Même confort et vue aussi belle qu'au Panorama.

LOUTRÁ

 Porto Klaras – *À 15 m du môle, en montant une petite ruelle* - 22810 312 76 - www.porto-klaras.gr - 11 ch. Cette belle construction de style cycladique abondamment fleurie est l'hôtel le plus chic de l'île. La décoration, sobre et élégante, alterne le blanc, le bleu et la pierre brute. Vue très agréable depuis les vastes chambres avec balcon.

PANAGIA KANALA

 Margarita – *Au bord de la plage* - 22810 322 65 - 7 studios. Joli bâtiment blanc à un étage, avec un jardin intérieur et une véranda ouverte sur la plage pour chaque studio. Assez chic et très agréable.

Se restaurer

MÉRICHAS

 Ostria – *Près du débarcadère.* La carte, très riche, propose, des viandes grillées et de nombreux plats cuisinés. À ne pas manquer : les a*stakomakaronadha*, spaghettis à la langouste, l'une des spécialités de la maison.

⊖ Kadouni – *À l'extrémité de la plage opposée au débarcadère.* Tables en terrasse ou sur la plage. Le spécialiste des viandes grillées : *kontosouvli* (brochettes), *bifteki, kokoretsi* (tripes de mouton à la broche), *païdakia* (côtelettes de mouton), le tout accompagné de *sfougata*, des beignets de fromage, la spécialité de Kythnos.

Faire une pause à Mérichas

Akrotiri Club – *Au bout du chemin au-dessus de la mer en venant de la capitainerie,* est l'endroit le plus animé de l'île après 22h tous les soirs.
Le bar **Byzantinos** – *Face à la plage,* est également assez animé en soirée.

Sports et loisirs

À Loutrá, sur une trentaine de sports vous pouvez découvrir les fonds sous-marins avec le centre de plongée **Aqua Team** – *℘ 22810 322 42/321 04 - www.aquakythnos.gr.*

Événements

Un repas copieux, de la musique et des danses traditionnelles animent régulièrement les villages. Les plus grandes fêtes : **Panagia Kanala** (15 août et 8 sept.), **Panagia tou Nikous** (15 août), **Panagia tis Flambourias** (24 août), **Agía Triada** à Hora (fin juin), et **Aï Lias** (dans la montagne, 20 juillet).

Mílos★

Μήλος

**4 771 HABITANTS – 151 KM²
CARTE GÉNÉRALE RABAT II C3 – MER ÉGÉE – CYCLADES**

La baie principale de l'île en forme de fer à cheval est un ancien cratère deven l'une des plus grandes rades de la mer Égée. Un littoral creusé de grottes mari nes, des rochers aux formes étranges, des falaises aux couleurs ocre activemen exploitées par les mines, des criques enchâssées dans la pierre volcanique, de rubans de sable, des montagnes cailouteuses, des vallons verdoyants et de vieu villages cycladiques à la blancheur immaculée, voilà Mílos.

⬭ **Se repérer** – Au sud-ouest de l'archipel des Cyclades, le port principal d Mílos est Adamas. À 5 km au nord, perchée sur les hauteurs au-dessus de mer, se trouve la petite capitale de Pláka, formée de la réunion de plusieu hameaux. À l'opposé, le port de Pollonia est le point de départ de la navett pour Kímolos.

👁 **À ne pas manquer** – Les falaises de Kleftiko, un bain à Sarakiniko, Pláka a coucher du soleil, le tour de l'île en bateau.

🕓 **Organiser son temps** – Comptez deux jours.

🚶 **Pour poursuivre le voyage** – Folégandros, Íos, Kímolos, Kýthnos, Sérifos, Sífno Santorin.

Comprendre

La Vénus de Milo – Qui ne connaît la statue, son drapé en spirale admirable d souplesse ? Cette œuvre du 2ᵉ s. av. J.-C., chef-d'œuvre de l'art hellénistique, est l'un des plus accomplies de la statuaire antique. Comme la Victoire de Samothrace, el occupe une place d'honneur au musée du Louvre. L'histoire de sa découverte, sou la Restauration, est assez romanesque.

Cela commence en 1817, lorsque le comte de Forbin, futur directeur des Musées d France, note lors de son voyage au Levant que Mílos était riche en antiquités, ma il n'avait pu s'y attarder, un de ses compagnons, l'architecte Huyot, s'étant cassé jambe.

Trois ans plus tard, deux navires de la Royale, *L'Estafette* et *La Chevrette* font escal à Mílos : deux officiers, Vautier et le futur explorateur des terres antarctiques e océaniques Dumont d'Urville (1790-1842), remarquent la beauté des morceaux d'un statue de marbre qu'un paysan vient de tirer de son champ, au pied de l'ancienn acropole. Tous deux alertent l'agent consulaire à Mílos, Louis Brest, qui rédige u rapport favorable transmis au consul de France à Smyrne (aujourd'hui Izmir), Pierr

David, lequel avertit l'ambassadeur de France auprès de La Sublime Porte, le marquis de Rivière. Ce dernier, mis au courant entre-temps par Vautier et Dumont d'Urville arrivés à Istanbul, décide, en l'absence de crédits, d'acquérir la statue à ses frais et envoie sur place un secrétaire, le vicomte de Marcellus.

Le jeune diplomate se hâte donc vers Mílos où il débarque le 23 mai 1820. Mais une mauvaise surprise l'attend : la statue a été chargée sur un bateau albanais qui doit l'emmener en Turquie où elle sera offerte au prince Mourousi, chargé de l'administration des Cyclades. Marcellus réclame alors le marbre, arguant que l'agent consulaire Brest s'en est porté acquéreur le premier. Impressionnés, les primats (chefs) de l'île cèdent.

« Alors, raconte Marcellus, je fis porter la statue à bord de L'Estafette sur laquelle j'étais embarqué. Dans ce dernier trajet, elle ne fut nullement endommagée, car elle ne toucha pas la terre. Il n'en avait point été malheureusement ainsi du haut du bourg jusque sur le navire albanais… » Les bras de la Vénus ont-ils été brisés (ou perdus ?) lors de son transfert sur le bateau albanais ? Marcellus fait ensuite « coudre dans des sacs de toile à voile les cinq fragments qui composaient la Vénus », récompense les primats, rétribue le paysan « inventeur » et cingle vers Le Pirée où il montre la statue à l'archéologue Fauvel avant de gagner Smyrne et Istanbul. Là, il remet son trésor au marquis de Rivière qui en fait don à Louis XVIII : restaurée, la Vénus, ou plutôt l'Aphrodite de Mílos, prend ainsi place au Louvre.

Mais il n'est pas impossible que la belle Aphrodite se soit vengée de ces tribulations : sur ordre du prince Mourousi, le paysan reçut cent coups de bâton et les primats, fouettés, payèrent une lourde amende ; le marquis de Rivière ne fut jamais remboursé de son achat ; Brest n'obtint que six ans plus tard le poste de vice-consul qu'il briguait ; enfin, le prince Mourousi et Dumont d'Urville allaient périr de mort violente, le premier exécuté, le second tué avec sa femme et son fils en 1842 à Meudon dans l'un des premiers accidents de chemin de fer de l'histoire alors qu'il se rendait à une fête donnée par le roi Louis-Philippe à Versailles…

Se promener

Adamas (ou Adámantas)

Sur le golfe de Mílos, le port d'Adamas fut fondé au début du 19ᵉ s. par des réfugiés crétois. Les quais sont animés et bordés de commerces, hôtels et pensions.
Juchée au sommet de la colline, la cathédrale **Ágios Haralambos** offre un beau point de vue sur les alentours.

Agía Triada★

Tlj sf lun. 9h15-13h15, 18h15-22h15 - gratuit. L'église, fondée au 13ᵉ s. et reconstruite vers 1600, abrite un **Musée acclésiastique**. Elle renferme notamment une belle icône représentant saint Jean-Baptiste peinte en 1639, ainsi qu'une riche iconostase. D'intéressantes expositions temporaires d'art sacré y sont organisées.

Ch. Legrand / MICHELIN

◄ *Sarakiniko, un paysage lunaire creusé par l'eau de mer.*

Musée de la Mine (Metalleftiko)

En face de la plage de Papikinou, à 300 m du centre - tlj 9h-14h, 18h-21h - gratuit. Cet intéressant musée expose tous les minéraux, roches et minerais volcaniques de Milos : obsidienne, bentonite, kaolin, perlite, plomb, manganèse, pierre à moulin, pouzzolane, gypse, ainsi que toutes sortes d'instruments permettant d'exploiter le sous-sol. Des panneaux expliquent bien l'histoire géologique de l'île. Tout cela permet de mieux apprécier les formations rocheuses de l'île.

Pláka★★

4,5 km au nord-ouest d'Adamas. Capitale officielle de l'île, ce village perché aux maisons d'un blanc éclatant est entouré de nombreux moulins à vent abandonnés. Plus calme que le port, Plaka est un bourg vivant, dont le dédale des ruelles serpentant entre les maisons fleuries aux murs immaculés ne manque pas de charme. Perché en haut du village sur un éperon rocheux, le **kastro★★** est dominé par une église. Comme la plupart des citadelles cycladiques, il servait d'ultime refuge en cas d'invasion. Du sommet, la **vue★** sur la baie et les villages à flanc de coteau est très belle. En descendant, ne manquez pas la jolie **église Ipapanti★** (Thalassitra) qui abrite de remarquables icônes du 17ᵉ s.

Musée folklorique (Laografikó Moussío)

☏ 22870 212 92 - *mar.-sam. 10h-12h, 18h-21h, dim. 10h-14h - 2 €.* Dans une maison traditionnelle du vieux Plaka sont regroupées des collections de photographies, broderies, portraits, meubles, ustensiles de pêche, cartes anciennes, etc. De belles reconstitutions d'intérieurs du 19ᵉ s. ont été réalisées.

Musée archéologique★ (Archeologikó Moussío)

À l'entrée du village, un peu en retrait sur la gauche - ☏ *22870 21 620 - tlj sf lun. 8h30-15h - 3 €.* Cet agréable petit musée présente des pièces remontant au néolithique et à l'époque mycénienne : armes, outils, poteries et quelques **statuettes cycladiques** datant du 3ᵉ millénaire av. J.-C. découvertes à Milos. La **Dame de Filakopi★** (1300 av. J.-C.) est une statuette d'argile haute de 18 cm, de facture étonnnante. Elle porte le nom du site néolithique où elle fut trouvée en 1977.

Aux alentours

Catacombes de Tripiti

À 1,5 km au sud de Pláka - tlj sf lun., 8h-19h, 15h en hiver - gratuit. Des catacombes paléochrétiennes (2ᵉ s. apr. J.-C.) ont été creusées à 150 m au-dessus de la mer et forment un réseau de galeries long de 185 m. Les premiers chrétiens y organisaient des cérémonies et enterraient les morts dans des niches voûtées. Quelque 290 tombeaux ont été dénombrés.

Klima

À 2 km au sud de Pláka, à 500 m de Tripiti. La capitale antique de l'île se trouve le long du rivage. Aujourd'hui, ce bourg de pêcheurs présente une architecture originale de *sirmata*, garages à bateaux colorés bâtis au ras de l'eau et adossés à la falaise.

Détruite au 5ᵉ ou 6ᵉ s. apr. J.-C., les ruines de la cité sont composées d'un beau **théâtre romain**, dont les gradins de marbre regardent la mer. *Tlj sf lun. 8h30-15h. Gratuit.*

Vers l'ouest, un sentier grimpe jusqu'à une chapelle nichée sur un escarpement rocheux surplombant le golfe.

Côte nord

La côte nord de l'île présente des paysages singuliers et offre une succession de lieux insolites pour la baignade.

Firopotamos

Au nord de Pláka. Ce port charmant avec ses maisons de pêcheurs se trouve près d'une plage de sable.

Mantrakia★

Au nord-est de Pláka. Ce petit port comprend des *sirmata* traditionnelles et de modestes habitations troglodytiques, servant de résidences l'été.

Sarakiniko★★

À l'est de Pláka. Un très beau site naturel : le tuf volcanique d'un blanc éclatant a été sculpté par le vent en forme de cônes, de dômes et de terrasses. Ce doux relief

st bordé par une mer turquoise. La
baignade est possible par temps calme
en cas de vent fort, vous risquez d'être
plaqué sur les rochers).

Mitakas

Un village plus à l'est, avec ses *sirmata*
colorées qui servent, là encore, de maisons aux pêcheurs et de hangars aux
bateaux. Au-delà de la petite église, le
minuscule hameau d'**Agios Konstantinos** se situe au fond d'une crique.
Des amas de pouzzolane (cendre volcanique) se mêlent ici à des coulées de
lave figées.

Fylakopí

*Sur la côte nord - tlj sf lun. 8h30-15h -
gratuit.* Dans cette crique ont été mises
au jour trois cités superposées datant
respectivement des âges du bronze,
minoen (vers 1600 av. J.-C.), mycénien
1 200 av. J.-C.). Leurs habitats de pierre

Le minuscule port de Mantrakia.

constituent une des premières manifes-
tations de l'urbanisme dans les Cyclades. Les fresques qui décoraient les murs sont
exposées au Musée archéologique d'Athènes.

Pollonia

Face à l'île de Kímolos, cet ancien village de pêcheurs est devenu une station balnéaire très appréciée. Malgré son développement rapide, l'ambiance reste paisible.
À gauche du port, plage ombragée de tamaris.

Séjourner

Plages de la baie de Mílos

Une route longe une partie de la baie et dessert quelques plages bien abritées du vent
et des vagues. La longue plage de **Ahivadolimni** se prête bien aux sports nautiques.
Au coucher du soleil, splendide **vue★★** sur la baie depuis le couvent abandonné
d'**Agía Marina**, à 5 km de là. Au nord-ouest de Plaka, à la sortie de la baie, **Plathiena**
est l'une des plages les plus agréables de l'île, orientée plein ouest.

Plages de la côte nord

Près du village de Kapros se trouve la magnifique crique de **Papafraga★★**, étroite
calanque fermée par une arche de pierre (accès par des marches creusées à même
la roche). À l'est de Pollonia se trouvent quelques belles plages de sable, dont celle
de **Pisso Thalassa**.

Plages de la côte sud★

Au fond d'une baie, **Paliohori★** est une vaste plage de petits cailloux, la plus belle
de Milos. Elle est entourée de falaises multicolores.

Agía Kiriaki★ – Cette magnifique plage est constituée de débris d'origine volcanique.

Gerontas★ et **Kleftiko★★★** sont accessibles en caïque au départ de Kipos.

Excursion

Tour de l'île en bateau★★

*1 fois par jour au dép. d'Adamas - dép. à 9h (nombreux arrêts et pause déjeuner) -
réservez en agence et comptez 25 € env. - sur un voilier, comptez 50 € avec un déjeuner
typique - www.andromedayachting.com (on parle français).*
Ce circuit permet de découvrir l'extraordinaire richesse géologique de Mílos et de
ses paysages marins. Vous apercevrez des grottes creusées dans le tuf volcanique
qui servirent longtemps de repaires aux pirates. Au nord-est, l'îlot volcanique
de **Glaronissia★★** présente d'impressionnantes falaises formées de tuyaux de
basalte. La **grotte de Sikia★★** est une cavité profonde, creusée dans la falaise
blanche. La lumière qui tombe de la voûte effondrée donne à l'eau des couleurs
fantastiques. Puis, au sud-est, les falaises blanches de **Kleftiko★★★**, sorte de pains
de sucre percés.

Mílos pratique

Informations utiles

🛈 *Un bureau municipal est ouv. en été, dans le kiosque en face du débarcadère -* 📞 *22870 224 45.* L'agence **Brau Kat** – *sur les quais -* 📞 *22870 230 00 - braukat@ otenet.gr -* très efficace propose, entre autres, des tours de l'île à la journée, des randonnées accompagnées et de bons hébergements.

♿ *www.milos-island.gr* (en anglais).

Banque – Banques et distributeurs sur le quai d'Adamas. Un distributeur à Pollonia.

Poste – Poste centrale à Plaka.

Santé – **Urgences médicales** – À Adamas - 📞 *22870 217 01.* À l'ouest du port, avant la plage de Lagada, vous trouverez des **sources thermales**, à base de chlore et sodium, aux propriétés curatives diverses. **Pharmacies** à Adamas, Triovasalos, Plaka.

Transports

Bateau – Plusieurs liaisons par jour avec **Le Pirée** (de 3h à 7h de trajet environ). Avec le superjet, trajet de 2h40 uniquement les week-ends hors saison et tlj en juillet-août.

La compagnie **Lane Lines** relie Mílos au Pirée toute l'année en 5h (départ des ferries les lundis et vendredis à 18h50), renseignements *www.lane.gr.* Plusieurs liaisons/j avec **Sífnos** (de 50mn à 1h30), **Sérifos** (1h30-2h30) et **Kýthnos** (4h-4h30). 4 liaisons/sem. avec **Santorin** (1h50-6h), **Folégandros** (1h20), **Íos** (3h30). 3/sem. avec **Páros** (5h30), 1/sem. **Náxos** (6h20), **Sýros** (7h30) et **Lávrio** (15h).

Avion – L'aéroport est à 4 km au sud d'Adamas (taxis). Au moins un vol par jour pour Athènes (35mn, 42 €).

Bus – Arrêt à la place centrale d'Adamas. Adamas-Plaka-Tripiti (17/j, 7h30-24h30), Adamas-Pollonia (10/j), Adamas-Paleochori (8/j), Adamas-Provatas (8/j).

Location de véhicules – Les loueurs sont presque tous concentrés à Adamas, sur les quais. Réservez à l'avance en été. Excellents véhicules et service sérieux chez **Niko's Cars** – 📞 *22870 213 18 - www. milosrentacar.com.* Bien aussi chez **Happy rent** – 📞 *22870 234 22* et **Kozz Mozz** – 📞 *22870 280 36.* Une station d'essence à la sortie d'Adamas en direction de Pollonia, avant Pollonia et avant Plaka.

Se loger

ADAMAS

🛏️ **Delfini** – *À 200 m à gauche en débarquant, à 50 m en retrait de la plage de Lagada -* 📞 *22870 220 01 - 22 ch.* Petit établissement très bien tenu. Agréable terrasse fleurie. Le petit-fils parle anglais couramment.

🛏️🛏️🛏️🛏️ **Villa Helios** – *Dans la ruelle au-dessus du débarcadère, non loin de Terry's -* 📞 *22870 222 58 - 15 ch.* Beaucoup de goût, très calme, du charme avec une jolie terrasse. On parle français.

🛏️🛏️🛏️🛏️ **Portiani** – *Sur le port -* 📞 *22870 229 40 - 23 ch.* Grande bâtisse néoclassique avec vue sur la baie de Mílos. Chambres très confortables. Accueil charmant et petit-déjeuner fait maison exceptionnel.

POLLONIA

🛏️🛏️ **Apollon** – *Sur la pointe NE, quartier résidentiel de Pollonia -* 📞 *22870 413 47 - 11 ch.* Chambres propres et confortables, bien aérées, dans une atmosphère familiale et un cadre particulièrement agréable, juste au bord de l'eau. Petit-déjeuner 6 €.

Se restaurer

ADAMAS

🍽️ **Barco** – *En haut de la rue principale, sur la gauche.* Sous une grande tonnelle, on sert avec beaucoup de gentillesse une cuisine savoureuse et fraîche (essayez les *pitaraki*, chaussons au fromage).

PLÁKA

🍽️ **Archondoula** – *Dans l'allée principale du haut village.* Belle taverne installée dans un ancien *kafenion* de toute beauté précédé d'une voûte fraîche. Essayez la *fava*, les artichauts au citron…

POLLONIA

🍽️ **Armenaki** – *Sur la gauche face à la mer en arrivant.* On vient de toute l'île pour y déguster la spécialité de pâtes à la langouste. Délicieuses entrées froides. Accueil charmant et généreux.

PALEOCHORI

🍽️ **Sirocco** – *Sur la plage.* Grand restaurant dont la spécialité est de cuire les poissons sous le sable, à l'étouffé. Les deux autres tavernes de la plage sont également bien.

Faire une pause à Plaka

Utopia Café – *Dans le centre du village.* Vue splendide sur les coteaux dévalant vers la mer, idéale au coucher de soleil.

Sports et loisirs

Kayak de mer – *Réserv. par l'agence Brau Kat ou directement au* 📞 *22870 235 97* (on parle anglais) - *www.seakayakgreece. com.* Le moyen idéal de découvrir les superbes roches de l'île, comptez 55 €/j avec un lunch léger. Possibilité d'hébergement à la semaine.

Plongée sous-marine – *Diving Center Milos, à Pollonia -* 📞 *22870 412 96* et *697 611 4846 (portable) - info@milosdiving.gr.* Une école très consciencieuse pour de très belles plongées autour de Mílos. Location de matériel, organisation de journées en mer, plongées pour handicapés. Possibilité de pension complète.

Mýkonos★★

Μύκονος

9 320 HABITANTS – 86 KM²
CARTE GÉNÉRALE RABAT I B2 – MER ÉGÉE – CYCLADES

ranitique, parsemée d'innombrables chapelles, bordée de plages au sable clair, ýkonos est l'une des îles les plus fréquentées des Cyclades – et pour cause, on village et ses plages sont de toute beauté ! On y accourt du monde entier our les plaisirs du soleil et de la nuit. En été, une foule considérable se presse ans les ruelles étroites de Hora ou sur les plages couvertes de parasols et de haises longues. L'automne et l'hiver sont les seules saisons où l'île retrouve ne certaine authenticité.

- **Se repérer** – La capitale, Mýkonos (Hora), constitue le cœur de l'île, abritée dans une jolie baie. Les stations balnéaires sont regroupées sur la côte sud. Plus préservé, le nord possède de ravissantes criques, dominée par le mont Prophitis Ilias qui culmine à 372 m.

- **À ne pas manquer** – Le coucher de soleil depuis la « Petite Venise », la visite des chapelles de Hora, le farniente sur les plages.

- **Organiser son temps** – Comptez trois jours.

- **Pour poursuivre le voyage** – Délos, Náxos, Páros, Tínos, Sýros.

Comprendre

id de marins et de corsaires – Dépendant du duché de Náxos, Mýkonos eut our seigneurs aux 13ᵉ et 14ᵉ s. les Ghisi de Venise. Elle resta aux Vénitiens jusqu'au ébut du 18ᵉ s. Ceux-ci y implantèrent le catholicisme et y créèrent des entrepôts ù s'approvisionnaient les marchands de Venise et de Marseille.

ors de l'occupation turque, l'île, difficile d'accès en raison des vents, devint le efuge de corsaires. Mais la notoriété de Mýkonos grandit au 20ᵉ s. grâce à son dmirable voisine, Délos. Modeste village de pêcheurs, un peu comme Saint-ropez, Hora devint peu à peu l'un des rendez-vous de la jet-set grecque et nternationale. Aujourd'hui, certains la disent gay, d'autres techno, mais on ne ait plus très bien qui la fréquente le plus… toujours dans une ambiance bon nfant. Beaucoup de touristes en tout cas, et le mythe de l'île de tous les plaisirs emeure.

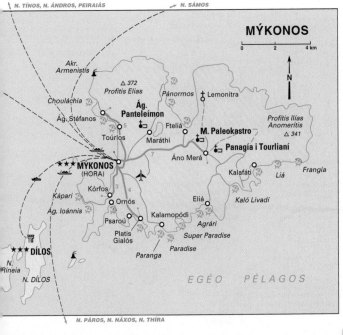

Se promener

Mýkonos★★★ (Hora)

La ville toute blanche est un dédale de ruelles étroites et sinueuses où il est aus
facile qu'agréable de se perdre. Elles étaient originellement destinées à se pro
téger du vent. Au départ simple citadelle, la cité grandit en même temps que s
développait le commerce avec les îles voisines. Pour visiter Hora, le mieux est d
marcher au hasard en évitant les rues commerçantes. Dans les ruelles adjacente
souvent désertes, vous découvrirez des perspectives sans cesse renouvelées, de
chapelles, des passages voûtés, des places minuscules, des sentiers courant entr
des murs blancs qu'égayent hibiscus et bougainvillées.

Du **moulin de Boni** (16ᵉ s.), à l'est, belle **vue★** sur l'ensemble du village avec, a
loin, l'île de Délos.

Port de pêche (Limani)

Au cœur de la ville, le long des quais de marbre, les larges terrasses des cafés et de
restaurants sont très fréquentées, surtout le soir. Le petit hôtel de ville à arcade
date du 18ᵉ s. et la chapelle est dédiée à saint Nicolas (Ágios Nikólaos), patron de
marins.

Au début de la **rue Andronikou** bordée de joailleries et de boutiques de souveni
se dresse l'église Agia Kiriaki abritant de belles icônes.

On parvient à la charmante **place des Trois-Puits** (Platía trion Pigadión) bordé
d'arcades. Prendre à droite vers la **cathédrale** (Mitrópoli), un imposant édifice coiff
d'une coupole et de toits rouges, à la riche décoration intérieure. Derrière se trouv
l'**église catholique** (Katholikí Eklissía) surmontée d'une coupole bleue.

Un **pélican** surnommé Petros fréquente le quartier. Gourmand, il n'hésite pas à chipe
de la nourriture dans les restaurants, à la grande joie des photographes !

À gauche, en haut de l'éminence qui surplombe la ville, parmi les **cinq moulins**
(Káto Mili) bâtis en ligne, l'un d'eux encore en activité déploie, lorsqu'il y a du ven
ses jolies voiles triangulaires. Redescendre vers l'église catholique et l'anse.

Alefkándra★★★

Certaines maisons avec loggia colorée en encorbellement de ce ravissant et ancie
quartier donnent sur le large, d'où le surnom de **Petite Venise**. Certaines daten
du 18ᵉ s. Quelques cafés en terrasse, au bord de l'eau, profitent des couchers d
soleil.

Passez devant les **Quatre commères**, (en grec « cousseghiares », de l'italien *consiglio*
un ensemble de quatre chapelles basses qui semblent tenir conseil.

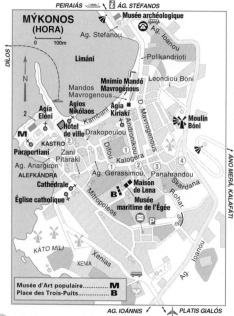

SE LOGER

Karboni...................... ①
Hotel Carbonaki........... ②
Hotel Matina................ ③
Hotel Rochari.............. ④

SE RESTAURER

Chez Maria................. ①
Nikos.......................... ②

INDEX DES RUES

Paraportianis................2

Kastro★

La plus ancienne partie du village était autrefois fortifiée. L'église de la **Panagía Paraportianí★★**, bâtie entre la mer et une porte du kastro, est composée de cinq chapelles indépendants dont les formes géométriques s'imbriquent les unes dans les autres.

Par de vieilles venelles, on regagne l'hôtel de ville et le port.

> ## La belle Mando
>
> Jeune et riche, Mando Mavrogenous, arma à ses frais deux vaisseaux et équipa une petite troupe avec laquelle elle repoussa une centaine de Barbaresques venus d'Alger, leur causant 17 morts et 60 blessés. C'est elle qui composa en 1823 la *Lettre aux dames parisiennes*, exaltant la lutte pour une Grèce libre. Elle mourut, très âgée, à Páros.

Visiter

Maison de Lena★

Tlj 16h30-21h30, dim. 19h-21h - dons.

Une belle résidence de notable typique du 19e s. a été réaménagée en musée d'Art populaire. Elle présente sa décoration et son ameublement d'époque avec des commentaires passionnants qui font bien revivre l'époque.

Musée maritime de l'Égée (Naftikó Moussío Egéou)

22810 255 47 - tlj sf lun. 10h30-13h, 18h30-21h - 3 €. Il occupe une partie de l'ancienne maison de Lena et les collections sont le don d'un armateur. Ce musée expose des maquettes de bateau, des monnaies anciennes, des cartes et des instruments nautiques, évoquant le monde maritime depuis l'Antiquité.

Musée d'Art populaire (Laografikó Moussío)

Lun.-sam., 17h30-20h30, dim. 18h30-20h30 - gratuit. Non loin de la Panagía Paraportiani, ce musée aménagé dans une vieille maison de pierre du kastro, présente des intérieurs traditionnels. Tissus, broderies, meubles, objets quotidiens proviennent de plusieurs maisons mykoniotes.

Musée archéologique★ (Archeologikó Moussío)

2890 223 25 - tlj sf lun., 8h30-15h - 2 €. Parmi les pièces majeures du musée, remarquez une curieuse **amphore** (7e s. av. J.-C.) trouvée à Mykonos et décorée de scènes de la guerre de Troie, une stèle sculptée en bas-relief figurant une femme défunte assise qui tend la main vers son mari debout devant elle, une **statue d'Héraklès**.

Il expose également le produit des fouilles menées sur l'île de Rineia toute proche : vases et objets funéraires transférés par les Athéniens de Délos en 426 av. J.-C. dans un but de purification, les habitants de l'île sacrée ayant été frappés par une mortelle épidémie. Les cadavres furent enterrés à Rineia afin de ne pas contaminer le sanctuaire d'Apollon.

Aux alentours

Monastère de Paleokastro (Palaiókastrou)

À 10 km à l'est de Hora, en direction d'Áno Merá. Sur la colline au nord-ouest d'Áno Merá était bâti un kastro dont il reste une tour de défense. Le monastère édifié au 18e s. comprend une église aux lignes pures. De cet endroit, vous avez une vue panoramique sur l'île : rochers de granit, habitat dispersé, chapelles, champs cernés de murets de pierre, sur fond de mer immense.

Monastère de la Panagía Tourlianí★

Sur la place du village d'Ano Mera. Tlj 9h-13h, 14h-19h.

Bâti au milieu du 16e s. et remanié en 1767, le monastère abrite l'icône de la sainte protectrice de l'île. Le beau clocher recouvert de marbres, l'iconostase de bois sculpté et de très belles icônes font de cet édifice, fermé sur une cour rafraîchie par une fontaine en marbre, un véritable bijou.

Monastère Ágios Panteleímon

À 4,5 km de Hora. Près du charmant village de Maráthi, c'est un édifice typiquement mykoniote avec son église toute blanche.

Séjourner

Plages★★

Mýkonos possède énormément de plages et, même en saison, il y a de la place pour tout le monde. Si vous aimez la solitude (relative), filez explorer les criques du nord de l'île, mais sachez que les plus belles plages de sable sont sur la côte sud. La plupart sont accessibles en bateau au départ du port de pêche de Hora (départ le matin, retour le soir).

Psaroú★ et **Platis Gialós** – Au fond d'un golfe fermé par des collines rocheuses. C'est la principale station balnéaire de l'île (appartements, hôtels, restaurants, bars).

Paranga★ (Parágka), Paradise★, Super Paradise, Agrári★ – Bordées de collines granitiques de plus en plus urbanisées. Paradise (naturiste) est bordée par un camping et par une discothèque en plein air aux décibels très élevés. Super Paradise (accessible en bateau au départ de Paradise, de Platis Gialós ou de Psaroú) a

Combien de chapelles à Mýkonos ?

Les chapelles ont été construites par centaines sur l'île. La raison ? En cas de tempête, les marins (souvent des pirates) mykoniotes faisaient le vœu d'en ériger une s'ils en réchappaient. Comme il y a beaucoup de tempêtes en mer Égée, il y a beaucoup de chapelles à Mýkonos, pratiquement autant que de maisons anciennes.

été pendant longtemps le rendez-vous des naturistes épris de solitude. Aujourd'hui, des haut-parleurs diffusent en continu de la musique techno, ce qui en fait la plage gay la plus branchée de l'île. Non loin, Agrári est plus calme et appréciée des vedettes. Il faut fuir Eliá, défigurée par un parc aquatique.

Agia Ana, Kalafáti★, Liá★ – Ces trois plages, assez belles, se trouvent près d'un hameau de pêcheurs situé sur une presqu'île.

Megali Ammos★ – Juste à côté de Hora (20mn à pied), une longue bande de sable fin, pratique et relativement calme.

Mýkonos pratique

Informations utiles

🛈 L'**Association des hôteliers de Mykonos** – ✆ 22890 245 40/247 60, et l'**Association des propriétaires de locations** – ✆ 22890 248 60/268 60 – sont installés dans les mêmes bâtiments que la police touristique, en face du débarcadère.

Nombreuses agences à Hora, qui s'occupent des transports, de l'hébergement et de tous vos loisirs. Parmi les plus performantes **Meridian** – Agia Anna, à Hora - ✆ 22890 247 02 et à l'aéroport - ✆ 22890 231 73, et **Windmills** – Fabrika - ✆ 22890 265 55. **Delia** – sur le port - ✆ 22890 223 22 qui renseigne les nouveaux arrivants. ♿ www.mykonos.gr (en anglais). Les internautes peuvent également consulter www.mykonosgreece.com ou www.mykonos-web.com.

Banque – Nombreuses banques avec distributeurs dans toute l'île.

Police – Police touristique – *Au début du débarcadère* - ✆ 22890 224 82 ; police municipale – *Rue Laka* - ✆ 22890 227 16/222 35.

Poste/Téléphone – La poste (*lun.-vend. 8h-14h ; 13h30 le vend.*) est odos Laka, à mi-chemin du débarcadère et du centre-ville.

Santé – Il y a de nombreux médecins à Hora, quatre pharmacies et un **hôpital public** relativement bien équipé - ✆ 22890 239 94.

Centre médical privé – à Hora - ✆ 22890 242 11/274 07.

Transports

Bateau – Plusieurs liaisons par jour avec les ports du **Pirée** (3h20-6h40), de **Rafína** (2h10-5h40) et de **Lávrio** (3h) ainsi qu'avec **Ándros** (2h15), **Tínos** (15mn-40mn), **Sýros** (30mn-1h10), **Páros** (40mn-1h30), **Náxos** (45mn), **Íos** (2h10) et **Délos** (30mn).

👁 Attention, les bateaux rapides n'accostent pas toujours au port des ferries (à 800 m de Hora) mais à celui d'Agios Stefanos, 3 km au nord de Hora. Quelques bus relient les deux ports mais le plus simple est de prendre un taxi.

Avion – En été, plusieurs liaisons/j. avec Athènes (45mn de vol, comptez 86 €).

En juillet et août, les vols affichent souvent complet ; pour des dates précises, réservez très longtemps à l'avance.

Au moins un vol/j pour Thessalonique (1h), 2 vols/sem. pour Rhodes, et des vols saisonniers pour Santorin et Héraklion (Crète).

Bus – Hora compte deux gares routières. Les bus stationnés **place Fabrika** sont à destination d'Ornós, de Parágka, d'Agios Ioannis, de Platýs Gialós, de Psaroú, de l'aéroport et de Paradise (Kalamopódi, son nom d'origine). Les bus stationnés à côté du **Musée archéologique** desservent Ágios Stéfanos, Toúrlos, Áno Merá, Eliá, Kalafáti et Kaló Livadi. Un réseau qui laisse de côté bon nombre de plages, ce qui laisse une chance d'y trouver moins de monde.

Location de véhicules – Comme tout le reste : plus cher à Mýkonos qu'ailleurs.

Plusieurs loueurs de deux-roues et de voitures, *à la sortie du débarcadère :* **Avis** – ☏ *22890 229 60*, **Europcar** – ☏ *22890 271 11* (le seul à proposer un rachat de franchise complet), **Hertz** – ☏ *22890 237 91*, **Kosmos** – ☏ *22890 240 13*, **Sixt** – à l'aéroport - ☏ *22890 277 05*.

Deux stations d'essence en sortant de Hora vers Áno Merá, une autre après Vrissi, un peu avant Platýs Gialós.

👁 Beaucoup de monde circule sur les petites routes de Mýkonos, jusque tard dans la nuit, et parfois dans un état de lucidité plus que douteux : soyez donc très prudent.

Se loger

HORA

🍽🛏🛏🛏 **Karboni** – *Odos Matogiani, au cœur de la vieille ville* - ☏ *22890 222 17* - 40 ch. Confortable et central. Un tantinet vieillot mais charmant. Les chambres les plus agréables ont un balcon.

🍽🛏🛏🛏 **Hotel Carbonaki** – *23, odos Panachrantou, au cœur de la vieille ville* - ☏ *22890 241 24/224 61* - www.carbonaki. gr - 21 ch. Bel ensemble cycladique confortable, de bon goût et bien tenu. La (toute) petite piscine est bienvenue pour se rafraîchir. Petit-déjeuner en plus 8 €.

🍽🛏🛏🛏 **Hotel Matina** – *3, odos Fournakia, au cœur de la vieille ville* - ☏ *22890 223 87/264 33* - www. hotelmatina-mykonos.com - 19 ch. Chambres calmes, avec balcon, qui donnent sur l'un des rares jardins du centre. Accueil très sympathique. On parle français. Petit-déjeuner en sus : 10 €.

🍽🛏🛏🛏 **Hotel Rochari** – *Odos Matogiani* - ☏ *22890 231 07* - www. rochari.com - 60 ch. Vue sur mer ou jardin depuis les chambres avec terrasse. Très confortable. Depuis la grande piscine on domine toute la ville.

Se restaurer

HORA

🍽 **Nikos** – *Derrière la mairie.* Bonne cuisine grecque traditionnelle, poissons frais, portions copieuses et prix très raisonnables malgré la clientèle cosmopolite. On se bat pour une table.

🍽🍽🍽 **Chez Maria** – *Odos Kalogera, donne dans la rue Panachrantou.* Au coin de la cheminée en hiver ou dans un ravissant jardin romantique en été, on sert une cuisine traditionnelle de grande qualité : moules sautées, chaussons farcis au fromage de Mýkonos et délicieux risotto aux langoustines. Accueil chaleureux de Maria qui parle très bien français.

TOÚRLOS

🍽 **Mathios** – Belle vue sur la baie, grande variété de plats grecs traditionnels, très appétissants et bon marché. Une cantine idéale pour vos dîners.

ÁNO MERÁ

🍽 **Vangelis** – *Sur la place du village.* Un des meilleurs restaurants de l'île pour sa cuisine authentique et fraîche, à savourer à l'ombre des eucalyptus ou dans la belle salle voûtée. Au menu, poulpe grillé et délicieuses préparations de porc ou d'agneau à la broche.

Faire une pause à Hora

Il y en a pour tous les goûts, la ville se transforment le soir en une véritable boîte de nuit. Si vous êtes amateur de cocktails, sachez qu'ils sont généralement très coupés à l'eau : précisez donc que vous le voulez « fort ».

Comme base de départ : l'apéritif se fait généralement dans le quartier de la Petite Venise, au **Caprice**, une institution pour admirer le coucher de soleil, au **Kastro Bar** (musique classique) ou chez **Katerina**.

Après dîner, les amateurs de blues peuvent se rendre au Montparnasse, dans la Petite Venise. Si vous voulez entendre de la musique grecque, allez à **la Notte**, près du port, ou au **Mykonos bar** dans les ruelles de Hora, en sachant que rien ne commence vraiment avant 23h, voire minuit. Les endroits les plus animés sont le **Space Club**, dans un ancien cinéma du quartier de Laka, le **Celebrity** et l'**Astra Club**, odos Matogiani fréquenté par les 35-45 ans. Très appréciés de la clientèle gay, et ouverts jusqu'à l'aube, **Pierro's** et **Manto** sont dans le même secteur.

Sports et loisirs

Sports nautiques – Sur de nombreuses plages, ski nautique, jet-ski, planche à voile et plongée.

Club de plongée de Paradise – ☏ *22890 265 39* - www.diveadventures.gr (en français).

Psarou Mykonos Diving Center – ☏ *22890 248 08* - www.dive.gr *(en français).* Planche à voile sur la plage de Kalafáti, *www.pezi-huber.com* (en anglais).

Náxos★★

Νάξος

12 089 HABITANTS – 430 KM²
CARTE GÉNÉRALE RABAT I BC2 – MER ÉGÉE – CYCLADES

La plus grande des Cyclades reste encore assez méconnue en dépit de ses plages magnifiques, de ses côtes sauvages, de ses vallons plantés d'arbres odorants, de ses véritables montagnes et de ses beaux villages. Hora est connue pour sa citadelle ancienne : en haut d'une colline, ses ruelles et ses remparts n'ont guère changé depuis l'époque médiévale. N'hésitez pas à rester quelques jours à Náxos.

- ◐ **Se repérer** – Au cœur des Cyclades arides, Náxos a la chance d'être fertile. Du flanc des montagnes (1 001 m au mont Zas) jaillissent de nombreuses sources qui arrosent la région de la Tragea, à l'est de Hora, capitale et port de l'île. Si les sommets sont désolés, rocailleux, plaines et vallées sont plantées d'oliviers, citronniers, orangers, vignobles et de cultures maraîchères.

- 👁 **À ne pas manquer** – Le kastro de Hora, le monastère de la Panagía Drosianí, la Tragea, l'ascension du mont Zas.

- 🕒 **Organiser son temps** – Comptez quatre jours.

- 👫 **Avec les enfants** – Baignade sans danger à Ágios Geórgios et à Ágia Ánna, au sud de Hora. Visite du kastro.

- 🕯 **Pour poursuivre le voyage** – Amorgós, Antíparos, Délos, Íos, Mýkonos, Páros.

Non loin de Hora, la pittoresque église byzantine d'Ágios Geórgios Diassoritis.

Comprendre

Une belle abandonnée – La fille de Minos et de Pasiphaé, Ariane, s'éprit d'un amour passionné pour Thésée lorsqu'il vint en Crète. Elle l'aida à vaincre le Minotaure grâce aux conseils de Dédale *(voir Knosós p. 381)* puis s'enfuit avec lui pour se soustraire à la colère de Minos. Mais lorsque Thésée fit escale à Náxos, il abandonna sur le rivage Ariane endormie. Un autre bateau arriva, portant le juvénile Dionysos qui avait été élevé par les nymphes de l'île. Conquis par la beauté d'Ariane, il aurait épousé la jeune femme. Racine s'inspira de cette histoire dans sa tragédie, *Phèdre*, tandis que Claudio Monteverdi créa le *Lamento di Ariana* et que Richard Strauss en fit un opéra : *Ariane à Naxos*.

L'île était aussi placée sous la protection de Déméter, déesse des Moissons et de la Fécondité.

Le duché de l'archipel – De 1207, date à laquelle Marco Sanudo s'empara de Naxos, au cours de la 4ᵉ croisade, jusqu'à la prise de l'île par le corsaire turc Barberousse en 1566, l'île fut le siège d'un important duché contrôlé par les Vénitiens. Se succédèrent les familles Sanudo, Delle Carceri, Crispi, qui luttèrent contre les pirates en construisant tours ou maisons fortes, introduisirent le catholicisme romain, encore observé par les vieilles familles de l'île, et reconstruisirent la capitale en lui donnant l'aspect qu'elle a conservé, à peu près, aujourd'hui.

Visiter

Náxos★★★ (Hora)

Le chef-lieu de l'île, bâti à l'emplacement d'une cité antique florissante à l'époque archaïque, s'ordonne autour de la citadelle. De nos jours, la ville se divise en quatre quartiers : le port, Ágios Geórgios au sud, le kastro, et la cité médiévale.

Kastro★★★

Prendre Market Street qui fait l'angle avec le café Old Captain's.
Cette citadelle vénitienne est l'une des plus belles des Cyclades. On distingue encore le tracé des remparts qui remontent au 13ᵉ s. La porte fortifiée est ornée sur le côté droit du chambranle du mètre vénitien qui servait d'étalon aux marchands : elle donne accès à un quartier silencieux. Les maisons des notables vénitiens ornées de blasons sculptés ouvrent sur des cours intérieures. Passages voûtés, ruelles en pente, escaliers, jardins clos se laissent découvrir au hasard de la visite.

La **cathédrale catholique** romaine précède une petite place tranquille. Elle fut bâtie au 13ᵉ s. À l'intérieur, on admire sur le maître-autel une icône représentant une Vierge à l'Enfant et saint Jean-Baptiste, ainsi que les dalles funéraires de marbre.

Derrière se trouve une ancienne école de jésuites construite au 17ᵉ s. qui abrite le **Musée archéologique★** – ℘ 22850 227 25 - tlj sf lun. 8h30-15h - 3 € – réputé pour sa superbe collection d'idoles cycladiques (3200-2300 av. J.-C.) découvertes à Náxos et dans les îles voisines. La collection de céramiques de l'époque mycénienne (fin du 2ᵉ millénaire av. J.-C.) et de la période géométrique (9ᵉ- 8ᵉ s. av. J.-C.) comprend des pièces remarquables.

Poursuivez avec le **musée Della Rocca-Barozzi** – *sous la première voûte - tlj sf lun. 9h30-15h - 5 €* – belle demeure seigneuriale qui a gardé son décor d'époque. Le musée organise des visites de la ville et des concerts en été.

Le **palais ducal** – palais de Sanoudo – reçut à partir de 1627 le collège français, placé sous la protection du roi de France. L'écrivain crétois Nikos Kazantzakis y fut élève.

Port

Très touristique (Náxos est un carrefour des Cyclades), sa **promenade★** est bordée de terrasses de restaurants et de cafés. L'endroit est très fréquenté jusqu'à une heure avancée de la nuit.

Au nord-est du port, dans le quartier de Bourgos, sur la place de la cathédrale orthodoxe (18ᵉ s.), se trouve l'intéressant **musée Mitropolis**, qui abrite les strates des fouilles de la cité antique occupée pendant des siècles. ℘ 22850 241 51 - tlj sf lun. 8h30-13h - gratuit.

Îlot de Palatia

À l'extrémité nord du port, accès par une digue dallée.
Visible de loin, la **porte du temple d'Apollon** (Portara) est tout ce qui reste d'un temple archaïque, entrepris au 6ᵉ s. avant J.-C., et qui ne fut jamais achevé. Il devint une basilique chrétienne à partir du 5ᵉ s., avant d'être abandonné puis de tomber en ruine. La porte donne une idée des dimensions monumentales du projet. Belles **vues★** sur le large, Páros et le port.

Séjourner

Ágios Geórgios

Au sud de Hora.
La grande plage se trouve au fond de la baie. La station balnéaire, aux eaux peu profondes, bénéficie, lorsque le vent souffle, de belles vagues appréciées des amateurs de surf. À l'extrémité de la plage, belle **vue★** sur Hora dominée par son kastro. À l'ouest, au-delà du bras de mer, se dressent les montagnes de Páros.

Plages occidentales★

Au sud de l'aéroport, la côte occidentale est bordée de plages immenses, séparées par des caps ou des criques. Après la plage d'Ágios Prokópios, vous découvrirez

Ágia Ánna et son joli port de pêche, puis l'immense cordon de sable de **Pláka★**. Si les constructions gagnent du terrain sur les hauteurs voisines, le site reste relativement préservé et la vue sur les montagnes rocheuses de l'île est assez belle. Des plages moins fréquentées se trouvent plus au sud : Alykós, Pýrgáki, Agiassós, au sable éclatant de blancheur.

Aux alentours

Koúros de Flerió★

À 12 km à l'est de Hora. Prendre la route de Chalkí. À 3 km, prendre à gauche, puis à droite 1 km plus loin, afin de rejoindre la route de Mýloi. Après ce village, suivre la route de la vallée de Mélanes. Un chemin descend jusqu'au ruisseau. Laisser la voiture et continuer à pied.

Inachevé et laissé sur place comme le kouros d'Apollonas, celui de Flerió est aussi moins grand et plus récent (6ᵉ s. av. J.-C.). Il repose dans un jardin ombragé, fleuri, d'une calme fraîcheur.

Circuit de découverte par la Tragaía★★

80 km. Compter 1 journée. Quitter Hora vers le sud-est en direction de Chalkí. Prendre à droite à 6 km après Galanado. La route traverse d'abord une plaine irriguée et coupée de rideaux d'arbres (cultures maraîchères, vignobles), dans la vallée de la Tragaía.

Belónia

Cette tour est un bon exemple de maison forte bâtie par les Vénitiens pour servir de refuge en cas d'attaques de pirates, elle servit de résidence secondaire aux évêques

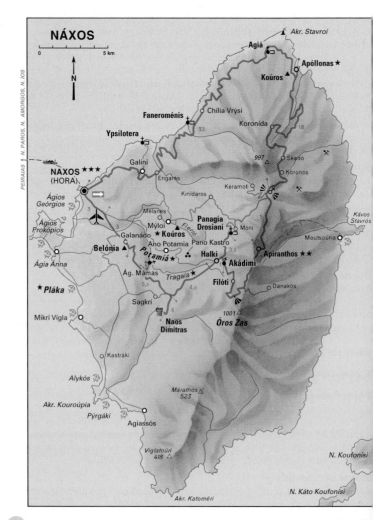

catholiques de Náxos. À côté s'élève la curieuse Agios Ioannis (13ᵉ s.), édifice double, catholique latin à gauche, orthodoxe à droite. Remarquez le lion de Saint-Marc ornant la façade.

Vallon de Potamiá★

En poursuivant la route vers Halki, on découvre un vallon couvert d'oliviers, de vignes et de vergers. En contrebas de la route, l'église **Ágios Mámas** qui fut le siège d'un évêché à l'époque byzantine *(sentier d'accès à gauche au km 8 en venant de Náxos)* et, plus loin, les vestiges de Pano Kastro, de l'autre côté du vallon, forteresse vénitienne du 13ᵉ s.

Temple de Déméter (Naos Dimitras)

Prendre, à droite, la direction de Sagkrí.
La protectrice de l'île a été honorée ici, comme en témoigne cet édifice dorique tout simple perché sur une butte au milieu des champs.

Revenir à Sagkrí.

Halki (Chalkí)

Dans l'ancienne capitale de l'île, au pied de la montagne, l'église byzantine de la **Panagia Protothronos** fut bâtie aux 9ᵉ-12ᵉ s. Elle est décorée de fresques. La **tour Barozzi** a une porte en marbre ornée d'un blason.

Panagía Drosianí

Tourner, à gauche, juste avant Akádimi.
Le beau monastère se niche dans les oliviers. Son église toute simple, construite au 9ᵉ s., abrite des fresques émouvantes.

Filóti

C'est une importante localité de la vallée de la Tragaía. La route grimpe alors sur les flancs du **mont Zas**. Les arbres laissent la place à un paysage pierreux, tandis que se révèlent de belles **vues★** sur la partie ouest de l'île.

Apiranthos★★

À flanc de montagne, ce village qui possède son propre dialecte issu du crétois conserve deux tours bâties par les Vénitiens. La rue principale pavée de marbre blanc donne sur des ruelles et des passages couverts, des tours de guet et une église. Plusieurs musées – *Histoire naturelle, Géologie et Folklore, sans intérêt majeur - horaires aléatoires - 1,50 € pour les 3.*
Le **Musée archéologique** expose des objets trouvés dans l'île, dont des plaques de marbre gravées remontant au 3ᵉ s. av. J.-C. – *tlj sf lun., 8h-14h - gratuit.*

🚶 Si vous préférez la randonnée et ne craignez pas la chaleur, partez d'Apiranthos vers l'église d'**Agía Kiriakia** – *3h AR, sur un sentier assez facile de 5 km, qui part à droite, sous le pont routier, à la sortie du village vers l'est* ; demandez la clé au Musée archéologique. Ses **fresques aniconiques** ont été réalisées au 9ᵉ s.

Apóllonas★

Village de pêcheurs devenu une station balnéaire fréquentée, Apóllonas est bâti au-dessus du port situé au fond d'une crique charmante.
En quittant la localité, près de la route littorale qui revient à Náxos, un immense **kouros** (10 m de long) de marbre a été laissé inachevé (7ᵉ s. av. J.-C.).

Agiá

Ici s'élèvent une tour vénitienne ruinée qui surveillait la côte nord-ouest et, caché un peu plus bas, un monastère orthodoxe enfoui dans la verdure.

Faneroménis

Ce monastère isolé face à la mer à l'allure de forteresse date du 17ᵉ s. À l'intérieur, vous découvrirez une chapelle avec une iconostase.

Ypsilotera

Cet autre monastère fut bâti aussi au 17ᵉ s. comme une forteresse avec meurtrières, mâchicoulis, créneaux, et servit de refuge à diverses reprises. *Fermé à la visite.*
Retour à Hora par la route côtière.

Randonnée à pied

Mont Zas (Óros Zas)

🚶 Les randonneurs apprécieront l'ascension du « géant » (1 001 m) de l'île, point culminant des Cyclades, lieu mythique entre tous puisque la légende y situe la naissance de Zeus qui donne son nom à la montagne. Le sentier débute à la chapelle Agia Marina, sur la route de Danakos. Comptez 1h de montée facile. On peut redescendre, c'est plus raide, en passant à la grotte de Zas, ancien sanctuaire où serait né le dieu.

Náxos pratique

Informations utiles

🛈 **Naxos Tourist Information** – *En face du débarcadère* - 𝄓 22850 231 69 - 8h30-23h. Réservation d'hôtels, véhicules, excursions et billets d'avion. On parle français. Possibilité de consigne (1,50 €/bagage).
🖰 *www.naxosnet.com* (en anglais).
Banque – Distributeurs sur le port.
Police – 𝄓 22850 221 00.
Poste/Téléphone – **Poste** sur la grande place, en allant vers Ágios Geórgios.
OTE (téléphone), au bout du quai, à droite du débarcadère.
Santé – Prenez sur le port odos Papavassiliou, à gauche de l'OTE ; le centre se trouve à 500 m – 𝄓 22850 233 33. Deux **pharmacies** sur le front de mer et deux sur odos Papavassiliou.

Transports

Bateau – Liaisons quotidiennes avec **Le Pirée** (5h30-7h30 de trajet environ), **Rafína** (3h30-6h) et **Lávrio** (2h40-3h) ainsi qu'avec les îles d'**Amorgós** (1h10-6h), **Íos** (1h30), **Páros** (30mn-1h), **Mýkonos** (45mn), **Santorin** (2h-4h), **Sýros** (2h15-3h) et **Tínos** (1h30-2h15). Liaisons régulières avec **Ándros** (2/sem., 7h), **Folegandros** (2h30-3h40) et **Mílos** (6h20).
Avion – Liaisons régulières avec Athènes par de petits avions (45mn, env. 60 €). Rejoindre Hora en taxi (env. 8 €).
Bus – **Gare routière KTEL** sur le port, face au débarcadère (les horaires affichés).
Location de véhicule – Agences sur le port. L'île étant assez grande, le scooter n'est pas assez rapide si vous avez peu de temps. L'agence **Naxos Vision**, située au bout de la plage, près de la poste, propose de bons véhicules.

Se loger

HORA

🛏 **Anixis** – *Au nord du kastro* - 𝄓 22850 229 32 - www.hotel-anixis.gr - 19 ch. Petit hôtel central, calme et lumineux, ouvrant sur un jardin en terrasse, bien fleuri. Petit-déjeuner en sus : 5 €.

🛏🖰 **Château Zevgoli** – *Au pied du kastro, dans la vieille ville (suivez le fléchage)* - 𝄓 22850 229 93/261 23 - 19 ch. Naxos Tourist Information gère cet hôtel de charme. Chaque chambre a sa personnalité : lit à baldaquin dans la 8, balcon romantique pour la 12 et vue sur le port depuis la 10.

ÁGIOS GEÓRGIOS

🛏 **Hotel Elizabeth** – *Dans la ruelle parallèle à la plage* - 𝄓 22850 235 05 - www.hotel-elizabeth.com - 9 ch. et 3 studios. Accueil très chaleureux de la propriétaire qui parle bien anglais. Très propre, calme, avec de beaux balcons et à 30 m de la plage. Petit-déjeuner en sus : 4 €.

🛏 **Hotel Spiros** – *À 15mn à pied du port et à 100 m du milieu de la plage* - 𝄓 22850 248 54 - 40 studios. Ensemble moderne, calme et confortable. Studios avec balcon ou terrasse, très bien aménagés.

Se restaurer

HORA

🍽 **To Iriniss** – *Sur le port*. Une jolie salle prune proposant une excellente cuisine traditionnelle. Essayez les poivrons farcis à la féta. Accueil chaleureux.

🍽 **Metaxu Mas** – *Dans le kastro*. Une petite ouzerie très enfumée où l'on sert sous la télé de savoureux mezes et notamment le tarama, ici excellent.

ÁGIA ÁNNA

🍽 **Gorgona** – *Sur la plage*. Une grande cantine familiale (on commande au comptoir), très prisée par les locaux.

Faire une pause

HORA

Elli bar – *Dans la rue à gauche de l'agence Naxos Tourist Information*. Concerts de rebetiko.

APIRANTHOS

Lefteris – *Dans la rue principale*. Belle pâtisserie ancienne dont le jardin, en terrasse, sert de salon de thé.

Achats

Spécialités culinaires – Náxos est réputée pour sa **liqueur de citron** ou *kitro*, ses vins rosés et ses fromages (notamment le *xenotiri* et le *graviera*).

Événements

Le **14 juillet**, à Hora, fête de la saint Nicodème, patron de la ville.

Le **15 août**, processions et célébrations de l'Assomption à Sagkri, Apiranthos et Filóti.

Sports et loisirs

Planche à voile – **Flisvos Sport Club** – *Sur la plage d'Ágios Geórgios* - 𝄓 22850 243 08 - www.flisvos-sportclub.com. Sur celle de Mikri, Windsurf et kitesurf, **Mikri Vigla Watersports** - 𝄓 69 73 05 17 07 (portable) - www.naxos-windsurf. com.

Promenade à cheval – **Naxos Horse Riding** – *Plage d'Agios Georgios* - 𝄓 69 48 80 91 42 - info@naxoshorseriding. com. Chevaux impeccables et doux, moniteurs parlant français. Réservez la veille avant 18h. 45 € la 1/2 journée. Débutants acceptés. Un formidable moyen d'apprécier la beauté de la baie.

Páros ★

Πάρος

12 853 HABITANTS – 196 KM²
CARTE GÉNÉRALE RABAT I B2 – MER ÉGÉE – CYCLADES

Connue pour son marbre blanc à grain très fin, qui lui assura longtemps la prospérité, Páros est une île vaste, riche en sites naturels et en monuments. Pourvue d'excellentes rades, elle bénéficie de courants venteux qui font le bonheur des véliplanchistes.

▷ **Se repérer** – Páros est le principal carrefour maritime des Cyclades, et la troisième des Cyclades par la taille. Pároikia est à la fois le port et la capitale de l'île. Au nord, le minuscule port de Naoussa est une station balnéaire animée en saison. Les plus belles plages se trouvent sur la côte est.

👁 **À ne pas manquer** – Pároikia et la Panagia Ekatontapiliania, le port de Naoussa, Kolimbithres.

🕐 **Organiser son temps** – Comptez deux à trois jours.

🕯 **Pour poursuivre le voyage** – Andíparos, Náxos, Íos, Mýkonos.

Depuis la mer, les blanches maisons du port de Naoussa, au nord de l'île.

Comprendre

Dans l'Antiquité, Páros connaît la prospérité grâce à l'exploitation du **marbre** blanc à grain très fin, dit lychnitis, recherché par les architectes et par les sculpteurs. Sa pureté est exceptionnelle : translucide, cristallin, il laisse passer la lumière jusqu'à 3,5 cm de profondeur (contre 2,5 cm pour le marbre italien de Carrare). Par contre, il est difficile à travailler, car fragile. Le temple de Salomon à Jérusalem fut construit avec le marbre de Páros, c'est tout dire. Praxitèle y sculpta son célèbre Hermès, et la Victoire de Samothrace n'existerait pas sans lui. Les Romains l'exploitèrent à leur tour, faisant travailler nuit et jour des esclaves dans les carrières. Beaucoup plus tard, le marbre de Páros fut utilisé pour le tombeau de Napoléon.

Occupée par les Francs à partir de 1207, l'île connut plusieurs dynasties vénitiennes, avant d'être envahie par les Ottomans, qui y restèrent jusqu'à la guerre d'Indépendance (1825).

Aujourd'hui, Páros est appréciée de la jeunesse athénienne… et italienne. Sur toute l'île, l'essor touristique est considérable. Villages et maisons de vacances, hôtels, pensions, restaurants fleurissent. Le village de Naoussa est devenu l'une des stations les plus branchées des Cyclades avec boîtes de nuit, bars à l'ambiance électrique, boutiques de mode, plages sur fond de musique techno. Pour un peu, on se croirait à Mýkonos…

Se promener

Pároikia★★ (Parikia ou Hora)

La capitale de l'île est d'abord connue pour son port où accostent nuit et jour des ferries venus de toute la mer Égée. Les voyageurs en transit n'aperçoivent que le fameux moulin près duquel s'amarrent les bateaux. Camions, voitures, deux-roues, piétons s'agglutinent ici dans un désordre indescriptible tandis que les bars tout proches diffusent une musique assourdissante. Sur la droite, la promenade du bord de mer, sous le kastro, est également très fréquentée mais nettement plus agréable. Un peu plus loin commence un village aux ruelles éclatantes de blancheur…

Construite à l'emplacement d'une cité antique dont on verra des vestiges dans un enclos à quelques mètres du port (fouilles en cours), Pároikia est composée de deux agglomérations bien distinctes : à gauche du débarcadère s'étend le quartier récent de Livadia (hôtels et restaurants) bordé par des plages, à droite, la vieille ville dominée par un petit fort vénitien.

Vieille ville★

Sa partie basse est composée de longues ruelles, certaines traversant le village de part en part. Lauriers-roses et bougainvillées ombragent les places ; fontaines, passages voûtés et chapelles se succèdent tandis que les maisons anciennes conservent des frontons de marbre gravé. Sur une petite colline où se trouvait l'acropole antique, subsistent les ruines d'un **fort vénitien** (kastro) du 13ᵉ s. aux murs édifiés avec des éléments antiques. Certains d'entre eux proviennent d'un temple dont on distingue les fondations près de la petite église Agios Konstantinos. À côté d'une terrasse qui jouxte la chapelle d'Athéna, vous avez une belle vue sur le golfe de Paros et les collines voisines… idéal au coucher du soleil !

Église de la Panagía Ekatontapiliania★★★

Tlj 7h-22h en été ; reste de l'année 8h-13h, 16h-21h.

Au fond d'une place qui fait face au port, ce sanctuaire byzantin aurait été fondé par sainte Hélène, mère de l'empereur Constantin (280-337), mais l'édifice actuel remonte en partie au 10ᵉ s. Sous les Vénitiens, ce fut la cathédrale catholique romaine, probablement partagée avec les orthodoxes. L'église des Cent-Portes a été partiellement entourée d'un cloître au 17ᵉ s. L'église, assez claire, associe le plan basilical à trois nefs et le plan en croix grecque. Vous y verrez des galeries réservées aux femmes (gynécée), une iconostase en pierre avec une belle icône de la Vierge (17ᵉ s.), le ciborium byzantin du maître-autel soutenu par quatre colonnes antiques.

Une chapelle à droite de l'église dédiée à saint Nicolas abrite des **fonts baptismaux★** remontant au 6ᵉ s. avec piscine en croix grecque creusée à même le sol qui servait pour les baptêmes par immersion. Un petit **Musée byzantin** – *À gauche en sortant de l'église - tlj 9h30-13h, 17h-21h, 9h-22h en été - 1,50 €* – abrite une belle collection d'icônes et d'objets de culte.

Musée archéologique

☎ 2840 212 31 - tlj sf lun. 8h30-14h45 - 2 €.

Il abrite un fragment de la **Table de Páros**, le morceau principal se trouvant à l'Ashmolean Museum d'Oxford. Remontant au 3ᵉ s. av. J.-C., elle retrace, gravée dans la pierre, l'histoire de l'ancienne Grèce, avec la date présumée de la naissance d'Homère. Elle a été retrouvée au début du 17ᵉ s. dans le kastro. Vous découvrirez également quelques statuettes et objets antiques, la plupart en marbre local. Une **déesse callipyge**, effigie en marbre d'une femme obèse, symbolise la fécondité.

Circuits de découverte

Le centre de l'île

Relativement montagneux, il conserve plusieurs villages traditionnels.

Léfkes★

Accrochée à la montagne, dans un beau décor verdoyant (arbres fruitiers, pins, cyprès, palmiers), l'ancienne capitale de l'île était autrefois entourée de nombreux moulins. Les ruelles en pente dévalent vers la mer et sont ponctuées de bancs, d'arcades et de puits taillés dans le célèbre marbre, dont les carrières sont proches.

L'imposante église **Agía Triada** (1885) est dominée par deux clochers de marbre. À l'intérieur, le trône, la chaire et l'iconostase sont également en marbre. Un petit musée évoquant l'artisanat local est installé dans l'hôtel Lefkes Village.

Carrières de marbre (Latomeia Marmárou)

À l'est de Maráthi, un chemin carrossable mène aux carrières de marbre dont l'approche est marquée par des bâtiments abandonnés. À la hauteur d'une chapelle, faire 100 m à pied et franchir le muret à gauche : un sentier conduit aux carrières. Trois *latomeies* (carrières), voisines, présentent des galeries en pente et s'enfoncent loin car le marbre le plus blanc et le plus fin s'extrayait en profondeur. À l'entrée de l'une d'elles, vous verrez un bas-relief antique. Aujourd'hui, les carrières ne sont plus exploitées. En continuant la piste, au-delà des carrières, vous découvrirez l'impressionnant monastère d'**Ágios Minás** fortifié au 17e s.

Le tour de l'île★

Compter une journée. Prendre la route de Naoussa, vers le nord-est.

Monastère Logkovárdas

Par une petite route sur la droite, à mi-chemin entre Pároikia et Naoussa - tlj 9h30-12h - entrée réservée aux hommes en pantalons longs.

La cour ombragée est entourée de bâtiments où vit une communauté de moines. Vous verrez les cellules, les communs, les ateliers de peinture et une intéressante bibliothèque. La façade de l'église est typiquement cycladique. De là, vous avez une **vue** étendue sur la côte.

Naoussa★ (Náousa)

Au fond d'une rade, ce charmant petit port de pêche est dominé par un village tout blanc étagé autour de sa grande église paroissiale. Les ruelles étroites sont inondées de lumière… même la nuit, car en été le village ne dort jamais. Mais le port encombré de caïques multicolores et longé de tavernes de poissons est resté intact. On y mange bien, à l'ombre des vélums et des poulpes séchant au soleil, tout près de l'eau, face au petit fort vénitien en partie immergé.

Musée archéologique – *À côté de la poste - tlj 10h-13h, 18h-20h - 2 €.* Minuscule, il accueille les trouvailles faites dans la région, notamment à **Koukounaries**, un site mycénien et archaïque établi au sud-ouest de Naoussa.

Sortir de Naoussa et longer la côte orientale face à l'île de Náxos bordée de nombreuses stations balnéaires et de plages.

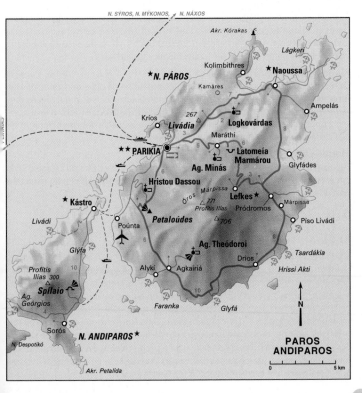

Monastère Agioi Theódoroi

À Angeria, au sud-ouest de l'île, prendre à droite une petite route.

Du monastère, la **vue★** sur la côte, Antíparos et les îlots voisins est particulièrement belle.

Revenir sur la route principale.

Petaloúdes

Au croisement qui mène, à gauche, à Poúnta, prendre à droite une petite route.
Le jardin de la **Vallée des Papillons** est luxuriant et frais. Planté de cyprès, de platanes, de lauriers, de caroubiers, il accueille des milliers de papillons qui viennent s'y reproduire. *Tlj en été 9h-20h - 1,50 €.*

Monastère Christoú Dásou

Au nord de Petaloúdes.

Ce monastère du « Christ de la forêt » construit près d'un col (belle vue) abrite le tombeau de saint Arsénios, patron de

L'une des anciennes fontaines de Pároikia.

l'île. Seules les femmes peuvent visiter les corridors et les cellules de ce couvent.

Musée Scorpios★★

Tlj 10h-12h, 17h-18h - 2 €. En redescendant vers la route principale, en direction de l'aéroport. Ne manquez pas la visite de cet étonnant musée. Le propriétaire, sorte de Facteur Cheval, marin et bricoleur de génie, y a réalisé des **modèles réduits** de tout le patrimoine des Cyclades. Dans la maison, splendides maquettes d'embarcations traditionnelles et historiques. Son épouse se charge de la visite et parle un peu français.

Séjourner

Plages de Naoussa

Plusieurs plages se trouvent à proximité. Celle de **Kolimbithres** (au nord-ouest) est surplombée par des chaos rocheux aux formes originales. La crique de **Monastiri** (accès en caïque au départ du port), située au nord de la rade, couverte de parasols, est très fréquentée. À l'est de celle-ci *(10mn de marche)*, un sentier mène à une plage quasi déserte, même en plein été : sable blond, eaux limpides…

Plages de la côte orientale

Entre **Píso Livádi** et le village de **Drios** s'étend le troisième pôle touristique de l'île. Face aux montagnes de Náxos, les plages sont nombreuses, plus ou moins belles, plus ou moins accessibles. La fameuse plage de **Chrysí (Hrissi) Aktí★** (Golden Beach), au sable doré, est l'une des plus grandes de Páros. Elle accueille des championnats de planche à voile. Vers le sud, la côte devient plus sauvage.

Plages de la côte occidentale

Celle de **Faranka★** est isolée dans un décor de collines arides. Près du village d'Alykí (tavernes) se trouve une plage tranquille. Plus au nord, Agía Eirini a un caractère exotique avec ses palmiers et ses tamaris.

Aux alentours

Andíparos★ (Antiparos)

Accessible en caïque en été au dép. du port de Pároikia (6/j, 30mn, 2 € AR). À Poúnta, un bac transporte les voitures et les visiteurs (ttes les 15mn, 10 € AR/voiture, 1,50 € AR/piéton).
Ancien repaire de pirates maltais et français au 18ᵉ s., cette île tranquille échappe à la foule, même en plein été. La **traversée★** en bateau au départ de Pároikia est belle : après s'être éloigné du port dominé par ses maisons blanches, on longe la côte rocheuse de Páros, puis on frôle plusieurs îlots, dont l'un porte une chapelle d'où l'on se passait jadis des messages lumineux entre les deux îles. L'arrivée dans le port de pêche de **Kástro★**, encombré de bateaux de pêche colorés, est charmante. La rue principale, fleurie, assez longue, s'enfonce vers l'intérieur de l'île. S'y succèdent tavernes et magasins. Les dernières maisons forment les murs de l'ancienne forteresse.

Grotte des Stalactites (Spilia Stalaktikon)

6 km au sud de Kastro -tlj. du 10 mai au 10 sept. 10h-15h - 3 €. 400 marches mènent à une salle monumentale située à près de 100 m de profondeur. Presque aussi large que longue (200 m environ), haute de 20 m, elle abrite une forêt de stalactites et de stalagmites.

Plages

Au sud de Kástro, un joli sentier longe la côte, les plages sont étroites et ombragées de tamaris. Évitez celle du camping, au nord, assez sale. Mais la plus belle, celle de **Livádi★**, à l'ouest, est accessible à pied depuis la route principale.

🐾 Les bons marcheurs peuvent relier Kástro à la plage d'Ágios Geórgios par le sentier côtier qui passe par Livádi *(3h de marche)*.

Páros pratique

Informations utiles

🛈 Un kiosque à côté de l'embarcadère, ouvert en saison. Sur le port, la **Paros Room Association** – 🕾 22840 222 20 – rassemble les propriétaires locaux de chambres et d'hôtels et vous communique (en anglais) des coordonnées en fonction de vos besoins.

L'agence **Cyclades**, à gauche du débarcadère - 🕾 22840 217 38 - www.parosweb.com/cyclades – propose location de véhicules, billetterie et hébergement. L'agence **Polos**, à droite du port – 🕾 2284 022 092 - www.polostours.gr – est similaire.

⚓ www.parosweb.gr (en anglais).

Banque – Distributeurs à deux pas du débarcadère.

Police – En face du port, à côté de la Banque commerciale (Emborio) - 🕾 22840 188 96.

Poste/Téléphone – Bureau de poste, à gauche du débarcadère. **OTE**, à droite de ce dernier, à côté de l'agence Polos.

Santé – **Centre médical** (privé), *à gauche du port, au début de la rue parallèle au quai* - 🕾 22840 244 10 – moderne, sérieux, mais cher.

Centre de soins (public), *à gauche du débarcadère, un peu avant le centre privé* - 🕾 22840 225 00. Médecin français, à Paroikia sur la place du marché - 🕾 22840 220 00.

Deux **pharmacies** à Pároikia, une à Naoussa et une à Márpissa.

Transports

Bateau - Liaisons quotidiennes avec **Le Pirée** (3h15-4h15 de trajet environ), **Rafína** (3h-5h30) et **Lávrio** (2h30) ainsi qu'avec les îles d'**Amorgós** (2h10-5h), **Náxos** (30mn-1h), **Íos** (1h-2h30), **Mýkonos** (40mn-1h30), **Santorin** (3h-8h), **Sýros** (1h-1h30) et **Tínos** (2h-3h40). Liaisons régulières avec **Ándros** (6/sem., 3h40), **Folegandros** (5/sem., 4h10), **Mílos** (3/sem., 5h30) et **Sífnos** (2/sem., 3h20). Liaison hebdomadaire avec **Kéa** (6h50).

Avion – Deux vols quotidiens depuis Athènes (*50mn, 55 €*), et liaisons estivales avec Rhodes et Héraklion (Crète).

Bus – À Pároikia, la gare routière se trouve à gauche de l'embarcadère.

Compagnie KTEL – Les horaires sont affichés au bureau. Cinq lignes : Pároikia-Naoussa (*30mn*), Naoussa-Léfkes-Pisso Livadi (*40mn*), Pároikia-Poúnta (Antíparos), en 15mn ; Pároikia-Alykí-Angeria en 20mn. L'été, il existe également une ligne Naoussa-Dryós et des bus fonctionnent la nuit. À Antíparos, un bus toutes les 30mn assure le trajet Port-Grotte-Soros-Ágios Geórgios.

Location de véhicules – Tous les loueurs se trouvent autour du débarcadère, mais comparez bien les prix, car ils varient parfois du simple au double. Pour les scooters, privilégiez les agences qui utilisent des véhicules neufs et exigez un casque.

Iria Rent a Car – À gauche du débarcadère - 🕾 22840 212 32 - www.iriacars-paros.com. – propose des tarifs compétitifs et un bon service. À Naoussa, l'agence **Sixt**, sur la place centrale, est fiable - 🕾 22840 510 73. Nombreuses stations d'essence sur toute l'île.

Se loger

PÁROIKIA

☞ **Pension Rena** – *À 200 m à gauche du débarcadère, derrière les vestiges antiques* - 🕾 22840 222 20 - www.cycladesnet.gr/rena - 12 ch. Établissement simple et coquet, très bon rapport qualité-prix. On y parle anglais. Pas de petit-déjeuner.

☞ **Hotel Stergia** – *300 m à gauche du débarcadère, dans la rue qui part du restaurant Katerina, à 50 m de la mer* - 🕾 22840 217 45 - 15 ch. Un hôtel très fleuri, propre et confortable tenu par un couple de retraités. Petit-déjeuner servi dans le patio. Accueil d'une grande gentillesse.

😊😊 **Argonauta Hotel** – *Derrière la place du marché, à droite du débarcadère -* ☏ *22840 214 40 - www.argonauta.gr - 15 ch.* Très bien rénovées avec goût, les chambres (équipées de double vitrage) ont toutes des balcon. Accueil charmant et service efficace. Petit-déjeuner en sus : 5 €.

ENVIRONS DE NAOUSSA

😊😊😊😊 **Hotel Petres** – *Sur le même chemin que le précédent, 500 m plus haut -* ☏ *22840 524 67 - www.petres.gr - 16 ch.* Beaucoup de charme, entièrement décoré d'antiquités par les soins de Sotiris et Cléa, une hôtesse hors pair et qui parle impeccablement français. Tennis, piscine, jacuzzi, sauna. Navette gratuite pour Naoussa. Une adresse exceptionnelle !

ANDÍPAROS

😊 **Artémis** – *À 400 m du port sur la droite -* ☏ *22840 614 60 - www.artemisantiparos. com - 30 ch.* Hôtel devant la mer, dans un jardin. Chambres tout confort, balcon avec vue pour celles face à la mer. Petit-déjeuner en sus : 5 €. Bon rapport qualité-prix.

Se restaurer

PÁROIKIA

😊 **Christos** – *À 500 m sur les quais à droite du débarcadère.* Toute petite salle donnant sur la cuisine où l'on choisit les plats du jour. Simple, copieux et exquis. Ne manquez pas les *imam* (aubergines farcies).

😊 **Happy Green Cows** – *Derrière la National Bank, dans une ruelle.* Cuisine végétarienne copieuse et inventive dans un décor multicolore, style art brut.

NAOUSSA

😊 **Sigi Inthios** – *Sur le petit port.* Petite salle tout en longueur avec des tables pressées contre la cuisine. Bonne cuisine grecque revisitée, copieuse et savoureuse. Terrasse en été. Ouvert toute l'année.

😊😊 **Le Sud** – *Ruelle au pied de la grande église.* L'une des meilleures tables des Cyclades : cuisine raffinée, d'inspiration méditerranéenne, par un jeune chef français de talent. Décor sobre et élégant. En saison seulement.

Faire une pause à Pároikia

Le **Pirate Bar**, tout au bout de Market Street, offre une excellente ambiance jazz and blues. Tout près, **The Balcony** possède une agréable terrasse surplombant la ruelle. Plus bas, le **Micro Café**, un café grec revisité avec tables basses et mini-chaises paillées de toutes les couleurs.

Le long des quais, juste après le restaurant Christos, délicieuses glaces chez **Sulla Luna**. Peu de parfums mais une fabrication entièrement artisanale et à l'italienne… Quelques tables dehors avec une bonne musique pour s'attarder devant le coucher de soleil.

Sports et Loisirs

Excursions – Vous n'êtes qu'à 1h de ferry de **Náxos**, l'un des plus beaux ensembles d'architecture médiévale de la mer Égée. Les agences sur le port proposent également de nombreuses excursions à la journée vers **Mýkonos, Délos** et Santorin.

Planche à voile – Les meilleurs spots sont : la baie d'Agia Maria (plages de Santa Maria et d'Alykí), Hrissi Akti (Golden Beach), Nea Hrissi Akti (à côté de la précédente) et Molos. Location de matériel sur place. Renseignements : *www.paroskite.gr* et *www.paroswindsurf. com.*

Plongée – Diving Club Santa Maria – *Sur la plage d'Alykí -* ☏ *22840 530 07.* **Eurodivers Club** – *Plage de Poúnta -* ☏ *22840 920 71 - www.eurodivers.gr.* Tous niveaux ; matériel fourni. **Blue Island** – *À Andiparos -* ☏ *22840 614 93 - www. blueisland-divers.gr.*

Événements

Fêtes – En été, deux manifestations attirent des milliers de gens à **Naoussa**. Le 6 juillet a lieu la fête du Vin et du Poisson et le 23 août des bateaux illuminés viennent dans la rade pendant que des groupes folkloriques dansent sur les quais afin de commémorer l'héroïque résistance des habitants contre le raid tragique, en 1537, de Barberousse.

Santorin★★★

Thíra – Θήρα

12 440 HABITANTS – 83 KM²
CARTE GÉNÉRALE RABAT I B3 – MER ÉGÉE – CYCLADES

La plus spectaculaire et l'une des plus méridionales des Cyclades, Santorin est une île incontournable. L'arrivée en bateau dans cet ancien cratère envahi par les flots voilà des millénaires est un moment inoubliable. La mer s'engouffre dans ce cirque naturel, entouré de falaises gigantesques déclinant toutes les teintes de leurs composants volcaniques : bancs de lave noire, cendres au gris violacé, scories rougeâtres, ruban clair des pierres ponces. Tout en haut, on aperçoit des villages si éclatants de blancheur qu'on croirait voir de la neige… L'immense caldeira à moitié fermée et ponctuée de cônes éruptifs rappelle qu'un cataclysme a secoué l'île à l'époque minoenne, provoquant un raz de marée historique.

▷ **Se repérer** – À la charnière de deux plaques tectoniques, l'île a été démantelée en 5 morceaux à cause des éruptions : à l'ouest, falaises de 200 à 400 m de haut ; à l'est, des pentes douces de lave noire. Attention, le port d'Athiniós se situe au milieu de la caldeira, à 10 km au sud de la capitale, Thíra.

◉ **À ne pas manquer** – Thíra et les hameaux qui bordent la falaise jusqu'à Oía, une excursion en bateau dans la caldeira.

◔ **Organiser son temps** – Comptez quatre jours.

◔ **Pour poursuivre le voyage** – Folégandros, Íos, Náxos.

L'enchevêtrement des maisons de Santorin, à pic sur la caldeira.

Ch. Legrand / MICHELIN

Comprendre

La colère du volcan – Vers 2000 av. J.-C., sur l'île alors ronde et conique, se développe une civilisation raffinée analogue à celle de la Crète minoenne. Vers 1500 av. J.-C., les gaz accumulés et compressés sous la lave provoquent une explosion gigantesque *(voir encadré p.463)*. Un nuage de cendres et de scories ensevelit des cités entières, comme celle d'Akrotíri, retrouvée en 1967. Au 3e s. av. J.-C., un nouveau séisme casse la section nord de l'île, séparant cette dernière en deux. En l'an 46 de notre ère, un cône apparaît au centre de la caldeira, appelé plus tard Palaiá Kaméni (« l'ancienne brûlée »). Du 16e au 20e s., plusieurs cônes volcaniques jaillissent dans la mer, qui se souderont entre eux pour former la Néa Kaméni (« la nouvelle brûlée »). L'éruption de 1866-1870 est spectaculaire. D'autres ont lieu en 1925, en 1939-1941 et en 1950, agrandissant à chaque fois l'îlot de Néa Kaméni. Le 9 juillet 1956, une secousse détruit de nombreuses maisons, faisant une cinquantaine de morts.

Les premières fouilles entreprises à Santorin sont effectuées après l'éruption de 1866-1870 à laquelle avait assisté le géologue Ferdinand Fouqué, qui fait procéder à des sondages sur plusieurs sites. Ayant découvert des vestiges d'habitations et des poteries, Fouqué fait paraître un article montrant que, au moment du grand cataclysme, Santorin était déjà le siège d'une civilisation avancée. Cent ans plus tard, l'archéologue grec Spyridon Marinatos reprend les recherches. Il émet l'idée que la Crète minoenne et Santorin avaient appartenu à un même continent, l'**Atlantide**, siège d'une civilisation brillante et raffinée, ensevelie d'un coup sous l'eau et le feu, ainsi que le décrivit Platon. Les fouilles démontrent qu'avant le cataclysme le même type de civilisation s'épanouissait à Santorin et en Crète, mais sans prouver l'existence de l'Atlantide.

Phéniciens, Spartiates, Égyptiens, Vénitiens, Turcs, Grecs… – Après le grand cataclysme, plusieurs générations de Phéniciens occupent l'île, qui s'appelle alors Kallistè (« la très belle »). Au 9e s. av. J.-C. arrivent les Spartiates, conduits par leur chef Thiras : Kallistè est alors baptisée Thíra en son honneur. Celle-ci demeure colonie ou alliée de Sparte et fait peu parler d'elle jusqu'à l'époque hellénistique. Elle est ensuite occupée par les Ptolémées, souverains de Macédoine qui règnent sur l'Égypte de 323 à 30 av. J.-C. Une partie de la Thíra antique date de cette période florissante.

À la suite de la prise de Constantinople par les croisés en 1204, l'île appartient durant près de quatre siècles aux Vénitiens, qui en font une dépendance du duché de Náxos, puis de celui de Crète. Ils la nomment Santorini, d'après un sanctuaire dédié à sainte Irène. La domination turque (1579-1821) est paisible et prospère. Après l'indépendance, l'île retrouve officiellement son nom antique de Thíra. Elle continue cependant d'être appelée Santorini par l'ensemble des Grecs.

Se promener

Thíra★★ (Fira)

La capitale de l'île se dresse au bord de l'abîme, dans un **site★★★** extraordinaire. Reconstruite après le tremblement de terre de 1956, elle n'a pas le charme d'Oía, l'autre village majeur de l'île. Mais les vues sur la caldeira, les falaises feuilletées de roches volcaniques, les îlots constitués de lave, la mer immense sont magnifiques. Observez les ferries qui passent : d'ici, ils semblent minuscules, ce qui donne une idée de la démesure de l'endroit.

Ville haute

Assez moderne, elle est dominée par la cathédrale orthodoxe (1970), énorme église toute blanche. Boutiques de souvenirs, tavernes, bars se succèdent. La place Théotokopoulou, près de laquelle se trouve la gare routière, est toujours animée.

Musée préhistorique★★

℘ 22860 232 17 - tlj sf lun. 8h30-19h30 - 3 € (billet groupé avec le Musée archéologique). Il abrite les célèbres **fresques★★★** d'Akrotíri. Peintures murales vieilles de 4 000 ans, colorées et vives, elles rappellent les fresques crétoises de la même époque. Le musée retrace également l'histoire de l'île depuis l'époque néolithique.

Ville basse (Kato Thíra)

En contrebas s'étage la ville basse, dédale de ruelles accrochées à la falaise. De cette cascade de maisons en terrasse jaillissent deux églises blanches, Agios Ioannis et Agios Minas, coiffée d'une lanterne.

Quartier catholique★ (Katolika)

Situé au nord, c'est l'endroit le mieux conservé de Thíra, malgré les destructions de 1956. Prenez la rue Agios Mina qui longe le précipice. Les couchers de soleil y sont magnifiques… et très photographiés. Puis marchez dans les ruelles bordées de maisons aux teintes ocre.

Musée archéologique

℘ 22860 222 17 - tlj sf lun. 8h30-15h - 3 € (billet groupé avec le Musée préhistorique de Thíra). Ce musée expose suivant un ordre chronologique : idoles et vases cycladiques du 3e millénaire av. J.-C., céramiques du 8e au 4e s. av. J.-C., fragments de kouroi archaïques, figurines de terre cuite, et statues des époques hellénistique et romaine.

Les vins blancs de Santorin

Le sol volcanique de Santorin est une aubaine pour la vigne. L'île produit un vin blanc au bouquet inimitable, l'un des meilleurs de Grèce. Deux cépages (l'assirtiko, le plus répandu, et le vinsando) donnent des crus fruités : blanc demi-sec ou aidani (connu pour son parfum de jasmin) ou le rare nyhtari. Chose étonnante, les ceps s'enroulent en spirale, les vignerons ayant élaboré cette technique afin que la plante résiste mieux aux vents qui soufflent ici. Des tavernes et des caves proposent des dégustations de vin, notamment à Mesariá et à Megalohori.

Palais Ghizi

Lun.-sam. 10h30-13h30, 17h-20h ; dim. 10h30-16h - 3 €. Cette villa aristocratique datant de 1700 abrite un centre culturel où sont conservés des gravures et des photographies de Santorin avant le séisme de 1956, mais aussi des manuscrits, des éditions anciennes, des costumes, des objets traditionnels.

Non loin, le **couvent des Sœurs de la Charité** a été réhabilité en atelier de fabrication de tapis ouvert à la visite.

Agios Ioannis dresse son haut clocher au-dessus des toits. Tout près, jouxtant le cloître des dominicaines, une église abbatiale se visite… à condition qu'une sœur vous ouvre la porte. L'édifice est un étonnant mélange d'art baroque et d'architecture cycladique.

Centre Petros M. Nomikos

En revenant vers la caldeira - 📞 *22860 230 16 19 - tlj. 10-18h - 3 €.* Ce musée expose des reproductions en 3D des **fresques de l'ancienne Thíra** dont les originaux sont dispersés dans les musées. Pédagogique et évocatrice, cette visite constitue une bonne introduction à la visite du site archéologique.

Au nord, Thíra touche les hameaux de **Firostefani★** et d'**Imerovigli★**. Près de ce village (belle iconostase dans l'église moderne), au fond d'une cuvette, le monastère Ágios Nikoláos date du 17ᵉ s. Au-dessus de la grande cour carrée s'élèvent l'église abbatiale abritant une belle iconostase, mais aussi les communs et les cellules des moniales. À l'ouest du village se dresse la citadelle en ruine de **Skáros**, dans un site très impressionnant, face à l'abîme.

Oía★★★

À 11,5 km au nord de Thíra. Accès par bus, ou en 3h à pied par le chemin longeant la falaise.

La route en corniche, parfois vertigineuse, offre des vues aériennes sur la caldeira et sur la campagne soigneusement cultivée qui descend en larges paliers jusqu'à la mer. Oía, perchée également sur la falaise, est plus paisible que Thíra. La **vue★★★** est magnifique sur le croissant de Santorin, la rade et ses îlots volcaniques. Des

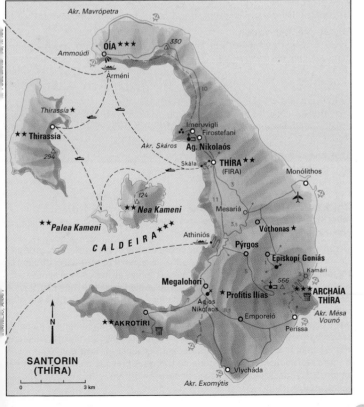

maisons troglodytiques couleur pastel, des maisons patriciennes, des églises blanches, certaines à dôme bleuté, composent ce village typiquement cycladique. Oía est composée de cinq petites localités : Ammoúdi, Arméni, Tholos, Oía elle-même, Finoikia.

Ammoúdi, à la fin du 19e s., était une ville prospère. Une centaine de bateaux dépendaient d'elle, ce qui lui permettait de faire du commerce dans toute la Méditerranée orientale. Cette richesse lui valut de se doter de belles églises, de maisons cossues, de places ornées de marbre. Un petit **Musée maritime** – *tlj sf mar. 10h-14h, 17h-20h - 3 €* – évoque cette période. La plage de cailloux noirs, en contrebas (tavernes), occupe un site exceptionnel.

Visiter

Akrotíri★★
Au sud-ouest de l'île, en longeant la caldeira - ℘ 22860 813 66 - tlj sf lun. 8h30-15h - 5 € (en restauration lors de notre visite).

Cette cité de l'âge du bronze (2e millénaire av. J.-C.) est antérieure à la grande éruption. Enfouie comme Pompéi sous une épaisse couche de cendre imperméable, elle a été découverte en 1967 par le professeur Marinatos qui mourut accidentellement ici en 1974. De nombreuses découvertes furent faites, parmi lesquelles les fresques exposées dans le musée de Thíra. Miraculeusement protégée depuis le cataclysme, Akrotíri livre au visiteur ses rues, ses places dallées, ses maisons à étage dont les escaliers, les portes et les fenêtres ont été en partie conservés. Les grands vases *(pithoi)*, dans lesquels étaient conservés les aliments, ont été laissés à l'endroit où ils furent trouvés. La cité a sans doute été abandonnée par ses habitants avant la catastrophe, car on n'y a pas retrouvé de corps.

Dans les ruines d'Akrotiri.

Thíra antique★★★ (Archaía Thíra)
Sur la côte est. Accès près de Perissa par une route en lacet, laisser la voiture au col de Mésa Vounó d'où part le sentier menant aux ruines - tlj sf lun. 8h30-14h30 - gratuit.

Occupant une étroite crête rocheuse au-dessus de la mer Égée qu'elle domine de près de 400 m, l'antique Thíra fut une cité importante durant la période hellénistique. Elle fut fondée au 9e s. av. J.-C. (donc bien après l'éruption) et atteignit son apogée sous les Ptolémées égyptiens (300-150 av. J.-C.) qui avaient installé ici une base navale. Elle déclina sous les Romains et fut abandonnée au Moyen Âge. Le **site★★★**, ainsi que la cité, sont exceptionnels.

Après un quartier byzantin, vous arrivez dans un enclos sacré. Il a conservé son autel de la Concorde et des inscriptions gravées dans la paroi du rocher. De curieuses sculptures représentent le lion d'Apollon, l'aigle de Zeus, le dauphin de Poséidon.

L'agora était bordée par un temple de Dionysos précédé d'un escalier et par un portique romain, dont subsiste la base. En arrière se trouvait un quartier résidentiel.

Laissez, à gauche, le théâtre datant des Ptolémées et remanié par les Romains et empruntez la Voie sacrée conduisant au temple d'Apollon. Il était précédé d'une cour sur laquelle donnaient deux chambres. Au-delà s'élevaient la terrasse et le gymnase des Éphèbes.

En revenant, prendre à hauteur du théâtre la rue qui monte à gauche vers le sanctuaire des dieux égyptiens Isis, Sérapis, Anubis, taillé dans le roc.

Séjourner

L'île de Santorin comprend plusieurs plages de sable noir et quelques stations fréquentées. En bas des douces pentes du volcan, sur le pourtour de l'île, le rivage est étrange, très différent de celui des autres Cyclades. On perd vite pied (sauf à Monólithos) et les courants sont parfois violents.

Les plages les plus belles se trouvent à l'est et au sud : Monólithos, Kamári (principale station de l'île), Perissa, Vlycháda (connue pour ses rochers sombres), Kokini (Red Beach), Lefki Pigadia (White Beach) et Mesa Pigadia.

Circuits de découverte

Promenade en bateau dans la caldeira★★★

Excursion en bateau traditionnel au dép. du vieux port (Skála), en contrebas de Thíra (on peut partir aussi d'Oía). Un escalier descend de Thíra vers l'embarcadère de Skála (20mn). Si vous ne voulez pas marcher, des ânes vous transporteront. Vous pouvez également prendre le téléphérique (suivre les panneaux « Cable car »). Prévoyez de bonnes chaussures pour la montée sur les reliefs volcaniques, un chapeau, de l'eau et un maillot de bain. Le trajet décrit ci-dessous dure environ 3h. Billets en vente dans les agences. Excursion volcan et sources chaudes, à partir de 15 €, avec escale à Thirassía et Oía, 20 €. Ajoutez 2 € pour marcher sur le volcan.

Néa Kaméni★★

Cette île étrange située au centre de la caldeira et constituée de lave solidifiée noirâtre existe depuis seulement quelques siècles. En 30mn de marche sur un sentier de cendres, vous atteignez le sommet de l'île. La vue est très belle. Des pentes sortent parfois des fumerolles, entre les croûtes de soufre.

Palea Kaméni★★

L'île date du début de notre ère. Le bateau s'arrête à l'entrée d'une crique et vous pourrez gagner le rivage en nageant. À mesure que vous vous en approchez, l'eau, rougie par les boues du bas-fond, devient de plus en plus chaude et des bulles de gaz éclatent à la surface. Le spectacle et les sensations sont étonnants.

Un important cataclysme

Vers 1500 av. J.-C., pendant plusieurs mois, les habitants de l'île subissent des secousses de plus en plus fortes. Le volcan commence à gronder et la population s'enfuit. Sous la terre, l'activité est à son comble. Puis la pression accumulée à l'intérieur de la montagne se décharge brutalement en une monstrueuse explosion, provoquant la destruction du centre de l'île, tandis qu'une colonne de poussière et de cendre de plusieurs dizaines kilomètres monte dans le ciel, plongeant la région dans la nuit. Un raz de marée submerge les côtes voisines, jusqu'en Crète. La vague à sa naissance a probablement quelque 200 m de haut… Au centre de l'île, le nouveau cratère, plus bas que le niveau de la mer, est envahi avec fracas par les eaux. Cette éruption a été l'une des plus violentes de l'histoire des hommes. Les archéologues pensent qu'elle a mis fin à la brillante civilisation minoenne *(voir Crète p.361)*.

Thirassia★

Accessible également par une ligne régulière de caïques au départ d'Oía.

Sur cette grande île qui fait face à Oía, vous pourrez vous baigner dans la baie de Korfou ou monter jusqu'au village de **Manolas**, perché en haut d'un escalier de 145 marches pour profiter d'une autre vue sur la rade et le village d'Oía.

Le bateau fait escale au pied d'Oía avant de rentrer à Skála en longeant les falaises sombres de la grande île.

Le centre de l'île★

Cet itinéraire permet de découvrir quelques beaux villages, églises, monastères. Après Mesariá, au sud-est de Thíra, une petite route sur la droite semble s'enfoncer dans la terre.

Vóthonas

En partie creusé le long d'une faille dans la couche de pouzzolane (scories volcaniques), ce village semble à moitié enterré. De la route qui y mène, on ne voit d'abord que les coupoles des églises, le campanile et la cime des palmiers.

Episkopi Gonias★

À la hauteur de Mesa Gonia, au sud-est de Vóthonas, un chemin carrossable sur la droite conduit au sud du village jusqu'à cette église, appelée encore Panagia Episkopi. C'est l'une des plus belles de l'île. Fondée par l'empereur byzantin Alexis II Comnène à la fin du 11e s., elle renferme des fresques datant de 1100 environ.

Pýrgos

Le village le plus élevé de l'île est composé de rues concentriques, la dernière ceinture de maisons formant rempart. Pýrgos possède quelques belles maisons néoclassiques et des vestiges d'un château vénitien.

Monastère Profítis Ilías★

À 4 km au sud-est de Pýrgos. Ce monastère fondé en 1711 est bâti près du sommet du même nom, point culminant de l'île. De là, vous avez par beau temps une **vue★★** magnifique sur Santorin, la caldeira, les îles voisines (Anáfi, Íos). La bibliothèque et les sous-sols abritent un musée consacré à l'art religieux (icônes, manuscrits, ornements liturgiques) et au folklore local.

Revenir à Pýrgos et poursuivre vers la caldeira.

Megalochóri

Près de ce village (joli clocher surplombant une ruelle), à environ 500 m sur la route de Perissa, s'élève la curieuse chapelle d'Agios Nikolaos Marmaritis, en marbre clair. Il s'agit d'un temple funéraire du 3e s. av. J.-C. fort bien conservé. À l'écart du village d'Emporeio subsistent les beaux restes d'une forteresse vénitienne renfermant quelques maisons anciennes et une église du 15e s.

Santorin pratique

Informations utiles

🚹 Pas d'office de tourisme, mais les nombreuses agences touristiques à Thíra, Oía, Kamári et Perissa proposent tous les services (billets, conseils au logement, excursions, brochures, cartes…). Parmi les plus accueillantes et efficaces, l'agence **Pelican** – *Sur la place principale de Thíra* – ℘ 22860 222 20 - www.pelican.gr. 🌐 *www.santorini.gr (en anglais).*

Banque – Nombreux distributeurs à Thíra, Oía et Kamári.

Police – À Thira – *Odos Martiou, en face de la poste* - ℘ 22860 226 49.

Poste – À Thira - *Odos Martiou.* Bureaux à Kamari et Oía. *Tlj. 8h-14h.*

Santé – **Urgences médicales** (hôpital de Thíra) – ℘ 22860 222 37. À Oía – ℘ 22860 712 27. À Kamári – ℘ 22860 311 75.

Transports

Bateau – Nombreuses liaisons quotidiennes avec **Le Pirée** (3h30-13h20 environ selon le type de bateau), **Íos** (35mn-1h30), **Milos** (1h50-6h), **Náxos** (2h-4h), **Páros** (3h-8h) et **Mýkonos** (1/j,

2h45). Également avec **Sýros** (5/sem., 5h-8h20), **Amorgós** (3/sem., 1h-3h15), **Folégandros** (2/sem., 2h20-3h35), **Kýthnos** (2/sem., 11h30), **Serifos** (2/sem., 8h40), **Sífnos** (2/sem., 7h30) et **Lávrio** (1/sem., 14h30). **Santorin** a aussi des liaisons avec la **Crète** (plusieurs/j, 1h40-4h), **Rhodes** (2/sem., 14h), **Kárpathos** (4/sem., 12h).

En été, de petits bateaux assurent des liaisons supplémentaires entre les Cyclades centrales et vers les petites Cyclades. Dès que le vent se lève, vous y serez très secoué et le temps de traversée sera multiplié.

👁 De jour comme de nuit (en juil.-août), un bus fait la navette entre le port d'Athiniós et Thíra *(terminus juste avant la place Theotokopoulou - env. 1,60 €).* En taxi, comptez 10 € pour Thíra *(prix fixes).*

Avion – Plusieurs vols quotidiens arrivent à l'aéroport international de Santorin (50mn, env. 95 €). Vols vers **Mýkonos** (4-6/sem.), Rhodes (3-6/sem.), Héraklion (2/sem.). À votre arrivée, un bus fait la navette avec Thíra. Il existe aussi des vols charters au départ de Paris et de grandes villes de province, plus chers que pour Athènes.

En bus – Le réseau de bus est dense et fonctionne tard dans la nuit. Les horaires sont affichés sur le kiosque de la station centrale de Thíra, place Theotokopoulou, et aux principaux arrêts. Cinq lignes : Thíra-Imerovigli-Vourvoulo-Oía, Thíra-Mesariá-Pýrgos-Akrotíri, Thíra-Mesariá-Pýrgos-Megalochóri-Emporeió-Perissa, Thíra-Kamári, Thíra-Monólithos.

◉ De Thíra, un bus pour Athiniós part 1h avant chaque bateau. Partez plutôt 2h avant en cas d'embouteillage, car le ferry n'attend pas. Les horaires des bus étant variables, vérifiez toujours à la station de Thíra.

Locations de véhicules – Nombreuses agences. Louez de préférence dans le village où vous résidez (la plupart des loueurs conduisent la voiture à votre hôtel). Pour les scooters, prenez absolument un casque. Nombreuses stations-service, bien réparties sur les routes principales de l'île.

Attention, beaucoup de monde et la plupart, surtout les bus, roulent au milieu de la route, généralement étroite et sinueuse. Même si le réseau routier est de bonne qualité et dessert pratiquement tous les villages et les plages, redoublez de prudence sur cette île où les accidents sont fréquents et les embouteillages nombreux en saison.

Se loger

◉ **Bon à savoir** – Avec Mýkonos, Santorin est l'île la plus chère des Cyclades. Côté caldeira (Thíra, Firostefani, Oía) vous aurez la vue et l'animation mais un trajet de 30mn pour aller à la plage. En compensation, certains hôtels ont une piscine, mais leurs prix sont en conséquence. Le quartier est de Thíra, sans vue, revient moins cher. Si vous privilégiez la baignade, optez pour Kamári ou Perissa (nombreuses liaisons en bus avec Thíra et Oía) qui souffrent pour leur part d'un tourisme de masse.

THÍRA

Les meilleures possibilités de logement se trouvent à Firostefani, le long des falaises, ou juste au sud de la cathédrale orthodoxe (Mitropoli).

◉◉ **Hotel Keti** – *Le long de la falaise au sud de la cathédrale orthodoxe* - 📞 *22860 223 24 - www.hotelketi.gr - 7 ch.* Petites chambres troglodytiques confortables, avec vue sur la caldeira. Très calme.

◉◉◉◉ **Hotel Galini** – *Firostefani* - 📞 *22860 220 95 - www.hotelgalini.gr - 13 ch.* Accroché à la corniche, il propose de belles chambres avec vue sur la caldeira. Bar très agréable et accueil sympathique. Petit-déjeuner en sus : 7 €.

OÍA

◉ **Pension Galini Oia** – *À l'entrée de Oía sur la droite* - 📞 *22860 713 96 - www.galini-ia.gr - 17 ch. et 4 appart.* Ensemble traditionnel plein de charme. Simple et confortable. Vue sur la piscine, les vignes et la mer. Accueil très gentil.

Se restaurer

THÍRA

◉ **Archipelagos** – *Sur la caldeira - www.archipelagos-santorini.com.* Belle terrasse et salle chaleureuse, aux pierres apparentes. Excellents poissons frais et copieuses salades.

◉◉◉ **Selene** – *À l'extrémité de Thíra, après l'hôtel Atlantis - www.selene.gr.* Installé face à la caldeira, restaurant très chic qui propose une nouvelle cuisine grecque très créative : sardines aux pignons et à l'orange, mousse de fromage aux tomates et câpres confites. La carte des vins (locaux et grecs) est très fournie. Très bonne table.

OÍA

◉ **Thomas Grill** – *Dans la rue qui relie la place des bus à l'église.* Taverne sans prétention mais très chaleureuse, fréquentée par les Grecs. Cuisine simple, copieuse et savoureuse. Essayez le *tsatsiki*, très frais, et le *baklava*, fondant.

◉◉◉ **Papagalos** – *Le long de la falaise, le soir seult - www.papagalosrestaurant. com.* Terrasse gris perle sous des canisses, chic et sobre où l'on sert une cuisine grecque revisitée à base de produits biologiques.

Faire une pause

THÍRA

Kastro – *À côté de l'entrée du téléphérique.* Grand bar sur deux étages. Superbe vue sur la caldeira. Excellente adresse pour le petit-déjeuner : jus de fruits frais, pain frais, cake et bon café (env. 6,50 €).

Jazz Bar – *Dans la rue principale.* Une petite salle ocre tout en longueur. Bonne musique. Tranquille.

OÍA

Fanari Bar – *Au bout du village, face à l'île de Thirassía.* Vue imprenable sur l'entrée de la baie et ambiance lounge.

Sports et Loisirs

Plongée – Deux clubs pour plongeurs confirmés. À Akrotíri, **Santorini Dive Center** – 📞 *22860 831 90 - www. divecenter.gr.* À Perissa, **Mediterranean Dive Club** – 📞 *22860 830 80.*

Randonnées – Santorin compte peu de sentiers, mais il y a de jolies balades à faire entre Oía et Fira, autour du mont Profítis Ilías, au sud d'Emporeió et à l'ouest d'Akrotíri.

Sérifos

Σέριφος

1 414 HABITANTS – 75 KM²
CARTE GÉNÉRALE RABAT II C2 – MER ÉGÉE – CYCLADES

Sérifos n'est pas très éloignée du Pirée, et pourtant c'est l'une des moins visitées des Cyclades car sa vocation a longtemps été industrielle et des mines et ont été exploitées dès le 14ᵉ s. Les Vénitiens firent même venir des esclaves en nombre tant le sous-sol était riche. Les divers gisements se sont taris dans l'entre-deux-guerres, et ce n'est que très récemment que l'île s'est ouverte au tourisme, essentiellement athénien. Ses nombreuses baies, criques et plages valent bien celles de ses voisines, et la petite Hora éclatante de blancheur est l'un des beaux villages des Cyclades.

- ▶ **Se repérer** – L'île escarpée aux longues plages de sable semble d'abord aride et rocailleuse, mais son souterrain est doté de nombreuses sources qui assurent la fertilité de ses vallons. L'arrivée en bateau se fait au port de Livádi, distant de 2 km de Hora, la capitale perchée dans la montagne. Les plages se concentrent autour du port tandis que la partie nord-ouest de l'île, déserte et escarpée, est nettement plus aride.

- 👁 **À ne pas manquer** – Hora et une baignade à Psili Ammos.

- 🕐 **Organiser son temps** – Comptez deux jours.

- 🕯 **Pour poursuivre le voyage** – Kýthnos, Mílos, Sífnos.

Se promener

Livádi

Sur la côte orientale, au fond d'une baie abritée du vent, c'est à la fois un port et une station balnéaire de l'île. La station proprement dite s'étire de Pounti, où accostent les ferries, à la plage d'Avlomonas, long ruban de sable et de galets frangé de tamaris. L'architecture moderne, de style cycladique, s'intègre bien au paysage. Derrière s'étendent jardins potagers et orangeraies d'une grande fraîcheur.

Sérifos★★ (Hora)

Accessible en bus au dép. du port ou à pied par de larges marches en pierre (1h).

Dans un **site★** spectaculaire, Hora est un beau village médiéval dominant la baie de Livádi et qui abritait autrefois une citadelle (kastro). Typiquement cycladique, cette étincelante cascade

Une maison du kastro de Sérifos.

de maisons blanches s'accroche à la colline rocheuse aux teintes brunâtres. Ses maisons à un étage, hautes et étroites, bâties avec les pierres de l'ancienne citadelle vénitienne, ses escaliers, ses ruelles en pente, ses petites places fleuries invitent à la flânerie.

Musée d'Art populaire (Laografikó Moussío)

Tlj sf lun. 17h-20h - 2 €. Il présente une collection d'objets de la vie quotidienne du 19ᵉ s. et du début du 20ᵉ s. offerts par des habitants de l'île.

Musée archéologique (Archeologikó Moussío)

Derrière le bar Plateia - tlj sf lun. 8h30-13h - gratuit. Il rassemble des marbres sculptés datant de la période romaine.

Hôtel de ville (Dimarchio)

Sa façade néoclassique de la fin du 19ᵉ s. se dresse sur une jolie place où vous trouverez deux tavernes.

Ágios Athanasios

À gauche de l'hôtel de ville, la masse blanche de cette église du 18e s. est étincelante aux heures les plus lumineuses de la journée. Elle abrite une belle iconostase en bois sculpté.

Kastro

Au sommet de la colline, il ne reste pratiquement rien du kastro vénitien. À la place se dresse une église, Agios Konstantinos et Eleni. De là, vous avez une belle **vue★** sur la baie de Livádi et l'île de Sífnos.

Panagía

À 4 km au nord de Hora.

C'est un joli village typiquement cycladique. Construit sur la pente du mont Troulos (585 m), point culminant, il offre une belle vue sur l'intérieur de l'île. À l'ombre d'un olivier séculaire, l'**église de la Panagia★**, reconnaissable à sa toiture de tuiles bordeaux, est la plus ancienne de Sérifos (10e-11e s.). Le bas-côté droit abrite de remarquables fresques qui dateraient du 13e s.

Monastère des Taxiarques★

À 8 km au nord de Hora. En bus, après le hameau de Galani, prendre un sentier sur la gauche et marcher 2 km. Horaires de visites aléatoires mais en principe 11h-13h.
Construit sur une falaise à 100 m au-dessus de la mer, c'est le plus grand bâtiment de l'île, sorte de forteresse toute blanche édifiée vers 1600. Plusieurs bâtiments s'ordonnent autour d'une agréable cour dallée de marbre et plantée de jasmins et de pins. L'église abrite une belle iconostase.

Kendarhos (Kallisto)

À 10 km au nord de Hora.

Le village est situé sur une colline en amphithéâtre surplombant une petite vallée agricole où poussent vignes, oliviers, figuiers, amandiers, cultures potagères.

Mega Livádi

À 13 km au sud-ouest de Hora.

Au fond d'une baie presque fermée, ce village a été le port de chargement de la bauxite à partir de 1880 et le siège de la société d'exploitation. Bordée de bâtiments en ruine, l'atmosphère de cette jolie plage est étrange, comme irréelle.

La bauxite de Sérifos

Une mine de bauxite fut exploitée sur l'île entre 1880 et les années 1920. Un port (Mega Livadi) fut alors créé de toutes pièces afin d'exporter le minerai enfoui non loin de là. Une petite ligne de chemin de fer fut même construite. Le nouveau village compta jusqu'à 700 habitants et devint l'endroit le plus peuplé de Sérifos.
En 1916, les mineurs firent grève et la répression fut sanglante. Une dizaine d'entre eux périt et quelques policiers furent lapidés par les femmes. Le gouvernement grec appela en renfort la Légion étrangère française, stationnée sur le front d'Orient, qui ramena le calme.

Séjourner

Plages★

Côte est

Depuis Livádi, un sentier permet d'atteindre, en 30mn, la jolie crique de Tspilipaki puis la **plage de Lia★**. Juste derrière, la crique d'Agios Sostis suivie de la plage fréquentée de **Psili Ammos★** dont les eaux sont extraordinairement limpides. Celle d'Agios Ioannis, plus loin, est relativement calme. En poursuivant ce sentier escarpé, vous pouvez retrouver le village de Kendarhos.

Côte sud★

Parmi les criques abritées du meltem, celle d'Ambeli se gagne par le premier chemin de terre sur la gauche après Ramos, un peu avant la fin de la route asphaltée.
Accessibles par une piste, trois grandes plages se trouvent au fond de la baie de Koutalas★.

Côte nord★

Après le village de Panagia, une piste sur la gauche conduit à la baie de Sikamia★, belle échancrure bordée par une grande plage de sable et un petit port.
Au nord du monastère des Taxiarques, Platis Gialos est également une jolie plage.

Sérifos pratique

Informations utiles

À 100 m en descendant du bateau, sur la gauche. Ouvre de temps en temps en été et donne une liste d'hébergements. Trois agences de voyages vendent les billets de bateaux et pourront vous renseigner : **Krinas Travel**, **Condilis** et **Apiliotis**.

Banque – Distributeurs à Livádi.

Police – ☎ 22810 513 00.

Poste – À Livádi, derrière le port.

Santé – Un médecin à Hora mais change tous les étés. Se renseigner. Une **pharmacie** à Livadi – ☎ 22810 512 05.

Transports

Bateau – Liaisons quotidiennes avec **Le Pirée** (2h20 à 5h10 de trajet environ selon le type de bateau), **Kýthnos** (1h20), **Sífnos** (25mn-50mn) et **Mílos** (1h30-2h30). Liaisons hebdomadaires avec **Sýros** (3/sem., 2h10), **Folégandros** (2/sem., 5h), Íos (2/sem., 7h), **Santorin** (2/sem., 8h40) et **Tínos** (1/sem., 5h15).

Bus – Des bus font de fréquentes navettes entre Livádi et Hora, et continuent moins fréquemment vers Galani et Kendarhos. Au bout de la rue asphaltée, là où commence la rue piétonne pavée, à 200 m du bateau, arrêt du bus, panneau jaune avec les horaires.

Location de véhicules – *En sortant du bateau, à gauche du débarcadère*, **Krinas Travel** – ☎ 22810 514 88 – loue des deux-roues et des voitures fiables. Vous pouvez également vous adresser à **Blue Bird** (Nikos Galanos) – ☎ 22810 515 11. Station d'essence à la sortie de Livádi.

Se loger

LIVÁDI

☺ **Hôtel Areti** – *Accès par la 1re ruelle sur la gauche en débarquant* - ☎ 22810 514 79/511 07/515 76 - 13 ch. et 5 studios. Hôtel bien rénové, juste au-dessus du port. Chambres confortables avec balcon. Elles donnent toutes sur une grande et belle terrasse où l'on peut prendre le petit-déjeuner (en sus : 5 €).

☺☺ **Maistrali** – *Au bout du port sur la droite* - ☎ 22810 512 20/513 81 - 20 ch. Reconnaissable à sa façade à colonnettes, cet établissement est un peu à l'écart de l'agitation nocturne du port. Chambres calmes avec une jolie vue sur mer. Petit-déjeuner buffet en sus : 5 €.

Se restaurer

LIVÁDI

☺ **Takis** – *Sur le port.* Cuisine grecque traditionnelle sans surprise mais de qualité. La moussaka est bien. Accueil sympathique.

☺ **Margarita** – *Tout au bout de la route qui longe la plage, par le chemin de terre sur la gauche.* Cette taverne propose d'excellents plats cuisinés très bon marché. Atmosphère authentique.

HORA

☺ **Zorbas** – *Sur la place de la mairie.* Jetez un coup d'œil à la décoration intérieure de cette taverne dont l'accueillant patron, artiste à ses heures, n'est pas peu fier. Bon assortiment de mezes qu'il faut prendre le temps de déguster, le soir, sur la place.

Faire une pause à Livádi

Le long de la plage de Livádi, vous avez l'embarras du choix. Faites-le en fonction de vos goûts musicaux : **Alter Ego** et **Captain Hook** pour les amateurs de musique grecque populaire. Au **Bar Karnagio**, bonne musique rock, avec tables sur la plage. Il y a également une discothèque sur la gauche, l'**Edem Club**, en sortant de Livádi en direction de Hora. Le **Navtikos O Milos**, ou Yacht Club, est un café-bar sous les tamaris, au début de la plage, où l'on peut déguster son petit-déjeuner en contemplant la baie. Le soir, musique moins forte qu'ailleurs et bonne programmation.

Événements

Plusieurs processions commémorent les saints orhodoxes : le 5 mai à Koutalas (sud de l'île), le 6 août, à Ambeli (sud de l'île), le 16 août à Panagia et le 7 sept. à Livádi.

Sífnos★

Σίφνος

2 442 HABITANTS – 74 KM²
CARTE GÉNÉRALE RABAT II C3 – MER ÉGÉE - CYCLADES

Masses rocheuses et arides, maquis composé de broussailles, belles plages de sable clair, coteaux sculptés en terrasse, oliviers centenaires, murets de pierre sèche, villages aux ruelles fleuries, blanches maisons cubiques, moulins, pigeonniers, chapelles, monastères composent sur cette île un paysage cycladique de carte postale… Très fréquentée par les Athéniens, cette belle île est réputée pour ses artisans potiers et a gardé son authenticité en dépit de constructions de plus en plus nombreuses.

▷ **Se repérer** – Les bateaux accostent au port de Kamáres, distant du bourg principal, Apollonía, de 5 km, également carrefour routier de l'île. Les falaises abruptes de sa côte ouest contrastent avec ses vallons plus fertiles à l'est, le nord est assez désertique et les plages se concentrent au sud.

◉ **À ne pas manquer** – Kastro, la plage de Vathi, l'ascension du mont Profítis Ilías.

◐ **Organiser son temps** – Comptez trois jours.

⚲ **Pour poursuivre le voyage** – Mílos, Sérifos.

Ch. Legrand / MICHELIN

Pêcheur de Sífnos rangeant soigneusement ses filets.

Comprendre

Habitée depuis des millénaires, l'île abritait des mines d'or et d'argent exploitées par les Phéniciens, puis par les Minoens et les Ioniens. Le trésor de Sífnos conservé au musée de Delphes *(voir p. 202)* témoigne de cette opulence passée. Malgré la raréfaction de ses métaux précieux, Sífnos fut ensuite convoitée par les pirates, les Vénitiens, les Maltais, les Turcs. Les îliens tentèrent de résister en construisant des villages fortifiés à l'intérieur des terres. Puis la paix revint. À partir du 17ᵉ s., grâce au commerce maritime, la prospérité s'installa de nouveau. Des moines catholiques et orthodoxes y développèrent alors une intense vie culturelle.

Se promener

Kamáres

Le long d'une côte rocheuse, encaissée entre deux montagnes, la baie de Kamáres est étroite. L'attrait principal de ce port devenu station balnéaire à l'ambiance familiale reste sa plage, l'une des plus longues de l'île, bien plane et très propre. Tavernes, cafés et bars bordent la jetée et les ruelles adjacentes. De l'autre côté de la baie se trouve le hameau d'Agia Marina, dominé par une petite chapelle.

Apollonía

Au centre de l'île.

Le nom du chef-lieu évoque le dieu de la Beauté, dont un temple dominait le site. Apollonía est construite en amphithéâtre sur trois collines verdoyantes sculptées de terrasses régulières. Avec les villages de Pano Petali, Artemonas, Katavati, Kato Petali, Agios Loukas et Exambela, elle forme une seule et même agglomération, formant un réseau continu d'habitations dominées par les dômes bleus de leurs églises.

Platia Iroon

Sur la place principale se trouve un petit musée d'Art populaire – *15 juin-15 oct., tlj sf dim. mat. 10h-14h, 19h-23h. 1 €* – exposant outils agricoles et domestiques, vêtements traditionnels, broderies, étoffes anciennes, céramiques, vieilles armes.

Stilianou Prokou

Cette étroite ruelle pavée bordée de cafés, tavernes et boutiques conduit du musée à la cathédrale Agios Spiridon, abritant la belle icône de Chryssopigi.

Ágios Athanassios

Cette église cache aussi un trésor : des fresques et une iconostase en bois sculpté remarquables.

Panagia Iouranofora★ (ou Ghieraniofora)

Dans la partie haute du bourg, en allant vers Pano Petali. C'est la plus belle église d'Apollonía. Construite au 18e s., elle conserve des colonnes provenant d'une église beaucoup plus ancienne et une belle iconostase.

Pano Petali★

Ce village se trouve dans le prolongement d'Apollonía. Vous y verrez l'église Agios Ioannis, de style italianisant, et la **Panagia ta Gournia★** qui abrite des fresques et une belle iconostase de bois.

Plus bas, le quartier d'Agios Loukas ne manque pas de charme avec ses ruelles en pente.

Artemónas★

Juste à côté, le bourg d'Artemónas doit probablement son nom à la déesse Artémis, la jumelle d'Apollon, née comme lui à Délos. Un temple occupait le site où se dresse aujourd'hui l'église de Kochis. Dans ce vieux village où habitaient jadis certains notables de l'île, de petites maisons traditionnelles avec jardins fleuris de bougainvilliers avoisinent des demeures néoclassiques des 18e et 19e s.

L'église **Panagia tis Amou**, au centre du bourg, abrite une belle iconostase, véritable dentelle de bois doré. Quant à l'église **Ágios Konstandinos** (1462), c'est un magnifique exemple d'architecture cycladique. Au sommet de la colline, au-dessus de l'église Agios Merkourios, vous avez une **vue★** magnifique sur Sifnos et les îles voisines.

Kastro★★

Au nord-est d'Apollonía. Accessible à pied (45mn) ou en bus.

Cette cité fut la capitale de l'île de 1207 à 1537 à l'époque de l'occupation vénitienne et le resta sous la domination ottomane. C'est un bon exemple de ville fortifiée juchée en surplomb du rivage. Les murs extérieurs des maisons forment un rempart comme à Folégandros. Aujourd'hui, ce lieu abrite cafés, restaurants et ateliers d'artistes. Escaliers, ruelles étroites, passages voûtés, balcons à l'italienne, colonnes et blasons de marbre à l'entrée des maisons seigneuriales, églises anciennes composent un joli tableau.

Le **Musée archéologique** conserve des statues archaïques et classiques, des céramiques des époques antique et byzantine. *Tlj sf lun. 8h30-15h - gratuit.*

Au pied de Kastro, l'ancien port de Seralia n'est plus qu'une simple crique avec une petite plage bordée de tavernes. Plus haut, deux églises – Agios Stefanos et Agios Ioannis – veillent sur le cimetière de Kastro.

Monastères et églises

Profitís Ilías★

À l'ouest d'Apollonía, au point culminant de l'île. Le sentier commence à 3 km d'Apollonia, à droite de la route menant à Vathi - 2h AR.

Le plus important édifice byzantin de Sífnos ressemble à une impressionnante forteresse. Certaines parties datent du 12e s. La muraille de pierre blanche est dominée de tourelles au-dessus de laquelle surgit la coupole du catholicon. Vous pouvez visiter les galeries, les cellules, des couloirs souterrains. D'ici, par temps clair, la **vue**★★ sur les Cyclades est magnifique. Vous apercevez Sérifos, Sýros, Antýparos, Íos, Síkinos, Folégandros, Polýaigos, Kímolos.

Panagía Poulati

Au nord de Kastro, suivre le sentier côtier. Le long du rivage, perché au bord de la falaise, ce monastère abandonné, édifié en 1871, se dresse dans un **site**★ composé de rochers, d'oliviers et de cyprès qui rehaussent la blancheur de l'église.

 Un escalier grossièrement taillé à flanc de coteau vous permet de rejoindre Artemonas à pied *(30mn).*

Panagía Vrissis

Ses murs fortifiés construits vers 1600 enserrent des cellules et une cour au centre de laquelle se dresse le catholicon. L'une des salles abrite un Musée byzantin.

Panagía Chryssopigi★★

Dédiée à la sainte protectrice de l'île depuis 1650, cette église est construite sur une presqu'île rocheuse, **la pointe de Petalos**. Image symbole de Sifnos, c'est un lieu de pèlerinage très fréquenté.

Séjourner

Plage de Cherronissos

À 15 km au nord d'Apollonía. Ce minuscule port de pêche est blotti au fond d'une crique rocheuse. Une plage de sable, deux tavernes, un quai, des filets de pêche et des caïques composent un joli tableau.

Plage de Vathi★★

Côte sud-ouest, à 9 km d'Apollonía. La plus jolie plage de l'île et son petit port de pêche se trouvent dans une baie cernée de collines où poussent oliviers et broussailles. Le monastère des Taxiarques (16e s.), bâtiment tout blanc coiffé de deux dômes, se dresse sur un môle, au bord du rivage. La plage elle-même est vraiment agréable et bien abritée du vent et des vagues.

Plage de Platýs Gialós

Côte sud, à 6 km d'Apollonía. La plage de sable fin de Platýs Gialós est celle de la principale station balnéaire de l'île. Au nord de la baie, au sommet de la colline dominant la plage, du blanc monastère de la Panagia Vounou (1813), vous aurez un beau panorama.

Faros

Côte sud-est, à 7 km d'Apollonía. Port principal de l'île au 19e s., le village conserve une flottille de pêche. Sur la gauche s'étire la plage de sable d'Apokofto, bordée de tamaris et de tavernes.

J.-P. Nail / MICHELIN

Vue du cimetière immaculée de Kastro.

Sífnos pratique

Informations utiles

🚹 *À Kamáres, au débarcadère, à 50 m sur la droite - ℰ 22840 319 75 - info@sifnos.gr.* Accueil sympathique et dynamique, réservations hôtelières, cartes de l'île (pour les randonnées Topo 25,50 €), horaires et itinéraires des bus, consignes (0,50 €/bagage). L'**Association des propriétaires** de logements locatifs se trouve à Apollonía (en face de la poste) et peut également vous aider à trouver une chambre - *ℰ 2284 313 33.*

🖥 *www.sifnos.gr (en anglais).*

Banque – Un distributeur près du débarcadère, trois à Apollonía et un à Platýs Gialós.

Police – À Apollonía - *ℰ 22840 312 10.*

Poste/Téléphone – À Apollonía, *place Iroon.*

Santé – **Pharmacies** – À Apollonía, *place Iroon et sur la route d'Artemonas - ℰ 22840 330 33/335 41.* **Centre de soins** – À Apollonía - *ℰ 22840 313 15.*

Transports

Bateau – Nombreuses liaisons quotidiennes avec **Le Pirée** (2h40-6h20 de trajet environ en fonction du type de bateau), **Kýthnos** (2h20), **Sérifos** (25-50mn) et **Mílos** (50mn-1h30). Liaisons hebdomadaires avec **Folégandros** (4/sem., 50mn-4h), **Sýros** (3/sem., 3h15-5h10), **Páros** (2/sem., 3h20), **Íos** (2/sem., 6h), **Santorin** (2/sem., 7h30) et **Tínos** (1/sem. 4h20).

Bus – Cinq bus relient les villages de l'île. Horaires affichés à certains arrêts et distribués à l'office de tourisme. Départ des bus de la place d'Artemonas : lignes pour Kamáres, Platýs Gialós, Kastro, Faros, Vathi et Cherronisos. Ils passent tous ensuite à Apollonía (sauf celui pour Cherronisos) et s'arrêtent au carrefour principal.

👁 Mieux vaut prendre le bus à Artemonas : ils y passent tous et il y a des terrasses pour les attendre (parfois longtemps…) à l'ombre.

Location de véhicules – Bons véhicules à Kamares chez **1° Moto Car** – *ℰ 22840 337 91 - www.protomotocar.gr* et **Niki** – *ℰ 22840 339 93.* À la sortie d'Apollonía, **Apollo** – *ℰ 22840 322 37.* Trois stations d'essence dans l'île autour d'Apollonía.

Se loger

PANO PETALI

😊😊😊😊 **Hotel Petali** – *Dans la ruelle piétonne entre Apollonía et Artemonas - ℰ 22840 330 24 - www.hotelpetali.gr - 23 ch.* Les chambres sont décorées avec beaucoup de goût dans les tons ocre et brun. Vue magnifique, piscine très agréable et service sympathique, bien qu'un peu débordé en saison. Restaurant ouvert en saison seulement.

FAROS

😊😊 **Villa Maria** – *Entre le village et la plage - ℰ 22840 714 21 - www.sifnovillamaria.gr - 5 studios et 2 appart.* Autour d'un beau jardin fleuri, studios agréables et bien tenus. Vue sur la mer et les collines. Très calme.

VATHI

😊 **Kalypso** – *Devant la mer, au milieu de la plage - ℰ 22840 711 27 - 5 ch.* Situation idyllique dans un jardin, à 10 m de la plage pour le bain du matin.

Se restaurer

ARTEMONAS

😊 **Liotrivi** – *Devant l'église.* Des petites tables de bois disposées dans un cadre délicieux, pour découvrir la cuisine locale (essayez la soupe de pois chiches cuite dans un caquelon de terre).

KASTRO

😊 **The Star** – *Dans la rue principale.* Accueil adorable de Maria pour déguster une savoureuse cuisine traditionnelle (*moussaka*, croquettes de pois chiches et *pastelo*) sur l'agréable terrasse.

Faire une pause à Apollonía

La vie nocturne se concentre dans odos Stilianou Prokou où il est presque impossible de marcher en été. Très chic, **Argo** propose des cocktails et le Dj fait danser les foules. Sur la route d'Artemonas, **Aloni** organise de bons concerts de musique grecque.

Au carrefour principal d'Apollonía, la pâtisserie **Gerontopoulos** sert toutes sortes de merveilleux gâteaux grecs (à base de miel et d'amandes) ainsi que des glaces maison savoureuses.

Achats

Les **céramiques** (dont les tsoukalia et les flaros qui coiffent les toits des maisons), et les **bijoux**.

Événements

Fêtes – La plus importante est celle de l'église de Chryssopigi (40 jours après la Pâque orthodoxe), généralement suivie de celle de l'église des Taxiarques de Vathi (12 juin).

Durant l'été, les habitants fêtent le monastère Profitís Ilías (19 juil.), l'église Panagia ta Ghournia (15 août), et le monastère Agios Simeon (31 août).

Sýros ★

Σύρος

21 000 HABITANTS – 86 KM²
CARTE GÉNÉRALE RABAT I B2 – MER ÉGÉE – CYCLADES

Sýros ressemble à un pays en miniature : une capitale avec deux cathédrales, une catholique, l'autre orthodoxe, une rade aux eaux profondes, des chantiers navals, un aéroport, des montagnes, une côte sauvage, des criques et des plages, des stations balnéaires, des plaines fertiles, une campagne piquée de villages et de monastères… L'endroit est agréable, bien que très urbanisé et encore peu fréquenté par les touristes étrangers. C'est une île bien grecque, une aubaine pour celui qui veut échapper à l'affluence de certaines Cyclades.

▶ **Se repérer** – La petite île abrite la capitale des Cyclades, Ermoúpoli, la plus grande et la plus dynamique des villes cycladiques, également port principal de l'île. Sýros est plus montagneuse au nord, conservant quelques plaines fertiles au sud. Les plus belles plages se trouvent sur la côte ouest.

👁 **À ne pas manquer** – Ermoúpoli, Áno Sýros, une baignade à Kini.

🕓 **Organiser son temps** – Comptez deux jours.

👣 **Pour poursuivre le voyage** – Ándros, Mýkonos, Tínos.

L'une des deux collines d'Ermoúpoli et ses maisons néoclassiques donnant sur le port.

B. Pérousse / MICHELIN

Comprendre

« L'île du Pape » – Au 13ᵉ s., les occupants vénitiens et génois fondèrent sur les hauteurs, à l'abri des pirates, la citadelle d'Ano Syra (Áno Sýros), où ils construisirent une cathédrale catholique, juchée au plus haut de la ville. Le catholicisme romain se maintint au-delà de 1537, lorsque les Turcs prirent l'île, car, en vertu d'un accord entre François Iᵉʳ et le sultan, les établissements religieux latins étaient placés sous la protection de la France. Plusieurs congrégations s'installèrent d'ailleurs à partir de 1633 : capucins, jésuites, ursulines, lazaristes de St-Vincent-de-Paul. Elles rendaient la justice, administraient écoles et hôpitaux. Au début du 18ᵉ s., le botaniste français Joseph Pitton de Tournefort (1656-1708) pouvait écrire que Sýros était l'île la plus catholique de l'archipel avec 6 000 catholiques romains pour 12 familles orthodoxes.

La nouvelle ville – Après l'indépendance de la Grèce en 1822, des milliers de réfugiés, chassés par les Turcs de Chíos et des îles orientales de l'Égée, trouvent asile à Sýros, au pied de la cité catholique juchée sur les hauteurs. Peu à peu se crée une nouvelle ville, Ermoúpoli, sous le patronage du dieu du Commerce, Hermès. Purement grecque, elle se développe vite, comptant déjà 14 000 habitants en 1828, ce qui en faisait la 2ᵉ ville du pays. Un temps, il est même question qu'elle devienne capitale du royaume de Grèce.

Jusqu'à la fin du siècle, la prospérité règne à Ermoúpoli, qui devient l'un des principaux ports de la Méditerranée orientale. Le commerce maritime, les chantiers navals, les ateliers textiles, les tanneries, la métallurgie enrichissent la bourgeoisie. La ville prend le visage qu'elle a en partie conservé. Avec la collaboration d'architectes étrangers, comme l'Allemand Ernst Ziller, sont construits, dans le style néoclassique, édifices publics, belles maisons à balcons de fer forgé ou élégantes villas qu'habitent armateurs, banquiers ou riches négociants. Une intense activité intellectuelle se développe avec la création d'écoles, d'imprimeries, de journaux et même d'un cercle littéraire. La vie sociale s'exprime dans le carnaval, le théâtre, l'opéra, les concerts, les bals. En 1893, la mise en service du canal de Corinthe porte un coup sérieux à Ermoúpoli, supplantée désormais par Le Pirée. Aujourd'hui, Ermoúpoli est encore très active, attirant nombre d'Européens ainsi qu'une certaine élite athénienne.

Visiter

Ermoúpoli★

C'est, de loin, la plus grande ville des Cyclades en même temps que sa capitale. Ses ruelles médiévales pavées de marbre, ses places monumentales, ses édifices néoclassiques, ses églises d'époques variées, ses larges escaliers, son relief accidenté en font une cité attachante. Le voyageur arrivant en bateau dans la rade découvre le **site★★** de l'agglomération étageant ses maisons blanches sur deux collines. Elle comprend des quartiers bien différents : en bas, la ville néoclassique bâtie au 19e s., centre administratif et commercial ; en haut, à gauche, Áno Sýros, la ville catholique d'origine médiévale, dominée par sa cathédrale ; à droite Vrontado, coiffé d'une église, quartier populaire orthodoxe construit au 19e s. dont la cathédrale au dôme bleuté se trouve en contrebas.

Port de pêche et de plaisance

Au-delà du port de ferries, le port de pêche et de plaisance, en courbe, est bordé de terrasses de cafés et de restaurants. Avec ses sobres immeubles néoclassiques et le marché voisin, c'est l'un des endroits les plus animés de la ville. Vous y trouvez des banques, des agences de voyage, des magasins de souvenirs et plusieurs boutiques proposant les spécialités culinaires de l'île, notamment le délicieux loukoum local et l'*halvadopitta*, un nougat. Après l'élégant bâtiment des douanes (1861) couvert de marbre, une jetée ferme le port : à son extrémité, belle **vue★** sur la ville. La nuit, les lumières des collines se reflétant dans la mer composent un spectacle féerique.

Ville néoclassique★★

Elle s'étend autour de la **place Miaouli★**, dallée de marbre de Tínos, créée de 1876 à 1880 par l'architecte allemand Zeller. Au centre, à côté du kiosque à musique (petits concerts certains soirs), vous verrez la statue de l'amiral qui a donné son nom à la place : Andreas Miaoulis. En 1821, celui-ci a défait à Hydra une partie de la flotte turque en lançant sur elle de vieux navires remplis de poudre…

L'**hôtel de ville★** monumental, qui rappelle un peu le Parlement à Athènes, est dominé par un large fronton et précédé par un grand escalier. Son hall central sert de lieu d'exposition à d'anciennes machines de lutte anti-feu. Il est encadré de deux galeries à verrière. De chaque côté de l'hôtel de ville se dressent deux maisons néoclassiques : à gauche, les archives des Cyclades, à droite le centre culturel Hellas. La place elle-même est bordée de palmiers, d'agréables cafés, d'arcades où il fait bon prendre son temps. Alors n'hésitez pas…

Musée archéologique

Derrière l'hôtel de ville, sur la gauche - tlj sf lun. 8h30-15h - gratuit.
Sa création remonte à 1834. Vous y découvrirez des stèles funéraires, des idoles cycladiques, des sculptures en marbre et des céramiques du 3e millénaire av. J.-C. ainsi qu'une statuette égyptienne en granit noir du 8e s. av. J.-C.
Non loin se dresse l'**église de la Métamorfosis** érigée en 1824 grâce aux fonds réunis par les rescapés des massacres turcs. L'enceinte est pavée de galets de Rhodes. L'intérieur abrite plusieurs belles icônes offertes par les corporations.

Théâtre Apollon★

Tlj 10h30-13h, 18h-20h - 2 €.
En bas de la colline portant le quartier orthodoxe se trouve ce beau théâtre, construit en 1864 par l'architecte français Chabeau. C'est une imitation (miniature) de la Scala de Milan. Au 19e s., les plus grandes troupes d'Europe s'y produisaient, applaudies par l'aristocratie locale.

Le quartier de la **préfecture★** *(autour de l'odos Apollonos, en montant vers la cathédrale orthodoxe)*, très calme, de facture néoclassique, est constitué de belles maisons et de bâtiments à colonnes : préfecture, chambre de commerce, banques, demeures de notables. Plus haut, la cathédrale Ágios Nikólaos (1848-1870), en cours de restauration, est surmontée de deux campaniles et d'un dôme. Elle a été commanditée par la diaspora grecque de Russie et de Turquie et comporte une iconostase sculptée dans le marbre de Páros. Plus loin, perché au-dessus de la mer, s'étend l'élégant quartier de Vaporia, composé de villas néoclassiques construites pour les riches armateurs de la ville. Descendez sur la jetée en contrebas : l'endroit, peu fréquenté, au ras des flots, a beaucoup de charme. La **vue★** sur la cité, la cathédrale orthodoxe, le port, la mer, l'île aux Ânes qui ferme la baie est inoubliable.

En vous dirigeant vers le débarcadère, prenez à droite odos Kitinou pour pénétrer dans l'**église de la Kimissis★**. Vous y découvrirez une **icône du Greco★** représentant la *Dormition de la Vierge*, œuvre de jeunesse du peintre qui, avant de travailler pour la cour d'Espagne s'appelait encore Domenikos Theotokopoulos. *Avr.-août, 7h30-12h, 17h30-18h30 ; sept.-mars, 7h30-12h, 16h30-17h30.*

Musée de l'Industrie Syrote.
Suivez la route principale en direction de l'hôpital en face duquel se trouve ce nouveau musée. Odos Papandreou - tlj. sf mar., 10h-14h, dim. et lun. 10h-14h et 18h-21h - 2,50 €, gratuit le merc.
Installé dans une ancienne usine, il présente les différents aspects de l'expansion économique et marchande de la ville à l'aube de l'ère industrielle. Photographies, outils et machines d'époque constituent un intéressant témoignage de la grande activité de l'île.

Quartier de Vrontado★
Ce quartier populaire dégage un charme étrange. Il commence au-delà des rues néoclassiques d'Ermoúpoli et s'étage sur une colline coiffée par l'église byzantine d'Anastasis. Les immenses **escaliers★** permettent de gagner le belvédère que constitue l'esplanade de l'église, à condition d'en avoir le courage, car les marches sont hautes et irrégulières. Vous aurez des vues étendues sur la mer, le port, les chantiers navals, le quartier néoclassique, le quartier d'Áno Sýros.

Áno Sýros★★
La ville catholique fut construite à partir du 13e s. sur les hauteurs pour des raisons de sécurité avant de s'agrandir peu à peu vers la mer. Cette cité médiévale, composée de ruelles très pentues, est typiquement cycladique : maisons éclatantes de blancheur, venelles, passages voûtés, placettes, jardins microscopiques. Portara en est l'entrée principale. Elle mène au quartier de Plaka, cœur d'Áno Sýros, bordé de boutiques et de tavernes animées. Vous découvrirez de petits musées, notamment une exposition consacrée aux métiers traditionnels et un espace dédié à l'un des maîtres du rébétika, Markos Vamvakaris, enfant de Sýros.
La cathédrale Agios Giorgios a été reconstruite en 1843 à l'emplacement d'une église saccagée par les Turcs quelques années auparavant. De la terrasse précédant l'église, vous avez une belle **vue★** sur la ville et la rade.

Circuits de découverte

Ano Meria★
Le « pays d'en haut », montagneux, se trouve au nord de la capitale, accessible par une unique route. Les plages ne pouvant être atteintes qu'à pied, il est conseillé d'être bien chaussé et d'emporter suffisamment d'eau.

Grotte de Ferikidi
Tourner à droite sur une piste après Mitikas.
Dans un beau paysage, cet antre rocheux aurait abrité Phérécyde, maître du mathématicien Pythagore et natif de Sýros.

Site préhistorique de Chalandriani
Il peut être approché en voiture (mauvaise route sur la droite, mais fléchée).
Dans un décor rocheux, vous découvrirez les restes d'un imposant bâtiment cycladique remontant au 3e millénaire av. J.-C. et ceux d'une nécropole de la même époque. Tout autour, la **vue★** sur les collines sculptées de terrasses et les îles voisines est surprenante.

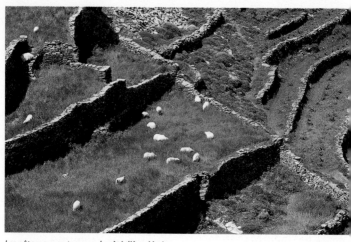

Les pâturages en terrasse du côté d'Ano Meria.

Plages du Nord★

On les gagne par de petits sentiers au départ de Kambos, dernier village avant la fin de la route goudronnée. Un bateau les rejoint également au départ de Kini. Au nombre de deux *(Lia – 30mn ; Marmari – 1h)*, toutes agréables, elles sont orientées au sud-ouest, ce qui assure un ensoleillement jusqu'au soir.

La route du Sud★

La route quitte Ermoúpoli par l'ouest et grimpe jusqu'à un col dominé par une éolienne. À cet endroit, vous avez une vue sur les deux versants de l'île et sur sa blanche capitale étagée autour de sa rade. La descente s'effectue dans un paysage rocailleux. Juste après le col, sur la gauche, le couvent orthodoxe moderne Agia Varvara propose des tissages fabriqués à la main par les nonnes.

Kini★

Sur la côte ouest, ce minuscule port de pêche se trouve avant une ravissante plage ombragée de tamaris. Au-dessus de la jetée, un chemin escarpé (commençant par un escalier qui semble mener à une habitation) domine la côte et aboutit en 30mn à la plage de Delfini, appréciée des naturistes, accessible également par une piste carrossable. Au nord de la plage, le chemin, de plus en plus étroit, traverse une presqu'île et débouche sur une baie isolée où la mer gronde. Au loin, vous apercevez l'île inhabitée de Gyáros.

Galissas

Très prisée en été, la plage se trouve au fond d'une **baie★** fermée par une presqu'île rocheuse et quelques îlots déchiquetés. Au sud, sur un promontoire, l'esplanade d'une chapelle offre une **vue★** circulaire assez étonnante sur la baie et ses deux plages entourées de falaises, mais aussi sur l'arrière-pays *(accès à gauche de la digue par un escalier puis par un sentier parfois un peu raide)*. Au nord, la plage aux fonds marins limpides est fréquentée par des naturistes.

Plages et stations du « grand sud »

La partie méridionale de l'île est moins sauvage. Plusieurs stations balnéaires, bordées de cultures vivrières ou de pinèdes, accueillent les nombreux vacanciers, Athéniens ou habitants d'Ermoupoli pour l'essentiel. **Foinikas** est connue pour son port de plaisance, **Possidonia★** pour ses riches villas nichées dans les conifères tandis qu'**Agathopes** reste le rendez-vous des élégant(e)s. Plus à l'est, vous découvrirez deux stations plus populaires, animées et dotées de plages : Achladi et Azolimnos.

Sýros pratique

Informations utiles

🛈 Un kiosque ouvert en été est installé au milieu du front de mer et distribue quelques prospectus. Beaucoup de renseignements et des conseils efficaces à l'agence **Teamwork** – *face au débarcadère - 𝄞 22810 834 00 - www. teamwork.gr*. Excursions, et vente de tous les types de billets maritimes et aériens.
👣 *www.greekislands.com/syros*.

Banque – Nombreux distributeurs.

Police – *Place Rethimni, près de l'église Agios Nikolaos* - 𝄞 22810 826 10.

Poste/Téléphone – Bureau de poste *odos Protopapadaki* - 𝄞 22810 825 90. **OTE** – À droite de la mairie, place Miaouli.

Santé – **Hôpital** à Ermoúpoli - 𝄞 22810 866 66. Plusieurs **pharmacies**, dont une dans odos Venizelou, près de la place Miaouli. **Dispensaire** à Finikas - 𝄞 22810 426 55.

Transports

Bateau – Liaisons quotidiennes avec **Le Pirée** (de 2h30 à 5h de trajet environ selon le type de bateau), **Lávrio** (2h30-5h20), **Tínos** (25mn-40mn), **Mýkonos** (30mn-1h10), **Páros** (1h-1h30) et **Náxos** (2h15-3h). Liaisons hebdomadaires avec **Santorin** (5h-8h20), **Ios** (4/sem., 5h), **Ándros** (3/sem., 2h), **Sérifos** (3/sem., 2h10), **Sífnos** (3/sem., 3h15-5h10), **K & a** (3/sem., 4h30), **Amorgós** (2/sem., 6h30-8h40) et **Mílos** (1/sem., 7h30).

Avion – 4 vols par semaine dans les deux sens entre Sýros et Athènes (*75 €*).

Bus – Il existe un bon réseau de bus, dont le terminal est installé à droite du débarcadère. Plusieurs départs quotidiens pour Galissas, Finikas, Posidonia, Mega Gialos, Vari, Azolimnos et Kini. Deux bus par jour pour Áno Sýros, Dili, Ano Mana, Parakopi, Finikas, Posidonia. Attention, les horaires changent le dimanche. Se renseigner.

Location de véhicules – Plusieurs agences de location sur le port. L'une des moins chères est **Syros rent a car** – 𝄞 22810 837 77 - www.syrosrentacar.com – avec de bons véhicules.

Se loger

ERMOÚPOLI

⊖⊖⊟ **Espérance** – *Odos Folegandrou et odos Akti Papagou* - 𝄞 22810 816 71 - www.esperance.gr - *32 ch.* Trois maisons néoclassiques, dont deux situées dans la même rue, proposant de jolies chambres et studios décorés avec beaucoup de goût. Pas de petit-déjeuner.

⊖⊖⊟ **Hermès** – *Place Kanari, au bout du quai, à droite en venant du débarcadère -* 𝄞 22810 830 11/12 - info@hermes-syros. com *71 ch.* Le grand hôtel d'Ermoúpoli,

avec de beaux salons. Chambres avec balcons donnant sur la mer ou un beau jardin. Petite salle de fitness et plage de galets en contrebas. Ouvert toute l'année.

⊖⊖⊟⊟ **Syrou Melathron** – *5 odos Babagiotou* - 𝄞 22810 859 63/865 71 - www.syroumelathron.gr - *21 ch.* Chambres très élégantes dans un ancien hôtel particulier néoclassique datant de 1850 et situé au cœur du vieux Sýros. Internet dans les chambres. Belle terrasse sur le toit.

MEGA GIALOS

⊖⊖ **Hotel Alkyon** – *Indiqué à 10mn de la mer* - 𝄞 22810 617 61 - www.alkyonsyros.gr - *25 ch.* Hôtel moderne très confortable où l'on parle français. Chaque chambre possède un balcon et l'on peut profiter de la grande piscine, du tennis ou du jeu d'échecs géant installé dans le jardin. Très bien desservi par les bus.

Se restaurer

ERMOÚPOLI

⊖ **Nisiotopoula** – *Dans la ruelle parallèle au port.* Salle à manger bleu et jaune et quelques tables dehors où l'on déguste une savoureuse cuisine grecque « comme à la maison ». Portions très copieuses. Accueil chaleureux. Excellent rapport qualité-prix. Essayez les boulettes de tomates et de courgettes et le yahourt au miel, divin.

⊖ **Ioanina** – *Sur le port, à gauche de l'hôtel Hermès.* Grande salle traditionnelle qui se prolonge par une terrasse en bord de mer où l'on sert un délicieux agneau à la broche (la spécialité). Service rapide et bon rapport qualité-prix.

Faire une pause à Ermoúpoli

À l'heure du goûter, allez au ravissant salon de thé **Megaron**, juste derrière le port, avec sa jolie décoration rétro. Sur le port, on peut boire un bon café dans la librairie **Plastigga**, à côté de l'hôtel Diogenes (quelques livres en français). Pour les pâtisseries, essayez celles de **Kanakari**, véritable bonbonnière kitsch située sur la route de l'hôpital.

Casino de Sýros – *Au milieu du front de mer* - 𝄞 22810 844 00. Roulette, black-jack, poker et machines à sous, mais aussi une grande salle de restaurant et un night-club.

Événements

Les deux plus grandes fêtes de Sýros sont le carnaval et la cérémonie du Vendredi saint. De mi-juil. à mi-août, festival culturel Ermoupolia, avec concerts de musiques classique et grecque, théâtre, expositions.

Tínos ★

Τήνος

5 203 HABITANTS – 195 KM²
CARTE GÉNÉRALE RABAT I B2 – MER ÉGÉE – CYCLADES

Souvent balayée par le meltem, Tínos est un des hauts lieux de la religion chrétienne. Surnommée « île de la Vierge » par les Grecs, elle accueille des pèlerins toute l'année, notamment lors de la fête de l'Assomption. Ce jour-là, une foule immense défile derrière une icône miraculeuse portée en procession par des marins. Longtemps vénitienne (de 1207 à 1715), Tínos abrite une forte communauté catholique, surtout présente dans les villages de l'intérieur, tandis que les orthodoxes habitent en général Hora. Mais l'île n'est pas seulement une terre religieuse. Des montagnes, des centaines de pigeonniers, quelques plages magnifiques, une côte préservée composent un paysage d'une grande beauté.

- ◗ **Se repérer** – Alignée dans le prolongement de l'Eubée entre Mýkonos et Ándros, à moins de 3 km de cette dernière, Tínos est dominée à l'est par l'imposant mont Tsiknias (729 m). L'arrivée se fait au port de Tínos (Hora).

- 👁 **À ne pas manquer** – La basilique de la Panagia, les pigeonniers traditionnels.

- 🕐 **Organiser son temps** – Comptez trois jours.

- 👣 **Pour poursuivre le voyage** – Ándros, Mýkonos, Sýros.

Détail du décor typique des pigeonniers traditionnels qui font la réputation de l'île.

Visiter

Tínos ★ (Hora)

Très simple et animée toute l'année, la blanche capitale de l'île est à la fois un port (exigu) et une ville agréable. Ses rues animées sont bordées par de nombreux commerces et restaurants.

Panagia Evangelistria ★★

Tlj 9h-12h - gratuit. La large avenue Megalocharis, que certains pèlerins gravissent à genoux, mène à cet imposant sanctuaire de marbre blanc (19ᵉ s.) qui domine la ville. La découverte, en 1822, par une sœur (sainte Pélagie) d'une icône supposée miraculeuse est à l'origine du pèlerinage rassemblant fidèles et malades. Une grande cour entourée de portiques encadre l'église à laquelle vous accédez par un escalier monumental. À gauche en entrant dans la nef, l'icône sainte est enrichie de joyaux et accompagnée d'innombrables ex-voto représentant des cœurs, des jambes, des bateaux.

En contrebas de l'église se trouve la cavité où l'icône a été découverte.

Dans un bâtiment annexe, vous découvrirez un petit musée d'Art religieux (icônes) et une pinacothèque, où sont rassemblées des œuvres d'artistes originaires de Tínos, tels que Lytras, Gysis, Lacovidès, Halepas.

Musée archéologique

Tlj sf lun. 8h30-15h - 2 €. Le style du bâtiment édifié en 1969 sur la voie d'accès au sanctuaire rappelle celui des pigeonniers de l'île. Il abrite des objets antiques, notamment un colossal vase à provisions *(pithos)* du 7e s. av. J.-C. provenant du mont Exómvourgo et de belles amphores à reliefs.

Monastère de Kechrovouniou★

À 6 km au nord-est de Hora - tlj 7h-11h30, 14h20-19h - pantalons et jupes longues de rigueur. Ce monastère des 10e et 11e s. est un véritable village composé de maisonnettes, de ruelles et de petites places disposées autour de l'église Kimissis tis Theotokou. Celle-ci abrite une belle iconostase de bois sculpté et des fresques. Vous verrez également la cellule de sainte Pélagie et un petit musée avec icônes des 18e et 19e s. et objets cultuels. Les paysans vendent les produits fabriqués ici : sachets de verveine, bougies ou miel.

Mont Exómvourgo

À 9 km au nord de Hora, puis 1h de marche AR. Laissez le véhicule près du village du même nom. Cette petite montagne (553 m) aride dominée par une croix blanche porte les ruines d'une citadelle vénitienne bâtie à l'emplacement d'une acropole antique. Du sommet, vous avez un beau **panorama★** sur l'île et quelques Cyclades, notamment Mýkonos et Sýros.

Les plus beaux villages du centre de l'île★

Comptez une journée entière pour avoir le temps de les découvrir. Ils sont si nombreux (plusieurs dizaines) et si proches les uns des autres que le mieux est de se promener au hasard, sans chercher à suivre un itinéraire précis. Dans chaque village, les ruelles tortueuses et les passages sous voûte forment une protection contre le vent et le soleil, et autrefois contre les pirates.

Agapi

Il a conservé la disposition médiévale propre à tous les villages fortifiés du centre de l'île : son enceinte est composée des murs extérieurs des maisons situées sur ses bords. On trouve dans la campagne environnante de beaux pigeonniers traditionnels.

Arnados

C'est le plus haut village de l'île. Non loin de l'église paroissiale, un **Musée religieux** présente des icônes provenant des églises de l'île, des objets cultuels, des vêtements sacerdotaux et des livres liturgiques. *Tlj sf lun. 8h30-15h - gratuit.*

Dio Horia

Juste au-dessus de Triandaros se trouve un beau village avec une fontaine communale typique de Tinos. Perdez-vous un moment dans les ruelles dominées par l'église Kimissis tis Theotokou (Dormition de la Vierge), la plus ancienne du village.

Koumaros

Au milieu des oliviers, c'est un village traditionnel accroché à la pente de l'Exómvourgo. Vous aurez une belle vue sur le nord de l'île.

Loutra

L'ancien collège est un imposant bâtiment qui abrita un séminaire de jésuites, en majorité français, qui s'implantèrent dans l'île au 17e s. L'intérieur, qui comprend un minuscule musée des Arts et Traditions populaires, garde quelques-uns de leurs meubles.

Messi

Son étonnante église colorée évoque l'architecture religieuse d'Amérique centrale.

Moundados

Ce village abandonné est parcouru de ruelles pavées et chaulées. Figuiers et mûriers embaument… Sur le toit (accessible par un escalier) de l'église Agios Ioannis tou Prodromou (St-Jean-Baptiste), vous aurez un beau panorama.

Skalados

Le clocher de l'église est un bel exemple d'architecture locale. À la sortie du village, de la terrasse de l'épicerie-café, vous aurez un magnifique point de **vue★** sur la vallée qui s'étire jusqu'au golfe de Kolimbithres. Alignés sur la crête du versant opposé, les villages de Kambos, Tarabados et Smardakitos scintillent au soleil, petites taches blanches piquées au-dessus des champs en escalier et des oliveraies. Dans la vallée qui s'étire jusqu'à Komi, vous pourrez admirer de beaux **pigeonniers** anciens.

Sklavohori

Ce village comprend une église catholique et un remarquable lavoir communal du début du 19e s.

Triandaros

Il occupe une coulée de verdure. En entrant dans le village, vous verrez les lignes ondulantes de l'étonnant pignon de la façade d'Agioi Apostoloi (1887). De là, une piste d'environ 4,5 km rejoint la plage de galets de Lichnaftia. Quelques maisons dispersées dans une végétation luxuriante de roseaux et de pins créent une atmosphère attachante.

Tripotamos

C'est un charmant village entouré d'arbres et de champs. Par ses ruelles silencieuses, descendez vers l'église Eisodion tis Theotokou (l'église de la Présentation de la Vierge) au riche

Une ruelle traditionnelle à Tinos.

décor de marbre et dont la terrasse pavée de galets découvre une jolie vue sur la vallée et la mer.

Volax

Un embranchement à droite mène à ce hameau perdu au milieu des prés. Çà et là, parmi les maisons, vous remarquerez de grosses boules rocheuses d'origine volcanique.

Xinara

C'est le siège de l'évêché catholique de Tinos. La grande église épiscopale dédiée à la Vierge ne manque pas de charme.

L'Exo Meria★

Comptez une journée. 70 km AR. Prendre la direction de Parnomos au nord-ouest de Hora.

Pigeonniers de la vallée de Tarabados★★

La route traverse des paysages magnifiques ponctués de pigeonniers à étages. Dans la vallée (à Kambos, prendre la direction du hameau de Tarabados tout proche) se trouvent les plus beaux de l'île, accrochés à la pente, au milieu de mûriers et d'oliviers. Certains datent de la période vénitienne.

Kardiani★

Au milieu des oliviers, des cyprès, des chênes verts et des figuiers, les blanches maisons de Kardiani surplombent la mer. Les deux églises, Genethliou tis Theotokou et Agia Triada, sont très belles.

Istérnia

Le bourg étage ses maisons autour d'une grande église aux dômes revêtus de faïences.

Musée des Artistes d'Istérnia – *Tlj sf lun. 8h30-15h - gratuit.* Ce modeste musée présente les artistes locaux.

La route franchit ensuite une sorte de col puis redescend, dans un paysage sec et rocheux, sur l'autre versant de l'île.

Pýrgos★

En contrebas apparaît une bourgade, qui abrite encore des ateliers où l'on travaille le marbre des carrières voisines.

Musée des Artistes locaux – *Tlj 11h-13h30, 17h30-19h30 - 1,50 €.* Vous pouvez y admirer le travail des sculpteurs tiniens.

Pánormos★

À l'extrémité de la route, au fond d'une baie, se trouve ce joli port, abrité du vent par des collines rocheuses.

Séjourner

Plages

Deux grandes plages, **Ágios Markos** *(à l'ouest de Hora)* et **Ágios Fokas** *(à l'est)*, bordées de tamaris, sont les plus fréquentées de l'île. La grande plage de **Kionia★** (à 3 km à l'ouest du port) est nettement plus agréable. La crique rocheuse de Stavros (à mi-chemin entre Ágios Markos et Hora) offre un abri apprécié des baigneurs les jours de grand vent.

Pointe sud-est

Face à Mýkonos, elle comprend deux belles plages : Ágios Ioannis Porto, petite baie sablonneuse d'accès facile et station balnéaire très fréquentée en été, et surtout **Pachia Ammos★** *(accessible par une piste)*, superbe croissant blond bordé de dunes et fermé par deux pointes rocheuses.

Tínos pratique

Informations utiles

🛈 L'excellente agence **Kalypso** centralise les renseignements touristiques, *odos Taxiarchon, dans la ruelle qui longe le café Epileckto* - 𝄞 *22830 254 07 - touroffice@thn.forthnet.gr.*

♿ *www.tinos.gr, www.tinos.tv* et *www.tinos.biz* (en anglais).

Banque – La plupart des banques, le long du front de mer, possèdent un distributeur. Un distributeur à Pyrgos.

Police – À *Hora*, en face du second débarcadère, à la sortie ouest de Tínos – 𝄞 *22830 222 55* et *22830 313 71*.

Poste/Téléphone – À droite du port, à côté de l'hôtel Tinion, bureau de poste *ouv. lun.-vend., 7h30-14h. (après 10h, attente garantie).*

Agence **OTE**, dans Mégaloharis avant la basilique.

Santé – **Centre de soins**, à l'extrémité est de la ville (montez vers la place Vidali, laissez deux rues sur la droite, puis poursuivez tout droit ; le centre se trouve à environ 500 m) – 𝄞 *22830 222 10/237 81.* Fonctionne l'été.

Plusieurs **pharmacies** à Hora.

Transports

Bateau – Plusieurs liaisons quotidiennes avec **Le Pirée** (3h-5h30 de trajet environ selon le type de bateau), **Lávrio** (2h20), **Rafína** (2h-3h40), **Ándros** (1h30), **Mýkonos** (15mn-40mn), **Sýros** (25mn-40mn), **Náxos** (1h30-2h15) et **Páros** (2h-3h40). Liaisons hebdomadaires avec **Sérifos** (1/sem., 5h15) et **Sífnos** (1/sem., 4h20). Attention, autour du 15 août, à Pâques et chaque week-end, ces bateaux sont bondés.

Sur les quais, les agences **Blue Star** et **Agoudimos Lines** se partagent la vente des billets.

Bus – La station de bus **KTEL** est située en face du débarcadère, juste à côté de l'agence de voyages **NEL** (consigne gratuite de bagages). Les horaires y sont affichés. La compagnie dessert à peu près tous les villages et les plages de l'île.

Location de véhicules – Le réseau routier est de bonne qualité mais vous aurez du mal à louer une voiture le week-end si vous n'avez pas réservé. Véhicules sûrs chez **Vidalis** – *À droite du port - odos Trion Ierarchon et Alavanou* - 𝄞 *22830 234 00 - www.vidalis-rentacar.gr* et chez **Takis Wheels** – *Odos Trion Ierarchon* - 𝄞 *22830 228 34.*

Trois stations-service à la sortie de Hora en direction de Triandaros, une à mi-chemin sur la route de Tripotamos ; une un peu avant Steni. Pas d'essence entre Tripotamos et Pánormos. La plupart des stations sont fermées le dimanche.

Se loger

HORA

🛏 **Eleana** – *Odos Agio Ioannou 1* - 𝄞 *22830 225 61/238 24 - 17 ch.* Tout au bout de la rue des taxis, coincée entre deux adorables églises, une grande bâtisse dont les chambres, sommaires, sont impeccables.

🛏🛏 **Voreades** – *Après l'église Agios Antonios, à gauche du débarcadère* - 𝄞 *22830 238 45 - www.voreades.gr - 12 ch. et 1 appart. pour 4.* Belle demeure de style traditionnel, décorée avec beaucoup de goût (pierres apparentes, antiquités, lits à baldaquin) autour d'un petit patio intérieur. Le petit-déjeuner est servi sur une agréable terrasse qui domine le port. Excellent accueil de Maria, qui parle français, et Panagioti.

🛏🛏🛏 **Hôtel Tinion** – *À droite du port, à côté de la poste* - 𝄞 *22830 222 61 - www.tinionhotel.gr - 18 ch.* Cet hôtel tout blanc, vieux d'un siècle, a une allure presque coloniale qui a son charme. L'équipement, bien qu'un peu désuet, offre un confort très correct. On parle français.

ÁGIOS FOKAS

🛏🛏🛏 **Golden Beach** – *À 10 m de la plage du même nom et à 1,5 km de Hora, devant l'arrêt de bus* - 𝄞 *22830 225 79 - www.goldenbeachtinos.gr - 19 studios.*

Très bel ensemble de style typiquement cycladique, aménagé dans un vaste et agréable jardin fleuri et planté de palmiers, avec une taverne attenante très correcte.

Se restaurer

◉ **Bon à savoir** – Parmi les spécialités de l'île, vous trouverez à la carte du veau (*moschari*), le meilleur de Grèce, du lapin (*kouneli*), de l'agneau (*arnaki*) ou de la chèvre (*katsiki*), au four ou avec une sauce au citron (*lémonato*) ou à la tomate (*kokini salsa*). Vous pouvez aussi goûter à la *froutalia*, omelette aux pommes de terre et à la saucisse de porc.

HORA

Arkyra – *Devant le jardin d'enfant, à côté du port*. Petite ouzerie familiale, toute bleue, qui a conservé sa petite salle fraîche en pierres apparentes. Très bonnes fritures de poissons et savoureux *graviera* (fromage local). Service attentif et bon rapport qualié-prix.

Kapilio – *Odos Aristidou Kodogiorgi*. Salle tout en longueur et quelques tables sous la tonnelle, trois tonneaux et des photographies des grands joueurs de rebétiko… et surtout l'accueil chaleureux d'Adonis. C'est ici qu'il faut venir écouter la musique grecque live le samedi soir vers minuit. Le vin de la maison est délicieux. Essayez le porc en sauce moutarde et le tzatziki aux câpres.

ISTERNIA

To Thalassaki – *En arrivant sur Isternia, descendre à gauche jusqu'à la plage d'Ormos Isternia*. Une très bonne table pour découvrir la finesse de la gastronomie tinienne les pieds dans l'eau. Les mezes (anchois marinés, tzatziki) sont très frais, le poisson grillé impeccable et le halva au miel et à la pistache est tout simplement sublime. Ravissant décor mais accueil frisquet.

Faire une pause à Hora

Dans Market Street, le **Sympossio** propose une ambiance plutôt lounge tandis qu'un peu plus haut, sur la droite, le **Mycro Café**, tout coloré, est fréquenté par les plus jeunes. Plus loin, le Kaktos Bar est parfait pour un verre au coucher du soleil.

Achats

Belles **céramiques** et très jolies cartes postales à Hora dans la boutique Cybelle *au début de la rue Trion Ierarchon*. **Vannerie** à Volax et **sculptures en marbre** à Pyrgos.

Dans les pâtisseries de Hora essayez les **tiropitakia**, petits feuilletés sucrés au fromage blanc, des loukoums et des **amigdalota** (délicieux nougats aux amandes ; également vendus dans le bateau en provenance de Syros).

Goûtez aussi le **graviera**, un fromage à pâte cuite.

Sports et loisirs

Plongée – De belles sorties sont possibles à Tinos. Contactez le club **Diving in Blue** – *www.divinginblue.gr* ou l'agence Kalypso.

Événements

Fêtes – Entre les fêtes de la Vierge, celles des saints et des événements plus prosaïques comme la distillation du raki (en automne), Tínos ne manque pas de panegiri, ces banquets villageois animés de musique traditionnelle (renseignements auprès de l'agence Kalypso) : Kardiani, 50 jours après Pâques (mi-juin), Agia Paraskevi à Isternia (26 juillet, où toutes les maisons des villageois sont ouvertes), Agia Marina à Pyrgos (17 juillet), Agios Ioannis à Komi (le 29 août), fête de la Vierge à Tripotamos (21 novembre).

Le **Dodécanèse**★★

À quelques kilomètres des côtes turques, cet archipel de l'Égée orientale est marqué par mille ans de culture byzantine et son brassage des populations et des cultures. Le Dodécanèse comprend outre douze îles principales, d'où son nom, quelque 200 îlots. Ces îles jouèrent un rôle politique et commercial important dès l'Antiquité, et constituèrent un avant-poste de la chrétienté au Moyen Âge. Intégrées à l'Empire ottoman au 16e s., elles passèrent sous domination italienne en 1912 et furent rattachées à la Grèce en 1948, mais l'enjeu géopolitique demeure. Les plages, un paysage riche et varié, le climat et une douceur de vivre authentique attirent nombre de touristes.

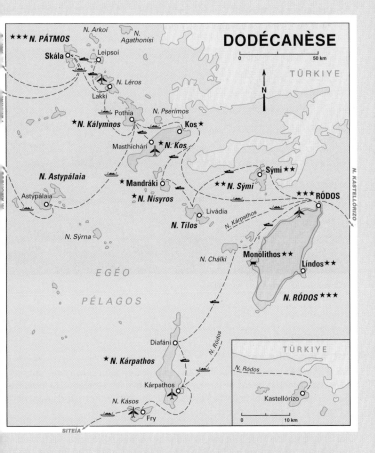

Se repérer – Le Dodécanèse compose un nom au sein de la région des îles de la mer Égée méridionale. Il prit ce nom en 1908 quand les îles s'unirent contre le gouvernement turc. La capitale est Rhodes-ville. Aux douze îles principales (Astypálaia, Kálymnos, Kastellorizo, Kárpathos, Kásos, Kos, Léros, Nísyros, Pátmos, Rhodes , Tílos, Sými) s'ajoutent d'autres plus petites comme Chálki près de Rhodes, et Leipsoí près de Pátmos. Kárpathos, Kos, Léros et Rhodes sont accessibles en avion au départ d'Athènes et de Thessalonique. Kos et Rhodes sont aussi reliées à de nombreuses villes européennes. En bateau, le Dodécanèse est accessible au départ du Pirée et de Thessalonique via les Cyclades mais le trajet est très long. Les dessertes sont dans l'ordre : Astypálaia, Kálymnos, Léros, Pátmos ou Astypálaia, Kálymnos, Kos, Nísyros, Tílos, Sými, Rhodes et parfois Kárpathos. Un bateau relie Síteia (Crète) à Rhodes.

Astypálaia
Αστυπάλαια

1 238 HABITANTS – 96 KM²
CARTE GÉNÉRALE RABAT I C3 – MER ÉGÉE – DODÉCANÈSE

Non loin des Cyclades, Astypálaia est montagneuse et relativement fertile. Les deux parties de l'île, qui ressemble à un papillon, sont reliées entre elles par un isthme étroit, non loin duquel se trouve la capitale, une belle cité aux blanches maisons dominée par une forteresse vénitienne. Sa situation en fait un lieu peu fréquenté, même en haute saison.

▶ **Se repérer** – L'île la plus occidentale du Dodécanèse est à égale distance (45 km) d'Amorgos et de Kos ; elle est entourée de nombreux petits îlots.

👁 **À ne pas manquer** – La ville d'Astypálaia et son beau Kastro vénitien.

🕓 **Organiser son temps** – Compter une journée.

🚶 **Pour poursuivre le voyage** – Kos, Amorgós.

Belle vue sur Hora et son port tranquille.

Se promener

Astypálaia-ville (Hora)

Étagé à flanc de coteau, ce joli village est composé de maisons anciennes, dont certaines possèdent un balcon de bois remontant à la période vénitienne. La forteresse du 13ᵉ s. abrite une église (Evangelistria). En contrebas se dresse le couvent de la Panagia Portaïtissa qui accueille, le 15 août, une fête religieuse.

Le **Musée archéologique** présente les objets trouvés dans les tombes mycéniennes d'Armenochori et de Syngairo, ainsi que de nombreux éléments d'architecture classique et hellénistique – ☎ 22430 615 00 - juil.-oct. : tlj sf lun. 11h-13h, 17h- 22h30 ; nov.-juin : 9h-14h30 - gratuit.

Análipsi (Maltezana)

À 9 km de Hora.
Sur l'isthme reliant les deux parties de l'île, ce village de pêcheurs devient une station balnéaire. Ne manquez pas le retour de la pêche, tôt le matin.

Vathy

À 20 km au nord-est de Hora.
Ce village est accessible par une piste ou en bateau au départ de la baie de Vaï. Dans la baie très abritée se trouvent quelques grottes marines.

Livadi

À 1 km au sud de Hora.
Cette station balnéaire est dotée d'une belle plage.

Astypálaia pratique

Informations utiles

🛈 À Hora, ☎ 22430 614 12.
🌐 www.astypálaia. com.

Transports

En bateau – 4 fois/sem., l'île est reliée au port du Pirée. De **Kálymnos**, 3-4 dép./sem., d'**Amorgós**, 2 dép/sem.
En avion – 1vol/j pour **Athènes** (1h).

Se loger

🍽 **Paradissos** – *Hora - sur le port -* ☎ *22430 612 24 - avr.-oct.* Chambres propres, récemment rénovées. Accueil sympathique.

Se restaurer

🍽 **Akti** – *Hora - sur le port -* ☎ *22430 611 14.* Petites terrasses très agréables. Cuisine grecque typique.

Faire une pause

Toxotis – *Hora, sur le port.* Dans un cadre agréable (terrasses sur le toit). Fait aussi restaurant.

Événements

Le 15 août, grandes festivités pour l'Asssomption.

Chálki

Χάλκη

313 HABITANTS – 16 KM²
CARTE GÉNÉRALE RABAT I C3 – MER ÉGÉE – DODÉCANÈSE

À l'ouest de Rhodes, la petite île de Chálki est réputée pour son atmosphère paisible. Autrefois elle était habitée par des pêcheurs d'éponges, dont nombre ont émigré en Amérique. Le retour de certains d'entre eux ayant fait fortune a permis de développer un peu l'activité touristique.

▶ **Se repérer** – Petite île montagneuse pourvue de nombreuses criques, plages de sable et calanques ; on ne s'y déplace qu'à pied.

🕐 **Organiser son temps** – Compter une journée.

🧭 **Pour poursuivre le voyage** – Rhodes.

Se promener

Port

Bien restauré, ce village calme a une architecture néoclassique qui rappelle celle de Sými *(voir p. 516).*

Les choklakia

Dans nombre d'îles du Dodécanèse, vous remarquerez sur le sol des mosaïques décoratives composées de galets noirs et blancs, parfois rouges. Les plus anciennes figurent des motifs géométriques. Ensuite furent représentés des fleurs ou des bateaux. À Chálki, comme à Sými et Líndos, vous pourrez en admirer de beaux exemples.

Monastère Ágios Ioánnis

🚶 À 6h/AR à pied, par une route se transformant en piste, puis en sentier. Prévoyez de l'eau et un chapeau.
En lui-même, ce monastère abandonné n'a pas grand intérêt, mais le chemin pour s'y rendre est magnifique.

Île d'Alimia

Accessible en caïque au départ du port de Chálki, cette petite île est restée sauvage.

Chálki pratique

Transports

En bateau – Le mieux est de partir de Kamiros Skala, au sud-ouest de **Rhodes-ville** (liaisons tlj). De Rhodes-ville 3/sem. Depuis **Le Pirée** pour Chálki en été 2/sem., seulement 1 en hiver.

Se loger

👁 Il existe quelques chambres chez l'habitant et un seul hôtel. Il est donc indispensable de réserver.

🛏 **Chalki** – *Sur le port,* 📞 *22460 453 90 - 29 ch.* Balcons avec belle vue. Accès direct à la mer.

Se restaurer

🍽 **Maria** – *Sur le port.* Bonne taverne proposant des spécialités locales.

Faire une pause

Café Theodosia – *Sur le port.* Glaces et pâtisseries.

Événements

Le 29 août, fête de l'île au monastère d'Ágios Ioannis Alargas.

Kálymnos★

Κάλυμνος

16 441 HABITANTS – 93 KM²
CARTE GÉNÉRALE RABAT I C2 – MER ÉGÉE – DODÉCANÈSE

Pendant des siècles, la principale activité des habitants de Kálymnos a été la pêche aux éponges. Désormais importées de Floride, elles continuent à être traitées et commercialisées sur place, pour le plaisir des touristes, dont l'arrivée massive a enrichi l'île de façon considérable. En dépit d'une urbanisation toujours plus grande, l'île a su garder des paysages d'une sauvage grandeur : montagnes arides, plages agéables, sentiers bordés de plantes aromatiques…

▷ **Se repérer** – Entre Léros (au nord) et Kos (au sud), Kálymnos fait face à la presqu'île de Bodrum en Turquie. L'île montagneuse aux impressionnants rochers est appréciée des amateurs d'alpinisme.

👁 **À ne pas manquer** – La vallée de Vathýs, la route littorale nord et ses panoramas.

🕐 **Organiser son temps** – Compter deux jours.

🎿 **Pour poursuivre le voyage** – Kos.

Se promener

Kálymnos (Pothia)

La ville n'a été créée qu'en 1850. L'arrivée en bateau est impressionnante. Le long des quais et sur les pentes s'alignent de hautes maisons aux couleurs blanc et bleu (les couleurs nationales), souvent construites dans le style néoclassique insulaire, témoin d'une certaine aisance.

Sur le quai central, vous trouverez un petit **musée de la Marine** qui explique ce que fut la pêche aux éponges – *Tlj 8h-13h30, w.-end 10h-12h30 - 2 €.* Plusieurs ateliers-usines se visitent.

Au nord-est de la ville, vous pourrez visiter le **Musée archéologique** aménagé dans la maison seigneuriale d'un riche marchand Vouvalis édifiée au 19ᵉ s. *Tlj sf lun. 10h- 14h - gratuit.*

Aux alentours

Chorio

Au nord-ouest de Pothia. L'ancienne capitale de l'île fut délaissée vers 1850 au profit de Pothia.

Pera

Au nord-est de Chorio - tlj 8h30-15h - gratuit. Un escalier rejoint le château de Pera dans un beau site. La promenade vaut surtout pour le magnifique **point de vue★** que vous aurez sur une partie de l'île et la mer.

La côte ouest, assez urbanisée, comprend plusieurs belles plages : Kandouni, Linaria, Platys Gialos, toutes trois au sud de Myrties.

Pointe nord★

Au nord de Myrties, le paysage devient plus sauvage, et la route est magnifique. Emporeios est un charmant bourg côtier.

Vallée de Vathýs★

Au nord-est de Kálymnos, c'est une merveille de fraîcheur avec ses orangeraies et ses vignes. **Rina** est un hameau charmant. Le port de **Vathýs** se trouve au fond d'une crique étroite qui ressemble à un fjord.

Kálymnos pratique

Informations utiles

🛈 Kiosque blanc sur le débarcadère *(à l'arrière du bar)* - ☎ 22430 508 79 - *ouv. mai-oct. : tlj 9h-21h.*

🖮 *www.kalymnos-isl.gr*

Banque – *Sur le port :* Banque nationale de Grèce et banque Alpha.

Poste/Téléphone – Poste centrale, 450 m à l'arrière du quai *(rue en venant de Panormos).* L'**OTE** se trouve juste en face.

Santé – Hôpital - ☎ 22430 230 25.

Police – ☎ 22430 221 00.

Transports

En bateau – De Pothia, liaisons en ferry avec **Le Pirée** (6/sem.), *via* Pátmos (4/sem.), Náxos et Páros (2/sem.). Liaison avec **Rhodes** (6/sem.), *via* Kos (6/sem.) et Sými (1-3/sem.). Liaisons également avec **Sámos** (4/sem.), **Chíos**, **Lésvos** et **Límnos** (1/sem.).
En catamaran (tte l'année) et en hydroglisseurs (avr.-oct.), liaisons avec **Rhodes**.
👁 De Myrtíes, des caïques rejoignent l'îlot de Telendos *(en saison 8h-24h).*
Capitainerie – Au débarcadère - ☎ 22430 293 04.

En avion – L'aéroport est à 5 km au nord-ouest de Pothia.

En bus – Station de Pothia - *N de la cathédrale (à l'entrée de la route vers Emporeos). Tickets en vente aux supermarchés voisins.* Liaisons avec Panormos, Vathýs, Vilhadia et Emporeos.

En deux roues – *Agences sur le port.* Idéal pour faire le tour de l'île.

En voiture – *Agences sur le port.* Circulation difficile à Pothia.

Se loger

POTHIA

🛏 **Panorama** – *À gauche en montant du port* - ☎ 22430 231 38/69734 202 69 - *smiksis2003@yahoo.gr - 13 ch -* 🍴. Toutes les chambres ont un balcon pour admirer la vue panoramique.

🛏 **Villa Themelina** – *Au NO de la ville, à côté du Musée archéologique* - ☎ 22430 226 82 - 23 ch - 🍴. Belle villa datant de 1930, entourée d'un jardin aux mille senteurs.

VATHÝS

🛏 **Pension Manolis** – *À l'arrière du rest. The Harbour (accès par la terrasse)* - ☎ 22430 313 00/69468 278 39 - *www.pension-manolis.de - 6 ch. et 2 appart -* 🍴. Au bout du petit chemin muletier, une maison élevée au-dessus du port et de la vallée, entourée de grands massifs fleuris et d'agrumes.

Se restaurer

POTHIA

🍴 **Xefteries** – *Ruelle au N de la rue allant à Panormos* - ☎ 22430 286 42 - 🍴. Ancien restaurant aux allures de cantine. Cuisine simple et pleine de saveur : marmite de pois chiches aux oignons, gratinée d'oignon aux haricots, calamars au riz.

🍴 **Eklekti mezedes** – *Sur le port,* ☎ 22430 287 27 - 🍴. Une institution locale, où l'on accompagne son verre d'une salade et d'un poisson du jour.

VATHÝS

🍴 **The Harbour** – *Sur le quai à droite* - ☎ 22430 312 06 - 🍴. L'accueil est sympathique : poisson du jour, *domades*, omelettes garnies.

Événements

Pour **Pâques**, manifestations folkloriques sur la place centrale de Kalymnos.

Festival international de plongée la 1re sem. de juil.

Achats

Achetez vos **éponges** dans les ateliers, goûtez au **miel au thym**.

Kárpathos★

Κάρπαθος

5 750 HABITANTS – 300 KM²
CARTE GÉNÉRALE RABAT I C3 – MER ÉGÉE – DODÉCANÈSE

Entre la Crète et l'île de Rhodes, cette île s'allonge du nord au sud tel un immense serpent de mer cerné par la Méditerranée. Montagneuse, elle est restée à l'écart de l'Histoire dont ses brillantes voisines sont si riches. Mal connue, car excentrée, Kárpathos réserve des paysages d'une beauté étonnante, des plages superbes et sauvages.

▶ **Se repérer** – Kárpathos est l'île la plus méridionale du Dodécanèse, avec la petite île de Kásos, à 10 km au sud-ouest. Troisième île de l'archipel, longue de 50 km, elle est surtout habitée au sud ; la partie nord, une bande large de 5 km, est difficile d'accès par défaut de route goudronnée.

👁 **À ne pas manquer** – La côte nord et ses panoramas, les villages perchés dans la montagne, les spécialités comme les *loukoumades*, les *makarones*…

🕐 **Organiser son temps** – Comptez trois jours de visite.

🚶 **Pour poursuivre le voyage** – Rhodes.

Se promener

Kárpathos (Pigadia)

Au sud-est de l'île, la capitale est aussi le principal port de Kárpathos. L'endroit est sympathique avec son débarcadère animé et ses tavernes de poisson. De nombreux hôtels ont été construits par des émigrés revenus au pays.
À 6 km au sud de la ville se trouve la plage d'Ammopi, orientée plein sud.

La côte est et le nord de l'île★★

La côte orientale est sauvage et grandiose. Hauteurs, criques et longues plages de sable, belles et très peu fréquentées, se succèdent.

En venant de Pigadia, sur la droite avant d'arriver à Apéri, une piste descend sur 3 km jusqu'à la belle **plage d'Achata** couverte de petits galets et entourée de hauteurs arides.

Le trajet **Apéri-Spoa★★** par la côte n'est faisable qu'en véhicule tout-terrain, ou à pied. L'itinéraire révèle des panoramas extraordinaires sur l'île, non seulement sur le rivage et la mer immense, mais aussi sur les montagnes. Les plages de Kyra Panagia, d'Apella et d'Agios Nikolaos sont les plus belles de l'île.

Entre Spoa et Ólympos, une autre piste permet de gagner le nord de l'île. Sur la droite, les plages d'Agios Minas et de Forokli sont superbes et peu fréquentées.

Moulins traditionnels de Kárpathos.

Ólympos★

Perché sur un éperon, ce village fortifié semble sorti tout droit du Moyen Âge : il a peu changé depuis sa fondation en 1420. La plupart des vieilles femmes portent le costume d'autrefois, une robe noire, un foulard, un revers de manche brodé de motifs colorés, des chaussures ou bottes de cuir. Ici, les habitants sont très attachés à leurs coutumes, et le dialecte local, très ancien, est souvent utilisé.

Une **maison traditionnelle** est ouverte au public. Sa pièce unique est dotée d'un pilier central autour duquel s'entassent lits pliants, bibelots, icônes et photos de famille. Au-dessus du village se perchent plusieurs moulins à vent dont l'un est encore en activité.

Diafáni

Deuxième port de l'île, au nord-est de l'île, c'est un lieu de séjour agréable, très animé à l'arrivée des (rares) ferries.

La côte ouest★

Nettement plus fréquentée que la côte est et longée par une route, elle est bordée par plusieurs plages ensoleillées jusqu'aux dernières heures du jour. De la route, vous aurez de magnifiques points de **vue**★ sur la montagne et sur la mer, d'où jaillit l'île voisine de Kásos. Près du sympathique bourg d'Arkasa, non loin de la plage de sable Ágios Nikólaos se dresse la petite **basilique Agía Sofia**, vieille de quinze siècles. À l'intérieur, vous découvrirez des mosaïques et des vestiges remontant à l'époque paléochrétienne.

Les villages de la montagne★

Dans la montagne, vous découvrirez des villages inchangés, dont les blanches maisons étincellent au soleil.

Othos

Dans ce bourg animé, vous verrez de grandes maisons cossues, un modeste marché et de nombreuses tavernes. Ici habite le peintre du pays, Saunis Hapsis, qui vend ses tableaux naïfs. Il vous fera visiter le minuscule **Musée ethnographique** où a été reconstitué un intérieur traditionnel.

Aux alentours

Ile de Kásos

Accessible en ferries au départ de Kárpathos ou en avion (petit aéroport). Deux hôtels se trouvent sur le port de Fry.

Tout près de Kárpathos, cette île est peu fréquentée. Vous y découvrirez de belles côtes rocheuses mais pas de grandes plages. La capitale, **Fry**, est un petit port bordé de restaurants où se dégustent des poissons frais. Non loin se trouvent quatre villages, typiques, et plusieurs criques où gronde la mer. La crique de **Kelatros**, à 15 km de Fry, est la plus belle de l'île.

Ile d'Armáthia

Accessible au départ de Fry (sur l'île de Kásos). Des excursions sont organisées à la journée. Pas d'hébergement sur place.

Elle est bordée de magnifiques plages de sable, souvent désertes, qui plairont aux amateurs de solitude et d'horizons infinis.

Kárpathos pratique

Informations utiles

🄸 Possi Travel – *Odos Apodimon Karpathion - Pigadia* - ℰ 22450 222 35 - tlj 9h-13h, 17h-19h30, dim. 8h30-10h15. La principale agence de voyage de l'île.

Police – ℰ 22450 222 22.

Banque – Banque nationale de Grèce - *Odos Apodimon Karpathion - Pigadia*.

Poste – *Odos 28 Oktovriou - Pigadia*.

Santé – Centre de santé - ℰ 22450 222 28.

Transports

En bateau – Liaisons avec **Le Pirée** *via* la Crète, Santorin et Milos (2/sem.) et **Rhodes** *via* Diafáni (3/sem.).

Bateau-taxi : de mai à octobre, tlj 8h30-18h.

Navettes entre Pigadia et Diafáni et excursions à la carte pour les plages de la côte est (Kira Panagia, Apela, etc). Capitainerie – ℰ 22450 222 27.

En avion – L'aéroport est situé à la pointe sud de l'île, à 18 km de Pigadia. Liaisons avec **Rhodes** (2-3/j) et **Athènes** (5/sem., 3 en hiver).

En voiture – C'est la meilleure solution pour explorer l'île. La route de Spoa à Ólympos devrait être asphaltée en 2007. Loueurs concentrés à Pigadia, sur la route d'Aperi, à 1 km du port.

L'île comprend 4 stations-service, toutes situées à la sortie de Pigadia (2 en direction d'Aperi et 2 en direction de l'aéroport).

Se loger

PIGADIA

🛏 **Hôtel Dolphin** – *Au-dessus du débarcadère* - ℰ 22450 226 65/69761 316 32 - *www.dolphinstudios.gr* - *6 ch. et 4 appart.* - 🚫. Quelques chambres claires et spacieuses, dans une charmante ruelle qui mène à deux chapelles isolées au bout de la baie de Pigadia. Pas de petit-déjeuner.

ADIA

⊖ **Pine Tree** – *Plage d'Adia -* 📞 *22450 290 65 - www.pinetreerestaurantkarpathos.cjb.net - 9 ch. et 3 appart.* 🍴 *- mai-oct.* Établissement isolé dans la baie d'Adia, cernée par les versants abrupts du massif du Kali Limni, couverts de pins. Bananes, citrons, figues et autres produits du verger égaient le petit-déjeuner. Camping gratuit à l'ombre des pins pour les amateurs !

ÓLYMPOS

⊖ **Hôtel Aphrodite** – *Haut du village -* 📞 *22450 513 07 - 8 ch. -* 🍴. Petites chambres agréables, dont certaines au-dessus du vide. Passionné d'artisanat, Nikolaos Filipakis vous ouvrira la porte de la chambre traditionnelle de sa mère, couverte de boiseries sculptées, de broderies et d'assiettes peintes.

LEFKOS

⊖ **Hôtel Krinos** – *À l'entrée du hameau -* 📞 *22450 714 10 - www.krinos-hotel.com - 42 ch. -* 🍴 *- avr.-oct.* Grand hôtel familial au-dessus des rochers. Les chambres disposent toutes d'un balcon avec vue sur la mer. Dancing à la grecque pour soirées conviviales.

Se restaurer

PIGADIA

⊖ **To Ellinikon** – *Odos Apodimon Karpathion -* 📞 *22450 239 32.* Excellente table où l'on choisit en cuisine : assiette variée de légumes cuits, *makarones*, spécialité de l'île à base de pâtes oblongues, *stifado* de chèvre, etc.

ÓLYMPOS

⊖ **The Milos** – *Au bout du village, près des moulins -* 📞 *22450 513 33. -* 🍴 *- mai-sept.* Au choix, vue sur la mer ou la montagne pour déguster des spécialités cuites sous vos yeux, dans le four traditionnel.

DIAFANI

⊖ **Restaurant Anixis** – *Près de l'église -* 📞 *22450 512 26. -* 🍴 *- mai-oct.* Savoureuse cuisine maison : *dolmades* aux feuilles d'hibiscus, *loukoumades*, beignets nappés de miel et saupoudrés de cannelle, et pain cuit à l'ancienne, dans un four ancien.

Plages

La plupart des plages, à l'exception de celle de Pigadia, d'Amopi (la plus fréquentée) et d'Agios Nikolaos à Arkasa, sont accessibles uniquement par chemin carrossable ou par bateau-taxi. Les plus belles se concentrent sur la côte est : Kira Panagia, Agios Nikolaos (Spoa), Agios Minas et surtout **Apela**.

Kastellórizo (Megísti)

Καστελλόριζο μεγίστη

406 HABITANTS – 9 KM²
CARTE DODÉCANÈSE P. 483 – MER ÉGÉE – DODÉCANÈSE

Dernière terre européenne avant l'Asie, Kastellórizo n'est qu'à un kilomètre des côtes turques. Plus proche de Beyrouth que d'Athènes, elle a été très convoitée au cours de sa tumultueuse histoire et sa population s'est souvent exilée, notamment en Australie. Aujourd'hui, cet endroit étonne par son calme, une faune et une flore très riches. Le port fortifié, les jolies plages et quelques grottes marines composent un ensemble attachant. L'île, protégée des vents du nord par les montagnes turques, est particulièrement chaude et sèche en été.

- **Se repérer** – À plus de 100 km à l'est de Rhodes, Kastellórizo est la plus lointaine et la plus petite des douze îles qui ont donné leur nom au Dodécanèse.
- **À ne pas manquer** – Une excursion en bateau jusqu'à la magnifique grotte de Parastá.
- **Organiser son temps** – Comptez un jour de visite.
- **Pour poursuivre le voyage** – Rhodes.

Comprendre

Une île perdue au destin singulier – Colonisée dès l'Antiquité, Kastellórizo fut tour à tour occupée par les chevaliers de Rhodes, puis par les Turcs, puis par les Russes (au début du 19e s.), avant d'être rattachée à la Grèce. Pendant la Seconde Guerre mondiale, elle a été bombardée massivement par l'aviation italienne. Elle comptait plus de 15 000 habitants voilà une centaine d'années (contre 406 aujourd'hui). La Turquie revendique l'île. Un traité stipule qu'au cas où la population tomberait à moins de 200 habitants, cette terre serait rattachée *de facto* à sa puissante voisine. Subventionnée par la Grèce et l'Union européenne, Kastellórizo a réussi à faire cesser l'émigration grâce à un ambitieux programme de réhabilitation et au développement touristique.

Se promener

Megísti (Port)

C'est un lieu séduisant composé d'une cinquantaine de maisons néoclassiques. Elles sont dominées par une citadelle bâtie par les chevaliers de Rhodes.
Le petit **musée de Megísti** abrite des collections byzantines et d'art populaire – *22460 492 83 - tlj sf lun. 8h30-14h30 -gratuit.*

Parastá, la grotte bleue★

Accessible en bateau au départ du port.
Cette magnifique grotte a une couleur bleutée phosphorescente. En fin de journée, les stalactites prennent une teinte réellement magique.

Kastellórizo pratique

Informations utiles

www.kastellorizo.de (en anglais). Renseignements pratiques et hébergement.

Transports

En bateau – De **Rhodes**, 4 ferries par semaine en été. Des caïques privés font l'aller-retour vers **Kas** en Turquie.
En avion – Un avion (37 places) relie l'île à **Rhodes** 5 fois par semaine.

Se loger

Megisti – Sur le port - *22460 492 72 - www.megistihotel.gr*. L'un des deux hôtels de l'île (les autres adresses sont des pensions), très bien entretenu. Certaines chambres ont vue sur les côtes turques. Terrasse-solarium d'où l'on peut plonger dans la mer.

Se restaurer

Lazarakis – Un lieu charmant où déguster fruits de mer et poissons. Accueil francophone.

Kos

Κώς

30 500 HABITANTS – 290 KM²
CARTE GÉNÉRALE RABAT I C3 – MER ÉGÉE – DODÉCANÈSE

L'île natale d'Hippocrate offre un relief plus doux que ses voisines, dessinant de belles baies propices au sport nautique et au farniente. Elle est aussi porteuse d'un puissant héritage archéologique, et fourmille de sites, ruines et forteresses qui séduiront les amateurs d'Histoire. Mais elle doit son succès à une vie nocturne débridée, notamment à Kos-ville et à Kardámaina, deux des plus grandes stations balnéaires de Grèce.

- ▶ **Se repérer** – Au centre du Dodécanèse, Kos est la 2e île de l'archipel par la superficie. Toute en longueur, elle s'étire sur plus de 40 km pour seulement 10 km de large.
- 👁 **À ne pas manquer** – Le sanctuaire d'Asclépios dominant la plaine de Kos, le bourg de Kéfalos et la ville de Kos.
- 🕐 **Organiser son temps** – Compter deux à trois jours de visite.
- ⏱ **Pour poursuivre le voyage** – Nísyros, Kálymnos.

Une harmonieuse colonnade antique à Kos-ville.

Se promener

KOS-VILLE★

Capitale de l'île, Kos ne manque pas de charme avec son port dominé par le majestueux château des Chevaliers, ses terrasses de cafés, ses promenades de palmiers et ses jardins fleuris d'hibiscus rouges. Le soir, les rues sont envahies par une foule considérable tandis que bars et boîtes de nuit diffusent de la musique.

Platia tou Platanou★

Centre touristique de la ville, la place du Platane est ombragée par un arbre de 14 m de circonférence vieux de plusieurs siècles. Une légende locale raconte qu'Hippocrate aurait enseigné dessous. Vous verrez également une fontaine turque couverte formée de matériaux antiques réemployés, tel un sarcophage servant de bassin. Non loin, la mosquée de la Loggia (18e s.) est dominée par un haut minaret.

Château des Chevaliers★

Entrée par un pont à partir de la place du Platane - tlj sf lun. 8h30-15h - 3 €.
Le **kastro** comprend deux enceintes édifiées par les chevaliers de Rhodes entre 1450 et 1514. Les murs sont construits avec des matériaux antiques. Remarquez notamment la frise hellénistique au-dessus de la porte d'entrée. Conçue par des ingénieurs italiens, l'enceinte extérieure est renforcée de bastions pour l'artillerie.

Du chemin de ronde, vous aurez de belles vues sur l'enceinte intérieure semée d'écussons des chevaliers, sur la ville, le port et la côte turque.

Ruines antiques
Quartier du port.

Elles ont été exhumées après le tremblement de terre de 1933 : pavement d'une agora, deux colonnes d'un temple d'Aphrodite, huit colonnes corinthiennes d'un portique *(stoa)*, bases d'une basilique paléochrétienne.

Musée archéologique
Place Eleftherias, au sud du port - tlj sf lun. 8h-15h - 3 €.

Il rassemble une intéressante collection de sculptures hellénistiques et romaines parmi lesquelles il faut observer une belle statue d'Hippocrate, une autre d'Hygie, déesse de la Santé, un Mercure assis, des effigies de femmes, des portraits.
Dans la cour, vous verrez une mosaïque romaine représentant Hippocrate.

Zone de fouilles
Rue Grigoriou, au sud de la ville - accès libre.

Cette vaste zone comprend les vestiges d'un temple de Dionysos, d'une palestre à colonnade, de thermes, de maisons ornées de **mosaïques**★ et de fresques, d'une voie romaine dont le pavage est conservé, des latrines reconstituées par des archéologues.

Maison romaine
Odos Grigoriou - en cours de rénovation, horaires probables à la réouverture : tlj sf lun. 8h-15h - 3 €.

Cette grande villa romaine a été découverte en 1934 et en partie reconstituée. Les pièces entourant l'atrium et le grand péristyle ont conservé des traces de peintures, mosaïques et revêtement de marbre. Un peu plus loin, le petit odéon romain a également été restauré.

Circuit de découverte

LA TRAVERSÉE DE L'ÎLE★
46 km/AR. Une route traverse l'île dans sa longueur jusqu'à la presqu'île de Kéfalos.

Sanctuaire d'Asclépios★ (Asklipieío)
À 4 km au sud-ouest de Kos - tlj sf lun. 8h-15h (19h en été) - 4 €.

Dans un **site**★★ magnifique, sur la pente d'une colline découpée en quatre terrasses dominant la plaine de Kos, cet important sanctuaire était consacré au fils d'Apollon, Asclépios, le dieu guérisseur. Construit à la fin du 4e s. av. J.-C., il était, comme Épidaure, un lieu de culte et un centre médical renommé. Les prêtres-médecins, les Asclépiades, formèrent une école médicale.
À gauche de la terrasse inférieure se trouvent les ruines de thermes romains.
Au-dessus de l'ancienne entrée monumentale (propylées) s'étend une deuxième terrasse qui était bordée de portiques où coulaient les eaux sulfureuses curatives.
Au centre de la troisième terrasse, l'autel monumental est encadré à droite par les vestiges d'un temple ionique hellénistique, à gauche par ceux d'un temple romain.
La quatrième terrasse portait le grand temple comme en témoignent les assises de marbre blanc et noir d'un édifice dorique du 2e s. av. J.-C. à colonnes. Autour de la terrasse s'élevaient des portiques. De cet endroit, vous avez une **vue**★★ superbe sur le sanctuaire, les bois, la ville de Kos et la mer jusqu'à la côte turque.

Asfendioú
À 8,5 km de Kos, prenez à gauche une petite route de montagne. Vous grimpez sur les flancs du point culminant de l'île (Dikaio, 846 m). Du village d'Asfendioú, vous avez une belle vue sur l'île et sur Kálymnos.

Redescendre sur la route principale.

Antimácheia
À 22 km de Kos-ville.

Près de l'aéroport, au centre de l'île, ce village se trouve près d'une forteresse (prenez le chemin à gauche avant le village) construite par les chevaliers de Rhodes sur plan rectangulaire. Elle comprend des ruines d'églises, de maisons, de citernes. À l'entrée, remarquez les écussons sculptés.
Au-delà de l'aéroport, le paysage devient lunaire, puis la route arrive sur la presqu'île de Kéfalos, après avoir longé le golfe du même nom.

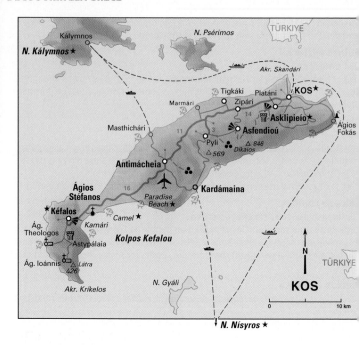

Kéfalos★

Ce gros bourg ancien est perché autour des ruines de sa maison forte. Au pied de la muraille, vous avez une **vue★★** splendide sur l'immense golfe de Kefalos, l'île volcanique de Nísyros et la presqu'île turque de Resadiye.

Séjourner

Plages et stations

Outre Kos-ville, connue pour sa vie nocturne trépidante, l'île comprend plusieurs stations balnéaires très fréquentées, souvent bruyantes, et quelques-unes des plus belles **plages★** de Grèce.

Kardámaina

Cette importante station est surpeuplée l'été et quasiment vide en hiver. Les Anglais en sont les principaux visiteurs. La plage de sable blond est couverte de parasols et de chaises pliantes. Le soir, bars, pubs et discothèques diffusent une musique assourdissante.

Du port, des bateaux se rendent en excursion à Nísyros, célèbre pour son volcan.

Golfe de Kéfalos (Kolpos Kefalou)

Fermé par le mont Latra (426 m), ce demi-cratère de volcan submergé est bordé de magnifiques plages de sable, notamment **Paradissos★** (Paradise Beach) et **Camel★**. Près de celle de Kamari, sur une plate-forme rocheuse au-dessus de la plage du Club Méditerranée se dressent les ruines de la basilique paléochrétienne Agios Stefanos (5e s.), pleine de charme avec ses colonnes dressées près du rivage.

Côte nord

À l'ouest de Kos-ville, Masthichári, Marmari, Tigkaki, trois stations frangées de dunes, sont bondées en été. Vous y trouverez bars, restaurants et discothèques.

Kos pratique

Informations utiles

– 1 odos Vasileos Georgio - ☎ 22420 244 60 - lun.-vend. 8h-20h (14h30 hors sais.). Cartes de la ville et de l'île, horaires complets des bus et des bateaux. ♿ www.hippocrates.gr.

Banque/Change – Banque Alpha - *port.* Autres agences - *pl. Eleftherias.*

Poste/Téléphone – *Odos Pavlo* - ☎ 22420 222 50. **OTE** - *Odos Pavlo* - ☎ 22420 224 99.

Santé/Hôpital – ☎ 22420 223 00.

Police touristique – *À l'E du platane d'Hippocrate* - ☎ 22420 224 44.

Transports

En bateau – En ferry, départ au bout du quai Kountouriotou (derrière le château), liaisons avec **Le Pirée** (1-2/j) *via* Kálymnos (6/sem.), Pátmos (6/sem.), Amorgós (1/sem.) et Sýros (2/sem.). Liaison avec **Rhodes** (1-2/j), *via* Sými (1-3/sem.).

En catamaran (tte l'année, départ du quai Kountouriotou) et hydroglisseurs (avr.-oct., départ du ponton entre le château et l'office de tourisme), liaisons avec Rhodes, Sými, Kálymnos, Pátmos et Sámos.

Capitainerie – *Quai Kountouriotou,* ☎ 22420 285 07.

En avion – Aéroport - *25 km au SO de Kos-ville* - ☎ 22420 512 55. Liaisons avec **Athènes** (5-7/j.) et **Rhodes** (2-3/sem.).

En bus – *Gare routière à 100 m à l'O de l'agence d'Olympic Airlines (Odos Vasileos Pavlou)* - ☎ 22420 222 92. Liaisons avec Zia, Marmári, Mastichári et Kéfalos.

En voiture – À Kos-ville, agences sur Odos Kanari et Vasileos Georgiou. Pour sillonner l'île, il est préférable de louer une voiture (ou une moto) car les distances sont importantes.

👁 Attention, les rafales de vent qui balaient les hauteurs peuvent être dangereuses.

En deux roues – À Kos-ville, agences concentrées sur la rue Kanari. Pour la ville de Kos, l'Asklipiéio et les plages des environs, l'idéal est de louer un vélo ou un scooter.

Se loger

KOS

Hôtel Maritina –*19 odos Vironos (à l'angle avec Odos El Venizelou)* - ☎ 22420 235 11 - www.maritina.gr - 82 ch.

Établissement de standing avec des chambres tout confort, en face des ruines verdoyantes du temple de Dionysos.

BAIE DE KÉFALOS

Panorama – *Sur le col s'ouvrant sur la baie (en prov. de Kos)* - ☎ 22420 719 24 - www.panorama-kefalos. gr - 17 appart. - 🍴 - mai-oct. Établissement isolé de la route, surplombant toute la baie de Kéfalos ! Vue panoramique sur la mer.

Syrtaki – *Sur la plage (à 200 m de l'arrêt de bus)* - ☎ 22420 721 39 - www.kefalos. biz - 6 appart. - 🍴 - mai-oct. Le patron, Babis, vous accueille tout de suite à bras ouverts. Studios et deux-pièces spacieux face à la mer. Excellents *baklavas* de Yoanna. Bon rapport qualité-prix

Se restaurer

KOS

Mummy's Cooking – *27 odos Bouboulinas* - ☎ 22420 285 25. - 🍴 - fermé dim. Adresse populaire, avec musique grecque entraînante.

BAIE DE KÉFALOS

Stamatia – *Sur la plage* - ☎ 22420 712 45. - mai-oct. Cuisine à base de produits maison : fruits, légumes, poulets… Grande baie vitrée face aux eaux turquoise.

ÁGIOS THEOLOGOS

Ágios Theologos – *Au-dessus de la plage* - ☎ 69745 035 56. - 🍴 - mai-oct. Cadre naturel somptueux pour une cuisine savoureuse. Chèvre de la ferme, fromage artisanal…

Sports et loisirs

Plages – L'île possède de nombreuses plages de sable, parmi les plus belles : Empros et Ag. Theologos.

Excursions en bateau – Vers les îles voisines et la Turquie. *Départs entre 8h30 et 9h30. Se renseigner sur le port.*

Plongée sous-marine – Plusieurs bateaux de plongée s'alignent sur les quais du port de Kos.

Kos diving center – *5 odos Mitrop. Nathanail (au sud de l'agora)* - ☎ 22420 202 69.

Sources Thermales – À **Empros**, 12 km au sud de Kos. La station est équipée d'un établissement thermal.

Léros
Λέρος

8 207 HABITANTS – 54 KM²
CARTE DODÉCANÈSE P. 483 – MER ÉGÉE – DODÉCANÈSE

Formée de trois péninsules, l'île de Léros est entaillée de sept baies profondes où se trouvent des plages abritées du vent et des vagues. Pendant longtemps, elle a servi de lieu de déportation et sa réputation d'île maudite, aggravée par la présence d'un établissement psychiatrique démesuré, n'a pas favorisé le tourisme. C'est pourtant un bel endroit fréquenté par les Grecs qui apprécient ses paysages marins et ses collines plantées de tabac, de vergers, d'oliviers et de vignobles.

▶ **Se repérer** – Entre Kálymnos (au sud) et Pátmos (au nord-ouest), Léros est montagneuse et fertile. Elle possède deux ports : celui d'Agía Marína et celui de Lakkí, considéré comme l'un des plus grands ports naturels de la Méditerranée.

🕑 **Organiser son temps** – Compter une journée de visite.

👣 **Pour poursuivre le voyage** – Pátmos, Leipsoí, Kálymnos.

Se promener

Platanos

Pour résister aux Italiens, les habitants de l'île firent du village de Platanos leur capitale. Une grande forteresse byzantine la domine et sert d'observatoire militaire. Ses maisons dévalent la colline jusqu'au village de Pandeli et au port d'Agía Marina où arrivent de nombreux bateaux. La plage de Vromolithos, au sud de Pandeli, est bordée de restaurants et d'hôtels.

Plage de Blefouti★

À l'est de l'aéroport *(à 9 km au nord de Platanos)*, c'est la plus belle de l'île.

Alinda

Au nord de Platanos, la principale station de l'île est composée d'immeubles modernes bordant la plage.

Ágios Isidoros

À l'ouest de Platanos.
Cette église, symbole de Léros, se trouve sur un rocher relié au reste de l'île par un isthme particulièrement étroit.

Lakkí

Au fond d'une baie, l'endroit fut aménagé en base navale par les Italiens pendant la Seconde Guerre mondiale. Les bâtiments, imposants, sont en partie désertés. À l'ouest de Lakkí s'étendent deux belles plages : celles de **Koulouki** et de **Merikia**.

Léros pratique

Transports

En bateau – Du **Pirée**, un ferry tous les jours en été. Les îles de **Kos**, **Kálymnos**, **Rhodes**, **Sámos** et **Leipsoi** sont reliées à l'île tous les jours.

En avion – Un vol dessert l'île au départ d'Athènes. L'aéroport de Partheni, à une dizaine de km de la capitale, est relié par taxis à celle-ci.

Se loger

⌂ **Margarita** – *Vromolithos* - ☏ *22470 228 89*. Simple et sympathique pension familiale.

Se restaurer

🍴 **O Neromilos** – *Agia Marina, sur la route d'Alinda*. Cuisine régionale de qualité dans un cadre exceptionnel.

Faire une pause à Agía Marina

Faros – Bar musical dans une grotte.

Leipsoí
Λειψοί

698 HABITANTS – 15 KM²
CARTE DODÉCANÈSE P. 483 – MER ÉGÉE – DODÉCANÈSE

Á l'écart du tourisme de masse, Leipsoí (ou Lipsi) possède des plages tranquilles, des sentiers délicieux, et un village plein de charme. C'est une île authentique, où la vie s'écoule comme autrefois. Dans les tavernes du port on sert le poulpe et le poisson que les pêcheurs rapportent chaque matin.

- **Se repérer** – La petite île se trouve au nord du Dodécanèse, à moins de 20 km à l'est de Pátmos. Elle est entourée d'une multitude de petits îlots.
- **À ne pas manquer** – Les balades à pied sur l'île et ses plages.
- **Organiser son temps** – Compter une demi-journée de visite.
- **Pour poursuivre le voyage** – Pátmos, Léros.

Se promener

Lientou
Petit port et capitale de l'île, au fond d'une baie profonde, Lientou connaît une animation pittoresque. Une plage assez fréquentée se trouve non loin de là. L'église **Panagia tou Charou** abrite une belle icône représentant la Vierge portant le Christ crucifié.

Plages★
Elles sont nombreuses et agréables. Outre celle de Lientou, vous pourrez profiter de celles de **Platys Gialos** (au nord) ou de **Monodendri** (à l'est). Dans le port, un bateau emmène les vacanciers sur les plages ou sur les îles voisines. Les **promenades★★** sont superbes.

Sentiers
Faciles, ils permettent de découvrir des paysages reposants. Certaines agences de voyages du village proposent des cartes de l'île indiquant les randonnées.

Leipsoí pratique

Informations utiles
– En face du débarcadère - ☎ 22470 412 50.

Transports
En bateau – Liaisons tlj en hydroglisseur au départ de **Pátmos** et de **Léros** ; depuis **Le Pirée**, changement à Pátmos.

Se loger
☺ **Hôtel Aphrodite** – *Lientou, près du débarcadère - ☎ 22470 410 00.* Beaux studios modernes face à la plage.

Se restaurer
☺ **Café du Moulin** – *Lientou, pl. de l'église.* Spécialités locales. Accueil francophone.

Événements
Fête du vin autour du 10 août (l'île possède un petit vignoble).
Les 23-26 août : **pèlerinage** à l'église de Lientou et fête du village.

Nísyros ★

Νίσυρος

948 HABITANTS – 37 KM²
CARTE GÉNÉRALE RABAT I C3 – MER ÉGÉE – DODÉCANÈSE

Cette île est un volcan partiellement en activité, dont les roches étranges et sombres plairont à l'amateur de géologie. Fréquentée à la journée par les touristes venus de Kardámaina (sur Kos), elle retrouve sa sérénité à l'approche du soir. Sa capitale, Mandráki, est l'un des plus beaux villages du Dodécanèse.

- ▶ **Se repérer** – Au sud de l'île de Kos, Nísyros fait face à l'étroite péninsule turque de Resadiye. D'une forme presque ronde, l'île culmine à 700 m.
- 🕐 **Organiser son temps** – Compter une demi-journée de visite.
- 🕐 **Pour poursuivre le voyage** – Kos.

Se promener

Mandráki★

C'est un village tout blanc dominé par une muraille antique et un château médiéval construit par les chevaliers de Rhodes. Ce dernier abrite le monastère de la Panagia Spiliani et son église troglodytique. Vous pouvez également visiter un petit **musée des Traditions populaires**.

Les volcans en mer Egée

Les reliefs volcaniques les plus connus sont ceux de Santorin, Folégandros, Mílos, Nísyros, Kos, Lésvos. Celui de Santorin est un immense cratère envahi par la mer, d'où émergent des vapeurs chaudes. Celui de Nísyros est plus « classique », mais aussi plus récent (16e s.), du moins dans sa physionomie actuelle. Comme les volcans d'Auvergne, rien ne permet de dire qu'il n'y aura pas de nouvelles éruptions spectaculaires. Dans 10 ans, 1 000 ans, 100 000 ans ? Ou jamais ?

Volcan★ (Ifaisteio)

🚌 *Prévoyez de bonnes chaussures. Bus au départ de Mandráki.*

Après avoir traversé les villages côtiers de **Loutra** et **Paloi** (sources thermales soignant l'arthrite et les rhumatismes), et le village d'**Emporeios**, vous arrivez sur le plateau central de Lakki à l'extrémité duquel se trouvent plusieurs cratères dont celui de Stefanos, formé en 1522 par l'explosion du volcan. Vous pouvez descendre à pied au fond du cratère où jaillissent des vapeurs de soufre.

Plages

Vous en découvrirez quelques-unes, toutes de sable noir. Les plus belles se trouvent dans le nord de l'île.

Nísyros pratique

Transports

En bateau – De **Rhodes**, 2-3 ferries par semaine. De **Kos**, bateaux tous les jours. De **Tílos**, 1 catamaran par semaine, du **Pirée**, 1 ferry par semaine.

Se loger à Mandráki

🛏 **Porfyris** – *Au centre du village*, ☎ 22420 313 76. Chambres modernes. Piscine d'eau de mer.

Se restaurer à Mandráki

🍽 **Taverne Nisyros** – Bonne table proposant des spécialités locales. Très bon marché.

Pátmos★★★

Πάτμος

3 044 HABITANTS – 34 KM²
CARTE GÉNÉRALE RABAT I C2 – MER ÉGÉE – DODÉCANÈSE

La petite île de Pátmos est un haut lieu de la religion chrétienne : l'apôtre Jean y écrivit l'Apocalypse, et un monastère byzantin, édifié au 11ᵉ s. en sa mémoire, est devenu, avec le mont Áthos, le centre de l'orthodoxie grecque. Autour de lui s'étale Hora, capitale de l'île, l'un des plus beaux ensembles architecturaux de la mer Égée. Pátmos séduit également par ses paysages lumineux et ses côtes découpées, ses multiples plages propices aux sports nautiques.

▷ **Se repérer** – L'île la plus septentrionale du Dodécanèse, non loin de Sámos et d'Ikaría, est également l'une des plus petites de la mer Égée.

👁 **À ne pas manquer** – Le monastère de St-Jean, Pátmos-ville encerclant la forteresse et la colline de Kastelli, les festivités de la Semaine sainte.

🕐 **Organiser son temps** – Comptez deux jours.

👶 **Pour poursuivre le voyage** – Sámos, Léros.

H. Champollion / MICHELIN

Vue de la baie très protégée de Pátmos.

Comprendre

L'apôtre Jean – L'auteur de l'*Apocalypse* fut, dit-on, exilé à Pátmos par l'empereur Domitien en l'an 95 pour avoir répandu à Éphèse la parole du Christ. En 97, à la mort de l'empereur, Jean retourna à Éphèse où il serait mort à un âge avancé.

La fondation du monastère – Après la fondation de Constantinople et l'établissement d'un empire chrétien, une basilique est élevée à l'emplacement d'un temple antique. À partir du 6ᵉ s., l'île est désertée en raison des nombreuses incursions barbares. Á la fin du 11ᵉ s., le moine **Christodule**, originaire d'Asie Mineure, obtient de l'empereur Alexis Iᵉʳ Comnène la cession de toute l'île de Pátmos afin d'y fonder un monastère dédié à saint Jean. Il bénéficie de l'exonération d'impôts et de la possibilité d'armer un navire, privilèges qui seront maintenus au cours des siècles par les empereurs byzantins.

Dès 1089, Christodule et ses compagnons entreprennent la construction de murailles pour protéger le futur sanctuaire. Les attaques étant devenues trop fréquentes, la communauté doit se réfugier un temps en Eubée où Christodule meurt en 1093. Puis les reliques de Jean sont ramenées à Pátmos. Des terres cultivables données par les empereurs et patriarches permettent au monastère de subsister. La bibliothèque, fondée par Christodule, s'enrichit et Pátmos devient une pépinière de moines lettrés. Pour l'entretien matériel du monastère, on fait venir de Crète des travailleurs salariés, rejoints plus tard par leurs familles. À la fin du 13ᵉ s., pour des raisons de mutuelle protection, la population laïque s'installe autour du monastère, fondant ainsi la ville. Jusqu'au 16ᵉ s., l'île subit le passage des Normands, des Turcs et des croisés. À partir du 14ᵉ s., elle pâtit aussi des conflits entre les chevaliers de Rhodes et l'Empire ottoman, dont l'influence ne cesse de grandir.

La domination ottomane – En 1537, la flotte turque prend possession de l'île et les pirates s'éloignent vers la Méditerranée occidentale. Commencent alors plus de trois siècles de relative stabilité.

Les Turcs ne résident guère dans les petites îles improductives comme Pátmos et se contentent de prélever les impôts, laissant l'administration civile aux autorités religieuses locales qui s'efforcent de maintenir la langue et la culture grecques ainsi que la foi orthodoxe. Une flotte se développe, assurant une partie du commerce entre l'Asie Mineure et l'Europe. L'artisanat local est exporté.

En 1659, les Vénitiens mettent à sac toute l'île à l'exception du monastère.

En 1713, le moine **Makarios** fonde l'École de Pátmos près du couvent de l'Apocalypse, délivrant un enseignement qui acquiert une grande renommée.

En 1832, Pátmos est maintenue par le traité de Constantinople sous la domination ottomane. Coupée du nouvel État grec, l'île voit alors sa prospérité décliner.

Comme le reste du Dodécanèse, Pátmos est occupée par les Italiens en 1911, et ne rejoint le giron grec qu'en 1948.

Malgré le développement récent du tourisme, l'influence spirituelle du monastère de St-Jean reste importante et les fêtes religieuses rythment la vie des habitants.

Découvrir

Skála

Devenue la principale agglomération de l'île, Skála, aux blanches maisons cubiques, est un port agréable où se concentrent la plupart des hôtels, pensions et restaurants de l'île. Autrefois le port n'était constitué que d'entrepôts utilisés dans la journée. Le soir, les commerçants retrouvaient la protection de la ville haute.

Colline de Kastelli★★

À l'ouest de Skála *(20mn à pied)*, une colline porte les vestiges d'une muraille hellénistique et une petite chapelle. La **vue★★** est magnifique sur la rade, Hora, le monastère St-Jean et plusieurs îles.

Monastère St-Jean l'Évangéliste★★★ (Agios ioannis o theologos)

Entre Skála et Hora, au-dessus de cette dernière - accès en bus, en taxi ou à pied (30mn par un chemin au départ de Skála) - 8h-13h30, dim., mar., jeu. 16h-18h - gratuit.

Murailles extérieures★★

Le monastère de St-Jean domine de ses sombres et puissantes murailles la ville blanche qui se presse à ses pieds. L'enceinte, vaste polygone de plan irrégulier, fut édifiée dès les 11ᵉ et 12ᵉ s. par Christodule et ses successeurs et consolidée au cours des âges. Elle reçut au 17ᵉ s. ses impressionnants contreforts obliques. La porte d'entrée est précédée d'un bastion où fut érigée en 1603 la chapelle des Saints-Apôtres. De la terrasse devant l'entrée, vous avez une belle **vue★** sur Skála.

Cour centrale

Après un sombre passage, l'aspect défensif du monastère fait place au charme désordonné des cours, escaliers, coupoles et arcades dont les encadrements en pierre apparente soulignent la blancheur. La cour centrale est pavée de galets noirs. Au fond à gauche, une citerne ronde abrite une immense jarre qui contenait naguère la réserve de vin du monastère (on y conserve aujourd'hui l'eau bénite).

Église principale★

Elle occupe le côté gauche de la cour. L'**exonarthex** (portique ouvert), construit au 17ᵉ s. avec certains éléments de la basilique primitive (4ᵉ s.), comporte des fresques évoquant la vie légendaire de saint Jean. Le **narthex** a été édifié au 12ᵉ s., lui aussi avec des éléments de l'ancienne basilique. Ses fresques, très assombries, datent pour la plupart des 12ᵉ et 17ᵉ s. Sur l'étroit mur nord est illustrée la parabole des Vierges folles et des Vierges sages. La **chapelle de Christodule** fut aménagée au 16ᵉ s. pour abriter les reliques du bienheureux, conservées aujourd'hui dans une châsse en bois recouverte d'argent repoussé (18ᵉ s.). L'**église** proprement dite est la partie la plus ancienne du monastère. Remarquez le pavement de marbre gris et blanc et le plan en croix grecque avec coupole centrale reposant sur quatre colonnes. Deux d'entre elles sont cachées par une lourde iconostase de bois doré, installée en 1820. La plupart des fresques actuellement visibles ont été réalisées au siècle dernier sur des fresques du 17ᵉ s. (certaines apparaissent sur le mur nord) qui recouvraient sans doute elles-mêmes des fresques byzantines.

J.-P. Nail / MICHELIN

Les puissantes murailles du monastère St-Jean l'Évangéliste dominent la ville.

Chapelle de la Vierge

Accès par l'église principale.

Une dizaine de chapelles se cachent dans les murs du monastère. Celle de la Vierge rassemble des **fresques★** de la fin du 12e s., d'un style sévère et noble, découvertes lors de travaux de restauration sous des fresques du 18e s. Remarquez, derrière l'iconostase, la Vierge trônant avec l'Enfant Jésus, entourée des archanges Michel et Gabriel ; au-dessus, l'Hospitalité d'Abraham ; sur la voûte nord, à gauche de l'iconostase, la Rencontre du Christ et de la Samaritaine et, un peu plus bas, saint Étienne et saint Jacques ; sur la voûte sud, à droite, les Guérisons de l'aveugle et du paralytique ; au-dessus, la Présentation de la Vierge au Temple. Les autres fresques représentent des saints et des prélats orientaux. La chapelle renferme également une belle iconostase en bois peint, de style crétois (1607), reposant sur un seuil antique. À gauche, la colonne et son chapiteau orné de colombes proviennent de la basilique paléochrétienne.

Réfectoire★

Fermé provisoirement pour restauration.

Il a conservé ses deux longues tables en maçonnerie recouvertes de marbre. Les niches sur leurs flancs recueillaient les couverts des moines. Au sol sont rassemblés des fragments des sanctuaires antique et paléochrétien. Sur le mur est *(en face en entrant)*, vous voyez quelques-unes des fresques du 18e s. provenant de la chapelle de la Vierge.

Les **fresques★** réalisées à la fin du 12e et au 13e s. recouvrent la partie supérieure des murs ouest. Elles montrent une plus grande liberté d'expression que celles de la chapelle de la Vierge. Les plus anciennes se trouvent au tympan de l'arc nord (à gauche en entrant) : Apparition du Christ à Tibériade et Multiplication des pains – ce thème fut repris au 13e s. au-dessus de l'arc ; plus haut à droite, Communion des disciples sous les deux espèces ; autour de la poutre centrale, le Christ et ses disciples endormis au mont des Oliviers ; au mur nord, l'Hospitalité d'Abraham ; au-dessus de la porte, scènes de la Crucifixion et Évanouissement de la Vierge. Au sud (à droite en entrant), un ange indique aux saintes femmes le tombeau du Christ ; à la partie supérieure sont représentés les 2e, 4e et 6e conciles œcuméniques, les orthodoxes portent auréoles et vêtements de cérémonie, les « hérétiques » sans auréole et en simple tunique ; les deux groupes se montrent les textes contenant les thèses opposées.

Regagnez la cour principale.

Sur le côté sud, à gauche, se trouvent les anciens entrepôts et, derrière, les cellules des moines *(on ne visite pas)*. Vous atteignez à l'ouest le magasin de vente et le musée.

Musée★

Mêmes horaires que le monastère - 6 €. Certains objets peuvent être déplacés à l'occasion de cérémonies religieuses ou d'expositions.

Le musée rassemble les pièces les plus précieuses du monastère, provenant de la bibliothèque, des archives et du trésor.

Parmi les icônes, l'une des plus belles est une petite mosaïque du 11e s. probablement apportée d'Asie Mineure, représentant saint Nicolas. D'autres méritent l'attention : grande icône de saint Jacques (13e s.), celle du saint guerrier Théodore Tyron (13e s.), le

Pantocrator et la Vierge du peintre Andreas Ritzos (16e s.), l'icône circulaire du Baiser des apôtres Pierre et Paul, ainsi qu'un triptyque aux belles couleurs de Georges Clotzas (16e s.), enfin saint Jean dictant l'Apocalypse à Prochoros (17e s.).

Une grande partie du trésor fut constituée à partir du 17e s. par des dons des prélats ou patriarches de Pátmos : crosse épiscopale en or sertie d'émaux et de pierres précieuses (17e s.) offerte par le patriarche de Constantinople ; croix et médailles, présents de Catherine II de Russie ; vêtements liturgiques brodés d'or et d'argent. L'un des epigonatia, pièces de tissus carrées placées sur les genoux, est utilisé chaque année le Jeudi saint lors de la cérémonie du Lavement des pieds (Niptiras) qui a lieu sur l'une des places de Hora. Parmi les ex-voto, remarquez les délicats voiliers en argent doré, garnis d'émaux et de pierres précieuses. Au 1er étage se trouve du mobilier liturgique.

Bibliothèque

Hélas fermée au public, c'est l'une des plus anciennes du monde byzantin. Elle abrite quelque 4 000 ouvrages, des manuscrits, des éditions rares et des pièces d'archives pour la plupart rédigés en grec mais aussi en latin, en araméen et dans quelques langues slaves. Des restaurateurs du Centre interrégional de conservation du livre d'Arles sont conviés chaque année, depuis 1988, à venir œuvrer à Pátmos. Parallèlement, un vaste programme d'informatisation du fonds a été entrepris permettant aux chercheurs d'effectuer leur travail à distance.

Terrasses

Accès par le 1er étage du musée ou par la cour.

De la première terrasse, près de la chapelle Ste-Croix, vous avez une vue plongeante sur la cour principale et une partie de l'île. Les autres terrasses sont inaccessibles au public.

Pátmos-ville★★ (Hora)

Elle forme une couronne de blancheur autour de la sombre forteresse du monastère. Des constructions de toutes tailles, dont les plus anciennes remontent probablement au 16e s., sont desservies par un lacis d'escaliers et de ruelles. On a construit en hauteur à l'abri des fortifications dont quelques vestiges subsistent.

Dans le quartier d'Alotina, à l'ouest du monastère, se trouvent de nombreuses maisons à encorbellement. Aux 17e s. et 18e s., les familles aisées ont élevé leurs demeures, cachées souvent derrière de hauts murs, sur le flanc nord de la colline.

Sur la place Lozia, où se trouve la mairie, joli bâtiment néoclassique, vous avez une très belle **vue★★** sur le monastère et la rade de Skála.

Couvent de la source vive (Zoodochos Pigi)

À l'ouest de la ville.

Construit en 1607, il possède un charmant jardin fleuri autour d'une église décorée de fresques du 17e s.

Panorama★★★

Sortez de la ville à l'est jusqu'aux trois moulins qui surplombent la route de Grigos. De là, vous avez une vue exceptionnelle sur Pátmos et les îles voisines : à l'ouest, Hora et les murailles du monastère ; en bas, Skála ; à l'arrière-plan (de gauche à droite à partir de Hora) la longue île d'Ikaría et les îlots de Fournoi ; au nord, derrière les collines de Pátmos, se dresse le Kerketeas (1 433 m), point culminant de Sámos ; entre le continent et Pátmos, vous apercevez les îles d'Arkoi, de Leipsoí et de Léros.

Grotte de l'Apocalypse★

À pied par un chemin, de Hora ou de Skála (20mn). Arrêt de bus à proximité - 8h-13h30, sf dim., mar., jeu. 16h-18h - gratuit.

Vous traversez d'abord de ravissantes cours fleuries entourées de plusieurs chapelles et de cellules des moines construites au 17e s. Plus bas, la chapelle Ste-Anne fut aménagée dès 1090 devant l'entrée de la grotte et reconstruite au début du 18e s.

Selon une très ancienne tradition locale, c'est dans cet abri rocheux que saint Jean aurait eu la vision de l'Apocalypse et entendu la voix de Dieu « éclatante comme une trompette qui disait : « Je suis l'Alpha et l'Omega, le commencement et la fin. Écris dans un livre ce que tu vois et envoie-le aux Sept Églises ». Le guide montre la triple entaille provoquée par la voix divine sur la masse rocheuse de la voûte. Il indique aussi l'endroit où le saint reposait sa tête et celui où il écrivait.

L'Apocalypse de St-Jean

Dernier livre du Nouveau Testament, il comprend 22 chapitres écrits en grec. Il a été composé en l'an 96 par Jean, l'apôtre que « Jésus aimait » et contient des visions prophétiques sur le devenir du monde, narrées de façon symbolique.

Les *Voyages et Miracles du saint Apôtre et Évangéliste Jean le Théologien*, un récit merveilleux rédigé par son disciple Prochoros a été repris avec enthousiasme par la tradition byzantine et l'ardeur de la foi locale. Cette révélation illustre les murs du monastère et ceux d'autres sanctuaires, et l'on indique aujourd'hui encore les faits et gestes du saint en de nombreux endroits de l'île.

Séjourner

Au départ de Skála, des bateaux emmènent les vacanciers vers les différentes plages de Pátmos. La plus proche se trouve à l'extrémité nord du port.

Baie de Grigos★

En bus ou à 45mn à pied au départ de Hora.

La baie, où s'étend une plage, est fermée par l'îlot de Tragonisi. À 500 m au sud se trouve la plage de Petra, un croissant de sable frangé de marais. Non loin, un gros rocher de forme étrange abrite une grotte artificielle qui servit sans doute de refuge à des ermites. 300 m après, vous arrivez à un minuscule port de pêche.

Plage de Psilí Ámmos★

Au sud de Hora.

La plus belle plage de l'île est peu fréquentée car inaccessible par la route.

Kampos et Lampi

En bateau ou en bus jusqu'à Kampos et sa plage, puis à 35mn à pied jusqu'à Lampi.

Le gros village de Kampos domine l'une des rares vallées fertiles de l'île. Sa vaste plage (sable et galets) est bien ombragée, et animée en été.

À 2 km au nord s'ouvre la baie de Lampi, très ventée, célèbre pour ses galets multicolores.

Pátmos pratique

Informations utiles

EOT – Bâtiment blanc face au débarcadère - ☏ 22470 316 66.

www.patmos-island.com.

Poste/Téléphone – Même bâtiment que l'EOT. **OTE** – Rue principale de Skála.

Banque – Emporiki Bank - *En face du port de passagers*. Banque nationale de Grèce - *pl. face au débarcadère*.

Santé – Centre de soins - ☏ 22470 312 11.

Police touristique – Même bâtiment que l'EOT, ☏ 22470 311 58.

Transports

En bateau – En ferry, liaisons avec **Le Pirée** (6/sem.) *via* Náxos (3/sem.) et Páros (2/sem.). Liaisons avec **Rhodes** (6/sem.) *via* Kálymnos (5/sem.), Kos (6/sem.) et Sými (1-3/sem.). Liaisons avec **Límnos** *via* Sámos, Chíos et Lésvos (1/sem.). Liaisons supplémentaires avec **Sámos** (3/sem.).

En saison (avril-octobre), liaisons en catamaran et en hydroglisseurs avec Rhodes, Sými, Kos, Kálymnos et Sámos. Des bateaux-taxis desservent tous les jours les plages de l'île qui ne sont pas accessibles par la route *(en saison, renseignez-vous au port)*.

Capitainerie – *Même bâtiment que l'EOT* - ☏ 22470 312 31.

En bus – Station de Skála - *face au débarcadère*. Liaisons avec Hora, Grikos et Kampos.

En voiture – Loueurs à Skála, à proximité du débarcadère.

En deux roues – Loueurs en face des deux ports. L'île étant petite, l'état des routes satisfaisants, le scooter est le moyen de transport idéal.

Une seule station-service, à la sortie de Skála (dir. Lampi).

Se loger

SKÁLA

Sydney – *Rte tangente au port de plaisance (au niveau du loueur Australis)* - ☏ 22470 316 89 - 11 ch. - ⊁ - avr.-oct. Pension bon marché. Accueil très aimable. Chambres simples, dont une qui comprend une vaste terrasse. Pas de petit-déjeuner.

Stefanos – *Au bout du port de plaisance* - ☏ 22470 324 15/69450 672 06 -

4 appart. - 🍴. Petite maison isolée au milieu des champs, avec vue sur la baie et le monastère au fond. Studios spacieux et bien équipés.

⊜ **Australis** – *Rte tangente au port de plaisance (au niveau du loueur Australis) - 📞 22470 315 76 ou 69772 722 74 - 20 ch. et 4 appart.* - 🍴 - *avr.-oct.* Araucarias, bougainvilliers, lauriers, rosiers… Dans un magnifique jardin fleuri, l'hôtel propose des chambres attrayantes et bien tenues. Quelques grands appartements, idéal pour les familles (tarifs spéciaux).

GRIKOS

⊜ **Captain Manos** – *Rte d'Hora - 📞 22470 331 48 - 8 appart.* - 🍴. Studios et deux-pièces à une minute de la plage, avec vue sur la petite baie et l'îlot Traonisi.

MELOI

⊜ **Camping Stefanos** – *Sur la plage de Meloi (à gauche) - 📞 22470 318 21 ou 69450 672 06 - 250 empl.* - 🍴 - *de Pâques à mi-oct.* Beaux emplacements isolés et ombragés par des roseaux, à proximité de la plage. Accueil charmant. Bon restaurant. Location de scooters. 15 € pour deux.

Se restaurer

SKÁLA

⊜ **Khiliomodi** – *Skala, 2ᵉ ruelle à gauche de la rue qui mène à Hora - 📞 22470 340 80* - 🍴 - *ouv. le soir.* Petite taverne traditionnelle réputée, cachée dans une ruelle qui jouxte un jardinet.
Cake de pieuvre, assortiments de poissons frais grillés.

⊜ **Tzibaeri** – *Face au port de passager (dir. Lampi) - 📞 22470 324 05 - ouv. le soir.* Excellente cuisine traditionnelle, à déguster sur une terrasse abritée à l'étage : crevettes frites au fromage et à la tomate, *devko* (pain complet à la feta, imbibé de tomate et relevé d'herbes) et gâteau de fromage.

HORA

⊜ **Loza** – *Au-dessus du parking (ruelle menant à la place de la mairie) - 📞 22470 324 05 - avr.-oct.* Sans doute la plus belle terrasse de Hora, dominant toute la partie nord de l'île. Cuisine savoureuse et créative : tarte aux épinards, salade de lentilles aux olives, spaghetti au saumon et à la vodka…

LAMPI

⊜ **Lampi** – *Sur la plage - 📞 22470 314 90 - de Pâques à déb. oct.* Les clients prennent sans hésitation possession des galets : tables et chaises sur la plage. Homard, maquereau, morue et *saganaki* flambé au *tsipouro.*

Événements

La **Semaine sainte** est célébrée avec faste. Le Jeudi saint à Hora : cérémonie pendant laquelle 12 moines représentant les apôtres se font laver les pieds (à 11h). Dimanche de Pâques : repas traditionnel, avec du *mayiritsa* (soupe à l'agneau), mangé à minuit pour la fin du jeûne.
À **Kampos**, grandes cérémonies le 6 août pour la Transfiguration et le 15 août.
Le 27 juillet, sur l'îlot de **Hiliomodi**, on fête aussi la St-Pantelemion.

Rhodes★★★

Ródos – Ρόδος

110 000 HABITANTS – 1 400 KM²
CARTE GÉNÉRALE RABAT I C3 – MER ÉGÉE – DODÉCANÈSE

L'île du soleil, Rhodes accueille toute l'année des milliers de visiteurs séduits par un climat particulièrement doux, des paysages variés propices aux randonnées, de belles plages et un patrimoine historique exceptionnel. Bien plus grande que les autres îles, la capitale du Dodécanèse a joué un rôle majeur dans l'Antiquité puis au Moyen Âge. Les empreintes des civilisations passées y sont intimement liées, et la douceur de vivre mêlée à une vie nocturne animée en font un lieu prisé de villégiature.

- **Se repérer** – Sous la péninsule anatolienne (Turquie), Rhodes est, après Kastellórizo, l'île la plus orientale de Grèce et sa superficie la classe au quatrième rang des îles grecques (77 km sur 37). Elle culmine au mont Atávyros (1 215 m).

- **À ne pas manquer** – La splendide citadelle de Rhodes, Líndos et Kameiros, le monastère de Monólithos dans le sud de l'île, les plages sauvages et les villages du centre.

- **Organiser son temps** – Prévoir au moins cinq jours, dont trois à Rhodes-ville.

- **Pour poursuivre le voyage** – Sými.

À Rhodes, le Palais des Grands Maîtres veille sur la vieille ville.

Comprendre

L'île d'Hélios – D'après la mythologie et Pindare, Rhodes serait née des amours d'**Hélios**, dieu du Soleil, et de la nymphe Rhoda, et leurs descendants auraient fondé les trois cités majeures de l'île : Ialisós, Líndos et Kámeiros.

Au 7e s. av. J.-C., les trois cités-États commercent avec le Moyen-Orient et l'Égypte, établissent des colonies dans les îles voisines, en Asie Mineure et même en Italie (Naples). Au 5e s. av. J.-C., les trois cités s'unissent et fondent la ville de Rhodes qui devient une capitale prestigieuse et rayonnante.

Jusqu'au 1er s. av. J.-C., grâce à sa flotte et à sa monnaie, l'île est la principale puissance maritime de Méditerranée orientale. Elle est renommée pour son école de sculpture – en témoigne le fameux **Colosse**, son emblème – et son école de philosophie. Annexée par Rome en 297, elle devient byzantine lors du démantèlement de l'Empire.

Le dernier bastion de l'Occident chrétien – Après une période d'instabilité et le déclin progressif de la région, Rhodes est investie dès 1306 par les **hospitaliers de St-Jean-de-Jérusalem**. Ces chevaliers transforment profondément la cité. Ils construisent monastères et églises, citadelles et forts pour résister à la menace turque. Mais le 1er janvier 1523, après un long siège, les derniers chevaliers sont chassés, et les Turcs s'installent dans l'île pour quatre siècles.

En 1912, les Italiens occupent Rhodes et le Dodécanèse afin de protéger l'accès à leur colonie africaine (la Tripolitaine, région de Libye). Ils tentent d'imposer la langue italienne, favorisent le tourisme, modernisant les routes, construisant des bâtiments publics et des hôtels, restaurant les monuments. Après l'occupation allemande de 1943 à 1945, puis l'administration britannique, Rhodes retrouve la Grèce le 7 mars 1948.

Une des sept merveilles de l'Antiquité

Il ne reste rien du colosse de Rhodes, cette gigantesque statue de bronze, symbole de la puissance de l'île, et on ne sait pas grand-chose à son sujet. Édifié par Charès de Lindos vers 300 av. J.-C., c'était l'une des sept merveilles du monde, à l'instar des pyramides de Gizeh. On évalue sa hauteur à 30 m (statue de la Liberté, 46 m). Il représentait Hélios, dieu du Soleil, et fut renversé par un séisme en 225 av. J.-C. Ses débris furent vendus à un marchand syrien 800 ans plus tard : on raconte qu'il fallut 900 chameaux pour le transporter.

L'imagerie populaire a souvent tenté de le représenter : parfois, la statue gigantesque enjambe l'entrée du port, les bateaux passant en dessous ; d'autres fois, il tient une coupe enflammée. Son emplacement même est sujet à controverses. Était-il à l'extrémité de la jetée, sur le rivage ou dans la ville même ?

Visiter

RHODES-VILLE★★★ (Ródos)

Station de réputation internationale, fréquentée hiver comme été, l'ancien bastion des chevaliers s'étend le long de ses deux ports à l'extrémité nord-est de l'île. Outre quelques vestiges antiques, elle comprend une étonnante cité médiévale restaurée par les architectes italiens au 20e s., et une ville moderne, fleurie et vivante, groupant plages, hôtels, restaurants, agences, discothèques et boutiques innombrables. En saison, la ville est surpeuplée.

Vieille ville★★★ (Paleá Polí)

Citadelle★★ (Collachium) Plan II C1

Elle reste belle et imposante malgré les destructions qui ont émaillé son histoire mouvementée et des restaurations plus ou moins réussies. Les chevaliers et leur suite résidaient dans cette partie de la cité fortifiée sur ses quatre côtés et nommée **Collachium** : la muraille intérieure, aujourd'hui disparue, était parallèle à la rue Sokratous.

Entrer dans la citadelle par la porte d'Amboise.

Porte d'Amboise (Píli Amboise) – Précédée par un fossé que franchit un pont à 3 arches, elle porte les armes du Grand Maître qui la fit édifier, Aimeri d'Amboise, frère du cardinal Georges d'Amboise (1462-1515), ministre de Louis XII. Une entrée voûtée puis un passage conduisent à la porte St-Antoine précédant la place du palais. Voûtée d'ogives, la loge St-Jean, reconstruite par les Italiens, servait de lieu de rencontre et d'entrée monumentale au palais.

Palais des Grands Maîtres★ (Paláti Megálou Magístrou) Plan II C1

En saison : tlj sf lun. 8h30-19h30 ; hors sais. : 8h30- 14h30 - 6 € - possibilité de billet combiné à 10 € comprenant l'entrée du palais et des Musées archéologique, byzantin et des Arts décoratifs. Construit au 14e s., il ressemble plus à une forteresse qu'à un palais. Il comprenait fossés, muraille crénelée et jalonnée de tours, donjon, magasins souterrains *(fermés à la visite)* disposés sur trois étages pour recevoir vivres et munitions. Converti en prison par les Turcs, il fut ravagé en 1856 par l'explosion d'une poudrière et reconstruit par les Italiens.

Le palais s'ordonne autour d'une cour intérieure à arcades dallées de marbre. Les grandes salles de l'étage, ornées d'un mobilier italien, abritent une série de mosaïques hellénistiques et romaines provenant des îles du Dodécanèse : remarquez la chasse au lion. Les salles souterraines abritent deux expositions d'un grand intérêt. L'une sur la Rhodes antique présente diverses poteries, perles, statues, ornements funéraires, bijoux, ustensiles évoquant la vie quotidienne. L'autre traite la Rhodes médiévale avec les icônes du 14e s.

Rue des Chevaliers★★ (Odós Ípoton) Plan II C1 – Pavée de galets, cette rue médiévale est bordée d'« auberges », bâtiments gothiques des 15e et 16e s. dans lesquels habitaient les chevaliers, groupés par « langues ». Vous verrez tout d'abord, à gauche,

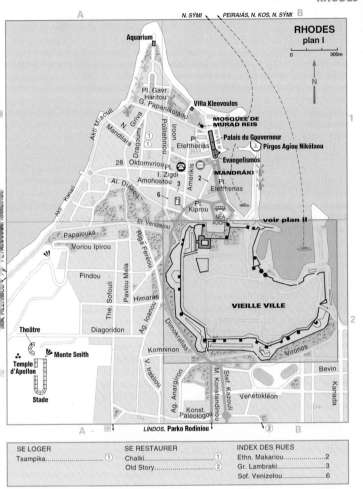

RHODES
plan I

0   300m

N

Les preux chevaliers de Rhodes

Fondé au 11e s. pour accueillir et protéger les pèlerins des Lieux saints, l'ordre des hospitaliers de St-Jean-de-Jérusalem, à la fois religieux et militaire, entretenait une église et un hôpital à Jérusalem et une forteresse à St-Jean-d'Acre (aujourd'hui Akko en Israël). Après la prise de cette dernière par les Turcs en 1291, les chevaliers de St-Jean évacuèrent la Terre sainte, gagnant Chypre puis Rhodes, possession génoise.

Les chevaliers se divisaient alors en sept nations : France, Provence, Auvergne, Aragon, Castille, Italie, Angleterre, chacune ayant à sa tête un bailli. Un Grand Maître dirigeait l'ensemble où les Français étaient les plus nombreux : le français et le latin étaient d'ailleurs les langues officielles. Ils érigèrent de nombreux bâtiments. C'est ainsi qu'on trouve le style gothique provençal : à Rhodes-ville, le palais des Grands Maîtres rappelle le palais des Papes à Avignon, et les portes des remparts celles de Villeneuve-lès-Avignon. Les chevaliers faisaient vœu de pauvreté et de chasteté.

Ayant hérité des biens et des fonctions des Templiers à l'exécution de ceux-ci en 1312, ils construisirent alors une flotte qui participa aux croisades entreprises sous l'impulsion des papes. En 1331, les chevaliers de Rhodes signèrent un traité d'alliance avec les Français, les Italiens et l'empereur byzantin contre les Ottomans.

Rhodes allait être assiégée deux fois (1444 et 1480), sans succès, par les Turcs. Un troisième siège, en 1522, devait se révéler fatal aux chevaliers. Ceux-ci, au nombre de 650, plus 1 000 auxiliaires environ, résistèrent durant six mois à une armée de 100 000 Turcs commandés par Soliman le Magnifique. Malgré les efforts du pape Adrien VI pour les secourir, ils furent obligés de se rendre. Le 1er janvier 1523, le Grand Maître Villiers de l'Isle-Adam (1464-1534) et 180 chevaliers survivants quittaient Rhodes pour Malte qu'ils n'atteignirent qu'en 1530.

l'auberge de Provence, reliée par un arc à l'auberge d'Espagne. Peu après, sur le même côté, la maison du chapelain et la chapelle de France (14e s.) marquée par une niche abritant une Vierge à l'Enfant *(tlj sf lun. 8h30-14h30 - gratuit)*. Puis se présente la façade de l'auberge de France (Katalima Gallias), la plus grande et la plus belle de toutes : la porte est surmontée d'une inscription consacrée à Aimeri d'Amboise, Grand Maître de 1505 à 1512. Antenne du consulat de France, on peut voir les jardins aux heures de bureau *(tlj sf w.-end 9h-12h)*.

La rue des Chevaliers se termine à l'angle de la place de l'Hôpital qu'encadrent l'église Ste-Marie, l'auberge d'Angleterre, et l'hôpital des Chevaliers.

Cathédrale Ste-Marie (Panagía Kástrou) Plan II C1 – *Tlj sf lun. 8h30-14h30 - 2 €.* Édifiée au 12e s. sur plan en croix grecque, l'église Ste-Marie fut aménagée en cathédrale latine dans le style gothique par les chevaliers qui en fortifièrent le chevet, incorporé aux remparts. Elle fut ensuite transformée en mosquée par les Turcs et abrite aujourd'hui le Musée byzantin (fresques, mosaïques).

Hôpital des Chevaliers★ (Nossokomío Ipotón) Plan II C1 – *Tlj sf lun. 8h30-14h30 - 3 €.* Commencé en 1440, l'imposant hôpital des Chevaliers a été terminé sous Pierre d'Aubusson, Grand Maître de 1478 à 1505. Au-dessus de la porte en arc brisé fait saillie le chevet de la chapelle portant le blason sculpté de Jean de Lastic, Grand Maître de 1437 à 1454. Par cette porte, vous accédez à la cour intérieure dont les arcades supportent une galerie. Des magasins occupaient les pièces du rez-de-chaussée. Un escalier monte à l'étage où se trouvait l'hôpital proprement dit. Munie de portes de cèdre et couverte d'un plafond du même bois, la grande salle des Malades, divisée en deux nefs, abritait 32 lits collectifs et pouvait recevoir une centaine de malades : on a réuni des dalles funéraires de chevaliers provenant de l'église St-Jean. L'arc d'entrée de la chapelle est délicatement sculpté, les loges périphériques étaient destinées aux contagieux. À côté se trouve l'ancien réfectoire communiquant avec la cuisine.

L'édifice accueille le **Musée archéologique**, qui rassemble quelques sculptures antiques : un kouros du 6e s. av. J.-C. provenant de Kamiros ; une effigie de Dionysos barbu, œuvre hellénistique (2e s. av. J.-C.) ; l'**Aphrodite de Rhodes★**, chef-d'œuvre du 1er s. av. J.-C., sous la forme d'une petite statue d'albâtre de la déesse, sortie de l'onde et pressant ses cheveux ; un buste du poète grec Ménandre (3e s. av. J.-C.).

Auberge d'Auvergne (Katalima Overnis) Plan II C1 – De la place de l'Hôpital, repassez devant l'église Ste-Marie pour atteindre la petite place Alexandrou sur laquelle donne l'auberge d'Auvergne (14e s.) et sa porte gothique.

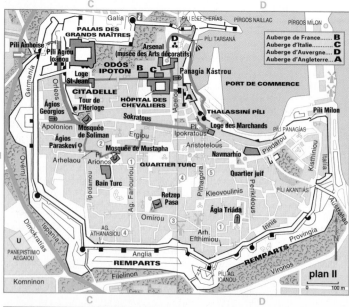

Par une voûte, vous accédez à une autre place au centre de laquelle ont été remontés des fonts baptismaux byzantins faisant office de fontaine : à droite, façade nord de l'auberge d'Auvergne, à escalier extérieur et loggia ; à gauche, ancien arsenal (Armeria).

Arsenal (Arméria) Plan II C1 – Ce bâtiment principal du 14ᵉ s. a servi d'infirmerie avant l'achèvement du Grand Hôpital. Une aile abrite un **musée des Arts décoratifs (Diakosmitiki Silogi).** Vous y verrez des meubles, des costumes et des céramiques de Rhodes – *Tlj sf lun. 8h30-14h30 - 2 €. À côté se trouve la galerie d'Art moderne grec (tlj sf dim.-lun. 8h-14h, vend. 17h-20h - 3 € avec le musée d'Art moderne).*

Après avoir jeté un coup d'œil sur les vestiges d'un **temple à Aphrodite**, débouchez sur les quais du port de commerce par la porte de l'Arsenal (Pili Tarsana).

Port de commerce★ (Emborikó Limáni)
Description ci-dessous.

Porte Ste-Catherine★ (Pili Agias Ekaterinis ou Thalassiní Pilí) Plan II D1 – Dominant le port, des tours à mâchicoulis encadrent l'imposante porte Ste-Catherine (ou porte de la Marine), mise sous la protection d'une Vierge à l'Enfant entre saint Pierre et saint Jean-Baptiste, rassemblés en un bas-relief malheureusement mutilé. Remarquez les lys de France sculptés entre l'écusson de l'ordre et celui de Pierre d'Aubusson qui fit construire la porte vers 1478.

Entrer dans le bourg par la porte de la Marine.

Le bourg★
Gagnez la place Ipokratous, ornée d'une fontaine turque et sur laquelle s'élève la loge des Marchands. Vers le sud-est s'étendait le quartier juif.

Loge des Marchands (Lódzia Embóron) Plan II D1 – C'est un édifice à escalier extérieur, du début du 16ᵉ s. : le rez-de-chaussée servait de lieu de réunion, l'étage était affecté au tribunal pour les différends commerciaux.

Prendre odos Sokratous qui fait la limite nord du quartier turc.

Quartier turc★ (Tourkikí Sinikía) Plan II – Très achalandée, la rue Sokratous était la voie principale du bazar. Parcourez-la jusqu'à l'ancienne mosquée de l'Aga, à l'angle de la rue Fanouriou, l'une des plus anciennes du bourg, que vous prendrez à gauche. Puis tournez à droite dans la 2ᵉ ruelle conduisant à la place Arionos où s'élèvent la **mosquée de Mustapha** (Dzami Moustafa) du 18ᵉ s. et le **bain turc** (Dimotika Loutra), récemment restauré, luxueuse réalisation, probablement de la même époque.

De là, en empruntant les rues Arhelaou et Ipodamou (à gauche **église Ág. Paraskeví**, du 15ᵉ s.), vous atteignez la **mosquée de Soliman** (Dzami Souleïman) aménagée dans l'ancienne église des Sts-Apôtres et accessible par un élégant portail de la Renaissance italienne. Allez voir, rue Apolonion, n° 18, la petite église **Ágios Geórgios** édifiée au 15ᵉ s. sur plan circulaire et renforcée de grands arcs-boutants.

Par la rue Orfeos que domine la tour de l'Horloge (Pirgos tou Orologiou), ou beffroi, regagnez les portes St-Antoine (Pili Agiou Andoniou) et d'Amboise.

Autres curiosités du bourg (hors circuit) – La mosquée Retzep Pasa, sur la place Dorieos, est l'une des plus anciennes de la ville (16ᵉ s.) ; l'église Agia Triada, place Rodiou, a été fondée au 15ᵉ s. ; l'Archevêché, place des Martyrs-Juifs (Evreon Martyron), est un beau bâtiment du 15ᵉ s.

Remparts★★ (Tihi) Plan II
Escaliers à gauche de la cour face au palais des Grands Maîtres - mar., sam. 14h45 - 6 €
Longue de 4 km, l'enceinte existait déjà à l'arrivée des chevaliers, mais ceux-ci la reconstruisirent presque entièrement. La profondeur des fossés dépassa 20 m par endroits, l'épaisseur des murs atteignit 5,30 m et de larges plates-formes furent établies à la base des tours pour faciliter le tir des canons. L'enceinte était alors répartie en secteurs, appelés « boulevards », dont chacun était défendu par une « langue ».

La promenade emprunte les boulevards d'Allemagne (Germania), d'Auvergne (Overni), d'Espagne (Ispania) et d'Angleterre (Anglia) que prolongent ceux de Provence (Provingia) et d'Italie (Italia). Elle permet d'examiner les ouvrages, renforcés de bastions, entre la porte d'Amboise et la porte St-Jean, offrant des vues charmantes sur les fossés fleuris et sur la ville turque hérissée de minarets.

Port de commerce (Emborikó Limáni)★ Plan II D1

Il fut apprécié de tout temps pour sa sûreté. Comme à La Rochelle, son entrée était parfois fermée par une énorme chaîne.

Au sud se dressent la porte des Moulins (Pili Milon) et la **porte Ste-Catherine★** (*voir ci-dessus*).

Du quai ouest, près de la porte de l'Arsenal (Pili Tarsana), vous avez une **vue★** spectaculaire sur les remparts en arrière desquels pointent les minarets du quartier turc.

Port de plaisance★ (Mandráki) Plan I B1

Nom d'un havre bien protégé, déjà utilisé dans l'Antiquité, Mandráki est réservé aux bateaux de plaisance et d'excursions.

À l'entrée du port, les Italiens ont érigé deux colonnes supportant un cerf et une biche, animaux symboles de Rhodes. Là se dressait, selon la tradition populaire, le **Colosse**, hypothèse en réalité peu probable.

La jetée est, sur laquelle sont posés trois moulins, se termine par la **tour St-Nicolas** (Agios Nikolaos), puissante fortification entreprise en 1464.

Ville moderne Plan I

Sur le côté ouest de Mandráki s'étend un quartier édifié sous la souveraineté italienne, de 1912 à 1943, c'est-à-dire en grande partie pendant la période fasciste. La place de la Liberté (Platia Eleftherias), animée et agrémentée de jardins, est limitée par le Marché neuf (Nea Agora) et par l'**église Evangelismos** reconstruite en style gothique sur le modèle de celle qui s'élevait près du palais des Grands Maîtres. La place Vassiliou Georgiou, centre monumental et administratif, groupe des bâtiments de style gothique oriental, le **palais du Gouverneur** (Nomarhia), pâle copie du palais des Doges de Venise, l'hôtel de ville (Dimarhio) et le théâtre.

Au-delà, la charmante **mosquée de Murad Reïs★** (Dzami Mourat Reïs), du nom d'un amiral de Soliman, est entourée d'un bois d'eucalyptus ombrageant un cimetière musulman aux stèles typiques : celles des hommes sont surmontées d'un turban – *Tlj 13h-14h - entrée libre.*

Au fond du cimetière, cachée dans la verdure, se dresse la **Villa Kleovoulos**, où l'écrivain Lawrence Durrell habita de 1945 à 1947, lors de la courte période d'administration anglaise. Il y écrivit sa *Vénus et la mer*, à la fois roman impressionniste et poétique, et véritable essai sur l'île de Rhodes.

À l'arrière du port de plaisance, vers l'ouest, se trouvent quelques ruelles piétonnes très agréables (restaurants, pensions, hôtels).

Aquarium (Enidrió) Plan I A1

9h-21h - 3 €. Construit à l'extrémité de la péninsule de Rhodes, il présente dans un cadre désuet des animaux marins de Méditerranée : tortues, murènes, mérous, poulpes.

Akrópoli (Monte Smith) Plan I A2

À 2 km de la vieille ville. À 30mn à pied, ou bus n° 5 au port Mandraki.

Quelques vestiges de la cité antique fondée au 5e s. av. J.-C. subsistent, plus ou moins reconstruits par les Italiens : le théâtre (2e s. av. J.-C.) dont seul le gradin inférieur est authentique, le stade du 2e s. av. J.-C. (Arheo Stadio) et le temple d'Apollon Pythien (Naos Apolonos) signalé par trois colonnes.

Du sommet du Monte Smith du nom d'un amiral anglais du début du 19e s., vous avez des **vues★★** superbes, surtout au coucher du soleil, sur le littoral, l'île de Sými et la mer jusqu'à la côte turque.

Parc Rodini (parko Rodiniou)

À 2 km au sud, direction Líndos. Accès par le bus n° 3 près du Marché neuf.

Aux portes de la ville s'étale ce grand parc, agréable lieu de promenade avec petit zoo. Une fête du vin a lieu en été. Tout près se trouvent les cimetières de Rhodes, où vous pourrez voir des tombes très anciennes, certaines d'époque hellénistique.

Circuits de découverte

LE TOUR DE L'ÎLE★★

Environ 200 km au départ de Rhodes-ville. Comptez deux journées de visite. Vous trouverez de bons hôtels à Lindos et à Monolithos. Les stations-service sont plus rares dans le centre et le sud. De belles plages, parfois très fréquentées, jalonnent l'itinéraire. Les plus agréables sont indiquées sur la carte.

Thermes de Kallithéa★

À 15 km par la route côtière. Les eaux, connues déjà dans l'Antiquité, sont efficaces dans le traitement des maladies du foie et de la vésicule biliaire. Les Italiens y créèrent en 1929 une petite station thermale aujourd'hui abandonnée. Ses pavillons blancs de style oriental sont agréablement dispersés sous les pins et les palmiers, non loin d'une charmante plage de sable.

Plage et monastère de Tsampíka

La plage (surpeuplée) est composée de sable clair le long d'une mer turquoise. Du monastère qui la surplombe, vous avez une belle vue sur la côte.

Château de Feraklos

À 37 km. Traversez le hameau de Charaki et laissez la voiture en bas de la colline. 3/4h à pied AR.

Il ne reste que des pans de murs de cette forteresse, une des plus vastes qu'aient édifiées les chevaliers de Rhodes. La **vue★★** est très belle sur les deux baies encadrant le promontoire. Au sud se profile la citadelle de Líndos.

Líndos★★

À 49 km. Laissez le véhicule au parking supérieur, à droite en arrivant.

La mer bleue, les maisons blanches du vieux bourg, les murailles sombres de la citadelle médiévale couronnant un éperon rocheux donnent un caractère spectaculaire au **site★★★** où se côtoient trois civilisations : antique, byzantine, médiévale. En outre, Líndos dispose d'une belle **plage★**.

Grâce à ses deux havres naturels et son rocher facile à défendre, l'endroit fut habité dès l'âge préhistorique, et au 10e s. av. J.-C. s'élevait déjà un temple à Athéna en haut

du rocher. À la suite des Byzantins et des Génois, les chevaliers de Rhodes firent de Líndos une imposante forteresse.

Citadelle et acropole★★ – *Accès par un sentier et des escaliers. 1h à pied/AR.*
➤ À 116 m au-dessus de la mer qu'il surplombe vertigineusement, le rocher porte d'importants vestiges de monuments antiques et médiévaux. Dans son état actuel, la **citadelle** fut construite de 1421 à 1503 par les Grands Maîtres de Rhodes.
Un long escalier monte au châtelet d'entrée. Après un premier passage voûté, vous débouchez près de la chapelle St-Jean, à trois absides. Puis, après une porte, vous découvrez à gauche, une niche arrondie avec banc (exèdre) et une proue de navire qui servait de base à une statue. Prenez à gauche un second passage voûté sous le palais du Gouverneur, débouchant en bas de l'**acropole** dégagée au début du 20ᵉ s. Une vingtaine de colonnes marquent l'emplacement du grand portique dorique (stoa) précédant le monumental escalier qui conduit à l'entrée du sanctuaire (propylées) d'Athéna Lindia (4ᵉ s. av. J.-C.) dont vous verrez les vestiges – *En saison tlj 8h-19h ; hors sais. : tlj sf lun. 8h30- 4h30 - 6 €.*
De cet endroit, la **vue**★★ sur le site et la côte est vraiment splendide.

Solitaire face à la mer, le temple d'Athéna de Líndos.

Le bourg★ – Les ruelles, envahies de magasins de souvenirs, sont bordées de blanches maisons à terrasses : les plus belles, construites pour de riches armateurs ou capitaines de vaisseaux à partir du 16ᵉ s., ont conservé leurs ouvertures en arc brisé et leur décor d'inspiration gothique et orientale à base de rosaces, végétaux, oiseaux, entrelacs. Les cours sont pavées de galets noirs et blancs formant des dessins. D'autres belles maisons furent édifiées au 19ᵉ s. dans le style néoclassique. Au centre du bourg, l'église byzantine de la Panagia est décorée de fresques des 17ᵉ et 18ᵉ s *(9h-15h).*

Asklípieio
À 68 km et à 4 km à l'intérieur des terres. Le village est intéressant par son site, ses maisons anciennes et sa forteresse. L'intérieur de l'église byzantine (1060) est décoré d'un bel ensemble de fresques. Demandez à la gardienne des musées d'Art religieux et Populaire *(horaires indéterminés)* de vous ouvrir l'église.
La route traverse ensuite une région plus sauvage. Si vous avez un peu de temps, allez au sud de Kattavia, où se trouvent plusieurs plages désertes. Celle de **Prasonísi**, très ventée, attire les véliplanchistes.

Monastère de Skiádi
À 104 km et à 3 km à l'intérieur des terres. Récemment restauré, ce monastère remonte à la période byzantine, mais son église est en grande partie moderne.

Forteresse de Monólithos★★
À 121 km. Accès par une route s'embranchant au nord du village de Monolithos. Occupant un **site**★★ spectaculaire, au sommet d'un rocher escarpé, le château de Monólithos, construit par les chevaliers de Rhodes, domine de 200 m la côte sauvage et découpée. Un sentier mène à la forteresse où se trouvent deux citernes et une chapelle. La vue s'étend jusqu'à l'île de Chalkí.

Non loin de là, la plage d'**Agios Georgios** est l'une des plus agréables de l'île.

Ruines de la forteresse de Kritinía★ (Kástro Kritinía)

À 144 km. Accès par une route de 1,2 km, puis 1/4h à pied. Avant le village de Kámeiros Skála, les vestiges du château de Kritinía, datant du temps des chevaliers de Rhodes, couronnent un éperon face à la mer. De là, la **vue**★ est superbe.

Ruines antiques de Kámeiros★

À 157 km - En saison : tlj sf lun. 8h-19h30 ; hors sais. : 8h30-14h30 - 4 €. Dans un **site**★ majestueux, sur une colline en retrait de la mer, Kámeiros fut une des trois grandes cités antiques de l'île. Elle a été détruite par un séisme au 2e s. et redécouverte en 1859. Le marbre blanc se mêle au vert tendre des pins et au bleu azur de la mer. Les fouilles ont mis au jour des vestiges hellénistiques et romains. Un sanctuaire du 3e s. av. J.-C. comprend un temple dorique dont il subsiste des bases de colonnes, un banc semi-circulaire (exèdre) et une aire d'autels à sacrifices. Vous verrez également un quartier d'habitations hellénistiques (dont plusieurs à péristyle), une agora bordée par les vestiges d'un portique ainsi qu'un temple d'Athéna Kameiria du 5e s. av. J.-C.

Ialysós et le mont Filérimos★

À 190 km, à l'intérieur des terres. Sur le mont Filérimos (267 m), l'ancienne **Ialisós**, fondée par les Phéniciens, occupe un très beau site dominant la plaine littorale. Sur l'acropole ombragée de cyprès et de pins, vous verrez les fondations d'un temple du 4e s. av. J.- C. et d'une basilique paléochrétienne comprenant un ancien baptistère. Le monastère gothique adjacent a été restauré par les Italiens au 20e s. De là, vous découvrez un **panorama**★★ sur le nord de l'île – En saison : tlj sf lun. 8h-19h ; hors sais. : 8h30-14h30 - 4 €.

Non loin se trouve la chapelle **Agios Georgios** à demi-enterrée. Ses murs sont ornés de peintures murales des 14e et 15e s. représentant des scènes du Nouveau Testament et des chevaliers accompagnés de leurs saints patrons.

L'INTÉRIEUR DE L'ÎLE★

Si vous n'aimez pas la foule, préférez les petites routes de l'intérieur ou les sentiers de montagne. La végétation, comme les paysages, sont magnifiques. Comptez au moins une journée.

Petaloúdes★

À 24 km de Rhodes-ville - tlj : avr. (gratuit), oct. 8h-16h, mai-juin, sept. 8h-18h - 3 € ; juil.- août : 8h- 19h - 5 € - fermé hors sais. - parking un peu à l'écart.

Ce vallon rocheux et ombragé abrite, de juin à septembre, des myriades de papillons orange et noir, attirés par l'odeur des feuilles d'aliboufier (ou styrax). Lorsqu'on se promène sur le chemin grimpant le long du torrent à cascades, on ne voit rien ! Il faut s'approcher des rochers ou des buissons pour admirer les insectes aux belles couleurs noir, jaune et rouge.

Mont du prophète Élie (Profítis Ilias)

À 49 km de Rhodes-ville.

Dans un massif boisé peuplé de cerfs et de daims, les pentes supérieures de la montagne (798 m), revêtues de pins, de cyprès et de cèdres, ont donné naissance à une petite station estivale, fraîche et reposante durant la canicule.

À l'est de la montagne, 2 km avant Eleousa, se dresse l'église **Agios Nikólaos Fountouklí**, dans un décor bucolique, d'où se découvre un beau panorama. Surmontée d'une coupole, elle abrite des fresques du Moyen Âge.

Émponas

À 62 km de Rhodes-ville.

Cette localité entourée de vignes réputées a conservé son caractère ancien, en dépit de la multiplication de boutiques touristiques. Dans certaines maisons, plats et assiettes en faïence de Rhodes couvrent les murs.

D'Émponas, vous pouvez effectuer (6h à pied/AR) l'ascension du mont Atavyros (1 215 m) que couronnait un sanctuaire de Zeus : **panorama**★ sur l'île.

Monastère de Thárri

À 70 km de Rhodes-ville - entrée libre - vêtements longs fournis.

Dans un vallon, à l'écart de la foule, ce monastère plaira aux amoureux de solitude. Son église abrite des fresques médiévales. Parfois s'entendent de beaux chants liturgiques.

Rhodes pratique

Informations utiles

🅸 EOT – *À l'angle de odos Makariou et Papagou* - ☎ 22410 443 35/443 36 - *lun.-vend. 8h-15h.* On y parle français.
🅸 Municipal – *Place Rimini* - ☎ 22410 205 55 - juin-oct. : 9h-20h.* Informations exhaustives, réservation d'hébergement. Ces deux organismes distribuent le *Rodos News*, journal gratuit en anglais.

Banque – Nombreux distributeurs hors les murs. Dans la vieille ville, Banque nationale de Grèce – *Place Moussiou* ; Alpha – *Odos Ipoton* ; Distributeur – *Odos Orfeos*.

Poste/Téléphone – Poste centrale - *place Eleftherias - tlj sf dim. 7h30-20h, sam. 7h30-14h.* **OTE** – *91 odos Amerikis* - ☎ 22410 596 29.

Santé – Hôpital - *Au S de la ville* - ☎ 22410 800 00.

Police touristique – *1 odos Karpathou* - ☎ 22410 274 23.

Représentations diplomatiques – Belgique - *35 Odos Kos* - ☎ 22410 246 61. France - *Odos Ipoton (Auberge de France)* - ☎ 22410 774 88.

Transports

En bateau – Rhodes est un important nœud de communication maritime. **Le Pirée** : 22 bateaux/sem. Kos : 29/sem. Kálymnos : 28/sem. ; Pátmos : 11/sem., etc. Compagnies : **Dodecanese Hydrofoil Company** – *6 pl. Neoriou* - ☎ 22410 705 90. **ANES** – *88 odos Amerikis* - ☎ 22410 377 69. **Blue Star Ferries** – *111 odos Amerikis* - ☎ 22410 224 61. **Dodekanisos Seaways** – *3 odos Australias* - ☎ 22410 705 90. **Flying Dolphins** – *Odos Sahtouri (digue de Kolona)*. Les agences de voyages vendent des billets pour la plupart des compagnies. L'EOT, l'office de tourisme municipal et la capitainerie fournissent les horaires. Capitainerie - *Pl. Eleftherias* - ☎ 22410 286 66/222 20.

En avion – L'aéroport est à 16 km au sud-ouest de la ville de Rhodes - ☎ 22410 887 00. Bus réguliers - *ttes les h env., Rhodes-aéroport 5h-22h30, aéroport-Rhodes 6h-23h.* En haute saison, de nombreux vols desservent Rhodes au départ des capitales européennes.

En bus – *Deux gares routières en face du nouveau marché.* Fréquences indiquées en sem., service de 50 à 80 % env. le w.-end.

En voiture – Routes en bon état, idéal pour visiter l'île dans son ensemble. Agences à Rhodes et dans les principales stations touristiques (Faliráki, Líndos, etc.).

Se loger

👁 Sur l'île, beaucoup d'hôtels sont réservés pour les groupes, il peut donc être difficile pour le voyageur indépendant de se loger en haute saison. Préférez les petits hôtels et les studios équipés.

RHODES-VILLE

👁 Les établissements sont souvent petits, il vaut donc mieux réserver en été. Les propriétaires des pensions n'étant pas forcément à la réception, patientez un peu ou joignez-les sur leur portable. Les grands hôtels modernes se concentrent sur la côte ouest. Quelques petites adresses agréables autour de odos Mandilara (rue piétonne).

VIEILLE VILLE

🛏 **Mike's Pension** – *28 odos Menekleous* - ☎ 22410 253 59 - 10 ch. - 🍴. Auberge de jeunesse proposant des lits en dortoir pour 10 €, ouvert à tous, ainsi que des chambres doubles (un peu usées) pour 25 € en pleine saison.

🛏 **Minos** – *5 odos Omirou* - ☎ 22410 318 13 - www.minospension.com - 15 ch. Très propre, refaite à neuf, cette agréable pension dispose de chambres spacieuses. Belle terrasse arborée sur le toit, avec vue panoramique sur la vieille ville.

🛏 **Pink Elephant** – *9 odos Timakida* - ☎ 22410 224 69/69322 566 51 - www.pinkelephantpension.com - 10 ch - *Avr.-oct.* Au sud de la ville, près des murailles, dans un coin calme et un peu à l'écart. Hôtel coquet et très bien tenu, joliment décoré de photos en noir et blanc.

🛏 **Via Via** – *45 odos Pythagoras* - ☎ 22410 770 27 ou 69485 220 81 - www.hotel-via-via.com - 8 ch. - 🍴. Petit établissement décoré par une designer et décoratrice belge : murs aux couleurs vives, luminaires originaux, meubles peints… Terrasse sur le toit avec vue sur la mosquée Imbraim.

🛏🍴 **Marco Polo Mansion** – *42 odos Ag. Fanouriou* - ☎ 22410 255 62 - www. marcopolomansion.web.com - 7 ch. - avr.-oct. Une des plus belles maisons turques de la vieille Rhodes, au charme intact. Murs ocre, hammam en guise de salle de bains, cour verdoyante à l'arrière.

VILLE MODERNE NORD

🛏 **Tsampika** – *38 odos Kathopouli* - ☎ 22410 268 40 - 7 appart. - 🍴. Cour verdoyante, envahie par des bananiers, des géraniums, un grand magnolia… Studios simples dont 2 avec terrasse et duplex pour voyageurs nombreux.

IALYSÓS

🛏 **Akrouali Studios** – *16 odos El. Venizelou* - ☎ 22410 926 07 - 10 appart. - 🍴 - mai-oct. Établissement situé face à la plage. Agréable petit jardin sur le côté. Studios simples et spacieux.

MONÓLITHOS

🛏 **Thomas Hotel** – *Dans la partie avale du bourg* - ☎ 22460 612 91 - 10 ch. - 🍴. Immeuble de standing avec vue panoramique sur la baie d'Apolakkia, au loin. Les chambres, toutes avec balcon, sont confortables et spacieuses.

STEGNÁ

👁 **Stegna Sun Studios** – *À l'entrée du hameau, un peu avant la plage* - ☎ 22440 228 60 - g.konstantouras@hotmail.com - 6 ch. - avr.-oct. Entouré par une végétation luxuriante. Balançoire et bancs à l'ombre du jardin, pour profiter d'un peu de fraîcheur en été. Un peu bruyant car à proximité de la route.

FALIRÁKI

👄 **Lido Star Hotel** – *À l'extrémité S de la station* - ☎ 22410 877 54 - www.hit360. com/lidostar - 33 ch. - mai-oct. Entièrement rénové, cet hôtel à l'écart de la trépidante station s'ouvre sur l'ensemble de la baie de Faliraki. Chambres tout confort et décoration attrayante.

Se restaurer

RHODES - VIEILLE VILLE

👄 **Sea Star** – *24 odos Sofokleous* - ☎ 22410 221 17 - 🍴. Sur une place verdoyante, établissement réputé dans toute la cité pour ses poissons, simplement grillés et accompagné d'une sauce à l'huile d'olive et au citron.

👄 **L'Auberge** – *21 odos Praxitelous* - ☎ 22410 342 92 - 🍴 - mai-oct. : le soir sf dim. Un peu à l'écart, au nord de la vieille ville. Cuisine excellente (avec une belle carte de vins français et grecs), service impeccable, accueil simple et chaleureux, le tout à des prix raisonnables.

VILLE MODERNE

👄 **Chalki** – *30 odos Kathopouli* - ☎ 22410 312 35 - 🍴 - fermé dim. et midi. Taverne traditionnelle aux murs couverts de photos, d'icônes, de colliers orthodoxes et d'assiettes. Excellente cuisine maison : thon mariné, aubergines fourrées à la tomate…

👄👄 **Old Story** – *108 odos Mitropoleos* - ☎ 22410 324 21 - ouv. le soir. Bistro soigné à la décoration originale, fréquenté par l'intelligentsia locale. Belle carte de vins grecs, accompagnant une cuisine grecque élaborée : crevettes grillées arrosées d'une sauce à l'orange et à l'ouzo, spécialités de grillades. Réservation impérative.

GENNÁDIO

👄 **Mezedakia** – *500 m au N du village (dir. Rhodes)* - ☎ 22440 436 27 - 🍴 - hors sais. : fermé midi en sem. Restaurant de poisson en contrebas de la route, s'ouvrant sur la lande qui précède la mer. On y mange très bien et l'accueil est excellent. Prisé par les Grecs le dimanche.

EMPONAS

👄 **Baki Brothers** – *Partie haute du bourg* - ☎ 22460 412 47 - 🍴. Partagé entre sa charcuterie et son restaurant, le grand frère Baki propose un grand choix de viandes grillées, d'excellente qualité : côtes de porc, côtelettes d'agneau, souvlaki de veau, steak de bœuf…

LÍNDOS

👄 **Broccolino** – *Partie est du bourg* - ☎ 22440 316 88. Deux italo-américaines ont créé ce restaurant au charme tout artistique : mosaïques, cadres excentriques, mobilier rustique, etc. Plateau de fromages italiens, pâtes maison cuisinées avec délicatesse.

Faire une pause en soirée

👁 La vieille ville de Rhodes regorge de bars et de discothèques concentrés sur odos Diakou et Orfanidi et pl. Arionos.

RHODES - VIEILLE VILLE

Marco Polo Café – *(voir se loger)* - ☎ 22410 378 89. Café-bar jouxtant l'hôtel du même nom. En montant quelques marches, on peut d'ailleurs siroter de bons cocktails dans le jardin de la cour intérieure.

Lov'a Lounge – *Pl. Arionos*. Une salle ambiance lounge, et une autre à l'arrière, rythmée par les concerts (pop, rock, etc.). Ambiance jeune et décontractée.

HARAKI

Haraki Dreams – *Sur le bord de mer* - ☎ 22440 511 60. Petit arrêt en terrasse pour admirer la baie au bel arrondi, et les ruines du château dominant le paysage. Accès internet.

Sports et loisirs

Plages – Activités nautiques sur les plages aménagées du nord de l'île. Les belles plages se concentrent au sud, près du cap Prasonísi et à Monólithos. Clubs de plongée à Rhodes-ville.

Golf – Terrain de 18 trous à la sortie du village d'Afanou - ☎ 22410 855 13.

Hammam – Bains turcs de platia Arionos - *vieille ville - mar. 13h-18h, merc. et vend. 11h-18h, sam. 8h-18h - fermé dim. et lun. - prix modique*. Accueil séparé pour les femmes et les hommes. Munissez-vous de sandales ou de tongs et d'une serviette de bain. Vérifiez les horaires.

Spectacles – Son et lumière *(tous les soirs)* dans les jardins municipaux de Rhodes-ville, sur la vie des chevaliers de Saint-Jean et le siège de Soliman. *Renseignement à l'EOT*.

Spectacle folklorique de danses et chants en costumes traditionnels - *odos Androniko - mai-oct. : lun., merc. et vend. le soir*.

Achats

L'artisanat local – **bijoux**, **orfèvrerie**, **cuir**, **céramique** – est de qualité. N'hésitez pas à marchander, surtout dans la vieille ville *(odos Sokratous et Ipokratous)*. Dans la ville moderne, nombreuses boutiques autour de la place Kiprou et de odos Griva.

Tapis orientaux à Afántou, **broderies** à Líndos, **faïences** à Paradissi, **bottes de cuir** aux couleurs vives à Archángelos.

Sými★★

Sými – Σύμη

2 606 HABITANTS – 57 KM²
CARTE GÉNÉRALE RABAT I C3 – MER ÉGÉE – DODÉCANÈSE

À moins de 5 km des côtes turques, Sými est une île charmante et paisible malgré une fréquentation toujours plus importante. Les montagnes rocheuses dominent la mer et lui donnent un aspect sauvage ; on y trouve des criques délicieuses. La capitale a conservé ses belles maisons traditionnelles de facture néoclassique. Sými a longtemps été réputée pour ses chantiers navals, qui produisaient d'excellents bateaux, et pour sa pêche à l'éponge. Ces deux activités assurèrent la richesse de l'île jusqu'au début du 20e s, puis elle périclita. Seul le tourisme réussit récemment à la faire renaître.

▶ **Se repérer** – Sými se situe à 20 km au nord-ouest de Rhodes. La plupart de ses plages sont surtout accessibles par bateau.

◉ **À ne pas manquer** – La ville de Sými, les balades sur la côte sud, les baignades dans les criques sauvages et les plages désertes.

◔ **Organiser son temps** – Comptez deux jours.

◔ **Pour poursuivre le voyage** – Rhodes.

Se promener

Sými-ville★★

La petite capitale de l'île est un miracle d'harmonie et de beauté. Protégée par une commission archéologique, elle comprend deux parties : le quartier du port, dynamique et coloré, et la ville haute, où se dressent de belles maisons aux couleurs pastel. Sur fond de verdure (bougainvilliers, cyprès), celles-ci s'étagent à flanc de colline.

Port (Gialos)★★ – Pôle touristique de l'île, il rassemble la plupart des commerces, restaurants et hôtels. De jolis galets noirs et blancs pavent places et ruelles. Derrière le port, un minuscule **Musée maritime** présente quelques maquettes de bateaux – *Tlj 11h-14h30 - 2 €.*

Ville haute (Horio)★★ – Vous pouvez y monter par un escalier d'environ 400 marches encadré de demeures néoclassiques des 18e s. et 19e s. Longtemps abandonnées, certaines d'entre elles ont été restaurées. Le vieux bourg forme un dédale de ruelles calmes et claires, bordées de maisons modestes.

Le **musée de Sými (***Tlj sf lun. 8h-14h30 - 2 €***)** abrite des statues paléochrétiennes, des poteries byzantines des 12e et 13e s., de belles icônes, des costumes traditionnels.

Le **château c**ouronnant la colline est une forteresse dotée d'une église construite par les chevaliers de Rhodes sur le site d'une ancienne acropole. De là, vous avez une superbe **vue★★** sur la ville et la mer.

Sur la crête entre Sými-ville et Pedi se trouvent des vestiges d'anciens moulins.

Les environs de Sými★

Baie et village d'Emporeiós★ – *À 4 km à l'ouest de Sými-ville, comptez 1h30/AR à pied, ou en bateau-taxi (10h-14h, 16h-18h).* Dans un très beau **site★**, l'ancien port commercial de l'île invite au farniente et aux plaisirs de la baignade. Vous pourrez plonger directement du quai.

Port de pêche et plage de Pédi★ – *À 2 km à l'est de Sými-ville.* Très animée en été, la plage de sable attenante au port est agréable.

Plages★ – Du port de Gialos, des bateaux desservent les plages de Pédi, Georgios Dissalonas, Nanou, Marathounda, Agios Vassilios, et l'îlot de Sesklío, au sud. Les **promenades★★** le long des côtes rocheuses sont merveilleuses.

Visiter

Monastères

L'île est riche en monastères. Certains d'entre eux abritent des fresques remarquables, Sými ayant été au 18e s. le siège d'une école de peinture religieuse réputée. On compte aussi une soixantaine de chapelles.

St-Michel Roukouniotis (Ágios Michail Roukouniotis)

À 1h de marche de Gialos, accessible aux deux-roues - ☎ 69777 093 27. Ce petit monastère est très riche. Son église du 14e s. (reconstruite au 16e s.) abrite une magnifique iconostase de saint Michel en argent et en or massifs.

St-Michel-de-Panormitis (Moni Taxiarchou Michail)

Ce très grand monastère dédié à saint Michel, patron de Sými, est très fréquenté par les pèlerins, notamment lors de fêtes religieuses (8 nov. et Pentecôte). On peut y loger. En contrebas se trouve un petit village.

Construit au 18e s., l'édifice a été entouré de bâtiments modernes massifs nécessaires à l'hébergement des pèlerins. L'église possède une belle iconostase en bois ainsi qu'un **musée d'Art religieux et populaire** *(ouv. selon l'arrivée des bateaux - 1,50 €)*, installé dans un angle de la cour intérieure.

D'autres monastères ne manquent pas d'intérêt, tous aux environs de Sými-ville : **Sagrio** (12e s.), **Prokopios** (14e s.) et **Ágios Fanourios**.

Sými pratique

Informations utiles

🅱 **Symi tours** – *Près du quai central -* 📞 22460 713 07 - tlj 9h-13h, 17h-21h (20h hors sais.) sf dim. mat. en hiver. Principale agence de voyage de l'île, vente des billets de bateaux.

🌐 *www.symivisitor.com.*

Banque/Change – Banque Alpha et Banque nationale de Grèce - *Sur le port.*

Poste/Téléphone – *Sur le port.* OTE - *Horio, à l'arrière de la place centrale.*

Santé – Médecins - 📞 22460 712 90/713 16.

Police – *Sur le port, à côté de la tour de l'Horloge -* 📞 22460 711 11.

Transports

En bateau – En ferry, *départ du quai est,* liaisons avec **Rhodes**, **Kos**. Liaison avec **Le Pirée** *via* Kos, Kálymnos et Pátmos.

En catamaran *(quai ouest, tte l'année)* et en hydroglisseur *(quai est, avr.-oct.),* liaison avec Rhodes et Pátmos via Kos et Kálymnos.

Capitainerie – *Quai est, près de la villa Thalassa -* 📞 22460 712 05.

En deux roues – Location de scooters et motos, agences sur le port. Le moyen idéal pour parcourir cette petite île.

Se loger

GIALOS

🛏 **Marika** – *Quai ouest -* 📞 22460 727 50/69445 449 81 - 5 ch. - 🚫 - mai-oct. Petite maison à quelques marches du quai ouest, au-delà de la tour de l'Horloge. Pas de petit-déjeuner.

🛏 **Catherinettes** – *Quai ouest -* 📞 22460 716 71 - marina-epe@rho.forthnet.gr - 6 ch. - 🚫. Élégante maison patricienne du début du 19e s., dressée sur le port, où fut signé l'accord d'intégration du Dodécanèse à la Grèce (1948). Beaux plafonds peints et quelques balcons pour une des plus belles vues de Sými.

🛏 **Hôtel Albatros** – *Ruelle à l'arrière du quai central -* 📞 22460 717 07/718 29 - www.albatrosymi.com - 5 ch. - 🚫 - avr.-oct. Petit hôtel rénové et bien tenu, proche de l'escalier menant à Horio. Accueil attentionné.

🛏🛏🛏 **Aliki Hotel** – *Quai ouest, après la tour de l'Horloge -* 📞 22460 716 65 - www.hotelaliki.gr - 15 ch. - de fin avr. à fin oct. Une des plus belles façades du port, rehaussée de tons ocre jaune et rouge. Magnifique et vaste salon à l'entrée, au charme intact.

🛏🛏🛏 **Villa Thalassa** – *Quai est, près de la capitainerie (se renseigner à l'hôtel Albatros) -* 📞 22460 717 07/718 29 - 5 appart. - 🚫. Vastes et confortables appartements, avec pierre apparente. Vue sur le port et, au-delà, sur la baie.

HORIO

🛏 **Hôtel Fiona** – *Rue sur la gauche en montant le grand escalier -* 📞 22460 720 88 - symi-vis@otenet.gr - 11 ch. - 🚫. Chambres très propres, avec vue aérienne sur le port et la baie !

Se restaurer

GIALOS

🍴 **Mythos** – *Quai est -* 📞 22460 714 88 - ouv. en soirée. L'un des meilleurs restaurants du port, avec quelques tables sur le quai, jouissant d'un cadre élégant. L'endroit est assez venté, mais calme le soir. Poissons frais, cuisine élaborée.

🍴🍴 **Mylopetre** – *À l'arrière du quai central -* 📞 22460 723 33 - de déb.mai à mi-oct. : le soir. Bel établissement, aménagé dans un vieux moulin. Juste sous la salle à manger, deux tombes hellénistiques ont été mises au jour ! Cuisine méditerranéenne raffinée, entre tradition et modernité, à base de produits frais.

Sports et loisirs

Tour de l'île en bateau – *En saison :* départ tlj du quai central vers 10h30 - renseignements à l'agence Symi Tours. Escales sur les plages principales et l'îlot de Sesklia.

Tílos
Τήλος

533 HABITANTS – 63 KM²
CARTE DODÉCANÈSE P. 483 – MER ÉGÉE – DODÉCANÈSE

Au nord-ouest de Rhodes, Tílos est une île plutôt déserte, oubliée des touristes. Assez montagneuse (653 m), elle comprend deux villages, quelques églises byzantines, des plages de galets et de sable. Les fêtes religieuses et les danses folkloriques y sont encore fréquentes.

▶ **Se repérer** – Entre Kos et Rhodes, l'île est plutôt mal desservie par ferries, mais possède deux ports : Livádia (à l'est) et un au nord, Ágios Antonios, en contrebas de Megalo Chorió.

🕐 **Organiser son temps** – Compter une demi-journée.

⏱ **Pour poursuivre le voyage** – Nísyros, Sými.

Se promener

Livádia

Ce tout petit village est bordé par une plage de galets. Un port microscopique accueille les bateaux de pêche et parfois les ferries.

Mikró Horió

À 2 km de Livádia par la seule route de l'île.
Les maisons abandonnées de ce village émouvant ont été occupées jusque dans les années 1950. Il compta un millier d'habitants.

Megalo Horió

À 5 km de Livádia.
Sur la colline, l'ancienne « capitale » de l'île a été construite ici pour des raisons stratégiques, à l'abri des incursions des pirates. Une forteresse en ruine la domine. Un petit musée *(horaires variables)* abrite des défenses d'éléphants nains vieux de 6 000 ans, découvertes dans la grotte voisine d'Harkadio, fermée au public. En contrebas du village se trouve le petit port d'**Agios Antonios**.

Plages

Outre celle de Livádia, vous en découvrirez deux, plutôt agréables. **Plaka** s'étend à l'ouest d'Agios Antonios. **Eristos**, au sud de Megalo Chorió, est la plus grande de l'île. Deux criques se trouvent au sud de Livádia, au fond de baies profondes *(accès à pied)*.

Tílos pratique

Transports

En bateau – 3-7 ferries/sem. de **Rhodes**. De **Kos** et **Kálymnos**, 2 ferries/sem. Du **Pirée**, 1 ferry/sem.

Se loger à Livádia

🛏🛏 **Hôtel Irini** – *En retrait du port* - ☎ 22410 44 293 - *avr.-oct.* Autour d'un beau jardin fleuri et d'une piscine, hôtel simple et propre.

Se restaurer à Livádia

🍴🍴 **Blue Sky** – *Sur le port.* Cuisine régionale de qualité. À l'intérieur, vous verrez d'énormes tonneaux de vin.

Événements

Les 25-27 juil., **fête religieuse** au monastère Agios Pandeleimonas, à l'ouest de la plage de Plaka

Les îles **Ioniennes** ★★

212 984 HABITANTS – 2 307 KM²

Leur situation de carrefour – à proximité des côtes grecques, albanaises mais aussi italiennes – explique en partie l'histoire tourmentée de ces îles. Colonisée par les Corinthiens, conquise par les Vénitiens puis par les Turcs, la région est également la patrie d'Ulysse, né à Ithaque, et l'un des berceaux de la jeune nation grecque.

Au nombre de sept, si l'on ajoute la lointaine Cythère, ces îles sont très différentes de celles de la mer Égée. Ponctués de cyprès, de vignes, d'oliviers et de citronniers odorants, les paysages rappellent un peu l'Italie. Dans les villages, les campaniles semblent imiter celui de San Marco à Venise. Corfou est verdoyante, Paxos est rocheuse et minuscule, Leucade plus massive, Céphalonie tourmentée, Cythère sèche. Zante, enfin, se compose de deux régions : l'une bordée de falaises vertigineuses, l'autre constituée d'une plaine fertile. Un climat doux toute l'année, une mer turquoise, dont la température dépasse parfois 30 °C, des plages de sable blond rendent cet archipel idyllique, en dépit des séismes, dont le dernier, en 1953, a détruit de nombreux villages. Une croisière en mer Ionienne permet d'admirer l'un des plus beaux paysages de Grèce avec des côtes spectaculaires, des montagnes et une végétation luxuriante.

H. Champollion / MICHELIN

Posé sur l'eau, le monastère de Vlachernes (17ᵉ s.) à Corfou.

◗ **Se repérer** – Les îles Ioniennes se trouvent au sud du canal d'Otrante qui sépare la mer Adriatique de la mer Ionienne. Céphalonie (Kefaloniá), Corfou (Kérkyra), Leucade (Lefkáda), Paxos (Paxoí), Zante (Zákynthos) et quelques îlots adjacents constituent la région administrative des îles Ioniennes. La capitale est Corfou.

L'archipel est accessible par bateau au départ de plusieurs ports grecs : Igoumenítsa pour Corfou et Paxos, Astakós pour Ithaque, Kyllíni pour Céphalonie et Zante, Pátra pour la plupart des îles, Gytheio et Nauplie pour Cythère. En revanche, il est moins facile de se rendre d'île en île. Corfou est reliée à l'Italie plusieurs fois par semaine *via* Ancône, Brindisi, Venise. Cythère est reliée à la Crète (Kastélli). Leucade est accessible par un pont.

Les aéroports de Corfou, Céphalonie et Zante sont desservis depuis Athènes et Préveza. L'aéroport international de Corfou est relié directement à plusieurs villes européennes, notamment Paris.

Céphalonie★★

Kefalloniá – Κεφαλλωνιά

39 488 HABITANTS – 737 KM²
CARTE GÉNÉRALE RABAT II A1 – ÎLES IONIENNES

Calcaire et montagneuse, la plus étendue des îles Ioniennes a une physionomie tourmentée, sculptée de péninsules, de caps rocheux, de golfes profonds, de plages de sable. Elle offre des paysages verdoyants splendides le long de la mer, plus arides dans les montagnes et des plages animées le long de la côte sud. Le mont Aínos (1 628 m), croupe sauvage et noire, l'un des points culminants des îles grecques, est connu pour ses sapins d'une espèce particulière à l'île.

- ▶ **Se repérer** – Située entre Leucade et Zante, l'île fait face à l'embouchure du golfe de Pátra. Ses côtes largement échancrées présentent de nombreuses zones de mouillage abrité et plusieurs ports.

- 👁 **À ne pas manquer** – Faites le tour de l'île et arrêtez-vous à Fiskárdo, Asós, baignez-vous à Mýrtou ou Pétani ou bien promenez-vous jusqu'au sommet du mont Aínos.

- 🕐 **Organiser son temps** – Comptez quatre jours de visite. Louez une voiture pour sillonner l'île en toute liberté.

- ⚲ **Pour poursuivre le voyage** – Párga, Ithaque, Leucade, Zante.

Jeux de couleurs sur le port de Fiskárdo, au nord de l'île.

Comprendre

Une grande île très convoitée – Selon Homère, ses habitants prirent part à la guerre de Troie. Les archéologues ont découvert qu'elle avait été peuplée depuis 50 000 ans et qu'elle fut très prospère à l'époque mycénienne. Au 5ᵉ s. av. J.-C., Thucydide raconte qu'il y avait quatre grandes cités dans l'île. Puis elle fut occupée par les Romains, par Byzance. Au Moyen Âge, elle appartint aux rois normands de Sicile (11ᵉ s.), puis dépendit de la principauté franque de Morée, dont elle constitua l'un des grands fiefs, le comté de Céphalonie, comprenant aussi Ithaque et Zante. Les Turcs l'occupèrent pendant une vingtaine d'années à la fin du 15ᵉ s. Dès 1500, les Vénitiens, aidés par des troupes espagnoles de Gonzalve de Cordoue, s'emparèrent de l'île qu'ils gardèrent près de trois siècles. Leur succédèrent les Français en 1797 et, en 1808, Céphalonie fut occupée par les Anglais, qui, sous l'impulsion de Sir Charles Napier, y effectuèrent des travaux d'envergure. L'île redevint grecque en 1864.
En 1943, quand le maréchal Badoglio (successeur de Mussolini) signa l'armistice avec les Alliés, les 9 000 Italiens de la division alpine Acqui résistèrent durant 9 jours à l'aviation et aux blindés allemands. Forcés de se rendre, les survivants, soit 341 officiers et 4 750 soldats, furent fusillés sur ordre de Hitler. Seuls 34 hommes en réchappèrent. Le beau roman de Louis de Bernières, *La Mandoline du capitaine Corelli*, retrace l'histoire de l'occupation de l'île pendant la guerre et des séismes qui la ravagèrent.

Le tremblement de terre de 1953 a causé de graves dommages à Céphalonie. Environ 80 % des maisons ont été détruites, et seul le village de Fiskárdo a gardé en totalité son caractère vénitien traditionnel. Autre conséquence du séisme, une part importante de la population a préféré quitter l'île et s'installer sur le continent par crainte de nouvelles catastrophes.

Circuits de découverte

LE TOUR DE L'ÎLE★★

Comptez deux jours avec les visites et les haltes sur les plages. Environ 200 km.

Sámi

Sur la côte est, c'est la troisième ville de l'île. La ville a été entièrement détruite par le tremblement de terre de 1953 et reconstruite depuis. Elle se niche au creux d'une rade où se rassembla la flotte de la Sainte Ligue à la veille de la bataille de Lépante (1571), qui mit fin à la suprématie ottomane en Méditerranée.

Du rivage, vous avez une belle vue sur la baie presque fermée et sur la côte austère d'Ithaque.

Grotte de Drogkaráti

À 2 km au sud-ouest de Sámi. Prendre la route d'Argostoli et, à 2 km, un chemin à droite - mai-oct. ; tlj 9h-19h - 3,50 €.

Un escalier (166 marches) donne accès à cette grotte facile à visiter et qui offre de magnifiques concrétions parmi lesquelles d'énormes stalagmites.

Regagner la côte vers le nord-est.

Lac souterrain de Melissáni★

℘ 26740 229 97 - mai-oct., tlj 9h-19h ; hiver, w.-end 10-16h - 5 €.

Une promenade en barque permet de parcourir ce lac souterrain, sous une voûte en partie écroulée, dont les eaux communiquent par des galeries avec les gouffres d'Argostoli de l'autre côte de l'île (voir ci-dessous). L'intensité et la diversité des bleus de l'eau (surtout en fin de matinée), les phénomènes de résonance et l'écho, les effets de lumière et d'ombre procurent une impression d'irréalité.

La route entre Sámi et Fiskardo offre de très belles vues.

Fiskárdo★

Avant d'arriver au port charmant de Fiskárdo, à l'extrémité nord de l'île, vous avez un magnifique **point de vue★★** sur la mer, Ithaque et Leucade. Fiskárdo doit son nom au Normand, Robert Guiscard, connu pour avoir chassé les Byzantins d'Italie et conquit la Sicile, qui mourut ici en 1085. Épargnées par le séisme de 1953, les maisons colorées du 18e s. sont serrées face au port envahi, en été, de voiliers et de ferries.

Jusqu'à Ásos, au sud, la route est assez extraordinaire, avec des vues à la fois sur la mer et la montagne.

Ásos★

Sur la côte ouest, ce village de pêcheurs occupe un **site★★** admirable à la racine d'une presqu'île escarpée dont le sommet porte une citadelle vénitienne (16e s.), *(entrée libre)*.

La mer associée à la montagne, une végétation de pins odoriférants, la paix qui émane du petit port et d'une place encadrée de maisons fleuries, font d'Ásos une des plus jolies localités de Céphalonie. La place de Paris a été reconstruite après le séisme de 1953 aux frais de la capitale française, d'où son nom.

Plus loin, la route en lacet puis en corniche offre des **vues★★** spectaculaires sur la presqu'île d'Ásos, le golfe de Mýrtou et la mer Ionienne.

Plage de Mýrtou

C'est probablement la plus belle de l'île *(très fréquentée en été)*. Ses eaux d'un bleu turquoise sont encadrées de majestueuses falaises blanches.

3 km après Agkónas, tourner à droite vers la péninsule de Paliki. Considérée comme le jardin de Céphalonie, elle révèle un paysage verdoyant planté de vignes, d'oliviers et d'arbres fruitiers.

Lixoúri

Deuxième ville de l'île, c'est aussi un port animé bâti dans les années 1960. Autour d'une grande esplanade moderne, les rues sont bordées de restaurants et de commerces.

CÉPHALONIE ITHAQUE

Plage de Pétani★★
Au nord-ouest de Lixoúri, cette superbe crique est encaissée entre de hautes falaises blanches.

Monastère Ágios Kipouraíon
Dans un site magnifique, ce petit monastère se trouve au bord de l'abîme, entouré de vignes et d'oliviers.

Argostóli★
Le chef-lieu de l'île se trouve sur un promontoire au fond d'une baie qui ressemble à un fjord se terminant par une lagune. Le principal accès se fait par le pont des Anglais (1810), long de 650 m – fermé à la circulation –, qui coupe la lagune de Koutavos.

Reconstruit après le tremblement de terre de 1953, Argostóli a perdu son atmosphère vénéto-grecque qui faisait sa réputation. Verte et fleurie, elle comprend une agréable promenade sur le front de mer et une grande rue piétonne. L'**église Agios Spyridon** renferme une belle iconostase en bois sculpté. Un petit **Musée archéologique** présente les trouvailles faites dans l'île, notamment une tête en bronze datant du 3e s. ☎ 26710 283 00 - tlj sf lun., 8h30-15h - 3 €.

Le **Musée historique et folklorique Corgialeneion★** abrite une remarquable collection de costumes anciens, des documents montrant l'aspect d'Argostoli autrefois, des reconstitutions d'intérieurs aristocratiques et des ateliers d'artisans, ainsi qu'une riche bibliothèque. ☎ 26710 288 35 - tlj sf dim. et j. fériés, 9h-14h - 3 €.

Katavothres
Presque à l'extrémité nord du promontoire, l'eau de mer pénètre dans des gouffres et traverse l'île de part en part. Elle reparaît dans le gouffre de Melissáni, à 15 km de là. La force hydraulique ainsi créée servit à mouvoir des moulins dont l'un d'eux existe encore muni d'une roue à aubes.

Plaine du Leivathó

Au sud d'Argostóli, elle est couverte d'oliviers centenaires. D'innombrables villages composent un véritable dédale où il fait bon se perdre. S'ils n'ont rien de typiques car reconstruits après le tremblement de terre de 1953, ils sont envahis par une végétation quasi luxuriante : lauriers roses et blancs, bougainvilliers, fleurs odorantes.

Plusieurs plages très fréquentées la bordent.

Pour le plaisir des papilles

Les spécialités locales sont le délicieux vin robola à la bouteille enveloppée d'un sac de jute, les petits pâtés à la viande et au riz, le miel de thym, et le *skordalia*, délicieuse purée à base de pommes de terre à l'ail locale.

Forteresse Ágios Geórgios★

En cours de restauration, il est difficile de la visiter.

Entourée de son enceinte de 600 m de long, que renforcent trois bastions, cette énorme forteresse du 13e s. est très bien conservée. Le **kastro**, qui fut jusqu'en 1757 la capitale de l'île, compta 15 000 habitants, mais fut dévasté par un séisme en 1636. Parmi les habitations en ruine dispersées sous les pins, vous verrez les vestiges d'une collégiale. L'endroit offre des **vues★** sur la plaine fertile du Leivathó, la presqu'île de Paliki et l'île de Zante.

Monastère Ágios Andréas

Tlj 9h-13h30, 17h-20h - gratuit.

Au sud de Peratáta, Moni Milapidion conserve une belle église qui abrite des fragments de fresques, une magnifique iconostase et des icônes sur bois et sur métal.

Ruines de Mazarakáta

Non loin du monastère Agios Andreás, c'est le seul vestige antique d'importance de l'île. Cette nécropole mycénienne comprend de nombreux caveaux creusés à même la roche. *Accès libre.*

Le sud-est de l'île est ourlé de plusieurs belles plages : Kato Kateleiós, Kaminia Potamakia et surtout Skála, bordée par une épaisse pinède.

Óros

Cette station balnéaire dotée d'un petit port de ferries se trouve au creux d'une crique rocheuse.

LA MONTAGNE★★

Circuit de 40 km au départ de Sámi. Prendre la route d'Argostóli, qui traverse l'île par la montagne. Au bout d'une dizaine de km, tourner à gauche en direction du mont Aínos. L'itinéraire est magnifique.

Mont Aínos (Orós Aínos)

2h AR à pied au départ des antennes de télévision. Les amoureux de randonnée et de panoramas pourront faire l'ascension du mont Aínos (1 628 m), un « géant » des îles

Un relief caractéristique des îles grecques avec ce paysage côtier de Céphalonie.

B. Chabrol / MICHELIN

grecques. Il émerge d'une épaisse forêt protégée de sapins noirs dits céphalonites, à la belle couleur vert sombre, dont les branches, curieusement, s'élèvent vers le haut. Ces sapins n'existent qu'en ce lieu. Un parc national, le plus petit de Grèce, a été créé ici afin de les protéger.

La route atteint d'abord l'observatoire et ses immenses paraboles *(à 4 km)*, puis elle fait place à une piste jusqu'à l'entrée d'un parc naturel, où elle se fait plus cahoteuse *(comptez 35mn de montée lente)*. Laissez votre véhicule au virage avant les antennes de télévision et prenez le chemin à gauche qui suit la crête du massif vers le sud. Près d'un panneau perché sur la droite, un sentier de randonnée bien balisé (jaune et vert) grimpe sous les sapins, dans un chaos de rochers. Puis le décor se fait minéral. Un cairn marque le sommet qui domine une vertigineuse pente striée de coulées rocailleuses. La **vue**★ sur l'île est vraiment très belle.

Ágios Gerásimos de Troianata

Entre Valsamata et Mikhata, au nord-ouest du mont Aínos. Horaires variables 8h- 13h, 16h- 20h.

Ce monastère (16ᵉ s.) reconstruit, dominé par un beau campanile, vaut surtout par le site qu'il occupe, en pleine montagne. L'église moderne, en brique rose, imite les vieux sanctuaires byzantins. Elle renferme un décor de fresques et un énorme lustre.

Céphalonie pratique

Informations utiles

ARGOSTÓLI

🅸 EOT – *Sur le quai (port de marchandises), en face du poste de police - ☏ 26710 244 66 - en été sf w.-end 7h-14h30.* Accueil très sympathique et avisé. Brochures, plan d'Argostóli, carte de l'île.
ↆ *www.kefalonia-information.com (en français), www.ionion.com (en anglais).*

Police touristique – *Face à l'EOT - ☏ 26710 228 15.*

Police – *Odos Ioannis Metaxa - ☏ 26710 222 00.*

Banques – *Agences, Odos Ioannis Metaxa.*

Poste – *Odos Lithostrotos - 7h30-14h.*

Santé – *Hôpital - à l'entrée d'Argostóli, par la rue Souithias - ☏ 26710 246 41/6.*

SÁMI

🅸 Bureau d'information – *Pl. Konstanton, entrée du port - en été 9h-13h.* Brochures et informations sur les excursions à faire dans la région.

Poste – *Derrière l'église - 7h30-14h.*

FISKÁRDO

🅸 Pama Travel – *Au 1ᵉʳ ét. d'une maison rose au bout du port - ☏ 26740 410 33 - www.palmatravel.com - tlj 9h-14h, 17h30-21h.* Chambres à louer, location de voitures, informations sur les bateaux pour Ithaque et le continent. Service efficace et diligent.

Banques – *Distributeur à l'Alpha Bank.*

Poste – *Lun-vend. 8h-14h.*

PÓROS

🅸 Bureau touristique – *Au bout de la rue centrale - ☏ 26740 720 00 - www.poros-kefalonia.gr - tlj sf w.-end 8h-14h30.* Dans une maison jaune aux portes bleues : brochures et des itinéraires de randonnées. Accueil charmant en anglais ou en français.

Transports

En bateau – En ferry, liaisons avec **Pátra** : 2/j. en été, 1/j en hiver, avec **Kilini** : 2/j (pour Argostóli et Póros). Liaisons avec **Zante** : 2/j en été, 1/sem. en hiver, de Zákynthos pour Pesáda (au sud de Céphalonie). Liaisons avec **Ithaque** : 5/j de Piso Aetós pour Sámi, 2/sem. de Vathý pour Sámi, 1/j depuis Fríkes pour Fiskárdo. De **Leucade** : 1/j depuis Vassiliki pour Fiskárdo et pour Sámi. Les horaires changent chaque année et parfois d'un mois sur l'autre, se renseigner à l'avance. Pour aller dans la péninsule de **Paliki** : bac pour Lixoúri – *ttes les h le mat., ttes les 1/2h l'apr.-midi : 8h-23h.* Embarquement sur le port. Suivre les panneaux « To Lixouri ».

En avion – *☏ 26710 420 00.* D'**Athènes**, un vol via Zákynthos certains jours. Réservez dès que possible, l'avion est petit. Pas de bus pour Argostóli, seulement le taxi.

Gare routière – *Argostóli, à côté du port, odos Ioannis Metaxa - ☏ 26710 222 76/ 222 81.* Attention, pas de bus le dimanche.

En voiture – L'idéal car l'île est un vrai dédale de petites routes (surtout dans le sud). Location de véhicules à l'aéroport, à Argostóli, à Fiskárdo, à Póros.

Se loger

ARGOSTÓLI

⌲ Hôtel Tourist – *109 r. Antoni Tritsi - ☏ 26710 230 34 - htourist@otenet.gr - 22 ch. ⌑ 5 €.* Totalement rénové, cet hôtel à la façade rose et aux volets verts propose des chambres claires et confortables, certaines avec vue sur la baie. Accueil aimable. Bon rapport qualité-prix.

Hôtel Mirabel – *Pl. Valianou,* ℘ *26710 253 81/83 - www.mirabel.gr - 33 ch.* Hôtel très bien situé, avec des chambres spacieuses et agréablement meublées, toutes avec terrasse. Attention, certaines donnent sur la place bruyante. Bar dans le vestibule et dans la cour, sous une treille. Accueil sympathique, le patron parle français.

Hôtel Olga – *82 odos Antoni Tritsi - ℘ 26710 249 81/84 - www.olgahotel.gr - 43 ch.* Sur le front de mer, hôtel moderne sans grand caractère. Chambres impeccables, spacieuses, avec double vitrage et agréables petits balcons. Bar, accès Internet sans fil.

PÓROS

Hôtel Oceanis – *En haut du village - ℘ 26740 725 81/82 - www.hoteloceanis.gr - 24 ch., 2 ch. (4 pers.) et 2 ch. (doubles communicantes) - ouv. en sais., appeler pour réserver en hiver.* Perché sur le promontoire qui ferme le port des ferries, de l'autre côté du cap, l'hôtel jouit d'une vue superbe. La jeune patronne parle français. Chambres avec balcon et réfrigérateur, très bien tenues, spacieuses et très claires.

SÁMI

Hôtel Sami Beach – *Karavomilos - le village à l'ouest de Sami, au bout de la grande plage - ℘ 26740 228 02/24 - info@ samibeachhotel.gr - 49 ch.* Un hôtel où l'on se sent bien : accueil aimable et professionnel, atmosphère familiale malgré le standing du lieu. Réparties dans de sobres pavillons pastel, les chambres sont confortables et bien tenues et dotées de beaux sanitaires. Grande piscine, bar, tennis, jeux pour enfants. Petit-déjeuner en sus.

ÁSOS

Kanakis appartments – *À gauche, rte qui descend dans le village, ℘ 26740 516 31 - 6 ch.* Des appartements spacieux pour 2 ou 4 personnes décorés avec goût et jouissant d'une terrasse avec vue splendide sur la mer et sur la forteresse. Piscine agréable. Accueil sympathique.

Se restaurer

ARGOSTÓLI

La ville compte de nombreux restaurants, tous assez touristiques. Optez donc pour les rues intérieures, autour du square Valianou.

To Arkotikon – *5 odos Pizospatou - ℘ 26710 272 13.* À côté de la pl. Valianou, joli restaurant à la salle et à la terrasse lambrissées qui propose une cuisine fraîche et savoureuse. Grand choix de vins grecs. Service efficace.

LIXOÚRI

Zorbas – *Angle de Grigoriou Labraki et 25 Martiou.* Dans une agréable cour ombragée, très bonne cuisine grecque (poissons frits, *skordalia, saganaki*). Service diligent.

PÓROS

Fotis – *Square bordant le front de mer - ℘ 26740 729 72/723 22.* Une charmante terrasse en surplomb de la mer et de la place. Bonne cuisine familiale et accueil sympathique. Loue aussi des chambres à l'autre bout de la plage. Mai-oct.

FISKÁRDO

Tselenti – Taverne installée dans une des plus belles maisons du village, légèrement en retrait du port, sur une placette très agréable. Magnifique salle à manger, dotée d'un superbe bar. Agréable pour le petit-déjeuner.

Faire une pause à Argostóli

Rock Café – *Sur le quai, non loin du marché.* Pour siroter un verre en admirant la baie. **Café K, Metropolis, Antico** – *Odos Lithostroto.* Où se retrouve la jeunesse. *Place Valianou,* cafés qui s'animent beaucoup le soir : musique, cafés frappés et glaces italiennes !

Sports et loisirs

Plongée – Agia Efimia, au nord de Sámi. **Scuba Diving Center** – ℘ *26740 620 06 - www.aquatic.gr.* Un club très sympathique pour débutants et plongeurs confirmés. Bon matériel.

Achats

ARGOSTÓLI

Marché – *Tlj en été, jusqu'à 23h environ.* Marché animé, installé dans les halles qui jalonnent le quai.

Spécialités culinaires – Sur Lithostrotos, petite boutique verte proposant toutes les gourmandises locales : **vins** (*robola*), **café, miel**, etc. **Dionysios**, sur Lithostrotos, un caviste, où vous trouverez aussi des confiseries régionales et du café.

Corfou ★★★

Kérkyra – Κέρκυρα

111 975 HABITANTS – 590 KM²
CARTE GÉNÉRALE RABAT I A1 – ÎLES IONIENNES

Entre la péninsule italienne et le monde grec, le joyau des îles Ioniennes charme le visiteur : ses collines verdoyantes tapissées d'oliviers, ses criques rocheuses, ses grandes plages de sable, sa cité millénaire et la douceur de son climat en font un lieu de séjour prisé, été comme hiver. Fréquentée dès le 19ᵉ s. par l'aristocratie italienne, autrichienne, allemande, et notamment par l'impératrice Sissi, Corfou garde aujourd'hui encore son caractère cosmopolite.

▷ **Se repérer** – Au nord de l'archipel, à moins de 3 km de l'Albanie, longue de 60 km, l'île se trouve à l'entrée de l'Adriatique. Corfou est la plus peuplée des îles ioniennes. La partie nord de l'île est la plus montagneuse ; elle culmine au mont Pantokrator (906 m).

👁 **À ne pas manquer** – La vieille ville de Corfou ; les plages de l'île ; les points de vue extraordinaires de Pélakas, de Sidari et de Palaiokastrítsa ; l'Achilleion, le palais de Sissi.

🕐 **Organiser son temps** – Comptez quatre jours de visite et profitez de l'ambiance italienne.

🖑 **Pour poursuivre le voyage** – Ioánnina, Párga, Pátra et Paxos.

Les élégantes arcades du Liston à Corfou-ville : un petit air d'Italie.

Comprendre

Une étape du voyage d'Ulysse – Dans l'*Odyssée*, Homère raconte qu'Ulysse, retenu dans l'île Ogynie par l'amour de la nymphe Calypso, fut libéré sur l'intervention d'Hermès et se dirigeait vers Ithaque lorsque la tempête le jeta sur une grève de l'île de Scheria, identifiée avec l'actuelle Corfou. Là, il fut découvert par la gracieuse Nausicaa « aux bras blancs », qui jouait à la balle avec ses compagnes ; elle le conduisit à son père, Alkinoüs, roi des Phéaciens. Celui-ci reçut Ulysse dans son palais entouré de jardins enchanteurs, organisa un banquet en l'honneur du fils de Laërte qui raconta ses aventures. Alkinoüs lui offrit ensuite de riches présents et fréta un navire afin qu'il puisse retourner à Ithaque.

Au 8ᵉ s. av. J.-C., les Corinthiens fondèrent une colonie nommée Corcyre.

Une île vénitienne – Après que les rois angevins de Naples eurent exercé leur autorité sur Corfou, de 1267 à 1386, les Vénitiens achètent l'île dont ils font la principale escale pour leurs navires de commerce sur la route de l'Orient.

Lors de la domination vénitienne, Corfou est menacée par les Turcs : ils ravagent l'île en 1537, sous la conduite de Soliman le Magnifique mais échouent devant la citadelle.

En 1571, 1 500 marins de Corfou participent à la bataille de Lépante *(voir p. 280)*. En 1716, 30 000 soldats turcs envahissent l'île, mais une résistance acharnée les force à se retirer.

Représentés par un provéditeur (gouverneur), les Vénitiens s'imposent à Corfou dont ils font un arsenal et un entrepôt avec l'aide de la noblesse locale, inscrite comme à Venise, sur un Livre d'or. L'italien devient la langue officielle, le catholicisme latin est privilégié, de nombreux monuments sont construits et décorés : églises rectangulaires à plafonds plats et campaniles, hautes maisons étroites, puits à margelle sculptée, icônes d'artistes chassés de Crète par les Turcs. Et l'administration vénitienne donne un sequin par nouvel olivier planté, car Venise manque d'huile.

Neuf ans d'occupation française – En juin 1797, des troupes françaises arrivées de Venise débarquent à Corfou. Les commissaires du Directoire font planter des arbres de la Liberté, brûler le Livre d'or et rétablissent le grec comme langue officielle. Mais ils s'attirent la colère des Corfiotes par l'irrespect dans lequel ils tiennent les reliques de saint Spyridon. Deux ans plus tard, les Français sont chassés par les Russes et les Turcs qui instituent une république des Sept Îles couvrant les îles Ioniennes jusqu'à Cythère.

En 1807, le traité de Tilsit rend à la France Corfou que Napoléon considère comme la « clef de l'Adriatique ». Le gouvernement éclairé du général Donzelot arme les fortifications de 500 canons, améliore l'urbanisme de la ville (arcades du Liston) et encourage l'agriculture en vulgarisant l'emploi de la charrue.

Protectorat britannique – Le traité de Paris donnait aux îles Ioniennes un statut indépendant sous tutelle britannique. En fait, malgré une Constitution octroyée aux insulaires, les gouverneurs anglais détenaient presque tous les pouvoirs. Ils dotèrent l'île d'une bonne infrastructure : bâtiments publics, réseau routier, canalisations d'eau, université. Corfou s'affirma alors comme un foyer intellectuel à la fois ionien et britannique. Les Anglais installèrent même sur l'Esplanade un terrain de cricket toujours utilisé.

Corfou la Grecque – Capo d'Istria (ou Kapodistrias, 1776-1831), président de la toute jeune République grecque de 1827 à 1831, est originaire de Corfou, où il repose. Les Corfiotes participèrent à la guerre d'Indépendance et l'île fut rattachée à la Grèce en 1863 lors de l'accession au trône de Georges Ier.

Dès la fin du 19e s., l'île de Corfou devint un lieu de villégiature de l'aristocratie européenne. L'impératrice Élisabeth d'Autriche, dite Sissi, y fit construire une magnifique villa (l'Achilleion), que Guillaume II, empereur d'Allemagne, racheta.

Se promener

CORFOU-VILLE★★ (Kérkyra)

Sur une péninsule, entre deux énormes citadelles, la ville de Corfou, ses ruelles, ses toits de tuiles romaines, ses cyprès, évoque l'Italie. Êtes-vous à Gênes, à Rome, sur l'île de Capri ? Ou à Nice ? On le croirait, mais l'endroit conserve aussi des souvenirs de l'occupation britannique. Pour vous repérez, sachez que l'Esplanade (Spianáda) est le centre de la cité *(voir ci-dessous)*.

Palais royal, ou palais St-Michel-et-St-Georges (Palaiá Anáktora)

☞ 26610 304 43 - tlj 8h30-19h30, 15h en hiver - 3 €.

Construit en 1819, cet édifice monumental néoclassique est précédé d'un portique de 32 colonnes. Il fut palais des gouverneurs britanniques, puis Sénat ionien, puis résidence d'été de la famille royale grecque après 1864. Un vestibule orné de fresques évoquant l'*Odyssée*, une salle du trône et la salle des banquets sont les pièces les plus intéressantes. Le monument abrite aussi un dépaysant **musée d'Art asiatique★** doté de 10 000 objets de collection : urnes funéraires et bronzes chinois, flacons à encens, laques rares, céramiques et estampes, paravents japonais, ainsi qu'une belle série d'icônes des 17e et 18e s.

Partant de l'Esplanade, contournez le palais royal par la gauche. Vous arrivez sur une agréable corniche bordée de maisons anciennes. Elle domine la mer, face au rivage nord de l'île et aux côtes d'Albanie et d'Épire.

Ancienne préfecture (Palaiá Nomarhía)

Construite au 19e s., elle est caractéristique de l'architecture britannique en vigueur sous le protectorat.

Musée byzantin (Vizandinó Moussío)

☎ 26610 383 13 - tlj sf lun. 8h30-15h - 2 € (ticket combiné avec les Musées archéologique et d'Art asiatique, la forteresse, l'église d'Antivouniotissa : 8 €). Installé dans l'église Panagia Antivouniotissa, il présente une très belle collection d'icônes des 16e et 17e s. : à voir, l'icône de Theotokos Chodegetria (15e s.), l'icône des saints Serge et Bacchus, œuvre du peintre Michael Damaskenos, pour commémorer la bataille navale de Naupacte en 1571.

Panagía Spileótissa

Le long du rivage, cette grande église blanche est précédée d'une imposante façade Renaissance et renferme de belles icônes (16e et 18e s.).

La rue Donzelot, bordée de belles maisons d'armateurs, descend vers la place et les quais de l'ancien port (Paleo Limáni).

Fort Neuf (Néo Froúrio)

☎ 26610 273 70 - 9h-22h - 2 €. Construit sur une colline aux 16e et 17e s. puis remanié au 19e s., le Néo Froúrio impressionne par sa taille.

Vieille ville★ (Paleá póli)

Ruelles tendues de linge qui sèche, placettes dallées faisant décor de théâtre, hautes maisons à arcades rappellent un peu la ville de Venise, les canaux en moins. N'hésitez pas à flâner, l'endroit possède énormément de charme.

Suivez la rue Solomou, puis la rue commerçante Nikiforou Theotoki, artère principale de la Corfou vénitienne, au début de laquelle s'élève l'église Agios Andónios construite

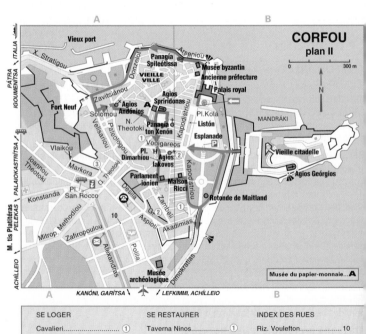

SE LOGER		SE RESTAURER		INDEX DES RUES	
Cavalieri	①	Taverna Ninos	①	Riz. Voulefton	10
Hôtel Bella Venezia	②	The Venetian Well	②		
Hôtel Hermes	③				

au 14ᵉ s. (iconostase baroque du 18ᵉ s.). À mi-parcours de la rue Nikiforou Theotoki, prenez à gauche.

Musée du Papier-monnaie (Moussío Hartonomismáton) – ℘ 26610 341 92 - 9h-14h, fermé w.-end - gratuit. Il présente diverses techniques de fabrication des billets de banque et des spécimens provenant de tous les pays du monde.

Ágios Spirídonas – Un haut campanile détaché signale cette église construite à la fin du 16ᵉ s. et dédiée à saint Spyridon, évêque chypriote du 4ᵉ s., dont les reliques furent apportées de Constantinople en 1456 et qui devint le patron de Corfou. Une chapelle abrite le cercueil d'argent contenant le corps momifié du saint, vénéré lors des processions solennelles se déroulant aux fêtes orthodoxes des Rameaux, du Samedi saint, du 11 août et du premier dimanche de novembre.

Panagía ton Xenón – Cette basilique à trois nefs ornée d'un plafond peint domine une charmante petite place.

Ágios Ioannis Prodromos – Elle est précédée d'une jolie façade de couleur rose et abrite une précieuse iconostase en marbre.

Hôtel de ville – Sur la place Dimarhíou, l'hôtel de ville occupe l'ancien théâtre construit au 17ᵉ s. et décoré de médaillons sculptés. C'est l'un des plus beaux monuments vénitiens de Corfou.

Église catholique (Katholikí Mitrópoli) – Elle est dédiée à saint Jacques (Agios Iakovos). Restaurée après la dernière guerre, elle recèle une Madone, fine peinture vénitienne du 15ᵉ s. (3ᵉ chapelle à droite).

Parlement ionien (Iónios Voulí) – Construit en 1855, il est précédé de majestueuses colonnes doriques. En 1863, le rattachement des îles Ioniennes à la Grèce y fut voté.

En retournant vers l'Esplanade, vous passerez devant la maison Ricci (Arhondikó Ricci), remarquable demeure vénitienne.

Esplanade★ (Spianáda)

Jadis champ de manœuvres militaires, l'Esplanade fut plantée de palmiers et d'eucalyptus à l'époque napoléonienne. Elle est décorée de monuments commémoratifs et de statues, notamment une rotonde néoclassique élevée à la mémoire de Maitland, premier gouverneur anglais de l'île. Promenade très fréquentée, surtout le soir, elle comprend également un parking et un terrain de cricket.

Au sud de l'Esplanade, vous avez une très belle **vue★** sur l'ancienne citadelle, la mer en contrebas et les côtes d'Épire.

Le côté ouest est bordé par le **Liston**, maisons à arcades abritant restaurants, salons de thé, librairies… Cet ensemble a été construit sous la direction de Mathieu de Lesseps, père du réalisateur du canal de Suez. Regardez bien les arcades, elles ressemblent étrangement à celles de la rue de Rivoli à Paris.

Vieille citadelle (Palaió Froúrio)

℘ 26610 483 10 - tlj 8h-19h en été, 8h30-15h en hiver - 4 € (ticket combiné avec les Musées archéologique, byzantin et asiatique : 8 €) - visitez la de préférence le matin.

Séparée de l'Esplanade par un fossé, la vieille citadelle se dresse sur un promontoire rocheux. À l'époque médiévale, des fortifications couvraient déjà les hauteurs. Au 16ᵉ s., les Vénitiens refirent les deux ouvrages fortifiés, creusant le canal et édifiant les deux tours qui précèdent le pont. Vous y verrez également l'église Ágios Geórgios, en forme de temple antique, construite par les Anglais en 1830, et les anciennes casernes vénitiennes dominant le petit port de Mandráki.

Musée archéologique★ (Arheologikó Moussío)

℘ 26610 306 80 - tlj sf lun. 8h30-15h - 3 €.

De présentation assez moderne, il conserve trois œuvres archaïques provenant de la Corcyre (Corfou) antique : le magnifique **fronton★★** (recomposé) d'un temple dédié à Artémis et comprenant une Gorgone haute de 2,80 m ; un curieux haut-relief figurant un banquet dionysiaque ; une monumentale lionne du 7ᵉ s. av. J.-C. qui surmontait probablement un tombeau. Vous verrez également une collection de statuettes en terre cuite antique et une tête représentant le poète athénien Ménandre (342-292 av. J.-C.).

Monastère de la Panagia Platitera

À l'ouest de la ville, rue Polihroniou Konstanda.

Ces bâtiments du 19ᵉ s. abritent le tombeau de Kapodistrias, premier président de la Grèce, mais aussi de belles **icônes★**.

Circuits de découverte

LE SUD DE L'ÎLE★★

Une centaine de km, comptez une journée. Moins montagneux que le nord, il comprend plusieurs plages, de très beaux points de vue et l'Achilleion.

Promenade de Kanóni★★

À 4 km au sud de Kérkyra. Suivez la tranquille promenade ombragée qui longe la baie de Garitsa jusqu'au faubourg d'Anemomilos, dont les villas se dispersent dans la verdure. Du quai, vous avez une très belle **vue★★** sur la baie, la vieille citadelle de Corfou, les côtes d'Épire et d'Albanie.

Prenez la rue Iasonou kai Sosipatrou, conduisant à Agioi Iásonos kai Sosipátros *(9h- 15h - entrée libre),* église byzantine du 12e s. dont le narthex abrite quatre belles icônes du 17e s.

Traversant le site antique de Corcyre, la route contourne la villa Mon Repos, construite par les Britanniques en 1824. Entourée d'un parc *(8h-19h - entrée libre),* elle fut attribuée à la famille royale de Grèce dès l'indépendance. Le prince Philippe, duc d'Édimbourg, mari de l'actuelle reine d'Angleterre, naquit ici en 1921.

Non loin de l'aéroport international, à l'extrémité de la route, Kanóni est l'un des paysages les plus connus de Grèce.

De la terrasse, vous avez une **vue★★** plongeante sur les îlots des Vlachernes (Vlachérna) et de Pontikonisi. Posés comme des nénuphars sur l'eau, ils portent chacun un monastère. Vous pouvez accéder à pied jusqu'à celui des Vlachernes datant du 17e s. *(9h-22h, gratuit)* et de là en bateau jusqu'à Pontikonísi, représenté dans un célèbre tableau symboliste d'Arnold Böcklin (1827-1901), *L'Île des morts.*

L'Achilleion★★ (Achílleio)

À 12 km au sud de Corfou-ville. ✆ *26610 562 10 - tlj. 8h-19h - 6 €.*
Situé sur une colline boisée dominant la mer, l'Achilleion fut conçu pour l'impératrice Sissi. À sa mort, la villa fut achetée par Guillaume II qui y vint chaque printemps de 1908 à 1914. Devenu propriété de l'État grec, l'Achilleion est fréquenté toute l'année.
De style néoclassique, dédiée à l'Achille de l'*Iliade,* la demeure comprend de

L'Achilleion, le rêve grec de Sissi.

grandes salles décorées de fresques et de motifs antiques. Des souvenirs des souverains y sont exposés.

Élisabeth d'Autriche, impératrice de la solitude

Sa vie fut maintes fois représentée au cinéma, notamment dans le fameux *Sissi* d'Ernest Marischka avec Romy Schneider et le *Ludwig* de Visconti avec la même actrice. Elle fut l'une des plus belles et des plus riches princesses de son temps. Femme de l'empereur d'Autriche François-Joseph Ier (1830-1916), elle était frappée d'une dépression profonde qui s'aggrava à la suite d'une série de drames personnels : la mort prématurée de sa fille aînée Sophie, à 2 ans (1857) ; l'assassinat de son beau-frère Maximilien, empereur du Mexique (1867) ; la mort violente de son cousin préféré Louis II de Bavière (1886) ; le suicide de son fils Rodolphe, héritier de l'Empire, à Mayerling (1889) ; la mort de sa sœur la duchesse d'Alençon, brûlée vive dans l'incendie du bazar de la Charité à Paris (1897). Elle fuyait la cour de Vienne, qu'elle détestait, et traînait sa douleur à travers l'Europe, parfois presque seule. Fascinée par la Grèce, elle découvrit Corfou en 1862 et fit aménager l'Achilléion en 1890 en l'honneur de son héros préféré, Achille, symbole selon elle de « l'âme grecque et de la beauté de la terre ». Elle apprit le grec avec un étudiant, se passionnait pour la guerre de Troie et récitait des passages d'Homère. En septembre 1898, elle fut poignardée par un anarchiste italien à Genève.

Le **jardin à l'italienne**★★, composé de terrasses fleuries et planté d'arbres méditerranéens, est orné de statues parmi lesquelles un *Achille blessé* (du sculpteur berlinois Ernst Herter, 1884) auquel Guillaume II voulut opposer un Achille victorieux, en bronze, plus académique.

À l'extrémité de la terrasse supérieure, vous avez des vues étendues vers le nord de l'île et la côte albanaise.

Benítses

À 14 km au sud de Corfou-ville. Au débouché d'une vallée plantée d'oliviers, ce village de pêcheurs ombragé de citronniers est devenu une station balnéaire. Non loin, vous pourrez voir le départ d'un aqueduc édifié par les Anglais pour alimenter la ville de Corfou en eau.

Pélekas★★

À 13 km à l'ouest de Corfou-ville. Du belvédère aménagé par Guillaume II et dit « Trône du Kaiser », vous aurez un **panorama extraordinaire★★**, à 360°, sur une partie de l'île. L'empereur d'Allemagne venait admirer ici le coucher du soleil.

LE NORD DE L'ÎLE★★

Environ 120 km, comptez une journée.

Palaiokastrítsa★★

À 25 km au nord-ouest de Corfou-ville.

Cette station balnéaire se trouve au fond d'une **baie★★** magnifique. Au pied d'une montagne couverte de chênes, d'oliviers et de cyprès, vous découvrirez six criques bordées de roches ocre, avec plages et mer translucide. Considéré comme le plus bel endroit de l'île, Palaiokastrítsa est envahi par une foule considérable.

La route se termine au pied du promontoire portant le monastère de Palaiokastrítsa fondé au 13ᵉ s., mais dont les bâtiments actuels datent seulement du 18ᵉ s. *Tlj avr.-oct. 7h- 13h, 15h- 20h (jupes longues fournies).*

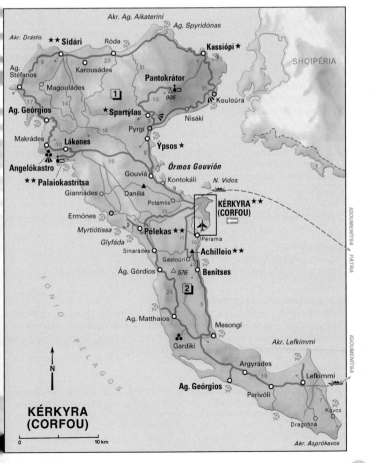

Les plages de Corfou

Elles sont nombreuses et magnifiques, mais fréquentées à l'extrême en été… Parasols et chaises pliantes en recouvrent la plupart. Les sports nautiques sont innombrables.

Voici les plus belles (et les plus célèbres). Elles sont répertoriées sur la carte et classées ici dans le sens des aiguilles d'une montre au départ de Corfou-ville :

Benítses : face à l'Épire, plage très touristique.

Vitalades : longue étendue de sable au pied d'une falaise.

Ágios Geórgios : plage sablonneuse. Ses dunes se sont solidifiées, ce qui les fait ressembler à des rochers.

Paramona : plein ouest, au pied du joli village d'Agios Matthaíos, joli bourg bâti en amphithéâtre, elle est fréquentée par les Grecs.

Ágios Górdios : longue plage de 5 km. Un rocher jaillissant de la mer rappelle un peu l'aiguille d'Étretat.

Pélekas : en contrebas du village homonyme, cette plage encadrée de rochers est l'une des plus proches de Corfou-ville.

Myrtiótissa : difficile d'accès, petite plage au fond d'une crique superbe.

Palaiokastrítsa : plusieurs criques sublimes… et très fréquentées.

Ágios Geórgios : homonyme de celle du sud de l'île, elle a 5 km de long.

Arilas, Agios Stéfanos : plages ventées, dans un décor de rochers et de collines verdoyantes.

Peroulades : étroite bande de sable dominée par des falaises gris et ocre.

Sidári : une multitude de criques dans un somptueux décor de rochers.

Ágios Spyridónas : non loin des côtes albanaises, belle plage sauvage où se trouve une chapelle posée sur le sable.

Ýpsos, Dassia : grandes stations balnéaires dotées de belles plages.

Reprenez la route de Corfou-ville. À 4 km, tournez à gauche en direction de Lákones.

D'une plate-forme située à environ 800 m au-delà du village de Lákones (parking), vous avez une **vue★★** extraordinaire sur la baie de Palaiokastrítsa composée de multiples échancrures rocheuses.

Continuez vers Krini. À l'entrée du village, prenez à gauche la petite route d'Angelókastro qui conduit à un hameau, puis à un restaurant près duquel vous laisserez le véhicule. Un chemin mène aux ruines d'Angelókastro *(1h à pied AR)*, forteresse byzantine élevée au 13e s. De là, vous aurez de splendides **vues★★** sur la côte.

Plage d'Ágios Geórgios
Au fond d'une magnifique crique encadrée de rochers, cette plage de sable est l'une des plus agréables de l'île.

Sidári★★
À 39 km au nord de Corfou-ville.
Cette station se trouve sur une très belle **côte rocheuse★★** curieusement découpée par la mer. Vous découvrirez des petites plages, des îlots, des rochers sculptés, des grottes marines, des gouffres où se précipite la mer.

Kassiópi★
À 38 km au nord de Corfou-ville.
Ce port est devenu une importante station balnéaire. Au sud, une spectaculaire **route de corniche★** dessert Kouloúra, face aux côtes de l'Albanie.

Spartýlas★
À 26 km au nord de Corfou-ville.
La route monte à travers les oliviers, procurant de belles vues sur l'île et sur les côtes de l'Épire.

Monastère du Pantokrátor
À 34 km au nord de Corfou-ville. Avr.-oct. 7h-12h30, 14h30-20h. Jupes longues fournies.
Sur le point culminant de l'île (906 m), le monastère offre une très belle **vue★** sur l'île, au pied de gigantesques antennes de télévision : plateaux désertiques, quasi lunaires d'un côté, mer, côtes, lacs albanais de l'autre.

Ypsos★
À 17 km au nord de Corfou-ville.
Cette agréable station balnéaire est située en bordure d'une baie sablonneuse où se pratiquent toutes sortes de sports nautiques : voile, planche à voile, ski nautique.

Órmos Gouvión
À 9 km au nord de Corfou-ville.
Bien protégée au fond d'une agréable baie, la station de Gouviá est très fréquentée.

Corfou pratique

Informations utiles

🛈 *Pl. San Rocco - 📞 26610 207 73 - tlj 8h-20h, 16h le dim.* Brochures, informations sur les manifestations culturelles.

♿ *www.corfuhomepage.com.*

Police touristique – *Odos Samartzi, près de la pl. San Rocco - 📞 26610 302 65 - tlj 8h30-20h.*

Banques – Nombreuses dans la ville, notamment dans l'avenue qui conduit à la Poste centrale. Elles ferment toutes à 14h. Pour recevoir de l'argent en express (Western Union) : **Ergo Bank** – *31 odos Alexandras - 8h-14h, fermé dim.-lun.*

Poste/Téléphone – *26 odos Alexandras - 📞 26610 396 04 - 7h30-20h, sam. 7h30-14h - fermé dim.* Également change pour les chèques postaux et chèques de voyage (American Express).

Santé – Hôpital - *odos Ioulias Andreadi, près de pl. San Rocco - 📞 26610 882 00.*

Transports

En bateau – Le port de ferries se trouve au nord de la vieille ville (importante gare maritime, avec grand café). Liaisons en ferry avec **Igoumenítsa** (ttes les h), avec **Pátra** (1/j) et **Paxos** en ferry (1/j en été) ou en hydroglisseur Flying dolphins de la Petrakis Line (3/j, 1/j en hiver). Plusieurs ferries font la traversée depuis l'Italie : **Ancône** et **Brindisi** (1/j), **Bari** (3/sem.) **Venise** (4/sem.). Autorités portuaires – *📞 26610 384 25.*

En avion – L'aéroport international se trouve à 3 km de la ville. *📞 26610 301 80.* Plusieurs vols quotidiens Athènes-Corfou, ainsi que des liaisons directes par charter depuis les principales villes européennes. Station de taxi et de bus pour rejoindre le centre-ville. Plusieurs vols par sem. en hydravions pour Corfou depuis Ioánnina et Paxos avec la compagnie **Airsealines** – *📞 26610 498 00 - www.airsealines.com.*

En bus – Il existe deux sortes de bus : les bleus pour la ville de Corfou et ses environs, les verts pour les plus longues distances sur l'île. **Bus verts** – *Odos Avramiou, près du Fort Neuf - 📞 26610 398 62/399 85.* Plusieurs liaisons par jour pour Palaiokastrítsa, Róda, Aharavi, Ágios Stéfanos, Sidári, Kávos et Glyfáda. **Bus bleus** – *Pl. San Rocco - 📞 26610 321 58.* Ils desservent la presqu'île de Kanóni, l'Achilleion, Benítses, Ag. Ionnis et Pélekas.

En voiture – Les principales compagnies sont présentes à l'aéroport et ont une agence face au nouveau port. Permis de conduire exigé, même pour louer un deux-roues.

Se loger

👁 La plupart des hôtels sont proches de l'Esplanade et en bordure des deux ports. Pour un long séjour, optez pour les stations balnéaires, plus calmes.

KÉRKYRA (CORFOU-VILLE)

🛏 **Hôtel Hermes** – *14 odos Markora - 📞 26610 392 68 - 34 ch.* Chambres un peu vieillottes mais bien tenues. Il est difficile de trouver moins cher en ville. Petit-déjeuner en option.

🛏🛏🛏 **Hôtel Bella Venezia** – *N. Zambeli 4 - 📞 26610 465 00 - www.bellavenezia.com - 31 ch.* Hôtel de charme à la décoration italianisante raffinée (plafonds à caissons, quelques chambres avec baldaquin), dans une belle demeure du 19ᵉ s. agrémentée d'une agréable terrasse verdoyante. Baignade possible au cercle nautique de Corfou, à 150 m.

🛏🛏🛏 **Hôtel Cavalieri** – *Kapodistriou 4 - 📞 26610 390 41 - www.cavalieri-hotel.com - 50 ch.* L'établissement le plus luxueux de la vieille ville, aménagé dans un hôtel particulier du 17ᵉ s. à la belle décoration anglo-vénitienne. Vue splendide sur la mer et bar panoramique.

Couleurs et saveurs, dans la vieille ville de Corfou.

ERMÓNES

🛏🛏🛏 **Ermones Golf Palas** – *(Appart Hôtel) - 📞 26610 940 45/942 26 - www.hotels-corfu.gr/ermones-golf-hotel.* Deux bâtiments à taille humaine encadrent une très agréable piscine fleurie. Appartements avec cuisine et balcon donnant sur la mer, juste au-dessus de la plage.

LÁKONES

🛏🛏 **Hôtel Golden Fox** – *📞 26630 491 01/2 - www.corfugoldenfox.com - 10 appart. - mai-oct.* Encombrée de boutiques touristiques, l'entrée est peu engageante. Mais l'hôtel dispose de chambres confortables avec kitchenette et balcon. Vue imprenable sur la baie de Palaiokastrítsa. Restaurant avec une carte végétarienne. Réservation recommandée.

DANILIA

⌨🛏🍴 **Hôtel Nefeli** – ☏ 26610 910 33 - www.hotelnefeli.com - 45 ch. Joli bâtiment néoclassique rose enfoui dans les oliviers. Chambres spacieuses avec balcon donnant sur la mer ou sur les collines. Plage à 400 m.

PÉLEKAS

⌨🛏🍴 **Hôtel Levant** – ☏ 26610 942 30 - www.levant-hotel.com - 25 ch. Sur la colline au-dessus du village, villa néoclassique au décor très soigné et au charme 1900. Accueil chaleureux, bon restaurant, chambres romantiques et fraîches, avec une vue magnifique. Plages de Glyfáda et de Myrtiótíssa à 3 km, équitation et golf à 4 km… Une étape inoubliable! Chambres à 4 lits pour les familles.

GLYFÁDA

⌨🛏🍴🏊 **Hôtel Menigos** – ☏ 26610 950 74 - 163 appart. Grands bungalows construits en terrasse au-dessus de la plage, certains avec un jardin. Tous sont différents, meublés et équipés (kitchenette), et disposant d'un balcon avec vue sur mer. Pour 3/4 pers. : 35 m², pour 5/6 pers. : 60/80 m². Petite piscine, supermarché, snack et tennis possible au grand hôtel voisin.

Se restaurer

KÉRKYRA (CORFOU- VILLE)

🍴 **Taverna Ninos** – *Sebastianou 46 (angle de Mikh. Theotoki)* - ☏ 26610 461 75 - *fermé dim.* Maison réputée depuis 1920 pour ses plats simples, frais et copieux : *sofrito*, *pastitsada*… et une goûteuse andouillette (*gardoumba*). Clientèle grecque et accueil chaleureux.

🍴🍴 **The Venetian Well** – *Pl. Kremasti* - ☏ 26610 447 61 - 19h-2h - *fermé dim.* La plus belle terrasse de Corfou, sur une placette fleurie où se trouve un magnifique puits vénitien. La cuisine est à l'image du cadre : raffinée, et mêlant avec bonheur les gastronomies italienne et grecque. Ne manquez pas les délicieuses brochettes d'espadon au caviar de noix. Réservation indispensable.

LÁKONES

🍴 **Taverna O Boulis** – *À l'entrée du village* - ☏ 26630 494 29 - tlj. avr.-oct. Taverne toute simple, loin des snacks indigestes de Palaiokastrítsa. Plats frais et copieux, servis en salle ou en terrasse : *tzatziki*, *keftedes* (boulettes de viande hachée), *saganaki* (fromage frit), poulet et grillades irréprochables.

AGIOS SPYRIDÓNAS

🍴 **Taverna Lagoon** – ☏ 26630 983 33 - mai-oct. Grande terrasse au bord de la plage où l'on savoure d'excellentes brochettes de poisson frais et différents poissons grillés à choisir en cuisine. Accueil courtois, et vue magnifique sur les côtes albanaises toutes proches.

KOULOÚRA

🍴 **Taverna Kouloura** – ☏ 26630 912 53 - avr.-oct. Très belle terrasse sur le port tranquille, où déguster de délicieuses spécialités.

Faire une pause

KÉRKYRA (CORFOU- VILLE)

☕ Vous trouverez de nombreux cafés sous les arcades de Liston. Ne manquez pas le **Ta Olympia**, qui existe depuis 1928, avec ses boiseries et son mobilier Art déco. *Tlj 7h-2h.* **Arte Café** – *Jardin du Palais St-Michel et St-Georges. Tlj 9h-1h.* Délicieuse terrasse au milieu des cyprès et des jasmins. Idéal aussi pour déguster une salade ou un plat froid. **Hôtel Cavalieri** – *4 odos Kapodistriou.* La terrasse panoramique au 6e étage offre une vue splendide sur la Citadelle et la mer, surtout à la tombée de la nuit. *À partir de 18h, tenue de ville exigée (pas de short).*

Boîtes de nuit – Toutes les boîtes techno, où se presse la jeunesse, se concentrent à la sortie nord de la ville, dans le faubourg de Mandouki, après le nouveau port. Certaines valent le coup d'œil pour leur décor carton pâte, notamment l'extravagante **Apocalypsi**.

Événements

Concerts – Tous les ans, en juillet-août, la municipalité organise des concerts (musique classique ou traditionnelle) dans l'ancienne forteresse. *Renseignements au kiosque touristique.*

Festival de guitare – En été, avec concerts au Fort Neuf et à l'ancienne Citadelle. ☏ 26610 463 63.

Sports et loisirs

Plongée – **Odissey Divers** (panneau « Scuba Diving ») – *Sur la côte d'Ermones* - ☏ 26610 940 53 - odysey-divers@ker. forthnet.org. Vous pourrez plonger d'un bateau jusqu'à Palaiokastrítsa.

Dive in Corfou – *Gouvia Marina* - ☏ 26610 919 55. À Corfou, 2 odos E. Antistasos, en face des douanes - ☏ 26610 441 64 - www.diveincorfu.com.

Cythère★★

Kýthira – Κύθηρα

3 354 HABITANTS – 284 KM²
CARTE GÉNÉRALE RABAT II B3 – ATTIQUE

« L'île des doux secrets et des fêtes du cœur » inspira à Watteau son célèbre « Embarquement pour Cythère » au 18e s. et, au 19e s., Baudelaire ainsi que de nombreux écrivains, dont Verlaine, Hugo, Lamartine et Gérard de Nerval. Berceau d'Aphrodite, Cythère a deux visages : au nord, des landes et des pinèdes, au sud des gorges sauvages couvertes de myrtes, et partout des villages d'une éclatante blancheur, qui annoncent les Cyclades, et des plages immenses.

- **Se repérer** – À l'extrémité sud du Péloponnèse, cette île aride, orientée nord-sud fait face au cap Malée, redouté des marins, et se situe à moins de 20 km du continent. Liée aux îles Ioniennes par son passé vénitien, Cythère est administrativement rattachée à l'Attique, comme les îles du golfe Saronique.

- **À ne pas manquer** – Kýthira, les ruines de Mylopótamos et celles de Paliohora, la grotte Agía Sofía, les plages.

- **Organiser son temps** – Comptez trois à quatre jours de visite. Allez-y de préférence en voiture ou louez-en une sur place.

- **Pour poursuivre le voyage** – Le Magne, Monemvassía.

L'une des ruelles fleuries caractéristiques de la Hora de Cythère.

M. Guillochon / MICHELIN

Comprendre

L'île de la déesse de l'Amour – Née de l'écume de mer, **Aphrodite** aurait été poussée par les Zéphyrs vers Cythère… En chemin vers Troie, le jeune **Pâris**, ayant jugé sa beauté supérieure à celle d'Héra et d'Athéna, lui aurait bâti ici son premier sanctuaire. En réalité, le culte de la déesse de l'Amour semble avoir été apporté d'Asie par les Phéniciens qui recueillaient sur le littoral un coquillage, le murex, dont ils tiraient la pourpre. Quoi qu'il en fût, plusieurs temples d'Aphrodite s'élevèrent ici, dont il ne reste presque rien. Le plus important abritait une statue en myrte de la déesse que les Romains emportèrent à Rome. Au sud, dans les parages de l'île d'**Anticythère** (Antikýthira), un pêcheur d'éponges découvrit en 1900 une épave antique chargée de marbres et de bronzes parmi lesquels le fameux *Éphèbe d'Anticythère* (4e s. av. J.-C.) qui serait une effigie de Pâris (musée d'Athènes).

Se promener

Kýthira-ville★★ (Hora)

Le chef-lieu de l'île occupe un beau **site★★** au-dessus d'une rade majestueuse de la côte sud. Ses ruelles étroites *(interdites aux véhicules)* sont d'une grande beauté. La blancheur immaculée des murs des maisons de type cycladique s'associant à la couleur ocre de l'architecture vénitienne. Bâtie au 16e s., la **citadelle vénitienne** *(fermée à la visite)* – ou kastro – couronne un piton rocheux d'où l'on domine la ville et la double baie de Kapsali. Elle abrite quatre églises byzantines, une ancienne maison seigneuriale et de vieux canons. Le **Musée archéologique**, très modeste, expose des objets minoens et mycéniens trouvés sur l'île : cruche, lion archaïque, tête de chien *(fermé à la visite pour restauration)*.

Kapsáli★

À l'est, un promontoire rocheux sépare deux anses jumelées. Le port de Kapsáli, animé le soir, est le lieu d'accostage des bateaux de croisière car il est très bien protégé.

Moni Agios Ioánnis

Au nord de Hora, en direction de Livádi. Ce monastère édifié au 16e s. au bord d'une falaise domine la forêt de pins.

Livádi

Au sud de l'île. Ce lieu de résidence des occupants anglais au 19e s. comprend une église, Ágios Andreas, du 12e s., et le plus grand pont de l'île, de facture toute britannique (150 m de long, 13 arcades).

Pourko

Au sud de l'île. Au sud-ouest de Livádi, ce petit village possède une église (Ágios Dimitrios) décorée de fresques du 12e s.

Mylopótamos

À l'ouest de l'île. Ce village ne manque pas de charme avec ses maisons néoclassiques ornées de gracieux balcons. Non loin, vers l'ouest, vous verrez les **ruines romantiques★★** de Kato Hora, ville byzantine et vénitienne à porte fortifiée que surmonte un lion de St-Marc.

Grotte Agía Sofía★

À l'ouest de l'île - tlj sf lun. 10h-17h - visite guidée avec casque et lampe - 3 €.
Cette cavité de 2 000 m^2 comprend des salles utilisées comme chapelles (restes de pavements et de fresques). Elle abrite également des galeries à concrétions (stalactites et stalagmites) et de petits lacs souterrains d'une grande beauté.

Diakófti

Sur la côte est. Au départ de ce bourg doté d'un nouveau port et d'une belle plage de sable, une route vous mène au **monastère d'Agía Moni★** (1840), abandonné, situé dans un site splendide.

Potamós

Au nord de l'île. Ce village est le plus important de l'île après Chora mais aussi le plus animé. Vous y découvrirez une place centrale délicieusement ombragée et des ruelles bordées de belles demeures néoclassiques. Au sud, à moins d'1 km, se dresse le blanc monastère Agios Theodoros, où règne un apaisant silence : son église moyenâgeuse comprend une façade chaulée aux lignes pures et une iconostase en bois peint.

Ruines de Paliohora★★

Au nord de l'île, accès par une route accidentée. Dans un sublime cirque montagneux, vous découvrirez les vestiges d'une citadelle byzantine, ancienne capitale de l'île, construite après le 12e s. au-dessus de la gorge de Langada. Il existait 70 églises et la population vivait là, en paix, jusqu'à l'assaut lancé par le pirate Barberousse en 1536, qui détruisit une grande partie de la ville et massacra certains de ses habitants.

Karavás

Au nord de l'île. Ce village escarpé, dans la partie la plus verte de Cythère, est traversé par un torrent. Tout à fait au nord de l'île, au-delà du village, se dresse le phare de Moudari, construit par les Anglais. Par temps clair, la vue s'étend jusqu'au Péloponnèse (région du Magne), situé à une vingtaine de kilomètres.

Séjourner

Plages★

Elles sont nombreuses et souvent désertes. Les plages familiales se trouvent à **Kapsáli**, assez fréquentée du fait de sa proximité avec Hora, et aux environs d'Agía Pelagía (l'un des deux ports de l'île), au nord-ouest. La belle plage de sable rouge de **Firi Amos** (côte sud-ouest, au bout d'un chemin non carrossable) est le fief des naturistes. Les plages de **Kaladi**, **Avlémonas** et **Diakófti**, sur la côte est ne manquent pas de charme. Les plages de la côte ouest sont plus difficiles à atteindre et donc plus solitaires.

Cythère pratique

Informations utiles

Agences de voyages – **Kythiria travel** – À Hora, r. centrale - ☏ 27360 313 90. À Potamós - ☏ 27360 318 88. **Porphyra Travel** – À Livádi - ☏ 27360 318 88.

Banque/change – 2 banques sur la pl. centrale de Hora avec distributeur. Celle de Potamás ne prend pas les cartes de crédit.

Poste – À Hora et à Potamós.

Téléphone – **OTE** – Pl. centrale, Potamós.

Santé – Dispensaire - à Chora, à droite en entrant dans la ville - ☏ 27360 312 43 - lun.-vend. mat. Hôpital, à Potamós - ☏ 27360 331 90/333 25. Dentiste, à Livádi - ☏ 27360 315 36.

Transports

En bateau – En été, réservez le passage de votre véhicule. Seul le port de **Diakófti** accueille des ferries. 1 ferry/j pour **Neápoli**, plusieurs le w.-end et en saison. Une autre ligne de Kapsáli à Gytheio permet de rejoindre le continent, mais horaires et fréquences sont très variables. Capitainerie de Kapsáli – ☏ 27360 312 22.

En avion – L'aéroport est au nord-est de la capitale. 1 liaison/j pour Athènes.

En bus – Un seul bus/j dessert, tôt le matin, les principaux villages.

En voiture – Réserver pour l'été.

Se loger

HORA

🍴🍴🏠 **Hôtel Margarita** – Dans une ruelle à dte de la rue principale - ☏ 27360 317 11 - 12 ch. Cette demeure du 19e s. très bien rénovée sert aujourd'hui d'hôtel de charme au cœur de la capitale. On prend le petit-déjeuner sur l'une des deux terrasses sereines, ouvrant sur la campagne. Bon accueil des propriétaires.

PITSINADES

🍴🍴🏠 **Pitsinades** – ☏ 27360 338 77 (ou, au Pirée 21041 737 02) – 6 ch. - avr.-oct. Dans une vieille maison, belles chambres voûtées, au mobilier maçonné, ouvrant sur un patio commun. Deux possèdent une kitchenette.

🍴🍴🏠 **Ta Sfentonia** – ☏ 27360 335 70 - annie@ath.forthnet.gr - 4 studios. Spacieux, équipés d'une kitchenette et naturellement frais, ils se répartissent dans deux maisons anciennes, magnifiquement restaurées et décorées d'outils anciens. Les terrasses privées s'ouvrent à perte de vue sur une paisible campagne, et l'hôtesse, Anna, est très accueillante.

Se restaurer

HORA

🍴 **Taverne Salonikios** – ☏ 27360 317 05. Cette taverne familiale et sympathique propose une saine cuisine traditionnelle.

DIAKÓFTI

🍴 **Zephiros** – ☏ 27360 343 27. À même la plage, face à une mer bleu lagon, cette taverne sert des plats grecs et de bons poissons grillés.

KÁLAMOS

🍴 **Filio** – ☏ 27360 315 49. Le meilleur restaurant de l'île. Accueil charmant. Propose aussi d'agréables chambres ouvrant sur la campagne.

KAPSÁLI

🍴 **Hydragogio** – ☏ 27360 310 65. Loin du bruit des bars, et jouissant d'une belle vue sur la rade, la meilleure taverne de Kapsáli cache ses tables à l'ombre d'une treille. Les jeunes patrons créent une cuisine inventive et gaie, avec de savoureux beignets au miel en dessert. Venez avant 20h30 pour trouver une table libre.

POTAMÓS

🍴 **Panaretos** – Pl. centrale - ☏ 07360 342 90. Restaurant en plein air pour déguster les plats locaux, dont la loukanika (saucisse de l'île) et d'excellentes pâtisseries orientales.

Faire une pause

POTAMÓS

Ouzeri Selana – Pl. centrale. Abrité par de grands pins, c'est le meilleur endroit pour prendre un ouzo et quelques poulpes grillés avec les habitants.

KARAVÁS

Amir Ali – Café-bar dans un cadre fantastique, au-dessus de la superbe source de Karavas.

KAPSÁLI

Banda Landra – Discothèque sympathique sur le quai, pour les amateurs de rock et de musique grecque. Bonne ambiance.

Achats

Marché – Dim. mat. à Potamós : vente de produits locaux.

Spécialités culinaires – Miel de thym, confitures, herbes médicinales… Chez **Stavros** à Hora, et chez **Marianthi Kassimatis** à Potamós.

Artisanat – Jolies céramiques décorées à la main à la galerie **Roussos** à Hora et dans l'atelier même, à Kato Livadi, sur la route de Livádi à Kálamos.

Événements

Le 12 mai, on fête le monastère d'**Ágios Theodoros**. Début août, deux fêtes avec chants, danses et dîner : la **fête du vin** à Mitata, et la **fête du Portokalia** (oranger) à Karavás. Le 15 août est particulièrement fêté à Potamós. Le 20 sept., fête d'Agía Pelagia.

Ithaque★

Itháki – Ιθάκη

3 084 HABITANTS – 96 KM²
CARTE GÉNÉRALE RABAT II A1 – ÎLES IONIENNES

Proche de Céphalonie, à l'écart des circuits touristiques, l'île d'Ulysse est formée de deux massifs montagneux reliés par un isthme. Sa côte ouest abrupte et dénudée contraste avec la côte orientale, ouverte et plus accueillante. Les fouilles et les études, notamment celles de Victor Bérard, ont confirmé la tradition et identifié les lieux où vécurent Ulysse, son père Laërte, son épouse Pénélope, symbole de la fidélité conjugale, qui attendit vingt ans son retour de la guerre de Troie.

S'il ne reste rien de la période antique, Ithaque présente un visage à peu près conforme à la description qu'en fit Homère dans l'Odyssée : montagnes surgissant de la mer, agréables paysages marins, criques accueillantes, dont Ulysse rêva tant de fois lors de son incroyable voyage.

- ▷ **Se repérer** – La plus rocailleuse et aride des Ioniennes est plus proche de Céphalonie que du continent (5 km) *(voir carte p. 522)*.
- 👁 **À ne pas manquer** – Kióni et son cadre préservé, les circuits de randonnée.
- 🕓 **Organiser son temps** – Comptez deux à trois jours de visite et en été réservez à l'avance votre hébergement !
- 👣 **Pour poursuivre le voyage** – Céphalonie, Leucade et Pátra.

Au bout du monde, le petit port de Kióni au charme enchanteur.

Se promener

Vathy (Itháki)

La capitale de l'île est à la fois un port et une station balnéaire. Elle occupe un site original et agréable au fond d'une baie presque fermée dont les pentes verdoyantes portent des maisons blanches reconstruites après le violent séisme en 1953. Selon Homère, c'est ici que les Phéaciens auraient déposé Ulysse endormi.

Vous pourrez visiter le **musée du Folklore et de la Mer** où sont reconstitués des intérieurs traditionnels. *Tlj sf dim.-lun. 10h-14h, 17h-21h - 1,5 €.*

Le **Musée archéologique** abrite des poteries antiques aux motifs géométriques découvertes par les archéologues anglais qui, dans les années 1930, cherchèrent en vain le palais d'Ulysse. *Tlj sf lun. 8h30-15h - gratuit.*

De belles **plages** se trouvent à proximité, certaines accessibles uniquement en bateau au départ du port.

Stavrós

Reliée à Vathy par une magnifique **route★★** en balcon, Stavrós est le point de départ de deux promenades à pied.

Pilikata – *1/2h à pied AR.* Sur cette colline ont été dégagés des vestiges mycéniens. La vue sur l'île est belle. Le petit **Musée archéologique de Pilikata** *(1 km à la sortie du bourg de Stavros, sur la route de Frikes)* rassemble figurines, céramiques, statuettes, vases et lampes à huile datant de la période mycénienne et retrouvés dans l'île. *Tlj sf dim.- lun. 9h30-15h - gratuit.*

Baie de Pólis – *1h1/2 à pied AR.* Un chemin descend à la charmante baie de Pólis (plage de galets blancs) où se situait, pense-t-on, le port de la capitale d'Ulysse ; dans la grotte-sanctuaire de Loizos *(on ne visite pas)*, au nord de la baie, ont été découverts des objets datant de la période mycénienne qui ont été placés dans le musée de Pilikata.

Fríkes

Ce petit port aux eaux limpides est charmant avec ses vieux moulins, ses tavernes, ses maisons le long du quai, avec, en arrière-plan, la montagne couverte d'oliviers.

Kióni★

Non loin de ruines de vieux moulins, ce petit port s'étale au pied de trois collines. Les maisons sont ombragées de lauriers et d'eucalyptus. L'endroit est très serein.

Ithaque à pied★★

Ithaque est vraiment une île idéale pour les amateurs de randonnée. Vous trouverez des cartes détaillées proposant différents circuits à l'agence Kiki Travel, à Fríkes.

Ithaque pratique

Informations utiles

Agences de voyages – **Polyctor** – *Pl. principale, Vathy -* 📞 *26740 331 20 - polyoctor@ithakiholidays.com - tlj 8h-22h (été), 9h-13h, 17h-20h (hiver).* **Delas Tours** – *Pl. principale -* 📞 *26740 321 04 - delas@otenet.gr - tlj 9h-14h, 17h-20h30.* Location de voitures, tickets de ferries, billets d'avion, location de chambres.

♿ *www.ithakigreece.com* et *www. ithakiholidays.com* (en anglais).

Banques – Plusieurs distributeurs, *pl. principale, Vathy.*

Poste/Téléphone – *Pl. principale, Vathy - 7h30-13h30, fermé le w.-end.*

Santé – Centre médical - *Vathy -* 📞 *26740 322 22.*

Transports

En bateau – De **Pátra** : 2 ferries/j *(www. strintzisferries.gr)* 1 pour Aetos, 1 pour Vathy. De **Céphalonie** : 5 ferries/j de Sámi pour Aetós, 2 ferries/j de Sámi pour Vathy ; 1 ferry/j de Fiskárdo pour Fríkes. De **Leucade** : 1 ferry/j de Vasilikí ou Nydrí pour Fríkes *via* Fiskárdo. Les horaires des ferries changent très fréquemment. Renseignez-vous auprès des agences de voyage. Capitainerie de Vathy - 📞 *26740 329 09.*

En bus – 2 bus/j. partent de la place principale de Vathy pour Kióni via Fríkes. Vérifiez les horaires sur la place.

En voiture – Quelques loueurs de voiture et de scooters à Vathy. Vérifiez le matériel.

Se loger

👁 L'infrastructure hôtelière est peu développée. Vous trouverez des appartements à louer (renseignements auprès des agences de voyages ci-dessus), et des chambres chez l'habitant dans les principaux villages (Fríkes, Vathy, Kióni,

Stavros). Elles sont prises d'assaut en août et septembre, il est donc souhaitable de réserver longtemps à l'avance.

VATHY

🛏🍴 **Hôtel Mentor** – 📞 *26740 324 33/330 33 - www.hotelmentor. gr - 36 ch.* - 🛏 *5 €.* Hôtel blanc et crème un peu rétro, à 200 m du port de Vathi. Chambres blanc et rose avec balcons et vue sur la mer. Installations sanitaires pour les plaisanciers. Petit-déjeuner copieux. Prix négociables hors saison.

🛏🍴 **Hôtel O Mirikon** – *Sur le front de mer, à l'extrémité de l'anse -* 📞 *26740 335 96 - www.omirikonhotel.com - 10 studios - avr.-oct. -* 🛏 *6 €.* Équipés de kitchenette, spacieux, confortables, ces studios ont une décoration raffinée. Vue magnifique sur la baie. Terrasse arborée ou jardin, jacuzzi.

FRÍKES

🛏🍴 **Hôtel Nostos** – *À l'entrée du village -* 📞 *26740 316 44 (hors saison : 314 76) - www.hotelnostos-ithaki.gr - 31 ch.* 🛏 *5 €.* Ce grand hôtel de couleur orangée propose des chambres spacieuses et claires, toutes avec balcon. Atmosphère familiale et très bon restaurant. Niki et Andreas, les propriétaires, se mettront en quatre pour faciliter votre séjour dans l'île.

Se restaurer

VATHY

🍴 **Taverna Kalnakis** – *Pl. Polixetion.* Taverne populaire où viennent déjeuner et dîner les habitants de Vathi. Plats grecs traditionnels que l'on choisit au comptoir. Assiettes copieuses.

KIÓNI

🍴 **Restaurant Calipso** – *Grande terrasse sur le port -* 📞 *26740 310 66 - mai-oct.*

Créateur du **pâté ionien**
(3 fromages, crème, jambon cru
et fumé), dont vous trouverez
ailleurs de pâles copies, ce restaurant
s'illustre par une cuisine inventive et
authentique. Poissons frais, savoureux
soufflé d'artichaut, et appétissant
feuilleté d'agneau (*kleftico*),
accommodé d'olives, de fromage
et de pommes de terre. Accueil
prévenant.

FRÍKES

🍽 **Restaurant Pementzo** – *Sur le port* -
📞 *26740 317 19*. Cuisine très appréciée par
les gens du pays.

Sports et loisirs

Balades à pied – Ithaque plaira aux
amateurs de randonnée. Vous trouverez
des cartes détaillées proposant différents
circuits dans les agences de l'île ou sur le
site *www.creativeithaki.com*.

Leucade ★
Lefkáda – Λευκάδα

22 506 HABITANTS – 305 KM²
CARTE GÉNÉRALE RABAT II A1 – ÎLES IONIENNES

Leucade est une île très montagneuse culminant à 1 158 m (mont Elati). Elle est
reliée au continent par un cordon littoral, qui a formé une lagune, et par un pont
depuis 1987. Compartimentée en bassins fertiles, elle est riche en vignobles,
blé, oliviers, agrumes. Ses villages, ses falaises de craie blanche et ses plages
immenses sont d'une grande beauté.

Après la domination franco-vénitienne du Moyen Âge, l'île fut occupée de 1467
à 1684 par les Turcs, puis jusqu'en 1797 de nouveau par les Vénitiens. Elle conserve
une partie de ses demeures de bois à encorbellement et balcons.

- ▶ **Se repérer** – Au sud de Corfou et au nord de Céphalonie, l'île est à 21 km à l'ouest
de Vonitsa en Étolie.

- 👁 **À ne pas manquer** – Les plages, le village d'Ágios Nikítas, la baie de Nydrí.

- 🕐 **Organiser son temps** – Comptez trois jours de visite. Attention aux routes de
montagne fatigantes.

- 👣 **Pour poursuivre le voyage** – Céphalonie, Ithaque et Párga.

Se promener

LEUCADE-VILLE ET SA LAGUNE

Leucade-ville (Lefkáda)

La capitale de l'île est un paisible port d'atmosphère vénitienne avec son lacis de
ruelles dallées bordé de maisons basses. D'inspiration vénitienne également, les
multiples petites églises bâties par les grandes familles locales, à façades classiques,
nefs uniques, et plafonds décorés de peintures : à l'extrémité de la rue principale,
l'église **Agios Minas** possède un beau plafond peint au 18ᵉ s.

Plusieurs petits musées présentent la région : le **musée du Folklore** (*fermé pour
rénovation*), le petit **musée du Phonographe** (*ouvert le soir*) et surtout le **Musée
archéologique** (*tlj 8h30-15h - gratuit*) : terres cuites, statuettes, moulins archaïques
en pierre, stèles funéraires hellénistiques, dans un décor tout neuf.

Du **monastère de Faneroméni** (*3 km au sud-ouest*), vous aurez des vues sur Leucade
et sa lagune.

Lagune

Peu profonde (1 à 2 m), elle est propice à l'exploitation des marais salants et à l'installation de viviers. Il est possible d'en faire partiellement le tour en voiture. Vous
verrez de vastes plages, des moulins. La vue sur Leucade, comme posée sur l'eau,
est étonnante.

Fort Ste-Maure (Kástro Agía Mávra)

Construit sur le cordon littoral reliant l'île au continent, c'était la citadelle avancée de
Leucade. Fondée au début du 14ᵉ s., elle était entourée par les eaux que franchissaient
de part et d'autre deux ponts. À l'intérieur de l'enceinte, vous verrez des vestiges
épars de la ville de Sainte-Maure, qui fut la capitale de l'île jusqu'à la fin du 17ᵉ s. Des
remparts, vous avez une jolie vue sur Leucade et sa lagune. En face, sur le continent, le
château de Grivas, construit pendant la guerre d'Indépendance, garde le passage.

À Leucade, le fort Ste-Maure.

LE TOUR DE L'ÎLE★★

Une centaine de km, comptez une journée, visites comprises.

Partant de Leucade, la route longe d'abord la lagune de l'autre côté de laquelle se profile le fort St-Georges, bâti par les Vénitiens à la fin du 17ᵉ s., puis la côte est regardant le continent. Celui-ci est si proche que le bras de mer le séparant de Leucade ressemble à un lac. En arrivant à Nydrí, tournez à gauche afin d'atteindre le petit port.

Baie de Nydrí★

Nydrí est la principale station balnéaire de l'île et demeure assez agréable en dépit d'une fréquentation toujours plus grande. Le soir, l'animation le long des quais est considérable.

Délimitée par un archipel d'îlots couverts de cyprès et d'oliviers, la **baie★**, bien abritée, est particulièrement belle : contours harmonieux, douceur de la température même au cœur de l'été, limpidité de la lumière.

De Nydrí, des excursions en bateau dans la baie permettent de découvrir plusieurs îles : Madouri, Spárti, Meganíssi, Skorpíos *(ancienne propriété d'Aristote Onassis, voir encadré ci-dessous).*

À 3 km à l'ouest de Nydrí, dans la montagne, une promenade vous mène à deux chutes d'eau bien rafraîchissantes en été.

Les beaux mariages de Jacqueline

Jacqueline Kennedy-Onassis, née Bouvier, d'origine française, naquit en 1929. Elle se maria avec John Fitzgerald Kennedy, qui devint peu après président des États-Unis. Jeune, belle, simple, élégante et populaire, elle imposa un nouveau style de vie à la Maison Blanche. Le 22 novembre 1963, à Dallas, elle se trouvait au côté du président quand il fut assassiné. Elle se réfugia en Europe. En 1968, elle épousa à Skorpios le richissime armateur Aristote Onassis. À la mort de celui-ci en 1976, elle s'installa à New York avec ses deux enfants, Caroline et John Junior. Elle mourut en 1994 à 65 ans. Régulièrement, des best-sellers évoquant sa vie sont publiés à travers le monde, et les Grecs lui vouent un véritable culte, probablement parce que son destin ressemble à celui de certains personnages des tragédies antiques.

Baie de Vlychó

Le long de cette baie profonde et presque fermée, vous aurez des vues plongeantes sur la mer. Le village de même nom est réputé pour son adorable port de pêche.

Póros

Le village s'étage sur une colline plantée d'oliviers, en contrebas se trouve une agréable crique.

Sívota

Au fond d'une baie profonde ressemblant à un fjord norvégien, Sívota est particulièrement tranquille, même en été. Une plage se trouve près du village.

Vasilikí★

C'est un charmant village de pêcheurs au débouché d'une plaine fertile (plage). De Vasilikí, on peut gagner en bateau le fameux **saut de Leucade★** (appelé localement saut de Sapho), falaise haute de 72 m (phare) d'où la poétesse Sapho (6ᵉ s. av. J.-C.) se serait suicidée *(voir Lésvos p. 559)*. Le cap (Akri Doukáto) porte de minces vestiges d'un temple à Apollon. De la mer, le site est particulièrement imposant et la vue sur les îles de Céphalonie et d'Ithaque est très belle (on a la même vue du ferry Pátra-Corfou).

Le cap est également accessible par une mauvaise route puis par un chemin au départ de Komilio, à une dizaine de km au nord de Vasilikí.

Côte ouest★

Elle comprend de blanches falaises et quelques belles plages, surtout dans la partie nord : **Porto Katsiki★**, réputée dans tout l'archipel, Egremni, Gialos, Kathisma, Milos, Pefkoulia. Le village d'**Ágios Nikítas** est un village de pêcheurs bien conservé. L'itinéraire offre également des perspectives sur le mont Eláti, point culminant de l'île.

LA MONTAGNE★

Au sud de Leucade-ville, une route sur la droite se dirige vers **Karyá**, charmant village niché dans la montagne couverte d'oliviers et de cyprès. L'**itinéraire★** est magnifique et traverse de hauts plateaux déserts.

Leucade pratique

Informations utiles

Agences de voyage – À Lefkáda, **Fos Travel** – *Odos Gouliemou* - ☏ 26450 249 75. Chambres à louer et location de voitures. À Nydrí, **Borsalino Travel** – ☏ 26450 925 28 - borsalino@otenet.gr. Billetterie, chambres à louer, excursions vers les îles. À Vasilikí, **Sailinn** – ☏ 26450 318 05 - www.sailinn.gr et **Samba Tours** – ☏ 26450 315 20 - sambatours@otenet.gr. Billetterie avions et ferries, location de voitures et de bateaux, chambres à louer.

☏ www.e-lefkas. gr (en anglais).

Banques – Plusieurs distributeurs dans les rues principales de Lefkáda et de Nydrí.

Santé – Hôpital de Lefkáda - ☏ 26450 382 00. Centre de soins à Vasilikí - ☏ 26450 310 65.

Transports

En bateau – De Lefkáda, liaisons quotidiennes pour **Fiskárdo** (Céphalonie) et **Fríkes** (Ithaque). De Vasilikí et Nydrí, liaisons avec **Céphalonie** (Fiskárdo, Sámi) et **Ithaque** (Aetós), 1 ferry/j pour Fríkes et Aetós (Ithaque), Sámi et Fiskárdo (Céphalonie). Les horaires changent souvent, renseignez-vous au port.

En avion – D'**Athènes**, 1 vol par jour pour Préveza (puis bus ou taxi).

En voiture – Depuis qu'un pont flottant relie Leucade au continent, l'accès à l'île par la route est aisé. Vous trouverez aussi facilement à louer une voiture sur place.

En bus – Liaisons avec **Athènes** et **Préveza** (aéroport d'Aktio), 4 bus/j, Thessalonique 1 bus/j Sur l'île, plusieurs liaisons par jour pour les localités de l'île. Station **KTEL**, *en face du port* - ☏ 26450 223 64. 6 bus/j Nydrí, Ag. Ioannis, Vasiliki, 2/j pour les villages. Horaires disponibles à la station.

Se loger

LEUCADE- VILLE

☞ **Hôtel Santa Maura** – *2 odos Sp. Vladi* - ☏ 26450 213 08 - 18 ch. Situé au cœur de la ville, sans être trop bruyant, ce charmant hôtel refait à neuf est aménagé dans une vieille maison aux persiennes blanches, typique de Leucade. Chambres très fraîches aux tons pastel, certaines avec vue sur le jardin. Accueil courtois. Un très bon confort, pour un prix raisonnable (réductions au-delà du 3ᵉ jour).

☞☞ **Hôtel Nirikos** – ☏ 26450 241 32 - nirikos@otenet.gr - 39 ch. Grand hôtel blanc, dressé en face du pont reliant l'île au continent. Chambres simples avec vue sur le port ou sur une placette. Sanitaires corrects. Bon accueil.

NYDRÍ

☞ **Hôtel Athos** – ☏ 26450 923 84 - atosh@otenet.gr - 43 ch. Au bout du port, à 500 m de la plage, au sud de Nydrí. Chambres fraîches avec balcons, réparties en plusieurs bâtiments. Jacuzzi. Soirées animées, et excursions possibles sur les îles de Skorpios, Meganissi… Atmosphère familiale. Réservation indispensable.

VASILIKÍ

Katina's place – *En haut du village -*
26450 312 62 ou 69743 312 42 (mob.) -
5 ch. Chambres simples et confortables,
dans l'une des plus anciennes maisons du
village. Salle de bains sur le palier. Vue
imprenable sur la mer et les montagnes.
Accueil très chaleureux. À côté, le fils a
installé de charmants studios équipés
avec balcon *(60 €)*.

ÁGIOS NIKÍTAS

Hôtel Nefeli – *à l'entrée du village,*
à 100 m de la plage - *26450 974 00/1 -*
www.nefelihotel.gr - 20 ch. - mai-oct.
Charmant hôtel aux volets verts.
Chambres claires, très fraîches, certaines
avec vue sur la mer. Sanitaires
impeccables, mini-bar. Trois terrasses.
Accueil chaleureux, en français,
des patrons, qui louent aussi
4 studios.

Se restaurer

LEUCADE-VILLE

La ville est assez morte à l'heure du
déjeuner, et de nombreuses tavernes ne
servent que le soir.

Light House Tavern – *Philarmoniki 14 -*
26450 251 17 - avr.-oct. Depuis plus de
20 ans, M. Ventouras et sa femme servent
de bonnes grillades, des poissons,
précédés d'entrées simples et fraîches.
On dîne au calme, sous une jolie tonnelle
couverte de lierre, à deux pas du théâtre
en plein air.

Taverna Romantica – *Mitropoleos 11 -*
de la rue principale, prenez la 2e rue à droite
après la Banque de Grèce - *26450 222 35.*
Ne vous laissez pas décourager par
l'immense salle Art déco, très kitsch : une
agréable terrasse ventilée vous attend
à l'arrière. Cette taverne à l'ambiance
familiale sert une bonne cuisine locale

(poissons, *pastitsio*, et *maridopita*, sorte
de pizza à la friture de poissons), et des
musiciens de Lefkáda viennent l'égayer
le soir.

ÁGIOS NIKÍTAS

Taverna Lefteris – *Dans la rue*
principale, à droite un peu avant
d'arriver à la mer - *26450 974 95 - mai-*
oct. Cuisine fraîche et de qualité, servie
sur une grande terrasse ventilée.
Spécialités de poissons, spaghettis
aux langoustes, et bonnes pâtisseries.
Accueil courtois.

VASILIKÍ

Taverna Stellios – *26450 315 81 -*
mai-oct. Jolie terrasse ombragée au bord
de l'eau, idéale pour déguster
un poisson grillé.

NYDRÍ

Restaurant Ionion – *Au bout du port,*
à droite en regardant la mer - *26450*
930 94. Bonne cuisine locale accompagnée
de vins secs locaux, servie avec beaucoup
de gentillesse sous une belle terrasse-
pergola fleurie. Plus calme que les
tavernes du centre.

Événements

Festivals – Pendant la dernière
quinzaine d'août se déroule le
**Festival international de danse
folklorique**, avec concerts tous les soirs
à 21h30 au Centre culturel (à 500 m en
longeant la lagune depuis le pont).

De juin à août : **Festival de la musique,
des arts et des lettres**, avec
performances théâtrales et concerts
(classique, jazz…) au Fort Ste-Maure
et au théâtre en plein air (fléché
« Garden Theater » depuis la rue
principale). Se renseigner
au centre culturel.

Paxos★

Paxoí – Παξοί

2 438 HABITANTS – 25 KM²
CARTE GÉNÉRALE RABAT I A2 – ÎLES IONIENNES

Sereine et tranquille, Paxos est la plus petite des îles Ioniennes, à l'écart des routes maritimes. Fréquentée mais pas surpeuplée, elle est célèbre pour son huile d'olive et les milliers d'oliviers qui couvrent ses modestes montagnes. Ses trois petits ports ont gardé leur authenticité, ses plages de galets ne sont pas trop fréquentées, même au cœur de la saison.

- ▶ **Se repérer** – Au sud de Corfou, cette petite île allongée de moins de 10 km de long est traversée par une unique route du nord au sud, de laquelle partent des chemins qui traversent la forêt pour déboucher sur des criques et des falaises.

- 👁 **À ne pas manquer** – Le tour de l'île en caïque, l'île d'Antipaxos.

- 🕓 **Organiser son temps** – Comptez deux jours de visite. Attention : tous les lieux d'hébergement sont fermés hors saison.

- 👶 **Pour poursuivre le voyage** – Corfou.

Yachts et villas vénitiennes à Gaïos, la ville principale de l'île.

Se promener

Gaïos

Envahie par les Italiens, la capitale de l'île est assez élégante avec ses yachts et ses maisons vénitiennes. Sur le port, jetez un œil au **Musée**, un bric-à-brac installé dans l'ancien lycée – 🖉 26620 325 66 - 10h30-14h, 18h30-19h30 en hiver, 23h en été - 2 €. Il rassemble des objets très divers : des silex taillés du néolithique à un poste de TSF, des poteries, costumes et deux-pièces traditionnels reconstituées. Aux alentours, la côte est rocheuse, la mer translucide et piquée de rochers. La baie est fermée par deux îlots cachant le large : **Agios Nikolaos**, réserve naturelle plantée de pins comprenant les ruines d'un château vénitien – *visite sur autorisation de la mairie* – 🖉 26620 321 00 –, et **Moni Panagia**, couronné d'un microscopique monastère *(accès en bateau, monastère ouv. seult le 15 août, sinon demandez la clef au musée)*.

Longós

À 6 km au nord de Gaïos. C'est un minuscule village, avec port microscopiques et agréables tavernes.

Lákka

À 8 km au nord de Gaïos. À l'extrémité de l'île, vous découvrirez un petit port charmant bordé de tavernes typiques, avec un minuscule aquarium où se trouvent poissons, mollusques et crustacés qui peuplent la région. *Juil.-août 10h-14h, 19h-22h30. 3 €.*

Tour de l'île en bateau★★

3 dép. de Gaïos le mat. à 10h, 11h et 12h ; retours l'apr.-midi à 17h30 ou 18h30 - renseignez-vous auprès des bateaux, sur le port. La balade dure 2h, puis le bateau vous dépose sur l'île d'Antipaxoi. Cette belle promenade vous permet de découvrir de magnifiques sites naturels : plages de galets, rochers, falaises blanches, grottes marines, arches taillées dans la mer.

Île d'Antipaxos★ (Antípaxoi)

Au sud de Paxos, accès au dép. de Gaïos. Couverte de vigne et de cultures maraîchères, Antipaxos est le verger de Paxos. Elle possède de magnifiques **plages★** de sable fin.

Paxos pratique

Informations utiles

Agences de voyages – Pas d'office de tourisme dans l'île mais vous obtiendrez tous les renseignements dans les diverses agences touristiques.

♿ *www.bouastours.gr, www.routsis-holidays.com* et *www.paxos-holidays.com* (sites des agences de l'île).

Banques – Commercial Bank, *sur le front de mer, à Gaïos.* C'est la seule de l'île !

Santé – Centre de soins, *Bogdanatika (2 km à l'ouest de Gaïos) -* ☎ 26620 314 66.

Transports

En bateau – Laisons avec **Corfou** en hydroglisseur Flying Dolphins (3/j en été, 1/j en hiver). Cet hydroglisseur passe certains jours par Igouménistsa. Liaison avec Corfou en ferry (1/j en été). Liaison avec **Párga** en caïque en été, pour les passagers uniquement (1/j). Liaison avec **Athènes** en ferry + bus (3/sem.). Les horaires changent fréquemment. Renseignez-vous à la police du port (☎ 26620 325 33) ou dans les agences de voyage.

Des bateaux relient Paxos à **Antipaxos** toutes les 30mn de 9h à 17h en été, 2/j en hiver. Se renseigner sur les ports.

En hydravion – Liaisons depuis **Corfou** en hydravion avec la compagnie Airsealines : *www.airsealines.com* (2 vols/j).

Gare routière – *À Gaïos, en haut de la rue principale, derrière la pl. de l'Église.* 6 ou 7 liaisons/j entre les 3 principaux villages Gaïos, Lakka, Logos.

En voiture – Location auprès d'Alpha Hire, *sur le front de mer -* ☎ 26620 325 05. Ou auprès des agences touristiques. Possibilité de louer également des scooters à Gaïos.

Se loger

👁 Paxos dispose de deux hôtels (de luxe), à Gaïos. Nombre de chambres sont à louer à Gaïos, Longós et Lákka, certaines dans de vieilles maisons très agréables, mais toutes prises d'assaut en été (comptez de 50 à 80 € pour 2). Pour les appartements, allez voir les agences de voyages, qui centralisent les réservations. Attention, tout est fermé hors saison.

GAÏOS

🍴🏨 **Hôtel Paxos Beach** – ☎ 26620 322 11 - www.paxosbeachhotel.gr - 42 ch. Minigolf et tennis. À 1 km de Gaïos, établissement tranquille composé de bungalows en pierre s'étageant parmi les pins et les oliviers jusqu'à une plage privée. Chambres claires et impeccables. Navette pour le port. Accueil chaleureux en français. Réservation impérative.

🍴🏨 **Hôtel Paxos Club** – *À 1 km de Gaïos vers l'intérieur des terres -* ☎ 26620 324 50 - info@paxosclub.gr - 26 appart. dont 7 suites - Jacuzzi, bar. Sur les hauteurs de Gaïos, bel hôtel moderne parmi les oliviers. Du studio au 4 pièces, clairs, avec balcon, kitchenette et mini-bar. Navettes gratuites pour Gaïos et les plages. Réservation impérative.

Se restaurer

LONGÓS

🍴 **Taverna Basilis** – ☎ 26620 300 62. Dans une jolie maison orange au sol en pierre, juste avant l'ancienne fabrique d'huile d'olive. Terrasse au bord de l'eau, où vous dégusterez poissons frais, langoustes et moules, accompagnés de salades bien préparées. Allez-y le soir de préférence.

Faire une pause

Café Volcano – *Sur la pl. de l'Église -* ☎ 26620 320 44. Idéal pour prendre un verre, manger une crêpe ou une glace. Petite terrasse à l'étage qui offre la plus belle vue sur le clocher de l'église.

Événements

Fêtes – Fête de l'île le 29 juin, jour de Gaïos, et nombreuses cérémonies à l'occasion du 15 août.

Concerts – Fin juin-déb. juil. : **Festival de musique pop-rock**. En septembre : le **Festival de musique classique** rassemble jeunes musiciens et concertistes de renommée internationale *(rens. Association culturelle, sur le port de Gaïos).*

Zante★

Zákynthos - Ζάκυνθος

39 015 HABITANTS – 406 KM² –
CARTE GÉNÉRALE RABAT II A2 – ÎLES IONIENNES

L'île comprend deux parties bien distinctes : à l'ouest, une chaîne calcaire qui culmine à 756 m ; à l'est, une riche plaine couverte d'oliviers, d'agrumes et de vignes. Malgré les tremblements de terre, Zante reste la « fleur de l'Orient » vantée par les Vénitiens pour la douceur de son climat, la beauté de sa végétation, ses falaises toutes blanches, la splendeur de ses plages de sable fin, celle dite du Naufrage étant la plus célèbre de Grèce. Une espèce rare de tortues marines, caretta-caretta, vient pondre sur certaines plages. Pour les protéger des dégâts causés par un tourisme toujours plus intensif, des mesures de protection en leur faveur ont été instaurées.

- **Se repérer** – L'île la plus méridionale des Ioniennes fait face au cap de Chlemoútsi (Peloponnèse), dont elle n'est éloignée que de 20 km.

- **À ne pas manquer** – La baie du Naufrage, le tour de l'île en bateau. Goûtez les vins blancs réputés de l'île (delizia, verdea).

- **Organiser son temps** – Comptez trois jours de visite.

- **Pour poursuivre le voyage** – Céphalonie.

La villa Dionysios Solomos à Zante-ville.

Comprendre

Un foyer artistique et littéraire – Ayant appartenu de 1489 à 1797 à Venise qui y entretenait une oligarchie de nobles, Zante connut alors une période de grande prospérité. Des artistes venus de la Crète envahie par les Turcs furent à l'origine de l'École ionienne de peinture (fin du 17e s.), alliant la tradition byzantine à la Renaissance vénitienne. L'architecture locale fut aussi très influencée par Venise (arcades, campaniles).

À la fin du 18e s. et au début du 19e s., Zante est une pépinière de poètes, aristocrates dans l'esprit desquels se conjuguent les cultures hellénique et italienne. **Ugo Foscolo** (1778-1827) fut ainsi un des chefs de la littérature romantique italienne, qui milita pour l'indépendance de l'Italie, et **Dionysios Solomos** (1798-1857), formé en Italie, un militant pour l'indépendance grecque, auteur de l'hymne national.

Se promener

ZANTE-VILLE★ (Zákynthos)

Chef-lieu et port principal de l'île, Zante fut dotée d'églises, de palais et de places à fontaines et arcades sous la domination vénitienne. En grande partie détruite par un séisme suivi d'un incendie dévastateur en 1953, la ville, très étendue, a été reconstruite dans le style vénitien. La spécialité locale est le nougat mou (*mandolato*).

Strata Marina

Non loin du port de ferries, cette promenade en bord de mer est très fréquentée.

Place Dionysios Solomos

Cette esplanade, principale place de la ville, est ombragée de palmiers et dominée par deux élégants bâtiments néoclassiques. Dans le **musée d'Art byzantin**, vous découvrirez des souvenirs de la Zante ancienne (maquette du théâtre, tableaux et gravures, meubles) mais surtout une riche collection d'icônes du 16e au 19e s. et des peintures religieuses de l'École ionienne des 17e et 18e s. : monumentale iconostase de l'église du Pantocrator, fresques et peintures murales. *℘ 26950 427 14 - tlj sf lun. 8h-14h30 - 3 €.*

Kourias ton Angelon

L'église Notre-Dame-des-Anges comprend une élégante façade de la Renaissance vénitienne, et, à l'intérieur, une somptueuse iconostase du 17e s.

Musée Solomos

Place Agios Markos - tlj. 9h-14h - 2,50 €. Dans ce musée situé sur une place très fréquentée, vous verrez la tombe de Solomos et plusieurs souvenirs des célébrités de Zante.

Kastro★

Tlj sf lun. 8h-14h30 (19h en été) - 3 €. Épargnée par les tremblements de terre, l'ancienne citadelle vénitienne, située sur une colline, offre des **vues★★** étendues sur la ville, la baie et la côte du Péloponnèse.

Séjourner

LA MER ET LES PLAGES★★

C'est le principal intérêt de l'île. Les plages figurent parmi les plus belles de la Méditerranée orientale. Les principaux lieux à visiter sont décrits ici, au départ de Zante-ville, dans le sens des aiguilles d'une montre.

Banana Beach★

Côte est. Cette longue écharpe de sable est bordée de dunes, de rochers et de pins.

Pláka

Côte est. Elle prolonge la précédente, fermée par les rochers du cap Agios Nikolaos.

Pórto Róma

Côte est. C'est une agréable crique cernée de falaises basses, dotée d'une taverne installée sous des chaumes face à un beau point de vue.

Gerakas★

Côte sud. Immense courbe de sable en partie couverte de parasols, elle est bordée de curieux rochers de tuf.

Dáfni

Côte sud. Sur cette plage sauvage, les tortues *caretta-caretta* viennent pondre depuis des millénaires, sans que l'on sache encore exactement pourquoi elles le font ici (et sur certaines plages proches) et non ailleurs.

Cap Kerí ou Marathiá★★ (Akrotiri Keri)

Côte ouest. Non loin du village tout simple de même nom, le cap Keri est un prodigieux promontoire rocheux couvert de bruyères mauves d'où vous pourrez contempler le coucher de soleil et les hautes falaises de la côte ouest. Vers le sud apparaissent d'impressionnants récifs, les Mizithres (« jumeaux »), deux lames de pierre blanche.

Baie du Naufrage★★★ (Navagio)

Côte ouest. Le plus célèbre site marin de Grèce avec la caldeira de Santorin s'appelle en réalité Agios Giorgios. Voilà une vingtaine d'années, un bateau (le *Panayotis*) s'est échoué ici et depuis la plage a changé de nom. L'endroit est dominé par d'impressionnantes falaises blanches qui font penser un peu à celles d'Étretat, le bleu turquoise de la mer en plus. Un point de vue a été aménagé (panneau « Shipwreck ») : le **panorama★★★** est sublime. *Le seul moyen d'atteindre la crique proprement dite est de prendre un bateau au départ de Pórto Vrómi, à 5 km au sud, de Limni Keri, de Kokinou ou de Zante-ville.*

Cap Skinari★★ (Akrotiri Skinári)

Koríthi est un hameau situé au nord de l'île. Plus loin, au bout de la route, au cap Skinari, vous aurez une vue extraordinaire sur la mer et l'île de Céphalonie.

Simeone / Photononstop

La célèbre baie du Naufrage sur la côte ouest.

Kokinou

Côte est. Ce port minuscule se trouve au pied d'un petit cap rocheux. Vous pouvez vous embarquer ici pour les fameuses **grottes bleues★ (Galazia Spilaia)**, belle succession d'arches creusées dans la falaise. La mer, par réfraction de la lumière, y prend une étonnante teinte turquoise presque phosphorescente.

Makris Gialos

Côte est. C'est une plage charmante encaissée dans un écrin de rochers blancs.

Alykés

Côte est. Cette station balnéaire avec plage de sable fin abritée offre une agréable vue sur l'île de Céphalonie.

Autres plages de la côte est

Entre Alykés et Zante-ville, la grande plaine côtière (vergers, marais salants) est bordée de nombreuses plages aménagées, bondées en été.

PROMENADES EN BATEAU★★★

Outre les balades évoquées ci-dessus au départ de Pórto Vrómi et de Kokínou, deux promenades sont très vivement recommandées.

Tour de l'île★★★

Comptez environ 20 € (les tarifs ne sont pas les mêmes d'un bateau à l'autre). À Zante-ville, choisissez plutôt un bateau pas trop gros, comme le Dias, en face de l'agence Pilot J.

Vous remontez vers le nord jusqu'au cap Skinari puis vous longerez les impression-nantes **falaises★★★** de la côte ouest, cachant çà et là de délicieuses plages, dont celle de la baie de Navagio (Naufrage), où le bateau fait escale.

Îlot de Marathoníssi★

À Límni Kerí, au sud de l'île, vous avez la possibilité de prendre un bateau vers les grottes alentour *(2h - dép. ttes les heures de 9h à 18h - 15 €)* et l'**îlot de Marathoníssi**. Adressez-vous directement au capitaine sur le port et négociez.

Zante pratique

Informations utiles

👁 Avenue Vassileos Giorgiou et autour de la place Agios Marcos se concentrent nombre de services : locations de scooters, banques, restaurants et bars. Agences de voyages qui vous renseigneront bien. **BesTour** – *92 odos Lombardou* - ☎ *26950 248 08 - tlj 8h30-20h en été.* **TEZ** – *52 odos Lombardou -* ☎ *26950 290 61 - tlj 8h-13h, 17h-20h.* ♿ *www.zanteweb.gr.*

Police touristique – *Sur le front de mer -* ☎ *26950 244 82/4.* Peu d'informations. Quelques brochures.

Banques – *Pl. Agios Marcos, front de mer.*

Poste – *Odos Tertseti, parallèle à 21 Maiou, à l'angle d'une ruelle finissant en escalier - 7h30-20h.*

Téléphone – **OTE**, *pl. Agios Marcos.* Une cabine de téléphone à carte sur la façade.

Santé – Hôpital, *sur la colline qui domine la ville -* ☎ *26950 491 11.* Urgences – ☎ *26950 231 66.*

Transports

En bateau – *De Kyllíni, sur le continent -* ☎ *26950 220 83.* 8 ferries/j en été, 5 en hiver. De **Céphalonie** : 2 ferries/j depuis Pessada pour Agios Nikolaos, à la pointe nord de Zante. Pour rejoindre le chef-lieu, il n'y a que le taxi ou bien essayer de profiter d'un car de tourisme en vous renseignant au bar du ferry, lors de la traversée.
Police du port – ☎ *26950 281 17/8.*

En avion – L'aéroport de Zante est à 2 km au sud de la ville, par la route de Lithakiá - ☎ *26950 283 22.* Liaisons en bus et taxi. D'Athènes à Zante : 1 vol/j dans les deux sens.

En bus – Station principale **KTEL**, *42 odos Filita, parallèle au front de mer, Zante- ville -* ☎ *26950 222 55.* 4 à 5 bus/j pour Pátra et Athènes via Kyllíni. 2/sem. pour Thessalonique. Sur l'île, bus toutes les heures pour Argási, Kalamaki, Laganás, Tsivili.

En voiture – Nombreux loueurs à Zante-ville et dans les centres touristiques de l'île.

En deux roues – Idéal car l'île est petite et le réseau routier en très bon état. Tarifs négociables pour plusieurs jours, vérifiez le matériel.

Se loger

ZANTE-VILLE

🛏 **Chez Giorgios Zouridis** – *30 odos Lakker, juste en face de l'église Kourias ton Angelon -* ☎ *26950 446 91 - 14 ch.* Signalé par une grande enseigne « Rooms to let », peinte sur la façade. Décoration soignée.

Au rez-de-chaussée, très agréable salon sur deux niveaux, avec mezzanine. Bar. À l'étage, les chambres comprenant toutes une kitchenette sont confortables, spacieuses et claires. Un excellent rapport qualité-prix. Pas de petit-déjeuner.

🛏🛏 **Hôtel Yria** – *4 odos Kapodistriou -* ☎ *26950 446 82 - www.yriahotels.gr - 32 ch.* Hôtel moderne et accueillant, à côté de la place Ag. Marcos. Chambres spacieuses à la décoration raffinée, toutes avec balcon. Accueil charmant et efficace. Un très bon rapport qualité-prix.

VASILIKOS-ÁGIOS NIKÓLAOS

🛏🛏 **Christina's Appts** – *Un peu après l'entrée du village -* ☎ *26950 354 74 - 6 ch. et 4 studios.* Une adresse de charme : un petit immeuble aux lignes agréables, doté de très confortables appartements, joliment meublés (bois et lits en métal blanc façon jardin). Cuisine équipée, balcon. Accepte les chèques de voyage. Pas de petit-déjeuner.

LIMNI KERÍ

🛏 **Seaside** – *Sur le port -* ☎ *26950 228 27 ou 69372 501 58 (mob.) - 4 appart. 3/5 pers. et 4 studios de 2 pers.* L'adresse de charme par excellence. Olympia, une artiste-peintre (qui parle anglais) vous accueille avec chaleur dans son petit immeuble tout neuf. Appartements spacieux, impeccables et très bien conçus. Tous possèdent une très agréable terrasse. Le tout à un prix imbattable, encore moindre en hiver (ouvert sur demande).

🛏 **Villa Finikes** – *En retrait du port, en remontant quelques mètres sur une petite route qui monte vers Keri-village -* ☎ *26950 491 75 -* ☎ *21061 265 13 (à Athènes) - www.villa-phoenix.com - 10 appart. dont 5 pour 4 pers.* Un vrai havre de paix : les studios s'alignent dans un jardin soigné, aménagé au milieu des oliviers. Spacieux, bien équipé et dans un calme total, tous ont leur terrasse sur la campagne, avec le chant des grillons. Réservation impérative.

Se restaurer

ZANTE-VILLE

🍴 **Arekia** – *À la sortie N de la ville -* ☎ *26950 263 46.* Une petite taverne en bord de route, dont la terrasse, aux allures de cantine, est installée de l'autre côté de la route, face à la mer. Protégé par des palissades en bambous, l'endroit est bien connu des habitants, et encore peu des touristes. On s'asseoit sur des bancs sommaires couverts de vieux tissus, pour déguster une bonne cuisine grecque, toute simple, en écoutant des chanteurs interpréter des *arekia*, les vieilles ballades locales, avec gouaille et talent. À ne pas manquer.

⊖ **Venetziana** – *Pl. Agios Markos*. Goûtez l'agneau *kleftiko*, cuit en papillote avec des tomates et des pommes de terre. Le service est aimable et professionnel, le cadre agréable.

LIMNI KERÍ

⊖ **To Posto** – *Peu avant l'entrée du village - ℰ 26950 262 43 - mai-oct.* On dîne sous les arbres, dans un très agréable jardin (attention aux moustiques). À la carte : savoureux plats traditionnels, de Zante et de Grèce, mitonnés avec raffinement par les membres de la famille.

ÁGIOS NIKÓLAOS

⊖ **Ammos** – *Sur la plage - ℰ 26950 350 00.* Sous une immense tonnelle, un bar branché où il fait bon prendre un verre, ou même déjeuner, en écoutant une excellente musique, discrète et choisie (grecque et internationale, jazz…). Bonne cuisine. Prix un peu plus élevé qu'ailleurs, décor oblige.

Faire une pause

Ammos – *Sur la plage d'Ágios Nikólaos.* Bar très agréable (voir ci-dessus).

Rock Café – *Limni Keri, sur le port.* Architecture moderne très réussie, tout en pierre et en bois, avec un beau mobilier et une terrasse où il fait bon prendre un café frappé, un ouzo ou un jus d'orange. Musique locale et internationale.

Logos Café Bar – *Sur la route de Vassilikos-Agios Nikolaos, dans les pins.* Discothèque ouverte tous les soirs à partir de 22h.

Sports et loisirs

Plongée – Turtle Beach Diving center – *Limni Keri - ℰ 26950 494 24 - www. zanteweb.gr/turtlebeach.* Pour découvrir les tortues *caretta-caretta* sous l'eau. Tous niveaux.

Water Sport Center – *Plage d'Agios Nikolaos - ℰ 26950 353 25/8.* Plongée, planches à voile, bateaux pour Limni Keri.

Les îles du **nord de l'Égée**

Les îles du nord de l'Égée – Chíos, Ikaría, Lésvos (Mytilène), Límnos, Samothráce, Sámos, Thássos – constituent chacune un univers à part aux confins de l'Orient et de l'Occident. Révélant des paysages contrastés, tantôt arides, tantôt verdoyants, elles feront le bonheur des amateurs de randonnées, des adeptes de la plage ou des curieux de ruines antiques.

Sur le port de Mytilène, dans l'île de Lésvos.

Se repérer – Ces îles du nord de la mer Égée ont été réunies par commodité géographique et touristique. En réalité, elles appartiennent à deux régions administratives distinctes. Thássos et Samothráce sont rattachées à la **Macédoine orientale et la Thrace** qui forment une seule région tandis que Chíos, Ikaría, Lésvos, Límnos, Sámos (et les îlots adjacents) constituent la région appelée **îles de l'Égée septentrionale**. La capitale est Mytilène, chef-lieu de l'île de Lésvos.

On accède aux îles de différents ports du continent : Kavála (proche de Thássos), Alexandroúpoli (au nord de Samothráce), Le Pirée via les Cyclades. Une liaison saisonnière existe entre Chíos et la Turquie (port de Çeşme, près d'Izmir).

L'éloignement de certaines de ces îles fera préférer un voyage en avion. Les aéroports de Chíos, Lésvos, Límnos, Sámos et Ikaría relient la région au reste du pays, notamment à Athènes et à Thessalonique. Les deux îles situées en avant du détroit des Dardanelles appartiennent à la Turquie.

Chíos★

Xíος

53 408 HABITANTS – 842 KM²
CARTE GÉNÉRALE RABAT I B2 – ÎLES DE L'ÉGÉE SEPTENTRIONALE

Chíos (ou Chio), où serait né Homère, est dominée par des montagnes d'origine volcanique (le mont Pelinaío culmine à 1 297 m). Ailleurs, plaines et collines alternent, et l'on trouve de belles plantations d'agrumes. Le sud de l'île doit sa renommée à l'exploitation du lentisque dont les habitants ont tiré le « mastic », une résine aromatique unique. Chíos possède de belles plages, mais elle retiendra surtout les amateurs d'art byzantin, d'histoire et de couleur locale. L'île doit à sa proximité avec la Turquie des liens historiques très étroits, et parfois sanglants.

- **Se repérer** – Située à 8 km de la Turquie, l'île est à l'image de la péninsule turque (en forme de croissant) qui ferme le golfe d'Izmir. Mieux desservie et moins montagneuse qu'au nord, la côte sud-est est la plus peuplée de l'île.

- **À ne pas manquer** – Les villages du Mastic ; le monastère de Néa Moní et ses mosaïques, dans le centre ; la ville de Chíos.

- **Organiser son temps** – Comptez cinq jours de visite.

- **Pour poursuivre le voyage** – Lésvos, Sámos.

L'une des splendides mosaïques du monastère de Néa Moní (11ᵉ s.), incrit au Patrimoine mondial de l'Humanité.

Comprendre

L'un des carrefours du commerce méditerranéen – Placée à l'intersection des routes maritimes desservant Salonique, Istanbul, Izmir, la Crète, Rhodes et Chypre, le Moyen-Orient et l'Égypte, Chíos a joué, de l'Antiquité jusqu'au 19ᵉ s., un rôle capital dans les échanges entre l'Orient et l'Occident.

Dès le 8ᵉ s. av. J.-C., elle fait partie de la confédération ionienne (avec Sámos et les villes grecques d'Asie Mineure) et atteint au 6ᵉ s. son premier âge d'or culturel et économique (elle est, entre autres, la première cité grecque à pratiquer le commerce des esclaves). Il ne reste, hélas, que quelques vestiges rassemblés au musée de Chíos-ville. La prospérité s'achève en 493 av. J.-C. avec l'invasion des Perses. Elle passe ensuite sous domination athénienne, macédonienne et romaine.

Après de longs siècles d'abandon, Chíos retrouve sa place de carrefour maritime. Vénitienne dès 1172, puis byzantine, elle devient de 1346 à 1566, le centre d'un « empire » génois qui s'étend aussi sur les îles alentour. Gênes y délègue son autorité à une « mahone », association financière et militaire. La « mahone Giustiniani », du nom de la famille qui l'administre, détient quasiment le monopole du trafic commercial en Égée orientale. Le port voit affluer les produits d'Orient ainsi que des esclaves. Mais les produits les plus importants restent le mastic local et l'alun des mines de

Phocée en Anatolie, utilisé pour la teinture et expédié principalement à Bruges. Malgré les conflits avec les Vénitiens et la menace des Turcs (prise de Constantinople en 1453), Chíos voit converger des bateaux de toutes nationalités, des banquiers, des marchands et leurs agents. Le célèbre financier Jacques Cœur, ancien favori de Charles VII et commandant d'une flotte papale destinée à protéger l'archipel contre les Turcs, y meurt en 1456.

La mainmise des Turcs et les révoltes – La domination turque n'a pas de conséquences graves sur le commerce de l'île, bien que celle-ci serve de base aux pirates. Les dames du harem du sultan sont si friandes de la gomme de mastic qui parfume leur bouche que les paysans qui la produisent en tirent certains privilèges. Au 19e s., la flotte de Chíos rivalise avec celle d'Hydra ou de Spetsæ.

En 1822 avec la guerre d'Indépendance, l'île se soulève contre les Turcs à l'instigation des habitants de Sámos qui s'y sont réfugiés. Mais la révolte est durement réprimée et les Turcs massacrent des milliers de chrétiens. Ces cruautés causent une intense émotion en Europe occidentale, notamment en France. Chateaubriand, qui avait séjourné à Chíos en 1806, proteste. Une toile célèbre de Delacroix *(Scènes des massacres de Chio)* et des vers de Victor Hugo *(L'Enfant grec)* témoignent de la solidarité des intellectuels romantiques à l'égard des habitants de l'île. Quelques années plus tard, en 1827, les troupes françaises du colonel Fabvier (1782-1855) accompagnées de soldats grecs s'emparent d'une partie de la ville de Chíos. Finalement, elles doivent se retirer devant l'afflux des renforts turcs et ce n'est qu'en 1912 que Chíos revient à la Grèce. Deux humanistes grecs francophiles, morts à Paris, ont séjourné à Chíos : Adamantios Koraïs (1743-1833) y fonda l'une des principales bibliothèques du pays ; Jean Psichari (ou Psykharis, 1854-1929) fut un auteur renommé.

Se promener

CHÍOS★

Chíos est une agréable ville portuaire face aux côtes de Turquie. Malgré la tragédie de 1822 et l'important tremblement de terre de 1881, la ville a conservé un certain charme.

Le **port★**, animé et coloré, est bordé de terrasses de cafés et de restaurants.

Derrière les rues commerçantes parallèles au quai, la vie locale se concentre autour de la grande **place Vounaki**, occupée en son centre par le jardin municipal, vaste enclave de verdure aux allées bordées de palmiers. Au nord de la place se trouve une charmante **fontaine turque★** (1768) ornée d'éléments floraux sculptés.

Musée byzantin (Vizandino Moussio)

En cours de rénovation. Se renseigner à l'office de tourisme. Il occupe une mosquée construite au 19e s. La cour, bordée de fontaines turques et de canons, rassemble des fragments d'édifices paléochrétiens et byzantins, ainsi que de nombreuses sculptures et pierres tombales des époques byzantine, génoise et turque.

Kastro

Au nord du port et de la place Vounaki. La vieille ville est encore entourée, sur trois côtés, des remparts édifiés au 14e s. par les Génois (à l'emplacement d'un fort byzantin). Au Moyen Âge, les grandes familles génoises et grecques y possédaient de somptueuses résidences. À l'époque ottomane, seuls les Turcs et les Juifs y habitaient. De nos jours, c'est un quartier paisible, un peu à l'abandon, cachant néanmoins quelques témoignages du passé.

Après avoir franchi la porte principale (près de la place Vounaki), reconstruite par les Vénitiens en 1694, vous verrez, à droite, la sombre salle inférieure du donjon qui servit de prison.

Le Petit Palais (To Palataki)

En face de la porte du kastro - tlj sf lun. 9h-14h30 - 2 €. Cette demeure du 15e s. abrite une collection d'art byzantin : belle mosaïque du 5e s. retrouvée au centre de la ville moderne ; fresques et icônes byzantines provenant de diverses églises de l'île.

Non loin se trouve une galerie qui expose des pièces d'artillerie, notamment des canons français et vénitiens.

Cimetière turc

À gauche en sortant du palataki. Ce minuscule cimetière contient les pierres tombales sculptées de notables turcs du siècle dernier.

Odos Frouriou

Cette rue traverse tout le *kastro* et rejoint une colline pelée d'où se découvre un beau **panorama**★ sur la ville et la mer. Vous verrez les toits des anciens bains turcs : quatre dômes de couleur terre, percés de petits trous et envahis de roseaux.

Bibliothèque Koraïs et musée Argentis★

À l'angle de odos Koraïs et F. Argentis, près de l'église Métropole - ℘ 22710 442 46 - lun.- jeu. 8h-14h, vend. 8h-14h, 17h-19h30., sam. 8h-12h30 - entrée libre dans le hall, 3 € pour les salles. L'écrivain **Adamantios Koraïs** (1743-1833) vécut longtemps en France, d'où il contribua au renouveau littéraire et national de son pays. Il légua à son île sa bibliothèque qui compte maintenant plus de 100 000 volumes et en fait l'une des plus grandes bibliothèques de la mer Égée. Dans la salle de lecture sont présentées diverses éditions des œuvres d'Homère et plusieurs livres français. Dans le hall d'entrée et l'escalier est exposé un intéressant ensemble de cartes et gravures du 15e au 19e s.

Au 1er étage, un petit **Musée ethnographique** rassemble la **collection de portraits** de membres de la famille Argenti et témoigne, par les costumes et le décor, de l'aisance des grandes familles de Chíos au siècle dernier. Sur le palier, reproduction d'une partie des *Scènes des massacres de Chio* de Delacroix et original grec sur le même sujet.

Musée archéologique (Archeologiko Moussio)

Odos Mihalou, au sud du port, à côté de l'université de l'Égée - ℘ 22710 442 39 - juil.- oct. : tlj sf lun. 8h-17h ; nov.-juin : 8h30-15h - 2 €. Il renferme des objets retrouvés lors de fouilles dans l'île : fragments de vases archaïques, de statues, de temples, de tombes antiques.

PLAINE DU KAMPOS★

Faire l'excursion en la couplant avec celle des villages du mastic (voir ci-dessous).

Le Kampos est la plaine fertile qui s'étend au sud de Chíos-ville. Plantée de milliers de citronniers et d'orangers, elle est parcourue d'un réseau très dense de routes et de chemins bordés de hauts murs ocre destinés à protéger les vergers du vent et de la poussière. Depuis le 15e s. et jusqu'au siècle dernier, cette région a compté près de 200 résidences, parfois même des manoirs, où séjournaient en été les familles des grands commerçants génois ou grecs. Après les catastrophes du 19e s. (massacres et tremblements de terre), il n'en a subsisté qu'une dizaine, parfois délabrées, mais encore très évocatrices du passé.

De la route conduisant aux villages du mastic, vous verrez de beaux porches bordés d'une tour ou d'une maison de garde ; la demeure principale, souvent en retrait, est construite en élévation pour dominer les plantations. Il est parfois possible, sous certaines conditions, de visiter la **maison Zigomalas** (au début de la route, à droite, à environ 800 m après le pont traversant le torrent Parthenis), de style néoclassique avec une belle cour ornée de galets ; la **maison Argenti** (environ 5 km plus loin, une route parallèle à l'ouest) très bien conservée, dont les cours et pergolas abritent les citernes et le puits à roue servant à l'irrigation du domaine.

AU NORD DE CHÍOS-VILLE

Mármaro

À 27 km. Au creux d'une baie profonde, au nord-est de l'île, Mármaro est le port de la petite ville voisine de Kardamyla. Un peu plus loin, Nagos et ses environs offrent les plus belles **plages**★★ de l'île.

Pityous

À 28 km. Tout comme Volissós, Pityous revendique d'avoir vu naître Homère. Sa forteresse médiévale, sur la montagne, est couronnée par une église byzantine jaune, dont le dôme rouge surmonté d'une croix d'or se découpe sur le ciel bleu.

Volissós

À 46 km. Au pied d'une forteresse médiévale, ce village a pour port de pêche Limnia. À 6 km au nord, vous trouverez une belle **plage** devant le monastère d'Agia Markella. La route qui mène à Chíos-ville offre des **vues**★ plongeantes sur la côte ouest.

Circuits de découverte

VILLAGES DU MASTIC★★ (Masticho Horia)

Circuit d'environ 90 km au sud-ouest de Chíos-ville.

Cette région couvre toute la partie méridionale de l'île, à partir d'Armolia, englobant une vingtaine de villages. C'est le domaine du **lentisque**, arbuste de 2 m de haut, dont les incisions permettent de récolter au début de l'automne une résine, le mastic, utili-

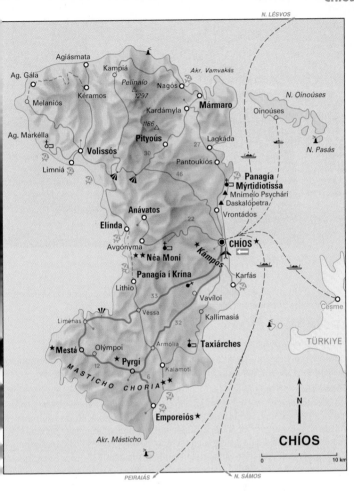

N. LÉSVOS

Agiásmata
Ag. Gála
Kampiá
Pelinaío △ 1297
Nagós
Akr. Vamvakás
Mármaro
N. Oinoúses
Melaniós
Kéramos
Kardámyla
Oinoúses
△ 1186
Ag. Markélla
Pityoús
Lagkáda
N. Pasás
Volissós
30
Pantoukiós
46
Panagía
Limniá
Mýrtidiotissa
▲ Mnimeío Psychári
▲ Daskalópetra
Vrontádos
Anávatos
22
Elínda
Avgónyma
★ **CHÍOS** ★
★★ **Néa Moní**
Kámpos
Panagía í Krina
Karfás
Lithío
33
Vavilói
Vessa
32
Kallimasiá
Liménas
Armólia
★ **Taxiárches**
★ **Mestá**
Olýmpoi
12
Pyrgí
Kalamotí
★★
M A S T I C H O   C H O R I A
6
Çeşme
TÜRKIYE
Emporeiós ★
Akr. Másticho
N
CHÍOS
0   10 km
PEIRAIÁS
N. SÁMOS

sée dans la confection des alccols (*mastika*, *raki*), sucreries et pâtes orientales. L'île de Chíos est le seul endroit au monde où cette résine se solidifie de façon naturelle.

Vous pouvez, en chemin, observer la ravissante église byzantine de la **Panagía i Krina** (12e ou 13e s.) dont une partie des fresques a été déposée au musée du Petit Palais (Palataki) à Chíos-ville. *Accès par le village de Vavilói, 1 km plus loin, puis environ 15mn à pied par un sentier à droite dans une oliveraie.*

Pyrgí★

Malgré la disparition de ses remparts, ce village a conservé son aspect médiéval autour de sa tour centrale. Sa particularité, unique en Grèce, est le décor géométrique horizontal, gris et blanc, qui recouvre la plupart des maisons et des églises.

Au nord-est de la place, un passage voûté donne accès à l'église **Agioi Apostoloi** (Saints-Apôtres), construite vers 1200, remarquable pour son architecture extérieure, typiquement byzantine. L'intérieur conserve des fresques de 1665. Sur la place, la grande église de la Dormition, du 17e s., possède un joli mobilier sculpté.

Emporeiós★

À 6 km au sud de Pyrgí. Une petite place blanche bordée de quelques maisons s'ouvre sur la mer. Au sud du port, un sentier mène à deux magnifiques **plages**★★ de galets noirs, nichées dans les replis d'une falaise volcanique et bordées d'eau turquoise.

Mestá★

Peu après Olympoi, autre bourg médiéval. Ce village a conservé sa muraille constituée d'un rang serré de maisons fortes. Entrez par une porte à l'est. Vous pouvez vous promener dans les ruelles anciennes et charmantes, aux nombreux passages étroits, parfois voûtés. La place centrale et son église ont remplacé la tour de défense qui s'y dressait autrefois. Plus loin, la vieille église des Taxiarques (Palios Taxiarchis), byzantine, renferme une très belle iconostase sculptée du 18e s.

Le décor très particulier des maisons du village de Pyrgí.

Revenez à Chíos-ville par Limenas, le port de Mestá, puis la route de Vessa qui offre, au début, des **vues★** étendues sur la côte ouest, aride et échancrée.

LE CENTRE DE L'ÎLE★★

Circuit d'environ 50 km à l'ouest de Chíos-ville.

Une route panoramique gravit les contreforts de la montagne jusqu'au vallon abritant le monastère de Néa Moní encadré par des cyprès et par un mur d'enceinte.

Monastère de Néa Moní★★

Du lever au coucher du soleil - fermé de 13h à 16h - entrée libre, tenue correcte exigée.
Inscrit au Patrimoine mondial de l'Humanité par l'Unesco en 1990, cet ensemble est l'un des plus importants monuments impériaux de l'époque byzantine. Fondé au 11ᵉ s., ce monastère a été édifié par des architectes et peintres envoyés de Constantinople par l'empereur Constantin Monomaque dit le Gladiateur (980-1055) à l'endroit où une icône miraculeuse de la Vierge avait été trouvée par trois ascètes, qui avaient prédit au souverain son accession au trône. La construction du monastère était une façon de remercier à la fois l'île de Chíos et la Vierge.

Extérieur – Fortement endommagé par le tremblement de terre de 1881, l'extérieur est actuellement recouvert d'un crépi protecteur qui en diminue l'intérêt. Le clocher-porche est de facture récente. L'église, de type octogonal, représente la meilleure expression de l'architecture de cette époque en Grèce.

Intérieur – L'exonarthex a subi de nombreux dégâts. Surmonté de trois coupoles, il comportait un revêtement de marbre rouge surmonté de peintures dont subsiste, au sud, un Jugement dernier. Au sol, la décoration de marbre représente la Multiplication des pains. Les **mosaïques★** (11ᵉ s.) du narthex intérieur et du catholicon sont d'une grande unité d'expression : figures austères, traits expressifs, couleurs vives. Remarquez dans le narthex intérieur (en venant de l'exonarthex) : La Résurrection de Lazare (à gauche de la porte du catholicon) ; le Lavement des pieds (à gauche, sur le mur extérieur) ; sur le mur sud, à droite, la Trahison de Judas et la Prière au jardin des Oliviers. La haute coupole du catholicon fut refaite en 1900, ainsi que la fresque du Pantokrator. Les mosaïques les mieux conservées sont, dans les absides, la Vierge entourée des archanges Michel et Gabriel ; dans la partie centrale, à droite du chœur (puis dans le sens des aiguilles d'une montre) : en bas, Jean l'Évangéliste, puis, en haut, le Baptême du Christ, la Transfiguration, la Crucifixion, la Descente de Croix et enfin la Résurrection ou Descente aux enfers ; plus bas à gauche, saint Marc.

Anávatos

Sur son éperon, ce village abandonné apparaît comme une ville fantôme. Très impressionnant, il fut probablement édifié à l'époque ottomane pour défendre la côte. La majorité de ses habitants périrent lors des massacres de 1822.

Du village **d'Avgonyma**, au retour, vous aurez une belle **vue★** sur la côte ouest.

Chíos pratique

Informations utiles

🛈 – À Chíos - *Odos Kanari, à l'angle de Odos Roïdou* - ☎ 22710 443 89 - saison. : 7h-14h30, 18h-22h, w.-end 9h-13h, 18h-22h ; hors sais. : lun.-vend. 7h-14h30.
♿ www.chiosnet.gr

Banque – À Chíos, nombreuses banques sur le port.

Poste – À Chíos - *odos Omirou*.

Urgences/Santé – Hôpital de Chíos - ☎ 22710 443 02.

Transports

En bateau – Liaisons en ferry avec **Le Pirée** (2/j), **Lésvos** (2-3/j), **Sámos** (3/sem.), **Límnos** (5-6/sem.) et **Rhodes** *via* Kálymnos et Kos (1/sem.).
Liaison quotidienne avec **Çesme** en Turquie : le billet s'achète la veille et le passeport (ou la carte d'identité) est exigé(e).
Capitainerie - ☎ 22710 444 33.

En avion – L'aéroport est à 3 km de la ville. Plusieurs vols par jour pour **Athènes**, 2/sem. pour **Lésvos**, **Límnos** et **Rhodes**, 1/sem. pour **Sámos**.

En bus – Gare routière de Chíos - *près du débarcadère* - ☎ 22710 275 07. Liaisons quotidiennes avec Pyrgí, Elinda *via* Néa Moni, Volissós et Emporeiós (en sais.).

En voiture – À Chios, agences sur le port.

Se loger

👁 Dans nombre de villages de l'île, les habitants louent des chambres dans leur maison (40 à 50 €). Procurez-vous la liste à l'office de tourisme.

CHÍOS

☻ Chios Rooms – *Sur le port* - ☎ 22710 201 98 - www.chiosrooms.gr - 10 ch. - 🍴. Vieil édifice plein de charme, sur le port. La moitié des chambres disposent de salles de bains privatives, quelques-unes de balcons.

☻ Rooms Alex – *29 odos Livanou, près du port* - ☎ 22710 260 54 - 7 ch. - 🍴. Chez Alex, chaque pensionnaire devient un membre de la famille. Petites chambres familiales, sobrement décorées, et terrasse.

KAMPOS

☻☻ Perivoli – *En venant de Chios, dir. Pirgi puis Kallimasia* - ☎ 22710 319 73 - 16 ch. - 🍴 - *de Pâques à fin oct.* Belle maison typique. Choisissez en priorité une des quatre grandes chambres avec leurs hauts plafonds, agréables même en été.

VOLISSÓS

☻☻ Kyriaki House – *Dir. Pyrgos Village, suivre le panneau « Artemis Apartments »* - ☎ 22740 219 41 - 2 appart. - 🍴. Deux studios confortables avec lambris et pierre apparente, et magnifique terrasse avec vue sur le village et sur la mer.

☻☻ Volissos Travel – *Plusieurs maisons réparties au sommet du village* - ☎ 22740 214 21/214 13 - www.volissostravel.gr - 16 appart. - 🍴. Vieilles maisons sobrement restaurées et décorées avec goût. Un hymne à l'irrégularité et à la rusticité ! Quelques vastes maisons à prix spéciaux.

Se restaurer

CHÍOS

☻ Byzantio – *Odos Ralli, dans le quartier du marché* - ☎ 22710 410 35 - 🍴 - fermé dim. hors sais. Cuisine populaire toujours savoureuse, dans un décor typique : tomates et poivrons farcis au riz, *youvetsi* (bœuf accompagné de pâtes en forme de grains de riz) généreusement saupoudré de fromage, etc.

☻ Iakovos Plytas – *20 odos Georgiou (à l'intérieur du Kastro)* - ☎ 22710 238 58 - 🍴 - ouv. en soirée sf dim. Beau restaurant occupant une ancienne remise pavée. Cuisine grecque traditionnelle et soignée : crevettes aux oignons, friture de poisson légère…

KAMPOS

☻ Perivoli – *(voir « Se loger »)* - ☎ 22710 319 73 - hors sais. : ouv. seult les soirs de w.-end. Dans le jardin de la superbe demeure Perivoli, derrière une noria. Vaste terrasse sous les orangers. Veau au vin, *psaronefri* (filet de porc grillé recouvert d'une tranche de tomate).

VOLISSÓS

☻ O Zikos – *Sur le port* - ☎ 22710 220 40 - 🍴. Quelques tables pour déguster d'excellents produits de la mer : espadon, moules au fromage, homard aux spaghetti.

Événements

Volissós – L'endroit conserve une bien étonnante tradition pascale : la bataille de feux d'artifice, que se livrent les deux principales églises.

Pyrgí – Pour le 15 août, le village est en fête jusqu'au petit jour.

Plages

La plage de **Karfás**, à 4 km au sud de Chíos, propose la plus grande variété de sports nautiques de l'île. Sur la côte ouest, la plage d'**Elínda** est admirablement encaissée au fond d'une crique. Mais la plus remarquable est celle d'**Emporeiós**, avec ses galets noirs et cernée au fond par les falaises (accès par un chemin).

Icarie
Ikaría – Ικαρία

5 392 HABITANTS – 267 KM²
CARTE GÉNÉRALE RABAT I C2 – ÎLES DE L'ÉGÉE SEPTENTRIONALE

Traversée de gorges profondes, Icarie présente un relief intéressant, particulièrement au sud, où la montagne plonge directement dans la mer. Le climat agréable de l'île permet de produire un vin rouge – appelé icarus ou nicaria – auquel Homère faisait référence.

▶ **Se repérer** – À mi-chemin entre les Cyclades, le Dodécanèse et les îles du nord de l'Égée, Ikaría s'allonge d'est en ouest sur une quarantaine de km, culminant à 1 037 m au mont Atheras.

✆ **Pour poursuivre le voyage** – Sámos.

Se promener

Ágios Kirykos et ses environs

Capitale de l'île, la petite ville aux typiques maisons à deux étages encadre un port de pêche. Un peu à l'ouest, le long de la côte, on trouve **Thérma Lefkádas**, station thermale réputée pour ses sources chaudes. En poursuivant vers l'ouest sur la côte méridionale de l'île, vous pourrez voir près de Xylosirtis le monastère **Evangelistria** (17ᵉ s.).

Côte nord★

Plus accidentée et plus fraîche que le reste de l'île, cette côte est très belle. On y trouve beaucoup de petites plages.
La route venant d'Ágios Kirykos traverse l'agréable village de **Karavóstamo**, dominé par la resplendissante chapelle d'Agioi Pantes, et atteint **Évdilos**, qui s'étage au-dessus de son petit port.
Au-delà, une route mène à **Kampos**, dont le petit Musée archéologique (9h-15h, 2 €) présente des objets antiques trouvés

> ## Le vol d'Icare
>
> Selon la légende, c'est à proximité de cette île qu'Icare tomba après s'être enfui du Labyrinthe avec son père Dédale *(voir Knosós p.381)*. S'étant trop approché du soleil, Icare vit fondre ses ailes de cire, ce qui le précipita vers la mort. Herakles aurait récupéré le corps et l'aurait enterré sur l'île, qui prit alors le nom d'Icarie.

dans les environs. Puis à **Pygi**, où un beau monastère conserve des fresques.
Après Kampos, vous pénétrez dans la partie la plus belle de l'île, qui s'étend derrière **Armenistís**. Deux grandes plages s'étendent à proximité : celles de **Messachti** et de **Livadi**.
Autour de **Christos Raches**, adorable village où le temps semble s'être arrêté, vous avez des vues ravissantes sur la côte et la mer.

Icarie pratique

Transports

En bateau – Seulement trois liaisons maritimes par sem. au départ du **Pirée** en général lun., jeu., vend. Certains bateaux abordent à **Ágios Kírykos** (côte sud) ou à **Évdilos** (côte nord). En été, des bateaux relient l'île à **Pátmos**, **Páros**, **Chíos**, **Léros**, **Kos** et **Kálymnos**.

Se loger

⌂ **Hôtel Akti** – *Ágios Kírykos, face au port* - ☎ 22750 239 05. Grande maison juchée sur un rocher au-dessus du principal port de l'île. Les chambres sont propres et assez agréables. D'une terrasse, vous aurez une belle vue sur la mer.

⌂ **Hôtel Karras** – *Ágios Kírykos* - ☎ 22750 224 94. Hôtel simple et calme, pas très loin du port.

⌂ **Rooms Spanos** – *Évlidos* - ☎ 22750 312 20. Ces chambres toutes simples possèdent une salle de bains individuelle.

Se restaurer

⌂ **Taverne** – *Karavostamo*. Ce grand restaurant sympathique se trouve au centre du village. La cuisine est savoureuse et le patron fort sympathique.

Lésvos (Mytilène)★

Lésvos – Λέσβος

91 014 HABITANTS – 1 633 KM²
CARTE GÉNÉRALE RABAT I C2 – ÎLES DE L'ÉGÉE SEPTENTRIONALE

Appelée encore Mytilène, du nom de sa capitale, Lésvos est très peuplée, touristique et de grande dimension. L'île est célèbre pour la beauté de ses villages, ses innombrables plages, ses paysages montagneux, ses deux golfes immenses, ses oliveraies dont on tire une huile réputée. L'Antiquité a laissé peu de traces, mais d'imposantes forteresses témoignent du passage des Byzantins puis des Génois.

▷ **Se repérer** – La plus grande des îles de l'Égée orientale et troisième île de Grèce en surface, après la Crète et l'Eubée, est blottie dans un repli des côtes anatoliennes (Turquie). Deux points culminants (968 m) : Lepetymos au nord et Olympos au sud.

◉ **À ne pas manquer** – Les paysages déserts de l'ouest, le musée Tériade.

◷ **Organiser son temps** – Comptez trois à quatre jours de visite (louez une voiture pour visiter l'île à votre rythme).

La citadelle qui domine le ravissant village de Mólyvos.

Comprendre

Dans l'Antiquité, l'île fut un foyer culturel actif, notamment aux 7e et 6e s. av. J.-C. Après le partage de l'Empire romain, Lésvos resta sous l'autorité de Byzance. Puis en 1354, l'île passa aux mains du Génois Francesco Gatteluzzi jusqu'à la conquête turque en 1462. L'île ne fut rattachée à la Grèce qu'en 1914.

Lors d'un échange de population, en 1922, des milliers de Grecs d'Anatolie arrivèrent sur l'île, démunis, et commencèrent une nouvelle vie loin de leur terre natale.

L'île fut le berceau de la poétesse **Sapho** et de **Théophraste** (vers 372 av. J.-C.), disciple de Platon puis d'Aristote. Il écrivit *Les Caractères*, dont La Bruyère s'inspira.

Se promener

Les distances, souvent importantes, sont calculées à partir de Mytilène.

MYTILÈNE★ (MYTILÌNI)

La capitale de l'île est située face à la côte anatolienne avec laquelle elle entretenait autrefois d'actives relations commerciales.

Ancien cœur de la ville à l'époque ottomane, le quartier s'étalant sur l'isthme séparant les deux ports a conservé quelques jolies maisons, les restes d'une mosquée et sa cathédrale qui renferme une très belle iconostase.

Maison de Lésvos (Lesviako spiti)

Consacrée aux femmes de l'île, elle abrite des collections d'arts et traditions populaires, tout comme le petit musée adjacent.

Kastro

Tlj sf lun. 8h30-15h (19h en été probablement) - 2 €.

S'élevant sur un promontoire dominant les deux ports, la citadelle fut reconstruite au 14ᵉ s. Vous remarquerez au-dessus des portes du château les armes des empereurs Paleologue (un aigle à deux têtes), le fer à cheval des Gatteluzzi et des inscriptions turques. Une petite plage (très fréquentée) se trouve au pied de la citadelle.

> ## Sapho, figure mythique
>
> La poétesse **Sapho** (ou Sappho), artiste de génie, femme et esprit libre, composa une œuvre aussi réputée dans l'Antiquité que les épopées d'Homère. Née à Eressos à la fin du 7ᵉ s. av. J.-C., elle aurait dirigé à Mytilène une école d'art et de poésie où l'on se consacrait à la louange des muses. Odes, hymnes et chants, ses vers chantent l'amour, la beauté et les affinités féminines. Platon la nomma la *Dixième Muse*. Elle se serait suicidée à Leucade.

Musée byzantin (Vizandino Moussio)

☏ 22510 289 16 - mai-oct. : tlj sf dim. 10h-13h (en hiver sur RV) - 2 €.

Il se trouve derrière l'imposante église néoclassique Agios Therapon et rassemble de précieuses icônes des 13ᵉ au 17ᵉ s.

Musée archéologique (Archeologiko Moussio)

☏ 22510 402 23 - tlj sf lun. 8h30-15h (19h en été probablement) - 3 €, gratuit dim.

Sur la route de la citadelle, une jolie villa abrite ce musée où vous découvrirez des céramiques, des sculptures grecques et surtout de beaux fragments de mosaïques romaines.

Théâtre hellénistique

Tlj sf lun. 8h-15h (19h en été) - entrée libre.

Au nord-ouest, sur la colline, vous verrez les restes d'un théâtre restauré par les Romains. Il impressionna tant Pompée de passage à Lésvos que celui-ci en fit édifier un semblable à Rome. La plupart des gradins ont disparu, réutilisés dans des constructions médiévales, notamment pour la forteresse. La taille du théâtre (qui pouvait contenir jusqu'à 15 000 spectateurs) témoigne de l'importance culturelle de la Lésvos antique. Des gradins supérieurs, vous aurez une belle vue sur la citadelle et la côte turque.

ENVIRONS DE MYTILÈNE

Thermí

À 11 km. Loutropoli Thermis est une station très fréquentée dont les eaux chaudes et curatives étaient déjà utilisées dans l'Antiquité. Les environs conservent des tours d'habitation traditionnelles. Au sud de Thermí, à l'ouest du gros village de Moria, surgissent les imposants vestiges d'un aqueduc romain. Il en existe un autre près du village de Lampou Myloi, sur la route de Kalloni.

Vareiá

À 4 km. Stratis Eleftheriadis-Teriade, critique et éditeur d'art parisien de renom et originaire de Mytilène, fit construire deux musées dans sa

LÉSVOS

0 ——— 10 km

N

Akr. Fourniá

Sigri

14

Forêt Pétrifiée

Antissa

Megalonísi

Tsihlióndas

Eresós

Skála Eresoú

Mesótopos

E G É O

P É L A G O S

propriété : le **musée Theophilos** (☎ 22510 416 44 - tlj sf lun. 10h-17h - 2 €) abrite 86 des œuvres de ce célèbre peintre naïf, né à Vareia (1873-1934) ; elles représentent de façon colorée des scènes populaires ou des hauts faits de l'histoire grecque. Dans la même oliveraie, le grand **musée Teriade** (☎ 22510 233 72 - tlj sf lun. 10h-17h) rassemble une riche collection de livres de l'éditeur d'art, illustrés par des gravures ou lithographies en couleur de Chagall, Picasso, Fernand Léger, Matisse et Giacometti. Une section contient aussi des peintures de Jannis Tsarouchis et de Theophilos.

SUD DE L'ÎLE

Agiásos
À 25 km.
Situé sur les pentes boisées du mont Olympe (968 m), Agiásos a conservé tout le charme d'une petite ville d'autrefois. Vous découvrirez, au hasard de ses rues pavées et ombragées, de délicieux restaurants, cafés et fontaines.

Plomári
À 42 km.
Célèbre pour son délicieux ouzo, la deuxième ville de l'île cache ses ruelles pentues et ses nombreuses maisons anciennes au creux d'un cirque invisible du large. Le moderne front de mer est bordé de cafés et de restaurants. Le soir, l'endroit est particulièrement animé. À l'est de la ville, **Agios Isidoros** est une grande plage de galets ronds très fréquentée.

Vaterá
À 52 km.
C'est l'une des plus belles plages de l'île. Le cap Fokas (Akrotiri Agios Fokas) porte les restes d'une basilique paléochrétienne. Une autre se trouve à l'est du village.

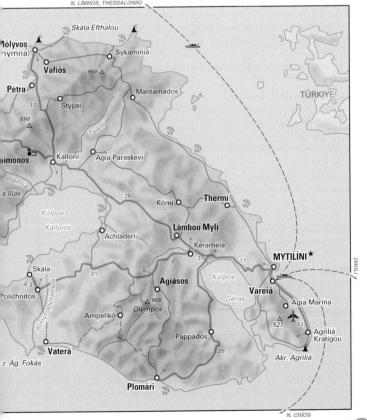

Des fêtes extraordinaires

Les fêtes sont célébrées avec grand éclat et parfois de façon fort curieuse. À chaque fois, elles sont accompagnées d'une importante foire agricole et commerciale.

À **Mantamádos** *(34 km au nord-ouest de Mytilène)* a lieu, le troisième week-end après Pâques, la fête de saint Michel-Archange, patron de l'île. Le samedi après-midi, un taureau et quelques brebis et chèvres, décorées de fleurs, sont sacrifiés sous un grand platane dans la cour du monastère. Les participants trempent leur mouchoir dans le sang des animaux et se marquent le front pour se protéger de la maladie. Le sacrifice est suivi d'une messe solennelle en présence de l'archevêque, et la foule, venue de toute l'île, vient embrasser la très ancienne icône en terre cuite de saint Michel-Archange. Le lendemain, après de nouvelles cérémonies, la viande est distribuée à l'assistance.

Une célébration similaire se déroule la dernière semaine de mai près de la ville d'**Agia Paraskeví**, au centre de l'île. La procession du samedi, où chevaux et mulets empanachés défilent au son de la musique, est la plus suivie. Le taureau est sacrifié le samedi soir. Le dimanche, après la messe et le partage de la viande, a lieu une spectaculaire course de chevaux.

Les sacrifices de taureaux, tolérés par l'Église, remonteraient à l'Antiquité et seraient inspirés d'un culte à Mithra, divinité des Perses.

Le 15 août, la Vierge est fêtée avec un éclat particulier à Pétra et surtout à **Agiásos**.

OUEST DE L'ÎLE

Eresós et Skála Eresoú
À 90 km.
Port du gros bourg d'Eresós, Skála Eresoú est bordé par une longue **plage de sable★**. De l'antique Eresós, ville natale de Sapho située sur les pentes d'une colline à l'est du village, il ne reste que quelques murs, mais vous verrez deux basiliques paléochrétiennes décorées de mosaïques et des ruines de tours génoise et turque.

Forêt pétrifiée (Apolithomeno Dassos)
℘ 22530 544 34 - www.petrifiedforest.gr - de mi-juin à mi-oct. : 8h-20h ; de mi-oct. à mi-juin : 8h30-16h30 - 2 €.
Entre Sígri et Eresós se trouve un surprenant ensemble d'arbres fossilisés voilà plusieurs millions d'années, ensevelis sous les cendres éruptives, puis dégagés par l'érosion. La hauteur des arbres peut atteindre une dizaine de mètres et les troncs ont jusqu'à 8 m de circonférence. Les plus accessibles, disséminés dans une large zone, se trouvent à gauche de la route Antissa-Sígri, à environ 7 km de ce dernier village. Au sommet de la « forêt », les **vues★★** sont spectaculaires.

Monastère de Leimónos
À 43 km - ouvert du lever au coucher du soleil toute l'année.
Non loin du gros bourg prospère de Kalloni, sur la route de Sígri, s'étendent les bâtiments du principal monastère de Lésvos. Ses 40 moines, dont les activités sociales et éducatives rayonnent sur toute l'île, entretiennent un petit musée d'Art religieux et populaire.

Mólyvos★ (Míthymna)
À 64 km. Ce beau village est fréquenté par des artistes. Il possède une plage de galets et un port de pêche. Des maisons aux teintes pastel s'échelonnent sur les pentes montant vers une imposante citadelle *(tlj sf lun. 8h-14h30 - 2 €)* d'où vous jouirez de vues sur la ville et la côte. 3 km à l'est de Mólyvos, au-delà de la plage d'Eftalou (Skala Efthalou), une source radioactive (46,8 °C, piscine et baignoire dans un abri) réchauffe la mer alentour *(10h-14h, 15h-19h - 5 €)*.

Pétra
À 60 km. L'église de la **Panagia Glikofiloussa** perchée sur le rocher qui donne son nom à la localité possède de remarquables icônes. Au centre du village, la **maison Vareldzidena** (Archondiko Vareldzidena) aux gracieux balcons de bois abrite dans un salon du 1er étage de délicates peintures évoquant la flotte et les villes de l'Empire ottoman. Dans l'église **Agios Nikolaos**, vous verrez des fresques du 15e s.

Sígri
À 95 km. Entouré de petites plages, ce village de pêcheurs de langoustes s'abrite dans une baie gardée par un fort génois et protégée de la houle par l'île de Nissiopi.

Lésvos pratique

Informations utiles

EOT – *6 odos Aristarchou (50 m du débarcadère de Mytilène)* - ☎ 22510 425 11 - *lun.-vend. 9h-14h.* À l'intérieur d'une belle villa.

EOT – *Dans la rue menant au port de Mólyvos* - ☎ 22530 713 47 - *mai-oct. : 9h-15h.* Informations complètes : bus, visites, programme du cinéma de plein air. ☞ *www.mithymna.gr.*

Police touristique – *Mytilène, débarcadère* - ☎ 22510 227 76. Brochures et renseignements.

Banque/Change – Mytilène, agences sur le port. Mólyvos, à côté de l'office de tourisme.

Poste – Mytilène, *odos Vournazon* (200 m à l'ouest de l'anse historique).

Internet – Mytilène, *odos Komninaki*. Nombreux cybercafés dans cette rue.

Urgences/Santé – *Hôpital de Mytilène* - ☎ 22510 437 77.

Transports

En bateau – En été, plusieurs bateaux par jour assurent la liaison avec **Le Pirée** et plusieurs fois par semaine avec les îles voisines : **Límnos**, **Sámos**, **Rhodes**. Occasionnellement, des bateaux relient l'île à la **Turquie**.

En avion – L'aéroport se trouve à 8 km au sud de Mytilène. Vols réguliers (plusieurs fois par jour en été) avec **Athènes**. Vols aussi pour Thessalonique, Límnos, Chíos.

En bus – Bus urbains - *Pl. Sapfous* - ☎ 22510 464 36. Liaison avec Varia *(7h-20h, ttes les h env.)*. **Gare routière** à Mytilène - *odos El Venizelou* - ☎ 22510 288 73. Liaisons avec Agiásos, Mólyvos et Sígri.

En voiture – **Mytilène**, agences odos Pavlou (près du débarcadère). **Mólyvos**, agences sur la rue menant au port. Idéal pour découvrir Lésvos, bon état général des routes.

En deux roues – Agences de location dans toutes les villes et stations touristiques.

Se loger

MYTILÈNE

👁 Cité peu touristique, Mytilène dispose de peu d'hôtels à petits prix. Ils sont concentrés à proximité du port historique.

New Life – *Tangente de l'odos Ermou (150 m à l'O du port historique)* - ☎ 22510 234 00 ou 69473 659 44 - 9 ch. - 🍴. Décoré avec goût. Petit jardin sur le côté, pour se détendre à l'ombre des arbres.

Pension Thalia – *100 m à l'E de l'odos Ermou (au niveau de la mosquée) - 3 ch. et 1 appart.* - 🍴. Dans un vieux quartier de Mytilène, une maison au fond d'une impasse, et petit jardin.

Alkaios – *16 odos Alkaio (tangente O du port historique)* - ☎ 22510 477 37 ou 69455 070 89 - 18 ch. - 🍴. Villa proche de la rue Ermou, entourée d'orangers et envahie par un grand rosier. Portes anciennes, plafond lambrissé et bel escalier. Chambres tout confort.

MÓLYVOS

Molivos Camping – *Sur la rte d'Efthalou (1,5 km de Molivos)* - ☎ 22530 711 69/710 79 - www.molivos-camping. com - 88 pl. - 🍴 - *mai-oct.* Sur ce terrain en pente douce, chaque parcelle, entourée de hautes haies, est ombragée par un arbre. Les parties communes sont sombres mais propres. L'endroit est agréable et bien situé, non loin des plages et en face du château de Molivos.

Paradise – *Entrée du village* - ☎ 22530 717 78 ou 69454 032 36 - 6 appart. - 🍴. Au milieu d'un champs, quelques studios simples et propres, avec une vue directe sur le château et le village à ses pieds. Fruits et légumes à disposition.

Nassos – *20 m à droite en montant la rue principale (au niveau de l'office de tourisme)* - ☎ 22530 712 32 - www. nassosguest.com - 7 ch. et 1 appart. - 🍴 - *mars-déc.* Charmante maison rustique, ayant conservé toute sa simplicité. Quelques chambres avec salle de bains privative. Réservation conseillée en été.

SÍGRI

Rainbow – *Rue principale* - ☎ 22530 543 22- 4 appart. - 🍴. Quelques studios en balcon au-dessus de la côte rocheuse, dans le village et à côté du château. Également des studios modernes, en face du petit port de pêche.

Se restaurer

MYTILÈNE

Avero – *Sur le port historique, à côté de l'hôtel Sappho* - ☎ 22510 221 80. - 🍴 - *fermé un dim. sur deux.* Depuis 1925, ce restaurant populaire prépare une délicieuse cuisine familiale, où l'on fait son choix devant les grandes marmites.

Matzourana – *Odos Komninaki* - ☎ 69485 804 63. - 🍴 - *ouv. le soir.* Un bistro contemporain où l'on déguste une cuisine inventive et présentée avec soin. Bœuf au miel, poivrons rouges farcis à la semoule et aux raisins. Bon vin blanc maison.

MÓLYVOS

Panorama – *20 m de l'entrée de la citadelle* - ☎ 22530 718 48 - *mai-oct.* Plats typiquement grecs et pâtisseries du jour raviront les amateurs de repas simples et bons dans un cadre de rêve.

Événements

La citadelle de Mólyvos est le cadre idéal d'un **festival d'été** de la mi-juillet à la fin août. Chants, musique ou danse tous les week-ends vers 21h30. Renseignements à l'office de tourisme.

Límnos★

Λήμνος

18 104 HABITANTS – 477 KM²
CARTE GÉNÉRALE RABAT I B1 – ÎLES DE L'ÉGÉE SEPTENTRIONALE

Située entre la presqu'île du mont Áthos et la côte turque, non loin de l'entrée du détroit des Dardanelles, Límnos (ou Lemnos) est une île volcanique aux paysages étonnamment variés et bien préservés. Sa partie orientale, où se trouvent les principaux sites antiques, est couverte de plaines fertiles. Sa partie occidentale est dominée par des chaînons montagneux aux allures sahariennes se dressant en avant d'une côte bordée de plages. Peu fréquentée par les touristes du fait de son éloignement, elle reste accueillante et tranquille. Le soleil y brille généreusement mais le vent, intense, est fréquent, surtout en août.

- ▶ **Se repérer** – La moins boisée des îles de la mer Égée présente un littoral tourmenté, échancré de golfes et troué de lacs aux couleurs étranges. Les bus étant peu nombreux, il est utile de prévoir un moyen de transport autonome.

- 👁 **À ne pas manquer** – Le kastro de Mýrina et son panorama, les belles plages de la baie de Káspakas, les sites néolithiques (Polióchni) et hellénistiques (Ifaistí et le sanctuaire des Cabires).

- 🕐 **Organiser son temps** – Comptez trois jours de visite.

Les remparts de l'ancienne citadelle dominant l'échancrure de la baie de Límnos.

Comprendre

L'île d'Héphaïstos – La présence à Límnos de volcans et de sources chaudes est à l'origine de sulfureuses légendes. Ainsi un jour, Zeus, en colère, précipita son fils **Héphaïstos** (Vulcain) du haut de l'Olympe. Celui-ci atterrit à Límnos en se blessant à la jambe et resta boiteux. Le dieu du Feu et des Métaux demeura dans l'île, s'activant à ses forges, situées dans les volcans de l'île, enseignant aux habitants l'art des métaux.

Une histoire complexe - Les fouilles de Polióchni, à l'est de l'île, ont révélé une implantation humaine dès le **néolithique**, au 4ᵉ millénaire av. J.-C. Les habitants furent par la suite en étroite relation avec l'île de Lésvos, la ville de Troie, puis avec les Cyclades. Cette population se maintint dans l'île jusqu'au 7ᵉ s. av. J.-C., parlant une langue non encore déchiffrée bien qu'écrite en caractères grecs.
Après les guerres médiques, l'île resta sous l'influence athénienne. Puis, comme ses voisines, elle passa tour à tour sous contrôle macédonien, romain, byzantin (jusqu'en 1204) et vénitien. Les Turcs occupèrent l'île de 1479 à 1912. Durant la Première Guerre mondiale, les Anglais établirent une base navale dans la rade de Moudros d'où partit en 1915 l'**expédition franco-britannique des Dardanelles**, qui fut un fiasco. Dans cette même rade fut signé, le 30 octobre 1918, l'armistice entre la Turquie et les Alliés. En 1920, par le traité de Sèvres, Límnos revenait officiellement à la Grèce.

Se promener

Mýrina★

La capitale de l'île, agréable et tranquille, est dominée par une citadelle construite sur une presqu'île rocheuse. Au sud de celle-ci, dans une baie, se trouve un charmant port de pêche. Au-delà du port s'étend la plage appelée Tourkikos Gialos (« rivage turc »), très fréquentée. Au nord s'étire la grande plage sablonneuse de Romeïkos Gialos (« rivage grec »), bordée de cafés et de restaurants, puis celle de Richa Nera (« basses eaux »). Le noyau ancien de la ville, qui occupe l'isthme au pied de la citadelle, a conservé un petit nombre de maisons à balcon de bois datant du siècle dernier.

Citadelle (kastro)★ – *Entrée libre.* Ici s'élevaient dans l'Antiquité un temple dédié à Artémis et une ville. Il ne reste que les fondations de l'enceinte antique, recouverte par les murailles édifiées par les Vénitiens, les Génois et les Turcs. Au-delà de la porte de la citadelle, un sentier à gauche conduit au sommet des remparts. De là, vous avez une **vue★★★** magnifique sur la ville, la côte et, à l'horizon, par grand beau temps, le mont Athos (2 033 m) surgissant de la mer. Le spectacle est particulièrement somptueux au soleil couchant. Une vue analogue se découvre au bout de la presqu'île.

Musée archéologique (Archeologiko Moussio) – *Près de la plage de Romeïkos Gialos - tlj sf lun. 8h30-15h - 2 €.* Il présente avec pédagogie les trouvailles faites par les Italiens dans les trois principaux sites antiques de l'île. D'Hephaïstia (Ifaistía) proviennent les amusantes sirènes (femmes au corps d'oiseau), les sphinx (6e s. av. J.-C.) et des céramiques archaïques. Le sanctuaire des Cabires a fourni des objets remontant du 7e s. av. J.-C. à l'époque romaine : le culte des Cabires, divinités souterraines mystérieuses, se célébrait la nuit, ce qui explique le grand nombre de lampes à huile retrouvées à cet endroit. Le site de Polióchni a livré des objets très anciens (néolithique, âge du bronze) : pilons, meules, poteries. La ville a ouvert en complément plusieurs zones de fouilles accessibles au public *(se renseigner au musée).*

Musée ecclésiastique – *Á côté du précédent - en cours de restauration -horaires probables après la réouverture lun.-vend. 9h-13h - gratuit.* Ce musée n'intéressera que les férus d'art religieux : icônes byzantines, vêtements liturgiques, livres et objets sacrés…

Baie de Káspakas★★ (Ormos Kaspakas)

À 11 km au nord de Myrina.
Au-delà du cap Petassos, la route longe la côte formée de baies d'une grande beauté. Peu avant le village de **Káspakas★** accroché au flanc de la montagne apparaît une **baie★★** magnifique. À la sortie du village, une petite route descend jusqu'au hameau d'Ágios Ioánnis où se succèdent de belles plages de sable.

Baies de Platý et d'Ágios Pávlou (Órmos Platý, Órmos Ágiou Pávlou)

À une quinzaine de km au sud de Mýrina.
En contrebas du village perché de **Platý** s'étend une immense plage de sable. Au sud du village, peu après le village de Thanos, vous découvrez la jolie baie d'Ágios Pávlou. La plaine, cultivée de céréales, est cernée de pitons volcaniques dénudés.

Baie de Gomáti★ (Órmos Gomáti)

À 20 km au nord-est de Mýrina.
Cette excursion permet de parcourir la zone la plus montagneuse de l'île. Prenez la route de l'aéroport sur 6 km puis tournez à gauche vers Kornos. Continuez jusqu'à **Dáfni**, qui domine la plaine orientale, puis **Katálakko**, joli village perché sur un

Imprudente Aphrodite

Mariée de force au dieu boiteux Héphaïstos, la belle **Aphrodite**, déesse de l'Amour, lui fut infidèle. Après une dispute entre les divins époux, les femmes de Límnos prirent le parti du dieu du Feu et refusèrent d'honorer la déesse. Celle-ci se vengea en les affligeant d'une odeur si insupportable que leurs maris les remplacèrent par des étrangères. De rage, les femmes massacrèrent tous les hommes de l'île, à l'exception du roi Thoas qui réussit à s'enfuir, aidé par sa fille Hypsipyle. Celle-ci devint reine d'une société exclusivement féminine. Mais un jour, les Argonautes, conduits par **Jason**, en route pour la Colchide à la recherche de la Toison d'or, abordèrent à Límnos. Ils y séjournèrent quelque temps, et l'île fut repeuplée.

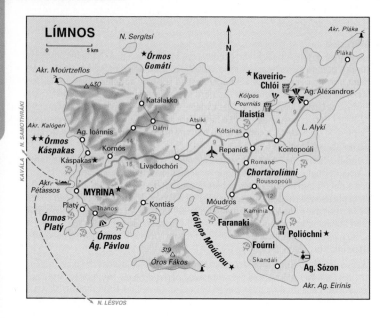

éperon rocheux. Plus bas, à l'extrémité d'une vallée cultivée, vous atteignez la baie de Gomáti et sa belle et grande plage de sable. S'il vente, ce qui est fréquent, vous profiterez en été d'un peu de fraîcheur (rare sur les autres plages), mais la mer est souvent agitée.

Golfe de Moúdros★ (Kólpos Moúdrou)
À une vingtaine de km à l'est de Mýrina.
Cette rade immense, l'une des plus sûres de la mer Égée, pénètre profondément à l'intérieur de l'île. Elle est bordée de plaines semées d'orge ou de blé. Des petites plages quasi désertes, tranquilles, protégées du vent et des vagues, s'offrent à vous, notamment celle de **Fanaraki**. Du village de **Kallithea**, au sud de Livadochori, le panorama est splendide. Près de là, à l'est, se trouve un cimetière où sont enterrées des victimes alliées de l'expédition des Dardanelles.

Visiter

Ruines de Polióchni★
À 37 km à l'est de Mýrina. Tlj sf lun. 8h30- 15h - gratuit.
Un village de huttes ovales existait à cet endroit au 4e millénaire av. J.-C. Il devint au millénaire suivant une ville fortifiée qui connut quatre phases successives de construction (distinguées sur place par les couleurs bleu, vert, rouge et jaune). D'après les archéologues italiens qui commencèrent à fouiller le site en 1930, la première ville (vers 2800-2550 av. J.-C.) serait antérieure à la fondation de Troie. Le site fut détruit à plusieurs reprises, sans doute par des catastrophes naturelles. C'est dans les vestiges de la dernière période (en jaune, 2200-2100) que l'on a retrouvé des squelettes humains, des poteries et des bijoux en or. L'occupation, plus modeste, s'est poursuivie jusqu'en 1275 av. J.-C.
Les vestiges de ces cités successives ne sont pas très imposants, mais les rues, les maisons rectangulaires, les puits et quelques parties de l'enceinte sont bien évoqués. Une petite salle, derrière l'accueil, expose une maquette du site avec des explications en grec et en anglais.
Au sud de Polióchni se dresse le monastère Agios Sozon, au milieu d'un étrange paysage de dunes de sable.

Ruines d'Ifaistía
À 36 km au nord-est de Mýrina - tlj sf lun. 8h30-15h - gratuit.
Ifaistía, dont le nom évoque le dieu protecteur de l'île, était à l'époque classique la principale cité de Límnos et devint ensuite le siège d'un évêché byzantin. Elle fut abandonnée à cause d'un glissement de terrain.
Le **site★** est l'aspect le plus intéressant de l'endroit, sur un petit cap cerné par la mer. Un panneau signale l'emplacement d'une agora, plus haut se trouve un sanctuaire

et plus bas, au nord, un petit théâtre hellénistique et romain. La crête de la colline offre une vue étendue sur la baie de Pournias (Kolpos Pournias), notamment sur la pointe qui porte le sanctuaire des Cabires.

Ruines du sanctuaire des Cabires★ (Kaveírio-Chlói)

À 41 km au nord-est de Mýrina - tlj sf lun 8h30-15h - gratuit.

Les Cabires, dieux mystérieux du monde souterrain, étaient engendrés, disait-on, par Héphaïstos. Comme à Samothráce, pendant la période hellénistique, ils étaient vénérés lors de grandes cérémonies nocturnes.

1 km avant le sanctuaire, le sommet d'une colline (signalé par une petite colonne blanche, à gauche) offre un **panorama★★** splendide sur le golfe de Pournias et les terres pelées de l'est de l'île.

Le sanctuaire lui-même se trouve dans un très beau **site★**. Sur la terrasse supérieure se trouvait un immense *telesterion* (lieu où se déroulaient les mystères), d'époque hellénistique, dont il reste les onze colonnes de la façade sud. La colline au-delà et la terrasse du sud-ouest portent des vestiges datant de la fin de l'occupation romaine.

La partie la plus ancienne du sanctuaire (8e-7e s. av. J.-C.), en contrebas, comprenait un temple, un *telesterion* et un portique.

Non loin des ruines d'Ifaistía et du sanctuaire des Cabires, au sud-est, s'étendent les eaux étranges de deux lacs. Celui de **Chortarolímni** a des teintes rose et brun.

Límnos pratique

Informations utiles

🛈 – *Dans la salle d'attente, débarcadère (à l'entrée) - saison. : tlj 8h-14h30, 18h-22h.* Brochures, informations et réservations. Au cas où la salle serait fermée, rendez-vous à l'une des deux agences suivantes : **Petrides Travel** – *Sur le port -* 📞 *22540 255 06 ;* **Aegean Holidays** – *Sur le port -* 📞 *22540 248 35.*

📱 *www.lemnos-island.com.*

Banque – *Á la sortie du débarcadère (salle d'attente).* Agences concentrées sur la *pl. Ipsipilis.*

Police – 📞 *22540 222 00.*

Poste/Téléphone – Poste centrale - *odos Garofalidi.* **OTE** - *Pl. Ipsipilis.*

Santé – Hôpital de Mýrina - 📞 *22540 222 22/233 33.*

Transports

En bateau – En ferry, liaisons avec **Le Pirée** (1-2/sem.), **Lávrio** (60 km au sud-est d'Athènes, 2-3/sem.), **Lésvos** (5-6/sem.), **Chíos** (5-6/sem.), **Sámos** (2/sem.), **Kálymnos, Kos** et **Rhodes** (1/sem.). Capitainerie – *Sortie du débarcadère,* 📞 *22540 222 25.*

En avion – L'aéroport se situe en plein centre de l'île, à 22 km à l'est de Mýrina. Vols pour **Athènes** (3/j), **Lésvos, Rhodes** (4-5/sem.), **Chíos, Sámos** (2/sem.).

En bus – Station de Mýrina - *pl. El. Venizélou -* 📞 *22540 224 64.* Liaisons avec Platý, Kaminia (2/j) et Ág. Aléxandros (2/j), Móudros (4/j). Pas de bus le dim.

En voiture et en deux roues – Mýrina, agences concentrées autour du port et taxis (*pl. Ipsipilis -* 📞 *22540 238 20).*

Se loger

MÝRINA

🛏 **O Stokali** – *Ruelle à l'arrière de la baie N -8 appart. -* 🚫. Dans une ruelle silencieuse à 50 m de la plage de Myrina, studios simples à l'intérieur d'un édifice de caractère.

🛏 **Poseidon** – *Au bout de la plage de Romeikos Gialos (50 m en retrait) -* 📞 *22540 248 21 ou 69449 196 64 - 20 appart. -* 🚫. À la lisière de la ville, hôtel soigné et confortable, avec une vaste cour intérieure. Les chambres sont équipées d'un réfrigérateur, bien aérées et dotées d'un balcon, dont quelques-uns vers la mer.

🛏 **Apollo Pavilion** – *Odos Garofalidi (derrière le cinéma) -* 📞 *22540 237 12 - www.apollopavilion.com - 11 appart. -* 🚫. Avec ses colonnes, moulures et ses cygnes forgés, l'Apollo s'affiche clairement kitsch. Accueil attentif. Grande terrasse sur le toit et cave pour dégustations conviviales. Chambres pour 5 personnes à prix intéressants (80 €).

ÁGIOS IOÁNNIS

🛏 **Sunset** – *30 m au-dessus de la route principale -* 📞 *22540 615 55/93 - www. sunsetapartments.gr - 14 appart. -* 🚫 - *juin-sept.* Magnifique panorama sur la plage d'Agios Yoannis, les falaises et les collines alentour. Quelques studios au-dessus des vignes. Petit-déjeuner possible.

THÁNOS

🛏 **Petradi** – *Sur la plage -* 📞 *22540 299 05 - www.petradi.gr - 12 appart. -* 🚫 - *de mi-mai à fin -sept.* Petit établissement isolé au bout de la plage, proche du promontoire et d'un étang fréquenté par quelques grues. Studios propres avec balcon, pour profiter du coucher de soleil.

KÓTSINAS

☞ **Dionysos** – *Chemin longeant la chapelle* - ℰ *22540 416 60 ou 69362 065 13 - 9 appart.* - 🞂 - *de mi-mai à fin oct.* Petite résidence au milieu des champs, à deux pas de la plage. Calme absolu. Accueil simple et chaleureux de Stella et Tetradis, producteurs de miel. Vue sur la chapelle et la mer, de part et d'autre.

Se restaurer

MÝRINA

☞ **Platanos** – *Odos Karatza (50 m de la pl. Ipsipilis)* - ℰ *22540 220 70* - 🞂. Impossible de manquer les deux grands platanes qui ombragent la rue principale de Myrina. Savoureuse cuisine, simple et mijotée, à base de viande.

☞ **Glaros** – *Sur le port* - ℰ *2254 222 20* - *de mi-avr. à fin nov.* Magnifique emplacement entre le petit port des pêcheurs et l'anse principale. Restaurant de poisson réputé : bar, dorade, sar, maquereaux, gambas, rouget, loup, homard, etc.

PLATÝ

Plusieurs tavernes en bord de plage, de qualité moyenne. Dans le village même, sur les hauteurs, trois agréables tavernes.

Faire une pause à Mýrina

Karagkiozis – *Sur la plage* - ℰ *22540 248 55.* Au bout de la plage Romeikos Gialos. Trois atmosphères différentes : salle avec un DJ, salle de l'entrée plus calme, et terrasse avec vue sur le château. Vaste choix de whiskies.

Achats

Profitez des gourmandises de Límnos : **retsina**, **confiture de figue**, **miel de thym**, **fromages** (Kalathaki, Melihloro), **vin blanc** (Kalambaki).

Plages

Les plus belles sont sur la côte ouest et sud-ouest : Ágios Ioánnis, Nevgadis, Thános. Pour les amateurs de plages désertes, ne manquez pas celles de Fanaraki et Foúrni.

Sámos★

Σάμος

36 734 HABITANTS – 477 KM²
CARTE GÉNÉRALE RABAT I C2 – ÎLES DE L'ÉGÉE SEPTENTRIONALE

Face aux côtes turques dont elle n'est séparée que par un goulet large de 2 km, Sámos est mondialement célèbre pour son muscat doux et liquoreux. C'est une île montagneuse, culminant au mont Kerketeas (1 433 m), très verdoyante et arrosée. Le spectacle de ses côtes découpées, ses nombreuses plages et criques, ainsi que d'intéressants vestiges archéologiques invitent à un séjour prolongé qui peut être complété par une excursion à Éphèse (Efes) en Turquie, où se trouvent des ruines antiques de toute beauté. À Sámos même, le temple d'Hera est l'un des plus anciens de Grèce.

▶ **Se repérer** – Une route goudronnée longe la côte nord de Sámos et fait un circuit dans l'île mais, au sud et surtout à l'ouest, les pistes sont difficiles.

👁 **À ne pas manquer** – La très jolie ville de Sámos, Pythagóreio, les environs de Kokkári et Vourliótes, les ruines d'Heraion, l'un des plus anciens temples de Grèce… sans oublier les vins de Sámos.

🕐 **Organiser son temps** – Comptez quatre jours de visite.

🚶 **Pour poursuivre le voyage** – Icarie.

À Sámos, le quartier de Vathy est construit comme un amphithéâtre où s'empilent les maisons.

Comprendre

Un tyran éclairé – À l'époque archaïque, l'île était riche, couverte de vignes et de figuiers, industrielle et commerçante. Elle traversa une période brillante qui atteignit son apogée au milieu du 6ᵉ s. av. J.-C. sous la domination d'un certain **Polycrate**, tyran éclairé, de 535 à 522 av. J.-C.

Polycrate régnait sur une flotte de cent navires avec laquelle il entreprit des expéditions à travers toute la mer Égée, il fit refaire le port de Sámos, protégé par un long môle, établir des chantiers navals et creuser un aqueduc souterrain, merveille du monde antique. Parallèlement, il accueillit des écrivains, comme le poète Anacréon, auteur d'odes célèbres, fit reconstruire le temple d'Héra et encouragea l'école de sculpture locale. Celle-ci se caractérisait par une facture d'une grande finesse.

Polycrate, dont la chance était proverbiale, allait pourtant tomber dans un piège tendu par les Perses et mourir crucifié en 522 av. J.-C. Les Perses s'emparèrent par la suite de Sámos, qui devint l'une de leurs colonies.

L'île demeura prospère jusqu'à l'époque romaine, sans jouer de rôle politique ; elle vit naître le mathématicien **Pythagore** (6ᵉ s. av. J.-C.), le sculpteur **Pythagoras** (5ᵉ s. av. J.-C.), le philosophe **Épicure** (4ᵉ s. av. J.-C.) et l'astronome **Aristarque** (3ᵉ s. av. J.-C.), qui le premier considéra que la Terre tournait sur elle-même et autour du Soleil.

De Byzance à la Grèce moderne – Sous l'Empire byzantin, Sámos fut la proie des pirates à plusieurs reprises. Les Vénitiens occupèrent l'île par intervalles. En 1414, les Génois de la famille Giustiniani, installés à Chíos, s'emparèrent de Sámos, mais durent la céder aux Turcs en 1475. L'île se dépeupla alors au profit de Chíos et de Lésvos.

En 1821, les Samiens participèrent activement au mouvement national de libération. En 1824, la flotte turque fut anéantie près de Pythagoreio. Malgré l'acharnement de ses habitants, l'accord de Londres en 1830 n'inclut pas Sámos dans le nouvel État grec ; mais le sultan nomma un gouverneur chrétien, ce qui laissa à l'île une grande autonomie. L'union à la Grèce, votée par les Samiens en 1912, se fit en 1913.

Se promener

SÁMOS-VILLE ET SES ENVIRONS★

Appelée parfois Vathy (du nom de son quartier ancien), la capitale de l'île occupe un **site★★** magnifique au fond d'un golfe. Le quartier du bas s'est développé au 19e s. autour du port. Il regroupe l'essentiel des activités économiques et administratives et la plupart des hôtels et des restaurants. Sur la place Pythagóreia, à l'angle du quai, au milieu des palmiers, se dresse un grand lion de marbre, symbole du courage. Les **jardins municipaux★**, en retrait du quai, sont l'endroit le plus agréable de la ville. La seule plage de Sámos-ville est celle de Gangos, 1 km au-delà de la jetée.

Musée archéologique★ (Archeologiko Moussio)
📞 22730 520 55 - tlj sf lun. 8h30-15h - 3 €.
Il présente une remarquable collection d'antiquités provenant du temple d'Hera et de l'ancienne Sámos. Dans la 1re salle, vous verrez, sur un socle, un groupe exécuté au 6e s. av. J.-C. : ces statues, représentant sans doute une famille, furent retrouvées à l'entrée de la Voie sacrée près du temple : deux des statues du centre ont disparu, une autre se trouve au musée de Pergame à Berlin. La salle du fond est dominée par un kouros en marbre, de 4,75 m de haut, provenant également du temple d'Hera. Dans le bâtiment ancien adjacent, vous remarquez au 1er étage un bas-relief du 4e s. av. J.-C. représentant l'Hermès Chtonien (messager des âmes) entouré de trois hommes. Une collection de bronzes, du 8e au 6e s. av. J.-C., témoigne des relations entre Sámos et l'Orient. Vous verrez également des terres cuites de Chypre ; des ivoires du Péloponnèse ; des oiseaux en faïence d'Égypte ; des statuettes et figurines de bois des 7e et 6e s. av. J.-C.

Quartier de Vathy (Áno Vathý)
Au-dessus de la ville portuaire s'étage en amphithéâtre la ville ancienne de Vathý (ou Áno Vathý, « le haut »). Vous pouvez parcourir à pied ses ruelles étroites et pentues, bordées de maisons à encorbellement typiques de l'architecture ottomane. Des placettes ombragées sont bordées de chapelles ou de fontaines. Au sommet de la ville se cache une ravissante église byzantine (Agios Gianakis) à deux coupoles et double nef, dédiée aux saints Jean et Théodore.

Musée paléontologique de Mytilinioí
À 10 km au sud-ouest - 📞 22730 520 55 - avr.-oct. : mar.-sam. 9h-14h, dim. 10h-14h -3 €.
Dans un bâtiment neuf à l'extérieur du village, le musée conserve près de 120 éléments d'animaux fossilisés vieux de 10 millions d'années. Sámos n'était alors pas une île. Les fouilles commencées au siècle dernier aux environs du village ont livré en particulier de nombreux fossiles d'**hipparion**, ancêtre du cheval.

Monastère de Zoodóchos Pigí
À 8 km à l'est - tlj sf vend. 10h-13h, 15h-20h - gratuit.
Le monastère de la Source de vie, fondé en 1755, occupe le sommet d'une colline boisée du cap Prasso. Les colonnes de l'église proviennent, dit-on, de l'antique Milet en Asie Mineure. L'excursion vaut surtout pour les **vues★★** étendues sur les côtes de Turquie.

Au retour, prenez à gauche, à Kamara, la petite route conduisant au village d'**Agia Zoni** (1 km). Le monastère, fondé en 1695, renferme quelques fresques d'époque, et une belle iconostase de 1801. Une charmante cour fleurie entoure l'église.

Psilí Ámmos
À 12 km à l'est. La belle plage de Psilí Ámmos (« sable fin »), sur le détroit de Sámos, s'étale face au cap Mycale en Turquie. Le passage le plus resserré entre la Grèce et la Turquie (1 300 m) se trouve à 1 km à l'est de la plage. Le phare blanc, en face de Psilí Ámmos, est situé sur l'îlot turc de Nadra.

Circuit de découverte

Le tour de l'île en voiture fait environ 140 km. Comptez une bonne journée, en partant tôt le matin. Vous visiterez la côte nord, puis le sud, puis le temple d'Héra, puis la ville de Pythagóreio.

CÔTE NORD★

Au départ de Sámos-ville, vers l'ouest, la route en corniche offre de belles échappées sur le golfe de Vathy et la côte turque.

Kokkári

Ce gros village de pêcheurs est devenu une station animée. Une presqu'île rocheuse sépare le port de la longue plage de galets située à l'ouest. La route surplombe ensuite les plages de Lemonakia et de Tsamadou, où l'on peut facilement se baigner. Près d'Avlakia, la **vue★★** sur la mer est superbe. Arrêtez-vous et regardez le paysage s'étalant à vos pieds : le cap Kotsikas (Akrotiri Kótsikas) qui ferme le golfe de Vathý, Kokkári et son rocher.

Vourliótes★

Après Avlakia, prenez à gauche sur 4 km.
Ce village viticole a conservé son architecture traditionnelle. À 2 km au sud-est, vous atteignez par une route montagnarde le monastère de Vrondiani (fête le 8 septembre), le plus ancien de Sámos (1566).
La route qui redescend au milieu des vignobles offre des **vues★★** sur la côte de l'île et les montagnes de Turquie.

Ravin de l'Aïdónia★

Au lieu-dit Platanakia, tournez à gauche après le pont. La route s'enfonce sous de majestueux platanes et châtaigniers dans la vallée de l'Aïdónia aux eaux toujours abondantes. Peut-être y entendra-t-on les nombreux rossignols *(aïdonia)* qui fréquentent les lieux. La route grimpe jusqu'à Manolates, village fleuri, en balcon au-dessus de la mer et le ravin.

Karlóvasi

Centre économique de l'ouest de l'île, Karlóvasi exporte le fameux vin doux de Sámos. Le quartier de Palaio Karlóvasi surplombe le port avec ses églises et ses maisons anciennes. Près de la jolie plage de Potami se cache, dans le creux de la montagne, l'église de la Transfiguration (Metamorfosis), du 11e s. Sa coupole repose sur quatre colonnes antiques.
Prenez la route qui traverse l'île (vers le sud). Vous parcourez alors une région plus montagneuse.

PAYSAGES DU SUD★

La route offre de belles vues sur la lointaine côte turque. Prenez, à droite, la route qui mène à Marathokampos : elle procure de belles échappées des deux côtés de l'île. En descendant, vous avez de belles **vues★★** sur le golfe de Marathókampos : l'archipel de Fournoi et, bien au-delà, par temps clair, sur les sommets de l'île d'Icarie ; à gauche, la petite île de Samiopoula ferme l'horizon.

Marathókampos

Ce gros village est étagé à flanc de la montagne. Son port, Ormos Marathokampou est devenu une station estivale, fréquentée grâce à sa grande plage et aux excursions en bateau vers d'autres îles, notamment Pátmos. Plusieurs belles plages se trouvent dans les environs.

Les vins de Sámos

D'après la légende, le dieu Dionysos, protecteur du vin et de la vigne, aurait offert à l'île des plants prodigieux, tout en enseignant la viticulture. La raison ? Les gens d'ici auraient tué les Amazones, femmes fabuleuses qui chassaient dans le Caucase et tuaient les enfants mâles.
Le vin de Sámos est aujourd'hui connu dans le monde entier. Sa belle couleur rappelle un peu les rochers de Grèce. Muscat de toute première qualité, il peut se déguster en apéritif ou en dessert. Mais l'île possède également d'autres vins de qualité, blancs ou rosés, qui accompagnent agréablement les repas.

Regagnez la route principale, en direction de Pythagoreio (à droite).

Les premiers kilomètres offrent de très belles **vues★** sur le golfe de Marathokampos. L'itinéraire se poursuit dans la forêt jusqu'aux villages de **Pyrgos** (miel) et de **Koumaradaioi** (poteries). À l'entrée de ce dernier village, prenez à droite une petite route.

Monastère de Megáli Panagía

Le monastère de la Grande Vierge, fondé en 1586 dans un vallon boisé, fut reconstruit au 18ᵉ s. après un incendie. Un incendie le ravagea à nouveau durant l'été 1988 (restauration prévue).

Reprenez la route principale. Au bout d'environ 5 km, tournez à gauche vers le monastère de Timiou Stavrou.

Monastère de Timíou Stavroú

Tlj 9h-12h, 17h-au coucher du soleil. Entrée libre. Le monastère de la Sainte-Croix fut fondé peu après celui de la Grande Vierge, lorsque l'on trouva à cet endroit une icône représentant la crucifixion. L'église fut agrandie au 17ᵉ s. et les bâtiments refaits au siècle dernier. C'est un important lieu de pèlerinage, notamment le 14 septembre.

La route circulaire traverse Chora, capitale de l'île au Moyen Âge. 3 km après le village, prenez à droite vers les ruines du temple d'Héra (Heraion).

RUINES D'HERAION★ (IRAÍO)

☎ 22730 952 77 - tlj sf lun. 8h30-15h - 3 €.

Les ruines éparses de ce célèbre sanctuaire dédié à Héra, femme de Zeus, bordent la mer sur un terrain assez marécageux. Le culte à la déesse est ici très ancien. Divers sanctuaires se sont succédé et parfois superposés. Le premier, remontant au 7ᵉ s. av. J.-C., est le plus ancien temple grec connu. Le plus récent date de l'Empire romain.

Vous longerez tout d'abord le soubassement de l'immense **temple d'Héra**, commencé au 6ᵉ s. av. J.-C. sous Polycrate. Un incendie ou un tremblement de terre avait détruit le grand temple précédemment édifié. Ce deuxième temple mesure à sa base 108,5 m de long sur 55,1 m de large – près de deux fois les dimensions du Parthénon. La seule colonne encore debout donne une idée du gigantisme de l'ouvrage : elle n'a cependant gardé qu'un peu plus de la moitié de ses 20 m d'origine. Les 61 colonnes du péristyle extérieur étaient surmontées de chapiteaux ioniques.

Ce temple, dont la construction se poursuivit jusqu'au 3ᵉ s. av. J.-C., ne fut sans doute jamais achevé, aucun élément de la toiture n'ayant été retrouvé. **Trois korai★** sans tête s'alignent sur fond de roseau (les originaux sont au Musée archéologique de Sámos-ville).

Plus loin, une **basilique chrétienne** fut édifiée au 5ᵉ ou 6ᵉ s. À l'est, une abside bien conservée (devant l'arbre) provient d'une église du 16ᵉ s. À l'arrière, au-delà d'une rue dallée, se dressent les vestiges du grand autel à Hera construit devant le premier temple vers 560 av. J.-C. et restauré par les Romains. Au-delà commence la Voie sacrée, bordée de trésors, qui reliait le sanctuaire d'Héra à la ville antique de Sámos.

PYTHAGÓREIO ET SES ENVIRONS★

Appelé Tigani jusqu'en 1955, ce port de plaisance et de pêche animé, sur la côte sud-est de l'île, a reçu son nom en l'honneur de l'illustre mathématicien et philosophe **Pythagore**, natif de l'île. La ville possède deux petites plages de chaque côté du port.

Château de Logothetis

Édifiée au début du siècle dernier, sa haute tour centrale domine toute la ville. La cour est renferme des vestiges romains et paléochrétiens. Près de la mer, la **vue★** est très étendue : le cap Mycale en Turquie, l'île d'Agathonissi et le cap Fonias.

Tunnel d'Eupalinos

À 1,5 km au nord-ouest de Pythagóreio - en cours de restauration (au Musée archéologique - ☎ 22730 628 11). Une petite construction de style classique marque l'entrée du tunnel d'Eupalinos dont on ne visite qu'une petite partie (50 m). Pour l'historien et géographe Hérodote (5ᵉ s. av. J.-C.), cet aqueduc creusé dans la montagne sur une longueur de 1 350 m était une merveille de son temps. Ce chef-d'œuvre de l'architecte Eupalinos de Mégare alimentait en eau la grande cité de Sámos, située à l'emplacement de Pythagóreio, depuis la source d'Agiades située de l'autre côté de la montagne près du village de Mytilinioí. Sa construction s'acheva en 524 av. J.-C. Après 15 ans de travaux, les deux équipes de creusement se rejoignirent sous

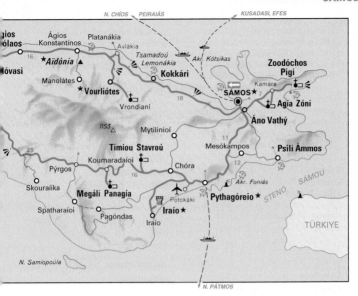

la montagne avec un écart de seulement quelques centimètres. Un escalier très raide et un étroit passage voûté conduisent au tunnel, large de 2 m environ et éclairé électriquement sur toute sa longueur. Le canal d'adduction est bordé d'un trottoir (parfois un peu glissant) qui permettait de s'échapper de la ville en cas d'urgence.

Muraille antique

D'un périmètre de 6,5 km, elle protégeait la cité jusqu'au sommet de la montagne et comprenait 35 tours de défense. L'une des parties les mieux conservées se situe à une centaine de mètres à l'ouest de l'entrée du tunnel. D'autres parties de la muraille sont visibles en bordure de la route de l'aéroport à l'ouest, et au-dessus de la route de Sámos-ville, à la sortie est de Pythagóreio.

Monastère de la Panagía Spiliani

Accès par la route qui grimpe sur 800 m, à la hauteur du théâtre. Ouvert du lever au coucher du soleil. Entrée libre. Le monastère doit son nom (Vierge de la grotte) à une chapelle cachée au creux d'une énorme voûte rocheuse. Dans l'Antiquité, une certaine Phylo y rendait des oracles. De là, vous avez une vue remarquable sur la plaine de Pythagóreio, le cap Fonias, celui de Mycale en Turquie et l'île d'Agathonissi au loin.

Therma (bains romains)

À la sortie ouest de Pythagóreio - tlj sf lun. 8h30-14h45 - entrée libre. Un important gymnase occupait le site à l'époque hellénistique. Les Romains le transformèrent en thermes qui furent restaurés et agrandis à plusieurs reprises à la suite de tremblements de terre. À la basilique adjointe aux termes (située en bordure de la route) succéda au 5e s. une basilique chrétienne à trois nefs puis un baptistère byzantin.

Sámos pratique

Informations utiles

🛈 Sámos-ville, dans la ruelle derrière au nord de Platia Pythagora -
☎ 22730 285 30 - lun.-vend. 7h30-14h30.

🛈 Pythagóreio - *odos Logothetis -*
de mi-avr. à fin oct. 8h30-21h30.

👤 www.samos.gr et www.pythagorion.net

Banques – Pythagóreio, *odos Logothetis ;*
Samos-ville, *sur la baie.*

Police touristique – Sámos-ville,
☎ 22730 873 44.

Hôpital – Sámos - ☎ 22730 831 00.

Poste – Pythagóreio - *odos Logothetis ;*
Samos-ville - *sur la baie.*

Représentation diplomatique française – 3 odos Gymnasiarchou
Catevaini - ☎ 22730 277 93

Transports

En bateau – La plupart des ferries partent
de Sámos-ville, quelques-uns de
Pythagóreio.

Départ de Sámos : tous les jours pour **Le Pirée**, 6 bateaux par semaine pour **Sýros**, 4 pour **Mýkonos**, 3 pour **Chíos**, 2 pour **Limnos**, **Lésvos**, **Náxos**, **Páros**, 1 pour **Rhodes** et Kos. De Pythagóreio, plusieurs liaisons pour **Kálymnos**, **Pátmos** (3/sem.), **Le Pirée** (tlj), en saison (avr.-oct.) également vers **Rhodes**, **Kos**, **Kálymnos**, **Pátmos**.

Capitaineries – *Pythagóerio - ℘ 22730 612 25 ; Samos-ville - ℘ 22730 272 18.*

En avion – ℘ 22730 878 00. L'aéroport est situé à 4 km de Pythagóreio, des vols relient **Athènes** plusieurs fois par jour, 2 fois par semaine **Lésvos**, **Límnos** et **Rhodes**, 1 fois par semaine **Chíos**.

En bus – Attention, pas de bus le dimanche hors saison. De Pythagóreio, liaisons avec Sámos et l'Heraion. De Sámos, liaisons avec l'Héraion et Karlóvasi.

En voiture – Plusieurs agences de location à Pythagóreio (odos Logothetis) et à Sámos ville (sur la baie). Pratique car les routes sont bonnes sauf à l'intérieur des terres. Possibilité aussi de prendre un taxi (pas trop cher).

Se loger

PYTHAGÓREIO

◷ **Pension Daphné** – *Pl. de la Paix (juste derrière le port) - ℘ 22730 615 29/613 44 - 5 ch. et 1 appart. - ✇.* Quelques chambres très simples, dont trois à l'étage, avec balcon pour apprécier la place paisible et verdoyante.

◷ **Pension Despina** – *Pl. de la Paix - ℘ 22730 616 77 - 3 ch. et 6 appart. - ✇.* Chambres, studios et deux-pièces aux tons clairs, s'ouvrant sur la place ou sur la cour entourée d'orangers. Accueil chaleureux d'Athina.

◷ **Paris** – *Rue longeant la mer (dir. le château) - ℘ 22730 953 97/694 72/083 00 - 7 appart. - ✇ - mai-oct.* Petit établissement isolé, à deux pas de la mer. Murs en crépi, balcons dont quelques uns nichés sous le toit. Le patron dispose aussi de studios avec vue sur le port.

SÁMOS- VILLE

◷ **Dreams** – *9 odos Areos (au N de la pl. Pythagóreio) - ℘ 22730 243 50 - 11 ch. - ✇.* Au sommet d'une ruelle en escalier dominant les eaux de la baie, des chambres propres, aux plafonds hauts, s'ouvrant pour la plupart sur un beau jardin à l'arrière. Pas de petit-déjeuner.

◷ **Mirini Hotel** – *800 m au N du débarcadère (dir. plage de Gagkou) - ℘ 22730 284 52 - 34 ch. - mai- oct.* Édifice surplombant la mer, située juste en contrebas. Agréable mobilier en bois et balcons panoramiques.

◷ **Aeolis Hotel** – *Sur la baie (300 m au S du débarcadère) - ℘ 22730 289 04 - www.aeolis.gr - 50 ch.* Un excellent rapport qualité-prix, en plein cœur de la ville. Chambres standards équipées et piscine sur le toit.

AGIOS NIKOLAOS

◷ **Glaros** – *Sur le bord de mer - ℘ 22730 349 06 ou 69462 845 75 - 4 ch. - ✇.* Minuscule pension familiale au bout de la route balayée par les embruns. Deux chambres avec balcon pour contempler les vagues.

Se restaurer

PYTHAGÓREIO

◷ **Notos** – *Sur la plage, près du château - ℘ 22730 623 51. - ✇. - mai- oct.* Quelques plats du jour (salades, *souvlaki*) servis en terrasse, devant la plage, sur un fond sonore de jazz.

◷ **El Coral** – *Sur le port - ℘ 22730 611 93 - ✇.* Spécialités de viandes appréciées des habitués (médaillons de porc, faux-filets, côtelettes d'agneau) accommodés, selon les goûts, de sauces à la crème, béarnaise ou au fromage.

SÁMOS- VILLE

◷ **Next** – *Sur la baie (200 m au sud de la pl. Pythagóreio) - ℘ 22730 277 19 - ✇.* Cuisine italienne généreuse, plébiscitée par les jeunes. Pizzas, spaghetti, mais aussi grands plats de viandes grillées…

◷ **To Ostraki** – *Sur la baie (dir. Karlóvasi) - ℘ 22730 270 70 - ✇.* Grand choix de poissons et de fruits de mer d'excellentes qualités : coque, espadon, etc.

ÁGIOS NIKÓLAOS

◷ **Fishermans** – *Au bout du sentier littoral - ℘ 22730 324 89 - ✇ - mai- sept.* Calamars au fromage, crevettes à la tomate… à savourer devant un coucher de soleil inoubliable !

Plages

Sámos dispose de quelques vastes plages, telles **Mykali** et **Tigani**, où vous trouverez toujours de la place. Deux petites plages sauvages sont particulièrement charmantes : **Tsamadoú** et **Lemonákia**.

Samothrace

Samothráki – Σαμοθράκη

2 723 HABITANTS – 178 KM²
CARTE GÉNÉRALE RABAT I C1 – ÎLES DE L'ÉGÉE SEPTENTRIONALE

Cette petite île (20 km sur 12) est sauvage et peu fréquentée des touristes en raison de son accès malaisé et de l'absence de ports sûrs. Elle offre cependant des vestiges antiques intéressants, parmi lesquels fut exhumée à la fin du 19ᵉ s. la célèbre Victoire.

▷ **Se repérer** – Le relief de l'île alterne des côtes basses et des terres atteignant 1 611 m (mont Fengari). L'île est desservie par des ferries au départ d'Alexandroúpoli, en Thrace (2h30, 1 à 2 fois par jour). Liaisons en saison avec Kavála (1 à 3 par semaine), Límnos et Lávrio (Attique).

◔ **Pour poursuivre le voyage** – Kavála, Thrace, Thássos.

Se promener

Ruines du sanctuaire des Grands Dieux★

Tlj 8h-19h30 - 3 €.

Situé sur les pentes d'un ravin au-dessus de Palaiopoli, ce sanctuaire était dédié à des divinités souterraines mystérieuses, les **Cabires**, très vénérées des Anciens qui se soumettaient ici à des cérémonies initiatiques. Les fouilles, entreprises par Champoiseau, consul de France à Andrinople (aujourd'hui Édirne), livrèrent en 1863 l'illustre **Victoire de Samothrace** *(voir aussi Rhodes)*, chef-d'œuvre hellénistique (3e s. av. J.-C.) aujourd'hui au musée du Louvre.

L'*anaktoron* (1ᵉʳ s. av. J.-C.), « salle des princes » aux murs d'appareil polygonal, était utilisé pour les initiations. L'*arsinoeion*, rotonde de plus de 20 m de diamètre, la plus vaste de Grèce, fut construite vers 285 av. J.-C. par Arsinoé, épouse du roi Lysimaque de Thrace. L'enceinte sacrée, ou *téménos*, dont les fondations datent du 4ᵉ s. av. J.-C., abritait une statue allégorique du Désir, œuvre de l'illustre sculpteur Skopas. Le sanctuaire, ou *hieron*, important édifice du 4ᵉ s. av. J.-C., à portique dorique (colonnes remontées) et abside, était destiné aux sacrifices.

Près du théâtre, peu apparent, se trouvait la **fontaine de la Victoire** aménagée dans une niche rocheuse qu'ornait la fameuse Victoire ailée ; la main n'a été

La splendide Victoire a traversé les siècles.

retrouvée qu'en 1950. Le Ptolemaion avait été fondé par le roi égyptien Ptolémée Philadelphe (280-264 av. J.-C.) pour servir d'entrée monumentale au sanctuaire.

Musée

℘ 25510 414 74 - tlj sf lun. 8h-19h30 - 3 €.

Des maquettes reconstituent l'état ancien des principaux éléments du sanctuaire des Grands Dieux. Parmi les sculptures, distinguer une statue de Victoire sans tête provenant du hieron et le buste de **Tirésias** (5ᵉ s. av. J.-C.), devin qui fut rendu aveugle par Athéna qu'il avait surprise au bain.

Thássos★★

Θάσος

13 765 HABITANTS – 380 KM²
CARTE GÉNÉRALE RABAT I B1 – ÎLES DE L'ÉGÉE SEPTENTRIONALE

Non loin des côtes de Macédoine, Thássos est une île montagneuse, verdoyante, riche en beautés naturelles. Elle culmine au mont Psári, qui domine l'étendue de l'Égée de ses 1 127 m. Les cimes sont couvertes d'une végétation abondante : plusieurs types de pins, des cyprès qui rappellent l'Italie, des oliviers, des chênes, des châtaigniers, des noyers et même quelques peupliers, rares dans la partie orientale de la Méditerranée. Limenas, la capitale, conserve les ruines d'une cité autrefois florissante. Aux montagnes et aux curiosités archéologiques s'ajoutent des plages de sable ou de galets qui attirent les baigneurs amoureux de silence, de grands espaces, d'horizons infinis.

- ▷ **Se repérer** – De forme presque ronde, la plus septentrionale des îles grecques fait face à la ville de Kavála, à 20 km.
- 👁 **À ne pas manquer** – Faites le tour de l'île en voiture ou en bateau pour découvrir la côte splendide et visitez les vestiges de Thássos.
- 🕐 **Organiser son temps** – Comptez quatre jours de visite.
- 👣 **Pour poursuivre le voyage** – Kavála, Thrace.

Comprendre

Un passé antique prestigieux – Dans l'Antiquité, surtout du 7e au 5e s. av. J.-C., Thássos joua un rôle économique considérable dans la région. L'île exportait de l'huile, du vin, du marbre blanc de grande réputation. L'or et l'argent de ses mines étaient utilisés pour la frappe de certaines monnaies du Bassin méditerranéen. Les Thassiens dominaient alors une partie de la côte macédonienne, dont Kavála et Thessalonique.

L'île connut une période de moindre activité jusqu'à l'arrivée des Romains qui relancèrent la production de vin et de marbre, laquelle avait perdu de son importance.

Au 15e s., les Génois l'occupèrent brièvement, y établissant un comptoir commercial sous les Gatteluzzi, seigneurs de Lésvos et de Samothráce.

Enfin vinrent les Turcs, qui occupèrent l'île jusqu'au début du 20e s.

En 1971, on découvrit près de Thássos, dans la mer, des réserves de pétrole peu importantes mais qui suscitèrent un vif intérêt.

Se promener

Limenas★ (Thássos-ville)

La localité de Limenas, principal port de l'île, possède le charme envoûtant d'un petit port de pêche recroquevillé sur lui-même, où surgissent les vestiges d'un passé antique prestigieux. Coiffée d'une acropole sur ses hauteurs, fleurie de lauriers roses, elle dégage la force tranquille des Dieux. Comme pour leur rendre hommage, les habitants de Kavála et des environs viennent y faire la fête tous les week-ends.

Agora

Située non loin du port, elle était entourée de portiques et pourvue de divers monuments. Elle était reliée aux sanctuaires voisins par le **passage des Theores** (magistrats), décoré de bas-reliefs envoyés au musée du Louvre en 1864.

À la périphérie de l'Agora, vous découvrirez les vestiges d'un portique d'époque romaine qui comportait 33 colonnes doriques. Le portique sud-est, de même période, est dominé par trois colonnes remontées. Vous verrez enfin les restes d'une basilique paléochrétienne du 5e s.

D'autres vestiges se trouvent au centre d'un quadrilatère : les restes d'une *tholos*, un autel et des *exèdres* (bancs de pierre arrondis).

Remparts est et acropole★

🚶 *2h à pied/AR.* Derrière un long bâtiment à balcons face au port, un sentier longe d'abord l'intérieur des remparts, montant au-dessus du **port antique**. Vous devinerez celui-ci tapi au fond de l'eau transparente (remarquez les jetées). Au second plan apparaît l'îlot Thassopoula. Après les restes d'une **basilique paléochrétienne** du 5e s. située sur un promontoire, le chemin grimpe le long de la muraille, composée par endroits de magnifiques blocs polygonaux.

À mi-côte, vous apercevrez le théâtre d'époque hellénistique mais remodelé par les Romains pour servir d'arène aux combats de bêtes sauvages.

L'acropole★ comprend trois sommets alignés, que séparent de petits cols. Le premier, que couronnait un sanctuaire d'Apollon Pythien, fut transformé en citadelle par les Génois qui réemployèrent fondations et matériaux antiques. Le deuxième, formant terrasse, portait un temple d'Athéna dont vous verrez les bases (5e s. av. J.-C.). Le troisième, où se trouve un petit sanctuaire rupestre dédié à Pan, offre de belles **vues★★** sur l'île et la mer jusqu'à l'île de Samothráce.

Les amoureux d'archéologie pourront poursuivre leur visite des remparts.

Musée

𝄢 25930 221 80 - 15 juin-15 sept. : tlj sf. lun. 9h-19h ; 15 sept.-15 juin : 9h-15h - 2 €.
Ce petit musée rassemble des objets issus de fouilles locales. Vous verrez notamment une intéressante collection de sculptures, dont le colossal kouros porteur de bélier du 6e s. av. J.-C. provenant de l'acropole, une tête de Silène très réaliste (5e s. av. J.-C.), deux œuvres du 6e s. av. J.-C. découvertes dans le temple d'Artémis, un manche de miroir en bronze, une extraordinaire **tête de lion★** en ivoire, une effigie de Dionysos d'époque hellénistique, un bas-relief d'un autel romain représentant des griffons qui dévorent une biche, des portraits romains de l'époque impériale (Jules César, Claude, Hadrien).

Circuits de découverte

TOUR DE L'ÎLE EN VOITURE★★

80 km environ dans le sens des aiguilles d'une montre au départ de Limenas.

Ceux qui n'aiment pas l'archéologie pourront découvrir la splendide côte de l'île. Une route circulaire longe le rivage, parfois en corniche au-dessus de criques, de plages et de petits bassins littoraux.

Panagía

En partant de Limenas, vous atteignez l'ancienne capitale de l'île, juchée sur la colline, aux maisons à balcons et toits de lauzes.

Alykí

Sur la côte sud, ce village occupe un site très agréable non loin d'une presqu'île entaillée par d'anciennes carrières de marbre (certaines remontent à l'Antiquité) qui semblent avoir été abandonnées voilà peu de temps. L'isthme portait une cité antique : vous y apercevez les restes d'un sanctuaire double. Sur le bord de la colline subsistent les vestiges de deux basiliques paléochrétiennes.

Limenária

Au sud-ouest, Limenaria est un port de pêche et une station estivale animée. Plusieurs belles plages s'étendent à proximité.

Par la côte ouest, jalonnée de petits villages de pêcheurs, face au couchant souvent splendide, vous pouvez regagner la capitale, tandis que semble se rapprocher la côte macédonienne. Si vous avez un peu de temps, vous pouvez faire un crochet par Maries *(29 km/AR de la route circulaire)*, joli village traditionnel et ombragé s'étalant non loin du mont Psarí.

CIRCUITS EN BATEAU★★

Le bateau *Eros* effectue un circuit à la journée, avec arrêts pêche, baignade et plongée en surface dans les plus beaux coins de l'île. Départ du vieux port de Limenas vers 9h45, retour vers 17h45.

Thássos pratique

Informations utiles

🕭 *www.thassos.gr* (en anglais).

Police touristique – *En face du débarcadère -* 𝄢 *25930 231 11.* Informations sur Thássos et possibilité de réserver une chambre.

Banque/change – Nombreux distributeurs.

Poste – *Odos G. Alexandrou (du port prendre la rue Theogenous et tourner à droite au carrefour) - lun.-vend. 7h30-14h.*

Téléphone – **OTE** - *odos 18 Oktovriou, près de l'hôtel Amfipolis.*

Santé – Dispensaire - 𝄢 *25930 711 00/02.*

Transports

En bateau – Ferries de **Kavála** à Skala Prinos, 8 liaisons par jour de 9h à 23h. De **Keramoti** à Limenas, une liaison par heure en été, de 7h à 22h.

En hydroglisseur, 4 liaisons quotidiennes (6 l'été) entre Limenas et Kavála. Horaires affichés à la capitainerie du port.

Autorité portuaire – ✆ 25930 221 06.

En bus – Service efficace sur l'île. À Liménas, station en face du débarcadère. 8 bus/j en été font le tour de l'île d'est en ouest. Plusieurs navettes/j entre Skala Prinos et Limenas et liaisons par l'ouest avec Golden Beach, Limenaria.

En voiture – Beaucoup de loueurs, ne pas hésiter à faire jouer la concurrence.

Se loger

👁 Vous trouverez des hôtels dans tous les villages de la côte. La plupart ferment d'octobre à mai. Le petit-déjeuner est généralement compris.

LIMENAS

🍴🛏 **Hôtel Vicky** – ✆ 25930 223 14 - 21 ch. Des chambres confortables et lumineuses, dans un petit immeuble à trois étages au milieu d'une pelouse. La plupart sont équipées d'une kitchenette. Une bonne adresse.

🍴🛏 **Hôtel Victoria** – Odos K. Dimitriadou, à côté du Mironi - ✆ 25930 232 56 - 11 ch. Un petit bâtiment résidentiel proposant des chambres spacieuses, équipées d'un réfrigérateur. Petit-déjeuner non compris.

🍴🛏 **Hôtel Mironi** – Odos K. Dimitriadou, ✆ 25930 232 56, fax 25930 232 56 - 10 ch. Un vaste hall en marbre précède de grandes chambres impeccables (avec réfrigérateur).

🍴🛏📶 **Timoleon Hotel** – Sur le port, près de l'arrêt de bus - ✆ 25930 221 77 - 30 ch. Une grosse bâtisse proposant des chambres quelconques, mais confortables, avec balcon donnant sur le port. Navette en bus jusqu'à la plage d'Isteri (3 km).

PANAGIA

🍴🛏 **Thassos Inn** – ✆ 259 616 12 - 19 ch. L'endroit idéal pour séjourner à Panagia, en haut du village, près d'une église

(fléchage). Les chambres sont confortables, avec un réfrigérateur et certaines avec balcon.

GOLDEN BEACH

🍴🛏 **Dionysos** – ✆ 25930 618 22 - 33 ch. Un peu en retrait de la plage, à flanc de colline, cette bâtisse à toit de lauzes jouit d'une superbe vue sur la mer. Chambres simples, lumineuses et confortables (avec réfrigérateur).

Se restaurer

LIMENAS

👁 On y trouve un bon choix d'établissements en ville, en particulier sur le vieux port.

🍴 **Takis** – Odos Polignotou Vagi. Au cœur de la ville, sur une place ombragée construite autour de vestiges antiques, un restaurant proposant une cuisine grecque et inernationnale.

AUTOUR DE L'ÎLE

🍴 **Restaurant Vigli** – À l'extrémité nord de Golden Beach. Superbement situé sur un promontoire rocheux dominant la baie, on y propose mezes, grillades, pizzas et fruits de mer.

🍴 **Taverne Theogenis** – Skala Potamias, près du petit port. Plats grecs et fruits de mer.

🍴 **Christos** – Agios Georgios. Un agréable petit restaurant de poissons sous une tonnelle.

🍴 **Pachys** – Pachys Beach. Une terrasse ombragée très agréable, devant la plage, où l'on sert d'excellents poissons.

Faire une pause à Limenas

Anonymous Café – Odos 18 Oktovriou, à côté du Full Moon. Un choix de musiques éclectiques.

Sports et loisirs

Excursions – Le bateau **Zorbas** effectue un circuit d'une journée, avec arrêts pêche, baignade et plongée en surface dans les plus beaux coins de l'île. Départ du vieux port de Liménas à 9h45, retour à 17h45.

L'**Angetour**, qui mouille au même endroit, propose des sorties de pêche en mer.

Les îles du **golfe Saronique**

47 000 HABITANTS (DONT PRÈS DE LA MOITIÉ À SALAMINE) – 340 KM²

Faciles d'accès, ce qui est agréable si l'on veut fuir la fournaise de la capitale, les îles du golfe Saronique, dont les chantiers navals ont été parmi les plus importants du pays, sont au nombre de cinq : Égine, Hydra (ou Ýdra), Póros, Salamine, et Spétses. Baptisées également îles de l'Argosaronique (car proches de l'Argolide), elles sont très fréquentées par les Grecs qui les considèrent comme de petits paradis à quelques encablures du continent. Égine est devenue ainsi une agréable banlieue d'Athènes tandis que Póros ou Spétses accueillent une clientèle aisée.

Depuis Póros, une vue sur le golfe et l'archipel.

▶ **Se repérer** – Les îles du golfe Saronique, très petites, appartiennent toutes à la région administrative de l'Attique, tout comme Cythère (Kýthira) rattachée dans ce guide aux îles Ioniennes dont elle dépend géographiquement.

Égine et Salamine sont très proches d'Athènes. Hydra, **Póros** et **Spétses** se trouvent face au Péloponnèse. Elles sont facilement accessibles, notamment à partir du Pirée (ferries et hydroglisseurs toute la journée). Beaucoup de visiteurs viennent à la journée, ce qui évite d'avoir à louer une chambre, souvent onéreuse. La circulation des voitures est interdite sur Hydra et Spétses (sauf les taxis).

De nombreux îlots entourent les îles principales, ce qui ajoute au charme du paysage : Dokós, Agkístri, Spetsopoúla, par exemple. Enfin, si vous séjournez dans les îles, sachez qu'elles peuvent servir de base de départ pour de belles promenades dans le Péloponnèse, notamment du côté d'Épidaure et de son fascinant théâtre antique.

Égine★

Aígina – Αίγινα

13 552 HABITANTS – 83 KM²
CARTE GÉNÉRALE RABAT II C2 – ATTIQUE

Célèbre depuis l'Antiquité pour son magnifique temple d'Afaía, l'île d'Égine présente un relief volcanique culminant au mont Zeus (532 m), dont le profil pyramidal sert parfois de repère aux marins. À l'époque archaïque (7e-6e s. av. J.-C.), Égine fut un État maritime ayant sa propre monnaie, la première d'Europe, frappée d'une tortue. Rival d'Athènes, il faisait du commerce avec l'ensemble du Bassin méditerranéen avant de péricliter au profit de sa puissante voisine. Égine est aujourd'hui une banlieue verdoyante d'Athènes et une destination de week-end pour fuir la chaleur, le bruit et la pollution. La spécialité locale est la pistache, délicieuse et fruitée, cultivée dans les plaines côtières.

- ▷ **Se repérer** – Égine ne se trouve qu'à 20 km au sud-ouest du Pirée. La principale route parcourt l'île d'est en ouest sur la côte nord (11 km).
- 👁 **À ne pas manquer** – Égine-ville et le temple d'Afaía.
- 🕐 **Organiser son temps** – Comptez deux jours de visite.

La merveille d'Égine, le temple d'Afaía.

Se promener

Temple d'Afaía★★

Près du port d'Agía Marina, relié au Pirée - 📞 22970 322 52 - 8h15-19h - 4 € (billet valable pour le musée). Venez de préférence tôt le matin pour échapper à la canicule. Organisez votre visite en fonction des horaires incommodes du musée (9h-9h15, 11h-11h15, 12h-12h15, 13h-13h15).

Ce temple de style dorique est l'un des mieux conservés de Grèce. Il s'élève dans un **site★★** splendide au sommet d'une colline boisée d'où la vue s'étend sur la baie d'Agía Marina, la côte rocheuse et, par temps clair, sur Athènes, Salamine et le Péloponnèse. L'édifice comporte 22 colonnes de 5,30 m de haut en pierres calcaires, dont certaines sont d'un seul tenant. De proportions parfaites, il fut édifié au début du 5e s. av. J.-C. et consacré à Afaía, divinité locale. Les frontons de marbre sculpté évoquaient Athéna présidant à des scènes de combat entre guerriers grecs et troyens. Ces « marbres d'Égine » furent achetés en 1812 par le prince Louis de Bavière, futur Louis Ier, et exposés à Munich.

Accédez au temple par une rampe près de laquelle se trouvaient les autels de sacrifice. À l'intérieur, vous verrez l'emplacement de la cella où se trouvait la statue d'Afaía. Au sud s'étendent les vestiges de propylées et d'habitations des prêtres.

À l'ouest du temple, un petit **musée** comprend 3 salles. Elles présentent des reconstitutions, à l'aide de pièces originales, du second temple d'Afaía, détruit par le feu vers 510 av. J.-C., en particulier une façade polychrome.

Palaiohora★

Au centre de l'île, à mi-chemin entre le temple d'Afaía et Égine-ville.

Palaiochora fut la capitale de l'île sous les Vénitiens et les Turcs lorsque les corsaires dévastaient les côtes. Au 18ᵉ s. elle comptait plus de 400 familles et une vingtaine d'établissements religieux. Elle fut abandonnée par ses habitants au début du 19ᵉ s. Ses maisons sont démolies, mais on a restauré sa cathédrale sur plan basilical, ses églises ou chapelles, pour la plupart du 13ᵉ s., dont certaines conservent d'intéressantes fresques et iconostases. Du kastro vénitien qui surmonte la colline, vous avez une belle vue sur le mont Zeus et sur la côte

Égine-ville (Aígina)

À l'ouest de l'île.

Elle eut son heure de gloire lors de l'Indépendance quand, de 1827 à 1829, elle fut la capitale du nouvel État grec et que Capo d'Istria y installa son gouvernement. Des imprimeries furent alors créées : elles publièrent les premiers livres et journaux de la Grèce libre, cependant qu'était fondue la première monnaie nationale.

Les maisons basses, blanches ou roses de la ville bordent un petit port de pêche et de plaisance que protège une charmante chapelle dédiée à saint Nicolas (**Ágios Nikólaos**), patron des marins. Du port, la **vue★★** est magnifique sur les îlots du golfe Saronique et la côte du Péloponnèse. Sur les quais, vous pourrez acquérir la célèbre pistache, tandis que certains bateaux sont aménagés pour la vente du poisson, des fruits et des légumes.

Sanctuaire d'Apollon

Au nord d'Égine - tlj sf lun. 8h30-15h - 3 € (musée inclus).

Le cap Kolona porte une colonne haute de 8 m, vestige d'un temple dédié à Apollon du 5ᵉ s. av. J.-C. Des fouilles ont dégagé les restes d'un théâtre et d'un stade, ainsi qu'un habitat préhistorique. Un petit **Musée archéologique**, conçu comme une villa antique, conserve des objets trouvés sur l'île notamment des stèles funéraires et des sculptures du temple d'Afaía.

La plage toute proche se trouve à l'emplacement du port antique dont vous devinerez peut-être quelques bases sous l'eau.

Perdika

À 10 km au sud d'Égine-ville.

Perdika est un charmant port de pêche. Vous avez une belle vue sur l'île d'en face, Moni. Des petits bateaux y conduisent en été. Vous y découvrirez un ancien monastère et une plage agréable.

Entre Égine et Perdika se trouvent deux belles plages de sable, Faros et Marathonas.

Mont Zeus (Oros Dios)

4h AR au dép. de la plage de Marathonas.

Le point culminant de l'île (532 m), où se trouvent des vestiges antiques, et notamment un étonnant escalier, domine une grande partie du golfe Saronique. Par temps clair (mais il y a souvent de la brume), vous apercevrez l'île de Poros, les montagnes du Péloponnèse, l'isthme de Corinthe, l'île de Salamine, l'agglomération athénienne et la côte jusqu'au cap Sounion. Le mieux, si vous en avez le courage, est de venir au lever du soleil.

Côte nord

Elle comprend plusieurs plages et criques assez agréables, face à l'île de Salamine et au continent. La **vue** sur l'énorme agglomération athénienne est impressionnante.

Égine pratique

Informations utiles

🛈 – Pas d'office de tourisme mais des agences privées. Location de chambres, véhicules, billetterie, change.

Banque/change – *Sur le port.* Nombreux distributeurs.

Poste – *Square Ethnégarsias, à gauche du port.*

Téléphone – **OTE**, *odos Aekon, à gauche de la police portuaire.*

Police/Police touristique – *Odos Leonardos Lada, (à droite du square*

Ethnégarsias - ☏ 22970 221 00 (police) 22970 277 77 (police touristique).

Santé – Hôpital - ☏ 22970 222 09. Centre médical d'Agia Marina - ☏ 22970 321 75.

Transports

En bateau – Plusieurs compagnies relient l'île au **Pirée**, **Methana**, **Póros**, **Hydra**, **Spétses** plusieurs fois par jour. Liaisons avec les Cyclades en juil.-août. Navettes quotidiennes entre Égine-ville et Agia Marina. Police portuaire – ☏ 22970 223 28.

En bus – Service régulier reliant les différentes villes ou villages de l'île.

Se loger

ÉGINE-VILLE

☻ **Hôtel Plaza** – *À gauche du débarcadère* - ☏ 22970 256 00 - plazainaegina@ yahoo.co.uk – 37 ch. Trois hôtels regroupés (avec Ulrica et Christina) à côté les uns des autres proposent un large éventail de prix, parmi les moins chers de l'île.

☻☻ **Nafsika Hôtel Bungalows** – *Égine-ville, 55 odos Kazantzaki, à 500 m au nord du port* – ☏ 22970 223 33 - mi-avr.-mi-oct. 34 ch. Presque invisibles de la route, des bungalows avec terrasse, noyés sous les bougainvilliers du jardin, reçoivent une clientèle de fidèles, amoureux de nature et de calme. Réservez.

Se restaurer

☻ **Areti** – *En face de l'hôtel Plaza.* Cet établissement au bord de mer sert d'excellentes grillades de poissons selon l'arrivage du jour.

☻ **Argyris** – *Mesagros, à la sortie du village, première route à gauche juste avant l'école, puis première à droite.* Connue des Grecs, cette taverne tapie dans la verdure sert des poissons grillés. Goûtez le feuilleté aux épinards.

☻ **Kostas** – *Alonès, au sud d'Agia Marina.* Sous sa pergola ombragée de verdure, cette taverne (et sa voisine Takis) propose de vrais menus grecs dans une ambiance villageoise. Bons mezes et spécialités de poissons. Repas spécial barbecue le w.-end.

Sports et loisirs

À Égine-ville comme Agia Marina, clubs de plongée et activités nautiques.

Excursions – Circuits pour Athènes et les îles voisines.

Événements

Le **9 novembre**, grande fête votive de l'église Ágios Nektarios.

Hydra★★

Ýdra –Ύδρα

2 719 HABITANTS – 86 KM²
CARTE GÉNÉRALE RABAT C2 – ATTIQUE.

Séparée du Péloponnèse par le golfe d'Hydra, bras de mer formant une rade, l'île d'Hydra est dominée par une crête rocheuse culminant à 590 m et s'allongeant sur 18 km. Elle fut l'une des principales bases navales de la Grèce à partir du 15e s. et participa avec fougue à la guerre d'Indépendance (1821-1829). Elle est désormais une destination touristique de tout premier plan. La baie où se trouve la capitale ressemble à un théâtre géant dont la scène serait composée par le port et les gradins par les maisons.

▷ **Se repérer** – Malgré son nom évocateur, Hydra est une des îles les plus pauvres en sources et doit importer l'eau depuis le continent. Il n'est pas possible d'y circuler en voiture.

👁 **À ne pas manquer** – La belle ville d'Hydra.

🕐 **Organiser son temps** – Comptez une journée d'excursion.

👣 **Pour poursuivre le voyage** – Póros.

Comprendre

Le problème de l'eau – Jadis, Hydra était plus verdoyante et irriguée de sources ce qui lui valut son nom. Des bois de pins couvraient la montagne dont les pentes inférieures portaient des cultures en terrasses. Des citernes souterraines recueillaient les eaux de pluie, réparties ensuite dans les jardins, ou servaient parfois de cachette pour l'or et les marchandises. Peu à peu, l'eau de ruissellement devint plus rare, les forêts surexploitées pour les constructions navales, les cultures abandonnées.

Depuis 1960, l'île doit importer de l'eau tous les jours, les citernes ne suffisant plus à alimenter les habitants et les touristes.

Un état maritime autrefois florissant – À la fin du Moyen Âge, Hydra vivait en autarcie, composant avec les Turcs, se protégeant des incursions extérieures grâce à ses côtes abruptes et à la combativité de ses soldats.

En 1657 fut lancé le premier navire et un siècle plus tard les chantiers navals commencèrent à construire des vaisseaux qui allaient commercer dans toute la Méditerranée et même en Amérique, ce qui fit la fortune de l'île.

Répartis entre armateurs, capitaines et équipages, les profits pouvaient atteindre jusqu'à 400 % du capital investi. Les armateurs se sont enrichis, faisant construire de magnifiques maisons. Lors de la **guerre d'Indépendance** (1821-1829), ils furent à la fois bailleurs de fonds et inspirateurs des opérations navales. En 1821, les Koundouriotis, les Tombazis, les Voulgaris, les Miaoulis armèrent la flotte grecque. Les fameux « brûlots » d'Andreas Miaoulis (1769-1835), vieux vaisseaux bourrés d'explosifs, étaient lancés, par vent portant, en direction de la flotte turque et mis à feu au contact de celle-ci. L'île fut ruinée par ces opérations coûteuses et doit au tourisme récent de s'être enrichie de nouveau.

B. Kaufmann / MICHELIN

Vue plongeante de la jolie baie d'Hydra.

Se promener

HYDRA-VILLE★★ (Ýdra)

Elle se trouve dans un **site★★★** extraordinaire. Dissimulé au fond d'une crique, le port de pêche et de plaisance, l'un des plus beaux de Grèce, est entouré de maisons étagées sur une colline rocheuse que domine un monastère. Très animés, les **quais★★** sont pavés de larges dalles et bordés de cafés à terrasse, restaurants ou pâtisseries.

Monastère de l'Assomption

Une grosse tour d'horloge marque l'entrée de ce monastère. Construit en 1643, il fut rénové dans la deuxième moitié du 18e s. après un tremblement de terre. Baignées de la blancheur du marbre, ses deux cours sont un délicieux havre de paix. Dans la basilique à trois nefs avec coupole, vous pourrez voir une impressionnante iconostase de marbre et une icône dorée du martyr Constantin l'Hydriote. Remarquez aussi les lustres, décorés d'ex-voto figurant des navires.

En sortant de l'église, une loggia accessible par un escalier mène à un petit **Musée byzantin** qui abrite une collection d'objets liturgiques, calices, crucifix, icônes. ✆ 22980 540 71 - tlj sf lun. 10h-17h - 2 €.

Musée des Archives historiques

juil.-août : tlj sf lun. 9h-16h30, 19h30-21h30 ; sept.-juin : tlj sf lun. 9h-16h30 - 3 €. Près du port, ce musée retrace le passé maritime de l'île. Au rez-de-chaussée, une salle présente l'histoire des phares du milieu du 19e s. à nos jours.

Belvédère

À l'ouest du port, une petite esplanade ombragée procure une belle vue sur le continent et l'île de Dokos. Des canons du 19e s. gardent l'entrée de la rade. En contrebas, dans les rochers, des plates-formes sont aménagées pour la baignade.

Ville haute★★

À l'animation des quais répond la fraîcheur tranquille de la ville haute. Vous aurez de jolies vues plongeantes vers le port en parcourant ses ruelles pentues.

Les **maisons d'armateurs★ (archontika)**, édifiées pour la plupart au début du 19e s., sont parfois inspirées des palais vénitiens par leurs loggias ou leurs cours intérieures. Certaines ont conservé leurs grandes salles à corniches de bois sculpté que garnit un mobilier d'époque. Parmi ces nobles demeures, dont beaucoup sont restées dans la famille de leur fondateur, il faut citer surtout, à l'ouest du port, la maison Voulgaris (à l'extrémité du quai), la maison Tombazis, avec ses loggias, qui abrite une section de l'École des beaux-arts d'Athènes et la grande maison au crépi jaune de Lazare Koundouriotis (à mi-hauteur de la ville).

ENVIRONS D'HYDRA★

Monastères Profitis Ilias et Agía Efpraxia

2h à pied AR par la rue Miaouli puis par un vallon - ouv. du lever au coucher du soleil. Ces deux monastères, l'un d'hommes, l'autre de femmes, sont bâtis près d'une pinède à 500 m d'altitude. Belles **vues★** sur Hydra, la côte et les îles saroniques.

Kaminia

À l'ouest d'Hydra, 3/4h à pied AR. En marchant sur le chemin côtier, vous arrivez à Kaminia, calme hameau de pêcheurs bordant une plage de galets.

Vlichos

À l'ouest d'Hydra, après Kaminia. Vous arrivez à cet autre hameau. Sa plage aux teintes rougeâtres contraste avec la blancheur immaculée des maisons.

Baie de Molos

À l'ouest d'Hydra, après Vlichos. Quelques bateaux de plaisance mouillent dans cette grande baie où il est agréable de s'attarder.

Cap Bisti

À l'ouest d'Hydra. À l'extrémité de l'île, accessible à pied et en bateau, c'est un bel endroit sauvage bordé par des eaux où la baignade est possible.

Mandraki

À l'est d'Hydra, 1h à pied AR ou par bateau-taxi. Se diriger vers l'est par le quai et dépasser l'École des capitaines de la marine marchande, installée dans une ancienne maison d'armateurs. Vous débouchez peu après sur la baie de Mandraki, jadis défendue par deux forts : c'est là qu'au 19e s. se trouvaient les chantiers navals, et que s'ancrait la majeure partie de la flotte, laquelle a compté jusqu'à 130 navires et 10 000 marins. C'est dire l'importance passée de l'île en ce domaine. La **plage de sable** est très agréable.

Hydra pratique

Informations utiles

🛈 Saitis Tours – *Sur le port, 9h-20h -* 🕿 *22980 521 84/541 51.* Cette agence loue chambres et villas et organise des excursions sur Hydra et dans les îles voisines. Sa carte de l'île est très complète.

Banque/Change – Plusieurs banques sur le port, à droite du débarcadère.

Poste – *Odos Ikonomou, perpendiculaire au port, près du marché.*

Téléphone – OTE – *Derrière le monastère de l'Assomption.*

Police – *En face de l'OTE –* 🕿 *22980 522 05.*

Santé – Hôpital, *r. à droite du monastère -* 🕿 *22980 531 50.* Pharmacie, *même rue -* 🕿 *22980 526 61 - fermé apr.-midi.*

Transports

En bateau – Des ferries partent toutes les heures du **Pirée**, à partir de 7h du matin. Les hydroglisseurs desservent aussi l'île plusieurs fois par jour au départ de Marina Zea, à 3 km à l'ouest du Pirée. En été, des bacs et des hydroglisseurs assurent la liaison entre Hydra et **Ermióni**, sur la côte est du Péloponnèse. Liaisons avec les **Cyclades** (juillet-août). Caïques et bateaux-taxis (plus chers) desservent les plages et proposent des tours de l'île.

À dos d'âne – Sur le port, des muletiers transportent les bagages vers les hôtels et emmènent les promeneurs sur la colline. Fixez le prix à l'avance.

Se loger

HYDRA-VILLE

⊖⊜ Hôtel Nefeli – *En haut de la ville, fléché depuis le port -* 🕿 *22980 532 97 - 10 ch.* Si vous êtes chargé, utilisez les services d'un muletier. Chambres très simples aménagées avec goût. De la chambre 15, vue admirable sur la ville.

⊖⊜🛢🛢 Miramare – *Plage de Mandraki -* 🕿 *22980 523 00 - www. miramare-hotel.net - 28 ch.* De frais bungalows avec terrasse et réfrigérateur encadrent la plage de sable de Mandraki, à 5mn en bateau du centre-ville (navettes jusqu'à 3h du matin). Nombreux sports nautiques, piscine pour les enfants, tours de l'île avec le bateau de l'hôtel.

⊖⊜🛢🛢 Miranda – *Odos Miaoulis -* 🕿 *22980 522 30 - 14 ch.* Cette superbe maison ancienne, transformée en hôtel, a conservé son jardin clos ombragé et son décor intérieur, typique de l'architecture hydriote (plafonds à caissons, meubles néoclassiques) qui lui donne des allures de musée. Chambres inégalement décorées.

⊖⊜🛢🛢 Orloff – *Près du jardin public -* 🕿 *22980 525 64, à Athènes* 🕿 *21052 261 52 - www.orloff.gr - 9 ch. (2/4 pers.).* Discrète de l'extérieur, cette maison du 18e s. comblera les amoureux d'architecture authentique. Accueil charmant.

Se restaurer

HYDRA-VILLE

⊖ To Steki – *Odos Miaoulis.* Taverne qui propose des menus complets, ouzo et dessert compris à prix raisonnable.

⊖ Gitonikon – *Rue à droite de la taverne Xeri Elia.* Un restaurant sur deux niveaux, dont une terrasse. Remarquable pour la fraîcheur de ses produits (poissons, crudités, grillades) et le soin apporté aux cuissons. Un des meilleurs rapports qualité-prix d'Hydra.

⊖ Mertazani zoï – *Près de Mandraki.* Une petite ouzérie dont les tomates viennent du jardin et les poissons de la mer en contrebas. Au-dessus d'une petite plage de galets.

⊖ Xeri Elia (Douskos) – *Au centre d'Hydra.* Sur une jolie place bordée de maisons blanches avec les tables sous deux arbres centenaires. Goûtez aux calamars farcis et au vin en tonneau, sur fond de musique grecque.

⊖⊜ Bratsera – *Dans l'hôtel du même nom.* La table la plus chic d'Hydra, dans un décor de rêve. La carte présente à la fois des recettes grecques traditionnelles, des plats internationaux et une grande variété de pâtes.

Sports et loisirs

Plages – Pontons bétonnés à 10mn du centre-ville, vers l'ouest, ou plages de Mandraki et de Kaminia. Sur la côte sud, des caïques desservent les plages bordées d'arbres de Bisti et Limionissa.

Plongée sous-marine – Hydra Divers – 🕿 *22980 539 00.* Propose aussi quelques excursions à la baie de Bisti pour une baignade dans un cadre enchanteur.

Excursions – Tour de l'île ou vers le Péloponnèse : Portochéli, Kósta, théâtre d'Épidaure.

Événements

Carnaval – Le dernier dimanche avant le carême.

Vendredi saint – Cérémonie à Kaminia en souvenir des victimes de la mer.

Fin juin – Semaine nautique ou Miaoulia avec courses de voiliers, démonstrations de la flotte nationale, danses et feux d'artifice.

15 août – Spectacle de danses folkloriques.

Fête nationale le 28 octobre – Régates entre Athènes et Hydra.

Póros★★

Πόρος

4 348 HABITANTS – 33 KM²
CARTE GÉNÉRALE RABAT II C2 – ATTIQUE

Douce et odorante, paisible et fleurie, Póros est si proche du continent que le faubourg moderne (Galatás) de sa capitale s'y est développé. Un chenal étroit sépare l'île du Péloponnèse, ce qui permet aux visiteurs de découvrir également les sites voisins de Trézène et d'Épidaure, hauts lieux de l'histoire grecque. L'île elle-même est divisée en deux par un canal : d'un côté une grande île calcaire et boisée du nom de Kalavria, de l'autre un petit îlot volcanique, Sferia, occupé tout entier par la capitale, Póros. Ses pins, ses oliviers, ses citronniers, son climat enchanteur, et ses côtes bien protégées font de Póros un lieu enchanteur.

◗ **Se repérer** – À quelques encablures de la côte du Péloponnèse, au nord de la côte argienne, l'île de Póros n'est qu'à cinq minutes en barque de Galatás.

◉ **À ne pas manquer** – Une flânerie dans la capitale de l'île.

◷ **Organiser son temps** – L'idéal est d'y passer quelques jours et d'alterner les baignades avec la découverte des grands sites antiques proches : l'ancienne Corinthe, Tirynthe, Mycènes, Épidaure ou la cité de Nauplie.

♿ **Pour poursuivre le voyage** – L'Argolide, Épidaure, Nauplie.

Depuis le bateau, l'arrivée à Póros-ville.

Se promener

L'arrivée en bateau à Póros offre une **vue★★★** extraordinaire sur la baie, la blanche cité en forme de pyramide et les rivages verdoyants du continent dominés par une montagne de forme allongée surnommée « la femme endormie ». Depuis **Galatás**, le faubourg moderne de Póros, situé sur le continent, vous découvrirez également une vue magnifique sur la ville se reflétant dans le détroit.

Póros-ville★

Ses blanches maisons cubiques fleuries de jasmin s'étagent sur une colline. Du sommet, près du haut clocher bleu de l'église, belle **vue★★** sur la ville et la rade envahie de bateaux faisant une noria incessante entre l'île et le continent.
Une promenade sur les quais offre des perspectives sur Galatás. À l'est s'étend le quartier des pêcheurs, très typique avec ses cafés, la halle aux poissons et ses tavernes décorées de peintures naïves. À l'ouest se trouve l'École de la marine nationale. Un petit **Musée archéologique**, place Alexis Korizis, placette largement ouverte sur le port, conserve quelques beaux fragments architecturaux et des statuettes de terre cuite datant des 4ᵉ et 3ᵉ s. av. J.-C. *8h30-15h, 9h30-14h30 le week-end, ferm. lun. - 2 €.*

Kalavria★

Une magnifique forêt de pins, d'oliviers et de citronniers odoriférants couvre cette partie de l'île, que vous atteindrez après avoir traversé un isthme.

Temple de Poséidon (Naos Possidona) – *Tlj sf lun. 8h-14h30 - gratuit.* La route monte jusqu'aux ruines du sanctuaire (6e s. av. J.-C.) dont vous devinerez le plan sur le sol. Il est proche d'un beau bois de pins dans un site dominant l'île et le golfe Saronique.

Monastère Zoodochos Pigi – *9h-16h en hiver, 9h-21h en été - gratuit.* Du temple, continuer la route qui descend vers le monastère de la « Source Vive », tout blanc, situé dans un frais vallon où jaillissent des sources. Vous pouvez visiter le cloître où se dressent de beaux cyprès.

Plages – Vous en trouverez quelques-unes, de sable, noyées dans la verdure : Mikro, Megalo Neorio, Askeli.

Póros pratique

Informations utiles

🛈 Office de tourisme – *Sur le quai, au pied de l'hôtel Manessi.* Horaires des bateaux et des ferries, et quelques dépliants…
ở *www.poros.gr* (en anglais).

Transports

En bateau – Nombreux ferries ou hydroglisseurs au départ du Pirée, de Méthana et de Galatás (d'où un bac pour voitures fait la navette toutes les demi-heures entre 7h et 21h30). Vous pouvez aussi laisser votre voiture au parking de Galatás et monter à bord d'une des barques qui font la navette en 5mn.

Se loger

⊖🛏 Manessi – *Sur le port, pratiquement en face du quai des ferries (accès par la ruelle en escalier sur la gauche de la façade)* - *22980 222 73 - fax 22980 243 45 - www.manessi.com - 15 ch.* Élégante maison néoclassique à façade blanc et bleu, cachant une décoration intérieure agréablement vieillotte. Toutes les chambres disposent d'un réfrigérateur et d'un balcon donnant sur un quai qui peut être assez bruyant en été.

⊖🛏 Seven Brothers – *Dans un coin de la placette ouvrant sur le quai où abordent les barques de Galatás* - *22980 234 12, fax 22980 234 13 - www.7brothers.gr.* Petit hôtel moderne, très joliment décoré dans les blancs et bleus. Certaines chambres disposent de balcons donnant sur deux ruelles piétonnes et toutes disposent de douches, télévision et air conditionné.

⊖🛏🛏 Póros Hôtel – *Baie de Neorio -* *22980 222 16 (à Athènes : 21094 005 80) - fax 21094 301 61 - porosimage@hit360. com - 100 ch - mi-avr. à fin oct.* Grand complexe des années 1970, récemment rénové. Chambres vastes, très lumineuses et aménagées avec soin. Vue imprenable sur le port. Plage privée.

⊖🛏🛏 Sirene – *Baie de Monastiri -* *22980 227 41 à 43 - fax 22980 227 44. ouv. de mi-avr. à mi-oct.* Établissement de luxe au pied d'une falaise, entre la route et la plage. En dessous des chambres dotées d'un balcon (demandez celles qui donnent sur la mer) s'étagent restaurant, snack, dancing, et deux piscines : pour adultes et pour enfants.

Se restaurer

Tavernes et restaurants occupent pratiquement chaque maison sur les quais. Face à Galatás, la **taberna Rota** est la plus plaisante.

Faire une pause

Posidonio Music Club – Entre Póros et le sanctuaire de Poséidon, ce bar avec piscine jouit d'une vue magnifique sur le port et Galatás. Concerts de musiques grecque et internationale tous les soirs d'été. Bus gratuits à partir de 21h.

Événements

Fêtes locales – En été, semaine nautique avec régates, manifestations et expositions.

Salamine

Σαλαμίνα

30 962 HABITANTS – 96 KM²
CARTE GÉNÉRALE RABAT II C2 – ATTIQUE

Fermant la baie d'Éleusis, c'est l'île la plus proche d'Athènes (15 km de l'Acropole, 7 km du Pirée) et la plus grande du golfe Saronique. Des centaines de navires mouillent à proximité. Très facilement accessible, elle est fréquentée par de nombreux Athéniens. Son nom évoque l'une des batailles les plus connues de l'Antiquité.

▷ **Se repérer** – Salamine, qui forme un croissant ouvert du côté de Mégare, appartient au nome du Pirée. La pointe nord-ouest de l'île n'est séparée du continent que par un détroit de 2 km.

◷ **Organiser son temps** – Comptez une demi-journée de promenade.

🕯 **Pour poursuivre le voyage** – Le Pirée, Athènes, Attique.

Comprendre

La bataille de Salamine (480 av. J.-C.) – Ayant occupé Athènes et l'Attique, les Perses avaient rassemblé leur flotte de guerre dans le golfe Saronique tandis que les bateaux grecs à rames (trières), bien inférieurs en nombre mais très maniables, firent semblant de battre en retraite dans la baie d'Éleusis. Une grande partie de la flotte perse s'engagea dans l'étroit goulet qui sépare l'île du continent et se trouva dans l'impossibilité de manœuvrer à cause du manque de place. Les proues en bronze qui équipaient les navires athéniens percèrent alors les coques des navires ennemis et beaucoup coulèrent sous les yeux désespérés de Xerxès, roi des Perses, qui suivait le combat d'une hauteur du littoral, assis sur un trône. Ce combat décisif de la seconde guerre médique a été raconté par **Eschyle**, témoin oculaire, dans sa tragédie *Les Perses* (472 av. J.-C.), et par l'historien **Hérodote**.

Se promener

Vous découvrirez plusieurs bourgs, en fait des zones pavillonnaires occupées par des Athéniens. La côte nord, où se trouve un **port de guerre**, fait face au complexe industriel d'Éleusis et ne présente guère d'intérêt. La station balnéaire de **Selinia**, à l'est, est assez fréquentée. Le Sud est relativement montagneux et offre de belles vues sur l'île d'Égine et les côtes du Péloponnèse.

Monastère de Faneromeni

À l'ouest de l'île, à 1,5 km de l'arrivée du bac de Megara, face à la côte.
Construit au 17ᵉ s., son église abrite de belles fresques du 18ᵉ s. (Jugement dernier). La Vierge serait apparue ici et le monastère est fréquenté par de nombreux pèlerins grecs.

Salamine pratique

Transports

En bateau – De très nombreux bacs et vedettes assurent la liaison avec le continent (Perama, Le Pirée, Megara). Entre Perama et Paliouka, les traversées ont lieu toutes les 15mn dans la journée, toutes les heures pendant la nuit. Il est inutile de réserver.

Se loger

Le mieux est de loger à Athènes, toute proche, et de venir pour la journée. Si vous tenez absolument à loger dans l'île, sachez qu'il existe des hôtels corrects à Selinia.

Se restaurer

Vous trouverez quelques tavernes à Salamina (Koulouri) et Selinia.

Spétses★★

Σπέτσες

3 916 HABITANTS – 22 KM²
CARTE GÉNÉRALE RABAT II B2 – ATTIQUE

Fréquentée par la bourgeoisie athénienne qui y possède de belles demeures, Spétses (ou Spétsaï) séduit par la douceur de la lumière et ses odeurs de jasmin. Elle ne comprend qu'une seule ville s'étalant en face des côtes de l'Argolide, le reste de l'île étant constitué d'une vaste forêt de pins d'Alep. Ici, on ne circule qu'en fiacre, à pied ou à deux-roues.

▶ **Se repérer** – Spétses, une des plus petites îles du golfe Saronique, se trouve à l'entrée du golfe d'Argolide, à 3 km seulement des côtes du Péloponnèse.

👁 **À ne pas manquer** – La maison de la Bouboulina, la promenade au phare.

🕐 **Organiser son temps** – Si vous n'y séjournez pas, consacrez une journée entière à Spétses.

🚶 **Pour poursuivre le voyage** – Hydra, la péninsule de l'Argolide et Póros.

À Spetses, le fiacre est encore l'un des principaux moyens de transport.

B. Chabrol / MICHELIN

Comprendre

Une héroïne nationale, la Bouboulina (1771-1825) – Née en prison à Constantinople, Lascarina Pinotzis est la fille d'un capitaine d'Hydra, condamné à mort par les Turcs. Sa mère se réfugie à Spétses où Lascarina grandit. En 1788, la jeune fille épouse un capitaine qu'elle accompagne dans plusieurs expéditions maritimes mais qui meurt en 1798, coulé avec son navire par les pirates turcs. Elle se remarie avec un autre marin, Bouboulis, qui connaît la même fin. Celle qu'on appelle la Bouboulina dispose alors d'une fortune constituée par des chantiers navals et une flotte commerciale. En 1821, lors de la **guerre d'Indépendance**, elle construit plusieurs navires de guerre, dont *L'Agamemnon*, et participe de 1821 à 1824 à des batailles navales à la tête d'un corps de combattants. Mais, de retour à Spétses, la Bouboulina, ruinée, meurt assassinée d'un coup de feu tiré par le parent d'une jeune fille enlevée par son fils.

Se promener

Spetses-ville★★

Autrefois secrète et authentique, la capitale de l'île décrite par le romancier **Michel Déon** dans *Le Balcon de Spetsai* (1961) est devenue une destination à la mode, très courue en toutes saisons, notamment par les Anglais, et surpeuplée en été.

Quartier de Dapia★

Bateaux de pêche et vedettes sont amarrés dans le port bruissant d'une activité sans pareille. Le bassin est bordé de boutiques et de restaurants, ainsi que de quelques bâtiments administratifs. En été, la foule y est considérable, surtout le soir.

Les ruelles proches sont beaucoup plus calmes. Vous y verrez de belles maisons d'armateurs, dont certaines sont agrémentées de mosaïques de galets dessinant des navires, des animaux ou des emblèmes marins.

Maison de la Bouboulina – *Prendre une ruelle montant jusqu'à une petite place en retrait du port, que préside une superbe maison d'armateur - 13 visites/j, commentées en anglais et en grec, 9h45-19h30 - 4 €.* Transformée en musée par ses descendants, elle se dresse à l'écart d'une charmante place ombragée. Sa cour est pavée de galets formant des motifs végétaux ou animaliers. Au premier étage, vous verrez des meubles et des tableaux évoquant la guerre d'Indépendance.

Maison Mexis – *À 300 m au sud du port de Dapia - suivre le fléchage depuis la place précédente - tlf sf lun. 8h-14h30 - 3 €, fascicule en anglais commentant la visite.* Construite à la fin du 18e s. par le riche armateur Hadziyannis Mexis, premier gouverneur de l'île, cette magnifique demeure abrite un musée évoquant les grandes figures locales du 19e s. Mais le principal intérêt de l'endroit est la maison elle-même, à la remarquable décoration intérieure.

Ville haute★ (Kasteli)

La ville haute domine le quartier de Dapia et offre de belles vues sur l'Argolide. Elle fut fortifiée par les Vénitiens au 16e s. et conserve trois églises dont la plus grande, **Agia Triada**, renferme une belle iconostase de bois sculpté.

À l'ouest du port, le rivage est bordé par un agréable **quartier résidentiel** comprenant de magnifiques villas. L'**hôtel Posidonion** dresse face à la mer sa majestueuse façade flanquée de deux tourelles d'angle. Construit en 1914, ce palace lança la mode du tourisme huppé à Spétses. Quant au collège **Anargirios-Orgialenios**, aujourd'hui utilisé pour des congrès, installé dans une riche demeure, il était réservé aux garçons de l'aristocratie grecque.

Quartier du vieux port★ (Palaio Limani)

Après la jetée principale de Dapia, suivre le bord de mer en longeant une petite plage, puis une promenade piétonne aménagée sur le rivage. L'ancien port où mouillent quelques vétustes cargos comprend des ateliers de réparation de barques, modestes vestiges des chantiers navals des 18e et 19e s. Moins envahi que Dapia, ce quartier qui a conservé une grande part de son authenticité abrite de sympathiques restaurants.

Ágios Nikólaos – À proximité du vieux port se dresse le campanile de la cathédrale de Spétses. Sur le parvis en galets trône un monument aux morts entouré de deux canons, où s'inscrit la devise de la Révolution : « La liberté ou la mort ». Il marque le lieu où fut hissé, en 1821, le premier drapeau de la Grèce indépendante. Noyé dans la pénombre, l'intérieur de l'église plonge le visiteur dans un havre de sérénité (et de fraîcheur) et cache une belle iconostase en bois doré sculpté.

Promenade au phare★

Le phare se trouve sur une presqu'île à l'est de la ville, au-delà du vieux port. La promenade *(45mn AR)*, agréable, longe la mer. Vous découvrirez la chapelle de la **Panagia Armata**, repérable à sa façade

> ## Une puissance maritime
>
> Enrichie comme sa rivale Hydra par le commerce maritime en Méditerranée aux 18e et 19e s., Spétses coopère efficacement à la lutte contre les Turcs. Quand éclate la guerre de Libération en 1821, les habitants de l'île transforment 50 navires de commerce en puissants bateaux armés et participent aux combats, allant jusqu'à détruire le vaisseau amiral de la flotte ennemie.

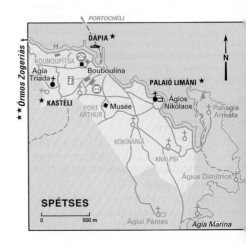

SPÉTSES

blanc et jaune. Édifiée pour commémorer la victoire du 8 septembre 1822, date à laquelle fut détruit le vaisseau amiral de la flotte turque, elle abrite un grand tableau de la fin du 19e s. représentant l'événement. Du phare, belle **vue**★ sur Spétses et la côte du Péloponnèse.

Séjourner

Plages de Spétses

Plage de Kaïki – *À 1 km à l'ouest de Dapia au-delà du Posidonion*. Non loin du collège Anargirios-Orgialenios, plage agréable, bien que très fréquentée, proximité oblige.

Baie de Zogeria★★ (Ormos Zogerias) – *2h à vélo AR, 5h à pied AR, des bateaux y conduisent au dép. du port de Dapia*. Prenez la route du bord de mer qui, après la sortie de la ville, monte à travers les pins d'Alep, contournant plusieurs criques avant de redescendre dans la baie de Zogeria dans un très beau **site**★★ face au golfe de Nauplie.

Plage d'Agía Marina – Cette jolie crique se trouve au sud du vieux port.

Plage d'Agioi Anargyroi★ – *À 13 km à l'ouest de la ville (bus au dép. d'Agía Marina)*. Cette plage magnifique est bordée de pins et de garrigue.

Spétses pratique

Informations utiles

🛈 **Office de tourisme** – *Sur le port de Dapia*. Il s'agit en fait avant tout d'une agence de voyages.

Transports

En bateau – Spétses est à 1h10 d'**Athènes** en hydroglisseur. Des navettes (très fréquentes), ainsi que des « taxiboats », précieux hors saison, mais plus onéreux bien entendu, assurent également la traversée depuis la côte de l'Argolide : de **Kósta** en une dizaine de minutes ou de Portochéli (20mn). Il vous en coûtera 15 € pour le premier port, 38 € pour le second (tarifs affichés à la station, sur le port de Dapia).

Pour les plaisanciers, le mouillage des bateaux et des voiliers se trouve au vieux port, où l'on fait le plein d'eau et de fuel, ou, sur le continent, dans les baies de Portochéli et de Tolo.

En deux roues – Motorisés ou non, ils constituent le mode de déplacement privilégié sur l'île. Nombreux loueurs de *mountain bikes* et scooters (et même véhicules électriques) aux abords de Dapia (citons **MB Motovlakhos**, à côté du Posidonion). Sachez toutefois qu'il est d'usage de rouler chevelure au vent et qu'il est douteux que vous trouviez un casque.

Se loger

⊖⊖ **Armata** – *À une centaine de mètres au-dessus de Dapia : depuis le port, prendre odos Santou, devant la « police touristique », puis à gauche sur la placette -* ✆ 22980 726 83 - fax 22980 754 03 - 14 ch. dont 2 studios pour 4 pers. Dans une maison traditionnelle blanc et bleu, à l'écart de l'animation du port, agréables chambres donnant sur un jardin planté de citronniers et de bougainvilliers et où se dissimule une piscine devant laquelle on prend le petit-déjeuner. Un bon rapport qualité-prix, le charme en plus.

⊖⊖⊖ **Posidonion** – *Sur le front de mer, à droite de Dapia, au-delà d'une statue de la Bouboulina qui a d'étonnants airs de Paimpolaise -* ✆ 22980 722 08 - 43 ch. et 3 suites. C'est l'établissement idéal pour retrouver l'atmosphère « palace » des années folles : escalier de marbre, chambres hautes de plafond, et, sur le front de mer, une vaste terrasse ombragée de parasols et de palmiers invite à se poser devant un « drink ». Beaucoup de charme… mais l'hôtel venant de subir un sérieux lifting, il vont sûrement changer.

Se restaurer

👁 Le long de la plage de la ville, entre Dapia et le vieux port, les tavernes se succèdent…

⊖⊖ **Mourayo** – *Au bout du vieux port*. Cet établissement calme et accueillant, avec terrasse donnant sur la mer, propose une cuisine de caractère : poissons à la spetsiote, cuisine française. Et pour les noctambules : musique grecque et piano-bar à partir de 2h du matin.

⊖⊖ **Tassos Taverne** – *Plage Agioi Anargyroi, à l'ouest de l'île*. Une des meilleures adresses de Spétses pour les plats cuisinés au four. Essayez la moussaka en caquelon et l'agneau.

⊖⊖⊖ **Orloff** – *À mi-chemin entre Dapia et le vieux port, sur le chemin piétonnier longeant la mer*. Un établissement « branché » d'où l'on a une vue imprenable sur la rade. Excellent assortiment de mezes arrosés d'un bon vin blanc. Les poissons sont plus chers.

Patralis – *Au bout de l'anse abritant la plage de la ville, au-delà du Posidonion*. Excellent restaurant de poissons à l'atmosphère raffinée, dont la salle, surplombant la mer, offre une vue imprenable sur les côtes de l'Argolide.

Faire une pause

Mamas – *Au-delà de Dapia, vers le vieux port*. Un « beach café » qui se présente aussi comme un « music café », le tout en grec dans le texte. Ses airs de cabine de plage oscillant entre la paillote et le « dur » lui confèrent une allure particulièrement sympathique.

Le Figaro – *Une discothèque agréable du vieux port.*

Le Papagayo – *Sur le vieux port*. Pour dîner ou prendre un verre en musique. Orchestre vend., sam. et dim.

Politis – *Pas très loin du précédent*. Ne manquez pas de goûter les petits gâteaux aux amandes.

Événements

Fêtes – Le 26 juillet : fête traditionnelle à l'église d'**Agia Paraskevi**, sur la plage du même nom. Du 2 au 8 sept. : commémoration de la **victoire des armateurs** spetsiotes sur les Turcs avec danses traditionnelles et chants. Feux d'artifice le samedi.

Les **Sporades**★★

16 000 HABITANTS – 470 KM²

Les quatre Sporádes, Alónnisos, Skíathos, Skópelos et Skýros, proches du continent, sont fréquentées chaque été par de nombreux touristes qui apprécient leurs plages, leurs monastères byzantins peuplés d'icônes, leurs petits ports de pêche, leurs villages aux ruelles ombragées. Skíathos est de loin la plus visitée. Skýros, plus secrète, est détachée du reste de l'archipel. Sporádes signifie « dispersé », ce qui est vrai de la partie nord composée de trois îles et d'innombrables îlots.

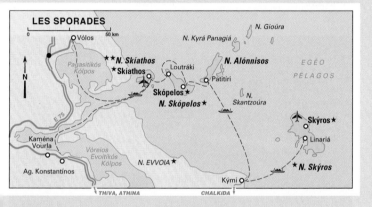

Se repérer – L'île de Skýros, qui représente la moitié de la surface de l'archipel, est rattachée administrativement à la Grèce centrale (capitale Lamía) tandis que les autres îles appartiennent à la Thessalie (capitale Lárisa). Toutes sont régulièrement accessibles au départ de Vólos (Skíathos, Skópelos, Alónnisos) et de Kými, en Eubée (Skýros, Alónnisos). L'archipel est également relié à l'île de Límnos et à Thessaloníque.
Skíathos et Skýros sont desservies par avions au départ d'Athènes et de certaines capitales européennes.

Organiser son temps – Comptez deux à trois jours de visite pour chaque île.

Alónnisos
Αλόννησος

2 700 HABITANTS – 65 KM²
CARTE GÉNÉRALE RABAT I B2 – THESSALIE

Au nord des Sporades, Alónnisos est une île au relief tourmenté. Ses collines couvertes de pins, ses plages de galets ou de sable, ses eaux cristallines ont beaucoup de charme. Curieusement, elle est peu fréquentée. Elle se trouve au centre d'une réserve riche en oiseaux et mammifères marins, notamment quelques phoques moines et de nombreux dauphins.

👁 **À ne pas manquer** – Le village d'Alónnisos ; les sentiers de randonnée de l'île, les plages.

👪 **Avec les enfants** – Découvrez le parc national marin.

⏱ **Pour poursuivre le voyage** – Skópelos.

Blotti entre des eaux turquoise et de grands pins, un coin du bourg de Patitíri.

Se promener

Patitíri
Port principal et capitale de l'île, Patitíri est un gros bourg moderne avec hôtels, restaurants, agences de voyages. Il est construit au fond d'une crique dominée par un promontoire couvert de pins et d'hôtels.

Musée du Folklore – *Tlj. 11h-19h - 3 €.* Pour connaitre la vie au siècle passé sur l'île, ce musée présente des outils et des objets de la vie quotidienne.

Alónnisos★
À l'ouest de Patitíri. Juché sur une colline, ce village typique, ancienne capitale de l'île, est composé de maisons traditionnelles blanc et bleu couvertes de tuiles ou d'ardoises. Les petites églises ont beaucoup de charme. Les ruelles tortueuses, piétonnes, sont ombragées çà et là de platanes. Au sommet du village, la vue sur la mer est très belle.

Plages
🏖 Plusieurs plages sont accessibles au départ d'Alónnisos : Megalo Mourtia, Mikro Mourtia *(45mn de marche)*, Marpounda, Vrysitsa *(35mn)*. Plus loin, dans la partie nord, accessibles en bateau ou à pied, de nombreuses plages couvertes de galets accueillent les visiteurs. Celle de Gerakas se trouve à l'extrémité nord de la route. Si vous aimez le sable, la plage de Chrysi Milia est la plus agréable.

Parc national marin★
Excursion en bateau (« l'Odyssey ») au dép. de Patitíri chaque matin à 10h, retour à 17h30 (dép. de 1 à 5/sem. en mi-saison).

En plus d'Alónnisos même, quatre îlots principaux (Pelagos, Gioúra, Psathoura et Pipéri) composent le Parc national marin, au nord de l'île. Vous y verrez (peut-être) des goélands d'Audouin, des cormorans huppés, des dauphins et des phoques moines. Abondant dans les eaux de la mer Égée depuis des siècles (Homère dans l'*Odyssée* évoque « tout le peuple des phoques venu du sein écumeux des ondes »), le **phoque moine** (*Monachus monachus*) a bien failli s'éteindre complètement au 20ᵉ s. à cause de la pollution, de la surpêche et autres activités humaines. La création du Parc national marin et d'associations privées a permis d'enrayer ce processus et de maintenir, sous bonne surveillance, une petite colonie que vous aurez peut-être la chance d'observer au cours de cette très belle excursion.

Randonnées★

L'île est un petit paradis pour les randonneurs. La carte topographique de l'île au 1/40 000 (éditions Anavasi) présente tous les principaux sentiers *(en vente dans les agences de voyages de Patitíri)*.

Alónnisos pratique

Informations utiles

Agences de voyages – Albedo, à Patitíri, à droite du débarcadère - 24240 658 04 - www.albedotravel.com. - tlj 9h30-14h, 17h30-21h.

Alonissos Travel – 24240 651 88. Location de voitures, réservation de chambres, billets pour ferries et avions, excursions.

Banque – Banque nationale de Grèce à Patitíri, *odos Ikion Dolopon, lun.-jeu. 8h-14h, vend. 8h-13h30.* Distributeur.

Police – Près de la Banque nationale de Grèce - 24240 652 05.

Poste/Téléphone – À Patitíri, *odos Ikion Dolopon - lun.-vend. 8h-14h.*

Transports

En bateau – L'île est desservie par des ferries depuis Kými, en Eubée. En été, liaisons en hydroglisseurs fréquentes avec **Skópelos**, **Skíathos**, **Vólos** et **Thessalonique** (1 à 2/sem.).

Le caïque est un bon moyen pour se rendre sur les plages de la côte est. Départs le matin à heures fixes de Patitíri, puis toute la journée dès que les bateaux sont pleins.

Capitainerie du port – *Odos Ikion, Dolopon, à Patitíri* - 24240 655 95.

En bus – En été, toutes les heures entre Patitíri (en face du quai) et Alónnisos.

En deux roues – Plusieurs loueurs de vélos et motos à Patitíri (odos Ikion Dolopon).

Se loger

Alónnisos est bien équipée et moins chère que Skópelos ou Skíathos. Au pic de l'été, les pensions exigent souvent un séjour minimum de 2-3 j.

Rooms to Let – Patitíri, *près du débarcadère* - 24240 655 77 - tlj 10h-14h/18h-22h - fin mai- fin sept. Cet office municipal aide à trouver un hébergement.

PATITÍRI ET ENVIRONS

Les hôtels du port étant bruyants, préférez ceux de Kavos, à droite de la crique.

Liadromia Hotel – 24240 655 21 - www.alonissos.com - 20 ch. Établissement très plaisant. Les chambres, avec balcon donnant sur le port, sont très confortables.

Paradise – *Sur l'éperon de Kavos* - 24240 652 13 - 31 ch. - ouv. mai-oct. Établissement de luxe (réservez). Chambres agréables et petit-déjeuner en terrasse. Piscine avec vue sur la mer.

Se restaurer

PATITÍRI ET ENVIRONS

Garden Restaurant – *À la pointe de Kavos - fermé le midi.* Très agréable terrasse fleurie, face à la mer, où l'on sert de la cuisine grecque et des fruits de mer. Carte des vins assez variée.

ALÓNNISOS

Les restaurants sont fermés dans la journée, sauf en juillet-août.

Taverna Paraport – *À l'extrémité du village.* La plus belle vue du village. Bon choix de plats grecs.

I Kira Nina – *En face du kastro.* Plats grecs et fruits de mer.

Faire une pause

ALÓNNISOS

Aerides – *Sur la première place du village.* Très agréable petit bar. Spécialité de pâtisseries.

Ostria Cafe – *Rousoum.* Charmant café donnant sur la plage.

Achats

Gorgona – 24240 651 04. Belle boutique d'antiquités et de tissages anciens.

Ergastirio – 69453 127 96. Bijoux traditionnels et artisanat local.

Skíathos★★

Σκιάθος

6 160 HABITANTS – 50 KM²
CARTE GÉNÉRALE RABAT I B2 – THESSALIE

Située dans le prolongement du haut massif du Pélion, Skíathos est couverte de pins et d'oliviers. L'île comprend de très nombreuses criques aux eaux turquoise et une splendide lagune de sable fin formant la plage de Koukounariés, l'une des plus belles de Grèce. Proche du continent, elle est devenue une destination à la mode fréquentée en toutes saisons. Elle plaira aux amateurs de farniente, de baignades, de promenades en bateau et de fêtes nocturnes.

👁 **À ne pas manquer** – Les plages. Skíathos.

🜁 **Pour poursuivre le voyage** – Skópelos.

La coupole de l'église de Skíathos qui domine la ville.

Se promener

Skíathos★

La capitale de l'île a beaucoup de charme avec ses blanches maisons aux toits rouges escaladant deux collines. Une petite presqu'île, celle de Bourdzi, couverte de pins, sépare le vieux port du nouveau. Tranquille en hiver, la ville est envahie par les touristes en été. Vous y trouverez de nombreux restaurants, bars, boutiques de souvenirs… Le soir, l'animation est à son comble, à la façon d'autres grandes stations de Grèce, Mykonos ou Ios. La musique, souvent anglo-saxonne, est particulièrement forte. En retrait du port, vous découvrirez des ruelles plus tranquilles et plus typiques avec leurs blanches maisons et des bougainvilliers.

Séjourner

Plages★★

Elles sont réputées pour leur sable et la splendeur des eaux qui les bordent et c'est pourquoi l'île est si fréquentée. On compte une soixantaine de criques. La plupart sont surpeuplées en été. Les plus paisibles, accessibles en bateau, s'étalent sur la côte nord : Lalaria, Nikotsara, Xanemo.
À la pointe sud-ouest de l'île, celle de **Banana** est assez belle. Hidden Beach, minuscule, se trouve au bas d'une colline couverte de bruyères. Mandraki est un ravissant tapis de sable fin.
La plus célèbre et la plus belle (mais aussi la plus bondée) est celle de **Koukounariés★★**, qui ferme un petit lagon cerné de pins. Le sable est magnifique, digne d'un lagon polynésien… Heureusement, l'endroit est protégé.

Promenades à pied★

🥾 C'est le moyen le plus agréable pour découvrir cette île très touristique.

Kastro★

Sur la côte nord, 4h AR au dép. de Skíathos ou par bateau.

Le chemin passe par les **monastères d'Evangelistria** (près du point culminant de l'île, dans un magnifique écrin de cyprès et de pins, belle iconostase de bois sculpté dans l'église) et d'**Agios Haralambos** avant d'arriver aux ruines du Kástro médiéval qui fut la capitale de l'île jusqu'en 1825. Couronnant un promontoire rocheux battu par les flots, la citadelle n'était accessible que par un pont et une passerelle amovible qui franchissaient un précipice. Il abritait 300 maisons et 22 églises dont deux sont assez bien conservées : celle du Christ abrite une iconostase de bois sculpté du 17e s.

Monastère de la Panagia Kounistra★

Au dép. de Ftelia, 3h AR, également accessible en voiture.

Au cours de cet itinéraire, vous aurez des vues superbes sur l'île. Du monastère, le **panorama★** s'étend de tous côtés.

Skíathos pratique

Informations utiles

🛈 Minuscule baraque en bois à gauche du débarcadère.

Poste – *Odos Papadiamantis. Lun.-vend. 7h30 - 14h.*

Police touristique – *Rue principale, en haut à droite -* 🕾 *24270 231 72 - tlj 7h30-21h.*

Transports

En avion – Aéroport à 4 km au nord du bourg. En été, vols quotidiens avec Athènes et certaines villes d'Europe.

En bateau – Très bien desservie en saison. Ferries de **Vólos**, **Agios Konstantinos**, **Thessalonique**, la **Crète**…

👁 La plupart des plages du sud sont accessibles en caïque. Départ du vieux port dès 10h, retour dès 16h.

Capitainerie du port – 🕾 *24270 220 17.*

En voiture – Dans les agences de voyages et chez les loueurs habituels. Demandez une remise pour plusieurs jours. Pour les taxis, négociez la course au préalable.

Se loger

👁 Hors saison, les prix peuvent baisser de moitié, voire plus.

SKÍATHOS

🍽 **Karafelas** – *Odos Papadiamantis -* 🕾 *24270 212 35 - 20 ch.* Chambres lambrissées, au confort simple avec kitchenette. L'un des meilleurs rapports qualité-prix de l'île.

🍽🍽 **Hôtel Mato** – *Dans une ruelle au-dessus du vieux port, près de l'église -* 🕾 *24270 221 86 - 9 ch.* Petit hôtel de charme niché dans un écrin de palmiers et de bougainvilliers. Une de nos meilleures adresses.

KANAPITSA

🍽🍽🍽🍽 **Cape Kanapitsa** – 🕾 *24270 217 52 - 39 ch - fermé oct.-avr.* Élégant hôtel au milieu des pins avec de très agréables chambres dallées de pierre et dotées de balcon donnant sur la mer.

KOUKOUNARIÉS

⛺ **Camping** – *Arrêt de bus n° 23 -* 🕾 *24270 492 50 - 100 pl. - possibilité de louer des tentes.* Occupant un petit espace, ce camping propose néanmoins de nombreuses facilités (restaurant, supérette). Plage de l'autre côté de la route.

Se restaurer

La plupart des plages possèdent au moins une taverne.

SKÍATHOS

🍽 **Psaradika** – *Sur les quais, à l'extrémité du vieux port.* Excellentes grillades de poisson.

🍽 **Mistral** – *De Papadiamantis, à gauche à l'angle de la Banque nationale, puis à gauche au bout de la ruelle - ouv. le soir seult.* Charmant petit restaurant où l'on déguste de la cuisine grecque à l'ombre des oliviers.

🍽🍽 **The Windmill** – *En haut du bourg -* 🕾 *24270 245 50 - ouv. en soirée.* Une institution à Skíathos, d'où l'on jouit d'une vue exceptionnelle. Décoration originale et cuisine raffinée. Réservation conseillée.

Sports et loisirs

Un bateau ancré dans le vieux port fait le tour de l'île avec toutes sortes d'étapes. Un autre sillonne la côte nord.

Presque toutes les plages ont leur club nautique (planche à voile, ski nautique…)

Achats

Antiquités – **Markos Botsaris**, *près du musée Papadiamantis -* 🕾 *24270 221 63.* Un véritable musée installé dans une maison de poupée.

Journaux – **Licos Line**, *sur les quais, à droite de la grande rue.* Presse française et anglophone.

Skópelos★

Σκόπελος

4 696 HABITANTS – 97 KM²
CARTE GÉNÉRALE RABAT I B2 – THESSALIE

Verger au milieu des flots, la plus peuplée des Sporádes est aussi la plus fertile, riche en vignes, oliviers, amandiers et surtout pruniers donnant d'excellents pruneaux. L'île comprend une multitude d'églises et de chapelles ainsi que des monastères des 17ᵉ et 18ᵉ s. dont les blanches silhouettes se détachent sur la verdure. Comme sa voisine Skíathos, l'île possède criques et plages de sable bordées par une mer émeraude.

👁 **À ne pas manquer** – Skópelos et sa chapelle St-Athanase (9ᵉ s) ; le mont Paloúki, avec ses couvents et monastères, qui dévoile de beaux points de vue.

🕭 **Pour poursuivre le voyage** – Skíathos, Alónnisos.

Perdu dans la fôret, le vaste monastère Metamorfosis.

Se promener

Skópelos★

Ce beau village est bâti à flanc de coteau, à l'abri de sa digue, au fond d'une large baie. Les ruelles composent un agréable dédale ombragé de platanes et sont bordées de maisonnettes à toits de lauzes ou de chapelles.

Le **Kástro** médiéval abritait de nombreuses maisons et plusieurs édifices religieux parmi lesquels la chapelle St-Athanase érigée au 9ᵉ s. sur les fondations d'un temple antique. Elle abrite une somptueuse iconostase polychrome. Du haut des ruines, vous découvrirez une belle vue sur la ville, l'île et l'archipel des Sporádes.

Glóssa★

Ce gros bourg du nord de l'île est très authentique avec sa vieille église, ses maisons blanches écrasées de lumière, son lacis de ruelles ombragées. Une route descend vers **Loutráki**, port de Glóssa, où se trouvent plusieurs agréables restaurants.

Mont Paloúki★ (Oros Paloúki)

Tel un petit mont Athos, il comprend plusieurs monastères dont les blanches silhouettes se perdent dans la verdure composée de cyprès, d'oliviers, de lauriers.

Couvent Evangelistria

Tlj 8h-13h, 17h-20h - donation. Il se visite grâce à une nonne qui vous fera découvrir l'iconostase et la vue magnifique qu'on a sur la capitale de l'île.

Couvent Prodromos

Tlj 8h-13h, 17h-20h - donation. Coupé du monde, ce couvent abrite une église, mais l'endroit vaut surtout pour la vue qu'il réserve.

Le sommet du Palouki (566 m) est un superbe belvédère sur l'île et ses environs.

Monastère Metamorfosis
Tlj 8h-13h30, 17h-20h30 - donation.
Construit au 16e s., ce monastère comprend lui aussi une église construite dans une jolie cour.

Les côtes★
Elles comptent de très nombreuses plages de galets ou de sable. Les plus belles sont au sud et à l'ouest de l'île. Celle de **Milia** à l'ouest, en dépit de ses galets, est la préférée des touristes.
Une agréable **route★** longe le rivage occidental au sud de Loutráki, traversant des pinèdes odorantes.

Skópelos pratique

Informations utiles

🛈 Les agences de voyages informent les voyageurs. Sur le port, une agence municipale vous renseignera sur les possibilités d'hébergement chez l'habitant - ☎ 24240 245 67 - *tlj 9h30-14h30.*

Banque – Banque nationale de Grèce, *sur les quais - lun.-jeu. 8h-14h, vend. 8h-13h30.*

Poste – *Lun.-vend., 7h30-14h.*

Téléphone – **OTE**, *du quai, remontez la rue jusqu'à la boutique Armoloï et tournez à gauche après le kiosque, lun.-vend. 8h-13h.*

Transports

En bateau – Le principal port de l'île est Skópelos ; mais en été, les ferries font aussi escale à Loutráki, le port de Glóssa (côte ouest). Liaisons avec **Vólos** et **Agios Konstantinos**, **Thessalonique**, les **Cyclades** et la **Crète** (3-4 bateaux/sem.).

Capitainerie du port – ☎ 24240 221 80.

En bus – Le terminal se trouve à 400 m du débarcadère. En été, 8-10 AR pour Glossa, Panormos, Milia, Stafilos et Agnontas.

Location de véhicules – Vélos, motos et voitures : les principales agences se regroupent à gauche du débarcadère.
Panormos Travel Agency – ☎ 24240 233 80. Loue des véhicules et des yachts, mais propose aussi des hébergements et des excursions.

Se loger

SKÓPELOS

🛏 **Domatia Angela** – *À 50 m de l'OTE -* ☎ 24240 233 58 - *8 ch.* Petite pension simple et agréable. Accueil familial et chaleureux.

🛏 **Kir Sotos** – *Sur le port, à l'angle de la ruelle qui monte à l'OTE -* ☎ 24240 225 49 - *www.skopelos.net/sotos - 12 ch.* Hôtel de charme, rustique et confortable, mais chambres sombres. Évitez celles donnant sur le port, trop bruyantes.

🛏 **Hôtel Regina** – *Derrière l'hôtel Adonis -* ☎ 24240 221 38 - *16 ch.* Un établissement modeste avec des chambres parfaitement tenues. Certaines ont un balcon donnant sur la mer. Un bon rapport qualité-prix.

🛏🛏 **Hôtel Elli** – *Ring Road, en haut du village de Platanos -* ☎ 24240 229 43 - *www.skopelos.net/elli/ - 25 ch. - ouv. 20 juin-20 sept.* Joli hôtel précédé d'un jardin. Les chambres, coquettes et confortables, sont dotées d'un balcon et aménagées avec du mobilier typique de l'île. Réduction en moyenne saison.

Se restaurer

SKÓPELOS

🍴 **Klimataria** – *Près du débarcadère.* Terrasse sur le port, idéal pour manger une salade ou des fruits de mer.

🍴 **Restaurant Périvoli** – *Juste derrière la place Platanos, ouv. le soir seult.* C'est un jardin d'Éden : terrasse couverte d'une épaisse treille à côté du potager. Cuisine grecque avec des inspirations plus lointaines. Réservation conseillée.

Faire une pause

Café International – *Sur le port.* Spécialités de pâtisseries de Skópelos, idéal pour un petit-déjeuner, ou un goûter gourmand.

Vraxos – *Prenez les escaliers près de la Banque nationale.* Vaste choix de cocktails, et musique reggae, pour la jeunesse locale.

Sports et loisirs

Excursion en bateau – Un bateau se rend à la plage de Glisteri, au nord du bourg - *dép. de 10h à 15h, retours jusqu'à 18h.* L'Oceanis propose aussi un périple *(1-2/j)* dans les îles du Parc national marin. *Informations auprès de l'agence Madro Travel ou directement au bateau.* Cher, mais inoubliable.

Événements

La fête du patron de l'île, Ágios Riginos, a lieu le **25 février**, et celle de la Transfiguration du Sauveur, le **6 août**.

Achats

Antiquités – **Ploumisti Shop**, *du port, prendre la rue après le kiosque et tournez dans la première à droite.* Belle boutique proposant tissus, fenêtres en bois, bijoux.

Skýros★
Σκύρος

2 602 HABITANTS – 223 KM²
CARTE GÉNÉRALE RABAT II C1 – GRÈCE CENTRALE

Face à l'Eubée, l'île de Skýros est la plus grande des Sporádes. Constituée de deux îlots montagneux reliés par un isthme, elle a un caractère plus sauvage que ses sœurs. La partie sud, appelée Vounó (« montagne »), couverte de chênes verts, est connue pour ses troupeaux à demi sauvages notamment ses petits chevaux d'une race très ancienne, peut-être antique, ressemblant aux poneys des Shetlands. La partie nord, nommée Meroí, est fertile et plantée de pins. Partout on trouve des criques désertes bordées d'eaux turquoise et des paysages marins d'une grande beauté.

◯ **Se repérer** – Une route fait le tour de la partie la plus habitée, au nord de cette île en forme de papillon. Si elle appartient à l'archipel des Sporádes (Thessalie), l'île est rattachée administrativement à la région de Grèce centrale.

◉ **À ne pas manquer** – Monter au Kastro pour profiter du panorama sur l'île ; aller jusqu'aux superbes falaises au sud de l'île.

◔ **Pour poursuivre le voyage** – Eubée.

L'île de Skýros posée sur des eaux limpides.

Se promener

Skýros★ (Hora)

Chora est composée de petites maisons blanches cubiques de type cycladique éparpillées sur la colline. Il fait bon flâner dans les ruelles tortueuses, parfois coupées d'escaliers. Certaines comportent une cour fleurie, une grande salle à âtre arrondi avec mobilier de bois sculpté, plats de cuivre et faïences traditionnelles. Au n° 992 de l'**Agora** (étroite rue piétonne bordée de magasins), on peut visiter une maison.

Musée du Folklore Faltaïts (Laografiko Moussio)

☎ 22220 911 50 - été : 10-14h, 18h-21h., hiver : 10h-14h - 2 €. Au nord de la ville, une vieille demeure renferme de belles productions de l'artisanat local, traditionnel et moderne : bijoux, broderies, tissus, costumes, sculptures sur bois, céramique, plats de bronze et de cuivre. Vous verrez également la reconstitution d'un intérieur et des livres anciens.

Musée archéologique (Archeologiko Moussio)

☎ 22220 913 27 - tlj sf lun. 8h30-15h - 2 €. Non loin du précédent, un petit Musée archéologique présente des objets des époques helladique (2800-1900 av. J.-C.) et romaine, en particulier des poteries et des statues en marbre.

Sur une terrasse, à l'extrémité nord-ouest de la ville, s'élève la statue du poète anglais **Rupert Brook** (1887-1915), jeune homme mort d'une septicémie à 28 ans alors qu'il participait à l'expédition des Dardanelles. Il fut enterré, selon son désir, dans une oliveraie du sud de l'île.

Kastro

Fermé pour restauration. Cette citadelle vénitienne a remplacé l'acropole antique où le héros Achille aurait été élevé, déguisé en fille. Depuis les ruines, vous avez une **vue★★** magnifique sur la ville et les toits en terrasse formant damier, sur la campagne environnante et sur la mer. Juste à côté se trouve le monastère Ágios Nikólaos, avec son église du 10ᵉ s., niché sur un éperon rocheux au-dessus de la ville.

La péninsule nord★ (Meroí)

Elle est réputée pour ses nombreuses plages : Magazia et Molos (à la sortie nord de Chora) ; Kyra Panagia et Atsitsa (à l'ouest), Ágios Fokas, près d'une forêt de pins (au sud-ouest).
Vous découvrirez également trois ports agréables, presque contigus : Pefkos, Acherounes et Linaria (où accostent les ferries).
Sur une colline au-dessus de Pefkos se trouve la chapelle Ágios Pandeleimonos, d'où la **vue★** sur l'île est belle.

La péninsule sud★ (Vounó)

Après la petite station de Kalamítsa et la plage de Kolibadas Bay, la route unique traverse un paysage désertique et atteint des **falaises★★** de toute beauté, au fond d'un golfe semé d'îlots. À côté se trouve la tombe de Rupert Brook.

Skýros pratique

Informations utiles

🛈 Il n'y a pas d'office de tourisme dans l'île, mais les agences de voyages fournissent les renseignements et quelques listes d'hébergement.

Banque/Change – Banque nationale de Grèce, *odos Agora, près du terminal* - lun-jeu. 7h30-14h, vend. 8h-13h30. Nombreux bureaux de change dans la rue principale.

Poste – *Sur la Platia en bas de l'Agora, à côté de la station de taxi* - lun.-vend. 7h30-14h.

Transports

En avion – En été, 2 vols/sem. pour Athènes. L'aéroport se trouve au nord de l'île - ☏ 22220 914 75.

En bateau – 2 traversées/j de Kými (Eubée) au port de Linaria (1 en hiver). Achetez vos billets sur place ou à Skýros.

Lykomidis Ticket Office – *Près de Skýros Travel* - ☏ 22220 917 89.

Capitainerie – ☏ 22220 934 75.

En bus – Le terminal se trouve en bas de l'Agora. Bus pour Linariá (5 fois/j). En été, bus pour Magazia et Molostrès nombreux.

En deux roues – Moto Rent, ☏ 22220 912 91. **Moto Bagios**, *ruelle en face de la mairie* - ☏ 22220 929 57. **Rent a bike**, *sur le port de Linaria* - ☏ 22220 934 35.

En voiture – Skiros Travel & Tourism, ☏ 22220 916 00. **Pegasus Rent a Car**, *Agora, près de l'agence Skiros* - ☏ 22220 911 23. **Théséus Car**, *en bas de l'agora* - ☏ 22220 914 59.

Se loger

SKÝROS

😴 **Domatia Anna Kiriazi** – *En haut de l'Agora, prenez à gauche à la fourche puis montez à droite vers les musées* - ☏ 22220 915 74. Coquette maison traditionnelle, avec lit en mezzanine, cheminée, céramiques et terrasse.

😴😴🛏 **Nefeli** – *À l'entrée du village* - ☏ 22220 919 64/920 60 - 23 ch. L'une des meilleures adresses de l'île, proposant des appartements ou des chambres doubles, dans une belle bâtisse blanche avec cheminées à l'ancienne et vieux mobilier en bois. Le bar près de la piscine est très agréable.

MAGAZIÁ ET MÓLOS

😴 **Domatia Georgia Tsakami** – *11 ch.* Cette pension familiale, avec un petit jardin, propose des chambres fraîches et confortables, équipées d'un réfrigérateur. La cuisine est en accès libre pour le petit-déjeuner.

😴 **Domatia Kabadzina Papastathis** – ☏ 22220 913 22 - 7 ch. Cette pension confortable jouit d'une belle vue sur la citadelle. La plupart des chambres ont une salle de bains, trois disposent d'une kitchenette. Pas de petit-déjeuner

😴😴🛏 **Hôtel Hydroussa** – ☏ 22220 920 63/64/65 - 22 ch. Principal hôtel de la plage, il occupe un site très agréable. Toutes les chambres ont un balcon avec vue sur la mer.

ÁGIOS FÓKAS

⊖⊜ **Kalimanolis** – *9 ch.* Petite pension installée dans un site charmant. Formule en demi-pension. Au menu : fruits de mer, fromage maison et légumes du cru servis sous la treille.

Se restaurer

SKÝROS

⊖ **Chez Anemos** – *Odos Agora.* L'endroit idéal pour prendre un petit-déjeuner, une pizza ou une glace. La patronne parle français.

⊖ **Orestit** – *Rue principale.* Large choix de fruits de mer, de salades et de grillades qui attirent une clientèle grecque.

⊖ **Taverne Metopo** – *Rue principale.* Une cuisine variée et savoureuse (lasagnes, légumes frais, soupe de lentilles), un service rapide et une très agréable terrasse à l'ombre, pour un prix modique.

MÓLOS

⊖ Mólos compte de nombreuses tavernes : **Thomas**, l'**Asteria** et **Mylos**, dans un ancien moulin à vent.

⊖ **Taverna Sargos** – *Sur la plage.* Salades et poissons.

Sports et loisirs

Skyros holistic holidays – *Contact au Royaume-Uni -* ℘ *(00) 44 (0)20 7267 4424/ 7284 3065 - www.skyros.com.* Ce centre organise des vacances « alternatives » avec séjour dans des maisons traditionnelles à Skýros et à Atsítsa, avec cours de danse, yoga, escalade, théâtre, écriture, relaxation. Il faut parler anglais.

Achats

SKÝROS

La rue Agora concentre une pléiade de boutiques.

Amerissa Ftoulis – *En haut de l'Agora, juste après la fourche.* Bon choix de broderies.

Stamatis Ftoulis – *En face de Skiros Travel,* ℘ *22220 915 59.* Céramiques de Magaziá.

Événements

Fêtes, festivals – En février, ne manquez pas le fameux carnaval de Skýros, étonnant mélange de rites païens.

Pendant les trois premières semaines d'août se tient le **Festival de Faltaïts** (théâtre, danse, musique) : demandez le programme au musée du Folklore de Faltaïts *(spectacles vers 21h, place 4-5 €).*

NOTES

Acropole – Forteresse défensive dominant la cité.

Agora – Lieu où se réunissait l'assemblée des citoyens, elle concentrait les administrations publiques et accueillait les marchés.

Amphore – Récipient utilisé pour le transport des liquides.

Anachorète – Ermite.

Archonte – Magistrat athénien choisi pour tirage au sort et exerçant des fonctions religieuses ; l'archonte éponyme était chargé de donner un nom à l'année et de régler le calendrier.

Aréopage – Tribunal judiciaire et assemblée politique athénienne dont le rôle évolua vers celui de gardien des mœurs et de la religion : c'est devant l'aréopage que comparut l'apôtre Paul.

Ariston – Déjeuner.

Armatoles – Troupes armées composées de Grecs et payées par les Ottomans qui se livraient au brigandage, en principe pour lutter contre les klephtes.

Basileus – Titre pris par l'empereur de Byzance à partir du 7ᵉ s.

Bouleutérion – Sénat.

Bouzouki – Luth au long manche, le plus connu des instruments de la musique grecque traditionnelle.

Brouet noir – Plat traditionnel spartiate : ragoût de porc très relevé au sang, au vinaigre et au sel.

Canon – Idéal esthétique du corps humain défini par le sculpteur Polyclète (5ᵉ s. av. J.-C.).

Caryatide – Figure féminine sculptée soutenant un élément architectural.

Cavea – Ensemble des gradins du théâtre antique.

Cella – Voir Naos.

Cénobites – Moines réunis en communautés.

Chancel – Clôture de pierre séparant le chœur du presbyterium dans les églises paléochrétiennes.

Chiton – Tunique courte attachée aux épaules portées par les Grecs de l'Antiquité.

Chryséléphantine (statue) – Sculpture mêlant l'or *(khrusos)* et l'ivoire *(elephas)*.

Clepsydre – Sorte de sablier fonctionnant à l'eau.

Cratère – Grand vase à deux anses.

Cyclopéen – Se dit d'un appareil constitué d'énormes blocs de pierre, les interstices étant comblés par des cailloux. C'est le cas des palis minoens et mycéniens.

Démotique – De *demos*, peuple ; désigne la langue populaire devenue langue officielle en 1974.

Ecclésia – Assemblée des citoyens d'Athènes.

Éraste – Homme d'une trentaine d'années chargé de veiller à la formation d'un adolescent.

Eupatrides – « Gens de bonne race », autrement dit nobles qui dans les cités de la Grèce archaïque contrôlaient le pouvoir.

Gnomon – Cadran solaire.

Gymnase – D'abord réservé aux exercices physiques, le gymnase devint peu à peu l'ensemble d'un établissement voué à l'éducation. Voir aussi palestre.

Gyrovaque – Moine mendiant itinérant.

Hécatombe – Sacrifice au cours duquel on met à mort cent animaux.

Héros – Enfant d'un dieu et d'une mortelle (ou d'un mortel et d'une déesse), ce qui en fait une sorte d'intermédiaire entre les conditions divine et humaine.

Hilote – Esclave à Sparte.

Himation – Dans l'Antiquité, ample manteau rectangulaire.

Holocauste – Sacrifice au terme duquel la totalité de la viande de l'animal scarifiée et brûlée est donnée en offrande au dieu et non répartie parmi le peuple.

Hoplite – Dans l'Antiquité, fantassin de l'armée grecque.

Higoumène – Responsable d'une communauté monastique.

Icône – Image peinte ou sculptée vénérée par les fidèles du rite byzantin. L'iconoclasme, théorie interdisant la vénération des images du Christ et des saints, entraîna la destruction de nombre de sculptures du premier art byzantin.

Kastro – Forteresse médiévale.

Katharévoussa – De khatar, pur. Grec écrit tentant de retrouver la pureté du grec ancien, opposé au démotique parlé par le peuple. Le khatarévoussa fut la langue officielle jusqu'en 1974.

Keramos – Argile (d'où céramique).

Klephtes – Bandes réfugiées dans la montagne afin de lutter contre les Turcs.

Koinè – Langue commune de l'époque hellénistique.

Korê (pl. koraï) – Sculpture grecque archaïque représentant une jeune fille debout.

GLOSSAIRE

Kouros (pl. kouroï) – Sculpture grecque archaïque représentant un jeune homme nu.

Kylix et Canthares – Coupes à boire.

Lavra – Communauté de moines.

Linéaire A puis B – Premières formes d'écriture en Grèce. Le linéaire A s'inspire des pictogrammes. Le linéaire B est une écriture à laquelle à chaque signe correspond une syllabe. Il a cédé la place vers 800 av. J.-C. à l'alphabet phénicien, bientôt adapté pour devenir l'alphabet grec que l'on connaît aujourd'hui.

Mégaron – Grande salle rectangulaire entourée d'un portique et dotée d'un foyer central, caractéristique de l'architecture mycénienne.

Métèque – Étranger à Athènes.

Mezes – Les fameux hors-d'œuvre grecs d'une infinie variété ; le mezepolio est un établissement spécialisé dans les assortiments de mezes.

Moussaka – On ne présente plus !

Naos ou Cella (latin) – Salle centrale du temple abritant l'effigie du dieu. On y accède par un vestibule, le pronaos.

Odéon – Petit théâtre couvert abritant des concerts.

Œnochoé – Cruche.

Omphalos – Nombril du monde : il se trouve à Delphes au cœur du sanctuaire d'Apollon.

Opisthodome – Salle du trésor de certains temples.

Orchestra – Espace circulaire d'un théâtre, enserré par les gradins et fermé par la scène, où évoluait le chœur.

Ordres – Dorique, ionique ou corinthien : systèmes de proportion et d'ornementation appliqués aux colonnades d'un temple grec (voir définition de chacun d'eux dans le chapitre « À la recherche du beau idéal » p. 82).

Ostracisme – Mesure de bannissement votée à titre préventif envers certains magistrats.

Pacha – Sous les Ottomans, gouverneur local, représentant le sultan.

Palestre – Partie du gymnase réservée aux activités physiques.

Pancrace – Épreuve sportive combinant pugilat (combat avec les poings) et lutte.

Peplos – Tunique féminine nouée par une ceinture à la taille.

Péristyle – Colonnade encadrant un édifice ou une place.

Phanariote – Habitat de Phanar, le quartier grec de Constantinople. Descendants de nobles byzantins, les Phanariotes longtemps associés à l'administration de l'Empire ottoman, jouèrent un rôle conservateur dans les débats précédant et suivant l'indépendance de la Grèce.

Phiale – Bénitier.

Philhellène – Désigne le mouvement de soutien occidental à la libération du peuple grec.

Propylée – Entrée monumentale d'un palais ou d'un sanctuaire, généralement une colonnade ouvrant sur un vestibule.

Protepistatis – « Président » de la communauté monastique du mont Athos.

Pythie – Femme chargée de communiquer les prophéties d'Apollon au sanctuaire de Delphes.

Rebetika – Chant traditionnel empreint de nostalgie.

Retsina – Vin blanc conservé par l'adjonction de résine de pin.

Rython – Récipient en forme de corne ou de tête d'animal.

Sophiste – Enseignant chargé à Athènes de l'enseignement supérieur. Il succède au grammatiste (activités intellectuelles) et au pédotribe (activités physiques) qui s'occupent des jeunes adolescents.

Stade – À l'origine, unité de longueur de 600 pieds, variable selon les régions (192 m à Olympie), le mot désigna bientôt les terrains de cette longueur aménagés pour la course à pied.

Stoa – Portique.

Stratège – À Athènes, membre élu pour un an (renouvelable) de l'exécutif.

Stylobate – Soubassement d'une colonnade.

Symposion, pluriel symposia – Banquet.

Tholos – Temple circulaire.

Trésor – Edifice en forme de temple édifié à Delphes par les cités grecques pour recevoir les offrandes de leurs concitoyens.

Tyran – Leader politique s'appuyant sur le peuple pour exercer un pouvoir solitaire.

Corinthe : villes, curiosités et régions touristiques.
Alexakis, Vassilis : noms historiques et termes faisant l'objet d'une explication.
Les sites isolés (églises, monastères, temples…) sont répertoriés à leur propre nom.

INDEX

CARTES ET PLANS

Manufacture française des pneumatiques Michelin
Société en commandite par actions au capital de 304 000 000 EUR
Place des Carmes-Déchaux - 63000 Clermont-Ferrand (France)
R.C.S. Clermont-Fd B 855 200 507

Toute reproduction, même partielle et quel qu'en soit le support,
est interdite sans autorisation préalable de l'éditeur.

© Michelin, Propriétaires-éditeurs.
Compogravure : Nord Compo à Villeneuve-d'Ascq
Impression et brochage : IME, Baume-les-Dames
Dépot légal 02/2007 – ISSN 0293-9436
Printed in 01/2007

QUESTIONNAIRE
LE GUIDE VERT

VOTRE AVIS NOUS INTÉRESSE...
TOUTES VOS REMARQUES NOUS AIDERONT À ENRICHIR NOS GUIDES.

Merci de renvoyer ce questionnaire à l'adresse suivante :
MICHELIN
Questionnaire Le Guide Vert
46, avenue de Breteuil
75324 PARIS CEDEX 07

En remerciement,
les 100 premières réponses recevront en cadeau
la carte Local Michelin de leur choix !

VOTRE GUIDE VERT

Titre acheté : ....

Date d'achat : ....

Lieu d'achat *(point de vente et ville)* : ....

VOS HABITUDES D'ACHAT DE GUIDES

1) Aviez-vous déjà acheté un Guide Vert Michelin ?

    O oui   O non

2) Achetez-vous régulièrement des Guides Verts Michelin ?

    O tous les ans   O tous les 2 ans

    O tous les 3 ans   O plus

3) Si oui, quel type de Guides Verts ?

– des Guides Verts sur les régions françaises : lesquelles ? ....

....

– des Guides Verts sur les pays étrangers : lesquels ? ....

....

– Guides Verts Thématiques : lesquels ? ....

....

4) Quelles autres collections de guides touristiques achetez-vous ?

....

5) Quelles autres sources d'information touristique utilisez-vous ?

O Internet : quels sites ? ....

....

O Presse : quels titres ? ....

....

O Brochures des offices de tourisme

Les informations recueillies font l'objet d'un traitement informatique destiné à actualiser notre base de données clients et permettre l'élaboration de statistiques.
Ces données personnelles sont réservées à un usage strictement interne au groupe Michelin et ne feront l'objet d'aucune exploitation commerciale ni de transmission ou cession à quiconque pour des fins commerciales ou de prospection. Elles ne seront pas conservées au-delà du temps nécessaire pour traiter ce questionnaire et au maximum 6 mois, mais seulement utilisées pour y répondre.
Conformément à la loi « Informatique et libertés » du 6 janvier 1978, applicable sur le territoire français, vous bénéficiez d'un droit d'accès, de modification, de rectification ou suppression des données vous concernant. Si vous souhaitez exercer ce droit, veuillez vous adresser à MICHELIN, Guide Vert, 46 avenue de Breteuil, 75324 Paris Cedex 07

VOTRE APPRÉCIATION DU GUIDE

1) Notez votre guide sur 20 : ....

2) Quelles parties avez-vous utilisées ? ....
....

3) Qu'avez-vous aimé dans ce guide ? ....
....

4) Qu'est-ce que vous n'avez pas aimé ? ....
....

5) Avez-vous apprécié ?

	Pas du tout	Peu	Beaucoup	Énormément	Sans réponse
a. La présentation du guide (maquette intérieure, couleurs, photos...)	O	O	O	O	O
b. Les conseils du guide (sites et itinéraires)	O	O	O	O	O
c. L'intérêt des explications sur les sites	O	O	O	O	O
d. Les adresses d'hôtels, de restaurants	O	O	O	O	O
e. Les plans, les cartes	O	O	O	O	O
f. Le détail des informations pratiques (transport, horaires, prix...)	O	O	O	O	O
g. La couverture	O	O	O	O	O

Vos commentaires ....
....

6) Rachèterez-vous un Guide Vert lors de votre prochain voyage ?

    O oui   O non

VOUS ÊTES

O Homme   O Femme   Âge : ....

Profession :

    O Agriculteur, Exploitant   O Artisan, commerçant, chef d'entreprise

    O Cadre ou profession libérale   O Employé   O Enseignant

    O Étudiant   O Ouvrier   O Retraité

    O Sans activité professionnelle

Nom ....

Prénom ....

Adresse ....
....
....
....

Acceptez-vous d'être contacté dans le cadre d'études sur nos ouvrages ?

     O oui   O non

Quelle carte Local Michelin souhaitez-vous recevoir ?

Indiquez le département : ....

Offre proposée aux 100 premières personnes ayant renvoyé un questionnaire complet.
Une seule carte offerte par foyer, dans la limite des stocks disponibles.